KB215078

청교도 베스트 컬렉션

청교도 베스트 컬렉션

지은이 데일 W. 스미스
서 문 조엘 R. 비키
옮긴이 김귀탁, 신호섭, 조계광
펴낸이 김종진
초판 발행 2024년 12월 30일
등록번호 제2018-000357호
등록된 곳 서울특별시 서초구 서초중앙로24길 55, 401-2호
발행처 개혁된실천사
전화번호 02)6052-9696
이메일 mail@dailylearning.co.kr
웹사이트 www.dailylearning.co.kr

책값은 뒤표지에 있습니다.
ISBN 979-11-89697-60-0 (03230)

조엘 R. 비키 서문 | 싱클레어 퍼거슨, 존 맥아더 추천

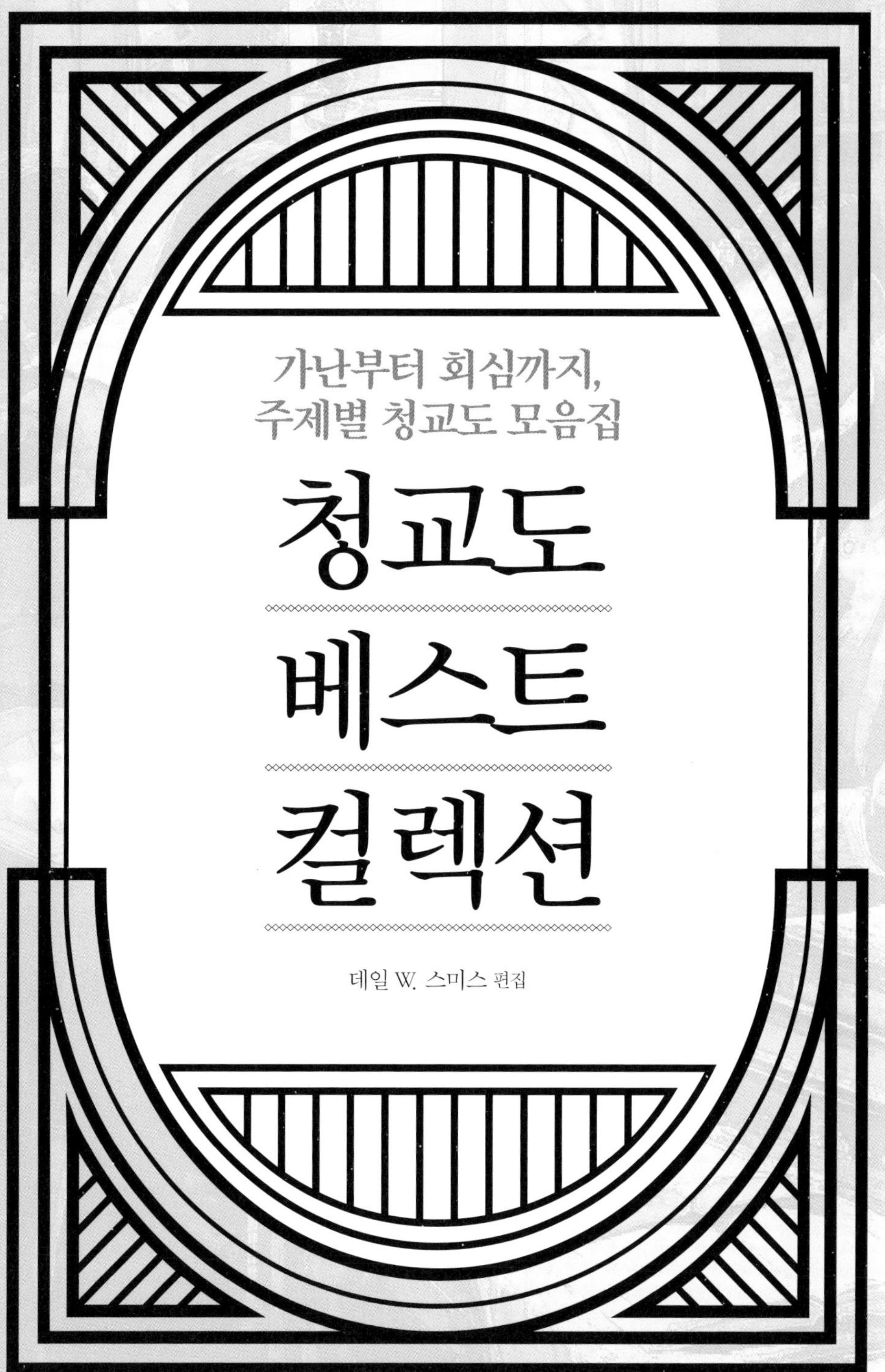

가난부터 회심까지,
주제별 청교도 모음집

청교도 베스트 컬렉션

데일 W. 스미스 편집

개혁된실천사

목차

서문

싱클레어 퍼거슨, 존 맥킨타이어, 존 파이퍼는 물론, 잘 알려지지 않은 많은 설교자들이 설교를 전하고, 말씀을 가르칠 때 청교도의 글을 그토록 자주 인용하는 이유를 궁금하게 생각해본 적이 있는가? 왜 요즘 개혁주의 강연회에서 강사들이 교회사에 등장한 다른 어떤 저술가들보다 청교도의 글을 훨씬 더 많이 인용하는 것일까?

신학적 혼란과 도덕적 타협이 만연한 오늘날, 우리는 청교도의 글을 읽고서 많은 것을 얻을 수 있다. 청교도는 수많은 영역에서, 다양한 방식으로 되돌아보면서 많은 가르침을 얻을 수 있는 밝은 빛과 같은 존재들이다. 그들도 결코 완전하지 못했고, 다른 세대들과 마찬가지로 맹점이 있었지만 삶 전체를 그리스도의 주권 아래 복종시키려고 노력했던 신앙의 거장들이었던 것은 분명한 사실이다.

청교도들은 성경이 가르치는 하나님의 온전하신 뜻을 우리의 생각과 말과 행위, 즉 그들이 즐겨 표현한 대로 우리의 머리와 가슴과 손이라는 삶의 전 분야에 적용하는 능력이 누구보다 뛰어났다. 그들은 예리한 통찰력과 경건한 신앙심을 매끄럽게 조화시켰다.

온전하신 그리스도를 온전한 인간에게 제시하는 것을 목표로 삼았던 청교도의 태도는 참 그리스도인이라면 누구나 참으로 덕스럽고, 매혹적이고, 매력적일 뿐 아니라 강력한 설득력과 교화력을 지니고 있다고 느끼지 않을 수 없다. 청교도는 성경을 샅샅이 파헤쳐 적절한 용어와 비유를 통해 깊은 인상을 주는 견해와 해설을 제시할 뿐 아니라 항상 매혹적이고 인용할 만한 가치가 있는 것을 보여주고 있기 때문에 그들이 전하는 진리의 힘이 온전하고, 깊이 있게 느껴질 수밖에 없다. 예를 들면, '마음'이라는 표제 아래 인용된 윌리엄 거널의 "진실한 마음은 개울에 흐르는 맑은 물줄기와 같다. 그런 사람의 말은 그의 마음을 밑바닥까지 훤히 드러내기 때문에 말만 듣고서도 마음의 진의를 쉽게 알 수 있다."라는 말이나 '그리스도'라는 표제 아래 인용된 랠프 로빈슨의 "그리스도를 다른 무엇보다 더 사랑하지 않으면 그분을 조금도 사랑하지 않는 것이다."라는 말을 읽고서 반성하는 태도로 자신의 마음을 살피지 않을 사람이 과연 누가 있겠는가?

청교도 설교자들은 특히 그리스도를 향한 열정이 몹시 뜨거웠다. 그들은 유한한 인간으로서 같은 운명을 지닌 이웃들에게 살아 계신 그리스도를 전했다. 1950년대 말에 청교도들이 재발견되어 거의 천 권에 가까운 청교도의 책이 출판된 이후로 예수 그리스도의 교회는 참으로 크나큰 축복을 누려왔다. 솔직히 말해, 지난 50여 년 동안 청교도의 책을 꾸준하게 읽어온 것보다 나를 더 이롭게 해준 영적 훈련은 없었다. 나는 과거와 현재에 출판된 여러 책들을 읽으면서도 항상 청교도의 책을 최소한 한 권은 꼭 읽으려고 노력한다. 나는 대개 내가 읽은 청교도의 책을 통해 가장 큰 유익을 얻는다. 그들의 성경적이고, 교리적이고, 경험적이고, 실천적인 가르침은 나의 생각과 영혼과 의지와 감정을 이롭게 한다. 청교도는 하나님의 자녀들을 영적으로 성숙한 상태로 훈련하는 능력이 매우 탁월하다.

이것이 우리가 청교도의 글을 풍부하게 인용한 데일 스미스의 두툼한 편집본을 설레는 마음으로 출판하기로 결정한 이유 가운데 하나다. 그는 수십 년에 걸친 사랑의 수고를 통해 지금까지 출판된 것 가운데 완성도와 가치가 가장 높고, 완벽한 청교도 인용집을 탄생시켰고, 우리는 그런 노력의 수혜자가 되었다. 나로서도 그의 방대하고, 실질적인 편집본에 큰 도움을 받았다고 느낀다. 이 책을 실제로 읽거나 숙독한다면 내가 위에서 말한 말만으로는 청교도의 글이 지닌 진정한 가치를 다 표현할 수 없다는 사실을 즉각 알아차릴 수 있을 것이다.

그렇다면 금광과도 같은 이 귀한 인용집을 어떻게 활용해야 할까? 가능한 방법을 몇 가지 소개하면 다음과 같다.

1) 가장 단순한 차원에서는, 편지를 쓰거나 교회 게시판을 작성하거나 정기 간행물의 여백을 채우기 위한 기사를 쓸 때, 이 책의 인용문을 활용하는 것이다.
2) 좀 더 깊은 차원에서는, 어디에서나 책을 펼쳐서 읽고 묵상하는 것이다. 그러면 즉각 하나님의 말씀과 청교도의 지혜가 넘쳐나는 푸른 초장으로 인도될 수 있을 것이다.

3) 그보다 더 깊은 차원에서는, 경건의 시간에 이 책을 펼쳐 놓고, 한 번에 하나씩 인용문을 읽고 기도하면서 자신의 마음과 영혼에 적용하는 것이다. 성령의 축복과 함께 매일 하나의 주제나 적당한 양의 내용을 꾸준히 읽어나가면 영혼이 큰 유익을 얻을 것이다.
4) 가장들은 가정 예배를 드릴 때 한 번에 몇 개의 인용문이나 하나의 주제를 자녀들에게 읽어줄 수 있을 것이다. 특히 인용문의 일부를 어린 자녀들도 잘 이해할 수 있게끔 설명해 준다면, 가정 예배 시간이 더욱 풍성해질 것이다.
5) 가장 깊은 차원에서는 목사나 교사나 부모나 학생이 기독교적 주제에 관한 메시지를 전달하거나 작성할 때 이 책을 참고하는 것이다. 그러면 크게 유익할 것이다. 공부하는 주제와 관련된 청교도의 인용문이 특별히 유익하다고 생각되거든 가능하면 원본을 찾아서 전후 문맥을 살피며 읽어 보는 것이 좋다. 전후 문맥이나 장 전체를 읽으면 연구 주제에 관한 성경의 가르침을 훨씬 더 많이 깨우칠 수 있을 것이다. 이런 점에서 나는 인용문의 출처와 페이지 숫자를 표기해 준 편집자의 배려에 깊이 감사드린다. 그런 표기는 깊이 있는 연구를 하는 데 크나큰 도움을 준다.

나는 출판 전에 이 책을 마지막으로 검토하면서 실로 엄청난 유익을 얻었다. 다른 사람들도 이 책을 처음부터 끝까지 기도하고, 묵상하면서 천천히 읽어 보라고 권하고 싶다. 절대로 실망하지 않을 것이다. 장담하건대, 오히려 앞으로 남은 인생을 사는 동안 몇 번이고 거듭해서 이 책을 읽게 될 것이다.

미시간주 그랜드래피즈 퓨리탄 리폼드 신학교에서

조엘 R. 비키

이 책의 사용법

이 책의 인용문은 주제를 중심으로 알파벳 순서에 따라 배열했고, 주제 안의 인용문은 저자의 성을 중심으로 알파벳 순서에 따라 배열했다. 아울러, 동일 주제에 관한 동일 저자의 인용문이 그가 저술한 책 가운데 한 권 이상에서 발췌한 것일 때는 그 책의 제목의 첫 단어를 중심으로 알파벳 순서로 배열했다(이 경우 관사나 정관사는 고려하지 않았다). 예를 들어 '고난의 목적'이라는 주제 아래 토머스 왓슨의 책들에서 인용문을 발췌했을 때는 『팔복(*The Beatitude*)』, 『주기도(*The Lord's Prayer*)』, 『죄의 해악(*The Mischief of Sin*)』의 순서를 따랐다. 익명의 저자가 쓴 인용문도 몇 개 포함시켰다. 물론, 저자의 이름은 밝힐 수 없었지만 그 인용문의 출처가 되는 책의 제목은 명시했다. 그런 자료들은 참고 도서 목록에 알파벳 순으로 나열했다.

이 책의 편집자와 출판자의 목표 가운데 하나는 독자들에게 인용문의 출처에 관한 정보를 제공하는 것이었다. 개개의 인용문의 출처를 표기한 것이 이 책의 독특한 특징이다. 인용문을 적고, 그 출처가 되는 책의 간단한 제목과 페이지 수를 명시했다. 한 권의 책 안에 다수의 책이 포함된 경우에는 제목 전체를 표기했다(예를 들면, Tomas Watson, *The Beatitudes*, in *Discourses*). 각 자료의 전체 제목은 참고 도서 목록에 제시했다.

현대의 독자들이 인용문을 좀 더 쉽게 이해할 수 있도록 약간의 편집적 수정을 시도했다. 영국식의 고어풍 철자는 미국식의 현대풍 철자로 변경했고, 구두점도 현대화했다. 성경 구절은 겹따옴표를 붙여 인용했고, 성경의 책들은 단축형으로 처리했으며, 장과 절을 표기한 로마 숫자는 모두 아라비아 숫자로 고쳤다. 인용문을 조금이라도 새로 편집한 경우에는 괄호를 쳐 용어를 대체했거나 간단한 설명을 덧붙였다는 사실을 알렸다. 어떤 인용문에서도 실제 내용이나 의미를 변경한 경우는 전혀 없다.

이 청교도의 글을 읽는 동안, 영적으로 크게 고무되어 하나님과 그분의 말씀을 아는 지식 안에서 성장하기를 진정으로 바라고, 아무쪼록 이 책이 모두에게 유익한 도구가 될 수 있기를 소원한다.

편저자 서문

지금 손에 들고 있거나 전자책으로 보고 있을지도 모르는 이 책은 인용문을 모아 편집한 것이다. 그런 점에서 이 책은 많은 약점을 지니고 있다. 약점은 너그럽게 눈감아주고, 장점은 즐겁게 보아주기를 바란다. 이 책은 학문적인 인정을 받기 위해서가 아니라 신자들을 유익하게 하기 위해 만들어졌다. 다시 말해, 이 책의 목적은 윌리엄 세커가 『최고의 교사(*The Nonsuch Professor*)』를 펴낸 목적과 크게 다르지 않다. 그는 그곳에서 "이 책은 이론적이 아닌 실천적 특성을 띠고 있다. 아무쪼록 찌꺼기가 너무 많지 않아 맑은 포도주를 얻는 것이 어렵지 않기를 바란다."라고 말했다.[1]

인용문을 모은 이 편집본이 만들어진 계기는 하나의 초청이었다. 나는 미주리주 블루스프링스의 '로드 교회(The Road Church)'에서 처음 목회 사역을 시작했을 때, 과거의 청교도 목사들을 초청해 그들의 글을 통해 나의 삶과 관련하여 진리를 가르치고, 내 주위에서 나를 책임 있게 이끌어줄 사람들을 형성하게 했다. 당시에 이미 스펄전의 책을 읽고서 청교도 가운데 몇 사람을 어느 정도는 알고 있었지만, 이제는 그들을 좀 더 철저하게 알고 나니 그들이 주는 참된 기쁨과 영적 유익을 만끽할 수 있게 되었다. 나는 그들의 책에 깊이 빠져들었고, 거기에서 나를 격려하고, 위로했던 글들을 골라냈다. 인용문의 숫자가 차츰 늘면서 '로드 교회' 교인들에게 큰 유익을 줄 것이라는 확신이 들었다. 그것이 동기가 되어 나는 계속 작업을 이어갔고, 그 결과로 지금의 편집본이 탄생하기에 이르렀다.

인용문의 선정 과정을 좀 더 언급하기 전에 "청교도가 누구인가?"라는 질문을 먼저 생각해봐야 할 듯하다. 이 책의 목적에 맞춰 정의하면, 청교도는 17세기에 주로 영국에서 사역했던 개신교 목회자들을 가리킨다. 그들은 영국 교회의 개혁이 온전하게 이루어지는 것을 보고 싶어 했다. 그들은 비성경적인 로마 가톨릭 전통의 흔적을 교회에서 남김없이 제거하기를 원했다. 그들은 하나님이 영광을 받으시고, 죄가 사멸되고, 마음의 소욕이 거룩해지는 것을 보기를 갈망했다. 청교도는 성경

---

1 William Secker, *The Nonsuch Professor* (London: Richard D. Dickinson, 1867), vi.

본문에 정통했고, 말씀에 의해 지배받기를 원했다. 한 마디로, 그들은 성경을 철저하게 연구했고, 크나큰 열정으로 인간 존재의 모든 영역, 특히 마음에 성경의 진리를 정확하게 적용하려고 노력했다.

그렇다면 청교도에는 어떤 사람들이 있을까? 나는 주로 리처드 백스터(1615-1691), 토머스 브룩스(1608-1680), 존 플라벨(1628-1691), 윌리엄 거널(1617-1679), 토머스 맨톤(1620-1677), 존 오웬(1616-1683), 리처드 십스(1577-1635), 조지 스윈녹(1627-1673), 존 트랩(1601-1669), 랄프 베닝(1621-1673), 토머스 왓슨(1620-1686)과 같은 청교도의 책에서 인용문을 골랐다. 존 브래드퍼드(1510-1555)는 청교도의 선구자와 같은 인물이었지만 그의 글에서는 하나만 인용했다. 이 책에 인용된 사람들 가운데는 지금까지 말한 범주에는 속하지 않는 이들도 더러 있다. 구체적으로 말해, 새뮤얼 러더퍼드(1600-1661), 토머스 보스턴(1676-1732), 앤드류 그레이(1634-1656)와 같은 청교도의 정신을 지닌 스코틀랜드 목회자들과 매튜 헨리(1662-1714)와 같은 18세기 초 잉글랜드 청교도의 글도 인용했다. 이 편집본에는 교회의 정치 제도에 관해 견해가 다른 사람들의 글도 포함되었다. 예를 들면, 장로교, 독립교회, 특수 침례교(개혁주의 침례교) 등이다. 그들의 한 가지 공통점은 모든 청교도가 지향했던 것, 곧 하나님의 영광을 위해 살려는 강렬한 열망이었다.

나는 토머스 후커(1586-1647), 존 코튼(1585-1652), 인크리스 마터(1639-1723)와 같은 미국 청교도를 비롯해 조나단 에드워즈(1703-1785), 라일(1816-1900), 찰스 스펄전(1834-1892), 마틴 로이드존스(1899-1981)와 같이 '청교도'로 불리기에는 조금도 손색이 없지만, 삶의 시기가 17세기 이후였던 사람들은 모두 배제했다. 이런 범주에는 토머스 크랜머(1489-1556), 휴 래티머(1487-1555), 니콜라스 리들리(1500-1555)와 같은 영국의 종교개혁자들도 포함된다.

이 책도 토머스의 『청교도의 황금 보고(*A Puritan Golden Treasury*)』와 호른의 『청교도 비망록(*a puritan remembrancer*)』과 같은 인용문 모음집의 전통을 따른다. 이들의 귀한 책보다 먼저 나온 책으로는 아서 영이 존 오웬의 글을 모아 편집한 『오웬의 인용문 모음집(*Oweniana*, 1817)』, 찰스 스펄전이 토머스 브룩스의 글을 모아 편집한 『부드러운 돌들(*Smooth Stones*, 1860)』, 제임스 모팻이 편집한 『존 오웬의 골든 북(*The Golden Book of John Owen*, 1904)』 등이 있다. 이 책을 펴내게 된 동기도 그런 사람들과 똑같이 교회의 덕을 세우고, 사람들에게 청교도의 사상을 소개하기 위해서였다. 한 가지 차이는 각각의 인용문 뒤에 인용문의 정확한 출처를 알 수 있도록 책의 제목을 명시한 것과 책의 마지막 부분에 설명을 덧붙인 참고 문헌 목록을 제시한 것이다. 이것이 조금이나마 도움이 되었으면 좋겠다. 나는 원본을 직접 살펴볼 수가 없다고 안타까워하는 독자들에게 '안타까워하지 마세요'라고 말하고 싶다. 이 편집본에 인용된 글들은 거의 모두 '구글 북스(Google Books)'에서 공짜로 쉽게 구해 읽을 수 있는 것들이다. 독자들이 직접 살펴볼 수 없는 책들은 몇 권 되지 않는다. 약간의 예외는 있지만, '*EEBO*(Early English Books Online)'와 수수료를 요구하거나 접근이 제한된 특수 자료에 포함된 책들은 거의 인용하지 않았다. 가장 초창기의 판본을 구해서 읽는 것이 최선이라고 말할 생각은 추호도 없다. 오히려 좀 더 깊이 있는 독서를 원한다면, '레포메이션 헤리티지 북스 출판사'에서 펴낸 '오늘을 위한 청교도의 보화(Puritan Treasures for Today)' 시리즈에 소개된 현대화된 청교도 책들을 구해서 읽으라고 권하고 싶다.

독자들이 이런 자료들을 읽고, 주님과 동행하는 믿음의 삶이 더욱 견고해지기를 바라는 마음 간절하다. 이 인용집의 글들은 목회자의 자상한 마음과 설교자의 깊은 주의력은 물론, 학자의 훈련된 엄밀함까지 어느 정도 갖추고 있다. 이 책의 마지막 주제는 '열정'이다. 토머스 왓슨은 마지막 주제에 인용된 마지막 글들 가운데 한 곳에서 "열정이 식지 않도록 조심하라"라고 권고했다. 왓슨의 이 한 마디에 청교도 신앙의 중요한 한 가지 특징과 이 인용집을 편집하게 된 한 가지 이유가 간략하게 요약되어 있다. 사랑하는 독자들이여, 스스로의 믿음과 삶을 주의 깊게 살펴 삼위일체 하나님과 그분의 진리를 향한 열정이 식지 않도록 각별히 조심하기 바란다.

나의 최선을 다해 사랑으로 섬기기를 원하며 이만 줄인다.

데일 스미스

가난부터 회심까지, 청교도 인용문들

가난

이것[복음의 보화의 실재성]은 그리스도의 방대한 보화에 관심이 있지만 불행하게도 그들 자신의 영혼은 빈곤한 상태에 놓여 있는 하나님의 백성을 꾸짖는다. 많은 사람이 먹고 살기 힘든 시기와 재산의 낭비와 사업의 실패에 대해 불평한다. 하지만 가장 큰 가난은 영적 가난에 있다. 그들은 믿음, 사랑, 겸손, 자기 부인, 세상에 대한 죽음 같은 것들을 결핍하고 있다. 쓰는 은혜가 적으면 쌓는 은혜도 적다. 의무 속에 성령의 역사가 적으면 삶 속에 은혜의 역사도 적다. 그로 인해 사람들의 영혼 안에 엄청난 가난이 유발된다.

바르톨로메오 애쉬우드

Best Treasure, 381

가난은 경건한 자에게 비방이 될 수 없고, 부요는 악한 자에게 칭찬이 될 수 없다.

로버트 클레버, 존 도드

Plain and Familiar Exposition, 85

소박한 오두막집에 하늘의 큰 영광이 있을 수 있고, 누더기를 걸친 가난한 사람이 하나님을 더 닮을 수 있다.

존 오웬

Golden Book, 226

가난한 자

가난한 자에게 자선을 베풀 의무에 대해 조언하는 것은 쉽지 않다. 어려운 국면에서는 남의 조언을 들을 여유가 없는 것이 우리 본성의 약점이기 때문이다. 배는 귀가 없으므로(배고픈 자는 그 어떤 것에도 집중할 수 없다는 뜻의 속담-편집주), 그때 좋은 조언을 해주는 것이 쉽지 않다.

윌리엄 쿠퍼

"Tenth Sermon concerning God's Late Visitation," in *Certaine Sermons*, 355

가난한 자를 멸시하는 것은 하나님의 말씀과 기록된 하나님의 뜻에 반하는 죄일 뿐만 아니라 하나님의 사역과 경륜에 드러난 하나님의 생각과 의도를 거스르는 죄이기도 하다. 그것은 일종의 '기간토마키'(gigantomachy, 그리스 신화에 나오는 거인 족과 신들의 싸움을 가리킨다-역주)로서, 하나님에 대한 반역이다…그것은 가난한 자를 창조하신 하나님의 생각을 거스르는 것이다. "가난한 자와 부한 자가 함께 살거니와 그 모두를 지으신 이는 여호와시니라"(잠 22:2). 하나님은 가난한 자와 부한 자, 모두를 지으셨다.

토머스 맨톤

Practical Exposition on the Epistle of James, 86

가르침

하나님의 가르침은 두 종류다. 하나는 이방인들, 교회 밖에 있는 사람들, 위선자들, 교회 안에 있는 유기자들에게까지 주어지는 일반적인 가르침이고, 다른 하나는 오직 약속의 자녀들에게만 주어지는 특별한 가르침이다. "네 모든 자녀는 여호와의 교훈을 받을 것이니"(사 54:13). 이것이 하나님이 구주 예수님과 맺으신 언약이다.

토머스 케이스

Correction, Instruction, 67

가르침은 고난의 열매다. 열매는 익어가는 시간이 필요하다. 오, 낙심하는 영혼이여, 하나님이 한꺼번에 모든 것을 가르쳐주지 않는다고 해서 그분이 전혀 아무것도 가르치지 않으신다고 말하지 말라. "주의 말씀을 열면 빛이 비치어 우둔한 사람들을 깨닫게 하나이다"(시 119:130)라는 말씀이 암시하는 대로, 하나님은 조금씩 빛을 비추신다. 그분은 대개 우리가 우리 자녀들을 가르치는 방식대로 그분의 자녀들을 가르치신다. 다시 말해, 이번이나 이번 주나 이번의 고난을 통해서는 이만큼, 다음이나 다음 주나 다음번의 고난을 통해서는 저만큼, 이런 식으로 하나님은 조금씩 가르치신다.

토머스 케이스

Correction, Instruction, 80

그는 어린아이를 가르치는 능력이 뛰어났다. 모든 소년이 어른을 가르칠 수 있지만, 소년은 오직 성인만이 가르칠 수 있다. 이해할 수 있는 능력이 있는 사람들을 가르치는 일은 쉽지만, 어린아이의 눈높이에 맞추려면 대단한 분별력과 노력이 필요하다.

토머스 풀러

Wise Words and Quaint Counsels, 228

가정

주의 깊게 살펴봐야 할 섭리의 관찰 가능한 두 번째 사역은 우리가 태어난 가정과 혈통이다. 이것은 우리의 일시적인 유익과 영원한 유익과 관련해 특별히 고려해야 할 사안이 아닐 수 없다. 우리가 태어나 성장한 가정이 위대하든 평범하든, 부모의 신분이 높든 낮든, 하나님을 경외하며 정직하게 살면서 우리를 의롭게 교육하고, "주의 교훈과 훈계로 양육했다면"(엡 6:4) 그것을 큰 은혜로 여겨야 마땅하다. 우리가 그런 부모에게서 태어난 것은 큰 축복이다. 이 축복에서 이중적인 은혜, 곧 우리의 겉사람에게 주어지는 일시적인 은혜와 영원한 은혜가 흘러나온다…그러나 이 섭리로부터 속사람에게 주어지는 영적 축복에 특히 주목해야 한다. 경건한 부모에게서 태어난다는 것은 결코 작은 은혜가 아니다. 우리는 그들에게 우리의 자연적인 생명은 물론(그들은 우리를 존재하게 만든 수단이었다), 영원한 영적 생명까지 빚졌다.

존 플라벨

Divine Conduct, 52–53

[필립 헨리]는 종종 "교회에서가 아닌 가정에서의 우리가 비교적 진실한 우리의 참모습이다."라고 말하곤 했다.

필립 헨리

Life and Sayings, 8

가정의 올바른 질서는 매우 중요한 사안이다. 왜냐하면 사회 공동체든 신앙 공동체든 공동체는 무엇이든 가정으로 이루어져 있기 때문이다. 마을과 도시와 교회와 국가와 왕국은 가정들의 집합체다. 사회는 대개 그런 식으로 구성된다. 하나의 가정은 왕국의 매우 작은 일부이지만 그 집의 사악함과 음탕함은 그 집안의 종들 가운데서 가장 미천한 자의 소행일지라도 겉으로만 사소해 보일 뿐, 실제로는 죄의 무더기를 쌓는 데 일조해 하나님의 진노를 촉발하고, 공적 재앙을 불러들인다. 이처럼, 가정이 무질서해지면 공적 재앙이 초래된다.

로버트 레이턴

A Commentary upon the First Epistle of Peter, in *Whole Works*, 1:318

가정에 어떤 뿌리가 있는지 살펴보라. 그 뿌리를 통해 교회와 국가 안에서 열매가 맺힌다.

존 오웬

Golden Book, 208

가정은 교회와 국가의 양성소다. 따라서 교회가 순결하고, 국가가 의롭기를 원하면 각자 자신의 가정을 유심히 살펴 그 안에서 경건한 삶이 이루어지게 해야 한다. 개혁은 개인들로부터 시작되어야 한다. 모든 사람이 한가지씩 개선하면 모든 것이 개혁될 것이다. 또한, 개혁은 개인들로부터 가정들로 발전해 나가야 한다. 경건한 삶의 누룩이 가정들 안에서 확산되면 거룩한 도시와 행복한 국가가 형성될 것이다.

나다니엘 빈센트

Spirit of Prayer, 66

가정 예배

그리스도를 마음에 모신 사람은 자신의 가정에도 그분을 모시려고 노력해야 한다. 모든 가정이 교회가 되어야 한다(고전 16:19). 모든 가정이 기도의 가정이 되고, 모든 가장이 여호수아처럼 "나와 내 집은 여호와를 섬기겠노라"(수 24:15)라고 말하고, 다윗처럼 "내가 완전한 마음으로 내 집 안에서 행하리이다"(시 101:2)라고 결심해야 한다.

조셉 알레인

Alarm to the Unconverted, 231

믿음이 죽은 곳에서 사는 것을 만족하게 여겨서는 안 된다. "눔바와 그 여자의 집에 있는 교회에 문안하고"(골 4:15). 경건한 자들의 집은 작은 교회이고, 악한 자들의 집은 작은 지옥이다(잠 7:27).

시므온 애쉬

Primitive Divinity, 152

이 의무가 필요 없는 것처럼 생각하지 말라. 자발성이 없거나 태만하면 가정 예배를 소홀히 할 수밖에 없다. 가정 예배의 의무를 계속해서 활력 있게 이행하는 것이 경건의 능력을 유지해 나가는 중요한 수단이다. 이 의무가 경시되고, 형식화되고, 활력을 잃으면 모든 것이 부패한다. 하나님을 예배하는 가정은 작은 교회이다. 그런 가정은 지상에 있는 낙원이다.

윌리엄 기어링

Sacred Diary, 71

하나님이 가정의 설립자요 소유주요 통치자요 후원자이시고, 그분이 그런 작은 사회를 세우고 날마다 필요한 것과 은혜를 공급해 주신다면, 매일 가정에서 그분을 예배하고, 인정해야 마땅하다. 모세 율법이 주어지기 전에는 각 가정에서 하나님을 예배했다. 가정 예배는 최초의 사회적 예배였다.

존 샤워

Family Religion, 35–36

간음

마귀는 은밀하게 감출 수 있을 것이라는 생각을 부추겨 간음을 저지르도록 유혹한다. 그러나 다른 많은 죄는 감추어진 것들이 밝히 드러날 날이 이르기 전까지 드러나지 않고, 숨겨진 채로 있을는지 몰라도, 간음죄는 대개 발각될 가능성이 매우 크다. 하나님은 간음죄의 유무를 밝혀낼 수 있는 특별한 방식을 율법으로 정해

주기까지 하셨다(민 5:13–15). 간음죄가 어둠의 행위이지만 오늘날까지도 하나님은 참으로 신기하게도 종종 그 사실이 드러나게 하신다. 하나님은 양심의 두려움이나 부지중의 실수를 비롯한 다양한 방법으로 죄인이 자신의 치부를 스스로 알리고, 드러내도록 이끄실 때가 많다.

존 플라벨

"The Harlot's Face in the Scripture Glass," in *Navigation Spiritualized*, 181

유케디다스칼로스('유케'는 '기도하다'를 뜻하는 헬라어 '유코마이'에서 유래했다. 헬라어 '디다스칼로스'는 '교사, 교육자'를 뜻한다. 이 말은 '기도를 가르치는 교사'라는 뜻이다–역자주) : 간음의 유혹을 물리치려면 어떻게 해야 하나?

필레우케스('필레'는 '사랑한다'를 뜻하는 헬라어 '필레오'에서 유래했다. 이 말은 '기도를 사랑하는 자'란 뜻이다–역자주) : 다음과 같은 것을 묵상해야 합니다.

1) 하나님이 나를 지켜보고 계신다(잠 5:21).
2) 하나님이 나를 벌하실지도 모른다(창 20:3).
3) 하나님이 나를 벌하실 것이다(삼하 12:11, 12).
4) 나는 그리스도의 지체다(고전 6:15).
5) 간음하는 자는 하나님의 나라를 유업으로 받지 못한다(고전 6:9).
6) 그런 사람은 좀처럼 회개하지 않는다(잠 7:26, 27).
7) 이스라엘 안에서 그런 죄를 지어서는 안 된다(신 23:17, 18).
8) 솔로몬은 그런 죄로 인해 우상 숭배에 빠졌다(왕상 11:4).
9) 남자가 음녀에게 미혹되면 한 조각 떡만 남게 된다(잠 6:26).
10) 내가 당하기를 원하지 않는 일을 해서는 안 된다(마 7:12).
11) 내가 사생아를 낳아 교회와 국가 앞에 내밀면 그들은 그것이 합법적인 자녀인지 알 수 없기 때문에 결국 그들에게 해를 끼칠 수밖에 없다.
12) 그로 인해 내 영혼은 위험에 빠지고, 육체는 쇠약하게 되고, 죽은 후에는 결코 지워지지 않을 오명을 남길 것이다(잠 6:32, 33).

로버트 힐

Pathway to Piety, 1:95

세상에서 사는 동안 우리의 육체로 그리스도를 욕되게 하지 말자. 장차 영광 가운데서 아버지이신 하나님과 구원자이신 그리스도를 보게 될 우리의 눈을 정욕의 창과 간음의 통로로 만들지 말자.

크리스토퍼 러브

Heaven's Glory, 105

음탕한 농지거리와 가벼운 접촉 행위를 통해 정신적인 간음을 저지를 때가 많다.

존 트랩

Commentary on the Old and New Testaments, 1:142

갈등

[필립 헨리]는 당시의 논쟁을 언급하며 "우리가 해를 당하는 이유는 의견 차이 때문이 아니라 그런 차이를 잘못 처리하기 때문이다."라고 말했다.

필립 헨리

Life and Sayings, 7

감사

감사하지 않는 사람들은 은혜를 받아서 사장시킨다. 그들은 자신에게 은혜를 베푸는 손을 알고, 인정할 만한 정직함과 지혜가 없다.

리처드 백스터

A Christian Directory, in *Practical Works*, 2:421

하나님께 드리는 참된 감사와 거짓된 감사는 다음과 같은 차이가 있다. (1) 참된 감사는 은혜를 옳게 평가할 줄 안다. 참된 감사는 물질적이고, 일시적인 은혜보다 영적이고, 영원한 은혜를 더 좋아한다. 그러나 거짓된 감사는 주로 육신적인 축복을 귀하게 여기고, 말로만 영적 은혜가 더 뛰어나다고 고백한다. (2) 참된 감사는 하나님을 영적으로 즐거워하며 그분의 영적 은혜를 더 많이 사모하게끔 이끈다. 그러나 거짓된 감사는 단지 육신의 번영만을 즐거워하고, 육신적인 안일함에 미혹되어 속되고 공허한 즐거움을 추구하며, 육신적인 즐거움을 만족할 만큼 풍성하게 누릴 수 있기를 바란다. 그것은 배불리 먹은 짐승이 즐겁게 뛰노는 것과 같다. 그런 사람은 편안하기만 하면 자신의 상태를 만족스럽게 여기며 아무 고민도 하지 않는다. (3) 참된 감사는 선물보다 선물을 주는 자, 곧 육신적인 쾌락이나 번영보다 하나님을 더 사랑하는 마음을 불러일으킨다. 참되게 감사하는 사람은 하나님의 모든 은혜를 힘입어 그분께 더욱 가까이 나가기를 원한다…(4) 참된 감사는 우리에게 은혜를 베푸시는 하나님께 순종하고, 그분을 기쁘시게 하려는 마음을 불러일으킨다. 그러나 거짓된 감사는 하나님께는 입에 발린 위선적인 감사만을 늘어놓고, 받은 은혜를 기회로 활용하여 육신을 즐겁게 하고, 정욕과 죄를 부추긴다. (5) 하나님께 드리는 참된 감사는 초월적인 특성을 띤다…참 된 감사는 하나님께 온전히 헌신하도록 이끌며, 주어진 의무를 기꺼이 이행하게 한다. 그러나 거짓된 감사는 그런 온전하고, 절대적인 헌신을 고무하지 못하고, 자기애에 사로잡혀 자신만을 섬기고, 모든 것을 육신적인 마음을 즐겁게 하는 데 사용하도록 유도한다.

리처드 백스터

A Christian Directory, in *Practical Works,* 2:422–23

감사하는 순종과 순종하는 감사가 그리스도인의 삶이다.

리처드 백스터

A Christian Directory, in *Practical Works,* 2:432

하나님은 즐겁게 바치는 자를 사랑하시는 것만큼, 기쁘게 감사하는 자를 사랑하신다. 하나님은 악인들은 무섭게 대하지만, 자신의 얼굴빛을 본 사람들은 기쁨을 누리게 하신다. 그들은 하나님과 화목했기 때문에 모든 이해를 초월하는 내적인 기쁨과 평화를 누린다.

존 보이스

Offices for Public Worship, in *Works,* 49

많은 것을 바라지 말라. 많은 것을 바라는 사람은 많은 것을 기대하고, 많은 것을 기대하는 사람은 적은 것에 만족하지 않고, 아무것도 감사하게 생각하지 않는다. 야곱은 소박한 사람이었다. 그는 적은 것을 바랐고, 적은 것에 만족했으며, 모든 것에 감사했다. 우리도 그래야 한다.

윌리엄 브리지

"Thankfulness Required in Every Condition," in *Works,* 4:109

감사는 자기 부인의 은혜다. 감사는 우리 자신과 피조물의 머리에서 왕관을 벗겨 창조주의 머리에 씌워드리는 것이다. 그것은 하나님이 보좌 위에 앉아 모든 것을 다스리시도록 우리를 그분의 발등상으로 만드는 것이다.

토머스 브룩스

The Unsearchable Riches of Christ, in *Select Works*, 1:94

감사는 복음적인 순종을 의미한다. 그것은 복음의 일반적인 의무로서 다른 모든 의무에 동력을 불어넣는다. 감사가 없는 것은 무엇이든 불결한 시체와 다름없다. 회개하더라도 감사가 없으면, 그것은 복음적인 회개가 아닌 율법적인 고문대이자 격정에 지나지 않는다. 그리고 믿음이 있더라도 복음의 언약에 감사로 동의하지 않으면, 구원 신앙이 될 수 없다. 감사가 없으면 하나님을 사랑할 수 없고, 그분을 올바로 섬길 수 없다.

다니엘 버지스

Man's Whole Duty, 60

어린아이들이 원하는 것을 갖지 못하면 가지고 있는 것들을 내던지는 것처럼, 우리가 하나님께 우리가 원하는 것을 구할 때도 오로지 그것만을 지나치게 생각하는 탓에 이미 받은 은혜를 깡그리 잊고 감사하지 않을 때가 많다.

새뮤얼 클라크

Saint's Nosegay, 100

감사하는 사람은 자신이 어떤 은혜를 받았고, 누가 그것을 베풀었는지를 살필 뿐 아니라 그것의 본질과 정도와 시기와 전달 방법을 숙고한다. 이런 태도가 없는 탓에 하나님의 영광이 실추되고, 우리의 위로가 사라질 때가 많다. "여호와께서 행하시는 일들이 크시오니 이를 즐거워하는 자들이 다 기리는도다"(시 111:2). 하나님의 섭리를 이리저리 곰곰이 살펴보는 것보다 은혜로운 영혼을 더 기쁘게 하는 것은 세상에 없다. 우리가 받은 은혜들이 처음에 어떻게 시작되었고, 어떻게 정확한 때에 각각의 일들이 일어났으며, 어떻게 서로 관계를 맺었는지를 생각해 보는 것은 참으로 은혜롭기 그지없다. 매 순간의 상황들이 모두 의미와 가치를 지닌다. 이는 고기를 덩어리째 삼키지 말고, 잘 씹어 먹을 때 그 풍미를 제대로 느낄 수 있는 이치와 같다.

존 플라벨

"The Seaman's Return," in *Navigation Spiritualized*, 338

감사하는 사람은 하나님이 자기에게 허락하신 상황 속에서 적절하게 처신한다. 지금까지 말한 대로, 감사하는 자들의 삶이 곧 감사의 생명력을 드러낸다. 순종과 섬김은 감사의 진정한 표현이다. "감사로 제사를 드리는 자가 나를 영화롭게 하나니 그의 행위를 옳게 하는 자에게 내가 하나님의 구원을 보이리라"(시 50:23). 하나님의 긍휼을 입고도 감사하지 않고 남용하면 하나님께 찬양과 영예를 돌릴 수 없다.

존 플라벨

"The Seaman's Return," in *Navigation Spiritualized*, 340

한 가지 긍휼에 감사하지 않는 사람은 또 다른 긍휼을 기대하기가 어렵다.

존 플라벨

"The Seaman's Return," in *Navigation Spiritualized*, 343

하나님은 너무나도 영광스러운 분이시기 때문에 우리는 하나님께 모든 것을 드리고, 모든 것을 그분을 위해 해야 하며, 범사에 그분께 순종해야 한다. 이것이 하나님을 영화롭게 하는 길이다. 우리가 하나님께 조금도 신세를 지고 있지 않다고 생각하고, 그분의 영광과 탁월하심에 합당한 것을 돌려드리지 않는다면, 그것은 곧 그분의 영광을 강탈하는 것이다. 성경은 "여호와께 그의 이름에 합당한 영광을 돌리라"라고 가르친다(시 29:2). 이 이유 하나만으로도 최선을 다해 하나님을 섬기고, 영화롭게 해야 마땅하다. 우리가 하나님께 모든 것을 드리고, 모든 것을 그분을 위해 해야 하는 또 하나의 이유는 우리가 그분에게서 많은 긍휼을 받았기 때문이다. 이 점을 기억하고 모든 것이 하나님 덕분임을 인정하는 것을 감사로 일컫는다. 하나님 안에 있는 탁월함과 영광을 의식하고 모든 것을 하는 것, 이것이 곧 하나님을 영화롭게 하는 것이고, 하나님이 우리에게 베푸신 은혜와 그분에 대한 우리의 의무를 의식하며 모든 것을 하는 것, 이것이 곧 감사다.

토머스 굿윈

"A Discourse of Thankfulness," in *Works*, 9:499–500

감사란 무엇인가? 그것은 하나님의 선하심을 기억하고 그분께 기꺼이 영광을 돌리는 것을 의미한다. 우리는 감사를 통해 하나님의 선하심을 높이 찬양하고, 그분에 대한 우리의 사랑을 나타내야 한다.

토머스 굿윈

"A Discourse of Thankfulness," in *Works*, 9:500

하나님께 드리는 감사가 가장 유익한 이유는…그것이 더 많은 축복을 받는 길이기 때문이다. 감사하지 않으면 우리가 가진 모든 것을 잃게 된다. "너희 구할 것을 감사함으로 하나님께 아뢰라"(빌 4:6). 감사 없이 구하기만 하면 하나님을 움직일 수 없다. 우리가 원하는 것만 열심히 구하지 말고, 그것과 함께 우리가 가진 것을 감사하는 마음이 있어야만 응답을 받을 수 있다. 물을 펌프에 집어넣는 이유는 더 많은 물을 길어 올리기 위해서다. 그와 마찬가지로 하나님께 감사하면 더 많은 축복을 받을 수 있다. 감사하지 않고, 모든 것이 하나님 덕분임을 간과하면 우리가 가진 모든 축복을 잃게 된다(신 28:47, 48).

토머스 굿윈

"A Discourse of Thankfulness," in *Works*, 9:510

욥은 결코 빼앗아갈 수 없는 하늘의 축복과 많은 재물을 자기에게 베풀어 주신 하나님께 감사했다. 그는 하나님의 사랑이 언제나 한결같다는 사실을 깨달았다. 하나님이 우리를 먼저 축복하지 않으시면 우리는 그분을 찬양할 수 없고, 하나님이 먼저 우리를 사랑하지 않으시면 우리는 그분을 사랑할 수 없다. 하나님이 고난과 유혹 속에서 우리의 영혼을 축복하신다는 사실을 알면 하나님을 찬양하는 마음이 절로 우러나온다. 그럴 때면 영혼은 "이것이 내 아버지의 뜻이라면 내가 어찌 그분이 주시는 잔을 마시지 않겠는가? 이것은 내 아버지께서 주시는 축복이니 내가 어찌 그분을 찬양하지 않을 수 있겠는가"라고 말한다. 거룩한 사도는 "범사에 감사하라"라고 가르쳤다. 어떤 상황에서도 감사하며 하나님을 찬양해야 한다.

토머스 굿윈

"Patience and Its Perfect Work," in *Works,* 2:454

하나님은 자신의 영광을 위해 모든 것을 정하셨다(잠 16:4). 그와 마찬가지로 하나님이 자기 백성에게 행하시는 것은 모두 그들을 유익하게 하고, 그로 인해 감사하게 하기 위해서다. 성경은 "범사에 감사하라"라고 명령한다. '범사에'라는 문구가 암시하는 대로, 하나님이 자기 백성에게 허락하신 묵상의 주제는 참으로 방대하기 그지없다. 성도들을 향한 거룩한 섭리의 과정은 한 권의 음악책과도 같다. 장마다 그들이 배워 불러야 할 찬양의 노래가 수록되어 있다. 성도들의 삶에서 "이번에는 하나님을 찬양할 만한 은혜를 받지 못했어."라고 말할 수 있는 순간은 단 한 순간도 없다.

윌리엄 거널

Christian in Complete Armour, 731

어떤 사람들은 하나님이 자비를 많이 베풀어 주실수록 감사에 더 인색하다. 지금 풍족할 때보다 가난할 때 변변찮은 음식을 감사하게 여겼고, 지금보다 병에 걸려 한밤중에 밤잠을 설칠 때 더 감사했다. 그러나 이제는 매일 밤 온전한 휴식을 허락하시는 하나님의 선하심을 조금도 의식하지 않고, 잠자리에서 일어난다. 하나님의 자비의 태양이 더 높이 치솟아 더 뜨겁게 내리쬐는데도 그분에 대한 사랑은 더 차갑게 식어가는 사람을 보면 참으로 이상하지 않은가? 재물이 늘어갈수록 마음이 황폐해지고, 축복이 넘칠수록 감사가 빈약해지는 것은 참으로 안타까운 일이 아닐 수 없다.

윌리엄 거널

Christian in Complete Armour, 737

감사하는 심령은 믿음을 아름답게 하는 더할 나위 없는 장식물이다. 감사는 불신자들에게 하나님을 전한다. 우리의 삶을 통해 그들에게 하나님을 보여주어야만 그들이 그것을 보고 그분을 알 수 있다. 그들은 우리의 인격을 통해 믿음에 관해 알고, 우리가 세상에서 살아가는 방식을 보고, 하나님과 그분의 길에 관해 알게 된다. 우리가 슬픈 얼굴로 살아가거나 하나님의 섭리를 불평한다면, 하나님의 길이 우리가 말하는 대로 그토록 즐거운 것이라는 사실을 그들이 어떻게 알 수 있겠는가?

윌리엄 거널

Christian in Complete Armour, 742

우리가 받은 축복을 기억하고 감사해야 한다. 우리가 받은 축복을 모래가 아닌 대리석에 새겨야 한다. "그의 모든 은택을 잊지 말지어다"(시 103:2). 그러나 이스라엘 백성은 그것을 곧 잊고 말았다. 그들은 그것을 기억하지 않았다. 그것은 그들의 잘못이었다. 나의 죄와 축복을 낱낱이 적어두고, 죄는 날마다 회개하고, 축복은 날마다 감사해야 한다.

필립 헨리

Remains, 137

감사의 정신은 무엇을 하든 날개를 펼치고 하늘로 높이 날아오른다. 이 정신은 항상 세상이 아닌 하늘을 향한다…감사하는 사람은 먹을 때도 하늘을 올려다보고, 마실 때도 하늘을 올려다본다. 그는 아래를 내려다보고, 또 위를 올려다본다. 그는 무엇을 보든 하나님에게서 눈을 떼지 않는다. 그는 무엇을 보고, 듣고, 맛보고, 냄새 맡든 날개를 펼치고 하늘을 향해 올라간다. 그는 먹든지 마시든지 무엇을 하든지 하나님의 영광을 위해 한다. 감사는 태양을 향해 높이 솟구쳐 오르는 독수리 같은 은혜다. 영혼은 감사를 통해 세상에서 하늘로, 피조물에게서 창조주에게로 날아오른다.

니콜라스 로키어

Balm for England, 134

적은 것에 감사하는 사람은 많은 것을 누린다.

윌리엄 세커

in Horn, *Puritan Remembrancer,* 19

감사하는 마음을 가지면 감사해야 할 하나님의 축복이 떨어지지 않을 것이다.

조지 트로세

Life, 71

아래의 일람표를 잘 간직해 두고 하

나님께 드려야 할 감사의 목록으로 사용하기를 바란다…

*감사하는 사람의 일람표

공적 상황. 내가 어떤 시대와 장소에 살고 있고, 어떤 왕이 통치하는 시대에, 어떤 나라, 어떤 도시에서, 어떤 관리들과 사역자들의 지도를 받고 있는지 생각해 보라.

가정적 상황. 어떤 부모와 학교 교사들과 가정 교사들의 가르침을 받고 자랐고, 어떤 아내와 자녀들과 종들로 하나님이 나를 축복해주셨는지 생각해 보라.

개인적 상황. 어떤 질병을 앓다가 회복되었는지, 어떤 위험을 겪었는지, 바다나 땅에서 어떤 재난을 경험했는지, 어떤 법정 소송에 휘말려 들었는지를 생각해 보라.

육체적 상황. 육체의 힘과 건강 상태가 어떤지 생각해 보라.

외적 상황. 어떤 재물이나 출생 신분이나 직임이나 권위나 평판과 같은 달란트를 받았는지 생각해 보라.

정신적 상황. 이해력과 기억력을 비롯해 어떤 정신적 능력을 소유하고 있는지, 또 어떤 예술이나 과학이나 교육의 도움을 받았는지 생각해 보라.

이상의 여러 상황들에 더하여 다음의 질문들을 생각해 보라. 언제, 어떻게 회심하고 하나님을 믿게 되었는가? 그리스도 안에 나타난 하나님의 사랑을 얼마만큼 확신하고 있는가? 성령 안에서 어떤 평화와 기쁨을 누리고 있는가? 나의 소명과 위치에서 선한 의무와 은혜가 성장하고, 발전하고, 증대되고 있는가? 유혹과 특별한 죄와 오래된 고질적인 악한 습관에 대해 어떤 승리를 거두었는가?

새뮤얼 워드

"A Peace–Offering to God," in *Sermons and Treatises,* 146 – 47

경건한 사람은 감사하는 사람이다. 찬양과 감사는 천국의 사역이다. 세상에서 그 사역을 시작한 사람은 장차 천국에서 항상 그 일을 하게 될 것이다. "세상을 존속시키는 것은 세 가지, 곧 율법과 하나님께 대한 예배와 감사다."라는 유대인의 격언은 감사가 없으면 세상을 지탱하는 기둥 가운데 하나가 없어지는 것이기 때문에 온 세상이 무너질 수밖에 없다는 의미를 함축하고 있는 것처럼 들린다.

토머스 왓슨,

Godly Man's Picture, 114

감사함이 없는 것

매일의 보호에 감사함이 없는 것은 매우 큰 악이며 이에 대한 경계심은 당신을 확실히 지켜줄 것이다. 하나님의 법칙은 다음과 같다. 상을 받고 진전을 보이는 사람에게 하나님은 더 많이 주신다. 그래서 상을 받고 진전하는 사람은 감사하며, 하나님의 매일의 보존과 보호를 누린다. 그는 이런 방식으로 하나님의 손에서 더 많이 받는다. 하지만 매일의 하나님의 선하심을 경히 여기고 무시하는 영혼은 하나님의 진노의 회초리 아래로 떨어지게 된다.

토머스 블레이크,

Living Truths in Dying Times, 126–127

찬양할 때 입을 활짝 여는 사람은 그 마음에 은혜가 가득 차게 된다. 감사함이 없는 것은 하나님의 귀를 닫고, 하나님의 손을 막는 것이며, 은혜의 하나님의 마음을 다른 곳으로 돌리게 만드는 것이다. 그래서 우리는 작은 은혜에도 감사해야 한다. 감사함이 없음은 가장 큰 불의다. 이는 하늘과 땅의 위대한 주인에게 마땅히 드려야 할 것을 드리지 않고 보류하는 것과 같다.

토머스 브룩스,

The Unsearchable Riches of Christ, in *Select Works,* 1:92

이미 은택을 입은 사람에게 감사하는 마음이 없는 세 가지 흔한 원인이 있는데 그것은 바로 시기심, 교만, 그리고 탐심이다. 시기심은 내가 받은 유익보다 다른 사람의 것이 더 크게 보이는 것이다. 교만은 하나님이 주신 은택보다 내 자신을 더 많이 보는 것이다. 탐심은 자신이 가지고 있는 것보다 가질 수 있었을 것을 더 많이 보는 것이다.

조셉 홀

Meditations and Vows, 67–68

하나님이 주신 은혜에 감사하지 않음으로써 주님을 불쾌하게 하지 않도록 주의해야 한다. 감사가 없는 삶은 많은 은혜가 묻히고 숨겨진 무덤과 같다.

올리버 헤이우드

Life in God's Favour, 157

감사함이 없는 것은 큰 죄이다. 하나님을 찬양하는 법을 배울 수 없고, 하나님이 그분의 은혜를 새롭게 하실 때 새로운 찬양을 부를 수 없는 마음은 점점 더 무거워질 것이다. 감사함이 없는 것은 확실히 하나님의 영광, 사람의 평안, 그리고 증가하는 은혜를 망친다. 감사하지 않는 자는 퇴보한다. 그것은 사람의 안녕을 해친다. 그것은 하나님의 것을 하나님에게 돌리지 않는 도둑질이다. 그것은 비열함의 토대이다. 감사하지 않는 것의 해악은 셀 수 없을 정도이다.

니콜라스 록키어

Balm for England, 140

감사함이 없는 것은 하나님의 모든 축복을 묻어버린 무덤과 같다

리처드 십스

in Horn, *Puritan Remembrancer*, 317

감정

하나님의 은혜에 관해 느끼는 현재의 감정을 근거로 자신의 믿음을 평가해서는 안 된다. 우리의 영혼은 이따금 아플 수도 있고, 기력을 잃을 수도 있기 때문에 우리의 상태를 얼마든지 잘못 판단할 수 있다. 자신의 믿음을 평가하려면 그리스도 안에 나타난 하나님의 사랑에 관한 올바른 이해를 근거로 삼아야 한다. 아무런 감정이 느껴지지 않을 때도 올바른 이해가 가능하다. 처음 회심할 때와 유혹을 받을 때 믿음을 느끼지 못하는 것과 믿을 의지가 전혀 없는 것은 완전히 다른 문제이다.

한니발 개먼

God's Just Desertion of the Unjust, 27

강퍅함

강퍅한 사람들은 선한 조언을 받아들이지 않는다. 그런 사람들은 그에 합당한 형벌을 면할 수 없을 것이다.

로버트 클리버

Plain and Familiar Exposition, 92

개신교인의 로마 가톨릭에 대한 시각

자비의 하나님은 이런 악한 폭도들, 곧 교활한 기브온 주민들(로마 가톨릭 교도)의 마음을 정복하신다. 그들은 우리 가운데 사는 동안 오래된 것이라는 구실로 우리를 속이려고 애쓴다. 사도 베드로의 철 신발, 자체로 가치가 있는 사도들의 오래된 옷, 사도들의 오래되고 곰팡이 냄새 나는 화체의 떡, 그들은 이 모든 것으로 여호수아와 그의 백성을 속이려고 획책한다. 우리는 기브온 주민들이 그렇게 했음을 안다. 하지만 이스라엘 백성이 속은 것은 여호와의 뜻을 구하지 않았기 때문이다(수 9:14). 그러므로 우리가 섬기는 주의 이름으로 이와 같은 농간이 일어나지 않도록 방비하자. 다윗의 결심은 틀림없이 다윗의 복을 가져올 것이다. 따라서 거룩한 수단은 행복한 결말을 낳지 않

을 수 없다.

아이작 바그레이브

Sermon Preached, 106

우리가 벌이는 모든 논쟁에서 우리들[개신교인]과 그들[로마 가톨릭 교도] 간의 한 가지 중대한 차이는 이것이다. 우리는 사람에게 영광을 돌리는 모든 방법을 제거하고 오직 하나님께만 영광을 돌린다. 그러나 그들은 하나님의 것을 빼앗아 사람에게 돌리고, 사람에게 신뢰를 두며, 사람을 자랑한다. 우리가 그들과 벌이는 논쟁은 예를 들어 다음과 같다. 성경보다 위에 있는 교회의 권세, 교황과 사제의 권한, 천사와 성인들에게 돌리는 경배와 기도, 천사와 성인들의 중보, 성례의 고유한 효력, 선을 행하는 인간의 자유의지, 보속과 공덕 행위, 공로 행위, 면죄부, 순례 여행. 이외에도 많다.

윌리엄 구지

Guide to Goe to God, 41

해리포드에서 그들은 대성당에서 성찬상을 전복하고 잔과 대야 등의 각종 물건들을 제거해 버렸다. 주님이 이제 자신의 교회에서 이런 모든 인간의 고안물들을 제거하고 계신다는 것을 알기 바란다.

브릴리아나 할리

February 17, 1641, *Letters*, 148 – 49

속이는 마음은 교황제도에 대해 명확히 설명하지 않고 다음과 같이 애매하게 말한다. "교황주의자는 종교의 본질을 가졌다. 그런데 왜 우리가 인간적 의식과 규례를 두려워해야 하는가? 교황주의자는 성경을 가졌다. 그런데 왜 우리가 불필요한 전통에 걸려 넘어지겠는가? 교황주의자의 성상들은 예배의 궁극적 대상이 아니라 예배를 불러일으키는 동기일 뿐이다. 그런데 왜 우리가 인간의 발명품을 사용해 헌신으로 나아가지 않겠는가? 교황주의자는 화체설 자체는 세세한 차이에 불과하다고 말한다. 그리스도의 몸은 방식이나 영으로 성체 안에 있다. 우리는 그리스도의 몸이 영적으로 있다고 말한다. 그 차이는 얼마나 작아 보이는가? 성인과 천사에게 기도하는 것은 단지 헛된 일이다. 인간의 공로는 그리스도와 약속에 접붙여지면 해로운 것이 아니다. 교황은 주교다. 그런데 왜 우리가 교황을 적그리스도로 생각해야 하는가?" 속이는 마음은 음녀를 그럴듯하게 묘사하면서, 그녀가 "비밀, 바벨론, 음녀들의 어머니, 땅의 가증한 것"이 아닌 것처럼 보이게 만들 수 있다. 그러므로 박해가 있을 때 속아넘어가지 않도록 당신의 마음의 기만성을 더 깊이 파악하라. 자기 마음을 신뢰하는 자는 미련한 자다. 아니 사실은 은밀한 우상숭배자다. 우리의 마음에 대해 거룩한 질투를 품자.

에드워드 폴힐

Armatura Dei, 40 – 41

영국 개신교인: 참된 종교는 도덕률을 파괴하지 않고 오히려 진전시키고 온전하게 하는데, 당신의 종교(로마 가톨릭)는 도덕률마저 파괴합니다. 고백하는데, 당신의 종교가 일으킨 피로 얼룩진 사건들 때문에 나는 당신의 종교를 의심하고 싫어합니다. 나는 그리스도를 평화의 왕으로 알고 있습니다. 그리스도는 채찍을 사용해 어떤 이들을 성전에서 쫓아내신 적이 있지만, 그 어떤 이도 채찍을 사용해 자신의 교회 안으로 강제로 들여보내신 적은 없습니다. 그리스도는 사랑의 줄인 설득과 설복으로 제자들을 이끄셨고, 제자들은 그리스도를 따랐습니다. 그러나 당신의 종교는 드레이코의 법과 같이 피로 기록되었습니다. 나는 당신이 우리의 주장을 격렬히 반대할 것을 알고 있습니다. 하지만 이뿐만이 아닙니다. 당신의 종교는 온갖 시민적 신앙과 사회도 파괴합니다. 나는 당신의 원칙을 알고 있고, 이단자와 같이 당신이 모호하게 설명하는 습관을 가진 것과 믿음을 지키지 않는 것도 알고 있습니다.

가톨릭 사제 : 나는 당신이 왜 그러는지 잘 압니다. 당신이 그렇게 말하는 것은 얀 후스 때문이겠지요. 얀 후스는 안전한 활동을 위해 황제의 신뢰를 얻은 후에 그 신뢰에 반하여 행함으로 콘스탄츠 공의회에서 화형을 당했습니다.

영국 개신교인 : 그렇습니다. 그것에 대해 당신은 뭐라고 말할 수 있겠습니까?

가톨릭 사제 : 당신은 몇몇 소수의 박사들의 의견을 우리 교회에 강요해서는 안 됩니다. 다른 이들은 이것을 부인하고 반대하는 글을 썼습니다.

매튜 풀

Dialogue between a Popish Priest and an English Protestant, 106 – 7

런던 대화재는 가톨릭 측이 음모를 꾸민 냄새가 난다. 공교롭게도 화약 음모 사건이 벌어진 곳과 같은 장소에서 일어났다. 다만 런던 대화재는 음모대로 성공했다. 세상은 이 사건이 가톨릭의 원리 및 관습과 얼마나 일치하는지 잘 알고 있다. 왕과 의회를 의도적으로 화약으로 폭파할 수 있는 자는 (양심에 조금도 망설임이 없이) 실제로 이단자 도시에 불을 질러 그들이 원하는 대로 도시를 잿더미로 만들었다. 그들은 교황의 지시에 따라 살인, 근친상간 등과 같은 매우 가증한 범죄를 일으킬 수 있고, 그들은 이런 행동을 공적을 쌓는 것(그들의 입장에서 공로)으로 여긴다. 결국 그들은 영광의 면류관 대신 영원한 지옥의 불길을 대가로 만날 것이며, 그들의 길에서 영광의 면류관은 조금도 바랄 수 없을 것이다. 나는 사람들이 이제는 로마 가톨릭 교도의 주장을 받아들이지 않고 로마 가톨릭과 그들의 길을 더욱 조심할 것으로 믿는다. 나는 로마 가톨릭이 바라는 것과 다른 반대 결과가 일어나고, 로마 가톨릭을 알지 못하는 새로 등장한 세대가 로마 가톨릭의 이런 관습을 허용할 수 있는 종교를 혐오하고 싫어하게 되기를 바란다.

토머스 빈센트

God's Terrible Voice in the City, 56 – 57

로마 가톨릭 교도들은 미사 규례가 완전하고 절대로 오류가 없기에 변경되거나 폐지될 수 없다고 말한다…그러나 성경에 더 충실한 우리 개신교인은 가톨릭 미사의 우상숭배적인 제사보다 더 부패하고 가증하고 온갖 불경건함과 이단과 거짓말로 가득 찬 것은 없다고 추호도 의심 없이 말한다. 몇 가지 오류를 모으면 이런 실상이 더 명확히 드러날 것이다.

앤드류 윌렛

Synopsis Papismi, 20 – 21

거듭나지 못한 상태

거듭나지 못한 상태는 죄와 사탄을 벗 삼는 상태로서 하나님과는 원수가 되고 사탄과는 친구가 되는 것을 의미한다…육신적인 마음도 이따금 사탄과 다툴 때가 있지만, 그것은 마치 두 사람의 펜싱 선수가 무대 위에서 서로 겨루는 것과 같은 거짓 싸움에 지나지 않는다. 언뜻 보면 그들이 서로 진지하게 싸우는 것처럼 보이지만 자세히 보면 서로의 타격점을 신중하게 골라 치는 것을 알 수 있다. 다시 말해, 그들이 서로를 죽일 의도가 없다는 것을 곧 알 수 있다. 시합이 끝나면 모든 의구심이 사라지고, 그들이 관객들을 즐겁게 하기 위해 싸웠다는 사실이 분명하게 드러난다. 육신적인 마음은 죄를 못마땅하게 생각하거나 죄를 짓지 않게 해달라고 기도함으로써 죄와 큰 싸움을 벌이는 것처럼 보이지만, 형식적인 의무를 이행하고 난 뒤에는 은밀한 곳에서 죄와 친밀하게 어울린다(그가 죄와 싸우는 목적은 단지 성도라는 평판을 유지하기 위한 것뿐이다).

윌리엄 거널

Christian in Complete Armour, 28

타락한 상태에 있는 사람은 가증스러운 악들로 이루어진 더러운 똥 더미와 같다. 그는 썩은 냄새가 나는 시체와 같아서 무익하게 되어 선을 전혀 행할 수가 없다. 그의 마음은 혐오스러운 정욕이 가득 쌓여 있는 마귀의 창고와 같고, 그의 혀는 저주와 독설과 불결한 말을 뿜어내는 샘과 같으며, 그의 손은 추악함과 속임수와 폭력을 저지르는 악의 도구와 같고, 그의 눈은 정욕과 교만과 허영심이 나뒹구는 대로(大路)와 같으며, 그의 발은 복수와 방종과 부정한 이익을 좇아 내달리는 기관차와 같고, 그의 삶은 온갖 죄악으로 이루어진 긴 사슬과 같다. 죄의 사슬은 날이 갈수록 더욱 길어진다. 그의 삶은 악의 방직공이라고 할 수 있는 마귀와 육신이 실을 자아 만들어내는 악의 피륙과 같다. 한 마디로, 그는 지옥의 독즙이 가득 찬 물주전자와 같다.

윌리엄 웨이틀리

New Birth, 7–8

거듭남

회개는 마음의 변화이고 거듭남은 인간의 변화이다. 첫 사람 아담이 둘째 아담으로 바뀌기 전에는 천국에 들어갈 희망이 전혀 없다.

토머스 애덤스

Exposition upon ... Second ... Peter, 587

세상에 속한 사람이 하늘의 일에 대해 말할 수는 있다. 그렇다고 그의 본성이 하늘에 속해 있는가? 사람이 하나님에 대해 생각할 수는 있다. 그렇다고 그의 본성이 경건한가? 사실은 다음과 같다. 거듭난 사람의 본성 안에는 은혜가 들어와 있다. 하나님은 자기 백성을 거듭나게 하실 때 자신의 법을 그들의 속에 두겠다고 말씀하신다(렘31:33). 하나님은 그들이 의무를 이행할 뿐 아니라 그들의 마음으로 의무를 수행하며, 마음으로 설교를 들으러 갈 것이라고 말씀하신다.

윌리엄 페너

"The New Birth," in *Four Profitable Treatises*, 133

은혜가 없는 것과 은혜가 있는 것 사이에는, 은혜가 약한 것과 은혜가 강한 것 사이보다 더 큰 간격이 있다. 그리고 혼돈과 무(無) 사이는, 혼돈과 이처럼 아름다운 하늘과 땅의 질서 사이보다 더 큰 간격이 있다. 창조의 첫째 날 사역이 가장 중대하다…이 사역을 은혜의 행위에 빗대어 생각하라. 영광의 면류관을 씌워주는 것보다 회심의 은혜를 주는 것이 더 큰 긍휼이다. 왕자가 가난한 처녀와 결혼해서 그녀를 공주처럼 꾸미는 것보다 왕자가 가난한 처녀와 결혼하는 것 자체가 더 큰 은혜와 낮춤이다. 왕자는 가난한 처녀와 결혼할 수도 있었고 결혼하지 않을 수도 있었지만 일단 결혼 후에는 부부 관계로 인해 그녀를 공주처럼 꾸밀 것이 당연히 요구된다. 하나님은 당신에게 은혜를 베풀지 말지 선택하실 수 있었으나 은혜를 베푸는 것을 선택하신 후에는 당신이 하나님의 언약과 갖는 관계로 말미암아 하나님은 영광스러운 자신의 신부로서 적합한 상태가 될 때까지 당신에게 더욱 많은 것을 베풀어 주셔야 한다.

윌리엄 거널

Christian in Complete Armour, 40

재촉하라. "믿음은 들음에서 나며 들음은 그리스도의 말씀으로 말미암았느니라"(롬 10:17). 은혜가 없으면 나는 구원받을 수 없고, 말씀이 없으면 나는 은혜를 소유할 수 없다. 따라서 말씀 안에서 하나님을 기다리도록 마음을 일깨우라. 사실은 신적 은혜가 모든 것을 행하고, 하나님이 우리를 낳으신다. 하지만 그것이 "진리의 말씀"으로 말미암는다는 것을 명심하라. 하늘의 축복으로 결실의 계절이 임하지만 쟁기질은 필수적이다. 성령의 효력을 수단을 소홀히 한 것에 대한 핑계거리로 내세우는 것은 이 시대의 궤변 가운데 하나다.

토머스 맨톤

Practical Exposition on the Epistle of James, 49

거듭남은 전 인간의 변화다. 곧 인간의 모든 부분과 기능을 바꾼다. 거듭남으로 말미암아 악한 본성의 상태에서 초자연적 은혜의 상태로 바뀌고, 이때 우리의 첫 범죄로 훼손되고 상실된 하나님의 형상이 어느 정도 좋은 상태로 다시 회복된다.

에제키엘 홉킨스

"The Nature and Necessity of Regeneration," in *Select Works,* 124

거듭남은 하나님이 순전히 그분의 선하신 기쁨으로 그분의 영광과 택함받은 자의 구원을 위해 행하시는 하나님의 영의 사역이다. 거듭남 안에서 하나님은 말씀 사역을 통해 전 인간을 하나님 자신의 형상으로 새롭게 하신다.

조지 스윈녹

"The Door of Salvation Opened by the Key of Regeneration," in *Works,* 5:20

수단의 필요성으로 여러분의 영혼을

거듭남은…마음을 변화시켜 새로운

틀 속에 집어넣는 것 외에 다른 것이 아니다. 이것을 함축하는 다음과 같은 말씀이 있다. "오직 마음을 새롭게 함으로 변화를 받아"(롬 12:2). 성육신 안에서 그리스도는 우리의 인성을 취하셨다. 거듭남 안에서 우리는 그리스도의 신성에 참여한다.

토머스 왓슨

The Christian's Charter of Privileges, in *Discourses*, 1:24

거듭나지 않은 자는 영적으로 사생아와 같다. 마귀가 그의 아버지다. "너희는 너희 아비 마귀에게서 났으니." 죄인의 마음속에 그리스도가 새겨지고, 그 결과 그의 수치가 그에게서 떠나갈 때까지 그는 이런 상태에 있다. 거듭남은 사람을 고귀하게 만든다. 거듭난 사람은 "하나님께로부터 난 자"로 불린다(요일 3:9). 이런 영혼은 얼마나 아름다울까! 나도 버나드와 함께 "오, 하나님의 형상을 입고, 믿음으로 하나님과 연합하고, 성령으로 존귀하게 된 거룩한 영혼아!"라고 말할 수 있다. 거듭난 사람은 온갖 은혜로 꾸며진다. 그에게는 거룩함의 은빛 광채가 있고 천사들의 영광이 그 안에서 빛난다. 그는 그리스도의 아름다움을 거울처럼 반사한다. 새 피조물은 하늘의 식물로 가득 찬 새로운 낙원이다. 은혜로 고귀하게 된 영혼은 (공손하게 말해) 하나님의 작은 천국이다.

토머스 왓슨

The Christian's Charter of Privileges, in *Discourses*, 1:25

첫 번째 탄생과 두 번째 탄생은 차이가 있다. 첫 번째 탄생은 땅, 곧 세상에 속해 있다. 두 번째 탄생은 하늘의 하나님께 속해 있다. 첫 번째 탄생은 죄로 가득한 자연에 속해 있다. 두 번째 탄생은 신성함으로 가득 한 은혜에 속해 있다. 첫 번째 탄생은 혈과 육에 속해 있다. 두 번째 탄생은 본래 영과 물에 속해 있다. 한 마디로 첫 번째 탄생은 죄악을 주고, 두 번째 탄생은 생명을 준다. 첫 번째 탄생은 우리를 잃어버린 자 되게 하고, 두 번째 탄생은 우리를 회복시킨다. 오, 복된 두 번째 탄생 없이는 어떤 탄생도 행복하지 않다. 첫 번째 탄생만으로는 온 세상의 상속자로 태어날지라도 모든 것이 그저 비참함일 뿐이다!

아이작 암브로우스

The Doctrine of Regeneration, in *Works*, 18

달걀은 암탉에게서 떨어져 나오는 것으로 병아리가 되는 것이 아니다.
사람은 거듭날 때까지 그리스도인이 아니다.
달걀은 처음에는 껍질 속에 들어 있

다.
사람은 은혜를 받기 전에 죄와 어둠 속에 거한다.
달걀은 온기를 받을 때 병아리가 된다.
그리스도는 죄로 죽은 자를 그분의 은혜로 살리신다.
병아리는 처음에 껍질 속에 갇혀 있다.
하늘에서 태어난 영혼도 육체 안에 갇혀 있다.
껍질에 금이 가고 병아리가 짹짹거리며 보이기 시작한다.
육체가 쇠하고 사람은 기도하고 울기 시작한다.
껍질이 깨지고 병아리가 밖으로 나온다.
육체가 떨어져 나가고 영혼이 높이 올라간다.
그러나 둘 다 똑같은 곤경을 겪는 것은 아니다.
영혼은 안전하고, 병아리는 이제 솔개를 두려워한다.
그러나 썩은 달걀에서 나온 병아리는 자라지 않는다.
위선자도 사실은 성도가 아니다.
암탉은 썩은 달걀도 품는다.
썩은 달걀은 갈라지면 악취가 나고 사람들이 싫어한다.
암탉의 온기는 썩은 것을 온전한 것으로 만들지 못한다.
썩은 것은 썩은 상태가 결국 드러날 것이다.
위선자도 죄가 그를 소유하고 있다.
위선자는 신앙고백의 껍질 아래 썩어 있는 달걀이다.

존 번연

Divine Emblems, 12–13

새 피조물은 오로지 신적 권능의 결과물이다. 이것은 중대한 진리이다. 요한은 새 피조물의 기원과 유래, 곧 새 피조물이 어디서 나오고 어디서 나오지 않는지를 말해 준다. "새 피조물은 혈통으로 태어난 자가 아니다." 즉 새 피조물은 혈과 육으로 이루어진 사람이 아니므로 사람 가운데 어느 누구에게도 속하지 아니하고 또 어느 누구에게서도 나지 아니한다. 새 피조물은 육신에 따라 아브라함의 씨인 것도 아니다(롬 9:7). 그렇다고 새 피조물이 "육정으로" 나는 것도 아니다. 육신적이고 감각적인 욕망은 영적 탄생과 아무 관계가 없다. 또한 새 피조물은 "사람의 뜻"으로 나는 것도 아니다. 사람을 다른 피조물보다 더 높은 반열에 올려 놓는 이성의 기능도 우리의 신적 자녀 신분에 조금도 기여하지 않는다. "오직 하나님께로부터 난 자들이니라"(요 1:13). 말하자면 새 피조물의 탄생은 오직 하나님의 사역이고 자연인(육에 속한 사람)은 거듭남과 아무 관련이 없다. 새 피조물은 마른 뼈가 살아나듯 완전히 수동적으로 태어난다(겔 37:5, 9, 14). 그리고 나사로가 다시 살아났을 때 "죽은 자가 수족을 베로 동인 채로 나온" 것과 같다(요 11:44).

엘리샤 콜스

Practical Discourse, 190

그들이 원하는 대로 핑계를 대도록 놔두라. 그들이 새 탄생을 멸시하는 진짜 이유는 새 생명을 미워하기 때문이다. 하나님을 위해 사는 것을 참을 수 없는 자는 하나님에게서 태어났다는 소식을 듣는 것을 참을 수 없다.

존 오웬

Golden Book, 216

거룩함

우리를 영광으로 작정하신 분은 거룩함과 부지런한 순종으로 말미암는 견인을 통해 우리를 영광으로 인도하신다. 그분은 하나 없이 다른 하나를 작정하지 않으셨고 그 외 다른 방법으로 우리를 구원하지 않으신다. 우리는 회심시에 많은 위험을 피하게 되었다. 그러나 우리가 조심하고 부지런함을 나타내어 피해야 할 더 많은 위험이 있다. 우리는 사망에서 생명으로 옮겨졌지만, 이 땅에서 천국으로 옮겨진 것이 아니다. 우리는 은혜의 생명을 소유하고 있지만 아직 영광의 생명에는 이르지 못했다. 그렇다면 우리가 은혜의 생명을 사용하여 살아가야 하는 이유는 무엇인가? 우리가 포도원에 일하러 오지 않았다면 무엇을 하러 왔겠는가? 우리가 그리스도의 군대에 들어온 이유는 전투하기 위함이 아니고 무엇이겠는가? 우리가 경주에 참여한 이유는 상 얻기 위함이 아니고 무엇이겠는가? 우리가 올바른 길로 들어선 이유는 그 길을 따라 순례의 길을 걸어가기 위함이 아니고 무엇이겠는가?

리처드 백스터

Baxteriana, 125

현재 당신이 지니고 있는 정도의 거룩함으로 그냥 만족해 버린다면, 당신은 거룩함의 그림자와 자만 외에는 아무것도 가지지 못한 것이다. 우리가 이르러야 할 거룩함을 에누리하면서 뭐든지 적당한 것이 좋다고 말하는 사람들이 있다. 그들은 다른 사람보다 더 하나님을 사랑하고 경외하며 순종하고 찾는 것을 지나친 광신으로 간주한다. 거룩함이 무엇인지 경험적으로 아는 자들은 결코 그러한 자만심에 사로잡히지 않을 것이다.

리처드 백스터

Baxteriana, 221

은혜의 삶은 (1) 우리 지성의 평가에 있어, 모든 세속적인 것들보다 하나님과 천국과 거룩함을 더 우선시하는 것이며, (2) 우리 의지로, 다른 모든 것보다 먼저 그것들을 선택하고 결단하는 것이며, (3) 많은 어려움과 시행착오 속에서 그것들을 위해 분투하며 추구하는 것이다. 이 세 가지가 거룩함을 구성하는 요소이다.

리처드 백스터

A Christian Directory, in *Practical Works*, 2:514

거룩함은 바로 하나님의 모습이며, 확실히 하나님의 성령 외에는 그 탁월한 모습을 새길 수 없다. 거룩함은 신적인 본성이며, 성령 외에는 누구도 그것을 사람에게 부여할 수 없다. 성령님은 거룩함의 위대한 원리가 되신다.

토머스 브룩스

Cabinet of Choice Jewels, 365

성도들의 거룩함과 행복은 마귀와 그의 자녀들의 수치와 고통이 된다.

조셉 카릴

Directory for the Afflicted, 11

하나님은 그분의 권능으로 피조물을 행복하게 하시지 않고서는, 그 어떤 행복한 피조물의 주님도 되실 수 없다. 그리고 그분의 은혜로 그들을 거룩하게 하시지 않고서는, 그들을 행복하게 하실 수 없다.

스테판 차녹

Discourses upon the Existence and Attributes of God, 699

거룩함이 죄를 저지를 수 없듯이, 죄를 승인하거나 용인할 수도 없다. 다른 사람의 악한 행위를 기뻐하는 것은 그 자체로 유죄일 뿐만 아니라 죄를 저지르는 것과 같다. 어떤 일에 대한 승인은 그것에 대한 찬동이기 때문이다.

스테판 차녹

selections, 132–33

거룩함은 생명과 평강으로 향하는 자연적 경향을 지닌다. 그것은 "생명 나무"이다(잠 3:18). 은혜와 영광은 동일한 뿌리에서 자란다. 구원은 믿음의 결국이요, 그로부터 자라는 꽃이다(벧전 1:9).

엘리샤 콜스

Practical Discourse, 50

거룩함은 영광의 씨앗이다. 거룩한 자들은 그들이 획득한 것의 종류와 확실성에 있어서 영광 안에 있다. 장미나 백합의 씨앗을 생각해보라. 자라서 만개할 꽃과 씨앗 안에 잠재력으로 존재하는 꽃을 비교해 보라. 장차 있을 영광에 비해 현재는 아무런 영광이 없다고 할 수 있을 것이다.

엘리샤 콜스

Practical Discourse, 251

거룩함은 천국을 증거하는 영혼의 최고의 증거이며, 천국으로 가는 길에 끊임없는 위로를 주는 샘이다. 이 세상에서 가장 순수하고 달콤한 즐거움은 거룩함에서 비롯된다. 거룩하게 살기 전에는 결코 평안 가운데 살지 못한다. 천국은 거룩함으로 요약된다.

존 플라벨

Fountain of Life, 388

복음적인 거룩함은 완전한 순종을 할 수 있게 하기보다 기꺼이 순종하게 만든다. 성도는 그의 다리가 하나님의 계명의 길에서 엉금엉금 기어갈 때 그의 마음은 기뻐 뛴다. 마리아는 천사들에게 그리스도를 어디에 두었는지 물었다. 그것은 그분을 어깨에 메고 옮길 각오가 된 것을 의미한다. 그것은 그녀가 할 수 없는 일이었다. 마리아의 애정은 그녀의 등보다 훨씬 강했다.

윌리엄 거널

Christian in complete Armour, 293

거룩해지기를 추구하는 사람은 자기 안의 부패를 제어하기 위해 분투해야 할 뿐 아니라 은혜 안에서 성장하기 위해서도 그만큼 노력해야 한다. 모든 죄에는 그것과 반대되는 은혜가 있다. 거룩함의 능력 가운데 행하려는 사람은 죄를 피하기 위해 노력할 뿐만 아니라 그것과 반대되는 은혜를 얻기 위해 노력해야 한다. 하나님은 우리가 어떤 자가 아니었는지를 묻지 않으시고 우리가 어떤 자이었는지를 물으실 것이다. 맹세하지 않고 저주하지 않는 것만으로는 우리에게 도움이 되지 않을 것이다. 도리어 당신은 이런 질문을 받게 될 것이다. “너는 하나님의 이름을 어떻게 송축하고 거룩하게 하였는가?” 악한 관행을 그냥 버리는 것만으로 만족하지 않고 그와 반대되는 은혜를 행하기 위해 힘쓰는 자가 참된 그리스도인이다. 당신은 항상 참지 못하고 조급하며 마음이 불만족에 사로잡혀 있지는 않은가? 당신의 마음이 하나님과 다투는 것을 잠잠하게 하는 것으로 충분하다 생각지 말라. 당신이 달콤하게 하나님을 의지할 수 있을 때까지 하나님께 부르짖고 분투하라.

윌리엄 거널

Christian in complete Armour, 308

당신이 거룩하기 때문에 당신을 사랑하지 않는 사람들은 당신을 미워하는 것과 동일한 이유로 당신을 두려워하고 존중하지 않을 수 없다. 성도가 악인들에게 순응하고 그들과 어울리기 위해 자신의 거룩함을 약간이라도 타협한다면, 그것은 곧 그들의 관심을 상실하는 길이다. 그는 약간의 거짓된 사랑을 얻겠지만, 이제 악인들의 양심은 그의 거룩함에 바쳤던 영예를 더 이상 바치지 않을 것이다. 거룩함의 능력 안에서 행하는 그리스도인은 힘 있는 삼손과 같다. 악인들이 그를 두려워한다. 그러나 그가 자신의 거룩한 고백을 수행하는 도중에 함부로 행하고 무기력하다면, 그는 악인들의 포로가 되어 그들의 혀의 채찍질과 마음의 조소 아래 처하게 된다.

윌리엄 거널

Christian in complete Armour, 334

죄의 권세에 대항할 뿐 아니라 거룩함의 능력을 위해 기도하라. 악인은 자신의 죄에 대한 적개심이나 거룩함에 대한 사랑에서 기도하는 것이 아니다. 그는 자신의 양심을 성가시게 하는 손님을 무마하기 위해 기도할 뿐이다. 그의 열심은 죄에 대해서는 뜨겁지만 거룩함에 대해서는 차갑다. 그것은 거짓된 열심이다. 적군을 받아들이지는 않지만, 합법적인 왕을 몰아내는 도시는 여전히 반역을 행하는 도시이다.

윌리엄 거널

Christian in complete Armour, 725

당신은 그리스도께서 당신을 위해 죽으시고 지옥에서 당신을 구해내셨다고 쉽게 믿는다. 그 사실이 맞다면, 그리스도께서 당신을 헛된 대화와 죄의 종노릇하는 데서 해방하신 것도 사실이어야 한다. 그런 일이 일어난 것을 스스로 인지하지 못한다면, 당신은 다른 것에 대해서도 확신을 가질 수 없다. 계속 죄의 사슬에 매여 있는 자신을 발견한다면, 당신이 확실히 알 수 있는 것은 이 사슬이 베드로후서에서 말하는 다른 어두움의 사슬에 당신을 얽어맬 것이라는 사실이다(베드로후서 2:4). 스스로 속이지 말라. 만일 죄와 세상에 대한 사랑이 그리스도의 사랑보다 당신의 마음에 더 강하게 작용한다면, 당신은 아직 그분의 구속에 참여하지 못한 것이다.

로버트 레이턴

A Commentary upon the First Epistle of Peter, in *Whole Works*, 1:134

세상을 십자가에 못 박고 죄를 정결케 하며 영혼을 하나님의 형상으로 빛어내는 것은 참으로 신자 안에 있는 그리스도의 영께서 하시는 일이다. 그리스도 안에 있지 않고서 거룩해지는 것은 불가능하며, 참으로 그 분 안에 있으면서 거룩해지지 않는 것도 불가능하다.

로버트 레이턴

Spiritual Truths, 161

천국에 대한 우리의 갈망이 규칙적이라면, 우리는 고난으로부터의 자유가 아니라 죄로부터의 자유를 생각할 것이다. 그리고 우리 목표의 우선순위는 완전한 행복이 아니라 완전한 거룩함에 있을 것이다.

존 오웬

Golden Books, 215

사람은 외적인 의무들을 수행하고, 약간의 기쁨으로 말씀을 듣고, 많은 일을 기쁨으로 행할 수도 있다. 그들은 정욕으로 인한 오염과 부패를 피할 수도 있고, 다른 이들과 같은 극한의 방종과 방탕에 빠지지 않을 수도 있다. 그럼에도 그들은 하나님에 관한 내밀한 생각 가운데 기쁨과 만족을 누리는 것에 대해 낯선 사람일 수 있다. 나는 사람들의 마음이 세속적인 것들로 계속해서 가득 차 있으면서, 그들 자신의 소명과 합법적인 즐거움을 가장하거나 세상의 쾌락이나 이익에 과도하게 집착하지 않는 것만으로 만족해하는 것을 이해할 수 없다. 하나님과 동행하고 하나님을 위해 산다는 것은 그저 외적인 죄를 더 많이 금하고 외적인 의무를 더 많이 수행하는 데서 발견되지 않는다. 이 모든 일들이 하나님께 받아들여지지 않으면서도 그릇된 마음의 구조와 그릇된 목적과 원리들에 따라 행해질 수 있다. 하나님이 요구하시는 것은 우리의 진실한 마음이다. 기쁨을 동반한 하나님을 향한 애정, 그리고 거룩한 생각들에서 나오는 행위가 아니면 어떠한 외적인 의무도 하나님께 받아들여질 수 없다.

존 오웬

On Being Spiritually Minded, in Oweniana, 134–135

율법에서 제사장의 이마 위에 두는 패 위에 새겨진 단어로서 오늘날의 복음 설교자에게도 요구되는 것은 무엇인가? 그것은 거룩함이다. 복음 설교자에게 요구되는 것은 외적 부유함이나 위대함이 아니다. 그러한 것들은 타조의 날개와 같아서 날지 못하고 펄럭이며 빨리 달려 멀리 갈 수 있게 만들 뿐이다. 그것들을 통해 우리는 그저 다른 사람들을 능가할 수 있을 뿐, 그 자체로는 하늘을 날거나 다른 사람들을 천국으로 데려가는 데 아무런 도움이 되지 않는다. 제사장과 설교자들에게 학식이나 유능함 같은 은사들이 필요하긴 하지만 그의 면류관에 새겨질 단어는 그런 것들이 아니라 오직 '거룩함'이다. 은혜가 없는 지식, 거룩함이 없는 머릿속의 학식은 두꺼비 머리에 있는 아름다운 보석과 같거나 죽은 시체 위에 놓여 있는 꽃과 같아서 썩은 냄새를 막지 못할 것이다.

앤소니 터크니

Sermon 24 in *Forty Sermons*, 428

거룩함은 씨앗 안에 있는 영광이요, 영광은 꽃 안에 있는 거룩함이다.

토머스 왓슨

Puritan Gems, 80

본성의 상태에 있고, 죄의 권세 아래 있고, 죄 사함을 받지 못하고, 거룩해지지 않은 사람들은 허물과 죄 가운데 죽은 자들이다. 복음으로 말미암아 타락으로부터 회복되고 은혜의 상태에 들어간 사람들에 대해서도 죽었다는 표현이 사용된다. 그들은 죄에 대하여 죽고 세상에 대하여 죽었다. 그러나 그들은 새로운 생명, 다른 종류의 생명을 얻었다. 이 숨겨진 생명을 묵상하고 그 새 생명의 본질을 탐구하라. 이를 통해 사람은 새로운 피조물, 참된 그리스도인이 되는 것이다. 그의 영적 생명은 하나님께 헌신하고 천국과 영원의 목적을 위해 살아가는 삶에 있다. 성경은 이것을 영원한 생명이라 부른다. 은혜의 생명은 무덤에서 살아나서 하늘에서 완성된다. 이것은 믿음과 거룩함과 평강의 삶이다. 믿음의 삶은 우리에게 필요한 모든 것을 하나님께 의존하는 삶이고, 거룩한 삶은 영광 돌림과 섬김의 방식으로 우리가 하나님께 받은 모든 것을 다시 하나님께 돌려드리는 삶이고, 평강의 삶은 예수 그리스도를 통한 하나님의 호의와 우리를 받아주심을 감지하는 안락함을 누리는 삶이다.

아이작 왓츠

Devout Meditations, 25–26

거짓 교사들

나다나엘 빈센트는 사역을 침해하는 자들을 물리치려는 열정이 매우 컸다. 그의 교인들도 그를 닮았으면 좋겠다. 그런 사람들을 멀리하고, 그들의 말에 귀를 기울이지 말라. 기생충 같은 사람들이 우리 가운데서 무리를 이루어 구석이나 방이 아닌 강단에서 끔찍한 소음을 일으켜 우리를 혼란스럽게 만들기 시작했다. 이들은 우리에게 애굽의 재앙과 같다. 사역자들과 교인들이 이 무식한 율법폐기론자들을 신속하고, 효과적으로 논박하지 않으면 이미 비국교도 교회의 명예를 더럽힌 그들이 교회를 완전히 망가뜨릴 것이다.

나다니엘 테일러

Funeral Sermon [on Luke 12:40], 25

거짓된 교리와 오류

오류와 분열과 이단의 차이는 다음과 같다. 오류는 그릇된 견해를 주장하는 것이고, 분열은 그런 견해에 다수가 동의를 표하는 것이며, 이단은 거기에서 한 걸음 더 나아가서 진리를 말살하는 것이다. 오류는 죄를 유발하지만 분열을 초래하지는 않고, 분열은 죄와 분열을 일으키며, 이단은 죄와 분열과 대유행을 조장한다….오류는 약하고, 분열은 강하고, 이단은 강퍅하다. 오류는 나갔다가 종종 다시 들어오고, 분열은 들어오지 않고 새 교회를 만들며, 이단은 새 교회는 물론, 아무 교회도 만들지 않는다. 오류는 집의 타일을 벗겨내고, 분열은 벽을 무너뜨리며, 이단은 기초를 뒤엎는다. 오류는 어린아이와 같고, 분열은 건방진 풋내기와 같으며, 이단은 노망한 늙은이와 같다. 오류는 이성의 권고를 듣고, 분열은 이성과 다투며, 이단은 이성을 무시한다. 오류는 부풀어 오른 상처와 같고, 분열은 곪아 터진 상처와 같으며, 이단은 잘려나간 상처 부위와 같다. 오류에서 신속히 돌아오는 자는 분열로 치우치지 않고, 분열에서 신속히 돌아오는 자는 이단으로 치닫지 않는다. 오류는 책망과 동정을 받고, 분열은 책망과 징벌을 받으며, 이단은 책망과 파문을 당한다. 분열은 동일한 믿음을 유지하지만 이단은 또 다른 믿음을 만들어낸다. 분열과 이단은 이런 식으로 구별되지만, 하나님의 예방적 은혜가 없으면 전자가 후자로 바뀌는 것은 시간문제다.

토머스 애덤스

Exposition upon … Second … Peter, 211

오류는 영적 사생아와 같다. 오류의 아버지는 마귀이고, 어머니는 교만이다. 오류를 주장하는 사람 가운데 교만하지 않은 사람은 한 사람도 없다. 그런 사람들을 밝히 드러내어 하나님의 심판이 임할 것이라는 사실을 깨우쳐주어야 하고(살후 2:12), 오류로부터 아직 자유로운 사람들이 오염되지 않게 해야 한다.

시므온 애쉬

Primitive Divinity, 77

오류는 온갖 말로 자신을 옹호하고,

정직한 의문을 통해 자신의 정체가 드러나는 것을 막기 위해 갖가지 모호한 말을 남발하며, 자신의 논지를 펴기 위해 많은 지식과 수사학을 동원한다. 진리를 받아들이려면 그것을 볼 수 있는 빛과 그것을 사랑하는 마음이 필요하다.

시므온 애쉬

Primitive Divinity, 202

오류는 처음부터 거짓말쟁이였고, 거짓의 아비였던 마귀에게서 기원한다(요 8:44). 그릇된 교리를 퍼뜨리는 자들은 자신의 나라를 세워 확장하는데 많은 영향력을 행사한다. 이것은 바울 사도가 살인, 간음, 주술 등과 함께 나열할 만큼 수치스러운 죄에 해당한다(갈 5:19, 20).

제임스 더햄

Treatise concerning Scandal, 140

오류가 전혀 없는 사람은 아무도 없다. 마귀에게 이끌려 한 가지 오류를 저지르면 곧 또 다른 오류를 저지르기 쉽다. 이는 논리가 한 번 어그러지면 수백 가지 불합리가 발생하는 것과 같다. 마귀에게 한 번 예라고 말한 사람은 잠시 뒤에는 그가 기뻐 웃더라도 아니라고 말하지 못할 것이다. 오류의 언덕 위에서 뒹구는 자는 바닥에 도달할 때까지 뒹구는 것을 멈추지 못할 것이다.

토머스 홀

Pulpit Guarded, xviii

한 가지 오류는 또 다른 오류로 이어지기 쉽다.

윌리엄 젠킨

in Horn, *Puritan Remembrancer,* 13

영혼을 중독시키는 것은 영혼을 학대하는 것이다. 오류는 달콤한 독즙이다. 이그나티우스는 이를 마귀의 발명품으로 일컬었다. 오류도 악덕과 마찬가지로 영혼을 지옥에 떨어뜨리는 죄에 해당한다. 그릇된 견해도 술주정뱅이의 삶만큼 신속하게 영혼을 지옥에 떨어뜨린다.

토머스 왓슨

The Beatitudes, in *Discourses,* 2:410

거짓말

한 가지 거짓을 말하기는 쉽고, 한 가지 거짓만 말하기는 어렵다.

토머스 풀러

in Thomas, *Puritan Golden Treasury,* 108

서로 거짓을 말하지 말라. 지옥에 가고 싶지 않으면 농담으로도 거짓을 말하지 말라.

존 트랩

A Commentary ... upon ... the New Testament, 798

걱정근심

어떤 일을 하고 있든, 그 일이 아무리 크고, 힘들어 보이든 걱정하거나 근심하지 말고 지금 최선이라고 생각되는 일을 하고, 모든 것을 하나님께 맡겨라. 그분의 인도와 도우심을 믿고 의지하면 모든 것이 잘 되고, 당신이 스스로 근심하며 걱정했던 것보다 훨씬 나은 결과를 얻게 될 것이다. 왜냐하면 하나님이 그 일을 친히 맡아 처리해 주실 것이기 때문이다. 하나님을 의지하면 그분이 관심을 기울여 주신다. 하나님은 가장 좋은 수단을 생각해 내도록 도우시며, 그것을 잘 사용하도록 축복하실 것이다. 그분은 모든 방해와 장애물을 없애주시고, 그것과 관련된 모든 것을 섭리해 효력이 발생하도록 인도하실 것이다. 우리의 염려를 하나님께 맡기면 그분이 항상 우리를 보살피고, 지혜로 우리를 가르치고, 조언을 베풀어 우리를 인도하고, 은혜로 우리를 돕고, 성령으로 우리를 위로하며 거룩하게 하고, 전능한 능력으로 우리를 보호하고 강하게 해 결국에는 자신과 함께 영광을 누리게 하실 것이다.

윌리엄 베버리지

Sinfulness and Mischief of Worldly Anxiety, 68 – 70

온당한 염려는 지혜의 행위다. 그것은 마땅히 해야 할 일을 비롯해 추구해야 할 선과 피해야 할 악을 옳게 판단함으로써 취해야 할 것과 피해야 할 것을 적절하게 구분할 수 있게 해 줄 뿐 아니라 적합하고, 합법적인 수단을 신중하게 사용해 열정적으로 선을 추구하고, 악을 배제하도록 도와준다. 자신에게 도움을 주는 것은 아무것도 배제하지 않고, 자신의 합법적인 목적을 방해하는 것은 무엇이든 삼가는 사람은 일을 끝마쳤을 때 더 이상 염려하지 않고, 평안함을 누린다. 그런 사람은 성공에 대한 염려를 모두 하나님께 맡긴다. 그는 선한 수단을 사용하면 좋은 결과가 나올 것이라고 기대하면서도 어떤 결과가 나타나든 자기 뜻보다는 하나님의 뜻을 따르겠다고 굳게 결심한다. 이와는 달리 그릇된 염려는 두려움과 불신의 행위다. 그릇된 염려는 생각과 마음을 어지럽혀 불안하게 만들고, 초조한 마음으로 욕망을 무절제하게 추구하게 하며, 성공에 관한 두려움과 의심 가운데 당혹감에 시달리게 한다.

헨리 스쿠더

Christian's Daily Walk, 242–43

검소한 삶

사치를 일삼지 않도록 주의하라. 직업 활동은 부지런히 하고, 생활은 검소하게 하는 것이 사랑을 실천하는 특별한 방법이다. 유스티누스는 "검약은 미덕의 어머니다."라고 말했다. 나는 검약이 사랑의 토대요 지주대라고 확신한다. 재산이 아무리 많아도 그것을 절약해서 사용하지 않으면 사랑을 실천하기가 어렵다. 그러나 재산이 적더라도 절약해서 사용하면 항상 사랑을 베풀 여력이 있게 된다. 따라서 사랑을 실천하기 원한다면 주의를 기울여 불필요한 지출을 삼가야 한다.

토머스 구지

"A Sermon on Good Works," in *Riches Increased by Giving*, 133–34

하나님의 섭리로 재물을 많이 얻은 사람은 탐욕스러운 사람이 아니다. 탐욕스러운 사람이란 아무것도 기꺼이 베풀려고 하지 않는 사람을 말한다. 때로 이리저리 이해를 따져 베푸는 사람도 그저 모으기만 하는 사람 못지않게 타산적이다. 우리는 재물을 쌓기보다 베푸는 일을 통해 더 많은 지혜를 발견할 때가 많다. 독자들이여, 세상에서 장수하기를 바란다면 탐욕스러운 사람이 되지 말라. 천국에서 영원히 살려면 인정 많은 사람이 되어야 한다. 집에서 사랑의 태양이 떠오르거든 항상 세상을 향해 빛을 비추게 해야 한다.

윌리엄 세커

Nonsuch Professor, 66

게으름

선한 사람은 아무것도 하지 않는 것을 지겨워한다. 아무것도 안 하고 빈둥거리는 것보다 더 수고로운 일은 없다.

토머스 애덤스

Exposition upon...Second...Peter, 55

게으름을 피하라. 게으름은 더러운 잡초들이 자라기에 적합한 토양이 되기 때문이다. 악한 생각은 영혼이 유익하게 사용될 때는 거의 발생하지 않는다. 자신의 소명에 부지런한 사람은 자신의 생각에서도 부지런하다. 게으른 사람은 악이 곧 그를 고용한다. 고여 있는 연못은 스스로 부패하여 개구리와 해충으로 가득 찬다. 선하고 유용한 것에 마음을 쓰지 않으면 마음은 곧 사탄이 주는 악한 생각과 부패한 열정에 적합한 장소가 되어 버린다. 소돔의 거민들은 본성적으로 다른 사람들보다 더 악한 것이 아니었지만 비옥한 땅에서 부유하게 지내면서 사치스러운 삶을 살았고, 모든 가증한 것에 스스로를 내던져 버렸다.

아이작 암브로우스

Christian Warrior, 101

게으름은 사실상 죄의 보육원이며, 들판에 방치된 잡초들처럼 자연스럽게 무성해진다. 게으름은 악에게 많은 것을 가르친다. 모든 유혹은 우리의 영혼을 사로잡으려고 하는 덫이다. 사탄은 경계하지 않는 마음을 여러 제안으로 유혹할 준비가 되어 있다. 세상은 유혹을 드러내고 육체적 욕망은 솟아오른다. 교만하고 패역하며 타락한 생각이 눈치채지 못하게 마음속으로 들어간다. 타락한 친구가 유혹하고, 부적절한 삶의 본보기가 눈 앞에 놓여지고, 모든 유혹이 강력하게 몰려온다. 이런 경우에 사람들은 유혹받기 쉽고 유혹에 순응하게 된다. 그들은 관심을 돌려 자신의 무기력을 치료하고자 스스로 즐기려 들며, 죄를 짓는 데 시간을 보낸다.

아이작 바로우

"Of Industry in General," in *Sermons*, 275

게으름은 유혹을 낫는다. 휴식은 사탄의 시간이다. 우리가 하나님을 위한 일을 적게 할 때, 사탄은 우리 안에서 최상의 일을 한다. 아무것도 하지 않음으로 사람은 악을 행하는 법을 배운다. 실로 그렇다, 게으름은 살아있는 사람을 땅에 묻는 일이다.

윌리엄 브리지

Lifting Up, 215

게으름은 창조의 법칙에 반하는 죄이다. 하나님은 사람이 일하도록 만드셨으며, 게으른 사람은 그 법칙을 어기는 자이다. 그는 게으름을 피움으로써 창조주 하나님의 권위를 벗어던진다.

토머스 브룩스

Privy Key of Heaven, 204

게으름은 죄의 어머니다. 게으름은 사탄이 그 위에 앉아 있는 방석이며, 사탄이 큰 죄들을 만드는 모루이다. 개구리와 뱀이 고여 있는 물에서 가장 잘 번식하듯 게으른 사람에게서 죄가 가장 번성하게 된다.

토머스 브룩스

Privy Key of Heaven, 205

게으름은 어떤 면에서나 혐오스러우나 특별히 목회자들에게 있어서는 가장 가증하고 용인될 수 없는 악덕이다. 성경이 게으른 자들에게 임할 화를 경고하는 것을 목도하라. 군인이 전쟁터가 아닌 어디에서 죽음을 맞이할 것인가? 목회자가 강대상이 아닌 어디에서 죽음을 맞이해야 하는가?

토머스 브룩스

Smooth Stones, 181

오 7대 죄악들, 치명적인 유혹들, 나태하고 게으른 그리스도인들에게 내려지는 치명적인 심판이여. 그러니 주님의 일에 활동적이고 부지런하라. 게으름은 죄의 근원이다. 고여 있는 물은 진흙을 모아 해충에 영양분을 주고 번식하게 한다. 그리스도인들의 나태하고 게으른 마음 또한 그러하다.

토머스 브룩스

The Unsearchable Riches of Christ, in *Select Works*, 1:172

당신의 가족 가운데 게으른 자가 없게 하라. 당신의 종이 적당한 일을 하고 품삯을 얻게 하라. 그들을 책망해야 한다면, 격정 없이 하라. 본질상, 조언이 징계보다 더 많은 일을 한다.

조셉 카릴

in Calamy et al., *Saints' Memorials*, 83

최상의 거래, 그것은 죄 지을 시간을 적게 주고 영혼이 최소한으로 게으르게 되는 것이다. 금속들은 우리가 아무것도 하지 않으면 곧 녹슬어 버린다. 게으른 영혼도 그러하다.

존 콜링스

Weaver's Pocket-book, 42

오랫동안의 안락함은 미신, 신성모독, 혹은 이단을 불러올 것이다

에제키엘 컬버웰

Time Well Spent, 103

나는 외적 행동 없는 그리스도인에게 이야기한다. 자신의 특별한 소명을 행하기 위해 부지런히 일하지 않는 자는 거룩해질 수 없다. 게으른 사람은 해야 할 선은 전혀 행하지 않고, 도리어 자신에게 해로운 일을 행할 뿐이다.

윌리엄 거널

Christian in Complete Armour, 312

선한 마음을 가진 사람이라면 아무것도 하지 않는 것보다 더 곤혹스런 것은 없다. 돈을 버는 것을 차치하고라도 마음은 훈련함으로 기쁨을 얻고 더 나아진다. 일과 게으름 사이에는 큰 차이가 있다. 일은 수익을 얻는 즐거운 고난이다. 게으름은 수익을 얻을 수도 없고 편안함도 없는 고난이다. 나는 항상 무언가를 할 것이다. 주님이 오실 때 내가 바쁘다는 것

을 발견하실 수 있도록, 그리고 사탄이 유혹하러 올 때 내가 바쁘다는 것을 발견할 수 있도록.

조셉 홀

Meditations and Vows, 93–94

게으른 사람은 마귀가 그 위에 편하게 앉는 마귀의 방석이다. 사람은 어떤 선을 행하지 않을 때 모든 악행을 위해 적합하다. 고여 있는 물은 곧 악취가 나게 되며, 흐르는 물은 모든 악취 나는 오물들을 아래로 흘러내리면서 맑고 깨끗함을 유지한다. 나의 노력으로 다른 사람에게 단지 약간의 유익이 되는 선행을 베풀어도 그것은 내 자신에게 큰 유익이 된다. 게으르지 않고 그 일을 함으로써 내 자신을 유혹과 해악으로부터 지키는 것이 되기 때문이다.

조셉 홀

Meditations and Vows, 153

고여 있는 물은 부패하며, 게으른 사람 또한 그러하다. 아무것도 하지 않는 것을 좋아하는 사람은 곧 아무것도 아닌 것보다도 더 악하게 될 것이다.

나다니엘 하디

First General Epistle of St. John, 256

안락함을 생각하라. 그러나 계속 일하라.

조지 허버트

comp., *Witts Recreations, proverb* 78

유케디다스칼로스 : 당신은 당신의 소명에 충실할 때 게으름을 방지하기 위한 어떤 대책을 갖고 있습니까?

필레우케스 : 나는 반드시 다음을 묵상해야 합니다.

1. 모든 사람이 수고로이 일해야 한다는 하나님의 명령(창 3:18).
2. 하와가 게으름으로 낙원에서 타락했다는 사실(창 3:19).
3. 게으름은 소돔의 죄 중에 한 가지였다는 사실(겔 16:49).
4. 게으름은 사탄이 그 위에 잠드는 방석이라는 것.
5. 일이 사탄의 공격을 멀리 떨쳐낸다는 것(삼하 11:2).
6. 고여 있는 물이 곧 부패하듯 게으름은 육체를 소진시킨다는 것.
7. 나태한 손은 궁핍하게 하며, 근면한 손은 부유하게 한다는 것(잠 10:5; 24:34).
8. 근면함 없이 가족을 부양할 수도 없고, 다가올 때를 준비하지도 못한다는 것(잠 31장).
9. 모든 피조물들, 심지어 개미조차 근면하다는 것(잠 6:6).
10. 하나님 우리 아버지께서 항상 일하고 계신다는 것(요 5:17).

11. 우리가 다른 사람들에게 선을 행할 수 있다는 것(엡 4:28).
12. 모든 선한 사람들은 그들의 소명을 따라 수고하였다는 사실. 사람들에게 손과 지혜가 있다는 것은 그것둘을 사용해야 한다는 것을 의미하며, 그것들을 사용하면 할수록 그것들은 더 나아진다.

로버트 힐

Pathway to Piety, 1:98–99

게으름, 허영, 그리고 귀중한 시간을 게으르게 보내는 것은 부유하고 유력한 사람들의 질병이다. 그들은 시간을 지체하고, 법원에 가고, 소란을 피울 시간은 있지만 하나님께 기도하고 섬길 시간은 없다. 그래서 대부분의 경우 그들은 최상의 것에서 가장 궁핍한 자다.

엘나단 파

Abba, Father, in Workes, 82

나태함은 마음의 병이며, 그 열매는 악한 생각, 사악한 것을 향한 갈망, 나쁜 행동이다. 두 번 죽어 뿌리까지 뽑힌 열매 없는 썩은 나무는 하나님과 경건에 대한 혐오감을 불러일으킨다.

헨리 스미스

"The Sinful Man's Search," in *Sermons*, 224

사탄이 사람들을 게으르게 만드는 것은 사실이나 사탄 자신은 절대 게으르지 않다.

윌리엄 스퍼스토우

Wiles of Satan, 27

사람이 오랜 기간 실직 상태를 지속하는 것은 거의 불가능하다. 해야 하는 일을 하지 않는 것은 하지 않아야 하는 것을 하는 것이다. 영혼의 파괴자에게 게으른 사람만큼 유혹의 표적이 되는 표시는 없다.

리처드 스틸

Religious Tradesman, 17

오만한 사람은 사탄의 권좌이며, 게으른 사람은 사탄의 베개이다.

조지 스윈녹

in Horn, *Puritan Remembrancer*, 59

당신이 부르심을 받은 특별한 소명에 가장 많은 시간을 쓰라. 자신의 상점에서 일하기 전에 자신의 다락방에서 기도하지 않는 사람은 무신론자이며, 다락방에서 기도한 후에 자신의 상점에 신경 쓰지 않는 사람은 위선자이다. 온 세상은 하나님의 커다란 집이며, 그 속에서 하나님은 그 누구의 게으름도 허용하지 않으실 것이다.

조지 스윈녹

The Christian Man's Calling, in *Works*, 2:499

게으름은 유혹의 때이며, 게으른 사람은 사탄의 테니스 공과 같아서 쾌락 속에서 매 순간 사탄에게 던짐을 당한다.

존 트랩

Commentary...upon...the New Testament, 835

게으른 사람은 사탄이 일하기에 가장 적합한 대상이다

토머스 왓슨

"*The One Thing Necessary,*" in *Discourses*, 1:363

결심

내가 관심을 두는 일들은 다음과 같다. (1) 영적 부패를 방지하는 보존제를 항상 챙길 것. (2) 계속 선을 행하거나 선해질 것. (3) 하나님이 우리 안에서 행하시는 것을 주목할 것. (4) 종교의 영적 활동에 최선을 다할 것. (5) 사람들 앞에 가장 좋은 본보기를 보여줄 것. (6) 특별한 섭리와 은혜를 기록할 것. (7) 항상 선해야 하지만 특히 상황이 안 좋을 때 가장 선할 것. (8) 죄를 택하기보다는 고난을 택할 것. 나의 대의가 선한지, 나의 부르심이 명확한지, 나의 심령이 온유한지, 나의 목표가 옳은지 확인할 것. (9) 어떤 선한 것이든 그것을 얻는 은혜뿐 아니라 그것을 발전시켜 나가는 은혜를 소유하는 것을 의무로 삼을 것. (10) 세상에서 명성을 유지하는 유일한 길로 흰 옷을 입은 그리스도와 함께 부지런히 동행할 것.

헨리 뉴컴

Diary, 150–51

결혼

하나님은 세상을 창조하실 때 하나로 둘을 만드셨고, 결혼을 창조하실 때 둘로 하나를 만드셨다.

토머스 애덤스

Exposition upon...Second...Peter, 84

결혼은 멍에라 불린다. 이는 혼자서 지기에는 너무 무거운 멍에이다. 그러므로 남편과 아내는 서로 도움을 받는다. 좋은 일에 함께하고, 좋지 않은 일에 동정하며, 건강할 때 기뻐하고 아플 때 위로가 된다. 둘은 기쁨을 나누고, 슬픔을 내려놓는 동료가 된다. 그래서 슬픔은 줄어들고 기쁨은 커지며 마음에 위로를 받는다.

토머스 애덤스

Exposition upon...Second...Peter, 326

아내가 없는 사람은 그의 마음에 따

라 선택을 형성할 수 있지만, 이미 선택한 아내가 있는 사람은 그의 선택에 따라 마음을 형성해야만 한다. 이전에 그는 마음에 원하는 것에 따라 행동을 형성할 수 있었지만, 이제는 행동에 따라 마음에 원하는 것을 형성하려고 노력해야 한다.

사무엘 클락

Saint's Nosegay, 132

결혼하는 것이 악은 아니나 신중을 기하는 것이 좋다.

토머스 카테커

in Thomas, *Puritan Golden Treasury*, 179

나는 결혼한 사람들에게 이 규칙을 권한다. 서로를 향해 화를 내지 말고 다윗이 수금을 타서 사울의 노를 달랬듯이 서로 화해하라.

토머스 구지

Christian Directions, in *Works,* 229

은혜 안에서 성장하기 위해 남편과 아내가 서로 돕는 의무는 다음의 방법으로 더 잘 이루어질 수 있다. (1) 은혜의 시작이나 작은 은혜라도 주목하고 인정함으로써. (2) 동일한 관심사에 대해 자주 대화함으로써. 그에 대해 서로 질문을 던지고 답을 찾음으로써. (3) 서로의 실천과 모범으로 서로에게 경건의 본이 됨으로써. (4) 함께 기도하고 시편 찬송을 부르고 말씀을 읽는 경건의 훈련을 함으로써. (5) 가정 내에서 거룩한 종교적인 의식을 유지함으로써. 이 의무는 특히 남편에게 해당되지만 아내는 남편이 잊어버리면 그것을 남편의 마음에 상기시켜 주며, 남편이 뒤로 물러나면 그를 독려해야 한다. 선한 수넴 여인도 그렇게 했다(왕하 4:9–10). 아내가 이런 식으로 남편에게 하는 것보다 더 남자를 설득할 방법은 없다. (6) 하나님의 집에 가서 말씀을 듣고 성찬의 떡과 잔을 취하고 공예배의 모든 부분을 양심적으로 수행하도록 서로 독려함으로써.

윌리엄 구지

Of Domestical Duties, 243

친애하는 부부에게,
하나님이 이제 둘을 하나로 만드셨기에
아버지의 권고를 받으라.
함께 노력하여 여호와를 섬기기로 확정하라.
당신은 일하기 위해 멍에를 지고 있으며,
그분의 멍에는 쉽고 그분의 짐은 가볍다.
서로 사랑하고 함께 자주 기도하며,
결코 둘이 함께 화를 내지 말며
한 사람이 불을 말하면 다른 이는 물

을 가져오고,
한 사람이 성나게 하면 다른 이는 부드럽게 또는 무던하게 하라.
낮게 행하지만 목표는 높게 두라.
당신의 삶을 흠 없게 하라.
당신은 사역자이며 사역자의 아내이다.
그러므로 언덕 위에 세워진 횃불과 같이
천사들과 사람들에게 빛을 비추라.
당신이 실수로 넘어질 때마다 경건에 흠이 될 것이다.
모든 이에게 선을 행하고 상냥하고 온유하라.
당신의 대화는 일주일 내내 설교이어야 한다.
당신의 의복과 드레스는 허영이나 화려함과는 거리가 멀어야 한다.
선한 일을 넘치게 하라.
당신의 집은 베델, 하나님의 집이어야 하고
당신의 문은 가난한 자를 돕기 위해 항상 열려 있어야 한다.
당신의 재산을 당신의 것이 아닌 하나님의 소유로 여기라.
당신이 소유한 모든 것에 하나님의 거룩하심을 새기라.
고난을 귀히 여기라. 그렇지 않으면 당신은 잘못 생각하는 것이다.
악은 한 날에 족하니
모든 사람이 한 번 곤고하게 태어났으나 성도는 두 번 태어난다.
그리고 경험이 말해주듯이 사역자들은 세 번 태어난다.
당신이 주를 위해 고난을 당하면,
주의 말씀대로 그분과 함께 다스리게 될 것이다.

필립 헨리

Diaries and Letters, 359–360

필립 헨리는 그의 자녀들에게 결혼의 선택에 관해 흔히 이렇게 말하곤 했다. "하나님을 기쁘시게 하고 너희 자신을 기쁘게 하라. 그러면 너희들이 나를 슬프게 하는 일은 결코 없을 것이다."

필립 헨리

Life and Sayings, 9

남편 혹은 아내의 자격에 관해서, 나는 모두에게 가장 먼저 그들의 진정한 신앙을 보라고 권하고 싶다. 결혼하려는 자들은 모두 주 안에서 결혼해야 하기 때문이다. 나는 신앙 다음으로는 적절한 성격과 예의바름을 추천하며 남편과 아내는 서로 사귐과 대화 가운데 기쁨을 누려야 한다고 생각한다. 그리고 남자와 여자가 단순히 그리고 주로 그들의 눈을 만족시키는 외모의 화려함을 보고 결혼하기를 원하지 않는다. 또한 첫눈에 싫어하거나 반감을 가진 둘 사이의 결혼을 권하지도 않는다.

토머스 호지스

Treatise of Marriage, 29–30

단순히 또는 주로 눈에 보이는 아름다움을 위해 결혼하지 말라. 명예를 위해, 돈이나 부를 위해 결혼해서도 안 된다. 함께 멍에를 짊어지는 동료로서의 조력자를 찾으라. 당신이 그녀를 사랑하기 때문에 앞으로도 사랑할 것이라고 확신하는 사람을 찾으라. 그리고 미덕과 자격이 품위 있게 자리잡혀 있어서 그녀와 사는 것을 즐거워하게 될 사람을 만나라. 그리고 아내를 선택하는 것에 대해 결론짓기 위해, 지혜 자체가 조언하는 것은 주님 안에서 결혼하라는 것임을 기억하라.

토머스 호지스

Treatise of Marriage, 33

당신은 부드러운 마음을 가지고 있는가? 그것은 하나님이 깨뜨리신 마음이다. 당신에게 상냥한 아내가 있는가? 그것은 하나님이 만드신 아내이다. 이중의 적용으로 이렇게 말해 보겠다. 세상에서 가장 좋은 것을 펼쳐 놓고 하늘의 하나님을 올려다보라. 배우자를 선택하는 당신의 선택이 당신에게 최선의 것을 주고자 하시는 하나님의 선택과 부합되게 해달라고 간청하라. 당신 주변을 둘러보기 전에 당신의 위를 바라보라. 죄를 죽인 성품의 거룩함보다 더 행복한 결혼생활에 도움이 되는 것은 없다. 가장 부유한 자가 가장 가치 있다고 여기지 말라. 당신이 하나님과 겨루겠는가? 주님께 맞추라. 그리스도께서 함께 하시는 결혼은 얼마나 행복하겠는가! 하나님의 눈에 은총 입은 사람만 당신의 호의를 얻도록 하라.

윌리엄 세커

"A Wedding-Ring for the Finger,"

in *Nonsuch Professor*, 255–256

아내의 위치는 적정해야 하며 더하거나 덜해서는 안 된다. 우리 갈비뼈들은 우리를 다스리는 자들로 정해진 것이 아니다. 그들은 우월성을 주장하는 머리로 만들어진 것이 아니라 동등성에 만족하는 옆구리로 만들어졌다. 우월성을 주장하는 것은 창조주를 떠나 자연법칙을 뒤집는 것이다. 여자는 남자의 위로를 위해 지음을 받았지만 남자는 여자의 명령을 받기 위해 지음 받지 않았다. 여자들의 어깨는 높아지기를 열망하며 그들의 머리된 남자들 아래에 있는 위치에 만족하지 못한다. 가정에서 남편과 아내의 사이는 마치 태양과 달의 관계와 같다. 큰 광명이 질 때 다른 작은 광명이 빛나기 시작한다. 아내는 남편의 부재시에 주권자가 될 수 있으나 남편이 있을 때에는 남편에게 복종해야 한다. 바로 왕이 요셉에게 다음과 같이 말한 것처럼 남편은 아내에게 말해야 한다. "너는 내 집을 치리하라 내 백성이 다 네 명을 복종하리니 나는 너보다 높음이 보좌뿐이니라"(창 41:40). 그 가정의 뼈가 자기 자리에서 이탈한다면 가정이라는 몸은 결코 좋은 움직임을 만들 수 없을 것이다.

윌리엄 세커

"A Wedding–Ring for the Finger,"

in *Nonsuch Professor*, 256–257

아내는 남편의 집안뿐만 아니라 남편의 마음속에 거룩한 거처를 취한다. 에덴동산에서 생명 나무가 자라는 것처럼 가정 안에서 사랑의 나무가 자라야 한다. 그들의 사랑을 선택하는 사람은 선택한 대상을 사랑해야 한다. 사랑 없이 합쳐진 두 사람은 단지 서로를 비참하게 하기 위해 결속되었을 뿐이다.

윌리엄 세커

"A Wedding–Ring for the Finger," in

Nonsuch Professor, 263

남자는 어떠한 다른 소명을 받기 이전에 남편으로 부르심을 받았다

헨리 스미스

in Horn, *Puritan Remembrancer*, 185

결혼 밖에서 사랑하게 되는 유혹을 받지 않기 위해 당신은 사랑이 없는 결혼을 하지 않아야 한다.

랄프 베닝

Saints' Memorials, 144

결혼에 대해 불평하는 경우가 많다. 많은 남편들이 결혼에 대해 불평한다. 그들은 도리어 자기 자신에 대해 불평해야 한다. "한때 행복했었지," "결혼을 안 하는 게 나았을 텐데"라고 말하면서 하나님이 지정하신 규례를 비난하는 것은 부당하며, 무지한 오만의 결과이다. 결혼 전에 그렇게 하든 결혼 기간 중에 그렇게 하든, 모두 어리석은 일이다. 결혼생활을 유익하게 하라. 그러면 당신은 더 행복해질 것이다. 우리는 쓴 양념을 준비해놓고는 고기가 쓰다고 소리 지른다.

윌리엄 왓텔리

Bride-Bush, iii

사랑은 결혼의 생명이자 영혼이다. 결혼에 있어 사랑의 유무는 살아있는 몸과 시체만큼이나 큰 차이를 만들어낸다. 그렇다. 사랑 없는 결혼은 매우 불편한 관계이고, 산송장보다 더 나을 것이 없다. 사랑은 모든 것을 쉽게 만들지만 사랑의 결핍은 모든 것

을 어렵게 만든다. 사랑은 모든 영역에 양념을 치고 달콤하게 한다. 사랑은 모든 논쟁을 가라앉힌다. 사랑은 모든 열정을 뛰어넘는다. 사랑은 모든 행동에 동의한다. 말하자면, 사랑은 마음의 왕이며, 결혼이 어떠해야 하는지 알려주며, 한 가정, 한 전대, 한 마음, 한 육체로 두 사람을 행복하게 연합시킨다.

윌리엄 왓텔리

Bride-Bush, 16

기도는 불평을 방지하는 최고의 방법이며, 모든 불평을 가라앉힌다. 남편과 아내가 하나님 앞에 기도로 나올 때, 서로를 비난하기보다는 자신을 책망하며, 자신에게 잘못을 전가해야 한다. 그럴 때 모든 논쟁과 말싸움이 그칠 것이다.

윌리엄 왓텔리

Bride-Bush, 24

결혼하기 전에 아내가 될 사람의 성품을 샅샅이 파악하려면 음식을 먹는 습관, 걷는 태도, 일하는 태도, 노는 방식, 말하는 태도, 웃는 방식, 비판하는 태도 등을 모두 살펴야 한다. 그렇지 않으면 자신이 찾거나 원했던 것보다 더 부족하거나 더 과한 것을 아내에게서 발견하게 될 것이다.

헨리 스미스

"Preparative to Marriage," in *Works*, 1:18

결혼 : 남편

남편은 아내를 항상 사랑해야 한다. 그는 그녀의 모든 것을 사랑해야 한다. 사랑으로 그녀를 향한 말과 행동에 양념을 치고 부드럽게 해야 한다. 사랑은 그의 명령, 책망, 훈계, 지시, 권함, 친밀함에서 나타나야 한다. 사랑이 커지는 것은 그녀의 아름다움이나 고결함 때문이 아니라 그녀가 믿음의 자매이기에, 천국에서 함께할 상속자이기 때문이어야 한다. 그녀의 은혜와 선행 때문이어야 한다. 그녀가 그의 이름의 상속자인 아이들을 낳았기 때문이어야 한다. 결혼의 연합과 결속 때문이어야 한다. 아름다움, 부, 정욕 등 미약한 근거에서 자라난 사랑은 곧 사라진다. 반면 결혼의 연합에 특히 기초한 사랑은 지속적이고 진정한 결혼을 만들 것이다. 불화, 다툼, 논쟁의 바탕이 되는 욕구는 결혼을 천국에서 지옥으로 바꾸어 버린다.

아이작 암브로우스

"The Practice of Sanctification," in *Works*, 131

사랑으로 극복하면, 그것이 무엇이든

사랑스럽게 여겨질 것이다. 불이 불을 피우듯이 사랑은 사랑을 낳는다. 좋은 남편은 좋은 아내, 사랑스러운 아내를 만드는 최고의 방편이다.

리처드 백스터

A Christian Directory, in *Practical Works,* 4:119

두 사람 사이에 난 상처를 떠벌리지 않도록 주의해야 한다. 닫혀 있는 항아리는 절반의 화해와 같다. 부부 간의 알력이 세상에 알려져 버린다면, 집에서의 불화를 멈추는 것과 사람들의 입에서 불화를 멈추는 것, 이중의 과업을 수행해야 한다. 따라서 남편은 절대로 대중 앞에서 아내를 비난해서는 안 된다. 공개적인 비난은 그 자리에 있는 모든 사람들 앞에서 아내가 고행을 수행하게 하는 것과 같다. 그렇게 하면 아내들은 잘못을 고치기보다는 복수할 방법을 연구하게 된다.

토머스 풀러

Holy and Profane States, 38

때리지 않고는 아내를 고칠 수 없다면, 차라리 맞는 편이 더 낫다. 할 수 있는 모든 방법을 다 사용해도 아내가 여전히 변화 없이 그대로라면, 아내를 자신의 십자가로 데려가서 예레미야와 함께 이렇게 말해야 한다. "이것이 나의 십자가이니 내가 지겠습니다." 그러나 만일 그녀를 때린다면 그것은 원래 그녀와 결혼할 때 첫 번째로 내주었던 부분이었던 자신의 손을 아내에게서 완전히 거두는 것이 된다. 그러면 아내는 남편이 자신의 소유를 앗아갔다고 불만을 제기하게 될 것이다. 그녀의 뺨은 당신의 주먹이 아니라 당신의 입술을 위해 만들어진 것이다.

헨리 스미스

"A Preparative to Marriage," in *Works,* 1:26

결혼 : 아내

아내는 남편의 돕는 배필이 되어야만 한다. 아내가 제공하는 도움은 다음과 같은 것들로 구성되어 있다. (1) 아내는 남편이 아프거나 건강하거나 곤고하거나 번성할 때나 젊으나 늙으나 그를 지키며 보살펴야 한다. (2) 아내는 집안의 일들을 미리 내다보고 계획하고 경영해 나가야 한다. 이에 대한 영광스러운 예는 잠언 31장 13절이 잘 보여준다. 아내는 남편이 집안에서 가족 구성원들의 마음속에 그리스도의 영광스러운 왕국을 세우고 확립하는 일을 도와야 한다. 바로 이것이 필요한 단 한 가지 일이다. 만일 이것이 없다면, 가족은 오직 지옥을 위한 사탄의 신학교와 어린이집이 될 뿐이다. 아내가 이런 역할을 잘 해냈을 때, 악독한 자들의 모든 비난의 쓴 맛을 놀랍도록 중화시킬 것이며, 천국에서 다시 함께 만날 것이라는 가족의 확신을 달콤하게 인쳐줄 것이다.

아이작 암브로우스

"The Practice of Sanctification," in *Works*, 133

아내는 남편에게 끊임없이 순종함으로써 남편에게 명령한다.

토머스 풀러

Holy and Profane States, 33

누군가가 황후 리비아에게 질문했다. 어떻게 그녀가 남편과 함께 무엇이든지 할 수 있을 만큼 남편에게 영향력을 행사하게 되었느냐는 질문이었다. 그녀는 "큰 겸손함이 비결입니다."라고 대답했다. 사려 깊은 아내는 순종함으로 남편에게 명령한다.

존 트랩

Commentary...upon...the New Testament, 924

겸손

겸손의 첫 단계는 자신의 교만을 인식하는 것이다. 자기 부인의 첫 단계는 자기 예찬, 자화자찬, 자아 발전 욕구를 깨닫는 것이다. 오, 우리 마음은 얼마나 교만한가. 교만한 마음이 완전히 갱신되지 않고서는 진실로 믿는 자가 될 수 없다. 오로지 자아에 무엇인가를 더하고자 할 뿐이다. 그러므로 우리는 자아에 대해 질투를 느낄 필요가 있다. 어느 경우라도 자아가 튀어나오거나, 의무나 영적인 것과 관련하여 자신의 영혼이 앞서기 시작한다면 하나님 앞에 엎드려 우리 마음속의 교만을 겸손히 살펴보아야 한다.

아이작 암브로우스

"The Practice of Sanctification," in *Works*, 104

위대한 사람들이 자신의 업적을 신뢰하지 않게 하라. 가운이 길수록 흙이 많이 묻는 법이다. 큰 권력이 곧 엄청난 저주의 어머니임을 증명할 수도 있다.

아이작 발그레이브

Sermon Preached, 109

당신을 겸손하게 하는 모든 상황을 신중하게 살펴보고 어느 것도 간과하지 말라. 당신의 불완전함, 관계의 미숙함, 당신이 직면하는 모순들, 고난, 당신과 관련된 모든 불확실성, 당신의 죄 등을 주시하라. 계획적으로 이를 살펴보고 당신을 향한 섭리를 생각하라. 그러면 자신에 대해 알게 되며, 당신의 실제 상태에 대해 눈먼 채로 있지 않을 것이다. 당신에게 이러한 상황들이 요구하는 것이 무엇인지 관찰하고, 당신의 심령이 겸손해지도록 노력하라. 모든 국면에 당신의 심령이 낮아져 하나님의 전능하신 손 아래 거하게 하라. 이것이 당신의 평생의 삶의 가장 큰 목표가 되게 하고, 매일 실천하는 목표가 되게 하라.

토머스 보스턴

Crook in the Lot, 121–122

이 세상에서 스스로의 힘으로 위대한 것을 구하려 하지 말라. 너무 긴 옷은 당신을 걸려 넘어지게 한다. 여행할 때는 지팡이 하나가 도움이 될 뿐, 손에 너무 많은 것을 가지고 있으면 도리어 방해가 된다.

윌리엄 브릿지

in Thomas, *Puritan Golden Treasury*, 314

겸손은 거의 얻기 힘든 은혜이다. 성 아우구스티누스는 사람들이 스스로 가난한 심령을 갖게 되는 것보다 자신의 모든 재산을 가난한 이에게 주는 것이 훨씬 쉽다고 말한 바 있다.

토머스 브룩스

Cabinet of Choice Jewels, 304

겸손은 사탄이 날리는 수많은 화살과 널려 있는 수많은 덫에서 벗어나게 한다. 매서운 돌풍이 키 큰 나무를 흔들고 뽑아버려도 키 작은 나무와 관목은 끄떡없듯이 겸손한 영혼은 교만한 영혼을 흔들고 뽑아버리는 미혹의 돌풍에도 끄떡없다. 사탄과 세상은 겸손한 영혼을 미혹하여 속박하는 일에 큰 어려움을 겪는다.

토머스 브룩스

Precious Remedies, 110

텅 빈 그릇이 값비싼 술을 채우기에 적합한 것처럼, 겸손은 자기 신뢰, 자기 충족감, 자기 의, 자기 아집을 마음에서 비움으로써 기도하는 영혼을 그 구하는 것에 합당하게 만든다. 겸손한 마음은 하나님께 기도하고, 자비를 받기에 준비된 마음이다. 겸손한 마음은 갈망하는 자비를 얻고, 받은 자비에 합당하게 행하기 위해 최선의 수단을 사용할 준비가 된 마음이다.

토머스 코벳

Gospel Incense, 226

내가 말하는 겸손은 마음의 비굴함이 아닌 사려 깊은 관심을 뜻한다. 그것은 어떤 면에서도 자기 자신을 과대평가하지 않는 것이다.

오바댜 그류

in Bertram, *Homiletic Encyclopaedia*, 501

겸손은 다른 모든 은혜에 있어서 필수적인 가림천이다.

윌리엄 거널

Christian in Complete Armour, 139

자신의 연약함을 더 깊이 인지할수록 성령님의 가르침을 받기에 더 적합해진다. 온유하고 겸손하신 그리스도는 교만한 자를 물리치고 겸손한 자에게 은혜를 베푸신다. 그리스도는 교만한 자를 용납하지 않으시나, 겸손하고 부지런하다면 연약하고 둔한 자라도 참아주신다. 우리 주님은 제자들에게 같은 교훈을 반복해 가르치는 것을 결코 마다하지 않으셨다. 이디오피아 내시는 병거에서 이사야의 예언을 읽을 때 위대한 학자가 아니었다. 하지만 그가 진실한 마음으로 말씀을 읽었기에 빌립이 그를 가르치기 위해 파송되었다.

윌리엄 거널

Christian in Complete Armour, 595

그들은 그리스도보다 자신을 열렬하게 추종하는 자들이며, 자신의 이익에 더 큰 관심을 기울이기에 그들이 아닌 다른 사람들의 손으로 그리스도의 사역이 이루어지는 것을 견디지 못한다. "그는 흥하여야 하겠고 나는 쇠하여야 하리라"는 말씀이 나타내는 그런 성품이 그들에게는 전혀 없다.

존 호이

Funeral Sermon, 14

겸손은 은혜일 뿐 아니라 더 큰 은혜를 받는 능력이다. 모든 은혜는 겸손과 함께 성장한다. 우리가 겸손할수록 우리 속에 하나님을 더 소유하게 되며, 더 많은 은혜를 소유하게 된다. 우리가 이런 은혜를 더 많이 가질수록 우리의 속사람이 강건해지며, 심판의 날을 위해 더 잘 준비된다.

에드워드 폴힐

Armatura Dei, 149–150

겸손은 하나님의 은혜에 모든 것을 빚지고 있다는 마음과 자신의 깊은 연약에 대한 자각에서 나온다. 이는 하나님의 뜻에 대한 심오한 복종과 세상의 영광과 박수갈채에 대한 위대한 죽음을 동반한다.

헨리 스쿠걸

Life of God in the Soul of Man, 23

우리 인생에서 가장 중요한 날에 우리 마음을 스쳐 지나가는 생각들이 대중들에게 노출된다면, 우리는 혐오스럽거나 우스꽝스러워질 것이다. 우리는 서로에게 결점을 숨길 수 있지만, 자기 자신은 자기 결점을 확실히 알고 있다. 그리고 이에 대한 진지한 고찰은 우리의 자만심을 가라앉게 만든다. 거룩한 사람은 다른 사람들보다 자신이 더 악하다고 생각한다.

헨리 스쿠걸

Life of God in the Soul of Man, 119

겸손은 당신을 삶의 모든 상황에서 편안하고 자족하게 만든다. 겸손한 사람은 명령받을 준비가 되어 있으며, 쉽게 기뻐하고, 쉬이 분노하지 않으며, 일반적으로 사랑받게 될 것이다. 겸손한 사람은 자신이 받은 모든 좋은 것을 과분한 선물로 생각하며, 자신이 받은 악은 받아 마땅한 양보다 과소하다고 생각한다.

리처드 스틸

Religious Tradesman, 43

많은 사람이 낮추어지나, 겸손하지는 않다. 그들은 미천하나, 마음을 낮추지는 않는다.

존 트랩

in Horn, *Puritan Remembrancer*, 30

겸손은 은혜이며 동시에 은혜를 받기 위한 그릇이다.

존 트랩

in Horn, *Puritan Remembrancer*, 145

지위가 높으면, 유혹의 기회가 많다. 가장 긴 가운에 흙이 가장 많이 묻는 법이다

존 트랩

Commentary...upon...the New Testament, 35

자신의 눈으로 스스로를 낮게 보는 사람은 다른 사람의 눈에 자신이 작게 보이는 것에 근심하지 않는다.

랄프 베닝

Canaan's Flowing, 102

겸손은 다른 사람의 장점을 보고 자신의 연약함을 보는 것이다.

토머스 왓슨

The Christian's Charter of Privileges, in *Discourses*, 1:129

더 가치 있는 사람일수록 더 겸손한 법이다. 가득 찬 그릇은 빈 통에서 나는 요란한 소리를 내지 않는다.

존 트랩

Commentary...upon...the New Testament, 728

경건

신앙은 매일 모든 일에 대해 중단없이 계속되어야 한다. 경건의 황금 사슬 가운데 한 고리만 끊어져도 전체

가 약해지는 법이다. 오! 오늘날에는 영혼의 일에 너무나도 게으른 그리스도인들이 얼마나 많은가! 그들의 삶은 매일매일 태만으로 가득 차 있다. 그들은 기도에 태만하며, 독서와 묵상과 회합에 게으르며, 마음을 살피는 일과 은혜를 소중히 여기는 일에 태만한다. 이 의무를 잊고 간과하면, 모든 일에 있어서 차갑고 교활하고 형식적인 마음이 될 것이다. 이것은 영혼의 번영을 망칠 뿐이다.

바르톨로메오 애쉬우드

Heavenly Trade, 345–46

경건한 생활은 건전한 교리의 인(seal)과 같다.

리처드 버나드

Faithful Shepherd, 93

참된 경건은 하나님의 자녀들과 악인들 사이에 다툼을 일으킨다.

존 도드

in Horn, *Puritan Remembrance*, 8

당신은 경건의 능력을 가지고 있는가 아니면 단지 그 모양만 가지고 있는가? 신앙을 하찮게 여기고, 그저 그 경계선상에서 장난이나 치고, 무익한 논쟁들에 시간을 보내는 사람들이 많다. 그들은 하나님과의 교제 안에 있는 신앙의 능력, 경건한 생활, 거룩함을 증진하고 정욕을 제어하는 일에는 전혀 관심을 두지 않는다. 그러나 "하나님의 나라는 말에 있지 않고 능력"에 있다(고전 4:20). 하나님의 나라는 먹는 것과 마시는 것에 있지 않고 "성령 안에 있는 의와 평강과 희락이라 이로써 그리스도를 섬기는 자는 하나님을 기쁘시게 하며 사람에게도 칭찬을 받"을 것이다(롬 14:17–18). 오, 나는 많은 신앙고백자들이 이런 법칙에 의해 시험(test)을 받을 때, 기드온의 용사들처럼 단지 소수의 사람만 시험을 통과할까 두려울 뿐이다.

존 플라벨

Fountain of Life, 147–48

바울은 "자족하는 마음이 있으면 경건은 큰 이익이" 된다고 말한다. 그리스도인들이 하나님을 즐거워하게 만드는 것은 믿음이며, 그리스도인들이 이웃을 즐거워하게 만드는 것은 사랑이다.

앤드류 그레이

"Spiritual Contentment," in *Works*, 389

복음은 경건의 비밀이다. 그리스도인들은 복음을 믿는 만큼 기이한 일을 할 수 있다. 그것은 다른 분의 영으로 살고, 다른 분의 힘으로 행하고, 다른 분의 의지로 살고, 다른 분의 영광을 목표로 사는 것이다. 그들은 그리스도의 영으로 살고 그리스도의 능력으로 행하며 그리스도의 뜻대로 결정하며 오직 그리스도의 영광만을 목표한다. 복음은 그들을 매우 온유하게 만들어서 어린아이라도 그들을 모든 선으로 인도할 수 있고, 그들을 강인하게 만들어서 불의 위협에도 죄를 짓지 않게 할 수 있다. 그들은 원수도 사랑할 수 있지만, 그리스도를 위해서 아버지와 어머니를 미워할 수도 있다. 그들은 복음으로 말미암아 세상의 소명에 부지런한 동시에 그들의 수고에 하나님이 복 주셔서 얻은 것에 만족할 수 있다. 그들은 만물이 모두 그들의 것이라는 가르침을 받았지만, 기만이나 강포로 악인들의 말뚝을 감히 빼앗지 않는다. 그들은 다른 사람을 자기보다 더 우선시하고 낫게 여기면서도, 그들 중 가장 가난한 자도 세상의 가장 위대한 군주들과 처지를 바꾸지 않을 만큼 자신들의 처지를 가치 있게 여긴다. 복음은 그들의 건강뿐만 아니라 질병으로 인해서도 하나님께 감사하게 만들고, 높아질 때 기뻐하게 하고 낮아질 때 불평하지 않게 만든다. 그들은 생명을 위해 기도할 수 있는 동시에 죽기를 갈망할 수도 있다.

윌리엄 거널

Christian in Complete Armour, 800

경건이란 내적이며 숨겨진 능력과 관련되어 있다. 그런 참된 경건은 거룩한 신적 원리들에 일치하는 거룩한 신비로서 육에 속한 자연인은 이를 이해할 수 없다. 참된 경건은 초자연적인 진리의 빛과 은혜의 생명 안에 있다. 하나님은 그런 영광스러운 원리들의 빛 가운데 자신을 나타내시며, 성령에 의해 영혼 안에 초자연적 은혜의 생명을 공급하신다. 경건은 하나님과 예수 그리스도를 아는 구원하는 지식, 경험적 지식을 통해 영혼의 모든 악한 특성들이 제거되고 거룩한 천상적인 습관들이 주입되는 것으로 구성되어 있다. 경건은 하나님을 닮은 은혜로운 성향과 애정(affection) 안에서 모든 진리들을 붙잡고, 복음과 성령의 강력한 영향력 아래 그리스도의 죽으심과 부활하심에 참여하는 것이다.

벤자민 키치

Travels of True Godliness, 9–10

이것이 바로 진정한 경건이다. 경건은 자연적인 도덕성의 원리에 따라 사는 것도 아니고, 말씀의 문자적 지식도 아니며, 신성한 복음과 그 교훈에 대한 역사적, 관념적, 교의적 지식도 아니다. 경건은 은혜와 복음의 초자연적인 원리들에 따라 사는 것으로서, 양심에 거리낌이 없도록 하나님과 사람에 대한 의무들을 성실하게 수행하는 것이다(행 24:16). 경건은 모든 죄를 버리는 것이며, 죄를 떠날 뿐 아니라 그것을 가장 큰 악으로 미워하고, 진실한 마음으로 하나님을 붙잡고, 모든 것 위에 최고의 선이신 하나님을 귀히 여기고, 신적 사랑의 원리에 따라 기꺼이 하나님의 모든 계명들에 복종하는 것이다.

벤자민 키치

Travels of True Godliness, 9–10

재물은 낙심시키고 마음에 혼란을 가져오지만, 경건은 평안을 준다. 재물은 탐심을 낳지만, 경건은 자족을 낳는다. 재물은 사람으로 죽기를 싫어하게 하여도, 경건은 사람으로 죽음을 준비하게 한다. 재물은 종종 소유자에게 해를 끼치지만, 경건은 소유자와 다른 이들에게 유익을 끼친다. 그러므로 오직 경건만이 위대한 재물이라는 영예를 얻는다.

헨리 스미스

"The Benefit of Contentation," in *Sermons*, 197

다른 사람 모르게 우는 자가 진정으로 슬퍼하는 자이다. 그러므로 경건에 대해서 말하자면, 은밀한 중에 경건한 자가 진실로 경건한 자이다.

조지 스윈녹

The Christian Man's Calling, in *Works*, 2:411

경건한 사람은 하나님의 이름과 형상을 지닌다. 경건이란 하나님을 닮는 것이다. "하나님을 고백하는 것과 하나님을 닮는 것은 별개의 문제이다."

토머스 왓슨

Godly Man's Picture, 26

경건은 녹 없는 재산, 결핍함 없는 풍부함, 흠 없는 아름다움, 섞인 것 없는 희락을 가질 것이다.

존 트랩

in Horn, *Puritan Remembrancer*, 197

경건한 대화('성도의 교제'도 참고하라)

하나님이 우리의 영혼에 베푸신 은혜는 값없이 다른 사람들에게 나눠주어야 한다. 내가 말하려는 것은 거룩한 대화와 논의를 통한 나눔을 의미한다. 나눠주고, 전달하는 것이 번영할 수 있는 가장 좋은 방법이다. 성경은 "흩어 구제하여도 더욱 부하게 되는 일이 있나니 과도하게 아껴도 가난하게 될 뿐이니라"(잠 11:24)라고 말씀한다. 이 말씀은 일시적인 것들을 물론, 영적인 것들에도 똑같이 적용된다. 자기가 받은 것을 나눠줌으로써 다른 사람들을 부하게 만들려고 노력하는 사람들이 하나님 앞에서 가장 부유한 사람이 될 수 있다. 우리 안에 있는 거룩한 불을 나눠주면 더욱 밝게 타오를 것이다. 자신의 믿음을 혼자서만 간직하지 말라. 잔이 가득 찼으면 넘쳐 흐르게 하고, 입술에서 꿀이 뚝뚝 떨어지게 하고, 입을 생명의 샘으로 만들어 많은 사람을 먹이라(잠 10:11). 가장 거룩한 믿음으로 서로의 덕을 세우고, 사랑과 선행을 서로 격려하라.

리처드 알레인

Companion for Prayer, 5

우리의 공동체 안에서 우리는 과연 어떤 사람인가? 우리가 얻는 것은 얼마나 적은가? 형제들의 불 앞에서 우리가 얻는 열기는 얼마나 적고, 우리가 잃는 열기는 얼마나 많은가? 우리는 마치 "혼자 있는 사람은 불행하다."가 아니라 "많은 사람과 함께 있는 사람은 불행하다. 왜냐하면 오직 그 혼자서만 더 따뜻하기 때문이다."라고 말하기라도 하듯이, 서로를 냉랭하고 의기소침하게 만들 때가 많다.

리처드 알레인

Heaven Opened, 222-23

이 사랑스러운 행위(대화)에 뒤따르는 유익은 많다. 예를 들면, 신자들의 생각을 혼란스럽고, 당혹스럽게 만드는 사탄의 다양한 전략을 파악할 수 있고, 생각에 영향을 미치는 세속적인 것들을 주님 앞에서 서로 고백하며 애통히 여길 수 있으며, 고난의 때에 성도들이 경험하는 구원을 기록으로 남겨 위대하신 구원자의 영광을 드높일 수 있고, 기도에 응답하고 자기를 영화롭게 하는 자들을 존중하시는 언약의 하나님의 신실하심을 풍성하게 증언할 수 있으며, 마음속에 있는 죄를 못 박는 그리스도의 십자가의 능력을 선포할 수 있고, 설교 말씀의 유용성과 적합성을 인정할 수 있으며, 사랑이 증대되고, 믿음이 강화되며, 천국을 세상에서 미리 맛볼 수 있다. 마음이 비교적 냉랭한 사람들도 함께 모여 서로 자유롭게 논의와 대화를 나누면 차가운 부싯돌과 쇳조각이 서로 부딪칠 때처럼 불을 일으킬 수 있다. 이런 이유로 지혜자는 "철이 철을 날카롭게 하는 것 같이 사람이 그의 친구의 얼굴을 빛나게 하느니라"(잠 27:17)라고 말했다.

시므온 애쉬

Primitive Divinity, 211

누가복음 2장의 목자들이 그렇게 했던 것처럼 서로 의논하라. 그들의 대화 주제는 "가서…보자"(눅 2:16)이었다. 우리는 그들을 우리의 본보기로 삼아야 한다. 우리도 대화를 나누자. 그런 대화는 시간 낭비가 아니다. 그런 대화 자체가 신앙 여정의 일부다.

윌리엄 오스틴

Certain Devout, Godly, and Learned Meditations, 35

주일을 성실하게 지켜 그날에 합당한 의무를 이행하는 사람이 되어야 한다. 그날의 의무로는 기도, 말씀 듣기, 성경과 신앙 도서 읽기, 거룩한 대화 등이 있다. 거룩한 대화를 통해 빛과 열기가 서로 전달되어 성도들 사이에 퍼져나간다. 또한, 영원한 것들을 묵상하면 믿음을 통해 휘장이 벗겨져 생명과 영광의 성소를 들여다볼 수 있다. 하나님과 대화를 나누고 나서 산에서 내려온 모세의 얼굴이 빛났던 것처럼, 주일의 의무를 잘 이행하면 한 주간 동안 신자들이 나누는 대화 가운데서도 거룩한 광채가 드러날 것이다.

윌리엄 베이츠

Spiritual Perfection Unfolded and Enforced, in *Whole Works*, 2:508

다른 사람들과 거룩한 대화를 나눌 때는 주님의 영광스럽고, 뛰어난 사역과 은혜를 많이 말하며 높이 찬양하고 칭송하라. 이것이 말로 덕을 세우는 것이며, "하나님의 말씀을 하는 것같이" 말하는 것이다(벧전 4:11 참조).

리처드 백스터

A Christian Directory, in *Practical Works*, 2:446

교인들의 충실한 대화는 목회 사역을 돕는다. 설교자가 회중 앞에서 공개적으로 하나님의 말씀을 전하고, 교인들이 설교자를 도와 일상생활 속에서 대화의 기회가 주어질 때마다 다른 사람들에게 그 말씀을 전한다면 사역의 성공에 크게 이바지할 수 있을 것이다. 설교자는 공적으로 또는 각 집을 방문하며 사람들을 가르칠 수는 있지만, 무지한 사람들 모두와 자주, 친밀하게 일상적인 대화를 나누기는 불가능하다. 그런 일은 그들과 함께 있는 사람들이 하기가 쉽다. 사람들은 많지만 목회자는 단 한 사람에 불과하고 그는 한 번에 한 곳에만 머물 수 있다. 신자들은 생업에 종사하면서 목회자가 없는 곳에서 다른 사람들을 접할 수 있다. 교인들이 사적인 대화를 통해 매일 다른 사람들에게 설교 말씀을 전한다면, 그 목회자는 참으로 행복할 것이다.

리처드 백스터

A Christian Directory, in *Practical Works*, 6:250

어떤 점에서는 개인적인 가르침이 설교보다 더 낫다. 이를 뒷받침할 증거로 우리의 경험 외에 무엇이 더 필요하겠는가? 사람들은 겉으로는 잘못을 깨달은 듯 새로운 복종을 약속하기도 하고, 때로는 자신들의 상태를 깊이 의식하며 양심의 가책을 느끼며 돌아가기도 하지만, 나는 그들과 이 중요한 일에 관해 개인적으로 진지한 대화를 나눈 적이 거의 없다. 나는 경험을 통해 오랫동안 설교를 들었는데도 아무런 변화가 없던 한 무지한 술주정뱅이가 10년 동안 들은 설교보다 반 시간의 친밀한 대화를 통해 더 많은 것을 깨닫고, 양심의 가책을 느끼는 것을 발견하게 되었다(나는 다른 사람들도 이런 경험을 해본 적이 있을 것이라고 확신한다).

리처드 백스터

Reformed Pastor, 90 – 91

특히 성품이 경건하고, 마음속에 있는 것을 솔직하게 이야기할 수 있는 사람들과 영원한 안식을 주제로 자주 진지한 대화를 나누라. 그리스도인들이 장차 천국에서 함께 만나게 될 일이나 그곳에 가는 과정에 관해 아무런 대화도 나누지 않고, 단순히 모였다가 헤어지는 것은 바람직하지 않다. 많은 시간을 헛된 대화와 무익한 논쟁에 허비하고, 천국에 관해서는 진지한 대화 한마디 나누지 않는 것은 매우 유감스러운 일이 아닐 수 없다. 나는 우리가 함께 모일 때마다 의도적으로 영원한 안식에 관해 대화를 나눔으로써 서로를 격려해야 한다고 생각한다. 동료 그리스도인이 복음의 약속을 근거로 삼아 생명과 능력을 지닌 그런 복되고, 영광스러운 상태에 관해 말하는 소리를 들으면, 사람들은 "그가 우리에게 성경을 풀어 줄 때 우리 속에서 마음이 뜨겁지 아니하더냐?"라고 말할 것이 틀림없다(눅 24:32 참조).

리처드 백스터

Saint's Everlasting Rest, 216

악인들이 악한 일을 함께 논의하면서 즐거워한다면, 그리스도인들은 그리스도에 관해 말하면서 즐거워해야 마땅하지 않겠는가? 천국의 상속자들이 자신이 받게 될 기업에 관해 말하는 것이 당연하지 않겠는가? 야곱이 고센 땅으로 오라는 전갈을 받고 자기를 요셉에게 데려다줄 마차를 보았을 때 크게 기뻐했던 것처럼, 그런 대화는 우리의 마음에 새로운 활력을 불어넣는다. 사람들의 통속적인 대화의 물줄기를 이 웅장하고, 보배로운 것들을 말하는 데로 돌려놓을 수 있는 능력과 결심이 우리에게 있다면 더 바랄 것이 없겠다.

리처드 백스터

Saint's Everlasting Rest, 216

위선자의 대화는 시시하고, 경솔하다. 그들은 우리가 천국에서 서로를 알아볼 것인지, 지옥이 공중에 있는지 땅에 있는지, 아니면 다른 어떤 곳에 있는지와 같은 호기심만 자극하는 불필요한 대화를 즐긴다…그런 대화는 헛된 허영심과 논쟁만 부추기는 경향이 있다.

폴 베인스

Commentary upon … Ephesians, 138

우리는 이것을 성경의 명령대로 안식일을 거룩하게 지키기 위한 개인적인 노력의 일환으로 생각해야 한다. 우리가 읽거나 들은 말씀에 관해 다른 사람들과 대화와 의견을 나누는 것은 하나님을 예배하는 또 다른 방식이자 우리의 연약함을 극복하도록 돕는 가장 탁월한 수단 가운데 하나가 아닐 수 없다. 성경도 이런 활동을 권하고 있고, 우리의 경험도 이것이 우리 자신과 다른 사람들에게 미치는 유익이 매우 크다는 것을 분명하게 말한다.

니콜라스 보운드

Doctrine of the Sabbath, 210 – 11

유대인의 속담에 마른 나뭇가지 두 개를 생나무 가지 하나와 함께 태우면 생나무도 불이 붙는다는 말이 있다. 하나님과 그리스도와 천국과 거룩함을 추구하는 열정을 지닐 수 있는 가장 좋은 방법은 마른 나뭇가지와 불붙은 석탄, 곧 성도들과 함께 어울리는 것이다. 불붙은 숯이 생 숯에 불을 붙이는 것처럼, 열정적인 그리스도인들이 활력이 없는 그리스도인들에게 하나님과 그리스도와 천국과 거룩함을 추구하려는 열정과 생기를 불어넣을 수 있다. 성경은 "철이 철을 날카롭게 하는 것 같이 사람이 그의 친구의 얼굴을 빛나게 하느니라"(잠 27:17)라고 말씀한다. 인간의 이해력과 재능과 은사와 근면한 성품은 친밀한 대화와 교제를 통해 더욱 강하고, 기운차고, 활력 있게 발전한다.

토머스 브룩스

Apples of Gold, 208 – 9

나는 가난한 여인 두세 명이 문 앞에 앉아 햇볕을 쬐며 하나님의 일에 관해 대화를 나누는 광경을 목격했다… 그들은 거듭남, 마음속에서 이루어지는 하나님의 사역, 본성의 비참한 상태를 자각하는 법에 관해 대화를 나누었다. 또한, 그들은 하나님이 주 예수님 안에서 사랑으로 자기들을 대해 주셨던 일과 자신들을 새롭게 하고, 위로하고, 마귀의 유혹을 물리칠 수 있도록 도와준 말씀과 약속들을 언급하기도 했고, 사탄의 유혹을 구체적으로 논하면서 자신들이 무엇을 통해 괴롭힘을 당했고, 사탄의 공격을 받고 어떻게 낙심했는지에 대해 말하기도 했다. 그밖에도 그들은 자신들의 비참한 마음 상태와 불신앙에 관해 말하면서 자신들의 의는 추악하고, 불충분해 어떤 유익도 가져다줄 수 없다고 결론지었다. 그들은 성경적인 언어를 사용해 즐겁게 말했다. 그들은 마치 새 세상을 발견하기라도 한 사람들처럼 참으로 은혜로운 말을 나누었다.

존 번연

Grace Abounding, 21 – 22

주님은 공적인 말씀 사역에 특별한 축복을 베풀어주신다. 하지만 그분의 지혜를 믿음을 일으키거나 증대시키는 일반적인 수단에만 국한시켜서는 안 된다. 물론, 사적인 대화를 통해 좀 더 효과적인 감정의 변화가 일어났다고 해서 공적 사역을 무시하거나 폄하해서도 안 된다. 오히려 거룩하고, 겸손한 태도로 감사함으로써 주님이 그런 주권적인 역사를 일으키셨다는 사실을 인정해야 한다. 하나님은 그분의 기쁘신 뜻에 따라 언제, 어디에서, 누구를 통해, 누구에게 은혜를 베풀 것인지를 결정하신다.

에제키엘 컬버웰

Time Well Spent, 225 – 26

우리는 경건한 대화라는 유익한 수단을 활용해 서로를 가르치고, 격려하고, 권고하고, 조언하고, 위로함으로써 거룩한 믿음의 덕을 세워야 한다. 나뭇가지들을 흩어 놓으면 불꽃을 피우기가 어렵지만, 함께 모아 놓으면 금세 큰 불길을 일으킨다. 신앙적인 대화과 교제를 나누지 않고 혼자서만 신앙생활을 하면 성령의 불길이 곧 꺼져 냉랭해진다. 하지만, 함께 모여 거룩한 대화를 나누면 우리 안에 있는 하나님의 은혜가 활기차게 역사한다. 우리는 칼과 칼이 서로를 날카롭게 갈아주는 것처럼, 서로의 은사를 강하게 해 선한 의무를 이행하려는 마음을 북돋아 주어야 한다. 우리는 서로의 은사를 한데 합쳐 놓고, 큰 불꽃이 일어날 때까지 대화의 풀무로 힘차게 바람을 불어넣어야 한다.

존 다우네임

Christian Warfare, 1165

하나님의 성령을 받은 성도들과 대화를 나누라. 외국어를 배우기를 원한다면 태어나면서부터 그 언어를 사용한 원어민과 어울려야 한다. 하나님을 소유하고 싶고, 하늘의 언어를 배우기를 원하는가? 그러면 영적 본성을 지닌 덕분에 하나님의 일에 관해 말할 줄 아는 사람들과 어울려야 한다. 물론, 그들이 영적 본성을 그대로 전달해 줄 수는 없지만, 하나님의 성령께서는 그들과 나누는 은혜로운 대화를 사용하여 우리를 새롭게 하신다. 우리가 그런 사람들과 함께 어울리면 성령과 동행할 수 있다.

윌리엄 거널

Christian in Complete Armour, 761

우리가 다른 사람들에게 우리의 상태를 솔직하게 말하면 그들은 자기 안에 있는 은혜를 활용해 기도로 우리를 도울 수 있지만, 우리가 그들 안에 있는 은혜를 방해하면 성령을 소멸시키는 결과를 초래할 수 있다. 우리가 우리의 결함이나 소원을 형제들에게 말하면 그들 안에 있는 기도의 영을 고무할 수 있고, 그들에게 새로운 영적 사역의 기회를 제공할 수 있다. 우리가 그들에게 우리가 경험한 하나님의 은혜로운 섭리에 관해 말하면 그들의 입에서 찬양이 흘러나오게 만들 수 있다. 우리가 우리의 유혹과 고난을 다른 성도들에게 알려주지 않은 탓에 그들이 기도로 하나님께 탄식하며, 한숨을 지을 때가 얼마나 많은지 모른다. 우리가 받은 은혜를 그들에게 숨기지 않는다면, 그들의 입에서 감사와 기쁨의 소리가 크게 울려날 것이다.

윌리엄 거널

Christian in Complete Armour, 789

신자들은 함께 모여 서로 대화해야 한다(눅 24:14).

토머스 홀

Pulpit Guarded, 2

개인적인 의무를 게을리하지 말고, 거룩한 대화를 나누려고 노력하라. 하늘의 영원한 보화를 생각하고, 말하는 기쁨을 누릴 수 있게 해달라고 하나님께 기도하라. 하나님의 자녀들이 다른 의무들과 마찬가지로 경건한 대화를 소홀히 할 때가 많다는 생각이 종종 든다. 다양한 배움의 방식을 통해 유익을 얻을 수 있는 기회를 소홀히 해서는 안 된다. 힘써 노력하는 사람들을 축복해 주시기를 하나님께 기도한다.

브릴리아나 할리

to her son Edward, October 18, 1639, *Letters*, 65

하나님은 다양한 은사를 허락하신다. 대화하는 능력이 다른 사람들보다 더 뛰어난 사람도 있고, 기도를 남달리 잘하는 사람도 있으며, 성경에 능통한 사람도 있다…이 모든 은사는 교회를 유익하게 하기 위해 주어졌다.

엘나산 파

An Exposition upon the Epistle to the Romans, in *Workes*, 206

그리스도의 몸에 속한 지체들이 함께 모여 서로 대화를 나누면, 성도들이 모인 곳에 보혜사 성령을 보내겠다는 하나님의 약속대로 큰 위로와 기쁨이 뒤따른다. 그리스도께서는 "두세 사람이 내 이름으로 모인 곳에는 나도 그들 중에 있느니라"(마 18:20)라고 말씀하셨다. 이런 거룩한 모임을 멸시하고, 경건한 대화를 업신여긴다면 그리스도의 이름으로 엄히 책망할 수밖에 없다. 그런 사람은 진정한 기쁨이나 위로를 발견할 수 없을 것이다. 신실한 성도들의 모임을 멸시하고, 은혜의 수단과 경건한 말과 대화를 무시하면서 자신의 영혼 안에 성령께서 거하시고, 기쁨과 위로를 발견할 수 있기를 바라는 사람들이 많다. 그런 사람들은 결국 자신의 거짓되고, 부패한 마음이 자신을 속였다는 것을 알게 될 것이다.

로버트 롤록

"Of the Resurrection of Christ," in *Select Works*, 2:484

경건한 교제는 우리의 은혜가 불처럼 활활 타오르게 해 다른 사람들이 얼어붙어 있을 때 그들을 따뜻하게 녹여주지만, 경건하지 못한 교제는 불처럼 활활 타오르는 은혜의 불길에 물을 끼얹는 결과를 초래한다.

윌리엄 세커

Nonsuch Professor, 54

성경에서 읽은 말씀 또는 설교로 전달된 말씀은 우리와 대화를 나누는 하늘의 음성이다. 대화를 나눌 때는 성경 말씀을 논의하라. 묵상은 하나님이 우리 영혼에 임하시게 하는 수단으로, 기도는 영혼을 하나님께로 향하게 하는 수단으로 활용하라. 오직 믿음과 사랑만이 칭찬을 받을 수 있다.

새뮤얼 쇼

Voice of One Crying in the Wilderness, 169

아무런 위로를 발견할 수 없을 때, 자기보다 연약한 그리스도인들을 가르치고, 격려함으로써 오히려 자신이 큰 위로를 받게 될 때가 많다. 상호적인 대화의 의무에는 하나님의 보상이 뒤따른다. 나는 대화를 통해 훨씬 더 나은 것을 알고, 맛보기 전에는 이런 사실을 온전히 이해하지 못했다. 이런 사실은 우리에게 사랑을 가르치고, 거룩한 대화를 자주 나누어야 할 필요성을 일깨워준다. 우리가 다른 사람들에게 선을 행하면 결국 우리 자신도 유익을 얻는다.

리처드 십스

Divine Meditations and Holy Contemplations, 77

진지한 태도로 자주 거룩한 대화를 나누지 않으면 큰 유익을 얻기 어렵다. 실천하려는 의도 없이 질문을 던지고, 지식만을 원하는 사람들이 많다. 그것은 지식의 나무의 열매를 맛보려는 교만한 소원에 지나지 않는다. 그리스도인들은 그리스도를 부지런히 구하고, 그분의 음성에 복종하기 위해 더 많이 알기를 바라야 한다.

리처드 십스

Divine Meditations and Holy Contemplations, 132–33

경건한 영혼들은 유익한 교제를 통해 많은 확신을 얻었다. 래티머와 리들리는 살아 있는 동안 크랜머와 자주 서신 대화를 나누었다. 경건한 대화는 성도의 견인에 큰 도움을 준다. '연합이라 하는 막대기'는 유대인의 아름다움과 안전이었다(슥 11:14). 교제는 용기를 일으키고, 기쁨의 빛줄기는 반사될수록 더 뜨거워진다…선한 사람의 얼굴빛은 우리를 기쁘게 하고, 그를 보는 것은 우리에게 활력을 준다.

조지 스윈녹

The Christian Man's Calling, in *Works*, 2:337

"철이 철을 날카롭게 한다." 끌을 서로 대고 문지르면 처음에는 칙칙하고, 무뎠지만 결국 둘 다 반짝거리고, 날카롭게 된다. 그와 마찬가지로 마치 사용하지 않아 녹이 슨 연장처럼 퇴보를 거듭해 낙심에 빠진 친구들도 서로 간의 대화와 교제를 통해 활력과 생명력을 되찾아 영적인 일에 열심을 내게 된다. 기독교 공동체는 철과 철을 비비는 것처럼 교제함으로써, 스스로를 둔감하고, 무기력하게 만든 영적 녹을 제거하고, 영적 생명력을 되찾아야 한다.

조지 스윈녹

The Christian Man's Calling, in *Works*, 2:339

수도사들은 일주일에 한 번 함께 모여 각자가 직면한 유혹과 그 유혹에 맞서는 방법과 결과에 관해 대화를 나누는 관습이 있었다. 그리스도인들도 마음을 좀 더 활짝 열고, 자신의 영혼의 상태, 영적 유익과 손실, 하나님의 호의나 분노를 의식했던 경험에 관해 서로 대화를 나눈다면…하나님을 크게 영화롭게 할 뿐 아니라 우리의 원수를 제압하고, 서로를 유익하게 할 수 있을 것이다.

조지 스윈녹

The Christian Man's Calling, in *Works*, 2:349

나다나엘 빈센트는 어느 상황에서

나 항상 거룩하고, 진지한 대화를 나눌 준비가 되어 있었던 것으로 유명하다. 이런 태도는 오늘날의 교인들 사이에서는 때 지난 구습 같은 취급을 받고 있다. 요즘에는 함께 모이면 뉴스나 세상일에 관해 말한다. 이것이 우리 형제들의 죄요 잘못일 것이다. 함께 있는 시간 내내 하나님의 말씀이나 그리스도나 천국에 대해서는 단 한마디도 하지 않는다. 그러나 어떤 모임에 참여하든 귀한 향유가 담긴 상자를 열어놓은 것과 같은 사람이 되어야 한다. 그런 사람은 떠난 자리에 향기로운 냄새, 곧 신령한 대화를 남긴다.

나다니엘 테일러

Funeral Sermon [on Luke 12:40], 26

사적인 대화와 권고가 가져다주는 유익은 매우 크다.

존 트랩

Commentary on the Old and New Testaments, 1:502

거룩한 모임과 선한 대화는 순하게 내려가는(즉 곧장 그리스도께로 향하게 만드는) 가장 좋은 포도주와 같다. 그런 대화는 다른 사람들을 각성시킬 뿐 아니라 하나님의 축복을 통해 그들에게 생명나무이자 생명의 샘이 된다. 그런 대화는 우리 안에 생명이 있다는 징후이자 증거다. 대화의 생명은 그리스도다. 우리는 그런 대화를 자주 활용해 그리스도에 관해 말함으로써 그분을 찬양하고, 우리 자신과 다른 사람들을 유익하게 해야 한다.

앤서니 터크니

Sermon 40, in *Forty Sermons*, 664

경건한 대화는 덕을 세운다. 바울 사도는 서로의 덕을 세우라고 명령했다(엡 4:29). 경건한 대화보다 더 좋은 방법이 있을까? 경건한 대화는 무지한 생각을 깨우치고, 흔들리는 마음을 안정시킨다. 선한 삶은 믿음을 아름답게 장식하고, 선한 대화는 믿음을 전달한다.

토머스 왓슨

Christian Soldier, or, Heaven Taken by Storm, 70

"여호와를 경외하는 자들이 피차에 말하매"(말 3:16)라는 말씀대로, 하나님의 백성은 자주 함께 모여야 한다. 그리스도의 비둘기들은 함께 어울려야 한다. 그리스도인들은 서로의 믿음의 열정을 북돋을 수 있다. 한 덩이의 숯은 곧 꺼지지만 많은 숯을 함께 모아놓으면 개개의 불꽃이 그대로 유지된다. 대화는 때로 설교 못지않은 큰 힘을 발휘한다. 한 사람의 그리스도인이 선한 말로 다른 그리스도인에게 거룩한 기름을 떨어뜨려 그의 은혜의 등불이 더 밝게 빛을 발하게 만든다.

토머스 왓슨

Godly Man's Picture, 239

이 중요한 의무(대화)를 이행하라. '피차 말했던'(말 3:16) 하나님을 경외하는 자들을 본받으라. 제롬은 그들이 하나님의 섭리를 옹호하는 말을 했다고 생각했다. 그들은 하나님의 처사를 옹호했고, 악인들의 악한 말을 듣고 낙심하지 말고, 끝까지 경건한 믿음을 지키라고 서로를 격려했다. 그리스도인들은 모일 때마다 서로의 영혼을 격려하고, 지식과 경험을 서로 나누어야 한다(시 66:16). 꿀을 발견한 삼손은 그것을 자신도 먹고, 부모에게도 가져다 주었다(삿 14:9). 말씀의 꿀을 맛보았는가? 그렇다면 다른 사람들에게도 그 맛을 보여주라.

토머스 왓슨

Great Gain of Godliness, 68

함께 모일 때는 서로에게 성경의 약속에 관해 말하라. 성경의 약속은 믿음의 지지대요 기쁨의 원천이자 성도의 왕실 칙허장이다. 천국 시민인데 자신의 칙허장에 관해 말하지 않을 셈인가? 그리스도의 보배로우심에 관해 말하라. 그분은 아름다움과 사랑 그 자체이시다. 그분은 우리를 구원하기 위한 대가로 자신의 피를 쏟으셨다. 우리를 구원해준 친구가 있는데 그에 대해 한마디 말도 하지 않을 생각인가? 죄에 관해서도 말하라. 죄 안에 어떤 치명적인 해악이 도사리고 있는지, 어떻게 그것이 인간의 무죄한 본성을 오염시켜 그것을 작은 지옥으로 만들었는지에 대해 말하라. 영혼의 자수(刺繡)와도 같은 거룩함의 아름다움에 관해서도 말하라. 영혼을 하나님과 천사들을 매료시킬 수 있는 아름다운 광채로 가득 채우라. 영혼에 관해 서로 말하라. 영혼이 건강한지 살펴보라. 죽음과 영원에 관해서도 말하라. 천국에 속해 있는데도 그곳에 대해 아무 말도 하지 않을 셈인가? 하나님이 온갖 신성모독에 시달리고 계시는 오늘날의 시대 풍조에 관해서도 말하라. 하나님이 모욕을 받는 현실을 깊이 통감하라. 거룩한 대화를 나눌 수 있는 소재는 이런 것들만으로도 충분하다.

토머스 왓슨

Great Gain of Godliness, 69–70

경험

하나님은 때로 자기 백성에게 그리스도에 관한 확실한 이해, 그분의 사랑에 대한 인식, 죄 사함 받았다는 의식, 희망의 확신, 평화와 기쁨과 같은 큰 영적 즐거움을 베풀기를 좋아하신다. 마귀는 종종 그런 특권들을 교만의 기회로 만들어 버린다. 교만은 하나님을 멀리 내쫓는다. 하나님은 "멀리서도 교만한 자를 아신다"(시 138:6). 큰 즐거움은 오래 지속되는 경우가 드물다. 우리에게는 그것이 오히려 다행이다. 왜냐하면 항상 하늘의 잔치만 즐기다 보면 우리의 부패한 마음이 자만심으로 우쭐할 것이기 때문이다.

아이작 암브로우스

Christian Warrior, 112

내적인 경험에 근거한 대화가 경험이 결여된 학문적인 대화보다 더 큰 공감을 불러일으키고, 더 큰 영향력을 발휘한다. 마음에서 나오는 것은 마음에 크게 와닿기 마련이다.

익명의 저자

Stated Christian Conference, 23

자신의 부패한 성향을 가장 많이 없앤 그리스도인이 그리스도를 가장 많이 알고 있는 가장 훌륭한 그리스도인이다. 말을 하는 것이나 그럴듯하게 기도하는 것이나 큰 기쁨보다 그런 경험을 더 중요하게 여겨야 한다.

알렉산더 카마이클

Believer's Mortification of Sin, 37–38

우리의 영혼 속에서 역사하는 믿음의 능력을 경험해야만 경건한 삶을 추구할 수 있다. 히브리 신자들은 그런 경험이 있었기 때문에 소유를 빼앗기는 것도 기쁘게 감당했다(히 10:34). 그 어떤 논증이나 유혹도 그들의 경험의 손에서 진리를 빼앗아갈 수 없었다… 많은 신앙 고백자들이 시련이 닥쳤을 때 진리를 포기하는 이유는 바로 이런 경험이 없기 때문이다. 오, 형제들이여! 마음속에서 역사하는 믿음의 능력을 느끼려고 노력하라…이 경험은 세상의 그 어떤 논증보다 우리를 더욱 굳세게 해줄 것이다. 믿음의 능력을 경험하면 하나님의 길이 세상의 그 어떤 길보다 더 사랑스럽게 보인다. 일단 우리의 마음속에서 믿음의 능력이 느껴지면 믿음을 결코 포기하지 않을 것이다.

존 플라벨

Sacramental Meditations, 34–35

파리시엔시스는 경험이 발을 절룩거리는 사람을 돕는 목발과 같다고 말했다. 물론, 목발은 절룩거리는 발을 강하게 만들거나 원상태로 되돌리지는 못한다. 음식과 약도 마찬가지다. 따라서 그리스도인은 현재적 감정이든 과거의 경험이든 하나님의 사랑에 대한 경험보다는 약속을 더 많이 의지하는 법을 배워야 한다. 그런 경험을 이용하는 것은 좋지만 그것을 의지하거나 믿음의 행위를 그것에만 국한시켜서는 안 된다.

윌리엄 거널

Christian in Complete Armour, 467

나는 많은 성도의 경험과 성경을 근거로 말한다. 성령께서는 우리가 하나님의 자녀인 것을 증언하는 것으로 그치지 않고, 종종 하나님의 백성들과 교통하신다. 성령의 교통은 영혼에 주어진 하나님의 거룩하고 영광스러운 나타나심을 통해 마음속에 그분의 사랑을 부어준다. 그것은 말보다는 느낌으로 더 잘 알 수 있다. 귀로 들을 수 있는 음성은 없지만, 영광의 빛을 통해 영혼이 하나님의 생명과 빛과 사랑과 자유로 충만해지기 때문에 마치 "큰 은총을 받은 사람이여"(단 10:11 참조)라는 음성이 들리는 것과 큰 차이가 없다. 그럴 때면 마음이 황홀해지면서 "여기 있는 것이 좋사오니"(마 17:4)라는 말이 절로 나온다.

윌리엄 거스리

Christian's Great Interest, 196 – 98

하나님에 관한 세 번째 지식이 있다. 그것은 다름 아닌 경험적 지식이다. 성경의 표현에 따르면, 인간은 자신이 경험한 것은 알 수 있고, 경험하지 못한 것은 알 수 없다. 성경은 이런 경험적인 지식을 '아는 것'으로 일컫는다. 주 예수 그리스도께서는 슬픔과 질고를 아는 분이셨다. 그분은 모든 종류의 슬픔과 질고를 직접 느끼고, 맛보고, 경험하셨다.

매튜 뉴커먼

Best Acquaintance, 12 – 13

하나님은 다양한 방식으로 가르치신다. 경험은 그런 가장 중요한 방식 가운데 하나다. 그것은 외적으로 읽고 들은 것을 내적으로 의식하고 느끼는 것이요, 믿는 것을 영적으로 강력하게 즐거워하는 것을 의미한다. 경험은 하나님의 성령께서 신자들의 마음에 기록하신 복사본과 같다. 그것은 믿음의 시종이자 수행원이요 소망의 안내인이다(롬 5:4).

배버소 파월

Spirituall Experiences of Sundry Beleevers, ii – iii

하나님의 사랑과 축복에 관한 은혜로운 경험을 주의 깊게 살펴 마음속에 떠올리라. 하나님의 사랑을 많이 의식할수록 그분을 사랑하는 마음이 더욱 커진다. "지혜 있는 자들은 이러한 일들을 지켜보고 여호와의 인자하심을 깨달으리로다"(시 107:43). 다윗은 골리앗과 마주했을 때는 물론(삼상 17:36), 다른 때에도 항상 하나님을 의지했다(시 61:2, 3, 63:7, 71:5, 6, 20, 22:21). 경험은 신앙을 지탱해 주는 큰 힘이요 사랑을 증대시키는 특별한 수단이다.

네헤미아 로저스

The Penitent Citizen, in *Mirrour of Mercy*, 101

계시

은혜로우신 하나님이 자기 자신을 사람들에게 나타내려고 낮추시는 두 가지 방법이 있다. 하나님의 말씀과 하나님의 사역이 그것이다. 기록된 말씀에 대해 말하면, 태초 이후로 영혼 속에 생명과 뿌리를 내릴 수 있는 것으로서 하나님의 말씀에 필적한 만한 것이 결코 기록된 적이 없다. 그뿐 아니라, 이것은 씨앗이 땅에 접목되어 이식되는 것처럼 실제로 일어나는 일이다(약 1:21). 기록된 말씀은 가장 초월적이고 영광스러운 계시 수단이다. 하나님은 자신의 말씀을 자신의 모든 이름보다 높게 하셨다(시 138:2). 그러나 창조나 섭리 같은 하나님의 사역을 통한 계시도 영광스러우며 중요한 가치를 갖고 있다. 그렇더라도 하나님의 섭리 사역의 최고의 정수와 장점은 바로 이 사역이 기록된 하나님의 말씀의 참된 성취와 이행이라는 것이다.

존 플라벨

Divine Conduct, 3

고난('시련'도 참조하라)

하나님의 백성이 이 세상에서 경험하는 고통스러운 시련들이 많다. 그것들을 생각하면 세상에서 오래 살기를 바라는 온당하지 못한 생각이 마음속에서 사라진다. 내 말을 오해하지 말기 바란다. 장수는 바람직한 축복이다. 그러나 육체적인 생계의 수단이나 삶 자체에 연연하지 않으려는 노력이 필요하다.

시므온 애쉬

Best Refuge, 12

그리스도께서 나의 방패가 되어주실 테니
싸움터로 향하는
무장한 기사처럼,
나는 이 세상과 맞서 싸우리라.
'옛 조상들의 믿음으로'
의를 얻었으니
나는 세상의 고통을 조금도 두려워하지 않고
담대하리라.

그리스도께서 나의 편이 되어주시고,
나의 슬픔을 달래주실 테니,
희망이 솟아나
'마음으로 기뻐하리라.'
나의 머리털보다도
'원수들이 더 많지만,'
주님이 나를 대신해 싸워주실 테니
그들은 나를 조금도 타락시키지 못하리라.
원수들이 잔인한 악의를 드러내나
'주님께 나의 모든 염려를 맡기고,'
주님이 나의 기쁨이 되실 테니
원수들이 아무리 신속해도 개의치 않으리라.

앤 애스큐

in Sharp, *Anne Askew, Martyr AD 1545*, 11

부르심이 없이 고난 속으로 뛰어들어서도 안 되고, 부르심 없이 고난에서 황급히 빠져나와서도 안 된다. 그리스도와 사도들을 비롯해 모든 순교자가 그렇게 행동했다. 그들은 고난을 피해 달아났고, 숨기도 했지만, 고난을 받을 때는 빠져나갈 문이 열렸는데도 도망치지 않았다. 다시금 분명히 말하지만, 하나님의 부르심이 없으면 고난 속으로 달려들어 가지도 못하고, 그곳에서 도망쳐 나오지도 못한다.

윌리엄 브리지

Seasonable Truths in Evil Times, in *Works*, 3:315

하나님의 백성은 세상에서 일시적인 고난을 겪는다. 그들은 재산과 명예와 자유와 관련해 다른 사람들보다 더 많은 고난을 감당한다. 하나님의 능력이 그들의 약한 데서 더욱 온전해져 그들을 지탱하고, 구원하며, 그들의 영을 견고하게 하고, 위로를 가져다준다.

존 브린슬리

Aqua Coelestis, 160

"사울아 사울아 네가 어찌하여 나를 박해하느냐"(행 9:4)라는 말씀이 암시하는 대로, 그리스도께서는 우리의 모든 고난과 박해와 고통에 동참하신다. 주 예수 그리스도와 연약한 성도들의 관계는 너무나도 긴밀하기 때문에 성도를 찌르는 것은 곧 그리스도의 심장을 찌르는 것과 같다. 성도의 고난은 그리스도의 고난으로 간주된다(골 1:24). 그들의 고통은 곧 그분의 고통이고, 그들의 수치는 곧 그분의 수치이며(히 13:13), 그들의 분노는 곧 그분의 분노다(느 4:4, 5). 하나님은 느헤미야보다 더 크게 분노하신다.

토머스 브룩스

The Unsearchable Riches of Christ, in *Select Works*, 1:88

"우리는 우리 자신이 사형 선고를 받은 줄 알았으니 이는 우리로 자기를 의지하지 말고 오직 죽은 자를 다시 살리시는 하나님만 의지하게 하심이라"(고후 1:9)라는 말씀은 나를 크게 유익하게 했다. 첫째, 나는 이 말씀을 통해 내가 옳게 고난을 받으면 이 세상의 것으로 일컬어지는 모든 것에 대해 사형 선고를 내릴 수 있을 뿐 아니라 심지어는 나와 아내와 자식들과 건강과 즐거움과 같은 것들이 나에 대해 죽고, 내가 그것들에 대해 죽은 것처럼 여길 수 있다는 것을 깨달았다. 둘째, 나는 바울이 또 다른 곳에서 말한 대로 보이지 않는 하나님을 의지하며 사는 법을 깨달았다. 그는 "우리가 주목하는 것은 보이는 것이 아니요 보이지 않는 것이니 보이는 것은 잠깐이요 보이지 않는 것은 영원함이라"(고후 4:18)라는 말씀으로 낙심하지 않는 법을 가르쳐주었다. 따라서 나는 속으로 "만일 내가 투옥되는 것만을 생각한다면 불시에 채찍질을 당하거나 교수형을 당할 수도 있을 테고, 내가 만일 그런 것들만을 생각한다면 자칫 추방을 당하게 될 수도 있을 것이다. 또한, 내가 추방을 최악으로 여긴다면 느닷없이 죽음이 찾아올 때는 크게 놀라게 될 것이 분명해."라고 생각해 보았다. 생각이 거기에 미치자 고난을 헤쳐나가는 가장 좋은 길은 그리스도를 통해 하나님을 의지하는 것뿐이라는 사실이 확연하게 깨달아졌다.

존 번연

Grace Abounding, 122 – 23

올바른 태도로 하나님의 말씀을 위해 고난을 받지 않으면, 단지 고난을 받았다는 이유만으로 순교자가 될 수는 없다. 다시 말해, 단지 의로움을 나타내기 위해서가 아니라 의를 위해 고난을 받고, 단지 진리만을 위해서가 아니라 진리를 사랑하는 마음으로 고난을 받고, 단지 하나님의 말씀을 위해서가 아니라 말씀을 따르다가(좀 더 정확히 말하면 하나님의 말씀이 요구하는 대로 거룩하고, 겸손하고, 온유한 태도로) 고난을 받아야 한다. 올바른 태도로 고난을 받으며 하나님의 원수인 죄(교리와 관련된 죄, 예배와 관련된 죄, 삶과 관련된 죄, 대화와 관련된 죄)를 물리치려고 노력하는 것은 참으로 귀하다.

존 번연

"Mr. John Bunyan's Dying Sayings," in *Complete Works,* 80

고난받는 때는 하나님이 자신의 속성들을 드러내 보이시는 때다. "하나님은 환난 날에 자기 백성에게 피난처가 되어주시고," "주의 이름을 아는 자는 주를 의지한다"(시 9:9–10 참조). 하나님은 고난의 학교에서 자신의 속성들에 관해 가르치고, 자기 백성에게 자기를 알려주어 그들이 자기에 대해 더 많이 알게 하신다. 하나님의 백성은 수년 동안의 설교보다 반년 동안의 고난을 통해 하나님을 경험적으로 더 많이 알 수 있다.

토머스 케이스

Correction, Instruction, 53

고난을 통해 하나님을 알게 된 사람들은 고난의 유익과 특권에 관해 경험적으로 말할 수 있다. 그들은 하나님과의 교제에 관해서도 경험적인 지식을 전할 수 있다. 예를 들면, "내가 사망의 음침한 골짜기로 다닐지라도 해를 두려워하지 않을 것은 주께서 나와 함께 하심이라"(시 23:4)와 같은 내용이다. 나도 버림을 받은 듯한 깊은 절망 속에서 주님이 나를 지탱해주고, 가르치고, 위로하시는 것을 경험하고 큰 위안을 얻은 적이 있다. 나는 나의 고난을 통해 고난의 다른 열매들도 맛보았다. 나는 고난을 통해 더 많은 인내와 겸손과 자기 부정을 배웠고, 형제들의 고난을 더욱 깊이 헤아릴 수 있게 되었을 뿐 아니라 세상을 더욱 멀리하고, 의무에 관심을 기울이고, 죽음을 준비하고, 영원한 삶을 대비하는 법을 깨달았으며, 하나님과 함께라면 안전하다는 확신을 얻었다.

토머스 케이스

Correction, Instruction, 72–73

우리가 경험하는 고난의 세례는 그리스도의 세례다. 그분의 것을 우리의 것으로 생각하지 말고, 일컫지 말라. 우리가 주님을 위해 고난받는 것이 아니라 그분이 우리 안에서 고난을 받으시는 것이다. 만일 우리가 그리스도를 위해 고난을 받는다고 말하고 싶으면 그분이 고난을 받는 우리를 깊이 동정하신다는 사실을 기억해야 한다. 그분의 동정심은 참으로 은혜롭기 그지없다. 우리가 금식할 때 먹기를 거부하고, 우리가 들판에 있을 때 침대에 눕기를 원하지 않고, 우리가 깨어 경계할 때 잠을 자지 않고, 우리와 함께 울고, 우리를 위해 탄식하는 친구가 있었는가? 말해보라. 그 친구의 이름이 무엇인가? 그런 친구의 태도를 어떻게 생각하는가? 그 친구의 이름은 바로 그리스도이고, 그것이 그분의 태도다. 그분의 이름은 은혜롭다. 그분은 진정 은혜롭기 그지없다. 이런 사실이 그분의 태도 안에 분명하게 드러나 있지 않은가? 그리스도께서는 자신의 고난받는 지체들을 은혜롭게 대해주신다. 그분은 그들이 받는 고난의 깊이와 정도와 기간을 정해주신다. 박해받는 성도들이여, 그리스도께서 우리의 모든 고난을 주관하신다.

존 듀런트

Sips of Sweetness, 164–65

고난받을 때 그리스도의 은혜를 기대하는 사람들은 다음 네 가지를 기억해야 한다. 영혼 안에서 이 교리가 참되다는 것을 경험하기를 바란다면, 다음의 네 가지에 주의를 기울여야 한다. 즉 고난을 받을 때는 (1) 자신의 명분이 선한지, (2) 자신의 부르심이 분명하게 주어졌는지, (3) 자신의 태도가 온유한지, (4) 자신의 목적이 올바른지를 생각해야 한다.

존 듀런트

Sips of Sweetness, 194

잃음으로써 얻고, 정복당함으로써 정복하고, 작아짐으로써 커지는 사람들은 결코 멸망하지 않을 것이다.

존 플라벨

Fountain of Life, 265

나는 어렸을 때 존 폭스의 《순교자 열전》을 즐겨 읽었다. 나는 막대기에 묶여 화형을 당하는 순교자들이 풀무 불에 들어갔던 다니엘의 세 친구와 같다고 생각했다. 그들은 불 속에서도 머리털 하나도 타지 않았을 뿐 아니라 그들의 옷이 타는 냄새조차도 나지 않았다. 그 때문에 나는 순교가 아무것도 아닌 것 같은 생각이 들기도 했다. 물론, 사자는 그림으로 실제보다 더 사납게 그릴 수 있을지 몰라도 불은 아무리 잘 그려도 실제보다 더 사납게 그릴 수 없다. 아무튼, 순전한 사변이기는 해도 상상력을 동원해 고난을 그림으로 그려 스스로에게 보여주면 그것을 감내하기가 좀 수월할지도 모른다. 그러나 한 가지 꼭 기억해야 할 사실은 우리가 고난을 당하면 하나님이 우리를 도와 그것을 능히 감당하게 해주신다는 것이다.

토머스 풀러

Good Thoughts, 92

기꺼이 고난을 받겠다는 마음이 있으면 섬김의 삶을 실천할 수 있다. 섬김의 삶을 실천하려면 기꺼이 고난을 받겠다는 각오가 되어 있어야 한다. 이것이 분명한 사실인 이유는 고난이 뒤따르지 않는 의무는 없기 때문이다. 고난을 싫어하는 사람은 오랫동안 즐거운 마음으로 섬김의 삶을 실천할 수 없다. 기도는 성도가 매일 해야 하는 의무다. 주님의 뜻이 이루어지기를 진정으로 바라지 않는다면 올바른 태도로 기도할 수 없다. 기꺼이 고난을 받겠다는 마음이 없으면 누가 진정으로 기도할 수 있겠는가? 하나님을 찬양하는 것도 지속적으로 감당해야 할 의무다. 우리는 범사에 하나님께 감사해야 한다(살전 5장). 그러나 고난이 닥치면 어떻게 될까? 기꺼이 고난을 받을 준비가 되어 있지 않으면 어떻게 우리의 마음을 다해 의무를 이행할 수 있겠는가?

윌리엄 거널

Christian in Complete Armour, 408

그리스도인은 일시적인 고난을 모두 면하게 해달라고 기도해서는 안 된다. 그런 기도를 드릴 수 있는 약속의 근거는 없다. 하나님은 그런 특권을 약속하시는 것을 적합하게 생각하지 않으셨다. 따라서 우리는 그런 것을 감히 구하려고 해서는 안 된다. 하나님에게는 죄가 없는 아들이 하나 있지만, 고난이 없는 아들은 아무도 없다.

윌리엄 거널

Christian in Complete Armour, 725

군인은 전쟁을 치러야만 평화를 누리기에 적합하게 되고, 여행자는 폭풍우를 겪어야만 고향에 가기에 적합하게 되며, 노동자는 수고하여 일해야만 침상에 눕기에 적합하게 된다. 그와 마찬가지로 우리는 고난을 겪어야만 천국에 들어가기에 적합하게 된다. 고난을 겪고 나서 천국에 들어가면 더욱 은혜로울 것이 틀림없다. "우리가 잠시 받은 환난을 경한 것이 지극히 크고 영원한 영광의 중한 것을 우리에게 이루게 함이니"(고후 4:17).

토머스 졸리

"Heavenly-Mindedness,"

in Slate, *Select Nonconformists' Remains*, 224

고난을 극복하려면 믿음과 용기와 인내가 필요하다. 그런 자질들이 필요한 고난을 한 번도 겪어보지 못한 사람은 자신의 참모습을 다른 사람은 물론, 자기 자신조차도 알 수 없다. 자기를 고통스럽게 하거나 혼란스럽게 만드는 어려움이나 시련을 경험하지 못하면 어떻게 스스로가 실제로 온유하고, 침착한지를 알 수 있겠는가?

로버트 레이턴

A Commentary upon the First Epistle of Peter,

in *Whole Works*, 1:54

고난의 진정한 가치는 그것을 기쁘게 감당하려는 태도에 의해 결정된다. 고난을 불평하는 것은 죄다. 그런 경우에는 또다시 똑같은 고난을 겪게 될 것이다. 하나님은 진실한 마음으로 행동하라고 요구하신다. 고난을 겪을 때도 마땅히 그래야 한다. 결론적으로 말해, 고난을 겪을 때 뒤로 물러날수록 고난을 더 많이 겪게 되고,

담대하게 앞으로 나아갈수록 고난을 덜 겪게 된다. 그리스도를 위해 기쁨으로 고난을 겪으면 기나긴 고난이 단축될 것이다.

니콜라스 로키어

Balm for England, 116

그리스도인으로서 고난을 받는 것은 그리스도를 위해 고난을 받는 것이다. 즉 그것은 그리스도의 이름과 그분의 진리와 그분의 길과 그분에 대한 예배를 위한 고난이다.

존 오웬

Discourse 12 on Phil. 3:10, in *Twenty-Five Discourses*, 159

그리스도에 관한 지식을 머리로만 알고 있는 사람들이 많다. 그러나 우리는 그분이 우리의 마음에 부어주시는 향기로운 기름의 맛을 느낌으로써 그분을 따라 고난을 받아야 한다. 고요한 양심 속에서 그분의 보혈을 통해 주어지는 은혜로움을 느낌으로써 그분을 위해 우리의 피를 흘려야 한다. 성경을 통해 그리스도를 아는 것으로 만족하지 말고, 우리 마음속에 그분의 증거를 간직해야 한다. 즉 우리가 지닌 내적 평화를 통해 그분의 향기로운 희생의 증거가 나타나고 우리에게 주어진 은혜를 통해 그분의 풍성한 기름 부음의 증거가 나타나야 한다. 그리스도를 내적으로 경험하면 크게 고무되어 그분을 위한 고난을 기꺼이 감내할 수 있다. 그리스도를 머리로만 알고 있는 사람은 그분에게서 떨어져 나갈 테지만, 고난받으신 그리스도를 경험으로 아는 사람은 그분을 결코 떠나지 않을 것이다.

에드워드 폴힐

Armatura Dei, 74

우리의 고난도 우리의 영혼처럼 그리스도의 피로 씻음 받는다. 그 이유는 그리스도의 공로로 인해 고난을 겪는 하나님의 자녀들에게 축복이 임하기 때문이다. 비유하자면, 우리는 이미 강을 건넜고, 결혼했으며, 우리의 결혼 비용이 모두 지불되었다. "죽은 자 같으나 보라 우리가 살아 있고"(고후 6:9)라는 말씀대로 우리는 이미 정복자 이상의 존재가 되었다. 우리의 죽음 이외에 '살아 있는 죽음'이 있다는 말은 어디에서도 들어본 적이 없다. 우리의 죽음은 일반적인 죽음과는 다르다. 우리의 살아 있는 죽음을 통해 그리스도의 놀라운 솜씨와 창조력과 새로운 역사가 드러난다. 감사하게도 우리의 고난은 모두 그리스도의 손길을 통해 주어진다. 그분은 고난 안에 달콤한 설탕을 뿌려주신다. 신자들이 마시는 고난의 잔에 영광의 영과 하늘의 축복이 임하기에 지옥의 맛은 조금도 나지 않는다.

새뮤얼 러더퍼드

Garden of Spices, 84

손실과 고난은 그리스도의 승전 마차에 달린 바퀴들이다.

새뮤얼 러더퍼드

Garden of Spices, 156

고난을 겪는 하나님의 자녀들은 고난을 통해 승리한다. 어린 양이 사자를 이기고, 비둘기가 독수리를 이긴다. 그들은 가장 큰 고난을 통해 가장 큰 승리를 거두신 그리스도를 닮는다. 고난을 통해 그리스도의 인내의 왕국이 능력의 왕국과 하나가 된다.

리처드 십스

Bruised Reed and Smoking Flax, 154

사람들은 처음에는 묘목을 소중히 다뤄 울타리를 두르지만, 나중에 어느 정도 자라면 울타리를 제거하고, 나무들이 바람과 폭풍우를 맞도록 놔둔다. 그와 마찬가지로 하나님의 자녀도 처음에는 내적 위로가 넘치지만, 나중에는 온갖 시련을 겪게 된다. 그 이유는 고난을 감내하는 능력을 기르기 위해서다. 시련이 없다는 이유로 스스로가 다른 사람보다 더 낫다고 생각하지 말라. 하나님은 그런 사람을 시련을 감내하기에 부족한 사람으로 간주하신다.

리처드 십스

Divine Meditations and Holy Contemplations, 80

면류관을 얻기 위해 달리는 사람은 비 오는 날을 크게 개의치 않는다.

존 트랩

in Horn, *Puritan Remembrancer,* 27

그리스도께서는 우리보다 앞서 고난을 받으셨다. 그분이 우리를 위해 어떤 고난을 감당하셨는지 생각해 보라. 그리스도의 생애는 고난의 연속이었다. 그리스도인들이여, 그대들은 어떤 고난을 겪고 있는가? 가난한가? "인자는 머리 둘 곳이 없다"(마 8:20)라는 말씀대로, 그리스도께서도 가난하셨다. 원수들에게 에워싸여 있는가? "과연 헤롯과 본디오 빌라도는 이방인과 이스라엘 백성과 합세하여…거룩한 종 예수를 거슬러…이 성에 모였나이다"(행 4:27, 28)라는 말씀대로 그리스도께서도 원수들에게 에워싸이셨다. 원수들이 경건한 척하는가? 그리스도의 원수들도 그러했다. "대제사장들이 그 은을 거두며 이르되 이것은 핏값이라 성전고에 넣어 둠이 옳지 않다 하고"(마 27:6). 비방을 받는가? 그리스도께서도 비방을 받으셨다. "주를 비방하는 비방이 내게 미쳤나이다"(시 69:9). 비난을 받는가? 그리스도께서도 그러셨다. "바리새인들이 이르되 그가 귀신의 왕을 의지하여 귀신을 쫓아낸다 하더라"(마 9:34). 모욕과 수치를 당하는가? 그리스도께서도 그러하셨다. "어떤 사람은 그에게 침을 뱉으며 그의 얼굴을 가리고 주먹으로 치며 이르되 선지자 노릇을 하라 하고 하인들은 손바닥으로 치더라"(막 14:65). 친구들에게 배신당했는가? 그리스도께서도 그러하셨다. "예수께서 이르시되 유다야 네가 입맞춤으로 인자를 파느냐 하시니"(눅 22:48). 재산을 몰수당했는가? 악인들이 그것을 차지하려고 제비를 뽑는가? 그리스도께서도 그런 대우를 받으셨다. "그들이…그 옷을 제비 뽑아 나누고"(마 27:35). 부당하게 고난을 받는가? 예수 그리스도께서도 그러하셨다. 그분을 재판했던 사람이 그분의 무죄를 선고했다. "빌라도가 대제사장들과 무리에게 이르되 내가 보니 이 사람에게 죄가 없도다 하니"(눅 23:4). 거칠게 끌려가서 고난을 겪었는가? 그리스도께서도 그러하셨다. "결박하여 끌고 가서…넘겨 주니라"(마 27:20). 죽임을 당했는가? 그리스도께서도 그러셨다. "해골이라 하는 곳에 이르러 거기서 예수를 십자가에 못 박고"(눅 23:33).

토머스 왓슨

Gleanings, 70 – 72

그리스도인에게 비방은 최악의 고난이 아니다…비방은 단지…십자가의 파편에 지나지 않는다. 비방을 감내할 수 없는 사람이 어떻게 십자가를 감당하겠는가? 크리소스토무스가 말한 대로, 그리스도를 위해 비방을 받는 것은 영예의 휘장이요 양자의 표식이다(벧전 4:14). 비방을 받는 것은 크나큰 영예다. 그리스도인들은 이런 것들을 머리에 쓴 왕관의 장식물로 삼아야 한다. 악한 것 때문에 하나님께 정죄를 받는 것보다는 선한 것 때문에 사람들의 비방을 받는 것이 더 낫다. 믿음 때문에 비방을 받는 것은 아무런 문제도 되지 않는다. 절름발이가 똑바로 걷는 우리를 보고 비웃는다고 해서 우리가 실제로 발을 저는 것은 아니지 않은가?

토머스 왓슨

Great Gain of Godliness, 11

고난은 고난을 예방하는 길이다. 그리스도를 위해 재산과 자유와 생명을 잃는 고난을 겪는 것은 영원한 고난을 예방하는 길이다.

헨리 윌킨슨

"A Suffering Faith," in *Three Decades of Sermons*, 104

고통을 겪으면서도 그리스도인다운 품행을 유지하려면 고통스러운 사건들을 올바른 관점으로 바라봐야 한다. 그런 관점은 감각이 아닌 믿음으로 얻을 수 있다. 왜냐하면 오직 말씀의 빛만이 그것들을 옳게 나타내고, 또 그 안에서 이루어지는 하나님의 사역을 볼 수 있게 해주기 때문이다…믿음의 눈으로 이것을 인지해 올바로 생각하면 고통스러운 사건들을 올바른 시각으로 바라볼 수 있고, 겉으로 드러난 비참한 현실 아래에서 부패한 감정이 일으키는 소란스러움을 잠재울 수 있다.

토머스 보스턴

Crook in the Lot, 11

하나님의 진노를 의식하고 고통스러워하는 사람들을 위로하려면, 우리가 그들에게 주고자 하는 위로가 하나님의 말씀에 근거한 그분의 위로라는 사실을 일깨워줄 수 있는 방식으로 말해야 한다. 그렇지 않으면 그 어떤 위로도 헛된 것이 되고 말 것이다. 만일 우리가 하나님에게서 비롯한 위로가 아닌 다른 위로, 곧 하나님을 멸시하도록 부추기는 위로로 그분의 자녀를 위로하려고 애쓴다면 결국은 우리 자신의 추하고, 불경스러운 모습만 드러내고 말 것이다.

윌리엄 브래드쇼

Meditation of Mans Mortalitie, 65

고통이란 무엇인가? 고통은 우리의 의지에 역행하는 모든 것을 가리킨다. 하나님은 고통을 통해 우리의 의지를 조금씩 꺾어놓으신다. 따라서 어떤 고통과 마주치든, 그때마다 머리를 조아리고 자신의 의지를 꺾어달라고 하나님께 간구하라. 그러면 당신의 의지는 점점 더 약해지고, 예수 그리스도의 이름을 위해 고난을 달게 받으려는 마음은 더욱 커질 것이다.

윌리엄 브리지

Seasonable Truths in Evil Times, in *Works*, 3:342

오직 하나님의 뜻만이 유일한 이유이자 정의의 참된 잣대이다. 왕 중 왕이요 만주의 주이신 하나님의 행사를 감히 따져 물을 수 있겠는가? 하나님은 말씀을 통해 자기 백성에게 고통을 허락하시는 일반적인 이유를 이미 상세히 설명하셨다. 그것은 우리를 유익하게 하고(히 12:10), 우리의 죄를 정화하며(사 1:25), 우리의 삶을 변화시키고(시 119:67, 71), 우리의 영혼을 구원하기 위해서다(고전 11:32). 따라서 우리는 어떤 고통을 당하든 침묵하며, 만족해야 한다. 하나님은 자신의 영원한 지식과 절대 실패하지 않을 뜻 가운데 깊이 감추어져 있는 이유들까지 설명해 우리의 호기심을 채워줄 생각이 없으시다.

토머스 브룩스

Mute Christian, 79

자신이 겪는 고통에만 몰두에서는 안 된다. 고통만을 지나치게 골똘히 생각할 필요는 없다. 자신의 고통과 고난만을 생각하느라 아무 여념이 없는 사람들이 너무나도 많다. 그들은 그것만을 생각하고, 말한다. 그들은 고통 앞에서 상처가 난 어린아이처럼 행동한다. 어린아이의 손가락이 항상 아픈 곳만을 가리키는 것처럼, 그들도 오로지 자신의 고통만을 생각한다. 한밤중에 깨어나도 고통만을 생각하고, 다른 사람들과 대화를 나눌 때도 고통만을 생각한다. 물론, 하나님께 기도할 때조차도 고통만을 생각한다. 항상 그런 것만을 생각한다면 삶이 불만족스럽다고 해도 조금도 이상할 것이 없다. 우리는 우리를 위로할 수 있는 것들을 생각하려고 노력해야 한다.

제레마이어 버러스

Rare Jewel, 82

모든 고통은 행위 언약과 관련이 있다. 그러나 이제는 그리스도의 십자가를 통해 모든 고통이 새 언약으로 옮겨졌다. 그 결과, 모세가 물속에 나무를 던지자 쓴맛이 사라진 것처럼 고통이 이로운 것으로 변했다(어떤 사람들은 전자를 후자의 예표로 생각한다). 고통은 쓰다. 사람들은 이스라엘 백성이 쓴 물을 불평했던 것처럼 고통을 불만스럽게 여긴다. 그러나 그리스도의 십자가가 그것을 유익한 것으로 만들었다. 고통은 희생 제물에 뿌렸던 소금과 같은 것이다(레 2:13). 고통은 인간의 부패한 본성을 치유한다.

알렉산더 카마이클

Believer's Mortification of Sin, 54

고통스러운 한나는 엘리가 그녀의 입술이 너무 오랫동안 움직이는 것을 보고 "네가 언제까지 취하여 있겠느냐"(삼상 1:14)라고 말할 정도로 오랫동안 길게 기도했다. 다윗은 영혼이 괴로울 때 불평을 쏟아냈다. 박해와 비방을 당할 때는 기도 외에는 아무것도 할 수 없다. 이런 사실은 슬픔과 고통을 당할 때 인간의 내면에 모종의 영적 원리가 작용해 마음을 넓어지게 만드는 기능을 한다는 점을 일깨워준다. 인간의 영혼은 편협한 위선자의 경우처럼 작게 움츠러든 상태로 침묵하는 성향이 있다. 고통은 사람들의 영혼을 속박한다. 하나님이 속박하셨는데도 그들은 부르짖지 않는다. 그러나 성도에게 주어진 고통은 그로 하여금 기도로 크게 부르짖게 만든다.

토머스 코벳

Gospel Incense, 394

믿음이 그러하듯 고통도 우리를 사랑하여 주신 선물이다. 그리스도를 믿는 것이 은혜인 것처럼 그분을 위해 고통을 당하는 것도 은혜다. 발아래는 더러워도 머리 위는 쾌청할 수 있다. 지저분해도 날씨가 좋을 수 있다. 맑은 하늘과 더러운 길이 공존할 수 있다. 목자는 개가 짖더라도 호각을 불어야 한다. 고통받는 성도들이여, 고통을 딛고 일어서라!

존 듀런트

Sips of Sweetness, 150

잘 알다시피 하나님은 교회를 해롭게 할 의도가 전혀 없으시다. 물론, 한 가지 고난을 놓고 보면 마치 우리를 해롭게 하시려는 것처럼 보일 수 있다…그러나 전체를 놓고 보면 (시계의 톱니바퀴처럼) 한 개의 바퀴가 다른 바퀴의 주위를 돌고 있는 것을 알 수 있다. 그것들은 서로 엇갈리거나 반대 방향으로 돌고 있지만 모두 합력해서 선을 이룬다(롬 8:28).

리처드 길핀

Temple Rebuilt, 15

고통스러운 상황에서 하나님의 구원을 기다리자면 거룩한 침묵을 유지해야 할 때가 많다. “나의 영혼이 잠잠히 하나님만 바람이여 나의 구원이 그에게서 나오는도다”(시 62:1). 고통의 와중에도 절규하지 않고, 올바른 정신으로 잠잠히 침묵을 지키는 것은 참으로 크나큰 은혜가 아닐 수 없다. 마음속에 인내와 고요함이 있다면 더더욱 그렇다. 마음도 머리처럼 쉽게 흥분해 혼란에 빠질 때가 적지 않다. 포탄을 쏘느라고 포신이 뜨겁게 달궈졌을 때 물 묻힌 솜으로 식히는 것처럼, 소망은 많은 고난을 겪는 영혼을 위로한다. 소망은 영혼의 열기를 식혀주고, 부드럽게 만들어 혼란스러운 생각에 치우치거나 하나님을 향해 그릇된 말을 쏟아내지 않도록 도와준다.

윌리엄 거널

Christian in Complete Armour, 524

일시적인 것들은 (고난이든 즐거움이든) 그 자체로만 놓고 보면 저주도 아니고, 축복도 아니다. 그것들은 단지 책의 겉표지와 같을 뿐이다. 그것들이 축복인지 아닌지를 결정짓게 만드는 것은 그 안에 쓰인 내용이다. 지금 겪는 것이 고난인가? 만일 그것이 사랑에서 비롯했고, 은혜와 거룩함을 목표로 한다면 비록 입에는 쓰더라도 축복인 것이 틀림없다. 지금 겪는 것이 즐거움인가? 만일 그것이 사랑에서 비롯하지 않았고, 은혜를 목표로 하지 않는다면 입에는 달더라도 한갓 저주에 지나지 않는다.

윌리엄 거널

Christian in Complete Armour, 733

나는 고난을 어떻게 감당해 왔을까? 섭리가 내게 화를 내고, 눈살을 찌푸릴 때 나는 어떤 마음 상태로 불평을 토로하거나 잘못을 뉘우쳤을까? 고난 중에 하나님의 뜻에 복종해 나의 죄에 대한 징벌을 달게 받아들였을까. 아니면 창조주를 대적하며 그분의 처사에 불만을 품고 다투었을까? 나 자신의 어리석음으로 인해 나의 삶이 잘못되었는데도 조바심을 내며 하나님을 원망했을까? 나는 과연 고난을 통해 나의 영혼에 어떤 유익을 얻었을까? 외적인 손실을 통해 어떤 내적 유익을 얻었을까? 내 마음이 세상을 멀리하게 되고, 좀 더 겸손해졌을까? 아니면 징계의 회초리를 맞으면서도 더욱 강퍅해져 하나님께 더 많은 죄를 짓고 말았을까?

매튜 헨리

The Communicant's Companion, in *Miscellaneous Writings*, 208

주님은 저희가 견고한 요새 안에 있는 것처럼 모든 환난 가운데서 저희를 위로하고, 저희의 어려움을 헤아리고, 저희의 영혼이 시련에 처한 것을 알고 놀라운 인애를 베푸셨나이다. 고통이 넘친 곳에 위로가 넘쳤나이다. 고난은 지금은 조금도 즐겁지 않고 슬프기만 하지만 나중에는 의의 평강의 열매를 맺게 되고, 우리를 유익하게 해 주님의 거룩한 성품에 참여하게 해줄 것입니다. 고난을 당하는 것이 저희에게 유익이라고 자신 있게 말할 수 있습니다. 고난은 저희에게 주님의 계명을 일깨워줍니다. 고난을 당하기 전에는 그릇된 길로 나아갔지만 고난을 당한 후에는 주님의 말씀을 지키게 되었습니다.

매튜 헨리

Method for Prayer, 114–15

유케디다스칼로스 : 고난 속에서 인내하려면 어떻게 해야 합니까?

필레우케스 : 다음과 같은 것을 묵상해야 합니다.

1) 내가 알몸으로 이 세상에 왔으니 알몸으로 다시 돌아갈 것이다(욥 1:21).

2) 욥의 고난과 하나님이 그것을 통해 어떤 목적을 이루셨는지를 기억해야 한다(약 5:11).

3) 의인의 인내는 즐거움을 이룬다(잠 10:28).

4) 하나님은 고난을 통해 징계하신다(삼하 16:10).
5) 고난은 하늘의 기쁨에 비하면 아무것도 아니다(고후 4:17).
6) 나는 더 많은 고난을 겪어야 마땅하다.
7) 고난은 나를 유익하게 한다.
8) 이 세상에 사는 한 시련을 겪을 수밖에 없다.
9) 불평하는 것은 하나님의 참된 자녀가 아니라는 증거다.
10) 그리스도께서는 "내 뜻대로 마옵시고 아버지의 뜻대로 하옵소서"라고 말씀하셨다.
11) 하나님의 종들 가운데는 나보다 더 많은 고난을 겪은 이들이 많다.
12) 하나님의 자녀들은 고난을 기꺼이 감내했다.

로버트 힐

Pathway to Piety, 1:99

하나님의 자녀들은 고난이 닥치기 전에 미리 대비해야 할 뿐 아니라 실제로 고난이 닥쳤을 때는 그것을 잘 극복해야 할 의무가 있다. 고난에 대비하지 않으면 갑작스레 놀랄 수밖에 없고, 고난을 잘 극복하지 않으면 고난이 더 가중될 수밖에 없다. 고난에 대비하려면 모든 것을 하나님께 맡기고, 그분의 은혜를 강화하고, 약속들을 차곡차곡 모아두고, 증거들을 가지런히 정리하고, 과거의 경험들을 되살리고, 죄를 면밀하게 살펴야 한다. 아울러, 고난을 잘 극복하려면 그것을 통해 죄의 더러움을 더 많이 깨달아 죽여 없애고, 세상의 허무함을 더 많이 깨달아 십자가에 못 박고, 은혜의 사랑스러움을 더 많이 깨달아 소중하게 여기고, 하나님의 거룩하심을 더 많이 깨달아 그분을 더욱 두렵게 여기고, 천국의 탐스러움을 더 많이 깨달아 간절히 사모해야 한다. 이 두 가지 중에 어느 하나도 소홀히 해서는 안 된다. 고난에 대비하기보다 그것을 피하려고만 애쓰거나 고난을 통해 더 나아지기보다 단지 그것으로부터 구원받기만을 바란다면 더욱 빨리 고난을 겪게 될 뿐 아니라 더욱 오랫동안 고난을 겪으며 살게 될 가능성이 크다.

T. S.

Aids to the Divine Life, 114 – 15

정확히 말하면, 고난도 죄와 마찬가지로 부정적인 것이다. 어떤 고난이든 우리에게서 외적 위로를 앗아가기 마련이다. 예를 들어, 가난은 재물이 없는 것이고, 질병은 육체의 편안함과 건강과 질서가 깨지는 것이다…하나님은 우리가 시련을 겪을 때 피조물이 주는 위로를 비우게 하신다. 고난은 그런 식의 비움이나 박탈을 의미한다. 그러나 피조물이 주는 위로를 최대한 비우면 더 좋은 것이 주어질 것이다.

새뮤얼 쇼

Voice of One Crying in the Wilderness, 78

다윗은 "나의 앞날이 주의 손에 있사오니"(시 31:15)라고 말했다. 우리의 날이 우리 손에 있다면 구원을 너무 빠르게 얻을 것이고, 원수의 손에 있다면 너무 늦게 얻을 것이다. 그러나 우리의 날은 하나님의 손에 있다. 하나님의 때가 항상 최선이다…모든 것은 때가 맞아야 아름답다. 은혜가 무르익을 때 그것을 소유하게 될 것이다. 우리는 지금 망치와 모루 사이에 놓여 있는 상태다. 그러나 소망을 버리지 말라. 하나님은 언제 은혜를 베풀어야 할지를 잘 알고 계신다. 하나님의 백성이 거의 절망에 다다르고, 원수가 승승장구하는 것처럼 보일 때 교회의 새벽 별이 나타날 것이다. "내 영혼이 주를 기다리나니"(시 130:6)라는 말씀대로, 하나님이 그분의 때에 맞춰 행동하실 때까지 기다리자. 하나님이 때에 맞춰 은혜를 베푸실 것이 분명하다. 그분은 "때가 되면 나 여호와가 속히 이루리라"(사 60:22)라고 말씀하셨다. 구원이 우리가 생각하는 때보다 더 지체될 수는 있을지 몰라도, 하나님이 정하신 때보다 더 지체되는 법은 결코 없다.

토머스 왓슨

Gleanings, 58 – 59

고난과 하나님의 부성애

자주 고난을 통해 우리를 올바로 훈육하시는 것보다 하나님의 보살핌과 부성애를 더 확실하게 보여주는 표징은 없을 것이다. 고난은 우리가 유기된 자가 아니라 양자가 되었다는 증거다. 가장 충실한 알곡이 키질을 통해 가장 깨끗하게 걸러지고, 가장 순수한 금이 가장 많이 제련되고, 가장 달콤한 포도가 압착되기가 가장 힘든 것처럼, 가장 진실한 그리스도인이 가장 혹독한 시련을 겪는 법이다.

루이스 베일리

Practice of Piety, 273

전에는 고난이 하나님의 분노를 드러내는 심판의 막대기였지만, 지금은 자애로운 아버지의 부드러운 징계 수단이 되었다. 하나님은 전에는 죄 때문에 고난을 허락했지만, 지금은 그것을 죄에서 벗어나게 하기 위한 수단으로 고난을 사용하신다…다윗은 "고난 당하기 전에는 내가 그릇 행하였더니 이제는 주의 말씀을 지키나이다…고난 당한 것이 내게 유익이라"(시 119:67, 71)라고 말했다. 그 이유는 고난이 잘못을 예방하는 효력을 지니기 때문이다. 다툼이나 불평 없이 고난을 감당한다면 결코 잘못된 길로 접어들지 않을 것이다. 고난은 하나님의 미소와 다름없다. 그것은 가장 사랑스러운 포옹만큼이나 은혜롭다.

토비어스 크리스프

Christ Alone Exalted, 1:48

사도는 고난을 베푸는 하나님의 손길에 기꺼이 복종하는 것을 자녀다운 태도를 나타내는 증거로 제시했다. 그는 "너희가 참음은 징계를 받기 위함이라 하나님이 아들과 같이 너희를 대우하시나니"(히 12:7)라고 말했다. 그가 "너희가 징계를 받는다면"이 아니라 "너희가 참음은 징계를 받기 위함이라"라고 말한 것에 주목하라. 고난 자체를 겪는 것이 아들 됨의 증거는 아니다. 고난 속에서 절망하지 않고 용기 있게 감내하고, 하나님이 우리에게 지우신 짐을 회피하지 않고 오히려 기꺼이 어깨를 내밀어 인내로 짊어지는 것, 곧 그것을 내버리지 않고, 그것을 짊어지운 손이 다시 그것을 거두어 갈 때까지 즐거운 마음으로 미래의 상급을 바라보며 감내하는 것이 곧 그 증거다. 그것이 자녀다운 태도다. 그런 증거야말로 지옥의 궤변가가 우리에게 임한 고난을 근거로 하나님과 우리의 관계를 부정하려고 할 때 우리의 영혼을 위로하는 참된 동반자와 같다. 우리는 "사탄아, 만일 내가 자녀가 아니라면 어떻게 하나님의 가정에서 주어지는 징계를 그렇게 기꺼운 마음으로 받아들일 수 있겠느냐?"라는 대답으로 거짓말쟁이의 입을 다물게 할 수 있다. 이것은 결코 작은 은혜가 아니다.

윌리엄 거널

Christian in Complete Armour, 407

고난은 자녀들을 돌보기 위한 것이다. 한 가정의 자녀들은 그런 식으로 양육된다. 고난은 전혀 새로운 것이 아니다. 그것은 자녀로서 감당해야 할 몫이다. 사생아들은 그런 대가를 그렇게 많이 치르지 않는다. 그리스도께서 우리의 등에 자기 십자가를 붙잡아 맨 끈의 매듭을 풀어주실 때까지 가만히 기다려라. 그분이 구원하러 오실 것이다. 고난의 학교는 왕의 궁궐에 가기 위한 준비 과정이다. 오, 행복하고, 복된 죽음이여! 죽음은 나의 주님이신 그리스도께서 이 세상의 진흙 강둑과 천국의 해안을 연결하기 위해 놓으신 황금 다리다.

새뮤얼 러더퍼드

Garden of Spices, 88

고난과 하나님의 은혜

겸손한 마음은 작은 은혜를 큰 은혜로 여기고, 큰 고난을 작은 고난으로 여기며, 작은 고난은 고난으로 생각조차 하지 않기 때문에 어떤 상황 속에서도 잠잠히 침착함을 유지한다. 겸손한 마음을 유지하면 하나님 앞에서 잠잠할 수 있다. 교만한 사람은 불평과 불만을 마구 쏟아내며 조바심 내지만, 겸손한 사람은 조용히 손으로 자신의 입을 가린다. 겸손한 영혼은 세상에서 겪는 모든 것을 은혜, 곧 풍성한 은혜, 넘치는 은혜로 여기기 때문에 평온한 마음을 유지한다.

토머스 브룩스

Mute Christian, 245

루터는 "하나님의 은혜의 바다가 우리의 특정한 고난을 모두 집어삼킨다."라고 말했다. 어떤 고난을 겪고 있든 그것을 삼켜버릴 은혜의 바다가 존재한다. 방바닥에 물이 가득한 양동이를 쏟아부으면 난장판이 되지만, 그것을 바다에 쏟아부으면 흔적조차 남지 않는다. 고난도 마찬가지다. 우리 스스로 그것을 생각하면 너무나도 혹독하게 느껴질 테지만 하나님의 은혜의 바다를 떠올리면 그렇게까지 심각해 보이지 않을 것이다. 고난은 하나님의 은혜에 비하면 그야말로 아무것도 아니다.

제레마이어 버러스

Rare Jewel, 77

고난을 겪는 사람들을 위로하기

하나님은 유혹을 통해 우리를 다른 사람들에게 더 유익하고, 더 유용한 사람으로 만드신다. 유혹의 학교를 거친 사람들보다 유혹받는 영혼들을 위로하고, 동정하고, 구원하고, 올바르게 충고하고, 불쌍히 여기고, 도와주고, 달래주기에 더 적합하고, 더 유능한 사람은 없다.

토머스 브룩스

Mute Christian, 185

고난을 깊이 경험하지 못한 사람에게서는 기대할 것이 거의 없다…경험을 통해 배우지 않은 사람은 다른 사람들 동정할 수 없다…고난을 통해 고통을 맛보고, 겸손해지지 않은 사람은 유용한 사람이 될 수 없다…자신이 직접 상처 입고 치유 받은 경험이 없는 사람은 다른 사람을 위로하는 법을 알 수 없다. 그러나 경험을 통해 배운 사람은 같은 고난을 겪는 사람을 동일한 위로로 달래주고, 자신의 상처를 싸맸던 것으로 다른 사람을 싸매줄 수 있다.

로버트 해리스

David's Comfort at Ziklag, 7

고난을 허락하시는 목적

고난은 영혼을 싣고 하늘을 향해 올라가는 날개 달린 병거와 같다. 우리의 불행에 짓눌려 설 수조차 없을 때야말로 하나님의 엄위로우심을 가장 잘 이해할 수 있다.

토머스 애덤스

"The Sinner's Mourning-Habit," in *Works*, 1:49

운명의 굴곡(즉 고난)은 섭리의 가장 중요한 수단이다. 그것은 사람들의 참된 실체를 드러내고, 선함과 악함을 여실히 보여준다. 만일 하나님의 은혜가 그들 안에 있다면 그것이 밖으로 드러나 분명하게 나타날 것이다.

토머스 보스턴

Crook in the Lot, 45

쇠는 철저하게 열을 가하기 전까지는 다루기가 어렵다. 그와 마찬가지로 하나님은 어떤 사람들을 고난의 용광로에 넣어 모루 위에 올려놓고 두들겨 원하는 모양으로 만들기를 기뻐하신다.

앤 브래드스트리트

Meditation 31, in *Works* , 54

모든 축복 가운데서 가장 큰 축복은 은혜와 위로가 함께 합쳐지는 것이고, 모든 고난 가운데 가장 큰 고난은 죄와 고난이 함께 엮이는 것이다.

윌리엄 브리지

Lifting Up, 128

성도들의 고난은 성부의 손을 통해 직접 처방되어 제공된 약과 같다.

윌리엄 브리지

Lifting Up, 194

고난은 하나님의 비누와 같다. 경건한 사람이 고난을 겪기 전에는 그의 은사들과 죄가 한데 섞여 있는 상태다. 그의 믿음은 불신앙과 뒤섞여 더럽혀진 상태고, 그의 겸손은 교만과, 그의 열정은 미온적인 태도와 혼합되어있는 상태다. 그러나 시련을 겪으면 그의 옷과 겉옷이 하얗게 세탁되고, 그의 정신은 더욱 고귀해진다.

윌리엄 브리지

Lifting Up, 208

하나님은 고난이라는 황금 열쇠로 자기 백성들에게 말씀의 풍성한 보고(寶庫)를 열어주신다.

토머스 브룩스

Mute Christian, iv

그리스도인들이 세상에서 아무리 큰 고난, 아무리 슬픈 섭리, 아무리 혹독한 시련을 겪더라도 잠잠히 침묵해야 할 이유는 무엇일까? 그 이유는…그래야만 징계의 음성을 더 잘 듣고, 이해할 수 있기 때문이다. 말씀이 소리를 내고, 성령께서는 물론 양심도 소리를 내는 것처럼 징계도 소리를 낸다. 고난은 하나님의 분노와 불쾌감을 드러내는 회초리다. 그것은 징벌의 회초리다. 하나님은 이 회초리에 자기 백성을 각성시키고, 개혁하라는 임무를 부여하셨고, 만일 그들이 징계의 소리를 듣지 않고, 거기에 입 맞추지 않고, 잠잠히 침묵하지 않고, 오히려 언약에 대해 불평불만을 토로한다면 그들을 징벌하라고 명령하셨다. "여호와께서 성읍을 향하여 외쳐 부르시나니 지혜는 주의 이름을 경외함이니라 너희는 매가 예비되었나니 그것을 정하신 이가 누구인지 들을지니라"(미 6:9). 하나님의 회초리는 벙어리가 아니다. 그것은 말을 한다. 그것은 때릴 뿐 아니라 말도 한다. 회초리는 모두 소리를 낸다.

토머스 브룩스

Mute Christian, 58–59

고난은 우리의 왕관에 진주를 새겨 붙이는 하나님의 금장색이다.

토머스 브룩스

Precious Remedies, 93

고난은 죄의 찌꺼기를 정화하는 하나님의 용광로요, 영적 녹을 벗겨내는 줄이요, 빈 껍질을 날려 보내는 키다. 우리는 형통할 때 많은 오물을 묻힌다. 고난은 그런 우리를 깨끗하게 정화한다.

에드먼드 캘러미

Godly Man's Ark, 9

고난은 무쇠 같은 마음을 부드럽게 녹이는 하나님의 용광로다.

토머스 케이스

Correction, Instruction, 87

보라, 내가 비밀을 알려주겠다. 죄가 세상에 고난을 가져왔지만, 하나님은 고난을 통해 죄를 세상에서 몰아내신다.

토머스 케이스

Correction, Instruction, 106

말씀과 징계는 똑같은 교훈을 가르친다. 징계는 말씀을 기억하게 한다. 징계는 말씀을 되살리고, 말씀은 징계의 교훈을 생생하게 일깨우고, 정당화한다. 이 둘은 서로 협력해 더욱 깊은 인상을 심어준다.

토머스 케이스

Correction, Instruction, 136-37

고난을 겪는 악인들은 불 속에 있을 때는 녹지만, 잠깐만 밖에 꺼내두면 곧 다시 단단해지는 무쇠와 같다.

새뮤얼 클라크

Saint's Nosegay, 83

두 개의 쇳조각은 함께 붙일 수 없지만 불 속에 넣고 열을 가하면 붙일 수 있다. 그와 마찬가지로 그리스도와 그분의 형제들도 그리스도의 고난에 동참하고 나서야 매우 친밀하게 연합되었다.

새뮤얼 클라크

Saint's Nosegay, 107

고난 자체만 놓고 보면, 그것은 축복이라기보다는 저주요, 하나님의 분노를 나타내는 표징이다. 그러나 하나님이 어둠에서 빛을 창조하신 그 놀라운 능력으로 고난을 통해 우리를 유익하게 하고, 우리 안에서 은혜와 성화를 더욱 온전하게 하신다면 그것은 축복의 표징인 것이 틀림없다.

다니엘 다이크

"The School of Affliction," in *Two Treatises*, 338

그리스도인은 두 개의 천국을 기대해서는 안 된다. 하나의 천국을 소유했다면 그것으로 충분하다. 우리는 장미꽃밭을 지나 천국에 가려고 해서는 안 된다. 설혹 믿음의 동지들이 모두 걸어갔던 길을 따라 온갖 고난과 재앙을 겪으며 불병거를 타고 천국에 가더라도 대가가 그리 큰 것은 아니다.

앤드류 그레이

The Spiritual Warfare, in *Works*, 388

고난을 겪으면 전에 보지 못했던 많은 악이 마음속에 숨겨져 있었다는 것을 발견하게 된다. 고난은 인간을 뒤흔들어 그 실체를 드러낸다. 밑바닥에 무엇이라도 침전되어 있는 것이 있으면 여지없이 드러난다…사악한 마음이 고난을 허락하신 하나님을 좋게 생각할 리는 만무하다…혹독한 고난과 영혼의 관계는 세찬 비가 집에 쏟아지는 것과 같다. 빗물이 여기저기에서 새는 것을 보면 비로소 집에 그런 틈과 구멍이 나 있었다는 것을 알게 된다. 그와 마찬가지로 고난을 통해 우리의 마음속에 무엇이 있는지를 좀 더 온전히 알게 되면, 비로소 아직 죽어 없어지지 않은 부패한 본성이 얼마나 남았는지, 또 은혜가 얼마나 미약했는지를 깨닫게 된다.

윌리엄 거널

Christian in Complete Armour, 174–75

하나님이 자기 백성에게 고난을 허락하시는 이유는 그들의 믿음을 연단하기 위해서다(벧전 1:7). 고난은 하나님이 믿음의 금덩이를 찾기 위해 자기 백성의 마음속을 파헤칠 때 사용하시는 삽이요 곡괭이다. 물론, 하나님은 믿음 외에 다른 은사들도 찾으신다. 그러나 가장 으뜸되는 은사는 믿음이다. 믿음만 발견되면 다른 모든 은사도 곧 모습을 드러낼 것이다.

윌리엄 거널

Christian in Complete Armour, 432

성도의 고난은 심판이 아닌 징계나 훈련에 해당한다. 고난은 죄를 죽이기 위한 징계이거나 우리 안에 있는 은사를 발견하고, 우리의 믿음과 사랑과 인내와 진실성과 신실성을 시험하는 수단이다. 따라서 훈련을 받는 것처럼 행동하고, 오직 선하고, 은혜로운 것 외에는 그 무엇도 발견되지 않도록 노력하자.

토머스 맨톤

Practical Exposition on the Epistle of James, 6

성경은 하나님이 두 개의 울타리를 가지고 계신다고 가르친다. 하나는 욥기 1장 10절("주께서 그의 집과 그의 모든 소유물을 울타리로 두르심 때문이 아니니이까")에 언급된 보호의 울타리이고, 다른 하나는 호세아서 2장 6, 7절("그러므로 내가 가시로 그 길을 막으며")에 암시된 고난의 울타리이다. 하나님은 이 두 개의 울타리를 효과적으로 사용하신다. 하나님은 보호의 울타리로 자기 백성을 위험으로부터 보호하고, 고난의 울타리로 그들이 그릇 치우치지 않게 단속하신다. 보호의 울타리는 하나님의 길에서 벗어나지 않게 해주고, 고난의 울타리는 죄의 길로 나아가지 않게 해준다. 보호의 울타리는 그들을 시련으로부터 보호하고, 고난의 울타리는 그들이 죄를 짓지 않도록 보호하며, 죄를 지었더라도 다시 돌이킬 수 있도록 도와준다.

매튜 미드

"The Power of Grace," in *Name in Heaven*, 104–5

"주님이 고난의 쟁기질로 나를 갈아엎고, 책망의 거름으로 나를 기름지게 하지 않으셨다면 나의 토양은 그 얼마나 메말랐겠는가? 주님이 개들을 보내 나를 우리 안에 집어넣지 않으셨다면 나는 그 얼마나 방황했을 것인가? 내가 고난으로 낮추어지지 않았더라면 나는 하나님을 멀리하였을 것이다."라고 말할 수 있는 영혼들이 과연 얼마나 될까? 주님은 종종 자신의 자녀들에게 분노의 편지를 써 보내신다. 그 편지의 맨 밑에서 '너를 사랑하는 아버지가'라는 글귀가 발견된다. 하나님은 "나는 빛도 짓고 어둠도 창조하며"(사 45:7)라고 말씀하셨다. 죄는 인간의 창조물이고, 고난은 하나님의 창조물이다. 모든 고난에 창조자의 형상이 새겨져 있다. 하나님은 자기가 하신 일을 부끄러워하지 않으신다. 부패한 인간은 재앙의 발생적 원인이고, 섭리는 재앙의 유효한 원인이다. 인간은 도덕적인 악(moral evils)의 원인자이고, 하나님은 징벌적 악(penal evils)의 원인자이시다(암 3:6 참조).

프랜시스 레이워스

On Jacob's Ladder, 21

오, 나는 주 예수님의 용광로와 망치와 줄에 참으로 큰 신세를 졌다. 시련을 겪은 은혜가 그렇지 않은 은혜보다 더 낫다. 그런 은혜는 은혜 그 이상이고, 처음부터 영광스럽다. 시련이 없는데 누가 은혜의 참됨을 알 수 있겠는가?

새뮤얼 러더퍼드

Garden of Spices, 151 – 52

나의 십자가에는 두려움의 찌꺼기들이 덕지덕지 붙어 있다. 하나님의 섭리가 잠을 자고 있고, 나의 슬픔에 무관심하다는 불평을 비롯해 의심, 조급함, 불신앙 등이 그것이다. 그러나 나의 금장색이신 그리스도께서는 그 찌꺼기들을 벗겨내 불 속에서 태워버리기를 기뻐하신다. 나의 정화자이신 주님은 참으로 복되시다. 그분은 금속을 더 낫게 만들고, 본래의 무게를 그대로 유지하도록 새로운 은혜를 더해주신다. 주님은 자신의 종을 불 속에서 단련하면서도 단 일 푼의 무게도 헛되이 잃지 않으신다.

새뮤얼 러더퍼드

Garden of Spices, 153

하나님이 허락하시는 고난은 은혜를 방해하는 요인들을 제거한다. 이사야는 "야곱의 불의가 속함을 얻으며 그의 죄 없이 함을 받을 결과는 이로 말미암나니"(사 27:9)라고 말했다. 쟁기질의 목적은 잡초를 제거해 땅을 파종에 적합한 상태로 만드는 것이다.

헨리 스쿠더

Christian's Daily Walk, 199

성도는 외적으로 형통하지 않을 때 내적으로 경건하다. 이는 약이 강할수록 환자가 더 잘 회복되는 이치나 홍수로 인해 땅에 물이 더 높이 차오를수록 방주가 하늘에 더 가까이 다가가는 이치와 같다. 하나님은 굽어진 막대기로 똑바르게 때리실 수 있다.

윌리엄 세커

Nonsuch Professor, 43

그리스도보다 더 은혜로운 선이 어디에 있고, 정욕보다 더 큰 악이 어디에 있겠는가? 죄로 인해 많은 신자들이 고난을 겪고, 고난을 통해 많은 신자들이 죄로부터 보호받는다. 꿀 속에서 썩는 것보다는 소금물 속에서 보존되는 것이 더 낫다. 지혜로운 사람들은 가장 달콤한 독즙보다 가장 쓴 약을 더 좋아한다. 같은 불 속에서 불순물은 타서 없어지고, 귀한 금은 정련된다.

윌리엄 세커

Nonsuch Professor, 58

하나님은 자기 백성을 때릴 때도 그들을 쓰다듬을 때와 똑같이 그들을 사랑하신다. 하나님이 자기 백성에게 다양한 고난을 허락하시는 이유는 하나님을 향하는 그들의 마음속과 그들을 향하는 하나님의 마음속에 무엇이 있는지를 알게 하시기 위해서다. 고난을 통해 종종 위선자들이 드러나는 것은 사실이지만, 고난을 받는 자체가 위선자라는 의미는 아니다.

랄프 베닝

Canaan's Flowings, 13

요나가 고래 뱃속에 내던져진 이유는 니느웨에 말씀을 전하게 하기 위해서였다.

토머스 왓슨

in Horn, *Puritan Remembrancer*, 20

하나님께 죄 없는 아들은 한 사람 있었지만, 고난이 없는 아들은 단 한 사람도 없었다.

토머스 왓슨

The Beatitudes, in *Discourses*, 2:323

고난이 우리에게 주어진 이유는 하나님의 뜻을 행하게 하기 위해서다…고난의 회초리는 "하나님의 뜻을 행하는 자가 되라!"라고 소리친다. 고난은 용광로로 일컬어진다. 용광로는 금속을 녹여 새로운 형태로 만드는 역할을 한다. 하나님의 용광로는 우리를 녹여 순종하는 자녀로 만든다.

토머스 왓슨

Lord's Prayer, 153

죄는 우리를 몰락시킬 뿐 아니라 고난을 더욱 심하게 가중시킨다. 죄는 십자가를 더 무겁게 만든다. 죄책감은 고난을 더욱 고통스럽게 만든다. 납 그릇에 적은 물만 부어도 무거운 것처럼, 죄책감에 시달리는 양심은 적은 고난도 혹독하게 느낀다.

토머스 왓슨

Mischief of Sin, 7

하나님의 회초리는 우리에게 그리스도의 형상을 더욱 선명하게 그리는 연필과 같다. 머리와 지체들이 대칭을 이루는 것은 참으로 바람직하다. 그리스도의 신비로운 몸에 참여하려면 그분을 닮아야 한다. 성경은 "그는…간고를 많이 겪었으며 질고를 아는 자라"(사 53:3)라고 말씀한다. 비록 고난을 통해서라도 그리스도를 닮을 수만 있다면 그것은 좋은 것이다.

토머스 왓슨

Puritan Gems, 4

고난의 올바른 용도

하나님이 사람들의 속된 관심사를 꾸짖으시면 그런 생각을 부추긴 죄를 발견하는 데 도움이 된다(신 31:17). 고난은 자기 백성의 눈을 열어 그들의 본성을 좀 먹는 벌레들을 양산하고, 그들의 위로를 앗아가는 죄를 볼 수 있게 만드는 그리스도의 진흙과 침이다. 징계의 때는 훈육의 때이다(욥 36:8, 9). 야곱의 아들들은 양식이 없어 심한 고통을 겪으며 큰 위험에 빠졌을 때 동생 요셉에게 행했던 잘못과 죄를 떠올렸다(창 42:21).

바르톨로메오 애쉬우드

Heavenly Trade, 328

나의 가장 중요한 일은 하루하루를 하나님과 함께 살아가는 것이다. 그분은 일부러 나를 궁핍하게 하고, 원수들의 공격을 받게 하며, 갑작스러운 고난으로 놀라게 하신다. 그 이유는 날마다 하나님을 의지하게 하시기 위해서다. 하나님은 나의 기도를 듣고 싶어 하신다. 그분은 내가 자기를 낯설어하지 않기를 바라신다.

리처드 백스터

Converse with God in Solitude, 93

하나님의 사역(고난)이 무엇인지 생각해보라. 그것이 얼마나 확실하게 죄를 깨우쳐주는지를 생각해보라. 고난은 우리의 어리석음을 징계해 우리를 바로 잡아주는 사역이요, 죄의 길로 달려가지 않도록 우리 주위를 둘러싸 예방하는 사역이다. 그것은 우리의 상태와 은사와 부패함을 발견하도록 시험하는 사역이요, 세상을 멀리하고 하늘의 것을 사모하게 만드는 사역이다.

토머스 보스턴

Crook in the Lot, 85

고난을 겪은 하나님의 자녀들은 경건함과 신앙심과 하나님을 경외하는 마음을 가장 뛰어난 아름다움과 장식물로 여긴다. 하나님은 고난을 통해 그들이 그런 은혜를 이전보다 더 귀하게 여기고, 은혜의 수단들을 더욱 올바로 활용하게 만드신다. 따라서 고난을 통해 영적 은혜를 더 좋아하게 되고, 더 귀하게 여기고, 하나님께 더욱 순종하게 되었다면 그로 인해 많은 유익을 얻었다고 생각해야 마땅하다.

윌리엄 브래드쇼

Meditation of Mans Mortalitie, 72

외적인 축복을 얻는 유일한 길은 그것이 없이 지내는 것을 만족스럽게 여기는 것이다. 그와 마찬가지로 외적인 고난이나 영적인 고난을 극복하는 유일한 길은 하나님과 그리스도께서 그것을 허락하셨다면 언제까지 계속되더라도 만족스럽게 여기는 것이다.

윌리엄 브리지

Lifting Up, 64

고난은 우리 아버지이신 하나님의 집으로 들어가는 어두운 출입문과 같다. 그것은 왕궁에 이르는 험한 길과 같다.

토머스 브룩스

Smooth Stones, 156

고난은 마음속의 불만을 제거하고, 마음을 고요하게 해주는 특효약이다. 우리의 영혼이 고난 속에서 하나님의 이름을 거룩하게 하려는 소원을 갖고 있다면 영혼의 평안을 얻을 수 있다.

제레마이어 버러스

Rare Jewel, 16

고난을 승화시키기보다 서둘러 제거하려고 애쓰는 것은 사람들의 큰 실수요 어리석음이다.

토머스 케이스

Correction, Instruction, 122

승화된 고난은 큰 발전을 이룬다. 그리스도인에게는 그것이 세상의 모든 금은보화보다 훨씬 더 낫다. 믿음의 시련은 사라져 없어질 금을 제련하는 것보다 훨씬 더 보배롭다.

존 도드, 필립 헨리

Gleanings of Heavenly Wisdom, 14

고난은 이미 회심한 자들에게 교훈을 가르친다. 그 교훈은 두 종류다. 하나는 고난을 받아들이는 올바른 태도에 관한 교훈이고, 다른 하나는 고난을 유익하고, 거룩하게 활용하는 것에 관한 교훈이다. 이 교훈들은 회심한 사람에게 적합하다. 회심하지 않은 사람은 이 둘 중에 어느 하나도 불가능하다.

다니엘 다이크

"The School of Affliction," in *Two Treatises*, 345

우리에게 닥친 모든 시련과 고난 속에서 예수 그리스도를 바라보며 다음 네 가지를 깊이 생각해보려고 노력하자. 먼저, 예수님의 주권과 통치권을 생각하자. 고난과 시련은 모두 그분이 허락하신 것이다. 그것들은 땅속에서 불쑥 튀어나온 것도 아니고, 우연히 생겨난 것도 아니다. 주님이 그것들을 허락했고, 거기에 임무를 부여하셨다…우리의 고난을 고안하신 그리스도의 지혜를 생각하자. 그분의 지혜가 고난 속에서 여러 가지 방식으로 빛을 발한다…고난받은 백성들에 대한 그리스도의 긍휼과 사랑을 생각하자. 마귀가 우리가 마시는 고난의 잔을 혼합했다면 얼마나 더 쓰디썼을 것인지를 생각해보자. 그 안에는 자비란 단 한 방울도 없을 것이다. 그러나 그리스도께서는 많은 자비가 섞여 있는 시련의 잔을 내미신다…고난을 당하는 우리의 영혼을 향한 그리스도의 사랑을 생각하자. "내가 사랑하는 자를 책망하여 징계하노니"(계 3:19). 우리의 파멸을 막고, 우리를 회복시켜 하나님께로 돌아가게 만드는 것이 사랑의 목적이다. 이처럼, 우리에게 닥치는 모든 고난 속에서 그리스도를 생각하면 참으로 크나큰 유익을 얻을 수 있다.

존 플라벨

Fountain of Life, 159–60

승화된 고난은 피조물의 허무함과 헛됨을 깨우쳐준다.

존 플라벨

Navigation Spiritualized, 70

진실한 영혼은 고난을 두려워하지 않는다. 그러나 위선적인 영혼은 그렇지가 못하다. 친구들이여, 고난은 진실한 영혼에게는 아무런 해도 끼치지 못한다. 아무리 큰 고난도 진실한 영혼의 기쁨과 위로를 빼앗아갈 수는 없다.

윌리엄 거널

Christian in Complete Armour, 290

고난은 크게 짖어대며 우리 안으로 양들을 모아들이는 목자의 개와 같다.

토머스 졸리

Heavenly-Mindedness, in Slate, *Select Nonconformists' Remains*, 227

커다란 해악이 두 가지 있다. 그 가운데 하나는 고난이 닥쳤을 때 그것에 매몰되어 그것을 올바로 극복해 나가지 못하는 것이다. 그런 경우, 사람들은 주님의 징계를 멸시하거나 그로 인해 절망하거나 둘 중 하나다. (1) 사람들은 징계를 멸시한다. 그들은 자신에게 닥친 고난이 하찮거나 흔한 것으로 생각하고, 그 안에 하나님이 계신다는 것을 깨닫지 못한다. 그들은 그런대로 고난을 잘 헤쳐나갈 수 있다고 생각한다. (2) 사람들은 시련과 고난 앞에서 정신을 잃고, 주저앉는다. 전자는 교만한 마음으로 성령의 도우심을 멸시하고, 후자는 낙담하여 그분의 도우심을 거부한 채 시련의 무게에 짓눌려 가라앉는다.

존 오웬

Golden Book, 202–3

고난 뒤에 영광이 오는 것은 밤이 지나고 낮이 오는 것보다는 겨울이 지나고 봄이 오는 것과 더 흡사하다. 겨울이 봄을 위해 땅을 준비하듯, 승화된 고난은 영광을 맞이하도록 영혼을 준비시킨다.

리처드 십스

Divine Meditations and Holy Contemplations, 21

고난은 영혼과 죄를 분리시킨다. 죄를 영혼에게서 빼내는 것은 결코 작은 일이 아니다. 그것은 열정적인 정신과 고난의 불이 필요한 일이다. 천국은 거룩한 자들을 위한 곳이다. 고난은 거룩함과 반대되는 모든 것을 제거해 하나님과 더욱 온전한 교제를 나누기에 적합한 상태로 만든다.

리처드 십스

Divine Meditations and Holy Contemplations, 22

고난의 유익

죄는 아무리 작아도 가장 큰 고난보다 더 안 좋은 것이다.

윌리엄 브리지

Lifting Up, 68

오, 그리스도인들이여! 가장 혹독한 고난 아래 가장 큰 보물이 놓여 있다. 고난은 유쾌하지는 않지만 좋은 것이고, 죄는 즐겁지만 좋지 않은 것이다. 바다만큼 많은 고난보다 한 방울의 죄에 더 많은 악이 담겨 있다. 하나님은 고난을 통해 자신이 더할 나위 없이 증오하는 죄를 자신이 극진히 사랑하는 영혼으로부터 분리해 내신다. 하나님은 가장 큰 고난을 통해 가장 큰 가르침을 베푸신다. 고난을 베푸는 손길 아래 있는 신자는 자기를 사랑하는 이의 품속에 있는 것과 같다.

윌리엄 다이어

Christ's Famous Titles, 112

고난은 매우 가혹하고, 유쾌하지 않

은 재앙이다(암 2:6, 히 12:11). 그러나 도덕적으로나 본질적인 차원에서는 전혀 나쁜 것이 아니다. 만일 그렇다면 거룩하신 하나님, 곧 죄를 미워하고, 거부하시는 하나님이 고난을 자신의 행위로 인정하실 리가 만무하다(미 3:2, 약 1:3 참조). 더욱이 고난이 나쁜 것이라면 고난을 선택하고, 원해야 할 이유가 전혀 없을 것이다(히브리서 11장 25절의 경우처럼 상황에 따라서는 꼭 그렇게 해야 할 때가 있다). 그러나 고난은 죄의 열매이고, 괴로움을 주기 때문에 나쁘기도 하다(히 12:11). 고난은 그 자체로는 불쾌하고, 즐겁지 않지만, 그리스도와의 언약을 통해 그런 불유쾌한 속성이 제거되면 신자들에게 좋은 결과가 나타난다(히 12:11).

존 플라벨

Navigation Spiritualized, 69

고난이 본질적으로 나쁜 것이라면 우리가 원해야 할 대상이 결코 될 수 없다. 하지만 때로는 고난을 선택하는 것이 필요할 수도 있다. 우리는 죄보다는 차라리 고난을 선택해야 한다. 가장 적은 죄를 짓는 것보다 가장 큰 고난을 선택하는 것이 더 낫다. 모세는 잠시 죄악의 낙을 누리는 것보다 하나님의 백성과 함께 고난을 받는 것을 선택했다. 성경은 여러 가지 고난을 당하거든 도리어 기뻐하라고 명령한다.

윌리엄 거널

Christian in Complete Armour, 174

슬픔과 고난은 유쾌하지는 않지만 좋은 것이다. 죄는 즐겁지만 유익하지 않고, 슬픔은 유쾌하지 않지만 유익하다. 하나님은 고난을 통해 자기가 사랑하는 영혼으로부터 자기가 미워하는 죄를 제거하신다. 하나님이 허락하신 고난이 항상 우리의 육신으로부터 우리의 영혼을 제거하는 것은 아니다. 그러나 고난은 항상 우리의 영혼에서 우리의 육신, 곧 죄의 성향을 제거한다. 하나님이 고난을 허락하시는 이유는 육신의 장막을 무너뜨리기 위해서가 아니라 우리 안에 은혜의 성전을 세우시기 위해서다. 물이 움직여 흐를 때 가장 맑은 것처럼 성도도 고난을 받을 때 가장 거룩하다.

윌리엄 세커

Nonsuch Professor, 7

관용

성도들이 함께 연주하는 소리는 참으로 아름답기 그지없고, 서로 불협화음을 일으키는 소리는 더할 나위 없이 시끄럽다. 서로 양보하고, 관용하면 우리의 평화와 안전에 큰 도움이 된다. 두 염소의 이야기는 이 의무의 유익함을 구체적으로 보여준다. 염소 두 마리가 좁은 다리 위에서 마주쳤다. 다리 밑에는 깊고, 사나운 물이 흐르고 있었다. 다리가 비좁아 무작정 뒤로 물러나기도 어렵고, 서로 비켜 지나갈 수도 없었다. 둘이서 서로 가겠다고 싸우면 둘 다 떨어져 죽을 것이 뻔했다. 따라서 두 염소는 하나가 엎드리면 다른 하나가 그 위를 넘어가기로 합의했다. 두 염소는 이 방법을 통해 둘 다 목숨을 보전할 수 있었다. 그리스도인들이 작은 병아리들처럼 서로 싸우면 솔개나 다른 포식자의 먹이가 되기 쉽다. 잠잠하여야 힘을 얻을 것이라는 말씀(사 30:15)은 이 경우에도 똑같이 적용된다.

조지 스윈녹

The Christian Man's Calling, in *Works,* 2:370

교리

설교를 들을 때 의심스럽게 느껴지는 것이 없는지 겸손한 태도로 부지런히 살피라. 사역자의 가르침보다는 자신의 이해를 더 많이 의심하라. 설교자의 가르침에 잘못이 있다면 우리의 영혼에 해가 미칠 것이다. 따라서 의심스러운 것은 받아들이지 말라. 가장 훌륭한 그리스도인은 모든 교리를 성경으로 시험한다.

다니엘 버지스

Rules and Directions, 14

권고의 말만 있고 교리는 전혀 가르치지 않는 사람은 등잔불에 기름을 붓지 않고, 그것을 꺼버리는 사람과 같고, 교리만 가르치고 권고의 말은 전혀 하지 않는 사람은 심지에 불을 붙이는 것이 아니라 그것을 기름에 푹 담그는 사람과 같다. 물론, 후자의 경우는 불만 붙이면 금방이라도 불을 켤 수 있기 때문에 당장에는 유익하지 않더라도 좋은 효과를 나타낼 가능성이 있다. 아무튼, 권고의 말 없이 교리만 가르치면 가슴이 아닌 머리만 가득 차고, 교리 없이 권고의 말만 하면 머리는 텅 비고, 가슴만 가득 차게 된다. 두 가지를 결합해야만 온전한 사람을 만들 수 있다. 권고는 사람을 지혜롭게 만들고, 교리의 말은 사람을 선하게 만든다. 권고는 우리의 의무를 알려주고, 교리는 그것을 실천하게 도와준다. 나는 두 가지를 다 하려고 노력할 것이다. 둘 중에 어느 것을 더 많이 하라고 말할 생각은 조금도 없다. 왜냐하면 알지 못하면 실천할 수 없고, 실천하지 않으면 헛되이 아는 것이기 때문이다.

조셉 홀

Meditations and Vows, 151

고대의 보편적인 사도적 신앙을 보존하고, 유지하려면 다음과 같이 해야 한다. (1) 근거가 확실한 지식을 추구하라. 아무 근거도 모른 채 무작정 받아들이는 사람은 그것을 어떻게 활용해야 할지 몰라 곧 버리고 말 것이다. 바닥짐을 균형 있게 싣지 않은 배는 뒤집힐 가능성이 크다…확실한 근거를 토대로 해서 들은 바 말씀에 동의해야만 오래도록 남게 된다. (2) 생각을 겸손하게 유지하라. 무지는 물을 빨아들이는 스펀지와 같고, 교만은 거짓으로 속이는 악덕 포주와 같다. 교만한 태도로 자신의 이해에만 신경쓰는 사람은 가장 크게 넘어지기 쉽다. 스스로가 교사들보다 더 지혜롭다고 생각하는 사람보다 더 어리석고, 변덕스러운 사람은 없다. (3) 진리를 열렬히 사랑하라. 바울은 디모데에게 "너는…믿음과 사랑으로써 내게 들은 바 바른 말을 본받아 지키라"(딤후 1:13)라고 말했다. 우리는 믿음과 사랑이라는 두 손으로 들은 바 말씀을 받아서 보존해야 한다. 사랑은 하나님의 말씀을 받도록 마음을 열어주는 가장 좋은 열쇠이자 그것을 받아서 지키게 하는 가장 강한 자물쇠다…(4) 들은 말씀을 실천하라. 순종을 통해 말씀을 완전히 소유한 사람은 인내로 그것을 잘 보존한다. 바울은 착한 양심을 버린 까닭에 믿음이 파선한 이들이 있다고 말했다(딤전 1:19). (5) "주 안에서와 그 힘의 능력으로 강건하여져라"(엡 6:10).

나다니엘 하디

First General Epistle of St. John, 349

교리는 활을 잡아당기는 것과 같고, 적용은 과녁을 명중시키는 것과 같다. 실천은 하지 않고 스스로 지혜로운 척하는 사람이 얼마나 많은지 모른다(롬 1:21, 22 참조). 사람들은 개념과 사변에만 머무르는 경향이 있다. 그러나 구체적인 것이 효과가 있다. 우리는 사람들에게 교리와 그것이 필요한 용처와 추론적 결론을 가르칠 뿐이고, 그것을 적용하는 것은 사람들의 몫이다. 말씀을 들을 때마다 모든 진리의 빛으로 자신의 영혼을 비추어야 한다. 의무감과 의무 이행의 결심이 설 때까지 말씀을 곱씹어야 한다.

토머스 맨톤

Practical Exposition on the Epistle of James, 159

교리문답

무지한 사람에게 믿음의 원리를 가르치는 일은 한 편의 좋은 설교를 작성해서 전하는 것보다 훨씬 더 어렵다. 교리문답 교육은 사역자들의 능력과 기질을 적나라하게 드러낸다. 교리문답은 강단에서의 설교보다 사역자들의 차이점을 더욱 분명하게 보여준다.

리처드 백스터

Reformed Pastor, 78

경험을 통해 알 수 있는 대로, 교리문답 교육을 무시하고 설교만 하면 유익이 별로 없다. 모든 사람에게 교리문답을 가르치지 않고, 일주일에 두 세 차례 설교를 전하는 것으로 만족하는 사역자가 수년 동안 사역해서 거둔 열매보다 설교와 교리문답 교육을 병행한 사역자가 일 년 동안 사역해서 거둔 열매가 훨씬 더 크다. 교리문답 교육은 심오한 질문들을 던지고, 거기에 사람들이 대답하는 방식으로 이루어져야 한다. 언뜻 유치하고, 지루해 보일지 몰라도 이런 식의 단순하고, 명쾌한 방식이 최상이고, 가장 큰 유익을 가져다준다.

리처드 버나드

Faithful Shepherd, 9

가정에서 교리문답 교육을 지속적으로 실시해서 한 달에 한 번 전체를 다루라고 권고하고 싶다…교리문답을 한두 차례 끝까지 읽고, 또 부분별로 나눠 하루에 할당된 양을 매일 가르치라…가족들에게 교리문답 시험을 치르게 할 때는 문답 책에 있는 내용을 보고 대답하게 하고, 그런 다음에는 교리문답 전체를 한두 차례 다시 복습해라. 그러면 교리문답에 관한 가족들의 이해가 어느 정도 향상된 것을 느낄 수 있을 것이다. 그렇게 하고 난 뒤에는 책을 보지 않고서 대답하게 하라.

토머스 라이

Assemblies Shorter Catechism, 3

영생과 행복에 이르는 길을 보여주는 교리를 흔히 신학으로 일컫고, (특히 무지한 사람들이 사용하도록) 익숙한 표현을 사용해 믿음의 원리들을 가르친 것을 교리문답으로 부른다(히 5:12-14). 다시 말해, 교리문답은 기독교의 근본 진리를 음성을 통해 반복해서 가르치는 것이다(행 18:25, 26, 고전 14:19, 갈 5:6). 목회자와 가장이 각각 교회와 집에서 교리문답을 가르쳐야 한다. 교리문답 교육은 특히 가정에서 이루어져야 하는데 그 이유는 가정이 자녀들을 양육하는 곳이기 때문이다.

제임스 어셔

Body of Divinity, 2

교리적 호기심

호기심을 경계하라. 호기심을 갖는 것은 색다른 것이라면 무작정 탐하고, 새로운 견해라면 무엇이나 귀를 기울이는 잘못을 이미 절반쯤 저지른 것이나 다름없다.

윌리엄 거널

Christian in Complete Armour, 215

호기심 어린 질문과 헛된 사변은 아름다운 깃털과 같아서 어떤 사람들은 그것을 얻기 위해 어떤 대가든지 치르려 한다. 바울은 족보에 골몰하는 사람들을 꾸짖었다. 만일 그가 무익한 질문에 골몰하는 사람들, 곧 안전한 도로를 걸어가면서 크게 추락할 수도 있는 뾰족탑을 생각하는 이 시대의 사람들을 마주한다면 어떻게 책망할 것인지 궁금하다. 어떤 사람들은 지옥을 피하는 법보다 그곳의 위치를 아는 데 더 많은 관심을 기울인다. 그들은 세상의 종말이 찾아왔을 때 하나님이 어떻게 하실지를 아는 것보다 세상이 창조되기 전에 그분이 무슨 생각을 하셨는지를 더 많이 알고 싶어 한다. 그들은 자신들이 천국에 들어갈 것인지를 아는 것보다 천국에서 서로를 알아볼 수 있을지를 더 많이 궁금해한다. 이 암초에 부딪혀 파선한 사람이 한둘이 아니다. 사람들은 신앙의 핵심 원리들보다 신비로운 것을 더 많이 알고 싶어 한다.

헨리 스미스

"A Looking-Glass for Christians," in *Sermons*, 130–31

누군가가 "바늘 끝에 한 번에 얼마나 많은 천사가 설 수 있을까?"라는 질문을 제기하자 "그것은 하등 쓸데없는 질문이다."라는 대답이 주어졌다. 단순한 호기심에 이끌려 불필요한 논쟁을 촉발시켜 기독교적 사랑을 훼손하는 일을 저질러서는 안 된다.

에드워드 윌런

"An Exhortation to Christian Charity," in *Six Sermons*, 17

교만

마음의 교만은 자기에게 주어진 긍휼은 무시하고, 자신의 환경의 부족한 것에 시선을 고정시켜 사람을 파리와 같이 만든다. 파리는 온전한 곳은 지나치고 아픈 곳에 떼 지어 몰려들지 않는가?

토머스 보스턴

Crook in the Lot, 92

교만한 마음은 스스로 십자가를 만든다. 겸손한 영혼에게는 그런 일이 일어나지 않는다.

토머스 보스턴

Crook in the Lot, 92

교만한 자는 자기 일은 조롱하고 다른 사람의 일은 시기한다.

윌리엄 브리지

Lifting Up, 217

교만은 영혼을 가장 악한 죄에 빠뜨린다. 교만은 금빛 나는 비참함, 은밀한 독, 숨겨진 재앙이다. 교만은 속임수의 기술자, 위선의 어머니, 거룩함을 좀먹는 나방이며, 약을 병으로 만들며, 치료제를 질병으로 만든다.

토머스 브룩스

The Unsearchable Riches of Christ, in *Select Works*, 1:46

하나님에게서 나오는 도움은 당신의 교만을 돌보는 보모로는 오래 머물러 있지 않을 것이다.

윌리엄 거널

Christian in Complete Armour, 11

교만한 마음과 높은 산은 결코 열매를 맺지 못한다.

윌리엄 거널

Christian in Complete Armour, 25

사람이 매우 열렬하게 기도하고 수고를 아끼지 않고 설교하는 동안에 하나님의 옷을 입고 있을지라도 교만을 섬기고 있을 수 있다. 교만은 거룩한 곳에서 가장 거룩한 행동을 취하고, 덕 자체의 치마 아래 숨을 수 있다. 사람은 자선 활동을 하는 동안에도 교만이라는 우상을 위해 자신의 금을 아낌없이 쏟아부을 수 있다. 교만, 이 죄를 굶겨 죽이기는 힘들다. 교만은 거의 아무것도 없을 때에도 살아남을 수 있다.

윌리엄 거널

Christian in Complete Armour, 136

당신의 교만으로 하나님의 영광이 위험에 처했다면 채찍이 임할 것을 예상하라. 당신이 자랑하는 일로 인해 매우 쓰라린 고통이 임할 가능성이 크다. 히스기야는 자신의 보물을 자랑했으나 하나님은 그의 보물을 약탈하도록 갈대아 사람들을 보내셨다. 요나는 박 넝쿨을 좋아했으나 하나님을 그것을 시들게 하셨다. 당신의 마음이 다른 사람들의 박수갈채로 들떠 오르며 은사에 대한 교만으로 부풀어 올랐다면 당신은 은사가 날아갈 위험에 처해 있다. 당신의 은사는 최소한

다른 사람들에 의해 평가절하될 위험에 있다.

윌리엄 거널

Christian in Complete Armour, 139

가장 거룩할 때 자기를 낮추라. 어떤 방식으로든 교만이 작용할 때(바람처럼 때로는 이 문에 때로는 저 문에 불어대는 교만을 발견할 때) 교만에 대항하라. 당신의 거룩함에 교만보다 더 치명적인 것은 없다. 교만은 의를 독초로, 거룩함을 죄로 만든다. 당신은 거룩함에 대한 자만으로 부풀어 오를 때 가장 거룩하지 못하다.

윌리엄 거널

Christian in Complete Armour, 341

오, 우리의 마음을 깨뜨리고 내면을 밖으로 갈아엎는 것, 이것이 교만의 잡초를 죽이는 방법이다. 나는 지금 우리의 과거의 가증한 것에 대해 겸손하게 자기를 낮추는 법을 말하는 것이다. 교만은 이 쟁기가 자주 파헤치는 토양에서는 쉽게 자라지 못할 것이다. 교만은 은혜의 마음을 물어뜯고 갉아먹는 벌레다.

윌리엄 거널

Christian in Complete Armour, 343

교만은 조언을 받아들이지 못한다. 느부갓네살은 "뜻이 완악하여 교만을 행했다"(단 5:20). 교만한 사람에게는 합리적 이성이 없다. 교만한 사람은 자기 자신에 대한 자기 의견 안에 갇혀 있고, 제기되는 모든 주장에 대해 반론을 제기한다.

윌리엄 거널

Christian in Complete Armour, 443

하나님이 눈멀게 할 수 없을 정도로 너무 많이 아는 사람은 없다. 그리고 하나님의 영이 그 눈을 열어놓을 수 없을 정도로 눈멀고 무지한 사람은 없다.

윌리엄 거널

Christian in Complete Armour, 594

의무를 시작할 때 교만하다면 의무가 끝날 때 수치를 당할 것이다.

윌리엄 거널

Christian in Complete Armour, 762

교만은 모든 죄 중에서 가장 위험한 죄이다. 교만은 천국과 낙원에서 매우 교묘하게 살며시 스며들었고, 교만은 어디에 있든 극히 위험하기 때문이다. 또한 다른 모든 유혹이 악을 둘러싸고 있다면 교만은 오로지 좋은 일을 둘러싸고 있고, 한 방울의 교만이 많은 양의 은혜를 더럽히기 때문이다. 나는 선한 일을 잘못 행하는 것보다 차라리 선한 일을 잘 행하고 나서 교만해지는 것을 더 두려워하겠다.

조셉 홀

Meditations and Vows, 25

교만은 첫 번째 피조물(천사들)을 하늘에서 쫓아내었고, 첫 번째 사람(아담)을 낙원에서 쫓아냈으며, 이스라엘의 첫 번째 왕(사울)을 그의 왕좌에서 쫓아냈다.

나다니엘 하디

First General Epistle of St. John, 271

어떤 이는 자신의 형편과 지위에 걸맞지 않은 과도하게 비싼 옷과 장신구로 몸을 치장하는 것만을 교만으로 간주한다. 어떤 이는 사람이 타인을 대하는 태도에서만 교만을 찾는다. 하지만 내가 보기에 세상에서 가장 큰 교만은 사람이 부적절하게 하나님보다 자기 자신을 더 존중하는 것이다. 이것이 모든 사람의 마음속에 본성으로 자리 잡고 있다. 모든 사람이 본성상 자기 자신을 하나님보다 높이고 하나님을 보좌에서 끌어내리고 자기 자신을 보좌에 앉히려고 획책한다. 모든 사람이 마음속으로 여호와를 반대하는 의도를 갖고 "우리가 그의 맨 것을 끊고 그의 결박을 벗어버리자"라고 말한다. 고의로 죄를 범하는 모든 사람이 한가지로 내는 목소리는 바로 이것이다. "우리는 하나님의 통치를 받지 않겠다." 하나님을 향한 사람의 교만은 하나님을 그분의 엄위하신 보좌에서 끌어내리고 그 자리에 자신을 앉히려고 한다.

제임스 제인웨이

Heaven upon Earth, 65

교만은 사람으로 하여금 하나님을 대적하게 만든다. 다른 죄들은 하나님에게서 멀리 도망치도록 만들지만, 교만은 하나님을 대적하기 위해 하나님 앞에 나아가게 만든다.

앤드류 존스

Morbus Satanicus, 4

교만은 사람을 마귀와 같이 만든다. 교만은 '모르부스 사타니쿠스', 곧 마귀의 질병으로서 어떤 악한 질병보다 훨씬 악하다.

앤드류 존스

Morbus Satanicus, 5

가난과 교만은 전혀 어울리지 않는다. 솔로몬이 본 기묘한 광경 가운데 하나가 "종들은 말을 타고 고관들은 종들처럼 땅에 걸어 다니는" 것이었다(전 10:7). 가난하면서 교만한 자는 불가사의하고 희한한 교만을 가진 자다. 가난한 자는 교만해질 유혹을 덜 받기 때문이다. 가난한 자는 겸손해질 이유가 더 많다.

토머스 맨톤

Practical Exposition on the Epistle of James, 22

하나님은 자기 자신을 가장 좋아하는 자를 가장 싫어하신다. 교만은 벧엘(하나님이 거하시는 집)이 아니라 바벨(사탄이 거하는 시끄러운 소굴)이다. 교만은 가장 혐오스러운 악일 뿐 아니라 근본적인 악이다. 다른 모든 욕심은 교만 속에 거하는 것이 확인되는 것처럼 교만에서 유래하는 것도 확인된다.

윌리엄 세커

Nonsuch Professor, 72

겸손한 마음의 구부러진 갈대는 온전히 보존받을 수 있으나 교만하고 오만한 마음의 꼿꼿한 참나무는 부러질 것이다. 교만한 사람은 자신이 행한 모든 것을 너무 중시하고 자기를 위해 행해지는 모든 일은 너무 경시한다.

윌리엄 세커

Nonsuch Professor, 84

사람은 생각이 거만할수록 그가 겪는 굴욕은 그만큼 비천할 것이다.

조시아스 슈트

Judgement and Mercy, 22

교만은 교만을 참을 수 없다.

리처드 십스

in Horn, *Puritan Remembrancer*, 28

군주의 학정, 귀족의 야심, 신하의 반역, 자녀의 불순종, 종의 완고함은 교만으로 불린다. 교만은 이런 죄들의 어머니로 불렸다. 교만이 자신의 땅에 그토록 많은 가라지를 뿌려놓는데, 하나님이 교만을 거부하시지 않겠는가?

헨리 스미스

"A Dissuasion from Pride," in *Sermons*, 55

교만은 모든 악덕에 스며들어 있다. 교만은 영적인 술 취함이다. 교만은 포도주처럼 뇌를 취하게 한다. 교만은 우상숭배다. 교만한 사람은 자기를 숭배하는 자다. 교만은 보복이다. 하만은 모르드개가 무릎을 꿇지 않았다는 이유로 죽일 음모를 꾸민다. 교만의 죄는 하나님을 얼마나 불쾌하게 만드는가(잠 16:5)! 마음이 교만한 자는 누구나 주님 보시기에 가증하다.

토머스 왓슨

Godly Man's Picture, 73

교만과 겸손

겸손은 사람이 자기 자신을 가장 훌륭한 사람과 비교함으로써 자신이 얼마나 나쁜 상태에 있는지 깨닫는다. 그러나 교만은 자기 자신을 가장 나쁜 사람과 비교함으로써 자기 자신의 불완전함을 숨긴다. 겸손한 자는 완전한 규칙을 취하고 자신은 아무것도 아닌 것을 깨닫는다. 교만한 자는 비뚤어진 규칙을 취하고 자신이 뭔가 되는 것처럼 생각한다.

휴 비닝

"An Essay upon Christian Love," in *Several Sermons,* 221

교만한 마음은 자신의 가치를 실제보다 더 크게 본다. 그러나 진실로 겸손한 영혼은 자신의 의와 영광을 보는 것을 부끄러워한다. 그는 그리스도의 의에 기초하여 산다.

토머스 브룩스

The Unsearchable Riches of Christ, in *Select Works,* 1:8

교만한 사람의 마음을 깨뜨릴 사건이 겸손한 사람의 잠조차 깨우지 못할 것이다. 폭풍이 부는 와중에도 겸손한 영혼은 여전히 평온하다. 교만한 마음은 어려운 일을 당할 때 하나님과 사람과 섭리를 짓밟고 욕하고 무시한다. 반면에 겸손한 영혼은 항구에 정박한 배와 같이 고요하고 잔잔하다.

토머스 브룩스

The Unsearchable Riches of Christ, in *Select Works,* 1:36

오, 우리의 본이 되시는 그리스도를 본받으라. 하나님을 위해 열심히 일하고, 그 일을 해냈을 때 절대로 교만하지 말라. 많은 일을 해낸 후에도 자신을 높이지 않고 겸손을 유지하는 것은 쉬운 일이 아니다.

존 플라벨

Fountain of Life, 353

그러므로 겸손이 그리스도를 사랑하는 자의 표지임을 아십시오. 겸손한 자는 다른 어떤 사람보다 자기 자신을 더 비천하게 여깁니다. 교만은 하나님의 자녀의 표지가 아닙니다.

새뮤얼 러더퍼드

"The Forlorn Son," in *Quaint Sermons,* 241

겸손의 은혜는 큰 행복과 평정을 동반한다. 교만하고 오만한 사람은 그와 대화하는 모든 사람에게 문제를 일으키지만 무엇보다 그 자신에게 문제를 일으킨다. 모든 것이 그를 짜증나게 하고, 그를 충분히 만족시키는 것은 거의 없다. 교만하고 오만한 사람은, 마치 모든 것이 자기를 만족시키고 하늘과 땅의 모든 피조물이 자기를 시중들고 자기 뜻에 복종해야 하는 것처럼, 벌어지는 모든 일과 싸울 준비가 되어 있다. 큰 나무의 잎사귀는 바람이 불 때마다 흔들리고, 모든 숨결과 모든 악한 말은 오만한 사람을 불안하게 하고 괴롭게 만들 것이다. 그러나 겸손한 사람은 멸시를 받을 때 잘 참을 수 있다. 스스로 자신을 가장 비천한 자로 생각하기 때문이다.

헨리 스쿠걸

Life of God in the Soul of Man, 62

교만과 분노

교만은 사람들을 오만하고 조급한 자로, 또 자기를 공격하는 모든 자에게 몹시 사납고 난폭하게 반응하는 자로 만든다. 교만, 분노, 보복은 뱀과 같이 서로 비비 꼬고 휘감는다. 교만은 불쾌한 행위를 심각한 경멸로 해석하고 분노를 폭발시키며, 폭발한 분노는 마음속에 느낀 손해에 비례해 보복을 취한다.

윌리엄 베이츠

The Danger of Prosperity, in *Whole Works*, 2:218

교만한 사람은 책망받을 때 덫에 걸린 야수가 포효하고 물어뜯고 찢어대는 것보다 더 심하게 반응한다.

존 오웬

Golden Book, 207

교만한 사람은 자기 자신을 매우 높이 평가하고 다른 사람이 그에 못 미치게 자신을 대할 때 화를 낸다.

토머스 왓슨

Art of Divine Contentment, 77

교회

교회는 유대인이나 헬라인을 막론하고 부르심을 받은 사람들의 무리를 가리킨다. 부르심의 목적은 믿음이고, 믿음의 사역은 그리스도께 접붙임을 받는 것이다. 그리스도와의 연합은 곧 그분과의 교통으로 나아가기 마련이다. 따라서 교회는 신자들의 무리, 곧 그리스도 안에 있는 자들의 무리이며, 그리스도와 교통하는 사람들의 무리이다.

윌리엄 에임스

Marrow of Sacred Divinity, 152

교회는 그리스도를 믿는 믿음을 가시적으로 고백하며 그분께 순종하도록 부르심을 받은 사람들의 무리를 가리킨다(이 부르심에 반드시 응해야 하며 그렇지 않으면 아무것도 아니다).

자일스 퍼민

Sober Reply, 14

모든 오류로부터 자유로운 교회는 세상에 없다. 심지어 일곱 교회 가운데 가장 훌륭했던 에베소 교회도 잘못이 있었다. 달에도 얼룩이 있는데 그 아래 있는 것들 가운데 흠이 없는 것을 기대해봤자 아무 소용이 없다. 완전함을 추구하려는 마음, 곧 성실한 태도를 지니는 것은 현세에서도 가능하지만 완전함을 온전히 이루는 것은 내세에서나 기대할 수 있다. 완전한 교회가 이루어지려면 형식만 새로워져서는 안 되고, 내용까지도 새로워져야 한다. 즉 연약한 것이 굳세어지고, 어리석은 것이 지혜로워지고, 육신이 영이 되고, 인간이 천사들처럼 되어야 한다. 성도들은 현세에서는 온갖 연약함이 가득하기 때문에 너무나도 미약하기 그지없다.

토머스 풀러

"The Fear of Losing the Old Light," in *Pulpit Sparks*, 160

교회는 하나님이 세상을 창조할 때 자신을 영화롭게 하는 수단으로 선택하신 위대한 현실이자 섭리의 주된 목표다. 그것이 아니었다면 하나님은 세상을 창조하지 않으셨을 것이다(엡 3:9, 10). 사도는 두 가지를 강조했다. (1) 교회의 중보자요 구원자이신 예수 그리스도께서 만물을 창조하셨다. 그분은 교회를 세울 위대한 목표를 염두에 두고 창조 사역을 이루셨다(많은 사람이 요한복음 1장 3절과 같은 구절을 구원 사역의 의미로 설명하지만 나는 그 말씀을 창조 사역을 가리키는 의미로 이해한다). (2) 그리스도께서는 교회를 사람들과 천사들에게 창조 사역을 통해 분명하게 드러나는 갖가지 놀라운 지혜를 보여줄 중요한 수단으로 지정하셨다.

리처드 길핀

Temple Rebuilt, 14

우리는 어린 양이신 주님이 어디를 가시든 안심하고 따라갈 수 있다. 하나님은 교리들이 근본에서 다소 멀어져 그릇 치우치고, 예배가 부차적이고, 의식적인 것들로 인해 조금 오염되었다고 해서 교회를 버리고 자신의 임재를 거두지는 않으신다. 우리도 그래서는 안 된다. 물론, 교리의 근본이 파괴되고 예배가 우상 숭배로 변질되면 하나님은 우리 앞에서 걸어가시면서 신실한 자들에게 그런 교회와 관계를 끊고 자기를 따라오라고 부르신다. 그러나 교회의 부패가 처음에 말한 경우에 해당하고, 교회가 불법적인 일들의 승인을 요구하는 규칙을 강요하지 않을 때는 교회와의 관계를 끊지 말고 계속해서 교제를 나누는 것이 바람직하다. 교회의 오류를 시정할 능력이 없을 때는 하나님을 예배하는 즐거움과 평화와 일치를 유지하기 위해 많은 것을 용납하는 상황이 벌어질 수도 있다. 그러나 우리가 교회의 의식에 참여했다고 해서 그곳에서 이루어지는 모든 것에 동의한다는 표시는 결코 아니다. 단지 교인들이 예배에 참석하는 것만을 보고서 그것이 곧 목회자의 기도에 사용된 부적절한 표현이나 성경 본문에 관한 그릇된 주해나 해석에 동의한다는 증거라고 말하는 것이 과연 온당할까?

윌리엄 거널

Christian in Complete Armour, 699

교회는 그리스도께서 죽음의 잠을 주무시고 계실 때 그분의 옆구리에서 생겨났다.

윌리엄 젠킨

in Thomas, *Puritan Golden Treasury*, 53

보석 상인의 가게에는 진주와 다이아몬드를 비롯한 귀한 보석들 외에도 그것들을 세공할 때 사용하는 날카로운 도구와 연마기와 기구들이 비치되어 있다. 작업장에 있는 귀금속들은 그런 도구들과 함께 있으면서 종종 깎이고, 다듬어진다. 교회는 하나님의 보석이자 작업장과 같다. 그곳에서 하나님의 궁전과 집에 쓸 보석들이 세공된다. 하나님은 자신이 가장 소중히 여기고, 또 가장 빛나게 만들고자 하는 사람들을 자신의 도구로 가장 자주 다듬으신다.

로버트 레이턴

Spiritual Truths, 108

교회는 하나님의 동산이고, 교리는 동산에서 피어난 꽃이며, 권징은 동산의 울타리다.

크리스토퍼 러브

Zealous Christian, 9

교회의 지체일 뿐, 교회의 머리이신 그리스도의 지체는 아닌 사람들이 많은 듯하다. 애굽에서 탈출한 이스라엘 교회는 혼합된 군중으로 이루어졌다. 애굽인들이 이스라엘 백성과 합류했다. 그들은 자신들의 나라를 버리고 이스라엘의 하나님을 선택했다. 그럼에도 불구하고 그들은 마음으로는 여전히 애굽인들이었다. 그들은 이스라엘에 속한 이스라엘인이 아니었다(롬 9:6). 모든 시대의 교회에도 건전하지 않은 지체들이 있었다. 가인은 아벨과 교류했고, 이스마엘은 이삭과 같은 집에 살았으며, 가룟 유다는 사도들과 어울렸고, 데마도 다른 제자들과 함께 다녔다. 그들은 가장 훌륭한 음식에 들어 있는 왕겨와 같은 존재다. 복음의 그물에는 좋은 물고기는 물론, 나쁜 물고기도 잡힌다. 알곡과 가라지가 추수 때까지 함께 자란다.

매튜 미드

Almost Christian Discovered, 72–73

교회가 존재하는 목적은 무엇인가? 그리스도께서 교회를 세우신 목적은 크게 두 가지다. 이 목적은 그리스도께서 우리에게 요구하시는 두 가지 큰 의무 및 은혜와 관련 있다. 첫 번째 목적은 성도들이 함께 연합해서 그리스도를 믿는 믿음을 고백하며 그분께 순종하는 것이고…두 번째 목적은 신자들을 사랑하라는 그리스도의 명령과 의무를 이행하는 것이다.

존 오웬

"Exposition upon Psalm 130," in *Golden Book*, 109

참 교회의 지체가 된다는 것과 교회의 참 지체가 된다는 것은 서로 별개다.

존 펜리

Defence, 13

그리스도의 교회는 이런저런 영적 질병을 앓는 사람들이 모여 있는 종합병원과 같다. 우리는 모두 지혜와 온유한 마음으로 서로를 대해야 한다.

리처드 십스

Bruised Reed and Smoking Flax, 63

은혜, 특히 성도의 교제와 같은 큰 은혜를 경시하면, 그리스도께서는 우리가 그것의 온전한 가치를 깨달을 때까지 그것을 거두어가신다. 따라서 이 죄의 심각성을 깊이 생각해볼 필요가 있다. 첫째, 이것은 성도들의 모임을 폐하지 말라는 하나님의 분명한 명령을 거역하는 죄다(히 10:20, 25). 둘째, 이것은 우리의 가장 큰 유익과 영적 위로를 앗아가는 죄다. 성도들의 복된 모임에서 벗어나면 그 거룩한 모임이 주는 유익이나 경건한 교훈이나 거룩한 위로나 형제들의 충고나 사랑에서 우러나오는 책망을 받아 누릴 수 없다. 이것은 말로 다 할 수 없는 손실이 아닐 수 없다. 또한 그렇게 되면 성도들의 기도를 통해 주어지는 유익에 참여하기가 불가능하다. 영혼이 육체와 서로 밀접하게 결합되어 나뉘지 않아야만 모든 지체에 생명과 힘을 공급할 수 있는 것처럼, 그리스도께서도 그리스도인들이 서로 나뉘지 않고, 교회라는 신비로운 몸에 연합해 있어야만 그들에게 영적 생명과 활력을 제공하신다.

리처드 십스

Memoir, in *Complete Works*, 1:cxv

교회가 불타는 가시떨기라면 하나님이 그 안에 계실 것이기 때문에 절대로 타서 없어지지 않을 것이다.

조지 스윈녹

"Pastor's Farewell," in *Works*, 4:87

그리스도인은 순례자다. 그의 마음은 그의 육체가 있는 곳에 있지 않다. 그는 육체로는 자신이 원하는 만큼 빠르게 본향에 갈 수 없지만, 영으로는 하늘과 하늘의 것들을 얼마든지 생각할 수 있다. 그는 그것을 통해 최대한 본향에 가까이 갈 수 있다. 도시 안으로 들어갈 수는 없더라도 교외 지역, 곧 하나님의 교회 안에 들어갈 수 있다. 위에 있는 예루살렘에 들어갈 수는 없더라도 위에서 내려온 예루살렘에는 들어갈 수 있다. 지금은 몸으로 직접 천국에 들어갈 수는 없더라도 기도와 묵상을 통해서는 얼마든지 그곳에 들어갈 수 있다. 왜냐하면 우리의 보화가 있는 곳에 우리의 마음도 있기 때문이다.

토머스 테일러

Pilgrim's Profession, 66 – 67

교회와 국가

모든 알려진 죄를 회개하되 특히 신앙의 문제와 관련된 죄, 현재 이 땅을 휩쓸고 있는 유행병과 같은 죄를 회개하라. 지금과 같은 식으로 모든 사람이 말씀을 전하고, 고백하고, 원하는 것을 마구 출판한다면 주님은 잘못된 교회 정치의 씁쓸한 열매의 맛과 이 나라의 얼굴에 드리운 슬픈 표정보다 더 심각한 재앙을 허락하실 것이다. 내 백성이 나의 길을 따르고 이스라엘이 내 길을 따랐더라면 그 얼마나 좋았으랴(시 81:13 참조)!

알렉산더 헨더슨

preface to *Sermon Preached*

영국에는 우리에게 희망을 주고, 구원을 약속하는 것이 세 가지 있다. 첫째는 우리가 계속해서 자주 스스로를 낮춰 금식하는 것이고, 둘째는 우리가 긍휼을 얻기 위해 하나님과 엄숙한 언약을 맺은 것이며, 셋째는 우리가 개혁을 시작해서 "무릇 하늘의 하나님의 전을 위하여 하늘의 하나님이 명령하신 것은 삼가 행하라"(스 7:23)라는 말씀이 요구하는 것과 똑같은 것을 요구하는 과정을 걷고 있다는 것이다. 이 세 가지를 진실하게 추진한다면 축복을 기대할 수 있을 것이다. 참된 겸손, 하나님과의 언약, 개혁은 평화와 행복의 전조다. 그러나 진실이 아닌 위선으로 행한다면, 그런 행동이 약속하는 축복보다 오히려 해악이 더 클 것이다.

알렉산더 헨더슨

Sermon Preached, 5

교회의 권징

교회에서 가장 훌륭한 사람은 물론이고 그 어떤 사람에 대해서도 증거 없는 비난이 행해져서는 안 된다. 목회자는 충분한 증거가 확보되기 전에는 어느 쪽의 손도 들어주어서는 안 된다. 충분한 증거가 없는 상태에서는 어떤 사람을 부당하게 비난하기보다는 차라리 악인들이 비난이나 징벌을 받지 않은 채로 교회를 활보하도록 놔두는 편이 더 낫다. 무리한 억측에 의존하면 부당한 잘못을 저지르기 쉽다. 그럴 경우에는 목회자가 편파적으로 불의하게 일을 처리한다는 비판을 받을 수밖에 없다. 그렇게 되면 목회자의 견책과 책망이 비웃음을 사게 될 것이다.

리처드 백스터

Reformed Pastor, 108-9

교회의 목회자들이 권징을 소홀히 하여 교제를 단절해야 할 사람을 단절하지 않고, 죄를 용납함으로써 수치스러운 죄인들이 죄를 지어도 괜찮은 것처럼 생각하게 되면 사람들이 스스로 현혹되어 실제로는 그리스도인이 아닌데도 그리스도인인 것처럼 생각하게 될 가능성이 크다. 그렇게 되면 세상 사람들이 보는 앞에서 기독교를 부패하게 만드는 결과가 초래될 뿐 아니라 그리스도인이 된다는 것이 단지 이런저런 견해를 지니는 것에 불과하고, 기독교가 세상의 거짓 종교들에 비교할 때 그다지 더 뛰어난 거룩함을 요구하는 종교가 아니라는 인상을 심어주기 쉽다.

리처드 백스터

Reformed Pastor, 124

내가 권징에 관해 말한 것에 대해 "우리 교인들은 아직 권징을 실시할 만한 준비가 덜 되었어요. 그들은 아직 그것을 감당하지 못할 겁니다."라고 말할지도 모르겠다. 그러나 그 말은 곧 목회자 자신이 권징으로 인해 야기될 어려움과 증오심을 감당할 마음이 없다는 의미일 수도 있다. 목자장이신 주님께 편안한 마음으로 보고를 드리고, 하나님의 집에서 불충실한 종으로 발견되지 않으려면 어려움이 초래될 수 있다는 이유로 의무 이행을 회피해서는 안 될 것이다.

리처드 백스터

Reformed Pastor, 125

등록 교인 모두에게 성찬을 베풀고, 성찬 참여 중지 결정권은 모두 주교에게 일임하는 불행한 의무를 이행하느라 권징을 엄격하게 실시하지 못하는 사람들보다는 공개적으로 죄와 불경을 일삼는 자들에게 성찬을 베풀기를 거부하는 사람들의 편에 서는 것이 나의 의무라고 생각한다. 그 이유는 악한 사람들이 나와 함께 성찬에 참여하면 내가 더 나빠질 것 같아서가 아니라 오히려 내가 그들과 함께 성찬에 참여하면 그들이 더 나빠질 것 같아서다. 나는 그들의 불경스러운 상태가 더욱 강화되도록 방조할 생각이 조금도 없다. 물론, 이 세상에서 절대적으로 순수한 기독교 공동체를 기대하기는 불가능하다. 우리의 사랑의 만찬은 흠이 있을 수밖에 없다. 그러나 나는 부패한 교인들이 섞여 있는 가운데서도 좀 더 순수해 보이는 사람들이나 최소한 그렇게 되기를 간절히 바라고, 열망할 뿐 아니라 그렇게 될 만한 자질을 갖추었다고 생각되는 사람들을 선택하고 싶다.

매튜 헨리

"The Lay-Man's Reasons for His Joining in Stated Communion with a Congregation of Moderate Dissenters," in *Miscellaneous Writings*, 638

은밀한 일들은 교회가 판단해서는 안 되지만…교회의 평판을 해치는 행위, 사회적 물의를 빚을 만한 행위를 목회자가 단독으로 사면해서는 안 된다. 공적인 범죄는 공중 앞에서 고백하고, 인정해야 한다. 바울 사도는 근친상간을 저지른 고린도 교회의 신자가 "많은 사람에게서 벌 받는 것이 마땅하다"라고 말했다(고후 2:6). 그는 디모데에게 "범죄한 자들을 모든 사람 앞에서 꾸짖으라"라고 지시했다(딤전 5:20). 아퀴나스는 이를 교회의 권징을 가리키는 의미로 이해했다. 권징의 목적은 한편으로는 죄인에게 수치심과 죄의 자각을 불러일으켜 회개로 이끌기 위해서고, 다른 한편으로는 다른 신자들에게 신실한 신자들의 공동체는 더럽고 부패한 몸이 아니라는 것, 곧 교회는 죄의 저장소가 아닌 거룩함을 가르치는 학교라는 사실을 상기시켜 주기 위해서다. 따라서 바울이 독사를 떨쳐냈던 것처럼, 악한 사람들을 단호히 쫓아내고 그들이 진지하게 잘못을 인정하지 않으면 다시 받아들이지 말아야 한다.

토머스 맨톤

Practical Exposition on the Epistle of James, 207-8

어떤 견책도 과도해서는 안 된다. 교회의 권징도 마찬가지다. 권징의 목적은 잘못을 교정하는 데 있다. 아우구스티누스가 말한 대로, 징계는 파멸이 아닌 교정을 목표로 한다(*castigationes emendatoria, non interfectoira*).

윌리엄 스퍼스토우

Wiles of Satan, 2-3

구속

믿기 전에 자신이 특별한 구속(redemption)의 대상인지 아닌지에 대해 알고자 하는 자는 잘못된 지점에서 일을 시작하는 것이다. 이런 식으로 자신의 특별한 구속에 대해 알 가능성은 거의 없다. 믿음의 첫 번째 행위는 그리스도께서 모든 사람 또는 나를 위해 죽으셨다는 것이 아니다. 그리스도께서 모든 사람을 위해 죽으셨다는 것은 사실이 아니며, 그리스도께서 특히 당신을 위해 죽으셨다는 것도 당신이 믿을 때까지는 당신에게 확실하지 않고 또 확실할 수도 없다. 생명을 얻고자 하는 자는 "혹시 그가 나를 생명으로 구원하실까" 바라며 하나님의 자비에 복종해야 한다.

엘리샤 콜스

Practical Discourse of God's Sovereignty, 147

나는 이 중대한 구속 사역 안에서 하나님의 모든 은혜로운 속성들, 곧 하나님의 지혜와 능력과 선하심과 공의와 긍휼이 함께 빛나고 있다고 말하겠다. 그림의 주변부에서 초원과 샘과 꽃 등을 볼 수 있지만 가운데에 주요 장면이 담긴다. 하나님의 여러 사역들 가운데 구속 사역이 바로 주요 장면이다. 하나님이 세상 속에서 행하시는 다른 모든 사역(피조물의 모든 아름다움, 시대의 계승, 세상 속에서 일어나는 일들)은 주요 장면인 구속 사역의 주변부에 불과하다. 그러나 우리 대부분은 미련하고 서투른 관찰자이기에 이처럼 놀라운 주요 장면을 식별하지 못하고 그저 아름다운 주변부만 응시할 뿐 더 나아가지 못하고 있다. 우리의 눈은 세상의 아름다운 장면과 땅의 사물의 모습에 사로잡혀 있다. 그렇지만 하나님의 이 중대한 구속 사역에 대해 말하자면, 그리스도께서 우리의 구속을 위해 미리 정해지고 때가 되자 보내심을 받았다. 이것은 정말 우리가 가장 각별한 관심을 가질 일이지만 우리는 마땅한 만큼 이를 고려하지 않고 있다.

로버트 레이턴

A Commentary upon the First Epistle of Peter, in *Whole Works*, 1:139–40

성경적 구속 교리는 다음과 같은 것을 말한다.

1. 그리스도는 택자만을 위해 죽으셨다.
2. 그리스도께서 구원하기 위해 죽으신 모든 자는 확실히 구원받는다.
3. 그리스도는 구원하기 위해 죽으신 모든 자를 구원하는 데 필요한 모든 은혜를 자신의 죽음으로 취득하셨다.
4. 그리스도는 구원하기 위해 죽으신 모든 자에게 생명의 수단을 제공하고

생명의 길을 계시하신다.
5. 은혜의 새 언약은 예수님의 피 안에서 모든 택자에게 확증되었다.
6. 그리스도는 언약과 계약에 따라 보증된 사람들을 자신의 죽음으로 값 주고 사셨고, 기꺼이 그들을 자신의 손 안에서 끝까지 지키신다.
7. 그리스도는 자기 교회를 사랑하고 자기 교회를 위해 자신을 바치셨다.
8. 그리스도는 택함받은 자의 불경건함을 위해 죽으셨다.

존 오웬

Death of Death in the Death of Christ, 309

하나님은 구속 사역에 있어 비교할 자가 없으시다. 진실로 구속 사역은 하나님의 걸작이자 하나님의 순수한 작품이다. 사실 하나님의 창조와 섭리 사역은 구속 사역에 종속되어 있다. 하나님의 모든 속성은 구속 사역에서 가장 영광스럽게 빛난다(시 102:16). 하늘에 있는 하나님의 모든 천사가 구속 사역에 대해 하나님을 찬송하고 송축한다(계 4:10–11). 구속 사역은 하나님의 사역 중의 사역이다. 하나님은 구속 사역을 그토록 크게 기뻐하시고, 구속 사역으로 인해 그토록 큰 영광과 찬송을 받으신다(사 42:1; 43:21). 어떤 천사도, 어떤 사람도, 아니 이 둘이 힘을 모아도 단 하나의 영혼도 구속할 수 없었다. “아무도 자기의 형제를 구원하지 못하며 그를 위한 속전을 하나님께 바치지도 못할 것은 그들의 생명을 속량하는 값이 너무 엄청나서 영원히 마련하지 못할 것임이니라”(시 49:7–8). 하나님을 제외하고 그 어떤 존재도 사람의 비참함에 대해 충분히 연민을 갖지 못하고, 대책을 찾기에 충분히 지혜롭지 못하며, 사람의 회복을 위해 충분한 힘을 갖지 못한다. 끝없는 비참함은 끝없는 긍휼을 요구했다…그러나 피조물 속에서 이런 긍휼이 발견되겠는가? 사람은 진노의 자식이었고, 악과 강포의 바다 속에 빠졌으며, 이것은 사랑과 연민의 바다를 필요로 했다…그러나 창조주께서는 무한한 죄책에 대해 무한한 은혜를 갖고 계셨고, 무한한 비참함에 대해 무한한 긍휼을 갖고 계셨다.

조지 스윈녹

The Incomparableness of God, in *Works*, 4:432

구원

성부께서는 우리를 선택하시고, 성자께서는 우리를 불러 가르치시며, 성령께서는 우리를 의롭게 해 인치신다. 성삼위 하나님이 우리를 구원해 영광으로 관을 씌워주신다. 하나님은 사랑으로 선택하시고, 그리스도께서는 말씀으로 부르시며, 성령께서는 은혜로 인치신다. 하나님이 사랑으로 선택하시고, 그리스도께서 말씀으로 부르시고, 성령께서 은혜로 거룩하게 하시는 덕분에 우리는 천국에서 영원한 영광과 지극한 복락을 누린다.

토머스 애덤스

Exposition upon … Second … Peter, 119

그들(육신적인 신자들)은 지옥을 향하는 길을 걷거나, 육신이 영혼을 저버린 채 제멋대로 행동하며 영혼을 지키지 못해도 하나님이 자기들을 천국으로 인도하실 것처럼 생각하면서, 그리스도께 모든 책임을 전가한 채 아무런 노력도 기울이려고 하지 않는다. 하나님은 자기 뜻을 거스르는 사람을 구원하겠다고 약속한 적이 없으시다. 하나님은 성자를 통해 우리에게 구원을 베푸실 때 "두렵고 떨림으로 너희 구원을 이루라"(빌 2:12)라고 명령하신다. 거기에 응해 스스로 노력하며 하늘을 의지해 도움을 구하려고 하지 않고, 여전히 죄의 진흙 구덩이에 누워 있는 사람은 그 상태로 계속 머물 것이다.

토머스 애덤스

"The Soul's Refuge," in *Works*, 3:31

부지런히 구원을 얻으려고 힘써 노력하는 사람에게만 구원이 주어질 것이다. 두 손은 가만히 포개놓고서 입만 크게 벌린들 천국이 저절로 입안으로 툭 떨어질 리 만무하다. 의무를 이행함으로써 우리의 소망이 정당하다는 것을 입증해 보이고, 순종을 실천함으로써 우리의 기대가 합당하다는 것을 증명해 보여야 한다. 죽을 때 예수님 안에서 잠드는 사람은 그분과 함께 깨어나 생명을 얻을 것이다. 따라서 죽어 주님께 가기를 원하는 사람은 자기를 위해 살지 않겠다고 굳게 결심해야 한다.

티모시 크루소

Duty and Support of Believers, 18

내면적 순서로는 성령의 조명이 죄의 자각보다 앞서고, 죄의 자각이 양심의 가책보다 앞서지만, 시간적 순서로는 이 모든 과정이 한꺼번에 이루어진다. 하나님의 성령께서는 밝은 빛을 비추어 마음속에 두려움이나 슬픔을 불러일으켜 죄를 자각하게 하는 일을 동시에 행하신다. 바꾸어 말해, 영혼이 하루나 일주일 동안 조명의 과정을 거치고, 다시 하루나 일주일 동안 죄를 자각하고, 다시 하루나 일주일 동안 양심의 가책을 느끼는 것이 결코 아니다. 물론, 여러 주간이나 여러 해 동안 조명과 죄의 자각이 지속되면서도 양심의 가책은 일어나지 않는 경우가 있을 수도 있다. 그러나 언약의 성령께서 실제로 역사하셨다면 그런 일은 있을 수 없다. 사람들이 단 한 번의 설교로 그런 역사를 경험하는 경우가 얼마나 많은지 모른다.

자일스 퍼민

Real Christian, 25

최근에 어떤 사람들은 이방인들이 태양과 달과 별들을 통해 그리스도에 관한 지식을 얻을 수 있다는 견해를 피력했다. 그런 사람들은 다른 사람들에 비해 이방인들에게 더 친절한 듯 보인다. 그러나 나는 그들이 궁극적으로 이방인들에게 더 잔인한 사람들이 되지 않기만을 바랄 뿐이다. 이방인들이 복음의 빛이 없는 상태에서 멸망할 수밖에 없는 슬픈 운명을 짊어지고 있다고 생각한다면, 그들 가운데 그 빛이 나타나기를 간절히 기도해야 마땅할 것이다. 어떤 수비대가 방어 여력을 충분히 잘 갖추고 있는 것으로 판단되면 군수품과 지원군이 더디게 도착하는 법이다. 사탄이 가련한 영혼들을 상대로 그런 전략을 사용하도록 기회를 제공해서는 안 된다. 만일 별들을 통해 그런 지식을 얻을 수 있다면, 그 전에 먼저 그것을 깨달은 누군가가 있어야 한다. 별이 동방 박사들을 그리스도께로 인도했지만, 그들에게 말씀을 깨우쳐준 거룩한 설교자가 있었을 것이 틀림없다. 그렇지 않았으면 그들은 별을 보고 아무것도 이해하지 못했을 것이다.

윌리엄 거널

Christian in Complete Armour, 347

세상에서 가장 위대한 왕께서 죽어가는 순간에 우리의 투구(즉 하나님의 구원)를 위해 자신의 왕관을 가시 면류관으로 바꾸기를 기뻐하셨다. 이 투구를 쓴 우리는 장차 금으로 만든 면류관이 아닌 (한번 쓰면) 절대로 벗겨지지 않을 영광의 면류관을 쓰게 될 것이다.

윌리엄 거널

Christian in Complete Armour, 539

그리스도께서 만민에게 제공되셨기 때문에 그분을 믿는 사람은 누구나 받아들여진다. 구원의 길은 항상 열려 있다. 따라서 누구든지 와서 그리스도를 자유롭게 영접할 수 있다. 그리스도께서는 유대인과 이방인을 비롯한 모든 사람의 구원자이시다. 가장 사악한 사람들도 예외가 아니다. 스구디아인들과 야만인들도 그리스도를 믿으면 그분이 기꺼이 받아주신다. 그리스도께서는 사람을 차별하지 않으신다. 그리스도를 영접하는 사람은 누구나 그분의 영접을 받는다.

에드워드 레이너

Precepts for Christian Practice, 41

회심 같지만 회심이 아닌 것과 같은 잘못 받은 은혜보다 세상에서 더 슬프고, 애처로운 것은 없다. 스스로 현혹되는 사람들이 많으니 구원을 확인하고, 기초를 확실하게 다지라. 세상의 것을 무가치하게 여기고, 그리스도를 귀히 여기라.

새뮤얼 러더퍼드

Garden of Spices, 98

내가 종종 말한 대로, 구원받을 사람은 적고, 멸망당할 사람은 많다. 구원의 확신을 지니기 위해 힘써 기도하고, 날마다 하늘의 것을 추구하라. 죄를 고통스럽게 여겨 아파하면서 뜬눈으로 밤을 지새운 적이 없다면 아직 그리스도를 발견하지 못했다는 증거다. 그리스도와 친밀해지려고 노력하라. 그리스도를 세상보다 더 사랑하고, 그분을 위해 세상을 기꺼이 버릴 마음이 있다면 올바른 방향으로 나아가고 있다는 증거다. 예수님의 아름다우심을 보고, 그분의 사랑의 향기를 맡았다면, 물불을 가리지 않고 그분과 함께 있기 위해 달려갈 것이다.

새뮤얼 러더퍼드

Garden of Spices, 102

그리스도인들은 "구원받으려면 무엇을 해야 합니까?"라고 부르짖지만, 행위로 구원받기를 기대하지는 않는다.

랄프 베닝

Orthodox Paradoxes, 13

"보라 지금은 구원의 날이로다"(고후 6:2). 변명을 내세우며 그리스도를 영접하기를 지체하면 그분이 더 이상 가까이 다가와서 설득하지 않고, 성령께서도 더 애쓰지 않으실 것이다. 가련한 죄인들이여, 어떻게 할 생각인가? 하나님의 설득이 끝나면 즉시 불행이 시작될 것이다.

토머스 왓슨

Godly Man's Picture, 217

구원의 확신

죄책감은 구원의 확신을 제거하지 못한다. 손가락 하나가 아프면 온몸이 건강한데도 고통스럽기 마련이지만 그렇다고 해서 손가락 하나의 아픔 때문에 온몸의 건강이 다 없어지는 것은 아니다. 비록 약간의 불완전함이 있더라도 성화는 여전히 계속된다.

토머스 애덤스

Exposition upon … Second … Peter, 118

은혜가 영혼에 임하는 것은 마치 아

침 해가 떠오르는 것과 같다. 먼저 동이 트고, 빛이 차츰 환해지면서 마침내 태양이 온전한 빛을 발한다. 신앙생활은 '고백, 성장, 완성(*professio, profectio, perfectio*)'의 과정을 거친다. 회심을 통해 그리스도의 이름을 고백하는 것은 믿음의 껍데기가 아닌 정수(精髓)에 해당한다. 그로 인해 "청결한 마음과 선한 양심과 거짓이 없는 믿음"(딤전 1:5)이 생겨난다. 그다음 단계인 은혜 안에서의 '성장'은 "두렵고 떨림으로 구원을 이루는"(빌 2:12) 과정을 가리키고, 마지막 단계는 "구원의 날까지 인치심을 받았다"(엡 4:30)는 구절이 말하는 '완성' 내지 온전한 구원의 확신을 가리킨다.

토머스 애덤스

"Heaven Made Sure," in *Sermons,* 106

이성의 팔은 구원의 확신의 보석에 닿기에는 너무 짧다.

토머스 브룩스

in Horn, *Puritan Remembrancer*, 17

마리아는 예수님이 자기 곁에 서 계시는데도 그것을 알지 못하고 슬피 울었다. 하갈도 샘이 옆에 있는데도 그것을 알지 못하고 심장의 피를 토해내는 듯한 절망에 사로잡혀 눈물을 펑펑 쏟아냈다. 이런 일이 그들 자신의 잘못으로 인해 종종 발생한다. 하나님과 화목한 신자들도 오랫동안 그래왔다. 그들은 죄 용서를 받고, 천국에 갈 수 있는 허락을 받았지만, 양심으로는 지옥의 수감 영장에 서명한 채 한숨으로 세월을 허송할 때가 많다. 그로 인해 하나님을 기뻐 찬양하지 못하고, 영혼의 평화를 빼앗기고, 세상에서 유익한 존재가 되지 못하는 두려운 결과가 발생한다. 오, 그리스도인들이여! 부주의함 때문에 구원의 확신을 갖지 못하는 것은 '군대'로 일컬어질 만한 크고 강력한 죄를 짓는 셈이 된다.

다니엘 버지스

Man's Whole Duty, 52 – 53

구원의 확신은 "나는 내 죄가 그리스도를 통해 용서받았다고 믿어."라고 말하고, 믿음은 "나는 죄 용서를 위해 그리스도를 믿어."라고 말한다.

윌리엄 거널

in Horn, *Puritan Remembrancer*, 17

구원의 확신은 우리를 싸움에서 구원하는 것이 아니라 용기를 주어 힘써 싸우게 하는 것이다. 우리는 사탄의 공격에 시달리는 와중에서도 얼마든지 하나님과 평화를 누릴 수 있다.

존 오웬

Golden Book, 227

의심과 두려움과 유혹이 있더라도 거기에 압도당하지만 않는다면 복음의 확신을 유지할 수 있다. 성도들에 대한 마귀의 권세는 제한적이지만 그의 손은 묶여 있지 않다. 그는 성도들을 이길 수는 없지만 공격할 수는 있다. 신자들은 사악한 불신앙의 마음은 없지만, 그들의 가슴속에는 여전히 약간의 불신앙이 존재한다.

존 오웬

Practical Exposition of the 130th Psalm, in *Oweniana,* 172

마귀나 우리 자신의 기만적인 마음이 우리가 구원의 상태에 있다거나 정죄의 상태에 있다고 말하거든 어떤 말도 믿어서는 안 된다. 우리는 구원이든 정죄든 성경이 말씀하는 것을 믿어야 한다.

우리 자신의 기만적인 마음이나 마귀가 언제 그런 거짓을 말하는지를 알 수 있는 방법이 있다. (1) 첫째는 우리의 귀에 들리는 말이 참된 근거를 그릇 적용하거나 그릇된 근거를 적용한 데서 비롯한 것은 아닌지를 살피는 것이다. (2) 둘째는 그런 말을 통해 추론된 결론이 우리를 죄의 길에 붙잡아 매거나 하나님에게서 멀어지게 만드는 것은 아닌지, 곧 경건함을 추구하는 것이 필요 없다거나 지금 돌이켜 하나님을 구하는 것이 너무 늦었다거나 그런 노력이 헛되다고 결론내리게 하지는 않는지 살피는 것이다. 만일 그런 의미라면 그것은 사탄이나 기만적인 마음에서 비롯한 것이기 때문에 절대로 믿어서는 안 된다. 그와는 대조적으로 그런 결론이 참된 근거를 올바로 적용한 데서 비롯했거나 선한 결과를 낳거나 하나님에 대한 찬양과 기도와 그분을 즐겁게 하려고 노력하는 삶으로 이끄는 것이라면, 그것은 하나님의 은혜로우신 성령에게서 비롯한 것이다.

헨리 스쿠더

Christian's Daily Walk, 271

가장 큰 유혹에 직면해 믿음이 파선하지 않으려면 두려움과 의심이 들더라도 그리스도와 그분의 약속이라는 동아줄을 굳게 붙잡아야 한다. 선원들이 흔히 말하는 대로, 우리의 확신은 바람과 파도에 제멋대로 흔들릴 때가 많다. 감정은 별로 없더라도 믿음이 있으면, 비록 스스로 이해하지는 못하더라도 구원이 진리 안에 확실하게 근거하고 있다는 증거다. 물론, 믿음과 이해력을 둘 다 가지는 것이 최선이다. 그래야만 가장 큰 능력과 위로를 얻어 모든 시련 속에서도 기뻐할 수 있다. 우리는 주 예수 그리스도의 능력과 은혜는 물론, 그분의 말씀과 약속을 액면 그대로 믿는 믿음을 의지해야 한다.

헨리 스쿠더

Christian's Daily Walk, 346 – 47

구원의 확신의 결여 : 자기 성찰이라는 중요한 일을 소홀히 하고, 서투르게 하고, 자신에 대해 아예 아무것도 모른 채 진실을 외면하는 사람들이 너무나도 많다. 은혜의 수준이 매우 낮은 사람들이 한둘이 아니다. 그들의 마음에 쓰여 있는 글자들이 너무 작아 하나님의 성령께서 그것을 읽을 수 없을 정도다. 행실이 방만하고, 부주의한 사람들이 참으로 많다. 분별력을 지닌 사람들이 보기에는 상태가 좋아 보이는데도 우울함에 사로잡혀 스스로의 상태를 음울하게 생각하는 사람들도 적지 않다. 다른 사람들은 하나님의 은혜가 그들 안에서 환하게 타오르고 있는 것을 보지만, 그들 자신에 대해서는 등불의 어두운 측면만을 바라보는 탓에 정작 그런 사실을 알지 못한다. 그들은 그런 우울한 상태에 사로잡혀 있는 까닭에 죽은 뒤에 그리스도 앞에서 영원히 쫓겨나고 말 것이라는 불안감에 시달린다. 죽음은 그들의 영혼 구석구석에 혼란과 공포심을 불러일으킨다.

나다니엘 테일러

Funeral Sermon [on Luke 12:40], 20

죄의 권세였던 율법이 제거되었기 때문에 죄 자체는 이제 그다지 무섭지 않다. 성도는 여전히 죄를 지을 가능성이 있지만, 이미 죄로부터 해방된 상태다. 따라서 비록 육신 안에 죄가 아직 거하더라도 영혼으로는 얼마든지 기뻐할 수 있다. 성도는 죄로 인한 악보다는 그리스도로 인한 선을 더 많이 누린다. 성도의 죄 때문에 하나님이 느끼시는 불쾌함보다 그리스도로 인해 그분이 성도에게서 느끼시는 즐거움이 훨씬 더 크다.

랄프 베닝

"Triumph of Assurance," in *Orthodox Paradoxes*, 27

국가

국가의 평화는 번성의 어머니이지만 번성은 너무나 자주 평화를 죽인다. 평화는 부를 낳고, 부는 교만을 낳으며, 교만은 다툼을 낳고, 다툼은 평화를 죽인다.

토머스 애덤스

"The City of Peace," in *Sermons*, 20

여러분은 하나님 앞에 은밀하게 나아갈 때 여러분 자신의 죄나 다른 사람의 죄가 여러분의 마음에 영향을 미친다고 말할 수 있겠는가? 여러분도 알다시피 하나님은 이 국가(잉글랜드)에서도, 세계 대부분의 국가에서 그런 것처럼, 크게 모욕을 당하고 계신다. 거의 모든 국민이 죄가 있을 정도로 빛과 하나님의 선하심에 대해 악하고 끔찍한 죄를 짓고 있다. 거의 모든 국민이 언약을 크게 어기고, 빛을 거스르고, 죄를 지으며, 은혜의 성령을 무수히 멸시했다. 그리스도의 복음을 경시하고 등한시하는 일이 많은 세월 동안 국민들 가운데 숱하게 확인되었다.

토머스 블레이크

Living Truths in Dying Times, 90

교구나 도시나 국가에 있어서, 영혼들이 은혜로 풍성한 것만큼 큰 복이 없다. 오, 은혜로 풍성한 자는 어디를 가든 그들이 가는 모든 곳에서 큰 복을 끼친다. 은혜로 풍성한 자는 가장 고귀하게 쓰임받기에 적합한 사람이다. 은혜로 풍성한 자는 너무 높아 행하지 못할 만큼 높은 일이 없고, 너무 뜨거워 감당하지 못할 만큼 뜨거운 일이 없으며, 너무 낮아 행하지 못할 만큼 낮은 일도 없다. 은혜로 풍성한 자는 "이 일은 내 지위, 내 기질, 내 분깃, 내 교육에 비해 너무 낮다"고 말하지 않는다. 은혜로 풍성한 자는 대신 이렇게 말한다. "그리스도를 존귀하게 할 수 있을까? 다른 사람에게 유익할까? 그러면 어떤 일이든 하겠다. 하나님이 그 일에 복을 주실 테니까."

토머스 브룩스

The Unsearchable Riches of Christ, in *Select Works*, 1:218

대체로 좋은 국가는 국외에서는 무척 강하고 국내에서는 무척 약하다.

새뮤얼 클라크

Saint's Nosegay, 139

고백하건대, 사랑하는 자여, 나는 당신이 결코 함께 대화하지 않을 자가 많다는 것을 알고 있습니다. 그들은 우리 시대의 불행에 대해 불평만 늘어놓습니다. "오, 이 시대는 참 불행하구나. 3년이나 4년, 또는 5년이나 7년 전만 해도 우리는 얼마나 영광스러웠는가! 그때 경제는 활기차고 풍족하고 안락했다. 누구나 자신의 포도나무와 무화과나무 아래 앉아 있을 수 있었고 대적이나 악한 일을 만나지 않았다. 그런데 지금은 도처에 전쟁과 피, 부의 고갈, 자녀와 친족의 죽음, 재산의 약탈 같은 소식이 넘친다. 따라서 우리 시대는 가장 불행한 시대로서 불평할 것밖에 없다." 그런데 사랑하는 자여, 내 생각을 자유롭게 말해 보겠습니다. 나는 7년 전보다 지금 시대가 더 낫다고 굳게 확신합니다. 그 이유는 악을 행하는 자를 보는 것보다 심판을 행하시는 주님을 보는 것이 낫고, 사람들이 하나님을 떠나 배교하고 우상숭배와 미신을 받아들이며 그들 속에서 주 그리스도를 추방하는 일을 보는 것보다 사람들이 그들의 피 속에서 뒹굴며 누워 있는 것을 보는 것이 더 낫기 때문입니다.

스티븐 마셜

Sacred Panegyrick, 18

부디 잉글랜드를 행복한 나라로 만들어 주십시오. 많은 사람이 당신을 저버렸지만 낙심하지 마십시오. 그들의 이름은 흙더미 속에 기록되고 당신의 이름은 금 글자로 새겨질 것입니다. 앞으로 오는 세대들은 힘든 시기에 이 영광스러운 예루살렘 성곽이 건축되고, 재난의 시기에 하나님의 집의 토대가 놓이고 건물이 올라간 것에 대해 말할 것입니다. 그리고 그들은 왕들의 이런 업적들에 대해 하나님께 찬송을 돌릴 것입니다. 로마 교황청에 속해 있는 누더기는 하나도 남겨놓지 말고 적그리스도에게 속해 있는 어떤 것도 주의 건물에 조금도 남겨 두지 말고 그 일을 계속하십시오. 로마 교황청의 모든 것, 곧 그 뿌리와 가지, 머리와 꼬리를 다 치우고, 나라 밖으로 던져버리십시오. 그리고 "이제 그리스도는 주의 보좌에 앉아 계시고 잉글랜드는 그리스도께 복종하나이다"라고 말할 수 있을 때까지 멈추지 않겠다고 결심하십시오. 그러면 선하신 주께서 당신이 그렇게 할 수 있도록 이끄실 것입니다.

스티븐 마셜

Sacred Panegyrick, 21

국가의 교만함을 슬퍼하라. 우리의 상태는 낮으나 우리의 마음은 높다. 이 땅의 불경함을 슬퍼하라. 영국은 복음서에 나오는 "더러운 귀신 들린 사람"(눅 4:33)과 같다. 지계표를 제거한 것을 슬퍼하라. 정부 관리를 멸시하고 당국의 얼굴에 침 뱉은 것을 슬퍼하라. 슬퍼하는 자가 별로 없는 것을 슬퍼하라. 진실로 다른 사람의 죄에 대해 슬퍼하지 못한다면 그것은 우리 자신의 죄를 깨닫지 못하고 있기 때문이니 두려워해야 한다. 하나님은 우리가 애통해하지 않는 다른 사람의 죄에 대해 우리에게 책임이 있는 것으로 여기신다. 그러므로 다른 사람의 죄에 대해 흘리는 우리의 눈물은 하나님의 진노를 진정시키는 데 유용할 것이다.

토머스 왓슨

The Beatitudes, in Discourses, 2:97–98

규례('은혜의 수단'도 참고하라)

친교는 연합 위에 기반을 두며, 연합은 일치 위에 기반을 둔다. 하나님과 마귀, 거룩함과 불의가 어떻게 일치하겠는가? 규례를 행하는 것과 하나님과 친교를 나누는 것은 큰 차이가 있다. 사람은 규례에 대해 크게 정통하면서도 하나님에게 매우 낯선 자일 수 있다. 궁정에 가서 궁정 주위를 서성대는 모든 자가 왕과 대화를 나누는 것이 아니다. 하나님과의 교제가 결여된 규례는 얼마나 서글픈 일인가!

윌리엄 거널

Christian in Complete Armour, 302

공예배 참석이 당신의 자유에 맡겨져 있다고 생각하지 말고, 이를 의무로 받아들여 당신의 양심에 묶어두라. 참으로 그러하기 때문이다. 규례를 베푸는 것은 목사의 의무이고 규례를 지키는 것은 교인의 의무다…당신의 영혼에 양식을 공급하지 않는 목사에게 화가 있는데, 공예배에 참석하지 않는 당신에게 아무런 화가 없겠는가? 그리고 설교 듣기 전에 미리 준비하고 말씀으로 거룩하게 되도록 간구하지 않으면서 단지 설교를 듣는 것만으로 충분하다고 생각하지 말라. 하나의 규례로 유익을 얻으면서 다른 규례를 등한시하는 것은 도리가 아니다. 목사가 설교하더라도 하나님이 당신을 가르쳐주셔야 당신은 유익을 얻을 수 있다. 하나님이 당신의 지각을 열어 깨닫게 하시고, 들은 말씀을 당신의 마음에 새겨주지 않으시면 당신은 아무 열매도 맺지 못할 것이다. 기도는 하나님의 마음을 여는 열쇠다. 이것은 성령님이 당신의 마음을 여는 열쇠인 것과 같다.

윌리엄 거널

Christian in Complete Armour, 700

은혜는 은혜받은 자의 마음을 굳게 세우는 효력을 갖고 있으며, 하나님은 우리가 큰 위로를 받고 자신은 큰 영광을 받으실 것을 보장하기 위해 규례를 정하셨다. 하나님은 그분의 은혜를 베풀고 확증하기 위해 두 성례를 정하셨고, 이때 성령은 교사일 뿐 아니라 증인이시기도 하다.

토머스 졸리

"The Glory of Divine Grace," in Slate, *Select Nonconformists' Remains*, 274

말씀을 이미 받은 자라도 또 받아야 한다. 말씀이 당신 안에 새겨져 있더라도 말씀이 당신의 영혼을 구원할 수 있도록 말씀을 또 받으라. 하나님은 말씀을 거듭남의 수단으로만이 아니라 구원의 수단으로도 삼으셨다.

그러므로 우리는 천국에 이를 때까지 말씀의 도움을 받아야 한다. 규례를 사용하지 않으면서 살아가려는 자는 결코 신령하고 은혜로운 삶을 살지 못한다. 연료 없이 타오를 수 있는 불은 없다. 말씀이라는 불멸의 씨앗이 마음속에 이미 뿌려졌더라도 끊임없는 보살핌과 물주기가 필요하다.

토머스 맨톤

Practical Exposition on the Epistle of James, 64

규례에 대한 사랑으로 마음을 채우는 것이 규례에 대한 중대한 준비다. 다윗은 시편 84편에서 하나님의 규례를 얼마나 사모하는가! 기도를 사랑하는 것과 말씀을 사랑하는 것은 기도와 말씀에 대한 중대한 준비다. 성찬에 임하실 그리스도의 임재를 사모하는 것은 성찬에 대한 중대한 준비다. 그러므로 마음속에 규례에 대한 사랑을 습관적으로 가지도록 하라.

존 오웬

Discourse 5 on 1 Cor. 11:28, in *Twenty-Five Discourses*, 85

그리스도의 규례는 그분이 누워 계시는 무덤이 아니라 그분이 교회의 왕으로 앉아 계시는 보좌라는 점을 명심하라. 여러분은 시험에서 완전히 벗어날 때까지 절대로 규례에서 벗어나서는 안 된다. 간혹 우리가 규례를 행해도 별 효력이 없는 것 같다고 해서 규례의 권위가 사라지는 것이 아니며, 규례는 사람들을 그리스도에게 인도할 때만 필요한 것이 아니고 사람들을 그리스도 안에서 세우기 위해서도 필요하다는 것을 유념하라.

프랜시스 로워스

On Jacob's Ladder, vi

규례는 예수 그리스도께서 영혼에게 자양분을 전달하는 수단으로 정하신 도관이다. 규례는 하늘의 만나를 가져오는 금 접시다. 기도, 성경 읽기, 설교, 묵상, 경건한 모임, 성례 등의 규례를 통해 그리스도는 자기 자신을 영혼에게 나타내신다. 따라서 규례를 저버리는 자는 그리스도에게서 자양분을 받아 자라기를 기대할 수 없다.

랄프 로빈슨

Christ All and in All, 29

그리스도의 말씀에는 향기가 있다. 그리스도의 입술의 속삭임은 세상의 어떤 향료보다 더 달콤하다(아 5:16). 그리스도의 모든 약속과 교훈은 매우 향기롭다. 그리스도의 모든 규례는 향기롭다. 기도, 성례, 설교, 시편 찬송은 은혜로운 영혼에게 달콤한 향기를 풍긴다(아 2:3을 보라).

랄프 로빈슨

Christ All and in All, 299

영혼이 규례 없이 계속 살 수 없는 것은 몸이 음식 없이 쉬지 않고 일할 수 없는 것과 같다.

윌리엄 세커

in Horn, *Puritan Remembrancer*, 121

규례에 의존해 살지 말라. 그렇더라도 규례는 하나님이 정하신 제도다. 그러므로 규례를 사랑하고, 규례를 고수하고, 규례를 지키고, 어떤 시험이 와도 규례를 떠나지 말라. 그러나 규례에 의존해 살면 안 된다. 여러분의 소망이나 여러분의 행복을 규례에 두면 안 된다. 오직 하나님 안에서 규례를 사랑하라. 규례를 지키되 규례에 의존하지 말고, 규례 안에서 하나님을 의지하라. 연못에 누워 있되 천사를 기다리라. 하나님의 규례 자체를 사랑하지는 말라. 절대로 그래서는 안 된다.

새뮤얼 쇼

Voice of One Crying in the Wilderness, 158–59

규례는 영혼을 하늘로 인도하는 황금 사다리다. 규례는 생명수를 공급하는 도관이다. 오, 규례는 우리에게 얼마나 보배로운가! 규례를 반대하는 자는 구원받기를 반대하는 것이다.

토머스 왓슨

The Beatitudes, in *Discourses*, 2:407–8

그리스도를 사랑하는 영혼은 그리스도 앞에 있기를 간절히 바란다. 그는 규례를 사랑한다. 그는 그리스도께서 지나가시는 길에 누워 있는 것을 좋아한다. 규례는 구원의 수레다. 그리스도는 이 수레를 타고 신자들의 마음속으로 들어오신다. 규례는 진수성찬이 차려진 잔치다. 영혼은 그곳에서 그리스도와 함께 잔치를 즐긴다. "그가 나를 인도하여 잔칫집에 들어갔으니"(아 2:4). 히브리어 본문은 "그가 나를 포도주가 풍성한 집으로 데려갔으니"로 되어 있다. 말씀, 기도, 성례는 그리스도인에게 포도주가 풍성한 집과 같다. 그곳에서 그리스도께서는 눈물을 포도주로 바꾸신다. 그런 집은 얼마나 멋진가! 규례는 그리스도께서 성도들에게 웃는 얼굴을 보여주시는 창문이다. 그리스도의 부모는 성전에서 그분을 발견했다(눅 2:46). 그리스도를 사랑하는 영혼은 성전에서 그분과 대화하기를 바란다.

토머스 왓슨

"Christ's Loveliness," in *Discourses*, 1:320–21

절대로 자기 혼자만의 힘으로 사역하지 마라. 삼손의 힘은 그의 머리털에 있고 그리스도인의 힘은 그리스도 안에 있다. 어떤 의무를 행하고, 어떤 시험을 물리치고, 어떤 정욕을 극복하고자 할 때 그리스도의 힘으로 그 일을 하라. 어떤 이는 결단과 맹세의 힘으로 죄를 대적하고자 하지만, 금방 좌절에 빠지고 만다. 삼손처럼 하라. 삼손은 먼저 도움을 얻고자 하늘을 향해 부르짖은 후에 기둥을 붙잡고 블레셋 방백들이 거하는 건물을 무너뜨렸다. 우리는 사역할 때 먼저 그리스도를 참여시키고 그 후 규례의 기둥을 붙잡아야 한다. 그래야 우리 정욕의 머리 위에 있는 집을 무너뜨릴 수 있다.

토머스 왓슨

"The One Thing Necessary," in *Discourses*, 1:381

기도는 달콤한 규례다. 성도들은 하나님과 대화를 나누며 달콤함과 즐거움이 크게 임하는 것을 느낀다. 그러므로 기도는 향에 비유된다(레 16:12).

헨리 윌킨슨

"The Pleasant and Peaceable Ways of Wisdom," in *Three Decades of Sermons*, 197

그리스도/예수님

그분의 잿더미 속에서 불사조가 날아올랐고, 독수리가 그분의 깃털을 새롭게 했다. '죽은 자 가운데서 먼저 나신'(계 1:5) 분이 대지의 태 속에서 태어나셨다. 그리스도께서는 달에 가려진 태양처럼 부활을 통해 자신을 드러내셨다. 태양이 달에 가려진 것처럼 자신이 빛을 주신 이들에 의해 어두워지셨다. 그분의 죽음은 우리를 의롭게 했고, 그분의 부활은 그분의 죽음을 옳다고 인정했다. 그분은 율법을 자기와 함께 장사지냈고, 그로써 자신과 율법을 명예롭게 하셨다. 또한, 그분은 복음을 자기와 함께 일으켰고, 그로써 자신과 복음을 영광스럽게 하셨다. 그리스도의 부활은 기초의 첫 번째 돌이자("그리스도 안에서 모든 사람이 삶을 얻으리라"–고전 15:22), 지붕의 마지막 돌이었다. 하나님은 그리스도를 죽은 자 가운데서 일으키는 표적으로 그분이 다시 와서 세상을 심판하실 것이라는 확신을 심어주셨다(행 17:31). 사탄은 그리스도의 무덤 위에서 기뻐 춤을 추었다. 그는 그리스도를 무덤에 가두어놓고 그것으로 충분할 것이라고 생각했지만, 그분은 다시 살아나 마귀의 보좌를 짓밟고 승리하셨다.

토머스 애덤스

Exposition upon...Second...Peter, 476

예수님을 남편으로 받아들이겠는가?

대답하기 전에 먼저 이해해야 할 것이 있다. 그리스도를 남편으로 받아들인다는 것은 친밀한 연합, 정직한 복종, 전적인 의존의 의미를 내포한다. (1) 친밀한 연합 : 그리스도를 선택해 받아들인다는 것은 우리 자신을 그분의 소유로 기꺼이 바쳐 사랑 가득한 부부애를 나누며 그분과 함께 사는 것을 의미한다. (2) 정직한 복종 : 즐거운 마음으로 자진해서 그리스도를 주로 삼아 범사에 그분에게 복종해야 한다. 아내는 노예처럼 억지로 복종하지 말고, 기꺼운 태도로 자원해서 남편에게 복종해야 한다. (3) 전적인 의존 : 그리스도를 머리로 여겨 그리스도 외에는 아무것도 기대하거나 소유하지 말고, 그분에게서 내려오는 것만 받으며, 모든 것(우리가 갚아야 할 것, 우리를 속박하는 것, 생계 유지에 필요한 것 등)을 그분께 의존해야 한다. 자, 이제 그리스도를 선택하고, 받아들여 기꺼이 그리스도께 마음을 바치겠는가? 그리스도를 남편으로 선택하겠는가?

리처드 알레인

Heaven Opened, 312

오직 그리스도만이 계시된 모든 신적 진리의 태양이요 중심이시다. 우리는 믿음의 대상이자 영혼의 구원에 꼭 필요한 분으로서 오직 그리스도를 설교할 뿐 다른 것을 전할 수 없다. 오직 그리스도만이 인간의 온전한 행복이고, 깨달음을 주는 빛이며, 치유하는 의원이고, 보호하는 불의 벽이며, 부유하게 하는 진주이고, 보존하는 방주이며, 굳건한 반석이시다. 그분은 "광풍을 피하는 곳, 폭우를 가리는 곳과 같고, 마른 땅에 냇물 같으며, 곤비한 땅에 큰 바위 그늘 같으시다"(사 32:2 참조). 오직 그리스도만이 하늘과 땅 사이에 놓인 사닥다리이고, 하나님과 인간 사이의 중보자이다. 이것은 하늘의 천사들도 간절히 살펴보고 싶어 하는 비밀이다(벧전 1:12).

아이작 암브로우스

Looking unto Jesus, 10 – 11

이미 살펴본 대로, 그리스도의 보화는 한계가 없고, 측량할 수 없고, 다함이 없고, 무한하고, 아무리 써도 바닥이 드러나지 않는다. 오, 영혼들이여! 이런 그리스도께 서둘러 나아오라. 우리의 됫박으로 그리스도의 황금을 측량하거나 우리의 가난함으로 그분의 풍요로우심을 헤아리려고 하지 말라. 돈을 구할 곳은 어디에도 없고, 빚만 잔뜩 쌓여 있기 때문에 그리스도께서조차 갚으실 수 없을 것이라고 단정하지 말라. 그분이 해결해 주실 수 없을 만큼 큰 곤경에 처해 있다고 생각하지 말라.

바르톨로메오 애쉬우드

Best Treasure, 364

신자들이여, "나의 영혼아 잠잠히 하나님만 바라라 무릇 나의 소망이 그로부터 나오는도다"(시 62:5)라는 말씀대로, 그리스도께 모든 것을 기대하라. 그리스도께서는 참으로 부유하시기 때문에 우리의 모든 필요를 채워주실 수 있다. 그분의 집에는 우리를 먹일 충분한 양식이 있고, 그분 안에는 우리를 인도할 충분한 빛이 있으며, 우리의 용기를 북돋아줄 충분한 위로가 있고, 우리의 죄를 씻어줄 충분한 피가 있으며, 우리를 의롭게 해줄 충분한 의가 있고, 우리를 거룩하게 해줄 충분한 은혜가 있으며, 우리를 지탱해줄 충분한 힘이 있고, 우리에게 상급과 만족을 줄 충분한 보화가 있다. 그러므로 하나님은 자기 백성에게 자기를 바라보고, 구원을 받으라고 말씀하신다(사 45:22). 성도들은 이런 믿음을 가지고 하나님을 기다리며 바라본다(사 8:17). 오, 그리스도인들이여! 모든 필요를 그리스도께 기대하라. 그분은 우리를 도우실 능력이 충분하고, 우리를 기꺼이 도우려는 마음을 지니고 계신다. 이런 사실은 그분께 모든 것을 기대할 수 있는 충분한 근거를 제공한다. 그런데 창조주보다 피조물을 더 많이 바라볼 이유가 대체 무엇인가?

바르톨로메오 애쉬우드

Best Treasure, 411

예수 그리스도께서는 우리의 모든 은혜의 보고를 관리하는 주님이시고, 우리의 모든 위로를 안전하게 지키시는 주님이시다. 따라서 하나님이 우리에게 어떤 위로라도 베푸시길 기뻐하신다면, 예수 그리스도께 나아가서 "주님, 저를 위해 제 위로를 보관해 주시고, 저를 위해 저의 증거들을 보관해 주시고, 저를 위해 저의 확신을 보관해 주소서."라고 말해야 한다. 우리는 은혜만이 아니라 위로와 관련해서도 그리스도를 의지해야 한다. 그것들을 얻는 것만이 아니라 지키는 것도 그분을 의지해야 한다. 그리스도로부터 어떤 영적 위로라도 받았으면, 그것을 모두 그리스도를 위해 사용해야 한다. 일시적인 것들은 쓰면 쓸수록 적어지지만, 영적인 것들은 쓰면 쓸수록 더 많아진다.

윌리엄 브리지

Lifting Up, 46

사랑하는 자들이여, 그리스도 안에는 이중적인 의가 존재한다. 첫째는 그분이 하나님으로서 지니고 계시는 본질적, 개인적 의다. 그리스도의 본질적, 개인적 의는 우리에게 전가될 수 없다. 둘째는 그리스도의 중보적인 의다. 이것은 그분이 중보자로서 우리를 위해 이루신 의를 가리킨다. 그리스도께서는 친히 계명들에 복종하고, 그 징벌과 저주를 온전히 담당함으로써 하나님의 징벌적 의와 보상적 의를 모두 충족시키셨다. 이 의는 우리에게 전가된다. 우리는 그 덕분에 하나님 앞에서 의롭다 하심을 받는다. 그리스도의 중보적 의는 칭의의 근거다.

토머스 브룩스

Cabinet of Choice Jewels, 347

시저가 어떤 사람에게 큰 상을 내렸다. 그는 "이것은 저에게는 너무 큰 선물이라서 받을 수 없습니다."라고 말했다. 그러자 시저는 "이것은 내가 줄 수 없을 만큼 큰 선물이 아니다."라고 말했다. 그리스도께서 주시는 선물은 가장 적은 것일지라도 우리가 받기에 과분한 것이지만, 그분이 베푸실 수 없을 만큼 큰 선물은 아무것도 없다.

토머스 브룩스

Smooth Stones, 33

그리스도께서는 가장 강한 자에게나 가장 약한 자에게나 똑같이 큰 관심을 기울이신다. 그분은 친구로서, 아버지로서, 머리로서, 남편으로서 우리에게 관심을 기울이신다. 따라서 연약한 성도, 참으로 연약하기 짝이 없는 성도일지라도 그분은 그들의 연약함을 간과하지 않고, 그들의 영적 상태에 깊은 관심을 기울이신다.

토머스 브룩스

Smooth Stones, 155

부에는 풍성함과 가치 있는 것들의 풍성함이라는 두 가지 의미가 함축되어 있다. 주 예수 그리스도 안에는 가장 큰 부와 가장 뛰어난 부와 최상의 부가 존재한다. 그리스도 안에는 의로움이 넘치고(딛 2:14), 성화의 능력이 넘치고(빌 4:12, 13), 위로가 넘치고(고후 12:9), 영광이 넘친다(벧전 1:11).

토머스 브룩스

Unsearchable Riches of Christ, in *Select Works*, 1:2

그리스도께서는 고난이 목전에 이르렀을 때 그 어느 때보다 더 크게 기뻐하셨다. 그분은 자신의 살과 피를 손에 들고 감사 기도를 드리고 나서 제자들에게 나눠 주셨다. 그러고 나서 그분은 찬양을 부르셨고, 기뻐하며 "보시옵소서, 내가 왔나이다"라고 외치셨다(히 10:7 참조). 그리스도께서는 우리에게 선을 행하려는 마음을 지니셨다. 그것은 참으로 위대한 마음이었다. 그분은 온 영혼의 소원을 다해 그 일을 이루셨다.

존 번연

Riches, 103

어떤 사람이 내게 황금이 든 지갑을 주려고 생각했을 뿐 아니라 그것을 내게 가져다주기 위해 목숨까지 내걸었다면, 그것은 너무나도 큰 은혜가 아닐 수 없다. 그러나 그런 것조차도 그리스도의 측량할 수 없는 사랑에 비하면 그야말로 아무것도 아니다.

존 번연

Riches, 103

그리스도께서 사람들에게 죄를 마음대로 지을 자유를 주기 위해 자신을 속죄 제물로 드렸을까? 그리스도께서 죄의 몸을 멸하기는커녕 오히려 죄의 몸이 세력을 구축해 더욱 날뛰게 하려고 십자가에 못 박히셨을까? 주님의 원수들, 곧 그분을 찌른 창과 못을 사랑하고, 정욕을 채우기 위해 애쓰는 것이 그분께 친절을 베푸는 것일까? 그리스도께서 사람들을 위해 죽으신 이유는 그들을 살게 하기 위해서였다. 누구를 위해 살게 하기 위한 것이었을까? 그것은 그들 자신이 아닌 그들을 위해 죽으신 그리스도를 위해 살게 하기 위해서였다.

엘리샤 콜스

Practical Discourse of God's Sovereignty, 149

믿음과 거룩함은 참으로 위대하고, 큰 가치를 지녔다. 그러나 그것들은 물론, 심지어 다른 좋은 것들을 모두 합쳐도 우리를 그리스도께로 인도한 은혜, 그분과 연합된 특권과 명예, 그분이 우리의 속전으로 치른 대가와는 비교조차 할 수 없다. "사랑은 여기 있으니…하나님이…우리 죄를 속하기 위하여 화목 제물로 그 아들을 보내셨음이라"(요일 4:10).

엘리샤 콜스

Practical Discourse of God's Sovereignty, 155

오, 그리스도의 부는 너무나도 커서 이루 다 헤아릴 수 없다. 그것은 너무나도 보배로워 가치를 따질 수 없고, 너무나도 위대해 측량할 수 없다. 오, 우리의 왕이신 주님의 부는 무한하다. 그리스도께서는 천국을 발견할 때까지 계속해서 파헤쳐야 할 금광이시다.

윌리엄 다이어

Christ's Famous Titles, 51

가엾은 그리스도인들이여, 다른 지식의 분야에서 많은 사람보다 뒤처진다고 해서 낙심하지 말라. 예수 그리스도를 안다면 영혼을 위로하고, 구원하기에 충분한 지식을 갖고 있는 셈이다. 학식 높은 많은 철학자들이 지금 지옥에 있고, 글을 모르는 많은 그리스도인들이 지금 천국에 있다.

존 플라벨

Fountain of Life, 6

그리스도께서 하늘에서 하나님의 오른편에 앉아 계신다는 것은 그분의 인성이 천사들과 사람들의 숭배 대상이 될 수 있을 만큼 가장 높은 영광에 이르렀다는 증거다. 그리스도의 인성이 이런 영예와 승귀의 주제가 된 것은 참으로 적절하다. 그것이 전능하신 하나님의 오른편까지 올라갔다는 것은 숭배와 찬양의 대상이 되었다는 뜻이다. 그리스도의 인성은 단지 살과 피에 불과한 것이 아니요 성삼위 중 2위 되시는 하나님과 인격적으로 결합해 천국의 가장 큰 영광의 보좌위에 올랐다. 살과 피가 전능하신 하나님이 계시는 가장 높은 보좌에까지 올라 영광 중에 거한다는 것은 참으로 큰 신비가 아닐 수 없다. 이제 우리는 하나님이자 인간이신 그리스도를 숭배한다.

존 플라벨

Fountain of Life, 420

그리스도께서는 재판관으로 임명되셨다. 심판은 성삼위 하나님 모두의 행위이다. 권위와 상호 동의라는 관점에서 생각하면, 그리스도는 물론 성부와 성령께서도 심판을 베푸신다. 그러나 심판을 가시적으로 처리하고, 집행하는 것은 그리스도의 몫이다.

존 플라벨

Fountain of Life, 426 – 27

예수님은 다른 모든 은혜를 포괄하는 은혜를 지니고 계신다. 그분은 생명나무이시고, 다른 모든 은혜는 그분에게서 자라나는 열매일 뿐이다. 그리스도께서는 의의 태양이시다. 우리의 육체나 영혼을 새롭게 하는 영적 위로와 자연적 위로는 모두 그 태양에서 뿜어져 나오는 한 줄기 빛이고, 그 원천에서 솟구쳐나오는 한 줄기 샘물에 지나지 않는다. 하나님이 우리에게, 우리를 위해 그리스도를 내주셨다면, 그것은 모든 은혜를 허락하신 것과 마찬가지이다. 사과나무를 내주면서 사과 열매를 거부하거나 샘의 원천을 내주면서 샘물을 거부하실 리가 만무하다. 모든 영적 은혜가 그리스도 안에 있고, 그분과 함께 주어진다. “찬송하리로다 하나님 곧 우리 주 예수 그리스도의 아버지께서 그리스도 안에서 하늘에 속한 모든 신령한 복을 우리에게 주시되”(엡 1:3). 일시적인 축복도 모두 그분 안에 있고, 그분과 함께 주어진다(마 6:33). 그런 축복들은 가장 큰 축복에 부가적으로 주어지는 것들이다.

존 플라벨

Sacramental Meditations, 122

오시옵소서!
오시옵소서, 나의 길이요 진리요 생명이시여!
우리에게 생명을 주는 길이요,
모든 분쟁을 종식하는 진리요,
죽음을 없애는 생명이시여!
오시옵소서, 나의 빛이요 잔치요 힘이시여!
잔치를 베푸는 빛이요,
오래 지속되는 잔치요,
누구든 자신의 손님으로 만드는 힘이시여!
오시옵소서, 나의 기쁨이요 사랑이요 마음이시여!
아무도 줄 수 없는 기쁨이요,
아무도 줄 수 없는 사랑이요,
사랑 안에서 기뻐하는 마음이시여!

조지 허버트

Poems, 161

예수님은 충실한 친구이시다. 그분과 관계를 맺은 사람 가운데 이 사실을 부인할 수 있는 사람은 아무도 없다. 그분은 친구들이 자신들을 위해 해주기를 원하는 일을 단 한 가지도 잊지 않으셨다. 그분은 그 일들을 소홀히 하거나 적당히 하지 않으셨다. 그들 가운데 누구든 그분 앞에 나와 은밀한 잘못을 털어놓았을 때 그를 책망하신 적이 한 번이라도 있었던가? 그분이 그들 가운데 누구에게 천국을 약속해놓고 세상과 함께 내치신 적이 있었던가? 이 항해사께서 배를 조종하시면 그들의 배는 암초에 걸리거나 모래톱에 부딪히거나 물이 새어 바닷속에 가라앉을 가능성이 절대로 없다. 그분은 그들을 항구까지 안전하게 데려다주신다.

제임스 제인웨이

Heaven upon Earth, 102

그리스도께서는 선지자요 제사장이요 왕이요 중보자이시다. 이 직임 가운데 하나만 없었더라도 구원 사역은 완성될 수 없었을 것이다. 그리스도께서는 제사장으로서 우리를 속량하고, 선지자로서 우리를 가르치고, 왕으로서 우리를 거룩하게 하고, 구원하신다. 이런 이유로 바울 사도는 "예수님은 하나님으로부터 나와서 우리에게 지혜와 의로움과 거룩함과 구원함이 되셨다"(고전 1:30)라고 말했다. 의와 구속은 제사장의 직임에서 나오고, 지혜는 선지자의 직임에서 나오며, 거룩함은 왕의 직임에서 나온다. 그리스도를 제사장으로만 받아들이고, 왕과 선지자로는 받아들이지 않는 사람들이 많다. 그들은 그분의 의를 공유하기만을 좋아하고, 그분의 거룩함에는 참여하려고 하지 않는다. 그들은 그분을 통해 구원받으려고는 하지만, 그분께 복종하려고 하지는 않는다. 그들은 그분의 피로 구원받으려고는 하지만, 그분의 권세에 복종하려고는 하지 않는다. 복음의 특권만을 좋아하고 의무는 싫어하는 사람들이 많다. 그들은 설혹 그리스도와 가깝다고 스스로 믿고 있을지라도 거의 그리스도인이 될 뻔한 사람에 불과하다. 그 이유는 그들이 하나님의 조건보다는 자신들의 조건을 따르기 때문이다.

매튜 미드

Almost Christian Discovered, 191–92

그리스도께서 죄 사함을 통해 죄인들을 구원하기 위해 죽으신 것이 하나님이 영광을 받기 위해 정하신 길이라는 사실을 마음으로 기쁘게 받아들여 만족스럽게 여긴다면, 그것이 곧 참 신자라는 증거다. 그리스도께서 죄인들을 구원하기 위해 세상에 오셨다는 것에 동의해야 할 뿐 아니라 그것이 하나님의 영광을 위해 정하신 길이라는 것을 인정해야 한다. 하나님은 우리와 같은 죄인들을 용서하고, 의롭다 하심으로써 영광을 받으신다. 그분은 우리의 모든 불법을 그리스도께 짊어지우심으로써 영광을 받으신다. 그것을 통해 하나님의 의로우심과 사랑과 은혜와 지혜가 여실히 드러나며, 이것이 하나님을 영화롭게 한다.

존 오웬

Discourse 19 on Gal. 2:20, in *Twenty-Five Discourses*, 224

그리스도의 은혜는 너무나도 위대하다. 그리스도께서는 고난이 눈앞에 이르렀다는 것을 미리 아셨고, 하나님께로부터 버림받은 느낌을 받으셨을 뿐 아니라 참으로 불명예스러운 상황에 직면하셨고, 연약함에 완전히 휩싸였는데도 능력을 사용하지 않으셨다. 그분은 하나님의 의로우신 분노와 원수들의 불의한 핍박을 당하면서도 자비를 베푸는 일을 잊지 않으셨다. 인간을 위해 그 모든 일을 감당하기 위해 오신 그리스도께서는 고난의 와중에서도 사람들을 배려하셨다. 그분은 자기를 재판하는 자들에게 온갖 조롱과 구타를 당하면서도 타락한 제자(베드로)가 잘못을 뉘우치게 만드셨고, 십자가에 못 박혀 수치스러운 죽음을 당하면서도 욕설을 퍼부었던 강도를 회심시키셨다.

에드워드 레이놀즈

Meditations on the Fall and Rising of St. Peter, 54–55

그리스도를 다른 무엇보다 더 사랑하지 않으면 그분을 조금도 사랑하지 않는 것이다.

랠프 로빈슨

Christ All and in All, 6

그리스도의 지체는 경제적으로 아무리 궁핍하더라도 세상에서 가장 부유한 사람이다. 그 이유는 값을 따질 수 없는 보화와 같은 그리스도를 소유했기 때문이다. 아마도 우리는 세상에 있는 모든 보화를 다 합친 것만큼의 재산을 가진 사람을 더할 나위 없이 큰 부자라고 생각할 것이 틀림없다. 그러나 신자는 세상에 존재하는 모든 보화를 다 합친 것보다 더 큰 가치를 지닌 보화를 소유하고 있다. 따라서 다른 사람들이 각자 자신의 보화를 자랑할 때 우리는 그리스도를 자랑해야 한다. 우리는 그들에게 당신이 가지고 있는 빛나는 다이아몬드를 내보이라고 말하고, 이 귀한 보화를 내밀어 그들에게 보여주어야 한다. 다른 사람들이 집을 지을 때 큰 비용을 들여 기초를 다졌다고 자랑하면, 우리의 영혼이 어떤 영광스러운 기초 위에 서 있는지를 말해주어야 한다. 그리스도가 없는 사람은 어떤 즐거움을 누리든 참으로 가난한 사람에 지나지 않는다. 하나님이 사랑하시는 사람이 부자이고, 그리스도를 소유한 사람이 부자다. 집에 다이아몬드가 가득하다면 스스로 부자라고 생각할 테지만, 그리스도를 소유한다면 그보다 훨씬 더 큰 부를 소유하게 될 것이다.

랠프 로빈스

Christ All and in All, 263

그리스도께서 전하셨고, 그분이 세우신 사람들을 통해 전파된 교리는 매우 영광스럽지만, 세상 사람들에게는 거리끼는 것이다. 아리우스주의자들은 그리스도의 신성에 관한 교리를 못마땅하게 여기고, 마니교는 그분의 인성에 관한 교리를 탐탁하지 않게 생각하며, 소시누스주의자들은 그분의 대리 속죄에 관한 교리를 싫어한다. 또한, 교황주의자들은 오직 믿음으로 의롭다 함을 받는다는 교리를 논박하고, 펠라기우스주의자들과 아르미니우스주의자들은 인간의 자연적인 능력을 무가치하게 만드는 교리를 혐오하며, 율법 폐기론자들은 예수님이 도덕법을 인정하신 것을 불만스럽게 생각하고, 바리새인들은 그분이 자신들의 전통을 논박하신 것을 못마땅하게 여겼다(마 15:11, 12). 그리스도의 엄격한 교리들은 많은 사람을 걸려 넘어지게 만드는 장애물이다. 그분의 교리들은 실제로 짓는 죄는 물론, 악하고 부패한 마음의 활동까지도 정죄한다.

랠프 로빈슨

Christ All and in All, 270

하늘과 하늘들의 하늘을 종이로 삼고, 바다를 먹물로 삼고, 수다한 산들을 붓으로 삼아도 비할 데 없이 뛰어나고, 가장 사랑스럽고, 가장 은혜롭고, 가장 경이로우신 주님을 다 묘사할 수가 없구나. 사람들과 천사들에게 그분에 관해 다 말할 수 없으니 참으로 답답하구나. 나의 지혜로는 어떻게 해야 그분의 이름을 위대하게 높일 수 있을지 모르겠구나. 그리스도를 등 뒤에서만 보아도 그토록 은혜로운데 그분의 얼굴을 보면 그 얼마나 은혜로울 것인가! 그분의 얼굴을 한번 보기만 하면 그 누구도 다시는 그분에게서 눈을 떼지 못할 것이다.

새뮤얼 러더퍼드

Garden of Spices, 41

그리스도를 얻는 길이 비록 즐겁고, 달콤하지는 않더라도 그분을 소유한다면 그것으로 충분하다. 사랑스러운 주님은 우리의 길로 오시지 않고, 자신의 길을 직접 선택하신다. 그분은 오직 하나님만이 우리의 사랑과 슬픔과 손실과 비애와 죽음은 물론, 온갖 불행의 정당한 소유주라는 사실을 깨우쳐주기 위해 피조물을 사랑하는 마음을 제거해 주신다.

새뮤얼 러더퍼드

Prison Sayings, 37

만일 우리의 맏형이신 주님이 하늘에서 어떤 영광을 누리고 계시는지를 알게 된다면, 어서 그곳에 가서 그분을 보고 싶은 마음이 간절할 것이 틀림없다. 우리는 이 세상을 아름다운 정원처럼 생각하지만 주님의 정원에 비하면 춥고, 거칠고, 황량한 땅에 지나지 않는다. 세상에 있는 모든 것이 낡아지며, 그리스도를 소유하는 것이 우리의 행복이다.

새뮤얼 러더퍼드

Prison Sayings, 53–54

묵상할 때면 그리스도의 임재와 함께 모든 축복이 임하는 것이 느껴졌다. 그리스도께서 계시지 않는 곳은 어디든 오직 슬픔뿐이었다. 그런 때는 내 안에서 그리스도를 거의 찾아볼 수가 없었다. 그리스도께서 내 안에 머물며 사시게 해야 했는데도 나 홀로 존재하며 살아가는 것을 중단하지 못한 탓이었다. 그리스도께서는 나 스스로에 대한 자신감을 모두 버리고, 조심스럽게 그분을 나의 전부로 삼으라고 깨우쳐주셨다. 나는 그런 깨달음을 허락하신 그리스도를 찬양했고, 그런 잘못을 저지른 것을 뉘우쳤다.

토머스 쉐퍼드

Meditations and Spiritual Experiences, 40

우리는 연약하지만 주님의 것이다. 우리는 흉하지만 그분의 형상을 지니고 있다. 아버지는 자녀의 결함이 아니라 그 안에 있는 자신의 모습을 본다. 그리스도께서도 자신의 소유인 우리에게서 사랑스러운 점을 찾으신다. 그분은 우리 안에서 자신의 모습을 보신다. 우리는 병들었지만 주님의 지체다. 병들었거나 약하다는 이유로 자신의 지체를 경멸할 사람이 누가 있겠는가? 자신의 육체를 미워할 사람은 아무도 없다. 머리가 지체들을 어찌 잊을 수 있겠는가? 그리스도께서 자기 자신을 어찌 잊으실 수 있겠는가? 그리스도께서는 우리의 것이기 때문에 우리는 그분의 충만하심을 소유한다.

리처드 십스

Bruised Reed and Smoking Flax, 107

누가 우리의 원수들인지를 생각할 것이 아니라 누가 우리의 재판관이자 대장이신지를 생각하고, 원수들의 위협을 두려워할 것이 아니라 그분이 약속하신 것을 기억해야 한다. 우리를 거스르는 것보다 위하는 것이 더 많다. 승리할 것이 확실하면 어떤 겁쟁이라도 나가 싸우려고 하지 않겠는가? 싸우지 않는 사람들 외에 패배할 사람은 아무도 없다. 따라서 용기를 잃고 주저앉고 싶은 마음이 든다면 우리 자신을 탓해야 할 것이다.

리처드 십스

Bruised Reed and Smoking Flax, 195–96

그리스도를 바라보면 변화의 역사가 일어난다. 우리를 새로운 피조물로 만드신 성령께서 그리스도를 보고 변화를 받도록 독려하신다. 믿음의 눈으로 그리스도를 바라보면 그분처럼 된다. 복음은 거울과 같다. 그 거울을 들여다보면서 그것에 관심을 기울이면 영광에서 영광으로 변화된다(고후 3:18). 복음 안에 나타난 하나님과 그리스도의 사랑을 구경만 하는 일은 있을 수 없다. 그것을 보는 사람은 하나님과 그리스도처럼 변화된다. 그리스도를 보고, 그분 안에서 하나님을 보면 하나님이 죄를 미워하신다는 것을 알게 된다. 그러면 우리도 변화되어 하나님처럼 죄를 미워할 수밖에 없다. 이처럼, 복음 안에서 하나님의 거룩하심을 보면 거룩하게 변화되는 역사가 일어난다.

리처드 십스

"A Description of Christ," in *Complete Works*, 1:14

하나님 앞에 나갈 때는 우리 자신의

인격이나 훌륭함을 내세우지 않도록 항상 조심해야 한다. 우리는 오직 그리스도 안에서 하나님만을 바라봐야 한다. 하나님을 아버지로 바라볼 때는 먼저 그분이 그리스도의 아버지이시라는 사실을 기억해야 하고, 죄의 용서를 원할 때는 먼저 우리를 의롭게 하기 위해 부활하신 그리스도를 바라봐야 하며, 하늘에서 영광스럽게 될 것을 생각하면 먼저 영화롭게 되신 그리스도를 바라봐야 한다. 또한, 영적인 축복을 생각할 때도 먼저 그것이 그리스도 안에 있다는 것을 기억해야 한다. 그리스도께 모든 약속이 주어졌다. 그분은 그것들을 먼저 성부 하나님에게서 받아서 성령을 통해 우리에게 주셨다. 하나님 안에 모든 충만함이 거한다. 하나님은 자기를 비워 이 땅에 그리스도로 오셨다. "우리가 다 그의 충만한 데서 받으니 은혜 위에 은혜러라"(요 1:16).

리처드 십스

Divine Meditations and Holy Contemplations, 98–99

님이요 구원자이신 예수 그리스도의 신구약 성경'이라는 제목을 붙인 것이 참으로 온당하고, 정당한 것이라는 사실을 분명하게 알 수 있다. 그러나 이 제목을 읽으면서 하나님의 언약을 그리스도의 언약으로 바꾸어 그 안에 있는 모든 좋은 것들과 좋은 말씀을 확증하고, 보증하는 예수님의 보혈의 용도와 효력을 떠올리는 사람은 너무나도 적다. 폭스(Foxe)의 《순교자들의 책》에 보면 이 땅에 복음의 빛이 처음 비추기 시작했을 때 (당시에 극히 드물었던) 신약성경을 '그리스도의 보혈'로 일컬었다는 흥미로운 내용이 발견된다. 마음속으로 "이 복음은 나의 유일하신 구원자의 피로 보증된 구원의 유일한 헌장이다."라고 말하기 전까지는 복음을 올바로 이해하거나 그 목적을 옳게 파악하거나 그 안에 있는 약속 하나도 옳게 믿을 수 없을 것이다.

로버트 트레일

Sermon 3, in *Sixteen Sermons on the Lord's Prayer, for His People*, 47

안타깝게도 성경을 소유하고 있지만 거의 사용하지 않는 사람들도 많고, 그 내용을 옳게 이해하지 못하는 탓에 잘못 사용하는 사람들도 많다. 성경의 내용을 보면, 성경이 모든 언어로 번역되어 그 겉표지에 '우리의 주

우리는 그리스도께 합당한 영광을 돌려야 한다. 죄인이 구원받으려는 마음보다 구원자가 구원을 베풀려는 마음이 더 위대한 법이다. "주의 권능의 날에 주의 백성이…즐거이 헌신하니"(시 110:3)라는 말씀대로, 구원

을 베풀려는 그리스도의 선의가 구원을 바라는 마음을 불러일으키는 원인이다. 사람들이 구원받으려는 마음을 갖게 되는 이유는 그리스도께서 구원하려는 마음을 지니고 계시기 때문이다.

로버트 트레일

Sermon 3, in *Sixteen Sermons on the Lord's Prayer, for His People*, 53

그리스도께서는 가장 너그러운 의원이시다. 대개는 환자들이 의원을 부유하게 만들지만, 그리스도의 경우는 의원이 환자들을 부유하게 만든다. 그리스도께서는 자신의 환자들을 모두 사랑하신다. 그분은 그들을 치유할 뿐 아니라 생명의 관을 씌워주신다(계 2:10). 그리스도께서는 그들을 침상에서 일으킬 뿐 아니라 보좌 위에 앉히신다. 그분은 병자에게 건강은 물론, 천국까지 허락하신다.

토머스 왓슨

Gleanings, 19 – 20

그리스도께서는 구원의 대장이시다. 그분이 사랑의 깃발 아래 불러모으신 군대는 참으로 복되다. 그들은 그분의 지휘 아래 그분의 뒤를 따라 시대와 삶의 모든 어려움을 뚫고 나아간다. 그들은 선택되어 부르심을 받은 신실한 사람들이다. 그들은 온갖 힘든 싸움과 무서운 전투를 참고 견디며 마침내 자기들을 사랑하시는 주님을 통해 넉넉한 승리를 거둔다. 그들은 모든 승리의 영광을 지휘자이신 주님의 지혜와 선하심과 능력에 돌리고, 그런 막강한 적을 물리칠 수 있었던 사실을 경이롭게 여긴다. 그것은 그들이 항상 승리할 뿐 아니라 모든 승리자에게 줄 면류관을 손에 들고 계시는 생명의 주요 의의 왕이신 주님의 깃발과 지휘와 지도력 아래에서 싸웠던 결과였다.

아이작 와츠

Devout Meditations, 176 – 77

사탄이나 양심이 무엇이라고 말하든 스스로에게 불리한 결론을 내리지 말라. 최종적인 결론은 그리스도께서 내리실 것이다. 그분은 산 자와 죽은 자를 심판하는 재판관으로서 마지막 판결을 내리신다. 그분의 피는 화평을 이루고(골 1:20), 죄를 깨끗하게 씻고(요일 1:7), 교회를 사고(행 20:28), 대속을 이루고(벧전 1:18, 19), 양심을 깨끗하게 하고(히 9:14, 18), 죄를 사하고(엡 1:7), 자유를 주고(히 10:19), 의롭게 하고(롬 5:9), 하나님의 가족으로 만든다(엡 2:18). 그분의 피는 단 한 방울도 헛되지 않을 것이다.

토머스 윌콕스

Choice Drop of Honey, 16

그리스도, 성경의 핵심

복되신 그리스도께서는 우리 기쁨의 전형이자 생명과 축복의 원천이시다. 그분은 성경의 핵심이시다. 성경의 예언, 예표, 예시, 예증, 사건 등 모든 곳에서 그분이 발견된다. 성경은 아기 예수님을 감싼 포대기와 같다. 아브라함, 모세, 여호수아, 삼손, 다윗도 모두 유명하지만 지엽적인 인물들에 지나지 않는다. 주인공은 그리스도이시다. 그분이 모든 성경 말씀이 가리키는 핵심이시다. 성경 인물들은 그리스도의 길을 예비하는 선구자들이었다. 위대한 군주가 오기 전에 선구자들과 전령들이 먼저 오는 법이다. 오직 세례 요한만이 태양의 출현을 암시하는 새벽별이요, 인광(燐光)이었고, 세상은 그분을 맞이할 준비가 되어있지 않았다. 처음에는 특히 더 그랬다. 그분은 가게를 처음 개업했을 때는 선뜻 꺼내 보여줄 수 없을 만큼 귀한 보석과도 같은 존재이셨다. 따라서 그분은 생명나무, 노아의 방주, 야곱의 사닥다리와 같은 어두운 그늘 속에 감추어져 계셨다. 그분은 병든 자가 건강을 원하고, 죽어가는 사람이 생명을 원하는 것보다 더 간절히 갈망했던 '열방의 소망'이셨다.

토머스 애덤스

Meditations upon the Creed, in *Works,* 3:224

예수 그리스도께서는…모든 성경의 중심이시다. 신성의 핵심은 성경이고, 성경의 핵심은 복음이며, 복음의 핵심은 예수 그리스도이시다.

토머스 애덤스

"*Semper Idem,* or, The Immutable Mercy of Jesus Christ," in *Works,* 3:2

그리스도께서는 성경의 주제이시다.

리처드 십스

in Horn, *Puritan Remembrancer,* 1

그리스도, 신성과 인성의 연합

한 분 그리스도 안에 연합된 두 본성의 거리를 생각해보라. 하나님과 사람, 창조주와 피조물, 무한과 유한이 한 인격 안에서 만난다. 위대한 왕자가 최소의 자격을 가진 여인과 결혼한다면, 그녀와 그녀의 가족에게 엄청난 명예가 된다. 하지만 세상에서 가장 위대한 왕자와 거지 사이의 거리는 하나님과 피조물 사이의 무한한 거리를 나타내지 못한다. 다시 말해, 남편과 아내 사이의 상대적 연합의 비유는 그리스도 안의 두 본성의 인격적 연합을 나타내지 못한다. 남자와 여자가 어느 정도 한 몸이 된다. 하지만, 한 분 그리스도 안에서 인격적 연합을 통한 신성과 인성의 친밀하고도 완전한 연합과 비교해 볼 때, 남편과 아내 사이의 연합은 얼마나 느슨한가. 그러므로 낮고 천한 자격을 가진 사람이 왕자와 어울림으로써 위엄과 영예를 얻는다면, 놀랍고 형언할 수 없는 위격적, 또는 인격적 연합에 의해 인간의 본성이 신적 본성과 결혼하는 것은 얼마나 더 영광스러운 것이겠는가?

존 코난트

Sermon 7 on Romans 9:5, in *Sermons*, 266–267

그러므로 중보자 안에 두 본성이 연합되어 있는 덕분에 각 본성의 속성은 전 인격 안에서 참으로 모순 없이 공존한다. 따라서 영광의 주님이 십자가에 못 박히셨고(고전 2:8) 하나님의 보혈이 교회를 구원했다고(행 20:28) 합당하게 말할 수 있다. 그리스도는 천국과 지상에 동시에 계셨다(요 3:13). 그러나 우리는 한 본성이 다른 본성에게 그 본성을 주입하거나 나눠주는 것을 믿지 않는다. 혹은 신성이 고통받고 피 흘리고 죽었다고 말하거나 혹은 그 사람이 전지전능하다고 말하는 것이 적절하다고 믿지 않는다. 그러나 두 본성의 속성이 한 인격에 귀속되기 때문에 추상적이지 않고 구체적으로 그분의 속성 중 하나를 확인하는 것은 적절한 일이다. 이것을 올바르게 이해하는 것은 앞에서 언급한 구절들과 성경의 다른 많은 어려운 구절들의 진정한 의미를 가르치는 일에 큰 도움이 된다.

존 플라벨

Fountain of Life, 37

그리스도의 성육신은 여러 가지 기적의 연결고리로 만들어진 황금사슬(*catena aurea*)이다. 예를 들면, 하늘의 창조주께서 피조물이 되셔야 했다. 영원하신 분이 태어나셔야 했다. 하늘의 하늘이라도 담지 못하는 그분이 여인의 태에 잉태되셔야 했다. 구름 속에서 천둥을 치시던 그분이 요람에서 우셔야 했다. 하늘의 별들을 통치하시는 그분이 젖을 빨아야 했다. 말씀으로 모든 것을 통치하시던 분이 통치를 당하셔야 했다. 그분이 친히 창조하신 여성을 통해 그분이 잉태되셔야 했다. 이를 통해 피조물이 창조자를 낳아야 했다. 달이 태양에 빛을 주어야 했고, 나뭇가지가 가시떨기를 견뎌야 했으며, 어머니가 자신이 낳은 아이보다 어려야 했으며, 태에 있는 아기가 어머니보다 더 커야 했다. 영을 가진 그분이 육신이 되어야 했고, 부모가 없는 그리스도는 둘을 모두 가지셔야 했다. 신격에는 어머니가 없고 인격에는 아버지가 없다. 성육신하신 그리스도는 이 두 가지 본성(신성과 인성)을 가지셔야 했지만, 그분은 한 분이셨다. 신성이 인성에 주입되어서는 안 되며, 인성 역시 신성과 혼합되어서는 안 된다. 그럼에도 하나님의 아들의 한 인격 안에서 신성과 인성이 완전히 연합되신다. 인성은 하나님이 아니다. 그러나 하나님과 함께한다. 나는 이것을 기적의 사슬이라 부른다.

토머스 왓슨

The Christian's Charter of Privileges, in *Discourses*, 1:64–65

그리스도의 고난

생명의 하나님(그리스도)이 죽임을 당하셨다. 성부와 하나이신 분이 "나의 하나님, 나의 하나님, 어찌하여 나를 버리셨나이까"(마 27:46)라고 처절하게 울부짖으셨다. 허리띠에 사망과 지옥의 열쇠를 차고 계신 분이 살아 있는 동안에 머리 둘 곳이 없었고, 죽은 후에 몸을 뉠 곳조차 없어 타인의 무덤에 묻히셨다. 천사들이 왕관을 벗어 씌워 드렸던 그분의 머리에 가시관이 놓였고, 태양보다 더 순수한 눈빛이 사망의 어둠 속에 파묻혔다. 성도들과 천사들이 외치는 할렐루야 소리만 듣던 그분의 귀에 군중의 불경스러운 비방 소리가 들려왔고, 그 누구보다 아름다웠던 그분의 얼굴에 야비하고, 비열한 유대인들이 침을 뱉었으며, 아무도 흉내 낼 수 없는 가르침을 베풀었던(요 7:46 참조) 그분의 입과 혀는 하나님을 모독했다는 고발을 당했다. 하늘의 규를 자유롭게 휘두르던 그분의 손과 "빛난 주석 같은"(계 1:15) 그분의 발은 인류의 죄 때문에 십자가에 못 박혔다…이런 사실을 생각하면 죄를 혐오해 멀리하고, 거룩한 수단을 모두 동원해 죄를 멸하고, 정복하겠다는 생각이 들지 않을 수 없다.

토머스 브룩스

Precious Remedies, 25–26

그리스도께서 감당하셨던 고난과 분노는 참으로 컸다. 그분에게 모든 종류의 시련이 가장 혹독하고, 가장 극심하게 한꺼번에 쏟아졌다. 큰 고뇌에 휩싸인 그분의 영혼은 "심히 놀라며 슬퍼하지" 않을 수 없었다(막 14:33). 무한하신 하나님의 진노가 그분을 사정없이 강타했다.

존 플라벨

Fountain of Life, 281

그리스도의 영혼은 큰 고난을 받았

다. 그분은 자신의 영혼으로 모든 고난을 짊어지셨다. 그분의 속사람은 하나님의 진노로 인해 격심한 고통과 말로 다 할 수 없는 고뇌를 느꼈다.

존 플라벨

Sacramental Meditations, 111

그리스도께서는 하나님의 영광을 회복하는 데 필요한 모든 것을 감내하셨다. 하나님의 영광이 훼손되는 것보다는 우리와 온 세상이 멸망하는 것이 더 낫다. 이것은 사실이다. 나는 하나님이 우리의 마음을 움직여 "그것을 보상하기 위해 그리스도께서 고난을 받으셨다."라고 말할 수 있게 해 주시기를 바란다. 그리스도의 고난을 통해 이루어진 순종이 아담의 순종보다 하나님을 더욱 영화롭게 했다. 아담은 모든 피조물이 하나님께 등을 돌리게 만들어 그분을 욕되게 했다. 모든 피조물이 한 사람으로 인해 하나님을 저버림으로써 그분께 큰 수치를 안겨드렸다. 따라서 하나님은 자신의 명예를 회복하셔야 했고, 결국 그리스도를 통해 이전보다 훨씬 더 큰 영예가 그분께 돌아갔다.

존 오웬

Discourse 8, in *Twenty-Five Discourses*, 127

그리스도께서는 우리를 더 낫게 만들기 위해 죽으셨고, 우리에게 다스릴 권한을 주기 위해 고난받으셨으며, 우리를 보좌 위에 앉히기 위해 십자가에 매달리셨다. 그리스도의 십자가는 우리의 대관식이었다.

토머스 왓슨

Puritan Gems, 16 – 17

그리스도의 부활

부활절은 새로운 세상의 안식일이요 우리를 영원한 죽음에서 생명으로 옮겨준 유월절이자 우리의 참된 희년이요 한 주간의 첫째 날이자 달력의 핵심이다. 그분의 잿더미 속에서 불사조가 날아올랐고, 독수리가 그분의 깃털을 새롭게 했다. "죽은 자 가운데서 먼저 나신"(계 1:5) 분이 대지의 태 속에서 태어나셨다. 그리스도께서는 달에 일시적으로 가려진 태양이 그 모습을 곧 드러내는 것처럼 부활을 통해 자신을 드러내셨다. 그분은 태양이 달에 가려진 것처럼 자신이 빛을 주신 이들에 의해 어두워지셨다. 그분의 죽음은 우리를 의롭게 했고, 그분의 부활은 그분의 죽음을 옳다고 인정했다. 그분은 율법을 자기와 함께 장사지냈고, 그로써 자신과 율법을 명예롭게 하셨다. 또한, 그분은 복음을 자기와 함께 일으켰고, 그로써 자신과 복음을 영광스럽게 하셨다.

토머스 애덤스

in Bertram, *Homiletic Encyclopaedia*, 732

그토록 많은 사람(사도들과 그리스도의 부활을 목격한 증인들)이 세상을 속이기로 서로 합의했을 가능성은 조금도 없다. 스스로의 파멸과 죽음을 초래할 행위를 아무런 이유 없이 행할 리는 만무하다. 그들은 이구동성으로 똑같은 이야기와 교리들을 전했다. 그들 가운데 거짓을 고백해 나머지 사람들을 불명예스럽게 만든 사람은 단 한 사람도 없었다. 이 모든 사실을 잘 생각해보면 도덕적인 이유에서나 자연적인 이유에서나 그럴 가능성이 도무지 성립될 수 없다는 것을 알 수 있을 것이다.

리처드 백스터

A Christian Directory, in *Practical Works*, 2:501

그리스도께서는 삶과 죽음을 통해 완전한 순종을 이룸으로써 우리의 칭의와 관련된 모든 문제를 해결하고, 우리가 치러야 할 죗값을 모두 갚으셨다…따라서 그리스도의 공로와 가치의 완전성을 믿음으로 받아들이기만 하면 죄의 빚을 깨끗하게 청산할 수 있다. 신자는 그리스도께서 죽고 나서 부활하신 사건을 통해 이 사실을 확증할 수 있는 확실한 증거와 표징을 발견할 수 있다. 하나님이 죄의 빚이 청산된 것으로 여겨 온전히 만족하셨다는 사실은 우리의 믿음에 온전한 확신을 안겨준다.

토머스 굿윈

"Christ Set Forth," in *Works*, 4:25

그리스도께서는 개인의 자격이 아닌 교회의 머리라는 자격으로 부활하셨다. 머리가 부활했기 때문에 나머지 몸도 무덤에 영원히 누워있지 않을 것이다. 그리스도의 부활은 우리의 부활을 보장한다(고후 4:14).

그리스도의 사랑

그리스도께서는 우리의 중요함과 가치는 물론, 우리가 본성적으로 자신에게 부적합하고, 또 자신과의 연합을 싫어한다는 것을 잘 알고 계셨다. 그분은 또한 우리를 자기에게 적합하게 만들고, 자신과의 연합을 기꺼이 받아들이게 하려면 스스로 어떤 희생을 감당해야 하는지도 잘 알고 계셨다. 그것은 하늘의 천사들이 모두 달려들어도 능히 감당하지 못할 정도의 엄청난 사역이었다. 더욱이 그분은 우리를 위해 고난 받으시고, 해야 할 일을 모두 이행하시더라도 우리가 그분을 조금도 이롭게 할 수 없을 것을 알고 계셨다. 그분은 우리의 의지가 새롭게 되지 않은 상태에서 우리를 행복하게 하는 것으로 만족해야 했지만, 그 일을 거절하지 않으셨다. 그분은 오히려 그 일을 원했고, 또 그것을 행하는 것을 기쁨으로 여겨 죽음과 시련의 산과 언덕을 내달리고 뛰어넘으셨다(아 2:8 참조). 그분은 그 일을 온전히 이룰 때까지 혹독한 고난을 겪으셨다. 우리를 향한 그분의 사랑은 그만큼 강렬했다. 그분은 우리의 의지를 변화시켜 자발적인 마음을 갖게 하려고 애쓰셨다. 그분이 그런 힘든 일을 감당하신 이유는 우리에게서 자기와 같은 위대한 연인과 자신이 베푼 사랑에 걸맞은 태도를 기대하셨기 때문이었다. 그분은 우리가 자신의 사랑을 받아들이고, 그 안에 항상 머물며 자기가 값없이 베푼 구원을 기꺼이 받아들여 우리의 행복의 직접적인 원천인 자신의 사랑을 온전히 소유하기를 원하셨다.

엘리샤 콜스

Practical Discourse, 153

그리스도의 일반적인 사랑은 세상의 모든 피조물에게 골고루 주어지지만, 그분의 특별한 사랑, 곧 그분의 지극히 풍성하고, 위대한 사랑은 오직 그분의 교회에만 주어진다. 만일 누군가가 그리스도의 가장 뛰어난 사랑이 무엇이냐고 묻는다면, 나는 용서하는 사랑…구원하는 사랑, 부르시는 사랑, 의롭다 하는 사랑, 양자로 입양하는 사랑, 거룩하게 하는 사랑, 영화롭게 하는 사랑이라고 대답할 것이다. 이것이 특별한 사랑이다. 그리스도의 사랑은 포도주보다 더 달콤하고, 생명보다 더 낫다. 그분은 가장 사랑스러우시다. 그분은 지극히 사랑스러우시다. 그리스도께서는 자기가 사랑하는 자들에게 온전한 사랑을 베푸신다.

윌리엄 다이어

Christ's Famous Titles, 32

사랑, 곧 그리스도의 사랑은 가장 뜨거운 숯불과 같다. 그 연기조차도 엄청나게 뜨겁다. 그 위에 바닷물을 모두 갖다 부어도 불길이 꺼지지 않는다. 지옥도 그것을 끌 수 없고, 많은 물로도 그 사랑의 불길을 끌 수 없다. 그리스도께서는 거대한 사랑의 공이 되어 가엾은 죄인들에게 넘겨지셨다. 그분이 나 같이 불량한 죄인에게 그토록 큰 사랑을 낭비하신 이유가 무엇인지 참으로 궁금하다. 그러나 주님은 긍휼이 한없이 풍성하실 뿐, 낭비가가 아니시다. 값없는 은혜는 전에는 없었던 것이다. 세상은 단지 그리스도의 이름만을 들어봤을 뿐이다. 그리스도의 사랑은 무한정 켜켜이 겹쳐 있기 때문에 성도들도 결코 다 펼쳐볼 수가 없다.

새뮤얼 러더퍼드

Garden of Spices, 113

그리스도의 성육신

그리스도께서는 왜 남자가 아닌 여자에게서 태어나셨을까? 그 이유는 주님이 세상에서 새로운 일을 하시기 위해서였다…하와가 아담을 통해 만들어진 것처럼 인간이 여자 없이 다른 인간을 통해 만들어지는 것은 전혀 새로운 일이 아니었다. 아담의 경우처럼 여자나 남자 없이 인간이 만들어진 것은 그보다 더 오래된 일이었고, 여자와 남자를 통해 인간이 만들어진 것은 태곳적부터 시작된 훨씬 더 흔한 일이었다. 우리는 이런 현상을 매일 목격한다. 이런 현상들 가운데 새로운 것은 아무것도 없다. 그러나 한 가지 방법이 남았다. 그것은 전혀 새로운 것이었다. 남자 없이 여자를 통해 인간이 만들어진 것은 일찍이 단 한 번도 없었던 현상이었다. 이것은 다른 어떤 기적 못지않은 기적이었다.

윌리엄 오스틴

Certain Devout, Godly, and Learned Meditations, 11

하나님의 아들께서 사람의 아들이 되신 덕분에 사람의 자녀인 우리가 하나님의 자녀가 되었다. 그분이 그렇게 하신 목적은 인류를 구원하기 위해서였다.

윌리엄 다이어

Christ's Famous Titles, 15

예수님이 인간의 형상을 취하셨다는 것은 그분의 겸손이 얼마나 컸는지를 여실히 보여준다. 그리스도께서는 육신을 취하실 만큼 자신을 낮추셨다. 그리스도께서 여인의 자궁 속에까지 자기를 낮추신 겸손이 십자가에서 자기를 낮추신 겸손보다 더 컸다. 하나님이 육신이 되신 것은 육신이 고난을 받는 것보다 더 놀라운 겸손이었다.

토머스 왓슨

The Christian's Charter of Privileges, in *Discourses*, 1:128

그리스도의 수동적, 능동적 순종

그리스도의 이중적 순종은 타락한 인간이 짊어져야 할 이중적 의무와 대척된다. 하나는 하나님이 요구하시는 것을 이행해야 힐 의무이고, 다른 하나는 불순종에 대한 하나님의 징벌을 감당해야 할 의무다. 그리스도께서는 이 이중적 의무에 적합하게 율법의 계명을 능동적으로 이행하고(마 3:15), 율법의 저주를 수동적으로 충족시키기 위해 이 땅에 오셨다. 어떤 사람들은 "그리스도께서 우리를 위해 율법을 온전히 이루셨는데 소극적인 순종을 이행해야 할 필요가 무엇인가?"라는 반론을 제기한다. 그것이 꼭 필요했던 이유는 두 가지 순종이 합쳐져 하나님을 만족시키고, 우리를 의롭게 할 하나의 완전한 순종을 이루기 때문이다. 그리스도의 완전한 순종, 곧 능동적 순종과 수동적 순종이 서로 합쳐져 하나의 완전한 순종을 이룬다.

존 플라벨

Fountain of Life, 126

목회자들은 칭의에 두 가지가 포함되어 있다고 말한다. (1) 하나는 죄 사함이다. 이것은 그리스도의 수동적인 순종에서 비롯한다. "그의 피로 말미암아 죄 사함을 받고, 의롭다 하심을 받았으니 더욱 그로 말미암아 진노하심에서 구원을 받을 것이니"(엡 1:7, 롬 5:9 참조). (2) 다른 하나는 의의 전가다. 이것은 그리스도의 능동적인 순종에서 비롯한다. 그분은 "여호와는 우리의 의"(렘 33:16)로 불리고, 우리는 "그 안에서 하나님의 의"가 된다(고후 5:21). 또한 그리스도의 능동적인 순종은 그분에게 수동적인 순종을 이행할 수 있는 자격을 부여하기 위해서도 꼭 필요했다. 그리스도께서 거룩하게 살지 않으셨다면 죽으면서 사람들의 죄는 물론, 자신의 죄까지 속량하셔야 했을 것이다. 이것은 상상조차 할 수 없는 일이다.

오바댜 그루

Sinner's Justification, 26

그리스도의 승천

하늘을 향하는 마음은 그리스도의 승천에 관심이 있다는 가장 확실한 증거다.

존 플라벨

Fountain of Life, 414

그리스도께서는 세상에서 큰 사역을 마치자마자 또 다른 사역을 위해 서둘러 하늘로 올라가셨다. 그분은 세상에서 아직 할 일이 조금 남았기 때문에 40일 동안 머무셨지만, 마음으로는 어서 하늘에 가서 제자들을 위한 일을 하고자 하셨다. 그분은 현재 시제를 사용해 그들에게 '나는 하늘에 올라간다'라고 말씀하셨다. 그리스도께서는 자기의 아버지이자 그들의 아버지이신 성부께로 가서 그분 앞에서 그들을 위해 대언하려는 기쁨을 드러내셨다.

토머스 굿윈

Heart of Christ in Heaven, 27

그리스도의 영광스러운 승천은 천국을 향한 우리의 디딤돌이다. 그것은 그분을 따라 그분이 가신 곳으로 올라갈 수 있는 사닥다리다. 그리스도께서는 제자들에게 "내가 떠나가는 것이 너희에게 유익이라"(요 16:7)라고 말씀하셨다. 그것이 유익한 이유는 여러 가지다. 그리스도의 승천 덕분에 천국의 문이 열렸고, 길이 펼쳐졌고, 거할 집이 준비되었고, 기업과 면류관과 왕국이 안전하게 보장되었다. 그리스도께서 영광 가운데로 승천하신 덕분에 하늘에 우리를 위한 대언자가 계시고, 하늘의 축복을 받아 누릴 수 있게 되었으며, 우리의 천국행이 보장되고, 그곳에서 우리가 환영을 받을 것이라는 확신이 주어졌다.

헨리 펜들버리

"The Design of Christ's Ascension," in Slate, *Select Nonconformists' Remains*, 359

그리스도께서 하늘로 승천해 그곳에 머무시는 것이 우리에게 주는 특권과 유익을 생각해보라. 많은 것들이 있는데 그 가운데서 몇 가지만 언급하면 다음과 같다. 하늘에 계시는 그리스도를 소유한 사람은 그곳에 계시는 그분께 언제라도 나아가서 그분의 고난과 승천과 중보를 통해 신자들이 세상에서 누리는 온갖 축복을 구할 수 있는 권리가 있다. 단지 이 몇 마디 말만으로도 현세의 모든 좋은 것과 영광스러운 것들을 확실하게 차지할 수 있는 권리보다 더 큰 특권을 부여받았다는 사실을 곧 알 수 있다. 세상의 것들은 그리스도 안에 있는 유익에 비하면 아무것도 아니다. 우리는 어떤 경우든 자유롭게 하늘에 나아갈 수 있다…우리는 아무 때나 기도로 하늘에 나아갈 수 있다…우리는 어느 곳에 있든지 그곳에 나아갈 수 있다…그리스도인들은 그리스도를 통해 언제라도 하나님께 나아가서 "우리가 구하거나 생각하는 모든 것에 더 넘치도록 능히 하실 이"(엡 3:20)에게 모든 문제를 아뢸 수 있다. 우리의 대언자는 하늘에서 항상 우리의 일을 위해 간청할 준비를 하고 계신다.

헨리 펜들버리

"The Design of Christ's Ascension," in Slate, *Select Nonconformists' Remains*, 375

그리스도의 십자가

그리스도께서는 모든 피조물이 지금까지 이루었고, 앞으로 영원히 이룰 일보다 더 많은 일을 세상에 머무셨던 33년 동안에, 아니 고난을 겪으신 단 세 시간 동안에 온전히 이루셨다. 세상은 6일 동안 창조되었고, 그리스도께서는 창조 사역의 주역이셨다. 그분은 그 후로도 조금도 게으르지 않으셨다. 그분은 "내 아버지께서 이제까지 일하시니 나도 일한다"(요 5:17)라고 말씀하셨다. 그러나 십자가 위에서의 세 시간이 다른 모든 것보다 더 많은 일을 이루었다. 영원한 시간이 흘러도 그 세 시간 동안에 이루어진 일보다 더 많은 일을 이룰 수는 없을 것이다.

토머스 굿윈

Of Christ the Mediator, in *Works*, 5:103

그리스도의 사랑의 줄로 우리의 마음을 묶어야 한다…삼손이 자기를 결박한 줄을 모두 끊은 것처럼, 그리스도께서도 이 줄들을 모두 능히 끊으실 수 있으셨다. 그러나 그분은 우리의 죄의 줄과 사랑의 줄에 순순히 결박당하셨다. 이 줄들은 그분을 대못보다 더 단단하게 십자가에 붙잡아 맸다. 우리의 죄보다 사랑의 줄이 그분을 그곳에 더 단단하게 결박했다. 그렇지 않았다면 그분은 그렇게 결박을 당하는 수모를 겪지 않으셨을 것이다.

토머스 굿윈

Of Christ the Mediator, in *Works*, 5:229

어떤 죄인도 이끌리지 않으면 그리스도께 가까이 나아올 수 없다. 이끌림을 당한다는 것은 기꺼이 그리스도께 나와 사랑의 줄에 매여 그분을 따르려는 마음을 갖게 되는 것을 의미한다. 그리스도께서는 우리가 원하든 원하지 않든, 아무도 억지로 자기에게 끌어당기지 않으신다. 그분은 우리의 마음과 생각과 의지에 은혜와 사랑의 줄을 드리워 우리 안에서 강력하게 역사하시며, 우리를 친절하게 안내해 자기를 선택하도록 고무하시고, 자기에게 나와서 따르도록 도와주신다. "나를 인도하라 우리가 너를 따라 달려가리라"(아 1:4). 은혜의 끌어당기는 능력이 흘러나오는 위대한 원천은 십자가에 높이 매달리신 그리스도다. 죄인을 자신에게로 이끄는 은혜가 십자가에서 분명하게 드러났고, 죄인을 자신에게로 이끄는 사랑이 십자가로부터 흘러나온다.

존 오웬

Discourse 15 on John 12:32, in *Twenty-Five Discourses*, 189

십자가의 수치는 십자가의 고통만큼 컸다. 그분의 육체 이전에 그분의 명예가 먼저 십자가에 못 박혔다. 세상이 그리스도를 향해 날린 비방의 화살이 창보다 더 깊숙하게 그분의 심장을 꿰뚫었다.

토머스 왓슨

Art of Divine Contentment, 72

그리스도의 재림

가장 크게 기뻐하며 담대하게 그리스도를 맞이하려면 영혼의 상태를 어떻게 유지하는 것이 최상일까? (1) 영혼이 성령을 통해 그리스도의 사랑을 깨닫고, 그 사랑으로 인치심을 받아야 한다. (2) 세상을 멀리하고, 거추장스러운 세상의 것들에 얽매이지 않아야 한다. (3) 은혜를 힘써 활용해야 한다. (4) 하나님과 교제하며 거룩한 사귐을 유지해 나가야 한다. (5) 그리스도께서 오시기를 갈망해야 한다.

토머스 블레이크

Living Truths in Dying Times, 207 – 8

하나님은 큰 심판의 날에 사람들과 천사들 앞에서 자기 백성이 세상의 은밀한 장소들과 후미진 곳에서 그들의 영혼을 하나님 앞에 얼마나 자주 쏟아부었는지를 분명하게 보여주고, 거기에 상응하는 상을 베푸실 것이다. 그리스도인들이여, 이 사실을 굳게 믿고, 진지하게 생각한다면, (1) 더 감사하며 살 수 있고, (2) 더 기쁘게 일할 수 있으며, (3) 더 인내하며 견딜 수 있고, (4) 더 용감하게 세상과 육신과 마귀를 대적할 수 있으며, (5) 하나님과 그분의 영광과 그분이 바라시는 것을 위해 더욱 즐겁게 헌신할 수 있고, (6) 섭리를 통해 허락된 것을 더 만족스럽게 받아들일 수 있으며, (7) 기도를 더 자주, 더 풍성하게 드릴 수 있을 것이다.

토머스 브룩스

Privy Key of Heaven, 19 – 20

우리는 세상에서 믿음으로 의롭다 하심을 받고 미래의 심판으로부터 안전한 상태가 되었다. 우리 주 예수님이 다시 오시면 우리의 의에 대한 법적 선언이 이루어질 테고, 그러면 하나님의 은혜가 더욱 영광스럽게 빛나고, 우리의 영원한 기쁨은 더욱 증대될 것이다. 우리가 저지른 모든 죄가 완전하게 용서받고, 그리스도께서는 인류가 모두 모인 자리에서 '잘하였도다'라고 말씀하실 것이다. 그런 칭찬을 들으면 참으로 기쁘지 않겠는가? 그 순간, 하나님께는 상상을 초월한 영광이 돌아갈 것이고, 그로 인해 우리의 영혼은 더할 나위 없이 큰 승리감을 느낄 것이다.

티모시 크루소

Duty and Support of Believers, 13

"그러므로 깨어 있으라 어느 날에 너희 주가 임할는지 너희가 알지 못함이니라"(마 24:42). 주님이 세상을 심판하기 위해 오실 때가 임박했음을 암시하는 징후들이 있다. 그분이 오시기 전에 먼저 바벨론의 함락과 유대인들의 부르심을 비롯해 몇몇 예언들이 성취되어야 한다. 그러나 심판의 날이 이르기 전에 우리 가운데 누구를 죽음을 통해 데려가 심판을 받게 하실지는 그 무엇으로도 알 수 없다.

윌리엄 거널

Christian in Complete Armour, 767

그리스도의 나타나심을 그토록 영광스럽게 만드는 것은 무엇일까? 그리스도께서 나타나 세상을 심판하시는 일이 그토록 영광스러운 이유는 다음 여덟 가지 요소 때문이다. (1) 그리스도의 인격적인 탁월함과 아름다우심, (2) 그리스도를 시중드는 수행원들의 장엄함, (3) 그리스도의 위대한 권위, (4) 그리스도께서 행하시는 절차의 공정성, (5) 택함받은 자들의 찬양과 환호, (6) 세상의 모든 영광이 빛을 바래고 낡아짐, (7) 사람들의 마음의 생각을 아는 그리스도의 뛰어난 예지력(叡智力), (8) 세상을 심판하는 큰일을 빈틈없이 처리하는 그리스도의 능력.

크리스토퍼 러브

Heaven's Glory, 38 – 39

그리스도께서 마지막 날에 영광 중에 나타나시면 그분을 고백하기를 주저하고, 그분을 받아들이기를 싫어했던 자들에게는 두려운 날이 될 것이다. 그러나 그들은 "그렇지 않아. 내가 예수 그리스도를 부끄러워했다고? 절대 그렇지 않아. 나는 온 마음을 다해 그리스도를 고백했고, 그분이 잘되기를 바랐을 뿐 아니라 그렇게 하지 않는 이들이 지옥에 가기를 원했어. 그런데 내가 왜 정죄를 받아야 하지?"라고 생각할 것이다. 심판의 날은 그리스도를 부끄러워하는 이들은 물론, 그분이 허락하신 은혜의 수단들을 부끄러워하는 이들에게 두려운 날이 될 것이다. 만일 이웃이 비웃을까 봐 집에서 가족끼리 기도하는 것을 부끄럽게 여기거나 청교도로 불릴까 봐 말씀을 듣거나 읽는 것을 부끄럽게 생각한다면, 심판의 날이 두려운 날이 될 것이다.

크리스토퍼 러브

Heaven's Glory, 46

나는 논쟁을 벌이고 싶은 마음이 조

금도 없지만, 말하지 않고 그냥 넘어갈 수 없는 의문이 하나 있다. 그것은 "성도의 죄가 이 날에 다 밝혀지고, 분명하게 공개될 것인가?"라는 물음이다…경건한 자들의 죄는 공개되더라도, (1) 정죄를 받지 않을 것이다. 주님은 "내가 진실로 진실로 너희에게 이르노니 내 말을 듣고 또 나 보내신 이를 믿는 자는 영생을 얻었고 심판에 이르지 아니하나니"(요 5:24)라고 말씀하셨다. 바울 사도도 "그러므로 이제 예수 그리스도 안에 있는 자(육신을 따르지 않고 그 영을 따라 행하는 자)에게는 결코 정죄함이 없나니"라고 말했다(롬 8:1, 5). (2) 수치와 책망을 당하지 않을 것이다. 그들은 불명예스럽거나 수치스럽게 되지 않는다. 죄인들은 영원히 수치와 멸시를 당할 테지만 성도들은 영광을 누릴 것이다(단 12:2). 성도들은 얼굴을 높이 들고, "심판 날에 담대함을 가질" 것이다(요일 4:17). (3) 기쁨이 줄어들지 않을 것이다. 죽은 애굽인들의 시체가 해안에 즐비하게 드러났는데도 구원받은 이스라엘 백성의 기쁨이 줄어들지 않았던 것처럼, 주의 날에 성도들의 죄가 드러나더라도 그들의 기쁨은 조금도 줄어들지 않을 것이다. (4) 주님을 사랑하는 마음이 약해지거나 줄어들지 않을 것이다. 많은 죄를 용서받은 여자가 많이 사랑한 것처럼(눅 7:47), 성도들도 자신들의 많은 죄가 용서받은 것을 보고서 하나님을 많이 사랑하게 될 것이다. 지금까지 말한 대로, 성도들의 죄는 공개되더라도 그런 식으로 공개될 것으로 보인다.

헨리 펜들베리

The Books Opened, in *Invisible Realities*, 141 – 42

그리스도의 제사장직

그리스도께서 중보자이시기 때문에 신자들은 십자가에서 위로를 구하려고 해서는 안 된다. 십자가에서 칭의를 구하는 것은 옳지만, 의롭다 함을 받은 후에는 그리스도를 따라 그분의 보좌가 있는 곳으로 올라가야 한다. 우리는 십자가에서 그리스도의 슬픔과 수치와 눈물과 피를 본다. 그러나 그분을 따라 그분이 지금 계시는 곳에 가면 예복, 곧 제사장의 예복을 입고, 황금 허리띠를 띠신 그분의 모습을 볼 수 있다. 판결 흉패를 착용하신 그분의 가슴에는 우리의 이름이 모두 새겨져 있다. 하늘과 땅에 있는 모든 가족의 이름을 알고 있는 그리스도께서는 우리를 위해 긍휼이 많으신 성부께 호소하신다. 잠시 가만히 서서 귀를 기울여 보라. 그리고 담대하게 지성소 안으로 들어가 보라. 그러면 우리를 위해 하나님 앞에 서 계시는 예수님을 발견할 수 있을 것이다. 그분은 우리를 위해 마귀와 죄와 죽음과 지옥에 맞서 싸우신다. 용기 있게 예수 그리스도를 따라 지성소에 들어가자. 휘장은 찢어졌다. 우리는 스스럼없이 거울을 보듯 주님의 영광을 볼 수 있다.

존 번연

Riches, 127

그리스도께서 자신을 거룩하게 하신 것은 그분의 인격이 지닌 비범함과 중대한 관계가 있다. 다시 말해, 그리스도의 인격 안에서 제사장, 희생 제물, 제단이 하나로 통합된다. 이것은 세상에서 전례가 없는 일이었다. 이것이 그분의 이름이 '기묘'로 일컬어진 이유다. 그리스도께서는 "내가 나를 거룩하게 하오니"(요 17:19)라고 말씀하셨다. 그분은 두 가지 본성을 지니셨다. '나를' 거룩하게 한다는 것은 곧 '나의 신성의 제단 위에서' 제물, 곧 인성을 거룩하게 한다는 의미였다. 제물은 제단 위에서 거룩하게 된다. 전에는 한 인격 안에서 세 가지 직임이 하나로 통합된 적이 없었기 때문에 한 사람의 제사장이 이 세 가지를 결코 다 감당할 수 없었다.

존 플라벨

Fountain of Life, 55

복음 아래에서 이루어진 그리스도의 제사장직은 아론의 제사장직보다 우월하다.

1) 아론은 성소에 들어가서,
2) 하나님 앞에 서고,
3) 백성들의 죄를 고하고,
4) 죄를 속하고(레 16:32),
5) 불결함을 판단하고(레 13:2),
6) 향불을 드리고,
7) 송사를 판결하고(신 17:8),
8) 백성들을 축복하는 등 많은 일을 했다.

그러나 예수 그리스도께서는 이 모든 일에 그보다 무한히 뛰어나시다.

벤저민 키치, 토머스 들론

Tropologia, book 3:530

복음 아래에서 이루어진 그리스도의 제사장직이 아론의 제사장직보다 우월한 이유는 다음과 같다.

1) 그리스도께서는 참된 성소, 곧 참된 지성소(*sanctum sanctorum*)인 하늘에 들어가신다.
2) 그분은 우리를 위해 하나님 앞에 서신다. 그분은 지극히 높으신 하나님의 오른편에 앉으신다.
3) 그분은 십자가에서 우리의 죄를 짊어지셨다.
4) 그분은 온전하고, 완전한 속죄를 이루셨다.
5) 그분은 우리의 육신은 물론 마음의

불결함을 판단하신다.
6) 그분은 우리의 모든 의심을 해소하고, 논쟁을 종식하고, 암울한 자들에게 평화를 전하고, 지친 자에게 적절한 위로를 건네신다.
7) 그분은 향불을 드리신다. "많은 향을 받았으니 이는 모든 성도의 기도와 합하여…제단에 드리고자 함이라"(계 8:3).
8) 그분은 모든 축복을 내려주신다. "하나님이…복 주시려고 너희에게 먼저 보내사 너희로 하여금 돌이켜 각각 그 악함을 버리게 하셨느니라"(행 3:26).

벤저민 키치, 토머스 들룬

Tropologia, book 3:530

그리스도의 중보 사역

주 예수님은 하늘에서 우리의 기도를 기다리신다. 우리의 유익을 구하는 것이 그분이 영광 중에서 하시는 일이다. 따라서 그분은 우리의 기도를 듣고 싶어 하신다(히 9:24). 변호인이 자기 고객의 증언을 통해 그의 사정을 자세히 알고 싶어 하고, 먼 타국에 있는 친구가 친구의 편지를 간절히 기다리는 것처럼, 그리스도께서는 하늘에서 자기 백성이 땅에서 부르짖는 소리를 듣고 싶어 하신다. 그 이유는 그분이 그들의 필요를 몰라서가 아니라 그것이 그들의 사랑과 의무가 유지되고, 그분의 은혜가 그들 안에서 역사하고, 그분이 영광을 받으시는 방식이기 때문이다. 성경은 "여호와께서 기다리시나니 이는 너희에게 은혜를 베풀려 하심이요"(사 30:18)라고 말씀한다. 이 말씀은 "여호와께서는 은혜를 베풀 기회가 오기를 애타는 심정으로 간절히 바라신다. 그분은 하늘에서 자기 백성에게 선을 베풀도록 그들이 자기에게 부르짖어주기를 기다리신다."라는 뜻이다.

바르톨로메오 애쉬우드

Best Treasure, 130–31

때로 우리의 약점이나 부패한 상태가 새롭게 생각나면 의심이 싹트고, 두려워 움츠러들게 된다. 그럴 때면 우리는 엄마 품에 안겨 있으면서도 엄마가 자기를 붙잡는 것보다 자기가 엄마를 붙잡아야만 더 안전할 것 같은 생각으로 행여 엄마를 놓칠까 봐 불안해하는 어린아이와 비슷하다. 의무 이행이 미약하면 성공의 기대감도 미약해진다. 이 경우, 가장 확실한 치유책은 그리스도의 영원한 중보 사역을 믿는 것이다. 그분이 하늘에서 우리를 위해 기도하고 계시는데 왜 담대하게 기도하고 응답을 기대하지 않는 것인가? 우리가 약할 때도 그분은 결코 약하지 않으시다는 것을 잊지 말라.

리처드 백스터

A Christian Directory, in *Practical Works*, 2:186

스스로 기도할 수 없거나 기도하지 않는 사람들을 위해서도 마음에서 우러나오는 진지한 기도와 간구를 드려야 한다. 다른 사람의 입이 되어 기도를 드리라는 가르침이 우리에게 주어졌다. 하늘에 우리를 위한 중보자가 계시는 것처럼, 우리도 다른 사람을 위한 중보자가 되어야 한다.

휴 비닝

"An Essay upon Christian Love," in *Several Sermons*, 201

한 번 죄 사함을 받으면 항상 죄 사함을 받을 수 있다. 그리스도께서 죄 사함을 위한 대가로 자신의 피를 흘리셨고, 그 죄 사함이 계속 유지될 수 있도록 그 피를 근거로 간구하신다. 그리스도께서 간구하시는 한, 우리는 항상 용서받는다.

스테판 차녹

"The Pardon of Sin," in *Choice Works*, 212

그리스도께서 우리를 위해 어떤 축복을 구하시는지를 보면, 우리를 향한 그분의 사랑과 보살핌을 분명하게 알 수 있다. 그분은 건강, 명예, 장수, 재물이 아니라…죄로부터의 보호, 하나님 안에서 누리는 영적 기쁨, 성화, 영원한 영광을 구하신다. 그분은 자기 백성을 위해 하나님의 보고(寶庫)에 있는 가장 좋은 축복을 구하지 않으면 만족하지 못하신다. 그리스도께서는 자신이 흡족하게 여기시는 축복을 그때그때 필요할 때마다 섭리를 통해 베푸신다. 그분은 그런 축복들을 하나님의 자녀들에게 유산으로 물려주신다.

존 플라벨

Fountain of Life, 188

그리스도께서는 십자가 위에서 눈물과 큰 부르짖음과 함께 자신의 피로 중보 사역을 이루셨다. 그분은 지금도 하늘에서 계속해서 그 피를 기도와 함께 드리며 죄를 속량하신다. 한 가지 차이가 있다면, 그분은 세상에서도 중보 사역을 이행하셨지만, 하늘에서는 똑같은 피를 제물로 드리면서도 더욱 뛰어난 중보 사역을 이행하고 계신다는 것이다.

토머스 굿윈

"Christ Set Forth," in *Works*, 4:58

왕의 아들이 자기 목숨처럼 사랑하는 아내와 자녀들을 남겨둔 채 포위당한 성읍을 빠져나왔다고 가정해 보

자. 그들은 즉시 도움을 얻지 않으면 칼이나 기근으로 목숨을 잃을 처지에 놓였다. 그런 상황에서 왕자가 아버지의 집에 도착해서 가족의 고통은 깡그리 잊은 채 왕궁의 즐거움을 누릴 수 있을까? 결코 그럴 수 없을 것이다. 오히려 가족들의 신음소리와 울부짖음이 그의 귓전에서 맴돌고 있을 것이기 때문에 가족들 가운데 단 한 사람이라도 죽는 일이 발생하지 않도록 무엇을 먹거나 마시기도 전에 아버지에게 사정을 털어놓고, 자기를 사랑한다면 왕국의 군대를 총동원해 적의 포위 공격을 제거해 달라고 호소할 것이 틀림없다.

윌리엄 거널

Christian in Complete Armour, 17

그리스도인

위대한 남자가 자신의 자녀들 안에서 위대한 정신을 보고 싶어 하는 것처럼, 위대하신 하나님도 자기 자녀들 안에서 위대한 정신을 보고 싶어 하신다. 우리는 하나님과 그리스도와 성령과 정신적으로 하나가 되었다. 따라서 우리는 성부와 성자와 성령의 영광을 나타낼 정신을 소유해야 한다. 그리스도인의 정신은 사자와 같은 정신이어야 한다. 예수 그리스도께서는 유다 지파의 사자이시기 때문에 우리는 예수 그리스도의 사자와 같은 정신을 보여주어야 한다. 그분은 하나님을 향해 불평 한마디 토로하지 않고 온갖 고난과 시련을 감내함으로써 사자와 같은 정신을 보여주셨다.

제레마이어 버러스

Rare Jewel, 56

신자들은 그리스도의 가슴에 새겨진 황금 글자와 같다.

윌리엄 다이어

Christ's Famous Titles, 34

하나님을 사랑하는 사람들은 서로 연합해 그분 안에서 한마음이 된다. 그들은 서로를 사랑할 수밖에 없다. 경건한 신자는 성부의 형상을 보면 사랑하지 않을 수 없다. 그가 경건한 사람들을 사랑하고, 기뻐하는 이유는 그들 안에 성부의 형상이 존재하기 때문이다. 그는 또한 성부의 형상이 없는 사람들도 그 형상을 지니기를 바라는 마음으로 똑같이 사랑한다. 그것은 모두 하나님을 위한 것이다. 신자는 하나님 안에서 친구를 사랑하고, 또 그분을 위해 원수를 사랑한다(*amicum in Deo*, et *inimicum propter Deum*). 그리스도인의 사랑은 동기는 물론, 과정과 결과가 모두 순수하다.

그는 어떤 사람과 어울리며 대화를 나눠도 항상 하나님을 아는 지식과 사랑을 통해 서로 도움을 주고받기를 바란다. 그는 자신과 형제들이 한 마음으로 천국을 향해 나아가며, 하나님의 온전한 즐거움에 이르는 길을 힘차게 걸어갈 수 있기를 간절히 바란다. 이것이 순수한 마음에서 우러나오는 진정한 사랑이다. 이 사랑은 하나님 안에서 시작해서 그분 안에서 끝난다.

로버트 레이턴

A Commentary upon the First Epistle of Peter, in *Whole Works*, 1:147

그리스도인의 주된 의무는 두 가지, 곧 고난을 감내하는 것과 죄를 피하는 것이다.

로버트 레이턴

Spiritual Truths, 106

은혜는 처음에는 작다. 그리스도인들 가운데는 여러 세대가 존재한다. 즉 갓난아이들도 있고, 젊은 청년들도 있다. 은혜는 겨자씨와 같다(마 17:20). 은혜는 처음에는 가장 작지만 나중에는 가장 영광스럽다. 가장 완전한 것이 가장 오랫동안 성장한다.

리처드 십스

Bruised Reed and Smoking Flax, 36 – 37

나이 든 사람들은 자라지 않는 것처럼 보인다. 그들은 젊은 그리스도인들에 비해 열정이 부족한 것처럼 보인다. 그 이유는 젊은 그리스도인들의 물리적인 힘이나 감정적인 활력이 더 강하고, 활기차기 때문이다. 그런 요인들 때문에 겉으로 그렇게 보이는 것이다. 그러나 나이 든 사람들의 영적 힘은 갈수록 늘어나고, 더욱 순수해진다. 그들의 지식은 더욱 명확해지고, 그들의 행위는 더욱 순결해지고, 그들의 열정은 더욱 깨끗해지고, 거룩해진다. 나이 든 그리스도인들은 강력하게 솟구치는 활력은 없을지라도 은혜를 통해 더욱 안정되고, 현명해질 뿐 아니라 신령한 생각과 죄를 죽여 없애려는 마음이 날로 강해진다. 그들은 자신의 부패한 본성과 죄를 좀 더 정확하게 파악해 물리침으로써 갈수록 더욱 겸손해지고, 믿음과 거룩한 사랑의 날개를 타고 하늘을 향해 더 높이 날아오른다.

리처드 십스

Divine Meditations and Holy Contemplations, 119

그리스도인들은 세상에 있지만, 세상에 속하지는 않는다. 그들은 (1) 그리스도의 선택("내가 너희를 세상에서 택하였기 때문에"–요 15:19)과 (2) 그리스도의 명령("이 세상이나 세상에 있는 것들을 사랑하지 말라"-요일 2:15)과 (3) 그리스도의 사역("세상이 나를 대하여 십자가에 못 박히고 내가 또한 세상을 대하여 그리하니라"-갈 6:14)을 통해 세상으로부터 부르심을 받았다.

토머스 테일러

Pilgrim's Profession, 27

그리스도인들은 걸어 다니는 성경이 되어야 한다.

토머스 왓슨

Bible and the Closet, 40

그리스도인의 자유

그리스도인의 자유는 죄와 더불어 그들을 옭아매는 모든 영적 속박으로부터 자유로운 영적 자유를 가리킨다. 그리스도인의 자유는 마치 속박으로부터의 해방과 보호가 전부이고, 우리가 더 이상 종이 아니라는 사실이 전부인 것처럼 말하는 소극적인 자유에 그치지 않는다. 그리스도인의 자유는 요한복음 8장 36절이 암시하는 대로 하나님의 후사이자 그리스도와 함께하는 공동 상속자가 된 자녀들의 특권과 자유와 능력과 권리와 유익을 모두 포함하는 적극적인 자유를 의미한다.

조지 다우네임

Christian's Freedom, 10

둘째, 그리스도인의 자유라는 교리는 양심이 우리의 의무 이행의 불완전함과 결함을 자각하는 것과 관련이 있다. 그 어떤 피조물도 감히 견줄 수 없는 거룩하신 하나님이 불완전하고, 결함이 많은 순종을 용납하실 것이라고 어떻게 확신할 수 있겠는가? 만일 우리의 섬김이 하나님의 인정을 받지 못할 것을 의식한다면 과연 어떤 마음으로 의무를 이행할 수 있을까? 이 교리는 완전한 순종이 이루어져야만 우리의 행위가 인정받을 수 있다는 율법의 엄격한 요구로부터 우리가 해방되었다는 확신을 우리의 양심에 일깨워준다. 하나님은 관대한 아버지처럼 우리의 불완전함을 그리스도의 완전한 의와 복종으로 덮어줄 뿐 아니라 우리의 부족함을 우리에게 전가하지 않고 완전한 의무 이행을 바라는 마음과 의지와 진지한 노력이 있으면 그것을 기꺼이 인정해 주신다. 이처럼 그리스도인은 이런 자유를 통해 자신의 순종이 흠과 결함이 많더라도 예수 그리스도의 중재 사역과 중보 사역을 통해 하나님께 인정받을 수 있다는 확신 속에서 큰 위로를 느끼며, 즐거운 마음으로 주어진 은혜의 분량대로 순종을 실천할 수 있다.

조지 다우네임

Christian's Freedom, 12 8 – 29

자유는 우리 시대의 '다이아나'(로마의 여신-편집주)이다. 긴 머리, 야하고 화려한 옷차림새, 얼룩덜룩한 얼굴, 훤히 드러낸 젖가슴 등 의심스러운 행위들을 변명하고, 감싸는 일들이 얼마나 많은지 모른다. 이전 시대의 건전하고, 견실한 그리스도인들은 이런 행위들을 법적으로 다루거나 최소한 좋게 볼 측면이 전혀 없는 의심스러운 행위로 간주해 견책했다. 그러나 요즘에는 이런 행위들이 좀 더 호의적인 성향을 지닌 배심원들을 통해 죄가 아닌 것으로 간주된다. 사실, 많은 사람이 그런 행위들을 좋게 여긴다. 그들은 그런 행위를 견책하면 그리스도인의 자유가 해를 입을 것이라고 생각한다. 스스로 신자라 칭하는 사람들은 자신의 마음이 헛된 것을 추구하지 않도록 주의 깊게 살펴야 하는데도 불구하고, 마치 죄의 구덩이에 빠지지 않고 그것에 가장 가까이 접근할 수 있는 사람이 용감한 그리스도인이라도 되는 양 스스로의 양심을 한계점에 다다를 때까지 그릇 끌고 나가는 모험을 감행한다.

윌리엄 거널

Christian in Complete Armour, 306

근면 성실

근면 성실이란 선한 것을 이루거나 얻고자 하는 정직한 의도를 가지고 우리의 능동적인 기능들을 활기차게 활용하며 생각을 진지하고, 꾸준하게 집중해 나가는 것을 의미한다. 예를 들어, 돈을 벌기 위한 의도를 가지고 장사에 부지런히 힘쓰는 상인은 근면 성실하다. 또한, 승리를 얻기 위해 기회를 노리며 열심히 활동하는 군인이나 지식을 얻기 위해 연구에 매진하는 학자도 근면 성실하다.

아이작 배로

"Of Industry in General," in *Sermons,* 244

근면 성실하면 우리가 해야 할 일을 편안하고 쉽게 하는 능력과 좋은 습관이 배양된다. 오늘 힘든 것을 잘 감내하면 내일은 덜 힘들어진다. 그런 식으로 계속해 나가면 잠시 후에는 전혀 힘들지 않고, 우리에게 유익한 일이나 우리가 해야 할 가장 어려운 의무도 즐거운 마음으로 수월하고, 완벽하게 해낼 수 있다. 습관을 통해 우리 안에서 새로운 자질이 형성되면 게으른 사람들이 힘들고 귀찮게 여기는 것들(일찍 일어나기, 열심히 공부하기, 열심히 일하기, 어려움을 참고 견디기 등)이 자연스럽고, 즐겁게 느껴지기 마련이다. 근면 성실은 필요한 일을 처리하거나 우리에게 주어진 모든 의무를 실행하는 데 필요한 확신과 용기를 가져다준다.

아이작 배로

"Of Industry in General," in *Sermons,* 267

누군가가 토양을 비옥하게 만드는 가장 좋은 비료가 무엇이냐고 묻자 '주인의 발에 묻은 흙'이라는 대답이 주어졌다.

토머스 풀러

in Horn, *Puritan Remembrancer,* 204

사탄의 계략을 물리칠 수 있는 방책은 주어진 소명을 근면 성실하게 이행하는 것이다. 새는 나는 동안에는 안전하지만, 나무 위에 내려앉으면 곧바로 그것을 쏘아 죽이는 도구의 표적이 된다. 그리스도인들도 소명을 부지런히 이행할 때는 유혹으로부터 안전할 수 있지만, 하나님이 정해주신 자리에서 부지런히 일하지 않고 게으르면 사탄이 유혹과 정욕의 씨앗을 뿌리기에 적합한 토양이 형성된다. 게으름은 영혼을 모든 영적 원수에게 노출시킨다. 사탄은 우리를 유혹하고, 게으른 사람은 마귀를 유인한다.

윌리엄 스퍼스토우

Wiles of Satan, 106

한쪽에는 나태와 무기력과 사소한 호기심이 있고, 다른 한쪽에는 과도한 걱정근심과 노예처럼 고되게 일만 하려는 태도가 있다면, 근면 성실은 그 중간에서 바르고 행복한 마음가짐으로 육체와 정신의 힘을 적당하고, 적절하게 습관적으로 활용해 나가는 것을 의미한다.

리처드 스틸

Religious Tradesman, 81

글쓰기

글쓰기의 특별한 목적은 죄로 인해 우리에게 내려온 저주의 어떤 부분을 제거하기 위함에 있다. 배움이란 영혼이 죄로 인한 저주와 사투하는 결과물이다. 추론 속에서 마음을 풀어내는 것과 하나님의 일들에 관한 친숙함을 회복하는 것이 바로 글쓰기의 목적이다.

존 오웬

Golden Book, 225

금식

육체를 길들이는 금식은 겸손함이 없으면 마음을 교만하게 만든다.

존 보이스

in Horn, *Puritan Remembrancer*, 125

금식은 육신이 지나치게 많은 것을 누림으로써 영혼을 대적하는 일을 막기 위해 음식과 음료를 적당히 절제하는 것을 의미한다. 이런 금식은 계속해서 할 수도 있고, 이따금 한시적으로 할 수도 있다. 그리스도인이 필요한 음식만 감사하는 마음으로 적절히 계속해서 섭취하고, 과도하게 섭취하지 않는 경우에 해당하는 금식과 금욕을 성경은 절제로 일컫는다.

한편, 개인적으로나 공적인 차원에서 이따금 한시적으로 금식을 할 수도 있다. 자신의 부족함을 성찰하기 원하는 사람은 개인적인 금식을 통해 음식과 음료 섭취를 중단함으로써 격정적인 성향과 정욕을 다스려 성령의 인도하심에 복종할 수 있다.

공적인 재난이나 어려움이나 시련이 닥쳤을 때는 그 지역의 관리가 공개적으로 금식을 명해 엄숙한 금욕을 실천하게 할 수 있다. 그러나 개인적인 금식에서든 공적인 금식에서든 경건하고 신중하게 금식을 이행해야 한다. 그렇지 않고 금식을 남용하면 오히려 하나님의 분노와 노여움을 사 더 큰 화를 불러올 수 있다.

존 후퍼

Early Writings, 538 – 39

인간의 본성 안에 뿌리 박혀 있는 그릇된 성향을 죽여 없애는 방법과 수단에 관해서는 이미 몇 가지를 언급했고, 앞으로도 강조해야 할 것이 더 있다. 그 가운데 특별히 편리하고, 적합한 것이 하나 있다. 바울 사도는 "내가 내 몸을 쳐 복종하게 한다"(고전 9:27)라는 말로 이를 표현했다. 몸을 쳐 복종시키는 것은 하나님이 정하신 의식의 하나로 죄를 죽여 없애는 것을 목표로 한다. 이것은 그릇된 성향의 본성적 뿌리를 점검해 그것이 자라는 토양의 양분을 제거해 말려 죽이는 것을 의미한다. (그리스도의 의와 성령의 사역은 물론, 지금 다루고 있는 이 문제에 관해서도 아무것도 알지 못하는) 교황주의자들은 자의적 예배 행위와 고해를 통한 금욕만을 강조한다. 그들은 죄나 금욕의 참된 본질을 알지 못한 채 오직 육신을 복종시키는 것에만 관심을 기울인다. 이것은 하나님이 친히 정하고, 인정하시는 수단들을 무시하려는 유혹을 받게 만든다. 하나님은 금식이나 자기 성찰과 같은 수단을 활용해 본성적 욕구를 억제함으로써 육신을 복종시키도록 허용하신다.

존 오웬

On Mortification of Sin, in *Oweniana*, 233

내가 지금 말하려는 금식은 하나님

앞에서 우리를 좀 더 철저하게 낮추고, 기도에 더욱 힘쓰기 위해 음식과 음료를 섭취하지 않고, 세상의 일과 즐거움을 중단함으로써 주님의 날을 거룩하게 하는 종교적 금식을 가리킨다. 이 금식은 두 부분으로 구성되어 있다. 하나는 외적인 부분으로 육체를 정결하게 하는 것이고, 다른 하나는 내적인 부분으로 영혼을 다스리는 것이다. 영혼을 다스리는 것 안에는 마음을 하나님께로 올바로 향하고, 하나님의 도우심을 구해 금식이 목표로 하는 것들을 얻고자 하는 모든 종류의 종교적 행위가 포함된다.

헨리 스쿠더

Christian's Daily Walk, 83

하면 그 시간에 내가 심방하지 못한 열 사람이 못 마땅해한다. 내가 한 사람과 대화를 나누면 나와 대화를 나누지 못하는 많은 사람이 화를 낸다. 나와 대화를 나누는 사람은 나를 예의 바르고, 겸손하고, 공손한 사람으로 생각하지만 나와 대화를 나누지 못하는 사람들은 나를 까다롭고, 공손하지 않은 사람으로 생각한다. 하나님과 양심이 명령하는 대로 더 중요하고, 더 필요한 일에 시간을 활용했지만, 그 시간을 자기들에게 사용하지 않았다고 나를 비난하는 사람이 얼마나 많은지 모른다.

리처드 백스터

A Christian Directory, in *Practical Works*, 2:560

기대

사람은 누구나 이기적이기 때문에 당신이 만족시킬 수 있는 것보다 더 많은 것을 기대하기 마련이다. 그들은 당신의 사정은 조금도 생각하지 않고, 마치 자기들 외에는 다른 누구도 생각해서는 안 되는 것처럼 자신이 얼마나 많은 것을 누리느냐에만 관심을 기울인다. 나에게 한 시간이나 하루의 여유가 생기면 많은 사람이 내가 그 시간을 그들을 위해 사용해 주기를 기대한다. 내가 한 사람을 심방

마음이 연약한 사람의 기대는 불행은 더 크게, 행복은 더 작게 만든다. 그러나 마음이 굳센 사람은 불행이 찾아오기 전에 이미 그것을 감내할 준비가 되어 있고, 행복이 찾아오기 전에 이미 미래의 행복을 꿈꾼다. 내가 가장 나쁜 일을 기대(예상)하는 이유는 그런 일이 일어날 수 있기 때문이고, 내가 가장 좋은 일을 기대하는 이유는 그런 일이 반드시 일어날 것을 알기 때문이다.

조셉 홀

Meditations and Vows, 9

기도

기도는 머리가 아니라 마음의 문제다. 기도할 때 관건은 유창한 말이 아니라 간절한 마음이다(약 5:16). 하나님도 달변의 말을 받으시는 것이 아니라 성령의 효력을 받으신다. 겸손이 오만보다 낫다. 기도에서는 우는 자가 최고의 웅변가다. 탄식과 신음이 최고의 수사학이다.

시므온 애쉬

Primitive Divinity, 83

성인이나 천사처럼 기도하면서도 기도의 영과는 전혀 상관이 없을 수 있다. 그러나 그리스도로 말미암아 하나님과 씨름하는 것은 성령의 역사다. 영혼이 아버지에게 나아가는 것처럼 하나님에게 나아갈 수 있을 때, 참된 마음으로 하나님에게 나아가 기도할 때, 기도에 믿음과 사랑의 날개가 달려 있을 때, 내면에 소망이 일어난다. 이것이 기도의 영의 효력이고, 영혼이 그리스도를 받아들였을 때 맺는 열매다.

바르톨로메오 애쉬우드

Best Treasure, 399

오, 당신의 섭리에 의존하는 살아 있는 모든 피조물을 먹이시는 가장 은혜로우신 하나님, 사랑의 아버지여, 간구하오니 주의 뜻 가운데 우리에게 베풀어 주신 이 피조물들을 거룩하게 하소서. 이 피조물들을 먹고 우리의 몸이 생명력과 건강을 얻게 하시고, 우리가 이것들을 주님의 손에서 나온 것으로 알아 감사히 받고, 이것들이 주는 힘으로 한평생 주의 얼굴 앞에서 정직한 마음으로 살게 하소서. 이러한 은혜는 우리의 주와 구주이신 예수 그리스도로 말미암아 주어지옵나이다. 아멘(왕상 19:8; 시 10:17; 147:9; 욥 1:10; 딤전 4:5).

루이스 베일리

Practice of Piety, 152

특별한 경우 외에는 목사가 기도를 오래 하는 것은 불편한 일이다. 대표기도를 듣고 있는 회중은 듣는 것에 제대로 집중하면서 동의하는 것보다 개인 경건 시간에 기도를 지속하는 것이 더 쉽다는 것을 기억하라. 30분 기도는 누구에게나 지루하고 아무도 좋아하지 않는다. 하지만 말로 하나님을 설득하려고 애쓰는 자처럼 기도하라. 그렇지 않으면 시간만 허비할 것이다. 또 간절한 기도의 영이 없으면 그리 오래 기도하지 못하고, 짧은 시간일지라도 잡념이나 망상으로 방해받을 것이다. 경건한 간절함의 날은 금방 무뎌진다. 기도할 때 자신의 말을 들으면서 자신이 무엇을 하고 있는지 생각해 보라.

리처드 버나드

Faithful Shepherd, 14

기도는 무엇인가? 우리는 종종 기도하러 간다고 말한다. 그런데 기도하는 것은 무엇인가? 기도는 은혜로운 영혼이 은혜의 성령의 도움을 받아 호흡하는 것이다. 이때 영혼은 약속 안에서, 그리스도의 이름으로 하나님께 나아가 때에 맞는 긍휼을 구한다.

토머스 블레이크

Living Truths in Dying Times, 100

기도는 영혼의 무기다. 우리가 영적 싸움을 할 때 무기가 없다면 슬픈 일 아닌가? 기도는 영혼의 장식물, 곧 그리스도인의 훌륭한 옷이다. 이 옷이 없어서 벌거벗은 채로 나타나는 것은 괴로운 일이 아닌가? 기도는 그리스도인의 필수요소다. 그러므로 물고기가 필수요소인 물속에서 살다가 물 밖으로 나오면 죽는 것과 같이 그리스도인도 필수요소인 기도 속에서 살다가 기도 밖으로 나오면 심령이 죽는다. 기도는 영혼에 필요한 모든 은혜를 공급한다.

윌리엄 브리지

Lifting Up, 106–7

기도는 무엇이고 기도의 본질은 무엇인가? 기도는 하나님에게 영혼을 쏟아놓는 것이다. 기도는 하나님에게 말을 쏟아놓는 것이 아니며 영혼을 쏟아놓는 것이다.

윌리엄 브리지

Lifting Up, 115

아버지라는 말은 달콤한 단어다. 이 말이 우리의 모든 의무를 달콤하게 만들기 때문이다. 아버지라는 말을 기도에서 제거한다면, 기도는 얼마나 시큼해질까!

윌리엄 브리지

Lifting Up, 130

기도는 건강하지 못한 마음이 감당하기에는 너무 힘들고 너무 벽이 높은 일이다. 기도는 마음의 일이고, 그것은 기도하는 자에게 기도가 막중한 일인 것을 증명한다. 기도의 정수는 하나님 앞에 영혼을 쏟아놓는 것이고, 위선자는 이 일을 능숙하게 행하지 못한다.

토머스 브룩스

Cabinet of Choice Jewels, 305

냉랭한 기도는 거절을 예약하지만 간절한 기도는 하늘과 땅을 거룩하게 뒤흔든다.

토머스 브룩스

Privy Key of Heaven, 172

간절한 기도는 영혼의 씨름, 곧 영혼이 하나님과 싸우는 것이다. 간절한 기도는 땀 흘리는 일이다. 간절한 기도는 영혼의 땀과 피다. 간절한 기도는 영혼의 모든 힘과 능력을 최대한 발휘하는 것이다. 개인 기도에서 하나님에게 승리를 거두려면 마음의 모든 줄을 잡아당겨야 한다. 하나님에게 간청할(beseech) 때는 공세를 퍼붓는(besiege) 듯해야 한다. 그래야 하나님에게 승리를 거둔다.

토머스 브룩스

Privy Key of Heaven, 173–174

기도하고 또 기도하지만 자기 기도에 주의를 기울이지 않는 자는 바보 아니면 미친 자, 아주 약한 자 아니면 아주 악한 자다. 이런 자는 하늘을 향해 많은 화살을 쏘지만 화살이 어디로 날아가는지 아무 관심이 없다. "내가 하나님 여호와께서 하실 말씀을 들으리니 무릇 그의 백성, 그의 성도들에게 화평을 말씀하실 것이라 그들은 다시 어리석은 데로 돌아가지 말지로다"(시 85:8). 다윗은 하나님이 기도를 들으시게 하려면 먼저 하나님이 말씀하시는 것을 들어야 한다고 말한다. 다윗은 하나님이 하실 말씀을 듣겠다는 확고한 결심을 하고 있다.

토머스 브룩스

Privy Key of Heaven, 202

기도는 주의 영이 우리 속에 먼저 불어넣으신 숨결을 주 앞에서 내뿜는 것 외에 다른 것이 아니다.

토머스 브룩스

Smooth Stones, 228

기도는 영혼의 방패, 하나님에게 바치는 제사, 사탄을 가격하는 채찍이므로 자주 기도하라.

존 번연

"Mr. John Bunyan's Dying Sayings," in *Works*, 80

기도는 그리스도로 말미암아, 성령의 능력과 도움으로, 하나님이 약속하신 것을 위해, 또는 하나님의 말씀대로 교회의 유익을 위해 하나님의 뜻에 믿음으로 복종하면서 진실하고, 분별 있고, 열정적으로 마음을 하나님에게 쏟아놓는 것이다.

존 번연

Prayer, 13

기도하기 전에 당신의 영혼에 다음과 같이 물어보라. 오, 내 영혼아, 너는 어떤 목적으로 기도의 자리로 나왔는가? 기도로 주님과 대화하러 온 것 아닌가? 주님이 임하셨는가? 주님이 네 말을 들으실까? 주님은 자비로우신가? 주님이 너를 도우실까? 네가 주님 앞에 가져온 문제는 사소한가?

그것은 네 영혼의 행복과 관련되어 있지 않은가? 너는 주님이 긍휼을 베푸시도록 어떤 말을 사용하겠는가?

존 번연

Riches, 305

기도할 때 우리가 취하는 자세에는 정해진 것이 없다. 무릎을 꿇거나 서거나 걷거나 눕거나 앉을 수 있다. 경건한 자는 기도할 때 이 모든 자세를 사용했다. 바울은 무릎을 꿇고 기도했다. 아브라함과 세리는 서서 기도했다. 다윗은 걸으면서 기도했다. 아브라함은 엎드려서 기도했다. 모세는 앉아서 기도했다(행 20:36; 삼하 15:30–31; 창 17:17–18; 출 17:12). 확실히 효과적이고 간절한 기도는 이런 모든 자세로 하나님에게 드려질 수 있고 또 종종 그렇게 드려진다. 하나님은 이 가운데 어느 자세로 기도하라고 우리를 제한하지 않으셨다. 그러므로 자기 자신이나 자기 교인을 이 가운데 어느 한 자세로 기도하도록 제한하는 자는 하나님에게서 받은 것을 벗어나 행하는 것이다. 새로운 자세를 강조하는 것도 조심하라. 이런 방법은 진실하게 감당해야 할 그들의 의무에 있어 사람들을 위선자와 속이는 자로 만드는 지름길이기 때문이다.

존 번연

Riches, 322–323

순경 속에서 우리는 힘겹고 둔하게 기도하지만 역경은 우리 기도에 날개를 달아준다(사 26:16).

애드먼드 캘러미

Godly Man's Ark, 12

우리는 기도 응답을 받았을 때 나는 간절히 기도했고 많이 기도했기에 응답받아야만 했다고 쉽게 말한다. 어떤 이는 긍휼을 얻기 위해 간절히 기도한 후 확신을 갖고 응답을 기대하지만 실망한다. 왜 그런가? 자신이 기도하는 것과 자신이 믿는 것에 대해 죽지 않고, 하나님이나 예수 그리스도를 의지하기보다 하나님을 믿는 자신의 믿음과 하나님에게 기도하는 자신의 행위를 더 의지하기 때문이다. 어떤 이는 그들의 믿음을 믿고 그들의 기도에게 기도한다.

알렉산더 카마이클

Believer's Mortification of Sin, 27

우리는 "기도할 수 없는 자는 바다로 나가 보라"고 말하곤 한다. 환난은 벙어리의 입술을 열어놓고 혀의 맺힌 것을 풀어 하나님께 부르짖게 만든다. 환난 속에서 하나님의 가르침을 받은 자는 더 자주, 더 간절히 기도하는 법을 배운다.

토머스 케이스

Correction, Instruction, 18

그리스도인이 성경을 읽는 한 가지 중대한 용도는 거기서 기도의 언어를 배우는 것이다. 오, 이 시대의 신앙고백자들이 성경 읽기를 통해 환난 가운데 처해 있는 형제들을 위해 무엇을 기도하고 어떻게 기도해야 하는지 특별히 배우기를 바란다. 오, 그들이 비판은 덜하고 기도는 더하며, 다른 사람에 대해 말하기보다는 다른 사람에게 그리고 다른 사람을 위해 더 말하기를 바란다. "그 때에 여호와를 경외하는 자들이 피차에 말하매"(말 3:16), 이것이 옛날 사람들의 좋은 습관이었다. 그러나 지금은 기도하고 치유하고 회복시키는 부드러운 영이 떠났다. 그리스도인들이 그 영을 다시 불러오기 위해 분발하지 않는다면, 그것은 하나님 역시 떠나실 것을 알려주는 슬픈 전조다.

토머스 케이스

Correction, Instruction, 140

기도가 하나님의 보고(寶庫)를 여는 열쇠이기는 하지만 그 열쇠를 돌리는 손인 믿음이 없으면 아무 소용이 없다.

새뮤얼 클라크

Saint's Nosegay, 89

통상적 섭리를 통해 얻은 세상 것은 단지 우리의 욕심을 높이는 덫이 되지만 기도로 얻는 것은 우리에게 거룩한 것이 된다.

새뮤얼 클라크

Saint's Nosegay, 96

경건한 사람들의 기도의 바람으로 항상 움직이는 배는 가장 확실한 곳으로 항해한다.

새뮤얼 클라크

Saint's Nosegay, 97

기도로 하나님을 움직이거나 바꾸는 것이 아니다. 하나님은 한 마음을 갖고 계시고 항상 동일하시다. 기도는 주님 가까이 나아가도록 우리의 마음을 움직이거나 바꾸는 것이다. 따라서 우리의 마음과 영이 기도로 더 고결하고 거룩한 자세를 가질 때, 본성적이고 육적이고 형식적인 자아를 넘어설 때, 세상의 온갖 자극과 낙심을 극복하고 넘어설 때, 우리는 목적에 합당한 기도를 하게 된다.

토머스 코벳

Gospel Incense, 5

기도는 때를 따라 주어지는 하나님의 도움과 구원을 얻기 위해 그리스도의 이름으로 하나님께 신령하고 신실하게 마음의 문을 여는 것이다. 여기서 마음이란 생각과 욕구와 애정을 의미한다. 마음은 죄와 연약함을 알고 감지한다.

토머스 코벳

Gospel Incense, 13–14

기도로 하나님과 함께 있는 시간이 거의 없는 자는 다른 사람을 거의 사랑하지 않는 자다.

토머스 코벳

Gospel Incense, 96

우리는 기도할 때 하나님에게 구해야 할 것을 완전히 결여하고 있고, 다른 어떤 방법으로도 그것을 얻지 못할 정도로 무력하다는 점을 느껴야 한다. "떡 세 덩이를 내게 꾸어 달라 내 벗이 여행 중에 내게 왔으나 내가 먹일 것이 없노라." "나는 여기서 주려 죽는구나 내가 일어나 아버지께 가서…나를 품꾼의 하나로 보소서 하리라." "내 마음이 내 속에서 참담하니이다." "내 영혼이 마른 땅 같이 주를 사모하나이다." 우리는 자신이 영적인 거지와 같아서 다른 모든 수단은 도움이 되지 못하고 구원을 위해 오직 은혜의 문만 남아 있다는 것을 깨달을 때, 참으로 간절하게 기도의 문을 두드리게 될 것이다.

토머스 코벳

Gospel Incense, 151

기도할 때 성령의 감동과 그리스도의 가까이하심을 누리라. 기회는 끈질긴 기도를 돕는다. "맹인 두 사람이 길가에 앉았다가 예수께서 지나가신다 함을 듣고 소리 질러 이르되 주여 우리를 불쌍히 여기소서 다윗의 자손이여 하니…예수께서 머물러 서서 그들을 불러 이르시되 너희에게 무엇을 하여 주기를 원하느냐 이르되 주여 우리의 눈 뜨기를 원하나이다"(마 20:30–33). 그리스도께서 그의 영으로 우리를 자신에게로 부르시고 무엇을 구하는지 물으실 때, 그리고 그리스도께서 머물러 서서 우리에게 은혜를 베풀고자 기다리실 때 그리스도를 절대로 그냥 가시게 하지 말라.

토머스 코벳

Gospel Incense, 152

우리는 때때로 기도할 수 있도록 기도해야 하고, 기도하기에 가장 부적합하다고 스스로 판단될 때 기도하기에 가장 적합하게 되도록 기도해야 한다. 이것은 사람들이 말함으로써 말하기에 적합한 상태가 되고, 달림으로써 달리기에 적합한 상태가 되고, 씨름함으로써 씨름하기에 적합한 상태가 되며, 일함으로써 일하기에 적합한 상태가 되는 것과 같다.

토머스 코벳

Gospel Incense, 162

마음속에 이런 복된 체질을 가진 자는 날마다 하나님의 섭리와 약속의 꽃에서 신령한 달콤함을 맛보고 우리의 영적 벌집에서 꿀이 뚝뚝 떨어지는 것을 경험할 것이다. 베짱이같이 게으른 형식적인 신앙고백자는 의무를 등한시하고 이전에 받은 은혜나 위로를 쌓아놓고 먹고 살려고 하는 동안 기도에는 완전히 맥이 풀려버린 상태가 된다. 그들의 마음은 이미 모든 것을 충분히 갖고 있다고 생각하니 무엇을 더 구할 필요가 있겠는가? 그러나 꿀벌 같은 성도들의 부지런함은 그들의 입술을 꿀이 떨어지는 벌집과 같게 만들 것이다. 그리고 이것은 대부분 매일의 묵상을 통해 이루어지고, 이때 우리는 거룩한 자세로 앉아 묵상하며 하나님의 말씀과 사역 속에 들어 있는 달콤한 꿀과 수액을 빨아들인다. "나의 심정(즉 기도)을 헤아려 주소서"(시 5:1).

토머스 코벳

Gospel Incense, 175

우리가 가장 자주, 열렬히 기도하는 것은 은밀한 기도에서다. 애통에 대해 말할 수 있는 것은 기도에 대해서도 사실이다. 가장 은밀하게 기도하는 사람이 가장 진실하고 신실하게 기도한다. 그러므로 우리 구주는 은밀한 기도를 위선적 기도와 대조하신다.

토머스 코벳

Gospel Incense, 241

그리스도인의 영의 악기가 기도로 제대로 연주되지 않으면 그는 일과 여러 활동에서 온종일 나쁜 음악만 만들 것이다. 우리가 하늘의 궁정에서 제대로 하지 못한다면 땅의 나라에서도 제대로 하지 못할 것이다. 이 거룩한 시장과 항구에서 우리가 잘 비축하지 못하고 충분히 선적하지 못한다면 다른 곳에서도 빈약한 시장을 만들 것이다.

토머스 코벳

Gospel Incense, 339

우리는 다음과 같은 경우에 짧게 기도할 수 있다. (1) 육체의 질병이나 고통에 처해 있을 때, 또는 무기력한 상태에 있거나 죽음이 임박했을 때. "내 몸에 힘이 없어졌고 호흡이 남지 아니하였사오니 내 주의 이 종이 어찌 능히 내 주와 더불어 말씀할 수 있으리이까"(단 10:17). 병에 걸린 히스기야와 야곱은 짧게 기도했다. "야곱은 죽을 때에…그 지팡이 머리에 의지하여 경배하였으며"(히 11:21). (2) 통상적인 분별력이나 섭리로는 피할 수 없는 긴박한 상황이 벌어졌을 경우. 블레셋 사람들이 갑자기 쳐들어왔을 때 사무엘과 사울이 기도하자 그들이 곧 흩어졌다. (3) 기도할 마음이 별로 내키지 않을 경우. 기도하려고 힘써 노력한 후에도 영의 불안과 조급함이 가라앉지 않을 때는 아무 의미 없이 떠들썩하게 말을 많이 하고 하나님의 이름을 망령되이 일컫는 것보다는 짧게 기도하는 편이 낫다. (4) 개인적 핍박을 받고 한 곳에 오래 머무를 수 없는 경우. (5) 통상적 과정이 아니라 특별한 시기에 일시적으로 기도가 행해지는 경우. 이런 경우에 히스기야는 짧게 기도했다.

토머스 코벳

Gospel Incense, 346

우리 기도의 내용은 어떠해야 할까? 일반적으로 기도의 내용은 여러 가지 요소, 즉 고백, 간구, 중보, 감사로 구성되고 채워져야 한다. 특히 영적인 복, 영혼의 행복과 관련된 복을 우선적으로 가장 간절하게 구해야 한다는 규칙이 지켜져야 한다. 현세의 복이나 이 세상과 관련된 복은 하나님의 무한한 지혜와 거룩하신 뜻에 겸손히 복종하면서 구해야 한다. "그를 향하여 우리가 가진 바 담대함이 이것이니 그의 뜻대로 무엇을 구하면 들으심이라"(요일 5:14).

새뮤얼 크래덕

Knowledge and Practice, part 2, chaps. 5,

20

기도는 심장 상태를 나타내는 맥박과 같다. 영적 생명이 약하면 우리의 기도도 약하다. 반면에 매우 경건한 사람은 기도생활도 강하다.

에제키엘 컬버웰

Time Well Spent, 253

기도는 하나님의 뜻에 맞게 하나님께 영으로 아뢰는 것, 또는 하나님께 마음으로 외치는 것이다. 여기서 냉랭하지 않고 간절한 기도가 시작된다.

에제키엘 컬버웰

Time Well Spent, 255

우리는 기도로 얻는 것은 편안하게 쓸 수 있다.

존 도드

Worthy Sayings, n.p.

기도로 얻는 진리는 마음에 특별한 감미로움을 남겨놓는다.

존 플라벨

Fountain of Life, 80

우리는 죽지만 우리의 기도는 우리와 함께 죽지 않는다. 우리의 기도는 우리보다 오래 살고, 우리가 흙으로 돌아가더라도 그 후의 세상에 남은 자가 우리 기도의 혜택을 누릴 것이다.

존 플라벨

Golden Gems, 63

기도하며 결별하는 자는 즐겁게 다시 만나기를 바랄 수 있고, 기도로 시작하지 않은 계획은 복으로 끝날 수 없다.

존 플라벨

"The Seaman's Farewell," in *Navigation Spiritualized*, 231

바다를 항해하는 자는 그들 스스로 간절히 기도해야 할 뿐 아니라 다른 그리스도인들도 그들을 위해 기도하게 할 필요가 있다.

존 플라벨

"The Seaman's Farewell," in *Navigation Spiritualized*, 231

날마다 하나님과 함께 하루를 시작하는 것이 가장 좋다. 존경하는 한 사람의 권면이 여기 있다. "더 필수적인 의무에 반드시 시간을 써야 하는 경우가 아니라면 홀로 또는 동료와 함께 은밀한 기도를 하고, 이 기도를 가정의 공동 기도보다 먼저 하라. 이 기도를 이유 없이 미루지 말고 가능하면 하루 중 다른 일보다 먼저 하라. 그러나 하나님이 마치 이 시간에 여러분을 꽁꽁 묶어둔 것처럼 형식적이고 미신적으로 기도하지 말라." 이 기도는 다른 시간에는 기도할 시간을 내기가 쉽지 않은 사람에게 가장 좋다. 개인 기도는 아침에 일어나 옷을 입는 순간에 하는 것이 가장 적합하다. 그렇지만 어떤 사람에게는 다른 시간이 더 자유롭고 더 적합할 수 있다.

윌리엄 기어링

Sacred Diary, 41

하나님은 그분의 이름에서 이 부분을 매우 소중히 여기신다. 사실 이 철자를 빼버리면 하나님의 이름을 올바르게 말할 수 없다. 하나님은 이 이름으로 모든 피조물들에게 알려지시기 때문이다. 사람도 지혜롭고 자비롭고 능하다는 말을 들을 수 있다. 그래도 전(全)지하시고 전(全)자비하시고 전(全)능하신 분은 하나님밖에 없다. 그러므로 우리가 '전'(全)이라는 음절을 빠뜨리면 하나님을 피조물의 이름으로 잘못 부르는 것이고, 이때 하나님은 응답하지 아니하실 것이다.

윌리엄 거널

Christian in Complete Armour, 14

하나님은 무언가를 줄 수 있는 능력을 넘치게 갖고 계시지만 주기를 거부할 힘은 없으시다. 나는 경외심을 갖고 말하거니와, 전능자께서는 이 점에 있어 약하시다. 하나님을 향해

"아버지"라고 부를 수 있는 하나님의 가족 가운데 은혜가 가장 약한 어린 아이라도 하나님을 이길 수 있다. 그러므로 여러분의 약한 믿음 때문에 낙심하지 말라.

윌리엄 거널

Christian in Complete Armour, 21

신령한 것에 관해서는, 가장 많이 무릎을 꿇고 공부하는 자가 최고의 학생이다.

윌리엄 거널

Christian in Complete Armour, 121

진실한 마음을 가진 약한 손이 기도의 열쇠를 돌릴 수 있다.

윌리엄 거널

Christian in Complete Armour, 236

어떤 죄에 대해 기도할 때 하나님의 약속을 따라 간구하라. 예를 들어 다음과 같은 약속을 하나님의 손에 내놓으라. "죄가 너희를 주장하지 못하리니"(롬 6:14). "우리의 죄악을 발로 밟으시고"(미 7:19). 기도는 약속을 거꾸로 돌려드리는 것 외에 다른 것이 아니다. 기도는 하나님의 말씀을 논증으로 삼아 믿음으로 하나님에게 다시 응수하는 것이다.

윌리엄 거널

Christian in Complete Armour, 486

기도가 성령께서 영혼 속에 불어넣으시는 은혜의 숨결이 아니면 그 무엇이겠는가? 하나님이 사람 속에 생기를 불어넣으시자 사람이 생령이 되었다. 하나님이 피조물 속에 영적 생명의 숨을 불어넣으시면 그것은 기도하는 영혼이 된다. 하나님은 바울에 대해 아나니아에게 이렇게 말씀하셨다. "그가 기도하는 중이니라"(행 9:11). 마치 이렇게 말씀하신 것과 같다. "그를 두려워하지 말라. 그는 정직한 영혼이다. 그가 기도하는 자이므로 너는 그를 믿을 수 있느니라." 새 피조물에게는 기도하는 것이 우는 것만큼 자연스럽다. 아기는 우는 법을 배우지 않지만 본능적으로 울면서 세상에 나온다. 기도하는 것은 기교로 배우는 게 아니라 새 생명의 원리에서 흘러나오는 것이다.

윌리엄 거널

Christian in Complete Armour, 627

당신의 요청이 크다고 해서 기도 응답을 방해할 수 없다. 가장 크게 구하는 자가 가장 환영받는다. 간절히 갈망하면서 한 방울의 긍휼을 위해 끈덕지게 구하는 자 말고 누가 은혜의 보좌에서 눈에 뜨일 자이겠는가!

윌리엄 거널

Christian in Complete Armour, 643

모든 신자에게 주어진 세 가지 특권이 있다. 첫째, 그리스도께서는 기도할 자유를 사셨다. 우리가 죽임을 당하지 않고 하나님 앞에 나아갈 수 있도록 그리스도께서 자신의 피로 하나님 앞에 나아갈 길을 닦으신 것이다(히 10:27). 둘째, 그분은 기도할 능력을 사셨다. 그리스도께서 우리를 위해 성령을 사셨기에 성령은 "약속의 성령"으로 불리신다. 셋째, 신자의 기도는 안전하게 응답받는다. "너희가 무엇이든지 아버지께 구하는 것을 내 이름으로 주시리라"(요 16:23). 사실 그리스도께서 하늘에서 우리를 위해 주장하신다. 그분은 하나님에게 자신의 피를 제시하신다. 그 결과 모든 성도의 간청은 응답받는다. 따라서 당신은 그리스도의 중보에 관한 이 조항을 당신의 신조에서 지워버려서는 안 된다. 만약 그것을 지워버린다면 법정에서 당신을 위해 변호해줄 좋은 친구가 있음에도 하나님의 초대를 의심한 것에 대해 수치를 당할 것이다.

윌리엄 거널

Christian in Complete Armour, 643

신자의 기도는 하나님의 손에 전달되기 전에 정제(refining)를 거친다. 사실 하나님이 우리의 기도에서 우리의 뻔뻔한 태도를 확인하고 우리의 손에서 우리의 오점을 보신다면 우리는 크게 두려워하지 않을 수 없다. 그렇지만 우리의 기도는 먼저 정제하시는 이의 손에 들어간다. 우리 주 예수께서 우리의 기도를 검열하고 우리의 온갖 그릇된 요청과 잘못된 간청을 바로잡으신다. 그리스도는 우리의 오점을 자신의 피로 씻으신다. 그리스도의 중보를 통해 우리의 기도에 담긴 조잡하고 불순한 모든 것이 순수한 것으로부터 분리된다. 그리스도는 자신의 영의 숨결에 속한 것을 남기고 우리의 육체에서 유래한 부분은 감추신다.

윌리엄 거널

Christian in Complete Armour, 652

"그를 향하여 우리가 가진 바 담대함이 이것이니 그의 뜻대로 무엇을 구하면 들으심이라"(요일 5:14). 약속 없는 믿음은 딛고 설 견고한 땅이 없는 발과 같다. 그러므로 당신의 기도의 꽃을 반드시 약속의 정원에서 모으라. 그러면 당신은 결코 잘못될 수 없을 것이다. 그러나 그 꽃들이 당신 자신의 거친 호박꽃과 섞이지 않도록 각별히 주의하라.

윌리엄 거널

Christian in Complete Armour, 653–654

기도할 때 내가 하나님의 영광을 구하는 것인지, 아니면 나의 뜻을 구하는 것인지 어떻게 알 수 있을까? 이것은 보통 하나님이 기도 응답을 지체하거나 거부하실 때 우리가 취하는 마음의 자세로 드러난다. 영혼이 응답의 지체나 거부를 묵묵히 따르고 인내하며 견딜 수 있으면(나는 지금 구원에 필수적이지 않고, 절대적 약속이 아닌, 하급 본질에 속한 긍휼에 대해 말하는 것이다), 이것은 그가 하나님의 영광을 자기 자신의 개인적 유익보다 더 중요하게 여긴다는 희망적 신호이다. 이기적인 마음은…성급하다. 이기적인 마음은 기도한 대로 응답받아야 하고, 그것도 빨리 응답받아야 한다. 그렇지 않으면…투덜거리는 불평이 터져 나온다.

윌리엄 거널

Christian in Complete Armour, 655

우리의 기도는 두 가지 면에서 방해받을 수 있다. 하나님을 거스르는 어떤 죄에 빠져 있음으로 방해받을 수 있고, 우리에게 범한 형제의 죄를 용서하지 않음으로 방해받을 수 있다. 주님이 가르쳐주신 기도에서 이 두 가지는 분리되지 않는다. "우리가…사하여 준 것 같이 우리 죄를 사하여 주시옵고."

윌리엄 거닐

Christian in Complete Armour, 656

믿음으로 기도하는 것은 시간이나 방식이나 수단에 구애받지 않고 그 응답을 하나님의 능력과 진리에 의존함으로써 하나님이 약속하신 것을 그리스도의 이름으로 하나님에게 구하는 것이다.

윌리엄 거널

Christian in Complete Armour, 657

그러면 자신이 기도하는 가운데 믿음을 행사하였다는 것을 어떻게 알 수 있을까? 첫째, 기도한 다음 당신의 영에 찾아오는 평안과 평정으로 알 수 있다. 믿음은 폭풍 속에서 살 수 있다. 하지만 믿음은 폭풍 속에서 살기 위해 폭풍을 겪는 것은 아니다. 믿음이 강하게 발동할수록 불만족스럽고 근심 어린 생각의 사나운 바람은 잦아든다. 마음속에 믿음이 있는 것에 비례해 평안도 있다. 믿음과 평안은 하나로 묶여 있다. "너희가 돌이켜 조용히 있어야 구원을 얻을 것이요 잠잠하고 신뢰하여야 힘을 얻을 것이거늘"(사 30:15). 둘째, 기도 응답이 없을 때에도 계속 기도하는가? 믿지 않는 심령은 응답이 지체되면 지칠 것이다. 하나님의 명령과 약속이 있는 한, 믿음은 계속해서 기도의 그물을 던질 것이다…믿음은 기도의 날개를 사용해 하늘로 날아가고, 동시에 의무와 순종의 발을 사용해 땅에서 걷고 분발한다. 당신은 기도할 때 하나님께 아뢰는 것을 얻기 위해 믿음이라는 수단을 선택해야 할 것이다…믿음은 역사하는 은혜다.

윌리엄 거널

Christian in Complete Armour, 659–660

첫째, 역경 속에서 기도할 때와 마찬가지로 순경 속에서도 기도하라. 역경 속에서 하나님이 당신을 인정하실 수 있도록 지금 순경 속에서 하나님을 의지하라. 한 번도 우리를 찾아온 적이 없는 친구가 어느 날 갑자기 물건을 빌리러 오면 우리는 그를 환영할 수 있겠는가? 그런 행동은 친구가 아니라 거지가 하는 일이다. 둘째, 고난 속에 있을 때 가식으로 기도하지 않았음을 증명하도록 순경 속에 있을 때 기도하라. 순경 속에서 드리는 한 번의 기도가 역경 속에서 행한 모든 의무보다 당신의 신실함을 더 잘 증명할 것이다. 셋째, 순경이 덫이 되지 않도록 순경 속에 있을 때 기도하라.

윌리엄 거널

Christian in Complete Armour, 671

기도는 아침에는 열쇠이어야 하고 밤에는 자물쇠이어야 한다. 아침에 일어날 때 기도로 우리의 눈을 열고 밤에 자리에 누울 때 같은 열쇠, 곧 기도로 우리의 눈을 잠그지 않으면 우리가 그리스도인이라는 증거는 없을 것이다.

윌리엄 거널

Christian in Complete Armour, 673

성도에게 있어 정기적인 기도는 음식과 같다. 성도는 평소의 식사처럼 정기적으로 기도할 때가 돌아오는 것을 놓칠 수 없다. 그러나 특별한 기도는 평범한 수단을 사용해서는 치료할 수 없는 병든 영혼을 고치는 약이다. 아울러 특별한 기도는 더 강력한 힘과 활력을 갖도록 기독교적 은혜를 더 높이고 진전시키는 특효약이다.

윌리엄 거널

Christian in Complete Armour, 707

오래 기도하기보다는 자주 기도하라. 오래 기도하다 보면 감정이 느슨해지기 쉽다. 태엽을 한 번 감으면 다른 시계들보다 더 오래 가도록 만들어진 시계는 끝으로 갈수록 시간이 늦어지기 마련이다…긴 여행 중에 자기 짐승이 한숨 돌릴 수 있도록 자주 짐을 가볍게 하는 자는 짐승의 힘을 무리하게 이용하는 자보다 목적지에 더 빨리 도착할 것이다. 특히 단체 기도에서 이것을 주의하라.

윌리엄 거널

Christian in Complete Armour, 714

기도 시간에 이루어진 결심은 부지런한 노력이 수반되면 유익하다. 그렇지 않으면 이런 결심은 거짓된 마음을 덮기 위한 술책에 불과하다. 삼손은 원수들에게 복수하게 해달라고 기도했을 뿐만 아니라 집의 기둥에 그의 손을 얹었다.

윌리엄 거널

Christian in Complete Armour, 723

우리는 다음과 같이 할 때 영으로 기도하는 것이다. 첫째, 지식 안에서 기도할 때. 둘째, 열렬하게 기도할 때. 셋째, 진실하게 기도할 때. 이성은 지식을 따라 활동한다. 감정은 열렬함으로 활성화된다. 의지는 진실할 때 움직인다. 영으로 기도하려면 이 세 가지가 다 요구된다. 열렬함 없이 지식으로만 기도할 때 냉랭하고 활력이 없다. 지식 없이 열렬함으로만 기도할 때 눈먼 말의 용맹과 같다. 지식과 열렬함을 모두 갖춘 기도는 재빠른 말과 유능한 마부가 끄는 수레와 같다. 그렇지만 진실하지 못하면 잘못된 방향으로 가고 만다. 진실함이 결여되면 지식과 열렬함을 다 갖추어도 아무 소용이 없다. 이런 자는 자신의 열심에 대해 거의 감사하지 않을 것이다. 그것은 주님이 아니라 자기 자신을 섬기는 것이다.

윌리엄 거널

Christian in Complete Armour, 743

열렬함은 영혼을 연합시키고 생각을 모으고 손으로 일하게 만든다. 열렬함은 주의가 분산되는 것을 막아주고 온갖 낯선 생각들을 물리칠 것이다. 예루살렘 성곽 건축을 그만 중단하고 내려오라고 요구하는 자들에게 느헤미야는 다음과 같이 말했다. "내가 이제 큰 역사를 하니 내려가지 못하겠노라 어찌하여 역사를 중지하게 하고 너희에게로 내려가겠느냐"(느 6:3).

윌리엄 거널

Christian in Complete Armour, 748

올바르게 기도하려면 하나님의 영 안에서, 하나님의 영으로 말미암아 기도하는 것이 필수적이다. 기도는 피조물의 행위이지만 성령의 선물이다. 기도하려면 성령님과 그리스도인의 영이 협력해야 한다. 그래서 성령께서 우리 안에서 기도하신다고 하며(롬 8:26), 성령으로 기도하라는 말씀을 듣는다(유 1:20).

윌리엄 거널

Christian in Complete Armour, 754

기도가 약해지거나 기도를 중단하는 것은 어리석고 악한 일이고, 우리 자신에게 위험을 초래한다. 첫째, 그것은 우리에게 쓰라린 고통을 가져온다. 하나님의 종인 당신이 하나님의 얼굴을 피해 도망치려 하는가? 그러면 폭풍이 임해 당신을 기도의 자리로 되돌리게 만들 것이다. 당신은 어린아이로서 감히 무단결석을 하고자 하는가? 그러면 하늘 아버지께서 채찍으로 당신을 학교로 되돌려 보내실 것이다. 둘째, 기도를 중단해 보라. 그러면 당신은 죄를 짓기 시작할 것이다. 기도는 긍휼을 얻는 수단일 뿐만 아니라 죄를 방비하는 수단이기도 하다.

윌리엄 거널

Christian in Complete Armour, 774

형제 사랑은 종종 참 성도의 특성으로 간주된다. 우리가 성도들을 위해 기도하는 것보다 더 성도들에 대한 사랑을 보여주는 행위는 없다. 여러분은 다른 성도들과 자주 교제하고, 그들에게 친절을 베풀고, 그들을 비방하는 자에게 반박한다는 이유로, 또는 그들과 함께 고난을 겪을 수 있다는 이유로 다른 성도들을 사랑한다고 말하겠는가? 물론 진실하다면 이 모든 행위는 훌륭하다. 그러나 허영이나 다른 어떤 육체적 동기가 섞이기가 얼마나 쉬운가! 그런데 이런 시험들 가운데 어느 것도 당신을 부패시킬 힘이 없음을 확인하려면, 다른 성도들의 죄와 필요와 슬픔을 깊이 의식하면서 하나님께 기도하라. 이것이 기도가 빠진 이전의 모든 것보다 당신의 진실한 사랑을 더 잘 말해줄 것이다.

윌리엄 거널

Christian in Complete Armour, 782

다른 사람을 위해 기도하지 않는 것은 사랑이 없는 것이며 다른 사람이 해주는 기도에서 유익을 얻기를 기대하지 않는 것은 교만한 것이다.

윌리엄 거널

Christian in Complete Armour, 785

하나님의 말씀은 기도할 때 여러분의 소원의 안내자와 여러분의 기대의 근거가 되어야 한다. 하나님이 여러분에게 말씀하시는 것에 귀를 기울이지 않는다면 여러분이 하나님에게 아뢰는 것에 대해 하나님이 은혜로 귀를 기울이실 것이라고 기대할 수 없다.

매튜 헨리

Directions for Daily Communion with God, 23

하나님은 아브라함이 구하기를 멈출 때까지 주는 것을 멈추지 아니하셨다. 이것이 기도의 힘이다.

매튜 헨리

Gems, 7

기도는 하나님에게 마음에서 우러나는 감사와 간구를 바치는 엄숙한 종교적 제사로서, 중보자를 통해 하나님에게 그분의 이름에 합당한 영광을 돌리고 그분이 약속하신 은혜를 얻으려는 의도로 거룩한 감정을 진실하게 표현하는 것이다.

매튜 헨리

Method for Prayer, iii

우리가 은혜의 보좌로 달려가 기도하는 목적은 하나님의 은혜를 구할 뿐 아니라 하나님의 무한한 완전하심을 찬송하고 우리를 향한 하나님의 인자하심에 감사하여 하나님의 이름에 합당한 영광을 돌리는 데 있다. 물론 그렇게 기도해도 하나님의 영광에 무엇을 더할 수는 없다. 그렇더라도 하나님에게서 어떤 은혜를 받기에 합당하지 못한 자신의 무가치함을 깨닫고 하나님이 주시는 선물을 귀중히 여기면서 선물을 주시는 이를 사랑하는 마음에서 나오는 기도를 하나님은 기쁘게 받아주실 것이다.

매튜 헨리

Method for Prayer, 85–86

우리 주 예수님은 다른 사람들과 함께, 다른 사람들을 위해 기도할 것을 우리에게 가르치셨다. 사도 바울은 모든 성도를 위해 간구하라고 명령했고, 그의 서신들에 나오는 많은 기도가 그의 친구들을 위한 기도다. 우리는 기도할 때 우리 자신이 직접 관련되어 있지 않다는 이유로 다른 성도들을 위해 기도하는 일에 무감각하고 무관심해도 된다고 생각해서는 안 된다. 오히려 우리는 하나님과 사람에 대한 거룩한 사랑의 불길로 우리의 헌신을 더 뜨겁고 활력 있게 만들어야 한다.

매튜 헨리

Method for Prayer, 116

주 우리 하나님, 우리는 하나님 안에서 살며 기동하며 존재합니다. 우리는 하나님에게서 우리 존재의 모든 도움과 위로를 받습니다. 하나님은 날마다 우리에게 먹을 것을 주시고 우리의 잔을 채우시며 풍성한 선물로 우리를 위로하십니다. 그러기에 우리는 하나님을 의지하고, 하나님에 대해 감당할 의무가 있습니다. 하나님께 기도하오니 우리의 죄를 용서해 주소서. 우리가 주의 선한 피조물을 거룩하게 사용하게 하시고, 우리의 복된 주와 구주이신 예수 그리스도로 말미암아 이 피조물을 건전하게 그리고 감사하는 마음으로 받으며 우리 자신이 아니라 하나님의 영광을 위해 먹고 마시도록 은혜를 베풀어주소서. 아멘

매튜 헨리

Method for Prayer, 224

수고 없는 기도는 기도 없는 수고만큼 성공하지 못할 가능성이 크다.

필립 헨리

in Dod and Henry, *Gleanings of Heavenly Wisdom*, 60

기도를 배우고자 하는 사람은 바다에 나가도록 하라.

조지 허버트

Witts Recreations, proverb 84; also in Thomas, *Puritan Golden Treasury*, 216

기도를 많이 할수록 찬양할 내용도 더 많이 공급받는다.

올리버 헤이우드

Life in God's Favour, 19

우리가 기도에서 별 수확을 거두지 못하는 주요 이유는 대체로 너무 일반적인 기도제목에 오래 머물러 있기 때문이다. 수확을 거두더라도 너무 어두워서 기도 제목에서 무엇이 이루어졌는지 말하지 못한다. 하나님께 구체적으로 간구하려고 노력하라. 그러면 기도할 때 이 생각 저 생각으로 방황하지 않게 되고, 영혼이 은혜 안에서 성장함에 따라 점차 기도에 성공하게 될 것이다.

새뮤얼 리

Most Spiritual Profit, 90

기도할 때 마음을 혼란한 생각으로부터 어떻게 지킬 수 있을까? 하나님의 눈이 은밀히 지켜보고 계신다는 것을 자주 기억하고 묵상하라. 기도하고 있는 내용에 최대한 주의를 기울여 마음을 고정하려고 노력하라. 우리의 궁핍함과 가난함, 우리의 필요에 대해 깊이 느끼도록 하라. 너무 길게 기도하지 말고 짧게 자주 기도하라. 하나님은 하늘에 계시고 우리는 땅에 있음을 생각하라. 성만찬에 성실히 참석하라. 우리는 기도할 때 성령님의 도움으로 달콤함과 자유를 얻고 더 집중된 마음을 가질 수 있다.

새뮤얼 리

Most Spiritual Profit, 112–113

기도는 영혼이 숨차고 어지러울 때 숨을 불어넣는 것이다. 기도는 열로 열을, 불로 불을 내는 것이다. 강하게 부르짖으면 아무리 강한 시련 중에도 인내하는 마음을 갖게 된다. 기도하는 요나가 되었을 때 인내하는 요나가 될 수 있었다. 요나는 먼저 기도에서 인내를 끌어냈고, 그 후 기도가 요나를 큰 물고기 뱃속으로부터 끌어냈다.

니콜라스 로키어

Balm for England, 97

기도할 때 경계해야 할 네 가지 원수가 있다. (1) 육체의 졸음을 경계하라. 졸음은 기도의 큰 장애물이다. 기도할 때 졸지 않도록 각별히 조심할 필요가 있다. (2) 영의 무감각과 둔감함을 경계하라. 다시 말해 활력 없이 가라앉은 기질을 경계하라. 이런 기질은 끈덕진 기도의 장애물이다. (3) 사탄의 방해를 경계하라. 사탄은 항상 당신을 공격할 준비가 되어 있다. 사탄은 당신의 기도를 혼란시키고 방해하려고 호시탐탐 노린다. 이런 사탄을 대적하려면 깨어 있어야 한다. (4) 세속적 방심을 경계하라. 기도할 때 이 모든 원수를 경계해야 당신의 마음속에서 거룩한 기도가 제대로 이루어진다.

크리스토퍼 러브

Zealous Christian, 74

감정 없는 표현보다 표현 없는 감정이 더 낫다. 하나님은 입술의 말보다 마음의 소원에 더 주목하신다.

크리스토퍼 러브

Zealous Christian, 83

기도는 하나님에게 뭔가 알려드리기 위한 것이 아니라 피조물로서 하나님께 복종하기 위한 것이다.

토머스 맨톤

Practical Exposition on the Epistle of James, 150

슬픈 일이 닥쳤을 때 기도는 최고의 치료제다…고통 속에 있을 때 기도의 도움을 받아야 하는 중대한 이유는 다음과 같다. (1) 인내를 구하기 위해서이다. 하나님이 당신에게 큰 짐을 지우신다면 그 짐을 짊어질 강한 등을 위해 부르짖으라. (2) 불굴의 절제를 구하기 위해서이다. 그래야 당신은 "죄악에 손을 대지 아니할" 수 있다(시 125:3). (3) 소망과 신뢰를 구하고 하나님의 자애로운 사랑과 보살핌을 기다리기 위해서이다. (4) 하나님의 은혜로 말미암는 개선을 구하기 위해서이다. 채찍의 유익은 말씀의 유익과 마찬가지로 하나님의 은혜의 열매다. (5) 하나님의 뜻에 복종하면서 고통에서의 건짐을 구하기 위해서이다. "내가 여호와께 간구하매 내게 응답하시고 내 모든 두려움에서 나를 건지셨도다"(시 34:4).

토머스 맨톤

Practical Exposition on the Epistle of James, 199

기도는 하나님의 강한 사람들이 마음대로 하늘을 닫고 열 수 있는 열쇠다.

토머스 맨톤

Practical Exposition on the Epistle of James, 210

마땅히 기도해야 하는 대로 기도하는 자는 그의 기도대로 살려고 힘쓸 것이다.

존 오웬

Golden Book, 229 229

기도는 경건한 마음이 하나님과 거룩한 회의를 갖는 것이고, 이 회의에서 우리는 필요한 것을 믿음으로 구하고 이미 받은 유익에 감사한다.

엘나단 파

Abba, Father, in *Workes*, 69

기도는 무엇인가? 기도는 그리스도의 이름으로 하나님과 친밀한 대화를 나누는 것이고, 이 대화에서 우리는 필요로 하는 것을 갈망하거나 이미 받은 것에 대해 감사한다.

윌리엄 퍼킨스

Foundation of Christian Religion, 30

기도를 아침을 여는 열쇠와 저녁을 닫는 빗장으로 사용하라.

윌리엄 퍼킨스

in Richard Rogers, *Garden of Spirituall Flowers,* 22

기도는 하나님의 뜻에 따라 그리스도의 이름으로 죄를 자복하고, 하나님의 긍휼에 감사하며, 우리 자신이나 다른 사람에게 복을 베풀어 주시길 간청하는 것이다.

프랜시스 로버츠

"A Commentary on the Lord's Prayer," in *Great Worth of Scripture Knowledge*, 30

기도는 약속을 단번에 얻어내는 것이 아니라 약속을 성결하게 하고 약속이 무르익게 돕는 것이다. 끈질기게 기도하는 자가 가장 잘 기다리는 자다.

랄프 로빈슨

Christ All and in All, 332

[새뮤얼 러더퍼드가 기도할 때] 도움 받은 것 :

1. 나는 홀로 오랫동안 말을 타고 이동하면서 그 시간에 기도함으로써 유익을 얻었다.
2. 금식하며 하루를 하나님께 드림으로써 유익을 얻었다.
3. 남을 위해 기도함으로써 나 자신이 유익을 얻었다.
4. 특수한 많은 경우에 하나님이 기도를 들으시는 것을 실제로 확인했다. 그러므로 아무리 사소한 일이라도 무엇이든 기도하곤 했다.

새뮤얼 러더퍼드

Garden of Spices, 142–43

기도는 약속들의 산파다. 약속들은 교회에게 위로의 우물이고, 믿음의 기도는 그 우물에서 물을 끌어올리는 그릇이다.

윌리엄 세커

Nonsuch Professor, 177

하나님은 우리에게 화살을 쏘도록 명령하실 때 항상 우리가 과녁을 명중시키기를 바라신다. 하나님은 싸우도록 우리를 가르치실 때 우리가 이기기를 원하신다. 영적 호흡은 영적 복을 수반한다. 하늘에서 내려오는 것이 아니면 하늘로 올라가는 것은 아무것도 없다. 믿음으로 드려지지 않은 기도는 응답을 기대할 수 없다.

윌리엄 세커

Nonsuch Professor, 234

하나님은 두서없고 조리가 정연하지 않은 기도에서도 의미를 찾아내실 수 있다. 그런 기도를 통해 드려지는 소원도 당신의 죄가 외치는 것보다 하나님의 귀에 더 크게 들린다. 때때로 그리스도인은 생각이 너무 혼란스러워서 아무것도 말할 수 없다. 그는 모세가 홍해에서 그랬던 것처럼 아무것도 구하지 못하고 어린아이처럼 그저 "오, 아버지"라고 외칠 따름이다. 이런 영의 활동이 양자의 영에서 비롯되고 더 나아지고자 분투하는 가운데서 나오면, 그런 기도 안에는 우리에게 연민을 베풀도록 하나님의 마음을 감동시키는 힘이 있다.

리처드 십스

Bruised Reed and Smoking Flax, 89

우리는 기도함으로써 기도하는 법을 배운다.

리처드 십스

Bruised Reed and Smoking Flax, 90

기도는 우리의 부족함을 의식하고 하나님께 우리의 소원을 표현하는 것이다. 자신의 부족함을 의식하는 자는 마음이 비어 있다. 가난한 자는 기도할 때 성령을 통해 그리스도의 이름으로 간절히 구하고 하나님과 씨름한다.

리처드 십스

Divine Meditations and Holy Contemplations, 59

기도는 찬양의 씨앗이다. 기도로 씨를 뿌렸기에 찬양을 거둘 것이다. 기도의 열매로 받는 것은 일반 섭리로 얻은 것보다 더 달콤하다.

리처드 십스

Soul's Conflict, 265

기도 없이 믿음, 회개, 순종이 가능하다고 생각하면 안 된다. 완전한 믿음은 없으며, 믿음을 강화하려면 기도가 필요하다. 완전한 사랑은 없으며, 사랑을 확증하려면 기도가 필요하다. 완전한 회개는 없으며, 회개를 지속하려면 기도가 필요하다. 완전한 순종은 없으며, 순종으로 나아가려면 기도가 필요하다. 그러므로 기도 없이 어떤 선을 행하려고 하는 자는 죄를 범하는 것이다. 자기 힘으로 선을 행하려고 하는 것이기 때문이다.

헨리 스미스

"The Ladder of Peace," in *Sermons*, 118

기도는 마귀의 요새를 무너뜨리는 중대한 규례 가운데 하나다. 따라서 마귀는 어떻게든 사람들이 기도하지 못하게 하려고 간계를 부린다. 기도는 영혼의 갑옷이자 사탄의 골칫거리다.

조지 스윈녹

The Christian Man's Calling, in *Works*, 2:494

어떤 이는 기도하는 것을 잊어버리고, 어떤 이는 기도한 내용을 잊어버린다. 그리고 어떤 이는 자신이 기도한 사실조차 잊어버린다. 그들은 영혼 없는 의무 수행을 한 것이며, 이 모든 것이 헛것이다.

랄프 베닝

Canaan's Flowings, 152

마음에 없는 말로 기도하기보다는 말 없는 마음으로 기도하라. 기도가 죄를 그치게 하거나 죄가 기도를 그치게 하거나 둘 중 하나다.

랄프 베닝

in Calamy et al., *Saints' Memorials*, 117

기도는 분별 있고 믿음 있는 영혼이 이미 받은 것에 대해 감사하고, 하나님의 뜻에 따라 그리스도의 이름으로 필요한 것을 구함으로써 하나님에게 행하는 의무다.

나다니엘 빈센트

Spirit of Prayer, 9

우리는 그리스도의 이름으로 기도해야 한다. 기도할 때 주목해야 할 네 가지가 있다. 그리스도의 보속(죄의 값을 보상함–편집주), 취득, 중보, 도움이 그것이다. 그리스도의 보속은 다음과 같다. 그리스도는 우리의 죄악 때문에 상하셨다. 그리스도는 우리의 저주를 대신 담당하심으로써 우리가 담대하게 구할 수 있게 하셨다.

우리는 그리스도의 취득을 주목해야 한다. 그리스도는 새 언약의 모든 복을 취득하셨다. 그래서 천국 자체가 "그 얻으신" 것으로 불린다(엡 1:14). 그리스도는 천국이 우리의 것이 될 수 있도록 천국을 위해 값을 치르셨다.

우리는 그리스도의 중보를 주목해야

한다. “자기를 힘입어 하나님께 나아가는 자들을 온전히 구원하실 수 있으니 이는 그가 항상 살아 계셔서 그들을 위하여 간구하심이라”(히 7:25). 그리스도의 중보로 뒷받침되는 기도가 어떻게 실패할 수 있겠는가?
우리는 그리스도의 힘과 도움을 주목해야 한다. 올바르게 기도하는 것은 쉽지 않다. 그리스도는 자신의 영으로 신자들의 연약함을 기꺼이 도우셔서 신자들이 모든 낙심과 반대에도 불구하고 기도의 의무를 수행하고 복을 얻게 하신다.

나다니엘 빈센트

Spirit of Prayer, 20–21

우리는 기도로 얻을 수 있는 것을 다 받지 못했다. 그러므로 우리는 계속해서 인내하며 기도해야 한다. 그렇게 하면 하나님에 대해 더 명확한 깨달음을 얻을 수 있고, 더 큰 은혜의 교통과 더 큰 평강과 기쁨을 얻을 수 있다. 그러므로 우리는 지속적으로 주님을 섬기면서 기도에 지치지 않도록 유의해야 한다.

나다니엘 빈센트

Spirit of Prayer, 119

자주 기도하면 기도할 준비를 더 잘하게 될 것이다. 글을 씀으로써 글쓰기를 배우는 것처럼 기도함으로써 기도하는 법을 배운다. 은사는 은사를 행사함으로써 증가되고 보강된다. 이것은 은혜를 행사함으로써 은혜가 더 강해지는 것과 같다.

나다니엘 빈센트

Spirit of Prayer, 135

기도는 감정을 폭발시키는 부르짖음이다.

토머스 왓슨

Christian Soldier, 167

기도는 영혼이 아버지의 품속에서 숨쉬는 것 외에 다른 것이 아니다.

토머스 왓슨

The Beatitudes, in *Discourses*, 2:305

효과적이고 간절한 기도는 역사하는 힘이 크다(약 5:16). 냉랭한 기도는 냉랭한 청원자와 같이 결코 성공하지 못한다. 열정 없는 기도는 불 없는 제사와 같다. 기도는 열정을 표시하기 위해 영혼을 쏟아내는 것으로 불린다(삼상 1:15). 형식적 기도는 기도를 굶겨 죽인다.

토머스 왓슨

Gleanings, 100

기도는 하나님의 귀에 뿌려진 씨다. 땅에 뿌려진 씨는 새들이 주워 먹을 수 있지만, 하나님의 귀에 뿌려진 씨는, 특히 눈물로 물이 주어지면, 너무 소중해서 결코 잃을 수 없다.

토머스 왓슨

Godly Man's Picture, 83

약속의 나무는 기도의 손으로 흔들지 않는 한 열매를 떨어뜨리지 않는다.

토머스 왓슨

Puritan Gems, 109

모든 그리스도인의 참된 행복은 당연히 하나님과 신령한 교제를 갖는 것에 있다. 이 교제는 두 가지 종교 행위, 곧 기도와 말씀 듣기를 통해 주로 이루어진다. 기도는 의무로도 간주될 수 있고 선물로도 간주될 수 있다. 이 두 측면에서 하나님과의 교제에 익숙해지는 것은 모든 사람에게 매우 중요한 일이다.

존 윌킨스

Discourse Concerning the Gift of Prayer, 1

하나님의 영이 우리에게 기도할 마음을 주시고 우리의 기도를 도우시기 때문에 우리는 기도할 모든 기회에 마음의 소원을 적절한 방식으로 표현하고 확대할 수 있다.

존 윌킨스

Discourse Concerning the Gift of Prayer, 2

우리는 대체로 기도에 대해 착각하고 있다. 우리는 기도를 기억력, 좋은 구변, 능숙한 착상, 유창한 혀의 일이라고 생각한다. 기도하는 사람도 듣는 사람도 그러한 기준으로 훌륭한 기도인지 여부를 판단한다. 그러나 그것은 기도의 본질이 아니다. 기도는 성결한 마음속에서 하나님의 영이 행하시는 일이다.

히즈키아 우드워드

Treatise of Prayer, 11 – 12

기도, 은밀한

대다수 사람들의 종교는 다른 사람들의 눈에 있다. 그들의 마음, 그들의 골방은 하나님과 그들의 영혼 간의 어떤 은밀한 거래로도 내밀하지 않고, 그들은 사람의 칭찬으로 상을 받는다. 그러나 기독교의 거래는 은밀한 거래다. 그리스도인은 사람들이 거의 주목하지 않는 의무에서 가장 뛰어나고, 가시적인 일의 보이지 않는 부분에서 탁월하다. 공적 의무가 가장 영예로울 수는 있지만 은밀한 의무가 가장 유익하다(마 6:4).

바르톨로메오 애쉬우드

Heavenly Trade, 376

은밀한 기도의 의무를 잘 감당하는 것은 최고의 신실함을 말해준다. 증인이 없을 때도 기도하는 자는 증인과 함께 기도한다. 영혼은 진실할수록 은밀한 기도의 의무를 더 잘 감당한다.

토머스 브룩스

Privy Key of Heaven, 16

은밀한 기도가 진실한 마음의 표지인 이유는 다음과 같다. (1) 진실한 마음은 죄를 죽이고, 은혜를 활력 있게 하고, 시험을 주의하고 거부하며, 은혜 받은 증거를 확보하고 진전시키는 활동에 분주하기 때문에 은밀한 기도에 매우 익숙하다…(2) 진실한 마음은 하나님의 눈에 초점을 맞추기 때문에 영이신 하나님께서 우리의 영과 대화를 나누시고 외적인 귀보다 마음에 말씀하시는 것을 알고 있다. 진실한 마음을 가진 자는 항상 하나님의 눈앞에 있는 것처럼 하나님 앞에서 행하기를 힘쓰고, 긍휼의 발등상 앞에 나갈 때는 더욱 그렇게 한다. 보이지 않는 하나님은 오직 하나님의 눈만 의식하는 보이지 않는 기도를 좋아하신다. 하나님은 거룩한 마음의 은밀한 응시를 크게 기뻐하신다.

새뮤얼 리

Most Spiritual Profit, 58 – 59

그리스도인은 천국에 대해 정통하다. 그리스도인은 은밀한 거룩함에 익숙하다. 반면에 위선자는 교회에서는 성도이지만 은밀한 곳에서는 무신론자다.

토머스 왓슨

Puritan Gems, 111

기도와 믿음의 관계

다음과 같은 기도의 방법을 주목하라. (1) 마음속의 슬픔을 주님 앞에 펼쳐 놓으라. 마음속의 소원을 주님의 품에 쏟아 부으라. (2) 죄를 미워하는 경건한 슬픔을 갖고 죄를 자복하라. 이런 자복이 없는 것에 대해 하나님은 이스라엘 자손에게 이렇게 경고하셨다. "그들이 그 죄를 뉘우치고 내 얼굴을 구하기까지 내가 내 곳으로 돌아가리라"(호 5:15). (3) 우리의 간청을 하나님께 제시하라. "주여 어느 때까지 관망하시려 하나이까 내 영혼을 저 멸망자에게서 구원하시며 내 유일한 것을 사자들에게서 건지소서"(시 35:17). (4) 그런 다음 하나님의 약속을 하나님께 들이밀라. "주여, 주께서는 '악인의 규가 의인들의 땅에서는 그 권세를 누리지 못하리니'(시 125:3) 라고 말씀하셨습니다. 또 '내가 오래지 아니하여 네게는 분을 그치고'(사 10:25)라고 말씀하셨습니다. 이 말씀들은 주의 약속이오니, 이 말씀들이 내 가련한 영혼에 효력 있게 하소서." (5) 결론적으로 우리가 어떻게 되든지 간에 주를 믿겠다고 주께 말하라. "주께서 나를 죽이실지라도 내가 주를 믿겠나이다." 이것이 고난의 때에 믿음으로 기도하는 적절한 방식이다.

아이작 암브로우스

"The Practice of Sanctification," in *Works,* 111

기도의 성공은 느끼는 데 있지 않고 믿는 데 있다. 하나님은 들으시기로 약속하셨다면 들으신다. 그러므로 우리는 그 사실이 느껴지든 그렇지 않든 믿어야 한다. 기도는 종종 하나님이 들으시고 나서 오랜 세월이 흐른 후에야 응답된다. 우리는 천국을 위해 기도하지만 죽을 때까지는 천국에 있지 못할 것이다. 모세가 바로에게 열 번에 걸쳐 전한 메시지가 좌절된 것처럼 보이지만 전혀 그렇지 않다. 첫 번째 메시지가 성공하지 못했을 때 모세가 계속 전하기를 포기했다면 일이 어떻게 되었을까? 쟁기질을 하고 씨를 뿌리고 자기 몫을 감당할 시간이 있음을 기뻐하라. 그러면 결국은 하나님이 당신에게 열매를 주실 것이다.

리처드 백스터

A Christian Directory, in *Practical Works,* 2:312

하나님을 믿고 신뢰하는 기도에는 활력과 효력이 주어진다. 믿음이 없는 기도는 아무 짝에도 쓸모없고 그저 무기력한 형식적 활동에 불과하다. 그러나 믿음과 신뢰가 있는 기도는 하나님을 기쁘시게 할 뿐만 아니라 우리를 행복하게 하는 데 도움이 되는 모든 것을 항상 얻을 수 있다. 그러나 기도를 마쳤을 때 통째로 우리의 기도에 응답하실 것으로 우리의 믿음을 행사하고 하나님을 신뢰하는 것으로는 충분하지 않다. 우리는 기도하는 내내 간청 하나하나마다 응답을 허락하실 하나님을 마음으로 신뢰해야 한다. 즉, 전체 기도의 모든 간청을 믿음으로 올려 드려야 한다. 바로 이런 것이 믿음으로 드리는 기도이다.

윌리엄 베버리지

Thesaurus Theologious, 4:272–73

기도는 매우 자연스러운 믿음의 호흡이다. 기도의 두 요소는 간구와 감사다. 폐가 들숨과 날숨의 이중 운동으로 호흡하는 것처럼 그리스도인은 간구를 통해 하나님의 긍휼을 들이마시고 감사와 찬양을 통해 받았던 긍휼을 다시 내뿜는다. 그러나 믿음 없이 이런 호흡을 할 수 없다. 믿음이 없으면 간구로 하나님의 긍휼을 이끌어 낼 수 없다. 그것은 "하나님께 나아가는 자는 반드시 그가 계신 것과 또 한 그가 자기를 찾는 자들에게 상 주시는 이심을 믿어야" 하기 때문이다(히 11:6). 또한 믿음이 없으면 하나님께 찬양을 돌릴 수 없다. 다윗은 찬송하고 감사하기 전에 마음을 하나님께 고정시켜야 했다(시 106편). 감사는 자기 부인의 행위이고, 자기 자신 안에 갇혀 있지 않고 자신의 문밖으로 나오는 길을 보여주는 것은 오직 믿음이다. 피조물은 믿음이 없으면 기도할 수 없고, 믿음이 있으면 기도하지 않을 수 없다.

윌리엄 거널

Christian in Complete Armour, 449

기도할 때 우리가 얻고자 수고하지 않는 것을 구하면 그것은 하나님을 시험하는 것이다. 생계를 위해 기도하면서 손은 일을 하지 않으면, 문을 두드리지만 문을 끌어당기지 않는 격이다. 은혜를 위해 기도하지만 은혜가 나오는 샘을 무시한다면 어떻게 응답을 받을 수 있겠는가? 쟁기에 손을 두고 그런 다음 기도하라는 것이 옛날에는 규칙이었다. 어떤 사람도 쟁기질 없이 기도만 하거나 기도 없이 쟁기질만 해서는 안 된다.

리처드 십스

Divine Meditations and Holy Contemplations, 63

기도는 하나님의 보고를 여는 열쇠이지만 믿음은 하나님의 무한한 하사금을 받는 손이다. 기도는 약속을 붙들고 있어야 한다. 그렇지 않은 기도는 바닥없는 배에 불과하다. 그리고 약속은 믿음을 필요로 한다. 그렇지 않으면 기도의 배는 제자리에서 움직이지 않는다. 믿음의 강풍으로 돛이 부풀 때 기도의 배는 큰 소망 속에 항해를 시작하고 물건을 가득 싣고 귀환할 것이다.

조지 스윈녹

"The Pastor's Farewell," in *Works*, 4:71

기도는 말씀을 날카롭게 만들어 신속하고 강력하게 죄를 죽이고 사탄이 범접하지 못하게 한다. 기도는 마음속에 말씀을 심는다. 마음속에 숨은 말씀은 죄악을 막는 강력한 방부제다. 신자는 기도를 하나님의 모든 규례와 결합하려는 영적 본능을 갖고 있다. 신자는 주님이 역사하시지 않으면 규례들이 아무 유익을 줄 수 없음을 알기 때문이다.

나다니엘 빈센트

Spirit of Prayer, 29

기도는 화살이고 믿음은 활이다. 우리는 이 활과 화살로 우리의 간청을 하늘로 쏘아 올린다. 믿음 없는 기도는 열매 없는 기도이다. 아이의 아버지는 소리를 지르고 눈물을 흘리며 "주여, 내가 믿나이다"라고 말했다. 그의 눈물은 땅에 떨어졌고 그의 믿음은 하늘에 닿았다.

토머스 왓슨

Puritan Gems, 108

기독교

기독교의 핵심은 신성을 본받는 것, 곧 인간의 자아를 하나님의 형상으로 바꾸는 것이다. 인간은 하나님의 형상을 따라 의와 거룩함으로 지으심을 받았다. 신앙생활의 목적은 그리스도를 가시적으로 나타내는 데 있다.

토머스 브룩스

Privy Key of Heaven, 12

그리스도의 제사장직의 일반적인 본질과 필요성을 통해…기독교가 세상에서 믿어지거나 알려진 다른 모든 종교에 비해 무한히 더 뛰어나다는 사실이 분명하게 드러난다. 오직 기독교 안에서만 다른 종교들이 구하는 것을 발견할 수 있다. 기독교만이 양심의 참된 평화와 안정을 위한 굳센 토대를 제공할 수 있다. 유대인들은 율법 안에서, 회교도는 어리석은 외적 규정 준수 안에서, 교황주의자들은 개인의 공로 안에서 그것을 발견하려고 헛되이 애쓰지만, 그리스도인들은 위대한 희생을 감당하신 그리스도의 피 안에서 그것을 발견한다. 이것 외에는 그 무엇도 죄책감에 짓눌려 괴로워하는 양심을 달래줄 수 없다. 오직 하나님을 만족시킬 수 있는 것만이 양심을 만족시킬 수 있다. 양심은 "하나님이 만족하셨는가? 만일 그분이 만족하셨다면 나도 만족한다."라고 말한다.

존 플라벨

Fountain of Life, 100

기뻐하는 삶

심령 상태가 올바른 그리스도인은 "기쁨으로 여호와를 섬기며"(시 100:2)라는 말씀대로 하나님 안에서 항상 기뻐한다. 얼굴에서 기쁨이 빛나는 것은 마음속에 은혜의 기름이 부어졌다는 증거다. 기쁨은 믿음을 명예롭게 한다. 불만스러운 사람이 어떻게 기뻐할 수 있겠는가? 불만은 완고하고, 음울한 마음 상태를 가리킨다. 우리는 원하는 것을 소유하지 못했다는 이유로 좋은 낯으로 하나님을 대하거나 그분에 대해 좋게 말하지 않을 때가 많다.

시므온 애쉬

Primitive Divinity, 125

믿지 않는 세상 사람들은 우리가 기뻐하는 삶을 사는 것을 보면, 비로소 복음이 진정 좋은 소식이라고 믿을 것이다. 그러나 그리스도인들이 구원의 잔을 손에 들고 있으면서도 슬퍼하는 것을 보면, 그 안에 담긴 포도주가 설교자들이 말하는 것만큼 좋은 것이 아니라고 의심할 것이다. 인도에 장사하러 간 사람들이 갈 때보다 더 가난한 상태로 돌아오는 것을 보면, 그곳에 황금의 산이 있다고 하더라도 아무도 가려고 하지 않을 것이다.

윌리엄 거널

Christian in Complete Armour, 351

그리스도를 닮으려면 그분을 본받아 고난을 받아야 한다. 우리는 십자가를 짊어져야 할 뿐 아니라 그리스도를 따라가야 한다. '십자가를 짊어지라'라는 명령은 절반의 명령에 불과하다. '십자가를 짊어지고 따르라'라는 것이 온전한 명령이다. 우리는 즐거운 마음으로 기꺼이 고난을 받아야 한다. 그렇지 않으면 고난을 당하더라도 세상에서 그리스도를 가장 닮지 않은 사람이 되고 말 것이다.

존 오웬

"Discourse 12 on Phil. 3:10," in *Twenty-Five Discourses*, 160

죄 사함을 받았다는 의식이 영적 기쁨의 참된 근거다. 그리스도께서 위로의 사역을 행하시는 가장 일반적인 방법이 "안심하라 네 죄 사함을 받았느니라"(마 9:2)라는 말씀에서 발견된다.

랠프 로빈슨

Christ All and in All, 311

마음은 다른 모든 것과 화음을 이루는 악기처럼 늘 활기와 용기가 넘치고, 강해야 한다. 그렇지 않으면 슬픔으로 인해 조급해질 수밖에 없다. 하나님은 우리에게 선을 베풀기를 기뻐하신다(신 30:9, 10). 유대인들은 하나님을 기쁨으로 섬기지 않은 탓에 책망을 받았다(신 28장 참조). 하나님은 즐겨 내는 사람을 사랑하시는 것처럼 기쁨으로 섬기고, 기쁨으로 말씀을 전하고, 기쁨으로 말씀을 듣고, 기쁨으로 예배하는 자를 사랑하신다. 그러므로 다윗은 "오라 우리가 여호와께 노래하자"(시 95:1)라고 말함으로써 기쁨의 노래가 하나님의 귀를 즐겁게 한다고 암시했다.

헨리 스미스

"The Ladder of Peace," in *Sermons*, 115

그리스도인으로서 고난을 받는다는 것은 기쁨으로 고난을 받는다는 것을 의미한다. 인내는 십자가를 견디는 것이고, 기쁨은 십자가를 짊어지는 것이다. 그리스도께서는 우리를 위해 기쁨으로 고난을 당하셨다. 그분의 죽음은 자원제(自願祭)였다.

토머스 왓슨

The Beatitudes, in *Discourses*, 2:360

기쁨은 영혼을 위한 음악과 같다. 기쁨은 의무 이행을 고무하고, 가정의 수레바퀴에 기름을 친다. 기쁨은 즐거움으로 섬기게 한다. 기쁨의 날개보다 믿음의 의무를 더 빨리 실행하게 만드는 것은 없다. 우울함은 우리가 탄 병거의 바퀴를 떼어내 움직이기 어렵게 만든다.

토머스 왓슨

"The One Thing Necessary," in *Discourses*, 1:377

기쁨

경건한 슬픔은 거룩한 기쁨의 적이 아니고 친구이다. 나는 한 거룩한 사람에 대해 읽은 적이 있다. 그는 병상에서 그가 누렸던 가장 즐거웠던 날이 언제인지 질문을 받았다. 그는 이렇게 외쳤다 "오, 내 애통의 날을 주시오. 내 애통의 날들을 다시 주시오. 그 날들이 내가 누렸던 가장 기쁜 날이었소." 복음적으로 가장 애통한 자에게 은혜가 번성한다. 은혜는 경건한 슬픔에서 나오는 눈물로 물을 가장 많이 주는 정원에서 가장 번성한다. 죄 때문에 가장 애통하는 자는 하나님 안에서 가장 기뻐할 것이며, 하나님 안에서 제일 기뻐하는 자는 죄 때문에 가장 애통할 것이다.

토머스 브룩스

Cabinet of Choice Jewels, 225

성경에는 큰 기쁨에 대한 세 가지 표현이 나온다. 해산 후 기뻐하는 여인, 수확하는 기쁨, 그리고 전리품을 나누는 기쁨이 그것이다. 이 세 가지 기쁨은 슬픈 토양에서 발생한다. 해산하는 여인은 엄청난 고통과 눈물을, 농부는 수많은 두려움을, 병사들은 위험과 상처를 겪었다. 그러나 마침내 과거의 슬픔이 현재의 기쁨을 더해 준다.

윌리엄 거널

Christian in Complete Armour, 92

기쁨은 어떤 물건 혹은 어떤 사람에 대한 우리의 만족을 표시하는 제일 큰 증거이다. 사랑과 기쁨의 관계는 연료와 불의 관계와 같다. 만일 사랑이 마음속에 갈망의 연료를 넣지 않는다면 기쁨의 불꽃은 크지 못할 것이다.

윌리엄 거널

Christian in Complete Armour, 364

거룩한 기쁨은 우리 순종의 바퀴를 굴러가게 하는 기름과 같다.

매튜 헨리

in Horn, *Puritan Remembrancer*, 273

진정한 신자는 하나님이 하나님이심에 기뻐한다. 그들은 그 무엇에든지 선하고, 친절하고, 바람직하고, 거룩하고, 공정하고, 힘 있고, 자애롭고, 지혜롭고, 자비로운 모든 것들을 하나님 안에서 보고 이해한다. 하나님이 하나님이신 것이 그들의 가장 큰 기쁨의 본질이다. 이 세상에서 그들에게 어떤 일이 일어나고, 염려되고 걱정되는 일이 많다 하더라도, 하나님을 기억하는 것은 그들에게 만족스러운 원기 회복이 된다. 따라서 그들은 가장 선하고, 뛰어나고, 무한히 완벽하신 하나님을 바라본다. 우리가 하나님이 어떤 분이신지에 대해 기쁨으로 생각할 수 있다는 것은 은혜로운 언약에 분깃이 있다는 증거라 할 수 있다. 그러한 기쁨은 오직 영적으로 생각하는 자들만이 갖는 기쁨이다.

존 오웬

On Being Spiritually Minded, in *Oweniana*, 104

기쁨은 마음의 만족함, 혹은 현재의 선한 상황에 기뻐하거나 즐거워하는 것, 혹은 선한 열매로 마음이 춤추고 뛰노는 것이다.

에드워드 레이너

Precepts for Christian Practice, 386

슬픔은 마음을 위축시키고, 즐거운 마음의 성향을 파괴하기 쉽다. 기쁨은 마음을 확장시켜, 슬픔을 잊게 만들 준비가 되게 한다. 어려운 일이지만 시편 2:11의 "떨며 즐거워할지어다"라는 말씀처럼 이 두 가지가 영혼에 같이 존재할 수도 있다.

사무엘 쇼

Voice of One Crying in the Wilderness, 75

기억

인(印)을 더 세게 누를수록 촛농에 더 깊은 자국이 남는 법이다. 기억은 사물의 형상을 간직하고 전달하는 기능을 수행한다. 기억은 보물함과 같아서 우리가 받은 것을 잘 간직하여 나중에 이를 사용하고 말할 수 있게 한다. 지식이 더 명확하고 확실할수록 그것은 더 깊이 자리를 잡고 더 확실하게 기억에 남는다.

윌리엄 거널

Christian in Complete Armour, 211

머리는 마음이 잊어버린 것을 기억할지 모른다. 하지만 머리는 마음이 기억하는 것을 절대 잊지 않는다.

랄프 베닝

Canaan's Flowings, 136

훌륭한 그리스도인의 기억력은 등불과 같다. 등잔에 기름이 가득 차 있지 않아도 등불을 켤 만큼의 기름은 있다. 당신의 기억력이 성경 말씀으로 가득 차 있지 않을지라도 하나님에 대한 불타는 사랑을 타오르게 할 만큼은 간직하고 있다.

토머스 왓슨

Bible and the Closet, 46

거룩한 진리를 보존하는 황금 금고와도 같은 기억이 병 들면, 이제는 선한 모든 것을 흘려버리는 물 새는 바가지와 같고, 밀가루는 통과시키고 겨만 남겨두는 체와 같게 되어 버린다. 이때 기억은 구원하는 진리를 버리고 거품과 허영심만을 붙잡는다. 많은 사람이 교리는 잊어버리고 단지 이야기만을 기억한다.

토머스 왓슨

The Beatitudes, in *Discourses*, 2:417

오, 결코 부서지지 않는 단단한 금강석 바늘로 새기듯이 진리를 당신의 마음에 새기라. 돌같이 굳은 마음은 심각한 전염병과 같으나 철 같은 강력한 기억은 큰 은혜이다.

존 윌킨슨

Sermon 2 on Rev. 3:3, in *England's Remembrancer*, 21

기적

진정한 기적은 정해진 질서를 뛰어넘는 역사이다. 따라서 진정한 기적은 항상 역사하시는 하나님의 전능한 능력을 증거한다. 오직 하나님만이 진정한 기적을 일으키신다.

윌리엄 에임스

Marrow of Sacred Divinity, 47

하나님의 무한하신 주권과 전능하신 능력과 한없는 지혜를 아는 사람들은 그분이 어떤 특정 수단을 반드시 사용하셔야만 한다고 주장하지 않을 것이다. 그러나 다른 한편, 세상을 위해 역사하시고 통치하시며 주관하시는 하나님의 일반적 보통의 방식을 이해하는 사람들은 하나님이 어떤 수단은 사용하지 않으실 것이라고 하나님을 제한하지 않을 것이며, 하나님이 즉각적으로 특정 기적을 행해 그들을 도우셔야만 한다고 기대하지도 않을 것이다. 누구라도 어떤 특별한 약속에 근거한 기적적인 믿음을 가진 사람이 있다면 나는 그와 논쟁하지 않을 것이다. 다만 그의 기적적인 믿음이 그 믿음에 수반되는 기적적인 행위들에 의해 입증되는 것을 보고자 할 따름이다.

사무엘 쇼

Voice of One Crying in the Wilderness, 87

하나님은 기적과 믿음이 언제나 쌍을 이루게 묶지는 않으신다. 하나님은 때로는 기적 없이도 믿어지시며, 때로는 믿음이 없는 자들에게도 기적을 행하신다.

랄프 베닝

Canaan's Flowings, 140

기회

기회를…주시하라. 기회는 의심할 여지 없이 무언가를 행할 가장 좋은 시기와 때를 가리키기 때문이다. 사탄은 당신이 하나님을 위해 행하는 것을 망치거나 때를 놓치도록 끊임없이 획책한다. 바울은 "선을 행하기 원하는 나에게 악이 함께 있다"고 말한다. 말하자면 악이 나를 나의 목적에서 끌어내리거나 나의 일을 오염시킨다. 부주의하게 기회를 놓치지 않으려면 다음과 같이 해야 한다. (1) 염려에 사로잡히지 않도록 항상 조심하고 당신은 당신 자신을 위해 태어난 것이 아님을 믿으라. "형제는 위급한 때를 위하여 났느니라"(잠 17:17). (2) 하나님의 형상을 지닌 모든 존재의 행복에 대해 예민하게 마음을 쓰라. (3) 하나님이 당신의 삶 속에 섭리적으로 배치하신 당신의 위치와 능력을 고려하라. (4) 일이 닥칠 때 좋은 성과를 거둘 수 있도록 미리 대비하라. 온갖 선한 일을 준비하라. (5) 육신적 사고를 조심하라. 마음을 부드럽게 유지하고, 하나님을 위해 당신의 얼굴을 부싯돌 같이 굳게 하라. (6) 모든 의무의 방식을 잘 살펴보라.

존 번연

Riches, 208

의무를 아름다운 것으로 만드는 의무를 행할 모든 기회를 부지런히 받아들여야 한다.

존 오웬

Golden Book, 222

"그러므로 우리는 기회 있는 대로 모든 이에게 착한 일을 하되"(갈 6:10). 다른 사람에게 선을 행할 기회는 우리에게 주어진 큰 긍휼이다. 은혜의 기름은 과부의 기름처럼(왕하 4:6) 쏟아 부어야 더 늘어난다. 기회는 하나님이 우리 자신과 다른 사람의 영혼의 유익을 위해 우리에게 제공하시는 특별한 시기이다.

조지 스윈녹

The Christian Man's Calling, in *Works*, 2:219

시간은 자체로 큰 가치가 있다. 시간은 구속받아야 한다. 하지만 기회는 시간보다 더 큰 가치가 있다. 기회를 낭비하는 것은 한없이 안타까운 일이다. 그런데 선한 사람들도 그들의 소명이나 중대사와 아무 관계 없는 곡식, 가축, 시장, 장터, 장사와 같은 일들을 대화의 주된 소재로 삼는 일이 흔하다. 그들은 마치 영혼이 없는 자처럼 자신의 영원한 분깃인 하나님과 그리스도에 대해서는 별로 말하지 않는다. 우리의 말은 우리의 이성의 종이다. 사소한 것에 대해 필요 이상으로 많이 말하는 것은 허영과 미련함을 증명한다.

조지 스윈녹

The Christian Man's Calling, in *Works*, 2:348

까다로운 성격

은혜는 아주 완고하고 졸렬하고 까다로운 성격을 가진 사람을 부드럽고 사랑스럽고 상냥하고 유쾌한 기질을 가진 자로 변화시킨다. 므낫세, 바울, 막달라 마리아, 삭개오, 기타 다른 사람들에게서 확인할 수 있듯이, 은혜는 사자를 어린 양으로, 늑대를 양으로, 괴물을 사람으로, 사람을 천사로 바꾼다.

토머스 브룩스

The Unsearchable Riches of Christ, in *Select Works*, 1:184

깨어 있음

때로는 가장 나쁜 원수도 가장 친한 친구가 될 수 있기에 우리를 적대시하는 사람들이 많다고 해서 실망할 필요는 없다. 가장 친한 친구가 듣기 좋은 말만 늘어놓는 탓에 가장 나쁜 원수가 되고, 가장 나쁜 원수가 우리를 경성시킴으로써 가장 좋은 친구가 되는 경우가 적지 않다. 어떤 사람은 "원수들이 많다는 것은 곧 선생이 많다는 것이다."라고 말했다.

윌리엄 브리지

Lifting Up, 201

깨어 경성하는 데 도움이 될 방법을 몇 가지 소개하면 다음과 같다.

(1) 근신하는 태도가 있어야 한다. "정신을 차리고 근신하여 기도하라"(벧전 4:7)라는 말씀대로, 근신하며 깨어 기도해야 한다.

(2) 육신이 깨어 있어야 한다. "시험에 들지 않게 깨어 있어 기도하라"(막

14:38)라는 말씀에는 육신과 마음이 둘 다 깨어 있어야 한다는 뜻이 내포되어 있다. 육신의 눈이 깨어 있지 않으면 마음의 눈도 깨어 있기가 어렵다.

(3) 영혼의 상태가 신령해야 한다. "그들의 천사들이 하늘에서 하늘에 계신 내 아버지의 얼굴을 항상 뵈옵느니라"(마 18:10)라는 말씀대로, 천사들은 잠시도 방심하지 않는다. 경건한 사람의 망대는 위치와 상태가 매우 탁월하다. 천박하고, 관능적이고, 속된 영혼들은 이 거룩한 경성의 상태를 유지할 수 없다.

(4) 지혜로운 마음과 경외심이 있어야 한다. 하나님의 영광과 위대하심을 비롯해 기도의 가치와 중요성을 이해하는 것이 필요하다.

(5) 마음과 생각의 평온함이 있어야 하며, 긴급한 현재적 필요에 대한 깊은 의식과 간절한 바람이 있어야 한다.

(6) 그리스도인으로서 해야 일과 걸어가야 할 길은 물론이고, 다른 모든 일과 관련해 우리의 마음을 항상 주의 깊게 살핌으로써 우리 자신을 거룩하게 유지하려는 태도가 있어야 한다. 말씀을 듣거나 읽는 도중이나 그 후에 깨어 있는 태도로 그것을 묵상하고, 그것에 관해 대화를 나누고, 그것을 실천하려고 노력해야 한다. "우리는 주님의 모든 명령을 지켜야 한다"(신 6:25 참조).

토머스 코빗

Gospel Incense, 272 – 73

깨어 있음은 아직 실행하지 않은 일이나 의무를 이행하는 것을 포함한다. 그 이유는 깨어 있음이 다른 행위를 돕는 행위이기 때문이다. 예를 들어, 우리는 우리의 모든 길에서 하나님을 기억해야 한다. 이를 소홀히 하는 까닭에 하나님께 죄를 지을 때가 적지 않다. 하나님을 기억하고, 그분의 거룩하심을 기억하고, 그분의 위대하신 능력과 죄를 엄히 징치하는 공의를 기억하고, 우리가 죽어 하나님 앞에서 심판을 받게 될 것을 기억한다면, 죄를 멀리하는 데 큰 도움이 될 것이다.

윌리엄 페너

"The Spiritual Watch," in *Four Profitable Treatises*, 77

성도들이 잠잘 때가 곧 사탄이 유혹하는 때다. 파리들은 사자가 잠들면 대담하게 들러붙어 기어 다닌다. 아무리 약한 유혹이라도 안일하게 잠에 취해 있는 그리스도인을 놀라게 하기에 충분하다. 삼손이 잠들어 있을 때 들릴라가 그의 머리털을 잘랐고, 사울이 잠들어 있을 때 그의 곁에 있던 창이 사라졌으며, 노아가 잠들어 있을 때 그의 무례한 아들이 그의 벌거벗은 모습을 보았다. 유두고는 꾸벅꾸벅 졸다가 3층에서 떨어져 죽었다. 이처럼 그리스도인이 안일하게 잠들면 곧 깜짝 놀랄 일이 일어나고 그는 영적 힘을 크게 상실하고 말 것이다.

윌리엄 거널

Christian in Complete Armour, 203

온종일 마음을 살피는 사람은 밤중에 기도할 마음을 유지하기가 수월하지만, 부주의한 삶을 사는 사람은 기도에 게으르기 쉽다.

윌리엄 거널

Christian in Complete Armour, 674

깨어 기도하지 않는 사람은 귀한 씨앗을 밭에 뿌려놓고, 문을 열어놓은 채로 방치해 돼지들이 와서 밭을 온통 망가뜨리게 하는 사람과 같다.

윌리엄 거널

Christian in Complete Armour, 715

깨어 있음은 영혼의 깨어 있는 상태를 의미한다. 우리에게 깨어 있으라고 명령하는 성경 구절들에는 모두 이런 의미가 내포되어 있다(막 13:35, 살전 5:6, 벧전 5:8, 계 16:15).

윌리엄 거널

Christian in Complete Armour, 763

사랑하는 네드에게,
전쟁에 관한 말들이 너무 많다 보니 자연스레 영적 싸움에 대해 생각하게 되는구나. 두 종류의 전쟁 모두 깨어 경계하는 것보다 더 중요한 것은 없단다. 기습을 당하는 것은 군인에게 큰 수치와 피해를 안겨준다. 그러니 사랑하는 네드야, 잠들지 말고, 보초를 잘 서기를 바란다. 깨어 원수들을 경계하면, 졸지도 않고, 주무시지도 않는 하늘의 하나님이 너를 안전하게 지켜주실 것이다.

브릴리아나 할리

to her son Edward, 1639, in *Letters,* 57

하나님의 은혜가 그런 식으로 풍성하게 나타난 후에 당신은 신중한 태도로 깨어 경계하는가? 몸에 보석들을 지니고 낯선 나라를 여행하는 사람은 그것들을 강탈당하지 않도록 항상 경계해야 한다. 당신은 죄나 사탄이나 미혹하는 세상이 당신의 영적 위로를 빼앗아가지 않도록 항상 조심하며 살아가고 있는가?

올리버 헤이우드

Life in God's Favour, 183

우리는 깨어 있어야 한다. 구원의 대장이신 우리의 사령관에게 복종하며 깨어 있으면, 졸지도 않고 주무시지도 않는 그분이 우리를 지켜주신다.

그분은 우리를 지켜주시고, 우리의 깨어 있음이 헛되지 않게 도와주신다(시 121:5, 사 27:3). 이것이 시험에 들지 않도록 깨어 기도하라는 말씀 속에 두 가지 명령이 하나로 합쳐진 이유다. 깨어 있으라는 것은 그것이 우리가 부지런히 해야 할 일이기 때문이고, 기도하라는 것은 우리가 깨어 있는 것만으로는 충분하지 않고, 자신의 능력으로 우리를 효과적으로 보호하시는 주님이 깨어 지켜보시는 것이 필요하기 때문이다. 그분의 능력은 우리의 요새다.

로버트 레이턴

A Commentary upon the First Epistle of Peter, in *Whole Works*, 1:49

신자의 영혼이 그리스도와 참되고, 은혜로운 교제를 나눌 때는 사랑하는 주님이자 구원자요 우리의 안식처이자 소망이신 그분을 즐거워하는 일이 방해받지 않도록 주위를 잘 살펴 모든 유혹과 죄가 다가오는 모든 길목을 신중하게 경계해야 한다. 그런 친밀한 교제를 방해할 수 있는 일을 하거나 필요한 일을 게을리하지 않도록 조심해야 한다…그리스도를 소유하고 있는 사람은 굉장한 전리품이나 값진 진주를 소유하고 있는 사람과 같다. 그런 사람은 사방을 조심스레 경계하며 그것을 빼앗아갈 가능성이 있는 것은 무엇이든 두려워한다. 재물은 사람을 깨어 경계하게 만든다. 그와 마찬가지로, 하나님의 모든 보화가 감추어져 있는 주님을 소유했다는 것을 알면, 그분을 빼앗기지 않기 위해 주위를 주의 깊게 살필 수밖에 없다. 따라서 우리는 주님과 가장 친밀한 교제를 나누는 것을 가장 큰 영적 관심사로 삼아야 한다.

존 오웬

On Communion with God, in *Golden Book*, 171

깨어 경계하지 않는 것 때문에 하나님은 종종 우리를 아무런 은혜도 느끼지 못하는 당혹스러운 상태에 한동안 머물게 하신다. 그때에도 물론 은혜의 원리가 우리 안에 있지만, 우리가 그것을 의식하지 못하는 까닭에 심지어는 어둠과 공포 속에서 세상을 떠나는 일이 일어날 수도 있다.

리처드 십스

Divine Meditations and Holy Contemplations, 40

나태('게으름'도 보라)

나태는 편안하고 고요한 삶의 상실을 가져온다. 나태는 수고와 어려움을 싫어함으로써 오히려 그것들을 초래한다. 나태는 스스로를 파괴하는 악덕이다. 나태는 게으른 삶을 좋아하는 사람들이 게으르게 지내도록 허용하지 않고, 오히려 고통을 증폭시키고, 수고로운 일을 많이 만들어낸다. 나태한 사람은 빈궁하고, 궁핍할 수밖에 없기 때문에 편안한 삶을 살아갈 수 없다. 그런 사람은 극단적인 어려움에 부딪히지 않으면 나태함에서 벗어나기가 어렵다.

아이작 배로

"Of Industry in General," in *Sermons*, 266

나태한 정신은 경건한 삶을 방해한다. 분별력이 있는 사람이라면 누구나 이것이 경건한 삶을 방해하는 가장 큰 요인이라고 인정할 것이다. 만일 천국에 가는 것이 입술을 움직이고, 무릎을 굽히는 것 같은 육체적 활동만으로 충분하다면 친구의 집을 방문하는 것처럼 수월하게 그곳에 갈 수 있을 것이다. 그러나 우리의 생각과 감정을 세상으로부터 분리시켜야 하고, 우리의 은혜들을 제각각 목적에 맞게 증대시키며, 우리 손 안의 행사가 원활하게 잘 이루어질 때까지 그것들을 굳게 붙잡아야 하는데, 이것은 쉬운 일이 아니다.

리처드 백스터

The Saints' Everlasting Rest, in *Baxteriana*, 25

사람을 파멸에 이르게 하는 원인은 크게 두 가지다. 하나는 사치이고, 다른 하나는 나태다. 이 중에 어느 것이 더 큰 파멸을 가져오는지는 확실하게 단정하기 어렵다.

존 콜링스

Weaver's Pocket-book, 113

'교화소(1601년에 엘리자베스 빈민법이 통과된 이후에 설립된 기관. 일하기 싫어하는 사람들을 데려다가 일할 수 있게 가르치는 장소였다-역자주)'는 나태함으로 인해 정상적인 삶을 살지 못하는 사람들을 치유하는 가장 좋은 병원이다.

토머스 풀러

Holy and Profane States, 184

섬길 수 있는 가장 좋은 기회를 등한시하고, 훌륭한 재능을 발전시키지 못하면 영혼이 큰 심연 속으로 끝없이 추락할 가능성이 크다. 장사를 잘하는 재능이 있어 그것으로 하나님을 위해 일할 수 있고, 시장에 가서 그런 재능을 발휘할 기회가 주어졌는데 재능을 썩히고 기회를 날려 보낸다면 불행과 어려움이 뒤따를 것이다. 재능을 활용하지 않고 묵혀두면 늘 불안하고, 당혹스러운 마음을 안고 살아갈 수밖에 없다. 그런 나태한 영혼들 때문에 하나님이 응당 얻으셔야 할 수입(즉 그분의 영광과 영예)에 손실이 발생한다. 하나님은 그런 영혼들에게 그들이 어떤 잘못을 저질렀는지를 분명하게 일깨워주신다. 내가 아는 바로는 지금도 섬김의 기회를 등한시한 대가로 죽을 운명에 처한 사람들이 많은 듯하다.

존 오웬

A Practical Exposition of the 130th Psalm, in *Oweniana*, 44

수고와 노력 없이 먹을 것이 저절로 하늘에서 뚝 떨어지기를 기대하는 것은 말도 안 되는 허황한 생각이 아닐 수 없다. 그런 생각을 할 정도로 어리석은 사람은 아무도 없다. 그러나 섭리를 의지하는 척하면서 스스로 생계를 위해 열심히 일하지 않고 나태하게 사는 사람은 그보다 조금도 더 나을 것이 없다. 쓸데없는 일은 아무것도 하지 않으시는 하나님이 행위를 할 수 있는 힘과 능력을 우리에게 허락하셨다. 이런 사실은 우리에게 그런 힘과 능력을 유익하고, 합리적인 방식으로 사용해야 할 의무가 우리에게 있다는 것을 분명하게 보여준다.

리처드 스틸

Religious Tradesman, 13

나의 형제들이여, 나태한 사람은 사랑이 없는 사람이다. 게으른 사랑은 가식적인 사랑에 지나지 않는다. 사랑이 있다면 그 사랑의 정도에 따라 거기에 알맞은 수고가 뒤따를 것이 틀림없다. 만일 의무 이행에 게으르고, 하나님의 길을 외면하고, 그분의 명령을 등한시하는 사람이 있다면 그는 사랑을 강화해야 한다. 그러면 태도와 행동이 바뀔 것이다. 지금 당장 기도하면서 자신의 삶을 돌아보고, 당신이 무엇을 위해 수고하고 있는지를 살펴보라.

윌리엄 스트롱

Heavenly Treasure, 357

낙심('실망'을 보라)

냉소자들

믿음을 고백하며 양심적으로 살아가는 사람이 유혹이나 부주의로 인해 악한 죄를 지으면, 불경스러운 냉소자들은 득달같이 달려들어 "저것이 너희 경건하다는 사람들 가운데 한 사람이야. 저것이 너희 거룩하다는 사람 가운데 한 사람이야."라고 손가락질하는 것이 보통이다. 그렇게 그들은 그를 비웃고, 조롱한다…누군가가 죄를 지었거든 "경건한 자 가운데 하나인 저 사람을 보라."라는 식으로 말하지 말라. 그것은 신앙을 모독하는 것이다. 죄를 짓는 장본인은 경건한 사람이 아니다. 그것은 그 사람 안에 있는 거룩하지 않은 부패한 요소 때문이다. 그의 그런 요소야말로 우리와 가장 많이 닮았다. 바울 사도는 "이제는 그것을 행하는 자가 내가 아니요 내 속에 거하는 죄니라"(롬 7:17)라고 말했다…사도가 옹호한 사람을 왜 비난하는 것인가? 그는 그들이 아닌 그들 안에 있는 죄 때문이라고 분명하게 말했다. 따라서 하나님의 모든 자녀 가운데서 성도와 죄인을 구별하는 법을 배워야 한다. 만일 그들 안에 비웃음과 조롱을 퍼붓고 싶은 죄인이 발견되었다면, 그들을 비난하기보다 어디를 보아도 한갓 죄인일 수밖에 없는 우리 자신을 더 많이 비난해야 한다.

에제키엘 홉킨스

"The Nature of Presumptuous Sins," in *Select Works,* 416

논리

논리는 진리를 탐구하고 진리를 다른 사람에게 전달할 때 이성을 잘 활용하는 기술이다. 이성은 인간 본성의 영광이며, 짐승이나 다른 피조물들보다 인간을 더 뛰어나게 만드는 가장 중요한 요소 중 하나이다. 그 힘과 원리에 있어서, 이성은 비록 모든 사람에게 천성적으로 동등한 정도로 주어지지는 않았지만 모든 사람에게 공통적으로 주어진 하나님의 선물이다. 그러나 그 후천적인 개선은 선천적인 것보다 더 큰 차이를 만들어낸다. 나는 이성의 향상이 유럽 세계의 학식 있고 신중한 사람들을 호텐토트족과 아프리카의 다른 야만인들보다 훨씬 우월한 수준으로 끌어올렸다고 감히 말할 수 있다.

아이작 왓츠

Logic, 1

논쟁

젖은 연료를 태우면 연기 때문에 불꽃을 볼 수 없는 것처럼 논쟁의 안개는 성경의 빛을 가려 어둡게 한다. 지혜가 푸른 초장처럼 숲을 향해 넓게 퍼져 있는데 거기에 스콜라 신학자들의 덤불, 곧 논쟁적인 신학이라는 거친 산림이 우거져 있다면 긁히지 않고서는 그곳을 빠져나오기가 어렵다. 찔레와 가시나무는 양들의 털을 잡아 뽑는다. 그런 당혹스럽고, 복잡한 길을 걷는 것을 좋아하는 사람들은 가시나무를 밟고 걸어야 했기 때문에 무쇠로 만든 신을 신어야 했다.

토머스 애덤스

Exposition upon … Second … Peter, 790

나는 성도들 사이에서 논란과 논쟁을 일으키는 문제, 특히 가장 저급한 성격의 문제에 관여하고 싶은 마음이 조금도 없었다. 그러나 믿음의 말씀과 예수님의 죽음과 고난을 통한 죄 사함과 같은 문제는 진지하게 논의하는 것이 매우 즐거웠다. 나는 그 외의 문제들에는 관심을 쏟지 않았다. 그 이유는 그런 문제로 인해 다툼이 일어날 위험이 있었기 때문이다. 그런 문제는 다루거나 다루지 않거나 우리를 하나님 앞으로 인도해 그분의 소유가 되게 하는 데 아무런 영향도 미치지 않는다. 더욱이 나는 중요한 문제를 논의하다 보면 나의 연구가 또 다른 방향으로 발전해 나가는 것을 목격했다. 심지어는 새로운 깨우침을 주는 말을 전하기도 했다. 따라서 나는 그런 문제를 논의하는 데만 집중했다.

존 번연

Grace Abounding, 110 – 11

헨리 뉴컴은 충분히 이해되지 않은 새로운 사변을 좋아하지 않았다. 그는 항상 논쟁을 의도적으로 거부했고, 강단에서는 특히 더 주의를 기울였다. 그는 개신교 교파들의 차이점을 따지는 것에 관심을 기울이지 않았다. 그는 오히려 설득력 있는 증거를 토대로 거룩한 진리를 제시하고, 반박하기 어려운 논증과 명확한 표현으로 자신의 권고를 강화하는 데 온 힘을 기울임으로써 청중에게 거룩함의 필요성을 강력하게 일깨워주었다.

존 촐튼

Glorious Reward, 29

논의는 무턱대고 트집을 잡지 않고, 상대방을 설득하기도 하고, 또 설득당하기도 하는 결과를 가져온다. 그와는 달리, 논쟁은 만족을 주기보다는 파당을 만들어 다툼을 일으킨다.

랄프 베닝

Mysteries and Revelations, 19

눈물

죄를 찬찬히 살펴보면 무섭게 보인다. 아름답게 보이는 죄의 꽃들은 신속히 가시나무로 돌변한다. 죄는 아무리 눈을 즐겁게 해도 가시처럼 마음을 찌른다. 죄는 대개 눈을 통해 들어와서 들어왔던 방식 그대로 눈물이 되어 나간다. 다윗은 자신의 죄를 생각하고 슬피 울었다. 죄는 짓고 난 후에는 경고가 되고, 더욱 깨어 있게 만든다. 죄의 본질을 알고 난 후에는 주의해야 하고, 그 경고를 받아들여 더 이상 죄를 짓지 말아야 한다. 죄의 고통을 경험하면 눈물은 흘리지 않더라도 경각심이 생겨날 것이 틀림없다.

리처드 알레인

Heaven Opened, 133

기도와 눈물은 교회의 갑주다.

존 보이스

in Horn, *Puritan Remembrancer,* 76

눈물은 무언의 기도다. 눈물은 아무 말을 하지 않아도 용서와 긍휼을 얻을 수 있고, 하나님을 이길 수 있다. 베드로의 경우가 가장 대표적인 사례다. 그는 아무 말이나 아무런 고백도 하지 않고서 단지 밖에 나가 슬피 울었고, 그로 인해 긍휼을 얻었다.

토머스 브룩스

Cabinet of Choice Jewels, 245

회개의 눈물은 은혜의 보좌 앞에서 은혜로운 답변을 반드시 받아 들고 돌아오는 뛰어난 사신(使臣)이 아닐 수 없다.

토머스 브룩스

Privy Key of Heaven, 32

경건한 슬픔은 죄의 심장을 깨뜨린다. 단지 내적인 후회와 마음의 찔림을 달래기 위해 억지로 쥐어짜는 눈물은 죄를 더 강화하고, 심화시킬 뿐이지만 상한 마음과 회개하는 마음, 곧 하나님의 따뜻한 사랑에 녹아내린 마음에서 흘러나오는 눈물은 죄를 죽이고, 멸한다.

알렉산더 카마이클

Believer's Mortification of Sin, 88

첫째, 눈에는 눈물이 한 방울도 없지만 마음에는 많은 슬픔이 있을 수 있다. 잘 알려진 대로, 눈물이 항상 큰 슬픔을 나타내는 표시는 아니다. 둘째, 상한 마음에서 흘러나오는 눈물은 보배롭지만, 타고난 성격 때문에 흘리는 눈물은 별다른 가치가 없다(대부분의 눈물이 그렇다). 어떤 사람들은 울고 싶으면 언제든 울 수 있다. 나는 마음이 상하지도 않았고, 고집스럽기만 한데도 자기 마음대로 눈물을 흘릴 수 있는 사람들을 알고 있다. 셋째, 다른 것들 때문에 눈물을 흘릴 때가 많은가? 만일 그렇다면 정작 죄를 지었을 때는 눈물을 흘리지 않을 수도 있다. 이것은 충분히 주의를 기울여야 할 만한 일이다. 넷째, 부드럽고, 상한 마음을 소유했는데도 눈물을 흘리지 않는 사람이 있을 수 있다. 그런 사람이 많은 눈물을 흘릴 수 있는 사람보다 더 나은 그리스도인일 수 있다. 관찰에 의하면 이것은 좋은 것이다.

자일스 퍼민

Real Christian, 86

죄를 지은 자신을 깊이 혐오하고, 죄를 완전히 죽여 없애기를 진정으로 바라며 굳은 각오를 다지는 것은 성경적인 슬픔의 필수 요건이다. 그러나 눈물은 부수적인 것이고, 어떤 상황에서는 거의 없을 수도 있다. 진정으로 상한 마음에서 가식 없이 순수하게 눈물이 흐르는 것은 은혜로운 일이지만, 성경적인 슬픔의 요건을 갖추었다면 눈물이 없다고 해서 고민할 필요는 없다.

존 플라벨

Fountain of Life, 200

우리의 감정과 열정이 향하는 대상이 영적인 것이라고 해도 그것들을 움직이는 동기와 동인은 육적이고, 자연적인 것일 수 있다. 사람들이 말씀을 듣거나 기도를 할 때 감정이 북받쳐 올라 눈물을 흘리는 경우가 종종 있지만, 그것이 은혜의 결과라고 확실하게 단정하기는 어렵다. 왜냐하면 말하는 내용이 감동적이고, 말하는 사람의 수사력이 좋고, 말투가 호소력이 있고, 목소리가 적절히 변조되면 믿음으로 인해 흘리는 눈물과 비슷한 눈물을 자아낼 수 있기 때문이다.

존 플라벨

Fountain of Life, 240

어떤 사람들은 있는 힘을 다 짜내 죄를 크게 슬퍼하기만 하면 잘하는 줄로 생각한다. 그러나 하나님은 그리스도께서 가득 넘치는 그릇을 가지고 와서 채워주실 수 있도록 우리의 영혼에서 교만을 비워 없애는 것 외에는 우리에게 아무것도 바라지 않으신다. 마치 슬픔이 하나님께 기름진 성찬이라고 되는 것처럼, 눈물로 그분의 은혜를 살 수 있다고 생각해서는 곤란하다.

새뮤얼 러더퍼드

"The Spouse's Longing for Christ," in *Quaint Sermons*, 96

상한 마음에서 흘러나오는 눈물은 천국의 귀한 향유와 같다.

토머스 왓슨

"God's Anatomy upon Man's Heart," in *Discourses*, 1:156

도덕주의

도덕적 미덕들과 성결함 혹은 거룩함 사이에는 명확한 차이가 있다. 참된 거룩은 그 안에 모든 도덕성을 가지고 있지만 도덕적이라 불리는 것 안에는 참된 거룩함이 없을 수도 있다.

엘리샤 콜스

Practical Discourse, 229

도덕적 미덕들은 자연의 토양에서 발생한다. 이방인들 가운데에는 탁월한 도덕주의자들이 있다. 땅의 어떤 부분들은 잡초뿐만 아니라 덩굴과 광물을 내므로 인간의 본성도 악덕들과 미덕들을 낳을 수 있다. 자연인의 양심에는 아담 이후로 옳고 선한 것에 대한 약간의 반짝임이 있다. 그들은 타고난 종교성을 지닌다. 도덕적 미덕들은 그 종류에 있어서 선하지만, 하나님 앞에서 사람을 의롭게 할 만큼 선하지는 않다. 그것은 마치 어떤 동전이 현재 통용되는 동전이 아니라서 그 어떤 부채도 갚을 수 없는 것과 마찬가지이다. 그때 그 동전은 빚 갚는 용도로는 선하지 않지만 그 종류에 있어서는 선한 것이다. 따라서 도덕적 미덕들은 자기 영역 안에서 사랑스럽다. 우리의 복되신 구주께서는 어린아이들의 천진난만함을 사랑하셨다. 칭의는 도덕적 미덕들에 의해 움직이는 궤도가 아니다. 그러므로 본성의 빛 혹은 일반 은총에 의해 이루어지는 선행들이 행동 형식에 있어서는 선하지만, 태도와 목적에 있어서는 매우 나쁠 수 있다는 것을 알아야 한다.

오바댜 그류

Sinner's Justification, 18–19

그들은(예를 들면, 단지 도덕주의자) 그들의 도덕성으로 인해 인간 사회의 안녕과 질서에는 유익을 끼치지만, 그것이 그들 자신을 하나님께 합당한 자로 만들지는 못한다. 진실로 하나님이 어떤 양심의 권위를 남겨 두지 않으시고 은혜 없는 자들을 정직의 범위 안에 두지 않으셨다면, 이 세상은 위험한 짐승이 들끓는 숲보다 더 성도들이 거주할 수 없는 곳이 되었을 것이다. 성화의 은총이 없는 인간의 정직함이 이와 같으니, 그들은 선한 것 안에 기쁨으로 거하게 하는 어떤 내적 원리들에 의해 부드럽게 이끌리기보다는 그들을 두렵게 하는 강력한 양심의 빛에 의해 이끌린다.

윌리엄 거널

Christian in Complete Armour, 227

도덕성을 구비한 사람들에게 다음과 같은 경고의 말이 주어질 수 있다. 도덕적 올바름이 당신에게 올무가 되어 복음적 올바름을 얻지 못하게 방해하지 않도록 주의하라. 나는 복음서에 나오는 부자 청년에게도 이 경고가 해당한다고 확신한다(마 19:16–22). 그는 그렇게 선하지 않았더라면 더 나았을 것이다.

윌리엄 거널

Christian in Complete Armour, 229

도덕주의와 시민의식에서도 죄로 인정하는 것들이 있지만, 거룩함은 사람에게 빛을 비추어 이러한 죄의 새로운 면을 보게 해준다. 시민의식이 투철한 사람은 자신의 명성에 대한 적으로서만 죄를 혐오하고 도덕주의자는 자연적 이성에 혐오스러운 것으로만 죄를 혐오하지만, 성도는 하나님의 율법에 대한 위반이자 그분의 위엄에 대한 모욕으로 죄를 혐오한다. 회개하는 다윗(시 51:4), 돌아오는 탕자(눅 15:21)는 그들의 죄를 하나님 앞에서 짓는 죄, 하나님을 거스르는 죄로 여겼다.

나다니엘 하디

First General Epistle of St. John, 67

어떤 사람의 건강이 겉으로 보기에는 상당히 개선된 것 같지만 여전히 매우 아픈 상태에 있을 수 있다. 어떤 사람이 과거의 자신보다는 더 낫지만 선한 상태에는 훨씬 못 미칠 수 있다. 사람은 과거의 자신보다 덜 사악할 수 있지만 하나님이 보시기에는 진정으로 선하지 않다. 어떤 사람은 다른 죄를 위한 더 큰 여지를 만들기 위해 어떤 하나의 죄와 헤어질 수 있다. 모든 정욕들이 마귀에게서 나오고 마귀에게로 인도하며 거룩함을 대적하는데, 한 정욕과 다른 정욕 사이에 서로 반대가 있을 수 있다. 그래서 한 정욕이 활발히 행동하기 위해서 다른 정욕을 약화시켜야 하는 경우도 있다. 낭비와 탐심이 서로 정반대인 것과 같다. 이전처럼 죄를 지을 능력이나 기회가 없기 때문에 어떤 죄를 떠날 수도 있다. 자신의 재산을 이미 탕진한 탕자는 전처럼 그렇게 낭비할 능력이 없다. 간음을 반복해온 자는 건강과 체력의 쇠퇴로 인해 이전처럼 죄를 지을 수 없다. 도둑은 이전처럼 도둑질할 기회가 없을 때 그의 도둑질을 멈출 수 있을 것이다.

랄프 로빈슨

Christ All and in All, 118–119

도덕성과 기독교는 매우 다르다. 도덕주의자는 본성으로 행하며, 연구나 교육을 통해 약간의 개선을 보인다. 그리스도인은 새롭게 된 본성으로 일한다. 이 샘이 결핍된 곳에서는 어떤 진정한 변화도 불가능하다. 뿌리가 건강하지 않다면, 열매는 볼품없고 맛도 없을 것이다. 라반은 마침내 야곱과 계약을 맺었지만, 양심이 아니라 수치심이 그를 가두는 재갈이었다. 이러한 거래들은 억지로 익게 만든 열매와 같이 친절하지도 않고 천국의 맛에 합당하지도 않다. 사실 이런 모든 의는 실제로 불의이다. 사람들에게는 의롭고 잘못을 저지르지 않지만, 하나님께는 불의하며 그분의 권리를 박탈한다.

조지 스윈녹

The Christian Man's Calling, in Works, 2:216

마음은 두 가지 면에서 구원의 사역을 속이기 쉽다. 첫째, 그것은 종종 은혜를 받기 위해 도덕성을 의존한다. 도덕은 타고난 세련된 것일 뿐이고, 옛 아담이 더 좋은 옷을 입은 것에 불과하다. 도덕적인 사람은 그저 길들여진 마귀에 불과하다. 그에게는 공정한 시민적 예의가 구비되어 있을 수 있으나 그 밑바닥에는 교만과 무신론의 해충이 자리잡고 있다. 도덕적 탁월함의 화려한 장식은 죽은 시체를 두른 화관에 불과하다.

토머스 왓슨

"The One Thing Necessary," *in Discourses*, 1:353

독서

많이 읽고 전혀 실천하지 않는 것은 많이 사냥하고 아무것도 잡지 못하는 것과 같다.

토머스 브룩스

in Horn, *Puritan Remembrancer*, 192

저자에 대해 가지고 있는 낮은 관점 때문에 읽은 것을 성급히 거부하지 말라. 저자에 대해 가지고 있는 높은 관점 때문에 읽은 것을 다 믿지는 말라.

헨리 스쿠더

Christian's Daily Walk, 146

동정심

동정심을 가지려면 다음 세 가지를 기억해야 한다. 첫째, 그리스도께서 우리를 불쌍히 여기신다. "그들의 모든 환난에 동참하사"(사 63:9)라는 말씀이 암시하는 대로, 그분은 우리와 함께 고난을 받으신다. 둘째, 우리는 하나님의 고난받는 백성과 관계를 맺고 있다. 그들은 우리와 함께 한 몸에 속한 지체다. 지체들은 서로를 돌아봐야 한다(고전 12:25). 셋째, 다른 사람들이 지금 우리에게서 원하는 것을 언젠가는 우리 자신이 다른 사람들에게서 원하게 될 수도 있다.

존 플라벨

Fountain of Life, 179

동정심은 고난받는 사람들에게 마땅히 갚아야 할 빚이다. 우리가 어떤 고난을 겪고 나면 나중에 이와 똑같은 고난을 겪는 사람들을 절대 외면하지 않을 것이 틀림없다. 하나님이 우리를 이런 고난으로 훈련하시는 이유 가운데 하나는 같은 고난을 겪는 다른 사람들을 동정하게 하시기 위해서다.

존 플라벨

Fountain of Life, 332

유대인들은 길을 가다가 아무리 작은 종잇조각이 떨어져 있어도 그것을 밟지 않고 주웠다. 그 이유는 거기에 하나님의 이름이 적혀 있을지도 모르기 때문이었다. 조금은 미신적인 생각이지만, 이것을 사람들에게 적용하면 신앙적으로 큰 유익을 얻을 수 있다. 그 누구도 짓밟지 말라. 그 사람 안에서 우리가 알지 못하는 은혜가 역사하고 있을지도 모른다. 우리가 짓밟는 사람의 영혼에 하나님의 이름이 적혀 있을 수도 있다. 그것은 그리스도께서 자신의 보배로운 피를 흘릴 만큼 소중하게 여기셨던 영혼이다. 따라서 멸시하지 말라.

로버트 레이턴

Spiritual Truths, 294–95

동정심은 우리가 고난받는 자들에게 갚아야 할 빚이다.

윌리엄 세커

in Horn, *Puritan Remembrancer*, 67

듣기

당신보다 지혜와 은혜가 뛰어난 사람들과 함께 있을 때, 말하기보다 듣기에 더욱 신속하라. 가장 빈 그릇이 가장 큰 소리를 내는 법이다. 큰 소리를 내는 많은 사람이 실은 가장 많이 듣고 배울 필요가 있는 사람들이다. 그들은 자만에 빠져서 듣기보다 말하기를 좋아한다. 그들은 대부분의 대화를 독차지한다. 그들은 자신의 빈 그릇을 채우기 위해 깊은 우물에서 물을 퍼올리는 대신에 자신이 가지고 있는 아주 작은 양의 물을 펌프질한다. 확실히 이것은 겸손에 반하며, 유익이 되지도 않는다.

바르톨로메오 애쉬우드

Heavenly Trade, 302

런던

사랑하는 네드에게
시간을 아끼는 데 신경을 쓰거라. 런던이 너의 넋을 빼놓는 곳이라는 걸 나는 알고 있단다.

브릴리아나 할리

to her son Ned, November 14, 1640, in *Letters*, 101

사랑하는 동생에게

나는 이제 향긋한 시골 냄새와 운동을 도시(런던)의 먼지와 안개와 소란스러움과 교환했단다. 예전에 그곳에서는 사람들이 약한 토끼나 교활한 여우를 쫓았는데 지금 이곳에서는 서로를 쫓는단다. 이 숲에는 우리가 매일 보던 짐승은 없지만 더 야만적이란다. 음탕한 염소, 아첨하는 개, 탐욕스러운 늑대 떼가 이 거리를 활보하는구나.

에드워드 할리

to Thomas Harley, 1650/1651, in Brilliana Harley, *Letters*, 216

런던 대화재(1666년)

하나님은 우리가 그분의 심판을 진지하게 기념하는 것을 매우 기뻐하신다. 하나님은 그분의 자비나 은혜의 영광만큼이나 그분의 공의의 영광도 기뻐하신다. 우리는 하나님의 심판을 기념하면서 심판을 내리신 그분의 공의에 찬양을 돌린다. 가혹한 심판은 사람의 지각을 깨우치고 양심을 각성시키며 삶을 개혁하며 스스로를 돌아보게 하며 하나님의 의로우심을 인정하게 한다. 그러므로 대화재로 황폐해진 런던을 새롭게 기억하는 것은 여러분에게 큰 영향을 끼칠 것이다. 지혜로운 판단은 그 자체로 교훈적이다. 모든 하나님의 지팡이에는 하나님의 음성이 수반되어 있다.

토머스 브룩스

London's Lamentations, 182

이것이 여러분 개인이나 가족의 환난의 열매인지, 이곳에 대한 하나님의 심히 놀라운 심판인지 묻고자 한다. 여러분은 수백 년 동안 건축한 집들과 거리들이 순식간에 불타는 것을 목도하였다. 여러분은 여러 해 동안 축적한 부가 사라지는 것을 보았다. 그리고 주님은 얼마나 많은 사람이 곧 흩어 사라질 것을 건설하고 모으기 위해 그들의 영혼을 잃어버리고 영원한 행복을 상실했는지 아신다. 하지만 그들은 조금의 숨 돌릴 여유가 생기면 또다시 그런 일에 열심을 내지 않는가? 폐허가 된 거리들과 사람들의 울부짖음이 여러분의 육적인 쾌락을 죽였는가? 여러분은 의를 배웠는가? 여러분의 새 처소를 하나님의 집인 벧엘로 만들었는가? 불과 몇 년 전에 여러분들과 같이 깨어지기 쉬운 사람들의 시체를 거름 수레에 실어 구덩이에 던지고 시체 위에 시체를 무더기로 쌓는 광경을 보고 들었다. 여러분은 그런 시체를 기뻐하고 애지중지하겠는가? 그 시체들 위의 누더기들을 모아 수선하여 여러분의 몸을 아름답게 장식하겠는가? 런던의 잿더미들과 시체의 먼지들이 살아있는 거주민들에게 불리한 증인이 될 것이다.

알렉산더 카마이클

Believer's Mortification of Sin, 123–124

지금 런던의 죄가 흑사병 전이나 화재 이전보다 더 크다면, 하나님의 더 큰 심판이 임한다 해도 전혀 이상한 일이 아니지 않겠는가? 만일 하나님이 당신을 피비린내 나는 교황주의자들의 손에 넘기신다면, 그것은 다윗이 받은 불과 역병의 심판보다 더 나쁠 것이다. 반기독교 도살자들의 손에 넘겨지는 것보다 블레셋 사람들이나 암몬 사람들 등 다윗의 대적들의 손에 넘겨지는 것이 더 나을 것이다.

알렉산더 카마이클

Believer's Mortification of Sin, 126

모든 것이 헛되도다. 폐허 위에
불이 번지고 타서 재가 되는도다.
그렇도다. 불꽃으로 인해 다가갈 수도 없고 여기에 파괴적인 균열이 있고 저기에 슬픈 비명 소리가 들린다네.
위험은 혼란과 결합되고,
거짓된 두려움이 난무하고, 도움은 일반적이며, 혼란이 가중되는도다.
선박의 선실이 비어 있고 선박은 난파되었다네.
텅텅 빈 집들은 화염에 휩싸이고
도시는 황량한 들판으로 바뀌는도다.

사이몬 포드

Conflagration of London, 8, Lines 51–64

우리는 교회에서 야만적으로 쫓겨난 목회자들이 기존의 사역지에서 5마일 이내에 거주하는 것을 금지한 '5마일 법'이 발효된 지 6개월이 채 지나지 않아 대화재가 발생했다는 사실을 반드시 주목해야 한다. 한 지혜롭고 선한 사람은 "그 심판이 임하기 전에 많은 목회자들이 도시에서 쫓겨난 것은 오히려 자비로운 일이었다"라고 말했다.

매튜 헨리

"Commemoration of the Fire of London," in *Miscellaneous Writings*, 625

1666년 9월 2일에 런던의 푸딩 레인(Pudding Lane)에 위치한 한 빵집에서 통탄할 만한 화재가 발생해서 다음 목요일까지 계속되었다. 그 화재로 인해 그 유명하고 아름다운 도시가 불에 탄 잔해들만 남긴 채 황폐화되었다. 나는 이 슬픈 섭리를 다음과 같이 적용하고자 한다.

(1) 그 원인인 죄(국가의 죄, 런던의 죄, 나 자신의 죄)로 인해 나의 마음을 깊이 성찰한다.

(2) 나도 몸 가운데 있으므로 슬퍼하

는 자들과 함께 슬퍼하고 우는 자들과 함께 운다. 얼마나 많은 가정들이 머리 둘 곳조차 없어졌는가!

(3) 이 세상에서의 우리 기업이 한순간에 날아가 버리는 것을 보면서 그것이 얼마나 가련한 기업인지, 그것이 사람을 행복하게 만들기에 얼마나 무력한지 깨닫는다.

(4) 아침부터 저녁까지 그리고 저녁부터 아침까지 섭리의 눈으로 나의 집과 소유물들을 다스리고 감찰하시는 하나님을 찬양한다.

(5) 온 세상이 불타고 체질이 땅의 뜨거운 불에 녹고 그 가운데 있는 모든 일이 드러나게 될 그 날은 얼마나 무서운 날이 되겠는지 묵상한다.

(6) 설교를 금지당한 가련한 목회자들이 무서운 심판이 임하기 전에 도시에서 추방당한 것은 소돔에서 이끌려 나온 롯의 경우(창 19:15-16)와는 또 다른 하나님의 자비가 아니겠는가!

필립 헨리

Diaries and Letters, 192-193

런던의 복음적 특권이 현세적 재앙에 대한 최선의 방어책이 아니었는지, 복음이 무시당하고 학대당하고 몰수당함으로 하나님이 런던을 사로잡아 수치를 당하게 하신 것은 아닌지 진지하게 생각해 보라.

토머스 빈센트

God's Terrible Voice in the City, 26

런던의 추방령(1662년)

가만히 앉아 있음으로써 거치는 반석이 되는 것보다 감옥에서 하나님께 영광 돌리는 것이 낫지 아니한가? 그대에게 간청하노니 생각해 보라. 우리가 창조주의 목적을 위해 사는 것 외에 무엇을 위해 살겠는가? 오직 하나님의 기쁨을 위해서가 아니라면 우리의 유익이 무엇인가? 우리는 무엇을 위해 섬기는가? 하나님을 위하지 않는다면 우리는 존재하는 않는 편이 더 낫다. 그분을 섬기지 않는 것보다는 우리에게 자유가 없는 편이 더 낫다. 그분의 영광을 위한 것이 아니라면, 부나 가난이나 질병이나 건강이나 자유나 구속 따위는 얼마나 하찮은 것인가! 하나님께 영광을 돌리는 것이 우리의 과업이며 축복이며 모든 것을 바르게 정돈하는 길이라는 이 인정된 원리의 힘 안에서 살아가자. 모든 행복은 바로 이 목적과 관련되어 평가되어야 한다. 이제 하나님이 우리 안에서 영광을 받으시게 하라. 그러면 모든 것이 잘 될 수밖에 없을 것이다.

조셉 알레인

Call to Archippus, 15-16

은혜의 보좌를 차지하라. "하나님이 예루살렘을 세상에서 찬송이 되게 하시기까지 쉬지 못하시게 하라." 우리의 침묵이 여러분으로 하여금 하나님께 더 많이 말하게 해야 하며 또한 "사랑과 선행을 격려하기 위하여" 서로 더 자주 거룩한 대화를 하게 해야 한다. 형제들이여, 우리를 위해 기도해주길 간청한다. 하나님이 우리를 어떤 처지에 두시든, 우리를 어디로 이끄시든 우리는 여러분을 마음속에 간직할 것이다. 우리가 자신을 위해 하나님께 기도할 때 여러분을 잊지 않고 여러분의 영혼의 문제를 위해 기도할 것이다.

작자 미상

England's Remembrance, 43

하나님의 기록된 말씀을 가지고 있기 때문에 목사를 필요로 하지 않는다고 생각하는 사람이 있다면, 나는 윌리엄스(D. Williams) 목사의 다음과 같은 말로 대답할 것이다. "하나님이 가장 엄중한 심판으로 위협하시는 것을 그들은 그들의 특권으로 여기고 있다. 즉, 빛을 비추는 교사들을 제거함으로써 교회의 촛대를 옮기시고, 더 이상 그분의 오른손에 별들을 붙들지 않으시는 것은 교회를 향한 가장 엄중한 심판이다."
그렇다면 1662년에 그토록 수많은 빛들이 꺼져버린 그날은 가장 슬프고 어두운 날이 아니고 무엇이었는가? 후손들은 그들 가운데 많은 이들이 남긴 작품들이 소이탄이었음을 거의 믿지 못할 것이다. 다음과 같은 설교자들을 추방한 것은 가장 큰 상실이 아닐 수 없다.
백스터 목사, 맨톤 박사, 굿윈 박사, 터크니 박사, 오웬 박사, 베이츠 박사, 호우 목사, 에드먼드 칼라미 목사, 카릴 목사, 윌킨슨 박사, 제이콤 박사, A. 풀 목사, 미드 목사, 데이비드 클락슨 목사, 플라벨 목사, 차녹 목사, 크레독 목사, 왓슨 목사, 사무엘 클락 목사, 리처드 목사, 조셉 알레인 목사, 히크맨 목사, 코르벳 목사, 오트필드 목사, 헤이우드 목사, 둘리틀 목사, 빈센트 목사, 제인웨이 목사, 콜린스 목사, 해몬드 목사, 탤렌트 목사, 퍼민 목사, 케이스 목사, 마요 목사, 뉴컴 목사, 스틸 목사, 슬레터 목사, 굿지 목사, 실베스터 목사 등.

존 바렛

Funeral Sermon, 11–12

대추방의 흑암의 날은 21년이 지났음에도 잊혀지지 않았다. 따라서 우리는 우리의 영혼을 겸비하게 하고 아직 철회되지 않은 그 슬픈 고통을 기억하며 주님께 구해야 한다.

토머스 졸리

Note Book, 55

이 사랑스러운 회중을 위해 나는 죄짓는 일을 제외하고는 무슨 일이든 할 수 있을 것입니다. 그러나 사랑하는 이들이여, 우리를 대적하는 칙령이 내려졌으며 오늘은 우리가 설교할 수 있는 마지막 날입니다. 나는 하나님의 도우심으로 지금 즉시 죽을 사람이 유언을 쏟아내는 것처럼 말하고 있습니다.

토머스 라이

sermon, August 17, 1662, in *Calamy, Farewell Sermons*, 282

찬 음식 외에는 먹을 음식이 거의 없는 날이 올 것이다. 추수할 곡식이 거의 없는 궁핍한 날에는 창고에 보관하고 있는 곡식이 어느 정도 위안이 된다. 풍족한 해에 쌓아둔 요셉의 곡식은 그와 온 가족의 생명을 유지하는 데 도움이 되었으며, 온 애굽 땅에 도움이 되었다. 그리고 여러분이나 다른 이들의 죄악 때문에 하나님이 영적 기근을 가져다주셨을지라도, 여러분이 하나님의 말씀을 어떻게 받고 들었는지 주의 깊게 기억한다면, 영적 기근의 시기에 여러분과 다른 이들을 먹일 수 있을 것이다. 그러므로 여러분들에게 이 본문 말씀으로 조언을 남기고자 한다. 오래된 상점을 방문하라. 따뜻한 음식을 원하겠지만 차가운 고기를 먹으라. 여러분의 마음속에서 말씀을 기억하고 묵상함으로써 먹은 것을 따뜻하게 하라.

존 화이트록

in *England's Remembrance*, 23

경건의 능력이나 거룩한 실천을 훼손하는 경향이 있는 설교, 하나님이 택자의 믿음이나 행위나 인내를 미리 내다보고서 예정하셨다고 주장하면서 하나님의 무조건적 은혜를 손상시키는 설교, 칭의에 있어서 인간의 행위를 강조하는 설교, 인간의 자연적 능력과 인간 의지의 힘을 강조하면서 참된 신자도 최종적으로, 완전히 은혜에서 떨어질 수 있다고 주장하는 설교가 행해진다면, 당신의 마음속에서 하나님의 일하심을 경험할 때 당신이 받았던 것, 들었던 것을 기억하는 것이 이런저런 거짓 교리들을 논박하는 데 도움이 될 것이다.

존 화이트록

in *England's Remembrance*, 25

마귀('사탄' 항목도 참고하라)

마귀는 세상에서 가장 뛰어난 학자다. 그는 세상에 있는 모든 사람보다 더 많이 알고 있지만, 은혜의 복음 안에는 그가 알지 못하는 비밀과 신비가 무수히 많다. 그는 그것들을 영적, 감정적, 구원적 차원에서 강력하고 효과적으로 인지하지 못한다.

토머스 브룩스

Privy Key of Heaven, 46

마귀들의 지옥은 하나님의 권위 아래 있다. 그들은 하나님의 은혜의 품을 떠나 그분의 정의의 용광로에 들어갔다. 그들은 그런 반역 행위로 인해 하나님의 은총을 상실했지만 그분의 통치권에서 벗어날 수는 없다. 그들은 하나님을 아버지이신 주님으로 고백하려고 하지 않을 때 재판관이신 주님의 손 아래 떨어진다. 그들은 그분의 사랑에서 떠났지만 그분의 멍에를 벗어버릴 수는 없다. 하나님은 선한 천사들은 신민으로 간주해 통치하시고, 악한 천사들은 반역도당으로 간주해 통치하신다.

스테판 차녹

Selections, 186 – 87

아담의 타락은 마귀의 걸작품이었다. 그는 죄에 빠뜨린 사람들을 전리품으로 삼아 영광을 누린다.

엘리샤 콜스

Practical Discourse, 201

"볼지어다 마귀가 장차 너희 가운데에서 몇 사람을 옥에 던져 시험을 받게 하리니 너희는 십 일 동안 환난을 받으리라"(계 2:10). 이 말씀에서 사탄과 그의 수하들은 하나님의 백성과 관련해 크게 네 가지 제약을 받는다. 첫째, 사람들과 관련해서는 전부가 아닌 일부에만 영향을 미칠 수 있고, 둘째, 그들의 해악과 관련해서는 사람들을 임의로 죽일 수는 없고 단지 감옥에 가둘 수만 있으며, 셋째, 그들의 활동과 관련해서는 환난을 줄 뿐 파멸시킬 수는 없고, 넷째, 환난의 기간과 관련해서는 임의로 기간을 늘릴 수 없고 십 일로 제한된다.

존 플라벨

Navigation Spiritualized, 74

마귀의 왕국은 시간은 물론, 공간의 제약을 받는다. 그는 하늘이 아닌 땅의 권력자이다. 마귀가 가장 높이 올라갈 수 있는 곳은 공중이다. 그곳이 그의 왕국의 한계다. 그는 공중의 권세 잡은 자로 불린다. 그는 위의 세상과는 아무런 관계가 없다. 하늘은 마귀를 두려워하지 않기 때문에 그곳의 문은 항상 활짝 열려 있다.

윌리엄 거널

Christian in Complete Armour, 104

마귀 : 이런, 너의 악한 생각의 한가운

데에 어떤 빈 자리가 안 보이는구나. 그래서 나는 나의 무서운 저주를 남겨두고 너를 떠나겠다. 이 저주는 지옥만큼이나 지독하지. 아니, 지옥의 불못의 모든 재앙보다 더 지독하단다. 나를 사랑하는 모든 자가 너처럼 비열한 놈에게 복수해줄 것이다. 지금은 내가 너를 떠나지만 하루나 이틀 뒤에 다시 찾아올 것이다. 그러면 네 영혼은 고통에 못 이겨 회개한 것을 후회하게 될 것이다.

젊은이 : 오, 주님! 이처럼 비열하고, 사악한 자의 강력한 공격을 당하고 있는 이 곤고한 때에 제 영혼을 도와주신 주님의 영광스러운 능력을 찬양하나이다. 주님은 제가 그에게 저항하도록 도우셨습니다. 그는 이제 떠났습니다. 사랑하는 주님, 저의 마음을 은혜로 활활 타오르게 만들어 주셔서 주님의 이름을 높이 찬양하게 하옵소서. 그가 저를 다시 찾아올 것입니다. 오, 그때가 머지않았습니다. 주님의 진리를 제게 보여주소서. 그러면 제가 비록 연약하고 어리지만 어떤 원수의 공격도 두려워하지 않을 것입니다. 오, 진리이신 주님! 제 곁으로 오소서. 저는 주님의 능력을 온전히 신뢰합니다. 저는 연약하지만 당신은 매우 강력하십니다. 주께서 위하시는 한, 아무도 저를 해치지 못할 것입니다.

벤저민 키치

War with the Devil, 84 – 85

학교 교장 : 마귀는 어떤 피조물에게 손을 대 몸을 해치거나 멸하라는 허락을 받기 전까지는 단지 죄를 짓도록 유혹하는 일밖에 할 수 없는 것이 분명하다. 또한, 마녀는 그에게 힘을 줄 수 없고, 오직 위에 계시는 하나님만 그렇게 하실 수 있단다.

다니엘 : 그 두 문장을 하나로 합치면, 마귀는 단지 몸을 해칠 수 있을 뿐이고 오직 하나님 외에는 남자든 여자든 그 누구도 그에게 힘을 줄 수 없다는 말이 됩니다. 그런데 그렇게 말하면 사람들이 격한 분노를 드러내지 않을까 궁금합니다. 왜냐하면 그들이 마귀가 주님의 집행자라는 사실, 곧 마귀에게는 사람들의 몸이나 물건을 훼손하거나 그들을 괴롭히고 귀찮게 하는 능력만 주어지는데 그마저도 주님에게서 비롯한 것이라는 사실을 안다면, 주님이 자신들의 죄 때문에 자기들을 기뻐하지 않으신다는 것을 깨닫고, 마귀를 대적해 물리칠 수 있는 믿음의 큰 능력으로 무장하기를 추구하면서, 겸손히 용서와 원수로부터의 구원을 갈망할 것입니다(벧전 5장 참조).

조지 기포드

Dialogue concerning Witches and Witchcraft, 31 – 33

마녀

마녀란 공공연하게나 은밀하게 마귀와 결탁해 기적을 행하는 일에 의도적으로 그의 도움과 지원을 받기로 동의하는 마술사를 가리킨다.

윌리엄 퍼킨스

A Discourse of Witchcraft, in *Works*, 3:636

때로는 자연적인 현상인데도 그것을 모르고 초자연적인 원인을 잘못 적용하거나 때로는 이웃의 순전한 악의 때문에 많은 사람이 부당하게 마녀로 비난을 받는다. 비난의 당사자가 극도로 못생겼을 때는 의심이 한층 더 증폭된다. 그러나 미모가 뛰어난 것이 창녀라는 증거가 될 수 없는 것처럼, 단지 생김새가 기형적이라고 해서 마녀가 되는 것은 아니다. 어떤 때는 관리 앞에 끌려 나온 사람이 두려움으로 인해 넋이 나가거나 환상에 미혹된 까닭에 아무런 이유 없이 자신이 마녀라고 고백하기도 한다. 그러나 스스로를 비난하는 말이든 스스로를 칭찬하는 말이든, 둘 다 다른 증거가 없는 한 신빙성이 떨어지기는 매한가지다.

토머스 풀러

Holy and Profane States, 284

마음(Heart)

마음은 모든 원수들 가운데서 가장 교활하고 술책이 뛰어난 대적이다. "만물보다 거짓되고 심히 부패한 것은 마음이라." 그 후에 이렇게 말씀한다. "힘을 다하고 마음을 다하여 네 마음을 지키라 생명의 근원이 이에서 나느니라." 실제로 마음은 이 작은 세상을 다스리는 최고의 왕이며, 다른 모든 부분을 지배하고 명령한다. 마음은 다른 모든 바퀴들을 움직이게 하는 기계의 주요 운전대이다. 그것은 우리의 모든 생각, 말, 행동을 일으키는 샘물과 같다. 마음이 어떠하면 그 사람도 그러하다.

아이작 암브로우스

Christian Warrior, 37–38

다른 것들은 부서지면 악화된다. 그러나 마음은 부서지기 전에는 최상이 아니다.

리처드 베이커

in Horn, *Puritan Remembrance*, 102

오직 [당신의 마음]을 하나님께 맡기고 그것이 전적으로 하나님의 것임을 인정하라. 그리하면 하나님이 당신의 마음을 취해서 그분이 원하는 대로 사용하실 것이다. 당신의 마음은 하나님의 것이다. 하나님이 당신의 마음을 소유하지 않으시면, 세상이나 교만이나 육체의 정욕이 당신의 마음을 소유하지 않겠는가? 그것들이 하나님이 당신에게 주실 것보다 더 많은 것을 줄 것 같은가? 하나님은 당신에게 독생자와 성령과 하나님의 형상과 죄 용서를 주실 것이다.

리처드 백스터

A Christian Directory, in Practical Works, 2:393–394

시계의 모든 톱니바퀴와 각종 부품들의 사용법을 알고 있는 사람은 시계가 고장났을 때 그 원인을 즉시 알아낼 것이다. 그러나 시계에 대한 아무런 지식이나 기술이 없는 사람은 고장을 일으킨 문제가 무엇인지 전혀 알지 못하므로 그것을 고칠 수 없다. 우리의 마음은 많은 톱니바퀴와 태엽들이 있는 시계와 같다. 자신의 마음을 잘 알아야 무언가 잘못되었을 때 문제점을 파악할 수 있다.

제레마이어 버러스

Rare Jewel, 40

우리의 거짓된 마음을 두려워하고 불신하는 것은 고통스럽지만 안전한 일이다. 그러나 우리의 상태를 좋게 추정하는 것은 즐겁지만 위험한 일이다.

에제키엘 컬버웰

Time Well Spent, 137

사람의 마음과 관련해서는, 이 세상의 왕이나 권세자, 아니 하늘의 천사라 하더라도 가련한 죄인의 마음을 굴복시킬 수 없다. 바로 이것이 그리스도의 영광이다. 오직 그리스도만이 이 일을 하실 수 있다. 마음을 변화시키는 일은 하나님의 사역이다. 위대한 마음을 만드신 이가 그 마음을 통회하게 만드실 수 있다. 하나님 외에는 마음을 옳게 변화시킬 수 없다.

윌리엄 다이어

Christ's Famous Titles, 52

마음의 슬픔은 복음적 슬픔이다. 베드로가 설교하자 "그들이 마음의 찔림을 받"았다(행 2:37). 이에 베드로는 훌륭한 외과 의사가 그러하듯, 피 흘리는 환자들의 상처에 즉시 복음의 붕대를 감아 낫게 하였다. "주 예수를 믿으라." 마음을 찌르는 것은 양심에 상처를 입히는 것 그 이상이다. 마음은 생명의 좌소이다.

윌리엄 거널

Christian in Complete Armour, 61

은혜로운 마음은 그 열렬함과 열심을 하늘의 것들을 위해 사용하며, 세속적인 것들에 대해서는 거룩한 무관심을 나타낸다. 즉, 세속적인 것들에 대해 일종의 불참을 나타내며, 마치 이를 전혀 사용하지 않는 것처럼 살아간다. 은혜로운 머리와 마음은 더 높은 문제에 사로잡혀 있다. 즉 어떻게 하나님을 기쁘시게 할지, 어떻게 하나님의 속도에 맞추어 갈지, 하나님이 지정하신 규례들 안에서 어떻게 그리스도와 친밀한 교제를 누리며 즐거워할지 등을 생각하는 것이다. 그는 이 모든 일들을 위해 자신의 돛을 펼치고 노를 저어 항해하며 모든 힘을 쏟는다. 다윗은 다음과 같이 기록했다. "내가 간절히 주를 찾으며 내 영혼이 주를 갈망하나이다"(시 63편). 그리고 우리는 다윗이 여호와의 법궤 앞에서 온 힘을 다해 춤추는 것을 본다. 그러나 육적인 마음은 이와 정반대로 작동한다. 그의 열정은 세상에 있으며 하나님의 일에는 무관심하다. 그는 기도하나 진실로 기도하지 않는다. 그는 일터에서는 땀 흘려 일하지만 기도를 위한 골방에서는 차갑고 식은땀만 흘린다. 오, 그를 하나님을 향한 예배의 의무까지 끌어 올리거나 하나님의 규례에 따라 살게 하는 것은 얼마나 어려운 일인가! 어떤 날씨도 그가 일터에 가는 것을 막지 못한다. 비가 오나 바람이 부나 눈이 오나 그는 그곳으로 간다. 그러나 교회로 가는 길이 조금이라도 젖었거나 날씨가 춥다면, 그는 교회 회중석의 자기 자리를 서슴지 않고 비운다.

윌리엄 거널

Christian in Complete Armour, 157

신실한 마음은 개울의 맑은 시냇물과 같다. 사람의 말로 그의 마음이 추구하는 것의 바닥을 볼 수 있고, 그의 혀로 그의 마음을 헤아려 볼 수 있다.

윌리엄 거널

Christian in Complete Armour, 256

당신의 마음에 말씀을 새기라. 이것이 다윗의 방부제였다. "내가 주께 범죄하지 아니하려 하여 주의 말씀을 내 마음에 두었나이다"(시 119:11). 죄를 효과적으로 대적하게 하는 것은, 읽고 있고 손에 들고 있는 성경이 아니며, 혀로 말하는 말씀이 아니며, 머리에 들어 있는 지식이 아니라 마음에 둔 말씀이다. 영양을 공급하는 것은 접시 위의 고기가 아니라 위장으로 들어간 고기이다. 성경에서 마음이라는 표현은 영혼의 모든 기능에 사용되는데 주로 양심과 정서에 사용된다.

윌리엄 거널

Christian in Complete Armour, 611

다윗은 여러 달 동안 율법의 강론을 들었지만 그의 복잡한 죄로 인해 겸비하게 되지 않았다. 그러나 하나님에게서 보내심을 받은 나단 선지자가 하나님이 다윗에게 베푸신 많은 자비들에 대해 설교하자 다윗의 마음은 즉시 녹기 시작했다(삼하 12:13). 봄의 태양이 서리를 녹일 때까지 서리는 땅에서 완전히 사라지지 않는다. 하나님의 자비에 대한 감각으로 영혼이 따뜻해질 때까지 마음의 완악함은 제거되지 않을 것이다.

윌리엄 거널

Christian in Complete Armour, 712

마음에서 견고한 죄 죽임이 있어야 한다. 그렇지 않다면 당신은 절대로 이 길을 걸을 수 없다. 당신은 극한의 통풍으로 다리를 저는 사람이 정욕과 죄악의 질병과 족쇄에 사로잡힌 무거운 마음으로 의의 길을 걸어야 한다고 생각할 수 있다. 그러나 그러한 사람에게는 의로운 행동의 원리가 전혀 없다. 그의 원리들은 그를 구부러진 길로 이끌 뿐이다.

오바댜 채드윅

Shephered of Israel, 158

그리스도인의 마음은 그리스도의 동산과 같고, 그분의 은혜는 감미로운 향기를 풍기는 많은 향신료와 꽃들과 같다. 성령께서는 그 위에 바람을 불어 감미로운 향기를 풍기신다. 따라서 성령께서 역사하시도록 당신의 영혼을 의탁하라. 성령님은 부패를 정복하는 새 힘을 공급해 주실 것이다. 이는 특별히 주일에 가장 잘 이루어지는 사역이다.

리처드 십스

Bruised Reed and Smoking Flax, 120

지식과 애정(affection)은 상호 협력한다. 모든 감미로운 권면과 신적인 격려를 통해 우리의 사랑과 기쁨의 감정을 유지하는 것은 좋은 일이다. 왜냐하면 마음이 가장 좋아하는 것이야말로 마음이 가장 알기 원하는 것이기 때문이다. 마음으로 그리스도를 기뻐할 수 있는 사람들은 대부분 그리스도의 길을 잘 아는 사람들이다.

리처드 십스

Bruised Reed and Smoking Flax, 165

[하나님]은 이곳에서 내가 어떻게 말하고 당신이 어떻게 듣고 우리가 어떻게 기도하는지에 주의를 기울이신다. 하나님이 보시기에 우리 마음으로부터 나오지 않은 모든 것은, 마치 하늘로 올라가던 연기가 급좌절되듯이, 하나님께 상납되지 못할 것이다. 사람들은 자신이 은사가 있으면, 마음도 있다고 생각한다. 그러나 하나님은 은사를 가진 자에게 마음의 청결을 요구하신다(시 73:1). 바리새인의 기도, 창기의 서원, 반역자의 입맞

춤, 가인의 제사, 이세벨의 축제, 아나니아의 헌물, 에서의 눈물은 하나님에게 아무것도 가져오지 못한다. 하나님은 지금도 "네 마음을 가져오든지 아니면 아무것도 가져오지 말라"고 말씀하신다.

헨리 스미스

"The Christian's Sacrifice," in *Sermons*, 250

하나님은 우리를 여기 이 세상에 두셔서 우리 마음의 묵은 밭을 가는 농부로, 포도원에서 일하는 일꾼으로, 천국을 향해 가는 순례자로, 육체와 세상과 마귀를 대적하여 싸우는 주님의 군병으로 삼으셨다.

헨리 스미스

"The Sinful Man's Search," in *Sermons*, 223

아마도 당신은 설교하기 위해 당신의 발을 하나님께 드릴 것이다. 또는 하나님을 위해 일하거나 싸우기 위해 당신의 손을 그분께 드릴 것이다. 또는 하나님에 대해 말하기 위해 당신의 혀를 그분께 드릴 것이다. 그러나 당신은 참으로 하나님께 당신의 마음을 바쳤는가? 그 마음으로 하나님을 붙들고, 그분을 간절히 사모하며, 그분을 위해 탄식하고, 오직 그분 안에서만 살고 있는가?

피터 스테리

Rise, Race, and Royalty of the Kingdom, 32

[그리스도인들]은 자신의 마음을 하나님 외에는 아무도 모른다고 믿으면서도 자기 마음에 대해 말해준다는 많은 성인들을 만나고 다닌다.

랄프 베닝

Orthodox Paradoxes, 19

마음을 다스리는 일은 매우 고되고 힘든 일이기에 대부분의 사람들은 그것을 그냥 내버려 둔다. 그들은 이 어려운 일로 인해 낙심한 상태이다. 이 일을 방해하려는 사탄과 정욕의 반대가 너무 극심하고 강해서, 잘못을 인식하고 교정하려는 그들의 첫 시도조차 금세 압도되곤 했다. 마음의 일은 은밀한 일이다. 종교적인 활동에 종사하는 사람은 많지만, 매우 소수만이 은밀한 가운데 마음의 일로 분투한다. 혀로 무엇을 말하는지, 누구 앞에서 말하는지, 손으로 무엇을 하는지, 발로 어디를 가는지에 대해 주의를 기울이는 사람은 많지만 마음에 주의를 기울이는 사람은 적다. 외적인 행동들로 인해 두려워하고 부끄러워했을 많은 사람들이 마음으로는 살인과 간음과 도적질 같은 죄들을 저질렀다.

토머스 빈센트

God's Terrible Voice in the City, 112

경건은 고유하고 본질적인 것이다.

그것은 주로 마음에 있다. "할례는 마음에 할지니"(롬 2:29). 이슬은 잎사귀 위에 있다. 그러나 수액은 뿌리에 숨겨져 있다. 도덕주의자의 종교는 잎사귀에 있다. 그것은 오직 외적 표현으로만 구성된다. 그러나 경건은 영혼에서 발산되는 거룩한 수액이다.

토머스 왓슨

Godly Man's Picture, 8

경건한 사람의 마음은 하나님의 말씀을 간직하는 도서관과 같다.

토머스 왓슨

Godly Man's Picture, 53

포도주의 정신이 가장 좋다. "너희의 마음으로 주께 노래하며 찬송하며"(엡 5:19)라는 말씀은 의무의 영적 부분을 표현하고 있다. 의무의 영적 부분이 찬송에 생명을 불어넣는다. 이것이 없으면 죽은 기도이며, 죽은 설교듣기이다. 죽은 것에는 기쁨이 없다. 죽은 꽃에는 아름다움이란 없다.

토머스 왓슨

Godly Man's Picture, 149

마음 지킴

죄란 하나님에게서 마음이 멀어지게 하는 것이다. 이 세상에서 하나님이 자신의 것으로 요구하시는 가장 큰 것이 바로 마음이다. "내 아들아 네 마음을 가져오라. 무엇보다 더욱 네 마음을 지키라"(잠 4:23).

리처드 알레인

Heaven Opened, 189

엄격한 관리를 통해 마음을 지키라. 하나님과 교제하고 대화하는 당신의 자유를 방해하는 그 어떤 오락도 그 앞에 두지 말라. 하나님의 처소가 되도록 새롭게 된 마음을 세속적인 허영심으로 채우지 말라. 하늘에 계신 분과의 친분과 대화를 감소시키는 그 어떤 친구나 벗도 두지 말라. 불친절하지 말고, 하나님 없이도 스스로 충분하다고 생각하거나 자고하지 말고, 순진하게 친구라는 명목으로 우상이나 하나님의 사랑에 대한 대적이나 당신의 가장 높으신 최고의 친구의 경쟁자를 만들고 이를 즐기지 않도록 삼가 조심하라.

리처드 백스터

Converse with God in Solitude, 121

"마음을 지킴"으로써 영혼을 죄로부터 보호하고 하나님과의 달콤하고 자유로운 교제를 유지하기 위해 모든 거룩한 수단과 의무를 부지런히 지속적으로 사용하고 증진시켜야 한다.

존 플라벨

Keeping the Heart, 2

당신 자신의 마음을 깊이 알라. 그러면 마음의 성향과 태도에서 원수의 유혹방법을 찾아낼 수 있을 것이며, 당신을 유혹하려는 자의 계략을 더 잘 알 수 있을 것이다. 군대의 지휘관이 도성 안을 돌아다니며 이곳 저곳을 잘 살펴보고 나서 가장 유리한 장소에 포대를 세우듯이, 사탄 역시 그리스도인들을 유혹하기 전에 모든 면에서 살펴보고 심사숙고한다.

윌리엄 거널

Christian in Complete Armour, 56

당신의 일상 생활에서 당신의 마음을 엄격하게 주시하라. 위선은 잡초와 같아서 가장 좋은 토양을 심히 오염시켜 매일의 관리와 치료가 필요하게 만든다.

윌리엄 거널

Christian in Complete Armour, 272

네가 지식을 축적하기 위해 부지런히 노력하고 있음을 나는 의심하지 않는다. 이것이 너의 수확이며 너는 그 안에서 네 자신과 다른 사람의 유익을 위한 열매를 거둘 것이다. 나의 사랑하는 아들 네드야, 무엇보다도 네 마음을 너의 하나님께 가까이 하거라. 오, 너의 은혜롭고 거룩하신 하나님께 죄를 짓느니 차라리 죽는 편이 나은 것이라고 결심하고 실천하도록 하라. 우리에게는 너무나 은혜로우신 하나님이 계셔서 죄 외에는 하나님과 우리 영혼 사이에 거리를 두게 만드는 것은 아무것도 없다. 그러므로 항상 영혼의 대적에 대해 경계를 늦추지 말거라.

브릴리아나 할리

to der son Edward, November 1639,

Letters, 71

먼저 마음에 담고 있던 것을 행하는 법이다. “마음에서 나오는 것은 악한 생각과 살인과 간음과 음란과 도둑질과 거짓 증언과 비방이니”(마 15:19). 죄의 근원이 있으며, 어리석음의 원천이 있다. 모든 피조물의 씨앗이 혼돈 속에 있었던 것처럼, 모든 죄의 씨앗은 마음속에 있다. 그렇다면 마음을 들여다보라. 무질서와 혼란 없는 삶을 원한다면, 마음을 청결하게 유지하라. “모든 지킬 만한 것 중에 더욱 네 마음을 지키라 생명의 근원이 이에서 남이니라”(잠 4:23).

토머스 왓슨

Practical Exposition on the Epistle of James, 134

거룩하게 되고 변화된 신자는 그 지

위에 합당한 마음을 유지하기 위해 부지런히 모든 노력을 기울여야 하며, 각각의 모든 행동에서 경건한 삶을 실천하기 위해 노력해야 한다. 즉 자신의 행실에서 모든 경건하지 아니한 것과 마음에 남아 있는 세상 정욕을 부인해야 한다. 신자는 모든 합당한 자유 가운데 자신의 애정을 절제하고, 사람들을 향해 의롭게 행동하며, 오직 하나님께 경배하고 그를 섬김에 있어서 모든 사람에게 거룩함을 나타내야 한다. 이것이야말로 우리의 참된 회개이다.

리처드 로저스

Garden of Spiritual flowers, 13

것은 사람의 내면, 곧 외피가 아닌 뿌리에 놓여 있다. 만족의 근원과 물줄기는 모두 영혼 안에 있다. 그 광선은 외부에서 오는 빛으로 이루어지지 않는다. 만족하는 사람이 지닌 위로의 빛은 외적인 위로가 아닌 내면에서 우러나온다…(3) 만족은 습관적인 것이다. 그것은 영혼의 창공에 고정되어있는 발광체와 같다. 만족은 보이기는 하지만 좀처럼 잘 보이지 않는 별들처럼 이따금 한 번씩만 느껴지지 않는다. 만족은 고정된 마음의 성향이다. 한 번의 행동을 만족으로 일컬을 수는 없다.

시므온 애쉬

Primitive Divinity, 37 – 39

만족

만족은 그리스도인이 모든 상황에서 한결같은 평정심을 유지하게 해주는 은혜로운 정신적 태도다. 만족의 본질은 다음 세 가지의 일반적인 원칙을 통해 분명하게 드러난다. (1) 만족은 하나님의 선물이다. 만족은 획득되는 것이 아니라 주어지는 것이다. 그것은 하나님의 성령께서 생명나무에서 떼어내 우리의 영혼 안에 심어주신 가지요 철학의 동산에서 자라는 열매가 아닌 하늘에서 비롯한 열매다…(2) 만족은 본질적인 것이다. 그

만족은 하나의 은혜가 아니라 마음의 성향을 가리킨다. 만족은 모든 은혜가 혼합되어 있는 행복한 성향이다. 만족은 믿음, 인내, 온유, 겸손, 사랑 등의 요소로 이루어진 귀한 합성체다.

시므온 애쉬

Primitive Divinity, 89

그리스도인이 만족을 얻는 방법은 재산을 늘리는 데 있지 않고 마음을 낮추는 데 있다. 곧 곳간을 더 크게 짓는 데 있지 않고 마음을 더 작게 만드는 데 있다. 어떤 사람은 큰 장원을

소유했는데도 만족할 줄 모르지만 어떤 사람은 작은 땅으로도 기꺼이 만족한다. 그 차이는 무엇일까? 한 사람은 호기심을 충족시키기 위해 공부하고, 다른 한 사람은 필요성 때문에 공부한다. 한 사람은 무엇을 가질 수 있는지를 생각하고, 다른 한 사람은 무엇을 나누어 줄 수 있는지를 생각한다.

시므온 애쉬

Primitive Divinity, 187

기독교적 만족은 고요하고, 은혜롭고, 유쾌한 내적 심령 상태를 가리킨다. 기독교적 만족은 어떤 상황에서든 지혜와 부성애에서 비롯하는 하나님의 처분을 달게 받아들인다.

제레마이어 버러스

Rare Jewel, 12

만족은 영혼의 일이다. 만족은 내적이고, 고요하며, 조용한 심령 상태를 의미한다. 이것은 온 영혼에 퍼지는 은혜다.

제레마이어 버러스

Rare Jewel, 14

하나님의 형상을 지닌 영혼은 하나님 외에 다른 것으로는 만족할 수 없다.

제레마이어 버러스

Rare Jewel, 20

만족스러운 삶을 살기를 원한다면 세상에 너무 집착해서는 안 된다. 하나님이 요구하시는 일보다 세상의 일에 더 많은 관심을 기울이지 말고, 세상의 것을 많이 가지려고 욕심을 부리지 말아야 한다. 사람이 더 평탄한 길로 갈 수 있음에도 일부러 가시밭길을 걸어간다면, 가시에 찔리는 것을 불평할 이유가 없다. 지금 당신은 가시밭길을 걷고 있다. 이것이 당신이 가야 할 길인가? 오직 이 길을 걸어가야 하는가? 그렇다면 그것은 또 다른 문제다. 그러나 다른 길로 갈 수 있는데 일부러 이 길을 선택했다면 당신이 불평할 이유는 없다. 굳이 필요하지 않은 이 세상의 것에 관심을 둔 사람들의 경우는 그 가시에 찔리거나 그것과 마주치는 것이 조금도 이상하지 않다. 왜냐하면 그것이 세상에 있는 모든 것의 본질이기 때문이다. 세상의 모든 것 안에는 이런저런 가시가 포함되어 있기 마련이다.

제레마이어 버러스

Rare Jewel, 80

우리에게는 목이 마르고, 유쾌하지 않을 때 우리를 새롭게 하고, 즐겁게 해 줄 한 잔의 물보다 더 좋은 것이 있다. 그리스도께서 십자가 위에서 "내가 목마르다"라고 말씀하신 일을 생각해보라. 우리가 지금 멸시하는 것 때문에 오히려 하나님을 찬양하게 되고, 이 세상에서 가장 적은 은혜와 가장 흔한 호의만으로도 만족을 누리는 일이 얼마든지 있을 수 있다. 만물의 주인이신 주님이 "내가 목마르다"라고 부르짖으셨고, 극한의 상태에서 자신을 위로해 줄 것이 아무것도 없지 않으셨는가? 그런데 영적 은혜와 일시적인 은혜를 수천 번 잃었다고 해서 하나님의 선한 피조물들을 경멸하고, 경시할 수 있겠는가? 그럴 수는 없다. 한 잔의 물을 우습게 알면 하나님의 손에 들린 진노의 잔 외에는 아무것도 받을 자격이 없다. 이 점을 명심하고, 어떤 것에도 만족할 수 있는 비결을 배우라.

존 플라벨

Fountain of Life, 343

만족은 모든 상황에서 우리의 뜻을 하나님의 뜻에 기꺼이 복종시키는 것을 의미한다. 내가 '기꺼이'라고 말한 이유는 억지로 인내하면 아무 상도 받지 못할 것이기 때문이다…시련을 겪을 때는 인내하고, 형통할 때는 겸손하고, 어떤 상황에서든 감사해야 한다. 야심적인 사람처럼 더 높은 지위를 얻으려고 주어진 지위 이상을 바라보지 말고, 탐욕스러운 사람처럼 더 많은 것을 가지려고 애쓰지 말며, 시기심 많은 사람처럼 다른 사람이 가진 것을 불평하지 말라. 하나님이 주신 분깃을 기꺼이 받아들여 온전히 만족하라.

토머스 풀러

"A Sermon of Contentment," in *Pulpit Sparks*, 215 – 16

만족은 연료를 더 많이 집어넣는 것이 아니라 오히려 불길을 약간 줄여야만 누릴 수 있다. 즉 재산을 늘리려는 마음을 버리고, 욕망을 제어해야 한다. 세상의 재물은 옷에 넣으면 옷을 찢고, 이빨로 까면 이빨만 상하고, 아무리 먹어도 배가 부르지 않고, 오히려 위장에만 부담스럽고, 뱃속만 더부룩하게 만드는 견과류와 같다. 세속적인 것들은 만족을 주기보다 영혼을 물리게 한다. 돈은 처음에는 일만 파운드만 있어도 너무 많다고 생각하지만, 나중에는 수천만 파운드도 너무 적은 것처럼 느껴진다.

토머스 풀러

Wise Words and Quaint Counsels, 89

그리스도인이 세상을 자신의 종으로 삼으면 적은 것으로 만족할 수 있다. 그러나 세상이 주인이 되어 애정(affection)을 다스리기 시작하면 욕망이 무한정 커져 무엇으로도 만족할 수 없다.

앤드류 그레이

"Spiritual Contentment," in *Works,* 382

만족의 은혜는 매우 탁월한 은혜다. 그 안에는 믿음, 겸손, 인내, 희망, 절제라는 다섯 가지 은혜가 합쳐져 있다. 만족은 이 모든 은혜를 다 활용한 결과다. 이 은혜들을 왕성하게 활용하지 않으면 쉽게 만족을 얻을 수 없다.

앤드류 그레이

"Spiritual Contentment," in *Works,* 394

만족은 사령관과 같다. 만족이 가는 곳마다 수백 가지 축복이 뒤따른다. 만족은 모든 질병을 치유하는 의원이고, 모든 분쟁을 해결하는 법률가이며, 모든 의심을 해소하는 설교자이고, 모든 슬픔을 달래주는 위로자다.

헨리 스미스

"The Benefit of Contentation," in *Three Sermons,* 15

만족하는 마음이 있으면 겸손해질 수 있다. 교만한 사람은 받은 은혜에 감사하지 않고, 시련이 닥치면 조급해한다. 그러나 스스로를 부족하게 여기고 겸손히 자신을 낮추는 사람은 고난을 기꺼이 감내하고, 축복을 감사함으로 받아들인다.

리처드 스틸

Religious Tradesman, 133

경건할 뿐 아니라 만족할 줄 아는 사람은 절대 가난한 사람이 될 수 없다. 왜 그럴까? 그 이유는 옛적부터 항상 계신 성부께서 그의 기억을 새롭게 하고, 성부의 지혜이신 성자께서 그의 지식을 새롭게 하며, 보혜사이신 성령께서 그의 의지를 새롭게 해 만족을 주시기 때문이다. 따라서 모든 것을 가진 하나님을 소유한 사람은 모든 것을 가진 셈이다.

존 트랩

Commentary…upon…the New Testament, 718

거룩한 불평과 불만스러운 불평은 큰 차이가 있다. 전자는 하나님께 불평하는 것이고, 후자는 그분에 대해 불평하는 것이다.

토머스 왓슨

Art of Divine Contentment, 28

만족하나 만족하지 못하는

참된 그리스도인은 불가사의하다. 그는 가장 만족하면서도 가장 만족하지 못한다. 그는 빵 한 조각과 물병에 있는 약간의 물에는 만족하지만 적은 은혜에는 결코 만족하지 않는다. 그는 더 많은 은혜를 갈망한다.

시므온 애쉬

Primitive Divinity, 154

기독교적 삶에 만족하는 사람은 세상에서 가장 만족스러우면서도 가장 불만족스러운 사람이다. 이런 두 가지 상태가 공존한다는 것은 참으로 신비롭다. 세상에서 가장 만족스러운 사람이 세상에서 가장 불만족스럽다. 세상에서 가장 만족스러우면서 가장 불만족스러운 사람이 되지 않으면 만족의 비밀을 깨달을 수 없다. 어떻게 그런 일이 가능할까? 만족의 비결을 터득한 사람은 세상에서 어떤 열악한 상황에 처하더라도 가장 큰 만족을 느끼지만, 세상의 쾌락에 대해서는 만족을 느끼지 못한다. 그는 빵과 물만 있어도 만족한다. 다시 말해, 그는 하나님이 세상의 것들 가운데 오직 빵과 물만 허락하신 상황에 직면하더라도 그분의 처분에 온전히 만족한다.

제레마이어 버러스

Rare Jewel, 20

말('혀'도 참고하라)

목적 있는 거룩한 대화의 주제를 미리 준비하라. 지갑 속에 비용을 충당할 돈을 채우지 않은 상태로 여행을 떠나는 경우는 없을 것이다. 그와 마찬가지로 함께 의지하며 살아갈 사람들과 어울리려면 먼저 그들에게 유익을 줄 만한 대화의 주제를 마련해야 한다.

리처드 백스터

Baxteriana, 251

고기에 독이 없어야 하는 것처럼, 말은 추잡한 내용이 없이 깨끗해야 한다. 말을 은혜롭게 해 듣는 자들의 덕을 세우라. 신앙에 관해 말할 때는 속된 것들을 언급할 때보다 더욱 진지해야 한다. 만일 말을 잘못했거든 자신의 실수를 용납하지 말고, 기꺼이 진실을 밝혀 밝히 드러내라. 잘 이해하고, 잘 말하고, 잘 행동하는 것, 이 세 가지를 잘하려고 특별히 노력하라.

루이스 베일리

Practice of Piety, 124

금속은 땡그랑거리는 소리로 알고, 사람은 말하는 소리로 안다.

토머스 브룩스

in Horn, *Puritan Remembrancer*, 321

필립 헨리는 자신이 먹는 것 때문에는 이따금 탈이 나도 절식을 하는 것 때문에 탈이 난 적은 없고, 옷을 너무 적게 입는 것 때문에는 이따금 문제가 발생해도 옷을 너무 많이 입는 것 때문에 문제가 발생한 적은 없으며, 말을 하는 것 때문에는 이따금 실수를 저질러도 침묵을 지키는 것 때문에 실수를 저지르는 적은 없다는 사실을 발견했다.

존 도드, 필립 헨리

Gleanings of Heavenly Wisdom, 47

게으른 말, 즉 무익한 잡담은 하나님의 영광과는 전혀 상관없는 무가치한 말에 지나지 않는다. 대다수 사람은 이런 잘못을 흔히 저지르고, 크게 신경 쓰지 않지만, 이것은 많은 사람이 생각하는 것보다 더 심각한 죄에 해당한다. 가벼운 말은 하나님의 저울에서는 무게가 많이 나간다.

존 플라벨

"The Art of Preserving the Fruit of the Lips," in *Navigation Spiritualized*, 163

대화의 상대가 누구인지를 고려해야 한다. 아무에게나 모든 것을 말해서는 안 된다. 어떤 사람에게는 어떤 말이 어리석을 수 있고, 어떤 사람에게는 어떤 말이 위험할 수 있다. 그것은 히스기야가 왕궁의 보물 창고를 열어서 적에게 보여 준 것과 같다(그것은 자신의 왕국을 배신한 행위나 다름없었다). 대화 상대의 상황과 특성을 잘 고려해서 적절하게 말하는 법이나 침묵하는 법을 배우라.

윌리엄 기어링

Sacred Diary, 131

선한 말을 하려면 약간의 자기 부정이 필요하다. 그러나 그런 말은 큰 유익을 가져다준다. 온유함은 폭력이 할 수 없는 일을 해낸다.

매튜 헨리

Gems, 74

우리가 사람들과 대화할 때 보여주어야 할 하나님의 은혜는 지혜, 진리, 공손한 태도, 겸손, 온유함, 올바른 판단력, 예의 바른 태도, 충실함, 타인의 명예를 존중하는 태도 등이다… 우리의 말을 통해 드러난 지혜는 훌륭한 장식품과 같다.

윌리엄 퍼킨스

Direction for the Government of the Tongue, 6

올바른 판단력이란 이웃의 말이나 행위를 함부로 평가하지 않고, 좋지 않은 내용은 가급적 아량을 베풀어 적게 말하며, 말이나 행위가 의심스러울 때는 모든 것을 좀 더 좋은 쪽으로 이해하려고 노력하는 것을 의미한다. 따라서 이웃을 멸시하지 말고, 나도 그와 똑같은 죄인일 뿐이며 그런 실패를 똑같이 저지를 수 있다고 생각하라. 이웃의 행위를 좋게 해석할 수 없다면 혹시 선할 수도 있는 그의 의도를 생각하라. 그의 행위가 악할 때는 무지해서 그렇게 했다고 생각하라. 그를 변호할 만한 것이 아무것도 없을 때는 그가 큰 유혹을 받았을 것이라고 생각하고, 만일 내가 똑같은 유혹을 받았다면 더 크게 잘못했을 것이라고 두려워하며 그런 유혹이 나에게 닥치지 않은 것을 하나님께 감사하라. 죄인이라는 이유로 사람을 멸시해서는 안 된다. 왜냐하면 오늘은 악한 죄인일지라도 내일은 새사람이 될 수도 있기 때문이다.

윌리엄 퍼킨스

Direction for the Government of the Tongue, 16

말을 예의 바르게 하려면 담소할 때 점잖은 태도로 유쾌하게 말하고, 자기 자신과 다른 사람들에게 유익을 줄 수 있어야 한다…그런 즐거움을 누릴 때는 하나님을 두려워하는 마음을 잊어서는 안 된다.

윌리엄 퍼킨스

Direction for the Government of the Tongue, 17

명성(평판)

좋은 평판은 항상 큰 평판보다 낫고, 하늘의 한 번의 평판이 땅의 천 번의 평판보다 무한히 더 낫다. 좋은 평판과 하늘의 평판을 함께 얻는 길은 은밀히 하나님과 더 많이 함께하는 것이다.

토머스 브룩스

Privy Key of Heaven, 62

다음 스페인 속담은 참으로 진리다. "죽은 사람과 자리에 없는 사람은 친구가 없다." 책임 추궁이 없다고 생각되면 모든 입이 과감하게 열린다. 내 귀는 친구의 선한 명성을 묻어버리는 무덤이 될 수 없다. 친구가 자리에 없을 때는 그의 대리인이 되어 그가 그 자리에 있다면 말했을 것을 그를 위해 말해야 한다.

조셉 홀

Meditations and Vows, 86

우리의 이름이 우리보다 더 오래 살면 그것은 큰 은혜다. 반대로 우리가 우리의 이름보다 더 오래 살면 그것은 큰 형벌이다.

윌리엄 젠킨

in Horn, *Puritan Remembrancer,* 134

선한 사람의 명성은 사람의 손을 거칠수록 손때 묻고 더럽혀지는 유백색 공과 같다. 그러므로 지나치게 사람들의 입에 오르내려서는 안 된다. 말은 입을 거치면서 다른 의미를 갖는다. 게다가 한 마리의 개가 다른 많은 소리로 짖는다.

조지 스윈녹

The Christian Man's Calling, in *Works*, 2:352

많은 사람이 죽고 나면 그들의 명성이 그들보다 먼저 묻힌다.

토머스 왓슨

Gleanings, 134

목사

목사로서 여러분은 복음을 전하기만 하고 그 효력을 입지 못하는 자가 되지 않도록 주의해야 한다. 그리고 세상에 구주의 필요성을 선포하는 동안 여러분 자신의 마음이 그리스도를 등한시하고 그리스도 안에 있는 유익과 구원의 혜택을 놓치지 않도록 스스로 조심해야 한다. 여러분 자신을 여러분의 최우선적인 청중으로 삼아 설복시키라. 청중을 설득하는 말을 여러분이 먼저 믿으라. 그리고 청중에게 제공하는 그리스도와 성령을 여러분부터 충심으로 누리라. 여러분에게는 얻거나 잃을 수 있는 천국이 있다. 그리고 영원히 행복하게 되거나 비참하게 될 영혼들이 있다. 그러므로 여러분 자신에게 주의하는 것은 여러분에게 중대사이다.

리처드 백스터

Reformed Pastor, 4

최악의 상태에 있는 사람들은 죽음의 잠에 빠져 있고, 최고의 상태에 있는 사람들도 매우 자주 죄의 잠에 빠진다. 그러므로 충성된 목사는 항상 큰 소리로 외칠 필요가 있고, 아무도 지옥으로 가는 잠에 빠지지 않도록 용기와 열심을 다해 죄인들과 성도들을 깨울 필요가 있다. 목사가 겁이 많은 것은 잔인한 것과 같다. 사람들의 얼굴을 두려워하는 목사는 사람들의 영혼을 죽이는 자다.

토머스 브룩스

Smooth Stones, 159

포도원 일꾼은 그의 부지런함과 충실함에 따라 상을 받는다. 하지만 일부 포도나무는 전혀 열매를 맺지 못한다. 목사도 부지런하고 충실하게 수고하면 마지막 날에 면류관을 상으로 받을 것이다. 영혼들을 희고 깨끗하고 순전하고 거룩하게 만들고자 닦아내고 씻어내는 수고를 감당하지만 결국 이 영혼들이 지옥과 같이 검게 남아 있는 것, 이것이 많은 신실한 목사들의 근심거리다. 그러나 확실히 이런 목사들의 상은 무엇보다 하나님과 함께 거하는 것이다. 보모는 자기 삯을 아이들이 아니라 부모에게서 받는다.

토머스 브룩스

The Unsearchable Riches of Christ, in *Select Works*, 1:292

어떤 사람이 책을 빌리면 그는 하루나 이틀 동안만 그 책을 가지고 있을 수 있고, 그 기간 안에 책을 다 읽어야 한다는 것을 알고 있다. 반면에 책이 그 사람의 소유라면 그는 언제든 그 책을 읽을 수 있다는 것을 알기 때문에 책을 읽는 것을 제쳐둔다. 여러분의 목사는 잠시 빌린 존재임을 명심하라. 여러분의 목사는 여러분의 소유가 아니다. 여러분도 알다시피 하나님이 오늘 밤이라도 여러분의 엘리야를 데려가실 수 있다. 그러므로 여러분에게 목사가 있는 동안 최대한 활용하라.

에드먼드 캘러미

"Mr. Calamy's Sermon at the Funeral of Mr. Ashe," in *Farewell Sermons*, 355

신실한 목사들이 거룩한 삶의 원천이자 핵심 원리인 예수님과의 연합을 널리 전파하려고 애쓰는 것은 당연한 일이다. 신실한 목사들은 사람들이 자연적 정직성의 한계를 벗어나 은혜롭고 거룩한 일에 적합한 거룩한 성향으로 변화되기를 간절히 열망한다. 신실한 목사들은 거룩한 삶을 향한 모든 진보를 즐거워한다. 그들은 그 거룩한 삶을 스스로 추구하며, 청중과 교인들에게 면밀하게 적용하여 그들의 삶을 향상시키려고 애쓴다. 신실한 목사들의 임무는 사람들의 지성에 증명하고, 사람들의 양심을 납득시키며, 사람들의 판단을 교정하고, 사람들의 의지를 설복시켜 그들의 과거 잘못에 대한 깊은 회개를 이끌어내고, 사람들의 마음과 삶 속에서 잘못된 것을 지금 개혁하며, 철저히 죄 없는 삶을 살겠다고 굳게 결심하게 이끄는 데 있다.

존 촐턴

Glorious Reward, 5

목사에게는 고난 중에 있는 영혼을 지혜롭고 편안하게 대하고, 이단에 빠진 자를 건전하고 분별 있게 대하는 것이 박식한 설교를 하는 것보다 더 큰 일이다.

에제키엘 컬버웰

Time Well Spent, 229

모세가 여호수아에게, 엘리야가 엘리사에게, 예레미야가 바룩에게, 그리스도께서 제자들에게, 바울이 디모데에게 한 것처럼, 모든 것을 갖춘 목사가 유망한 제자를 생활과 학습과 교리와 규율에 있어 훈련시켜 교회에 더 적합한 일꾼으로 만든다면 교회를 위한 행복한 일꾼 양성소가 될 것이다.

에제키엘 컬버웰

Time Well Spent, 240

그리스도에 대한 우리 지식은 무력하고 무익한 비실제적인 지식이어서는 안 된다. 이 지식이 우리의 이해에서 우리의 입술로 넘어갈 때 얼마나 우리의 마음을 강하게 녹이고 달콤하게 하고 즐겁게 할 것인가! 형제들이여, 아무리 거룩한 소명이라도 거룩한 마음이 없으면 한 사람도 구원하지 못한다는 것을 명심하라. 우리의 혀만 성결하게 되면 우리의 전 인격이 정죄받을 것이다. 오, 포도원을 지키는 자는 그들 자신의 포도원을 돌보고 지켜야 하리라! 우리는 다른 사람들과 같이 얻거나 잃을 천국을 갖고 있다.

존 플라벨

Fountain of Life, 8–9

사람들로 하여금 죄 가운데서 안식하지 못하게 하는 목사는 세상의 반대가 없기를 기대할 수 없다. 목사가 다른 사람들의 양심을 통렬하게 찌르며 설교하는 것은 세상의 격분을 자기 머리 위에 끌어다 놓는 것이 아니면 무엇이겠는가?

존 플라벨

Golden Gems, 55

사랑하는 양 떼여, 나는 내게 주어진 은혜를 따라 여러분에게 사역하는 동안 여러분에게 마음을 강건하게 하는 실천적 교리의 떡을 먹이기 위해 애썼습니다. 그리고 지금 여러분에게 보증하는데, 복음 진리의 감미롭고 유익한 효력을 여러분의 마음속에 감동적이고 강력하게 전달하는 것이 복음 진리를 단순한 이론과 건조한 논리적 추론으로 이해시키는 것보다 훨씬 낫습니다.

존 플라벨

epistolary dedication to *Saint Indeed*, 26

사탄은 사람들을 파멸시키기 위해 사람마다 맞춤 전략을 마련하여 대응한다. 그렇다면 우리 목사들은 사람들을 훨씬 더 특별히 다루어, 사랑 안에서 개인적인 훈계와 권고와 조언과 경고를 해주어야 한다(나는 특정한 사람들의 잘못을 공개적으로 다루는 것을 말하는 것이 아니다). 그런데 요즘에는 이런 방식의 목양이 거의 행해지지 않고 있다. 그렇다. 우리는 반기독교적인 고해성사의 정반대 극단으로 치우쳐 개인적으로 사람들을 다루는 일을 그만두어 버렸다.

토머스 그레인저

Application of Scripture, 17

파수꾼이 눈과 지식이 부족하면 어떻게 위험을 식별하고, 무지한 자를 가르치며, 상처 입은 자를 치료하고, 길 잃지 않게 도와주고, 넘어진 자를 일으키고, 굶주린 자를 먹이며, 연약한 자를 위로하고, 양심을 녹이고, 과거의 일을 현재 및 미래의 일과 비교할 수 있겠는가? 파수꾼 곧 목사는 시인들이 백 개의 눈을 가졌다고 말하는 아르고스와 같아야 한다. 목사는 눈들로 가득해야 한다. 그리스도의 보좌를 둘러싸고 있던 네 생물은 앞뒤에 눈들이 가득했다(계 4:6). 네 생물은 지나간 것과 다가올 것을 다 보았다. 네 생물은 사방을 다 보았다. 무지에 대한 책임은 누구에게나 있지만 주로 파수꾼에게 있다.

윌리엄 그린힐

Exposition of the Prophet Ezekiel, 110

의 입술은 지식을 담고 있어야 한다. 다른 사람들이 자기들의 특정한 직업에 정통한 것처럼 목사는 하나님의 일에 정통해야 한다. 목사는 빛으로 불린다. 따라서 빛이 어둠이 되면 교인들의 어둠은 얼마나 크겠는가! 나는 그리스도의 손에 있는 이 별들[목사들]의 밝기가 똑같지 않다는 것을 안다. 어떤 목사는 다른 목사보다 더 큰 은사와 은혜의 영광을 비춘다. 하지만 모든 목사에게는 나름대로 아주 많은 빛이 주어져 있고, 이것은 동방박사가 별을 보고 그리스도의 탄생을 알았던 것처럼 말씀을 통해 그리스도와 구원으로 향한 안전하고 참된 길을 죄인들에게 알려주도록 주어진 것이다.

윌리엄 거널

Christian in Complete Armour, 117

목사가 지식이 부족한 것은 다른 어떤 것으로도 대신할 수 없는 치명적인 결함이다. 아무리 온유하고 오래 참고 관대하고 흠이 없더라도, 말씀을 올바르게 분석하는 능력이 없으면 목사로 적합하지 않다. 모든 것은 정해진 목적에 맞을 때 좋다. 칼은 칼자루가 금강석이더라도 자르지 못하면 칼이 아니다. 종은 울리지 않으면 종이 아니다. 목사의 중대한 사역은 다른 사람들을 가르치는 것이다. 목사

그러므로 당신이 오류에서 보호받으려면, 당신의 손에 들린 말씀의 검을 사용할 뿐 아니라 하나님이 당신의 신실한 목사에게 주신 거룩한 능력도 활용해야 한다. 목사에게 신적 도움이 부어지고 목사의 수고로부터 신적 복이 당신 자신에게 떨어지도록 기도하면서 목사의 공적 사역을 도우라. 목사의 메시지를 깨닫지 못하겠거든 목사에게 호소하라. 나는 (목사가 신실한 복음 사역자답게 응한다면) 당신이 목

사에게 쉽게 다가가고 진심으로 환영 받을 것이라고 감히 약속하겠다. 다만 트집을 잡기 위해서가 아니라 배우기 위해, 어떤 헛된 호기심을 만족시키기 위해서가 아니라 당신의 양심을 만족시키기 위해 목사에게 나아가라.

윌리엄 거널

Christian in Complete Armour, 603

그리스도인이 개인적으로 성경을 열심히 연구하지만 목사를 등한시하는 잘못을 범할 수 있다.

윌리엄 거널

Christian in Complete Armour, 620

사실 배움의 용도가 무엇인지 모를 정도로 배움이 없는 자를 제외하고는 배움 자체를 반대하는 자는 거의 또는 전혀 없다. 나는 목사들에게, 일부 광신도가 그랬던 것처럼, 성경 외에 다른 책은 모두 불태우라고 감히 명령하지 않겠다. 나는 절대 그렇게 말하지 않겠다. 그러나 목사들에게 다른 모든 책보다 성경을 우선시하고, 다른 모든 연구는 성경 지식을 제공하는 용도로 활용하라고 권고하겠다. 꿀벌이 정원 곳곳을 날아다니며 그 안의 모든 꽃에서 꿀을 채취해서 벌통으로 가져오는 것처럼, 목사도 다른 모든 책을 살펴보고 그 책들의 관념을 성경 지식을 돕는 용도로 사용해야 한다. 이것은 이스라엘 자손이 성막을 섬기기 위해 애굽 사람들에게서 받은 보석과 귀걸이를 바친 것과 같다.

윌리엄 거널

Christian in Complete Armour, 621

가난한 자가 복음을 받아들이는 것처럼 복음을 전파하는 자도 가난하고 곤궁한 경우가 허다하다. 그럴지라도, 우리 시대의 아주 많은 사람들의 의견처럼, 목사를 거지처럼 빌어먹고 살게 하고 목사를 가난하게 만드는 것을 사려 깊은 정책으로 여겨서는 안 된다.

나다니엘 하디

Divinity in Mortality, 18

확실히 하나님의 은혜는 우리의 설교가 없어도 사람들을 천국으로 충분히 이끌 수 있다. 그러나 우리의 설교는 하나님의 은혜가 없으면 사람들을 결코 천국으로 이끌 수 없다. 그러므로 우리는 설교로 은혜를 제공하는 데 심혈을 기울이는 것만큼 은혜를 베풀어주시길 하나님께 기도하는 데에도 심혈을 기울여 열정적으로 임해야 하며, 그렇데 해야 성공을 기대할 수 있을 것이다. 목사로서 우리가 설교를 통해 사람들을 그리스도께로 이끌 수 없다면, 그들이 그리스도께 이끌리도록 기도하는 데 힘을 쏟도록 하자.

매튜 헨리

"A Sermon Concerning the Work and Success of the Ministry," in *Miscellaneous Writings*, 554

우리는 그리스도를 모르는 불신자는 다른 사람이 그리스도를 알게 하는 일에 부적합하다고 생각한다. 하나님이 자기 영혼에 행하신 일을 말해줄 수 있어야 영혼들을 하나님께로 이끌 수 있을 것이다. 마음에서 나오지 않은 말을 하는 자는 결코 마음에 말할 수 없다. 수탉은 다른 닭들을 향해 울기 전에 먼저 자기 날개를 치며 일어선다. 마음이 얼어붙은 설교자가 어떻게 청중의 마음을 하나님의 사랑으로 불붙이겠는가? 그리스도의 사랑의 강권하심을 받는 자만이 그리스도를 천거하는 사랑의 말로 다른 사람들에게 그리스도를 사랑하도록 감미롭게 강권할 수 있다. 무엇보다 사랑을 느껴본 자 외에는 아무도 사랑을 분별 있게 말할 수 없다. 우리 시대의 가장 뛰어난 강단 웅변가들은 참으로 사람의 방언과 천사의 말을 하지만, 하나님의 사랑을 경험하지 못한 자는 그리스도의 대사로 적합하지 않다.

로버트 레이턴

"A Sermon to the Clergy," in *Sermons*, 336 – 37

목사들의 주된 연구는 그들의 사명에 속하는 성경책에 대한 연구여야 한다. 하나님에게서 나오는 것을 능숙하게 말하려면 하나님의 말씀을 들어야 한다.

로버트 레이턴

"A Sermon to the Clergy," in *Sermons*, 338

복음 사역자는 진실로 하나님의 사자로서 하나님과 하나님의 백성 사이에 있어야 한다. 그 자리에서 복음 사역자는 하나님에게서 나온 유용한 교훈을 하나님의 백성에게 제시할 뿐만 아니라 하나님의 백성을 위해 하나님께 절실하게 간구해야 한다. 누가복음 10장에서 제자들은 복음을 전하도록 파송되고 지정된다. 11장에서 제자들은 기도하는 법을 배우고 싶어 한다. "주여…기도를…우리에게도 가르쳐 주옵소서." 기도가 없으면 설교에 대한 합당한 반응이 결코 있을 수 없다. 복음 사역자는 설교할 때 복음의 씨를 심지만 기도와 눈물로 은밀히 물주지 않으면 그 씨는 거의 자라지 않는다.

로버트 레이턴

Spiritual Truths, 178 – 79

환난은 가리지 않고 모든 성도에게

임하지만 특히 선지자에게 임한다. 십자가가 그들의 지위에 걸맞다. 마르틴 루터는 이렇게 말했다. "설교하는 것은 세상을 미끼로 꾀는 것 외에 다른 것이 아니다." 우리는 하나님의 사신이지만 종종 "쇠사슬에 매인 사신"이다(엡 6:20). 선지자들은 온갖 환난을 겪은 것에 대해 톱과 칼과 토굴 외에 어떤 보상을 받았는가? 수고할 때 환난이 많은 것은 거의 피할 수 없는 사역자의 특징이다. 하나님은 이 마지막 때에 사역자들을 위해 온갖 멸시와 조롱을 예비하셨다. 하지만 이것은 결코 문제되지 않는다. 이것은 하나님의 사역자의 깃발이고, 우리는 어디에 더 나은 즐거움이 있는지 알고 있다.

토머스 맨톤

Practical Exposition on the Epistle of James, 192

목회 사역은 귀신이나 낡은 편견과 싸우는 것이 아니라 현재의 잘못과 죄와 더불어 싸우는 것이다. 자신을 놀라게 하는 중대한 죄에 대해 분노의 열기를 쏟아붓는 것이 그리스도인의 의무이기 때문이다. "나는 나의 죄악에서 스스로 자신을 지켰나니"(시 18:23). 따라서 목사는 현재의 죄책에 맞서는 일에 주력해야 한다.

토머스 맨톤

Practical Exposition on the Epistle of James, 196

목사, 특히 젊은 목사는 연구에서 벗어나 불필요한 취미를 즐기는 것을 삼가해야 한다.

애덤 마틴데일

Life, 102

하나님의 일에 종사하는 자는 섬김 자체에서 섬김의 보상을 찾아야 한다.

존 오웬

Golden Book, 231

사람들은 자신의 소명과 삶의 상황에 대해서는 많은 생각을 하지만, 자기 마음의 틀은 제대로 판단하지 못할 수 있다. 성경을 연구하고 그 연구한 것을 다른 사람들에게 전하는 일을 자기 소명으로 하는 자는 영적인 일에 대해 많은 생각을 하지 않을 수 없다. 하지만 그럴지라도 그것이 마음의 영적인 틀을 갖는 것과는 거리가 멀 수 있고, 실제로 종종 그러하다. 그들은 부름받은 사역을 수행하기 위해 이른 아침과 늦은 저녁에 어쩔 수 없이 영적인 일을 생각할 수 있지만, 그것으로 그들의 지성이 신령하다고 증명되는 것은 아니다. 따라서 우리 설교자들은 자기 자신을 부지런히 살펴야 한다…자기 자신과 다른 사람의 만족을 위해 영적 은사를 의무적으로 행사하며 사는 자보다 하나님과 위험하게 동행하는 자는 없다. 그들은 그들 속에 아무것도 없을 때조차 마치 있는 것처럼 외양을 꾸밀 수 있기 때문이다.

존 오웬

On Being Spiritually Minded, in *Oweniana,* 144

설교든 고난이든 우리의 사역은 온 세상에 생명의 냄새와 죽음의 냄새를 함께 풍길 것이다. 사랑하는 형제여, 내가 당신에게 확실히 말하는데, 하늘에서 나온 것 가운데 그리스도 다음으로 내 목회보다 내게 더 소중한 것은 없다. 내게 있어 목회의 가치는 높아지고 나를 크게 힘들게 한다. 하지만 나는 포도원을 주께 다시 돌려드림으로써 주의 영예를 위하는 것으로 만족한다. 주께서 선히 여기시는 대로 목회와 나를 다루시기를 바란다.

새뮤얼 러더퍼드

Prison Sayings, 82

1641년 1월 11일 아침에 주님은 내게 교회의 안타까운 상황을 보여주셨다. 나는 내 죄가 그런 상황의 한 가지 원인임을 알고 슬퍼했다. 나는 적당한 때에 모든 가정들을 심방하기로 결심했다. 그러나 먼저 나를 고쳐주시도록 그리스도에게 나아가야겠다. 그런 다음에 아내, 가족, 형제 등에게 나아가겠다.

토머스 셰퍼드

Meditations and Spiritual Experiences, 37

1641년 6월 27일. 주일에 집에 돌아와서 내 마음의 위선을 보았다. 목회할 때 다른 사람들을 위로하고 힘을 주고자 애쓰며 하나님에게 영광을 돌리면서 나도 영광을 받았다. 주님이 이것을 얼마나 나쁘게 보실지, 그리고 이런 이기적인 모습이 주님께 얼마나 역겨운 일일지 생각했다. 이것을 깨닫자, 나 자신도 이런 내 모습을 크게 싫어하고, 앞으로 이런 모습을 차단하는 데 도움을 주는 한 가지 강력한 수단으로 이런 내 모습을 잊지 않기로 작정했다.

토머스 셰퍼드

Meditations and Spiritual Experiences, 70

우리 목사들은 단순한 지적인 호기심만 만족시킬 뿐 확실한 결론이 없는 논쟁으로 어린 신자들을 괴롭게 해서는 안 된다(롬 14:1). 그렇게 하면 그들을 혼란스럽게 만들고, 싫증나게 하며, 그들이 모든 것에 대해 무관심하도록 빌미를 주기 때문이다. 교회 안에 멋진 질문들이 가장 풍성하게 제기되던 시기에 종교가 가장 메말랐었다. 그런 때에 사람들은 종교가 마음의 문제가 아니라 단지 지식의 문제라고 생각하기 때문이다. 이런 문제에 골몰하는 자는 대체로 심장보다 뇌가 더 뜨겁다.

리처드 십스

Bruised Reed and Smoking Flax, 53 – 54

여기서 사랑의 역할은 돌을 치우고 천국의 길을 평탄하게 만드는 것이다. 그러므로 우리는 논쟁을 피한다는 이유로 반대파가 진리를 잠식하는 일이 벌어지지 않도록 주의해야 한다. 이런 일이 벌어지면 우리가 하나님의 진리와 사람들의 영혼을 쉽게 배반하게 될 것이다.

리처드 십스

Bruised Reed and Smoking Flax, 54

세례 요한은 어떤 사역이 가장 큰 유익을 주는지 우리에게 가르쳐준다. 즉 사람들의 양심에 영향을 미치는 사역이 가장 큰 유익을 주는 사역이다. 세례 요한은 세상에 와서 사람들의 죄를 마구 베어내고 잘라낸 후에 그리스도를 전했다. 세례 요한은 처음에는 율법의 식초를 뿌렸고, 그 후 복음의 포도주를 뿌렸다. 세례 요한은 사람들을 즐겁게 하기 위해서가 아니라 유익하게 하기 위해 복음을 전했다. 세례 요한의 설교는 사람들의 죄를 가장 진실하게 드러내고 사람들의 마음을 가장 충실하게 열어놓는 것을 가장 우선시했다. 영혼을 살피는 사역을 사랑하는 자가 복이 있다! 사람들은 마음에 찔려 "우리가 어찌할꼬?"라고 말했다.

토머스 왓슨

Puritan Gems, 99 – 100

하나님의 사역자는 열정이 아니라 사랑으로 불타오르는 마음을 가져야 한다. 하나님의 사역자는 그리스도의 대사이므로 죄인들에게 나아갈 때 평화의 감람나무 가지를 들고 나아가야 한다. 벼락은 부서뜨릴 수 있으나 태양은 녹인다. 천사로서 말하는 것보다 목사로서 사랑하는 것이 더 낫다.

토머스 왓슨

Puritan Gems, 100

목사와 기도

목사는 설교뿐만 아니라 기도 역시 자신의 사역으로 여겨 감당해야 한다. 교인들을 위해 자주 기도하지 않는 목사는 교인들에게 진심으로 설교할 수 없다. 목사가 교인들에게 믿음과 회개를 주시도록 하나님을 설복하지 못한다면 믿고 회개하도록 교인들을 설복할 수 없을 것이다.

리처드 백스터

Reformed Pastor, 203

그리스도와 영혼에 대한 사랑이 있는 사람은 기꺼이 시간을 낼 것이다. 그리스도의 영광과 영혼들의 유익을 위해 죽도록 기도하고 죽도록 설교하고 죽도록 연구하는 자는 절대로 실패하지 아니할 것이다.

토머스 브룩스

Apples of Gold, 11

기도도 목사의 특별한 소명이므로 목사는 기도에 각별히 힘써야 한다. 기도를 많이 하라. 바울은 자신이 기도한 사실을 얼마나 자주 말하는가? 골로새 교회의 사역자인 에바브로디도는 기도에 힘썼다고 칭찬받는다. 역사가 유세비우스가 말하길, 유스도라고 불리었던 야고보의 무릎은 기도를 너무 많이 해서 아주 단단하게 굳어 있었다고 한다. 목사는 은밀한 죄들(마음의 허영, 자랑하기 위한 변론, 거룩한 사역을 억지로 행하는 것) 때문에 은밀한 기도를 필요로 한다. 목사에게는 기도의 골방 사역이 요구된다. 언젠가 루터가 말한 것처럼 우리가 연구할 때 가장 좋은 책은 기도이다. 사탄은 종종 목사의 연구실에 들어와 제사장 여호수아가 그의 사역을 행할 때 간혹 그랬던 것처럼 목사의 사역을 공격한다. 목사는 자신의 연구실에서 다른 사람들보다 더 자주 기도할 필요가 있다. 주님은 목사가 연구할 때 그와 친근하게 대화를 나누시는 일을 종종 허용하신다. 그러므로 목사가 주님과의 거룩한 대화를 유지하지 못한다면 그것은 유감스럽고 부끄러운 일이었다. 은밀한 기도로 하나님과 열심히 씨름하는 목사 외에 누가 공적인 기도에서 호소력 있는 기도를 하나님께 드리겠는가?

토머스 코벳

Gospel Incense, 99

구주는 나사로를 다시 살릴 준비가 되었을 때 이렇게 기도하셨다. "아버지여 내 말을 들으신 것을 감사하나이다 항상 내 말을 들으시는 줄을 내가 알았나이다 그러나 이 말씀 하옵는 것은 둘러선 무리를 위함이니 곧 아버지께서 나를 보내신 것을 그들로 믿게 하려 함이니이다"(요 11:41-42). 목사가 공적 기도에서 청중을 교화하기 위해 성경 본문을 인용함으로써 하나님에게 간청하는 동시에 청중에게 알려주는 것은 적법하다. 구주께서는 사람들이 지시하는 방향으로 눈을 흘낏 돌리셨지만 조금도 방해받지 않고 굳건하게 자기 아버지를 올려다

보셨다.

토머스 풀러

Good Thoughts, 128

강단에서 교인들에게 설교하는 일이 골방에서 교인들을 위해 기도하는 일보다 더 빈번한 목사는 한심한 파수꾼에 불과하다. 목사가 교인들을 위해 기도할 때 하나님은 목사에게 교인들에게 무엇을 설교할지 가르쳐주실 것이다…사도들은 기도와 말씀에 전념했다(행 6:4). 기도가 먼저 나온다.

존 오웬

Golden Book, 133–34

사람은 영적인 기도문을 길게 읽으면서도 그의 마음속에 그 일에 대한 영적인 생각이 하나도 떠오르지 않을 수 있다. 그 이유는 필요한 마음의 기능을 조금도 사용하지 않고 그저 읽는 말에만 주의를 기울이기 때문이다. 그러나 기도문을 읽을 때와는 달리, 즉흥 기도에서는 그런 일이 불가능하다. 즉흥 기도에서는 착상과 판단과 기억을 통한 이성의 사용이 있게 되며, 그 결과 영적인 일에 대한 사고가 반드시 수반된다. 그렇더라도 이 또한 은혜의 생생한 분출이나 역사 없이 단지 외적 의무만을 수행하는 것일 수 있다. 상당히 뛰어난 은사를 가진 자는 이 과정에서 그들 자신과 다른 사람들의 영혼을 속이면서 자신과 다른 사람들을 만족시키는 일을 한평생 계속할 수도 있다.

존 오웬

On Being Spiritually Minded, in *Oweniana*, 201

목사는 설교를 통해서는 하나님의 백성에게 하나님을 받아들이라고 권고하며, 기도를 통해서는 하나님의 백성에게 복을 베풀어 달라고 하나님께 간청한다.

조지 스윈녹

"The Pastor's Farewell," in *Works*, 4:68

목사의 경건한 행실의 중요성

목사가 행실을 주의해야 하는 이유는 그의 모든 수고의 성패가 그의 행실에 의해 크게 좌우되기 때문이다. 목사가 입술로 말하는 것을 삶을 통해 말하지 않는다면 그 자신이 그의 사역의 가장 큰 방해자로 판명될 것이다. 교인들이 목사가 전한 하나님의 말씀과 모순된 삶을 한 주 내내 사는 것도 목사의 성공을 크게 방해한다. 그러나 목사 자신이 말씀과 모순된 삶을 살아서, 목사의 행동이 그가 전한 말을 거짓말로 만든다면, 그것은 목사의 성공을 훨씬 크게 방해할 것이다. 그것은 사람들에게 하나님의 말씀은 근거 없는 낭설이라고 생각하게 만들 것이다. 확실히 자기가 말하는 대로 되기를 바라는 자는 자기가 말하는 대로 행할 것이다. 부적절한 말 한 마디, 부적절한 행동 하나가 많은 설교의 열매를 떨어뜨릴 수 있다.

리처드 백스터

Reformed Pastor, 23

설교자가 행하는 모든 행동은 일종의 설교다.

리처드 백스터

Reformed Pastor, 24

옛날에 시저가 자기 아내에 대해 한 말, 즉 아내는 잘못을 범하지 않는 것으로 충분하지 않고 잘못을 범했으리라는 의심조차 받아서는 안 된다는 말은, 목사에게도 충분히 적용될 수 있다.목사는 악은 어떤 모양이라도 버려야 하는 사람이다. 목사의 삶은 종종 그의 말보다 더 강한 설득력을 갖는다. 목사의 혀는 설득할 수 있으나 목사의 삶은 명령할 수 있다.

토머스 브룩스

The Unsearchable Riches of Christ, in *Select Works*, 1:279

목사의 삶은 사역의 삶이다. 가르치는 자들의 죄는 죄의 선생(다른 사람들에게 죄 짓도록 가르친다는 의미–편집주)이다.

새뮤얼 클라크

Saint's Nosegay, 118

신실한 목사는 그의 대화를 단정하게 유지하는 데 엄격하다. 더러운 손가락으로 얼룩을 지우는 자는 상황을 악화시키는 자다. 설교를 아주 잘하지만 삶을 엉망으로 산 자에 대해 이런 말을 들은 적이 있다. 그가 강단 밖에 있을 때에는 강단에 올라가는 것이 안타깝고, 강단에 있을 때에는 강단 아래로 내려와 엉망인 삶을 다시 시작하는 것이 안타깝다는 말이다. 목사는 설교한 대로 사는 자다. 나는 자기들의 직분을 통해 다른 사람들에게는 천국 문을 열어놓고 그들 자신에게는 그 문을 닫아버리는 타락한 사람들은 거부하겠다.

토머스 풀러

Holy and Profane States, 80–81

설교자가 그의 행실로 그가 전한 교리를 거짓말로 만들어버릴 때 사람들은 교리의 진실성을 의심하게 되기 쉽다. 청중의 귀와 마음에 교훈을 각인시키려면 말로만 말하지 않고 행실로도 말해야 한다.

나다니엘 하디

First General Epistle of St. John, 180

목사는 삶 속에서 어떤 잘못된 행위로 기도와 설교의 성공을 방해받지 않도록 조심해야 한다. 목사가 교만하고, 허영에 빠지고, 나쁜 행실을 보이고, 무절제하고, 육체의 방종에 빠지고, 탐욕적이고, 이기적이고, 세속적이고, 다툼을 좋아하고, 까다롭고, 성급하고, 부패한 말을 한다면 그가 한 손으로 쌓아올린 것을 다른 손으로 무너뜨리는 격이며, 목사가 말로는 믿으라고 설복하지만 정작 자신은 믿지 않는다고 생각하도록 사람들을 유혹하고 강요하는 격이다.

매튜 헨리

"A Sermon Concerning the Work and Success of the Ministry," in *Miscellaneous Writings,* 561

목사는 대화 중에 온갖 어리석고 지나친 농담이나 부적절한 오락을 각별히 피해야 한다. 성직자가 쾌남아나 익살꾼으로 불리는 것은 성직자의 좋은 성품으로 생각할 수 없다. 그렇다고 해서 명랑함과 자유분방함, 혹은 악의 없는 재담의 사용을 무조건 정죄하는 것은 아니다. 그러나 가끔씩 이런 것을 사용하는 것과 이런 것을 추구하고 찾아다니는 것은 완전히 다른 문제다. 이런 것에 능숙한 자는 언제든 지나침에 빠질 준비가 되어 있다.

헨리 스쿠걸

"Importance and Difficulty of the Ministerial Function," in *Works,* 221

목사의 교훈은 천둥치듯 해야 하고 목사의 삶은 번개치듯 해야 한다.

조지 스윈녹

in Horn, *Puritan Remembrancer,* 64

목사인 당신은 활력 있게 성장하는 그리스도인이 되도록 만전을 기해야 한다. 당신의 직업과 당신의 경건이 상충되지 않도록 조심하라. 목사는 그의 영혼 속에서 하나님의 일이 번창할 때 그의 목회의 활력과 효과도 좋다는 것을 경험으로 안다. 육신적 성향, 죽은 심령, 나쁜 행실은 설교를 냉랭하고 무익하게 만든다. 목사가 자신의 포도원을 등한시하는 경우는 얼마나 흔한가? 목사들은 말씀을 읽을 때 그리스도인으로서 알아야 할 것을 알기 위해서라기보다 성도들에게 가르칠 것을 알기 위해 말씀을 읽는 경우가 많다. 이런 경우에 각별히 조심하지 않으면 우리 목회와 수고가 기독교의 생명을 갉아먹을 수 있다는 사실을 알아야 한다.

로버트 트레일

"By What Means May Ministers Best Win Souls?," in *Select Practical Writings,* 125

목사의 정신은 언제나 교인들 속으로 퍼져나가지 않는가? 생명력 있는 목회는 생명력 있는 그리스도인을 만든다. 그러므로 진지한 마음을 가지라. 먼저 믿고 그 후에 말하라. 먼저 느끼고 그 후에 말하라. 가르치는 대로 행하라. 그러면 교인들은 목사가 말하는 것을 마음으로 느끼고, 하나님의 말씀에 순종할 것이다.

로버트 트레일

"By What Means May Ministers Best Win Souls?," in *Select Practical Writings,* 137

"또 잔을 가지사." 오래전에는 유리잔이, 이후에는 나무잔이, 최근에는 은잔이나 금잔이 사용된다. 어떤 교부는 이렇게 말했다. "이전에는 나무잔과 금제사장이 있었다. 지금은 금잔이 있으나 나무제사장이 있다."

존 트랩

Commentary...upon...the New Testament, 312

목회

목회 사역은 너무 고상하고 그 사역의 실패는 너무나 무서운 결과를 초래하므로 다음에 나열하는 재능들을 갖추지 못한 사람은 어느 누구도 목회에 뛰어들어서는 안 된다. (1) 상당한 자연적 능력. 목회자의 자연적 능력은 보통 수준보다 다소 높아야 한다. 은혜는 본성을 거룩하게 함을 통해 바른길로 인도하지만, 배움에 대한 감각이 없고 머리가 부족한 사람을 본성적으로 뛰어난 지식을 가진 선생으로 만들지는 않는다. (2) 설교에 대한 유능한 잠재력. 일상적인 일에 있어 자신의 생각을 쉽게 말하지 못하는 사람은 설교자에게 필요한 유창한 전달력을 갖게 될 가능성이 많지 않다. (3) 경건을 소망함. 큰 죄에 사로잡히지 않아야 하며, 배우는 것을 좋아할 뿐 아니라 경건을 사랑해야 한다. 즉, 하나님의 말씀과 선한 동역자, 기도와 좋은 책 읽기가 그것이다. 자신의 영혼과 다가올 삶에 대해 진지한 고민을 갖고 있다는 것을 보여 주어야 한다. 그의 양심은 죄의 악과 경건한 삶의 탁월함과 필요성에 대한 확신 아래 있어야 한다. 이런 자질들을 갖추지 못한 젊은이는 사역에 헌신해서는 안 된다.

리처드 백스터

Appendix: "Hints of Advice to Students," in *Reformed Pastor*, 224–225

그리스도의 사역자로서 자격을 갖춘

사람이라도 모든 교회의 회중에 다 적합하지는 않을 수 있다. 온유한 사람들에게는 온화하고 부드러운 정신, 소규모의 청중들에게는 낮은 목소리, 완고한 사람에게는 겁내지 않는 불굴의 마음, 회중의 규모가 큰 경우에는 큰 목소리(저자 당시에는 마이크가 없었음-편집주), 학식 있는 교회에게는 더 나은 서기관처럼 설교하는 사람, 이해가 느린 교회에게는 그에 맞게 설교하는 사역자가 필요하다. 목사와 양떼가 서로 합하여 최상의 유익을 얻을 수 있게 해야 한다. 설교자의 재능이 그 교회의 회중에 적합하지 않을 때 회중은 적은 유익만을 얻는다. 그러므로 우리가 목회를 올바로 시작하려면 양심을 가져야 하는 것과 마찬가지로, 회중에 적합한 사역자가 되려면 회중의 특성을 잘 파악하고 자신을 이에 맞추어야 한다. 그래야 우리는 최상의 위로를 얻고 회중은 더 많은 유익을 얻을 것이다.

리처드 버나드

Faithful Shepherd, 7

우리에게 맡겨진 사람들의 영혼과 관련하여 우리의 의무를 소홀히 하는 것은 신뢰를 저버리는 것이다. 당신이 그 생명을 보호해야 할 특별한 의무가 없는 낯선 사람의 경우에도, 그 사람이 죽게 내버려 두는 것은 모든 사람에게 공통된 의무를 위반하는 끔찍한 죄다. 그런데 만일 누군가가 당신의 보살핌과 보호 아래 있고, 그를 경호하고 지키라는 요청을 당신의 상관으로부터 받았음에도 이런 신뢰를 완전히 깨뜨리고, 그를 위험에서 지켜주겠다는 약속을 깨뜨린다면, 당신이 그에게 폭력을 행하고, 그를 죽게 만드는 배신자가 되는 것이다. 당신의 특별한 의무는 죄를 더 크게 악화시킨다. 이것이 바로 우리가 처한 상황이다. 우리의 보살핌과 책임 아래 맡겨진 영혼들이 우리의 불성실로 인해 멸망한다면 우리는 영혼을 죽이는 죄뿐 아니라 신탁 위반의 죄를 짓게 되는 것이다…하지만 부르심을 받은 우리 중 일부는 이러한 엄중한 사실을 마음에 두지 않고 있으니 이를 어찌할꼬!

존 코난트

Sermon 1 on 2 Cor. 5:1, in *Sermons*, 24–26

하나님의 방법으로 건설하라. 사람을 기쁘게 하거나 사람에게 아첨함으로 교회가 행복하길 기대하지 말라. 이 조직은 회를 덧칠함으로써 세워지지 못할 것이다. 비록 사람들이 탐탁하게 여기지 않는다 하더라도 그들의 영혼에 충실하라. 거룩함을 목표로 하고, 항상 완벽을 향한 길을 강조하

라. 그러면 마침내 평화의 의논이 확립될 것이다.

리처드 길핀

Temple Rebuilt, 40

무관한 것들(아디아포라, *adiaphora*)

성경이 금지하지도 않고, 명령하지도 않은 것은 사랑을 유지하는 데 유익할 때는 행하고, 미신을 피해야 할 필요가 있을 때는 행하지 않으면 된다.

에제키엘 컬버웰

Time Well Spent, 196

선하거나 악한 일에 대해 중립적인 태도를 취하는 것은 해롭고, 가증스러운 일이다. 하지만 중요하지 않은 일에 대해 그렇게 하는 것은 바람직하고도 안전하다. 양측으로 갈라서 편을 나누면 일치가 깨진다. 그런 분열의 원인이 부당하다고 생각하고, 양측 모두를 좋아하는 사람은 이쪽과 저쪽에서 모두 사랑을 받지 못할 테지만 자신에게는 가장 큰 사랑을 베푸는 셈이다.

조셉 홀

Holy Observations, in *Select Tracts*, 321

대수롭지 않은 문제로 다른 사람들을 비난하거나 기독교적 자유를 침해하는 것은 자유를 억압하고, 양심에 올가미를 씌우는 것이다. 이것은 형제들이 아닌 하나님의 율법에 대해 잘못을 범하는 것이다. 왜냐하면 하나님의 율법이 불완전하다고 생각하고 우리 스스로 판단하는 것이기 때문이다(약 4:11). 습관이나 음식물과 관련된 문제는 허용된 자유의 범위가 매우 넓다. 절제와 겸손의 규칙이 깨지지 않는 한, 함부로 비방해서는 안 되고, 사람의 마음을 아시는 주님의 판단에 맡겨야 한다. 로마서 14장을 참조하라.

토머스 맨톤

Practical Exposition on the Epistle of James, 120

무신론/무신론자

무신론은 불만의 꽃에서 자라난 열매다.

시므온 애쉬

Primitive Divinity, 102

나는 머리로 생각하는 무신론이 마음으로 느끼는 무신론에서 비롯했다고 생각한다. 하나님을 의식하는 마음을 모두 제거하면 죄의식도 함께 사라진다. 오늘날에 무신론이 만연한 이유는 선악의 차이를 부인하기 때문이다.

알렉산더 카마이클

Believer's Mortification of Sin, 79

악한 행위는 무신론의 숨결이 일으킨 먼지다.

스테판 차녹

Discourses upon the Existence and Attributes of God, 2

어리석은 사람은 신이 없다고 생각한다. 그는 때로 신이 전혀 존재하지 않기를 바란다. 그는 자신의 생각 속에서 신 의식을 완전히 지워 없앨 수 없는데도 불구하고, 그 의식을 마음속에 확립하기를 거부하고, 본래의 본성이 파괴된 것 아래 여전히 남아 있는 것, 곧 그의 영혼 안에 남아 있는 하나님의 형상을 훼손하고, 지워 없애려고 애쓴다. 사람들은 생각으로는 무신론자가 아니면서도 마음으로는 얼마든지 무신론자일 수 있다. 그들의 이성은 여러 가지 근거를 제시하며 신의 개념을 옹호하면서도 마음으로는 신에 대한 애정(affection)을 전혀 느끼지 못할 수 있다.

스테판 차녹

Discourses upon the Existence and Attributes of God, 46

어떤 사람들은 마치 지옥에서 기어 나오기라도 한 듯 신성한 것은 무엇이든 노골적으로 거부한다. 그들은 말로 하늘을 대적하고, 하나님과 영원의 개념을 비웃을 뿐 아니라 기독교의 기본 진리를 우둔한 사람들을 두렵게 만들어 조종하기 위해 날조한 헛된 이야기에 지나지 않는 것으로 치부한다. 간단히 말해, 그들은 자신들과 생각이 같지 않은 사람들, 곧 자기들과 같은 무신론자가 아닌 사람들을 모두 쉽게 속는 어리석은 자로 여겨 비난한다.

존 코넌트

Sermon 3 on John 17:3, in *Sermons*, 100–101

마음속에 불신앙과 무신론적인 생각이 조금도 남아 있지 않을 만큼 믿음이 철저하고, 확고부동한 사람은 아무도 없다. 무신론의 씨앗은 인간의 타락 이후로 모든 사람의 본성 안에 내재되어 있다. 그것은 우리가 이 세상에서 사는 한 완전히 없어지지 않는다. 그것으로부터 온전히 자유로울 수 있는 길은 오직 죽음뿐이다.

존 코넌트

Sermon 3 on John 17:3, in *Sermons*, 102

아무리 무신론적인 생각을 지녔다고 하더라도 무서운 폭풍우가 몰아치는 상황에 직면했거나 그런 상황 속에서 참으로 기이하게 목숨을 보전했는데도 섭리를 전혀 인정하지 않을 선원이 있겠는가? 곧 모든 것이 자연적으로 이루어진 일이고, 순전히 기회와 운이 닿아 피할 수 있었다고 주장할 선원이 어디에 있겠는가? 그렇게 사악한 태도로 섭리를 부인하고, 그것을 노골적으로 거부하는 사람들에게 호의적인 섭리가 주어지는 것을 보면, 생각이 있는 사람이라면 누구나 크게 놀라워하지 않을 수 없을 것이다. 그런 섭리를 통해 하나님의 능력과 선하심이 분명하게 드러나는데도 어떻게 그런 밝은 빛을 보지 않겠다고 눈을 감고, 그런 크고 분명한 소리를 듣지 않겠다고 귀를 막을 수 있겠는가?

존 플라벨

"Seaman in a Storm," in *Navigation Spiritualized*, 267

무신론의 씨앗은 심을 필요가 없다. 자녀들의 마음속에 믿음을 심어주려고 노력하지 않으면 그들 안에서 자연히 무신론이 움트기 시작한다. 농부가 밭에 씨를 뿌려 잘 가꾸지 않으면 잡초들이 자라는 것은 시간문제다. 이것이 믿음과 무신론의 차이이다. 즉 믿음은 심지 않으면 자랄 수 없고, 심었더라도 물을 주지 않으면 말라 죽지만 무신론, 불신앙, 불경건함은 심지 않아도 잘 자라는 잡초와 같다. 그것은 뽑아내지 않으면 죽지 않는다.

윌리엄 거널

Christian in Complete Armour, 115

누군가가 복음이 전파되었는데도 그런 이유(무신론)로 기도를 소홀히 할 사람이 있을 것이라고 생각하느냐고 내게 묻는다면, 나는 "물론이요"라고 확실하게 대답할 뿐 아니라 한 걸음 더 나아가서 "미국의 가장 어두운 구석에서보다 복음이 정오의 태양처럼 환하게 비추는 곳에서 더 심각한 무신론자들이 발견될 것이요."라고 말할 것이다. 가장 비옥한 땅에서 잡초가 가장 잘 자라고, 가장 뜨거운 날씨에 열매가 가장 잘 익는 것처럼 죄도 복음의 태양이 가장 높이 떠오르는 곳에서 가장 크게 번성한다.

윌리엄 거널

Christian in Complete Armour, 634

가장 불경한 사람들이 믿음의 가장 큰 대적인 것은 아니다. 무신론자들은 그 자체로는 가장 악할지라도 다른 사람들을 혹독하게 박해하는 법은 좀처럼 없다. 하나의 근본적인 항목에 관해 이단적인 견해를 지닌 사람들이 믿음을 가장 격렬하게 반대한다. 전자는 은밀하게 다른 사람들을 오염시키고, 후자는 공공연히 적대감을 드러낸다. 전자는 모든 진리를 무시하고, 후자는 약간의 비진리를 열렬하게 옹호한다. 무신론자는 더욱 증오해야 마땅하고, 이단은 더욱 두려워해야 마땅하다. 우리는 이 둘을 모두 피해야 한다.

조셉 홀

Holy Observations, in *Select Tracts*, 323 – 24

크리소스토무스는 자기에게 찾아와서 "그리스도인이 되고 싶은데 기독교 종파들이 너무 많아 어떤 것을 확실한 것으로 받아들여야 할지 모르겠네요."라고 말한 한 남자의 이야기를 전했다. 이보다 더 무신론을 촉발시키는 것은 없다. 사람들이 복음을 의심하는 이유는 그런 다툼과 차이가 많기 때문이다. 다양한 종파들이 하나님의 말씀을…그토록 많고 다양한 목적에 적용시켜 말하는 것을 보면 사람들은 의심할 수밖에 없다. 따라서 지금은 보편적인 일치를 추구해야만 그런 불명예스러운 상황에서 그리스도의 영광을 옹호하고, 회복할 수 있다.

토머스 맨톤

Meate Out of the Eater, 11

믿음을 조롱하고, 비웃는 만 마디의 말보다는 나름 합리적이고 진실에 부합한다고 하면서 생각을 잠식해 들어와서는 결국 무신론으로 귀결될 실천을 정당화하는 한 가지 원리를 더 두렵게 여겨야 한다.

존 오웬

Golden Book, 223

무지

지식의 방법을 가지고 있으나 이를 사용하지 않을 때, 그곳에 무지가 만연한다. 몇 가지 원인들로 인해 이런 일이 발생한다. (1) 나태하고 게으른 자들이 지식을 얻고자 수고하지 않기 때문이다. (2) 지식과 천국을 멸시하기 때문이다. 그들은 이것들을 중요한 가치로 여기지 않기에 신경쓰지 않는다 (3) 세속적인 마음과 세상에 대한 지나친 사랑 때문이다. 그들의 마음은 세상에 고착되고 깊이 빠져 있으며 심지어 이 세상의 것들에 삼켜져 있다. 그래서 그들의 마음 안에는 천국을 위한 그 어떤 공간도 남아 있지 않다. 이 모든 사람들에게 의무를 게을리한 책임을 물을 때, 그들은 핑계댈 수 없다.

존 코난트

Sermon 3 on John 17:3, in *Sermons*, 92

그리스도를 차단하는 영혼의 두 가지 문이 있다. 하나는 무지한 이해력이며 다른 하나는 굳어진 마음이다. 이 두 가지 문은 모두 그리스도에 의해 열린다. 전자는 복음 설교로 열리고, 후자는 성령의 내적 역사로 열린다.

존 플라벨

Fountain of Life, 84

그 어느 죄보다도 무지는 영혼을 사탄의 노예로 만든다. 지식 있는 자는 사탄의 종이 될 수도 있지만, 무지한 자는 사탄의 종밖에 되지 못한다. 지식이 마음을 선하게 하지는 않지만, 지식 없이 선하기란 불가능하다. 무지한 자가 저지르지 못하는 죄들이 있다. 그러나 무지한 자가 저지를 수밖에 없는 죄는 훨씬 더 많다. 지식은 열쇠이며(눅 11:52), 그리스도는 문이시다(요 10장).

윌리엄 거널

Christian in Complete Armour, 113

나는 무언가를 안다고 거짓으로 고백하기보다는 나의 무지를 고백하겠다. 모든 것을 다 알지 못하는 것은 부끄러운 것이 아니다. 어느 것에 있어서라도 도를 넘는 것이 부끄러운 일이다.

조셉 홀

Meditations and Vows, 49

하나님에 대해 무지한 자 외에는 그 누구도 육신이나 세상을 더 원해서 하나님을 떠나 벗어나거나, 그분 앞에서 평생 그분과 반대로 걷는 사람은 없다. "저희 가운데 있는 무지함과 저희 마음이 굳어짐으로 말미암아 하나님의 생명에서 떠나 있도다"(엡 4:18). 집안 어두운 구석에는 먼지가, 어두운 지하실에는 해충들이, 어두운 마음에는 저주받은 욕망이 가득 차 있다. 하나님을 아는 사람 외에는 아무도 하나님을 향한 갈망이 커지거나, 하나님 안에서 기쁨에 사로잡히지 않으며, 하나님을 잘 아는 사람 외에는 자신의 영혼과 모든 관심을 하나님께 맡길 수 없다. 오직 하나님을 잘 아는 사람들만이 이것을 할 수 있다.

조지 스윈녹

The Incomparableness of God, in *Works*, 4:381

묵상

묵상은 산만한 생각과 과도한 일로부터 생각을 일깨우는 것이다. 묵상은 생각을 특정한 대상에 고정시키는 것이다. 묵상은 영적 유익을 찾아 떠나는 내면의 여행이며, 의무와 섭리가 그 앞에 놓여 있다. 묵상은 진리의 균형 안에서 사물과 행동의 무게를 잰다. 묵상은 상황을 거꾸로 뒤집어 보기도 하고 양쪽을 다 들여다보기도 하면서 올바른 평가를 내린다.

바르톨로메오 애쉬우드

Heavenly Trade, 276

당신을 위한 말씀을 지켜내고 그것을 기억하도록 보혜사 성령님의 도움을 구하는 기도를 많이 하라. 기도는 마음을 열어 말씀을 받아들이게 하며, 마음을 닫아 그 말씀을 거하게 한다. 말씀을 계속 묵상하라(시편 119:11). 묵상을 통해 말씀을 되새김질하면 그 단맛과 영양을 심령에 전달할 수 있다. 이런 방식으로 의인은 시냇가에 심은 나무처럼 시절을 좇아 과실을 맺는다(시편 1:3)

바르톨로메오 애쉬우드

Heavenly Trade, 291

우리는 하나님의 말씀을 묵상하고 그 말씀을 통해 하나님과 하나님의 일을 묵상해야 한다. 여기 당신을 묵상으로 이끄는 네 가지 요소가 있다. 계명의 정확성, 약속의 신실함, 위협의 두려움, 그리고 실례들의 심중함이 그것이다. 이 모든 것들은 성경과 하나님의 말씀에 부합한다. 우리는 이 때문에 하나님의 말씀을 묵상해야 한다.

윌리엄 브리지

Christ and the Covenant, in *Works*, 3:146

당신의 모든 정기적인 묵상을 읽고 듣는 것으로 시작하라. 묵상을 계속하고 기도로 마무리하라. 그린햄은 이렇게 말했다. "묵상 없이 읽는 것은 열매를 맺지 못한다. 읽지 않고 묵상하는 것은 해롭다. 기도 없이 묵상하고 읽는 것은 둘 다 축복이 임하지 않는다."

윌리엄 브리지

Christ and the Covenant, in *Works*, 3:154

친구들이여, 묵상하는 일에 더 익숙해질수록, 더 많은 시간을 얻을 것이고, 더 적은 시간을 잃을 것이다. 묵상의 기술을 가진 자는 시간을 잃는 것이 아니다. 누가 시간의 가치를 알겠는가? 우리의 영원은 이 작은 시간에 달려 있다. 얼마나 많은 이들이 귀중한 시간을 잃어버리는가! 과연 그 이유가 무엇일까? 그들은 묵상과는 관련이 없는 일을 한다. 반면 그들이 묵상을 한다면 시간을 잃지 않을 것이다. 묵상하는 일에 더 익숙해질수록 얻는 시간이 더 많아지고 잃는 시간이 더 적어진다.

윌리엄 브리지

Christ and the Covenant, in *Works*, 3:157

묵상은 은혜로운 마음의 그릇을 채우

는 것이고, 기도는 마음을 열어 그 안에 귀중한 것을 쏟아붓는 것이다. 우리는 묵상을 통해 향신료를 빻고 제물을 조각내어 순서대로 올려놓고 이를 제물에 합당하게 만들며, 마지막으로 기도함으로써 제물에 더 합당하게 만든다. 묵상은 귀금속과 귀중한 재료들을 발굴하고 살피고 찾는 것이다. 그리고 그 재료들은 기도를 통해 더 낫게 만들어진다.

토머스 코벳

Gospel Incense, 176

읽고도 묵상하지 않는 것은 열매를 맺지 못한다. 묵상하고 읽지 않는 것은 오류를 일으킬 위험이 있다. 읽고 묵상하지만 기도하지 않으면 해로울 수 있다

에제키엘 컬버웰

Time Well Spent, 218

묵상과 설교의 관계는 써레와 씨앗의 관계와 같다. 묵상은 새가 쪼아먹거나 물에 휩쓸려 가버릴 진리를 덮어 간직해준다.

윌리엄 거널

Christian in Complete Armour, 124

묵상은 변호사가 법정에서 호소하기 위해 사건을 연구하는 것과 같다. 그러므로 약속을 살펴보고 그 약속의 풍성함에 마음이 감동되었을 때, 은혜의 보좌 앞에 나아가 그것을 펼쳐 놓고 호소하라.

윌리엄 거널

Christian in Complete Armour, 619

묵상은 금괴에 담긴 기도, 광석에 담긴 기도로서 곧 녹아 거룩한 갈망이 된다.

윌리엄 거널

Christian in Complete Armour, 679

묵상은 기도의 여종으로서 기도하기 전과 후에 시중을 든다. 묵상은 씨 뿌리는 사람 앞의 쟁기처럼 기도의 의무를 위해 마음을 준비시킨다. 그리고 묵상은 씨를 뿌린 후 그것을 흙으로 덮는 써레와 같다.

윌리엄 거널

Christian in Complete Armour, 714

잘 경작된 좋은 땅은 빨리 갈지 않으면 잡초가 더 빨리 무성하게 자란다. 하나님의 자녀들도 그러하다. 하나님의 고난의 쟁기와 그들의 근면한 묵상으로 잘 훈련하지 않으면, 부지불식간에 영적인 안일함이 웃자라버린다. 지식이 있는 자가 태만하거나 말씀의 교정을 받지 않으면, 그는 제멋대로이고 불경건하게 될 수밖에 없다.

조셉 홀

Holy Observations, in *Select Tracts*, 328

교회는 밤에 주님을 갈망하고 아침 일찍 주님을 찾는다. 묵상은 갈망을 일으키고 갈망은 기도에 불을 붙인다.

새뮤얼 리

Most Spiritual Profit, 64

내가 당신에게 권하는 뛰어난 묵상의 원칙이 있다. 이것은 박식한 신학자 빅토리누스 스트리질리우스가 규정한 것이다. (1) 우리는 어떤 피조물로 인해서도 하나님으로부터 멀어져서는 안 된다. (2) 육신의 삶이라는 짧은 경주 앞에서 우리는 영원한 것을 훨씬 더 선호해야 한다. (3) 모든 현세적 축복을 잃고 죽음에 넘겨질지라도 은혜의 약속을 굳게 붙잡아야 한다. (4) 그리스도 안에서 주어지는 하나님의 사랑과 그리스도를 향한 교회의 사랑이 당신 안에서 더 강해지고 다른 모든 애정을 압도하게 하라. (5) 그리스도인의 중요한 삶의 기술은 보이지 않는 것을 믿으며, 장차 이루어질 것을 소망하며, 하나님이 자신을 적으로 보이실 때라도 하나님을 사랑하며 끝까지 견인하는 것이다. (6) 하나님의 임재와 도우심을 확신하는 가운데 불평을 잠재우고, 고난의 경감이나 구출을 하나님께 구하고 기다리는 것이 슬픔에 대한 가장 효과적인 치료책이다. (7) 우리를 거스르는 수단으로도 하나님의 모든 일들은 되어진다.

윌리엄 퍼킨스

Grain of Mustard Seed, 24

묵상은 활기차고 생동감 있는 일이다. 따라서 묵상하는 자는 활기차고 생동감 있고 온기 있게 묵상하겠다는 확고한 목표를 갖고 있어야 한다. 사도 바울은 "열심을 품고 주를 섬기라"(롬 12:11)라고 권면한다. 우리는 모든 의무에 불을 붙이고 심장을 뜨겁게 불타오르게 하겠다는 목표를 지녀야 한다. 열의 없고 미적지근한 묵상은 곤란하다. 그것은 열정 없는 나태함일 뿐이다. 최고 수준의 예술가들이 가장 뜨거운 불을 추구하듯이, 영혼은 최고의 열기와 열정, 최고의 활력과 활동을 목표해야 한다. 그리스도께서 성경을 열어 설명하셨을 때 제자들의 마음이 뜨거워졌었다(눅 24:32). 가장 뜨거운 설교와 가장 뜨거운 듣기가 있어야 한다. 읽기와 묵상 역시 마찬가지이다. 다윗의 마음은 묵상하는 동안 "불이 붙었"다(시39:3). 이렇듯 우리는 묵상할 때 마음이 뜨거워지는 것을 의도해야 한다.

나다나엘 래뉴

Solitude Improved by Divine Meditation, 20

묵상할 때 생각을 성급하게 서둘러서는 안 된다. 그것은 묵상이 아니다. 묵상은 반쯤 익은 과일을 따는 것이 아니다. 그렇게 해서는 하늘의 영향력이 내려올 시간이 없고, 그 자체의 내적 원리와 본성의 힘에 의해 온화하게 익어 여물기 전에 거두는 것에 불과할 것이다. 올바르게 준비되지 않은 재료들이 우리 몸에 질병을 일으킨다는 것을 안다면, 우리는 시간이 부족해서 덜 구운 빵이나 덜 구운 고기를 먹지 않을 것이다. 그래서는 번성하거나 강건해지거나 생동감 있거나 유쾌해질 수 없다. 왜 우리는 소중한 영혼의 열매가 반쯤 익었을 때 급하게 거두려 하는가? 왜 시간이 부족해서 덜 구워진 빵 반죽으로 우리의 영혼을 먹이려 하는가?

나다니엘 래뉴

Solitude Improved by Divine Meditation, 42

우리가 묘사하는 묵상은 그리스도께서 제정하신 것이며, 그리스도인의 의무이다. 여기서 마음은 영적인 것들을 고려함으로써 영적인 방식으로 작용하며, 이것은 오직 거룩한 목적이나 영적인 용도로만 작용한다.

나다니엘 래뉴

Solitude Improved by Divine Meditation, 57

묵상의 다양한 목적들 중 우리의 영적 유익에 관련된 일곱 가지를 언급하고자 한다. (1) 구원하는 지식을 증진시킨다. (2) 우리 지식을 명확하고 분명하게 한다. (3) 진리의 풍부한 보물을 발견하고 그것을 확실히 한다. (4) 후천적으로 학습된 지혜의 습관을 도입한다. (5) 마음에 천국의 불을 붙인다. (6) 거룩한 뜻을 강하게 뒷받침한다. (7) 기독교적인 삶을 살라고 꾸준히 각성시킨다.

나다니엘 래뉴

Solitude Improved by Divine Meditation, 65

묵상은 식어가는 마음에 불을 붙여 열렬히 타오르게 만드는 강력한 엔진이다.

나다니엘 래뉴

Solitude Improved by Divine Meditation, 73

성령님은 우리에게 오셔서 우리 안에 내주하시고, 더러운 것을 제거하고 깨끗하게 하시며, 어두운 마음을 빛으로 채워 주시며, 오류와 기만을 진리로 바꾸어 주시고, 약함을 강함으로 바꾸어 주시며, 죽음이 지배하던 사악하고 냉랭한 곳을 천국의 은혜의 온기와 생명으로 채워 주신다. 성령님은 영혼을 그리스도의 영광스러운 형상으로 변화시키신다. 성령님은 우리 영혼을 소생케 하시고, 세우시며,

넓히시고, 말할 수 없는 평강과 기쁨으로 채워주신다. 우리는 우리 마음의 정원에 성령님이 불어 넣으시는 숨결을 통해 행동하며, 그러면 은혜의 향기들이 흘러넘친다(아 4:16). 에스겔 10장 17절에서 바퀴들이 그것들 안에 있는 영들을 움직이게 했듯이, 성령님이 일하시면 그리스도인도 움직이고, 성령님이 멈추시면 그리스도인도 멈춘다. 모든 날의 하루에 필요한 모든 의무들에 있어서, 향기를 풍기게 하는 성령님의 새로운 부으심이 필요하다. 바퀴가 우리를 움직이듯 새로운 동력이 필요한 것이다. 우리는 우리의 보혜사이시며, 그리스도를 닮게 하시고, 그분의 완전하심을 받게 하시는 성령님을 근심시키거나 소멸하거나 거부해서는 안 된다(엡 4:30; 살전 5:19; 행 7:51). 지혜롭게 행동하려면, 영혼의 눈은 묵상을 통해 매일 성령님의 영향력, 감동시키심, 강건케 하심, 마음을 넓히심의 필요성을 숙고하고 있어야 한다.

나다나엘 래뉴

Solitude Improved by Divine Meditation, 98–99

묵상은 마음 안에서 또는 마음으로 하나님을 합당하게 섬기는 것이다. 묵상은 하나님과 나누는 영혼의 대화이다. 이것은 친구와의 친밀한 대화에 방불하다(출 33:1). 묵상은 어머니의 젖을 빠는 것과 같고, 위장이 영양분을 흡수하는 것과 같으며, 짐승이 새김질하는 것과 같고, 몸이 공기를 들이마시는 것과 같다. 이 모든 일이 매일 이루어진다.

에드워드 레이너

Precepts for Christian Practice, 100

당신이 물을 원할 때 펌프가 말라버리면, 약간의 물을 붓고 펌핑함으로써 물을 얻을 수 있다. 마찬가지로 마음을 준비시키고 기도함으로써 기도의 은사를 회복할 수 있다. 불이 꺼지면 기름을 붓고 남은 불꽃으로 다시 불을 붙이듯이, 묵상을 통해 당신 안에 있는 은총을 일깨우고 기도의 숨결로 은혜와 기도의 영을 소생시키고 타오르게 할 수 있다.

헨리 스쿠더

Christian's Daily Walk, 74

묵상의 유용성은 다음과 같다. (1) 하나님의 말씀과 규례에서 얻은 영적 지식을 소화하여 영혼의 생명과 본질로 바꾼다. 그리고 그에 따라 당신을 변화시켜 당신의 뜻이 말씀에 계시된 하나님의 뜻과 하나가 되어 같은 것을 택하고 기뻐하게 만든다. (2) 묵상은 그 무엇보다 기도에 적합하다. (3) 묵상은 경건의 실천을 증진시킨다.

(4) 묵상보다 더 이해하는 그리스도인(understanding Christian)으로 만드는 것은 없다. (5) 묵상보다 더 내적 위로를 즐기게 하는 것은 없으며, 자신이 구원받은 복된 상태에 있다는 사실에 대한 더 분명한 증거는 없다.

헨리 스쿠더

Christian's Daily Walk, 154–155

엄숙한 묵상은 정서에 온기와 활력이 생기기까지 어떤 거룩한 대상을 마음에 진지하게 적용하는 것이다. 그렇게 함으로써 악에 대항하고 선을 추구하는 결단이 고조되고 강화된다.

조지 스윈녹

The Christian Man's Calling, in *Works*, 2:425

말씀 읽기가 없는 묵상은 오류가 있으며, 묵상 없는 말씀 읽기는 메마르다. 벌은 꽃을 빨아들인 다음 그것을 벌집으로 가져가서 꿀로 바꾼다. 말씀을 읽음으로 우리는 말씀의 꽃을 빨아먹는다. 묵상함으로 우리는 그것을 마음의 벌집으로 가져가 유익을 얻는다. 묵상은 선한 것을 향한 애정(affection)의 풀무이다.

토머스 왓슨

Bible and the Closet, 24–25

묵상이 무엇이냐고 묻는다면, 나는 묵상은 영혼이 스스로 물러나서 하나님을 진지하고 엄숙하게 생각함으로써 마음이 천국의 애정으로 고양되는 것이라고 대답할 것이다.

토머스 왓슨

"A Christian on the Mount," in *Discourses*, 1:199

묵상은 영혼의 날개이다

토머스 왓슨

"A Christian on the Mount," in *Discourses*, 1:199

공부는 묵상처럼 보이지만 서로 차이가 있다. 묵상과 공부는 세 가지 측면에서 서로 다르다. (1) 그 성질에 있어서 다르다. 공부는 머리의 일이고 묵상은 마음의 일이다. 공부는 발명을 만들지만 묵상은 애정을 만든다. (2) 그 의도에 있어서 다르다. 공부의 의도는 개념이고 묵상의 의도는 경건이다. 공부의 의도는 진리를 찾는 것이고 묵상의 의도는 진리의 영적 성장에 있다. 공부가 금맥을 찾는 것이라면, 묵상은 금맥을 캐내는 것이다. (3) 그 결과가 다르다. 공부는 사람을 조금도 더 낫게 만들지 않는다. 그것은 마치 따뜻하지도 않고 영향력도 거의 없는 겨울의 태양과 같다. 묵상은 사람의 마음에 거룩한 불꽃을 남긴다. 묵상은 얼어붙은 마음을 녹여 사랑의 눈물을 흘리게 한다.

토머스 왓슨

"A Christian on the Mount," in *Discourses*, 1:203

묵상이 아니고서 어떻게 말씀이 마음 속에 거할 수 있겠는가? 망치가 못을 내리치듯이 묵상은 진리를 마음에 새겨 넣는다.

토머스 왓슨

"A Christian on the Mount," in *Discourses*, 1:239

묵상은 종교의 생명이며 실천은 묵상의 생명이다.

토머스 왓슨

"A Christian on the Mount," in *Discourses*, 1:270

묵상에는 두 가지 측면이 있다. (1) 그리스도인은 스스로 칩거하거나 세상으로부터 자신을 가둔다. 묵상은 사람이 많은 곳에서 이루어질 수 없는 일이다. (2) 묵상은 하나님을 진지하게 생각하는 것이다. 그것은 순식간에 사라지는 몇 가지 일시적인 생각이 아니라 하늘의 것들에 마음을 고정시키는 것이다. 이 일은 우리 영혼의 모든 힘을 동원하지 않고서는 할 수 없는 일이다.

토머스 왓슨

Christian Soldier, 43

묵상을 위한 지침들은 다음과 같다. 묵상하기 전에 먼저 말씀을 읽으라. "읽는 것에 착념하라"(딤전 4:13). 읽어야 묵상에 필요한 재료를 공급받을 수 있다. 반드시 성경에 기반한 묵상을 하라. 묵상 없이 읽기만 하는 것은 열매를 맺지 못한다. 반대로 읽지 않고 묵상하는 것은 위험하다

토머스 왓슨

Gleanings, 112–113

미사(로마가톨릭 교회)

성경 어디에도 표징이 그것이 가리키는 현실로 바뀌는 예는 없다. 성경에서 비유적 표현은 일반적이다. "나는 샤론의 수선화요 골짜기의 백합화로다"(아 2:1). "나는 살아 있는 떡이니"(요 6:51). "나는 문이라"(요 10:7). "나는 참 포도나무요"(요 15:1). 이 모든 것들은 그리스도에 대해 말하고 있다. 그렇다고 예수님이 장미, 백합화, 떡, 문, 포도나무로 변하시는가? 그렇지 않다. 이것들은 그냥 비유적 표현일 뿐이다. 성경은 보통 어떤 사물이 지칭하는 대상을 그것과 동일시하는 표현을 사용한다. "세 가지는 사흘이라"(창 40:12). "세 광주리는 사흘이라"(창 40:18). 이와 같이 성령님 역시 성례의 표징들이 지시하는 대상을

그것들과 동일시하는 표현을 사용하신다. 할례는 표와 인이 가리키는 "언약"으로 불린다(창 17:13). 양은 "유월절"로 불린다(출 12:11). 본문에서 떡은 그리스도의 몸, 잔은 그분의 피를 의미한다. 왜냐하면 우리를 위해 상하신 주님의 몸과 흘리신 피의 유익과 더불어 이 표와 인은 그리스도를 가리키기 때문이다.

에드워드 로렌스

"There Is No Transubstantiation in the Lord's Supper," in Annesley, ed., *Morning Exercises at Cripplegate*, 469

로마가톨릭 미사에서 사제는 몇 마디 말로 떡을 그리스도의 몸으로 변화시키며, 사람들은 단지 그 떡을 입에 넣기만 하면 그리스도에게 참여한 자가 된다. 로마가톨릭 교회가 이런 발명품을 고안하게 된 이유는 그리스도와 진정으로 연합하는 믿음의 신비를 잃어버렸기 때문이다.

존 오웬

Discourse 7, in *Twenty-Five Discourses*, 114

마귀가 교회의 믿음을 전복시키기 위해 사용한 가장 큰 휼계 중 하나는, 성찬 가운데 우리가 참된 그리스도의 임재를 추구하지 못하도록 실제로 있지도 않은 그리스도의 임재를 위조하는 것이었다. 나는 이것이 지옥의 주요 계략들 중 하나라고 생각한다. 성찬은 그리스도의 육체적 임재가 아니다. 이에 대해 수많은 논증을 제시할 수 있다. 인간의 감각, 이성, 믿음 및 모든 것이 이런 육체적 임재를 반대한다.

존 오웬

Discourse 10 on Matt. 28:20, in *Twenty-Five Discourses*, 136

빵과 포도주는 사라졌다.
여전히 눈으로 볼 수는 있으나
실체는 사라졌다.
그들은 그들의 신을 만들고 그를 먹는다.
그들은 그의 살과 피를 삼킨다.
그들은 금요일에 고기를 맛볼 수 없을 것이다.
그것은 좋은 일이 아니다.
하지만 고래가 요나에게 그러했듯이
그들은 산 채로 그의 몸과 영혼을 마치 고기처럼 먹는다.
사람이 조개를 먹듯이, 그들은 그를 먹는다.
통째로, 산 채로, 원초적으로, 그러나
피를 흘리지 않은 채
인간성이라고는 결여된 이 요리가
로마에서는 정통 신학이라는 명목으로 행해지고 있다.

토머스 투케

Concerning the Holy Eucharist, 16

믿음

믿음은 흔히 진리를 인정하고, 그것에 동의하는 것을 가리킨다(약 2:19). 그런 믿음은 모두에게 공통되는 역사적 신앙이다. 이 믿음은 귀신들도 가지고 있을 뿐 아니라 바람이 불어오는 쪽은 절대로 선택하지 않고, 울타리의 따뜻한 쪽만을 원하는 일시적인 믿음이다. 이런 믿음으로는 그리스도를 볼 수 없다. 그리스도께서도 그런 믿음은 눈여겨보지 않으신다.

토머스 애덤스

Meditations upon the Creed, in *Works,* 3:86

믿음은 생명과 영원한 구원의 원천이신 하나님을 마음으로 의지하는 것을 의미한다. 믿음은 우리가 하나님을 통해 모든 악으로부터 구원받았고, 모든 선한 것을 얻었다고 말한다.

윌리엄 에임스

Marrow of Sacred Divinity, 5

믿음은 영혼의 귀다.

존 보이스

in Horn, *Puritan Remembrancer,* 106

성경의 표현에 따르면, 하나님을 신뢰한다는 것은 눈에 보이지 않은 선한 것을 얻기 위해 그리스도 안에서 영혼을 하나님께 의지하고, 기대는 것을 의미한다.

윌리엄 브리지

Lifting Up, 263

믿음을 유지하는 데 도움이 될 만한 것을 몇 가지 말하면 다음과 같다. (1) 하나님은 자기 백성에게 큰 은혜를 베풀기 전에 먼저 그런 은혜를 받을 만한 공로로 내세울 가능성이 있는 것을 모두 제거하신다. (2) 하나님의 능력은 물론, 그분의 은혜를 제한하는 것도 큰 죄에 해당한다. (3) 하나님은 자기 백성에게 약속을 주시고, 이따금 자신의 약속을 액면 그대로 믿는지 아닌지를 시험하신다. (4) 하나님은 종종 한 가지 약속을 거절하심으로써 다른 약속을 이루어주실 때가 많다. (5) 그리스도 밖에서는 어떠한 도움의 손길도 찾을 수 없는 때가 곧 그리스도의 도움이 임하는 때다.

윌리엄 브리지

Lifting Up, 281–82

자신의 믿음을 느끼기를 간절히 바라면서 그것을 거듭해서 부르짖어 구하는 사람이더라도 얼마든지 건전하고, 참된 믿음을 지닐 수 있다. 믿음이 부족하다고 느끼고 슬퍼하며 진지한 마음으로 그것을 계속 구하는 것은 믿음이 있다는 확실한 증거다. 자신이 병들었다고 느끼는 사람은 아직 죽지 않았다. 믿음을 소중히 여기며 그것을 간절히 바라는 것은 우리의 마음속에 살아 있는 건강한 믿음의 뿌리가 존재한다는 명백한 증거다.

토머스 브룩스

Cabinet of Choice Jewels, 34

가장 슬픈 섭리와 가장 고통스러운 시련의 와중에도 묵묵히 참고 인내하려면 믿음을 계속해서 활용해야 한다. 믿음을 활용하면 영혼을 차분하게 진정시킬 수 있다. (1) 믿음은 영혼을 오직 하나님 안에서 기쁨과 만족을 찾게 만든다. (2) 믿음은 교만과 자기애와 조급함과 불평과 불신앙과 세상을 즐거워하는 속된 성향을 원천적으로 봉쇄한다. (3) 믿음은 이 세상이 주는 그 어떤 것보다도 더 위대하고, 더 달콤하고, 더 나은 것을 영혼 앞에 제시한다(빌 3:7, 8). (4) 믿음은 외적인 것들의 무익함을 일깨워준다. 믿음을 계속 활용하고 하나님 앞에서 잠잠하라. 믿음으로 보이지 않는 것들에 집중하는 사람은 조용히 침묵한다.

토머스 브룩스

Mute Christian, 244

믿음은 다른 모든 은혜에 영향을 미친다. 진주 목걸이를 연결하는 은줄과 같이 믿음은 다른 모든 은혜에 힘과 활력을 공급한다.

토머스 브룩스

Smooth Stones, 26

믿음은 잃을 수 없지만 확신은 그럴 수 있다. 따라서 확신과 믿음은 같지 않다.

토머스 브룩스

in Horn, *Puritan Remembrancer*, 17

교만한 사람이 자신이 교만했을까봐 두렵다고 말하는 소리는 들어본 적이 없지만, 정직하고 겸손한 사람들이 자신의 믿음이 확실하지 않을까봐 두렵다고 말하는 소리는 많이 들어보았다.

존 번연

Riches, 192

믿음은 하나님의 징계 안에서도 은혜를 발견하지만, 불신앙은 하나님의 가장 큰 은혜를 맛보더라도 아무런 위로도 발견할 수 없다. 믿음은 가장 무거운 짐도 가볍게 만들지만, 불신앙은 가벼운 짐도 견딜 수 없을 만큼 무겁게 만든다. 믿음은 절망의 순간에 우리를 돕지만, 불신앙은 승리의 순간에 우리를 무너지게 만든다. 불신앙을 '하얀 마귀'로 일컬을 수 있는 이유는 빛의 천사처럼 가장하고 영혼에 해를 끼치기 때문이다. 불신앙은 하늘의 조언자처럼 행동한다.

존 번연

Riches, 290

아브라함이 믿음으로 이삭을 희생 제물로 바친 것처럼 우리도 그렇게 해야 한다. 은혜의 언약으로 약속되었으니 하나님의 주권을 굳게 붙잡아 우리의 유익을 위해 활용하자. 믿음은 그 어떤 하나님의 속성도 자신을 위해 적용할 수 있는 타당성을 발견한다. 따라서 우리에게 어떤 어려움이 닥치더라도 낙심하지 말고, 믿음으로 하나님의 주권적인 능력을 우리의 도움으로 삼자. 모든 피조물이 하나님의 말씀에 기꺼이 복종해야 한다는 점을 잊지 말자. 하나님은 피조물이 거들지 않아도 오직 말씀만으로 높은 산을 평지로 만들고, 굽은 것을 바르게 펴고, 자연의 과정을 제한하고, 변경하고, 뒤집을 수 있으시다. 따라서 우리에게 죽음이 닥치더라도 곧 생명으로 바뀔 것이다.

엘리샤 콜스

Practical Discourse, 37 – 38

아브라함은 사람들 앞에서는 행위로 의로움을 드러냈지만, 하나님 앞에서는 믿음으로 그리스도의 의를 덧입었다. 믿음은 죄인을 의롭게 만들고, 행위는 당사자와 다른 사람들 앞에서 믿음의 진실성을 입증한다.

엘리샤 콜스

Practical Discourse, 125

믿음은 눈에 보이지 않는 가장 중요한 것들을 보게 해주는 영적 안경이다. 믿음이 없으면 불병거와 불말을 볼 수 없다(왕하 6:17). 세상의 유혹이 우리를 위협할 때는 믿음으로 그것을 직시하라. 그러면 세상의 쾌락이 참으로 천박하고, 덧없으며, 고난이 한 순간이라는 사실을 알게 될 것이다. 그러고 나서는 다가올 세상의 영광과 그 안에서 누리게 될 축복을 바라보며, 우리가 이 세상에서 겪은 시련들을 통해 우리의 면류관이 찬란하게 빛날 것이라는 사실을 생각하고, 묵상하라.

엘리샤 콜스

Practical Discourse, 296

믿음을 증대시키려면 말씀 듣기와 기도와 묵상과 경건한 대화 등을 통해 하나님의 말씀과 성례에 나타난 약속들을 우리에게 적용해야 한다.

에제키엘 컬버웰

Time Well Spent, 107

그리스도를 믿는다는 것은 복음에 제시된 대로 그분을 그리스도로 영접하고, 의지함으로써 생명과 구원을 얻는 것을 의미한다.

자일스 퍼민

Real Christian, 203

믿음은 예수님의 고난과 고뇌를 생생하게 보여주는 참된 거울이다. 믿음은 그것들이 무익한 이야기나 날조된 허구가 아닌 진실하고, 참된 사실이라는 것을 보여준다.

존 플라벨

Fountain of Life, 244

믿음을 가질 만한 성향이나 소질이 전혀 없는 우리와 같은 죄인의 마음속에서 믿음의 불꽃이 피어올랐다는 것은 참으로 놀랍고 기이한 일이 아닐 수 없다. 우리의 마음은 믿음의 흔적이 없는 깨끗한 백지(*rasa tabula*)가 아니다. 오히려 우리 마음속에는 믿음을 거부하는 것들이 가득 들어차 있다. 따라서 우리 마음에 믿음의 흔적이 새겨졌다는 것은 참으로 놀라운 일이다. 나무를 쌓아 놓은 엘리야의 제단 위에 하늘에서 불이 떨어진 것만 해도 놀랍지만, 그가 그 위에 부은 물이 나무를 두루 적시고 도랑까지 가득 찼는데도 그 모든 것이 다 타서 없어졌다는 것은 더더욱 놀랍다. 독자들이여, 하나님이 우리 영혼에 믿음의 불을 붙여주셨을 때 우리의 상태가 바로 그와 같았다.

존 플라벨

Sacramental Meditations, 130

우리를 의롭게 하는 믿음은 복음의 진리에 대한 단순한 동의가 아니다… 말씀이 참되다는 것에 대한 동의는 유기된 자와 귀신들도 할 수 있는 지식의 행위다. 그러나 의롭게 하는 믿음은 복합적인 성질을 띤다. 그것은 지식과 의지를 포괄하기 때문에 '마음으로 믿는 것'으로 일컬어진다(롬 10:10). 그렇다. "만일 그대가 온 마음으로 믿는다면 세례를 받을 수 있소"(행 8:37. 〈킹 제임스 성경〉을 참조하라-역자주)라는 말씀대로, 의롭게 하는 믿음은 온 마음으로 믿는 믿음이다. 이 믿음은 영혼의 모든 힘을 요구한다.

윌리엄 거널

Christian in Complete Armour, 424 – 25

성경이 그리스도에 대해 가르친 진리에 동의하는 사람이 모두 다 그리스도를 믿은 것은 아니다. 그리스도를 믿는다는 것은 영혼이 그리스도와 연합해 그분을 전적으로 의지하는 것을 의미한다. 따라서 성경은 (여호와의 힘, 또는 여호와의 팔로 불리는) 그리스도를 붙잡음으로써 하나님과 화목하고, 화친하라고 요구한다(사 27:5). 물에 빠진 사람에게 내민 손이 그를 구하는 것이 아니다. 그가 그 손을 붙잡아야만 익사를 면할 수 있다.

윌리엄 거널

Christian in Complete Armour, 427

약속을 믿는 참 신앙은 명령에 복종한다.

윌리엄 거널

Christian in Complete Armour, 446

우리의 소원과 기도에 대한 응답을 오랫동안 기다릴수록 믿음이 더욱 강해진다. 연약한 믿음은 현재만을 바라본다. 연약한 믿음은 지금 당장 소원이 이루어지지 않으면 질투심에 사로잡혀 스스로 실망한다. 그런 믿음은 자신의 기도가 응답되지 않았다거나 하나님이 자기를 사랑하지 않으신다고 결론짓는다…그러나 강한 믿음은 하나님과 오랫동안 교통하면서 그분이 아무리 느긋하게 행동하셔도 묵묵히 기다린다. 성경은 "그것을 믿는 이는 다급하게 되지 아니하리로다"(사 28:16)라고 말씀한다. 강한 믿음은 자신의 자산을 선한 손에 맡겼다는 것을 알고 있기에 서둘러 그것을 찾으려고 하지 않는다. 그런 믿음은 오래 맡겨둘수록 더 많은 이익이 돌아온다는 것을 잘 알고 있다.

윌리엄 거널

Christian in Complete Armour, 468

사탄은 신자와 싸우기 위해 전투 대형을 갖추고 그 앞에서 그의 죄를 까발린다. 그는 그 죄가 매우 무겁다고 강조한다. 그 순간, 믿음은 반석 아래로 숨는다. 믿음은 "나의 구원자는 나의 가장 큰 죄보다 무한히 더 크시다."라고 말한다. 우리는 사탄이 우리의 죄를 고발할 때 하나님의 지혜이신 주님께 우리를 다르게 생각해 달라고 이의를 신청할 수 있다. 그분은 자신의 어깨로 얼마나 무거운 짐을 짊어져야 했는지를 잘 아실 뿐 아니라 자신의 힘으로 능히 그 짐을 짊어질 수 있었다는 것에 온전히 만족하신다. 번제와 희생 제사가 불충분하다고 거부하셨던 하나님이 만일 그리스도께서 그 모든 짐을 짊어질 만한 능력이 충분하지 않으셨다면 굳이 그분을 불러 세우셨을 리 만무하다. 여기에 문제의 핵심이 있다. 믿음은 아무리 연약해도 구원을 가져다주지만, 구원자는 연약하면 아무도 구원할 수 없다. 믿음은 그리스도께 구원을 베풀어 달라고 호소할 수 있지만, 그리스도께서는 자기를 위해 호소할 자가 아무도 없으시다. 믿음은 그리스도의 팔을 의지하지만, 그리스도께서는 자신의 발로 홀로 서셨다. 만일 그분이 우리의 죄의 짐에 짓눌려 쓰러지셨다면, 하늘과 땅의 그 어떤 피조물도 그분을 도와 일으켜 세울 수 없었을 것이다.

윌리엄 거널

Christian in Complete Armour, 501

믿음은 신자의 마음속에 하나님의 모든 약속에 대한 확신을 심어줄 뿐 아니라 그것을 자신 있게 적용할 수 있게 돕는다. 이 두 가지가 모두 하나님의 성령을 통해 신자 안에서 이루어진다.

에드워드 마베리

Commentarie … upon … Habakkuk, 198

믿음이 기쁘게 춤출 수 있는 이유는 그리스도께서 노래를 불러주시기 때문이다.

새뮤얼 러더퍼드

Garden of Spices, 162

하나님의 말씀을 굳게 믿고 의지하는 것은 그분을 크게 영화롭게 한다. 그런 믿음보다 하나님을 더욱 영광스럽게 하는 것은 아무것도 없다. 하나님은 능력, 진리, 선함, 긍휼과 같은 자신의 속성들을 가장 영광스럽게 여기고, 그것들이 사람들 사이에서 인정받기를 바라신다. 우리는 믿음으로 그것들을 인정할 수 있다. 하나님의 영광을 드러내 사람들에게 인정을 받게 만드는 직임이나 의무는 모두 믿음에서 비롯한다. 죄의 고백, 인내, 사랑, 긍휼을 비롯해 하나님께 영광을 돌리게 만드는 모든 미덕이 다 믿음에서 흘러나온다. 믿음은 모든 미덕의 원천이다.

윌리엄 스클레이터

Exposition with Notes, 161

하나님을 믿는 믿음이 없으면 그분과의 관계를 지속할 수 없다. 믿음의 바람이 돛을 가득 채우지 않으면 순종의 배는 더 이상 순항할 수 없다.

윌리엄 세커

Nonsuch Professor, 41

아무리 강한 믿음도 흔들릴 수 있다. 그러나 믿음은 아무리 약해도 그 안에 진리가 있으면 결국에는 뿌리를 내려 승리할 것이다. 아무리 강해도 자신감이 너무 지나치면 실패하기 쉽지만, 비록 약해도 깨어 조심하면 끝까지 버틸 수 있다. 연약한 믿음이 스스로의 연약함을 인정하면 하나님의 능력이 가장 완전하게 드러날 수 있다. 왜냐하면 우리 자신의 연약함을 알면 우리가 아닌 우리의 힘의 원천이신 하나님을 의지할 수 있기 때문이다.

리처드 십스

Bruised Reed and Smoking Flax, 156

성경에 계시된 모든 것을 사실로 믿

는다고 해서 하나님의 자녀가 되게 하는 믿음은 아니다. 심지어 귀신들도 신조에 포함된 모든 조항을 사실로 믿는다. 약에 대한 지식이 있거나 그 효과를 인정한다고 해서 질병이 치유되는 것은 아니다. 어떤 사람들은 이런 일반적인 믿음을 칭찬하지만, 그것만으로는 구원을 받을 수 없다. 단지 그런 믿음을 지니고 있을 뿐, 하나님을 사랑하지 않는 경우가 얼마든지 있을 수 있다. 다시 말해, 죄수가 재판관이 순회 재판을 하기 위해 올 것을 알면서도 그를 생각하는 것조차 싫어하는 것처럼, 하나님이 산 자와 죽은 자를 심판하러 오실 것이라고 믿으면서도 그분을 증오할 수 있다. 일반적인 믿음에 안주하지 않도록 주의하라. 그런 믿음을 지녔다 해도 귀신들보다 조금도 나을 것이 없다.

토머스 왓슨

The Beatitudes, in *Discourses*, 2:299

믿음은 우리를 그리스도와 결합시키는 황금 걸쇠다.

토머스 왓슨

"A Christian on Earth Still in Heaven," in *Discourses*, 1:280

믿음은 선한 행위를 많이 한다. 믿음은 행하지 않은 것처럼 믿고, 믿지 않는 것처럼 행한다.

토머스 왓슨

Lord's Prayer, 69

믿음은 신자에게 세상이 보여줄 수 있는 것보다 더 나은 것을 보여준다. 믿음은 그리스도와 그분의 영광을 보여주고, 천국을 바라보게 한다. 선원이 한밤중에 돛대 위에 올라가서 "별이 보인다"라고 소리치는 것처럼 믿음은 감각과 이성을 뛰어넘어 하늘 위로 올라가서 밝은 새벽 별이신 그리스도를 본다.

토머스 왓슨

Puritan Gems, 45

살아 있는 믿음은 사랑하는 믿음이고, 사랑하는 믿음은 행동하는 믿음이다.

에드워드 월런

"An Exhortation to Christian Charity," in *Six Sermons*, 13

믿음, 탁월한 은혜

하늘의 왕이신 주님은 우리의 모든 은혜를 기뻐하신다. 그분은 뜨거운 열정, 침착한 인내, 기쁨의 감사, 진지한 회개, 많은 사랑, 참된 겸손을 기뻐하신다. 그러나 믿음이 없으면 그분은 그것들을 전혀 기뻐하지 않으신다. 믿음 없이 그분 앞에 감히 나가려고 해서는 안 된다. 믿음은 에스더와 같아서 하나님이 기꺼이 금홀을 내미신다. 따라서 우리의 영혼을 이 은혜(믿음)로 단장해야 한다.

토머스 애덤스

Exposition upon … Second … Peter, 838

믿음은 모든 은혜의 어머니요 근간이다. 믿음은 다른 모든 은혜를 품고 있다. 그것으로부터 모든 은혜가 흘러나온다.

존 번연

Riches, 290

믿음은 모든 은혜의 으뜸이기 때문에 힘써 추구해야 한다. 믿음은 다른 모든 은혜보다 우월하고, 월등하다. 태양이 행성들의 중심인 것처럼 믿음은 은혜의 중심이다. 믿음은 모든 여자 중에 뛰어난 덕스러운 여자와 같다(잠 31:29). 모든 은혜가 다 덕스럽지만 믿음은 그 모든 것을 능가한다. 물론, 바울 사도는 사랑을 믿음보다 더 우선시했다(고전 13:13)…천국에서는 사랑이 가장 뛰어난 은혜일 테지만 땅에서는 사랑이 아닌 믿음이 가장 강력한 은혜다. 즉 천국에서는 사랑이 하나님과 영화롭게 된 성도들을 하나로 연합하지만, 땅에서는 믿음이 그리스도와 성도들을 하나로 연합한다. "믿음으로 말미암아 그리스도께서 너희 마음에 계시게 하시옵고"(엡 3:17).

윌리엄 거널

Christian in Complete Armour, 431

믿음은 다른 모든 은혜에 활력을 준다. 하나님의 성령께서는 믿음의 씨앗을 심어주고, 은혜로운 습관을 길러주는 일을 하시고, 믿음은 그런 모든 은혜의 행위를 촉발시키는 일을 한다. 믿음은 시계의 톱니바퀴를 움직이는 스프링과 같다. 믿음이 역사하지 않으면 어떤 은혜도 촉발될 수 없다.

토머스 왓슨

The Christian's Charter of Privileges, in *Discourses,* 1:112

믿음과 사랑의 관계

우리의 견고함과 능력과 성장은 (1) 사변이나 무익한 사실에 근거하지 않는다. (2) 단순한 감정적 열기에 근거하지 않는다. 열정은 그릇될 수 있고, 해를 끼칠 수도 있다. 그것은 한갓 자연적인 감정에 불과하거나 병적 욕망에 지나지 않을 때가 많다. (3) 두려움이나 두려움으로 인해 우리의 의지와 다르게 설정된 목적에 근거하지 않는다. (4) 일반 은혜나 자연적인 은사에 근거하지 않는다. 그것들은 효과적인 믿음을 통해 야기된 거룩한 사랑에 근거한다. 굳센 믿음을 토대로 하나님의 사랑과 그리스도와 거룩함으로 충만할 때 영혼은 가장 확고한 상태를 유지하고, 그것을 통해 가장 큰 성장이 이루어진다.

리처드 백스터

Baxteriana, 99 – 100

믿음은 사랑으로 역사한다. 따라서 믿음은 진노에 대한 두려움으로 행하지 않고 우리를 진노에서 구원해준 그리스도의 사랑을 감지함으로써 중생하지 않은 부분을 통제해 단순한 두려움이 아닌 진정한 마음에서 우러나오는 순종을 가능하게 한다. 물론, 때로는 모든 종류의 동기가 필요할 때도 있다. 주님은 우리의 은혜를 활용하고, 거룩한 목적을 이루기 위해 가장 사랑하는 자녀들이 오랫동안 두려움과 싸우도록 이끌기도 하신다. 하나님은 그런 상황 속에서 도움을 베풀어 그들이 마침내 정금처럼 제련되어 나오게 하신다.

엘리샤 콜스

Practical Discourse, 270

사랑은 인간의 마음이라는 장엄한 요새를 지키는 감정이다. 우리는 우리가 사랑하는 것에 마음을 내준다. 믿음은 사랑의 율법으로 마음을 이끌어 하나님께 순종하게 한다. 이것이 믿음이 '사랑으로써 역사하는 믿음'(갈 5:6)으로 일컬어지는 이유다. 믿음은 사랑을 불러일으켜 사랑으로 역사한다. 장인이 먼저 도구를 날카롭게 갈고 나서 그것으로 재료를 자르고, 새기는 것처럼 믿음도 영혼의 사랑을 날카롭게 만들어 그것으로 행한다.

윌리엄 거널

Christian in Complete Armour, 447

사랑으로 행할수록(순종할수록) 믿음이 더 강해진다. 믿음은 사랑으로 역사하기 때문에 그 강함이나 약함이 그리스도인의 행위를 이끄는 사랑의 강함이나 약함을 통해 드러난다. 활시위를 잡아당기는 팔의 힘이 날아가는 화살의 세기를 통해 드러나듯, 믿음의 힘은 하나님을 향한 사랑의 강도를 통해 드러난다. 연약한 믿음은 강한 믿음만큼 굳세게 약속을 의지할 수 없기 때문에 강한 믿음과는 달리 하나님을 사랑하는 마음을 힘차게 불러일으킬 수가 없다. 따라서 하나님을 강하게 사랑하는 마음으로 죄를 극복하려면 의무를 이행하고, 그분의 명령에 순종하며, 겸손히 감사하는 태도로 자신의 분수를 지켜야 한다.

그러면 믿음의 기술을 잘 습득할 수 있다.

윌리엄 거널

Christian in Complete Armour, 469

믿음과 소망의 관계

소망은 믿음의 자손이자 믿음을 새롭게 하는 기능을 한다. 믿음은 소망을 낳고, "착한 자녀(소망)는 자기의 아버지인 믿음이 어려움을 겪을 때 구해 낸다." 소망은 기대이고, 믿음은 확신이다. 믿음은 약속을 바라보고, 소망은 약속된 것을 확실하게 바라봄으로써 지금 당장에 영혼이 원하는 은혜가 부족해도 위로를 제공한다.

바르톨로메오 애쉬우드

Heavenly Trade, 180

믿음은 십자가에서 죽어 장사되었다가 다시 살아나 하늘에 오르신 그리스도를 바라보고, 소망은 그분의 재림을 바라본다. 믿음은 칭의를 위해 그리스도를 바라보고, 소망은 영광을 위해 그분을 바라본다. 믿음은 진리를 위해 싸우고, 소망은 상급을 위해 싸운다. 믿음은 성경에 있는 것을 추구하고, 소망은 천국에 있는 것을 추구한다. 믿음은 마음을 그릇된 가르침으로부터 깨끗하게 하고, 소망은 그릇된 행실로부터 깨끗하게 한다(벧후 3:11, 14). 믿음은 소망을 불러일으키고, 소망은 인내를 불러일으킨다. 믿음은 소망에게 "약속된 것을 바라보라."라고 말하고, 소망은 믿음에게 "나는 그것을 바라보고, 또한 기다릴 것이다."라고 말한다. 믿음은 하나님의 말씀을 통해 그리스도를 바라보고, 소망은 믿음을 통해 장래의 영광을 바라본다.

존 번연

Riches, 294

그리스도인은 믿음으로 참으로 위로를 얻지만 만족을 얻지는 못한다. 만일 만족을 얻는다면 그것은 바라는 것들이 다 채워지는 만족이 아니고 장차 얻을 것이 확실함으로 인한 만족이다. 우리는 주님과 떨어져 있는 상태로 이곳 세상에 머물면서 보는 것이 아닌 믿음으로 행한다. 소망은 영혼의 생명을 유지해 주지만 영혼을 채워줄 수는 없다. 영혼은 날마다 집에 돌아갈 날을 학수고대한다. 믿음으로 행하는 자들은 자신들이 믿는 것을 직접 보게 될 때까지 잠시도 가만히 있을 수 없다.

토머스 케이스

Correction, Instruction, 66

그리스도께서 영혼에 기쁨을 채워주

고자 할 때 다른 무엇보다 먼저 사용하시는 은혜가 두 가지 있다. 하나는 믿음이고, 다른 하나는 소망이다. 이 두 은혜는 기쁨을 거침없이 가져다 나른다. 믿음은 영혼에게 그리스도께서 과거에 행하신 일을 말함으로써 위로를 주고, 소망은 그리스도께서 앞으로 하실 일을 말함으로써 활력을 준다. 둘 다 그리스도와 그분의 약속을 근거로 한다.

윌리엄 거널

Christian in Complete Armour, 524

믿음과 소망은 이 둘이 성경에서 종종 상호교차적으로 쓰일 정도로 그 차이가 매우 미미하다. 이 둘은 동일한 확신의 두 측면이다. 믿음은 소망이 반드시 이루어질 것으로 기대하는 약속들의 절대적 진실성을 확실하게 이해한다. 따라서 소망은 믿음의 직접적인 결과다. 믿음은 튼튼한 닻을 내려 넘실대는 파도와 거센 폭풍우로부터 신자를 보호한다. 이 세상에서 가장 든든한 것은 바로 믿음이다. 믿음은 반석이신 예수 그리스도께 마음을 고정시키고, 소망은 마음을 들어 올려 그 반석 위에 두어 모든 위험과 고난과 유혹으로부터 보호하며, 곧 뒤따를 영광과 행복을 바라보게 해준다.

로버트 레이턴

A Commentary upon the First Epistle of Peter, in *Whole Works*, 1:105-6

믿음은 약속하시는 말씀(주님)을 바라보고, 소망은 말씀을 통해 약속된 것을 바라본다.

리처드 십스

in Horn, *Puritan Remembrancer*, 52

믿음과 소망은 두 자매와 같다. 이 둘은 서로 닮았다. 차이가 있다면, 믿음은 약속의 확실성을 바라보고, 소망은 약속의 탁월성을 바라본다는 것뿐이다.

토머스 왓슨

Puritan Gems, 49

믿음과 행위의 관계

믿음은 열매를 풍성하게 맺는다. 믿음은 열매를 맺을 수밖에 없다. 왜냐하면 "행함이 없는 믿음은 헛것이기" 때문이다(약 2:20). 행위 없이 믿음만 의지하는 사람은 무신론자나 다름없다. 신사가 앞에서 안내를 하고, 종이 뒤에서 시중들며 따라가지 않는 부인을 진정한 귀부인이라고 말할 수 없는 것처럼, 회개가 선행하고, 행위가 뒤따르지 않는 믿음은 참된 믿음이 아니다.

토머스 애덤스

Exposition upon ... Second ... Peter, 8

참된 믿음은 진귀한 보석과 같다. 그것은 형식적이고 부주의한 신자들의 생각과는 달리 결코 흔하지 않다. 그들은 "우리 모두 신자가 아닌가? 성인(聖人)이 되지 못했다고 해서 우리를 불신자로 취급할 생각인가? 그렇게 엄격하게 살지 않으면 그리스도인이 아니란 말인가?"라고 말한다. 물론, 그들은 믿음을 고백했다는 점에서는 불신자가 아니지만 실상은 불신자와 다름없다. 하나님은 그들을 그렇게 여기실 것이 분명하다. 참된 믿음을 묘사하는 내용과 그들의 삶을 비교해 보면 그런 사실을 쉽게 알 수 있을 것이다.

리처드 백스터

Baxteriana, 66–67

믿음은 사람을 의롭게 하고, 행위는 그의 믿음을 입증한다.

엘리샤 콜스

in Horn, *Puritan Remembrancer,* 271

하나님은 의롭다 함을 받은 자들에게 은혜를 주어 거룩함과 의로움 가운데 하나님을 섬기게 할 것이라고 약속하셨다. 순종이 없이는 아무도 자신의 칭의를 확신할 수 없다. 성화는 선택과 소명과 구원과 중생의 목적이다. 그것은 구원하는 은혜의 필연적인 결과다. 행위는 칭의의 근거인 믿음과 동시에 일어나지 않는다. 그러나 행위는 믿음의 필연적 결과이자 칭의의 확실한 증거다. 이런 이유로 바울은 오직 믿음으로 의롭다 함을 받는다고 가르쳤고, 야고보는 믿음만으로는 의롭다 함을 받을 수 없다고 가르쳤다.

조지 다우네임

Christian's Freedom, 69

말씀을 듣고 배우는 목적은 행하기 위해서다. 행위는 신앙 고백의 표지이자 하나님의 택함을 받은 증거이며, 유효한 부르심의 증표이자 칭의의 열매요, 성화의 요소이자 영원한 구원에 이르는 지름길이다. 행위가 없으면 믿음은 한갓 헛된 사변에 지나지 않고, 소망은 헛된 억측에 불과하며, 사랑은 헛된 겉치레일 뿐이다.

조지 헤이크윌

King David's Vow for Reformation, 45

믿음을 통해 그리스도와 연합하지 않으면 사람이든 행위든 하나님께 인정받을 수 없다. 선행은 칭의의 근거가 아닌 결과다. 우리는 행위로 의롭다 함을 받지 않지만 의롭다 함을 받은 뒤에는 선한 행위를 해야 한다(엡 2:8–10).

윌리엄 젠킨

Exposition upon the Epistle of Jude, 224

신자들은 행위를 통해 자신의 믿음을 증명하고, 영예롭게 해야 한다. 공허한 신앙 고백에 만족하지 말라. 신앙 고백은 우리가 어떤 무리에 속했는지를 보여주고, 거룩함은 우리가 하나님께 속했다는 것을 보여준다.

토머스 맨톤

Practical Exposition on the Epistle of James, 108

선행보다 믿음이 우선이다. 믿음은 그리스도와 손잡고 일한다. 선행은 믿음과 분리되지 않는다. 믿음이 선행보다 앞선다. 믿음은 행하지 않은 것처럼 믿고, 믿지 않은 것처럼 행한다…믿음은 그리스도와 결혼하는 은혜이고, 선행은 믿음이 낳는 자녀들이다.

토머스 왓슨

The Christian's Charter of Privileges, in *Discourses,* 1:116

우리는 행위가 없으면 구원받을 수 없다. 그러나 우리가 구원받는 것은 우리의 행위 때문이 아니다.

토머스 왓슨

"The One Thing Necessary," in *Discourses,* 1:368

믿음으로 사는 삶

그리스도를 믿는 믿음으로 산다는 것은 어떤 상황 속에서도 하나님의 말씀을 온전히 믿고, 그분의 은혜롭고 신실한 약속을 의지하며, 무엇을 하든지 그분의 선하신 뜻에 항상 진실하게 순종하는 것을 의미한다. 바꾸어 말해, 믿음으로 산다는 것은 하나님이 말씀을 통해 허락하신 약속들을 굳게 붙잡고, 우리의 필요에 따라 그것들을 우리 자신에게 적용함으로써, 어떤 유혹이 있더라도 우리 자신을 굳게 지탱하고, 위로하고, 격려하면서 모든 선한 의무를 충실히 이행하는 것을 의미한다.

아이작 암브로우스

"The Practice of Sanctification," in *Works,* 107

믿음은 세 가지 측면에서 순종을 독려한다. (1) 믿음은 생명의 원천이요 모든 능력의 근원이신 그리스도를 붙잡도록 도와준다. (2) 믿음은 하나님이 순종을 권유하기 위해 성경을 통해 제기하신 주장, 곧 약속과 경고의 말씀을 받아들이고 그 안에 거하도록 도와준다. (3) 믿음은 모든 은혜를 얻을 수 있는 능력을 주어 그 은혜로 순종을 실천하도록 도와준다.

윌리엄 에임스

Marrow of Sacred Divinity, 218

감각은 도움이 될 것처럼 보이지만 실상은 믿음의 사역을 더 어렵게 만든다. 눈으로 보는 것만으로는 불충분하다는 사실을 깨달아야만 보이지 않는 것의 충만함을 믿을 수 있다. "우리가 주목하는 것은 보이는 것이 아니요 보이지 않는 것이니"(고후 4:18). 부족할 때보다 풍족할 때가 믿음으로 살기가 더 어렵다. 오직 하나님 외에 달리 의지할 것이 없을 때 하나님을 더욱 가까이하며 살아갈 수 있다.

토머스 케이스

Correction, Instruction, 28

믿음은 수단을 사용하지만 오직 하나님만을 신뢰한다. 믿음은 섭리에 복종하면서 그 결과를 하나님께 온전히 맡긴다.

토머스 케이스

Correction, Instruction, 38

공정하고 합법적인 수단을 사용해 합법적인 계획을 달성하라. 하지만 당신의 주된 신뢰는 하나님께 두어야 한다. 의무를 성실하게 이행하면서 일을 하나님께 맡겨야 한다. 하나님을 믿는다고 말하면서 의무를 등한시하는 것은 그분을 조롱하는 것이다… 믿음은 수단을 사용한다. 하지만 오직 하나님만 의지한다.

새뮤얼 크래독

Knowledge and Practice, part 2, chap. 5, 69

배에 탄 사람이 바다에 뛰어드는 것을 보면 처음에는 미쳤다고 생각할 것이 틀림없다. 그러나 잠시 후에 그가 무사히 해안까지 헤엄쳐가고, 파도가 배를 덮치는 것을 보면 가장 지혜로운 결정을 내렸다고 생각할 것이다. 믿음은 세상과 죄의 쾌락이 가라앉는 것을 본다. 그 안에는 인간의 힘으로는 결코 막을 수 없는 틈새가 벌어져 있다. 그렇다면 죄의 쾌락을 즐기다가 지옥의 심연에 빠져 죽기보다는 믿음으로 험한 물살을 헤치고 나가 천국에 안전하게 도착하는 것이 더 낫지 않겠는가?

윌리엄 거널

Christian in Complete Armour, 480

믿음은 반대의 성향을 지닌 것들을 깨부순다. 만일 세상이 의무를 방해하면 믿음은 그리스도를 의지하면서 지혜로운 대응책과 논증으로 세상과 싸워 승리를 이루어낸다(요일 5:4). 이성은 우리 자신을 위하라고 말하지만, 믿음은 하나님을 위하라고 말한다. 이성은 "내가 이 길을 선택하면 나 자신을 망칠 것이다."라고 말하지만, 믿음은 휘장 안쪽을 바라보며 그 안에 모두를 구원할 유일한 길이 있다고 확신한다(고후 4:15–18). 이성은 애굽의 보화를 내밀지만, 믿음은 장래의 상급을 약속한다. 이런 이유로 신자는 때로 자기 안에서 다툼과 싸움이 일어나는 것을 느낀다.

토머스 맨톤

Practical Exposition on the Epistle of James, 112

사랑하는 자들이여, 믿음의 위로와 비교할 수 있는 위로나 믿음의 생명과 비교할 수 있는 생명은 어디에도 없다. 위로를 원하더라도 믿음으로 살지 않으면 위로를 맛볼 수 없다. 믿음은 기독교적 삶의 토대다. 감각은 짐승을 만들고, 이성은 인간을 만들고, 믿음은 그리스도인을 만든다. 그리스도인답게 살려면 범사에 그리스도를 의지해야 한다.

매튜 미드

"The Power of Grace," in *Name in Heaven*, 114

박해

그러나 악인은 어떻게 신자를 박해하는 일을 행할까? 악인은 과거의 부정한 행위를 들어 신자를 비판하거나 위선, 특이한 자, 청교도등의 용어를 사용해 신자를 비난한다. 악인은 신자를 당파성이 심하고 골치 아픈 행동을 하는 동료로 비난한다. 이런 박해는 신자가 처음에 생명의 길로 들어설 때에만 일어나는 것이 아니라 이후에 천국 길을 가는 내내 일어난다. 모든 신실한 그리스도인은 선한 진리를 따라 행하고 자신이 사는 곳의 악행에 맞서는 한, 불경한 자의 무자비한 악의와 잔인한 모욕이 자기 얼굴에 날아들 것이라는 사실을 경험으로 안다. "무릇 그리스도 예수 안에서 경건하게 살고자 하는 자는 박해를 받으리라."

아이작 암브로우스

Christian Warrior, 84

"박해의 때를 피해도 되는가? 하나님이 박해를 지시하고 조종하신다는 말을 들으면 박해를 피하는 것이 두려워진다."는 말이 종종 들린다. 이에 대해 답을 하자면, 당신은 박해가 있을 때 당신 마음이 시키는 대로 할 수 있다. 당신의 마음이 피하는 것에 있다면 피하라. 당신의 마음이 박해에 당당히 맞서는 것에 있다면 맞서라. 어느 쪽이든 진리를 부인하지 않으면 된다. 박해를 피하는 자는 피할 근거가 있다. 박해에 맞서는 자는 맞설 근거가 있다. 그뿐만 아니라 한 사람이 박해를 피하기도 하고 박해에 맞서기도 할 수 있다. 이것은 하나님의 부르심과 역사에 대해 그의 마음이 그렇게 할 수 있는 것과 같다. 모세는 피하기도 했고 맞서기도 했다. 예레미야는 피하기도 했고 맞서기도 했다. 그리스도께서는 물러나기도 하셨고 맞서기도 하셨다. 그러나 피할 때 경건의 길에서 이탈되게 피하지는 말라. 세상의 이익을 위해 피하지 말라. 육체를 돌보기 위해 피하지 말라. 그것은 악한 일이며, 지금이나 죽을 때나 심판 날에나 당신의 영혼에 평안이나 유익을 주지 못할 것이다.

존 번연

Riches, 249

하나님이 자기 종들에게 허용하시는 고난은 그분의 선하심에 조금도 반하지 않는다. 하나님은 자기 종들의 현세적 유익, 영원한 유익, 영광의 유익, 은혜의 유익을 위해 고난을 허락하신다. 이때 고난은 악이 아닌 선이 된다. 이교도들은 율리시즈의 고난을 주피터가 율리시즈에게 베푼 선과 사랑의 표시로 보았고, 이를 통해 주피터의 덕을 더 부각시켰다. 교회에 임한 강력한 박해로 교회의 무기력함이 치유되고, 교회의 찌꺼기가 제거되며, 복음의 영광스러운 열매가 삶 속에서 맺어졌고, 회심자 수가 증가하고, 강한 자가 고난 속에서 용기와 불굴의 정신을 증언함으로써 약한 자의 힘도 더 강해졌다. 이런 좋은 결과가 그들에게 고난을 허락하시는 하나님의 선하심의 흠결을 말해 주는가? 하나님은 이렇게 고난을 통해 자기 백성의 부패를 제거하기도 하시고, 그들이 진리를 위해 고난 받는 영예를 얻게 하시고, 그들의 경건의 수준을 높이신다.

스테판 차녹

Selections, 45 – 46

하나님의 자녀는 빛 속에서는 희미하지만 어둠 속에서는 밝게 타오르는 횃불과 같다…박해 아래 있는 그리스도인은 하나님이 그들을 살게 하시면 살 것이라고 생각한다…박해는 모든 작은 불똥에 바람을 불어넣어 큰 불길로 만드는 복음의 풀무이다. 순교자의 재는 교회를 기름지게 하는 최고의 거름이다.

새뮤얼 클라크

Saint's Nosegay, 102

거룩하게 살고자 결심하는 자는 누구를 막론하고 박해 없이 살 것을 기대해서는 안 된다.

존 플라벨

Fountain of Life, 176

박해는…처음에는 교회를 깎아내는 듯 보이나 결국에는 교회를 더 두텁게 한다. 교회를 파괴하는 것은 박해가 아닌 불경함이다. 박해자는 하나님이 그들이 흘리게 하는 피로 교회를 심으시는 동안 하나님을 위해 하나님의 밭을 가는 것일 따름이다. 그러나 불경함은 깊이 뿌리를 박고 모든 것, 심지어는 양심과 교회까지 황폐하게 만든다.

윌리엄 거널

Christian in Complete Armour, 301

지금 경건하다는 이유로 조롱을 받고 세상에서 바보 취급을 당하는 자는 산 자와 죽은 자를 심판하시는 주 예수님 앞에 나타날 때 지혜로운 자로서 모든 사람의 존중을 받을 것이다. 그는 위로부터 오는 지혜의 인도를 받은 영혼이었다. 위로부터 오는 지혜가 그를 올바른 최고선으로 데려간 것이다. 여러분의 가장 큰 환난에서 이 사실로 인해 힘을 얻지 않는다면, 그 어디에서도 힘을 얻을 수 없다.

윌리엄 스트롱

Heavenly Treasure, 171

'박해'의 의미는 다음과 같다. '박해하다'에 해당하는 헬라어 단어는 괴롭히는 것, 고통을 주는 것을 의미하고, 때때로 남을 학대하는 것, 법정에서 남에게 죄를 뒤집어씌우는 것, 남을 죽이려고 획책하는 것을 가리킨다. 박해자는 찌르는 가시다. 그래서 교회는 "가시나무 가운데 백합화"(아 2:2)로 묘사된다.

토머스 왓슨

The Beatitudes, in *Discourses*, 2:349

참된 성도는 그의 마음속에는 그리스도를, 그의 어깨에는 십자가를 두고 있다. 이 땅 위에서 그리스도의 나라는 십자가의 나라다. 그리스도와 십자가는 결코 분리되지 않는다. 박해는 그리스도께서 자기 백성에게 남기신 유산이다. "세상에서는 너희가 환난을 당하나"(요 16:33). 우리는 다 왕 노릇 할 것이다. "주께서 이스라엘 나라를 회복하심이 이 때니이까?" 그러나 바울은 왕 노릇 하기 전에 고난이 먼저 있을 것이라고 말한다. "참으면 또한 함께 왕 노릇 할 것이요"(딤후 2:12). 그리스도는 머리에 가시관을 쓰셨는데, 우리가 장미 관을 쓸 것을 기대하겠는가?

토머스 왓슨

Gleanings, 65

방황하는 생각

우리의 생각은 제멋대로 구는 스패니

얼과 같다. 스패니얼은 주인을 따라 여행의 목적지까지 함께 가지만, 가는 도중에 새가 나타날 때마다 쫓아다니고, 양들이 눈에 띌 때마다 사납게 추격한다.

새뮤얼 클라크

Saint's Nosegay, 33

우리의 마음속에 보배로운 진리의 광산이 숨겨져 있지 않다면, 쓸모없는 것들만 생각할 것이 틀림없다. 허황된 생각은 불순물이 많이 섞여 제조된 동전과 같다.

새뮤얼 클라크

Saint's Nosegay, 34

배교

위선적인 사람은 결국에는 배교로 끝을 맺기 마련이다. 믿음에 무관심하면 결국에는 믿음을 저버릴 수밖에 없다. 우리는 걸려 넘어지게 하는 돌이 되어서는 안 된다. 하나님이 돌을 만드신 이유는 건축하기 위해서다.

윌리엄 다이어

Christ's Famous Titles, 73

영혼의 보존제인 기도를 게을리하는데 이단에 빠지거나 배교를 저지르거나 절망하지 않을 사람이 누가 있겠는가?

헨리 스미스

"The Ladder of Peace," in *Sermons*, 116

배교자들은 진리를 가혹하게 탄압한다. 가장 달콤한 포도주가 가장 시큼한 식초로 변하는 법이다.

존 트랩

Commentary…upon…the New Testament, 317

하나님의 성도들을 저버린 사람들이 성도들의 하나님께 충실할 리 만무하다.

랄프 베닝

Canaan's Flowings, 16

불신앙과 무신론이 판을 치고 있는 오늘날, 믿음의 옷은 벗겨져 버려지고, 천국을 침노하려는 열정은 종적을 감추었다. 불신앙은 배교의 어미다.

토머스 왓슨

Christian Soldier, or, Heaven Taken by Storm, 103

배우려는 자세

어린아이는 가르치기보다 배워야 하고, 성인은 배우기보다 가르치는 데 적합하며, 노인은 무지한 상태로 지내기보다 배우려고 힘써야 한다. 나는 내가 더 배울 수 없을 만큼 많은 것을 알고 있다고 생각하지 않는다. 나는 너무 늙어 배울 수 없을 만큼 오랫동안 살기를 바라지 않는다.

조셉 홀

Meditations and Vows, 33

받을 수 있는 도움이 있다면 아무것도 소홀히 하지 말고 항상 성령의 돌풍을 붙잡을 준비가 되어 있어야 한다. 때로는 우리의 촛불을 다른 사람들의 등잔에 켤 수도 있다. 아무리 비천한 사람의 도움도 기꺼이 받고자 해야 한다. 모든 합법적인 노력이 사용되어야 한다. 너무 교만해서 다른 사람들의 도움을 무시하거나 너무 나태해 꼼짝하지 않으려고 해서는 안 된다. 성령의 감화를 특별히 중요시해야 한다. 그분의 바람이 없으면 어떻게 바다를 건널 수 있겠는가?

토머스 졸리

"Heavenly-Mindedness," in Slate, *Select Nonconformists' Remains*, 239

촛불에 의해 횃불에 불을 붙일 때가 많다. 가장 영광스러운 성도들은 비천한 사람들의 도움이라도 무시하지 않았다. 그리스도께서는 어린아이를 통해 제자들을 가르치셨다. 그분은 "한 어린아이를 불러 그들 가운데 세우셨다"(마 18:2). 가장 비천한 은사라도 이를 비웃는 것은 큰 교만이다. 질그릇에도 금이 담겨 있을 수 있다. 배우지 못할 만큼 너무 늙었거나 너무 지혜롭거나 너무 고귀한 사람은 아무도 없다. "사람마다 듣기는 속히 하라"(약 1:19).

토머스 맨톤

Practical Exposition on the Epistle of James, 54

자기가 알고 있는 것을 가르치기를 좋아하는 사람들도 있고, 자기가 모르는 것을 겸손하게 배우려는 사람들도 있다. 하나님은 때로 위대한 자들을 겸손하게 낮춰 비천한 사람들에게서 배우게 하신다. 진리를 배우는 것은 우리의 의무이자 우리의 위로다. 아굴라와 브리스길라가 아볼로를 가르쳤던 것처럼(행 18:26), 비천한 사람들이 자기들보다 더 뛰어난 사람들에게 지식과 위로를 전하는 도구로 사용될 때가 적지 않다.

리처드 십스

Divine Meditations and Holy Contemplations, 94

번영

나병이 나병환자 열 명을 그리스도에

게 보낸 것처럼 역경은 우리를 그리스도에게 보낸다(눅 17장). 건강의 회복이 나병환자 아홉 사람에게 그렇게 한 것처럼 순경은 그리스도에게서 등을 돌리고 그리스도를 떠나게 만든다.

토머스 애덤스

"The Soul's Refuge," in *Works,* 3:26

악인의 번영은 시기할 문제가 아니라 불쌍히 여길 문제다. 그 번영이 그들이 소유할 천국의 전부이기 때문이다.

시므온 애쉬

Primitive Divinity, 74–75

많은 사람이 즐기기 위한 모든 것을 충분히 갖고 있으나 충분한 만족과 달콤함을 누리지 못하고 있다. 슬프게도 순경 속에 있을 때에도 종종 걱정이 함께한다. 염려는 부자를 괴롭히는 악령과 같아서 부자를 그냥 내버려 두지 않는다. 부자의 금고가 금으로 가득 차 있을 때 그의 마음은 그 금을 어떻게 관리하고, 어떻게 늘리고, 어떻게 지킬 것인지에 대한 염려로 가득 차 있다. 오, 세상의 높은 자리는 매우 불안하다. 햇빛은 상쾌하게 하지만 때로는 열로 태우기도 한다. 벌은 꿀을 주지만 때로는 침으로 쏜다. 번영에는 달콤함과 쓰라림이 공존한다. 야곱은 하늘을 지붕 삼고, 단단한 돌을 베개 삼았을 때만큼 편안하게 잠을 잔 적이 없었다. 너무 많은 재산은 유용하기보다 바닥에 질질 끌리는 옷에 불과하다.

시므온 애쉬

Primitive Divinity, 135

교만, 안일, 거역은 번영이 낳는 세 마리 벌레다(신 32:15). 번영의 목초지는 풍부함과 포만이다. 우리는 얼마나 빨리 안락의 부드러운 베개 위에 쓰러지고 마는가!

시므온 애쉬

Primitive Divinity, 136

번영은 위장한 독이다. 그것은 부주의한 감각에는 즐겁지만 치명적 결과를 낳으며, 그 결과가 더 해로운 것은 사람들의 눈에 덜 위험해 보이기 때문이다.

윌리언 베이츠

The Danger of Prosperity, in *Whole Works,* 2:207

번영은 죄인들의 회심과 변화를 가로막는 가장 큰 장애물이다. 죄인들이 다양한 쾌락을 추구하는 동안에는 그들을 신랄하게 비난하는 양심의 소리에 주의를 기울일 여유가 없다. 그리고 많은 경우에 번영은 양심을 마비시켜 사람들이 감각적 안일함에 빠져 하나님의 심판을 두려워하지 않게 만든다. 죄인들은 하나님의 능력을 느낄 때까지 하나님의 권세를 존중하지도 복종하지도 않는다. 죄인들은 하나님의 복을 교만과 허영, 게으름과 사치에 악용한다. 그들은 회개하지 않고, 완고해지며, 배은망덕의 가장 깊은 색조에 물든다. 죄인들은 죽음으로 그들의 욕심이 중단될 때까지 계속해서 죄의 길을 달려간다.

윌리엄 베이츠

The Danger of Prosperity, in *Whole Works,* 2:207

성령님은 사물을 있는 그대로 진실하게 판단하는 건전한 지성을 일으키신다. 그러면 마음은 세상의 부패한 허영에 더이상 매력을 느끼지 않고, 영원한 것의 실재와 장점을 발견하며, 부지런히 견인하는 일을 선택하고 추구한다. 그러나 육신적인 마음은 끝없이 연기를 뿜어내 지성을 어둡게 하여 숭고한 천상의 미덕을 찾지 못하게 만들고, 불순한 열정으로 의지를 불타오르게 하여 육체적 쾌락을 열심히 추구하도록 만든다. 간단히 말해, 성령님이 영혼에 빛을 비추고 소생시켜 육욕보다 더 강한 끌림으로 거룩한 방향으로 이끄실 때, 성령을 소멸시키는 것은 아무것도 없다. 반면에 번영만큼 육욕을 높이고, 거룩한 하나님의 법에 대해 대한 반감을 증가시키며, 사람들의 회심을 어렵게 만드는 것은 없다.

윌리엄 베이츠

The Danger of Prosperity, in *Whole Works,* 2:229

번영은 죄인들을 교만으로 부풀어 오르게 한다. 그 이유는 번영하는 행운 때문에 겸비한 심령을 유지하기가 매우 힘들기 때문이다. 그러나 하나님은 환난을 통해 사람들을 높은 자리에서 끌어내려 티끌 위에 앉게 하신다…다양한 종류의 환난이 있다. 어떤 환난은 더 낮추고 어떤 환난은 덜 낮춘다. 그러나 모든 환난이 낮춘다.

토머스 보스턴

Crook in the Lot, 117

큰 번영과 세상의 영광이 하나님의 사랑의 확실한 표지가 아닌 것은 사실이다. 또 큰 환난과 고난이 하나님의 미움의 확실한 표지가 아닌 것도 사실이다(시 73:5; 잠 1:32; 전 9:1–2). 그러나 환난의 물이 차올라 넘칠 지경이 될 때, 하나님이 나를 미워하고 나에게 보복하실 것이며 내 안에는 하나님이나 그리스도나 성령이나 은혜가 없다고 결론짓기가 얼마나 쉬운가!

토머스 브룩스

Cabinet of Choice Jewels, 83

재물은 하박국 2장 6절에서 "볼모 잡은 것"으로 불린다. 그것은 마음을 가볍게 만들기는커녕 그 위중한 무게 아래에서 무너지게 만든다.

토머스 브룩스

The Unsearchable Riches of Christ, in *Select Works*, 1:200

많은 사람이…번영의 찬란함과 화려함을 바라지만 번영의 짐에 대해서는 별로 생각하지 않는다. 번영을 뒤따르는 네 가지 짐이 있다. (1) 근심의 짐이 있다. 아름다운 장미에는 가시가 있는 법이다. 성경은 "[돈을 탐내는 자들이] 많은 근심으로써 자기를 찔렀도다"(딤전 6:10)라고 말한다. (2) 위험의 짐이 있다. 번영하는 자는 큰 위험 가운데 있다. 아주 높은 자리에 있는 자는 다른 사람들보다 더 큰 위험 속에 있다. 우리는 꿀이 벌과 말벌을 초대하는 것을 잘 알고 있다. 마찬가지로 달콤한 번영도 마귀와 시험을 초대한다. (3) 의무의 짐이 있다. 여러분은 번영하는 자의 안락함과 그들에게 주어지는 영예와 존경만 우러러보겠지만 그들이 하나님에 대해 지고 있는 의무도 고려해야 한다. (4) 회계(會計)의 짐이 있다. 큰 재산과 번영을 누리는 자는 심판의 날에 하나님 앞에서 재물을 어떻게 사용했는지 회계해야 한다.

제레마이어 버러즈

Rare Jewel, 41 – 42

믿음은 세상을 이긴다. 믿음은 하나님의 모든 약속을 우리의 것으로 만든다. 그런데 당신이 신앙을 고백했을 때 하나님이 당신에게 평탄하고 고난 없는 인생을 약속하신 적이 있는가? 나는 아우구스티누스의 다음과 같은 말이 생각난다. "이것이 당신의 믿음인가? 주님은 '내가 네게 약속한 것이 세상 속의 번영인가?'라고 말씀하신다. 당신은 그런 목적을 가진 그리스도인인가? 이것이 당신의 믿음인가?"

제레마이어 버러즈

Rare Jewel, 57

경건한 자는 고정 수입 없이 하나님을 크게 의지하며 살 때 믿음을 더 행사하고 그들의 영혼이 이전보다 더 나은 상태에 있게 되는 것을 우리는 경험으로 확인한다. 오! 많은 경우에 당신의 외적 상황이 나쁠수록 당신의 영혼은 더 나아지고, 당신의 외적 상황이 좋을수록 당신의 영혼은 더 나빠지는 것으로 판명된다.

제레마이어 버러즈

Rare Jewel, 74

하나님이 지금까지 당신을 크게 번영시키셨는가? 그것은 당신을 환난을 위해 준비시키는 데 목적이 있었다. 우리는 우리의 모든 외적 번영을 환난에 대한 준비로 보아야 한다. 그렇게 준비되었더라면 당신은 지금 환난을 별로 어렵지 않게 견뎌낼 것이다. 당신이 큰 재물을 가졌을 때 환난이 닥쳤을 경우를 대비했다면 당신의 재물이 사라져도 그리 괴롭지 않을 것이다. 모든 그리스도인이 그래야 한다. 내가 지금 재물이 있는가? 빈곤할 때를 대비해야 한다. 내가 지금 건강한가? 병에 걸릴 때를 대비해야 한다. 내가 지금 자유로운가? 속박에 대비하자. 하나님이 내게 무엇을 요구하실지 내가 어떻게 알겠는가? 내가 지금 양심에 위안과 평안이 있는가? 하나님이 내 위에 빛을 비추시는가? 이런 상황에 있는 동안 하나님이 내게서 물러나실 때를 대비하자. 내가 시험에서 건짐받았는가? 이제 시험의 때를 대비하자.

제레마이어 버러즈

Rare Jewel, 75

우리는 번영할 때 자기 뜻을 고집하며, 우리가 잠잠히 순종하길 바라시는 하나님 앞에 감히 조언을 늘어놓는다. 그리고 십자가를 져야 할 때 십자가에 대해 이의를 제기한다.

토머스 케이스

Correction, Instruction, 11

번영은 무신론 양성소다.

토머스 케이스

Correction, Instruction, 46

순경의 태양은 향료 테이블 위만 비추는 것이 아니라 거름더미 위도 비춘다. 역경의 비는 기름진 동산 위에만 내리는 것이 아니라 메마른 광야 위에도 내린다. 섭리가 아니라 말씀으로 판단하는 이가 자신의 재물을 진정으로 판단한다.

토머스 케이스

Correction, Instruction, 99

우리는 번영할 때에도 하나님에 대한 우리의 믿음과 소망과 사랑을 경험할 수 있지만, 고난 속에서만큼 그렇게 철저하게 경험할 수는 없다. 번영할 때에는 "욥이 어찌 까닭 없이 하나님을 경외하리이까?"라고 사탄이 반론을 제기할 만한 여지가 있다. 그러나 고난 속에서는 이런 반론이 제거되고, 우리 자신의 유익이 아니라 하나님을 위한 동기로 하나님을 사랑하고 섬기고 순종한다는 것이 분명히 드러난다. 다시 말해 우리는 번영할 때에도 우리에게 주신 은혜에 어느 정도 신실할 수 있지만, 고난 속에 있을 때만큼은 아니다.

대니얼 다이크

"The School of Affliction," in *Two Treatises,* 350 – 51

복음에 수반된 복으로 얻은 재물이 복음을 배반하게 하는 시험거리가 되지 않도록 주의하라. 어떤 이는 이렇게 말한다. "종교는 재산을 낳지만 딸(재산)은 어미(종교)를 잡아먹는다." 여러분은 하나님의 진리를 배반하고 하나님을 불성실하게 대하면서 어떻게 하나님이 받아주시기를 기대할 수 있겠는가?

존 플라벨

Fountain of Life, 364

진실로 은혜가 풍성한 자는 그의 은혜가 그의 재물로 방해받지 않는 자다.

존 플라벨

Golden Gems, 69

번영은 성도들에게 자비의 원천이신 하나님에 대한 사랑과 감사를 자극한다. 번영은 죄인의 욕심을 부추기지만 선한 사람의 마음을 자애롭고 감사하는 감정으로 채운다. 외적 번영이 하나님에 대한 사랑의 주요 이유 또는 동기는 아니다. 선한 사람은 하나님이 이런 외적 번영을 주실 때뿐 아니라 가져가실 때에도 하나님을 사랑한다. 그러나 하나님은 번영으로 자기 백성을 성결하게 하시고, 세상에서 유용하게 쓰임 받게 하시며, 번영이 그들의 영적 행복에 도움이 되게 하신다.

존 플라벨

Husbandry Spiritualized, 329

외적 이득은 대체로 내적 손실을 수반한다.

존 플라벨

Saint Indeed, 76

언덕이 높을수록 불모지가 많아지는 것처럼 사람들도 보통 부유할수록 상태가 더 나빠진다. 명예가 높을수록 거룩함은 줄어든다.

토머스 풀러

in Horn, *Puritan Remembrancer,* 188

아쉽게도 복음은 세상의 육체적 욕심과는 맞지 않다. 복음은 사람들에게 밭과 포도원을 주겠다고 말하지 않는다. 복음은 세상의 화려한 영예와 쾌락으로 사람들을 꾀지 않는다. 그리스도께서 복음 안에서 이런 것들에 대한 몇 가지 약속으로 사람들의 정욕을 만족시키고 저 세상에 대한 약속은 덜 주셨다면, 그러한 소식은 저 아래까지 더 잘 전파되었을 것이다.

윌리엄 거널

Christian in Complete Armour, 347

재물을 얻을 때에는 염려의 짐이 있고, 재물을 지킬 때에는 두려움의 짐이 있으며, 재물을 사용할 때에는 유혹의 짐이 있고, 재물을 남용할 때에는 죄책의 짐이 있으며, 재물을 잃을 때에는 슬픔의 짐이 있고, 재물을 내놓아야 할 때에는 회계(會計)의 짐이 있다.

매튜 헨리

Gems, 5

이런 사례들로 말미암아 볼 때, 신 32:15에서…모세는 번영할 때 어떻게 대처해야 하는지에 관한 규칙을 아무 이유 없이 정한 것이 아니다. 규칙은 다음 두 가지 명령을 포함한다. 하나는 하나님의 선물을 악용하지 않고 적절하게 사용하는 것이고, 다른 하나는 선물들이 하나님에게서 온 것임을 인정하고 선물들에 신뢰를 두지 않는 것이다. 세상의 부요한 재물을 악용하면 교만하게 되고 하나님을 잊어버리는 결과를 초래한다. 그러므로 모세는 주로 부자에게 하나님을 잊지 말 것을 경고한다.

존 후퍼

Early Writings, 302

세상의 풍요를 얻고 크게 번영할 때 하나님에게 나아가기 위한 특별한 퇴각, 큰 겸손과 상한 심령, 마음의 참된 순결과 신령함을 찾아보는 것이 쉽지 않다. 물이 가득 채워져 있는 잔을 들고 가는 것이 쉬운 일이 아니듯 많은 재물과 높은 지위를 잘 감당하는 것은 쉬운 일이 아니다. 그러므로 재물이 많고 지위가 높은 자를 부러워할 필요가 없다.

로버트 레이턴

Spiritual Truths, 143

깨진 그릇은 물이 담겨 있지 않을 때에는 확인되지 않고 물이 가득 차 있을 때 확인된다. 물이 가득 채워져 있어야 그릇이 새는지 확인할 수 있다.

토머스 맨톤

in Spurgeon, *Illustrations and Meditations,* 7

깨진 그릇은 물이 담겨 있지 않을 때에는 확인되지 않고 물이 가득 차 있을 때 확인된다. 물이 가득 채워져 있어야 그릇이 새는지 확인할 수 있다. 우리는 번영할 때 시험을 받는다. 사람은 큰 성공을 거두어 시험을 받을 때까지 그 실상을 충분히 확인할 수 없다.

C. H **스펄전**

C. H. Spurgeon quoting from and commenting on Thomas Manton in Spurgeon, *Illustrations and Meditations*, 7

풍족할 때 당신의 마음을 겸손하게 유지하기 위해 힘쓰고, 모든 사람에게, 심지어 아주 비천한 사람에게도 정중하게 대하라. 부자는 교만해지기 쉽다. 교만해지지 않도록 조심하고, 가난한 자에게 군림하거나 가난한 자를 멸시하지 않도록 주의하라. 누가 당신을 비천하고 가난한 자와 다르게 만들었는가? 풍족할 때에도 세상 것을 의지하지 않도록 조심하고 세상 위에 있는 세상에서 살면서 오직 하나님만 의지하고 신뢰하도록 힘쓰라(딤전 6:17-18). 재물이 늘어도 거기에 마음을 두지 말라(시 62:10). 재물의 올가미에 걸리지 않도록 조심하라(신 8:10-14). 세상에 대해 담담한 감정을 가지라. 친구, 자녀, 세상 물건 등 세상에 있는 모든 것에 너무 큰 관심을 두지 말라. 그래야 언제든 하나님이 그것들을 거두어 가실 때, 또는 그것들에게서 여러분을 거두실 때 그것들과 결별할 준비가 될 수 있다(고전 7:29-31).

토머스 모켓

Christian Advice, 76 – 77

사람들은 재물을 지키려다가 해를 입고, 학문과 높은 지위로 인해 멸망했다. 대다수 사람들에게 자유와 풍요는 덫이다. 어리석은 자는 번영할 때 멸망한다. 이 세상의 물건을 맡고 있는 대부분의 사람들이 걸어간 길과 그들의 결말을 생각하면 누구라도 놀라고 두려워하게 될 것이다.

존 오웬

Golden Book, 217

번영과 시험은 함께 간다. 아니 사실은 번영이 곧 시험이다. 그것도 많은 시험을 가져온다. 그 이유는 은혜가 충분히 공급되지 않으면 시험에 노출되는 체질과 기질이 영혼 속으로 들어오기 쉽고, 번영이 그 연료와 양식을 제공하기 때문이다. 번영은 욕심을 위한 양식과 사탄을 위한 화살을 갖고 있어서, 특별한 도움이 없으면 신자들에게 상상할 수 없을 정도로 나쁜 영향을 미친다. 당신은 마음의 균형을 유지하고 안정되기를 바랄 것이다. 그러나 신앙생활은 서서히 형식화되기 쉽고, 영혼은 강력한 힘으로 달려드는 온갖 시험에 문이 열려 있다. 피조물의 위로 속에서 느끼는 만족과 즐거움은 영혼의 독버섯으로 자라기 십상이다. 그럴 때 부단히 경계하고 주의하지 않으면 당신은 크게 놀라게 될 것이다.

존 오웬

On Temptation, in *Oweniana*, 63

물이 가득 담긴 컵을 흘리지 않고 들고 가는 것이나 고개를 숙이지 않고 무거운 짐을 짊어지는 것은 힘들다. 순경의 밝은 낮에 방황하지 않고 걷는 것이나 역경의 어두운 밤에 비틀거리지 않고 걷는 것은 어렵다. 그러나 바람이 어디서 불더라도 노련한 선원은 돛으로 바람을 다루는 법을 알고 있다.

윌리엄 세커

Nonsuch Professor, 108

번영은 건강, 힘, 친구, 재산, 영예 등 외적으로 좋은 것들의 열매가 있는 상태를 가리킨다. 성운이 많은 별의 집단인 것처럼 번영은 세상의 많은 위안거리의 집합체다. 하나님은 자신의 지혜로운 섭리로 기꺼이 어떤 사람에게 이런 달콤한 즐거움을 크게 허락하셨다. 그들의 잔은 흘러넘친다. 이런 좋은 것들은 그 자체로는 우리를 겸손하게 하며, 기도하게 하고, 거룩한 마음으로 하나님을 찬양하게 하는 좋은 선물들이지만, 우리 마음의 부패로 말미암아 종종 거룩함에 해를 끼치는 것으로 판명된다. 우리를 따스하게 하려고 만들어진 불이 종종 우리를 검게 그을리거나 태운다. 작은 배가 너무 큰 돛을 가지면 폭풍이 불 때 전복되기 십상이다. 번영은 "미끄러운 곳"이라고 불린다. "주께서 참으로 그들을 미끄러운 곳에 두시며"(시 73:18). 얼음 위를 걷는 자는 미끄러져 넘어지지 않도록 조심할 필요가 있다.

조지 스윈녹

The Christian Man's Calling, in *Works*, 2:47

특히 교만, 육욕적 자만, 타인의 고통에 대한 무감각을 주의하라. 번영 속에 있는 사람은 이 세 가지 죄를 쉽게 저지른다.

조지 스윈녹

The Christian Man's Calling, in *Works*, 2:55–56

순경 속에 있을 때 역경을 대비하라.

조지 스윈녹

The Christian Man's Calling, in *Works*, 2:67

번영할 때 역경에 대비하려면 현세의 온갖 위안거리에 대한 당신의 갈망을 죽여야 한다. 물질의 은혜가 당신에게 주어져 있다면 당신의 마음은 물질의 은혜 위로 올라가야 한다. 세상의 온갖 이득을 작게 여기는 자는 세상의 어떤 손실도 크게 여기지 않을 것이다. 피조물을 지나치게 사랑하면 그것을 잃었을 때 지나치게 슬퍼하게 된다. 장갑은 빠르게 그리고 조용히 벗을 수 있으나 피부는 그렇지 않다. 피부는 육체에 달라붙어 있기 때문이다. 세상이 우리에게 가까이 들러붙어 있을수록 세상을 우리에게서 떼어 놓기가 그만큼 힘들다.

조지 스윈녹

The Christian Man's Calling, in *Works*, 2:71–72

악인의 번영은 오래가지 못한다. 그들의 부와 명예는 무지개처럼 잠깐 나타났다가 사라진다. "주께서 참으로 그들을 미끄러운 곳에 두시며"(시 73:18). 그들은 마치 얼음 위에 서 있는 것과 같다. 세상의 복들의 아름다움은 얼마나 빨리 사라지는가! "악인이 이긴다는 자랑도 잠시요"(욥 20:5). 그들이 죄악 가운데 누리는 쾌락은 잠깐이며 고통은 영원할 것이다. 그들은 이 세상에서는 부유하지만 다른 세상에서는 그렇지 않다(딤전 6:17). 그들은 땅에서 즐겁게 산다(약 5:5). 그들이 순례자의 길을 걸어야 하는 장소가 그들이 즐거움을 누리는 유일한 장소다. 그들은 환락의 시간을 가지지만 영원한 슬픔에 처할 것이다.

조지 스윈녹

The Christian Man's Calling, in *Works*, 2:108

이 영적 재산, 즉 은혜는 다른 재물을 성결하게 한다. 은혜 없는 재물은 해를 끼친다. 은혜 없는 재물은 금으로 만든 덫이다. 은혜 없는 재물은 교만의 풀무이자 정욕의 연료다. 은혜 없는 재물은 사람들에게 지옥문을 열어 놓는다. 은혜 없는 재물은 저주받은 복이다. 은혜는 우리의 재물을 성결하게 한다. 은혜는 독을 해독한다. 은혜는 저주를 제거한다. 은혜는 재물을 우리에게 유익한 것으로 만든다. 은혜는 재물을 하나님의 사랑의 증명서로 만들고 우리를 낙원으로 높이 들어올리는 날개로 만들 것이다. 따라서 은혜는 신적 화학 작용을 통해 땅에서 하늘을 추출하고 우리에게 만나와 복을 제공한다.

토머스 왓슨

The Beatitudes, in *Discourses*, 2:461

번영은 종종 하나님에 대해 귀 멀게 한다. "네가 평안할 때에 내가 네게 말하였으나 네 말이 나는 듣지 아니하리라 하였나니"(렘 22:21). 부드러운 쾌락이 마음을 완고하게 한다. 번영에는 꿀도 있고 독침도 있다. 근심 걱정은 부자를 괴롭히는 악령이다. 부자의 금고에 돈이 가득할 때 그의 마음은 염려로 가득하다. 햇살은 상쾌하지만 때때로 대상을 검게 태운다. 풍성한 식탁의 진수성찬은 올무의 진수성찬일 수 있다. 많은 사람이 무거운 금을 들고서 지옥 아래로 떨어졌다. "부하려 하는 자들은…여러 가지…해로운 욕심에 떨어지나니 곧 사람으로 파멸…에 빠지게 하는 것이라"(딤전 6:9). 세상의 금모래는 유사(流砂)에 불과하다. 음식이 적으면 올무도 적다. 명예가 적으면 위험도 적다. 세상의 풍부한 양식이 없으면 시험거리도 없다.

토머스 왓슨

Gleanings, 43

하나님이 우리에게 그리스도를 주신 것은 온 세상을 우리에게 주신 것보다 더 좋은 일이다. 하나님은 세상을 더 많이 만드실 수 있지만, 우리에게 주실 그리스도는 더 이상 없다. 여러분은 본성을 만족시키기에 충분한 일용할 양식이 있다면 만족하라. 풍성하게 갖지 않는 것이 삶을 편안하게 만든다는 것을 숙고하라. 지팡이는 여행자를 도울 수 있으나 지팡이 한 다발은 여행자에게 도리어 짐이 될 것이다. 세상은 큰 여관일 따름이다. 여관비를 지불할 만큼 주신다면 여러분은 그것으로 만족해야 한다. 여러분은 본향으로 돌아가서 충분히 받을 것이다.

토머스 왓슨

Gleanings, 44

베푸는 삶

사람들은 대부분 자신의 이익에 지나치게 집착하기 때문에 베풀 수가 없다. 움켜쥔 손은 세상에 집착하고 있다는 증거다. 이 세상의 것을 풍성하게 가진 사람들은 하나님을 위해 그것을 나눠주려고 하지 않는다. 이 세상의 것들을 소유한 자들에게 자선을 기대하기는 너무나도 어렵다.

바르톨로메오 애쉬우드

Heavenly Trade, 81

인정 많은 마음과 돕는 손은 나누어 줌으로써 모은다. 그런 베풂은 얻는 것이다. 그런 관대함은 풍요에 이르는 첩경이다. 지혜자는 "흩어 구제하여도 더욱 부하게 되는 일이 있나니 과도히 아껴도 가난하게 될 뿐이니라"(잠 11:24)라고 말했다. 여기에서 흩어 구제하는 자는 누구를 가리킬까? 자신의 재물을 자신의 목구멍과 등과 배를 위해 낭비하는 사람이나 창기에게 쏟아붓는 탕자는 아닐 것이 틀림없다. 성경의 표현에 따르면, 흩어 구제하는 자는 자기의 떡을 물 위에 던지는 사람을 가리킨다(전 11:1). 즉 가난한 자들에게 베풀고, 나눠주는 사람이 본문이 말하는 흩어 구제하는 자다(시 112:9). 그런 사람은 어떻게 될까? 황폐해질까? 가난해질까? 그와 정반대다. 그는 부유하게 된다. 흩어 구제하는 자는 더욱 융성해진다.

토머스 구지

Riches Increased by Giving, 13

대개 대담하게 장사하는 사람들은 가장 부유한 상인과 시민이 되고, 모험을 두려워하는 사람들은 적은 소득을 얻는 것으로 그치기 마련이다. 그와 마찬가지로 가장 적극적으로 가난한 자들의 필요를 채워주는 그리스도인들, 곧 자신의 소유를 물 위에 던지는 모험을 감수하는 그리스도인들이 세상에서 가장 왕성하게 번영한다. 재물을 잃을까 두려워하면서 그것을 과감하게 내던질 만큼 현명하지 못한 사람이 어디에 있겠는가? 오히려 그들이 그것을 내던지는 이유는 다시 찾을 것을 알고 있기 때문이 아닐까? 진실로 세상의 것들은 지키려고 하면 잃게 되고, 나눠주면 지키게 된다.

토머스 구지

Riches Increased by Giving, 51

바울 사도는 고린도후서 8장 2절에서 마게도냐 교회의 신자들과 그들의 너그러운 베풂을 칭찬했다. 그들은 먼저 자신들을 주님께 드렸다(5절). 자기를 주님께 바치지 않는 사람은 다른 것도 베풀지 못할 것이다. 또한, 자기 자신은 바치지 않고 가진 재물만 바친다면 하나님의 인정이나 보상을 받을 수 없다. 하나님께 마음을 드리지 않으면, 하나님은 아무것도 받지 않으실 것이다.

토머스 구지

Riches Increased by Giving, 56

주님께 모든 것을 바친다는 것은 하나님이 명령하고, 지정하신 목적과 사람들을 위해 우리의 소유를 모두 바치겠다고 결심하는 것을 의미한다. 하나님은 각자의 처지와 분수에 맞게 살도록 우리를 도와주시고, 가족들의 필요를 적절히 채워주신다(물론, 특별히 예외적인 경우도 더러 있다). 우리는 하나님의 선하고 기쁘신 뜻에 따라 우리에게 주어진 것보다 더 많은 것을 누리려고 하거나 궁핍한 자들에게 마땅히 베풀어야 할 것을 움켜쥐려고 해서는 안 된다.

토머스 구지

Riches Increased by Giving, 58

우리는 하나님이 주신 것을 각자의 형편에 맞게 아낌없이 베풀어야 한다(고전 16:2). 바울 사도는 고린도 신자들에게 하나님이 풍요롭게 해주셨으니 기꺼이 베풀라고 권고했다. 따라서 부한 자들은 선행을 풍성히 베풀어야 한다. 하나님은 자신이 뿌린 씨앗에 상응하는 열매를 기대하신다. 세상의 재물이 풍성한가? 그렇다면 다른 사람들에게 선행을 풍성하게 베풀라. 과부의 동전을 받아들인 헌금궤가 부자들의 연보를 기다린다.

토머스 구지

Riches Increased by Giving, 64

아무리 열심히 자주 기도해도 자신의 능력대로 연보를 하지 않는다면 그 기도는 아무런 가치가 없다.

존 오웬

Golden Book, 210

가장 풍부한 광산 근처에 가장 황량한 땅이 있는 경우가 더러 있다. 이것은 영적 영역에서도 종종 사실로 드러난다. 하나님이 가장 많은 재물을 허락하신 사람들이 선행에 가장 인색할 때가 적지 않다. 부자들은 재물을 방탕하게 낭비하고, 오히려 가난한 사람들이 기꺼이 연보를 하는 경우가 많다. 절반쯤 빈 지갑에서 지폐를 꺼내는 것보다 가득 차 터질 듯한 가방에서 동전을 꺼내는 것이 더 어렵다.

윌리엄 세커

Nonsuch Professor, 67

베풀면 재물이 없어질 것을 두려워하고, 움켜쥐면 없어지지 않을 것이라고 안심하는 사람은 어리석은 자이다.

존 트랩

in Horn, *Puritan Remembrancer*, 127

순교자 브래드퍼드는 말이나 글이나 지갑으로 선한 일을 하지 않고 보내는 시간은 잃어버린 시간으로 간주했다.

존 트랩

Marrow of Many Good Authors, in *Commentary … upon … the New Testament*, 1051

가난한 자에게 베풀 동전을 아끼는 것은 자신의 지갑 속에 재앙을 쌓는 것과 같다.

랄프 베닝

in Calamy et al., *Saints' Memorials*, 131

쌓으려면 나눠줘야 한다. 다른 재산은 떠날 때 뒤에 남지만, 그리스도께 속한 빈자들에게 나눠준 것은 하늘에 쌓인다. 이것은 복스러운 베풂이다. 지갑은 가벼워지더라도 면류관은 무거워진다. 바꾸어 말하면, 우량한 담보물을 갖게 되는 셈이다. 성경은 "가난한 자를 불쌍히 여기는 것은 여호와께 꾸어 드리는 것이니 그의 선행을 그에게 갚아주시리라"(잠 19:17)라고 말씀한다. 풍성한 보상이 주어질 것이다. 금 조각을 나눠준 대가로 영광의 중한 것을 얻게 되고, 냉수 한 잔을 내준 대가로 하나님의 오른편에서 영원히 흐르는 복락의 강물을 얻게 될 것이다(시 36:8 참조). 원금보다 이자가 무한히 더 많을 것이다.

토머스 왓슨

Gleanings, 26

보편 구원론

보편 은혜의 주창자들은 그리스도께서 의도적으로 모든 사람을 위해 죽으셨다고 주장한다. 그렇다면 왜 모든 사람이 구원받지 못하는 것일까? 그리스도의 의도가 좌절될 수 있나? 어떤 사람들은 터무니없게도 모든 사람이 당연히 구원받아야 한다고 말한다. 그러나 우리 주 그리스도께서는 구원의 문이 좁아 '찾는 자가 적다'고 말씀하셨다(마 7:14). 어떻게 모든 사람이 그 문으로 들어갈 수 있는데 그것을 찾는 이는 적을 수 있는지, 도무지 이해하기 어려운 모순처럼 들리지만 이것은 사실이다.

토머스 왓슨

"The One Thing Necessary," in *Discourses,* 1:359 – 60

복음

복음의 말씀이 전해질 때 성령님이 역사하신다. 이것은 하나님이 어떤 수단들에 매여 계시기 때문이 아니라, 하나님이 친히 자신을 수단들에 매시기 때문이다. 일반적인 방식을 따라 하나님의 능력이 복음 안에 나타나기 때문에 복음은 구원을 얻게 하는 하나님의 능력이라고 불리는 것이다. 생명수와 구원은 오직 복음의 강으로만 흐르는 것이다.

아이작 암브로우스

"The Doctrine of Regeneration," in *Works*, 62

복음의 모든 애통은 믿음에서 흘러나온다.

토머스 브룩스

in Horn, *Puritan Remembrance*, 82

복음이 담긴 갈색 빵은 언제나 좋은 것이다.

존 도드

Worthy Sayings, n.p.; John Dod and Philip Henry, *Gleanings of heavenly Wisdom*, 18

복음의 위로는 복음의 뿌리인 그리스도로부터 흘러나온다.

윌리엄 거널

Christian in Complete Armour, 147

복음은 하나님이 주시는 평안을 제시한다. 하나님은 복음을 통해 반역하는 죄인이 결코 깨뜨릴 수 없는 평화를 선포하신다. 복음 안에는 가련한 죄인들을 자신과 화목하게 만드시는 하나님의 모든 방법들이 들어 있다. 이 방법들은 영원 전에서 유래한 것이다. 복음은 인쇄된 하나님의 마음이 아니고 무엇인가? 복음의 소중한 약속들은 피조물의 언어로 번역된 천국 법원의 기록이 아니고 무엇인가?

윌리엄 거널

Christian in Complete Armour, 354

복음의 진리는 복음의 거룩이 성장하는 유일한 뿌리이다.

존 오웬

Golden Book, 137

사람은 요셉의 경우처럼 자유가 결핍되어 있어도 행복할 수 있고, 다윗의 경우처럼 평강이 없어도 행복할 수 있고, 욥의 경우처럼 자녀들을 잃어도 행복할 수 있고, 미가의 경우처럼 부유하지 못해도 충만한 위로를 받을 수 있다. 그러나 복음이 결핍되어 있는 자는 그에게 유익한 모든 것이 결핍되어 있는 자이다. 복음이 없는 왕관은 그저 마귀의 지하 감옥과 같다. 복음이 없는 부유함은 지옥으로 달려가게 하는 연료와 같다. 복음이 없는 번성은 크게 추락하기 위해 높이 올라가는 것일 뿐이다.

존 오웬

Golden Book, 219

복음이 부드럽게 하는 것보다 더 부드럽게 하는 것은 없고, 복음이 강퍅하게 하는 것보다 더 강퍅하게 하는 것은 없다.

조지 스윈녹

in Horn, *Puritan Remembrance*, 42.

복음 전도

두 군데의 연못에 그물이 설치되었다. 첫 번째 연못은 주님의 백성들이 참여하는 공적 모임이다. 그곳에서 루디아의 마음이 열렸다. 신앙의 의식을 통해 때로 죄로 인해 쇠약해져 가는 영혼들이 치유를 받는다. 그물이 설치된 두 번째 연못은 경건한 사적 모임이다. 주님은 종종 이 모임 가운데 은혜를 부어주셔서 영혼들을 유익하게 하신다.

토머스 보스턴

Art of Man-Fishing, 42 – 43

우리는 일평생 날마다 종일 수고했지만 아무것도 잡지 못했다. 복음의 그물은 항상 펼쳐져 있었지만 단 한 영혼도 걸려들지 않았다. 사도행전 2장 41절에 보면, 베드로가 전한 단 한 차례의 설교로 무려 3,000명이 회개한 것을 알 수 있다. 그러나 지금은 설교를 3,000번 해도 단 한 영혼도 천국으로 인도하기가 어렵다. 사람들의 태도는 갈리오의 태도와 비슷하다(행 18:17). 그들은 복음에 아무런 관심이 없다. 아담의 시대 이후로 지금처럼 구원과 은혜의 수단이 많았던 적은 일찍이 없었다. 우리는 경계에 경계를 더하고, 교훈에 교훈을 더하고, 설교에 설교를 더하고, 구제에 구제를 더하여도 아무 소용이 없다(사 28:10 참조). 사람들은 귀를 막고 듣지 않는다.

아서 덴트

Plain Man's Plain Path-way, 13

전파되는 복음과 그리스도에 대해 들은 아담의 모든 후손들은 그리스도를 믿고 영접할 의무가 있다. 준비되었든 준비되지 않았든 이것은 모두에게 부과된 의무다.

자일스 퍼민

Real Christian, 2

그리스도께 나아간다는 것이 무슨 의미일까?…그리스도께 나아간다는 것은 그분이 필요하다는 것을 깊이 의식하고, 그분의 인격과 직임을 받아들여 의지함으로써 죄 사함과 영생을 받는 것을 의미한다. 성경은 "영접하는 자 곧 그 이름을 믿는 자들에게는 하나님의 자녀가 되는 권세를 주셨으니"(요 1:12)라고 말씀한다.

존 플라벨

"Seamen's Catechism," in *Navigation Spiritualized*, 212

성도들에게는 형제 우애를 베풀고, 모든 사람에게는 사랑을 베풀어야 한다(벧후 1:7). 가까이에 있는 자들이든 먼 곳에 있는 자들이든, 낯선 자들이든 교회의 안팎의 대적들이든, 터키인들(회교도)이든 이교도들이든, 우리는 모든 사람을 위해 기도해야 하고, 선한 사마리아인이 유대인에게 그리 했던 것처럼 그들과 마주쳤을 때 선을 베풀어야 한다(눅 10장).

존 로저스

Treatise of Love, 42

이번에는 우리가 사랑해야 할 사람들에 관해 말해보기로 하자. 우리는 선하든 악하든, 교회의 울타리 안에 있든 밖에 있든 세상 모든 사람을 사랑해야 한다. 우리는 누구에게나 사랑을 베풀어야 한다. 그들은 우리의 이웃들이다. 선한 사마리아인의 비유를 통해 알 수 있듯이, 우리에게는 그들을 우리 자신처럼 사랑하라는 명령이 주어졌다. 그들이 궁핍하고, 우리에게 도울 능력이 있다면 기꺼이 선을 베풀어야 한다. 그들을 위해 기도해야 한다. 모든 사람이 구원받는 것은 하나님의 계시된 뜻에 어긋나기 때문에 모두를 구원해 달라고 기도해서는 안 되지만, 누가 하나님께 속했는지 알 수 없기 때문에 우리가 알거나 살면서 부딪치는 사람들을 위해 기도하는 것이 마땅하다.

존 로저스

Treatise of Love, 108–9

복종

하나님이 고난의 섭리를 허락하시는 이유는 복종하는 마음과 만족하는 마음을 갖게 하기 위해서다. 하나님은 그런 마음을 크게 기뻐하신다. 그분은 자기 자녀들이 자신이 나눠 분배해주는 몫에 만족하는 모습을 보고 싶어 하신다.

시므온 애쉬

Primitive Divinity, 108

하나님의 뜻을 거스르면 아무것도 얻지 못하고, 그분의 뜻에 조용히 복종하면 아무것도 잃지 않는다.

리처드 백스터

A Christian Directory, in *Practical Works,* 2:408

하나님의 뜻을 이루는 데는 사자처럼 되어야 하고, 자기의 뜻을 이루는 데는 양처럼 되어야 한다.

매튜 헨리

Gems, 121

하나님의 뜻에 복종하는 것은 우리가 현재의 의무에 충실한지를 시험하는 시금석이자 우리가 누릴 미래의 영광을 보장하는 증거다. 천국에서 하나님을 보기를 기대하면서 세상에서 그분을 추구하지 않는 것은 농부가 울타리를 갈아엎으면서 풍성한 추수를 기대하는 것만큼 어리석은 일이 아닐 수 없다.

윌리엄 세커

Nonsuch Professor, 176

자기의 뜻을 이루려고 애쓰지 않는 사람일수록 하나님을 자신의 최고봉으로 여겨 더욱 극진히 섬길 수 있다.

존 트랩

in Horn, *Puritan Remembrancer,* 335

하나님이 우리에게 거저 주신 것을 우리에게서 다시 취하시더라도 그분의 행위는 정당하다. 따라서 하나님이 기꺼이 베푸신 것은 옳게 사용하고, 그분이 정당하게 취하시는 것은 기꺼이 포기하자.

랄프 베닝

Canaan's Flowings, 225－26

본보기

계명은 우리에게 무엇이 우리의 의무인지를 가르쳐주고, 본보기는 그런 의무를 실행하는 것이 가능하다는 확신을 심어준다. 본보기는 우리의 흠을 발견해 깨끗하게 씻을 수 있는 맑은 시냇물과 같다. 우리와 똑같이 연약한 육신에 얽매여 있고, 우리와 똑같은 상황에 처해 있는데도 욕망을 제어하고, 가장 화려하고, 휘황찬란한 유혹을 물리친 사람들을 보면, 더욱 용기를 내 영적 싸움을 할 수 있다.

윌리엄 베이츠

in Bertram, *Homiletic Encyclopaedia*, 323

본보기는 가장 강력한 설득력을 지닌다.

토머스 브룩스

in Horn, *Puritan Remembrancer*, 50

구약성경은 신약성경의 교훈의 실제 예이다.

존 오웬

Golden Book, 221; also in Thomas, *Puritan Golden Treasury*, 96

인간은 교훈보다는 본보기를 통해 더 큰 영향을 받는다.

조지 스윈녹

in Thomas, *Puritan Golden Treasury*, 95

부

부는 새와 같다. 새가 이 나무, 저 나무로 옮겨 다니는 까닭에 한밤중에 어디에서 잠을 자거나 휴식을 취하는지 알 수 없는 것처럼, 부도 온종일 이 사람, 저 사람에게로 옮겨 다닌다.

토머스 애덤스

"*Semper Idem*, or The Immutable Mercy of Jesus Christ," in *Works*, 3:3

자식들을 염려하는 마음이 너무 지나친 나머지 그들에게 재산을 남겨주기 위해 애쓰면서, 살아 있는 동안 자신의 영혼을 위태롭게 하고, 몸을 적절히 보살피지 않는 아버지들이 많다. 그런 아버지는 새끼들을 먹이려다가 정작 자기 자신은 굶어 죽고 마는 지나치게 자상한 암탉과 같다(*Dives es haeredi, pauper inopsque tibi*)…그들의 어리석음은 참으로 놀라울 정도다. 그들은 자식들이 비참하게 될까 봐 두려워하면서도 그들을 비참하게 만들

길을 고집한다. 그들은 자식들을 재산이 아닌 악의 상속자로 만든다. 자식들은 아버지의 재산은 물론, 그의 죄까지 물려받을 것이 분명하다.

토머스 애덤스

"*Semper Idem*, or The Immutable Mercy of Jesus Christ," in *Works*, 3:8–9

기도는 다음과 같은 방식으로 해야 한다. (1) 하나님의 약속과 행하신 일들을 통해 주어진 그분의 은혜를 기꺼이 인정하라. "주님, 정직하게 행하는 자들에게서 선한 것을 아낌없이 베푸시겠다고 약속하셨습니다. 주님은 말씀하신 것을 반드시 지키십니다. 주님의 약속 덕분에 이 토지와 이 물건들을 잘 사용하고 있습니다. 주님, 모든 것이 주님이 값없이 베푸신 은혜와 약속 덕분입니다."라고 기도하라. (2) 물질적인 축복을 구할 뿐 아니라 형통할 때 거룩한 삶을 살게 해 달라고 간절히 기도하라. 번영할수록 더 진지하게 믿음의 기도를 드려라. 왜냐하면 재산을 잘 통제하거나 그것을 잘 보존할 수 있는 능력이 우리에게 없기 때문이다. 재물이 많으면 많은 유혹에 이끌리기 쉽다. 우리에게 베푸신 일시적인 축복들을 거룩하게 지켜달라고 간절히 기도하지 않으면 은혜를 상실하기 쉽다. (3) 하나님의 은혜에 감사하고, 우리에게 모든 것을 베푸신 그분께 온전히 헌신하라.

아이작 암브로우스

"The Practice of Sanctification," in *Works*, 113

하나님은 우리의 재산을 취하실 뿐, 우리의 기업은 취하지 않으신다. 이것은 거룩한 역설이다. 명예와 재산은 그리스도인의 본질적 기업이 아니다. 그것들은 본질적인 것이 아닌 부속물이요, 이질적이고, 비본질적인 것이다. 따라서 그것들을 잃었다고 해서 불행하다고 말할 수 없다. 그리스도인의 본질적 기업은 여전히 그대로다. "내 심령에 이르기를 여호와는 나의 기업이시니"(애 3:24). 돈을 수백만 냥을 가지고 있는 사람이 소매핀을 잃어버렸다고 가정해 보자. 그것은 그의 재산의 일부도 아니고, 그것으로 그가 망하는 것도 결코 아니다. 핀 하나가 수백만 냥의 돈에 아무런 영향을 미치지 못하는 것처럼, 세상의 위로를 잃는 것도 그리스도인의 기업에 전혀 영향을 미치지 못한다.

시므온 애쉬

Primitive Divinity, 55

금관이 두통을 치료할 수 없고, 벨벳이 통풍을 달래줄 수 없다. 명예나 부는 아무리 많아도 양심을 진정시키거나 평안하게 할 수 없다.

토머스 브룩스

Precious Remedies, 76

절대적으로 선한 것들은 하나님의 사랑을 보여주는 절대적인 증거다. 하나님은 그것들을 자신이 가장 사랑하는 이들에게 베풀어주신다. 그것들은 그분의 오른손이 베푸는 축복으로 그분의 오른편에 서 있는 사람들에게 주어진다. 그러나 솔로몬이 말한 대로 부와 명예는 그분의 왼손에 있다(잠 3:16). 하나님은 이것들로 악인들의 배를 채워주신다. 그것들은 '보좌에서 나오는 선(*bona throni*)'이 아닌 '발등상에서 나오는 선(*bona scabelli*)'이다. 그것들로는 자신이 하나님의 사랑을 받는지, 미움을 받는지 알 수 없다. "하나님이 내게 부를 허락하셨으니 그분이 나를 사랑하시는 것이 분명해."라고 말할 수는 없지만, "하나님이 내게 믿음과 사랑을 허락하셨으니 그분이 나를 사랑하시는 것이 분명해."라고 말할 수는 있다.

랠프 브라우닝

Sermon 3 on Prov. 30:8, in *Forty Sermons*, 452

구원을 받는 일에 열심을 내느라고 살림살이를 등한시하는 것이 옳을까? 영혼을 위해서는 최선을 다하고, 집을 위해서는 아무것도 하지 않아도 괜찮을까? 자녀들에게 무엇을 남겨줄 것인가? 당신의 영원한 상태와 관련된 섭리는 당신의 현세적 상태를 해치지 않는다. 당신의 관대한 베풂은 자녀들의 물질적 행복을 증대시킬 뿐 감소시키지 않는다. 주님이 지혜가 부족하거나 능력이 없어서 한쪽을 가난하게 만들지 않으면 다른 한쪽을 부유하게 만들지 못하실 것 같은가? 그분이 자녀를 해치지 않으면 부모를 돕지 못하실 것으로 보이는가?

로버트 클리버, 존 도드

Plain and Familiar Exposition, 74

죽음이 찾아오면 나는 외적 위로와 결별해야 한다. 그러나 나는 그것을 내 뒤에 남은 혈육과 친구들에게 물려준다. 그들이 그것을 사용하고, 선용할 것이다. 내가 그것을 남기더라도 잃어버리지 않을 것이다. 나는 그것들을 이미 충분히 사용했다. 이제 다른 사람들이 내 것을 가지고 그들을 위해 사용한다고 해서 시기할 셈인가? 내 혈육에게 남겨주기 위해 재물을 얻으려고 노력하지 않았는가? 그런데 이제 와서 내가 가진 적은 것, 곧 나를 더 이상 유익하게 할 수 없는 것을 그들에게 남겨주기를 싫어할 것인가?

재커리 크로프턴

Defence against the Dread of Death, 62–63

독자들이여, 권하노니 많은 것이 모두 그대의 손을 떠났더라도 조금이라도 위로가 되는 것이 남아 있다면 하나님께 감사하라. 하나님이 남들보다 재물은 적게 주었지만 마음을 만족하게 하셨다면, 원하는 것을 다 이룬 것이나 다름없고, 어쩌면 그보다 더 잘된 것이다. 벌은 많은 산의 풀을 뜯어 먹는 황소보다 더 달콤한 음식을 두세 송이의 꽃에서 섭취한다.

존 플라벨

"The Disappointed Seaman," in *Navigation Spiritualized,* 327

게으름뱅이는 부지런히 일하지 않고서 번영하기를 원하고, 무신론자는 부지런히 일하는 것만으로 번영하기를 바란다. 그러나 그리스도인은 정직하고, 부지런히 일하면서 하나님의 축복을 통해 번영하기를 기대한다.

존 플라벨

"The Disappointed Seaman," in *Navigation Spiritualized,* 300–301

부해도 은혜가 조금도 훼손되지 않아야만 은혜를 풍성하게 누릴 수 있다. 부자로 살면서 겸손을 유지하는 것은 고난을 받으면서 기쁨을 잃지 않는 것만큼 어렵다.

존 플라벨

"The Disappointed Seaman," in *Navigation Spiritualized,* 310

그리스도인들은 두 종류의 재물을 소유하고 있다. 하나는 보좌의 재물이고, 다른 하나는 발등상의 재물이다. 전자는 불변하고, 후자는 가변적이다.

존 플라벨

in Horn, *Puritan Remembrancer,* 5

선한 부모는 자기 빵을 자녀들에게 무조건 나눠주지도 않고, 빵 한 조각을 얻기 위해 그들에게 찾아가지도 않는다. 그는 그들이 잘 성장하도록 (느슨하게라도) 자신의 손으로 고삐를 쥐고, 의무를 이행하면 상을 주고, 의무를 게을리하면 벌을 주는 원칙을 고수하다가 적절한 때가 오면 재산의 일부를 그들에게 넘겨준다. 그와는 대조적으로 본성이 비열한 부모는 단 한 푼이라도 내주면 (비유하자면 외투를 벗었다고 해서 곧바로 잠자리에 드는 것은 아닌데도) 마치 죽음이 신속하게 찾아오기라도 할 것처럼 죽을 때까지 모든 것을 움켜쥐고 살아간다.

토머스 풀러

Holy and Profane States, 42

세상일에 신경을 쓰기는 해야 하지만 내가 세상에서 해야 할 가장 중요한 일은 하나님과 영혼에 관한 일이다.

하나님이 나를 세상에 두신 이유가 무엇인가? 부와 명예를 누리고, 쾌락을 즐기고, 정욕을 만족시키기 위해서일까? 절대 그렇지 않다. 그 이유는 하나님의 이름을 영화롭게 하고, 나의 구원을 위해 노력하게 하기 위해서다. 이것을 나의 가장 중요한 일로 삼아야만 세상의 것들을 올바로 사용할 수 있다.

윌리엄 그린힐

Against Love of the World, in *Sound-Hearted Christian*, 284

어떤 사람들은 빨리 부자가 되기 위해 비열한 행위를 일삼는다. 그러나 하나님은 그들이 재물을 모으는 것만큼이나 빨리 그들의 재물을 흩어버리신다. 인간이 아무리 주의를 기울여 조심한다고 해도 하나님의 심판으로부터 불의한 방법으로 얻은 재산을 지킬 수는 없다. "망령되이 얻는 재물(부당한 방법으로 얻는 재물)은 줄어간다"(잠 13:11).

윌리엄 거널

Christian in Complete Armour, 534

배가 가라앉을 것 같으면 기도해야 할 뿐 아니라 손으로 물을 퍼내야 한다. 그와 마찬가지로, 생계를 꾸려나가려면 기도만 해서는 안 된다. 기도하고, 일해야 한다. 기도만 하면 굶어 죽는다. 우리의 손은 가만히 가슴 위에 올려놓고 하나님만 일하시게 할 수 있다고 생각하는가? 잠언을 보면, "손이 부지런한 자는 부하게 되느니라"(10:4)라는 말씀과 "여호와께서 주시는 복은 사람을 부하게 하고 근심을 겸하여 주지 아니하시느니라"(10:22)라는 말씀이 발견된다. 기도만 하고 부지런하지 않은 사람은 부자가 되기가 어렵고, 부지런하기만 하고 기도하지 않는 사람은 부하게 될 수는 있어도 재물로 인한 참된 축복을 누리기가 어렵다. 열심히 기도하며 부지런히 일하는 사람만이 하나님의 축복으로 부하게 되고, 재물로 인한 근심을 면할 수 있다. 또한, 재물이 없더라도 하나님의 축복을 받는 사람은 돈은 없어도 부유한 사람이 될 수 있다.

윌리엄 거널

Christian in Complete Armour, 717

재물은 물이 새는 곳이 없으면 작은 물줄기만으로도 쉽게 채울 수 있는 수조나 웅덩이에 비유할 수 있다. 물이 조금씩 새어나가듯 계속되는 지출을 막지 않은 탓에 자기도 모르는 사이에 파산에 이르는 사람이 많다. 그들은 어떻게 그런 일이 일어났는지 어리둥절해한다.

윌리엄 힉포드

Institutions, 9

그리스도께서 장차 세상을 심판하기 위해 영광 중에 나타나실 것이다. 우리는 이 교리를 염두에 두고, 이 세상에서 우리가 누리는 모든 위로를 적당하게 사용해야 한다. 성령께서는 "너희 관용을 모든 사람에게 알게 하라 주께서 가까우시니라 아무것도 염려하지 말고 다만 모든 일에 기도와 간구로, 너희 구할 것을 감사함으로 하나님께 아뢰라"(빌 4:5, 6)라고 말씀하셨다. 주님이 오실 때가 가깝다면 세상의 헛된 것들에 지나치게 열중해서는 안 된다. 우리가 사는 집의 기초가 땅이 아닌 대리석에 놓여 있는 것처럼 생각해서는 안 된다. 삶의 위로를 누릴 때 우리의 육신이 무쇠이고, 우리의 뼈가 청동인 것처럼 생각해서는 안 된다. 그리스도께서 속히 하늘에서 와서 우리를 심판하시거나 우리가 신속히 세상을 떠나 그분의 심판을 받게 되거나 둘 중 하나다.

크리스토퍼 러브

Heaven's Glory, 58

부와 기독교 신앙은 서로 모순되지 않는다. 부유한 형제들이 얼마든지 있을 수 있다. 그러나 재물은 대개 큰 올무가 되기 쉽다. 재물로 인한 염려와 쾌락에 얽매이지 않고 세상의 것을 즐기기는 어렵다. 월식은 만월일 때만 일어난다.

토머스 맨톤

Practical Exposition on the Epistle of James, 25

부는 교만을 낳고, 교만은 무신론으로 귀결된다.

토머스 맨톤

Practical Exposition on the Epistle of James, 88

번영은 밝게 빛나지만 깨지기 쉬운 유리잔과 같다.

토머스 맨톤

Practical Exposition on the Epistle of James, 198

이 세상의 것들은 그것들의 획득도 불확실하고, 지키는 것도 불확실하다. 사람들이 재물을 가져가지 않더라도 좀이 그렇게 할 수 있고, 강도가 약탈하지 않더라도 동록이 그렇게 할 수 있으며, 동록이 약탈하지 않더라도 불이 그렇게 할 수 있다. 우리 주 그리스도께서 가르치신 대로(마 6:19), 세상의 보물들은 그렇게 되기 쉽다. 솔로몬은 세상의 재물에 날개가 있다고 비유하였다. "정녕히 재물은 스스로 날개를 내어 하늘을 나는 독수리처럼 날아가리라"(잠 23:5). 오늘은 '디베스'처럼 부자일 수 있지만 내일은 나사로처럼 가난해질 수 있다. 세상의 일은 얼마나 불확실한지 모른다. 그러나 마음에 있는 참된 은혜의 보화는 결코 사라지지 않는다. 그것은 동록이나 강도의 해를 입지 않는다. 세상을 얻는 것은 지킬 수 없는 것을 얻는 것이고, 은혜를 얻는 것은 잃어버리지 않을 것을 얻는 것이다.

매튜 미드

Almost Christian Discovered, 224

부와 명예는 일반적인 축복이다. 그것들은 보좌가 아닌 발등상의 축복이요, 지혜의 왼손에 있는 축복이다(잠 3:16). 일반 은혜로는 특별한 사랑을 입었다고 주장할 수 없다. "사랑을 받을는지 미움을 받을는지 사람이 알지 못하는 것은 모두 그들의 미래의 일들임이니라"(전 9:1).

랠프 로빈슨

Christ All and in All, 113

독자들이여, 재물과 곧 결별하게 될 텐데 어찌 재물에 그토록 집착하는가? 하루면 시들어 버릴 꽃에 왜 그렇게 열중하는가? 세상을 떠나가게 될 텐데 위의 것을 추구하는 것이 지혜롭지 않겠는가? 그러나 안타깝게도 세상의 베개를 베고 곯아떨어진 사람들은 쉽게 깨어날 수가 없다.

윌리엄 세커

Nonsuch Professor, 135

독자들이여, 부자가 재물이 없다고 불평하는 소리를 들어보지 못했는가? 부자는 자기를 돌볼 충분한 재물을 가지고 있으면서도 도무지 만족할 줄을 모른다. 눈은 모든 것을 보아도 족함이 없다. 세상의 것으로는 감각조차 충분히 만족시킬 수 없는데 어떻게 영혼을 만족시킬 수 있겠는가?

윌리엄 세커

Nonsuch Professor, 160

그리스도인들은 하나님이 외적으로 베풀어주신 것으로 사람들의 내적 상태를 판단해서는 안 된다는 것을 삶의 원칙으로 삼아야 한다. 재물이 많다고 해서 그것이 곧 우리의 마음이 선하다는 증거는 아니다. 인격이 아닌 재물을 근거로 우리 자신의 가치를 평가하는 것은 보석의 가치를 그것을 감싼 금테로 평가하는 것과 같다. 은혜와 황금(재물)은 서로 공존할 수 있다. 그러나 마음속에 있는 은혜는 아무리 적은 것이라고 해도 목에 두른 금 사슬보다 더 낫다.

윌리엄 세커

Nonsuch Professor, 213

하늘에서 난 영혼이 육신적인 자유, 육체적인 건강, 손으로 만든 집 등,

하나님보다 열등한 것은 물론이고 자기 자신보다도 훨씬 열등한 것들에 열중하거나 그것들 때문에 슬피 울어서야 되겠는가? 그런 것들을 너무 골똘히 생각하지 말라. 그것들을 하나님 안에서 평가하고, 기꺼이 그분께 위탁하라. 만일 자신의 소유라고 말할 만한 것이 있다면, 그것을 중요하게 여겨 아끼지 말고, 하나님의 것을 그분께 돌려드려라. 그렇게 하고서 남은 것이 있더라도 그것을 애지중지할 필요는 없다. 피조물이 주는 위로는 항상 아무것에도 집착하는 마음 없이 즐길 수 있어야 한다. 전에 우리의 마음이 그런 것과 너무 밀접하게 연결되어 있었다면, 이제는 그것을 느슨하게 떼어놓아야 할 때가 되었다.

새뮤얼 쇼

Voice of One Crying in the Wilderness, 85

가난과 고통만을 물려받은 자녀들이 자신의 부모를 복되다고 일컬을 수 있겠는가? 자신의 혈육에게는 잔인하고, 다른 사람들에게만 옳게 처신했다면, 그것이 과연 변명이 될 수 있겠는가? 그럴 수 없다. 의복과 가구와 음식에 드는 비용을 헤프게 쓰지 말고, 무분별하거나 사치스러운 쾌락을 추구하지 말며, 부지런히 일하고, 신중하게 생각하며 살아야만 나중에 세상을 떠나게 되었을 때 가족들에게 친구들의 도움에 의존하지 않고 살아갈 수 있는 여력을 마련해줄 수 있다. 뒤에 남겨둔 후손들을 전혀 생각하지 않고서 세상을 떠나는 사람은 짐승과 조금도 다르지 않다. "선인은 그 산업을 자자손손에게 끼친다"(잠 13:22). "부와 재물이 그의 집에 있음이여 그의 공의가 영구히 서 있으리로다"(시 112:3).

리처드 스틸

Religious Tradesman, 121

양심의 평화를 유지하는 방법은 다음과 같다. 이 방법들을 따를 때, 선하신 하나님이 허락하신 대로 부지런히 일해서 얻은 것들을 즐겁게 누리다가 후손들에게 남겨주고 만족스럽게 세상을 떠나야날 수 있을 것이다. 다음 몇 가지를 기억하라. (1) 하나님을 두려워하는 마음을 가지라. 수치를 두려워하는 마음이 있으면 많은 불의를 피할 수 있지만, 하나님을 두려워하는 마음이 있으면 언제, 어디서나 의롭고, 정직하게 살아갈 수 있다. (2) 세상을 지나치게 사랑하는 마음을 버리라. 이기적이고 탐욕스러운 마음은 온갖 불의와 압제의 원천이다…(3) 현재의 상태에 만족하고, 앞일을 하나님께 맡기라. 하나님은 자신의 피조물들과 관련된 모든 상황을 섭리로 다스리신다…(4) 이웃을 자기 자신처럼 사랑하고, 이웃을 대할 때마다 항상 그들의 처지를 잘 헤아리라. 그러면 이웃에게 부당하거나 불명예스러운 일을 행하지 않을 것이다. (5) 마지막으로 모든 미덕과 은혜는 그리스도 예수에게서 비롯하는 것이기 때문에 중보자이신 그분을 믿는 살아 있는 참믿음으로 이런 삶을 실천함으로써 하나님의 칭찬을 받으려고 노력해야 한다. 그래야만 이곳 세상에서 거둔 성공으로 인해서 장차 하늘에서 공정하고, 의로우신 하나님 앞에서 풍성한 상과 축복을 받게 될 것이다.

리처드 스틸

Religious Tradesman, 130 – 31

햇빛이 밀랍은 부드럽게 하고, 점토는 단단하게 굳히는 것처럼, 율법의 경고는 가난한 사람의 마음은 부드럽게 하고, 부자의 마음은 강퍅하게 만든다. 죽음을 경고하면 살고, 가난을 경고하면 부하게 되고, 결핍을 경고하면 풍성하게 된다. 행위를 고치기 전까지는 오랜 기간의 경고가 필요할 수도 있다. 올바른 수단을 사용해 사람들을 교화하려고 노력할 때, 현재의 행복을 잘 누리고 있다고 생각하는 사람들은 약속된 미래의 행복에 그다지 큰 관심을 기울이지 않을 때가 많다.

프랜시스 테일러

God's Glory in Man's Happiness, 73

부는 불확실하고, 불명료한 허상이다. 부는 하늘의 별똥별이나 물속의 논병아리나 밭의 새들처럼 눈에 보이는가 싶다가도 곧 사라진다. 새들이 밭에 앉아 있다고 해서 그것이 나의 것이라고 말할 수 없다. 솔로몬은 재물이 스스로 날개를 내어 날아가 버린다고 말했다.

존 트랩

Marrow of Many Good Authors, 1052

세상에서 많은 것을 소유하고 있는가? 재물이 나날이 늘어나고 있는가? 재물에 집착하지 말라. 하나님이 허락하신 것은 지나치게 아끼거나 금욕하지 말고 적절하게 이용하라. 그리스도께서는 지나친 금욕을 요구하지 않으셨다. 하나님이 재물을 허락하신 이유는 모아두게 하기 위해서가 아니라 사용하게 하기 위해서다. 지출의 한계를 넘어서지 않도록 조심해야 하지만, 나중에 부족해질까 봐 두려워서 가진 것을 적절하게 사용하는 것까지 제한해서는 안 된다. 몸에 필요한 것을 위해 분수에 맞게 재물의 일부를 적당하게 사용하고, 일부는 후손들을 위해 저축해 두고, 일부는 가난한 사람들을 돕는 데 사용하

라. 그것이 "장래에 자기를 위하여 좋은 터를 쌓아 참된 생명을 취하는" 길이다(딤전 6:18, 19 참조).

토머스 빈센트

God's Terrible Voice in the City, 217

모든 손실에는 고난이 있지만, 모든 불만족에는 죄가 있다는 것을 잊지 말라. 한 가지 죄가 수천 가지의 고난보다 더 나쁘다.

토머스 왓슨

Art of Divine Contentment, 58

"은 줄이 풀리고 금 그릇이 깨지기"(전 12:6) 전에 가난한 자들에게 은과 금을 나눠주라. 주어야 할 것을 죽을 때까지 아껴두는 사람들이 하는 것처럼 하지 말고, 부지런히 손을 벌려 나눠주라. 하나님께서 주신 것을 나눠주지 않으면 죽음이 빼앗아갈 것이다. 이것은 자선이 아닌 필수사항이다.

토머스 왓슨

Gleanings, 28

재물은 사탄이 영혼을 낚는 황금 미끼다.

토머스 왓슨

Godly Man's Picture, 133

죽으면 재물이 다 무슨 소용이 있겠는가? "우리가 세상에 아무것도 가지고 온 것이 없으매 또한 아무것도 가지고 가지 못하리니"(딤전 6:7). 부자로 살던 구두쇠가 죽으면 어떤 다툼이 일어날까? 그의 친구들은 재산을 차지하려고 다투고, 구더기들은 그의 몸을 파먹으려고 다투고, 귀신들은 그의 영혼을 차지하려고 다툴 것이다.

토머스 왓슨

Mischief of Sin, 31

피조물을 의뢰하는 것이 부자들을 파멸로 이끄는 또 하나의 원인이다. 그것 때문에 그들은 행복하지 않은 데도 행복한 것처럼 생각하고, 한순간도 부자인 적이 없는데 부자인 것처럼 생각한다. 재물 때문에 파멸한 사람이 얼마나 많은가? 사람들은 한 조각의 흙에 애착을 품고, 은밀한 간음을 저지르며, 소유하고 움켜쥐기 위해 모든 것을 불사한다. 그들은 재물을 얻으면 황금을 향해 "너는 내 소망이다"라고 말하고, 은을 향해 "너는 내 의뢰하는 바다"라고 말하며 노골적으로 우상 숭배를 저지른다(욥 31:24 참조). 하나님은 이런 태도를 혐오하신다. 그분은 자기 백성이 그런 태도를 지니는 것을 결코 용납하지 않으신다.

제레마이어 휘태커

Christians Great Design on Earth, 10

부모

부모로서 반항하는 자녀의 불효하는 모습을 보는 것은 슬픈 일이지만 그것이 반드시 여러분의 죄 때문인 것은 아니다. 여러분은 자녀에게 가슴의 젖만이 아니라 말씀의 신령한 젖도 먹였는가(벧전 2:2)? 자녀가 어렸을 때 신앙교육을 행하였는가? 여러분은 그 이상 할 수 없다. 부모는 다만 지식으로 사역할 수 있으며, 하나님이 은혜로 사역하셔야 한다. 부모는 단지 나무를 함께 모아놓을 수 있을 뿐이며, 모은 나무를 불사르는 일은 하나님이 하셔야 한다. 부모는 자녀에게 천국의 길을 보여주는 안내자가 될 수 있을 뿐이며, 하나님의 영께서 자녀의 마음을 천국의 길로 끌어들이는 자석이 되셔야 한다.

시므온 애쉬

Primitive Divinity, 59 – 60

사탄은 부모를 자녀의 죄와 파멸을 일으키는 자신의 도구로 삼는 일에 혈안이 되어 있다. 그런데 슬프게도 사탄이 이 일에 성공하는 경우는 너무나 흔하다. 사탄은 자녀의 가장 유순하고 순진한 시기에 부모가 그들을 손아래 두고 있고, 자녀에 대해 거의 모든 권리를 갖고 있음을 잘 알고 있다. 부모는 자녀의 지갑과 재산을 자기 권세 아래 두고 있다. 부모는 사랑과 공경과 존경에 관심이 있다. 부모는 계속 자녀와 함께 있으면서 자녀에게 그들의 요구를 강요할 수 있다. 부모는 채찍으로 자녀를 강제할 수 있다. 수많은 자녀가 그들의 부모로 말미암아 지옥에 있다. 마귀가 부모를 저주하는 자, 욕쟁이, 도박중독자, 술주정뱅이, 속물, 교만한 자, 조롱하는 자, 거룩한 삶을 매도하는 자로 만들 수 있으면 그것은 가련한 자녀에게 얼마나 큰 덫이 될까!

리처드 백스터

A Christian Directory, in *Practical Works*, 2:270 – 71

부모의 자녀 사랑은 매우 자연스럽고 일반적인 일이므로 부모의 의무로 굳이 강조할 필요가 없다. 그러나 이와 반대로 자녀는 대체로 (학자들이 말하는 것처럼) 부모를 자연스럽게 공경하지 않는다. 사랑은 올림사랑이 아니라 내리사랑이다. 사랑을 베푸는 자가 사랑을 받는 자보다 더 깊이 사랑하는 법이다. 그러기에 자녀에게 부모에 대한 사랑을 권고하는 것이 필수적이다. 하나님은 자녀에게 단순히 명령하는 것으로 만족하시지 않고 "네 생명이 길리라"라는 약속까지 덧붙이셨다. 자기에게 생명을 준 부모를 욕되게 하는 자녀는 장수를 누릴 이유가 없기 때문이다.

존 보이스

Offices for Public Worship, in *Works*, 65

요약하면 이렇다. 우리는 부모로서 자녀의 육체를 징계하되, 올바른 원리를 제시하고, 자녀의 부드러운 마음에 적절한 권고와 책망과 교훈을 함으로써 자녀의 지성과 심령을 바르게 형성시키는 일에 힘써야 한다. 부모의 의무는, 하나님을 본받고 자녀를 훈계하여 교정하고, 손에는 채찍을 입에는 말씀을 두고 영생으로 이끌기 위해 자녀를 훈련시키는 것이다. 훈계가 없는 채찍은 단지 야만적인 징계에 불과하고 잔혹한 상처를 자녀에게 남겨 놓을 것이다. 가르침이 없는 징계는 마음보다 뼈를 더 빨리 부러뜨릴 수 있다. 그것은 육체는 죽일 수 있으나 부패함은 죽일 수 없다. 그것은 본성은 소멸시킬 수 있으나 은혜는 결코 낳을 수 없다. 그러나 채찍과 책망이 함께 할 때 지혜를 준다. 교정에 훈계가 더해지면 훌륭한 그리스도인을 만드는 것처럼 좋은 자녀도 만드는 법이다.

토머스 케이스

Correction, Instruction, 148–49

자녀에게 채찍을 사용하지 않는 부모의 자녀는 부모를 때리는 채찍으로 사용될 것이다.

토머스 풀러

Holy and Profane States, 40

가장 흔히 볼 수 있는 본보기가 가장 위험하다. 그런데 자녀는 거의 매일 부모를 보고 자란다. 일어나고 눕고 나가고 들어오고 말하고 먹고 마실 때 자녀는 계속 부모와 함께 있다. 자녀는 다른 사람들의 행동은 간혹 보지만 부모의 행동은 늘 본다. 따라서 죽이지 못하고 억제하지 못한 허영이 부모의 삶의 모든 단계에서 드러나고 자녀가 그것을 목격할 때, 자녀가 부모의 허영을 따르는 것이 불가능하겠는가? 아마 자녀는 매주 또는 매달 한 번 정도 이웃의 욕설을 듣겠지만, 아버지가 하나님을 욕되게 하는 말은 매일 들을 수 있고 그것은 참으로 위험하다.

윌리엄 기어링

Sacred Diary, 92

부모는 자녀가 교회나 학교에서 복을 받게 하려면 가정에서 어떤 부주의함 또는 불경건함으로 부패의 본보기를 보여주지 않도록 극히 조심해야 한다. 그렇지 않으면 목사와 학교 선생이 밖에서 보여주는 선한 본보기보다 가정에서 부모가 보이는 악한 본보기가 훨씬 더 큰 영향력을 미칠 것이다.

한쪽의 부패한 본보기가 다른 쪽의 선한 교훈과 싸우는 것은 참으로 위험한 일이다. 그 부패한 행동으로 자녀의 본성을 무장시킴으로써 어쩔 수 없이 자녀의 애정이 그쪽으로 기울도록 만들기 때문이다.

리처드 그린힐

Godlie Exhortation, 11 – 12

"어머니가 어떠하면 딸도 그러하다." 어머니가 추잡하고 우상 숭배적이고 잔혹하고 반역적이면 딸도 그러하다. 그러므로 어머니가 저지른 죄에 대해 어떤 형벌이 임했는지 보라. 같은 일이 딸에게도 일어날 것이다. 이에 적합한 속담을 들면 다음과 같다. "병든 새는 병든 알을 낳는다." "악이 악인에게서 나온다." "나쁜 씨가 나쁜 열매를 맺는다." "자녀를 보면 부모를 알 수 있다." 물론 이런 속담이 항상 참된 것은 아니다. 때때로 악한 부모에게 좋은 자녀가 있고, 좋은 부모에게 악한 자녀가 있기도 한다. 노아에게 함이 있었고, 이삭에게 에서가 있었으며, 다윗에게 압살롬이 있었고, 히스기야에게 므낫세가 있었다. 또한 이와 반대로 악한 왕 아하스는 선한 왕 히스기야를 아들로 두었다.

윌리엄 그린힐

Exposition of the Prophet Ezekiel, 384

부모의 기도는 자녀에게 가장 좋은 유산으로 판명될 수 있다. 심지어 그것을 하늘에 쌓아둔 보물로서 부모가 죽은 후에도 하나님에게서 많은 복을 받을 수 있게 할 수 있다. 많은 기도를 받은 자녀는 거의 실족하지 않는다.

에드워드 레이너

Precepts for Christian Practice, 121

부모가 자녀를 일찍 죄로 유인함으로써, 즉 자녀를 교만하고 보복하는 자로, 험담하고 악담하는 자로, 상스럽게 말하는 자로, 저주하고 욕설하는 자로, 거룩함과 말씀을 조롱하는 자로, 말씀 사역자와 하나님의 길을 조롱하는 자로 가르침으로써 자녀에게 지옥의 길을 가르치는 일이 참으로 많다. 누가 말하는 것처럼 이런 부모는 마귀보다 얼마나 더 악한가? 늑대나 개나 곰이 자기 새끼를 물어 죽이는 것보다 어머니가 자기 자녀의 머리를 벽에 쥐어박는 것이 훨씬 나쁘다. 자녀에게 온 세상에서 가장 큰 자애로움을 행하거나 잔인함을 행하는 것은 부모의 손에 달려 있다. 맹렬히 불타는 풀무불보다 지옥의 불길이 훨씬 더 맹렬할 것이다. 여러분은 자녀를 지옥불에 던져 넣거나 그렇게 하려는 자의 손에 맡겨 버리는 부모에 대해 어떻게 생각하는가? 그러므로 여러분이 자녀를 사랑한다면 자녀의 가장 큰 유익과 관련된 일들에서 그 사랑을 나타내라. 자녀를 사랑한다고 말하면서 무자비하게 자녀를 파멸시키지 말라. 여러분이 자녀를 무지와 육욕과 하나님을 무시함으로 이끄는 것만큼 자녀를 파멸시키는 일이 과연 있을 수 있겠는가?

존 샤우어

Family Religion, 48 – 49

부패한 본성

경건한 사람은 다른 사람들의 중대한 죄에 대해서는 크게 관심을 기울이지 않고, 대개는 그런 죄의 씨앗이 자신의 본성 안에 존재한다고 생각하고 눈물로 자신의 침상을 적신다. 그리스도를 반대했던 바리새인들과 그분을 배신했던 가룟 유다와 그분을 정죄했던 빌라도와 그분을 십자가에 못 박았던 군인들과 같은 부패함이 우리의 본성 안에 존재한다. 하나님이 우리를 그런 부패한 본성에 어울리는 행위를 하도록 놔두신다면 그것이 참으로 무서운 괴물과 같은 것이라는 사실이 적나라하게 드러날 것이다.

토머스 브룩스

Smooth Stones, 41

부흥과 개혁

하나님이 여러분의 기도에 귀 기울이시기를 바라는가? 그렇다면 떨쳐 일어나 개인적 개혁에 이르라. 여러분의 죄를 타도하고 여러분의 마음속에 자리잡고 있는 세상을 쫓아내라. 여러분의 마음속에서 그리스도를 높임으로써 땅에서 적그리스도가 망하게 하라. 여러분 속에서 그리스도의 이름이 다른 모든 이름보다 뛰어나게 하라. 그리스도의 이름을 부르는 이마다 죄악에서 떠나라. 누구나 두려움 없이 자기 포도나무와 무화과나무 아래 앉는 풍요를 구하지 말고, 대신에 주님을 구하라. 그리하여 주 하나님이 여러분 안에 거하시고, 여러분 안에서 즐거워하시고, 여러분으로 말미암아 높임 받으시고, 여러분이 진실로 주의 거룩한 백성이 되는 것을 추구하라.

리처드 알레인

Companion for Prayer, 11

어떤 이는 이렇게 말한다. "그러나 큰 반대가 있다. 우리를 대적하는 강하고 완고한 대적들이 많이 있다." 이런 반대는 여러분이 교회 사역의 핵심 자원이라는 것을 입증하는 좋은 증거다. 그러니 지속적으로 개혁하는 모습을 보여 달라. 하나님의 책에서, 또는 우리가 속한 개신교 역사 속에서 난관이나 방해 없이 이루어진 일은 거의 없다고 나는 생각한다. 그러므로 그 길에서 거치는 이런 험한 암초나 수렁들은 실망거리가 아니라 이정표다. 즉 여러분이 지금까지 이어진 오래된 개혁의 길에 올바르게 서 있다는 것을 보여주는 표지다.

존 본드

Salvation in a Mystery, 43

반기독교적 사상으로부터 교회의 개혁을 이끌어 내시는 주님의 특별한 능력을 보여주는 한 가지 증거가 있다. 이 마지막 때에 복음과 말씀 사역을 확신을 갖고 따르도록 성령이 크게 부어진 것이다. 하나님이 친히 이를 통해 보증하셨다. 하나님은 자신이 자기 백성의 마음속에 행하신 사역을 여실히 증명하시고, 또한 이것으로 교회의 교리와 자기 종들의 사명도 증명하신다. 그뿐 아니라 진리가 외적으로 조금도 힘을 얻지 못하거나 사람들이 진리를 받아들이지 않을 때 이것은 더 크게 식별가능하다. 따라서 주님은 사도 시대와 그 이후 얼마 동안 세상을 놀라게 하셨다. 주님은 초자연적인 일을 행하사 이를 목격한 사람들이 신앙을 고백하지 않을 수 없게 만드심으로써 기독교를 더욱 굳건히 하셨다. 우리는 또 주님이 종교개혁 운동과 개혁파 교회의 교리를 매우 엄숙하게 증언하셨다고 말할 수도 있다.

로버트 플레밍

Fulfilling of the Scripture, 298

나는 어떤 한 훌륭한 그리스도인이 말씀을 듣는 중에 때때로 주님의 임재가 말씀과 함께 너무 강력하게 임한 결과, 자리에서 일어나서 교회 안을 여기저기 둘러보면서 사람들이 무엇을 하고 있는지 확인한 적이 있다고 말했던 것을 기억한다. 그는 누구든 어떻게 말씀을 듣고도 아무 변화 없이 집으로 돌아갈 수 있는지 의아하게 생각했다. 당시에 그리스도인들은 이 엄숙한 교제에 참여하고자 30마일이나 40마일을 즐겁게 걸어왔다. 그리고 다시 돌아갈 때까지 싫증 내거나 졸지 않았고, 음식이나 음료도 거의 먹지 않고 버텼다. 그들 가운데 어떤 이가 고백한 것처럼 그들은 조금도 곤핍함을 느끼지 않았고, 새로운 힘을 얻어 돌아갔으며, 그들의 영혼은 하나님에 대한 의식으로 충만했다.

로버트 플레밍

Fulfilling of the Scripture, 301

오, 내 형제들아, 복음의 이 황금시대는 회심한 자가 구름처럼 몰려들었을 때 끝났다. 지금은 복음의 소식에 대해 김빠진 반응을 보이며 회심자가 거의 없다. 나라에 많은 보물과 재화가 있어도 교역이 중단되면 새로운 금괴가 들어오지 못하고 상품도 수입되지 못하며 그저 오래된 재고를 소진하면서 시간만 흐르게 되어 있다. 새로운 사람들이 유입되지 않으면 우리는 어떻게 될까? 슬프도다! 우리의 장사(葬事)가 우리의 출생보다 많을 때 우리는 일손이 부족할 수밖에 없다. 우리에게서 빠져나간 거룩한 이름들의 통탄할 명단이 있다. 그러나 하나님께로부터 난 자가 어디 있는가? 선한 자는 가고 남겨진 자는 계속 나빠진다면, 그것도 더욱 나빠진다면, 우리는 하나님이 땅을 기경하고 심판을 준비하시는 것에 대해 두려워할 이유가 있다.

윌리엄 거널

Christian in Complete Armour, 349

1641년 3월 2일. 이 교회 안에 우리가 전혀 합당하지 않다는 사실에 크게 낙심했다. 하지만 하나님은 내 마음을 기도의 영으로 채우셔서 여기 있는 하나님의 백성과 나 자신을 위해 작은 일뿐만 아니라 큰일에 대해 거룩하고 담대한 마음을 갖고 간구하게 하셨다. 즉, 모든 불순종이 교정되고 하나님의 영광이 우리에게 임하는 것을 역력히 볼 수 있고, 이 세대와 다음 세대 자손에게 하나님의 영광이 나타나도록 기도했다. 나는 어느 정도 기도 응답에 대한 확신을 갖고 일어설 수 있었다. 이는 그리스도께서 내 마음속에 그러한 기도를 넣어주셨다는 것을 알았기 때문이고, 또한 그분이 진실로 모든 기도를 들으심을 알기 때문이다.

토머스 셰퍼드

Meditations and Spiritual Experiences, 46

분노

"분을 내어도 죄를 짓지 말며"(엡 4:26)라는 말씀이 암시하는 대로, 정당하고 합법적인 분노가 있을 수 있다. 야곱, 모세, 느헤미야, 예레미야처럼 하나님이 분노하시는 일에 대해서는 우리도 분노할 수 있다. 그러나 그들의 분노는 거룩했고, 짧았고, 절도가 있었다.

아이작 암브로우스

Christian Warrior, 116

우리의 분노가 육적인 것인지 영적인 것인지를 분별해야 한다. 만일 우리의 분노가 기도를 비롯해 다른 신앙적인 의무 이행을 방해하지 않고, 더욱 활기를 띠게 만든다면, 곧 우리의 묵상을 방해하거나 상처받은 상대방에 대한 의무를 도외시하도록 이끌거나 다른 사람들에게 역정을 내도록 만들지 않는다면, 그것은 육적인 분노가 아닌 영적인 분노라고 말할 수 있다.

에제키엘 컬버웰

Time Well Spent, 11

그리스도인이 지옥의 불을 들고 다녀서야 되겠는가? 자애로운 부모에게서 태어난 아이가 성질을 부리며 앙심을 품는 것을 보면…그의 아버지와 어머니는 전혀 그렇지 않은데 그런 상스럽고, 예의 없는 성향을 누구에게서 물려받았는지 궁금한 생각이 들기 마련이다. 그리스도인들이여! 분노와 복수심을 대체 누구에게서 배웠는가? 하늘 아버지에게서 배우지는 않았을 것이 틀림없다.

윌리엄 거널

Christian in Complete Armour, 371

분노로 죄를 짓지 않으려면 오직 죄에 대해서만 분노해야 한다.

매튜 헨리

Gems, 19

분노를 버리는 것은 모든 그리스도인의 중요한 의무다. 작은 충격만으로도 시계가 망가질 수 있는 것처럼 마음도 작은 분노로 인해 뒤흔들릴 수 있다. 하나님 앞에 나가 기도하면서 그와 동시에 이웃과 언쟁을 벌일 수는 없는 법이다. 하찮은 죄가 오래도록 슬픔을 야기하는 경우가 종종 있다. 분노하는 사람은 증오심을 벌겋게 드러낸 채 군중 사이에 서 있는 사람과 같다. 그런 사람은 모두가 밀쳐내고, 싫어한다. 화를 잘 내고, 심술 궂게 구는 사람에게는 "사악한 자에게는 주의 거스르심을 보이시니리"(시 18:26)라는 두려운 성경 말씀이 주어졌다. 기쁠 때 지나치게 즐거워하는 사람은 대개 기분이 언짢을 때 지나치게 화를 내는 경향이 있다. 찬양받으실 주님, 저의 마음속에서 그런 충동(분노)이 일지 않게 도와주소서. 저는 이와 관련하여 너무나도 미흡합니다. 주님, 저에게 힘을 주시고, 분노의 물줄기를 저 자신과 죄를 향해 돌려주소서. 제가 사람들에게 분노하는 탓에 주님의 분노를 자초하는 일이 얼마나 많은지 모릅니다. 주님, 그리스도 안에서 용서를 베풀어 주옵소서.

필립 헨리

Diaries and Letters, 61

분노를 아예 없애서는 안 되고 승화시켜야 한다. 마귀, 곧 우리의 형제를 충동해 우리에게 잘못을 저지르게 만드는 유혹자를 향해 분노해야 한다. 돌을 던지는 손은 가만히 놔두고, 으르렁거리며 돌만 물어뜯는 개처럼 되어서는 안 된다. 우리에게 돌을 던지고, 우리 형제의 분노를 부추기는 장본인은 바로 사탄이며, 이에 이용당하는 사람은 불쌍히 여겨야 한다.

윌리엄 젠킨

Exposition upon the Epistle of Jude, 285

용기와 열정을 자극하는 거룩한 분노는 필요하다. 성경은 롯의 의로운 영혼이 고통을 당했다고 말씀한다(고후 2:7). 그리스도께서도 노하심으로 주위를 둘러보셨다(막 3:5). 모세도 크게 노했다(출 32:19). 의로운 분노는 이성의 규칙을 따르는 의지의 행동이다. 죄를 향해 분노하는 것은 죄가 아니다. 신앙심을 강화하는 분노는 선하다. 그러나 이 거칠고, 강력한 영혼의 활동은 권고에 따라 신중하게 이루어져야 한다.

토머스 맨톤

Practical Exposition on the Epistle of James, 58–59

지혜로운 사람의 마음속에서도 일시적으로 분노가 일어날 수 있다. 그러나 그것은 오직 어리석은 자의 가슴속에만 머문다.

헨리 스쿠걸

"Indispensable Duty of Loving Our Enemies," in *Works*, 101

분노는 사탄의 용광로에서 불타는 숯불이 아닌 하나님의 제단에서 밝게 타오르는 숯불이 되어야 한다. 분노는 갑작스레 타올랐다가 쉽게 꺼지는 지푸라기에 붙은 불을 닮아야 한다. 화를 내도 죄를 짓지 않으려면 오직 죄에 대해서만 분노해야 한다. 해가 질 때까지 분을 품지 말고, 마귀에게 틈을 주지 말아야 한다. 분노를 품고 잠자리에 드는 사람은 마귀가 이불 속으로 기어들어 오는 것을 발견하게 될 것이다.

윌리엄 세커

Nonsuch Professor, 94

분노는 일시적인 광기다. 분노에 사로잡혀 이성을 잃으면 죄를 짓기 쉽다.

존 트랩

Commentary on the Old and New Testaments, 1:603

분노는 매우 예민한 것이라서 잘못 다루면 쉽게 왜곡되어 위험한 것이 될 수 있다. 분노해도 죄를 짓지 않으려면 오직 죄에 대해서만 분노해야 한다.

존 트랩

Marrow of Many Good Authors, 1070

해가 질 때까지 분노를 품고 있을 뿐 아니라 화해를 할 수 있는데도 끝까지 화를 풀지 않는 사람들이 많다. 그로 인해 그들의 분노는 고질적인 습관으로 굳어져 원한으로 발전한다. 분노와 원한의 차이는 단지 시간상의 차이일 뿐이다.

존 트랩

Marrow of Many Good Authors, 1071

분별

그리스도인은 무엇을 하든 진리, 사랑, 지혜라는 세 가지 원칙을 길잡이로 삼아야 한다. 비유하면, 진리를 앞세운 채 양손에 사랑과 지혜를 붙잡고 가야 한다. 셋 중 어느 하나라도 없으면 잘못된 길로 빠진다. 사랑 없이 진리만 따르다가 해를 끼치는 사람들도 있고, 사랑이라는 이름으로 오류를 적당히 무마시켜 지혜를 잃고, 정의를 왜곡하는 사람들도 있다. 좁은 길을 똑바로 잘 걸어가기를 원하는 사람은 진리 없는 사랑이나 사랑 없는 진리를 추구하거나 진리와 사랑을 지혜롭지 못하게 활용하지 않도록 조심해야 한다.

조셉 홀

"Holy Observations," in *Select Tracts*, 317

육신적인 사람의 마음은 지하 뇌옥과 같아서 오직 공포와 혼란만이 존재하며 그 외에는 아무것도 보이지 않는다. 신자 안에는 하나님과 그분의 성령께서 알아보실 수 있는 금광석과 같은 빛이 있다. 이 빛은 우리를 현명하고, 겸손하게 만들어 하나님의 순결하심과 우리의 불결함을 더욱 분명하게 볼 수 있게 해주고, 다른 사람에게서 일어나는 성령의 사역을 식별할 수 있게 해준다.

리처드 십스

Bruised Reed and Smoking Flax, 73

분열

좋아하는 친구들은 물론, 참된 그리스도인들 사이에서도 분열이 흔히 발생한다. 좋은 것에 관해 말해도 견해가 다양하다. 양심껏 신중하게 처신하지 않으면 의견 대립이 일어나기 쉽다. 그런 일은 자신의 견해를 완고하게 주장할 때 가장 흔히 발생한다. 무심코 경솔한 말을 내뱉을 때가 적지 않다. 그런 말을 오해하면 악의가 전혀 없었는데도 나쁘게 받아들여져 사랑이 깨지고, 분열이 일어난다.

에제키엘 컬버웰

Time Well Spent, 50 – 51

하나님은 짐승들에게는 이빨과 발톱을 주셨지만, 인간에게는 이성과 판단력을 허락하셨다. 손으로 때리는 것은 인간이 할 짓이 못되고, 말로 때리는 것은 그리스도인이 할 짓이 못된다…그런데 그리스도인들이 그 두 가지 일을 저지를 때가 얼마나 많은지 모른다. 그리스도인들의 논쟁은 다툼과 분쟁을 일으킨다. 그런 논쟁은 신앙적인 행위가 아닌 인신공격이다.

토머스 맨톤

Meate out of the Eater, 36

천국에 바울과 베드로는 있지만 바울파와 베드로파는 없다. 그리스도께서는 칼빈파도 아니고, 루터파도 아니시다. 그분은 그들 모두 안에 계신다. 그리스도께서는 만유이시다(골 3:11 참조). 하나님이 우리에게서 이 어리석음을 제거해 주셔야 한다. 하나님의 자녀들이 서로 말다툼을 벌인다. 우리는 하나님이 우리를 갈라놓거나 바로 잡아주시기를 바란다. 오, 주님! 인간이 생각하는 배교자가 주님이 생각하시는 배교자이고, 인간이 생각하는 이단이 주님이 생각하시는 이단이며, 인간이 생각하는 유기자가 주님이 생각하시는 유기자라면 영생의 선택은 한갓 허구에 불과하고, 온 세상이 정죄를 받게 될 것입니다.

프랜시스 레이워스

On Jacob's Ladder, vi

이것은 누구나 저지를 수 있는 위험한 잘못이다. 사역자들은 특히 더 그렇다. 루터는 교만, 탐심, 논쟁이라는 세 마리 개를 끌고 강단에 올라가서는 안 된다고 말했다. 다투기 좋아하는 사람은 다른 닭들과 자기의 피를 흠뻑 뒤집어쓴 수탉과 같다. 분쟁은 신앙을 파괴하려는 사탄의 음모다.

존 트랩

Commentary … upon … the New Testament, 687

씨 뿌리는 자는 흥분한 상태로 씨앗을 뿌리지 않는다.

존 트랩

in Horn, *Puritan Remembrancer,* 287

불가항력적 은혜

효과적인 은혜는 자연적으로 주어지는 자유를 결코 파괴하지 않는다.

토머스 제이콤

in Horn, *Puritan Remembrancer,* 206

불신앙

불신앙은 칭의를 가로막는 가장 큰 방해물이고, 교만은 성화를 가로막는 가장 큰 방해물이다. 모든 죄는 교만을 대장이자 왕으로 여겨 존중한다. 주님은 종종 다른 죄를 이용해 성도들 안에 있는 교만의 죄를 다스리시지만, 교만은 다른 죄를 약화시키는 수단이 될 수 없다.

아이작 암브로우스

Christian Warrior, 106

천국에 대한 생각을 무익하고, 탐탁하지 않은 것처럼 보이게 만들어 영혼을 어둡고, 위험한 상태에 빠뜨리는 원인은 크게 세 가지다. 우리는 온 힘을 다해 날마다 부지런히 이것들을 극복하려고 노력해야 한다. 첫째, 경건한 삶을 방해하는 가장 흔하고, 가장 격렬하고, 가장 유해하고, 가장 강력한 원인은 삶을 의심과 불확실성의 눈으로 바라보게 만드는 불신앙이다. 두 번째 원인은 현재의 것들을 사랑하는 것이다. 이성의 기능을 회복시키면 비천하고, 천박하고, 육신적인 마음에서 비롯하는 이 허영심을 극복하는 데 많은 도움이 될 수 있지만, 그것을 온전히 극복하려면 내세에 대한 건전한 믿음이 있어야 한다. 세 번째 원인은 죽음에 대한 과도한 두려움이다. 흔히 우리가 극복해야 할 마지막 원수로 일컬어지는 죽음은 우리의 타고난 본성 안에서 큰 영향력을 발휘한다. 그리스도께서 우리를 위해 죽음이라는 이 마지막 원수를 물리쳐 주실 것이다.

리처드 백스터

Baxteriana, 138–39

불신앙은 대개 "하나님이 이 일을 하실 수 있을까?"와 "하나님이 이 일을 정말로 할 의향이 있으실까?"라는 두 가지 주장 가운데 하나를 제기한다. 이것은 하나님의 능력이나 그분의 의지를 의문시하는 것이다. 그러나 그리스도의 성육신 이후에는 이 둘 가운데 어느 하나에도 영원히 이의를 제기할 수 없게 되었다. 그리스도께서 인간의 본성을 취한 상태로 무한한 고난의 짐을 감당하셨다는 사실을 아는 사람이라면 누구도 하나님의 구원 능력을 의심할 수 없을 테고, 그리스도께서 우리를 위해 스스로를 얼마나 낮게 낮추셨는지를 아는 사람이라면 누구도 그분의 구원 의지를 의심할 수 없을 것이다.

존 플라벨

Fountain of Life, 169

불신앙은 바알세불, 곧 죄의 왕이다. 믿음이 근본적인 은혜인 것처럼 불신앙은 근본적인 죄, 곧 죄를 생산하는 죄다. 죄인들 가운데 가장 악명 높은 주모자는 다른 사람들을 죄짓게 만드는 사람이다. 이것이 하나님이 여로보암의 이름에 새겨주신 낙인이다. 느밧의 아들 여로보암은 자신도 범죄하고 이스라엘도 범죄하게 만들었다(왕상 14:16). 이처럼 죄 가운데 가장 무서운 죄는 다른 사람들을 죄짓게 만드는 죄다. 불신앙이 곧 그런 죄에 해당한다. 불신앙은 죄의 주모자, 곧 죄를 짓게 만드는 죄다.

윌리엄 거널

Christian in Complete Armour, 439

지옥에서 가장 두드러진 죄가 두 가지 있다. 그것은 위선과 불신앙이다. 다른 죄인들은 "외식하는 자가 받는 벌"(마 25:51)이나 "신실하지 아니한 자의 받는 벌"(눅 12:46)을 받을까봐 두려워한다. 마치 이 두 가지 죄를 지은 사람들이 지옥의 뇌옥을 먼저 차지하고, 다른 죄인들은 그보다 못한 죄수들인 것처럼 보인다. 그러나 이 두 가지 죄 가운데서도 불신앙이 더 큰 죄에 해당한다. "믿지 아니하는 자는…벌써 심판을 받은 것이니라"(요 3:18)라는 말씀대로, 불신앙은 위선이나 다른 어떤 죄와도 다르게 '정죄하는 죄'로 일컬어진다.

윌리엄 거널

Christian in Complete Armour, 440

복음 아래 있는 사람들은 대부분 불신앙이 정죄하는 죄이고, 그리스도의 이름 외에는 구원받을 다른 이름이 없다는 것을 알고 있다. 그러나 이것을 확실하게 알아 자신의 양심에 적용해 스스로의 비참한 상태를 애통해하는 사람은 그리 많지 않다. 법률을 통해 술주정뱅이로 기소된 사람이 공개 법정이나 법률가들 앞에 서서 증인들의 확실한 증언과 진술을 통해 술주정뱅이라는 판결을 받는 것처럼, 성경을 통해 죄인으로 기소된 사람도 말씀의 증언과 성령과 양심(그의 가슴 속에 있는 하나님의 재판관)의 진술을 통해 죄인으로 판결받는다. 가련한 피조물이여, 대답해 보라. 하나님의 성령을 통해 그런 판결을 받아본 적이 있는가?

윌리엄 거널

Christian in Complete Armour, 445

불신자는 기도하더라도 죄를 짓기 마련이다. 물론, 그의 죄는 기도하는 것 자체가 아니라 믿지 않는 태도로 기도하는 것이다. 따라서 기도를 등한시하는 것보다는 기도하는 것이 죄를 덜 짓는 것이다. 그의 죄는 기도가 아니라 기도하는 마음가짐이나 태도와 관련이 있다. 기도하지 않는 것은 하나님이 의무를 이행하고, 은혜를 얻는 수단으로 정해주신 방법을 완전히 저버리는 죄를 짓는 것이다.

윌리엄 거널

Christian in Complete Armour, 459

믿음이 하나님의 사역이라면 불신앙은 마귀의 사역이다. 마귀는 다른 어떤 죄보다 불신앙의 죄를 짓도록 부추긴다. 낙망은 최악의 불신앙이다. 죄 가운데서 불신앙이 차지하는 위치는 질병 가운데서 가장 위험한 전염병이 차지하는 위치와 같다. 불신앙이 낙망으로 발전하면 마치 전염병처럼 죽음을 확실하게 보장하는 듯한 징후들이 나타난다. 불신앙은 낙망의 싹이고, 낙망은 만개한 불신앙이다.

윌리엄 거널

Christian in Complete Armour, 509

불신앙은 영혼을 연약하게 만드는 죄다. 불신앙과 기도의 관계는 좀과 옷의 관계와 같다. 불신앙은 영혼의 힘을 갉아먹어 하나님을 향해 그 어떤 희망도 품지 못하게 만든다.

윌리엄 거널

Christian in Complete Armour, 775–76

말씀에 계시된 하나님에 관한 진리를 믿지 않고, 성경이 증언하는 대로 그분이 진정으로 의롭고, 지혜롭고, 신실하신지를 불필요하게 확인하려고 하는 것은 곧 그분을 시험하는 것이다. 첫째, 강퍅한 죄를 지어 그분이 전능하신지 아닌지를 시험할 수 있다(행 5:3 참조). 둘째, 하나님의 명령이 없는데도 위험한 일을 시도함으로써 그분을 시험할 수 있다(마 4:6, 7 참조). 셋째, 불필요한 증거를 요구하거나 거짓되고 가식적인 마음으로 실제로 기적을 행하실 수 있는지 아닌지를 시험할 수 있다(마 16:1 참조). 넷째, 하나님이 약속을 실행하셔야 할 때와 방법을 임의로 정함으로써 그분을 시험할 수 있다. 하나님을 통제하려는 시도는 불신앙에서 나온다.

아서 잭슨

Help for the Understanding of Holy Scripture, 466

불신앙은 그 자체로 크나큰 불순종이다. 왜냐하면 복음이 명령하는 대로 믿는 것이 곧 "하나님의 일"이기 때문이다(요 6:29). 이런 이유로 바울 사도는 그것을 "믿음의 순종"으로 일컬었다(롬 1:5 참조). 마음을 굴복시켜 복음이 예수 그리스도에 관해 가르치는 초자연적인 진리를 영접하고 믿는 것보다 더 순종이라는 이름에 걸맞는 것은 없다.

로버트 레이턴

A Commentary upon the First Epistle of Peter,

in *Whole Works*, 1:225

불신앙은 반역과 배교의 뿌리다.

존 트랩

Commentary on the Old and New Testaments, 1:267

불신앙은 죄의 뿌리이자 저장고다.

토머스 왓슨

The Beatitudes, in *Discourses*, 2:239

불신앙은 마음을 완악하게 한다. "그들의 믿음 없는 것과 마음이 완악한 것을 꾸짖으시니"(막 16:14)라는 말씀이 암시하는 대로, 이 두 가지 죄는 서로 밀접하게 연관되어 있다. 불신앙은 마음을 돌처럼 단단하게 만든다. 하나님의 경고를 믿지 않는 사람은 그분을 두려워하지 않고, 그분의 약속을 믿지 않는 사람은 그분을 사랑하지 않는다.

토머스 왓슨

The Beatitudes, in *Discourses*, 2:240

"너의 중에 누가 믿지 아니하는 악한 마음을 품고…떨어질까 조심하라"(히 3:12)라는 말씀이 가르치는 대로, 모든 죄 가운데서 특히 불신앙의 죄를 조심하라. 사람들은 술주정뱅이나 저주하는 자가 되지만 않는다면 불신자가 되어도 크게 문제 될 것이 없다고 생각한다. 불신앙은 복음과 관련된 죄에 해당한다. 불신앙은 그리스도의 무한한 공로가 죄인들을 구원하지 못할 것처럼, 곧 죄의 상처가 너무 커서 그리스도의 보혈로 치유할 수 없을 것처럼 생각함으로써 그분의 공로를 멸시한다. 불신앙은 그리스도를 가장 크게 모욕하는 죄요 그분의 옆구리를 찌른 유대인들의 창보다 그분을 더 깊게 찌르는 창이다.

토머스 왓슨

Gleanings, 15

불평

불평은 마음속에서 일어난 반란이나 다름없다. 불평은 하나님을 대적하는 것이다. 바다는 거칠게 포효할 때 거품 말고 다른 것을 내지 않는다. 마음도 불평할 때 분노와 짜증의 거품을 내고, 이것은 때로 불경함과 거의 차이가 없다. 불평은 만족하지 못한 마음에서 떠오르는 찌꺼기 외에 다른 것이 아니다.

시므온 애쉬

Primitive Divinity, 35–36

우리의 불평은 마귀의 음악이다. 우리의 불평은 하나님이 참으실 수 없는 죄다. "나를 불평하는 이 백성에게 내가 어느 때까지 참으랴"(민 14:11). 우리의 불평은 사람들을 향해 칼을 가는 죄다.

시므온 애쉬

Primitive Divinity, 99

아, 우리는 하나님에 대해 얼마나 불평이 많은가! 우리는 하나님이 역사를 운행하시는 수단에 대해 불평이 많고, 또 섭리에 대해 불평이 많다. 어떤 이는 상실한 것에 대해 불평하고, 다른 이는 상실할까봐 두려운 것에 대해 불평한다. 어떤 이는 더 높이 올라가지 못하는 것에 대해 불평하고 어떤 이는 너무 낮다는 이유로 불평한다. 어떤 이는 이런저런 정당한 규칙 때문에 불평하고 어떤 이는 권력의 자리에 있지 못하다는 이유로 불평한다. 어떤 이는 그들의 재량권이 다른 이들만큼 크지 않다고 불평하고 어떤 이는 그들의 재량권이 다른 사람들과 같지 않다는 이유로 불평한다. 어떤 이는 괴롭기 때문에 불평하고 어떤 이는 이런저런 이가 자기만큼 괴로움을 겪지 않는다고 불평한다. 아, 잉글랜드여! 잉글랜드여! 하나님의 자비와 긍휼 아니면 네 불평은 너를 망하게 하기에 충분했도다.

토머스 브룩스

Mute Christian, 75

불평은 불의 연기와 똑같다. 불꽃이 일어나기 전에 먼저 연기가 나고 숨 막히는 일이 벌어진다. 마찬가지로 공개적인 반역이 일어나기 전에 먼저 불평의 연기가 피어오른다. 불평은 그 씨앗 속에 반역을 품고 있으므로 주님 앞에서 반역으로 간주된다.

제레마이어 버러즈

Rare Jewel, 54

불평은 은밀한 험담과 공개적인 폭언의 중간에 위치한 죄다. 이것은 완전히 숨기지도 못하고 공개적으로 터뜨리지도 못하는 악의다.

네헤미아 로저스

"The Watchful Shepherd," in *True Convert*, 85

사람들이 하나님의 섭리에 대해 불평하는 것은 하나님의 약속을 불신하기 때문이다.

토머스 왓슨

Lord's Prayer, 167

불평은 불만족한 마음에서 떠오르는 찌끼다.

토머스 왓슨

Lord's Prayer, 41

조급해하는 정신의 소유자는 항상 불평할 거리를 찾는다. 아무 이유 없이 불평한다면 하나님이 불평할 이유를 주신다고 해도 그분을 탓할 수 없을 것이다.

매튜 헨리

Gems, 28

거룩한 불평은 하나님의 뜻에 인내하며 복종하는 것과 상충되지 않는다. 그러나 하나님께 불평할 수는 있지만, 그분에 대해 불평해서는 안 된다.

토머스 왓슨

Lord's Prayer, 166

불확실한 것들

불확실한 것이 네 가지 있다. (1) 첫째는 세상의 소유와 위로다. 솔로몬은 "네가 어찌 허무한 것에 주목하겠느냐"(잠 23:5)라고 말했다. (2) 둘째는 우리의 영혼에서 일어나는 성령의 사역이다. "나의 영이 영원히 사람과 함께 하지 아니하리니"(창 6:3). 하나님의 성령이 우리를 대하시는 방식은 베드로가 환상 중에 본 보자기와 같다. 그것은 하늘에서 내려왔다가 다시 신속하게 하늘로 올라갔다…(3) 셋째는 은혜의 날, 곧 그리스도께서 자신을 나타내고, 자신을 내주고, 구원을 베푸시는 복음의 날이다. 이 날은 영원한 생명을 얻는 날이지만, 영원히 지속되지 않는다. 이 날은 신속히 사라질 수 있고, 사라지면 영원히 다시 오지 않는다. (4) 넷째는 선지자들과 하나님의 사역자들의 삶과 고통과 수고다…오늘은 사역자가 살아서 말씀을 전하지만 내일은 그가 병에 걸려 죽을 수도 있다. 세상에서 가장 훌륭한 사역자라도 오랫동안 머물지, 일주일을 머물지, 하루를 머물지 아무도 알 수 없다. 우리의 가장 큰 외적 위로는 물론, 우리의 가장 큰 영적 도움에도 그런 불확실성이 존재한다.

오바댜 세지윅

"Elisha His Lamentation," in Strong, *Heavenly Treasure*, 414–17

비겁함

아합이 엘리야에게 "이스라엘을 괴롭게 하는 자여"라고 말하자 그는 "당신과 당신의 아버지의 집이 괴롭게 하였소"라고 대답했다(왕상 18:17, 18). 그러고 나서 그는 바알 선지자들을 한 자리에 모아놓고, 하늘에서 불을 내려 희생 제물을 태우고, 그들을 모조리 죽여 없앴다. 그러자 하늘에서 비가 내려 온 땅을 적셨다. 열왕기상 18장에서 엘리야는 참으로 놀라운 용기를 보여주었다. 그러나 이세벨이 그를 붙잡아 죽이려고 하자 바로 얼마 전에 그런 놀라운 용기를 보여주었던 그가 악한 그녀의 위협에 크게 놀라며 황급히 도망쳤다(왕하 19장 참조). 사실, 그런 식의 태도를 보이는 사람들이 많다. 그들은 때로는 용기 있는 행동으로 적들을 두렵게 하지만 때로는 비겁한 행동으로 친구들을 부끄럽게 만든다. 지금까지 그런 사람들이 많았다. 그들은 어떤 때는 원수들을 깜짝 놀라게 했다가 또 어떤 때는 친구들을 수치스럽게 만들었다.

제레마이어 버러스

"The Saint's Duty in Times of Extremity," in *Rare Jewel*, 92

나는 겁쟁이처럼 보여도 그리스도를 피난처로 삼는 것이 용기 있는 행동이라고 생각한다. 그로써 나는 원수들로부터 구원받고, 승리를 얻는다.

새뮤얼 러더퍼드

Prison Sayings, 41

어떤 위험을 감수하고 있는가? 누가 하나님의 진리와 그리스도의 대의를 위해 재산을 잃고, 친구들을 잃고, 소유를 빼앗길 위험을 감수할 것인가? 누가 그 어떤 위험도 기꺼이 감수하겠는가? 사랑은 비겁함을 용기로 바꿔놓는다.

윌리엄 스트롱

Heavenly Treasure, 360

비겁하지 않도록 주의하라. 선인이 되는 것을 두려워하는 사람은 악인이 될 수밖에 없다.

토머스 왓슨

Godly Man's Picture, 189

비방

비방은 수요가 많은 물이다. 마귀의 모든 손님이 이 물병을 연신 홀짝거린다. 비방은 재물보다 값진 명예를 훼손한다. 악한 사람들은 다른 사람들을 비방하기를 좋아하고, 상대방을 수치스럽게 만들어 그것을 발판 삼아 부당한 칭찬을 받으려고 애쓴다.

토머스 애덤스

"The Fatal Banquet," in *Sermons*, 40

사실이면 사실대로 모든 사람에 대해 항상 좋게 말하고, 그럴 수 없거든 차라리 침묵하거나 즐겁고 적절한 이야기로 화제를 돌려 악한 비방을 피하라. 삼손은 결혼식 잔치 석상에서 친구들에게 수수께끼를 내 험담하는 사람들의 입을 막고, 그들의 생각을 다른 곳으로 돌리게 했다. "소문을 퍼뜨리는 자는 혀에 마귀가 있고, 그 말을 듣는 사람은 귀에 마귀가 있다."라는 베르나르두스의 말은 매우 지당하다. 도둑은 한 사람을 마귀에게 보내고,

간통자는 두 사람을 마귀에게 보내지만, 비방자는 세 사람(자기 자신, 비방을 당하는 사람, 비방을 듣는 사람)을 해친다.

존 보이스

Offices for Public Worship, in *Works*, 70

나의 평판을 깎아내리는 사람은 내가 잘되는 것을 바라지 않는다.

토머스 브룩스

in Horn, *Puritan Remembrancer*, 95

당사자에게 말하기 전에 소문을 퍼뜨려 사실을 폭로하는 행위는 무자비한 것으로 죄를 면할 수 없다. '거짓된 풍설을 퍼뜨린다'라는 히브리어는 그런 말을 받아들인다는 의미를 담고 있다(출 23:1). 그런 말을 받아들이는 자도 도둑만큼 사악하다. 우리 가운데 훔친 물건을 받은 사람이 아무도 없다면 다행스러운 일이다. 다른 사람들이 형제의 선한 이름을 훔쳤을 때 그 훔친 것을 받은 적이 없는지 잘 생각해 보라. 헛소문을 퍼뜨리는 사람은 그리 많지 않을지 몰라도, 그런 소문은 사람들의 귀를 즐겁게 한다.

토머스 왓슨

The Beatitudes, in *Discourses*, 2:200

사도들

하늘에서 음성이 들려와서 열두 명의 가난한 촌부들이 배와 포구를 버리고, 아무런 교육도 받지 않은 채로 십자가로 세상을 정복할 것이라고 선언한다면, 인간의 이성을 거스르는 헛된 망상에 지나지 않는다는 생각이 들 것이 뻔하다. 그러나 잘 알다시피, 그런 일이 실제로 이루어졌다. 그들은 예루살렘에 이 교리를 전하고 나서 신속하게 그것을 온 세상에 퍼뜨렸다. 어리석음이 지혜를 이기고, 연약함이 강함을 압도했다. 알렉산더의 정복도 이 가난한 사람들이 이룬 업적에 비하면 조금도 감탄스럽지 않다.

스테판 차녹

Discourses upon the Existence and Attributes of God, 440

사람의 목적

사람의 영혼은 고귀한 혈통, 아니 사실은 왕족 혈통에 속한다. 하나님이 영들의 아버지이시기 때문이다. 그러나 어둠 속에 있는 자녀는 자신의 하늘 아버지를 알아보지 못한다. "그가 세상에 계셨으며 세상은 그로 말미암아 지은 바 되었으되 세상이 그를 알지 못하였고"(요 1:10). 영혼은 고귀한 혈통에 속해 있는 것만큼 고귀한 목적을 띠고 있다. 곧 창조자인 하나님을 영화롭게 하고 즐거워하는 것이 영혼의 목적이다. 영혼은 그리스도를 아는 지식이 없으면 그 목적을 달성할 수 없고, 오히려 비천한 죄의 역사로 말미암아 비참함에 떨어지고 자기를 지으신 하나님 대신 피조물을 육욕적으로 받아들인다. 사람의 근원적 행복은 사람을 향한 하나님의 사랑과 사람이 하나님을 닮아가는 것에 있었다. 복음은 사람이 이 두 가지를 회복하는 방법을 제공한다. 오, 우리는 하나님에 대한 참된 지식으로 인도하는 이 비밀, 하나님과 함께 행복을 누리게 하는 이 방법을 얼마나 소중히 여기고 숙고해야 하겠는가!

윌리엄 거널

Christian in Complete Armour, 805

사람의 참모습

개인의 참모습은 가족들과 친척들 사이에서 가장 잘 드러난다. 악한 자녀는 결코 훌륭한 그리스도인이 될 수 없다. 친척들이 경건하다고 증언하지 않는 사람은 위선자일 가능성이 크다. 부모의 정당한 지시에 순종하지 않으면서 하나님께 순종한다고 말하는 것은 거짓이다.

존 플라벨

Fountain of Life, 310 – 11

그 사람의 습관과 그 사람이 무엇을 위해 노력하는지를 보면 그 됨됨이를 알 수 있다. 자주 쉽게 죄에 빠지는 사람은 그것을 통해 영혼의 습관과 마음의 성향을 드러낸다. 목초지에도 물이 범람할 수 있지만, 습지는 매번 물이 흘러들어올 때마다 잠기기 마련이다. 하나님의 자녀도 새로운 본성에 역행하는 성향과 경향을 나타낼 수 있다. 그러나 매번 유혹이 찾아올 때마다 거기에 압도되어 잠식되는 것은 죄의 습관에 잠식되어 있다는 증거다.

토머스 맨톤

in Bertram, *Homiletic Encyclopaedia,* 269

사랑

우리는 자기 자신을 사랑해야 하므로 자신의 유익을 사랑해야 한다. 하나님을 향한 우리 사랑은 합당한 자기 사랑에 의해 고양된다. 물론 죄악된 자기 사랑도 있다. 우리가 우리 자신이 아닌 자아를 사랑할 때, 우리의 육체와 육적인 관심사를 사랑할 때, 하나님보다 우리 자신을 더 과도하게 사랑할 때, 이것은 죄악적인 자기 사랑이다. 하지만 합법적인 자기 사랑이 있는데, 이것은 주님 안에서, 주님을 위해 자신을 사랑하는 것이다. 이때 우리가 자신을 더 사랑하면 할수록 주님을 더 사랑한다.

리처드 알레인

Heaven Opened, 155

사랑으로 우리가 하나님과 하나가 되고, 하나님이 우리와 하나가 되신다. 하나님이 들어오실 때 하나님을 향해 열렸던 마음이 이제 그분으로 만족할 것이다. 하나님 안에 거하라. 당신은 주님이 거하시는 곳에 들어왔다. 그곳에 영원히 거하라. 하나님과 함께, 하나님의 모든 것, 즉 그분의 말씀, 그분의 규례들, 그분의 방법들, 그리고 그분의 모든 경륜들을 취하라. 그리고 그분의 사랑, 그분의 율법, 그분의 위로와 권고, 그분의 조언과 교정을 취하라. 이 모든 것을 받아들이라. 주님의 멍에와 주님의 십자가와 주님의 사랑, 그리고 주님의 모든 뜻을 다 영접하라.

리처드 알레인

Heaven Opened, 161–163

성도들에게 사랑이 있는 것은 사탄에게 악이 있는 것과 같다. 이것은 그들의 모든 행동에 힘을 제공해준다.

리처드 알레인

Heaven Opened, 166

그리스도께서 당신을 사랑하시는 것처럼 사랑 안에서 행하라. 이것이 천국의 삶이며, 불멸의 위대한 영광의 시작이다. 이 사랑의 은혜보다 당신을 더 거룩하게 만드는 것은 없고, 그분께 더 가까이, 친밀하게 다가가게 하는 것은 없으며, 그분이 쓰시기에 더 합당하게 만드는 것은 없다. 당신의 사랑을 하나님, 그분의 말씀, 그분의 길, 그분의 백성을 향해 크게 넓히라. 하나님께 순종하기 위해 그분을 사랑하라. 그분의 길 가운데 행하기 위해 그분의 길을 사랑하라. 그분의 백성들을 즐거워하고, 그들을 동정하며, 그들의 고통을 함께 슬퍼하며, 그들의 궁핍을 도와주고, 그들의 위로 가운데 그들과 함께 기뻐하기 위해서 그들을 사랑하라. 이것은 당신이 수행해야 할 의무 가운데 쉬운 부분이 아니다.

바르톨로메오 애쉬우드

Heavenly Trade, xxix–xxx

사랑은 영혼의 사령관이다. 하나님은 우리의 마음을 소유할 때 우리의 모든 것을 소유한다는 사실을 아신다. 나머지 모든 부분들은 다 마음의 명령에 따르기 때문이다. 말하자면, 마음은 명령하는 기능인 의지의 본질이다. 마음은 지성으로 하여금 생각하게 하고, 혀로 하여금 말하게 하며, 손으로 하여금 일하게 하며, 발로 하여금 가게 한다. 모든 기관들이 마음의 명령에 순종한다.

리처드 백스터

A Christian Directory, in *Practical Works,* 2:358

하나님의 사랑에 반대하는 가증스러운 악덕들은 (1) 은밀하게는 하나님을 사랑하지 않으며, (2) 적극적으로는 하나님을 증오하며, (3) 반대로는 그분 대신 모든 피조물을 사랑한다. 거룩함을 입지 못한 영혼 안에서 이 모든 일들이 동시에 일어난다. 그들이 하나님에 대한 진실한 사랑이 전혀 없으며, 피조물에 대한 사랑으로 가득 차 있다는 것에는 의심의 여지가 없어 보인다. 그러나 그들 모두가 하나님을 미워하는 자들인지는 의문의 여지가 있어 보인다. 그러나 이 또한 확실하다. 다만 하나님을 향한 증오심이 공공연한 반대나 박해나 신성모독으로 표출되지는 않는 경우가 대부분이라서 그들은 자신이 하나님을 미워한다는 것을 깨닫지 못하는 것이다.

리처드 백스터

A Christian Directory, in *Practical Works,* 2:359

다른 모든 은혜는 사랑을 돕는 역할을 해야 하며, 사랑에 복종하고, 직간접적으로 사랑을 촉진하려는 의도에서 행사되어야 한다. 두려움과 경각심은 사랑을 소멸시키는 죄를 멀리하게 하고, 하나님께 가까이 나가는 것을 방해하는 죄책으로부터 당신을 보호해야 한다. 회개와 죄 죽임은 하나님을 향한 우리의 사랑을 앗아가는 속이는 대상을 멀리하게 만들어야 한다. 믿음은 하나님의 지극히 복된 모든 속성들과 완전하심 안에 있는 그분의 임재를 우리에게 보여주어야 한다. 소망은 하나님을 더 가까이하게 하고, 약속하신 행복을 얻기 위해 그분을 의지하게 만들어야 한다. 신중함은 하나님께 나아갈 가장 적합한 시기와 수단을 선택하게 해야 하며, 장애물을 피하는 방법을 가르쳐주어야 한다. 순종은 우리가 그분과 함께 교통할 수 있는 합당한 능력을 유지하게 해야 한다.

리차드 백스터

A Christian Directory, in *Practical Works,* 2:366

부모가 자녀에게, 남편이 아내에게, 아내가 남편에게, 신실한 친구들이 서로에게 나타내는 사랑을 보거나 느길 때, 당신이 하나님께 어떠한 사랑을 빚지고 있는지 생각하라. 오, 하나님의 사랑스러우심에 비하면 자녀들, 아내, 친구, 가장 좋은 피조물의 사랑스러움이 얼마나 하찮은가! 하나님의 사랑은 얼마나 더 큰가! 그분은 당신에게 자신을 주셨고, 매일의 안전과 당신에게 필요한 자비를 모두 주셨다. 그분은 그분의 아들, 성령님, 그리고 은혜를 주셨다. 그분은 당신의 죄를 용서해주셨고, 당신이 은총을 입게 하셨고, 당신을 양자 삼으시고, 천국을 기업으로 주셨다. 그분은 영광의 임재 안에서 천사들과 함께 당신을 영화롭게 하실 것이다. 이런 친구를 어떻게 사랑해야 하겠는가! 그분은 죽게 될 모든 친구들보다 얼마나 높이 계신 분인가! 그들의 사랑과 우정은 그저 하나님의 사랑의 표식과 메시지에 불과하다. 왜냐하면 하나님은 당신을 사랑하셔서, 당신의 친구들을 통해 그 사랑과 자비를 보내시기 때문이다. 그들의 친절함이 그치고 당신에게 아무런 도움이 되지 않을 때 그분의 선하심은 계속되며, 당신에게 영원한 평안을 준다. 그러므로 하나님 사랑의 전달자로 그들을 사랑하라. 그러나 그들 안에 계신 하나님을 사랑하고, 하나님을 위해 그들을 사랑하라. 그리고 하나님을 더욱 사랑하라.

리처드 백스터

Christian Directory, in *Practical Works*, 2:390

사랑은 명령하는 애정이며, 하나로 연합시키는 은혜이다. 그것은 영혼의 모든 기능을 한 곳에 쏟게 한다. 하나님을 사랑하는 영혼은 하나님과 함께 있는 동안 그 사랑하는 대상에 마음이 결속되며, 마음에 다른 아무것도 남겨 두지 않는다. 하나님을 예배하는 데 마음의 애정이 고정되면, 영혼은 모든 것을 그 일에 쏟는다.

스테판 차녹

Discourses upon the Existence and Attributes of God, 170

사랑은 세상을 정복한다. 당신의 영혼이 그리스도에 대한 사랑으로 불타오르면, 당신은 그리스도의 영예에 조금도 누가 되지 않게 하기 위해 당신의 모든 세상적 관심으로부터 돌이킬 것이다…사랑은 불에 비유되는데, 불은 가까이 오는 모든 것을 끌어당겨 불태워버리는 성질을 갖는다. 사랑은 모든 것을 불로 혹은 재로 바꾸어 놓는다. 이 단순하고 순수한 본성에 이질적인 것은 함께할 수 없다. 따라서 그리스도에 대한 사랑은 그리스도를 경멸하는 그 어떤 것도 가까이 하지 않을 것이다.

윌리엄 거널

Christian in Complete Armour, 267

오 하나님, 저는 당신의 무한한 사랑의 끝없는 심연에 삼켜졌습니다. 제가 이 세상의 막힘에서 자유하게 되고, 그리스도의 충만함으로 완전히 채워져서 영원한 영적 기쁨을 누리게 하소서. 지금은 제가 온전히 경탄할 수 없으나 그날에는 당신의 불가해한 복되심과 영광을 누리도록 허용될 것입니다. 그때 그곳에서 영혼의 영원한 황홀경 속에 거하게 하소서. 당신의 모든 성도들과 천사들, 그룹들, 보좌들, 주권들, 정사들과 권세들이 모두 복된 교제 안에서 당신을 사랑할 것입니다. 영원하신 하나님이여, 당신의 아름다운 임재 안에서 영원히 살아계시는 하나님, 모든 영들의 아버지이신, 성부와 성자와 성령 하나님, 당신은 본질적으로 동등하게 영광스러운 삼위 안에 계신 한 분의 영원하신 하나님입니다. 하나님께 축복과 존귀와 영광과 권세가 영원무궁하기를 바랍니다. 아멘. 할렐루야.

조셉 홀

"A Meditation on the Love of Christ," in *Select Tracts*, 224

사랑하는 그대에게

저번에 내가 당신과 함께 있었을 때, 당신 외에는 그 무엇으로도 끌 수 없는 사랑의 불꽃이 내 가슴에 떨어졌습니다. 이 사랑의 본질은 진실되고, 이 사랑의 크기는 크기를 바랍니다. 내 마음에 대해 내가 아는 한, 이 사랑은 바르고 진실합니다. 성공할 가능성이 희박한 것이 내 마음을 기쁨으로 뛰놀게 하였고, 엘리사벳이 마리아를 보고 한 말(이 일들이 너무 좋다는 말) 안에서 안식하게 만들었습니다. 하나님은 당신의 몸을 아름답게 만드셨습니다. 당신은 나에게 즐거움입니다. 당신은 내 마음 안에 있습니다. 나는 당신을 사랑하는 것이 매우 기쁩니다. 마치 아첨하는 것 같아서 여기서 말을 멈추어야 하겠습니다. 과장해서 말하는 것은 사실 나의 타고난 성향에 맞지 않는 일일 뿐만 아니라 복음의 사역자로서의 나의 소명에는 더욱더 맞지 않는 일입니다. 내가 솔직하게 말한 것에 용서를 구합니다. 하지만 사랑스러운 베티 부인, 내가 나의 마음을 당신에게 드렸으니 당신도 거부할 수 없는 보답으로 당신의 마음을 내게 주시기 바랍니다. 나는 은혜의 보좌 앞에 매우 긴급히 있으며, 기도로 얻은 것을 찬양할 수 있습니다. 하지만 나는 당신의 인내심을 지치게 하고 결론을 내려달라고 간청할까봐 두렵습니다

죽을 때까지 당신의 헌신된 종인 올리버 헤이우드가

올리버 헤이우드

Autobiography, Diaries, 131–132

하나님의 영광을 위해 우리의 권리를 포기하는 것은 로마 교회가 가르치는 '잉여 공로'가 아니라 우리의 마땅한 의무이다. 우리는 하나님께 사랑을 빚지고 있으며, 사랑은 자기 자신의 권리를 구하지 않고 무조건적으로 하나님께 드린다. 여기서 우리는 사랑이 그 안에 위대한 것을 담고 있다는 것을 알 수 있다. 사랑은 사랑하는 대상에 대한 애정을 강력하게 실어 나르고 거기에 집중하게 하며 심지어 종종 자신을 소홀히 하기도 한다.

존 뉴스톱

Lectures, 197

"사랑하려면 어떻게 해야 하나요?"라고 당신이 묻는다면, 나는 "믿으세요"라고 대답할 것이다. "어떻게 믿어야 하나요?"라고 묻는다면, 나는 "사랑하세요. 믿으면 당신은 사랑하게 될 것입니다. 더 많이 믿으면 더 많이 사랑하게 될 것입니다. 그리스도께서 말씀하신 영광스러운 것들에 대해 자신을 강하게 설득하세요. 그러면, 사랑하게 될 겁니다. 그리스도의 탁월하심과 당신에 대한 사랑, 그리고 그분 안에서 받는 유익을 믿으려 노력하세요. 그러면 당신의 마음에 불이 타올라 그분에 대한 사랑의 희생제사로 드려지게 될 것입니다."라고 대답할 것이다. 예수 그리스도의 사랑에 사로잡혀 그리스도를 더 많이 바라보는 영혼은, 종종 자신의 이전 고난과 현재의 영광을 생각하면서 그리스도를 바라볼수록 더욱 사랑하게 된다. 그리고 사랑하면 할수록 그리스도를 바라보는 것이 더욱 즐거워진다.

로버트 레이턴

Spiritual Truths, 87–88

당신은 그리스도의 사랑의 강권하심을 느끼며 순종 가운데 행하고 있는가? 이를 확인하려면 다음의 한마디를 명심하라. 이 한마디 안에 다른 모든 것을 포함하고 있다. "그의 계명들은 무거운 것이 아니로다"(요일 5:3). 사랑으로 일하는 영혼은 일하는 것이 고통스럽지 않다. 그리스도의 강권하시는 사랑의 능력과 효력 아래 있지 않다면 그리스도의 내적, 외적 명령은 모든 사람에게 근심거리가 될 것이다.

존 오웬

Discourse 20 on Rom. 5:5–6, in *Twenty-Five Discourses*, 233

하나님을 그분의 성품 그 자체로 인해 사랑하지 않는 사람, 즉 하나님의 속성 자체와 그분이 그리스도 안에서 우리에게 어떤 분이고 장차 어떤 분이실 것으로 인하여 하나님을 사랑하지 않는 사람은 어떤 영적인 일에 대해서도 참된 애정이 없는 것이다.

존 오웬

Golden Book, 243

하나님을 사랑하는 자들은 그분이 다른 어떤 것도 아닌 그분 그대로 계시기를 바라며 자신도 그분을 닮기를 원할 것이다.

존 오웬

Golden Book, 244

만일 우리의 이해(understanding)가 어떤 것을 좋은 것으로 파악하면, 그에 대한 애정(affection)을 불러일으키는데 그것이 바로 사랑이다. 사랑은 마음을 열고 사람이나 사물을 선의 개념 아래 들어오도록 마음으로 받아들이거나 품는 것이다.

에드워드 레이너

Precepts for Christian Practice, 385

사랑은 영혼을 힘있게 사로잡는 열정으로서 그것에 의해 영혼의 기능과 성향이 결정되고 영혼의 완전성과 행복이 좌우된다. 영혼의 가치와 훌륭함은 그 사랑의 대상에 의해 측정된다. 비열하고 부정한 것들을 사랑하는 사람은 그로 인해 낮고 천해진다. 그러나 고결하고 올바른 것을 향한 애정은 영혼을 향상시켜 영혼이 사랑하는 대상을 닮게 한다.

헨리 스쿠걸

Life of God in the Soul of Man, 40

완벽한 사랑은 일종의 자기 포기이며, 자신에 대한 집착에서 벗어나는 것이다. 그것은 사랑하는 대상을 위해 자신의 모든 이익으로부터 죽는 일종의 자발적 죽음이다. 사랑은 더 이상 자신의 이익을 생각하거나 돌보지 않고 사랑하는 대상을 기쁘게 할 방법만을 생각한다.

헨리 스쿠걸

Life of God in the Soul of Man, 47

은혜가 지배하는 마음은 행복하고
사랑은 마음을 고양시킨다.
사랑은 가장 밝은 기차이며
다른 모든 것을 빠르게 한다.
아! 지식은 모두 헛되도다.
우리의 두려움도 모두 헛되다.
사랑이 없다면,
완고한 우리의 죄는 싸우고 군림할 것이다.
우리의 발걸음을 빠른 순종으로
활기차게 움직이게 하는 것은 사랑이다.
사탄들도 이를 알고 떨지만
사탄은 사랑하지 못한다.

우리가 완전히 이 진흙을 버리고
이 어두운 처소를 떠나기 전에
사랑의 날개가 우리를 데려가
미소 가득한 우리 하나님을 보게 한다네.
믿음과 소망이 멈출 때,
은혜는 살아서 노래한다.
이것이 복되고 감미로운 나라에서
우리의 즐거운 현을 켜게 할 것이다.

아이작 왓츠

Devout Meditations, 240

하나님과 사람에 대한 인간의 의무는 양측 모두에 대한 참되고 완전한 사랑을 요구하는 것 외에 아무것도 아니다. 둘 중 하나를 완전히 사랑하는 사람은 둘 다 참으로 사랑한다. 그리고 양측을 참으로 사랑하지 않는 사람은 둘 중 누구도 완전하게 사랑하는 것이 아니다.

에드워드 윌란

"An Exhortation to Christian Charity," in *Six Sermons*, 6

사랑, 세상에 대한 사랑

세상에 대한 사랑은 마음을 아래로 향하게 하고, 그때 육신의 정욕은 신자를 무겁게 짓누르기 시작한다. 그는 예수 그리스도의 거룩한 사랑의 영적 구름을 타고 위로 올라가지 못한다. 그러나 순수하고 영적인 마음은 더욱 정련되고 이런 장애물에서 해방되어 위로 타오르는 순결한 기름 등불과 같다. 사람의 마음이 이 세상의 어떤 것에 몰입할 때, 그 사랑은 온전할 수 없다. 사랑하는 대상이 그 사람의 주인이고, "그 누구도 두 주인을 섬기지 못"하기 때문이다.

휴 비닝

"An Essay upon Christian Love," in *Several Sermons*, 231

사람의 마음이 세상의 어떤 것에 격렬하게 집착하고 그것을 소유하기 위해 단호하게 선택할 때, 그것은 위선이 뿌리내리고 자라기에 적합한 토양이 된다. 그런 사람은 아합이 그러했듯 피조물을 갈망하면서 병 들기 시작한다. 그때 그는 자신의 목적을 달성하기 위해 사탄이나 육체의 악한 조언을 받아들일 위험이 크다. 사냥꾼은 방식에 그다지 신경쓰지 않는다. 그는 산울타리와 도랑을 뛰어넘어 토끼를 잡으려 할 것이다.

윌리엄 거널

Christian in Complete Armour, 271

세상에 대한 사랑과 하나님에 대한 사랑은 저울추와도 같다. 한쪽이 내려가면 다른 한쪽이 올라가고, 한쪽이 올라가면 다른 한쪽이 내려간다. 우리의 거듭나지 않은 자연적 성향이 번성하고, 피조물이 중요하게 여겨질 때, 종교는 희미해지고 쇠약해진다. 그러나 세상의 것들이 시들해지고 그 아름다움이 사라질 때, 그리고 그것들을 추구하는 영혼의 열기가 식고 약해질 때, 은혜의 씨앗은 뿌리를 내리고 거룩한 생명이 번성하고 우세해지기 시작한다

헨리 스쿠컬

Life of God in the Soul of Man, 95

사랑, 자기 목숨 사랑

나는 이 세상에서 지나치게 무절제하고 죄 많은 사랑으로 자신의 목숨을 사랑하지 않는 자를 가장 완전한 사람으로 생각한다. 그는 자신의 목숨을 오직 하나님 안에서 사랑하며, 하나님과 무관한 피조물의 사랑으로 사랑하지 않는다. 자기 목숨에 대한 자연스럽고 합법적인 사랑이 죄가 되는 두 가지 방식이 있는데, 그것은 바로 무분별과 과도함이다. 무분별한 사랑은 비이성적인 두려움과 염려에 사로잡혀 자기 목숨을 사랑하는 것을 말한다. 그때 삶의 모든 것이 단지 목숨을 연명하기 위한 열심에 지나지 않게 된다. 과도한 사랑은 사람들이 자기 목숨을 그렇게 무분별하게 사랑하지는 않지만, 자기 목숨을 하나님 안에서나 하나님을 위해서 사랑하는 것이 아니고 그저 선한 피조물로서 그 자체를 위해 사랑하는 것이다. 세상의 모든 육적인 사람들은 후자의 죄를 범하고 있다. 두렵건데, 이런 죄에서 완전히 자유로운 성도는 거의 없다.

사무엘 쇼

Voice of One Crying in the Wilderness, 150

사탄('마귀' 항목도 참고하라)

유혹자는 목회자를 첫 번째 목표물로 삼아 가장 예리한 공격을 가한다. 그가 목회자에게 가장 큰 적의를 나타내는 이유는 목회자가 그에게 가장 큰 해악을 끼치기 때문이다. 그는 '목자를 치는 것'이 '양 떼를 흩뜨리는' 가장 좋은 방법이라는 것을 경험을 통해 익히 알고 있다. 따라서 목회자는 사탄의 가장 음흉한 부추김과 끊임없는 유혹과 격렬한 공격에 시달릴 수밖에 없다.

리처드 백스터

Reformed Pastor, 15

사탄은 그리스도인들을 부추겨 이런 저런 끔찍한 죄를 저지르게 함으로써

그들이 지닌 구원의 증거들을 흐릿하게 만들고, 그 증거를 빼앗아 (결국에는 안전하게 천국에 이르게 될 테지만) 사는 동안 욥처럼 슬퍼하고 절뚝거리며 살아가도록 유도한다. 사탄은 그리스도인의 구원의 증거가 밝게 빛을 발할 때는 유혹이 잘 통하지 않는다는 것을 알고 있다. 그는 그리스도인을 유혹할 수 있을 뿐 정복할 수는 없다. 다시 말해, 그는 그리스도인을 공격할 수는 있지만 함락할 수는 없다.

토머스 브룩스

Cabinet of Choice Jewels, 343

하나님께는 죄가 없는 아들은 하나 있지만, 유혹을 받지 않는 아들은 아무도 없다(히 2:17, 18). 해적들이 물건을 가득 실은 배들을 가장 사납게 공격하는 것처럼, 사탄도 보배로운 은혜와 풍성한 영광이 가장 많이 넘쳐나는 영혼들을 가장 격렬하게 공격한다. 해적들이 물건을 싣지 않은 빈 배들을 공격하지 않는 것처럼, 사탄도 하나님과 그리스도와 성령과 은혜가 없는 빈 영혼들을 유혹하거나 공격하지 않는다.

토머스 브룩스

Mute Christian, 179

영적인 일은 신중하고, 조심스럽게 다루어야 한다. 사탄의 계책과 전략을 잘 파악해 속속들이 알고 있어야 한다. 바울 사도는 그리스도인들이 사탄의 계책을 당연히 알고 있어야 하는 것처럼 말했다(고후 2:11). 어떤 사람이 말한 대로, "머리는 비둘기인데 눈은 뱀눈일 수 있다." 마귀는 교활한 해적과 같다. 그는 거짓 깃발을 내걸어 그리스도인에게 친구처럼 접근한다.

존 플라벨

Navigation Spiritualized, 36

사탄의 적개심과 그의 능력을 생각하면 그가 잔인하다고 결론짓지 않을 수 없다. 적개심은 가진 능력과 증오에 찬 책략을 실행할 기회를 철저하게 활용한다. 적개심은 연민과 동정심 따위는 전혀 아랑곳하지 않고, 오로지 격정적인 분노가 이끄는 대로 따라간다. 적개심은 자신의 의도를 실행할 힘이 부족할 때만 한계를 느낀다. 따라서 사탄은 그가 지닌 적개심과 능력만큼 잔인하다고 말할 수 있다.

리처드 길핀

Daemonologia Sacra, 35–36

"그들은 벌거벗었다"(창 3:7). 이는 교만한 정복자인 사탄에게 제압되어 무장 해제된 상태, 곧 그에게 대항할 힘이 없어져 그의 뜻대로 좌지우지되는 가련하고, 무기력한 상태가 되었다는 뜻이다. 사탄은 처음 공격할 때는 약간의 논쟁이 필요했지만, 일단 성문이 열리고 정복자의 신분으로 인간의 마음속에 들어간 뒤에는 왕으로 군림하게 되었다. 죄들도 군대를 이루어 그의 뒤를 따라 공격 한 번 하지 않고 손쉽게 입성했다. 인간은 죄를 고백하지 않고, 숲속으로 몸을 숨겨 하나님이 계시는 곳으로 나오지 않았다. 그들은 하나님에게서 도망칠 수 없게 되자 얼버무리며 변명했다. 그들은 하나님의 긍휼을 구하지 않고 서로를 비난하며 죄를 전가하려고 애썼다. 그들의 마음은 죄의 거짓에 속아 넘어간 탓에 빠르게 강퍅해졌다. 아담의 모든 후손이 이런 비참한 상태에 처했다. 사탄은 하나님이 유효한 부르심으로 우리를 자신의 권세로부터 구해내 사랑하는 아들의 나라로 옮기시기 전까지는 우리가 벌거벗은 것을 알고 우리를 노예로 부린다.

윌리엄 거널

Christian in Complete Armour, 27

사탄의 이런 교활한 측면에 잘 대처하려면 그의 두 가지 주된 목표를 기억해야 한다. 그 안에 그의 책략과 간계가 잘 드러나 있다. 그의 첫 번째 목표는 죄를 짓게 만드는 것이고, 두 번째 목표는 죄를 지었다며 신자를 비난하고, 괴롭히고, 고통스럽게 만드는 것이다.

윌리엄 거널

Christian in Complete Armour, 40

사탄과 조금만 함께 걷겠다고 생각하는 사람들이 많다. 그들은 그와 오랫동안 함께 걸으려는 생각이 조금도 없었지만, 일단 그 길에 들어서면 점점 더 많이 미혹되어 결국에는 그와 헤어질 방법을 찾을 수 없는 지경에 이르고 만다.

윌리엄 거널

Christian in Complete Armour, 50

그리스도인은 자신의 부패한 마음은 물론, 그것을 이용하는 사탄과 싸운다. 설혹 마귀가 없더라도 우리 자신의 부패한 마음과 싸우려면 전력을 다해야 한다. 그러나 유능하고, 노련한 이 원수까지 가세해 부패한 마음을 조종하기 때문에 싸움은 훨씬 더 치열해진다. 우리의 죄가 기관차라면 사탄은 기관사이고, 우리의 정욕이 미끼라면 사탄은 낚시꾼이다. 영혼이 자신의 욕심에 이끌리는 것을 시험을 받는 것으로 표현한 이유는(약 1:14) 사탄과 우리의 정욕이 함께 힘을 합쳐 죄를 짓도록 유도하기 때문이다.

윌리엄 거널

Christian in Complete Armour, 85

하나님은 신자가 거룩해지기를 바라시지만, 사탄은 그렇게 되지 못하게 방해한다. 그것이 그의 목표다. 그는 하나님이 인정하시는 것을 부정한다. 하나님이 거룩함을 바라시면, 그는 거룩함을 반대한다. 사탄이 공격해 무너뜨리려고 계획하고, 생각하는 것을 옹호하려고 해서야 되겠는가? 마귀는 인간 안에 들어가서 거하는 것을 가장 좋아한다. 그가 다른 피조물 안에 들어가는 목적도 인간을 대적하기 위해서다. 그가 뱀에게 들어간 목적은 하와를 속이기 위해서였고, 돼지 떼에게 들어간 이유는 거라사인들이 복음을 받아들이지 못하게 하기 위해서였다(마 8:32). 사탄은 인간을 자신의 거처로 삼기를 가장 좋아한다. 왜일까? 그 이유는 오직 인간만이 이성이 있는 영혼을 통해 죄와 불법을 저지를 수 있기 때문이다. 사탄은 그 어떤 피조물보다 인간 안에 거하기를 좋아한다. 그는 인간의 육체보다는 영혼을 소유하기를 원한다. 이 불결한 영은 집안에서 가장 좋은 방(영혼)에 들어가서 하나님에 대한 악의와 신성모독의 더러운 것을 게워낸다. 영혼은 거룩함의 좌소이기도 하고, 죄의 좌소이기도 하다.

윌리엄 거널

Christian in Complete Armour, 299

마귀는 뛰어난 신학생이다. 그는 마치 마구 소송을 제기해 정직한 사람을 곤란에 빠뜨리는 데 자신의 법률 지식을 이용하는 논쟁적인 법률가처럼 궤변을 펼쳐 그리스도인에게 해를 가하고, 죄를 짓게 만들거나 죄로 인해 절망하게 만드는 데 자신의 성경 지식을 사용한다.

윌리엄 거널

Christian in Complete Armour, 547

우리는 사탄이 우리 앞에 던진 미끼를 조심해야 한다. 사탄이 간교하고 교활하다는 것을 잊어서는 안 된다. 우리는 대개 악한 친구와 얽히지 않으려고 노력한다. 그런데 왜 마귀와는 함께 어울리며 그의 일에 엮여드는 것인지 의아하다. 하와는 처음에는 전혀 죄를 지을 생각이 없었지만, 사탄과 몇 마디 대화를 주고받더니 이내 죄를 짓고 말았다. 사탄의 미끼를 절대로 눈여겨보려고 하지 말라.

존 프레스턴

"Judas's Repentance," in *Remaines,* 12

인간을 부추겨 가증스러운 생각을 잔뜩 하게 만들고 나서 "성령으로 거룩하게 된 하나님의 자녀가 그런 생각을 하는 것이 온당하냐?"라는 비난과 의심에 휩싸이게 만드는 것이 마귀의 간교한 술책 가운데 하나다. 요셉은 무고한 베냐민을 은혜를 모르는 도둑으로 몰려는 의도를 품고 그가 모르게 그의 자루에 자신의 잔을 집어넣었다. 그렇다면 베냐민이 그것으로 인해 조금이라도 더 부정직하거나 더 감사하지 않는 사람이 되고 말았는가? 그렇지 않다. 사탄은 그런 식의 악의나 교활함을 사용하길 원하지 않는다. 그는 인간을 타락시킬 수 없을 때는 혼란스럽게 만들 것이다.

헨리 스쿠더

Christian's Daily Walk, 368–69

어떤 사람들은 끔찍한 상상에 시달린다. 그들은 하나님과 그리스도와 말씀에 대해 하찮고, 무가치한 생각을 일삼는다. 그런 생각이 마치 웽웽거리는 파리처럼 그들의 평화를 깨뜨리고, 교란한다. 사탄은 마치 들불처럼 그런 생각을 불러일으킨다. 그런 생각은 기이하고, 강력하고, 격렬하고, 부패한 본성조차도 두렵게 여길 정도로 사나운 특성을 띤다. 베냐민의 자루에 요셉의 잔이 들어있는데도 그가 아무런 죄가 없었던 것처럼 경건한 영혼은 그런 생각에 이끌려 죄를 짓지 않는다. 경건한 저술가들은 그런 생각을 가증스럽게 여기고, 얼른 생각을 다른 곳으로 돌릴 수 있는 여러 가지 방법을 제안했다. 그 가운데 한 가지는 그런 생각이 들 때는 즉각 그리스도께 도움을 구하고, 그분의 날개 아래로 피해 그분과 우리의 원수인 사탄을 물리쳐달라고 비는 것이다.

리처드 십스

Bruised Reed and Smoking Flax, 81

사탄은 우리 앞에서 그리스도를 비방하는 것처럼 우리 자신 앞에서 다음과 같은 식으로 우리를 비방한다. 즉 그는 "네가 꺼져가는 심지와 같지 않다고 생각하면서 왜 그리스도에 관한 관심을 버리고, 은혜 언약을 거부하지 않는 것인가? 감히 그렇게는 할 수 없을 것 같으냐? 왜 다른 즐거움을 온전히 추구하지 않는 것이냐? 네 영혼이 그렇게 하는 것을 허락하지 않을 것 같으냐?"라고 말한다.

리처드 십스

Bruised Reed and Smoking Flax, 110

그리스도께서 사역하실 때 많은 사람이 그분의 말씀을 듣기 위해 모여들자(눅 8:19–21), 마귀는 속으로 '만일 그를 가만히 내버려 두면 온 세상이 그를 따를 것이고, 나는 자식이 없는 라헬처럼 되고 말 것이다.'라고 생각했다. 따라서 그는 그리스도께 좌절과 수치를 안겨주어 말씀을 가르치지 못하게 할 계략을 세우고, 그분이 거룩한 사역을 행하실 때 그분의 어머니를 그분께 보내는 한편 그분의 형제들을 부추겨 그분께 나아가게 했다. 다시 말해, 마귀는 그리스도께서 설교 도중에 그들을 보고 그들과 함께 집으로 돌아가게 하려는 계획을 세웠다. 그리스도께서는 자신의 어머니를 유혹자로 내세워 청중이 아무런 소득도 얻지 못한 채 제각기 자기 마을로 돌아가서 "우리는 예수라는 사람의 가르침을 들었소. 그가 말씀을 가르치기 시작하자 마치 우리를 곧 천국으로 인도할 것처럼 들렸다오. 그런데 그가 말씀을 가르치는 도중에 그의 어머니와 형제들이 나타났소. 그들은 예수가 자신들의 형제라고 말했소. 그는 그들이 왔다는 말을 듣자마자 곧바로 가르침을 중단하고, 슬그머니 자리를 떠서 그들과 함께 즐겁게 돌아갔소이다."라고 말하게 하려는 뱀의 술책을 간파하셨다. 그리스도께서는 자기를 수치스럽게 만들려는 사탄의 계획을 알아채고 사람들이 기대했던 것과는 달리 가르침을 중단하지 않으셨다. 마치 하나님이 그리스도의 신뢰와 명성을 더 높이기 위해 그 모든 일을 계획이라도 하신 것처럼, 그분은 자신의 가르침을 방해하는 소란한 상황을 오히려 또 다른 가르침을 베푸는 기회로 삼으셨다.

헨리 스미스

"The Affinity of the Faithful," in *Sermons*, 203–4

사탄은 자발적으로 하나님을 거역했기 때문에 자신을 천상의 존재로 만들었던 거룩하고, 영광스러운 직위와 함께 하나님의 아들이라는 존엄한 칭호를 잃어버렸을 뿐 아니라 자신의 타고난 능력마저 훼손하고 말았다. 그 결과, 그는 처음 창조될 때 부여받은 직위와 순결함을 버리지 않고 그대로 유지해온 거룩한 왕궁의 다른 영광스러운 천사들에 비해 능력과 지혜와 지식이 뒤처지게 되었다. 인간의 타락과 불순종이 인간에게 큰 영향을 미친 것처럼, 천사들의 죄도 그들에게 큰 영향을 미쳤다. 천사들의 영은 완전히 더럽혀졌고, 그들의 자연적 능력도 심하게 훼손되었다. 그러나 사탄의 타락으로 인해 그의 존재가 크게 변질되었지만, 그렇다고 해서 그것이 완전히 변질된 것은 아니었다. 비록 완전하지는 않더라도 여전히 천사의 본성이 어느 정도는 남아 있다. 사탄은 동등하게 창조된 다른 천사들보다 타고난 재능이 뒤떨어지지만, 여전히 초보적이고, 감각적인 지성을 지닌 피조물들에 비해 월등히 뛰어난 능력을 지니고 있다. 많은 민족들이 때로 놀라운 기적을 일으키기도 하는 그의 능력을 보고 두려워하기도 하고, 그의 지혜와 지식을 찬양하기도 하면서 그를 신으로 떠받든다.

윌리엄 스퍼스토우

Wiles of Satan, 15

사탄은 경험을 통해 성도들 가운데 가장 훌륭하고, 가장 거룩한 사람들을 자신 있게 공격하는 요령을 터득했다. 그는 그들의 빛을 완전히 끌 수 없다면 흐릿하게라도 만들고, 완전하게 파선시킬 수 없다면 폭풍우라도 일으키려고 시도한다. 사탄의 그런 행위는 강한 신자들을 상대로 어느 정도 성공을 거두기도 하고, 약한 신자들에게는 위협과 절망을 안겨주기도 한다. 후자는 믿음이 강한 신자들의 탁월한 모습을 보고, 자기 자신에 대해 슬픈 결론을 내리는 경향이 있다.

윌리엄 스퍼스토우

Wiles of Satan, 23–24

사탄을 물리칠 때마다 죄가 상처를 입는다. 사탄은 결코 도망치지 않지만, 정욕이 치명상을 입는다. 믿음을 비롯해 여러 가지 성령의 은사들을 통해 사탄보다는 죄와 더 직접적인 충돌과 싸움이 일어난다. 하나님에게서 난 자는 누구든 악한 자가 자신을 만지지 못하게 해야 할 의무가 있다(요일 5:18). 이것은 사탄이 하나님의 자녀를 시험하지 않는다는 뜻이 아니라 그를 더럽혀 자신과 동화시키지 못한다는 뜻이다. 이것이 신자가 사탄과 싸워 그를 물리치는 유일한 방법이다. 우리는 마귀를 죽여 없애거나 그의 능력을 약화시킬 수는 없지만, 그가 이용하는 정욕을 죽일 수는 있다. 우리 안에서 정욕이 줄어들면, 사탄이 우리를 해칠 가능성도 그만큼 줄어든다.

윌리엄 스퍼스토우

Wiles of Satan, 56–57

지옥의 마법사가 지닌 마력과 기술은 너무나도 강력하다. 그는 하나님을 거역하고, 정욕의 노예로 사는 삶을 가장 즐겁게 생각하도록 만든다. 양심을 팔아먹고 불경스럽게 사는 사람들이 기대할 수 있는 것은 놀람과 공포와 혼란뿐이다. 그런 사람들 안에는 어리석음과 광기가 혼합되어 있다. 따라서 "외모로 판단하지 말고 공의롭게 판단하라"(요 7:24)라는 그리스도의 조언에 관심을 기울여야 할 필요가 있다.

윌리엄 스퍼스토우

Wiles of Satan, 66

사탄의 책략 가운데 하나는 성령께서 불쌍한 영혼에 입히신 상처가 아물지 않고, 계속 욱신거리게 만드는 것이다. 사탄은 인간의 양심을 직접 괴롭힐 수도 없고, 양심을 위로할 수도 없다. 인간의 마음을 알고, 그것을 괴롭히거나 위로하는 것은 하나님의 특권이다⋯그러나 사탄은 생각을 어지럽히고, 공포와 두려움을 불어넣음으로써 상처가 아물지 않게 만들 수 있다. 사탄은 불쌍한 영혼을 사슬로 결박해 그들에게 주어진 위로를 빼앗을 수는 없지만, 그 사슬을 흔들어 철렁거리는 소리를 낼 수 있다. 따라서 두려움이 너무나도 극심해 어떤 방법으로도 가라앉지 않으면 사탄이 배후에서 수작을 부리고 있다고 의심해볼 수 있다.

윌리엄 스퍼스토우

Wiles of Satan, 87

혼자 있는 사람에게는 화가 미치기 쉽다. 그런 사람은 사탄을 동무로 삼을 가능성이 크다. 사탄은 돕는 사람이 아무도 없는 때를 노려 공격한다. 하와도 남편 없이 혼자 있을 때 쉽게 유혹당했고, 디나도 아버지의 집에서 나와 혼자 돌아다닐 때 순결을 잃었으며, 요셉도 집안사람들이 집에 없을 때 유혹의 공격을 당했다. 군대와 함께 행군하는 자들은 안전하지만, 낙오자들은 쉽게 죽임을 당한다. 무리를 지어 항해하는 배들은 서로를 호위하지만 홀로 항해하는 배는 은밀히 숨어 있는 해적들의 표적이 된다. 이처럼 혼자 있는 사람은 유혹당하기 쉽다.

조지 스윈녹

The Christian Man's Calling, in Works, 2:346

잔인한 해적과 같은 사탄이 호위 없이 항해하는 배들을 노리고 있다.

조지 스윈녹

The Christian Man's Calling, in Works, 2:383

사탄은 성경을 인용하거나 왜곡시킬 수는 있지만, 성경 말씀을 이행할 수는 없다. 성경은 강력한 권위를 지닌 그리스도의 말씀이다. 그리스도께서는 말씀으로 사탄을 물리치신다.

토머스 윌콕스

Choice Drop of Honey, 14

사탄, 유혹할 뿐, 강요할 수는 없는

마귀는 인간의 의지에 큰 해를 끼칠 수 있다. 그는 인간의 의지를 좌지우지할 수는 없지만 설득하고, 미혹해 온갖 죄를 저지르게 만들 수는 있다. 사탄은 인간의 감정과 정욕에 영향을 미친다. 그는 우리의 상상력을 자극하고, 죄의 대상들을 사랑스럽고, 바람직하게 보이게 만들어 감정이 그것들을 향해 움직이도록 이끌어 결국에는 의지의 동의를 얻어내 영혼을 포획한다.

아이작 암브로우스

Christian Warrior, 6

누가 살인이나 방화와 같은 죄의 궁극적인 원인자일까? 누가 그런 죄를 지을 만큼 잔인한 사람일까? 자신의 죄책을 인정하는 사람은 찾아보기 어렵다. 모든 사람이 사탄이 궁극적인 원인자라고 말하지만, 의심을 일소할 만한 정확한 대답은 아니다. 그 이유는 사탄이 주요한 원인자가 아니기 때문이다. 사탄은 죄를 짓게 강요할 수 없고, 단지 그렇게 하도록 유혹할 뿐이다, 원하든 원하지 않든 모든 결정은 당사자의 의지에 달려 있다. 사탄은 사람을 술집에 데려가 입을 벌리고 억지로 술을 부어 넣지도 않고, 하나님의 집에 가지 못하게 방해할 수도 없으며, 억지로 거룩한 생각을 하지 못하게끔 강제할 수도 없다.

리처드 백스터

Call to the Unconverted, 12

우리 안에서 원하거나 생각하는 장본인은 사탄이 아니다. 그는 감각의 대상들을 제시할 뿐이고, 행동은 우리의 몫이다. 그는 유혹의 화살을 날릴 수는 있지만, 그것이 조금이라도 불을 일으키려면 우리의 죄와 부패한 행위가 뒤따라야만 한다.

알렉산더 카마이클

Believer's Mortification of Sin, 133

우리가 등자를 붙잡고 있으면, 사탄은 순식간에 안장에 올라탈 것이다.

윌리엄 세커

in Horn, *Puritan Remembrancer*, 25

사탄의 방법들

약속이 우리에게 주어지지 않았고, 우리에게 약속을 주장할 권리가 없다고 사탄이 말하거든 그의 면전에 대고 "너는 처음부터 거짓말쟁이였다."라고 쏘아주라. 우리가 세상에서 하나님 없이 살던 때, 그가 우리에게 희망적인 미래만 있을 뿐 죄의 형벌은 전혀 없다고 종종 속삭였던 사실을 기억하라. 그랬던 그가 이제 우리가 그리스도 안에 있으니까 이번에는 약속은 단 한 가지도 우리에게 적용되지 않고, 온통 위협과 경고뿐이라고 말한다. 우리가 불법에서 떠나 하나님을 섬긴다면, 원수가 뭐라고 말하든 그리스도 안에 있는 약속은 무엇이나 우리가 소유한 금광이나 다름없다.

아이작 암브로우스

Christian Warrior, 75

능숙한 어부는 다양한 종류의 물고기에 맞게 여러 가지 미끼를 던진다. 미끼 뒤에는 낚싯바늘이 감추어져 있다. 노련한 낚시꾼인 사탄도 사람들의 다양한 기질에 맞춰 여러 가지 미끼를 던진다. 많은 사람이 그것을 덥석 받아먹는다. 그 뒤에 낚싯바늘이 숨겨져 있다는 것을 알아차렸을 때는 이미 늦고 만다.

앤 브래드스트리트

Meditation 23, *Works*, 53

사탄은 죄를 짓게 하려고 바늘을 감춘 미끼를 던진다. 그는 독즙이 든 금잔을 내밀고, 영혼을 죄로 유도하는 달콤한 쾌락을 제공한다. 그는 죄에는 반드시 진노와 불행이 뒤따르게 된다는 사실을 감춘다.

토머스 브룩스

Precious Remedies, 16

마귀의 유혹과 육신의 유혹의 가장 큰 차이점은 간교함과 격렬함의 정도다.

에제키엘 컬버웰

Time Well Spent, 294

목회자들은 대개 사탄이 지닌 유혹의 힘을 네 단계로 나눈다. 첫째, 사탄은 사람들의 기질에서 그들의 약점을 찾아낸다. 그는 각 사람이 기질적으로 특별히 어떤 죄에 쉽게 이끌리는지를 알고 있다. 둘째, 사탄은 사람들의 정욕에 알맞은 대상을 제안한다. 아그리피나가 남편이 가장 좋아하는 고기에 독을 탄 것처럼, 사탄도 모든 사람의 특성을 정확하고, 온전하게 파악하고 있다. 셋째, 사탄은 유다의 마음에 생각을 불어넣은 것처럼(요 13:2) 우리의 생각을 부추겨 유혹적인 대상을 가까이하게 만든다. 넷째, 사탄은 마음을 자극하고, 흥분시키고, 동요시킨다. 그는 끊임없이 마음을 자극해 지치게 만든다. 그는 처음에는 생각만 해도 깜짝 놀랄 만한 죄를 결국에는 스스럼없이 저지르게 만들 때가 많다.

존 플라벨

Navigation Spiritualized, 97 – 98

사탄이 그리스도인의 위로의 뿌리를 자르는 데 사용하는 자귀의 손잡이는 주로 그리스도인의 나무를 이용해 제작된다.

윌리엄 거널

Christian in Complete Armour, 63

마귀가 돌을 던지더라도 정작 우리의 위로를 교란하는 것은 우리 안에 있는 진흙이다.

윌리엄 거널

Christian in Complete Armour, 63

모든 그리스도인은 하나님이 각자에게 정해주신 자리에서 질서 있게 행동하려고 노력해야 한다. 사탄은 도망치게 만들어 하나씩 차례로 거꾸러뜨리는 방법을 사용한다. 질서 있게 행동하려면 동료들이 필요하다. 자신의 열에서 이탈해 혼자 걸으려고 해서는 안 된다.

윌리엄 거널

Christian in Complete Armour, 198

마귀는 우리를 설득할 수는 있지만 강요할 수는 없다. 그는 죄를 짓도록 유혹할 수는 있지만 억지로 죄를 짓게 만들 수는 없다. 그는 우리가 힘을 보태주지 않으면 정복자가 될 수 없다. 우리가 불쏘시개가 되어주어야만 그가 불을 일으킬 수 있다. 우리가 문을 열어주지 않으면, 그는 우리의 집에 들어올 수 없다. 자신의 발을 사탄의 차꼬에 들여놓으면서 자유가 없다고 불평하는 사람이 많다.

윌리엄 세커

Nonsuch Professor, 128

사탄은 간교한 술책으로 맹렬한 공격을 퍼붓는다. 그는 죄의 길을 걸어가라고 강요하지 않고, 한 가지 죄만 저질러보라고 종용한다. 그는 "딱 한 번만 해봐. 이번 한 번만 해봐. 딱 한 번인데 어때? 지금 해보는 것이 어때?"라고 집요하게 속삭인다. 따라서 항상 그런 부추김에 시달리는 것보다 요구를 한 번 들어주고 편안하게 지내는 편이 더 낫다는 생각이 들만도 하다. 그러나 사탄은 죄를 한 번 저지르면 다시 저지르고 싶은 성향이 생겨난다는 사실을 잘 알고 있다. 처음에는 죄를 짓는 것이 매우 두렵게 느껴지지만 일단 저지르고 나면 두 번째, 세 번째는 어렵지 않게 죄를 되풀이하게 된다. 기도할 때도 그 죄를 거부하고 싶은 생각이 줄어들고, 은혜와 믿음의 힘도 죄로 인해 약해진 탓에 저항력이 떨어지고, 양심도 더욱 단단해져 죄를 의식하기가 어려워진다.

윌리엄 스퍼스토우

Wiles of Satan, 50 – 51

삼위일체

성부께서 성삼위 하나님 가운데 첫째이시다. 물론, 하나님은 한 분이고, 무한하시기 때문에 이것이 성부께서 다른 위격보다 본성적으로 우월하시다는 뜻은 결코 아니다. 또한, 영원하신 한 분 하나님만이 존재하고, 성삼위 하나님이 모두 똑같이 영예로우시기 때문에 성부께서 시간이나 영예가 가장 뛰어나시다는 의미와도 거리가 멀다. 하나님은 단지 순서상 첫째(*prioitate originis*)이시고, 신성의 원천(*principium deitatis*)이실 뿐이다. 성부께서는 아무에게서도 나지 않으셨고, 성자께서는 성부에게서 나셨으며, 성령께서는 성부와 성자로부터 나오신다.

토머스 애덤스

Meditations upon the Creed, in *Works*, 3:99

성삼위 하나님은 하나의 신적 본성, 또는 본질을 공유할 뿐 아니라 불가해한 방식으로 하나로 연합되시고, 형언할 수 없는 방식으로 서로 구별되신다. 성삼위 하나님은 본질적인 속성에 있어 하나이지만 특별한 특징과 관계를 통해 서로 구별되시며, 모든 완전한 신적 속성이 똑같이 무한하시며, 존재의 순서와 방식에 따라 서로 다르시다. 한 위격이 모든 위격 안에, 모든 위격이 한 위격 안에 서로 거하신다. 성삼위 하나님은 어떤 손실이나 감소 없이 상호 교통하시고, 영원한 발생과 발출은 선행이나 계승, 인과성이나 의존성 없이 이루어진다. 성부께서는 자신의 생명을 주시고, 성자께서는 성부의 생명을 받으시고, 성령께서는 본질의 나눔이나 증가 없이 두 분에게서 나오신다. 우리의 이성으로는 이 개념을 도무지 조화시킬 수 없을지 모르지만, 믿음으로는 조금도 주저하지 말고 이것을 사실로 받아들여야 한다. 우리는 이해하기를 바라는 마음이 아니라 찬양하려는 마음을 갖기 위해, 곧 삼위일체 하나님 앞에서 우리의 얼굴을 가리고, 우리를 무한히 초월하는 지혜의 발 앞에 우리의 이성을 엎드리게 할 마음으로 이 개념을 묵상해야 한다.

아이작 배로

"A Defence of the Blessed Trinity," in *Sermons*, 423

삼위일체 안에는 삼위, 곧 성부와 성자와 성령께서 계신다. 세 위격은 각자 자기에게 고유한 여러 가지 사역을 행하신다. 성부의 사역은 우리를 창조하고, 이성적인 피조물인 우리를 자연의 법칙으로 다스리며, 우리를 심판하고, 우리가 타락했을 때 긍휼을 베풀어 구원자를 보내시는 것이다. 성부께서는 자기 아들을 보내셨고 그분의 희생제사를 받으셨다.

성자의 사역은 자신의 고난과 의로 우리를 대속하고 구원하며, 은혜의 약속을 제시하고, 구원자로서 은혜의 조건에 따라 세상을 다스리고, 심판하며, 자신의 죽음으로 인한 축복이 우리에게 전달되도록 우리를 위해 중보 기도를 드리고, 성령을 보내는 것이다. 성부께서는 성자를 통해 성령을 보내신다.

성령의 사역은 영감을 주어 선지자들과 사도들을 인도하고, 성경을 기록하게 하며, 기적적인 은사와 사역을 통해 말씀을 보증하고, 복음의 사역자들을 고무하고, 그들에게 진리를 깨우쳐주고, 그들에게 능력과 도움을 주어 말씀을 전하게 하고, 말씀으로 사람들의 영혼을 밝히고, 회심하게 만드시는 것이다.

리처드 백스터

Call to the Unconverted, 26 – 27

삼위일체 교리는 참으로 놀랍다. 그것은 모든 것의 근본이자 근간이 되는 골자다. 이 교리를 통해 사람들이 그리스도인이 된다. 이 교리를 믿지 않는 사람의 신앙고백은 한 푼의 가치도 없다. 광야 교회는 계시의 빛이 적었지만, 부수적인 것들에 관한 빛은 적었더라도 실질적인 것들에 관한 빛은 그렇게까지 적지 않았다. 광야 교회는 가장 어두운 시기에도 실질적인 진리를 알고 있었다. 삼위일체 교리는 참으로 놀랍다. 그것이 무엇이냐고 묻는다면, 나는 우리가 성자를 통해 성부의 사랑을 굳게 붙잡음으로써 은혜로 영생을 누리게 할 목적으로 성부께서 자기 아들을 내어주신 사랑과 성자께서 자기 자신을 내어주신 사랑과 성령께서 우리를 거듭나게 하신 사랑을 보여주는 교리라고 대답할 것이다.

존 번연

Riches, 38 – 39

하나님에 관한 지식은 두 종류, 곧 절대적인 지식과 상대적인 지식이 있다. 신성과 영원한 능력에 관한 절대적인 지식은 하나님의 사역을 통해 부분적으로 발견할 수 있지만…하나님에 관한 상대적인 지식(세 위격의 내적 관계)은 자연의 빛을 통해서는 얻을 수 없다. 이 영광스러운 신비의 숨겨진 탁월함은 그 어떤 사례로도 구체적으로 표현할 수 없고, 천사나 인간의 이성으로도 이해할 수 없다. 이것은 오직 기록된 말씀에 나타난 하나님의 계시를 통해서만 발견할 수 있다. 따라서 우리의 이성이 이해할 수 없는 것을 믿음으로 받아들이고, 경건함으로 높이 우러러야 한다.

프랜시스 체이넬

Divine Trinunity, 18 – 19

신성의 위격들의 독특한 존재 양식과 복된 삼위일체는 예수 그리스도 안에서 이전보다 더욱 분명하게 드러났다. 전에는 삼위일체의 위격들의 독특한 존재 양식 안에서 하나님이 희미하게 나타나셨지만, 이제는 복음 안에서 예수 그리스도를 통해 영광스럽게 나타나셨다(고후 4:6).

패트릭 길레스피

Ark of the Covenant Opened, 171

상호책임성(accountability)

정신이 올바른 사람이라면 자신의 육체적 결함과 약점과 질병과 질환과 고통을 아무에게나 말하지 않고, 죽마고우와 같은 친밀한 사람이나 유능한 의원에게 말할 것이다. 그와 마찬가지로 정신이 올바른 사람이라면 자기 영혼의 결함과 약점과 질병과 질환과 고통을 아무에게나 말하지 않고, 주님에게 또는 지혜롭고, 충실하고, 영혼을 유익하게 해줄 수 있는 사람에게 말할 것이 틀림없다.

토머스 브룩스

Privy Key of Heaven, 18

사탄이 괴롭힐 때는 그의 말을 귀담아듣지 말고 도움을 구하라. 어떤 유혹은 감출 때 가장 큰 힘을 발휘한다. 충실한 친구에게 그것을 털어놓으면 영혼이 편안해진다. 사탄은 이 점을 너무나 잘 알고 있기에 집을 털기 위해 들어와서 사람들의 입에 재갈을 물리거나 총을 가슴에 겨누고 소리치면 당장 죽이겠다고 협박하는 강도처럼 행동한다. 사탄은 좀 더 자유롭게 영혼의 평화와 위로를 앗아가기 위해 두려움을 불러일으켜 유혹에 관한 것을 발설하지 못하게 한다. 그는 "네 형제들이나 친구들이 그런 사실을 알면 너와의 관계를 끊을 것이고, 네게 비난을 퍼부을 것이다."라고 속삭인다. 그런 말에 속아 오랫동안 고통을 겪는 가엾은 영혼이 한둘이 아니다. 그리스도인들이여, 마귀의 비밀을 지켜주면 동료 신자들의 조언과 기도라는 두 가지 도움을 모두 잃고 만다. 그보다 더 큰 손실은 없을 것이다.

윌리엄 거널

Christian in Complete Armour, 68

자신의 마음과 진지하게 대화를 나누는 일을 하루도 걸러서는 안 된다. 당신의 영혼에게 질문하라. 즉, 의무를 행하고자 하는 은혜의 역사가 있는지, 믿음과 사랑과 겸손과 열정이 있는지, 어떤 기도 응답을 받았는지, 다양한 신앙의 의식을 행하는 가운데 하나님의 어떤 측면을 즐거워했는지 물어보라. 친구나 동료들에게도 당신의 영혼의 상태에 대해 질문하라. 천국을 향한 행보에 어떤 발전이 있었는지, 쇠퇴하거나 퇴보한 것은 없는지 물어보라. 마음이 둔감하고, 냉랭하고, 형식적으로 변하기 시작하면 절대로 가만 놔두지 말라.

제임스 제인웨이

Saint's Encouragement, 132–33

선교/선교사

내 기도의 어떤 부분도 불신자들과 불경건한 세상의 회심을 통해 하나님의 이름이 거룩히 여김을 받으시고 그의 나라가 임하며, 그분의 뜻이 하늘에서와 같이 땅에서도 이루어지기를 구하는 것만큼 진지한 기도는 없다. 나는 전에는 불신자들의 회심을 위해 그들에게 말하는 것이 언어의 나누임으로 방해받는 것이 얼마나 큰 재앙인지 깨닫지 못했다. 세상 대부분의 나라에서 복음을 듣지 못하게 막는 이 악의 횡포는 얼마나 엄청난가. 우리가 타타르인들, 터키인들, 그리고 이방인들 가운데로 가서, 그들의 언어를 말할 수만 있다면, 영국에서 1,800명의 목사들의 입을 막게 한 것이나 여기 스코틀랜드와 아일랜드에서 사역자들을 추방한 것은 전혀 문제가 되지 않을 것이다. 그처럼 비참한 영혼들을 구원하기 위해 일하는 것만큼 바람직한 일은 없어 보인다.

리처드 백스터

Baxteriana, 57

이기적이고, 개인주의적이며, 편협한 영혼은 하나님의 대의에는 영광을 거의 드리지 못한다. 그들은 스스로 어둠 속 구석에 갇혀서 항상 어떤 종파나 당파의 이익에만 흥미가 보일 뿐, 세상이 어떻게 돌아가는지에는 전혀 관심이 없다. 그들의 소원과 기도와 노력은 그들이 보거나 여행할 수 있는 것 이상으로 나아가지 못한다. 그러나 더 큰 영혼은 마치 하나의 분파만이 아니라 그리스도의 몸 전체의 지체로서 온 땅을 지척에 있는 것처럼 바라보며 주님의 일이 어떻게 전진하고 있는지, 복음이 불신 국가들 안에서 어떻게 정착되고 있는지, 수천 마일 떨어진 교회의 상태에 의해 영혼들이 어떻게 영향을 받고 있는지 알고 싶어 한다. 그들은 그들의 필요를 채우기 전에 하나님의 이름이 거룩히 여김을 받고, 그의 나라가 임하고, 하늘에서와 같이 땅에서도 하나님의 뜻이 행해지기를 기도한다. 해외에 있는 교회들이 곤경에 처해 있으면, 그들은 자신의 교파나 국가의 번영으로 만족할 수 없다.

리처드 백스터

A Christian Directory, in *Practical Works*, 2:456–57

선택

선택은 우리의 편에서는 수동적이고, 하나님의 편에서는 능동적이다. 하나님의 영원한 목적은 우리와 화해하시는 것이다. 그러나 이와 관련해 하나님이 영원한 목적을 가지고 계신다는 사실을 믿고 생각하지 않으면 선택은 우리의 마음에 확실한 사실로 다가오지 않을 것이다.

다니엘 버지스

Man's Whole Duty, 76

선택의 교리에는 복음의 전반적인 범위와 내용이 모두 함축되어 있다. 하나님의 주권 교리를 정직하게 받아들인다면 이보다 더 놀라운 주제를 생각하기 어려울 것이다. 택하심은 하나님의 기초 작업으로 불린다. 이것은 지극히 뛰어난 교리가 아닐 수 없다. 선택은 하나님이 놓으신 기초다. 오직 하나님 홀로 그것을 놓으셨다. 정확하게 말하면, 하나님 자신이 곧 그 기초이시다. 이것은 확실한 기초다. 그 위에 선 사람들은 안전하게 보호된다. 택하심은 영원한 사랑에 근거한 굳건한 토대다. 하나님이 그 기쁘신 뜻대로 영생을 주기로 선택하고, 작정하셨다. 택하심은 천국의 위대한 헌장이다. 하나님의 값없는, 특별한 은혜의 선물이 택함받은 자들, 곧 예수 그리스도를 믿는 자들의 유익을 위해 주어진다.

엘리샤 콜스

Practical Discourse, 57 – 58

선택은 절대적이다. 선택은 취소불가능성과 독립성이라는 두 가지 큰 특성이 있다. 선택은 하나님 편에서는 취소불가능하고, 인간의 행위와는 완전히 독립되어 있다. 하나님은 자기 백성을 구원하려는 목적을 포기하지 않으신다. 인간의 무가치함이나 적개심도 그분의 은혜로운 의도를 무효화하거나 방해할 수 없다. 똑같은 것을 예정, 작정, 예비, 지명과 같은 다양한 표현을 사용해 묘사했더라도 조건으로 추가되는 것은 아무것도 없다. 물론, 선택이 궁극적으로 완료되려면 그에 앞서 충족되어야 할 일종의 조건, 또는 자격이 필요하다. 그것은 바로 '하나님을 향한 회개와 주 예수 그리스도를 향한 믿음'이다. 그러나 이것은 구원의 조건이지 선택의 조건은 아니다.

엘리샤 콜스

Practical Discourse, 67

천국은 태초에 만들어졌고, 선택은 그 전에 이루어졌다.

엘리샤 콜스

Practical Discourse, 75

하나님의 기쁘신 뜻 외에 다른 것을 선택의 근거로 내세우는 것은 인간 구원의 주된 목적, 곧 '(하나님의) 은혜의 영광'(엡 1:6, 2:7)을 무색하게 만든다. 하나님은 이 영광을 가리거나 훼손할 생각이 전혀 없으시다. 이것은 너무나도 거룩하고 신성하기 때문에 최소한의 인간의 개입도 허용하지 않는다. 이런 이유로 하나님은 "이는 아무 육체도 하나님 앞에서 자랑하지 못하게 하려 하심이라"(고전 1:29)라는 말씀대로 모든 자랑을 배제하고, 오직 자신의 영광만을 나타내기 위한 복된 목표와 계획을 세우셨다. 피조물 안에서 선택의 근거가 될 수 있는 것이 조금이라도 존재한다면 육신이 영광을 누릴 것이다. 그렇게 되면 인간의 자랑이 아닌 은혜가 배제되는 결과가 빚어져(롬 11:6) 은혜가 영광을 누리지 못하게 될 것이다.

엘리샤 콜스

Practical Discourse, 88–89

반론 : 선택은 하나님을 섬기는 일을 나태하고, 게을리하도록 부추길 소지가 크다.

답변 : 하나님의 사랑을 확신하는 것이 그분을 섬기는 일을 게을리하게 만든다는 것은 참으로 이상한 주장이 아닐 수 없다. 그렇게 생각하는 사람들은 아무리 부지런히 "(우리의) 택하심과 부르심을 굳게 하려고"(벧후 1:10) 노력해도 지나치지 않다는 것을 알아야 한다. 그리스도께서는 천사들이 자기에게 서둘러 달려와서 발이 돌에 부딪히지 않게 할 것을 알았지만 스스로 자신을 보호하려고 주의하셨고, 바울은 의의 면류관을 얻을 것을 확신했지만 부지런히 자신의 몸을 쳐서 복종시켰을 뿐 아니라 행위를 구원의 근거로 삼으려는 사람들 가운데 그 어떤 사람에게도 뒤처지지 않을 만큼 열심히 달려갈 길을 달려갔다.

엘리샤 콜스

Practical Discourse, 96

선택은 매우 중요한 교리이기 때문에 무관심해서는 안 된다. 당신이 택함받은 증거가 있는지 찾아보라. 하나님의 택하신 자들에게 발현되는 특성이 무엇인지 관찰하고, 그런 특성이 당신에게 있는지 점검하라.

엘리샤 콜스

Practical Discourse, 111

성도는 택함을 통해 실제로 영광을 누릴 수 있게 해주는 모든 것을 부여받는다. 따라서 사도는 영원한 과거와 영원한 내세를 연관시켰다. 그는 선택과 영화를 나침반의 두 개의 극과 같은 것으로 제시했다. 그는 처음과 마지막의 중간에 부르심과 칭의를 위치시켜 로마서 8장 29, 30절에서 그 전체적인 과정을 보여주었다. "하나님이 미리 아신 자들을 또한… 미리 정하셨으니." 하나님이 그렇게 하신 목적은 "그 아들의 형상을 본받게 하기 위해서였다." 하나님은 "미리 정하신 그들을 또한 부르셨다." 그들을 부르신 목적은 거룩함과 영광과 덕을 이루게 하시기 위해서였다(벧후 1:3). 하나님은 "부르신 그들을 또한 의롭다 하시고…영화롭게 하셨다"(롬 8:30). 칭의와 영화는 똑같은 사람들에게 해당한다. 하나님의 택하심 덕분에 칭의와 영화는 따로 분리되지 않는다.

엘리샤 콜스

Practical Discourse, 193–94

선택에 관한 하나님의 뜻은 비밀이다. 사역자는 누가 택함을 받았는지 모르기 때문에 주어진 임무대로 모든 사람에게 말씀을 전해야 한다. 하나님은 이 문제를 제비뽑기를 하는 것처럼 처리하신다. 사울은 왕으로 미리 지목되었지만, 마치 적임자가 아직 내정되지 않은 것처럼 모든 이스라엘 백성이 함께 모여 온 민족을 위해 제비를 뽑는 것과 같은 과정을 거쳐야 했다(삼상 9:16, 10:20, 21 참조). 인간이 보기에는 제비가 전적으로 우연히 뽑히는 것처럼 보이기 마련이다. 누가 제비를 뽑게 될지 아무도 알 수 없다. 그러나 하나님이 제비뽑기를 주관해 올바른 사람이 제비를 뽑게 하신다(잠 16:33). 복음의 경우도 마찬가지다. 택함받은 사람이 매우 적은 곳에 복음이 전파되었다면 오직 그런 사람들만이 복음을 받아들일 테지만 복음은 차별 없이 도시 전체에 전파되어야 한다. 그러면 빌립보 간수와 루디아를 비롯해 다른 많은 사람들을 통해 명백하게 드러난 것처럼 "하나님의 깊은 것까지도 통달하시는"(고전 2:10) 성령께서 미리 준비되어 정해진 사람들의 마음에 복음을 적용하신다.

엘리샤 콜스

Practical Discourse, 224

질문 : 택함받은 자들 외에 그리스도를 통해 속량함을 받아 유효한 부르심과 칭의와 양자와 성화를 거쳐 구원에 이르게 될 사람이 있는가?

대답 : 없다(요 6:64, 65, 8:47, 10:26, 17:9, 롬 8:28, 요일 2:19). 모든 사람, 심지어 유기된 자들까지 그리스도를 통해 구원을 받고, 유기된 자들 가운데 유효한 부르심과 칭의와 양자의 은혜를 받는 사람들이 많다는 교황주의자, 퀘이커 교도, 소시누스주의자, 아르미니우스주의자들의 주장은 사실

이 아니다. 그들의 주장이 오류라는 근거는 무엇일까? 첫 번째 근거는 바울 사도가 언급한 '구원의 황금 사슬'이다. 그는 "미리 정하신 그들을 또한 부르시고 부르신 그들을 또한 의롭다 하시고 의롭다 하신 그들을 또한 영화롭게 하셨느니라"(롬 8:30)라고 말했다. 두 번째 근거는 오직 하나님이 영생을 주기로 작정하신 사람들만 믿을 수 있다는 것이다(행 13:48).

데이비드 딕슨

Truth's Victory over Error, 60

선택 안에 하나님이 우리에게 영원히 주려고 생각하신 모든 것, 곧 "하나님이 자기를 사랑하는 자들을 위하여 예비하신 모든 것"(고후 2:9)이 함축되어 있다. "우리가…오직 하나님으로부터 온 영을 받았으니 이는 우리로 하여금 하나님께서 우리에게 은혜로 주신 것들을 알게 하려 하심이라"(고후 2:12). 그것들이 우리에게 주어진 이유는 하나님이 우리에게 먼저 마음을 주셨기 때문이다. 형제들이여, 하나님은 우리를 사랑하셨던 그 순간부터 우리에게 모든 것을 다 주려고 의도하셨다. 하나님은 영원한 시간 속에서 그 모든 것을 의도하신 대로 베풀어 주실 것이다.

토머스 굿윈

"An Exposition of the Second Chapter of the Epistle to the Ephesians," in *Works*, 2:167

선택은 하나님의 구원 행위 가운데 가장 첫 번째에 해당한다. 하나님은 우리가 믿기 전에 선택하셨다. 믿음은 우리의 행위 가운데 가장 첫 번째에 해당한다. 우리는 우리가 택함받았다는 것을 알기 전에 믿는다. 우리는 믿고 나서야 그 사실을 안다. 농부는 천체들의 위치는 알지 못해도(즉 천문학적 지식은 없어도) 풀이 움트는 것을 보고 봄이 온 것을 안다. 우리도 우리 안에서 일어나는 은혜의 사역을 통해 하나님이 우리의 이름을 생명책에 기록하실 때 마치 그분 곁에서 그것을 지켜보고 있었던 것처럼 우리가 택함받았다는 사실을 확실하게 알 수 있다. 만일 다윗이 사무엘이 자기에게 기름을 붓기 전부터 스스로 왕으로 생각했다면 주제넘은 교만이었겠지만 그는 전혀 그렇지 않았다. 우리가 먼저 믿고, 그리스도와 하나가 되면 성령께서 천국에 들어갈 수 있도록 우리에게 기름을 부어주신다. 이것은 영광의 상속자들에게만 주어지는 거룩한 기름이다. 하나님이 유효한 부르심을 통해 자신의 생각을 마치 읽을 수 있는 글처럼 확실하게 알려주시면, 그분의 은혜로운 뜻이 오래전부터 우리를 향하고 있었다고 말해도 조금도 주제넘은 교만이 아닐 것이다.

윌리엄 거널

Christian in Complete Armour, 65

하나님은 오직 자신의 기쁘신 뜻에 따라 사람들 가운데 일부를 선택하셨다. 택함받은 사람의 편에서 하나님이 다른 사람이 아닌 자신을 선택하시게끔 영향을 준 원인이나 동기나 조건은 전혀 존재하지 않았다. 하나님은 모든 사람을 다 버릴 수도 있었지만, 그 가운데 일부 사람들에게 값없는 은혜와 긍휼을 베푸셨다. 이런 이유로 바울 사도는 하나님이 "자신의 은혜의 영광을 찬미하게 하기 위해"(엡 1:5) 그 선하신 뜻에 따라 우리를 미리 정하셨다고 가르쳤다. 만일 하나님이 베드로의 경우처럼 일부 사람들이 착하게 살다가 믿음 안에서 죽을 것을 미리 알았기 때문에 그들을 선택했고, 가룟 유다의 경우처럼 일부 사람들이 악하게 살면서 고집스럽게 자신의 복음을 멸시할 것을 미리 알았기 때문에 그들을 버리셨다면 그것이 은혜의 행위라고 말할 수 없을 것이다. 그랬더라면 은혜의 영광이 아닌 하나님의 분배적 정의의 발로였다고 말해야 옳을 것이다. 그러나 하나님은 자기의 은혜의 영광을 찬미하게 하기 위해, 곧 인간이 자신의 풍성한 은혜 외에는 달리 칭송하거나 자랑할 것을 전혀 발견할 수 없게 하기 위해 아무 조건 없이 택하셨다.

윌리엄 라이퍼드

Plain Man's Senses, 168–69

선택은 불변하는 토대, 더 정확히 말하면 만세반석이신 예수 그리스도에게 근거를 두고 있다. 그분은 어제나 오늘이나 영원토록 동일하시다(히 13:8). 첫째 아담이 창조 사역의 기초석이었던 것처럼, 둘째 아담이신 예수님은 선택의 기초석이시다. 하나님은 그리스도 안에서 우리를 축복하셨다. 하나님은 "오직 자기의 뜻과 영원 전부터 그리스도 예수 안에서 우리에게 주신 은혜대로"(딤후 1:9), 우리를 택하고, 용서하고, 인을 치고, 양육하고, 온전하게 하신다. 이 모든 은혜의 행위가 그리스도 안에서 이루어진다.

크리스토퍼 네스

Antidote against Arminianism, 17

성경은 부르심을 받은 사람은 많지만 택함을 받은 사람은 적다고 분명하게 말씀한다(마 22:14). '적은 무리'(눅 12:32), 곧 택함받아 시온으로 오게 될 사람은 성읍에서 한 사람, 족속 중에서 두 사람뿐이다(렘 3:14). 그리스도께서는 "내가 너희를 세상에서 택하였다"(요 15:19)라고 말씀하셨다. 주님은 바울을 자신의 그릇으로 택하셨다(행 9:15, 22:14). 바로와 가룟 유다도 바울과 바나바와 같이 택함을 받았고, 마술사 시몬도 시몬 베드로처럼 택함을 받았다고 말하면 복음을 믿는 사람은 자신의 귀를 의심할 것이 틀림없다. 그런데도 대다수 사람은 아르미니우스주의의 가설인 보편 선택을 주장한다. 어떻게 "내버린 은"(렘 6:30)을 하나님의 뜻을 알고, "그 의인"을 보도록(행 22:14) 택한 그릇으로 일컬을 수 있겠는가?

크리스토퍼 네스

Antidote against Arminianism, 32

하나님은 세상을 창조하기 전에 누구를 선택해 은혜로 구원할 것인지를 스스로 결정하셨다. 그분은 누구의 운명을 어떻게 정할 것인지, 누구를 간과한 채 죄 가운데 그대로 남겨둘 것인지, 자신의 의로운 분노를 통해 누구를 정죄할 것인지를 미리 결정하셨다. 이것은 심지어 택함받은 자들조차도 유효한 부르심을 받기 전까지는 절대 알 수 없는 비밀이다. 택함받은 자들은 단지 부르심을 받는데 그치지 않고, 믿음과 거룩함의 증거와 경험을 통해 성령께서 증언하시는 것을 이해해야만 비로소 그 사실을 알 수 있다. 성령께서는 그들의 영혼을 향해 그들이 하나님의 자녀라고 증언할 뿐 아니라 항상 하나님 안에서 그들의 부르심과 택하심을 굳게 하라고 독려하신다.

헨리 스쿠더

Christian's Daily Walk, 307

우리는 우리의 부르심과 택하심을 굳게 해야 한다. "하나님이 처음부터 너희를 택하사…거룩하게 하심으로…구원을 받게 하심이니"(살후 2:13). 시냇물을 따라 올라가면 마침내 샘의 근원에 도달한다. 성화의 시냇물이 우리 안에서 흐르는 것을 발견하면, 그것을 통해 선택이라는 수원지에 도달할 수 있다. 하나님의 비밀스러운 뜻은 알 수 없지만, 우리의 영혼 안에서 빛나는 거룩하게 하는 은혜를 통해 우리가 택함받았다는 사실을 알 수 있다. 누구든지 자신의 마음에 하나님의 말씀이 새겨져 있는 것을 발견한다면 하나님께 택함받았다고 확실하게 결론지을 수 있다.

토머스 왓슨

Puritan Gems, 30 – 31

선택과 양자 삼으심

하나님을 닮지 않으면 그분을 즐거워할 수 없다. 하나님을 닮지 않은 채로 그분의 곁에 있으면 그분을 기뻐할 수 없다. 하나님과 교제를 나누려면 거룩해야 한다. 거룩함이 없으면 선택과 양자 삼으심의 증거가 없는 것이다. "우리를 택하사…그 앞에 거룩하고 흠이 없게 하시려고"(엡 1:4)라는 말씀대로, 하나님의 거룩하심을 본받는 것은 하나님의 택하신 사랑의 열매다. 열매의 탁월함은 뿌리의 본질을 드러내는 증거다. 이 증거는 우리의 특권이 왕이신 하나님이 허락하신 참된 특권이라는 확신을 심어준다.

스테판 차녹

Discourses upon the Existence and Attributes of God, 532

선택과 예정

질문 19 : 내가 선택받지 못했다면 그리스도께 나아가려는 나의 노력이 무슨 소용이 있겠는가? 모든 것이 아무 소용이 없을 것이다.

대답 : 물론 당신이 택함받지 않았다면 하나님을 소유하거나 그분을 통해 행복을 얻을 수 없다. 그러나 노력을 포기할 필요는 없다. 왜냐하면 회심하지 않은 상태에서는 자신의 택정 여부를 알 수 없기 때문이다. 택하심을 확인할 수 있는 유일한 방법은 부지런히 의무를 행하는 것이다(벧후 1:10). 본문을 잘 숙고하면 하나님의 선택을 확실하게 알려면 부지런한 노력이 필요하며, 또 그 전에 부르심이 있어야 한다는 것을 이해할 수 있을 것이다. 효과적인 부르심이 확실하게 주어졌다면 택함받은 것을 확신할 수 있다.

존 플라벨

"The Seamen's Catechism," in *Navigation Spiritualized*, 217–18

예정의 교리를 통해서는 누가 택함받았고, 누가 유기되었는지 알 수 없다. 우리는 누가 유기된 자인지 모른다. 자신이 유기된 자라는 것을 아는 사람은 아무도 없다. 왜냐하면 하나님의 은혜로 용서받지 못할 죄는 아무것도 없기 때문이다. 하나님은 바울에게 그리하신 대로 심지어 죄인이 그리스도의 이름을 모욕하고, 저주했더라도 그의 마음을 변화시킬 수 있으시다. 하나님은 죄인의 부패한 마음을 능히 다스리신다. 그분은 하루 중 9시나 11시나 마지막 시간 등, 언제라도 그것을 변화시킬 수 있으시다. 자신이 유기된 자라는 것을 아는 사람은 아무도 없다. 따라서 우리는 택함받은 자나 유기된 자가 아닌 모든 죄인에게, 심지어는 가장 큰 죄인에게까지 예외 없이 복음을 전해야 한다. 우리가 그들에게 그리스도께 나오라고 권하면, 하나님이 그들을 고쳐 새롭게 하실 것이다. 우리는 온 세상을 향해 지금까지 헛되이 회개한 사람이나 주님과 헛되이 씨름한 사람이 있었느냐고 물어야 한다. 따라서 유기된 자는 복음을 들어봤자 아무 소용이 없다는 말에 속아 우리가 활짝 열어놓은 은혜와 긍휼의 문을 스스로 닫지 않도록 주의하라. 그것은 구원의 원수인 마귀의 사악한 기만에 지나지 않는다.

윌리엄 라이퍼드

Plain Man's Senses, 174 – 75

"믿음과 회개라는 학교에서 훈련을 잘 받지 않으면 예정이라는 대학에 진학할 수 없다"라는 복된 순교자 브래드퍼드의 말은 매우 지당하다. 이런 방법을 등한시하면 아무 유익도 받지 못하고, 해만 받을 것이다. 하나님의 작정은 만져서는 안 될 산과 같다. 우리는 먼저 멀리서 예배하고, 그다음에 공경심과 떨리는 마음으로 그곳에 다가가야 한다. 이것은 거룩한 땅이요 우리의 이해를 초월한 신비다. 선택적 사랑은 오직 하나님 자신의 뜻 외에는 아무런 이유나 근거를 지니지 않지만, 크고 귀한 열매들을 맺는다. "주께서 사랑하시는 형제들아 우리가 항상 너희에 관하여 마땅히 하나님께 감사할 것은 하나님이 처음부터 너희를 택하사 성령의 거룩하게 하심과 진리를 믿음으로 구원을 받게 하심이니"(살후 2:13)라는 말씀대로, 택하심의 목적은 구원이다. 이 목적을 이루기에 적합한 수단과 방법들이 지혜롭게 설계되었다.

로버트 트레일

Sermon 2, in *Sixteen Sermons on the Lord's Prayer, for His People*, 34 – 35

선행

벌거벗은 믿음은 믿음이 아니다. 우리는 그들처럼 불신자가 되지 않기 위해서 교황주의자들이 그렇게 부르는 것처럼 '믿음만 있는 자'가 되지 말자. 믿음이란 "아이를 주소서. 그리하지 않으면 죽겠나이다"라는 라헬의 말과 같다. 선한 행실의 결핍은 믿음을 병들게 한다. 악한 행실은 믿음을 노골적으로 죽인다. 아무도 선한 행실 때문에 구원받지 않지만 아무도 선한 행실 없이 구원받지 못한다.

토머스 애덤스

Exposition upon… Second… Peter, 63

신적 지식은 복음을 이해하게 하지만, 신적 은혜는 복음에 합당하게 살게 만든다. 그러므로 당신이 위대한 것을 배웠다면 선한 삶을 공급하라.

나는 설교하는 것을 좋아할 뿐더러 실천하는 것도 좋아한다. 나는 하루에 세 개의 설교를 듣고 선한 일을 하나도 하지 않는 것보다, 하루에 한 개의 설교를 듣고 세 개의 선한 일을 행하는 편을 택할 것이다.

토머스 애덤스

Exposition upon... Second... Peter, 786

목적은 수단만큼 고상해야 한다. 그렇지 않으면 모든 일을 다 행한 후에 망할 수도 있다. 사람이 하나님의 영광을 목적으로 삼지 않고 자기 자신을 목적으로 삼는다면, 그의 가장 영광스러운 행위도 결국에는 죄로 드러날 것이다.

토머스 브룩스

Privy Key of Heaven, 198

선한 행실로 가득한 마음은 사탄의 유혹을 받을 여지를 거의 주지 않을 것이다.

존 번연

Riches, 209

선행을 할 때 우리의 선행이 우리가 택함받은 근거나 조건이나 동기라고 생각하지 않아야 한다. 선행을 하게 정하신 데에는 다음과 같은 이유가 있다. (1) 하나님의 계명을 따라 행함으로 하나님에 대한 사랑을 증거하기 위해(요이 6절) (2) "하늘에 계신 아버지의 아들"로 인정받음으로써 하나님의 덕을 선전하기 위해(마 5:45) (3) 우리의 선한 행실과 대화를 통해 사람들이 설복되어 선을 행하게 되거나, 그렇지 않으면, 주께서 강림하시는 날에 하나님께 강제로 영광을 돌리게 되도록 (4) 아직 하나님의 선한 길에 있어서 어린아이와 같고 교훈의 말씀보다는 모범과 본보기를 더 잘 따르는 약한 그리스도인들을 격려하고 그들에게 본을 보이기 위해 (5) 우리의 감각들을 거룩한 것들에 더 사용함으로 우리가 더 거룩해지고, 이 세상에서 하나님과 더 잘 교제하며, 하늘의 기업을 받을 상속자로 잘 준비되기 위해 (6) 선한 행실은 선택의 한 부분이며, 택함받은 자들은 선한 행실을 수행하기로 예정되어 있으므로(요 15:16).

엘리샤 콜스

Practical Dircourse, 92

나는 베 짜는 사람이 여러 실을 하나로 짜는 과정을 관찰하면서, 그리스도인의 신앙생활에 있어서도 동일하게 여러 실을 하나로 통합해야 함을 묵상한다. 첫째, 참된 영적 선을 이루는 행위 안에는 몇가지 요소가 서로 꿰어져 어우러져 있어야 한다. 즉, (1) 참된 원리, (2) 올바른 수행 방식,

(3) 참된 목적이 모두 함께 어우러져 있어야 한다. 만일 그렇지 않다면, 그것은 그저 아우구스티누스가 '이교도의 도덕적 행위'라고 불렀던 화려한 죄(*splendidum peccatum*)에 불과하다. 목적은 반드시 하나님의 영광이어야 한다. 원리는 하나님을 향한 사랑이어야 한다. 방식은 오직 믿음으로 행하는 것이어야 한다. 우리의 행위 안에 이 세 가지 요소 중 하나도 누락없이 모두 함께 어우러질 때, 비로소 우리의 행위는 참된 영적 선이 될 수 있다.

존 콜린지스

Weaver's Pocket book, 37

자선의 행위를 하도록 격려하기 위해서 [필립 헨리]는 이렇게 말하곤 했다. "결코 잃을 수 없는 것으로 보상받는다는 것을 알기에, 자신이 지킬 수 없는 것을 버리는 사람은 결코 어리석은 사람이 아니다."

필립 헨리

Life and Sayings, 7

우리는 우리의 신앙을 규칙적으로 교회에 나가 설교를 듣고, 집에서 기도하며, 이런저런 의무들을 지키는 습관적인 행위에 두는 경향이 있다. 그러나 "하나님의 계명의 길"은 말보다는 행하는 것 안에 있다. 많은 경우에 신앙은 그들의 삶 속에서는 너무 적게 나타나는 대신, 혀의 말을 통해 너무 쉽게 증발되어 버린다.

로버트 레이턴

Spiritual Truths, 228

행함은 참된 믿음의 증거이다. 은혜들은 죽은, 무용한 습관이 아니다. 은혜들은 미약해도 그 시작부터 효과를 내고 활동하게 만든다. 사도 바울은 거듭나자마자 기도에 열중하였다. "보라 그가 기도하는 중이니라"(행 9:11). 새로 태어난 아이들은 걸을 수 있는 능력이 없더라도 적어도 크게 울기는 할 것이다. 바로 이것이 우리가 판단해야 할 증거이며, 그리스도께서 판단하시는 증거이다.

토머스 맨톤

Practical Exposition on the Epistle of James, 104.

행위는 성령의 증거(Spirit's Witness)를 보증한다. 사도는 "믿음이 온전하게 되었다"는 표현을 사용하였으니, 곧 아브라함은 참으로 믿는 자라고 하나님이 증거하셨다. 성령님은 때로 우리에게 내적인 속삭임과 음성으로 말씀하심으로 확신을 주시고, 때로 우리에게 은혜로운 성향을 심어주심으로써 확신을 주신다. 말하자면, 그분의 마음을 우리 심령에 기록해 주신다. 성령의 증언과 함께 물의 증거가 있는 것이 당연하다(요일 5:8). 행위를 잘 가꾸는 것이 망상을 예방하는 가장 좋은 방법이다. 여기에는 화려한 기쁨과 같은 속임수가 없다. 광신적인 영혼들은 종종 갑작스러운 위로의 섬광에 속는다. 행위는 더 견고한 기쁨을 낳는 성령의 보증이다. 이는 더 감지하기 용이하고 중단이 없는 보증이다.

토머스 맨톤

Practical Exposition on the Epistle of James, 113.

하나님은 우리에게 더 많은 구제의 일을 하라고 엄숙한 명령을 내리셨다. 하나님이 바위를 치시면, 바위는 물을 내어 보낼 것이다. 돌이라면 빵이 될 것이다. 까마귀라면 엘리야를 먹일 것이다. 메추라기라면 진영에 양식을 공급할 것이다. 구름이라면 하나님의 가련한 백성들에게 비를 내려줄 것이다. 그렇다면 우리는 바위보다 더 완고한 자들이 될 것인가? 까마귀보다 더 탐욕스러운 자들이 될 것인가? 새보다 더 무의미한 자들이 될 것인가? 구름보다 더 비어 있는 허망한 자들이 될 것인가?

존 트랩

Marrow of Many Good Authors, 1051.

설교

바바소르 파웰은 신약의 유능한 목사로, 모든 경우에 사역을 완수할 준비가 항상 되어 있었고, 좋은 집주인처럼 자신의 곳간에서 새 것과 옛 것을 꺼내왔다. 그는 설교하고 기도하는 사역을 지칠 줄 모르고 힘 있게 감당했다. 그는 때로는 서너 시간씩, 아니 사실은 예닐곱 시간씩 기도했다. 그는 진리의 말씀을 신실하게 전했다. 그는 듣는 이들의 상황에 관련 있는 말을 하려고 애쓰면서, 이해 수준이 낮은 사람도 이해할 수 있게 설명했다. 그는 유력한 자들의 호불호를 염려하거나 두려워하지 않고 신실하고 용감하게 그들의 면전에서 경고하고 책망했다. 그는 죄인들을 그리스도에게 인도하는 일에 각별한 애정을 가졌고, 불경하고 반역적인 위선자와 타락자를 날카롭게 질책했다. 반면에 연약하고 고통 받고 시험 받는 자에게는 큰 연민을 갖고 동정했다. 그는 청중에게 매우 익숙한 비유나 직유를 통해 교리를 설명하는 데 능숙했고, 그렇게 청중의 마음속에 진리를 크게 각인시켰으며, "비유가 아니면 말씀하지 아니하시고"라는 말을 들으신 구주의 길을 따라갔다. 그는 탁월한 지식을 구비했고, 역사와 지리에 정통했으며, 훌륭한 자연철학자였고,

의학에도 능숙했다. 그러나 무엇보다 기도에 매우 강했다.

저자 미상

Life, 22–23

자기가 말하는 것을 먼저 마음으로 느낀 후에 말하는 목사가 청중의 마음에 가장 큰 호소력을 갖는 경향이 있다. 그러니 가능하면 그런 목사의 말을 들으라.

리처드 백스터

A Christian Directory, in *Practical Works*, 2:523

어떤 설교자든지 영생에 관한 일을 진지함과 경외심이 별로 없이 말하는 것은 무척 부적절한 일이다. 설교자가 하나님이나 그리스도, 또는 천국이나 지옥에 대해 말할 때, 마치 사람들에게 자기 말을 믿지 말라고, 또는 존중하지 말라고 설득하는 것처럼 냉랭하고 졸리게 말하는 것은 절대로 용납될 수 없다. 이처럼 놀랍고 중대한 일에 대해 꿈꾸는 듯, 나사 빠진 듯 강론하고, 천국과 지옥이라는 말이 귀에 들리는 동안 사람들이 졸도록 가르치고, 사람들이 그들의 영원한 생명이나 사망에 대한 살아계신 하나님의 메시지를 듣는 동안 아무 자극도 받을 수 없게 말씀을 전하는 자의 설교를 듣는 것은 참으로 슬픈 일이다. 나는 영혼을 회심시키는 것이 단지 소리의 크기에 달려 있는 것이 아님을 알고 있다. 청중이 설교자의 설교를 들을 때, 그것이 소리만 우렁찰 뿐 진지한 마음에서 우러나온 것이 아니라 그저 짐짓 꾸민 말에 불과함을 알아챌 수 있다면, 그러한 설교는 청중을 극히 완고하게 만들 뿐이다…그리스도는 큰 소리로 나사로를 다시 살리신 것이 아니다. 그러나 육체의 귀를 통해 마음에 들리게 하는 지점에서 설교자의 목소리와 태도는 중요하다. 진지함과 적절한 태도가 없는 큰 소리는 폭발음은 있으나 폭발 효과는 없는 화약과 같다.

리처드 백스터

A Christian Directory, in *Practical Works*, 2:524

매우 정확하게 준비하고 매우 열렬하게 말을 쏟아내지만 경건하지 않은 설교자보다는 매우 평범한 말로 전하지만 마치 하나님의 얼굴을 본 것처럼 전하는 아주 경건한 설교자가 더 마음에 감동을 준다. 다른 사람은 모르겠으나 적어도 내게는 그러하다. 열렬한 웅변에 걸맞는 경건함이 갖추어져 있지 않다면 설교의 효과는 거의 없다. 나는 하나님의 이름에 대해 거룩한 존중심을 갖도록 청중에게 영향을 미치지는 못하고 그저 무대 연극처럼 청중을 웃기거나 청중의 마음을 경박함으로 채우는 많은 설교들을 싫어한다.

리처드 백스터

Reformed Pastor, 170

오, 강단에 올라가는 하나님의 사람아, 명심하라. 이 설교를 이를테면 당신이 교인들에게 전하는 마지막 설교인 것처럼 전하라.

루이스 베일리

Practice of Piety, 94

설교자의 방법이 너무 의아하거나 혼란스러우면 다음 사실을 각별히 명심하라. (1) 설교자가 당신이 몰랐던 것을 얼마나 많이 가르쳐주었는지 기억하고 감사하라. (2) 당신의 양심이 당신에게 고침받아야 한다고 말하는 죄를 설교자가 책망한 것을 기억하라. (3) 당신 안에 부족한 덕목을 더 큰 열심과 부지런함을 갖고 힘써 실천하도록 설교자가 권고한 사실을 잊지 말라.

루이스 베일리

Practice of Piety, 198

잠시 다음 사실을 생각해 보라. 많은 사람 가운데 한 성도, 한 목사인 랄프 베닝은 아주 뛰어난 인물로 유능한 사역자이며 부끄러워할 이유가 없는 일꾼이다. 사랑하는 자들아, 여러분의 귀는 그의 설교를 듣지 못했는가? 그의 설교를 한 번이라도 들은 사람은 틀림없이 다시 들으러 올 것이다. 그는 그리스도 예수 안에서 여러분을 낳았다. 하지만 어느 누구도 그의 것이 아니라 그리스도의 것이다. 여러분은 그를 계승하는 사람은 만날 수 있으나 그를 능가하는 사람은 만날 수 없을 것이다.

윌리엄 비어만

Sorrow upon Sorrow, 18–19

설교는 가벼운 상상에서 나오는 입술의 수고나 혀의 이야기로 그쳐서는 안 된다. 설교는 많은 연구와 성령의 조명으로 얻어진 확실한 지식에 입각한 마음의 진지한 묵상에서 나와야 한다.

리처드 버나드

Faithful Shepherd, 12–13

목사가 청중에게 적용을 유익하게 하려면, 자기 자신을 아는 지식에서 우러난 설교를 해야 한다. 본성의 부패함을 느끼며, 옛 사람을 판독할 수 있어야 한다. 두 번째로 목사는 자신의 청중을 아는 지식에서 우러난 설교를 해야 한다. 청중 안에 어떠한 오류가 있는지, 어떠한 덕의 실천이 있는지, 어떠한 악덕이 있는지, 누가 위로 없이 낙심한 상태로 위로를 필요로 하는지 알아야 한다.

리처드 버나드

Faithful Shepherd, 72

준비한 설교 원고에 노예같이 얽매이지 않는 목사는 모든 것을 갖추고 강단에 올라가는 것이 아니다. 기도할 때 성령님이 도와주시듯이(로마서 8장), 성령님이 채워주실 부분이 있음을 받아들일 자세가 되어 있다면 설교할 때에도 성령님은 도와주신다.

리처드 버나드

Faithful Shepherd, 82

설교를 한 쪽 귀로 듣고 다른 쪽 귀로 흘리기는 쉬운 일이지만, 설교를 귀로 듣고 그것을 마음속에 가라앉히고 삶 속으로 끌어올리는 것은 어려운 일이다. 설교를 노트에 받아 적고 나서 밤중에 가족에게 그것을 설명해 주는 것은 쉬운 일이지만, 설교를 자기 마음에 기록하고 삶 속에서 되풀이하는 것, 곧 설교를 듣기만 하지 않고 행하는 것은 각별한 수고와 노력을 필요로 하는 일이다.

로버트 브래지

Cry for Labourers, 9–10

목사는 감동적으로, 경험적으로, 모범적으로 설교해야 한다. 목사는 마음에서 마음으로 말해야 한다. 목사는 다른 사람에게 말씀을 전하는 일의 가치와 무게와 달콤함을 그들 자신의 영혼으로 느껴야 한다. 신적 수사학의 최고의 비밀은 말하는 것을 느끼고, 그렇게 느낀 것을 말하는 것이다.

토머스 브룩스

Smooth Stones, 154

목사는 마치 자기가 교인들의 마음속에서 살았던 것처럼, 곧 교인들의 모든 필요와 모든 길, 모든 죄와 모든 의심에 대해 다 알고 있는 것처럼 교인들에게 설교해야 한다. 그런데 이와 같은 설교나 이와 같은 설교자가 없다.

토머스 브룩스

The Unsearchable Riches of Christ, in Select Works, 1:281–282

사람들이 귀에 그물을 달고 올 때 설교자는 혀에 물고기나 새를 갖고 있지 않은 것이 좋다.

토머스 풀러

Good Thoughts, 350

설교를 머릿속에 넣어 온 신실한 목사는 설교 전에 설교를 자기 마음속에 가져오려고 애쓴다. 확실히 영혼에서 나오는 설교가 영혼에 가장 큰 울림을 일으킨다. 어떤 이는 배로 말하는 복화술(ventriloquy)이 정말로 가능한지 알아보았다. 설교자가 마음에서 교리를 끌어내고, 누구나 이것을 합법적이고 칭찬할 만한 일로 여길 때 나는 이를 '심화술'(cordiloquy, 마음으로 말함)이라고 부를 수 있겠다.

토머스 풀러

Holy and Profane States, 83

청교도는 말씀 읽기를 사적으로나 공적으로 하나님의 규례로 간주했다. 다만 이를 설교와 동등하게 여기지는 않았다. 청교도는 읽은 말씀이 권세는 더 크지만 설교로 전해진 말씀이 효력은 더 크다고 생각했다. 청교도는 설교를 초대 교회에서와 같이 지금도 필수적인 것으로 여겼다. 하나님은 전도(설교, preaching)의 미련한 것으로 믿는 자를 구원하기를 여전히 기뻐하신다. 청교도는 그저 인간의 말과 지혜가 번뜩이는 것은 지양하였고, 성령의 나타남과 능력이 있는 설교, 즉 사람에게 속한 것은 약화되고 하나님에게 속한 능력은 드러나는 설교를 가장 좋은 설교로 여겨 존중했다.

존 게리

Character of an Old English Puritane, 2

나는 우리가 다 영원에 가까이 다가가 있다고 생각합니다. 그런데 오늘 여기서 내 말을 듣고 있는 여러분 중에 자기들이 다음에 또 다른 설교를 들을 수 있을 것이라고 확신하는 분이 있습니다. 그러므로 나는 여러분 모두가 이 다 이 설교를 자신이 듣는 마지막 설교인 것처럼 들으시기를 바랍니다. 오, 우리 목사들도 각각의 설교가 자신의 마지막 설교인 것처럼 전하면 좋으련만.

앤드류 그레이

"A Sermon concerning Death," in *Works,* 100

그리스도의 선지자와 사역자는 설교하되, 뼈저리게 느끼도록 양심에 설교해야 한다. 그리스도의 선지자와 사역자는 사람들에게 경고하되, 그들이 주의할 수 있을 정도로 경고해야 한다. 그렇지 않으면 설교는 헛되고, 청자는 주님 앞에 아무 경고를 받지 않은 채로 남아 있게 된다. 그리스도의 선지자와 사역자는 이렇게 해야 하고 그것도 자주 이렇게 해야 한다. 왜 그런가? 이렇게 하지 않으면 그리스도의 선지자와 사역자의 손에서 악인의 피가 요구될 것이기 때문이다. 그들의 피, 그들의 삶에 죄인들의 영혼이 달려 있다. 그리스도의 선지자와 사역자는 힘든 임무, 위험한 소명을 받았고, 그러므로 가능하다면 죄인들의 영혼을 구원할 수 있도록 그들의 죄를 설교하고 말해주어야 한다. 사람들은 일부 설교자에 대해 의아하게 여긴다. 그들은 매우 불같고 매우 특별하며 매우 지독하고 매우 길게 설교한다. 그렇게 말하지 않으면 청중의 영혼과 생명이 위험하기 때문이다. 영혼과 생명의 위험은 벙어리도 말하게 할 것이다.

윌리엄 그린힐

Exposition of the Prophet Ezekiel, 115

마티아스 니콜스는 그의 소명을 부지런히 감당했으며 가르치는 사역에서 유익한 결과를 얻었습니다. 그가 여러분 가운데 뿌린 것은 겨가 아니라 알곡이었습니다. 그는 인간적 장치로 이루어진 모래가 아니라 하나님의 말씀으로 이루어진 견고하고 확실한 반석 위에 여러분을 세웠습니다. 그는 사람을 기쁘게 하는 인간적 달변, 헛된 과시, 망상적 공상, 현학적인 말로 싸우지 않았습니다. 그의 수고는 성령의 능력의 나타남으로 말하고 설교하는 일에 바쳐졌습니다. 그 결과 여러분의 믿음은 사람의 지혜가 아니라 하나님의 능력 안에 굳게 설 수 있었습니다.

알렉산더 그로스

Deaths Deliverance, 49

청중의 이해 능력의 범주를 넘어 진리와 관념을 설교하는 것은 너무 커서 입에 들어갈 수 없는 숟가락으로 아이에게 음식을 먹이는 것과 같다.

윌리엄 거널

Christian in Complete Armour, 118

은사에 대한 교만한 마음은 은사를 사용할 때 하나님의 복이 임하는 것을 방해한다. 겸손한 자는 그의 오른편에서 사탄이 그를 공격할 수 있으나, 교만한 자는 그가 어떤 의무를 행할 때마다 그의 오른편에서 하나님이 그를 대적하신다. 하나님은 교만한 자를 반대할 것이라는 점을 매우 강력히 선포하고 알려 주신다. "하나님은 교만한 자를 대적하시되"(벧전 5:5). 라헬과 같이 아름다운 용모는 큰 은사지만, 교만하면 라헬처럼 자녀를 낳지 못하는 여자가 되고 만다. 우리가 자아를 버리지 않으면 하나님이 우리를 버리신다.

윌리엄 거널

Christian in Complete Armour, 137

한 진리에서 다른 진리로 건너뛰고 어느 진리에도 머물러 있지 않은 설교자는 아마 양심에 제대로 영향을 미치는 설교를 하지 못할 것이다…가게에 옷을 사러 갔다고 상상해보자. 단지 자기 가게를 보여주기(과시하기)

위해서 가게의 모든 옷을 꺼내놓음으로써 결국은 옷 한 벌도 제대로 살펴볼 수 없게 하는 주인보다는 내가 충분히 살펴볼 수 있도록 한 벌이나 두 벌의 옷을 내놓는 주인을 더 좋아하지 않겠는가.

윌리엄 거널

Christian in Complete Armour, 163

죄인은 목사가 마치 창문으로 자기가 한 일을 들여다본 것처럼 또는 어떤 이가 목사를 찾아가서 자기에 대해 말해준 것처럼, 설교된 말씀을 통해 자기 마음을 들킨다. 그들은 목사가 그들의 못된 모습을 이미 알고서 특별히 그들의 가슴을 겨냥했다고 생각한다. 하지만, 목사는 먼 곳에 있는 자들의 행동을 모르는 것과 마찬가지로 그들의 행동을 전혀 모르고서 마치 활로 아합을 쏜 자와 같이 그의 책망을 발사한 것뿐이다. 하나님 외에는 누구로부터 이런 일이 나올 수 있겠는가? "나 여호와는 심장을 살피며"(렘 17:10). 하나님은 말씀 안에 계시므로 사람의 화살이 아무 데나 무작위로 날아갔지만 말씀은 갑옷의 마디 사이로 뚫고 들어가는 길을 찾아낸다.

윌리엄 거널

Christian in Complete Armour, 570

하나님은 말씀을 듣지 못하는 기근을 보내겠다고 경고하신다(암 8:11). 여기서 말하는 기근이란 말씀을 읽지 못하는 기근이 아니라 말씀을 듣지 못하는 기근이라는 점을 주목하라. 말씀이 선포되지 않으면, 집에 성경책을 갖고 있다고 할지라도 그것은 기근이다. "아이 사무엘이 엘리 앞에서 여호와를 섬길 때에는 여호와의 말씀이 희귀하여 이상이 흔히 보이지 않았더라"(삼상 3:1). 아무리 강한 그리스도인이라도 곧 이 규례(말씀 선포)의 기근을 발견할 것이다. 우리는 마을에 곡식이 아무리 풍성하게 넘쳐나도 개인 맷돌로 갈 때 얼마나 금방 줄어드는지 알고 있다. 가장 성장한 성도들도 그들 자신의 개인적 묵상과 수고로 갈아내는 것 외에는 그들의 영혼의 양식이 될 말씀이 더 이상 없을 때 목사를 그리워하게 될 것이며, 그를 위해 한 주 내내 말씀을 갈아내는 것을 직무로 하는 자가 있는 것이 진실로 즐거운 일이었음을 알게 된다.

윌리엄 거널

Christian in Complete Armour, 590

한 훌륭한 학자가 설교에 관해서 목사들에게 조언한 것을 기도와 관련해 그리스도인들에게 적용할 수 있겠다. 이 학자는 목사들에게 말하길, 강단에 올라갔을 때 하나님의 특별한 도움이 전혀 임하지 않을 것처럼 설교를 연구하고, 강단에 올라가면 설교를 전혀 연구하지 않은 것처럼 하나님의 도움에 자신을 맡기라고 했다.

윌리엄 거널

Christian in Complete Armour, 713

설교는 수고로운 사역이다. "너희 가운데서 수고하고…권하는 자들을 너희가 알고"(살전 5:12). 말씀과 교리로 수고하는 자는 피곤하도록 일하는 자다. 설교하는 자는 강단에서 말씀을 전하는 한 시간이 아니라 한 주 내내 그의 어깨에 무거운 짐을 지고 있다. 설교하는 것은 생명을 소진하여 없애고, 본성의 등불에 제공되어야 할 기름을 소비하는 노동이다.

윌리엄 거널

Christian in Complete Armour, 791

목사가 왜 율법을 설교해야 할까? 마땅히 해야 할 만큼 율법을 설교하는 목사라면 율법을 복음에 종속시켜 설교할 것이며, 그 반대로 행하지는 않을 것이다. 율법과 복음을 자유자재로 구별할 수 있는 설교자는 하나님께 영광을 돌리고 하나님의 사역자라 불리기에 합당하다. 우리는 율법을 생명의 언약이 아니라 삶의 규칙으로 설교해야 한다. 거룩함의 내용과 본질은 지금도 옛날과 똑같다. 복음은 이런 의미에서 율법을 파괴하는 것이 아니고 그 명령의 효력을 더한다. 다시 말해 우리는 율법을 설교해야 한다. 율법 설교는 영혼을 자기 자신에게서 벗어나 복음 안에 제시된 그리스도에게로 이끄는 필수 수단이다.

윌리엄 거널

Christian in Complete Armour, 807

이런 담대함이 없는 목사는 부드러운 쇠줄, 날 없는 칼, 위험이 닥쳐 경보를 울려야 할 때 경보를 울리기를 두려워하는 파수꾼과 같다. 교인들이 과감하게 죄를 범하는 것을 보고 그들을 책망하기를 두려워하는 것보다 더 저열한 일은 없다.

윌리엄 거널

Christian in Complete Armour, 812

목사는 누구를 막론하고 모든 사람의 죄를 책망해야 하지만 이름을 직접 언급해서는 안 된다. 바울은 음탕하고 불의한 총독 앞에서 설교할 때 그의 죄를 지적했지만 그의 이름을 직접 언급하지는 않았다. 바울은 벨릭스를 직접 지적하지 않았지만 벨릭스는 양심에 가책을 느껴 두려워 벌벌 떨었다. 그러므로 온유한 담대함을 갖고 설교하라. "지혜자들의 말들은 조용히 들린다"(전 9:17). 책망할 때 원하는 대로 날카롭게 책망하라. 하지만 당신의 영은 온유해야 한다. 책망할 때 흥분하면 책망받는 자의 피를 솟구치게 만들지만 연민을 보여주면 그의 마음을 되돌린다. 목사로서 우리는 죄인들이 목사가 자기들의 불행을 바란다고 생각하지 않도록 격분해서 비난해서는 안 된다. 오히려 부드럽게 말해야 하고, 잔인한 침묵으로 그들의 파멸의 방조자가 되지 않도록 조심해야 한다.

윌리엄 거널

Christian in Complete Armour, 812

설교자의 삶이 경건하지 못하면 그의 입에서 책망이 멈추거나 교인들의 귀가 책망을 받아들이지 못할 것이다. 오, 금이 간 종은 듣는 자의 귀에 얼마나 거슬리는 소리를 내는가!

윌리엄 거널

Christian in Complete Armour, 813

하나님은 왜 메시지를 전하는 사신으로 영광스러운 천사가 아니라 연약한 사람을 사용하시는 걸까? 바울은 그 이유를 이렇게 제시한다. "우리가 이 보배를 질그릇에 가졌으니 이는 심히 큰 능력은 하나님께 있고 우리에게 있지 아니함을 알게 하려 함이라"(고후 4:7). 아니 원문에서는 "조개 껍질 속에" 보배를 가졌다고 말한다. 보배로운 진주가 조개 껍질 속에서 발견되는 것처럼 복음의 귀한 보화도 연약한 사람 속에서 발견되면 이 탁월한 복음 사역의 공로가 하나님에게 돌아갈 것이다. 도구가 비천할수록 이 도구를 그토록 높고 고결한 목적에 사용하시는 하나님의 능력은 더 영광스럽게 드러난다. 어떤 사람이 칼로 다른 사람에게 상처를 입히는 장면을 보는 것은 그리 놀랍지 않다. 그러나 깃털로 상처를 입히는 장면은 기적처럼 보인다. 천사(힘과 영광을 가진 피조물)가 말할 때 사람들이 천사 앞에 엎드리고 천사를 두려워하는 모습을 보는 것은 별로 의아하지 않다. 그러나 옥에 갇힌 가련한 죄수가 자신의 재판관에게 설교하는 동안 자리에서 벌벌 떠는 총독 벨릭스를 보는 것은 두 배로 희한한 장면이다.

윌리엄 거널

Christian in Complete Armour, 820

목사로서 명령받은 대로 면밀히 전하라. 사신은 임무에 따라 해야 할 말이 정해져 있다. 그러므로 강단에 올라가 말씀을 전하기 전에 반드시 당신이 심부름하고 있다는 사실을 유념하라. "내가 여러분에게 전하는 것은 주께 받은 것이니." 하나님은 에스겔 선지자에게 이렇게 말씀하신다. "너는 내 입의 말을 듣고 나를 대신하여 그들을 깨우치라"(겔 3:17). 하나님에게서 나온 말을 전하지 않으면 옳지 않다. 당신은 자기 자신의 금속에 왕의 인장을 찍지 않도록 주의하라. 당신의 머리에서 나온 추측을 전할 때 "여호와께서 이르시되"라는 말로 교인들에게 나아가지 말라. 그렇게 하면 강단에서 말해지는 것만큼 추악한 거짓말은 없다. 또한, 하나님이 위임하지 않으신 것을 말해서는 안 되는 것처럼, 전하라고 명령받은 것을 숨겨서도 안 된다.

윌리엄 거널

Christian in Complete Armour, 822

우리가 목사에 대해 무엇을 말하는가? 그는 청중에게 유창한 언변으로 말씀을 전할 수 있는 설교의 은사를 가졌고, 성경이나 교부들을 인용하고 능란한 수사로 청중을 사로잡을 수 있다고 말하는가? 아니면 그는 말씀을 올바르게 분석하고, 건전하게 해석하고, 유효적절하게 적용하고, 양심에 깊이 각인시키며, 성령의 증거에 맞게 말하며, 반대자를 강하게 설복시키고, 낙심한 자를 위로하며, 모든 영혼을 천국으로 더 가까이 이끌 수 있다고 말하는가?

조셉 홀

Select Devotional Works, 4–5

경건한 마음은 다양한 설교의 거룩한 내용 속에서 들은 말을 소화시키고, 전해지는 모든 유익한 조언에 따라 은밀히 개선하려고 노력한다. 경건한 마음은 그리스도의 발 아래 조용히 앉아 있을 때보다 더 바쁜 경우가 없다. 그러므로 설교자의 입에서 나온 말을 상세히 받아 적느라고 듣는 시간을 빼앗기는 것을 자기들의 헌신을 크게 증명하는 것으로 착각하는 사람들의 습관을 나는 인정할 수 없다. 그렇게 받아 적는 것이 미래의 기억에는 도움이 될 수 있겠지만, 우리가 현재 바라는 건덕에는 어느 정도 불리할 수밖에 없다. 이로 말미암아 마음이 잃는 것만큼 뇌도 많은 것을 얻을 수 없다. 받아 적음으로써 이후에 온전한 교리를 충분히 반추할 기회를 갖게 된다는 주장은 인정하는 바이다. 그러나 그렇더라도 사후에 반추하는 것은 귀에 들리는 생생한 음성이 우리의 심령을 때릴 때처럼 효과적으로 역사가 일어날 수 없다고 말하지 않을 수 없다. 이 점에 있어서도 나는 내 의견이 더 나은 판단이라고 주장하겠다.

조셉 홀

Select Devotional Works, 40–41

마귀는 어느 시대를 막론하고 교회를 극렬히 괴롭힌다. 교황 시대에 교회 안에는 게으른 지도자와 직원들이 많이 있었다. 그들은 그리스도께서 보내신 적이 없는 게으름뱅이 직원들이었다. 즉, 교황, 총대주교, 추기경, 수도원장, 대주교, 주교, 수석 사제, 부주교, 대성인, 소성인, 지방 사제, 수도승, 수사, 신부, 차부제(次副祭), 낭독자, 성가대원, 미사 조수, 퇴마사 등이 그런 자였다. 이들은 너무 높이 날아갔고, 우리는 너무 낮아졌다. 그 결과 우리는 여로보암의 제사장, 못 박는 자, 재단사, 땜장이, 베 짜는 자, 구두장이, 병사, 옷깃 만드는 자, 드레스 만드는 자, 양탄자 만드는 자, 남자, 여자, 소년 등으로 전락했다.

토머스 홀

Pulpit Guarded, 7

목사로서 설교를 준비할 때 우리는 청중의 상황에 맞고 양심을 자극할 수 있는 말씀을 우리 입안에 넣어달라고 하나님께 기도해야 한다. 곧 설교의 주제를 무엇으로 선정하고 설교를 어떻게 전개시켜 나갈지 가르쳐 주시도록 기도하고, 교인들의 마음을 채울 수 있는 말할 거리를 공급해 주시도록 기도해야 한다. 우리는 순결하고, 진지하고, 진실하게 구해야 한다. 그리고 영혼의 가치와 우리 자신의 무가치함을 아는 자로서 온유하고 겸손하게 구해야 하며, 우리가 전하는 말의 진실됨을 신뢰하고 우리가 의지하는 분이 어떤 분인지 아는 자로서 담대함과 확신을 갖고 구해야 한다. 그리하여 우리의 메시지가 하나님의 신탁이 될 수 있도록 하늘로부터 오는 도움을 받아야 한다.

매튜 헨리

"A Sermon concerning the Work and Success of the Ministry," in *Miscellaneous Writings*, 560

이번 달에 주일과 관련해 양심에 죄책감이 깊이 파고든 것을 기억한다. 나는 평소보다 더 늦게까지 침대에 누워 있었다. 이것은 주중에 더 일찍 했어야 할 설교 준비를 소홀히 한 탓에 전날 밤 늦게까지 책상에 앉아 있었기 때문이다. 나는 종종 진리에 대해 게으른 태도를 취했다. 그런 식으로 두 번의 설교를 전했고, 설교가 얼마나 형편없는지 주의하지 않았다. 주여, 부끄러운 마음으로 고백하고 주의 은혜를 구하오니, 다시는 이런 일이 없게 하소서. 아멘! 주 예수님을 찬송합니다!

필립 헨리

Diaries and Letters, 53 (June 17, 1657)

창문

주여, 주의 영원한 말씀을
사람이 어떻게 전할 수 있겠나이까?

사람은 깨지기 쉬운 연약한 그릇이오나
주께서 주의 성전에서 사람이 이 영광스럽고 초월적인 일을 감당하게 도우사
주의 은혜가 들고나는 창문이 될 수 있게 하십니다.
주께서 그릇을 강하게 하실 때
주의 이야기는
거룩한 설교자들 안에서
주의 생명을 빛나게 하고
빛과 영광이
더 거룩하게 되고 더 커지며,
다른 것은 묽어지고 황폐하고 희미해집니다.
교리와 삶, 색과 빛이 하나가 되고
둘이 결합하고 혼합할 때
강력한 공경과 경외가 임합니다.
말만으로는
귀에만 울리고 양심은 울리지 못하니
그것은 활활 타버리는 것 같이 사라지고 맙니다.

조지 허버트

Poems, 67

헨리 뉴컴은 견고한 학문과 지식을 갖고 있어 언제든 사용할 준비가 되어 있었다. 그것은 결코 과시를 위한 것이 아니었다. 그의 양심은 매우 엄격하고 흔들리지 않았고 다른 사람들의 비판에 신경 쓰지 않았다. 천부적으로 타고난 그의 웅변은 다른 이가 아무리 노력해도 모방할 수 없을 정도로 뛰어났다. 오, 그가 청중의 가슴 속으로 파고드는 독특한 방법이여! 나는 때때로 그의 설교를 들었는데, 그때 유일하게 아쉬운 점은 그의 설교가 곧 끝나야 한다는 것이었다.

존 하우

preface to Chorlton, *Glorious Reward*, xvi

목사는 강단을 위해 수고해야 하며 강단에서 수고해야 한다. 목사는 설교하기 전에는 연구의 수고를, 설교할 때에는 열심과 사랑의 수고를, 설교가 끝난 후에는 고난의 수고를, 설교하기 전후에 항상 기도의 수고가 있어야 한다. 가장 쉬워 보이는 사역도 수고가 뒷받침되어야 한다. 목사는 겉보기에 별로 할 일이 없어 보일 때에도 부지런해야 한다…설교자가 활력이 없으면 깨어 있는 청중을 기대할 수 없다. 목사가 세상에서, 가정에서, 현장에서, 법정에서 지치도록 수고하는 것은 어울리지 않는다. 목사는 다른 일들에서 벗어나야 한다. 목사는 하나님의 말씀을 제쳐놓고 접대에 종사해서는 안 된다(행 6:2). 목사는 전사이므로 세상사에 얽매여서는 안 된다(딤후 2:4). 세상사에 땀을 흘리는 목사는 강단에서 냉랭할 것이다.

윌리엄 젠킨

Exposition upon the Epistle of Jude, 55

자신의 마음에 먼저 설교하지 않고 남에게 설교를 잘하는 설교자는 없다고 나는 생각한다.

존 오웬

Golden Book, 136

그리스도를 찬양하기 위해 그리스도로 말미암아 그리스도를 설교하는 것, 이것이 핵심이다.

윌리엄 퍼킨스

Art of Prophesying, 79

하나님의 영의 첫 번째 사역은 죄인에게 죄를 깨닫게 하는 일이다(요 16:8). 성령님은 위로의 영이기 이전에 죄를 깨닫게 하는 영이시다. 여러분은 그리스도의 사역자들이 양심에 죄를 고발하는 일을 할 수 있게 허용해야 한다. 위로의 씨를 뿌리려면 먼저 묵은 땅을 갈아엎어야 한다. 죄를 깨닫게 하는 사역은 영혼을 회심시키는 사역이 될 가능성이 가장 높다. 사람들은 자기들의 불의를 자각하기 전에는 의롭게 될 수 없다(욥 33:23).

랄프 로빈슨

Christ All and in All, 130

참된 회심을 위해서는 율법 설교가 반드시 필요하다. 율법 설교가 없으면 어떤 사람도 자기가 괜찮은 상태에 있다는 생각을 버리지 못할 테니 말이다. 율법은 사람들에게 그들이 어떤 존재인지 보여준다. 마음의 묵은 땅은 율법의 쟁기 없이는 결코 갈아엎을 수 없다(렘 4:3). 위로의 씨가 뿌려지기 전에 율법의 쟁기가 깊은 고랑을 파야 한다. 율법 설교가 회심을 낳는 것은 아니지만 통상적으로 그 준비 작업이 없으면 회심이 일어나지 않는다는 점에서 회심에 도움을 준다. 바늘이 실의 길을 준비하는 것처럼 율법도 회심의 길을 준비한다. 종의 영은 양자의 영의 길을 준비하고, 그것은 율법 설교로 일어난다.

랄프 로빈슨

Christ All and in All, 137

많은 사람이 원대한 야심을 품고 설교를 행하며, 종종 설교할 자격을 가장 갖추지 못한 자가 더 야심을 부린다. 우리 가운데 들뜬 어떤 사람은 설교할 자유에 대한 열망 때문에, 모든 계층이나 남녀에게 공적 설교를 행할 수 있도록 허용하는 교단에 가입하고 싶은 큰 유혹을 받는다. 그러나 설교의 임무를 제대로 수행하는 것은 그리 쉬운 일이 아니다. 다시 말해, 하나님 앞에 서서 하나님의 이름으로 하나님의 백성에게 명료하고, 단순하고, 진지하고, 엄숙하고, 열심과 관심을 갖고 설교하는 것은 쉬운 일이 아니다. 그리고, 지루하고 단조로운 강론으로 우리보다 더 많은 지식을 가진 청중을 싫증나지 않게 하면서도 보통 사람의 능력에 맞추어 설교하는 것이라든가, 부드러운 양심을 혼란시키지 않으면서 활력 없는 영혼을 자극하고 일깨우는 것, 개인적 반성의 모습을 보이지 않으면서도 죄에 대한 깨달음을 심어주는 것, 한 마디로 진리의 말씀을 옳게 분별하며 부끄러울 것이 없는 일꾼으로 하나님에게 인정받는 것은 결코 녹록한 일이 아니다.

헨리 스쿠걸

"Importance and Difficulty of the Ministerial Function," in *Works,* 210

1641년 5월 30일. 주일 설교를 마친 후에 다음과 같은 내 죄를 보았다. (1) 내 사역의 결함을 보고 낙심한 것. (2) 내 사역의 장점을 보고 우쭐해 한 것. (3) 모든 것이 잘 되었을 때 그것이 머리끝에서 발끝까지 흠이 없었던 압살롬과 같은 것인 양 착각한 것. 나는 이런 내 모습이 싫었고, 내 사역에 영원한 복이 주어지도록 기도했다.

토머스 셰퍼드

Meditations and Spiritual Experiences, 66

학식이 뛰어난 자가 종종 악인인 경우가 있다. 이것은 종교에 큰 해를 끼치는 추문이다. 이런 자 때문에 세상은 종교가 공허한 이름에 불과하다고 생각한다. 특별한 내적 조명이 없으면 사람들은 영적 진리를 경험적으로 알 수 없다. 그들은 영적 진리를 믿는다고 공언하지만, 마음속으로는 은밀하게 회심과 죄 죽임을 조롱한다. 설교자가 영적 진리를 탁월하게 전하고 찬탄을 불러일으키면서도 자신의 영혼 안에는 영적 진리의 힘이 없을 수 있다.

리처드 십스

Divine Meditations and Holy Contemplations, 53

어떤 사람은 교회를 둘러보러 온다. 그는 욥이 그의 눈을 삼가 피했던 것을 계속 바라보는 악한 눈을 갖고 있다. 어떤 사람은 명상하러 교회에 온다. 그는 자리에 앉자마자 생각에 잠긴다. 때로 그의 생각은 시장으로, 때로는 여행으로, 때로는 의복으로, 때로는 저녁식사로, 때로는 식사 후 오락으로 계속 흘러 다니고, 설교는 그가 자기가 어디 있는지 깨닫기 전에 끝나버린다. 어떤 사람은 들으러 교회에 온다. 하지만 설교자가 기도를 마치자마자 그는 마치 시체처럼 금방 잠에 빠지고, 설교자는 그의 장례식에서 설교해야 한다.

헨리 스미스

The Art of Hearing," in *Sermons,* 94

내 생각에 모든 설교를 들을 때 다음 두 가지 사항에 특히 주의를 기울여야 한다. 하나는 당신이 이전에는 미처 알지 못했던 것이고, 다른 하나는 당신의 죄에 대해 말하는 내용이다. 그래야 설교가 당신의 지식은 증가시키고 당신의 악덕은 줄일 것이다.

헨리 스미스

The Art of Hearing," in *Sermons,* 98

자신의 사역을 충분히 감당할 능력이 있으나 도리어 반대로 행하는 자의 음란함과 태만함이 사람들로 하여금 예언을 멸시하게 만든다. 홉니와 비느하스의 경우를 살펴보자. 그들의 부패한 제사 행위 때문에 백성들은 제사를 멸시하게 되었다(삼상 2:17). 많은 이들이 연구와 묵상이 부족해 말씀을 더럽히고 있다. 그럼으로써 사람들은 하나님의 말씀에서 뽑아낼 지혜가 더 이상 없다고 생각하고, 교회에 나오지 않고 집에 머무르며, 설교자가 자기들에게 가르칠 수 있는 것만큼 자기도 알고 있다고 말한다.

헨리 스미스

"The True Trial of the Spirits," in *Sermons,* 43 – 44

여러분도 알다시피, 리처드 메요 목사의 설교는 여러분에게 견고하고, 엄중하고, 실질적인 메시지를 전달했으며, 즉시 교훈과 감동을 주는 경향이 있었습니다. 무엇보다 가장 중요한 것은 그가 십자가에 못 박히신 그리스도, 그분 안에 분깃을 가질 필요성, 그리고 그리스도에 대한 순응과 순종을 강조하였다는 점입니다. 그는 전가된 의와 내재된 의 중 어느 하나를 무시하거나 어느 하나만 편중되게 강조하지 않았고, 둘 다 그 적절한 자리와 구별된 목적을 위해 적절히 배치하고 강조하였습니다. 내가 종종 말했듯이, 그의 설교는 체계적이고, 명확하고, 참으로 본문에서 나온 메시지라는 세 가지 장점을 갖습니다. 나는 내 혀나 펜보다 여러분의 삶이 그의 수고의 성공을 증명한다고 봅니다. 나는 그가 결코 헛되이 수고하지 않았다는 것을 알 수 있는 기회를 가졌습니다.

나다니엘 테일러

Funeral Sermon [on 2 Cor. 5:8], 26

복음의 진리는 있는 그대로 솔직하게 전할 때 가장 빛나고, 복음의 아름다움은 단순하고 꾸밈없게 전하는 데 있다. 우리는 교회 역사를 통해 건전한 교리와 경건의 능력이 교회 안에서 쇠퇴할 때, 신적 사실에 대해 말하고 기록하는 짐짓 꾸미는 방식이 얼마나 헛된지 확인할 수 있다. 회심을 목표로 하고 영혼의 교화를 염두에 둘 때, 교부들을 인용하고 라틴어를 사용하는 것은 설교의 보잘것없는 장식품에 불과하다. 그러나 더 비열한 것이 있다. 언어 유희, 같은 음의 반복, 운율 등이 그것이다. 물론 이것들은 다 웅변의 규칙으로 정당하게 사용되는 것들이다. 하지만 어떤 이는 이것들을 너무 중시한다. 친구와 더불어 말할 때 이런 말과 몸짓을 취하는 사람이 있다면 어느 누가 그를 진지한 사람으로 생각하겠는가?

로버트 트레일

"By What Means May Ministers Best Win Souls?," in *Select Practical Writings,* 135

디오드레베 : 당신같이 성질이 급한 사람은 사람들을 온유하게 대할 수 없고, 그래서 연약한 자의 양심을 괴롭게 하고 마음을 불안하게 하지요.
바울 : 영혼이 치유되려면 먼저 양심이 창에 찔려 괴로움을 겪어야 하거든요.
디오드레베 : 그러면 율법을 전하는 자들이 그렇게 하니까 당신은 그들을 무척 좋아하겠다는 생각이 드네요.
바울 : 그렇지요. 그렇게 하지 않으면 나는 사람들을 그리스도에게 데려오는 것을 좋아하지 않는 자와 같습니다. 사람들이 율법으로 겸손하게 되고 그 결과 마음이 가난해지기 전에는 복음을 받아들이는 일이 결코 일어날 수 없으니까요.
디오드레베 : 당신은 또 예정에 대해 설교하는 것도 좋아하지 않나요?
바울 : 좋아하지요. 그렇지 않다면 나는 진리를 설교하는 것을 좋아하지 않는 것과 같습니다. 예정도 하나님의 계시된 뜻의 일부이니까요.

존 우달

State of the Church of England, 14

설교 듣기

설교 말씀을 호기심으로 무익하게 만들지 않도록 하라. 어떤 이는 설교를 들으러 가서 은혜는 받지 않고 관념들로 마음을 채워 자기들의 "귀를 가렵게" 만든다(딤후 4:3). "그들은 네가 고운 음성으로 사랑의 노래를 하며 음악을 잘하는 자 같이 여겼나니"(겔 33:32). 많은 이가 귀만 즐겁게 하려고 말씀을 들으러 간다. 그들은 설교자의 소리의 가락과 새로운 의견을 좋아한다(행 17:21). 이것은 음식보다 그릇의 장식물을 좋아하는 것과 같다. 이것은 교훈보다 즐거움을 더 바라는 것과 같다. 편견을 피하라. 사두개인은 부활 교리에 대해 편견이 있었다. 때로는 설교된 진리에 대해 편견이 생기고, 때로는 설교하는 사람에 대해 편견이 생긴다. "아직도…미가야 한 사람이 있으니 그로 말미암아 여호와께 물을 수 있으나…내가 그를 미워하나이다"(왕상 22:8). 편견은 말씀의 능력을 방해한다. 환자가 자신의 주치의를 나쁘게 생각한다면 아무리 좋은 약이라도 주치의가 주는 약을 먹지 않을 것이다.

토머스 왓슨

Gleanings, 94

편파성을 피하라. 설교를 들을 때 선포된 진리 중 일부만 듣기를 좋아하고 전부를 들으려고 하지 않으면 편파적이 된다. 우리는 천국에 대해 듣는 것은 좋아하지만 자기 부인에 대해 듣는 것은 좋아하지 않는다. 그리스도와 함께 다스리는 것에 대해 듣는 것은 좋아하지만 그리스도와 함께 고난을 받는 것에 대해 듣는 것은 좋아하지 않는다. 양심에 거슬리지 않도록 "우리에게 부드러운 말을 하라"(사 30:10). 많은 이가 위로의 말씀은 좋아하지만 책망의 말씀은 좋아하지 않는다. 비판적 태도를 피하라. 어떤 이는 죄에 대해 자기 자신을 판단하는 것이 아니라 재판관으로서 설교자 위에 앉아 있다. 이런 자에게 설교자의 설교는 결점이 너무 많거나 너무 길다. 그들은 설교를 실천하는 것보다 설교를 비판하는 데 더 빠르다. 불순종을 피하라. "순종하지 아니하고 거슬러 말하는 백성에게 내가 종일 내 손을 벌렸노라"(롬 10:21). 하나님이 우리에게 말씀하실 때 우리가 귀머거리가 된다면 우리가 기도로 하나님에게 말씀드릴 때 하나님은 벙어리가 되실 것이다.

토머스 왓슨

Gleanings, 96

책망받기 싫어하는 죄는 마음에 고이 간직하는 가장 좋아하는 죄이다. 헤롯은 자신의 근친상간을 반대하는 말을 참을 수 없었다. 그 죄에 간섭하는 선지자는 머리를 잘릴 것이다. 사람들은 다른 죄에 대해 비난받는 것은 기꺼이 감내할 수 있지만, 목사가 아픈 곳에 손가락을 대고 특정한 죄를 건드리면 그들의 마음은 목사에 대한 적의로 불타오르기 시작한다.

토머스 왓슨

Godly Man's Picture, 134

그의 마음은 세상 속의 소란과 갈등에 적합하지 않았다. 장로회는 일 년에 두 번 여러 형제들에게 그들이 시대를 향해 설교했는지 묻는 것이 관례였다. 이같은 질문을 받았을 때 레이턴은 그렇게 하지 못했음을 인정하고 사과하면서 이렇게 말했다. "모든 형제가 시대를 향해 설교한다면 한 가련한 형제는 영원에 대해 설교하는 것으로 고난을 받아야 하지 않을까요?"

W. 윌슨

"Life of Archbishop Leighton," in Leighton, *Spiritual Truths*, vii

사람들은 대부분 설교를 머나먼 서인도 제도의 소식, 곧 자신들과는 아무런 상관이 없는 것처럼 받아들인다. 그러나 설교는 주의를 기울여 경청해야 한다. 설교가 어떤 미덕을 권유했다면 기꺼이 실천하고, 악덕을 정죄했다면 즉각 피하고, 위로를 전했다면 즐거이 받아들이고, 훌륭한 본보기를 제시했다면 기쁘게 따라야 한다. 설교는 오직 나만을 향한 말씀인 것처럼 들어야 한다. 말씀 안에 위로가 있는가? 회개하라. 그러면 그 위로가 당신의 것이 될 것이다.

토머스 애덤스

Exposition upon … Second … Peter, 603

설교를 어떻게 듣고 있는지에 대해 주의를 기울여야 할 필요가 있다. 듣는 내용만이 아니라 듣는 태도도 똑같이 중요하다. 내용과 태도에 모두 관심을 기울여야 한다. 올바른 태도로 설교를 듣지 않는 것도 옳지 않은 설교를 듣는 것과 똑같이 우리에게 큰 해를 끼친다. 진리를 듣는 것만으로는 충분하지 않다. 올바로 들어야 한다.

윌리엄 애터솔

"The Conversion of Nineveh," in *Three Treatises*, 30

설교를 듣기 전의 지침

1) 지금 무엇을 하려고 하고, 어떤 분 앞에 나가려고 하는지 생각하라.
2) 아브라함과 그의 종들과 느헤미야처럼(느 13:19, 20) 속된 생각, 특히 죄를 내버려라.
3) 설교를 들을 때 하나님이 축복을 부어주시기를 원한다면 그분 앞에 기도로 마음을 쏟아놓으라(시 10:17, 65:2). 또한, 설교자(롬 15:30)와 당신 자신을 위해 기도하라. 그러면 하나님이 말씀으로 깨우쳐주실 것이다(사 8:11).
4) 말씀을 간절히 사모하라(욥 29:23, 마 5:6).
5) 큰 기대감을 가지라.
6) 말씀을 실천하겠다는 강한 결심을 다지라.

윌리엄 베버리지

Thesaurus Theologious, 3:26–27

설교를 들은 후의 지침

1) 들은 말씀을 곰곰이 묵상하라(딤전 4:15).
2) 설교에 관해 다른 사람들과 대화를 나눠라.
3) 말씀을 실천하라. 설교 말씀을 삶으로 구현하라(마 7:24, 25, 약 1:22).

윌리엄 베버리지

Thesaurus Theologious, 3:27

말씀의 목적과 용도를 분명하게 이해해야 한다. 성경 말씀을 읽고, 목회자들에게 물어보라. 하나님이 계시를 허락하신 목적을 목회자만큼 잘 알아야 한다. 말씀은 죄를 깨우치고, 예수 그리스도께로 돌이키게 하며, 은혜 안에 굳게 서게 하고, 복종을 실천하게 해 위로를 얻게 하려는 네 가지 목적을 지닌다. 설교를 들으러 올 때는 이 네 가지 목적을 기억해야 한다. 이는 설교를 듣고 난 후에도 마찬가지다. 하나님은 어리석은 자들을 기뻐하지 않으신다. 아무런 목적 없이 말씀을 듣는다면 어리석은 자가 되어 돌아갈 수밖에 없을 것이다.

다니엘 버지스

Rules and Directions, 4 – 5

받은 것을 잃지 않도록 극도로 조심해야 한다. 우리의 기억은 믿음과 소망과 복종을 증대시키는 역할을 한다. 우리의 기억은 아직 완전히 거룩해지지 않았다. 사실, 그것은 맑은 물은 흘러가고 더러운 진흙만 들러붙어 있는 수챗구멍을 빼닮았다. 기억을 증대시키려고 노력하지 않으면 긍정적인 역할을 하기 어렵다. 땅이 아무리 좋아도 닭들이 와서 씨앗을 쪼아먹지 않게 보호하고, 밭을 가는 수고를 감수하지 않으면 씨앗이 자랄 수 없다. 말씀을 위한 수고는 하나님을 위한 수고이기 때문에 절대로 헛되지 않을 것이다. 그렇게 하면 잘되고 형통할 것이다. 그러나 절름발이와 같은데도 목발을 사용하지 않거나 자만심이 지나치거나 말씀을 기억하지 못하거나 혼자서나 가족들과 함께 설교에 관해 대화를 나누지 않거나 그것을 자주 되풀이하지 않거나 성령께 말씀을 기억하도록 도와달라고 기도하지 않는다면, 스스로의 나태함으로 인해 받은 것을 잃고 슬퍼할 수밖에 없을 것이다. 마귀는 우리의 의지를 무시한 채 들은 말씀을 빼앗아갈 수 없다. 그러나 우리의 의지가 없으면 하나님도 우리의 생각 속에 말씀이 간직되도록 도와주실 수 없다.

다니엘 버지스

Rules and Directions, 12 – 13

필립 헨리는 한 경건한 사람(그의 교인

중 한 사람)이 한 말을 감명 깊게 듣고는 그것을 자신의 일기에 다음과 같이 기록해 두었다. "나는 들은 말씀을 30분 동안 묵상하는 것이 이십 리를 걸어가서 설교를 듣는 것보다 더 어렵다는 것을 알게 되었다. 설교를 듣고 집에 돌아와서는 묵상을 해야 한다."

존 도드, 필립 헨리

Gleanings of Heavenly Wisdom, 45

설교를 듣는 동안 말씀을 통해 속마음이 낱낱이 드러나는 것처럼 느껴질 때면 설교자가 내 마음을 알고 있고, 나를 겨냥하고 있다는 생각이 들기 마련이다…화살은 우리의 손으로 당기지만 그것이 날아가서 아합의 가슴팍에 꽂히도록 인도하는 분은 하나님이시다. 하나님은 우리의 마음에 품고 있는 우상의 숫자대로 우리에게 보응하신다(겔 14:4). 설교를 들으러 올 때는 음행과 압제 같은 우리의 죄를 가차 없이 드러내 줄 엄격한 검사관 앞에 나간다고 생각해야 한다.

네헤미아 로저스

The Penitent Citizen, in *Mirrour of Mercy*, 12

흔히 설교가 끝나면 "이제 설교가 다 끝났군."이라고 생각하는데 그렇게 하지 말라. 그 말씀이 완전히 자신의 것이 되기 전까지는 설교가 끝났다고 생각해서는 안 된다. 말씀을 읽고, 들은 후에는 저녁 식사를 마친 사람처럼 행동해야 한다. 구체적으로 말해, 잠시 가만히 앉아서 말씀을 이리저리 생각하고 숙고함으로써 완전히 소화한 뒤에 행동으로 옮겨야 한다.

새뮤얼 워드

"The Happiness of Practice," in *Sermons and Treatises*, 172

설교를 위한 기도

교인의 기도는 목사의 설교와 교인들 자신의 경청에 도움을 준다(살후 3:1). 목사와 교인이 설교가 성령님의 말씀이 되도록, 그리고 말씀에 성령님이 함께하시도록 많이 기도할 때보다 영혼이 잘 되는 경우는 없다.

바르톨로메오 애쉬우드

Heavenly Trade, 290

여러분의 설교를 기도가 많은 설교가 되게 하라…구하지 않고 어떻게 전할 말씀을 하나님으로부터 받을 수 있으며, 간절한 기도 말고 다른 것으로 어떻게 그것을 구할 수 있겠는가?

토머스 보스턴

Art of Man-Fishing, 91 – 92

설교 사역의 막대한 중요성과 함께 여러분 자신의 부족함에 대해 생각하라. 설교 사역을 감당하기에 그 누가 충분하겠는가? 여러분은 자신이 충분하지 못함을 안다면 하나님이 기도하고 연구할 시간을 허락하실 때 감히 기도 없이 연구하거나 연구 없이 기도하지 못할 것이다. 죄인들을 그리스도에게 이끄는 일은 엄청나게 중요한 사역이다.

토머스 보스턴

Art of Man-Fishing, 92

목사는 주님이 이전에 충분히 기도하도록 도우시면 이후에 설교를 잘할 것이므로 두려워할 필요가 없다.

토머스 코벳

Gospel Incense, 100

당신 자신의 준비를 과신하고 강단에 올라가지 않도록 조심하라. 하나님은 이런 식의 교만을 반대한다고 말씀하셨다. "힘으로는 이길 사람이 없음이로다"(삼상 2:9). 하나님의 복이 담긴 작은 떡은 큰 무리를 먹일 수 있다. 반면에 아무리 많은 떡이 있어도 그 떡을 뗄 때 하나님이 도우시지 않으면 금방 줄어들어 동날 것이다. 당신이 설교할 수 있는 것은 당신의 머리에 들어있는 설교 내용이나 당신의 노트에 적혀있는 원고 때문이 아니다. 하나님이 당신의 입을 열어주셔야 한다. 그러므로 당신의 모든 길에서 하나님을 인정하고 당신의 명철을 의지하지 말라. 벽이 부푸는 것뿐만 아니라 마음이 부푸는 것도 무너지기 전에 나타나는 증상이다. 에브라임 사람들은 기드온이 자기들에게 도움을 청하지 않고 승리를 훔쳐갔다고 크게 분개했는가? 그렇다면 당신이 하나님의 도우심을 청하지 않고 강단에 올라가 하나님의 문을 막고 있는 것은 얼마나 하나님의 진노를 부르는 일이겠는가?

윌리엄 거널

Christian in Complete Armour, 796

당신은 천국에 들어가려면 기도와 설교라는 두 처녀의 인도를 받아야 한다. 당신은 기도를 통해 하나님께 말씀드린다. 설교를 통해서는 하나님이 당신에게 말씀하신다. 기도에 대해 말하면, 당신은 자주 그리고 간절히 기도해야 한다. 거룩한 다윗이 아침과 한낮과 저녁에 하나님께 기도하자 하나님은 그의 기도를 즉시 들어주셨다. 다윗은 한밤중에도 일어나서 하나님께 감사의 기도를 드렸다. 우리 구주 그리스도께서는 '페르녹타바트 인 오라티오네', 즉 밤이 새도록 기도하셨다(눅 6:12). 설교에 대해 말하면, 당신은 하나님의 집에 들어갈 때 준비를 하고 주의를 기울여 하나님의 말씀을 듣고, 묵상과 실천을 통해 들은 말씀을 자신의 것으로 만들어야 한다. 되새김질을 하는 짐승이 오직 정결한 짐승으로 간주되었다.

윌리엄 히그포드

Institutions, 56 – 57

무한히 지혜로우신 주님, 주님은 당신의 말씀 사역을 통해 우리가 그날(주께서 방문하시는 날)을 위해 준비되게 하셨습니다. 그러하오니, 주여, 항상 그리고 지금 이 사역에 복을 내리소서. 레위의 모든 아들 가운데 가장 합당하지 못한 제게 주의 말씀을 전할 능력을 주소서. 주여, 측량할 수 없는 주의 긍휼로 저의 죄와 허다한 불완전함을 덮어주시고, 주님의 특별한 도우심으로 저를 기꺼이 도우사 담대하고, 진실되고, 신실하고, 감동적으로 주의 말씀을 전하게 하소서. 이 사람들의 마음과 귀에 할례를 베푸사 그들이 귀 기울여 듣고, 들은 것을 마음에 소중히 새기고, 삶과 대화 속에서 양심에 합당한 열매를 맺어 주께 영광을 돌리며, 예수 그리스도의 날에 구원받을 것을 확신하게 하소서. 성 삼위 하나님께 모든 존귀와 영광이 이제와 영원토록 합당하게 돌려지기를 바라나이다. 아멘.

조시아스 슈트

Judgement and Mercy, xv

목사는 말씀을 전할 때 말씀에 복이 임하도록 기도하고, 특히 교인들을 위해 많이 간구해야 한다. 은사와 능력이 부족한 일부 목사가 능력이 훨씬 뛰어난 다른 목사보다 더 성공적으로 목회하는 이유가 바로 이것이다. 곧 그들이 더 많이 기도하기 때문이다. 많은 좋은 설교가 기도를 동반하지 않은 연구 때문에 그 효력을 잃는다.

로버트 트레일

"By What Means May Ministers Best Win Souls?," in *Select Practical Writings*, 131 – 32

설교자가 설교의 목적을 달성하려면 은혜의 보좌를 부지런히 찾아야 한다…하나님의 수수께끼를 깨달으려면 그의 암소인 성령과 함께 쟁기질을 해야 하고, 이 암소는 구하는 자에게만 주어진다.

존 트랩

Commentary … upon … the New Testament, 991

조지 트로세는 설교하기 전에 기도하면서 자주 다음과 같이 간구했다. "주여, 주께 영광을 돌리는 것이 우리의 가장 큰 선이 될 것이므로 주의 지혜롭고 은혜로운 섭리를 따라 주께 가장 큰 영광을 돌리도록 우리를 다루시고 삶과 죽음에 대한 우리의 모든 관심사를 처리하소서. 우리에게는 부와 변영이 죄를 낳는 시험거리가 되고 주께 불명예를 가져오는 빌미가 되므로 아무리 원한다고 할지라도 우리에게 부와 번영을 허락하지 마소서. 그리고 환난은 주의 영광과 우리의 영적 유익을 위해 도움이 되고, 환난 속에서 우리의 삶은 거룩해지고 은혜 안에서 계속 자라갈 수 있으므로 우리가 아무리 싫어하더라도 우리에게 환난이 부족하지 않게 하소서. 우리가 소망과 평안 가운데 죽게 하시며 죽은 후에는 영광 가운데 주와 함께 영원히 있게 하소서.

조지 트로세

Life, 37

당신 자신과 형제들을 위해 기도하라. 형제들의 마음을 따스하게 해주시고 당신의 마음을 따스하게 해주시길 기도하라. 많은 목사가 무릎을 꿇어야 할 때 여러 주석을 찾아다닌다. 나는 주석을 활용하는 것은 큰 유익이 없다고 본다. 그 대신에 주로 성경을 연구하고, 그런 다음 설교를 전해야 그 설교를 당신의 기도의 열매로 간주할 수 있다. 따라서 목사와 교인이 서로를 위해 간절히 기도할 때 서로에게 가장 좋은 일을 하게 된다.

헨리 윌킨슨

"The Wisest Preacher," in *Three Decades of Sermons*, 66

설교의 명료성

설교는 우리가 통상적으로 행하는 다른 어떤 일보다 더 큰 능력과 더 각별한 삶과 열심을 요구하는 일이다. 교인 앞에 서서 살아계신 하나님에게서 나오는 구원이나 정죄의 메시지를 구속자의 이름으로 전하는 것은 작은 일이 아니다. 아무리 무지한 자라도 충분히 이해할 수 있을 정도로 아주 명료하게 전하라. 아무리 무감각한 마음을 가진 자라도 충분히 느낄 수 있도록 매우 진지하게 전하라. 무턱대고 트집부터 잡는 이들을 잠잠하게 만들 수 있게 전하라. 이것은 쉬운 일이 아니다. 우리의 마음이 마땅히 그래야 할 만큼 주의 일에 고정되어 있다면 우리에게서 주의 일이 더 활력있게 이루어질 것이다. 슬프게도, 영원한 기쁨과 고통에 대해 온 힘을 다해 설교하거나 사람들이 진지하게 믿을 수 있게 말하는 목사는 얼마나 적은가!

리처드 백스터

Reformed Pastor, 32

우리는 누구라도 알기 쉽게 가르쳐야 한다. 이것이 교사의 목적에 가장 잘 부합한다. 설교자는 청중의 능력에 맞게 말하여 청중을 이해시키는 것을 자신의 직무로 삼아야 한다. 진리는 빛을 사랑하고, 빛이 명확히 드러날 때 가장 아름답다. 진리를 숨기는 자는 진리의 대적이다. 진리를 드러내는 것처럼 가장하는 자는 위선자다. 화려하게 포장된 설교는 스테인드글라스와 같아서 오히려 빛을 차단하고, 이것은 너무나 자주 위선의 표지다. 여러분은 사람들을 가르치지 않으면 강단에서 무엇을 하겠는가? 여러분이 가르치는 자라면 왜 이해할 수 있게 말하지 않는가? 사람이 일부러 이상한 말로 요지를 흐리면서 자신의 생각을 숨기면, 미련한 자는 그의 깊은 학문을 칭송하겠지만 지혜 있는 자는 그의 어리석음과 교만과 위선을 개탄할 것이다.

리처드 백스터

Reformed Pastor, 159–160

현란한 말은 (드물게, 알맞게, 짧게 사용되는 경우를 제외하고는) 청중의 생각을 방해하고 청중을 무지하게 만들며… (분별 있게 사용되는 경우를 제외하고는) 말의 요지를 드러내기보다는 오히려 숨기는 것으로서, 아무 유익이 없는 시간 낭비에 불과하다…아주 소수의 사람들은 그 말을 약간 이해할 수 있겠지만 그밖의 다른 이들은 이해하지 못한다. 그러므로 나머지 모든 사람은 아무 깨달음이 없이 바라보는 동안 소수의 사람들의 기쁨을 추구하면서 학문이 깊다는 헛된 칭송을 들어야 할까? 우리는 자신의 칭찬을 구해서는 안 된다. 우리는 모든 신자의 양심에 하나님의 비밀을 충실하게 나누어 주는 자로서, 우리의 능력이 닿는 한 최선을 다해 생생하고 명확하게 진리를 제시해야 한다. 그렇지만, 번역 성경이 아닌 원어 성경에서 아주 의미심장한 단어의 강조가 있거나 청중이 아주 박식한 경우 등에 있어서는 자유롭게 난이도를 조정할 수 있음을 나는 의심하지 않는다.

리처드 버나드

Faithful Shepherd, 17

고상한 말, 어려운 관념, 애매한 표현을 좋아하고, 복음의 명확한 것들을 어둡고 모호하게 만드는 자가 그리스도의 날에 어떻게 대답할지 생각하면 내 마음은 자주 슬픔을 느낀다. 우리 시대의 많은 설교자가 어둠의 철학자로 불린 헤라클레이토스와 같다. 그들은 숭고한 관념이나 애매한 표현이나 현란한 말을 좋아하며, 명확한 진리를 난해하게 만들고, 쉬운 진리를 어렵게 만든다. 그들은 지식 없는 말로 권고를 어둡게 만든다. 가짜 진주를 진리의 귀에 걸어주는 것보다 본래 단순한 그대로 진리를 제시하는 것이 더 낫다.

토머스 브룩스

The Unsearchable Riches of Christ, in *Select Works*, 1:123–24

우리의 연구와 설교에 대한 지침은 다음과 같다. 목소리가 큰 자가 훌륭한 설교자인 것이 아니고, 수사학의 꽃으로 화려하게 장식하는 것이 훌륭한 설교자를 만드는 것도 아니며, 과시를 위해 불필요한 치밀함으로 채우고 주제가 요구하는 것과 상관없이 자신이 가진 모든 지식을 보여주려고 애쓰는 자도 훌륭한 설교자가 아니다. 그런 설교자는 예수 그리스도를 사람들에게 제시한다고 공언하지만 사실은 자신을 전한다. 많은 사람을 의로 이끌고자 하는 설교자는 청중이 가장 필요로 하는 진리를 명확하고, 설득력 있고, 엄숙하고, 진지하게 다루어야 한다. 다른 사람들에게 감동을 주고자 하는 자는 진리의 능력을 자신이 먼저 느껴야 한다. 학식이 높은 설교자라도, 필요하다면 다른 이들의 유익을 위해 자기를 낮추어 그들 수준에 맞추어 말함으로써 자기를 부인해야 한다. 청중에게 하나님의 진리의 명확한 관념을 전달하는 데 유리하다면, 평이하고 익숙한 표현을 사용하는 것도 불사해야 한다. 은사가 부족한 설교자는 두 배로 부지런해야 더 잘 이해하는 유능한 그리스도인이나 호기심 많은 청중에게 멸시당하지 않을 수 있다.

존 졸턴

Glorious Reward, 24

여러분도 알다시피 옛날 사도들의 설교 방식은 하나님의 이름으로 복음 진리를 사람들에게 매우 명료하고 단순하게 제시하고, 신적 증언 그 자체의 신뢰성 위에 그들의 믿음을 두라고 권하는 것이었다.

토머스 콜

Old Apostolical Way of Preaching, 10

난해한 설교자는 복음의 비밀을 알려주지 않고, 이를 애매하고 복잡하게 강론함으로써 그 자체로 명확한 진리를 오히려 비밀스러운 것으로 만들어 버린다. 난해한 설교자의 본문은 그들이 애매한 강론으로 흐려놓기 전에는 명확했다. 설교자가 청중에게 이보다 더 큰 잘못을 저지를 수 있겠는가? 설교자는 성경을 열어주어야 하지만, 난해한 설교자는 열쇠를 잘못된 방향으로 돌려 청중을 자신의 지식 속에 가둔다. 설교자는 교인들 앞에서 복음의 잔을 들어 올리고, 신랑이 올 것을 대비하는 신부같이 영혼을 단장하게 해야 한다. 그러나 난해한 설교자는 성경 본문을 너무 애매하게 만들기 때문에 청중은 거기서 자기들의 얼굴을 볼 수 없다.

윌리엄 거널

Christian in Complete Armour, 809

명확히 선포되는 그리스도는 신적 웅변, 곧 웅변 중의 웅변이다. 하나님은, 알렉산더가 아킬레스에 대해 말한 것처럼, 그리스도가 그의 행위를 선전한 글에 신세를 지고 있다고 말씀하지 아니하실 것이다. 모든 찬양을 받기에 합당한 대상은 설교자의 혀가 아니라 전파되는 그리스도다.

존 노턴

Abel Being Dead yet Speaketh, 32

목사는 설교의 내용과 방식을 청중의 수준에 맞추어 알아듣기 쉽게 전해야 한다(고전 14:19). 어떤 목사는 난해한 형이상학적 관념으로 독수리처럼 높이 날아오르는 것을 좋아하고, 청중이 전혀 이해하지 못할 때 가장 칭송받고 있다고 생각한다. 교인들의 양심을 가격하지 못하고 허공 속에 설교하는 자는 교인들의 머리 위로 총을 쏘는 것과 같다.

토머스 왓슨

Godly Man's Picture, 139

섬김

세상에는 하나님의 종이라고 하면서 섬김을 제대로 실천하지 않는 이들이 많다. 하나님의 일을 서로에게 떠넘기는 탓에 그 일이 제대로 이루어지지 않는다. 사람들은 "일손이 많으면 일이 가벼워진다."라고 말하지만, 대개는 일손이 많으면 오히려 일을 등한시하기 쉽다…바닷물이 밀려 들어오면 경계 지역의 사람들은 댐을 수선하는 것이 누구의 의무인지를 놓고 논쟁을 벌인다. 그들이 서로 논쟁하며 아무 일도 하지 않는 사이에 바닷물이 더 많이 밀려 들어와서 온 나라를 뒤덮는다.

토머스 애덤스

Exposition upon … Second … Peter, 40

참 신자들은 대부분 믿음이 연약하다. 우리가 믿는 것들을 단 한 번만이라도 확실하게 인지한다면 과연 우리가 마땅히 지녀야 할 사랑과 열정과 관심과 근면함을 등한시할 수 있을까? 천국을 한 시간만 볼 수 있다면, 과연 우리의 애정이 차갑게 죽어 있거나 우리의 의무에 열의가 없거나 우리의 노력이 더디고 시들하거나 우리의 삶에 아무런 결실이 없을 수 있을까?

리처드 백스터

Baxteriana, 81

죄나 사탄이나 세상의 길은 무섭도록 고되고 단조롭다. 그리스도를 섬기면서 보내는 가장 힘든 하루가 죄나 사탄을 섬기면서 보내는 가장 좋은 날들보다 훨씬 더 낫다.

토머스 브룩스

The Unsearchable Riches of Christ, in *Select Works*, 1:112

우리에게 있는 것은 염소 털 한 오라기와 같은 작은 것들까지도 모두 하나님이 주신 위로의 선물이다. 우리에게 주어진 재능들을 하나님을 위해 사용하거나 특별한 섬김을 실천하는 데 이용하지 않고 우리 자신의 위안으로만 삼으려고 해서는 곤란하다. 만일 그런 것들을 가지고 하나님을 영화롭게 하지 않는다면 과연 그것들 안에서 위로를 얻을 수 있을까? 솔직하게 대답해 보라.

다니엘 버지스

Man's Whole Duty, 58

하나님을 섬기는 일에 나태하고, 무기력한 태도를 보이는 것을 없앨 수 있는 가장 좋은 방법은 소망을 강화하고, 증대시키는 것이다. 사도는 "너희 각 사람이 동일한 부지런함을 나타내어 끝까지 소망의 풍성함에 이르고 게으르지 아니하고"(히 6:11-12)라는 말씀을 이 질병을 치유하는 처방책으로 제시했다.

윌리엄 거널

Christian in Complete Armour, 520

설혹 사람들이 못마땅하게 여기더라도 우리는 의무를 충실하게 이행해야 한다.

아담 마틴데일

Life, 120

믿음은 성실한 은사다. 믿음은 한쪽 눈으로는 상급을 바라보고, 다른 한쪽 눈으로는 의무를 바라본다. 세상에서의 삶은 하나님을 위해 일할 수 있는 유일한 시간이다. 천국은 받아 누리는 장소이고, 이 세상은 일하고 수고하는 장소이다.

토머스 왓슨

The Christian's Charter of Privileges, in *Discourses*, 1:143

섭리

그리스도는 "그의 능력의 말씀으로 만물을" 붙들고 계신다(히 1:3). 그리스도는 '파테르 파밀리아스(*pater familias*)', 곧 가장이시다. 그러므로 그리스도는 가장이 자기 가정 일에 관심을 갖듯이 이 우주 안에서 일어나는 모든 일에 관심을 갖고 섭리하신다. 그리스도는 목수가 직접 집의 골조를 세우듯이 직접 우주를 완전히 돌보신다. 창조와 섭리는 어머니와 유모 관계와 같다. 창조는 만물을 낳고 섭리는 만물을 보존한다. 그리스도의 창조는 짧은 섭리였으며, 그리스도의 섭리는 영속적인 창조이다. 창조는 집의 골조를 세우고 섭리는 집을 수선한다.

토머스 애덤스

"*Semper Idem*, or The Immutable Mercy of Jesus Christ," in *Works*, 3:6

만족은 다음과 같은 장점이 있다. 만족은 섭리에 대한 최고의 해석자다. 만족은 하나님의 모든 일처리를 공정하게 해석한다. 나는 만족을 사랑의 사도로 부를 수 있다. 만족은 "악한 것을 생각하지 아니한다"(고전 13:5). 만족은 다음과 같이 말한다. "질병은 하나님의 금을 제련하여 더 빛나게 하는 하나님의 풀무다. 감옥은 작은 예배당, 또는 기도실이다. 하나님이 피조물을 내게서 거두어 가시는 것은 아마 하나님이 내 마음이 피조물을 지나치게 사랑하는 것을 보셨기 때문일 것이다. 재물이 많을수록 내 영혼은 더 악화되었을 것이다. 하나님은 지혜로우시다. 하나님은 어떤 죄를 예방하거나 어떤 은혜를 베푸시려고 이렇게 하셨다." 이런 마음자세는 참으로 복되다! 만족하는 그리스도인은 불신앙과 성급함을 반대하고 하나님을 옹호한다.

시므온 애쉬

Primitive Divinity, 103–4

자기에게 가장 즐거운 것이 무엇인지는 누구나 알고 있지만 가장 유익한 것이 무엇인지는 오직 하나님만이 알고 계신다.

토머스 보스턴

Crook in the Lot, 43

현세에서 섭리는 변화무쌍한 지도이자 복잡한 그림이다. 누가 섭리의 기묘한 테두리와 생소한 경계 및 미로를 명확히 해석할 수 있겠는가? 섭리는 바퀴 안에 있는 바퀴와 같다(겔 1:16). 섭리의 작용과 활동과 목적은 모든 사람의 평범한 눈에는 식별되지 않는다. 하나님이 최근에 우리에게 내리신 무서운 세 가지 심판이 있다. 즉 칼과 전염병과 불이다. 그러나 누가 회개하는가? 누가 그의 넓적다리를 치는가? 누가 그 자신의 마음의 역병을 발견하는가? 누가 "내가 행한 것이 무엇인고"라고 말하는가? 누가 악을 행하기를 그치는가? 누가 선을 행하기를 배우는가? (사 1:16–17).

토머스 브룩스

Cabinet of Choice Jewels, 6

성경은 하나님이 전능하신 능력으로 이 세상의 모든 피조물을 창조하신 것처럼 그분의 섭리로 만물을 지탱하고 다스리신다고 가르친다. 세상에 우연한 것은 아무것도 없고 하나님이 모든 것을 처리하신다. 하나님의 통제에서 벗어난 자유로운 행위자는 아무도 없다. 어떤 고통의 악도 그 안에 하나님의 손이 들어 있다. 그러나 죄에 대해 말하면, 하나님은 어떻게 보아도 죄의 창시자나 옹호자가 되실 수 없다.

새뮤얼 크래독

Knowledge and Practice, 11

섭리는…하나님이 자기 백성에 대해 세우신 은혜로운 목적과 약속을 수행하는 것 외에 다른 것이 아니다.

존 플라벨

Divine Conduct, 13

섭리는 우리와 관련된 일을 착수할 뿐만 아니라 그 일을 수행하고 온전하게 한다. 섭리는 전체적인 계획에 따라 일을 시작하고 그렇게 시작한 것을 이룬다. 어떤 난관도 섭리를 방해하지 못하고, 어떤 엇갈린 사건도 섭리의 길을 가로막지 못한다. 섭리를 통해 섭리의 계획이 이루어진다. 섭리의 활동은 불가항력적이고 통제할 수 없다. 하나님은 우리를 위해 섭리를 수행하신다. 섭리는 성도에게 감미롭게 여겨지고 섭리의 모든 열매는 성도에게 지극히 유익하다. 섭리는 모든 일을 성도를 위해 행한다. 사실 우리는 종종 섭리의 역사에 대해 편견을 갖고, 섭리의 계획을 부당하게 비판하며, 우리가 많은 곤란과 환난 속에 있을 때 이렇게 말한다. "이 모든 것이 우리에게 유익하지 않다." 그러나 진실로 섭리는 성도의 참된 유익에 실제로 반하는 일은 결코 행할 수 없다. 섭리의 역사가 어떻게 하나님의 작정의 집행과 하나님의 말씀의 실현 외에 다른 것일 수 있겠는가? 하나님의 목적과 약속들 속에는 성도에게 유익이 되는 것 말고 다른 것은 없다. 결론적으로 성도에 관하여 섭리가 어떤 것을 행하든지 간에, 본문이 말하는 것처럼, 모든 것이 성도를 위해 행해지는 것이 틀림없다(시 57:2).

존 플라벨

Divine Conduct, 14–15

현재 우리가 섭리에 대해 갖고 있는 관점과 성찰은 하늘에서 갖게 될 것과 비교하면 크게 부족하고 불완전하다. 하지만 현재 상황에서도 섭리 안에 큰 이점과 단맛이 있기 때문에 나는 섭리를 작은 천국 또는 하늘 문(야곱이 벧엘을 그렇게 부른 것처럼)이라고 부를 수 있다. 섭리는 확실히 이 세상에서 하나님과 함께 걷는 대로이고, 하나님의 다른 규례에서와 마찬가지로 섭리에서도 영혼은 달콤한 교제로 하나님을 즐거워할 수 있다. 섭리를 지켜본 자의 마음은 얼마나 자주 그 지혜롭고 예상하지 못한 결과를 보고 기쁨의 눈물로 녹아내렸을까!

존 플라벨

Divine Conduct, 19

이것이 우리를 당혹스럽게 한다면, 택함받은 자의 파멸을 의도한 것이 오히려 그들의 유익을 가져온 사건들을 볼 때 뭐라고 말하겠는가? 섭리를 통해 일어난 일이 원수들의 의도를 벗어난 것만큼이나 택함받은 자의 예상도 넘어선다. 이런 일은 세상에서 드물지 않다. 요셉의 형들의 시기, 하만의 음모, 다니엘에 대한 방백들의 시기로 말미암아 정해진 법령, 그리고 이와 비슷한 성격을 가진 다른 많은 사건이 다 은밀하고 기이한 섭리의 손을 통해 도리어 택함받은 자의 진보와 유익을 가져오지 않았는가? 원수들은 택함받은 자의 영예를 더 높여주는 역할을 했다.

존 플라벨

Divine Conduct, 24–25

여러분은 오직 말씀을 통해서만 채찍의 목적을 배울 수 있다(시 94:12). 말씀은 하나님의 행위를 해석한다. 섭리는 자체로는 완전한 안내자가 아니다. 섭리는 종종 우리의 생각을 어지럽히고 혼란시킨다. 그러나 섭리를 말씀 앞으로 가져가라. 그러면 여러분의 의무가 무엇인지 금방 드러날 것이다. “내가 어쩌면 이를 알까 하여 생각한즉 그것이 내게 심한 고통이 되었더니 하나님의 성소에 들어갈 때에야 그들의 종말을 내가 깨달았나이다”(시 73:16–17). 악인의 종말뿐만 아니라 고통스러운 상황을 조용히 견디며 악인의 번영을 시기하지 않아야 할 성도 자신의 의무도 말씀을 통해 깨닫게 된다. 자, 그렇다면 여러분이 겪었거나 지금 겪고 있는 섭리를 말씀 앞에 가져오라. 그러면 여러분 자신이 기이한 빛에 둘러싸여 있는 것을 발견하고 거기서 성경의 정확한 증거를 보게 될 것이다.

존 플라벨

Divine Conduct, 129

섭리의 눈이 한 번이라도 감긴 적이 있는가? 아니다. 너를 지키시는 이는 “졸지 아니하신다.” 섭리의 눈이 한순간이라도 당신에게서 떠난 적이 있는가? 아니다. "여호와의 눈은 의인을 향하신다." 여호와는 그분의 눈을 우리에게 영원히 고정하시고 무한히 즐거워하신다. 언제 여호와의 귀가 우리의 부르짖음에 닫히거나 여호와의 손이 우리의 필요를 채워주지 않으신 적이 있었는가? 아니, 사실은 우리가 자신의 상태 때문에 하나님의 생각을 취하지 않은 것이 아닌가? 그리고 하나님의 생각은 그분이 기뻐하시는 평안에 대한 생각 말고 다른 어떤 것이겠는가?

윌리엄 거널

Christian in Complete Armour, 45

하나님은 굽은 막대기로 직선을 만드실 수 있으시다. 그분은 악한 도구를 사용하실 때에도 의로우시며, 거친 섭리를 허락하실 때에도 은혜로우시다.

윌리엄 거널

Christian in Complete Armour, 66

우리를 향하신 하나님의 다양한 처분 아래 어쩔 도리가 없을 때 우리는 섭리에 맞서 씨름한다. 우리가 귀를 갖고 있다면 섭리는 목소리를 갖고 있다. 긍휼은 끌어당겨야 하고 고통은 밀어내야 한다. 따라서 순경이나 역경에서 유익을 얻지 못하고 여전히 회개하지 않은 채로 완고하게 버티고 있다면 이것은 하나님에 맞서 씨름하는 격이다.

윌리엄 거널

Christian in Complete Armour, 81

하나님은 수확을 위해 여름의 더위와 겨울의 서리나 추위를 비롯해 모든 계절을 사용하시는 것처럼 거룩함을 높이기 위해 좋은 일과 나쁜 일, 즐거운 일과 불쾌한 일을 다 사용하신다.

윌리엄 거널

Christian in Complete Armour, 299

시편 기자가 사람들에게 창조와 섭리 속에 담긴 하나님의 긍휼에 대해 감사하라고 권고하면서 내린 결론은 주목할 만한 가치가 있다. "지혜 있는 자들은 이러한 일들을 지켜보고 여호와의 인자하심을 깨달으리로다." 마치 시편 기자가 다음과 같이 말한 것과 같다. "이토록 큰 긍휼에 대해 그토록 작은 찬양만 드리는 이유는 사람들이 자신을 향한 하나님의 인자하심을 보지 못하기 때문이다. 그들은 지혜가 없어서 하나님의 인자하심을 보지 못하는 것이다." 학자를 만드는 것은 도서관이 아니라 도서관의 책에서 좋은 관념을 찾아내어 모으는 지혜다. 하나님을 송축하지 않아도 될 만큼 긍휼을 적게 받은 자는 아무도 없다. 신적 섭리는 우리 삶의 이편 끝에서 저편 끝까지 온통 긍휼로 기록되는 두꺼운 책이다. 그러나 슬프게도 이 책을 읽을 자가 거의 없다. 이 거룩한 목적을 위해 이 책의 훌륭한 본문을 수집하는 지혜를 가진 자는 더더욱 없다.

윌리엄 거널

Christian in Complete Armour, 734

내 구주께서 머리는 아래로 축 처지고, 관자놀이는 가시에 찔려 피를 철철 흘리고, 손과 발은 못 박히고, 옆구리는 창에 찔리고, 원수들은 구주를 에워싸고 그의 수치를 조롱하고 그의 무능함을 모욕하는 와중에 그토록 쓸쓸하게 십자가에 매달린 모습을 볼 때, 여기서 내가 구주에 대해, 그분이 자기 아버지에게서 버리심 받았다고 불평하시는 것 말고 어떤 다른 생각을 하겠는가? 그러나 내 눈을 다시 돌려 해가 어두워지고 땅이 진동하고 바위가 갈라지고 무덤이 열리고 강도가 구주의 신성을 고백하는 것을 볼 때, 그리고 구주의 모든 원수들이 부주의하게 방치한 것처럼 보인 그분의 시체에서 그들이 뼈 한 조각도 부러뜨릴 수 없게 만든 섭리의 강력한 보호를 볼 때, 나는 구주의 영광과 안전에 대해 경탄하지 않을 수 없다. 하나님은 종종 보이지 않지만 항상 가까이 계신다. 하나님이 우리의 고통에 눈을 잠깐 감으시는 것 같을지라도 그분은 주무시지 않는다. 우리는 느낌에 따라 하나님의 임재와 보호를 판단할 수 없으며 믿음으로 판단해야 한다. 내가 하나님의 은밀한 보호 아래 사는 동안 세상이 나를 비참한 상태에 내버려둔다고 해도 무슨 상관이 있겠는가?

조셉 홀

Meditations and Vows, 109 – 10

하나님은 세상을 만드실 때 우리의 조언을 구하지 않으셨다. 그럼에도 그분은 세상을 잘 만드셨다. 그렇다면 하나님이 세상을 다스리실 때 우리에게서 조언을 구하셔야 한다고 생각할 이유가 무엇인가?

매튜 헨리

Gems, 88

근래에 나는 하나님의 획기적인 도우심을 경험했다. 굴뚝에서 나온 불꽃으로 말미암아 우리집의 초가 지붕에 불이 붙었는데, 이 불은 섭리를 통해 조기에 발견되어 신속하게 진화되었다. 그렇지 않았다면 건조하고 바람까지 부는 날에 내 집과 이웃집이 다 타버릴 수도 있었다. 이 사건은 유혹의 불꽃을 조심하고 일상적인 긍휼에 주의를 기울이라는 매우 유익한 교훈을 주었다.

토머스 졸리

Note Book, 19–20 (December 1674)

코를 벌에 쏘였다. 곧바로 침을 뽑고 꿀을 바르니 얼굴이 붓지 않았다. 이처럼 신적 섭리는 매우 사소한 일에도 미친다. 오, 주여. 두려운 죄의 독침이 제게 독을 퍼뜨리지 않도록 죄를 짓지 않게 하소서.

랄프 조세린

Diary, 18 (September 5, 1643)

여러분이 섭리를 원수로 만드는 특별한 세 가지 죄가 있다. (1) 자신의 욕망을 채우기 위해 세상의 부나 피조물을 남용하는 것이다. 교만과 방탕이 있는 곳에서 여러분은 불태울 것을 찾을 것이다. 그때 확실히 여러분의 꽃은 열기로 말라버릴 것이다. 즐거운 소돔에 "교만함과 음식물의 풍족함과 태평함"이 임하자 확실히 태워버리는 열기를 만났다(겔 16:49)… (2) 세상의 부나 피조물을 신뢰의 대상으로 삼는 것이다. 하나님은 경쟁자를 허용하실 수 없다…여러분이 피조물을 우상으로 삼는다면 하나님은 피조물을 아무것도 아닌 것으로 여기실 것이다. 하나님의 질투의 불은 태워버리는 열이다. 하나님은…확실히…재물은 살아계신 하나님보다 더 좋은 것이 되면 아무 도움이 되지 못한다는 사실을 증명하신다(딤전 6:17). (3) 세상의 부나 피조물을 잘못된 수단을 통해 얻는 것이다…여러분은 이렇게 얻은 것을 자신을 발전시키는 준비된 길로 생각한다. 하지만 절대로 그렇지 않다. 이것은 완전한 파멸에 이르는 준비된 길이다. "너희 금과 은은 녹이 슬었으니 이 녹이 너희에게 증거가 되며 불 같이 너희 살을 먹으리라 너희가 말세에 재물을 쌓았도다"(약 5:3). 말하자면 그것은 태워버리는 하나님의 진노의 불을 자초하는 것이다.

토머스 맨톤

Practical Exposition on the Epistle of James, 27

밤의 어둠이 끝날 때가 되면 빛이 찾아올 것이고, 그때 빛은 우리가 식별할 수 있을 만큼 밝을 것이다. 어느 저명한 화가가 자신의 작품에 대해 설명하는 동안 그의 말을 혼란스럽다고 무시하는 무지한 사람들도 그의 말이 끝날 때에는 훌륭하다고 경탄한다. 섭리가 우리를 통과하는 동안 모든 것이 혼란스러울 수 있지만 섭리의 직물이 다 짜일 때에는 은혜롭다.

존 오웬

Golden Book, 205

하나님의 모든 채찍, 곧 그분의 징계

의 섭리 안에는 하나님의 신호 곧 외침이 들어 있다. 그 안에서 하나님은 자신의 이름, 거룩하심, 능력, 광대하심을 선포하신다.

존 오웬

On Being Spiritually Minded, in *Oweniana,* 218

사람의 기술로 만든 시계 속에는 많은 톱니바퀴가 있고, 각각의 톱니바퀴는 고유의 역할을 갖고 있다. 어떤 톱니바퀴는 이 방향으로 돌고 어떤 톱니바퀴는 반대 방향으로 돈다. 어떤 톱니바퀴는 천천히 돌고 어떤 톱니바퀴는 빠르게 돈다. 이 톱니바퀴들은 다 시계의 작동에 따라 질서 있게 동작한다. 인간에 대한 하나님의 섭리도 이와 매우 유사하다. 하나님의 섭리는 거대한 세상을 작동시키는 시계에 해당한다. 이는 모든 인간에게 각자의 동작과 소명을 할당하고, 그 소명에 따라 각자의 직분과 기능을 부여한다.

윌리엄 퍼킨스

Treatise of the Vocations, 903

섭리는 보통 대조되는 방식으로 행해진다. 섭리는 높이기 위해 낮추며, 살리기 위해 죽이고, 어둠에서 빛을 가져오고, 천국에서 지옥을 가져온다. 우리는 주님이 종종 여자[교회]를 돕기 위해 땅을 만들고 굽은 막대기로 곧게 치는 것을 좋아하신다는 사실을 거의 생각하지 못한다.

프랜시스 레이워스

On Jacob's Ladder, 15–16

섭리는 아무리 절망적인 상황에서도 하나님의 친 백성의 구원을 위한 천 개의 문을 여는 천 개의 열쇠를 갖고 있다. 그러므로 우리는 자신의 본분에 충실하고, 그리스도의 몫은 그리스도께 맡기자. 우리 자신의 본분은 그리스도를 위해 행하고 고난을 받는 것이다.

새뮤얼 러더퍼드

Garden of Spices, 165

요셉이 형들에게 그러했던 것처럼 그리스도께서 우리에게 잠시 원수 역할을 행하실 수 있으나 적절한 때가 되면 긍휼을 행할 길을 여신다. 그리스도는 자신의 연민을 오래 억제할 수 없으시다. 그리스도는 야곱에게 그리하셨던 것처럼 우리와 씨름하시는 것 같은 때에도 우리가 더 나아질 수 있도록 우리에게 숨겨진 힘을 충분히 공급하신다. 우리는 믿음으로 그리스도의 얼굴에서 가면을 벗겨내고 그분의 사랑의 마음을 확인한다.

리처드 십스

Bruised Reed and Smoking Flax, 108

그리스도인은 만물이 섭리의 손길 아래 있다고 믿는다. 하지만 시간과 기회는 누구에게나 주어진다.

랄프 베닝

Orthodox Paradoxes, 22

하나님은 자비의 섭리를 통해 말씀하신다. 하나님은 인자하심과 용납하심과 길이 참으심을 통해 사람들에게 회개를 촉구하신다(롬 2:4). 하나님은 비와 결실기를 주심으로써 자기 자신을 증언하신다(행 14:17). 하나님은 공급하는 긍휼, 예방하는 긍휼, 보존하는 긍휼, 구원하는 긍휼을 베푸신다. 하나님의 긍휼의 수는 셀 수 없을 정도로 많다. 하나님의 긍휼들의 순서와 기이한 방법은 말로 표현할 수 없다. 형언할 수 없이 많은 하나님의 긍휼의 종류와 기이한 상황은 다 사람들에게 입을 열어 하나님을 거슬러 범한 그들의 죄를 회개하고 하나님에게 모든 사랑과 감사와 순종을 바치라고 촉구한다.

토머스 빈센트

God's Terrible Voice in the City, 9 – 10

하나님은 고난의 섭리를 통해 말씀하신다. 하나님의 말씀만이 아니라 하나님의 채찍에도 하나님의 음성이 들어있다. "너희는 매가 예비되었나니 그것을 정하신 이가 누구인지 들을지니라"(미 6:9). 하나님은 징계하실 때 징계를 통해 교훈하신다(시 94:12). 하나님은 그의 손을 들어 치실 때 동시에 입도 열어 말씀하시며, 때로는 사람들의 귀도 여신다(욥 33:16). 때로는 하나님은 더 온건한 채찍, 곧 작은 환난으로 말씀하시고 때로는 두렵게도 더 큰 심판으로 말씀하신다.

토머스 빈센트

God's Terrible Voice in the City, 10

섭리는 세상의 여왕이다. 섭리는 우주의 모든 수레바퀴를 돌리는 손이다. 크리소스토무스는 섭리를 피조물의 배를 조종하는 도선사로 부른다. 섭리는 종종 흐릿하다. 하나님은 때때로 약어로 기록하신다. 섭리의 특성은 너무 다양하고 기이하다. 그리고 우리의 눈은 너무 희미해 섭리를 이해하지 못한다.우리는 우리가 이해하지 못하는 것을 비판하기 쉽다. 우리는 섭리 속에서 일어나는 일들이 매우 기이하고 무질서하다고 생각한다. 그렇더라도 하나님의 섭리는 때때로 은밀하지만 항상 지혜롭다.

토머스 왓슨

"The Christian's Charter of Privileges," in *Discourses*, 1:66

맹목적 운명 같은 것은 없다. 다만 세상을 인도하고 지배하는 섭리는 있다. "제비는 사람이 뽑으나 모든 일을 작정하기는 여호와께 있느니라"(잠 16:33)…섭리는 하나님이 그분의 영광을 위해 그분의 뜻하신 경륜에 따라, 이 세상에서 일어나는 모든 사건을 규제하시는 것이다…시계의 톱니바퀴들은 서로 반대로 움직이는 것 같지만 바늘의 진행과 추의 진동에 도움을 준다. 이와 마찬가지로 하나님의 섭리도 엇갈린 톱니바퀴들처럼 보이지만 택함받은 자에게 유익하도록 모든 일을 진행한다…하나님은 집을 짓고 그 집을 떠나는 건축자와 같지 않고, 전체 피조물의 배를 조종하는 도선사와 같으시다.

토머스 왓슨

Gleanings, 33

섭리는 조종석에 앉아 모든 사건과 모든 우발적 상황을 처리한다. 그러나 섭리는 정직한 사람이 따라 걷도록 하려는 규칙이 아니다. 물론 우리는 하나님의 섭리를 주목해야 한다. "지혜 있는 자들은 이러한 일들을 지켜보고"(시 107:43). 그러나 섭리를 통해 아무 하자 없이 인도받지는 못한다. 섭리는 그리스도인의 성경책이 아니라 그리스도인의 일간 신문이다.

토머스 왓슨

"The Upright Man's Character," in *Discourses*, 1:328

그리스도의 사랑을 섭리가 아니라 약속으로 판단하라. 하나님이 거짓 터를 흔들고, 어떻게든 영혼을 일깨워 그리스도를 찾게 하신 것에 대해 하나님을 송축하라.

토머스 윌콕스

Choice Drop of Honey, 26

성경

회개하지 않았을 때는 성경이 보통 책으로만 보였지만, 지금은 하나님의 율법, 곧 영원하신 주권자의 이름이 적힌 하늘의 편지가 되었다. 성경은 신자의 생각과 말과 행위의 규범이다. 성경의 명령은 구속력이 있고, 위협과 경고는 두려우며, 약속들은 영혼에 생명을 준다.

리처드 백스터

Call to the Unconverted, 33

신약이든 구약이든 성경을 읽을 때는 그것을 사람의 말이 아닌 믿는 자 가운데서 역사하는 하나님의 말씀으로 받아들여야 한다(살전 2:13). 따라서 하나님이 율법을 반포하실 당시에 시내 산에 서 있는 것이나 그리스도께서 복음을 전파하실 때 그분 곁에 서 있는 것과 같은 공경심과 믿음과 집중력을 가지고 말씀에 귀를 기울여야 한다.

윌리엄 베버리지

Great Advantage, 81

위로가 사라지고 유혹이 닥쳐 생각이 텅 비게 되면 그리스도께서는 자취를 감추시고 두려움만 가득 치솟는다. 그럴 때는 옥수수가 없을 때 맷돌의 두 짝만 서로 갈리는 것처럼 스스로를 갉아먹는 사태가 빚어진다. 인간의 생각이 가득 차면 찰수록 유혹과 두려움으로부터 더 많이 벗어날 수 있다. 성경은 생각을 가장 많이 채워주는 충전재다.

윌리엄 브리지

Lifting Up, 43

성경 읽기를 마치면 어떻게 실행에 옮길지 생각하라. 혼자 있을 때는 성경을 손에서 놓자마자 생각해야 하고, 다른 사람과 함께 있을 때는 대화를 나눠야 하며, 일하러 가야 할 때는 방금 읽은 말씀대로 행동해야 한다. 위에 계시는 하나님과 내면에 있는 양심과 주위에 있는 사람들에게 당신 자신을 지배하는 규칙이 무엇인지 분명하게 보여주라. 읽은 말씀을 더 많이 실천할수록 더 큰 효력이 나타나 위로와 실천이 더 증대된다.

다니엘 버지스

Rules and Directions, 30 – 31

그리스도께서 전하신 구원의 복음보다 인간의 이성에 더 낯선 것은 없다.

에제키엘 컬버웰

Time Well Spent, 158 – 59

보물을 찾기 위해 광산을 파헤치는 사람들은 소득이 있을 것이라는 기대를 품고 열심히 노력한다. 그들은 광맥을 찾기 위해 수없이 많은 시행착오를 거친다. 그러다가 마침내 광맥을 발견하면 그들은 노동이 고통스럽고, 지겹다는 사실을 깡그리 잊은 채 크게 기뻐하며 열심히 수고한다. 성경을 공부하는 것은 하늘의 보화가 묻힌 광맥을 발견한 것과 같다. 그러니 더욱더 용기를 내 노력해야 하지 않겠는가?

에제키엘 컬버웰

Time Well Spent, 295 – 96

일반적인 가르침, 권고, 책망, 조언, 위로를 주는 성경을 읽는 것은 구원에 꼭 필요하다. 이것은 기초작업이다. 그러나 신중한 적용이 없으면 과연 어떻게 올바른 회심이 이루어질 수 있단 말인가? 그리스도의 학교에서 조금이라도 유익을 얻은 모든 사람이 한번 판단해보자.

토머스 그랜저

Application of Scripture, 5

교회의 증언을 높이 존중해야 하는 이유는 하나님의 말씀이 교회에 맡겨졌기 때문이다. 이런 이유로 교회는 "진리의 기둥과 터"(딤전 3:15)이자 촛대로 일컬어진다(계 1:12). 거기에서 성경의 빛이 뿜어져 나와 온 세상을 비춘다. 저잣거리의 십자가(중세 시대에 포고문 따위를 부착하는 데 사용했던 구조물-역자주) 기둥에 부착된 군주의 포고문이 참된 권위를 지닌 것인지, 또 촛불이 촛대에서 빛을 발하고 있는지를 과연 누가 알려줄 수 있을까? 바로 교회다. 교회는 하나님의 말씀을 전하고, 알리는 사역을 담당한다. 그러나 교회는 성경을 폐하거나 어떤 것을 성경으로 만드는 등, 제멋대로 무엇을 허용하거나 부인할 수 있는 절대적인 권한은 소유하고 있지 않다.

윌리엄 거널

Christian in Complete Armour, 562

교황주의자는 고대성과 전통이라는 숲과 나무를 의지한다. 하나님이 다가오시자 아담이 숲으로 도망쳤던 것처럼, 교황주의자는 그것들을 피신처로 삼아 성경 앞에서 도망친다. 그들은 마치 고대성이 하나님의 계시만큼이나 확실하고, 인간의 전통이 성경과 쌍벽을 이루기라도 하는 것처럼 행동한다.

윌리엄 거널

Christian in Complete Armour, 580

우리가 그리스도께서 유혹자를 물리칠 때 사용하셨던 무기보다 더 나은 무기로 사탄과 죄를 대적할 수 있을까? 그리스도께서는 어떻게 무장하고 그것들에 맞서 싸워야 할지를 친히 보여주셨다. 그리스도께서는 자기를 체포하러 온 무리에게 했던 대로(만일 자신의 능력을 사용하기를 원하셨다면) 신성에서 뿜어져 나오는 한 줄기 빛으로 마귀를 땅에 엎드러지게 하실 수 있었다. 그러나 그분은 신성의 권위를 숨기고, 사탄이 더 가까이 다가오도록 허용하고, 말씀으로 그를 논박하심으로써 성도들이 어떤 검을 사용해야 할지 보여주셨다. 그분은 성도들을 세상에 남겨두고 떠나면서 말씀의 검으로 동일한 원수를 대적하라고 가르치셨다.

윌리엄 거널

Christian in Complete Armour, 582–83

성경 번역을 허락해 주신 하나님을 찬양하라! 말씀은 우리의 검이다. 성경을 번역하는 것은 곧 이 검을 칼집에서 빼내는 것과 같다. 만일 성경이 헬라어와 히브리어라는 칼집에 그대로 꽂혀 있었더라면 부모가 가르쳐준 한 가지 언어밖에 모르는 그리스도인에게 무슨 유익이 있겠는가?…말씀의 사역을 허락해 주신 하나님을 찬양하라! 말씀의 사역은 하나님이 자기 백성을 위해 개교한 공립 학교와 같다. 그들은 그 안에서 이 무기를 사용하는 법을 배운다. 어떤 사람들은 말씀을 조금 안다고 자만심에 사로잡혀 말씀의 사역을 불필요한 것으로 비웃는데, 이는 매우 안타까운 일이 아닐 수 없다…말씀이 우리의 영혼에 효력을 미치도록 허락해 주신 하나님을 찬양하라! 말씀이 마음을 찔러 그 날카로운 날로 정욕의 피를 흘리게 만든 적이 있는가? 그런 경험이 있다면 하나님께 감사하라. 그것은 외과 의사가 격심한 고통을 유발시키면서 우리 몸에서 썩어가는 부위를 랜싯으로 잘라내는 것과 비슷하다. 그런 경험이 있다면 하나님이 그보다 더 큰 친절을 베푸셨다고 생각하라. 솔로몬은 "친구의 아픈 책망은 충직으로 말미암은 것이나 원수의 잦은 입맞춤은 거짓에서 난 것이니라"(잠 27:6)라고 말했다.

윌리엄 거널

Christian in Complete Armour, 588 – 90

우리의 이성을 성경의 진리를 판단하는 잣대로 삼아서는 안 된다. 자연의 많은 비밀 앞에서조차 어쩔 줄 몰라 당황해하는 이성이 어떻게 말씀의 계시를 시험하는 데 적합한 수단이 될 수 있겠는가? 말씀은 감각은 물론 이성마저 초월한 것들, 곧 "눈으로 보지 못하고 귀로 듣지 못하고 사람의 마음으로 생각하지도 못할"(고전 2:9) 것들을 계시하고 있지 않은가? 복음의 진리는 이성에게는 낯선 언어와 같다. 믿음을 통역자로 앞세우지 않으면 이성은 그 언어를 알아들을 수 없다. 성경은 이스라엘 백성이 믿음으로 안전하게 건넜던 홍해와 같다. 애굽인들도 홍해를 건너려고 시도했지만 그런 안내자가 없었기 때문에 모두 익사하고 말았다. 겸손한 신자는 위험한 실수를 저지르지 않고 말씀의 깊은 신비를 안전하게 헤쳐나가지만, 믿음을 도외시하고 이성을 안내자로 삼은 교만한 사람들은 아리우스주의, 펠라기우스주의, 소시니우스주의와 같은 많은 오류에 빠져 익사하고 만다.

윌리엄 거널

Christian in Complete Armour, 599

하나님이 저자가 되어 쓰신 책은 반드시 읽어야 한다. 그 책에 기록된 비밀은 그분의 무한한 지혜와 사랑의 산물이기 때문에 알아야 할 큰 가치가 있다.

윌리엄 거널

Christian in Complete Armour, 804

성경 또는 신약의 복음은 그 자체로 계속해서 일어나고 있는 기적이나 다름없다. 어떤 영혼이든 복음을 말로만이 아니라 성령과 큰 확신으로 받아들이면(살전 1:5), 그 안에서 기적이 일어난다(눅 7:22). 그 영혼은 성령과 함께 그분의 은사와 은혜를 받는다. 복음 전도자들이 그렇게 복음을 받아들인 신자들에게 세례 주는 것을 금지할 사람이 누구인가(행 10:44, 47, 48)? 따라서 기적을 일으키는 말씀을 소유하고 있다면 기적 사역을 열망할 필요가 없다.

핸서드 놀리스

Shining of a Flaming Fire, 10

성경은 금광과 같다. 오직 그곳에서만 영원히 지속되는 보화를 발견할 수 있다. 따라서 어떤 고통이 뒤따르더라도 최선을 다해 이 금광을 열심히 파헤칠 가치가 있다.

로버트 레이턴

A Commentary upon the First Epistle of Peter, in *Whole Works*, 1:96

시먼 씨 : 하나님을 향해 말씀을 읽는 것은 예배의 행위이지만, 회중을 향해 말씀을 읽는 것은 신자들의 덕을 세우는 수단입니다. 두 가지 모두 목회자가 해야 할 사역이지만, 꼭 목회자가 직접 할 필요는 없습니다. 물론, 그렇다고 해서 회중 가운데 아무 사람이나 마구 시켜서도 안 되지요.

버지스 박사 : (1) 공적인 성경 낭독은 하나님이 정하신 의식입니다(신 31:11, 에스라서, 행 15:21). (2) 공적인 인물, 곧 하나님으로부터 공적 직임을 수행할 자격을 부여받은 사람만이 이 공적 사역을 이행할 수 있습니다(신 31:9, 10, 딤전 4:13). (3) 누가 이 사역을 이행하든 설교나 다른 방법으로 말씀을 가르칠 수 있는 권한을 위임받은 사람이어야 합니다.

마샬 씨 : 말씀을 공적으로 낭독하는 것은 교회의 직임에 해당하지 않습니다.

기번 씨는 목회자와 성경 낭독자가 서로 다른 두 가지 직임에 해당한다고 말했다.

팔머 씨 : 이 직임은 하나님이 대리자로 세우신 사람만이 이행할 수 있습니다(렘 36장–바룩).

캘러미 씨는 힐더샴 씨의 말을 듣고 이렇게 말했다. "공적인 성경 낭독은 하나님이 정하신 의식이기 때문에 공적 직임을 맡은 사람이 담당해야 합니다. 공적인 성경 낭독은 개인적으로 성경을 읽는 것보다 더 많은 축복을 가져다줄 것입니다. 종일 이 주제를 논의하다 보니 어느새 두 시가 다 되었네요."

존 라이트풋

Journal of the... Assembly of Divines,
November 2, 1643, in *Whole Works*, 13:37

보석은 땅 위에 놓여 있지 않다. 그것을 찾으려면 동굴이나 어두운 창고 안으로 들어가야 한다. 진리도 겉으로 드러난 한두 마디 표현에 나타나 있지 않다. 성경의 영광과 아름다움은 깊숙한 곳에 있기 때문에 그것을 밖으로 꺼내려면 많은 연구와 기도가 필요하다.

토머스 맨톤

Practical Exposition on the Epistle of James, 69

성경에 없는 것이 무엇인가? 당신은 가난한가? 성경에 풍성한 보화가 있다. 당신은 병들었는가? 성경에 치료약이 있다. 당신은 기력이 없는가? 성경에 강장제가 있다. 당신은 그리스도 없이 지내는가? 성경에 그분께로 인도하는 별이 있다. 당신은 그리스도인인가? 성경에 그리스도 안에서 교제를 나누는 사람들이 있다. 당신은 고통을 겪고 있는가? 성경에 우리의 위로가 있다. 당신은 박해를 당하고 있는가? 성경에 우리의 보호가 있다. 버림을 받았는가? 성경에 우리의 회복이 있다. 당신은 유혹을 느끼는가? 성경에 우리의 검과 승리가 있다. 당신은 젊은가? 성경에 우리의 아름다움이 있다. 당신은 늙었는가? 성경에 우리의 지혜가 있다. 우리가 사는 동안에는 성경이 우리 행위의 규칙이 되고, 우리가 죽었을 때는 성경이 우리 영화의 소망이 된다. 따라서 우리는 테르툴리아누스와 더불어 "나는 성경의 충만함을 경모한다."라고 말할 수 있다. 오, 복된 성경이여! 성경을 알고 사랑하지 않을 사람이 누가 있으랴?

프랜시스 로버츠

Great Worth of Scripture Knowledge, 8

성경은 모든 진리의 규칙이다. 다른 책들도 성경에 일치하고, 상응해야만 진리가 될 수 있다. 다른 말이나 글은 모두 이 시금석으로 시험해야 한다. 감각이 말하는 것이나 이성이 말하는 것이나 조상들이 말하는 것이나 총회에서 말하는 것이나 전통이 말하는 것이나 관습이 말하는 것이 아니라 오직 성경이 말씀하는 것만이 믿음과 삶의 규칙이 될 수 있다. 성경과 모순되거나 성경을 벗어났거나 성경으로부터 합리적으로 추론할 수 없는 것은 거짓이요 허위이기 때문에 거부해야 한다. "마땅히 율법과 증거의 말씀을 따를지니 그들이 말하는 바가 이 말씀에 맞지 아니하면 그들이 정녕 아침 빛을 보지 못하고"(사 8:20).

조지 스윈녹

The Christian Man's Calling, in *Works*, 2:440

하나님의 말씀은 참으로 영광스럽다. 죄와 사탄을 물리치고, 그리스도를 높이고, 거룩함을 진작시킨 덕스럽고, 유명한 책들도 적지 않지만 성경은 그 모든 책을 능가한다. 성경은 사자를 양으로, 까마귀를 비둘기로, 짐승을 사람으로, 사람을 천사로 변화시킨다. 성경은 난폭한 격정을 제압하고, 타락한 본성을 죽이고, 부패한 마음을 억제하고, 억세고 고질적인 정욕을 뿌리째 제거하고, 정사와 권세들을 정복하고, 사로잡혔던 자들을 사로잡고(엡 4:8 참조), 세상을 뒤엎는다.

조지 스윈녹

The Christian Man's Calling, in *Works*, 2:445

우리가 은밀하게 관심을 기울여야 할 또 하나의 의무는 하나님의 말씀을 읽는 것이다. 장인은 자신의 도구를 챙기지 않고 집 밖에 나가서는 안 된다. 성경은 목수에게는 건축물을 똑바로 세우기 위해 사용하는 자와 같고, 상인에게는 물건을 달아주는 저울과 같으며, 여행자에게는 여행을 도와주는 지팡이와 같다. 성경대로 행하지 않으면 안전하게 살아갈 수 없다.

조지 스윈녹

The Christian Man's Calling, in *Works*, 2:494

성경에 능통한 사람은 이 불결한 새의 눈을 정통으로 맞춰 단번에 치명상을 입힐 수 있다(행 18:28 참조). 심지어는 연약한 여성도 이 검을 손에 들고 그것을 사용하는 법을 성령님에게서 배우면 학식 높은 박사들과 맞서 그들의 철학적 무기를 무력화하고, 그들에게 패배의 수치를 안겨줄 수 있다.

조지 스윈녹

"The Pastor's Farewell," in *Works*, 4:96

하나님은 성경에 분명하게 파악하기 어려운 것들을 기록해 두셨다. 그 이유는 (1) 하나님의 말씀을 이해하는 것이 그분의 선물이기 때문에 계속해서 기도함으로써 하나님의 도움을 간구해야 한다는 것을 주지시키기 위해서, (2) 우리 스스로 무엇인가를 다 이해한 것처럼 느끼더라도 우리 자신의 지혜를 지나치게 자랑하지 않게끔 하기 위해서, (3) 고귀한 하늘의 비밀을 간직하고 있는 말씀은 크게 존중하고, 명백한 말씀은 덜 존중하는 일이 없게 하기 위해서, (4) 오직 택함받은 자들만이 얻을 수 있는 귀한 진주와도 같은(마 13:45) 거룩한 비밀을 돼지들이 짓밟고(마 7:6), 더러운 개들이 훼손하는 일이 없게 하기 위해서, (5) 우리를 고무해 더욱 부지런히 진리를 찾게 하기 위해서, (6) 하나님이 교회 안에 허락하신 말씀의 사역을 더욱 존중하고, 그런 수단을 통해 거룩한 비밀들을 깨달아 유익을 누리게 하기 위해서다.

제임스 어셔

Body of Divinity, 28

아우구스티누스가 말한 대로, 성경은 하나님이 우리에게 보내신 황금 서신이다. 우리는 성경을 부지런히 읽어야 한다. "너희가 성경을…알지 못하는 고로 오해하였도다"(마 22:29)라는 말씀대로, 성경에 무지하면 오류를 저지를 뿐, 경건하게 살 수 없다. 우리는 '성경을 연구해야' 한다(요 5:39). '연구한다'로 번역된 헬라어는 은맥을 찾는다는 의미를 내포한다. 자녀들은 아버지의 유언장을 열심히 읽어야 하고, 시민은 자신의 권리증서를 신중하게 살펴야 한다. 우리는 그런 부지런함으로 천국의 대헌장인 하나님의 말씀을 열심히 읽어야 한다.

토머스 왓슨

Bible and the Closet, 15

성경을 읽음으로써 유익을 얻으려면 유익을 얻지 못하게 방해하는 것들을 제거해야 한다…성경 읽기를 통해 유익을 얻으려면 다음 세 가지 방해 요소를 제거해야 한다. (1) 죄를 사랑하는 마음을 제거하라. 의사가 처방을 잘해줘도 환자가 독약을 먹으면 약의 효력과 기능이 발휘되지 않을 것이다. 성경은 훌륭한 처방을 제공하지만 죄는 그 모든 것을 중독시킨다… (2) 읽은 말씀을 질식시키는 가시떨기를 제거하라. 주님은 가시떨기가 "세상의 염려"를 가리킨다고 설명하셨다(마 13:22). 여기에서 '염려'는 탐욕을 의미한다. 탐욕스러운 사람은 세속적인 즐거움을 추구하느라고 바쁘기 때문에 성경을 읽을 시간이 없다. 그런 사람은 성경을 읽더라도 건성으로 읽을 수밖에 없다. 그의 눈은 성경에 있지만 마음은 세상에 있다. (3) 성경을 사사롭게 여기지 말라. 그것은 불을 가지고 장난치는 것과 같다. 하나님을 경홀히 여기면서 즐거워하는 사람들이 있다. 그들은 마음이 슬플 때 성경을 악한 영들을 내쫓는 수금처럼 사용한다…하나님이 두렵다면 그렇게 하지 않도록 조심하라.

토머스 왓슨

Bible and the Closet, 18-19

성경은 성령의 서재이자 신성한 지식의 규약이요 믿음의 정확한 본보기이자 기준이다. 성경 안에는 우리가 믿어야 할 신조와 실천해야 할 의무가 명시되어 있다. 성경은 구원에 이르는 지혜를 제공한다(딤후 3:15). 성경은 진리의 기준이요 논쟁의 심판관이며, 우리를 천국으로 인도하는 북극성이다. 성경은 우리의 방향키를 인도하는 나침반이요, 그리스도께서 값비싼 진주를 숨겨놓으신 밭이다.

토머스 왓슨

Bible and the Closet, 28

그 누구도 성령의 계시를 받았다고 말해서는 안 된다. 하나님의 성령께서는 말씀으로 역사하신다. 성경 말씀 외에 다른 새로운 계시를 받았다고 주장하는 것은 스스로를 속이고, 성령을 욕되게 하는 것이다. 그가 받은 계시는 '자기를 광명의 천사로 가장한'(고후 11:14) 마귀에게서 비롯한 것이다.

토머스 왓슨

Bible and the Closet, 120–21

이 의무를 효율적으로 이행해 성공을 거두려면 우리의 이해력을 일깨우는 다윗의 열쇠를 들고 계시는 주님께 끊임없이 기도를 드려야 한다. 그래야만 그분이 우리에게 제공하시는 도움을 받아 사용할 수 있다. 의심이 들 때는 '회중의 스승'을 찾아가라(전 12:11 참조). 그분의 입에서 율법을 구하라(말 2:7 참조). 그 이유는 마땅히 그렇게 해야 하기 때문이다. 기억력을 향상시키려면 의도를 가지고 여유 있게 읽고, 즐겁게 묵상하고(이것이 영혼을 먹이는 방법이다), 기회가 있을 때마다 다른 사람들(특히 하나님이 가까이에 두신 사람들이나 가르침을 베푸는 사람들)과 대화를 나누라(신 6:6–9, 시 34:11 참조). 즐거운 마음으로 약속들을 자신에게 적용하고, 두렵고 떨리는 마음으로 경고의 말씀을 생각하라(시 119:110, 사 66:3). 그러나 유익을 얻는 데 가장 큰 도움이 되는 방법은 하나님이 의무를 깨우쳐주실 때마다 그것을 즉각 실천하는 것이다.

존 화이트

"An Explication of the Following Direction for the Reading of the Bible Over in a Year," in *Way to the Tree of Life*, 342

성경을 읽는 것은 하나님과 거룩한 대화를 나누는 것과 같다. 우리는 질문하고 하나님은 자기 자신과 자기의 뜻을 보여주신다. 따라서 지금부터는 거룩한 성경이 바로 하나님의 말씀이라는 것을 좀 더 분명하게 의식할 필요가 있다. 하나님은 성경 안에서, 성경을 통해 우리에게 말씀하신다. 따라서 성경책을 펼쳐 들었을 때는 하나님 앞에서 그분이 하시는 말씀을 듣는다고 생각해야 한다.

존 화이트

Way to the Tree of Life, 1

그리스도의 마음이 묻혀 있는 금광과

도 같은 성경을 매일 파헤치라.

토머스 윌콕스

Choice Drop of Honey, 25

성경 해석

파렴치하게도 성경을 무익하고, 근거 없는 풍유로 전락시켜 내용을 왜곡하는 사람들이 너무나도 많다. 어떤 사람은 터무니없는 기지를 발휘해 낙원은 인간의 영혼을, 남자는 생각을, 여자는 감각을, 뱀은 쾌락을, 선악을 알게 하는 나무는 지혜를, 나머지 나무들은 미덕과 재능을 각각 가리킨다고 주장한다. 친구들이여, 성경이 분명하고, 명백하게 밝히지 않은 것을 풍유화하고, 문자대로 이해해야 할 말씀을 비유적으로 이해하려는 시도는 매우 위험하다는 것을 잊지 말라.

토머스 브룩스

Privy Key of Heaven, 3

보석 세공사가 단단한 다이아몬드를 깎아 이물질을 제거해 밝게 빛나게 만드는 것처럼, 우리도 어려운 성경 구절을 발견하면 거울들을 맞대어 놓고 서로 빛을 비추게 하듯 병행 구절들을 이용해 그 의미를 분명하게 밝혀야 한다.

새뮤얼 클라크

Saint's Nosegay, 112

성경이라는 생명의 강물에는 얕은 곳도 있고, 깊은 곳도 있다. 얕은 곳은 양들도 걸어서 건너갈 수 있지만, 깊은 곳은 코끼리 정도나 헤엄쳐 건널 수 있다. 분별력이 없으면 그릇 치우치기 쉽다. 많은 이들이 개울물을 걸어서 건널 수는 있지만 깊은 강물을 헤엄쳐 건널 수는 없다. 성경 말씀을 잘못 이해하면 치명적인 결과가 초래된다. 무지하고, 무식한 사람들이 가장 어려운 성경 구절을 해석해 자신이 이해한 것을 고집스럽게 주장하면 교회에 더할 나위 없는 큰 해악이 미치게 된다.

조셉 홀

Select Thoughts, in *Select Tracts*, 369

성경의 영감

성경은 확실한 하나님의 말씀이다. 여기에서 성경은 신구약 성경을 의미한다. "너희는 사도들과 선지자들의 터 위에 세우심을 입은 자라"(엡 2:20)라는 말씀이 암시하는 대로, 신구약 성경은 우리의 믿음을 떠받치는 토대다. 이것이 하나님이 신구약 성경을 통해 교회에 전달하신 교리다. "모든 성경은 하나님의 감동으로 된 것으로"(딤후 3:16)라는 말씀대로, 오류가 없는 성령의 인도하심 아래 성경이 기록되었다. 하나님의 숨결을 통해 그분의 생각과 마음으로부터 직접 성경의 진리가 비롯했다. 이는 우리의 숨결이 우리의 육체 안에서 나오는 이치와 비슷하다. 하나님이 성경의 말씀과 내용을 기록하셨다. 성경이 말씀하는 것은 "사람의 지혜가 가르친 말이 아니라 오직 성령께서 가르치신 것"이다(고전 2:13). 하나님은 한 가지 주제를 제시하고 사람들의 재능과 능력을 빌려 그것을 적당히 희석하거나 확대하게 하신 것이 아니라 자신이 말씀한 것을 충실히 따르게 하셨다. 과거의 서기관들이 하나님의 성령께서 말씀하신 것을 옮겨 적은 것처럼, 성경 저자들도 그분의 무오한 구술을 받아 적은 필사자였을 뿐이다. 우리의 개인적인 생각이나 상상력만으로는 어떤 성경도 옳게 이해할 수 없는 이유가 여기에 있다.

윌리엄 거널

Christian in Complete Armour, 562

성도와 죄인의 대조

슬픔과 기쁨, 고통과 안식, 두려움과 평안이 서로 다르듯이 다가올 세상에서 성도의 상태와 죄인의 상태도 다르다.

존 번연

"Mr. John Bunyan's Dying Sayings," in *Complete Works,* 81

악인은 아무리 좋은 일일지라도 그 일로 상처를 입지만 경건한 자는 아무리 나쁜 일일지라도 그 일로 더 나아진다.

윌리엄 젠킨

in Horn, *Puritan Remembrancer,* 342

경건한 자는 자신의 부패함을 반대할 때에는 능동적이고, 그것을 견딜 때에는 수동적이다. 자연인(육에 속한 사람)은 자신의 부패함에 대해 은밀하게 능동적이고, 자신의 부패함을 막기 위해 도움받는 것과 관련해서는 수동적이다. 선한 사람은 악을 억누르고 선을 행한다. 자연인은 선을 억누르고 악을 행한다.

리처드 십스

Soul's Conflict, 50

사람은 얼굴의 홍조가 아니라 좋은 안색으로 건강하다는 판단을 받는다. 하나님은 특별한 행위가 아니라 일반적 과정을 보고 사람이 거룩한지 판단하신다. 죄인도 몇몇 일부 행위가 매우 좋을 수 있다. 유다는 후회한다. 가인은 제물을 바친다. 서기관들은 기도하고 금식한다. 하지만 이런 행위는 다 거짓이었다. 아무리 치명적인 병에 걸렸더라도 거기에 어느 정도 고통이 멈추는 기간과 좋은 예후가 있을 수 있다. 성도도 몇몇 일부 행위가 매우 나쁠 수 있다. 노아는 술에 취한다. 다윗은 이웃의 아내를 범한다. 베드로는 최고의 친구를 부인한다. 하지만 이들은 하늘이 총애하는 인물들이었다. 아무리 좋은 금덩어리라도 약간의 흠은 있기 마련이다. 양도 진창 속에 빠질 수 있다. 하지만 돼지는 밤낮으로 진창에서 뒹구는 것을 좋아한다. 그리스도인도 비틀거릴 수 있다. 아니 사실은 넘어질 수 있다. 그러나 그는 다시 일어나 하나님의 계명의 길을 따라 걷는다. 그리스도인의 마음의 성향은 올바르고, 그리스도인의 삶의 목표는 곧으며, 그래서 그리스도인은 진실하다고 여겨진다.

조지 스윈녹

The Christian Man's Calling, in *Works*, 2:186

모든 성도가 훌륭하다. 어떤 성도는 다른 성도보다 더 훌륭하다. 하지만 가장 높은 자리에 있는 성도가 가장 낮은 자리에 있는 성도보다 더 위에 있지 않다. 이것은 가장 낮은 자리에 있는 성도가 가장 높은 자리에 있는 성도보다 더 위에 있지 않은 것과 마찬가지이다.

랄프 베닝

Canaan's Flowings, 197

성도의 견인

성도의 견인은 하나님의 불변적 경륜과 택하심에 그 기반을 두고 있다. 주의 터는 견고하게 서 있다. "또 미리 정하신 그들을 또한 부르시고 부르신 그들을 또한 의롭다 하시고 의롭다 하신 그들을 또한 영화롭게 하셨느니라"(롬 8:30). 이 황금 사슬은 굳건하다. 연결 고리가 절대 끊어지지 않는다. 최초의 연결 고리인 예정이 굳건한 자는 누구든 마지막 연결 고리인 영화에 틀림없이 이르게 될 것이다. 하나님은 사람이 아니시니 후회하지 않으신다.

리처드 알레인

Heaven Opened, 229

예수 그리스도께서 자신의 모든 백성을 은혜 안에서 끝까지 견인하시지 않고, 진리 안에 계속 거하는 것을 그들의 자유 의지에 맡겨버리신다면, 그분은 그들을 첫 언약(행위 언약) 아래 있었던 것과 똑같은 상태에 두시는 것이다. 첫 언약에서 아담의 지위는 자기 자신의 선택과 의지에 달려 있었다. 하지만 지금은 그러하지 않다. 그리스도께서 신자에게서 첫 언약을 제거하고 누구나 자기 앞에 나오는 자를 온전하게 하는 둘째 언약(은혜 언약)을 세우셨기 때문이다(히 8:6-11; 10:9-10).

바르톨로메오 애쉬우드

Best Treasure, 248

영혼이 실족하고 타락할 것 같으면, "그는 넘어지나 아주 엎드러지지 아니함은 여호와께서 그의 손으로 붙드심이로다."(시 37:24)와 같은 약속이 영혼을 떠받친다. 이 구절의 히브리어 본문은 이렇게 되어 있다. "그의 손으로 붙들고 계시는 여호와께서…" 이 히브리어 본문은 하나님의 지속적인 행위를 암시한다. 하나님은 자기 백성이 완전히 또는 마지막까지 넘어지지 않도록 그분의 영원한 팔로 그들을 계속 붙드신다. 그리고 이 단어를 파생시킨 어근은 자상한 엄마가 어린 아기에게 하듯이 지탱하거나 떠받치는 것을 의미한다. 엄마 팔에 안긴 아기의 안전은 아기가 아니라 엄마에게 달려 있다. 마찬가지로 우리의 안전도 우리가 약한 힘으로 그리스도를 붙드는 것에 달려 있는 것이 아니라 그리스도께서 그분의 영원한 팔로 우리를 굳게 붙들고 계시는 것에 달려 있다. 그리스도께서 왼손을 항상 우리 아래 두고 오른손으로 항상 우리를 안으시는 것, 이것이 우리의 영광이자 우리의 안전이다.

토머스 브룩스

The Unsearchable Riches of Christ, in *Select Works,* 1:133-34

하나님의 택하심에는 불가분적으로 믿음과 거룩함이 뒤따른다는 것을 앞에서 확인했다. 지금 우리가 할 일은, 이러한 믿음과 거룩함은 지속되는 성격이 있어서 절대로 상실되지 않는다는 것을 보이는 것이다. 우리는 이것을 바로 '견인'이라고 부른다. 견인은 이전의 모든 요소의 면류관이자 영화이고, 그로부터 위로를 우리에게 보증한다. 이 교리에 관한 증명과 확증은 분명히 필요하고 유익하다.

엘리샤 콜스

Practical Discourse, 239

성도의 견인에 관한 또 하나의 사실은 하나님의 모든 속성이 견인과 관련되어 있다는 것이다. 하나님의 불굴의 힘이 견인을 보증하므로 견인은 성공할 수밖에 없다.

엘리샤 콜스

Practical Discourse, 257

은혜는 반드시 역사하고 증가한다. 활동이 없거나 증가가 없는 것은 은혜의 본질에 반한다. 그러므로 은혜의 성령은 거듭남, 가르침, 증언, 위로, 악에서의 보존, 선 안에서의 협력, 우리의 유익을 위한 중보기도와 같은 자신의 사역을 절대로 포기하지 않고 끝까지 완수하신다. 그런데 당신은 (당신 안에 거하시는) 성령을 방해하겠는가? 당신은 말할 수 없는 탄식으로 기도하고 "아빠 아버지"라고 부르짖는 것을 지겨워하겠는가? 당신은 속사람의 힘을 강하게 하고 당신 자신을 (다윗과 같이) 죄악에서 지키는 것을 지겨워하겠는가? 당신은 성령 안에서 즐거워하고 하나님의 영과 당신 자신의 영의 상호 증언을 믿는 것을 지겨워하겠는가? 당신은 모든 것을 배우고 하늘의 기쁨을 아는 것을 지겨워하겠는가? 간단히 말해 당신은 더욱 거듭나고 계속 자라가는 것을 지겨워하겠는가? 바다의 파도처럼 더 커지지 않으면 당신 안에 선이 없는 것이다.

하니발 개먼

God's Just Desertion of the Unjust, 32 – 33

오, 우리의 믿음은 어디에 있는가? 하나님은 지혜로우시고 사람들과 마귀들은 어리석다. 바벨이 바벨론보다 더 높이 올라가더라도 이는 무너뜨림을 당하기 위한 것일 뿐이다. 진리는 요셉과 함께 죄수로 잡혀 있고 오류는 시대의 하수인이 되어 머리를 치켜들고 있더라도, 옥중에서도 진리가 전진하는 길이 뚫려 있다는 것을 기억하지 못하는가? 교회는 고래 뱃속의 요나와 같이 격분한 사람들의 이성의 눈에 삼켜졌지만, 고래가 선지자를 잡아먹을 힘이 없었다는 것을 기억하지 못하는가? 오, 그러므로 교회가 죽기 전에 교회를 너무 급하게 장사지내지 말라.

윌리엄 거널

Christian in Complete Armour, 76

히브리서 6장 4절에서 한 번 빛을 받고 "하늘의 은사를 맛보고 성령에 참여한 바 된" 자에 대해 읽는다. 이것은 무엇을 가리키는가? 이것은 구원 사역, 곧 참된 변화와 회심 상태를 가리키는 것일 수 없다. 그 이유는 이런 자는 빛을 받고, 은사를 맛보고, 참여했음에도 불구하고 "떨어져나간 자"(타락한 자, 6절)라고 일컬어지기 때문이다. 이것이 은혜의 참된 사역이었다면 그들은 구원에서 떨어져 나갈 수 없었을 것이다. 신자는 넘어질 수는 있지만 구원에서 떨어져 나갈 수는 없다. 신자는 부정을 저지를 수는 있지만 "영원한 팔 아래 있기" 때문에 결국은 구원에서 떨어져 나갈 수 없다. 신자의 믿음은 우리의 "믿음이 떨어지지 않도록" 간구하신 그리스도의 기도의 힘 안에 세워져 있다. 그뿐만 아니라 그리스도는 우리에게 "영원히 멸망하지 아니할" "영생"을 주겠다고 말씀하신다(요 10:28). 따라서 히브리서 구절에서 언급된 것은 지속성이 없으므로 구원 사역이 될 수 없다. 이 일 아래에 있는 자는 구원에서 떨어져 나간다고 말해지기 때문이다.

매튜 미드

Almost Christian Discovered, 135–36

우리가 넘어지지 않고 보존되는 것은 우리 안에 있는 무엇 때문이 아니라 우리 밖에서 오는 것 때문이다. 아니 사실은 우리 위에서, 정확히 말하면 하나님의 능력에서 오는 것 때문이다. 그래서 베드로 사도는 이렇게 말한다. "[우리는] 구원을 얻기 위하여 믿음으로 말미암아 하나님의 능력으로 보호하심을 받았느니라"(벧전 1:5). 여러분도 알다시피 우리 안에 은혜가 유지되는 것은 우리를 붙들어주시는 은혜 때문이다. 믿음이 우리를 지켜줄 하나님의 능력을 붙잡는다. 우리는 믿음을 통해 하나님의 능력으로 지켜진다.

매튜 미드

"The Power of Grace," in *Name in Heaven,* 93

우리가 그리스도 안에 견고하게 계속서 있는 것은, 사실 우리 자신의 근면함에 절대적으로 의존하지 않는다. 우리가 변함없이 그리스도와 연합되고 그 연합이 굳건해지는 것은 은혜 언약의 신실함 때문이다. 그러나 우리 자신의 부지런한 수고가 이 목적을 이루는 필수 수단이고, 이 수단이 없으면 이 목적은 이루어질 수 없다…이 문제에서 근면과 수고는 멜리데 섬에서 배가 좌초했을 때의 선원들과 같다. 하나님은 배에 탄 모든 사람의 목숨에 대해 미리 바울에게 알려주셨고, 바울은 하나님이 말씀하신 대로 일이 진행될 것을 믿었다. 따라서 이제 그들의 목숨의 보존은 하나님의 신실하심과 그분의 능력에 완전히 달려 있었다. 그런데 선원들이 배에서 도망치기 시작하자 바울은 백부장과 군인들에게 그들이 배에 머물러 있지 아니하면 구원을 얻지 못할 것이라고 말한다. 하나님이 그들 모두의 보존을 약속하셨는데 바울은 무슨 생각을 해야 했을까(행 27:31)? 바울은 하나님이 선원들을 보존하실 것을 확실히 알았지만 수단의 사용을 통해 그렇게 하실 것을 알았다. 우리가 그리스도 안에 있다면 하나님은 우리에게 생명을 주시고 그 보존을 자신의 언약 안에서 붙잡고 계신다. 그렇더라도, 폭풍과 난관이 임할 때, 우리가 스스로 부지런히 수고하지 않으면

"구원받을 수 없다"고 하나님이 지정하신 수단에 대해 말할 수 있다.

존 오웬

Golden Book, 188–89

거듭날 때 우리가 받은 작은 힘은, 견인의 관점에서 볼 때, 첫 사람 아담이 창조시에 받았던 힘보다 더 강하다. 아담이 가진 거룩함은 완전하지만 가변적이었다. 하나님의 자녀가 거듭날 때 갖게 되는 거룩함은 불완전하지만 불변적이다. 믿음으로 그리고 성령으로 말미암아 새 아담 그리스도에게 연합된 모든 자는 첫 사람 아담과 달리 그들 자신 안에 은혜의 원천을 갖고 있지 않고, 그리스도 안에 그들의 은혜의 원천과 뿌리를 갖고 있다. 따라서 그들의 은혜는 안정성을 갖는다. 그들은 그리스도 안에서 세워진다.

헨리 스쿠더

Christian's Daily Walk, 396

그리스도인은 넘어짐에서 완전히 보호받는 것은 아니지만 완전히 넘어지는 것에서 보호받는다.

윌리엄 세커

in Horn, *Puritan Remembrancer*, 366

아무로 좋은 나무라도 겨울에는 마치 죽은 것처럼 열매가 없지만 그때에도 뿌리 속에 생명과 수액을 갖고 있다. 일시적 버려둠과 시험 속에 있는 그리스도인은 그들 자신과 다른 사람들에게 죽은 것처럼 아무 힘이 없다고 판단 받을 수 있으나 그때에도 그들의 생명은 하나님 안에 그리스도와 함께 숨겨져 있다. 그리스도인은 부정을 저지를 수 있지만 결국은 구원에서 떨어져 나갈 수 없다.

조지 스윈녹

The Christian Man's Calling, in *Works*, 2:468–69

그리스도는 우리 믿음의 창시자이실 뿐 아니라 믿음의 종결자이시다. 성령님이 우리의 은혜를 유지시켜 주시는 것 역시 매우 필요하다. 신앙에서 무관심은 배교로 나아가는 첫걸음이다. 그리스도인들이 아예 넘어지는 일이 없도록 완전히 보호받지는 못하지만, 그들은 완전히 넘어지지 않도록 보호받는다. 그들은 한동안 그리스도에 대해 무관심을 보일 수는 있지만, 영원히 그리스도를 떠나지는 않을 것이다.

윌리엄 세커

Nonsuch Professor, 126

성도의 교제

성도의 교제를 통해 신자들의 영혼

안에서 성령의 모든 은혜가 양성된다.

시므온 애쉬

Primitive Divinity, 206

기회가 있을 때마다 하나님의 성도들 안에서 하나님을 사랑하고, 그들 안에서 그리스도와 즐거운 대화를 나눠라. 그러나 그들의 사랑을 의지하지 말고, 오직 하나님만 의지하라. 성도의 교제를 원하는 이유는 하나님과 교제하기 위해서다. 하나님과 교제한다면 그들과 교제를 나누지 못해도 만족할 수 있다. 하나님을 즐거워하는 사람은 부족함이 없다.

리처드 백스터

Converse with God in Solitude, 87

신자는 가장 경건한 사람을 가장 친한 지인으로 삼아야 한다. 마을에 그런 경건한 신자가 있으면 찾아가서 교제를 나눠야 한다. 그런 신자는 다른 사람들과 대화를 나눔으로써 천국을 위해 일한다. 그의 내면에 있는 신령한 원리가 그렇게 하도록 이끈다. 이런 이유로 지옥은 "혼자서만 천국에 가는 것으로 만족하지 않고, 경건한 본과 은혜로운 말과 충실한 조언과 적절한 책망을 통해 다른 사람들을 돕고, 그들을 천국에 함께 데리고 가려고 하다니!"라고 깜짝 놀란다. 이런 교제는 사자가 굴 밖으로 뛰쳐나와 미쳐 날뛰게 만든다. 다시 말해, 이런 교제가 이루어지면 마귀는 그것을 저지하기 위해 황급히 서두를 것이 틀림없다.

윌리엄 거널

Christian in Complete Armour, 154

말씀을 읽고, 듣는 것과 묵상과 기도 외에 성도의 교제가 필요하다. 이웃과 멀리 떨어져 있는 집에 강도가 드는 것은 조금도 이상하지 않다. 성도들과 교제를 나누는 사람은 친구들과 함께 여행하는 사람, 또는 집들이 서로를 지켜주는 도시에 사는 사람과 같다. 잘 알다시피, 욥의 자녀들이 살던 집은 광야에서 불어온 광풍이 집 네 모퉁이를 때리자 폭삭 무너지고 말았다. 아마도 그 집은 덩그러니 홀로 서 있던 집이었을 것으로 보인다. 마귀는 자신이 성도의 교제라는 이 중요한 은혜의 수단을 방해하는 이유를 스스로 잘 알고 있다. 그는 이 일을 통해 은혜의 성장을 저지함으로써 그리스도인들이 소유한 것이 헛되이 낭비되어 퇴락하도록 유도한다.

윌리엄 거널

Christian in Complete Armour, 171

숯이 많이 모여 있어야 불이 잘 타오른다. 성도의 교제가 바로 그런 효과를 만들어낸다.

새뮤얼 러더퍼드

Letters, 162

우리는 하나님을 경외하는 자들을 만나 각자의 능력이 닿는 대로 필요에 따라 일시적이고, 자연적인 좋은 것들을 나누어야 할 뿐 아니라 적당한 시간과 장소를 마련해 함께 모여 거룩한 말과 대화, 성경과 좋은 책 읽기, 기도와 시편 찬송과 같은 것을 통해 우리의 덕을 세우는 영적인 것들을 교류함으로써 성도의 교제를 발전시켜 나가야 한다.

헨리 스쿠더

Christian's Daily Walk, 167

혼자 여행하는 사람은 손쉬운 목표물이 될 수 있다…"한 사람은 아무도 없는 것과 같다."라는 말이 있다. 심지어 규모가 큰 주(州)들도 상호 공동 방어를 위해 교류한다.

조지 스윈녹

The Christian Man's Calling, in *Works,* 2:331

우리가 순결하다면 순결한 이들과 함께 어울려야 한다. 우리는 신조에 명시된 성도의 교제를 실제로 이행해야 한다. "지혜로운 자와 동행하면 지혜를 얻는다"(잠 13:20). 순결한 이들과 동행하면 순결해진다. 성도는 향신료와 같다. 그들과 어울리면 그들의 맛을 느낄 수 있다. 교제는 동화를 이룬다. 하나님은 종종 선한 모임을 다른 사람들의 회심을 이끄는 수단으로 삼으신다.

토머스 왓슨

The Beatitudes, in *Discourses,* 2:262

경건한 사람은 성도들을 사랑한다. "우리는 형제를 사랑함으로 사망에서 옮겨 생명으로 들어간 줄을 알거니와"(요일 3:14)라는 말씀이 암시하는 대로, 우리 안에 은혜가 있는지를 확인할 수 있는 가장 좋은 방법은 다른 사람들 안에 있는 은혜를 사랑하는 것이다. 믿음이란 함께 연합하는 것, 곧 마음을 함께 묶는 것이다. 믿음은 우리를 하나님과 함께 묶어주고, 사랑은 우리를 동료 신자들과 함께 묶어준다.

토머스 왓슨

Godly Man's Picture, 124

어떤 대화도 그보다 더 유쾌한 대화는 없다. 거룩한 신자들이 나누는 경건한 대화는 우리의 귀에 천사들의 노래 못지않은 아름다운 가락을 들려준다. 하나님의 일과 비교하면 다른 일들은 거친 소리를 낼 뿐이다. 그런 소리는 그 순간에도 우리의 귀를 즐겁게 하지 못하고, 나중에도 평안한 여운을 남기지 않는다.

에드워드 웨스트

"How Must We Govern Our Tongues?," in Annesley, *Morning Exercises at Cripplegate,* 2:441

성령

성령 하나님은 당신의 모든 영적 활동들의 샘과 같으시다. 당신은 성령님 없이는 아무것도 할 수 없다. 그러므로 성령님의 도움을 존중하고 소중하게 여기며, 그것을 위해 기도하라. 성령님께 순종하며, 그분을 경홀히 여기지 말라. 문을 두드리는 분이 참으로 하나님의 성령이시라는 것을 확신할 때, 그것을 듣지 못한 것처럼 행동하지 말라. (1) 그분께 속히 순종하라. 순종을 뒤로 미루는 것은 일종의 거부이다. (2) 그분께 철저히 순종하라. 절반의 순종은 불순종이다. 성령님이 요구하시는 것의 절반을 드린 아나니아와 삽비라의 예물로 성령님을 만홀히 여기지 말라. (3) 그분께 끊임없이 순종하라. 가끔만 성령님의 말씀에 귀를 기울이면서 많은 경우 그분을 무시하지 말라. 배우고 순종하는 모든 삶의 과정에 성령님을 모시라.

리처드 백스터

A Christian Directory, in *Practical Works,* 2:197

성령 하나님은 우리의 친구이시다. 1. 우리의 이해와 지성을 조명하신다(엡 1:17-18). 2. 우리의 죄를 깨닫게 하신다(요 16:8). 3. 우리 몸의 부패를 죽이신다(롬 8:13). 4. 우리의 본성을 거룩하고 정결하게 하신다(겔 36:25). 5. 우리가 의무를 수행하게 하시고 우리를 도와주신다(롬 8:14, 26). 6. 우리 마음을 위로하신다(요 14:16).

윌리엄 비버리지

Thesaurus Theologious, 4:27

이 생명 나무를 가진 자는 이 나무에서 자라는 열매 또한 가진 것이다. "오직 성령의 열매는 사랑과 희락과 화평과 오래 참음과 자비와 양선과 충성과 온유와 절제니"(갈 5:22-23). 여기서 성령의 일이라고 불리지 않고 성령의 열매라고 불린 이유는 다음과 같다. (1) 열매가 뿌리에서 나오듯이 모든 은혜 역시 성령님으로부터 나오기 때문이다. (2) 달콤하며 건강에 좋은 과일들보다 더 큰 유쾌함과 즐거움을 주기 때문이다. (3) 성령님을 모신 자들에게는 더 많은 유익과 장점이 있기 때문이다. 많은 이들이 그들의 과수원의 열매로 부자가 되는 것처럼 많은 이들이 성령의 열매로 말미암아 은혜와 거룩함과 위로와 영적 경험에 있어서 부요해진다. 하나님은 왜 당신에게 그의 성령을 주셨고, 왜 당신의 영혼에 초자연적 은혜의 창고를 두셨는가? 당신은 이제 은밀한 기도와 하나님과의 비밀한 교제를 위해 모든 면에서 자격을 갖추고 성향을 갖추며 합당함을 갖추도록 하라.

토머스 브룩스

Privy Key of Heaven, 82

성령님은 모든 일에서 성도를 가르치신다. 성령님은 (1) 그들의 영혼 구원에 필요한 모든 것을 가르치시며, 그들을 천국으로 데려가는 데 필요한 모든 것들을 가르치신다. (2) 생명과 경건에 필요한 모든 것을 가르치신다(벧후 1:3). (3) 그들의 지역, 직업, 성, 연령, 상황에 따라 필요한 모든 것들을 가르치신다. (4) 그들이 진리 안에서 보존되고 거짓 교사들에게 미혹되지 않기 위해 필요한 모든 것을 가르치신다.

토머스 브룩스

Privy Key of Heaven, 113

나는 종종 이렇게 말한 것을 결코 후회하지 않는다. 하나님의 아들께서 우리를 위해 죽으실 필요가 있었던 것처럼 하나님의 영께서 우리 안에 사시는 일이 필요하다. 화목의 성취가 신적인 인격을 요구했듯이 그 증거(證據) 역시 결코 더 작은 것을 요구하지 않는다.

다니엘 버지스

Man's Whole Duty, 16

당신에게 닥치는 고난이나 고통 안에는 당신을 향해 하나님이 선하신 뜻으로 역사하신 많은 것들이 담겨 있을 것이다. 하나님이 이를 통해 우리를 시험하시는 것일 수도 있다. 내 마음이 피조물에게 지나치게 집착되어 있는 것을 하나님이 보시고, 내 마음 안에 있는 것이 무엇인지 보여주시는 것일 수도 있다. 피조물에게 집착된 상태가 계속되면 반드시 죄에 빠질 것이고, 그 상태가 지속될수록 내 영혼이 더 나빠질 것을 보셨을 수도 있다. 하나님이 다소간의 은혜를 베푸시려고 의도하신 것일 수도 있고, 어떤 큰일을 위해 나를 준비시키시려는 것일 수도 있다.

제레마이어 버러스

Rare Jewels, 82

고난의 시기는 성령님이 가르치고 역사하시는 특별한 시기이다. 그때, 성령님의 활동과 방법을 주목하고 순응하라. 고난은 종종 하나님의 교훈에 무게와 권위를 실어주는 인장과도 같다(욥 33:16). 이제 성령님은 교훈을 실감나게 하신다. 그러므로 당신이 가장 죽여야 할 죄가 무엇인지, 그리고 주님께서 특별히 이 고난을 통해 무엇을 의도하시는지 생각해 보라. 그리고 성령님이 역사하셔서 은혜를 일깨우려 하실 때, 은혜의 모든 작용 안에서 당신을 가장 위험에 빠뜨리는 죄를 주의하고, 당신의 가장 강한 부패에 반대하는 은혜의 작용에 의해 감동받을 때 성령님께 순응하라. 당신의 죄가 발견되고, 그 죄에 반대하는 확고한 마음이 일어나고, 주목할 만한 은혜의 작용이 있을 때, 그것은 거룩한 고난의 표식이다.

알렉산더 카마이클

Believer's Mortification of Sin, 169–170

하나님의 규례에 참여하여 하나님이 말씀하시는 것을 듣고, 그분의 입에서 나오는 율법을 받을 때마다 우리 영혼이 성령님의 가르침을 받을 준비가 잘 되게 하는 일에 최고의 관심을 쏟아야 한다. 다음과 같은 세 가지 측면에서 준비되어야 한다. (1) 우리는 무지하며 그분의 가르침이 절실히 필요하다는 겸손한 감각을 지녀야 한다. (2) 성령님의 가르침을 받으려는 철저한 자원함과 거짓 없는 소망이 있어야 한다. 그리고 우리의 지니고 있던 고정관념과 얼마나 상충되는지에 관계없이 성령께서 가르치시는 진리는 무엇이든 받아들일 마음의 준비가 되어 있어야 한다. (3) 우리가 받은 지식에 따라 실천하며 살아가려는 확고한 목표를 지녀야 한다. 우리는 성령님께서 우리의 교사가 되신다는 것이 무엇을 의미하는지 반드시 알아야 한다.

존 코난트

Sermon 2 on John 14:25–26, in *Sermons*, 71–72

성경의 모든 교리들은 다음과 같은 두 가지 주제로 크게 구분될 수 있을 것이다. 첫째, 하나님의 영을 받기 위해 어떻게 준비해야 하는가? 둘째, 성령을 받은 후에 어떻게 성령을 소멸하지 않고 간직할 수 있는가?

리처드 그린험

Paramuthion, 141

성령님은 피조물을 향한 하나님의 마음과 모든 계획과 목적을 정확히 아신다. "성령은 모든 것 곧 하나님의 깊은 것까지 통달하시느니라"(고전 2:10). 사도가 말한 하나님의 깊은 것이란 하나님의 마음 깊은 곳에 있는 사랑의 복안이 아니고 무엇이겠는가? 9절 말씀처럼 성령님은 하나님의 사랑의 복안을 피조물들에게 알리신다. 성령님은 또한 사람의 마음의 전체적인 프레임을 아신다. 서랍장을 만든 사람이 그 안에 있는 모든 비밀한 수납공간들을 알지 못한다면 정말 이상한 일일 것이다.

윌리엄 거널

Christian in Complete Armour, 378

성령님의 역사에 주의를 기울이라. 성령님은 기도의 의무를 기억나게 하시는 분이다. 성령님은 많은 묵상을 제안하시며, 어떤 상황에서 그때가 하나님을 찾을 적절한 때임을 암시하신다. 때로 성령님은 당신이 듣거나 읽은 진리를 다시 기억나게 하시고, 때로 당신이 저지른 죄를 생각나게 하실 것이다. 이 모든 것들을 통해 성령님은 당신에게 우호적인 일을 하시고, 당신의 애정을 불러일으켜서 당신의 영혼을 하나님께로 향하도록 하신다. 이제 성령님이 주시는 임시를 받아들이라. 그러면 당신은 그분과 더 많은 관계를 갖게 될 것이고, 더 많은 도움을 얻게 될 것이다.

윌리엄 거널

Christian in Complete Armour, 680

하나님의 백성들은 말씀과 성령의 인도를 받는다. 이 얼마나 행복한 상태인가! 성령님이 없이는 말씀을 깨달을 수 없다. 성령님은 말씀 없이는 우리를 인도하지 않으신다. 말씀은 우리 밖에 있는 빛이요, 성령님은 우리 안에 계신 빛이시다. 말씀은 우리가 걸어가야 할 길을 제시하고, 성령님은 우리가 그 길로 행하게 하신다.

매튜 미드

"The Power of Grace," in *Name in Heaven*, 101

"기다림"이란 무엇인가? 기다림이란 모든 어려움과 낙심에도 불구하고 의무를 지속적으로 수행하는 것이다. 기다림이란 모든 낙심들과 어려움과 유혹에 맞서 싸워, 영구적으로 의무 안에 거하는 의무 수행의 지속이다.

존 오웬

Golden Books, 181

성령 안에서 기도하면서 기도문을 사용할 수는 없는가? 선한 사람들이 기도문으로 기도하면서도 어떤 면에서 성령 안에서 기도할 수 있다는 것을 부인할 수 없다. 하지만 기도할 내용과 표현뿐 아니라 탄식과 눈물로도 신자의 연약함을 도우시는 것이 성령님의 사역이다(롬 8:26). 그러한 표현에 인색한 기도문을 사용할 필요가 무엇인가? 기도문에 엄격하게 매여 기도하면서 어떻게 성령을 소멸하거나 제한하지 않을 수 있겠는가?

바바소르 파웰

Common Prayer Book No Divine Service, 4

우리의 마음을 살펴볼 촛불과 등잔을 가지고 오르내리시는 성령님을 견디지 못하면, 어떻게 그리스도의 재림의 날에 안전할 수 있으며, 의의 태양께서 금을 연단하는 불과 같고 표백하는 자의 잿물과 같이 나타나실 때 서 있을 수 있겠는가? 정의, 겸손, 회개 같은 것들은 사람에게는 가난하고 낮은 것들이지만 재판정의 판사석에 앉아계신 하나님에게 그것들은 얼마나 높게 평가될 것인가?

프랜시스 라워스

On Jacob's Ladder, ii

우리가 그리스도의 영을 소유하고 있다면, 성령님께 복종해야 한다. 말씀 듣기, 성도간의 대화, 선한 것을 읽는 독서 등 선한 활동을 할 때, 하나님의 영의 활동에 굴복해야 한다. 그런 순간들을 다시 갖지 못할 수도 있다. 복된 선지자들을 거절하지 말라. 그들을 즐겁게 하고 우리 안에 성령님이 거하시고 다스리시게 하라. 모든 삶 속에서 우리가 즐거워하는 가장 복된 거주자는 바로 성령님이시다. 성령님이 우리를 인도하며 다스리시게 우리 자신을 그분께 내어 맡기면, 그분은 생사 간에 우리를 인도하고 통치하고 지지하신다. 성령님은 우리 몸이 부활할 때까지 우리 곁을 떠나지 않으신다(그리스도의 영이 우리 안에 거하시면 우리 죽은 몸도 살리신다, 롬 8:11). 그분은 우리를 천국으로 데려가실 때까지 결코 우리 곁을 떠나지 않으신다. 하나님의 영의 활동에 복종하고 그분의 다스림과 인도함을 받는 것이 하나님에게 속한 자들의 기업이다. 우리가 그리스도의 영을 소유하고 있다면, 그분의 활동에 반항하지 않도록 늘 조심해야 한다.

리처드 십스

"A Description of Christ," in *Complete Works*, 1:25

우리가 성령님을 갈망한다면, 오랜 기간 보혜사가 오시기를 기다렸던 사도들처럼 의무의 길에서 기다려야 한다. 자기 사랑과 세상에 대한 사랑을 마음에서 비우고, 우리의 영혼을 십자가로 데려가 기뻐해야 한다. 이스라엘 백성은 광야에서 양파와 마늘을 다 소진하고 나서야 만나를 먹을 수 있었다. 마찬가지로 우리가 진정으로 영적으로 되기 전에 이 세상에 집착하는 것이 없어야 한다. 은혜를 통해 영적인 것들의 탁월함을 맛보도록 노력하라. 그렇다면 세상의 모든 영광은 얼마나 경멸할 만하게 보여야 하는가!

리처드 십스

Divine Meditations and Holy Contemplations, 54–55

성령님의 증언과 망상을 어떻게 구별하는가? 대답 : 메아리가 목소리를 알려주듯 하나님의 영은 항상 말씀을 통해 증거하신다. 열광자들은 영적 체험 이야기를 많이 하지만 말씀에서는 떠나 있다. 말씀이 없거나 말씀에 반하는 영감은 사기이다. 하나님의 영은 말씀을 기록하셨다(벧후 1:21). 어떤 영이 말씀에 일치하지 않는 것을 증거한다면, 그 영은 자기 자신에 반하여 스스로 분열된 영이며 모순의 영일 것이다. 말씀 안에서는 진리를 증거하고 인간의 양심 안에서는 그와 다른 것을 증거하는 것이기 때문이다.

토머스 왓슨,

he Beatitudes, in *Discourses*, 2:307–308

성령, 근심하시는

그리스도인이여, 성령님의 지시에 온순하게 귀 기울이라. 그분의 은혜로운 교통을 경시하지 말고, 그분의 내적 작용에 저항하지 않으며, 그분에게 불친절하지 않도록 주의해야 한다. 성령님을 근심시켜 그분의 영향력을 잃지 않으려면, 그분의 자비에 감사하지 않는 완고한 마음을 조심하고, 그분의 권고를 경시하지 않도록 조심하고, 그분의 규칙과 자비에 합당하지 않게 행하지 않도록 조심하라.

바르톨로메오 애쉬우드

Heavenly Trade, 139–140

당신은 성령님이 하나님이며, 이스라엘의 반석이심을 안다. 전능하신 성령 하나님은 만물을 만드셨다(창 1:31). 전능하신 성령 하나님은 만물을 충만하게 하셨다(시 139:7). 전능하신 성령 하나님은 당신의 마음을 아신다(롬 8:27). 그러니 성령님을 근심시키지 않도록 조심하라. 이는 하나님을 근심시키는 것이니.

존 플라벨

Fountain of Life, 415

거짓 그리스도와 당신은 그분의 영을 근심시킨다.

윌리엄 거널

Christian in Complete Armour, 762

반론 : 하지만 나는 이제 고침 받을 수 없는가? 내가 성령님을 모독하는 죄를 지었는지 두렵다. 대답 : 그 죄를 짓는 것을 두려워하는 것은 그 죄를 짓지 않았다는 표지이다.
당신에게 묻겠다 "왜 성령님을 모독하는 죄를 지었다고 생각하는가?"
"제가 하나님의 영을 근심하시게 했습니다"

대답 : 하나님의 영을 근심시키는 모든 것이 용서받지 못하는 죄는 아니다. 성령께서 죄를 조명하실 때, 그것에 대항하여 죄를 지음으로써 우리는 성령님을 근심시킨다. 근심하시는 성령님은 한동안 우리를 떠나 계실지 모른다. 영혼을 어둠 속에 남겨둔 채 벌집에서 모든 꿀을 멀리 옮겨 버리실지도 모른다(사 50:10). 그러나 성령님을 근심시키는 모든 죄가 성령님을 모독하는 용서받지 못할 죄는 아니다. 하나님의 자녀가 죄를 지을 때 그의 마음은 스스로를 책망한다. 그의 온 마음은 용서받지 못한 죄를 저지르지 않은 자신을 징책하는 것이다.

토머스 왓슨

The Beatitudes, in *Discourses*, 2:449–450

성령과 설교 말씀

하나님은 위대한 교사이시다. 이것이 바로 선포된 말씀인 설교가 많은 사람들에게 매우 다르게 작용하는 이유이다. 교회 회중석에 두 사람이 앉아 있다. 설교가 한 사람에게는 매우 효과적으로 역사한다. 다른 사람은 마치 어미의 가슴을 물고 있지만 영양을 공급받지 못하는 죽은 아이처럼 종교적 규례에 매여 있을 뿐이다. 이유가 무엇인가? 천국에서 불어오는 성령의 돌풍이 한 사람에게는 불었고 다른 사람에게는 불지 않았기 때문이다. 한 사람은 하나님의 기름부음을 받았고 하나님은 그에게 모든 것을 가르치신다(요일 2:27). 다른 사람은 그것을 소유하지 못했다. 하나님의 성령께서는 달콤하게 때로는 거부할 수 없게 말씀하신다.

시므온 애쉬

Primitive Divinity, 26

당신 자신을 설교된 하나님의 말씀 아래 심으라. 설교 말씀은 성령께서 타시는 성령의 병거이며, "영의 직분"으로 불리기도 한다. 악의 영인 뱀은 하와의 듣는 귀를 통해 마음속으로 들어갔으며, 성령님도 일반적으로 동일한 문으로 들어가신다. 사람은 "듣고 믿음으로" 성령을 받는다(갈 3:2). 말씀 듣기를 떠나 다른 곳에서 성령을 만나려는 사람은 마치 태양에 등을 돌리고 서 있으면서 얼굴에 태양빛이 비추이기를 바라는 것과 같다.

윌리엄 거널

Christian in Complete Armour, 760

성령의 소멸

성령을 소멸하지 말라. 그분의 움직임에 주의를 기울이고 순종하라. 그분이 당신의 마음을 움직이실 때 이에 순응하여 행하라. 그분이 제지하실 때 멈추라. 말씀에 일치하는지 그렇지 않은지에 따라 성령님과 악한 영을 분별하라. 마음속의 영이 말씀 속의 영과 같지 않다면 거절하라. 바람을 시험해 보라. 바람이 무엇이며 어디에서 오는지 살펴보고 모든 수단과 방법을 동원하여 율법과 증거의 말씀을 나침반으로 삼으라. 그것이 위로부터 온 것임을 인식할 때, 돛을 올리고 항해하라. 성령을 소멸하지 말라. 하나님의 영을 근심시키지 말라. 그 안에서 너희가 구원의 날까지 인치심을 받았다고 말씀한다.

리처드 알레인

Heaven Opened, 335

하늘로부터 당신의 마음속에 주어지는 감동을 소중히 여기라. 당신에게 불어오는 성령님의 모든 호흡을 부드럽게 대하라. 당신이 설교를 듣거나, 의무를 이행하거나, 또는 혼자 있을 때 주님이 당신의 마음 위에 영적인 빛이나 생명으로 임하셔서 당신의 갈망과 애정을 일으키시고, 당신의 둔감하고 활력 잃은 영혼에 은혜를 내리실 수 있다. 그러니 그것이 사소한 것이든 큰 것이든 주의를 기울이라. 당신의 영혼에 필요한 자비로운 은혜의 활동을 방해하는 첫 단계가 바로 성령을 소멸하는 것이다. "성령을 소멸하지 말라"(살전 5:19). 그분은 모든 작은 석탄 조각들을 모아서 불을 붙여 가장 작은 불꽃에서 가장 큰 것을 만드시는 분이다.

바르톨로메오 애쉬우드

Heavenly Trade, 143

사도는 하나님의 자녀에게 "성령을 소멸하지 말라"고 말했다. 이유 없이 성령을 빼앗기는 경우는 없다. 다만 교만과 헛된 안전, 또는 그밖의 다른 죄들이 마음속에 자리잡기 시작하면 성령님의 은혜는 쇠퇴하고 명확한 이해와 평안도 사라진다. 그리고 자기 자신이나 타인이 보기에도 성령이 소멸하는 것처럼 보일 수 있다. 아담에게 완벽히 자리 잡았었던 하나님의 형상이 많이 사라진 것이 이상한 일이 아닌 것처럼, 우리 안에 성령님의 은혜가 잠시 사라지는 것 역시 놀라운 일이 아니다.

존 도드

"Of Extinguishing the Spirit," in *Seven Godly and Fruitful Sermons*, 202

성령을 소멸하지 않도록 조심하라. 교회를 향한 성령님의 말씀에 귀를 귀울이라(계 2:29). 성령님의 사역과 인도하심에 당신을 완전히 맡기라. 어떤 방법으로든 그분이 기뻐하시는 길로 인도받으라. 그렇지 않으면 그분은 근심하며 물러나실 것이다. 그러면 당신의 보혜사는 사라지시며, 당신은 연약하여 기도 가운데 인내하지 못하게 된다.

나다니엘 빈센트

Spirit of Prayer, 123

성령의 은혜

우리 안에서 맺혀지는 모든 선한 열매의 뿌리는 성령님께 있다. 모든 선한 습관을 만드시는 분이 우리 안에 계시고, 모든 선한 일을 도우시는 분이 우리 안에서 역사하신다. 그분은 우리의 모든 진실한 만족의 근원이 되신다. 우리가 믿음을 갖는 것도, 우리의 소망이 지속되는 것도, 우리가 자선을 베푸는 것도, 우리 마음이 정결해지는 것도, 정욕을 죽여 못 박는 것도, 우리의 삶이 성화되는 것도, 우리 영혼이 구원받는 것도 근본적으로 성령님 덕분이다. 그분은 헤아릴 수 없는 유익의 창시자이자 보존자이시다. 그분이 자신을 낮추어 우리같이 매우 비열하고 가치 없는 피조물들의 친구가 되어 주시고, 우리와 대화하고, 우리 안에 거하기 위해 자신을 주셨다. 그래서 우리 영혼이 그분의 신성이 거하는 거룩한 성전이자 그분의 위엄의 보좌이자 그분의 천상의 빛으로 빛나는 천체이자 그분의 복된 임재가 거하는 기쁜 낙원이 되게 하셨다.

아이작 바로우

"A Defence of the Blessed Trinity," in *Sermons,* 444–445

본성적으로 영혼은 죽었고 냉랭하다. 하지만 성령님의 뜨겁게 하는 불의 특성이 더해질 때, 영혼은 본성적으로 할 수 있는 것 이상을 하게 된다. 그러니 당신 안에 어떤 새로운 습관과 자질이 있는지, 인내, 사랑, 소망, 경험의 새로운 습관이 형성되어 있는지 점검하라. 성령님은 그분이 거하시는 곳에 새로운 습관과 자질을 낳으시며, 이것은 본성적으로 할 수 있는 것 이상을 할 수 있게 해준다…그것은 집을 먼저 짓고 방을 청소하며 은혜의 새로운 습관과 자질들로 그 방을 꾸민다.

존 프레스톤

The Saints' Spiritual Strength," in *Remaines,* 128–129

성령님의 은혜는 진주의 줄과 같아서, 믿음의 줄에 한데 묶여 그리스도의 신부를 장식하는 데 쓰인다. 여기서 나는 위선자와 하나님의 진정한 자녀 사이에 어떤 차이가 있는지 보여주고자 한다. 위선자는 자신을 은혜의 자녀로 자처한다. 하지만 그는 모든 은혜 가운데 나타나는 단 하나의 습관도 가지고 있지 않다. 그는 심령의 가난함도 마음의 청결함도 없다. 반면에 하나님의 자녀는 그 마음에 모든 은혜를 소유하며, 그것은 급격한 근본적 변화를 이룬다.

토머스 왓슨

The Beatitudes, in *Discourses*, 2:58

성령의 인치심

하나님의 사람들은 성령의 인치심을 받는다. "그 안에서 또한 믿어 약속의 성령으로 인치심을 받았으니"(엡 1:13). 인침의 본질은 인침 받는 자에게 보증인의 형상 내지 인격적 특징을 부여하는 것을 포함한다. 말하자면 보증인의 특징을 도장 찍는 것이다. 하나님의 영은 의롭고 거룩한 하나님의 형상을 우리에게 진실로 완전하게 전달하신다. 우리가 하나님의 영의 인침을 받을 때, 성령님이 은혜와 거룩함의 형상을 영혼에 매우 확실히 그리고 명백히 도장 찍으신다. 영혼은 이제 그것을 보고 느끼고 읽을 수 있게 된다. 에베소서 4장 30절은 이렇게 말한다. "하나님의 성령을 근심하게 하지 말라. 그 안에서 너희가 구속의 날까지 인치심을 받았느니라"

토머스 브룩스

Privy Key of Heaven, 116

죄를 죽이고, 죄를 정복하는 시간들은 성령님이 인치시는 때이다.

토머스 브룩스

Privy Key of Heaven, 119

성령으로 당신에게 인친 바 되신 그리스도에게 관심을 두라. 그렇지 않으면 당신은 당신을 위해 인친 바 되신 그리스도께서 주시는 평안을 가질 수 없다. 성령님은 두 가지 방법으로 성도를 인치신다. 첫째, 성령님은 약속의 조건들을 우리 안에서 은혜로 성취하신다. 둘째, 성령님은 그분의 사역을 영혼이 분별할 수 있게 도와주신다. 성령의 인침은 평안과 위로를 수반하는지, 또는 말씀과 일치하는지에 따라 분별된다(사 8:20). 영혼이 죄를 피하기 위해 각별히 주의하는 것은 인침의 부분적 효과로 가장 흔하게 나타나는 것이다(엡 4:30). 또한, 다음과 같은 효과로도 나타난다. 하나님을 향한 큰 사랑(요일 2:5), 그리스도를 위해 어떠한 환난도 감수함(롬 5:3–5), 담대한 확신으로 하나님을 부름(요일 5:13–14), 언약을 봉인하신 하나님 앞에서 엎드린 아브라함처럼 큰 겸손으로 자신을 낮춤(창 17:1-3). 이렇게 성령의 인침에는 모든 행복과 달콤함과 선함이 따라올 것이다.

존 플라벨

Fountain of Life, 50-51

질문 : 성령님의 인치시는 사역은 무엇이며 그것은 어떻게 수행되는가?
대답 : 성령의 인침은 그분이 우리 영혼 안에 역사하신 은혜의 사역이 실제로 존재하며, 우리가 그리스도와 구원의 약속들 안에 분깃이 있는 자라는 것을 성령께서 확실하게 증거해주시고, 이를 통해 우리의 지위와 상태에 관한 두려움과 의심을 해소시켜 주시는 것을 말합니다.

존 플라벨

Sacramental Meditations, 60-61

신자를 인치실 때 성령님은 들리는 음성이나 천사의 사역이나 즉각적인 초자연적 계시를 사용하지 않으신다. 성령님은 우리 마음에 새겨진 그분의 은혜를 사용하시고, 말씀에 기록된 그분의 약속을 사용하신다. 이런 방식으로 성령님은 신자의 의심하는 두려운 마음에 평온과 위로를 가져다주신다.

존 플라벨

Sacramental Meditations, 63

질문 : 사탄의 모든 현혹과 속임수로부터 진정한 성령의 인침을 구별하고 분별할 수 있게 해주는 것들은 무엇인가?
대답 : 참되고 합당한 성령의 인침의 결과는 다음과 같다. (1) 불붙은 사랑, (2) 새로워진 관심, (3) 깊은 겸손, (4) 강건해짐, (5) 주님과 함께하고자 하는 열망, (6) 세속적 욕구를 억제하려는 욕망. 이런 것들이 하나님과의 교제와 하나님이 우리에게 자신을 나타내신 결과로 나타나는 곳이라면, 그 어디든 복된 성령의 인침이 틀림없이 존재하는 것이며, 이것은 결코 기만이 아니다.

존 플라벨

Sacramental Meditations, 75

성령의 일하심

성령님의 작용은 영적 은혜와 영적 의무 안에 나타난다. 성령으로 말미암아 나타나는 영적 은혜로는 다음과 같은 종류들이 있다: 믿음, 소망, 기쁨, 사랑, 두려움, 순종, 회개, 겸손, 온유, 인내, 열심, 그리고 견인.

아이작 암브로우스

"The Practice of Sanctification," in *Works*, 118

우리는 복된 하나님의 영에 관해 묵상해야 한다. 성령님은 우리를 영원한 행복에 이르게 하는 은혜의 모든 효과적인 작용에 관여하신다. 특별히 그분은 우리의 부패한 인격의 틀을 고치시며, 우리의 죽은 영혼을 살리시며, 우리의 어두운 마음에 영적 빛을 주시며, 우리의 차가운 마음에 영적 온기를 불어 넣어 주시며, 의를 향한 갈망과 선을 기뻐하는 마음을 주시며, 영적인 힘과 용기를 주신다. 그분은 우리를 사탄의 폭정에 사로잡힌 데서 풀어주시고, 육적 탐욕과 열정의 속박에서 풀어주시고, 엄격한 율법의 독재에서 벗어나게 하시며, 죄책을 지고 있는 양심의 공포에 대한 속박에서 풀어주시는 해방자이시다.

아이작 바로우

"A Defence of the Blessed Trinity," in *Sermons*, 444

성령님은 (듣거나 읽은) 말씀을 통해 택자의 영혼을 새롭게 하고 거룩하게 하신다. 성령님은 그들의 마음에 빛을 비추시고, 그들의 마음을 열어 살리시고, 그들의 뜻을 지배하고 변화시키고 결단하게 하시며, 그들의 마음에 하나님의 말씀을 기록하여 하나님의 형상을 마음에 새기시며, 애정하는 달콤한 죄를 내쫓을 수 있게 그들을 능하게 하시며, 예수 그리스도 안에서 하나님을 아는 구원의 지식과 사랑과 순종을 가져오신다. 동일한 성령께서 지정된 은혜의 수단을 통해 택자들에게 은혜를 주심으로써 택자의 영혼 안의 은혜가 증가되게 하시고, 그들이 은혜의 수단을 사용하고, 의무를 이행하고, 유혹을 이겨낼 수 있게 도우심으로써 그들을 끝까지 보존하신다. 동일한 성령께서 신자들이 그들 자신 안에 있는 은혜를 느끼고 그 진실됨을 분별하도록 도와주신다. 동일한 성령께서 그들이 의롭다 하심을 받았으며, 하나님과 화목하게 되었고, 하나님의 언약에 수반되는 모든 유익을 소유할 특권을 가졌다는 것을 확신하게 도우신다.

리처드 백스터

A Christian Directory, in *Practical Works*, 2:191

성령님은 우리 안에서 은혜의 일들을 행하시고, 또한 우리 안에 은혜를 증거하기 위해 우리에게 주신 바 되셨다. "이는 하나님이 우리에게 은혜로 주신 것들을 알게 하려 하심이라"(고전 2:12). 그분은 진실로 자유롭고 주권적으로 그분이 기뻐하시는 바에 따라 사람의 영혼 안에 역사하고 증거하신다. 그분은 그분이 기뻐하시는 바에 따라 사람의 영혼 안에 하나님과 화목하다는 확신을 주시는데, 그분이 기뻐하시는 만큼의 확신을 늦지도 빠르지도 않고 정확히 기뻐하시는 때에 주신다(고전 12:11).

다니엘 버지스

Man's Whole Duty, 27

당신의 내적 부패가 과거만큼 강하지 않을 수도 있지만, 영적 빛과 은혜로운 부드러움이 성장하고 있는 것일 수도 있다. 성령님이 당신의 부패의 깊이를 열어젖히고 계실 수 있다. 하나님은 에스겔에게 그러하셨듯 통상 점진적으로 역사하신다(겔 8:6–7, 9, 12–13, 15). 하나님은 가증한 것들을 점점 더 보게 하신다. 죄의 은밀한 방이 열어젖혀지고, 당신을 두렵게 하는 것, 혐오스러운 것을 보게 될 것이다. 최초의 구원의 각성이 최대한의 확신을 주는 것은 아니다. 최초의 구원의 빛이 심령 모든 구석을 비추지도 않는다. 그 빛은 사람이 비밀스러운 죄를 모두 조사하게 할 만큼 밝지도 않으며 추후에 죄를 더 발견할 여지를 남겨둔다.

알렉산더 카마이클

Believer's Mortification of Sin, 202

성령님은 권고와 책망과 자극을 통해 육신적인 피조물들의 양심과 애정(affections)에 영향을 미쳐, 선한 것을 향한 어떤 애정을 일으키신다. 하지만 곧 모든 것이 수포로 돌아가고, 성령님은 육적인 즐거움에 의해 밀려나신다. 다시 말하지만, 성령의 일반적인 은사들로는 구원받은 여부가 판별되지 않는다. 즉 성령의 조명, 확신, 죄를 억제하는 은혜, 그리고 종교적 의무의 외적 부분을 수행하는 데 도움을 주는 것에 의해서는 자신의 구원 여부를 판별할 수 없다. 이것들은 성령의 은사들이지만, 이것들로는 자신이 성령을 소유하고 있음을 증명하지 못한다. 이 은사들은 하나님의 영의 작용이며, 하나님의 왕국이 그 사람에게 가까이 왔다는 것을 보여주지만, 하나님이 그 영혼 안에 오셔서 자신의 성전으로 삼으셨다는 것을 나타내지는 않는다.

윌리엄 거널

Christian in Complete Armour, 758

성령의 호흡이라 불리는 것이 있다. 이 은혜로운 영향력은 사뭇 평범하다(ordinary). 이것은 영혼의 습관에 임하는 성령의 활동이다. 내가 생각하기에 이 영향력은 믿는 자 안에 항상 거하는 것으로 "때때로 물을 주며 밤낮으로 간수"하는 것이라고 할 수 있다. 이 영향력은 "마른 뼈에 바람과 생기를 불어넣은" 것과 같으며, 마른 땅에 "이슬과 단비를 내리는" 것과 같으며, "남풍이 불어 그 향기를 날리는" 것과 같다. 성령님이 활동하실 때 영혼 안에 하나님의 영광에 대한 예리한 감각이 살아있게 된다. 이것이 바로 "마음의 넓어짐"이라 할 수 있으며, 이에 의해 "사람이 하나님의 길 안에서 달음질하게" 된다.

윌리엄 거스리

Christian's Great Interest, 189

우리 안에 선한 것은 없으며, 순종에 관하여 우리가 잘하였다고 칭찬받을 만한 것은 없다. 성경은 여러 곳에서, 분명히 그 일을 우리 속에서 역사하시는 성령님의 즉각적인 활동 덕분으로 돌린다. 일반적으로 모든 은혜로운 행동들은 무엇이든지 그렇게 이루어진다. 비록 순종의 완벽함에 있어서 만족스럽지는 않더라도, 모든 은혜와 모든 거룩한 의무는 성령님이 그 즉각적인 창시자가 되신다. 우리에 관해 언급하자면, 성경은 우리의 의무에 대해 긍정적으로 규정한다. 하지만 우리 안에는 이를 수행할 능력이 없다는 것도 명백히 알려준다. 그러나 어떤 사람들은 완전히 다른 목적으로 다른 말을 한다. 그들은 우리 의지의 자유와 능력과 유능함에 대해 말하며, 우리 마음의 빛, 이성의 빛, 인도함, 방향 지시 등에 대해 말하고, 믿음과 순종의 모든 의무에 대한 우리 스스로의 수행 같은 것들에 대해 말한다. 그러한 것들이 그들의 설교의 주제들이다. 그러나 그들의 말은 성령님의 즉각적인 작용에 관해 성경이 말하는 것에 반한다.

존 오웬

On the Holy Spirit, in *Oweniana*, 127–128

신자 안에서의 성령님의 작용, 즉 성령님의 교통하심은 위대한 신비이다. 그분은 신자들이 느끼고 아는 것보다 그들에게 더 크게 역사하신다. 또 그들은 말로 표현할 수 있는 것보다 더 느낀다. 또한 그들은 "같은 믿음의 마음"(고후 4:13)을 받지 않은 그 누가 이해할 수 있는 것보다 더 말로 표현할 수 있다. 그러나 우리는 그리스도의 영께서 죄인의 마음에 은혜와 능력을 행사하실 때마다 영원까지 지속될 무엇인가가 이루어지는 것을 안다. 그때 하나님은 그분의 손가락으로 영혼에 감동을 새기시며, 결코 닳아 없어지거나 죄와 사탄이 제거할 수 없는 흔적을 남기신다. 이 흔적은 그리스도 예수께서 재림하시는 마지막 날까지 보존되고 성장하며 그날에 밝히 드러날 것이다(빌 1:6).

로버트 트레일

Sermon 3, in *Sixteen Sermons on the Lord's Prayer, for His People*, 50

성례

모든 성례에는 두 부분이 있고, 이 두 부분 사이에 성례적인 연합이 있다. (1) 이 두 부분은 다음과 같다. 첫째, 외적인 표(signs)가 있다. 즉, 세례에서는 물로 씻는 것, 성찬에서는 떡과 포도주와 그에 수반되는 행동이 있다. 둘째, 표로 상징되는 내적 신비가 있다. 즉, 세례에서는 그리스도의 피와 영으로 우리의 죄를 씻는 것, 성찬에서는 그리스도의 죽음의 유익들로 우리의 영혼에 자양분을 주는 것이 있다. (2) 그리스도의 제정에서 확인되는 바와 같이 표와 그에 의해 상징되는 것 사이에 성례적인 연합이 있다. 그러므로 표가 때로는 상징되는 것으로 말해진다. "이것은 내 몸이다. 이것은 내 피다. 이것은 내 피로 세우는 새 언약이다." 그리고 상징되는 것은 "우리의 유월절 양 곧 그리스도께서 희생되셨느니라"와 같이 표로 불린다. 이 성례적인 연합은 표와 그에 의해 상징되는 것 사이의 성례적인 관계 속에 있다. 따라서 합당한 성례 참여자와 성례 사이에 또 다른 연합이 일어나고, 따라서 그리스도의 제정에 따라 진실로 표에 참여하는 자는 상징되는 것에도 참여하게 된다. 이것은 성례를 행할 때에 위로의 특별한 근거로 잘 지켜져야 한다.

프랜시스 로버츠

Communicant Instructed, 95 – 96

성화

참된 성화의 증표는 무엇일까?…(1) 인간의 전인적인 능력과 기능이 완전히 새로워지는 것(살전 5:23), (2) 하나님의 모든 명령을 이행하는 것(시 119:6, 약 2:10), (3) 모든 죄를 피하기 위해 항상 노력하는 것(잠 28:14), (4) 하나님 앞에서 행하는 것(창 17:1, 행 24:16, 고전 10:31, 골 3:23), (5) 육신과 영혼이 서로 싸우는 것.

윌리엄 에임스

Conscience, 2:27

성화를 이루어나가려면 (1) 죄와 세상과 우리 자신을 더 완전하게 거부하고, 하나님과 그분의 나라를 더 열심히, 진지하게 추구하려고 노력하고, (2) 우리의 목표를 항상 염두에 두고, (3) 마음을 힘써 지키고(잠 4:23), (4) 경건한 태도로 성화를 촉진하는 모든 수단을 부지런히 활용하고, 열심히 기도해야 한다.

윌리엄 에임스

Conscience, 2:30

성화란 더러운 죄를 버리고, 순결한

하나님의 형상을 회복해 나가는 것이다(엡 4:22-24).

윌리엄 에임스

Marrow of Sacred Divinity, 140

선한 사람도 나쁜 생각을 할 때가 있고, 악한 사람도 선한 생각을 할 때가 있다. 악한 사람도 양심의 가책을 느끼거나 고통스러운 일을 겪거나 죽음이 다가오는 것을 의식하거나 지옥이 두렵게 생각되거나 왠지 설교가 듣고 싶을 때는 주님께 은혜와 의와 거룩함을 구하기도 한다. 그러나 항상 의에 주리고 목말라하는 사람만이 진정으로 복된 사람이다. 천국은 올바른 태도로 칭의의 의와 성화의 의에 주리고 목말라하는 사람의 것이다.

토머스 브룩스

Cabinet of Choice Jewels, 49

우리에게 주어진 갖가지 은혜를 의지하거나 구원자로 삼아서는 안 된다. 우리는 그것들을 우리의 영혼을 향한 하나님의 사랑과 호의를 나타내는 증거이자 증표로 간주해야 한다. 우리의 성화가 확실하지 않다면 어떻게 선택이나 죄 사함이나 칭의나 영화를 확신할 수 있겠는가? 우리 안에 있는 은혜나 성화가 거짓이면, 우리가 확신하는 죄 사함, 예정, 칭의, 영원한 구원도 거짓일 수밖에 없다. 현세와 내세에서 비참해지기를 원하지 않는 사람들은 이 점을 깊이 생각해야 할 필요가 있다. 외적 계시나 내적 인상이나 환상(그들의 마음이 빚어낸 환상)은 간절히 바라면서 정작 그리스도인의 복된 상태를 나타내는 증거인 성령의 은혜나 성화나 거룩함은 경홀히 여기는 사람들이 너무나도 많다.

토머스 브룩스

Cabinet of Choice Jewels, 326 - 27

우리의 믿음은 그토록 굳세고, 견고한 반석 위에 세워져 있다. 따라서 본성적인 부패의 힘이 제아무리 크다 할지라도 우리의 영혼이 선택의 사랑을 의지하는 것을 어찌 막을 수 있겠는가(선택의 사랑은 죄를 용서할 뿐 아니라 죄를 완벽하게 정복한다.)? 하나님이 사랑으로 우리를 선택하신 이유는 우리가 거룩했거나 거룩할 것을 아셨기 때문이 아니라 우리가 거룩하게 되기를 바라셨기 때문이다(엡 1:4). 우리는 그 목적을 향해 온전히 매진해야 한다.

엘리샤 콜스

Practical Discourse, 236

질문 : 어떻게 성화를 이룰 수 있는가?

대답 : 성령의 사역을 통해 이룰 수 있습니다(고전 6:11).

질문 : 성령께서는 어떻게 성화를 이루시는가?
대답 : 그분은 우리의 전 인격에 그리스도의 죽음과 부활의 능력을 적용하고(롬 6:5, 6), 우리 안에 있는 죄를 조금씩 죽이고, 우리를 소생시켜 새롭게 순종하게 함으로써 성화를 이루십니다.

클레멘트 코튼

"The Sick Man's A, B, C," in *None but Christ*, 94 – 95

대적자들(인간의 공로를 옹호하는 자들)이여, 우리의 믿음을 비난하는 것은 잘못이다. 우리는 그대들의 오만한 태도 외에는 아무것도 정죄하지 않는다. 우리를 불쾌하게 만드는 것은 교만의 누룩이다…옛 사람을 죽이는 것, 새 사람을 소생시키는 것, 부지런함, 깨어 경계하는 것, 항상 기도에 힘쓰는 것, 금식, 구제, 경건을 지속하는 것 등은 우리도 그대들만큼, 아니 그대들보다 더 많이 권하고, 가르친다. 우리는 단지 신자가 겸손과 온유로 옷 입고 이런 거룩한 열매들을 하나님께 바치기를 바랄 뿐이다. 신자가 이 점을 주의 깊게 살펴야만 그대들의 주제넘은 가르침, 곧 율법을 지키면 천국에 갈 자격이 있다는 가르침에 오염되어 더럽혀지지 않을 수 있다. 사랑하는 형제들이여, 말이 아닌 행동으로 그런 비방을 물리치는 것이 더 낫다.

진 데일리

Exposition of... Philippians, 132

묵상하면서 다음과 같은 비유를 떠올리며 속으로 조용히 이렇게 말해보라. 자, 지금은 나의 파종기다. 나의 수확물은 천국이다. 이곳에서는 힘쓰며, 수고해야 하고, 저곳에서는 안식을 누린다. 농부의 삶에는 큰 수고가 뒤따른다. 끈기 있게 인내하며 수고하지 않으면 탁월한 것은 그 무엇도 얻을 수 없다. 씨앗이 밭고랑에 감추어져 죽어야만 더 많은 열매를 맺을 수 있다. 우리의 소망은 감추어져 있다. 의인들을 위해 빛이 씨앗으로 뿌려진다. 우리의 모든 위로가 흙덩이 아래 묻혀 있다. 이 모든 일이 끝나고 나면 오래 기다려야 한다. 씨앗을 뿌리고 단 하루 만에 거둘 수는 없다. 먼저 필요한 요인들이 모두 충족되어야만 비로소 결과가 뒤따르는 법이다. 농부는 자기 마음대로 열매가 익어가게 만들 능력이 없다. 우리의 때는 하나님의 손에 달려 있다. 따라서 기다리는 것이 좋다. 오래 참으며 인내하면 바라는 열매를 거두게 될 것이다.

존 플라벨

Husbandry Spiritualized, 12

흉배는 성화의 의를 가리킨다. 나는 이 의를 그리스도께서 주신 은혜, 또는 그분이 신자 안에서 일으키신 은혜로 일컬었다. 이 의는 성령의 강력한 역사를 통해 하나님의 모든 자녀의 마음속에 심긴 초자연적인 새 생명의 원리로 묘사될 수 있다. 하나님의 자녀들은 이 원리를 근거로 말씀이 요구하는 것을 이행함으로써 하나님과 사람 앞에서 자신을 입증해 보여야 한다.

윌리엄 거널

Christian in Complete Armour, 292

거룩하게 하는 은혜는 모든 은혜의 성장 과 쇠락에 밀접하게 관련된다. 한 가지 은혜가 증대되면 모든 은혜가 강화되고, 한 가지 은혜가 훼손되면 모든 은혜를 잃게 된다. 그 이유는 그것들이 서로 도움을 주고받는 관계를 맺고 있기 때문이다. 따라서 한 가지 은혜가 훼손되면 그것이 그리스도인의 전체적인 은혜를 도울 수 있는 힘이 완전히 사라지거나 크게 약화될 수밖에 없다. 구체적으로 말해, 사랑이 식으면 순종도 더디고 약해진다. 왜냐하면 사랑이 순종의 바퀴에 떨어뜨려 주던 기름이 부족해지기 때문이다. 또한, 순종이 느슨해지면 믿음도 약해진다. 충실함이 없는데 어떻게 큰 믿음이 생겨날 수 있겠는가? 믿음이 약해지면 소망도 흔들린다. 그 이유는 하나님에게서 선한 것을 기대할 수 있는 소망의 원동력이 믿음에서 나오기 때문이다. 아울러, 인내의 힘은 소망에서 나오기 때문에 파산하면 가게 문을 닫아야 하는 것처럼 소망이 흔들리면 인내도 무너지기 마련이다. 육체에는 많은 지체가 있지만 모두 함께 한 몸을 이룬다. 개개의 지체들은 매우 유용하기 때문에 서로가 서로에게 신세를 지고 있다. 그리스도인 안에 많은 은혜가 존재하지만 모두 함께 하나의 새로운 피조물을 이룬다.

윌리엄 거널

Christian in Complete Armour, 513

한 가지 큰 신비가 있다면, 그것은 '그리스도의 충만한 데서 받아야만'(요 1:16 참조) 우리의 영혼 안에 율법의 요구를 즉각 실천할 수 있는 거룩한 성향과 심령 상태가 형성된다는 것이다. 이것은 그리스도 안에 간직되어 있던 것으로 우리를 위해 준비되었다가 나타난 것이다. 그리스도 안에서 이루어진 의가 우리에게 전가됨으로써 의롭다 하심을 받는 것처럼, 그분 안에서 먼저 완벽하게 이루어진 거룩한 성향과 심령 상태가 우리에게 부여됨으로써 우리는 거룩하게 된다. 우리의 타락한 본성이 첫 사람 아담으로부터 우리에게 전이된 것처럼, 우리의 새로운 본성과 거룩함은 그리스도 안에서 먼저 이루어진 것이 우리에게로 전이되어 이어진다. 우리는 그리스도께서 우리 안에서 거룩한 심령 상태를 형성하시는 데 아무런 협력도 하지 않았고, 단지 우리가 사용하기에 알맞게 준비된 그것을 받아서 거룩한 행위를 행할 뿐이다. 이처럼 우리는 본래 그리스도 안에 있던 거룩한 심령 상태를 이어받음으로써 그분과 교제를 나눈다. 교제란 둘이 같은 것을 공유할 때 이루어진다(요일 1:1-3).

월터 마샬

Gospel Mystery of Sanctification, 64 – 65

성화라는 황금 사슬이 구원이라는 목적을 이루는 수단들을 하나로 엮는다. 하나님은 수단들을 사용하도록 택자들을 독려하시고, 그런 수단들을 통해 그들을 목적으로 이끄신다. 성경은 "주께서 사랑하시는 형제들아… 너희를 택하사 성령의 거룩하게 하심과 진리를 믿음으로 구원을 받게 하심이니"(살후 2:13)라고 말씀한다…그리스도께서 자신의 영을 그 안에 두신 사람들을 그들이 내키는 대로 살게 하라. 나는 그들이 경건한 삶을 살 것이라고 확신한다.

크리스토퍼 네스

Antidote against Arminianism, 58 – 59

권하노니, 성화에 진지한 관심을 기울이고, 세상에 대해 죽은 자가 되라.

새뮤얼 러더퍼드

Garden of Spices, 110

성화를 이루는 것과 정욕을 죽이는 것은 신앙생활의 가장 힘든 부분에 해당한다. 간지럽힘을 당하면 웃지 않을 수 없는 것처럼, 새 예루살렘을 보면 자연스레 기뻐 펄쩍 뛸 것이 틀림없다. 기쁨은 누가 시키거나 우리의 허락을 받아 이루어지는 것이 아니다. 그러나 우리 가운데는 그리스도를 절반으로 나눠 한쪽만 받아들이려는 사람들이 너무나도 많다. 곧 그들은 구원만을 받아들이고, '주님'이라는 칭호는 귀찮게 여긴다. 순종하는 것, 구원을 이루는 것, 온전한 거룩함 같은 것들은 귀찮아 하고, 마치 폭풍우가 몰아치는 황량한 북부 지역과도 같은 것으로 여겨 어떻게든 피하려고 애쓴다.

새뮤얼 러더퍼드

Garden of Spices, 120

그리스도께서 모습을 감추시거든 다시 모습을 드러내실 때까지 기다리며 큰 소리로 부르짖으라. 그럴 때는 무작정 기다리기만 해서는 안 된다. 나는 그리스도께서 미소를 짓지 않으시면 크게 슬퍼한다. 그러나 어둠 속에서도 그분의 사랑을 믿으며 인내하고 기다려야 한다. 물 위로 고개를 내밀고 헤엄치는 법을 배워야 한다. 그리스도의 임재가 더 이상 느껴지지 않을 때는 고개를 쳐들고 하늘을 바라봐야 한다. 나는 하나님이 우리의 배를 안전하게 육지로 인도하실 것이라고 확신한다. 권하노니, 성화에 관심을 기울이고, 세상에 대해 죽은 자가 되라.

새뮤얼 러더퍼드

Garden of Spices, 235

성화는 칭의나 양자와 다르다. 칭의와 양자는 우리 없이 하나님이 단독으로 이루시는 사역이지만, 성화는 우리 안에서 이루어지는 하나님의 사역이다. 칭의와 양자는 오직 관계에 있어서의 변화를 일으키지만, 성화는 실제적인 변화를 일으킨다. 칭의와 양자는 즉각 완전하게 이루어지지만, 성화는 완전을 향해 조금씩 나아간다.

토머스 빈센트

Explicatory Catechism, 91

성화는 하나님의 자유로운 은혜의 사역이다. 우리는 성화를 통해 죄에 대해서는 죽고, 의에 대해서는 살아나는 점진적인 과정을 거치면서 전인이 새롭게 되어 하나님의 형상을 회복해 나간다.

토머스 빈센트

Explicatory Catechism, 91

성화는 두 부분으로 나뉜다. 하나는 "너희 자신을 죄에 대하여는 죽은 자로 여기라"(롬 6:11)라는 말씀대로 죄에 대해 서서히 죽어가는 것이고, 다른 하나는 "오직 너희 자신을 죽은 자 가운데서 다시 살아난 자 같이 하나님께 드리며 너희 지체를 의의 무기로 하나님께 드리라"(롬 6:13)라는 말씀대로 의에 대해 서서히 살아나는 것이다.

토머스 빈센트

Explicatory Catechism, 92–93

거룩해진 마음이 유창한 언변보다 더 낫다. 은사와 은혜의 차이는 벽에 그려진 꽃 그림과 실제로 정원에서 자라는 꽃의 차이만큼 크다.

토머스 왓슨

Art of Divine Contentment, 90 – 91

세례

우리가 많이 존경하는 경건하고, 학식 있는 사람들 가운데 세례의 몇 가지 요점과 관련해 우리와 견해가 다른 사람들이 적지 않다. 그러나 그들 때문에 하나님의 진리를 조금이라도 포기하는 일이 있어서는 곤란하다. 우리는 하나님이 거룩한 말씀의 빛을 비추어 남아 있는 어둠을 모두 사라지게 만드실 날이 머지않았다고 확신한다. 그때가 되면 시온의 건축자들은 더 이상 바벨론의 쓰레기를 모퉁잇돌이나 기초석으로 사용하지 않을 것이다.

필립 캐리

"To the Reader," in *Solemn Call*, x

재세례파 : 믿음을 고백하고, 회개한 사람 외에는 아무에게도 세례를 베풀어서는 안 된다. 따라서 어린아이들은 세례의 대상이 될 수 없다.
반론 : 기독교 신앙을 고백해 가견적 교회의 교인이 된 부모의 자녀들은 아브라함의 신실한 자녀들과 그들의 후손에게 주어진 하나님의 언약 안에 포함되기 때문에 언약의 인침을 받을 수 있고, 또 받아야 한다. 그 인침은 율법 아래에서는 할례였고, 지금은 세례다.

다니엘 피틀리

Dippers Dipt, 29

나는 영혼에 하늘 아버지의 형상이 새겨진 모든 사람을 사랑하지 않을 수 없다. (비록 오류일지라도) 유아 세례에 관한 그들의 견해 때문에 그들에게 마음을 주지 않거나 하나님에게서 난 모든 사람의 핏줄 속에 흘러넘쳐야 할 보편적인 사랑을 억제할 생각은 조금도 없다. 나는 이 문제와 관련해 그들의 견해와 관습에 동의하지는 않지만, 그들의 인격과 보배로운 영혼을 깊이 사랑한다. 나는 그들이 이 문제를 잘못 생각한 이유가 무지 때문이라고 생각한다. 하나님은 어떤 지혜로운 목적을 위해 지금 그들에게 복음적인 세례라는 거룩한 의식의 진리를 잠시 감추어 두셨다. 그렇지 않았으면 그들도 밝히 알고, 실행했을 것이다. "사랑은…악한 것을 생각하지 아니한다"(고전 13:5).

벤저민 키치

Light Broke Forth in Wales, iii

세상과 세속성

질병의 위험은 심장 발작에 있다. 손으로 하는 세상의 일은 의무에 해당하지만, 마음속에 있는 세상의 일은 질병에 해당한다. 마음은 그리스도의 궁전이다. 마귀와 세상과 육신이 그곳을 공략하려고 애쓴다. 마음이 장악당하면 모든 것을 잃게 된다. 세상의 일은 가시과 엉겅퀴와 같기 때문에 마음으로 그것을 가까이하는 것은 매우 위험하다. 마음은 조금만 찔려도 치명상을 입는다. 마음은 그리스도께서 드시는 신혼 침상이고, 세상은 성도의 종이다. 종을 주님의 침상에 들게 하는 것은 간음을 저지르는 것이다. 마음은 하나님의 처소요 누각이요 보좌다. 하나님 외에는 아무도 그곳에 들어갈 수 없다.

바르톨로메오 애쉬우드

Heavenly Trade, 71

인간은 세상의 것으로 충만해지기 위해 그것이 지니는 가치보다 수십 배나 더 많은 것을 희생한다. 인간은 세상의 것을 위해 자신의 시간과 귀중한 생각과 영혼을 비롯해 많은 것을 희생한다. 인간은 세상의 것을 얻기 위해 많이 염려하고, 그것을 지키기 위해 많이 두려워하며, 그것을 잃으면 크게 슬퍼한다. 그러나 예수 그리스도로 충만해지는 것은 "너희는 와서…돈 없이, 값 없이 와서 포도주와 젖을 사라"(사 55:1)라는 말씀대로 아무런 대가도 요구하지 않는다. 세상과 세상의 것을 우러르며 크게 중요시하는 것, 그것이 곧 세상을 사랑하는 것이다.

윌리엄 브리지

"Grace for Grace," in *Works*, 1:217

세상의 찡그림에 의해서는 1천이 파괴되지만 세상의 미소에 의해서는 1만이 파괴된다. 세상은 우리에게 노래를 불러주고서 우리를 침잠시키고, 가롯 유다처럼 우리에게 입맞추면서 우리를 배신하며, 요압처럼 우리에게 입맞추면서 우리 갈비뼈 사이를 칼로 찌른다. 세상의 모든 영광과 광채는 달콤한 독과 같아서 우리를 영원히 멸망시키지는 못하더라도 우리를 위험에 빠뜨린다.

토머스 브룩스

Great Gains 87

솔로몬의 모든 영광은 어디에 있는가? 느부갓네살의 호화로운 건물들은 어디에 있는가? 시스라의 900승의 병거는? 알렉산더의 권력은? 모든 세상이 세를 바칠 것을 명령한 아우구스투스의 권위는?

토머스 브룩스

Precious Remedies, 123

왕관의 상속자로 선포된 아이가 고작 딸랑이 하나가 없는 것으로 괴로워해서야 되겠는가? 그렇다면 천국의 상속자인 그리스도인이 세상의 장난감들이 없다고 괴로워해서야 되겠는가?

토머스 브룩스

The Unsearchable Riches of Christ, in *Select*

Works, 1:151

모든 기회와 때를 틈타 세상의 것을 얻으려고 애쓰는 사람은 세상을 사랑하는 사람이다. 그런 사람은 비싼 것을 팔고, 값싼 것을 사들이는 자와 같다. 그는 큰 재산과 주택과 토지와 같은 세상의 것들을 얻으려고 애쓴다.

윌리엄 그린힐

Against Love of the World, in *Sound-Hearted Christian*, 261

세상이나 정욕을 위해 그리스도를 버리는 것은 사소한 것을 위해 보물을 버리는 것과 같다. 그것은 황금의 산을 똥 더미와, 영원히 샘솟는 맑은 샘물을 터진 웅덩이와, 영원을 순간과, 현실을 그림자와, 모든 것을 아무것도 아닌 것과 바꾸는 것이다.

윌리엄 젠킨

Exposition upon the Epistle of Jude, 104–5

대다수 사람이 소유한 보화는 썩어 없어질 것들이다. 그것들은 속된 보화, 해충과 좀이 꼬이는 보화, 헛된 보화에 지나지 않는다. 그리스도인들이여, 어디에 당신의 보물이 있는가? 이 세상인가, 다음 세상인가? 허무한 현재인가, 영광스러운 미래인가? 옥수수와 포도주와 기름인가, 하나님의 얼굴빛인가? 물질적인 이익과 쾌락과 명예인가, 은혜와 영광인가? 내세를 위해 건축하고, 심고, 씨앗을 뿌려 영원한 복을 수확하기를 원하는가? 만일 그렇다면, 당신의 이름이 하늘에 기록되어 있다.

매튜 미드

Name in Heaven, 60

신자들은 다른 사람들이 장막을 세우는 곳에 자신의 무덤을 만든다. 세상 사람들은 세상의 것에 집착한다. 세상은 그들이 보석들을 보관하는 상자와 같다. 하나님은 땅을 짐승들에게 주셨지만, 자신을 세상에 내주는 인간들이야말로 짐승으로 불리기에 적합하다.

윌리엄 세커

Nonsuch Professor, 133

대중의 공허한 박수갈채, 곧 꺼져버릴 거품 같은 세상의 명예, 얕은 개울과 같은 감각적인 쾌락, 아내와 자녀들의 미소와 혀짤배기소리, 신속하게 사라질 그림자와 같은 피조물의 위로, 순간에 그치는 속된 아름다움과 용기와 같은 것들이 영혼의 양식이 될 수 있을까? 그런 것들이 불멸의 영혼과 같은 거룩한 것이 추구해야 할 온당한 목표나 주된 행복이 될 수 있을까? 왜 우리는 영적 의무를 이행하는 것을 힘겹게 만드는 우리의 육신을 그토록 애지중지하는 것일까? 왜 우리는 생명을 얻지 못하게 가로막는 이 세상의 삶과 결별하기를 원하지 않는 것일까?

새뮤얼 쇼

Voice of One Crying in the Wilderness, 120

우리는 두 개의 세상에 속해 있다. 우리는 세상에서 사는 동안, 세상의 것을 이용해야 한다. 이 비천한 육신이 살아가는 동안 필요한 것이 얼마다 많은지 모른다. 생활하려면 많은 것이 필요하지만, 우리는 세상의 것을 마치 사용하지 않는 것처럼 사용해야 한다(고전 7:31 참조). 그 이유는 이 세상의 것에 집착해 우리의 고향인 천국을 잊어버릴 큰 위험이 도사리고 있기 때문이다.

리처드 십스

Divine Meditations and Holy Contemplations, 16

육신적인 지혜의 특징은 세상을 진주처럼 본다는 것이다. 육신적인 지혜는 하나님을 볼 수 없다. 그것이 세상적인 지혜로 일컬어지는 이유는 이득을 추구하는 안목의 정욕과 쾌락을 추구하는 육신의 정욕과 권력을 탐하는 삶의 교만에 사로잡혀 있기 때문이다.

존 트랩

Commentary ... upon ... the New Testament, 909

누군가가 말한 대로, 쾌락, 이득, 출세는 세속성의 세 가지 특징이다. 이것을 그리스도께서 받으신 세 가지 유혹과 야고보가 언급한 세속적인 지혜의 특성과 비교해 보라(약 3:15). 자연인이 원하는 것은 쾌락과 이득과 명예다. 이 세 가지는 그의 육신적인 자아를 통해 하나로 통합된다.

존 트랩

Commentary ... upon ... the New Testament, 948

육신적인 사람들은 자신이 만드는 하나님을 사랑하고, 자기들을 만든 하나님을 미워한다.

랄프 베닝

Canaan's Flowings, 21

그리스도인들은 세상에 마음을 두지 말고, 그것을 멀리해야 한다(시 62:10). 물은 배가 해 항구를 향해 더 잘 항해하도록 돕지만, 물이 배 안에 침투하면 새는 곳을 막아 물을 퍼내야 한다. 그와 마찬가지로 재물은 우리의 삶을 유익하게 하고, 편리하게 한다. 재물이 있으면 세상의 어려움을 좀 더 편안하게 헤쳐나갈 수 있다. 그러나 물이 배에 들어오는 것처럼 재물을 사랑하는 마음이 생겨나면 그것과 함께 멸망하고 만다(딤전 6:9).

토머스 왓슨

"A Christian on Earth Still in Heaven," in *Discourses,* 1:285

소돔

하나님은 소돔을 멸하기로 작정하셨고, 그로 인해 소돔은 멸망하고 말았다(창 19:12, 13). 하나님의 진노를 크게 일으키는 죄는 큰 파괴를 불러들인다. 큰 불법이 성행하면 결국 무서운 심판이 임하기 마련이다. 그러나 롯은 보살핌을 받았다. 그에게는 피난처와 보호가 주어졌다.

토머스 블레이크,

Living Truths in Dying Times, 36

오늘날의 영국은 소돔처럼 양식이 풍족한 까닭에 더할 나위 없이 교만해졌다. 하나님은 불과 유황으로 소돔을 심판하셨다. 지금은 아니지만 머지않아 우리에게도 그런 심판이 임할지도 모른다. 따라서 영국, 특히 런던은 그런 슬픈 불 심판의 사례들을 진지하게 생각해봐야 한다.

아서 덴트

Plain Man's Plain Path-way, 7 (published one year before the Great Fire of London, 1666)

아름다웠던 소돔이 무자비한 심판으로 갑작스레 멸망했다. 소돔이 멸망한 이유를 간단히 설명하면 다음과 같다. (1) 소돔은 낮고, 평평한 요단 평지에 위치했다. (2) 사방에 물이 많아서 항상 물이 풍족했다. 때로는 물이 너무 많을 때도 있었을 것이다. (3) 요단강은 첫 달에 모든 강둑을 범람하는 경향이 있었다. (4) 그러나 소돔에는 한 방울의 물도 떨어지지 않았다. 그곳은 불에 타 잿더미로 변했다. (5) 하나님의 심판에 관해 생각하다 보면 온갖 억측이 난무할 수밖에 없다. 하나님의 길은 우리의 이해를 크게 뛰어넘는다. 특히 소돔인들과 같은 악인들이 평범한 수준의 죄에서 벗어나 이상한 죄를 저지를 때는 하나님도 평범한 생각으로는 생각하기 어려운 이상한 형벌로 그들을 다스리신다.

토머스 풀러

Good Thoughts, 134–35

소돔이 새로운 방식으로 죄를 짓자 하나님도 새로운 방식으로 그들을 심판하셨다. 그분은 그들에게 지옥을 내려보내셨다.

윌리엄 거널

Christian in Complete Armour, 126

소망

소망은 아름답고 분명한 용모를 가진 처녀와 같다. 소망의 합당한 자리는 지상에 있고, 소망의 합당한 목적은 천국에 있다. 하늘이 열리고 거룩한 곳에 서 계신 예수님을 본 스데반처럼, 민첩하게 꿰뚫는 눈은 하나님의 영광, 그리스도의 자비, 성도와 천사들의 무리, 낙원의 기쁨을 볼 수 있다. 소망의 눈은 천국의 복됨에 고정되어 있어서 이 세상에 있는 그 무엇으로도 이를 제거할 수 없다. 믿음은 소망의 법무장관이고, 기도는 소망의 변호사이며, 인내는 소망의 의사이며, 선행은 소망의 복지사이며, 감사는 소망의 금고이며, 신뢰는 소망의 제독이며, 하나님의 약속은 소망의 닻이고, 평화는 소망의 국무장관이며, 영원한 영광은 소망의 왕관이다.

토머스 애덤스

Exposition upon...Second...Peter, 437

그리스도인은 '항상 더 나은 것을 소망한다(*Spero meliora*)'는 좌우명을 갖고 있어야 한다. 그는 세상이 줄 수 있는 것, 혹은 사탄이 빼앗아 갈 수 있는 것보다 더 좋은 것을 소망한다. 그리스도인은 비록 손안에 동전 하나 없을지라도 항상 풍성한 소망을 갖고 있다.

토머스 브룩스

Great Gain, 152

소망은 하나님이 자기 백성의 손에 쥐여 주사 눈물을 닦게 하시는 손수건이다. 그들은 고난 속에서 기대했던 자비가 오래 지체됨으로써 눈물을 흘리게 되었다. "여호와께서 이같이 말씀하시니라 네 울음소리와 네 눈물을 멈추라 네 일에 삯을 받을 것인즉 그들이 그의 대적의 땅에서 돌아오리라 여호와의 말씀이니라 너의 장래에 소망이 있을 것이라 여호와의 말씀이니라"(렘 31:16–17).

윌리엄 거널

Christian in Complete Armour, 153

소망은 현재 완전히 받지 못한 약속의 모든 선한 것을 그리스도를 통해 기대하며 기다리게 하는 하나님의 초자연적 은혜이다.

윌리엄 거널

Christian in Complete Armour, 515

진정한 소망은 그리스도의 신부 외에 그 누구도 착용할 수 없는 보석이며, 믿는 영혼 외에 그 누구에게도 허락되지 않은 하나님의 자비이다. 우리는 한때 그리스도도 없고 소망도 없는 자들이었다(엡 2:12). 여기서 소망과 믿음의 순서를 살펴보는 것은 잘못된 일이 아니다. 시간 순서에 관한 한, 하나가 다른 것에 앞선 것이 아니다. 하지만 자연의 질서와 실행의 순서에 관한 한, 믿음이 소망에 앞선다. 믿음은 진실하고 신실한 약속과 함께 끝맺는다. 소망은 영혼을 고양시켜 그 약속이 이루어지기를 고대하게 한다. 오지 않을 것이라고 믿으면서 만나러 나갈 사람이 어디 있겠는가? 약속은 하나님이 그분의 교회와 신부를 향해 마음을 열고 그들을 위해 모든 것을 하겠다고 말씀하시는 사랑의 편지다. 믿음은 그 사랑의 편지를 기쁨으로 읽고 얼싸안는다. 신자의 영혼은 그 약속을 성취하러 오시는 신랑의 마차를 기대하며 소망의 창문을 통해 바라본다.

윌리엄 거널

Christian in Complete Armour, 515

죄와의 전쟁, 사탄과의 전쟁이 끝날 때까지 구원의 투구를 계속 사용해야 한다. 그리스도인은 이 땅 위에 사는 동안, 소망 밑에(beneath hope) 있지 않고, 천국 아래에 있는 한, 소망 위에 있지도 않다. 사실 그리스도인은 그 영광스러운 도성의 문을 통과하여 안으로 들어갈 때 소망에 작별인사를 하고 영원한 사랑을 맞이하게 된다.

윌리엄 거널

Christian in Complete Armour, 517

소망은 섭리의 외적 실행 너머를 볼 수 있다. 소망은 약속의 도움을 받아 하나님의 마음을 들여다보고, 그리스도인의 특별한 지위에 관해 기록된 하나님의 생각과 목적을 읽을 수 있다. 또한 소망은 하나님이 섭리의 언어를 통해 거칠게 말씀하시는 것을 들어도 전혀 괴로워하거나 염려하지 말라고 명령한다. 소망은 이렇게 말한다. "그분이 말씀하시는 것이 어떻게 들리든 그분은 당신이 잘되길 뜻하시는 것이라고 나는 확신 있게 말할 수 있습니다."

윌리엄 거널

Christian in Complete Armour, 525

천국에 대한 소망으로 이 땅의 것을 향한 과도한 사랑이 조절되게 하라. 사도는 말했다. "근신하여…바랄지어다"(벧전 1:13). 다른 세상에서 많은 것을 찾는 자는 이 땅에서 작은 것에 매우 만족할 수 있을 것이다. 방대한 사유지를 소유한 부자가 추수 때에 이삭 줍는 가난한 사람들 사이에서 들판에 남겨진 곡식을 줍느라 바쁜 것을 볼 때 당신은 보기 흉하다고 생각할지 모른다. 오, 모든 세상이 이 추한 사람을 향해 부끄럽다 소리치지 않겠는가! 기독교인이여, 당신이 천국을 소망하는 척하지만, 실은 세상의 부스러기 외에는 아무것도 기대하지 않는 가련한 육신적인 사람처럼 이 세상의 쓰레기를 추구하는 열망을 가졌다면, 당신이 훨씬 더 수치스러운 일을 이제까지 해왔다고 말하더라도 화내지 말라.

윌리엄 거널

Christian in Complete Armour, 542

새가 날개 중 하나가 부러진 채로 날 수 있을까? 믿음과 선한 양심은 소망의 두 날개다. 죄로 인해 양심이 상처를 입었다면, 회개를 새롭게 하고 용서를 구하는 믿음을 훈련함으로써 소망을 되찾을 수 있을 것이다.

윌리엄 거널

Christian in Complete Armour, 549

성도들은 종종 죽어버린 두려움의 사체에서 자신의 소망을 얻게 된다.

윌리엄 거널

Christian in Complete Armour, 555

바울 사도는 고린도 교인들에게 권면한다. "주의 일에 더욱 힘쓰는 자들이 되라. 이는 너희 수고가 주 안에서 헛되지 않은 줄 앎이라"(고전 15:58). 세상적인 소망은 세상 일터에서 여러 직업, 여러 일을 수행하는 동기가 된다. 마찬가지로 하나님은 믿는 자들에게 영광의 소망을 주어 하나님을 섬기는 사역을 수행하게 하신다(히 6:11-12; 요일 3:3). 확실한 소망은 우리를 부끄럽게 하지 않는다(롬 5:5).

월터 마샬

Gospel Mystery of Sanctification, 55

일반적으로 소망은 우리가 바라는 멋진 미래에 대한 불확실한 기대이다. 하지만 기독교의 소망은 복음의 은혜이기 때문에 모든 불확실성은 사라진다. 그것은 믿음, 신뢰, 확신에서 나오는 간절한 기대이며, 즐거움을 바라는 것을 동반한다. 소망의 본질을 오해함으로써 소수의 그리스도인들만 그것을 추구하기 위해 노력하고 그것으로부터 유익을 얻는다. 소망으로 산다는 것은 믿음과 구원의 확신 가운데 사는 삶을 의미한다. 어떤 이들은 구원의 소망을 믿음이 없거나 확신이 없는 자의 상태라고 생각한다. 하지만 이것은 복된 성령의 열매를 자연적 애정으로 변질시키는 것이다. 복음적 소망은 믿음, 신뢰, 확신의 열매이다. 은혜의 모든 행동은 소망이 확고한 곳에서 발생한다(롬 5:2-5).

존 오웬

On Being Spiritually Minded, in *Oweniana*, 148-149

이 닻(즉 소망)은 위로 던져진다. 그것은 깊은 바다가 아니라 높은 천국에 고정되며, 그곳에서 확고한 소유를 얻게 한다. 누군가 말했듯이 배가 파도로 인해 부침을 겪기는 할지라도 난파되지는 않을 것이다. 그리스도께서 그 배의 조종사이시며, 말씀은 나침반이고, 약속들은 도르래이며, 소망은 닻이고, 믿음은 밧줄이며, 성령님은 바람이시고, 거룩한 애정은 돛이다. 이 모든 것들은 성령의 은혜로 충만하다.

존 트랩

A Commentary…upon…the New Testament, 876

소망은 활동하는 은혜이다. 그렇기에 "산 소망"이라 불린다(벧전 1:3). 소망은 시계의 태엽과 같아서 영혼의 톱니바퀴를 움직인다. 수확의 소망이 농부로 하여금 씨를 뿌리게 만들고, 승리의 소망이 군인으로 하여금 싸우도록 만들 듯이, 은혜의 참 소망은 그리스도인으로 하여금 열심히 영광을 추구하게 만든다. 은혜받은 여부를 판가름해줄 영적 시금석이 여기에 있다. 우리가 진정 성령의 기름부음을 받았다면, 그것은 우리 노력의 바퀴에 기름칠을 하여 우리로 하여금 하나님의 나라를 활발히 추구하게 만들 것이다.

토머스 왓슨

Body of Practical Divinity, 474

소생(vivification)

소생은 성화의 두 번째 부분에 해당한다. 그것을 통해 우리 안에서 하나님의 생명 혹은 하나님의 형상이 회복된다(엡 4:24, 골 3:10, 계 12:2). 새 사람을 입은 후에는 마음을 새롭게 함으로 변화된다.

윌리엄 에임스

Marrow of Sacred Divinity, 144

속박

죄와 사탄에 속박되어 그리스도의 통치를 거부하는 사람의 죄와 불행은 너무나도 크다. 사탄은 자기 신민들의 핏속에 자신의 율법을 새겨넣고, 그들을 잔혹하게 압제하며, 다양한 정욕에 얽매여 시달리게 만들며, 그들의 섬김을 영원한 불행으로 갚아준다. 그러나 그런 상태에 지쳐 기꺼이 그리스도께 나오기를 원하는 사람들이 얼마나 적은지 모른다.

존 플라벨

Fountain of Life, 146

오직 죄로부터 비롯한 것이나 죄를 위한 것만이 우리를 진정으로 속박한다.

배버소 파월

in Thomas, *Puritan Golden Treasury*, 40

죄 가운데 가장 큰 자유를 누리는 것이 세상에서 가장 큰 속박이다.

리처드 십스

in Horn, *Puritan Remembrancer*, 140

속죄

하나님은 창조 사역에서 인간을 자신의 형상으로 만드셨지만, 구속 사역에서 자기를 인간처럼 만드셨다.

존 보이스

in Horn, *Puritan Remembrancer*, 129

주 예수 그리스도께서는 자신을 성부께 희생 제물로 드려 우리의 죄를 짊어지심으로써 나를 비롯해 모든 사람이 정죄받아 지옥에서 영원히 형벌을 당하는 것보다도 더 우리 죄에 대한 하나님의 정의를 온전하게 만족시키셨다. 채권자는 채무자가 일주일에 한 번씩 나눠 빚을 갚는 것보다 단번에 모든 빚을 갚는 것에 더 만족해할 것이 틀림없다. 한꺼번에 돈을 다 갚을 능력이 없는 가난한 사람은 돈을 조금씩 갚아 나갈 수밖에 없지만, 채권자는 단번에 빚을 다 갚는 것을 더욱 만족스럽게 여긴다. 인간은 모두 죄인이기 때문에 죗값을 조금씩 치러 나갈 수밖에 없는 신세로 전락했다. 그러나 그리스도께서는 그 빚을 성부께 모두 갚아주셨다…따라서 하나님은 우리가 모두 지옥에 가서 영원히 조금씩 죗값을 치르는 것보다 그리스도께서 십자가에서 이루신 속죄를 통해 무한히 더 큰 만족을 얻으셨다. 우리의 대제사장께서 성부 하나님께 치르신 속죄는 참으로 영광스럽고, 복스럽기 그지없다.

윌리엄 브리지

On Christ's Priestly Office, in *Works*, 1:12–13

죄는 어둡고, 가증스럽기 한이 없지만, 하나님은 그 놀라운 지혜로 죄의 무시무시한 어둠 속에서 구원을 주는 긍휼의 빛을 끌어내셨고, 성자의 성육신과 고난을 통해 속죄를 이룸으로써 은혜를 밝히 드러내셨다.

스테판 차녹

Discourses upon the Existence and Attributes of God, 346

그리스도, 특히 십자가에 못 박히신 그리스도는 믿음의 주요 대상이시다. 탁월하신 그리스도는 믿음보다는 사랑의 대상이시다. 우리는 세상의 죄를 속량하기 위해 하나님의 정의의 손길 아래 죽기까지 피 흘리신 그리스도를 믿어야 한다.

윌리엄 거널

Christian in Complete Armour, 426

손 대접

손 대접은 삼중적이다. 가족에게는 필수적이고, 낯선 이에게는 예의이며, 가난한 이에게는 자비이다.

토머스 풀러

Holy and Profane States, 182

수다

말이 많고, 수다스러운가? 너무 많이 말하거나 무익하고, 경솔한 말을 일삼는가? 날마다 야고보가 말한 재갈로 생각과 혀를 제어하라. 경건한 척하면서 혀를 단속하지 않는 사람은 자신의 마음을 속이는 사람이다. 그런 사람의 경건은 거짓이다. 혀를 다스리지 못하면 경건하게 살 수 없다. 오히려 많은 죄를 짓고, 많은 어리석음을 드러낼 수밖에 없다…혀를 길들이지 못하면 우리 자신을 파멸시킬 수 있다. 혀도 손만큼이나 확실하게 우리를 지옥으로 끌고 갈 수 있다.

에드워드 레이너

Precepts for Christian Practice, 25

수도원주의

항상 깨어서 기도하는 척하면서 수도원에 들어가 모든 세속적 직업을 포기하는 세대가 있다. 하지만 세상 역사는 수도원이 기도의 집이 아니라 먹잇감을 끌어들이는 소굴이라는 것을 증명했다. 게으름과 풍족함으로 응석을 부리는 사람들은 열정과 헌신보다 사치와 호색에 먹힐 가능성이 더 크다.

윌리엄 거널

Christian in Complete Armour, 766–767

경건한 상인은 그의 손이 일상의 사업에 종사하는 동안 그의 마음은 하나님을 열망하고 그분의 완전하심과 그분의 말씀과 그분의 역사하심을 기뻐할 것이다. 아무리 짐을 많이 실었어도 보석을 싣지 못할 배는 없듯이, 종교적 마음의 개입을 허용하지 않을 만큼 끊임없이 우리 마음을 채울 수 있는 사업도 없다. 종교적 마음의 성향을 유지하거나 정결한 삶을 유지하기 위해 수도원에 은거할 필요는 없다.

리처드 스틸

Religious Tradesman, 206–207

순교

고통이 아닌 대의명분이 순교자도 만들고 악당도 만든다. 네 영혼아, 내가 진실로 유죄라면, 죽음의 종류나 죽음의 표면적 이유에 괘념하지 말지어다.

제커리 크로프트

Defence against the Dread of Death, 49

그리스도는 모두를 순교자로 부르시지도, 모두를 사역자로 부르시지도 않았다. 순교자는 사역자만큼이나 은사이다. 여러분들에게 고난은 주어지는 것이다(빌 1:29). 부르심 없는 설교와 마찬가지로 부르심 없는 고난도 위로가 거의 따르지 않을 것이다. 나는 어떤 이들이 강단에서 설교를 해왔음에도 그리스도로 말미암는 성공을 맛보지 못했던 이유와 어떤 이들이 감옥에 갇혀 있었음에도 위로의 달콤함을 누리지 못했던 이유가 같다고 생각한다. 둘 다 부르심이 없었기 때문이다.

존 듀란트

Sips of Sweetness, 195

순교는 세상에 일찍 왔다. 죽은 첫 사람은 신앙 때문에 죽은 것이다.

윌리엄 젠킨

in Horn, *Puritan Remembrancer*, 12; and in Thomas, *Puritan Golden Treasury*, 52

신앙은 잿더미 속에서 멀쩡하게 살아나오는 불사조와 같다. 통치자들은 검으로 진리를 수호하지만 순교자들은 피로 진리를 수호한다.

윌리엄 세커

Nonsuch Professor, 44

순종

순종할 마음이 곧 우리의 순종이다. 행할 마음이 곧 우리의 행함이다. 하나님을 위해 고난받고자 하는 마음이 곧 하나님의 이름을 위한 우리의 고난이다. 그러나 순종하겠다는 모든 결심이 진실한 결심은 아니라는 사실에 각별히 주의해야 한다. 순종하려는 결심이 진실한 결심이 되려면 다음의 요소를 갖추어야 한다. (1) 뿌리 깊은 내적 성향에서 흘러나와야 한다. (2) 성경의 계시에 대한 확고한 믿음에 기초해야 한다. (3) 가장 중대한 이유들에 따라 세워져야 한다. (4) 성숙하고 깊은 숙고의 결과이어야 한다.

리처드 알레인

Heaven Opened, 205

우리의 순종은 하나님의 섭리적인 보

호 아래 하나님께 돌리는 찬양이다. 순종은 현실적 삶을 통해 하나님을 찬양하는 것이다. 우리의 삶은 우리 마음속에 있는 감사를 증명해야 한다.

시므온 애쉬

Best Refuge, 43

참된 순종은 다음과 같아야 한다.

1. 진실함(시 51:6)
2. 신령함(요 4:24)
3. 규칙적임
4. 사랑에서 나옴(갈 5:6)
5. 믿음에서 나옴(벧전 2:5–6)
6. 보편적임(시 119:6; 고후 2:9)
7. 변함없음

윌리엄 베버리지

Thesaurus Theologious, 4:128–29

어떤 신자도 자신이 마땅히 해야 할 일을 다 행하지는 못하지만, 모든 신자는 하나님의 영광을 위해, 그리고 자기 자신과 다른 사람의 영적 유익을 위해 그가 지금 행하고 있는 것보다 더 많은 것을 행할 수 있다. 행함의 수고 없는 애정은, 외모는 아름답지만 자녀를 낳지 못하는 라헬과 같다. 자신의 의무를 전부 다 행하지는 못하더라도 행할 수 있는 일을 하는 자는 복되다.

토머스 브룩스

The Unsearchable Riches of Christ, in *Select Works*, 1:171

그리스도께 순종하는 것은 그리스도를 존중하기 때문이지 다른 이유가 없다.

토머스 브룩스

The Unsearchable Riches of Christ, in *Select Works*, 1:253

기회는 선을 행할 특별한 수단이다. 은사를 가진 사람은 기회를 만났을 때 그렇지 못한 다른 사람보다 더 많은 선을 행해야 한다. 때때로 어떤 일이 어떤 사람에게 매우 적합해서 그에게는 그 일이 하나님의 영광을 위한 섬김의 사역이 되지만 다른 사람에게는 그렇지 못하다. 이런 경우에 규칙은 당신의 손이 찾는 대로 행하라는 것이다. 기회가 닿는 대로 행하라. 기회가 당신을 초청하는 대로 행하라. 많은 사람이 주의 섭리에 따라 부르심을 받는다. 그는 주의 영광을 위해 어떻게든 행할 기회를 갖지만 다른 이에게는 그런 기회가 주어지지 않는다.

윌리엄 기어링

Sacred Diary, 96

부름받은 자리를 벗어나 행하는 것은 하나님의 인정을 받을 수 없다. 그것은 믿음으로 행하는 것이 아니므로 하나님을 기쁘시게 할 수 없다. 믿음으로 행할 수 없는 이유는 당신이 그 일에 부르심을 받지 않았기 때문이다. 하나님은 당신에게 정해주지 않은 일을 행하라고 요구하지 아니하신다. 어쩌면 당신은 선한 의도로 그것을 행했을 것이다. 웃사도 그런 마음으로 언약궤를 붙잡았다. 하지만 하나님이 웃사의 열심을 좋아하셨는가? 사무엘하 6장 7절을 보라.

윌리엄 거널

Christian in Complete Armour, 200

하나님에게서 명령이 나왔다는 것 자체가 사람이 순종해야 하는 충분한 근거다.

나다니엘 하디

First General Epistle of St. John, 279

참된 그리스도인의 순종은 보편적이다. 곧 참된 그리스도인은 한 명령에는 순종하면서 다른 명령을 등한시하지 않는다. 또는 한 의무를 이행하면서 다른 의무를 내팽개치지 않는다. 참된 그리스도인은 모든 명령을 존중한다. 그는 모든 죄를 버리고 모든 의무를 좋아하려고 노력한다. 유사 그리스도인은 여기서 실패한다. 유사 그리스도인의 순종은 부분적이고 단편적이다. 그는 한 명령에 순종하면서 다른 명령은 어긴다. 그는 자신의 욕심을 가로막지 않는 의무는 부지런히 행하지만 자신의 욕심을 가로막는 의무는 피한다.

매튜 미드

Almost Christian Discovered, 197–98

하나님을 섬기겠다는…결심은…다음과 같아야 한다. 우리는 하나님을 믿을 때, 삶을 끝마칠 때까지 모든 죄를 버리고 하나님의 모든 명령을 지키는 것을 목표로 삼고, 세상의 온갖 쾌락과 이득과 영예와 안전에 대해 최대한의 자기부인을 실천해야 한다.

존 노턴

Catechistical Guide, 92–93

하나님과 동행하는 자는 자신의 모든 발걸음 속에서 하나님이 함께하시는 것을 믿음의 눈으로 본다. 하나님과 동행하는 자는 모든 경우에 하나님을 인정하고, 모든 길에서 하나님을 기억하며, 다윗이 그러했듯이 항상 자기 앞에 하나님을 모신다. 그는 모세가 그러했던 것처럼 보이지 않는 하나님을 본다. 그는 사도 바울이 그러했던 것처럼 모든 일을 하나님을 향해 하나님 앞에서 행한다. 따라서 하나님과 동행하는 자는 그의 삶의 길에서 일반적이고 습관적인 일뿐만 아니라 가능한 모든 일에서 하나님을 기쁘시게 하고 영광스럽게 하려는 의도를 갖고, 항상 하나님의 임재를 주목하며, 하나님을 계속 자신의 시야 속에 두고 행하는 자라고 말할 수 있다.

헨리 스쿠더

Christian's Daily Walk, 52

부분적이고 일시적인 순종은 순종이 아니다. 어떤 이는 우리의 욕심을 거스르지 않고 우리의 명성에 반하지 않는 쉬운 일에 대해서는 필요 이상으로 많이 행할 것이다. 그러나 우리의 순종은 하나님이 그렇게 명하시기 때문에 치우치지 않고, 보편적이고, 일관적이어야 한다.

리처드 십스

Divine Meditations and Holy Contemplations, 74

술 취함

포도주가 손에 있으면 인간이고, 머리에 있으면 짐승이 된다. 술 취한 자는 술을 향해 "내게 이성을 다오."라고 말하지만, 술은 "나는 네게 이성을 남겨 줄 수 없다. 너는 짐승보다 못하게 될 것이다. 짐승은 필요한 것 이상은 마시지 않는다."라고 대답한다. 디오게네스는 과음하고 싶은 충동이 일자 술을 땅바닥에 집어 던졌다. 그는 술을 왜 낭비하느냐고 꾸짖는 주위 사람의 말에 "내가 술을 더 마시면 술은 물론, 나 자신마저 잃고 말 것이요."라고 대답했다.

토머스 애덤스

Exposition upon ... Second ... Peter, 75

포도주는 마귀의 압인이 잘 찍히도록 마음을 밀랍처럼 무르게 만든다.

토머스 애덤스

in Horn, *Puritan Remembrancer*, 165

술 취함은 정중함을 훼손하고, 공손함을 없애며, 이성을 파괴한다. 술 취한 사람은 양조업자의 대리인이요 양조장의 후원자요 아내의 슬픔이요 자녀들의 고통이요 자신의 수치요 이웃들의 조소거리요 걸어 다니는 구정물통이요 짐승의 형상이요 인간 괴물이다.

존 도드

Sermon on Malt, 6–7; also in Brook, *Lives of the Puritans*, 3:6

술 취함이라는 혐오스러운 죄를 조심하고, 경계하라. 그것은 끔찍한 죄요 자발적인 광란이요 인간의 품격을 잃고 멸망하는 짐승처럼 되게 만드는 죄다. 술에 취하면 짐승보다 못하게 된다. 짐승은 마실 만큼만 마실 줄 안다.

존 플라벨

"A Sober Consideration of the Sin of Drunkenness," in *Navigation Spiritualized,* 146

술 취함은 '마귀의 굴레'라는 말은 매우 적절하다. 마귀는 죄인에게 굴레를 씌워 자신이 원하는 곳으로 끌고 간다. 술에 정복된 사람은 어떤 죄도 정복할 수 없다.

존 플라벨

"A Sober Consideration of the Sin of Drunkenness," in *Navigation Spiritualized,* 157

나는 술 취한 그리스도인보다는 차라리 정신이 멀쩡한 이교도가 되겠고, 불결한 신자보다는 차라리 정숙한 이교도가 되겠다.

윌리엄 거널

Christian in Complete Armour, 485

술 취함보다 더 하나님의 형상과 인간의 아름다움을 훼손하고 망치는 죄가 또 어디에 있을 수 있을까? 이 죄는 양볼을 실룩거리게 하고, 눈과 코에서 불이 뿜어나오게 하며, 손과 발을 허우적거리게 만들고, 온전한 인간을 병에 걸린 말처럼, 암소의 위장처럼, 노새의 머리처럼 만들어…걸어다니는 똥 더미로 바꾸어 놓는다.

로버트 해리스

Drunkard's Cup, 10

하나님의 영광을 삶의 목적으로 삼아야 마땅하지만, 하나님을 더 쉽게 잊기 위해 술을 마시는 사람들이 많다. 그들은 설교를 듣고 나서 자신의 영혼 안에서 메아리치는 하나님의 무서운 경고를 외면하고, 동료들 가운데 일부에게 임한 하나님의 심판을 잊기 위해 술을 마신다. 그들이 술을 마시는 이유는 양심을 묵살하고, 죽음과 심판에 관한 생각을 잊기 위해서다. 그들은 하나님의 말씀을 알고, 그 말씀대로 살아야 하는데도 불구하고 스스로 용기를 내어 마음을 강퍅하게 함으로써 하나님의 메시지를 모두 거부한다. 그들은 자신의 특별한 의무 가운데 하나를 술잔과 더불어 망각해 버린다. 이런 사실을 스스로 깨닫는 사람이 과연 얼마나 될까?

로버트 해리스

Drunkard's Cup, 11

술 취함은 은혜를 방탕으로 변질시키고, 약을 질병으로 바꾸어 놓는다. 술 취함은 성령의 전이 되어야 할 육체를 바쿠스의 술 창고로 만든다.

에드워드 마버리

Commentarie … upon … Habakkuk, 306

케임브리지 근처의 반웰이라는 곳에서 북두칠성이 나타날 무렵에 한 건장한 젊은이와 그의 이웃 두 사람과 한 여성이 독한 맥주를 한 통 마시기로 합의했다. 그들은 한 통의 술을 다 마셨다. 그들 가운데 세 사람은 네 시간에서 스무 시간 내에 사망했고, 나머지 한 사람은 크게 앓고 나서 가까스로 목숨을 건졌다. 나는 근처에 사는 한 명성 있는 치안 판사로부터 이 말을 전해 들었다.
해슬링필드의 한 도축업자는 술 취하는 것을 통렬하게 비판한 한 사역자의 설교를 듣고 나서 술집에 가서 술을 마시면서 농담을 지껄이며 사역자와 그의 설교를 비웃었다. 그가 술을 마시는데 술잔에 들어 있는 무엇인가가 그의 목구멍에 걸려 내뱉지도 못하고, 삼키지도 못하게 되어 결국 질식해 죽고 말았다.

새뮤얼 워드,

Woe to Drunkards," in *Sermons and Treatises*, 153

술 취함보다 하나님의 형상을 더 심각하게 훼손하는 죄는 없다. 술 취함은 사람을 변질시키고, 인간답지 못하게 만든다. 술 취함은 인간을 물고기의 목구멍, 돼지의 배, 노새의 머리로 바꾸어 놓는다. 술 취함은 인간성을 더럽히고, 이성을 마비시키며, 순결을 파괴하고, 양심을 묵살한다. 술 취함은 육체에 해롭다. 술잔은 대포보다 더 많은 사람을 죽인다.

토머스 왓슨

Body of Practical Divinity, 613

슬픔

슬픔은 올 때는 말을 타고 오고, 갈 때는 발로 걸어가는 경향이 있다. 슬픔은 다윗에게 나쁜 소식을 전하기 위해 달려온 구스 사람과 같다(삼하 18:32). 그 소식은 숨이 넘어갈 정도로 신속하게 전달되었다. 그러나 슬픔은 일단 찾아오면 신속하게 달려 돌아가지 않고 오랫동안 머무른다.

토머스 애덤스

Exposition upon … Second … Peter, 762

슬픔은 의욕을 떨어뜨리고, 마음을 산란하게 만들어 기도와 묵상과 거룩한 대화를 방해한다. 슬픔은 영혼을 묶어 가둔다. 사실, 이것은 슬픔이라기보다는 실의에 해당한다. 사람이 잘못을 뉘우치지 않고, 오히려 죄를 더하는 이유는 바로 이것 때문이다.

시므온 애쉬

Primitive Divinity, 87

질문 : 죄로 인해 슬퍼하고 고민하는

것이 죄가 되는 경우는 어떤 경우인가?
답변 : (1) 영혼을 그리스도에게서 멀리 갈라놓는 경우. (2) 약속을 의지하지 못하게 하는 경우. (3) 하나님의 섭리를 통해 부여된 소명과 관련된 의무를 소홀히 하게 하는 경우. (4) 사적이거나 공적인 종교적 의무를 소홀히 하게 하는 경우. (5) 외적인 위로와 즐거움을 앗아가 남에게 자비를 베풀 여력이 없게 만드는 경우. (6) 사람을 외적으로 무력하게 하고, 쇠약하게 하고, 망가뜨리는 경우. 경건한 슬픔은 영혼의 친구이며, 몸에게도 원수가 아니다.

토머스 브룩스

Cabinet of Choice Jewels, 97

진정으로 죄를 의식한다는 것은 하나님을 불쾌하게 해드린 것을 슬퍼하는 것을 의미한다.

존 번연

"Mr. John Bunyan's Dying Sayings," in *Complete Works*, 79

질문 : 경건한 슬픔의 참된 특징은 무엇인가?
답변 : 경건한 슬픔의 참된 특징은 악한 말이나 행위로 하나님께 불순종했을 때 설혹 천국이나 지옥이 없고, 징벌을 받는 일이 없다고 해도 잘못을 진정으로 뉘우치며 슬퍼하는 것이다.

자일스 퍼민

Real Christian, 303

경건한 슬픔은 모든 의무와 회개의 열매를 끊임없이 마음에 떠올린다. 경건한 슬픔은 열의가 없거나 무익하지 않다. 그것은 영혼에 은혜와 의무를 일깨워 모든 은사를 활용해 모든 의무를 이행하도록 이끈다. 바울 사도는 이 점을 분명하게 가르쳤다(고후 7:11). 믿음은 영혼을 그런 회개의 상태로 이끌어 그 증거를 드러낸다…만일 이 슬픔이 계속되면서 효력을 일으킨다면 이것은 우리 안에 구원 신앙이 존재한다는 명백한 증거다. 따라서 슬퍼하는 자들은 복이 있다. 이 증거는 다른 증거들을 모두 합친 것만큼의 가치가 있다고 말해도 결코 틀리지 않을 것이다. 이 증거가 없으면 다른 증거들은 아무것도 아니다. 만일 이런 심령 상태가 존재하지 않으면 영혼이 좋은 상태를 유지하고 있다는 의미 있는 증거를 발견하기 어렵다.

존 오웬

"Grounds of Faith," in *Oweniana*, 90–91

오, 누가 내게 눈물을 줄까?
오라, 모든 샘들아
나의 머리와 눈 속에 거하라

오라, 구름과 비여
내 슬픔에는 자연이 만들어 낸
모든 물이 필요하나니
내 눈을 채울 강물을 빨아들이라
눈물 흘리는 내 지친 눈, 너무 메말랐기에 내게 강물을 공급할 관이 필요하구나.
이것들을 견디고 내 상태를 견디려면
새로운 강물이 필요하다네.
강바닥이 얕은 두 개의 여울
작은 세상의 두 개의 작은 분출은 무엇인가?
작지만 참으로 크나니.
내 슬픔과 의심을 위한 작은 장식장이여.
말들은 너무 격조 높고 지혜로와서
내 거친 슬픔을 어찌 알랴.
그만 멈추라, 차라리 벙어리가 되고
말을 멈추라.
발을 삼가고 나의 눈으로 달려가라.
어떤 연인의 현악기 선율에 네 슬픔을 맡기라
연인의 슬픔은 음악과 운율을 허락하나
나의 슬픔은 그 둘 다 거부하네
슬프도소이다, 나의 하나님이여!

조지 허버트

Poems, 169

시간

사람들이 해 뜰 때부터 해 질 때까지 술집에 앉아 있으면 (비록 자신들이 시간을 헛되이 날려 보낸 사실을 의식하지 못하더라도) 하루가 매우 짧고, 시간이 마치 신속하게 달려가는 경주자와 같다고 말할 것이다. 그런데 만일 그들을 두 시간 동안 교회에 붙잡아두면 의자는 너무 딱딱해서 뼈가 배겨 아프고, 시간은 절름발이처럼 천천히 간다고 생각하면서 지친 눈으로 창문을 바라볼 것이다. 어떤 일을 즐겁게 여기거나 성가시게 여기는 것은 전적으로 인간의 마음에 달려 있다.

토머스 애덤스

"The Two Sons," in *Sermons,* 196

시간은 두 개의 영원 사이에 존재한다. "그의 날을 정하셨고 그의 달 수도 주께 있으므로 그의 규례를 정하여 넘어가지 못하게 하셨사온즉"(욥 14:5)이라는 말씀이 암시하는 대로, 하나님이 그 기쁘신 뜻대로 사용하기 위해 시간의 한계를 정해놓으셨다. 시간이 주님의 것이라면, 그것을 하나님을 위해 사용하는 것이 합당하다.

바르톨로메오 애쉬우드

Heavenly Trade, 423

오, 귀한 시간이여! 시간은 참으로 신속하게 흘러간다. 지나간 나의 40년이 어떻게 흘러갔는가? 설혹 하루가 한 달 만큼 길더라도 내가 생각하기에는 하루의 일을 하기에도 부족하다. 헛되이 흘려보낸 시간은 지나간 세월만으로 충분한데 더 낭비할 시간이 있겠는가? 나는 어리석은 사람이 아니라 다른 사람들보다 시간의 가치를 더 잘 알고 있는 사람처럼 살다가 죽고 싶다. 죽음이 이르면 시간을 되돌리기 위해 아무리 크게 부르짖거나 그 무엇을 내어주어도 아무 소용이 없다. 그런데도 시간을 헛되이 낭비할 수 있겠는가? 참된 동정심과 정직함, 사역의 의무에 관한 관심, 철저한 책임 의식을 조금이라도 느끼는 사람이라면 어떻게 무익하고, 게으르게 시간을 흘려보낼 수 있겠는가?

리처드 백스터

Reformed Pastor, 146 – 47

영혼들이 사후에 가는 영원한 곳이 있는가? 그렇다면 영원한 상태를 결정하는 현재의 시간은 얼마나 귀한가. 하나님은 작은 철사에 얼마나 큰 무게추를 매달아 놓으셨는지 모른다. 하나님은 세상에서 우리를 시험하신다. 우리에게 주어진 짧은 시간을 선용한다면 우리는 영원히 잘 지낼 수 있을 것이다. 매일, 매시간, 아니 매 순간이 우리의 영원한 운명에 영향을 미친다.

존 플라벨

Fountain of Life, 317

그리스도께서는 종종 자신의 시간이 짧다고 생각하고 부지런히 일하셨다. "때가 아직 낮이매 나를 보내신 이의 일을 우리가 하여야 하리라 밤이 오리니 그때는 아무도 일할 수 없느니라"(요 9:4)라는 말씀에서 짐작할 수 있는 대로, 그분은 자신이 일할 수 있는 시간이 짧다는 것을 알고 계셨다. 우리도 그리스도처럼 해야 한다. 이 점을 기억하고 부지런히 살려고 노력하라. 써야 할 것이 많은데 종이의 여백이 얼마 남지 않았다면, 작은 공간에 많은 것을 쓰려고 글자를 촘촘하게 쓸 것이 틀림없다.

존 플라벨

Fountain of Life, 353

씨 뿌리는 자가 잠시 휴식을 취하고 나서 다시 쟁기질을 하는 것처럼, 한숨을 돌렸거든 다시 일을 시작하라. 우리 목회자들은 다른 사람들보다 시간을 더 잘 사용해야 한다. 그 이유는 우리 자신을 위해 쓸 시간이 더 적기 때문이다. 우리의 시간은 교구민들 모두를 위한 것이다.

윌리엄 거널

Christian in Complete Armour, 621

선한 일을 하거나 선한 것을 배우지 못한 채 흘려보낸 날들이 얼마나 많은지 세어보라. 재물보다 입술을 지키는 것에 더 주의를 기울이라. 선하고, 덕스러운 일에 익숙해지라. 세상에 있는 모든 것을 불확실하게 여기라. 형통하다고 너무 크게 기뻐하지 말고, 시련을 겪는다고 너무 크게 슬퍼하거나 낙심하지 말라.

앤드류 존스

Dying Man's Last Sermon, 18

시끄럽게 떠들며 흥청망청 놀면서 보내라고 시간이 주어진 것이 아니다. 시간을 그렇게 헛되이 흘려보내는 사람들은 나중에 그들에게 주어진 짧은 시간을 그렇게 흘려보낸 것 때문에 구원받지 못했음을 알고는 크게 슬퍼하며 통곡할 것이다. 그러나 자기를 부인하고, 육신을 십자가에 못 박고, 하찮은 일이나 나태한 말이나 어리석은 놀이나 불필요한 오락에 시간을 헛되이 낭비하지 않고, 기도하고, 말씀을 듣거나 읽고, 자신의 영혼을 성찰하고, 자신의 죄를 슬퍼하고, 천국에 갈 준비를 한 지혜롭고, 은혜로운 사람들은 선한 일을 많이 하면서 순례와 같은 이 세상의 삶을 만족스럽게 마감할 것이다.

조지 스윈녹

The Christian Man's Calling, in *Works,* 2:506

시기심

이 죄(시기심)는 심지어 사역자들조차 서로를 사랑하며 평화롭게 함께 힘을 합쳐 하나님의 일을 하기 어려울 정도로 매우 강력하다. 그들 가운데 한 사람이 다른 사람에 비해 크게 뒤떨어지지 않는데 상대방에게 그런 식의 대우를 받는다는 느낌이 들면, 그들은 곧 서로 우위를 다투며 서로를 시기한다. 다시 말해, 그들은 이상한 질투심에 사로잡혀 자신들의 직위를 수치스럽게 만들고, 교인들에게 해를 끼친다. 어떤 사역자들은 매우 교만해서, 자기와 동등한 조력자의 힘을 빌려 하나님의 일을 함께 이루어나갈 수 있는데도 모든 짐을 홀로 짊어지려고 애쓴다. 그들은 힘이 부치는데도 교인들 사이에서 자신이 누리는 이익이 줄어들까 두려워 다른 사람과 영예를 함께 나누려고 하지 않는다.

리처드 백스터

Reformed Pastor, 163–64

악한 씨의 시기심은 너무나도 지독하고 강했다. 그의 시기심이 누군가를 향해 한번 발동하기 시작하면 사그라들 줄 몰랐다. 그는 마치 고양이가 쥐를 죽이려고 지켜보는 것처럼 상대를 유심히 지켜보면서 해를 가할 기회를 찾았다. 그렇게 칠 년이 지났는데도 그는 여전히 상대방을 해칠 기회를 노렸다. 이런 시기심은 수없이 많은 무섭고, 거대한 악을 양산하는 원천이다. 시기심은 그런 악들을 양산할 뿐 아니라 그것들을 품은 사람의 품속에서 저주스러운 몰골로 크게 자랄 때까지 그것들을 길러 낸다.

존 번연

Riches, 51

그런 위선자들은 자신들보다 뛰어난 자들의 은혜와 은사의 광채를 은밀히 시기하며, 그들이 자기보다 더 빛을 발하는 것을 못 견딘다. 은혜를 진정으로 사랑한다면 그것이 어디에서 가장 순수하고, 밝게 빛나든 그것을 사랑해야 마땅하다. 바리새인들은 그리스도를 시기함으로써 자신들의 본성을 여실히 드러냈다.

알렉산더 카마이클

"An Essay on Hypocrisy," in *Believer's Mortification of Sin,* 221

시기심은 섭리를 부정한다.

스테판 차녹

in Horn, *Puritan Remembrancer,* 93

사랑과 시기심은 큰 차이가 있다. 누군가를 사랑하는 사람은 그가 잘되거나 칭찬을 받으면 자신이 잘되거나 칭찬을 받은 것처럼 기뻐한다. 그와 반대로 누군가를 시기하는 사람은 그가 칭찬을 받거나 유익을 얻으면 자신이 손해를 본 것처럼 생각한다. 그는 다른 사람이 무엇이라도 유익을 얻으면 자기의 것을 빼앗긴 것처럼 여겨 사납게 날뛴다. 시기하는 사람은 다른 사람과 아무 관련이 없는 낯선 사람처럼 모든 것을 다루고, 사랑하는 사람은 다른 사람이 전혀 낯선 사람이 아닌 것처럼 처신한다. 후자는 자신을 다른 사람과 하나이자 동일한 몸에 속한 지체요 일부라고 생각한다. 시기심을 멀리하라. 그것은 사랑이 없다는 가장 분명한 표징이다.

존 뉴스터브

Lectures, 187

시기심은 단번에 두 가지 악을 저지르는 죄다. 시기심은 하나님에 대한 불만에서 시작해서 인간에게 해를 끼치는 것으로 끝난다. 시기심에서 경건한 것을 증오하는 마음이 생겨난다. 산 아래 있는 사람들은 산 위에 있는 사람들을 보고 안달한다. 사람들은 자신이 흉내 낼 수 없는 것을 비방한다. 악인들은 모든 것을 똑같이 가지려고 한다.

토머스 맨톤

Practical Exposition on the Epistle of James, 155

시기하는 마음이 있는 곳에는 하나님의 성령께서 계시지 않는다. 은혜는 하나님께 순응하고, 신성한 성품에 참여하는 것을 통해 표현된다(벧후 1:4). 은혜는 하나님의 성품을 영혼에 받아들이는 것을 의미한다. 하나님은 은혜를 더 많이 베풀기를 기뻐하신다. 따라서 자신의 좋은 것을 다른 사람들과 함께 나누지 않거나 축복을 독차지하려고 들거나 다른 사람의 은사와 섬김과 탁월함을 기뻐하지 않는 사람은 하나님의 성품을 본받을 수 없다.

토머스 맨톤

Practical Exposition on the Epistle of James, 156

다른 사람들이 잘되는 것을 보고 시기할 때 불평하는 마음은 이렇게 말한다. "나보다 자격이 덜한 사람이 더 많은 신망을 얻고 있고, 나보다 덜 부지런한 사람이 더 잘살고 있어. 그들은 아무런 근심이나 고통 없이 사는데도 재물이 차고 넘쳐. 그들은 원하는 것은 무엇이든 다 가지고 있어." 물론, 세상은 매우 균등하지 않게 나뉘어 있기 때문에 힘들게 노동하며 작은 소득으로 살아가는 사람들도 있고, 부를 누리며 편안하게 살아가는 사람들도 있다. 시기하는 사람은 "저 사람들은 좋은 집에 값비싼 가구를 장만해 놓고 즐기며, 사업도 날로 번창해."라고 말한다. 그러나 그렇다고 해서 그것이 우리와 무슨 상관인가? 하나님은 "내가 선하므로 네가 악하게 보느냐"(마 20:15)라고 말씀하신다. 조금 더 겸손한 마음을 지니면 우주의 통치자께서 자신의 선물을 어디에 주어야 하는지를 가장 잘 알고 계신다는 사실을 깨달을 수 있을 것이다. 하나님은 우리가 이웃의 높은 직위와 고귀한 정신을 보고 시기심으로 우리 자신을 망치는 일이 없기를 바라신다. 그분은 그와 우리에게 무엇이 가장 적합한지를 알고 계신다. 따라서 우리는 그분의 처사에 만족해야 한다.

리처드 스틸

Religious Tradesman, 170

시기심은 자기보다 미모나 옷차림새가 더 아름답고, 더 좋은 장신구를 가지고 있는 사람들을 질투하는 여자들 안에서는 물론이고, 더 좋은 집과 가게를 가지고 있고, 고객과 재산이 더 많은 사람들을 부러워하는 남자들 안에서도 똑같이 발견된다. 또한, 자기보다 더 나은 역할을 맡고 있고, 학식이 더 많고, 칭찬을 더 많이 받고, 교인 수도 더 많은 사람들을 질투하는 사역자들 가운데서도 이런 시기심이 발견된다. 우리 안에는 시기하기까지 사모하는 영이 계신다(약 4:5). 시기심은 우리의 마음을 다스리는 성령님을 크게 근심시킬 뿐 아니라 하나님의 큰 분노를 불러일으킨다.

토머스 빈센트

God's Terrible Voice in the City, 154

시련('고난'도 참조하라)

우리가 알고 있는 수단과 방법의 범위는 매우 좁아서 하나가 좌절되면 다른 것을 알지 못할 때가 종종 있다. 그러나 하나님은 우리가 방법을 전혀 모를 때도 구원을 가져다줄 많은 방법을 알고 계신다. 큰 기대를 걸었던 것들에 거듭 실망하고 난 후에 더는 아무런 방법도 생각할 수 없을 때, 하나님은 종종 자기 백성을 시련에서 건져내신다.

토머스 보스턴

Crook in the Lot, 170

교만한 마음은 시련을 통해 겪는 고통만을 거듭 생각할 뿐, 그 시련에 수반된 다른 것은 모두 외면한다. 그러나 하나님의 성령께서 겸손한 자를 높이시기 위해 오시면 시련의 고통스러운 측면에서 그의 눈을 떼어 자기 자신의 행위를 살피게 하시며, 그것을 샅샅이 조사해 공정한 판단으로 자신을 정죄하게 함으로써 그의 말문을 닫아버리신다. 이처럼 우리가 약속의 길에서 적절한 때에 높임을 받으려면 먼저 겸손이 선행해야 한다.

토머스 보스턴

Crook in the Lot, 171

이해력을 갖춘 선한 사람이라면 은혜를 누릴 때만큼이나 자신이 연약할 때도 하나님께 똑같이 은덕을 입고 있다고 말할 것이 틀림없다. 만일 베드로가 실패의 경험이 없었다면 철저하게 실패하고 말았을 것이다. 성도들이 때로 실패해 넘어지는 이유는 더 빨리 일어나 서기 위해서다.

프랜시스 레이워스

On Jacob's Ladder, 14

그리스도께서 배 안에 계실 때는 바다에 이는 폭풍우를 심각하게 생각하지 말라.

새뮤얼 러더퍼드

Prison Sayings, 47

시련을 거친 은혜는 평범한 은혜가 아니다. 그 은혜는 미약해도 지극히 영광스럽다. 누가 시련 없이 은혜의 진리를 알 수 있겠는가? 많은 수고와 고통이 없으면 그리스도께서 우리에게서 얻으실 것이 너무나도 적을 것이다. 십자가가 없으면 믿음은 곧 차갑게 얼어붙고 만다.

새뮤얼 러더퍼드

Prison Sayings, 59 – 60

장담하건대, 주님은 (런던의) 화재로 집을 잃은 사람들을 또 다른 방법으로 더 큰 승리자로 능히 만드실 수 있다. 그들은 일시적인 것들을 많이 잃었지만, 더 고귀하고, 탁월한 속성을 지닌 영적인 것들을 얻을 수 있다. 내가 직접 알고 있거나 들은 바에 따르면, 집이 불에 타고, 물건들이 훼손되었는데도 조금이라도 건진 것이 있다면 (그것이 단지 그들의 목숨뿐이라고 할지라도) 그것을 다행으로 알고 큰 기쁨과 겸손과 온유함과 인내와 만족과 감사함으로 그런 손실을 기꺼이 감수한 사람들이 많다. 그런 정신을 소유하게 된 것이 외적인 즐거움을 잃은 것으로 인한 피해보다 더 큰 유익을 가져다준다.

토머스 빈센트

God's Terrible Voice in the City, 79

시민 불복종

권위자의 명령이 하나님의 명령과 어긋날 때는 하늘 아래 가장 큰 권위를 지닌 사람이 불쾌하게 여겨 분노하더라도 하나님의 명령에 복종해야 한다. 하나님은 세상의 어떤 권위자에게도 자신의 명령과 어긋나게 행동할 수 있는 권위를 부여하지 않으셨다. 불법적인 명령에 복종하지 않는 것은 불복종이 아니다.

토머스 브룩스

Cabinet of Choice Jewels, 119 – 20

시편

시편은 말하자면 거룩한 사람에 대한 해부학이다. 시편은 진실하고 경건한 사람의 내면을 밖으로 적나라하게 드러내어 다른 사람들이 볼 수 있게 한다. 성경책을 몸으로 비유한다면 시편은 심장으로 비유할 수 있다. 시편은 달콤하고 거룩한 감정과 열정으로 가득 차 있다. 다른 성경책에서는 하나님이 우리에게 말씀하신다. 그런데 시편에서는 거룩한 사람들(특히 시편 대부분을 기록한 다윗)이 하나님에게 말하고, 거기서 우리는 상하고 겸손한 심령이 하나님에게 나아가는 생생한 언어를 얻는다.

리처드 십스

"The Sword of the Wicked," in *Complete Works*, 1:105

신뢰

하나님의 전능하심과 지혜와 선하심과 신실하심을 우리 영혼에 깊이 각인시켜야 할 뿐 아니라 모든 사람과 사물과 사건들이 하나님의 권능 안에 있고, 세상은 그분에게 저항할 능력이 없으며, 그분이 동의하지 않으시면 그 무엇도 우리를 해칠 수 없다는 것을 분명하게 인식해야 한다. 하나님을 확실하게 신뢰하려면 하나님을 잘 알아야 하며, 그분의 명령이나 용인이나 허락이 없으면 우리를 두렵게 하는 것들이 아무것도 아니며, 우리에게 아무런 해도 끼칠 수 없다는 사실을 깨달아야 한다. 내가 새나 벌레를 두려워하지 않는 이유는 그것들이 나를 해치기에는 너무 연약하다는 것을 알기 때문이다. 그와 마찬가지로 만일 모든 피조물이 하나님에 비해 얼마나 연약한지를 알고, 그분이 나를 능히 구원하실 수 있다는 것을 알면, 그분을 신뢰함으로 평안을 유지할 수 있을 것이다.

리처드 백스터

A Christian Directory, in *Practical Works*, 2:400

하나님이 자기 아들과 언약과 성령과 성례는 물론, 우리와 다른 사람들의 다양한 경험들을 통해 허락하신 확신과 평안함의 근거들을 잊지 말라. 내가 이 근거들을 한꺼번에 언급하는 이유는 항상 이것들을 기억하고 살아가게 하기 위해서다. "자기 아들을… 내주신 이가 어찌 그 아들과 함께 모든 것을 우리에게 주시지 아니하겠는가"(롬 8:32). 그리스도께서 우리를 넉넉히 돌보고, 격려하실 것이 분명하지 않은가. 그분의 언약과 약속과 맹세가 우리의 안전을 충분히 보장하지 않겠는가.

리처드 백스터

A Christian Directory, in *Practical Works*, 2:401

하나님과 화목하게 된 사람은 그분의 자녀가 된다. 그리스도인이 하늘 아버지와의 관계와 그분의 극진한 사랑을 알면 그분이 시련을 허락하시거나 그분을 위해 고난을 겪게 되더라도 조금도 두려워하지 않을 것이다. 그 이유는 아버지가 자기 자녀를 해롭게 하거나 능히 도울 힘이 있는데도 자녀가 해를 당하도록 방치하는 것이 아버지의 사랑과 모순된다는 것을 알기 때문이다. 성경에 기록된 대로, 이삭이 자신의 목에 칼이 가까이 다가오는데도 비명을 지르거나 저항하려고 안간힘을 쓰지 않고 묵묵히 순종한 것을 보면 참으로 놀랍기 그지없다. 당시에 그는 죽음이 두렵다는 것을 알 만큼 충분히 성장한 상태였다. 어떤 사람들은 그가 스무 살이 넘었을 것으로 추정한다. 아브라함이 그에게 희생 제사에 쓸 나무를 짊어지게 했다는 내용을 고려하면 그가 충분히 성장했다는 사실을 분명하게 알 수 있다. 그것은 아브라함이 아버지로서 자기 아들에게 행사할 수 있는 권한이었다. 이삭은 자기 아버지를 신뢰했기 때문에 자신의 목숨을 기꺼이 그의 손에 맡겼다. 만일 칼이 다른 누군가의 손에 있었더라면, 그는 그렇게 하지 않았을 것이다. 누군가가 성도에게 해를 끼치는 수단으로 사용되었다면, 그가 휘두르는 막대기나 칼은 하나님이 허락하신 것이다. 그리스도께서는 성부의 손에 잔이 들려 있는 것을 보셨기에 기꺼이 그것을 들이키셨다.

윌리엄 거널

Christian in Complete Armour, 419

믿음으로 영원한 것을 바라보며 하나님을 위해 살면 온갖 역경과 시련 속에서도 그분을 신뢰할 수 있다. 겉으로는 하나님을 신뢰하는 척하면서 실제로는 모든 것을 그분의 뜻에 맡기고 일시적인 것들을 포기한 채 인내하면서 마음의 평안을 유지하지 못한다면, 그것은 헛된 가식에 지나지 않을 것이다. 이것은 우리의 믿음을 시험하는 시금석이 될 수 있다. 미래의 영원한 일에 대해 하나님의 약속을 믿는 척하며 스스로를 속이는 사람들이 너무나도 많다. 그런 사람들은 일시적인 시련에 직면하면 믿음의 삶과는 전혀 무관한 듯 보인다. 아브라함은 그렇지 않았다. 그의 믿음은 하나님의 약속은 물론, 그분의 섭리에 관해서도 항상 여일하게 작용했다.

존 오웬

Oweniana, 96 – 97

하나님은 비길 데 없이 뛰어나시기 때문에 최고의 신뢰를 받으셔야 마땅하다. 성실하고, 유능한 사람일수록 신뢰를 더 많이 받기 마련이다. 하나님은 비길 데 없이 위대한 능력을 지니고 계신다. 그분은 전능한 팔을 소유하고 계신다. 또한, 하나님은 비길 데 없이 신실하시다. 그분은 '거짓이 없으시다'(딛1:2). 하나님은 거짓말을 하실 수 없다(히 6:18). 따라서 하나님은 우리의 가장 확실한 사랑과 가장 확고한 신뢰를 받으셔야 마땅하다(롬 4:20, 히 6:18). 우리는 그분의 행위는 물론, 말씀까지도 굳게 신뢰하고, 그분의 모든 약속을 마치 이미 이루어 진 것처럼 믿어야 한다.

조지 스윈녹

The Incomparableness of God, in *Works*, 4:475

신분 차이

그런 신사(귀족보다는 한 단계 낮고 소지주보다는 한 단계 높은 신분 계층-역자 주)들을 접대하더라도 자신감을 잃지 말고, 자유롭게 말하라. 그들이 한갓 인간일 뿐이라는 사실을 항상 기억하라. 신사라고 해서 너와 차이가 나는 것은 아무것도 없다. 왜냐하면 너도 고귀한 혈통을 지녔기 때문이다. 어떤 사람들은 너보다 신분이 높을 수 있지만, 너는 그들과 얼마든지 어울릴 수 있다. 이런 말을 하는 이유는 교만이나 자만심을 느끼게 하기 위해서가 아니라 자기 자신을 잘 알고, 평범한 사람보다 한 단계 높은 사람들과 어울릴 때 자신감을 잃지 않게 하기 위해서다. 그동안 많은 사람이 신분이 좀 높은 사람들과 어울릴 때 자신감을 잃는 것을 종종 목격했다. 그런 사람들은 인간을 지나치게 높이 우러러보는 것이 틀림없다. 왜냐하면 하나님 앞에는 담대하게 나가면서도 사람 앞에서는 자신감을 잃는 모습을 보이기 때문이다. 따라서 사람들과 어울릴 때면 혹시 너보다 더 지혜롭고, 명예로운 사람이 더러 있을지라도 너와 똑같은 인간과 교제를 나눌 뿐이라는 점을 기억해야 할 필요가 있다.

브릴리아나 할리

to her son Edward, January 19, 1638, in *Letters*, 21 – 22

하나님은 사람을 차별하지 않는다. 사람들은 이유가 옳든 그르든 가난한 자들은 무조건 불쌍히 여기고, 부자는 이유를 잘 생각하지도 않고서 무조건 비난하는 경향이 있다. 그러나 하나님은 그렇지 않으시다. 그분의 동정심은 가난한 자를 모두 구원할 만큼 무분별하지 않고, 그분의 엄격함은 부자를 모두 정죄할 만큼 가혹하지 않다. 하나님은 가난한 자들의 친구이시지만, 그렇다고 해서 부자들의 적도 아니시다. 하나님은 가난한 자들의 목소리에 좀 더 귀를 기울이시지만, 부유한 자들의 호소에 귀를 틀어막지 않으신다.

프랜시스 테일러

God's Glory in Man's Happiness, 91 – 92

신성모독

성령을 거스르는 죄를 지을까 봐 두려워하는 사람은 결코 그분을 거스르는 죄를 짓지 않는다.

윌리엄 브리지

Lifting Up, 162

하나님이나 그분의 행사를 비난할 의도로 그분의 거룩한 본성이나 사역을 멸시하는 생각이나 말이나 행동을 한다면, 그것이 곧 신성모독이다.

윌리엄 거널

Christian in Complete Armour, 491

신실함

신실함의 특징은 무엇일까? 첫 번째 특징은 말씀의 빛을 사랑함으로써 그 앞에 나와 자신의 행위를 나타내는 것이다(요 3:21), 두 번째 특징은 보는 사람이 없을 때나 보는 사람이 있을 때나, 은밀한 장소에 있을 때나 공적인 장소에 있을 때나(마 6:6, 빌 2:12), 하나님이 심판을 통해 자신의 임재를 드러내실 때나 아예 떠나신 것처럼 보일 때나 한결같이 순종하는 삶을 살아가는 것이다(시 78:34). 세 번째 특징은 형통할 때나 힘들 때나 하나님을 항상 굳게 붙잡는 것이다(욥 1:8–11). 네 번째 특징은 하나님의 계명이라면 가장 사소한 것까지도 주의를 기울여 행하는 것이다(마 5:19). 다섯 번째 특징은 악은 모양이라도 버리는 것이고(살전 5:22), 여섯 번째 특징은 자신의 죄를 숨기거나 변명하지 않고 기꺼이 고백하고 버리는 것이다(잠 28:13).

윌리엄 에임스

Conscience, 3:55

하나님의 자녀는 그분의 모든 명령에 순종한다. 그의 마음과 목적과 결심과 노력은 순수하고, 신실하다. 하나님은 그런 순종을 그리스도 안에서 온전하고, 완전한 순종으로 받아들이신다. 하나님이 신실한 순종을 완전한 순종으로 여겨 받아주시는 것, 바로 이것이 은혜 언약의 영광스러움이다.

토머스 브룩스

Cabinet of Choice Jewels, 140 – 41

신실하려고 노력하라. 겉으로 하는 고백과 속마음이 일치해야 한다. 그렇지 않으면 지속성이 유지될 가망이 없다. 가짜는 그 무엇도 오래가지 못한다. 가짜 진주는 한동안은 아름답게 보이지만 광채가 오래 지속되지 않는다. 배교의 주된 원인 가운데 하나는 바로 거짓된 마음이다. 배교자들은 마음이 신실한 적이 한 번도 없었던 사람들이다.

토머스 가테이커

Christian Constancy, 15

신실함은 모든 은혜의 생명이며, 우리의 모든 의무에 생명을 불어넣는다. 생명력이 육체를 아름답고, 건강하게 만드는 것처럼, 신실함은 영혼과 영혼이 하는 모든 것을 아름답게 한다. 신실한 마음으로 드리는 기도는 천국을 기쁘게 한다.

윌리엄 거널

Christian in Complete Armour, 240

신실한 마음은 거짓되고 위선적인 마음에는 없는 세 가지 힘, 곧 (1) 보존하는 힘, (2) 회복하는 힘, (3) 위로하는 힘을 지니고 있다.

윌리엄 거널

Christian in Complete Armour, 278

신실한 그리스도인은 위선자들이 할 수 없는 두 가지 일을 할 수 있다. 하나는 하나님에 대해 좋게 말하는 것이고, 다른 하나는 그분에게서 선한 것을 기대하는 것이다. 그런 일을 할 수 있는 영혼은 머리와 마음은 고통스러워도 위로를 받을 수 있다.

윌리엄 거널

Christian in Complete Armour, 284

신실함은 하나님의 단순하고, 순수한 본성을 가장 많이 닮을 수 있게 해준다.

윌리엄 거널

Christian in Complete Armour, 289

재능은 변변치 않아도 신실한 것이 재능은 뛰어나도 거짓된 것보다 더 낫다. 우리는 언변이 뛰어나 다른 사람들보다 말을 유창하게 잘하는 사람이 아닌 가장 신실한 편에 서는 사람을 가장 훌륭한 애국자로 간주한다. 신실한 영혼은 혀의 말이 아닌 진심 어린 '아멘'으로 하나님이 가치 있게 여기시는 거룩한 요구에 응답한다. 정직한 마음을 지니면 신실함이 없이 머리로만 해서는 할 수 없는 일을 능히 할 수 있다. 결속력을 높이는 것은 아름다운 손을 가진 사람이 아니라 손을 내밀어 힘을 보태는 사람이다. 재능은 좋아 보이기만 할 뿐이다. 믿음과 신실함이 있어야만 진정한 기도를 드릴 수 있다.

윌리엄 거널

Christian in Complete Armour, 636

궁정 대신은 "예절이 사람을 만든다."라고 말하고, 일반인은 "돈이 사람을 만든다."라고 말하고, 학자는 "지식이 사람을 만든다."라고 말하고, 군인은 "품행이 사람을 만든다."라고 말한다.

그러나 목회자는 "신실한 믿음이 사람을 만든다."라고 말한다.

로버트 해리스

in Clarke, *Aurea Legenda,* 75

신실함은 일종의 완전함이다.

토머스 맨톤

Practical Exposition on the Epistle of James, 88

하나님은 신실함을 보고 행위자와 의무의 진정성을 판단하신다. 하나님은 우리가 하는 가장 작은 행위도 신실하면 기꺼이 인정하고, 우리가 하는 가장 큰 행위도 신실하지 않으면 인정하지 않으신다. 신실함은 하나님이 가장 기뻐하시는 정신적 기질이다(잠 11:20). 주님은 강퍅한 마음을 지닌 사람을 가증스럽게 여기신다. 그분은 행위를 바르게 하는 사람을 기뻐하신다. 바울은 고린도후서 1장 12절에서 이를 "진실함"으로 일컬었다. 하나님은 자기 앞에서 정직하고, 바른 마음으로 행하게 하기 위해 신실한 마음을 갖도록 우리의 영혼에 역사하신다. 신실함은 모든 은혜의 화관(花冠)이요, 모든 의무의 참된 가치다. 많은 일과 의무를 이행해도 하나님을 향한 신실한 마음이 없는 탓에 멸망해 지옥에 가는 사람이 한둘이 아니다. 마음속에서 은혜의 사역이 이루어지지 않아 심령 상태가 변하지 않으면 하나님을 향한 신실한 마음을 가질 수 없다. 신실함은 자연의 동산에서 저절로 자라나는 식물과 같은 것이 아니다.

매튜 미드

Almost Christian Discovered, 168

신실함은 그리스도인들이 지향해야 할 완전함이다. 사탄이 우리를 함부로 대하지 못하게 하자. 무슨 일을 하든 분명한 목적을 가지고 힘써 노력하고, 더 잘하지 못할 때는 슬퍼해야 한다. 우리는 우리에게 힘주시는 그리스도를 통해 모든 일을 해야 한다.

리처드 십스

Divine Meditations and Holy Contemplations, 65

신실한 마음이란 자신을 의심하는 마음이다. 위선자들은 다른 사람들을 의심하고, 자기 자신에게는 관대하지만, 신실한 그리스도인은 다른 사람들에게는 관대하고 자기 자신을 의심한다. 그는 종종 "오, 내 영혼이여, 너에게는 천국에 갈 수 있는 증거들이 있느냐? 증거들이 마땅히 나타나야 할 곳에 증거들이 없는 것은 아니냐? 너의 증거들에 어떤 결함도 없느냐? 너는 일반 은혜를 구원하는 은혜로 착각할 수도 있다. 옥수수밭의 잡초는 꽃처럼 보인다. 어리석은 처녀들의 등불은 마치 그 안에 기름이 있는 것처럼 보였다. 오, 나의 영혼이여, 너는 그렇지 않으냐?"라고 자기 자신을 점검한다. 신실한 영혼은 항상 방심하지 않고 자신을 비판하며, 마치 하나님의 법정에서 진술하고 있는 것처럼 양심의 법정에서 모든 것을 면밀하게 살핀다. 이것이 곧 청결한 마음이다.

토머스 왓슨

The Beatitudes, in *Discourses*, 2:245 (an error in pagination designates this 445)

신실함은 안정감을 준다. 바울 사도는 악한 날에 굳게 서라고 권고하면서 하나님의 전신갑주에 진리의 허리띠를 포함시켰다. 그는 "그런즉 서서 진리로 너희 허리띠를 띠고"(엡 6:14)라고 말했다. 진리의 허리띠는 다름 아닌 신실함을 뜻한다.

토머스 왓슨

Great Gain of Godliness, 10

신학

신앙의 핵심 원리들을 실천적인 방식으로 명료하고, 열정적으로 설명한 책들, 곧 깊은 인상을 심어주고, 영혼을 변화시키고, 영적 경험들을 다룬 책들을 읽으라. 그런 책들을 읽지 않으면 미래의 사역을 위해 필요한 자격을 갖추기 어렵다. 위선자는 능력이 없는 신학, 곧 경건한 삶과 빛과 사랑이 없는 신학을 추구한다.

리처드 백스터

"Hints of Advice to Students," in *Reformed Pastor*, 233

신학의 고귀한 목적은 세 가지다. 가장 위대한 첫 번째 목표는 하나님의 영광이고, 두 번째 목적은 인간의 만족과 구원이며, 세 번째 목적은 이웃들의 회심과 교화다. 그리스도인이 완전해지고, 행복해지려면 이 목적들을 이루어야 한다. 이론뿐인 이론은 별로 도움이 되지 않는다. 이 세 가지가 모두 합쳐져야만 원만한 이해에 도달할 수 있다.

새뮤얼 워드

"The Happiness of Practice," in *Sermons and Treatises*, 165

실천가가 되려는 생각 없이 무작정 신학만 공부하는 것은 가장 어리석은 일이 아닐 수 없다. 믿음을 실천하지 않고 고백만 하는 것은 결코 지혜롭지 못하다.

새뮤얼 워드

"The Happiness of Practice," in *Sermons and Treatises*, 166

실망

어떤 상황 속에서도 실망하지 않으려면 상황 속에서 위로를 찾으려고 하지 말고, 상황에 연연하지 말라. 상황을 위로의 이유나 근거로 삼아서는 안 된다.

윌리엄 브리지

Lifting Up, 62

하나님은 구하는 자에게 성령을 주신다(눅 11:13). 하나님은 우리에게 은혜를 공급해 유혹에 저항할 수 있게 하신다. 강해지려면 낙심하지 않도록 주의해야 한다. 그리스도인은 말이나 행동이나 태도로 다른 그리스도인을 낙심시키지 않도록 조심해야 한다. 사역자들도 양 떼를 낙심시키지 않도록 주의해야 한다. 사람들을 낙심시켜 하나님에게서 멀어지게 만드는 것은 거짓 선지자들의 특성이다.

존 프레스턴

"The Saints' Spiritual Strength," in *Remaines*, 124

실패

하루 일을 돌아보며 잘못한 것을 발견했을 때는 그것을 경시하거나 괜찮게 생각하지 말고, 마음이 강퍅해져 고칠 수 없게 되지 않도록 신속하게 실패를 만회하려고 노력해야 한다.

에제키엘 컬버웰

Time Well Spent, 106

심판

하나님은 당신이 저지른 죄에 대해서뿐 아니라 당신이 받은 자비에 대해서도 기록하신다. 따라서 당신은 이 두 가지 모두에 대해 하나님 앞에서 대답할 수 있어야 한다

윌리엄 거널

Christian in Complete Armour, 741

하나님의 심판은 잘 들리는 설교다. 그 안에 하나님의 목소리가 들어 있다. 하나님의 목소리는 성읍을 향해 외친다. "너희는 매가 예비되었나니 그것을 정하신 이가 누구인지 들을지니라"(미 6:9). 하나님의 심판은 크게 들린다. 하나님의 심판은 울부짖는 목소리를 가지고 있으며, 섭리의 무시무시한 사건(런던 대화재)이 단지 9일 동안의 놀라운 사건으로 여겨질 정도로 그러한 울부짖음의 목소리가 잊혀진 것은 이상한 일이다!

존 호이

Jerusalem Rebuilt in Troublous Times," in *Works*, 736

우리는 사람들의 개인적인 죄는 하나님의 심판의 일차적, 내적, 선행하는 원인이고, 다른 사람들의 죄는 외적으로 진노를 촉발하는 심판의 원인이라고 말한다.

조시아스 슈트

Judgement and Mercy, 29

내가 관찰한 바에 따르면, 가장 오만하고, 자신에게 가장 너그러우며, 자신감이 있는 사람에게 하나님은 그의 심판을 보내신다.

조시아스 슈트

Judgement and Mercy, 35

하나님은 다른 언어와 종교를 가진 흉포하고 잔인한 백성을 그 땅으로 보내 그 땅을 정복하게 하셨다. 용사들은 끊어지고 청년들은 엎드러지나 대적할 자가 없다. 그들이 성읍을 쳐 약탈하고 부녀들과 여종들을 욕보이고, 노인과 청년들을 칼로 내리치고, 임신한 여인을 잔인하게 찢고, 어떤 동정심도 없이 유아를 돌로 친다. 하나님은 재앙이나 불보다 더 무서운 심판에 대해 말씀하신다.

토머스 빈센트

God's Terrible Voice in the City, 17–18

심판과 인간 마음의 강퍅함

하나님이 인간에게서 죄 짓는 경향을 제거하지 않으시고, 그분의 은혜의 일반적인 도움들을 거두시며, 권고와 훈계를 유효하게 베풀지 않으시고, 전에 그들에게 비추시던 깨닫게 하는 빛을 비추지 않으실 때, 사람의 마음을 강퍅하게 하신다고 말할 수 있다. 만일 강퍅함이 하나님의 부드럽게 하시는 은혜를 거두신 결과로 따라오는 것이라면 그것은 하나님의 적극적인 행위가 아니라 사람의 자연적인 강퍅함에 기인하는 것이다.

스테판 차녹

Selections, 155

이 세상에서 하나님의 가장 엄청난 심판은 사람의 마음을 강퍅하게 내버려 두시는 것이다.

존 오웬

Golden Books, 212

심판의 날

심판의 날은 많은 이들에게 기만의 날이 될 것이다. 그들이 누군가를 속여서가 아니라 천국의 헛된 소망으로 자신을 속인 것이 드러나서이다. 사람들의 칭송을 들으며 한평생을 보낸 많은 이들이 하나님의 영원한 벌을 받을 날을 맞이한다. 이 땅에서 존경받고 정금처럼 보였던 많은 이들이 그날에 녹처럼 여겨질 것이다. 그렇다. 하나님은 그들을 은에서 나온 불순물이라 칭하실 것이다.

랄프 베닝

Canaan's Flowings, 110

자정에 빛이 터져 나온다
밤이 낮이 되고
끔찍한 울부짖음에
온세상은 경악한다
죄인들은 고통 가운데 일어난다
그들의 몸은 놀라서 떨며
그들이 듣는 것에 놀라 두려워하며
그들 모두가 일어난다
그들은 어지러운 머리로 침상에서 급히 일어나
창문으로 달려가
정오의 해보다 더 밝게 빛나는
그 빛을 바라본다
가장 두려운 하나님의 아들께서 즉시 나타나시며
그들은 눈물을 흘리며 그 광경을 본다
산 자와 죽은 자를 심판하기 위해
주님의 병거는 즉시 온다

마이클 위글스워스

Day of Doom, 22–23, *stanzas* 5–6

십자가 위의 강도

십자가에 매달린 한 강도와 그리스도와의 관계에서 발견되는 특이한 점을 몇 가지 언급하면 다음과 같다. (1) 그는 자신의 동료와 생각이 달랐다. (2) 그는 자신에게 그런 고통을 허락하신 하나님을 원망하지 않고, 자기가 당한 일을 그분의 정당한 처사로 인정했다. (3) 그는 예수 그리스도께서 아무런 이유 없이 극심한 박해를 당하고 계신다는 것을 알았다. (4) 겉으로는 그리스도의 원수들이 그분을 마음대로 처리하는 것처럼 보였지만, 그는 그분이 주님이요 왕이시라는 사실을 깨달았다. (5) 그는 사후의 영광을 사실로 믿었고, 육신을 입고 세상에서 사는 삶보다 그 영광에 참여하는 것을 더 좋게 생각했을 뿐 아니라 자신과 동료 강도가 그 영광을 선택한다면 그리스도께서 능히 허락해 줄 능력을 지니고 계신다고 확신했다. (6) 그는 그리스도께 단지 자기를 기억해 달라고만 간청할 정도로 자신을 겸손하게 낮추었지만, 모든 것이 충족하신 그리스도를 믿는 믿음으로 삶과 죽음의 문제를 담대하게 그분께 맡겼다. 그는 그리스도께서 자기를 기억해주시는 것만으로도 충분히 자신의 바람이 이루어질 것이라고 확신했다. (7) 그는 그리스도께서 자기에게 하신 말씀을 기쁘게 받아들여 위로의 근거로 삼았다. 십자가에서 죽어가는 불쌍한 이 강도에게서 발견되는 이런 사실들은 그의 마음에 하나님의 역사가 일어났다는 명백한 증거다.

윌리엄 거스리

Christian's Great Interest, 97 – 98

십자가를 짊어지기

은혜 언약의 핵심은 십자가다. 복음의 교리는 십자가의 교리요, 복음을 전하는 것은 곧 십자가를 전하는 것이다(고전 1장). 십자가에 못 박히신 예수님과 십자가에 못 박힌 성도들의 비밀이 신약성경 전체를 가득 채우고 있다. 십자가는 성도들의 짐이 아닌 그들에게 남겨진 유산이다. 십자가는 그들의 영예요 특권이다.

리처드 알레인

Heaven Opened, 55

그리스도 없는 십자가는 그 누구도 더 낫게 만들지 못한다. 그러나 그리스도께서 함께하시는 십자가는 성도들을 훨씬 더 낫게 만든다. 하나님이 우리를 용광로에 그토록 자주 집어넣으시는 이유는 찌꺼기를 걸러내시기 위해서다. 고난을 많이 받을수록 거룩한 삶을 살도록 도와주는 도우심을 더 많이 받을 수 있다.

존 플라벨

Fountain of Life, 452

하나님은 우리에게 잘 다듬어진 십자가를 허락하지 않으신다. 그분은 십자가의 거친 요소들을 없애거나 그 날카로운 가장자리를 깎아내지 않으신다. 만일 그렇다면 그것은 우리의 선택일 뿐, 하나님의 선택이 아니다. 그런 십자가는 우리에게 유익을 줄 만한 것이 거의 없다.

새뮤얼 러더퍼드

Garden of Spices, 68

고난을 받을 때 죄를 짓지 않는 사람들은 복되다. 고난은 그리스도께서 자기를 따르는 자들에게 달아주시는 휘장이다. 온갖 십자가가 천국으로 향하는 길을 가로막고 있다. 그것들을 뚫고 나아가는 길 외에 다른 길은 없다. 어떤 방편이나 기지나 계책을 동원해도 그리스도의 십자가를 피해갈 길을 발견할 수 없다. 우리는 십자가를 뚫고 지나가야 한다. 주님이 경험을 통해 내게 가르치신 한가지는 말을 잘 타고 가면, 곧 그리스도 안에 있으면, 이 세상과 천국 사이에 놓여 있는 강물을 건널 수 있다는 것이다. 멸망을 자초하는 사람 외에는 그 누구도 그 길을 가면서 물속에 빠져 죽지 않을 것이다.

새뮤얼 러더퍼드

Garden of Spices, 71

아담

교제와 친교의 토대는 유사성과 합일이다. 아담과 하나님 사이에는 이중적인 합일이 존재했다. 하나는 상태의 합일이었고, 다른 하나는 본성의 합일이었다. 아담은 하나님을 닮았고, 그분의 친구였다. 모든 피조물이 하나님을 닮았다. 모든 피조물 안에 하나님의 능력과 선하심과 지혜가 어느 정도 각인되어 있다. 그러나 "우리의 형상을 따라…사람을 만들고"(창 1:26)라는 말씀대로 인간은 하나님의 형상대로 창조되었다.

휴 비닝

Common Principles of the Christian Religion, in *Works*, 1:19

"내가 동산에서 하나님의 소리를 듣고"(창 3:10). 그것은 외부에서 들려온 소리였다. 아담이 자기 마음에만 귀 기울였을 때는 무화과 잎사귀만으로도 문제를 충분히 해결할 수 있을 것이라고 생각했다. 그러나 동산에서 들려오는 음성을 듣자마자 그런 공상에서 벗어나게 되었다.

존 번연

Riches, 144

아담은 벌거벗은 채 낙원에서 세상으로 추방되었다. 그의 내면에서는 양심의 가책이 일었고, 밖에서는 온갖 고초가 뒤따랐다. 그는 시련을 더 이상 견딜 수 없을 것 같다는 생각이 들었다. 하나님은 그런 그에게 그의 영혼을 지켜줄 약속의 말씀과 함께 몸을 가릴 옷을 만드는 방법을 가르쳐 주셨다(창 3:15, 21). 하나님은 그가 또다시 마귀의 먹이가 되어 자기 자신과 후손들을 불행과 슬픔의 구렁텅이에 몰아넣는 비참한 광경을 보고서 절망하는 일이 없게 하려면 약속의 말씀이 필요하다는 것을 아셨다. 하나님은 언젠가 있을 그런 공격에 무방비 상태로 깜짝 놀라는 일이 없도록 아담의 손에 약속의 검을 들려주어 온갖 시련의 와중에서도 그의 슬픈 마음을 보호하고, 위로할 수 있게끔 배려하셨다.

윌리엄 거널

Christian in Complete Armour, 583–84

모든 것을 이 바위(아담)에서 깎아냈다. 이는 여러 가지 유익한 생각을 자극하는 사실로 우리에게 겸손을 가르친다. 우리는 아담에게서 나왔고, 아담은 흙에서 비롯했으며, 흙은 무(無)에서 생겨났다. 우리의 아버지는 아담이고, 할아버지는 흙이고, 증조할아버지는 무다.

윌리엄 젠킨

Exposition upon the Epistle of Jude, 299

이 한 가지 죄(아담의 죄)에 두려운 죄가 얼마나 많이 포함되어 있는지 한번 생각해보라. (1) 마귀처럼 하나님을 저버린 두려운 배교의 죄. (2) 마귀와 협력해 하나님의 가장 큰 원수들의 편에 서서 그분을 대적한 두려운 반역의 죄. (3) 하나님의 경고가 사실이 아닐 것이라고 의심한 저주스러운 불신앙의 죄. (4) 하나님의 경고보다 마귀(하나님의 원수요 인간의 살인자)의 유혹이 더 신빙성이 있다고 생각한 신성모독의 죄. (5) 금단의 열매를 먹는 죄를 지으면 더 높은 곳에 올라가서 하나님처럼 될 수 있다고 생각한 두려운 교만의 죄. (6) 경고된 재앙을 두려워하지 않고, 은밀한 위협의 칼날을 향해 무모하게 돌진함으로써 하나님을 멸시한 두려운 불경의 죄. (7) 하나님이 한 그루의 나무만 제외하고 모든 것을 주셨는데도 그것마저 욕심을 냈던 두려운 배은망덕의 죄. (8) 자기의 것이 아닌 것을 훔치려 했던 두려운 도적질의 죄. (9) 영원히 찬양받으실 하나님보다 피조물을 더 사랑하고, 연모한 두려운 우상 숭배의 죄.

토머스 쉐퍼드

Sincere Convert, 36–37

하나님의 자녀들과 무죄한 상태에 있던 아담을 비교해 보라. 아담은 명예로운 사람이었다. 그는 세상의 유일한 군주였다. 모든 피조물이 그를 주권자로 여겨 고개를 숙였다. 그는 낙원인 에덴동산에 거했고, 세상의 온갖 만족을 다 누렸다. 그뿐 아니라 아담은 하나님의 살아 있는 형상이었다. 그는 하나님의 형상으로 창조되었다. 그러나 하나님의 자녀로 입양된 사람은 아무리 비천한 자라도 무죄한 아담의 상태보다 훨씬 더 뛰어나고, 영예로운 상태에 놓여 있다. 아담의 상태는 비록 영광스러웠지만, 가변적이고 곧 사라질 것이었다. 아담은 밝게 빛나는 별이었지만 별똥별이었을 뿐이다. 그러나 하나님의 자녀로 입양된 사람들의 상태는 결코 변하지 않는다. 아담은 넘어질 가능성이 있었지만, 신자들은 넘어질 가능성이 절대로 없다. 하나님의 자녀로 한 번 입양되면 그 상태는 영원히 변하지 않는다.

토머스 왓슨

The Beatitudes, in *Discourses*, 2:320

아르미니우스주의

어떤 사람들은 인간이 비록 너무 높이 오르려고 하다가 떨어지고 말았지만 스스로 신이 될 수 있는 본성을 지녔다고 가르친다. 인간은 자신을 긍정적으로 평가하는 교리는 무엇이든 좋아하기 때문에 이런 가르침을 좋게 생각해 기꺼이 받아들인다. 이런 입장은 인간의 본성을 추켜세우는 또 다른 위험한 오류들(펠라기우스주의와 반펠라기우스주의)을 발생시켰다. 그런 오류들은 최소한의 외적 도움이나 권고의 말 한마디만 있으면 영혼 안에서 하나님의 창조적인 사역이 이루어지지 않더라도 혼자 힘으로 그리스도께 나아갈 수 있다고 가르친다. 그런 말들은 참으로 그럴싸하게 들린다. 한 기술자는 "선생님의 집은 다 썩었기 때문에 완전히 철거하고, 새로 지어야 합니다."라고 말하는데, 또 다른 기술자는 "그럴 필요 없어요. 대들보도 괜찮고, 기둥도 아직 쓸 만합니다. 비용을 조금만 들여 보강하면 될 거예요."라고 말한다면 최소한의 비용과 수고면 충분하다고 말하는 사람의 말에 귀를 기울일 것이 틀림없다. 그리스도의 충실한 종들은 죄인들에게 자연 상태의 인간은 부패하고, 썩었기 때문에 옛 본성에 속하는 것은 무엇이든 다 쓸모가 없고, 모든 것이 새롭게 되어야 한다는 성경의 진리를 가르친다.

윌리엄 거널

Christian in Complete Armour, 53

아첨의 말

아첨은 모든 불경건함의 원천이자 어미다. 아첨은 나팔을 불어 하나님을 거역하도록 가엾은 영혼들을 충동한다…아첨은 은혜의 수단을 무시하고, 폄하하고, 멸시하도록 부추긴다. 아첨은 하나님을 비하하고, 그리스도를 경시하고, 성령의 진노를 자아낼 뿐 아니라 인간을 인간답지 못하게 만들고, 검은 것을 희다고 말하고, 흰 것을 검다고 말하게 유도하며, 진주를 돌멩이와 바꾸게 만든다. 아첨은 실제로는 어리석은데 지혜로운 것처럼, 무지한데 지식이 있는 것처럼, 속되기 짝이 없는데 거룩한 것처럼, 속박되어 있는데 자유로운 것처럼, 가난한데 부자인 것처럼, 비천한데 고귀한 것처럼, 텅 비어 있는데 가득 찬 것처럼, 비참한데 행복한 것처럼 생각하게 만든다. 아첨꾼들을 조심하라. 그들은 죄인 중의 죄인이다. 그들은 하나님의 버림을 받았고, 사탄을 통해 눈이 멀었으며, 죄로 강퍅하게 되어 지옥을 향해 질주하고 있다.

토머스 브룩스

Apples of Gold, 153 – 54

듣기 좋은 아첨이나 말 없는 묵인으로 자기 평판이나 유지하려 하기보다는 차라리 무례하고, 건방지다는 비난을 들어 우리의 평판을 위태롭게 하는 것이 더 낫다.

네헤미아 로저스

The Penitent Citizen, in *Mirrour of Mercy*, 24

악의

악의와 시기는 동일한 쓴 뿌리에서 자라난 두 개의 가지이다. 자기애와 악담이 그 열매이다. 악의는 다른 사람이 잘못되기를 바라거나 조장하며, 시기는 다른 사람이 잘되는 것을 싫어한다. 이 둘은 독설로 자신을 분출시킨다. 그 독설 안에 지옥 불이 연기를 내며 타고 있다(약 3:6). 그것은 모든 것을 불태우고 그들이 미워하거나 시기하는 자들의 행위를 비난하고 그들의 결점을 과장하며 그 미덕을 손상시키고 모든 것을 왼쪽 귀로 받아들인다. 에픽테투스가 말했듯이 모든 것은 두 개의 손잡이를 가지고 있다. 사물의 더 좋은 면을 보는 기술은 세상 속에 그토록 많은 시끄럽고 속 쓰린 일을 덜어줄 것이다.

로버트 레이턴

A Commentary upon the First Epistle of Peter, in *Whole Works*, 1:174

자신이 사용할 수 없는 것이라면 의도적으로 망치려고 하는 악의의 마귀적인 모습을 보라.

아담 마틴데일

Life, 44

악의는 혐의가 사실인지에는 관심없고 할 수만 있으면 남을 깎아내리는 일에 관심이 있다.

존 트랩

in Horn, *Puritan Remembrancer*, 104

온유함은 악의에 반대된다. 악의는 사탄의 초상화이다(요 8:44). 악의는 마음으로 살인한 살인자다(요일 3:15). 악의는 참된 의무에 합당하지 않다.

토머스 왓슨

The Beatitudes, in *Discourses*, 2:146

악인들

심령이 가난한 자들에게 천국이 주어지고, 온유한 자들에게 땅이 주어진다. 교만한 악인들에게 남은 것은 지옥밖에 없다. 그것이 그들의 기업이다. 멸망의 아들, 곧 멸망의 상속자인 가룟 유다는 제 갈 곳으로 갔다(행 1:25). 지금 악인들이 무엇인가를 소유하고 있다면 다 경건한 자들 덕분이다. 지금은 경건한 자들과 악인들이 서로 섞여 살고 있다.

다니엘 코드리

Good Man, a Publick Good, 11

세상은 무대다. 모든 사람은 배우가 되어 희극이든 비극이든 각자 자신이 맡은 역할을 한다. 선한 사람은 희극 배우다. 그는 어떻게 시작하든 즐겁게 끝을 맺는다. 그러나 악인은 비극 배우다. 그들은 공포에 질려 끝을 맺는다. 악인이 무대 위에서 뽐내는 것을 보거든 그의 마지막 행위와 종말을 가만히 지켜보고, 평화롭게 끝을 맺는지 살펴보라…소가 기름진 무성한 목초지에서 풀을 뜯고 있는 것을 보면 도살될 날이 가깝다는 생각이 들지 않겠는가? 멍에를 메고 힘써 일하는 야윈 소는 도살장에 갈 날이 아직 많이 남았다. 악인들이 번영하는 것처럼 보여도 종말이 가련할 것이기 때문에 시기할 필요가 없다.

조셉 홀

Meditations and Vows, 70–71

세상의 악인들은 그들의 종교마저 이익의 소재로 생각하고, 오직 재물을 얻는 데만 관심을 집중한다. 그들은 세상을 즐기기 위해 하나님을 이용하며, 이것은 저급한 물질적인 사랑이다. 탕자는 그가 상속 재산을 쏟아부은 사람들에게서 그런 사랑을 발견했다(눅 15:30). 그러나 경건한 사람들은 하나님을 즐거워하기 위해 세상의 것을 사용한다.

네헤미아 로저스

The Penitent Citizen, in *Mirrour of Mercy,* 107

사람들은 조심해서 사귀어야 한다. 악인들과 대화를 나누고, 함께 어울리는 것을 할 수 있는 한 피해야 한다. 그들의 머리는 악한 계책을 만들어내는 공장이다. 그들은 자신들의 목적을 이루기 위해 온갖 계략과 해로운 술책을 사용한다. 우리는 그런 술책에 휘말릴 위험이 크다. 선을 행하면 그나마 작은 희망이라도 가질 수 있다.

네헤미아 로저스

The Watchful Shepherd, in *True Convert,* 101

악인들은 경건한 사람이 넘어지는 것을 지켜보고 있다가 경건을 비웃기를 좋아한다. 그들은 마치 광부처럼 보이지 않는 곳에서 성도의 평판을 깎아내리려고 열심히 일한다. 시편 저자는 "우리가 걸어가는 것을 그들이 에워싸고 노려보고 땅에 넘어뜨리려 하나이다"(시 17:11)라고 말했다. 이 말씀은 개들이 냄새를 잃고 허둥댈 때 토끼의 발자국을 찾기 위해 땅을 살펴보는 사냥꾼의 모습을 암시한다. 사탄의 하수인들도 성도들의 발자국을 찾으려고 엎드려 땅바닥을 살펴 그들이 어디에서 미끄러졌거나 발을 잘못 디뎠는지를 찾는다. 그들이 그렇게 하는 이유는 그들의 사냥개들이 다시 크게 짖으며 요란하게 그들이 노리는 사람들을 쫓게 하기 위해서다.

조지 스윈녹

The Christian Man's Calling, in *Works,* 2:192

악한 생각

회개한 자와 회개하지 않은 자는 마음속에서 순간적으로 떠올랐다가 사라지는 생각이 아닌 마음속에 머물러 있는 생각에 그 차이가 있다. 악인의 마음속에서도 많은 선한 생각이 순간적으로 떠올랐다가 사라진다. 그와 마찬가지로 신자의 마음속에서도 많은 헛된 생각이 순간적으로 떠올랐다가 사라진다. 그런 생각들은 선한 사람의 마음에 갑작스레 침투해서 방해하고 선한 의무를 하지 못하게 유도하지만, 그 안에 머물지는 않는다. 선한 사람은 그런 생각을 품거나 키우지 않는다.

토머스 굿윈

"The Vanity of Thoughts," in *Works,* 3:509–10

그리스도인의 마음은 그가 가장 자주 떠올리고, 궁리하는 생각에 의해 영향을 받는다. 순간적으로 떠올랐다가 사라지는 일시적인 생각은 그것이 위로가 되는 것이든 슬픈 것이든 영혼에 큰 영향을 미치거나 영혼의 성향을 기쁜 쪽으로나 슬픈 쪽으로 바꾸어 놓지 않는다. 몸 안에 머물러 있지 않은 독이나 음식은 사람을 해치거나 살찌울 수 없다. 그러나 날마다 슬픈 생각에 잠기면 고통이 마음속까지 침투해 그리스도인의 정신을 암담한 절망과 당혹스러운 두려움에 빠뜨린다.

윌리엄 거널

Christian in Complete Armour, 617

용광로에서 불꽃이 일 듯, 우리의 마음속에서는 악한 생각이 끊임없이 떠오른다. 죄는 우리가 원하든 원하지 않든 항상 우리와 함께 살고 있다. 가장 훌륭한 성도도 함께 사는 죄로 인해 괴로움을 겪는다. 그는 죄를 버렸지만 죄는 그를 버리지 않는다.

토머스 왓슨

The Christian's Charter of Privileges, in

Discourses, 1:27

안식

어떤 사람도 영적으로 안식한다고 해서 게으른 자가 되지 않는다. 어떤 사람도 영적으로 행한다고 해서 지치지 않는다.

나다니엘 하디

in Horn, *Puritan Remembrancer*, 2100

애정(affections)

강렬한 애정을 유지하도록 노력하라. 묵상이나 기도를 비롯해 무엇을 하든 당신의 열정을 다해야 한다. "촛불이 환하게 탈 때는 쥐가 아무것도 갉아 먹지 못하지만, 촛불이 꺼지면 갉아 먹기 시작한다."라는 말이 있다. 기도와 묵상을 할 때 우리의 마음이 뜨겁고, 활기차면 헛된 생각이 틈탈 수 없다.

윌리엄 브리지

Christ and the Covenant, in *Works*, 3:150

애정이란 강력하고, 의식적인 내면의 활동이다. 인간의 의지나 마음은 선하다고 생각하거나 악하다고 생각하는 판단에 따라 어떤 것에 대해 반응하기도 하고 어떤 것에 의해 자극을 받기도 한다.

윌리엄 페너

A Treatise of Affections, in *Works*, 2

은혜의 주된 사역은 애정을 올바로 다스리는 것이다. 은혜는 애정이 세상에 있는 것들에 집착하지 않고, 하늘의 것들을 추구하도록 이끈다. 은혜는 사람을 회심으로 이끌 때 그의 애정을 없애지 않고, 그것을 옳게 다스린다.

윌리엄 페너

A Treatise of Affections, in *Works*, 22

은혜가 임하는 목적은 인간의 애정을 없애기 위해서가 아니라 장악하기 위해서다.

윌리엄 페너

in Horn, *Puritan Remembrancer*, 22;

Thomas, *Puritan Golden Treasury*, 89

당신의 사랑을 하나님을 향한 방향으로 확장하는 방법이 여기 있다. 하나님의 인애는 그 자체로 역사하는 미덕이고, 그것에 마음을 고정하는 사람들에게 크게 영향을 미친다. 본성적으로는 우리의 마음속에 하나님을 사랑하는 애정이 조금도 없다. 그 애정은 냉랭하게 얼어붙은 상태다. 그러나 쇠를 불 속에 담그면 곧 벌겋게 달아오르듯, 우리를 향한 하나님의 자비를 생각하면 우리의 애정이 뜨겁게 달아올라 활활 타오를 수밖에 없다.

네헤미아 로저스

The Penitent Citizen, in *Mirrour of Mercy*, 106

하나님께 당신의 애정을 바치라. 그렇지 않으면 어떤 행위든 죽은 것에 방불하며 그 안에 아무런 생명도 없을 것이다.

존 트랩

Commentary...upon...the New Testament, 856

애통

은혜 안에서 성장하는 신자들은 그들 자신의 죄뿐 아니라 악한 자들의 죄에 대해서도 애통한다. 오, 다른 사람들의 죄에 대한 눈물과 한숨과 신음이 이 사람들의 마음에서 나온다네(시편 119:136; 렘 9:1–2; 벧후 2:7–9)!

토머스 브룩스

The Unsearchable Riches of Christ, in *Select Works*, 1:190

어떤 사람이 더 거룩할수록 그는 다른 사람의 죄로 인해 더 많이 슬퍼하고 괴로워한다. 또한 어떤 사람이 더 온유할수록 다른 사람들에게 부과된 비참함을 보고 더 깊이 마음 아파한다.

존 플라벨

Fountain of Life, 175

사람이 더 거룩할수록 다른 사람의 죄에 더 괴로워하는 것을 관찰하는 것은 어렵지 않다. 롯의 의로운 영혼은 소돔 사람들의 불결한 대화 때문에 괴로웠다. 사람들이 율법을 지키지 않았기에 다윗의 눈에서 눈물이 강물처럼 흘렀다. 다른 사람의 죄에 대해 무감각하고 이를 불쾌하게 여기지 않는 자는 자신의 죄에 대해서도 진정으로 애통하지 않는다

조셉 홀

Select Thoughts, in *Select Tracts*, 364

우리 안에 영적으로 요구되는 습관적인 애통의 틀이 잘 유지되고 있는지를 스스로 점검하는 것이 바람직하다. 세속적인 안락과 육신의 기쁨이 이를 삼키고 있지는 않은지 살펴보라. 왜냐하면, 영적 기쁨은 그렇게 하지 않을 것이기 때문이다. 영적인 기쁨은 영적인 애통의 작은 것 하나라도 제거하지 않지만, 세속적인 안락과 육신의 기쁨은 영적인 애통의 틀을 집어삼킬 것이다

존 오웬

Discourse 6 on 1 Cor. 11:28, in *Twenty-Five Discourses*, 109

두 가지 마귀적인 애통이 있다. (1) 자신의 부정한 정욕을 만족시킬 수 없어서 슬퍼하는 애통이 있다. 그는 더 사악해질 수 없음을 크게 슬퍼한다. 암논은 그의 누이 다말을 욕되게 하기 전까지 슬퍼하며 아팠다(삼하 13:2). 아합은 나봇의 포도원 때문에 슬퍼했다. "아합이 근심하고 답답하여 왕국으로 돌아와 침상에 누워 얼굴을 돌리고 식사를 아니하니"(왕상 21:4). 이것은 마귀적인 애통이다. (2) 자신이 했던 선한 일에 대해 슬퍼하는 애통이다. 바로는 이스라엘 자손들을 보낸 것을 한탄했다(출 14:5). 많은 사람들이 마귀적이어서 기도를 많이 하고 설교를 많이 들은 것을 괴로워한다. 그들은 자신의 회개를 후회한다. 우리가 과거에 했던 선한 일을 후회한다면, 하나님은 임박한 형벌을 돌이키지 않으실 것이다.

토머스 왓슨

The Beatitudes, in *Discourses*, 2:85

복음적인 애통은 영적인 애통이다. 즉 그것은 고통보다 죄에 대해 애통한다. 바로는 "재앙을 떠나가게 하라"고 말했다. 그러나 그는 결코 자기 마음의 전염병에 대해 생각하지 못했다. 죄인은 죄악에 심판이 따르므로 애통한다. 하지만 다윗은 "내 죄가 항상 내 앞에 있나이다"라고 외쳤다(시 51:3). 하나님은 칼이 그의 집에서 영원토록 떠나지 않게 하겠다고 위협하셨지만 다윗은 "칼이 항상 내 앞에 있나이다"라고 말하지 않고 "내 죄가 항상 내 앞에 있나이다"라고 말했다. 하나님에게 죄지은 것이 그를 괴롭혔다. 그는 피 묻은 도끼보다 반역을 더 슬퍼했다. 회개하는 탕자는 누가복음 15장 21절에서 이렇게 말한다. "내가 하늘과 아버지께 죄를 지었사오니." 그는 "내가 쥐엄 열매 속에서 거의 굶어 죽게 되었구나"라고 말하지 않고 "아버지께 죄를 지었다"고 말했다.

우리의 애통이 영적인 애통이라고 말할 수 있으려면 다음과 같은 삼중적 개념 아래에 있어야 한다. (1) 우리는 반드시 죄 때문에 애통해야 한다. 죄는 적개심과 증오의 행위이기 때문이다. (2) 우리는 반드시 죄 때문에 애통해야 한다. 죄는 가장 큰 배은망덕이기 때문이다. 그것은 마치 자비의 가슴을 발로 차버리는 것과 같다. (3) 우리는 반드시 죄 때문에 애통해야 한다. 죄는 결핍이며 모든 좋은 것을 막아버리고 하나님과의 교제를 방해한다.

토머스 왓슨

The Beatitudes, in *Discourses*, 2:89–90

야심

야심적인 사람의 가장 큰 적은 바로 자기 자신이다. 스스로가 세상의 그 어떤 것보다도 더 큰 적이다. 그 이유는 높은 생각을 버리고 조용하게 살면 쉽게 피할 수 있는 근심과 욕망과 기대로 자신을 괴롭히기 때문이다. 나의 유일한 야심은 세상에서 하나님의 은혜 가운데 안식하다가 천국의 성도가 되는 것이다.

조셉 홀

Meditations and Vows, 16

야심적인 사람은 다른 사람들을 해친다. 그런 사람은 적이 자기를 막아서면 피를 흘려서라도 밀치고 나아간다. 그런 사람은 또한 명예를 얻기 위해 친구들을 짓밟는다. 그와는 대조적으로 은혜로운 야심을 지닌 영혼은 자신의 길을 방해하는 것이 무엇인지 생각하고, 아버지와 어머니는 물론, 심지어는 자기 목숨까지도 미워하며, 오른눈을 파내고, 오른손을 자르는 등, 자기와 하나님 사이를 가로막는 것은 무엇이든 가차 없이 처단한다.

리처드 십스

Divine Meditations and Holy Contemplations, 93

야심이란…분수에 넘치는 것을 탐하는 것을 의미한다. 야심적인 상인은 직업적인 소명 의식이 지나치게 과하거나 자신의 성공이 스스로가 원하는 것에 미치지 못한다는 생각 때문에 현재 상태를 못마땅하게 여기며 불안해하며, 초조해한다. 신발이 불편한 이유는 발이 부어올랐기 때문이다… 물론, 개인은 시간과 능력을 건전하게 선용해 자신의 상태를 더 나아지게 만들기 위해 합법적인 노력을 기울일 수 있다. 그러나 그런 소원과 노력이 현재의 즐거움을 감사로 받아 만족을 누리는 것을 방해한다면, 그것은 죄를 짓는 것과 마찬가지다. 왜냐하면 하나님과 이웃에게 마땅히 행해야 할 사랑과 의무를 방해하기 때문이다.

리처드 스틸

Religious Tradesman, 169

야심은 끝이 없다. 그것은 고삐 풀린 말을 타는 것과 같고, 다른 사람들이 멸망한 곳에 자신을 밀어넣는다. 야심은 피의 바다를 헤엄쳐서라도 자신의 목적을 달성할 수만 있다면 조금도 개의치 않는다.

존 트랩

Commentary on the Old and New Testaments,

1:45

또 다른 한 사람도 자신의 야심을 채울 방법을 생각했다. 그는 "이스라엘 앞에서 나를 높이사"(삼상 15:30)라고 말했다. 명예라는 것은 한낱 별똥별에 지나지 않는다. 그것은 사람들의 숨결로 불을 붙인 횃불과 같아서 바람이 약간만 불어도 꺼지고 만다. 자신의 명예가 자신의 눈앞에서 곤두박질치는 것을 목격하는 사람들이 얼마나 많은지 모른다.

토머스 왓슨

A Christian on the Mount, in *Discourses*, 1:263

한 파당의 우두머리로 찬사를 받거나 파벌을 유지하려는 악한 생각을 품고 고난을 감내한다면 그것을 통해 아무런 유익도 얻을 수 없다. 바울 사도의 말에는 몸을 불사르게 내줄지라도 얼마든지 지옥에 갈 수 있다는 의미가 함축되어 있다(고전 13:3). 야심적인 사람은 명예를 얻기 위해서라면 목숨까지도 기꺼이 내버릴 수 있다. 그런 사람은 마귀를 위한 순교자에 지나지 않는다.

토머스 왓슨

The Beatitudes, in *Discourses*, 2:358

양심

영혼의 눈인 양심이 무지로 어두워져 있거나 세상의 거짓된 빛에 현혹되거나 스스로의 직임을 도외시하거나 방탕한 욕망을 억제해 구원의 길로 이끄는 두려움을 자극하는 일을 게을리하거나 의무를 일깨우고 독려하는 기능을 무시하면, 죄인은 강퍅하게 되어 구원받지 못한 상태에서 벗어나기 어렵다. 그렇게 되면 형통하면 할수록 관능적인 욕망이 더욱 강하게 치솟아 우리의 삶을 다스리는 하나님의 대리인인 양심의 빛이 어두워지고, 그 판단력이 흐려지고, 그 명령이 묵살되거나 경시되거나 멸시되어 무기력하게 변질된다.

윌리엄 베이츠

Danger of Prosperity, 68–69

죽은 양심과 방탕한 삶은 서로 밀접한 관련이 있다. 복음의 신령한 빛에 둘러싸인 사람들 가운데 칠흑같이 어두운 이교의 암흑 속에 있는 자들만큼이나 불의하고, 강퍅한 사람들이 그 얼마나 많은가? 그들은 무저갱의 입구에 서 있으면서도 그곳의 거센 불길을 일으키는 유황 냄새를 맡지 못한다. 그들의 양심은 정욕의 불길에 그을려 단단하고, 무감각하게 굳어져 절망적인 상태에 이르렀다.

윌리엄 베이츠

Danger of Prosperity, 75

하나님의 전지하심과 인간의 양심이라는 책이 펼쳐져 있다. 거기에는 마치 가장 빛나는 빛줄기로 수정으로 만들어진 벽에 기록한 글처럼 은밀한 죄들을 뚜렷하게 기록한 내용이 적혀 있다. 모든 사람의 은밀한 죄가 하늘에 기록되어 있다. 하나님은 장차 그 내용을 온 세상 사람들의 귀에 크게 읽어주실 것이다(고전 4:5).

토머스 브룩스

Privy Key of Heaven, 215 - 16

이러한 율법들을 어긴 사람들을 정죄하는 또 다른 증인이 있다. 그것은 바로 양심이다. 바울 사도는 "이런 사람들은 그 양심이 증거가 되어…고발하며"(롬 2:15)라고 말했다. 양심은 가장 확실한 증인이다. 위대하신 하나님이 죄인들의 죄를 언급하실 때마다 양심은 한마디도 흘리지 않고 '옳습니다'라고 대답한다. 양심은 두려운 고발자다. 양심은 증거 사실에 따라 한 치도 어김없이 하나님의 증언과 보조를 맞춘다. 양심의 증거는 큰 권위를 지닌다. 양심은 유죄를 언도하고, 자신이 기소한 모든 영혼을 정죄한다.

존 번연

Riches, 63

상처 난 양심을 치유하는 첫 번째 단계는 하나님의 은혜, 특히 칭의의 은혜를 아는 것이다.

존 번연

Riches, 88 - 89

그릇된 시대에는 진실이 왜곡될 수 있지만, 선한 사람의 양심은 확고부동하다.

에드먼드 캘러미

Saints' Memorials, 30

양심은 하나님을 거슬러 지은 죄를 깨우쳐주는 강력한 힘을 지닌다. 양심이 없는 사람들은 이런 사실을 비웃을지도 모른다. 양심의 능력은 그것을 실제로 느껴본 사람만이 알 수 있다. 양심의 능력은 감옥을 유쾌한 정원으로, 뜨거운 불꽃을 장미꽃밭으로 만든다. 양심이 그런 능력을 지닌 것은 조금도 이상하지 않다. 그 이유는 양심이 인간 안에 파견된 하나님의 대리자이기 때문이다. 양심은 모든 영혼에게 주어진 하나님의 통역자다.

존 콜린지스

Weaver's Pocket-book, 140

하나님의 선하심과 사람들을 향한 그분의 선한 의도를 생각하라…그분은 우리의 안과 밖에 설교자를 허락하셨다. 외부의 설교자는 그리스도를 위해 우리에게 하나님과 화목하고, 그분과 화평을 누리라고 권고하고, 호소하는 그리스도의 사역자들을 가리키고, 내면의 설교자는 우리를 판단하고, 제어하고, 우리의 죄와 가증스러운 행위를 책망하는 양심을 가리킨다.

윌리엄 다이어

Christ's Famous Titles, 92

하나님은 육신을 입고 세상에 오셨다. 하나님은 우리의 육신을 자신과 매우 밀접하게 연합시키셔서 육신은 독자적으로 존재하지 않고, 신성과 하나로 결합했다. 따라서 그분의 피가 어떤 가치와 효력을 지니는지를 짐작하기는 그리 어렵지 않다. 거기에서 세차게 뿜어져 나오는 영원한 사랑으로 인해 용서와 은혜와 평화가 풍성하게 임했다. 죄인은 여기에서 정의와 은혜가 서로 입을 맞추는 것을 보게 된다(시 85:10 참조). 은혜가 정의를 훼손하지 않고 자유롭게 주어진다. 세상에 있는 죄인들의 양심은 마귀의 품속에서 깊이 잠들어 있다. 만일 그렇지 않다면 스스로의 두려움과 우울한 예감으로 인해 마치 뱃멀미를 하듯 이리저리 요동칠 것이다. 마치 바닥에 닻을 드리운 듯 평화를 누리고, 또 평화를 누리게 된 이유를 알고 있는 사람은 참으로 행복하다.

존 플라벨

Fountain of Life, 39–40

우리는 청지기에 불과하다. 청지기는 결산 보고를 하는 날에 모든 것을 낱낱이 보고해야 한다. 이런 사실을 입증하는 증거로 우리 자신의 양심 외에 달리 또 무슨 증거가 필요하겠는가? 보라, 이것은 모든 사람의 가슴에 뚜렷하게 새겨져 있는 진리다. 모든 개인의 양심 속에는 고소도 하고, 변명도 하며 선악을 따지는 일종의 작은 법정이 마련되어 있다. 만일 미래의 심판이 없다면 그런 일은 절대 벌어질 수 없을 것이다. 양심은 지금 그 심판을 의식하고 있다. 이 법정 안에 우리가 하는 일은 물론이고, 심지어는 은밀한 행위와 생각까지 모든 것이 기록되어 있다. 심판이 없다면 그런 기록이 무슨 필요가 있겠는가? 이것이 교육이나 설교의 영향만으로 이루어지는 일이라고 생각해서는 안 된다. 다시 말해, 그런 수단들을 통해서만 그런 일에 관해 듣고, 두려움을 느끼게 되는 것은 결코 아니다. 만일 그렇다면 어떻게 그런 일이 보편적으로 일어날 수 있겠는가? 과연 어느 누가 모두를 한꺼번에 속일 수 있겠는가?

존 플라벨

Fountain of Life, 428－29

양심은 죄책의 좌소(坐所)다. 양심은 화경(火鏡)과 같아서 위협의 빛줄기를 한데 꼬아 압축시켜 연기와 불꽃이 일 때까지 영혼을 향해 사정없이 쏘아댄다.

존 플라벨

Navigation Spiritualized, 91

마음이 고요해지면 모든 슬픔이 치유되고, 놀랍도록 차분해진다. 무장한 군대가 우리를 돕고, 세상의 군주와 통치자들이 우리의 친구들이고, 우리의 재물이 하늘과 땅 사이를 가득 채울 만큼 많고, 우리의 양식이 하늘에서 내리는 만나와 같고, 우리의 의복이 아론의 에봇처럼 화려하고, 우리의 하루하루가 그리스도께서 부활하신 날처럼 영광스럽다고 해도 우리의 마음이 하나님의 심판을 두려워하여 벌벌 떤다면 그 어떤 것도 우리를 위로할 수 없다.

리처드 그린햄

Paramuthion, 9

양심도 인간의 다른 기능들과 똑같이 부패했다. 사탄은 종종 양심을 이용해 선과 악, 경건함과 불경함의 상태를 속인다. 양심은 평화를 말하지만, 실제로 심판의 책이 펼쳐지면(계 20:12 참조) 스스로 속았고, 기만당했다는 사실이 밝혀질 사람들이 수두룩하다. 양심이 그들의 손에 건네주는 심판의 책에는 그 어떤 사면의 말도 발견되지 않을 것이다. 그러나 자신의 영적 상태를 걱정하며 살아온 은혜로운 영혼들, 곧 지하 뇌옥과도 같은 양심의 고통에 얽매여 살아온 영혼들은 그때가 되면 죄를 사면받고, 사탄이 그동안 자신들을 부당하게 감금한 채 자신들의 양심을 비난함으로써 평화를 교란했다는 사실을 깨닫고서 그를 강력히 규탄할 것이다.

윌리엄 거널

Christian in Complete Armour, 253

하나님은 피조물이 자기에게 저지른 잘못에 대해 배상을 원하신다. 그와 마찬가지로 양심도 자기를 괴롭힌 것에 대해 배상을 요구한다. 하나님의 심판의 위협을 멈추게 만들 수 있는 것이 없듯이 그 무엇으로도 양심의 가책을 멈추게 할 수 없다. 양심은 하나님의 군사다. 그분은 양심을 죄인을 체포하는 용도로 사용하신다.

윌리엄 거널

Christian in Complete Armour, 375

양심의 눈이 먼 사람은 아무것도 보지 못하고, 양심이 죽은 사람은 아무것도 느끼지 못하며, 양심이 벙어리가 된 사람은 아무 말도 하지 못한다. 그런 사람의 상태는 마치 이 땅에서 지옥을 맛보는 사람만큼이나 비참하다.

필립 헨리

Life and Sayings, 10

성경을 옳게 알고 있는 양심의 목소리는 하나님의 목소리와 다름없다. 하나님은 양심을 통해 인간 안에서 말씀하고, 인간의 마음을 향해 속삭이신다. 모세가 하나님과 이스라엘 백성 사이에서 해석자 역할을 한 것처럼, 양심도 하나님과 우리 사이에서 그런 역할을 한다.

에제키엘 홉킨스

"The Nature of Presumptuous Sins," in *Select Works*, 380

지운다는 말은 우리의 죄가 기록되었다는 의미를 내포한다. 우리의 죄는 두 권의 책에 기록되어 있다. 하나는 하나님의 기념책이다(말 3:16 참조). 이 책에 기록된 죄는 하나님이 죄인을 의롭다고 하실 때 지워진다. 또 하나의 책은 양심의 책이다. 여기에 기록된 죄는 하나님이 우리에게 평화와 구원의 확신을 허락하실 때 지워진다. 이 두 책은 서로 연동될 때가 많다. 하나님이 하늘에서 기념책에 기록된 것을 지우시면, 그것이 양심의 책에까지 전달되어 거기에 기록된 것도 함께 지워진다.

에제키엘 홉킨스

"Of Pardon and Forgiveness of Sin," in *Select Works*, 494

양심은 무엇이 죄고, 무엇이 의무인지, 또 그것들에 뒤따르는 대가가 무엇인지를 깨우쳐준다. 양심은 자기에게 비치는 빛의 정도에 따라 판결을 내린다. 만일 이방인의 경우처럼 양심을 비추는 빛이 본성의 희미한 빛뿐이라면 자연적인 의무와 부자연적인 죄에 대해서만 판결을 내릴 수 있다. 이방인들의 양심은 약간 남아 있는 본래의 지식을 통해 하나님을 예배하고, 정의를 실천하는 것이 옳다고 말하고, 하나님을 거스르는 불경죄와 사람들에 대한 불의는 결국 혹독한 징벌을 받게 될 것이라고 알려준다. 그러나 양심에 성경의 빛이 더해지면 오직 하나님의 계시를 통해서만 알 수 있는 의무와 죄를 분별할 수 있다. 그런 양심은 "믿는 사람은 구원을 받고, 믿지 않는 사람은 정죄를 받을 것이다."라는 판단을 내릴 수 있다. 이런 판단은 자연적인 빛이 아닌 성경의 추가적인 빛을 통해서만 형성된다.

에제키엘 홉킨스

"Of the Nature, Corruption, and Renewing

of the Conscience," in *Select Works*, 276

양심이란 모든 사람의 가슴 속에 존재하는 충실한 기록부다. 거기에는 매분, 매시간 이루어지는 모든 행위와 대화와 생각이 빠짐없이 기록된다.

에제키엘 홉킨스

"Of the Nature, Corruption, and Renewing of the Conscience," in *Select Works*, 277

고요한 양심이라고 해서 모두 다 깨끗한 양심인 것은 아니다. 어떤 사람들은 안일한 잠에 빠져 있다. 그들의 양심이 고요한 이유는 무감각하기 때문이다. 반면에 무서운 죄를 많이 지어 양심을 혹독하게 괴롭히고, 낭비하는 사람들도 있다. 그들의 양심은 치명적인 상처를 여러 차례 입은 탓에 더 이상 양심의 번민이나 가책을 느끼지 못하는 상태에 이르렀다. 그들은 그런 상태를 평화로 일컫는다.

에제키엘 홉킨스

"Of the Nature, Corruption, and Renewing of the Conscience," in *Select Works*, 282

고요한 양심이라고 해서 모두 다 깨끗한 양심인 것은 아닌 것처럼, 괴로운 양심이라고 해서 모두 다 악한 양심인 것은 아니다…통상 가장 훌륭한 양심을 지닌 사람들이 성령께서 하나님의 사랑과 죄 사함의 확신을 일깨워주실 때까지 최소한 한동안은 가장 크게 괴로워한다. 유약한 양심의 가장 큰 실책은 가책이 느껴질 때마다 모든 것을 그릇 해석한다는 것이다. 예를 들면, 하나님이 기쁘게 여기시는데도 스스로 그분이 불쾌해하신다고 생각하거나 모닥불을 봉홧불로 착각해 평화와 기쁨을 말하는데도 깜짝 놀라 경각심을 돋운다. 유약한 양심은 그런 실수를 많이 저지른다.

에제키엘 홉킨스

"Of the Nature, Corruption, and Renewing of the Conscience," in *Select Works*, 283

양심의 책에는 우리의 모든 행위와 생각과 말과 태도가 빠짐없이 정확하게 기록되어 있다. 거기에 기록된 내용이 심판의 근거가 된다. 모든 사람의 양심이 그들 자신의 재판관이 될 것이다. 하나님이 "네가 무엇을 했느냐? 네가 세상에서 어떻게 살았느냐?"라고 물으시면, 양심은 "내가 어찌하여 그렇게 살았던고?"라고 한탄하며 사실대로 고할 것이다.

앤드류 존스

Black Book of Conscience, 4

가책 가운데 고통스러워하는 양심을 과연 누가 견딜 수 있을까? 양심의 소리를 물리치는 것은 불가능하다. 양심은 영혼 안에 존재하는 하나님의 대리자다. 양심이 많은 죄를 열거하며 위협하면 사람들은 이를 묵살하려고 애쓴다. 그러나 그들은 그렇게 할 수 없기 때문에 마치 영혼을 마귀에게 내준 사람처럼 완악하게 죄를 고집하며 양심의 입을 틀어막으려 하다가 믿음과 양심과 영혼이 영원히 파멸하는 결과를 초래하고, 그러고 나서는 칼로 자신을 찌르거나 스스로 목을 매달거나 물에 빠져 죽거나 독약을 삼키는 등, 저주스러운 종말을 선택하는 경우가 적지 않다(이것은 경험으로 알 수 있는 슬픈 사실이다).

앤드류 존스

Black Book of Conscience, 10

오, 쾌락을 즐기며 사는 세상의 유력한 자들이여, 양심이 있고, 하나님이 계시고, 당신은 영원히 죽지 않는 보배로운 영혼을 지니고 있다는 사실을 잊지 말라. 양심이 고발하는 영혼은 지옥에 던져질 것이다. 땅의 기름진 것과 달콤한 것을 먹고, 사발에 포도주를 부어 마시고, 비단옷을 입고 다니는 자들이여, 양심이 모든 행위, 곧 마음의 교만과 헛된 영화를 지켜보며 일일이 기록하고 있다는 것을 기억하라. "오라 우리가 아침까지 흡족하게 서로 사랑하며 사랑함으로 희락하자"(잠 7:16)라고 말한 음녀와 같은 자들아, 그 모든 일이 반드시 끝이 있다는 사실을 생각하라. 지금 희희낙락하며 세상의 쾌락과 즐거움을 만끽하는 사람들은 모든 것이 끝나고 종이 울리고 나면 죽음의 피리 소리에 맞춰 춤을 추게 될 것이다.

앤드류 존스

Black Book of Conscience, 11

어떤 사람들의 양심이 고요한 이유는 그 안에 부패에 저항하는 은혜가 없기 때문이다. 나이 든 사람은 자신이 원하는 것을 소유하면 충분히 고요한 삶을 즐긴다. 마귀도 그가 원하는 대로 다스리도록 허락된다면 마치 다른 존재처럼 고요할 것이다. 평화가 있다, 평화가 있다 하지만 평화가 없다. "평강하다 평강하다 하나 평강이 없다"(렘 6:14)라는 말씀을 들어본 적이 있는가? 하나님의 호의는 없고 불타는 진노와 심판이 문밖에 이르러 있다. 죄인이 입으로 평화를 외치지만, 하나님은 입으로 분노를 발하실 수 있다. 죄인의 마음속에 평화가 있지만, 하나님의 마음속에 진노가 있을 수 있다. 하나님은 진노의 손을 들어 언제라도 죄인을 처단할 준비가 되어 있으시다.

니콜라스 로키어

Balm for England, 161

인간은 양심을 어떤 식으로든 만족시켜야 한다. 그런데 사람들은 한결같이 율법 전체를 존중하기보다는 적당히 자신의 이익과 성향을 최소한도만 거스르는 방식으로 복종을 실천하려고 애쓴다. 그것은 마치 힘이 많이 들어가는 심부름은 거부하고, 잔칫집이나 시장에 다녀오는 것과 같이 조금 번거롭지만 별로 힘들지 않은 심부름만 이행하면 의무를 다했다고 생각하는 종과 비슷하다. 그러나 그런 태도는 주인의 뜻에 순종하는 것이 아니라 자기가 끌리는 대로 행하는 것이다. 자기의 기분과 뜻에 부합하는 쉬운 명령만 지키는 것은 하나님을 섬기는 것이 아닌 우리의 이익을 추구하는 것이다. 그런 행위는 의무감과 믿음이 아닌 우리의 뜻을 더 염두에 둔 것이다. 따라서 그런 행위는 하나님의 상을 받을 수 없다.

토머스 맨톤

Practical Exposition on the Epistle of James, 91

양심은 빈틈없는 비망록이다. 양심은 말하지 않아도 기록한다. 지금은 일체 침묵을 지키면서 죄를 짓는 상황을 눈여겨보지 않는 것 같지만 마지막 날에는 기록한 모든 것을 확연하게 보여줄 것이다.

토머스 맨톤

Practical Exposition on the Epistle of James, 183

양심은 인간 안에 있는 하나님의 영역(영토)이다. 하나님은 그것을 자신을 위해 남겨두셨다. 따라서 인간 권력은 어떤 식으로든 그곳에 들어가거나 그곳을 장악할 수 없다.

존 오웬

Golden Book, 240

양심의 거짓 평화와 악한 고요함은 다음 세 가지 이유로 발생한다. (1) 죄 때문에 눈이 멀어 위험을 전혀 인지하지 못하기 때문이다. 이것은 눈 먼 양심으로 연결된다. (2) 자신이 죄를 지었고, 죄가 가증스러운 것이라는 사실을 알면서도 모든 것이 잘 될 것이라는 근거 없는 안전감과 주제넘은 생각에 사로잡혀 있기 때문이다. 이것은 기만된 양심으로 연결된다. (3) 마음이 단단하고, 무감각해졌고, 죄를 습관적으로 짓기를 좋아하는 강퍅한 성향이 생겨났기 때문이다. 이것은 화인 맞은 양심으로 연결된다.

헨리 스쿠더

Christian's Daily Walk, 272

(1) 말씀의 소리에 귀를 기울이고, (2) 스스로의 행위를 매일 주의 깊게 살피고, (3) 경건한 마음으로 죄를 슬퍼

함으로써 항상 양심을 부드럽게 유지해야 한다.

헨리 스쿠더

Christian's Daily Walk, 289

모든 사람 안에 있는 하나님의 서기이자 공증인으로서, 양심은 하나님이 존재하신다고 말한다. 사람들은 양심의 소리를 종종 묵살하지만 바로의 때와 같이 천둥 또는 대역병의 때에, 또는 죽음의 순간이 다가와 하나님의 법정에 서야 할 때가 이르면, 그들은 하나님의 존재를 분명하게 인정한다. 양심의 공포는 하나님이 존재하신다는 증거다. 양심은 집행관처럼 죄의 빚을 진 사람들을 체포하는데, 그것은 채권자가 분명히 존재함을 말해준다. 그리고 양심은 교수형 집행인처럼 사람들을 괴롭히는데, 그런 판결을 내린 재판관이 분명히 존재함을 보여준다.

토머스 쉐퍼드

Sincere Convert, 16

그러나 죄를 짓지 않으려고 노력하는 진지한 그리스도인들은 자신의 영혼과 대화를 나누기를 좋아하며, 자신의 양심과 여러 가지 일을 논의할 때 양심의 말을 존중한다. 그는 하나님이 친히 개입해 자신을 당황스럽게 하시기 전에, 자기에게 있는 하나님의 대리인인 양심이 회개를 촉구하는 소리에 귀를 기울인다.

조지 스윈녹

The Christian Man's Calling, in *Works*, 2:452

모든 사람의 가슴속에는 설교를 다시 반복해서 들려주는 내면의 목회자가 존재한다.

존 트랩

Commentary … upon … the New Testament, 276

양심을 늘 주의 깊게 살펴 그것이 기능을 충실하게 이행하고 있는지 확인해야 한다. 양심은 모든 잘못을 지켜보고, 정죄하며, 좀 더 영적인 태도로 기도를 드리라고 권고할 뿐 아니라 작은 구실을 핑계 삼아 기도를 하지 않거나 "양 떼 가운데 수컷을 드리지 않고 흠 있는 것을 속여 드리면"(말 1:14 참조) 평화와 고요함을 유지할 수 없다고 경고하는 기능을 한다. 부드러운 양심은 더할 나위 없이 귀한 축복이다. 그런 양심은 하나님께 가장 좋은 것을 바치도록 이끌며, 그분의 인정과 칭찬을 받기 전까지는 결코 만족하지 않는다. 기도를 드린 후에 하나님과 그분의 대리인인 양심이 모두 만족하면 참으로 큰 행복이 찾아온다. 그러나 우리의 양심을 주의 깊게 살피지 않고, 잠들도록 방치하고,

화인 맞게 놔두면 기도가 아무리 잘못되더라도 개의치 않게 되고, 더 나아가서는 기도를 아예 하지 않아도 아무런 가책을 느끼지 않는 상태에 이를 것이다.

나다니엘 빈센트

Spirit of Prayer, 96

하나님이 양심에 부여하신 권위는 크고, 그 직임의 범위는 넓다. 양심은 우리가 짓는 모든 죄와 우리가 거부한 모든 선의 증인이자 재판관이다. 양심은 우리가 언제 의무를 주의 깊게 행하는지 지켜본다. 양심은 재판관으로서 우리가 선하고 충실한 종인지 악하고 게으른 종인지에 따라 우리를 사면하거나 정죄한다. 양심은 감독자로서 우리의 의무를 미리 알려준다. 양심의 고발과 책망을 당하지 않으려면 그것이 금지하는 죄를 짓거나 그것이 명령하는 기도 등의 의무를 소홀히 해서는 안 된다. 우리는 장차 하나님 앞에서 양심의 소리에 일일이 대답해야 할 것이다.

나다니엘 빈센트

Spirit of Prayer, 98 – 99

이해하는 부분과 관련하여 양심은 법에 따라 결정하고 명령하고 사면하고 정죄하는 재판관이고, 기억하는 부분과 관련하여 양심은 사실대로 기록하고 증언하는 기록자이다. 의지와 애정과 관련해서는 양심은 형벌과 포상을 집행하는 사형 집행관과 간수이다.

새뮤얼 워드

"Balm from Gilead to Recover Conscience,"

in *Sermons and Treatises*, 97

양심은 하나님의 메아리다. 그 소리는 때로 죄인이 못 견딜 만큼 날카롭고, 요란하다. 그러나 그가 양심의 소리를 묵살하고, 더 자주 죄를 지으면, 양심은 잠이 들어 마비되기 시작한다.

토머스 왓슨

The Christian's Charter of Privileges, in

Discourses, 1:95

양심은 거울과 같다. 거울이 지저분하고 더러우면 아무것도 볼 수 없지만 먼지를 닦아내면 얼굴을 뚜렷하게 볼 수 있다. 하나님이 인간의 양심에 낀 먼지를 말끔히 닦아내실 날이 다가오고 있다. 그 날이 되면 인간은 자신의 죄를 분명하게 보게 될 것이다.

토머스 왓슨

The Christian's Charter of Privileges, in

Discourses, 1:95

성령께서 역사하실 때가 있다. 성령께서 물밀 듯 임하시는데 이를 무시하면 그런 기회가 다시 찾아오지 않을 수도 있다. 양심이 소리를 낼 때는 대개 성령의 역사가 함께 일어난다.

토머스 왓슨

"The One Thing Necessary," in *Discourses*, 1:374

양자됨

하나님과 화목한 뒤에는 하나님이 우리를 자녀로 여기시는 양자의 은혜가 주어진다. "보라 아버지께서 어떠한 사랑을 우리에게 베푸사 하나님의 자녀라 일컬음을 받게 하셨는가"(요일 3:1). 하나님은 칭의를 통해 우리를 의롭게 여기고, 화목을 통해 우리를 친구로 여기며, 양자를 통해 우리를 자녀로 여기신다. 양자의 과정은 현세에서 시작되어 자녀의 모든 특권을 누리게 될 내세에서 완성된다. 양자가 이루어진 다음에는 성화가 시작된다. 우리는 성화를 통해 하늘 아버지의 형상을 이룬다.

아이작 암브로우스

"The Practice of Sanctification," in *Works*, 78

양자는 하나님의 은혜로운 판결이다. 하나님은 그것을 통해 그리스도께 충실한 자들을 자신의 존귀한 자녀로 받아주신다.

윌리엄 에임스

Marrow of Sacred Divinity, 135

양자란 지위나 관계상으로 자녀와 상속자가 될 자격이 없는 낯선 사람을 가족으로 받아들여 새로운 지위를 부여하는 것을 의미한다. 하나님의 자녀로 입양된다는 것이 곧 그런 뜻이다. 사탄의 가족이었던 이들이 부르심을 받고, 거룩하게 되어 하나님의 가족으로 입양된다(골 1:13).

바르톨로메오 애쉬우드

Best Treasure, 258

거룩하게 된 영혼들이 자녀로 입양된다는 것은 다음과 같은 의미를 지닌다…그들의 상태와 조건이 변화된다. 그들은 (1) 자유, (2) 권리와 권익, (3) 담대함, (4) 가르침, (5) 징계, (6) 공급, (7) 보호, (8) 유업과 관련해 영광스러운 특권을 누리는 상태로 옮겨진다. 입양된 영혼의 상태는 이런 것들을 통해 영광스러운 상태가 된다.

바르톨로메오 애쉬우드

Best Treasure, 260

성령께서는 일단 양자의 영으로 임하신 뒤에는 다시 속박의 영이 되어 영혼을 이전의 두려운 상태, 좀 더 정확하게 말하면 영원한 정죄의 두려움

속에 빠뜨리지 않으신다. 그 이유는 그분이 한번 말씀하신 것을 부인하거나 한 번 행하신 일을 취소할 수 없으시기 때문이다. 그분은 양자의 영으로서 나의 죄가 용서받았고, 내가 은혜 언약에 속했으며, 하나님이 그리스도를 통해 나의 아버지가 되셨고, 내가 구원의 약속 아래 있으며, 하나님의 부르심과 은사는 영원하며, 후회함이 없다고 말씀하셨다. 성령께서 그렇게 말씀하고, 나의 보배로운 영혼에 그 말의 진실성을 굳게 보증하셨는데 다시 내게 찾아와서 내가 여전히 죄 가운데 있고, 율법의 저주와 하나님의 영원한 진노 아래 있다고 말씀하실 수 있을까? 그럴 리는 절대 없다. 복음의 말씀은 '그래, 그래'했다가 '아니다, 아니다'라고 하지 않는다. 복음의 말씀은 오직 '예'와 '아멘'뿐이다. 그 이유는 '하나님이 진실하시기' 때문이다(고후 1:20 참조).

존 번연

Riches, 195 – 96

다시 말하지만, 기도를 열정적으로 자주 하는 것은 우리가 거듭나서 양자의 은혜를 받았다는 확실한 증거다. 갓 태어난 어린아이가 우는 것처럼 다시 태어난 죄인은 기도한다. 바울도 회심하자마자 '기도했다'(행 9:11). '양자의 영'이 우리의 입으로 '아빠 아버지'라고 부르짖게 만드신다. 하나님 앞에 나가 그분과 교제하는 은혜를 세상의 모든 것보다 더 귀하게 여기기 전까지는 만족을 느낄 수 없고, 또 그분이 한 번 주면 다시 거두지 않으시는 축복, 곧 그분이 진노 중에는 절대로 베풀지 않으실 축복을 사모한다면 그것은 영적 호흡을 하고 있다는 증거이므로 우리에게 영적 생명이 있다고 결론지을 수 있다.

나다니엘 빈센트

Spirit of Prayer, 45

어리석은 사람

지혜로운 사람이 어리석은 사람과 잘 구별되지 않는 때가 세 가지 있다. 그것은 바로 어렸을 때, 잠잘 때, 침묵을 지킬 때다. 앞의 두 경우는 모두가 어리석고, 침묵의 경우는 모두가 지혜롭다. 앞의 두 경우는 어리석음이 감추어진 채 드러나지 않을 수 있다. 그러나 혀는 잘 지껄인다. 마음속에 존재하는 어떤 어리석음이라도 혀가 그것을 드러낸다. 말을 많이 하거나 분별없이 하거나 시기에 맞지 않게 하는 사람은 지혜로울 수 없고, 아무것도 말하지 않는 사람은 어리석은 사람으로 드러나지 않는다. 어리석은 사람이 되는 것은 큰 불행이지만 어리석은 사람이 그 어리석음을 반드시 드러내는 것은 훨씬 더 큰 불행이 아닐 수 없다.

조셉 홀

Meditations and Vows, 183–84

어리석은 사람들이 모두 흰 모자를 쓴다면 거위 떼를 보게 될 것이 틀림없다.

조지 허버트

comp., Witts Recreations, proverb 513

어리석은 사람의 가장 명백한 특징은 사소한 것에 번번이 매료되는 것이다. 쓸데없는 일에 열중하는 것은 정신이 공허하다는 증거다. 기묘한 느낌에 이끌려 무익한 것을 생각하지 않도록 스스로를 제어하고, 욕망을 엄격하고 철저하게 다스려 복종을 가르쳐 부드럽게 만들고, 이성의 엄격한 판단에 근거해 문제를 신중하게 살펴 그것이 옳고, 가치 있는 것이라는 판단이 서기 전까지 꿈쩍도 하지 않으려면 담대한 용기가 필요하다.

존 하우

The Vanity of Man as Mortal, in *Works*, 285

어리석은 사람은 항상 미래만 바라본다.

윌리엄 젠킨

in Horn, *Puritan Remembrancer*, 174; and Thomas, *Puritan Golden Treasury,* 110

어리석은 사람은 충실한 조언자를 거부한다. 그들은 자신에게 진실을 말해주는 사람을 좋아하지 않는다. 그들은 진실을 말해주지 않는 것을 좋아한다.

윌리엄 젠킨

Exposition upon the Epistle of Jude, 353

스스로 지혜롭다고 생각하는 사람은 어리석기 짝이 없는 바보다.

존 트랩

in Horn, *Puritan Remembrancer,* 211

역경

겸손한 영혼은 형통할 때 하나님을 찬양하면 더욱 형통해지고, 역경 속에서 하나님을 찬양하면 역경이 사라진다는 것을 잘 안다.

토머스 브룩스

Unsearchable Riches of Christ, in *Select Works*, 1:23–24

분노의 포옹보다는 은혜의 상처가 더 낫다. 질병과 가난과 수치를 겪더라도 은혜가 넘친다면 그것들을 무서워할 필요가 무엇인가? 삶은 형통한데 진노 아래 있다면 참으로 두려운 일이지만, 시련 속에서도 은혜가 있다면 넘치는 위로를 누릴 수 있다.

윌리엄 젠킨

Exposition upon the Epistle of Jude, 30

하나님의 은혜는 연약하고 부패한 인간의 마음속에서도 무적의 힘을 발휘한다. 은혜를 시련의 물속에 빠뜨리면 익사하기는커녕 깨끗하게 씻겨 더욱 아름다운 모습으로 떠오르고, 불같은 시련의 용광로에 집어넣으면 불순물, 곧 우리의 부패한 본성만 녹아 없어져 더욱 순수한 모습으로 나타난다.

로버트 레이턴

A Commentary upon the First Epistle of Peter, in *Whole Works*, 1:61

역경은 외적인 축복은 없고, 질병, 수치, 가난, 투옥과 같은 외적인 재앙만 있는 삶의 상태를 가리킨다.

조지 스윈녹

A Christian Man's Calling, in *Works*, 2:82

역사 연구

세 개의 시대를 살았던 네스토는 세상에서 가장 현명한 사람으로 여겨진다. 그러나 역사가는 유사 이래 수많은 세대들을 살펴봄으로써 자신을 지혜롭게 만들 수 있다. 역사책들은 담론을 유지할 수 있게 해주며, 자신의 경험뿐 아니라 공공의 경험이라는 자산도 사용할 수 있게 해준다. 역사책은 다른 이들의 난파를 통해 우리 삶을 인도해 주는 표식을 얻게 해준다. 역사 없이는 인간의 영혼은 거의 눈앞에 있는 것만 보는 맹인일 뿐이다.

토머스 풀러

Holy and Profane States, 113

열정

더 많이 불타올라 더 많은 열정을 내려고 노력하라. 누군가가 말한 대로, "열정과 사역의 관계는 불과 제단의 관계와 같다." 사역자가 열정이 없는 것은 큰 결함이 아닐 수 없다. 그리스도인이라면 누구나 열정을 지녀야 한다. 세례 요한은 열정이 뜨거웠다. 그는 엘리야의 성정과 권능을 지녔다. 특별한 방식으로 주님을 섬기기로 헌신한 사역자들은 뜨거운 열정을 지녀야 한다…열정이 없으면 로마서 12장 11절을 지키지 않고 시간만 보내는 사람이 될 위험이 크다…참된 열정을 지닌 사역자는 난관과 절망을 잘 극복해 낼 수 있다.

존 바렛

Funeral Sermon, 15

하나님과 진리와 거룩함을 추구하고, 다른 사람들의 죄와 잘못을 꾸짖을 만한 열정이 있는가? 그런 열정이 솟아나고 있다고 생각하는 순간, 그것을 잃지 않도록 조심하라. 열정보다 더 빨리 사그라지는 것은 없다. 순수하고, 관대하고, 평화롭고, 유순하고, 치유력이 있고, 유익하고, 신령한 열정이 파당이나 자신의 견해를 옹호하는 편협한 열정으로 바뀌는 경우가 얼마나 많은가? 열정이 사납고, 비판적이고, 무자비하고, 중상적이고, 난폭하고, 반항적이고, 거칠고, 해롭고, 파괴적인 열정으로 바뀌어 하늘에서 불을 내려 남을 해하고, 분쟁과 혼란을 비롯해 온갖 악을 저지를 때가 참으로 많다.

리처드 백스터

A Christian Directory, in *Practical Works*, 2:159

오늘날 기독교 신앙을 고백하는 사람들 가운데 신앙에 미온적이거나 냉담한 사람들이 무수히 많다. 바울 사도는 그런 태도와는 반대로 뜨거운 열정을 가지라고 권고했다.

윌리엄 베버리지

Duty of Zeal, 7

하나님을 향한 참된 열정을 지닌 사람들은 주위 사람들이 그분을 욕되게 하는 것을 방지하고, 바르게 하고, 책망하기 위해 노력할 뿐 아니라 모든 곳에서 최선을 다해 그분의 영예와 영광을 드높이려고 애쓴다…하나님의 영광은 그분이 인류의 구원을 위해 마련하신 방법을 통해 가장 영광스럽게 빛난다. 따라서 하나님의 영광을 드높이려는 열정이 있다면, 최선을 다해 그분의 복음을 전하고, 널리 퍼뜨려 그분이 제시하신 길을 온 세상이 알고, 모든 민족 가운데서 구원이 이루어지게 해야 한다. 모든 민족이 구원을 통해 나타난 하나님의 위대한 영광으로 인해 그분을 알고, 섬기고, 예배할 뿐 아니라 그 영광에 참여해 영원한 행복과 구원을 누리게 되면 하나님은 더욱 큰 영광을 누리실 것이다. 하나님을 통해 더 많은 사람이 구원받을수록 더 많은 사람이 그분을 영원히 섬기며 영광을 돌리게 될 것이다.

윌리엄 베버리지

Duty of Zeal, 12 – 13

열정은 죄를 극복하고 하나님을 향해 나아가려는 극도로 뜨거운 감정을 의미한다.

토머스 브룩스

Cabinet of Choice Jewels, 230

열정은 불과 같다. 열정은 굴뚝 안에

머물면 가장 훌륭한 종과 같지만, 굴뚝을 벗어나면 가장 악한 주인과 같다. 지식과 지혜로 적절히 통제되는 열정은 그리스도와 성도들을 섬기는 가장 훌륭한 종이지만, 지혜와 지식으로 통제되지 않는 열정은 모두를 파멸시키고, 많은 사람을 지옥으로 몰고 가는 넓은 길과 같다.

토머스 브룩스

Smooth Stones, 22; *The Unsearchable Riches of Christ*, in *Select Works*, 1:64

지혜로운 열정은 범죄자들의 인격이 아닌 그들의 잘못을 공격의 대상으로 삼는다.

토머스 브룩스

The Unsearchable Riches of Christ, in *Select Works*, 1:64

지식이 없는 열정은 눈이 없는 혈기 왕성한 말이나 광인의 손에 들린 칼과 같다. 말씀이 없는 곳에는 지식도 없다.

존 번연

Riches, 303

또 하나의 보화는 (시므온 애쉬의) 신중함과 영적 지혜다. 그는 독실하고, 경건했을 뿐 아니라 하나님을 향한 열정을 지닌 신중하고, 지혜로운 목회자였다. 그는 자신의 열정을 분별 있게 사용할 줄 알았다. 열정이 없는 분별력은 육신적인 신중함에 지나지 않고, 분별력이 없는 열정은 광적인 격분에 지나지 않는다. 열정이 없는 분별력은 마음속에서 신앙을 제거해 신앙심을 신속하게 말살하고, 분별력이 없는 열정은 제단의 숯불이 아닌 한 나라를 불태우기에 족한 격정의 들불로 지핀 숯불과 다름없다. 그러나 이 경건한 목회자는 분별력을 가지고 열정을 적절하게 다스렸다.

에드먼드 캘러미

"Mr. Calamy's Sermon at the Funeral of Mr. Ashe," in Calamy et al., *Farewell Sermons*, 361

사람들의 인격을 사랑하는 것 때문에 그들의 죄를 꾸짖는 열정이 사그라들어서는 안 된다. 아울러 죄를 물리치려는 열정으로 인해 사람들의 인격을 사랑하는 마음이 약해져서도 안 된다.

에제키엘 컬버웰

Time Well Spent, 350

인간은 하나님을 사랑하고, 죄를 미워하고, 스스로의 부패함을 한탄하고, 믿음과 회개를 바라고, 선한 의무를 즐거워하고, 다른 사람들의 불행을 동정하고, 하나님의 계명을 어기는 것을 두려워하기는 하되 뜨뜻미지

근한 태도를 보일 수 있다. 인간은 이 모든 감정을 미온적으로 느낄 수 있다. 하나님은 그런 태도를 기뻐하지 않으신다. 그것은 열정과는 거리가 멀다. 열정은 그런 모든 감정을 최대한 강하게 느끼는 것을 의미한다.

윌리엄 페너

A Treatise of the Affections, in *Works*, 62

열정은 영혼의 달음질이다…감정은 영혼의 발이고, 열정은 그런 발들을 신속하게 움직인다.

윌리엄 페너

A Treatise of the Affections, in *Works*, 69

길을 잘못 든 상태에서는 빨리 달릴수록 가고자 하는 길에서 더 멀리 멀어지기 마련이다. 열정은 의무 이행에 가장 큰 도움이 될 수도 있고, 가장 심각한 해를 입힐 수도 있다. 목적이 올바르면 열정은 탁월한 효과를 낼 테지만, 목적이 그르면 아무런 가치를 지니지 못한다. 올바른 목적을 설정하는 것은 결코 쉬운 일이 아니다.

윌리엄 거널

Christian in Complete Armour, 709

거룩한 열정은 복음 안에 나타난 예수 그리스도를 닮은 강렬한 소원과 애정과 노력이다. 이 열정을 지닌 사람은 어떤 난관이나 절망에 봉착하더라도 그리스도를 좇으려는 규례의 길에서 벗어나지 않는다.

크리스토퍼 러브

Zealous Christian, 9

열정적인 사역자는 다른 사람들이 비위를 맞추는 아첨꾼이나 짖지 못하는 개처럼 행동해도 성실한 태도로 열심히 죄를 꾸짖는다.

크리스토퍼 러브

Zealous Christian, 23

강포는 하나님과 사람을 향한 완고한 마음과 짝을 이룬다. 이는 자연인의 경솔함에서 비롯한다. 그러나 거룩한 열정은 겸손과 짝을 이룬다. 라오디게아 교회는 "열심을 내라 회개하라"라는 책망을 들었다(계 3:19). 그들 자신의 마음을 찢는 회개에 하나님을 향한 열정이 수반되어야 했다.

크리스토퍼 러브

Zealous Christian, 25

열정이 없는 온유함은 냉담함과 비겁함에 지나지 않고, 온유함 없는 열정은 악한 격정으로 전락하기 쉽다. 우리 자신의 명분을 내세울 때는 온유해야 하고, 하나님의 대의를 추구할 때는 열정적이어야 한다.

새뮤얼 마더

Figures or Types of the Old Testament, 96

맹목적인 열정, 곧 지식이 없는 열정이 있다. 바울 사도는 "그들이 하나님께 열심이 있으나 올바른 지식을 따른 것이 아니니라"(롬 10:2)라고 말했다. 열정 없는 지식은 열매가 없고, 지식 없는 열정은 위험하다. 후자는 어리석은 바보가 피운 들불이나 이따금 사람을 불이나 물로 뛰어들게 만드는 귀신과 같다(마 17:15).

매튜 미드

Almost Christian Discovered, 85

마음속의 열정은 펄펄 끓는 물과 같다. "주의 집을 위하는 열성이 나를 삼키고"(시 69:9)라는 말씀대로, 주 예수님이 그런 열정을 지니셨다. 열정이 있는 사람은 자신에 관한 관심은 모두 제쳐두고 오직 사랑하는 사람을 유익하게 하는 데만 집중한다.

윌리엄 스트롱

Heavenly Treasure, 363

열정과 신중함을 적절하게 갖춘 사람은 많은 유익을 끼치는 화롯불과 같다. 그러나 분별력이 없는 열정은 종종 많은 해를 끼치는 굴뚝 위의 불과 같다. 그리스도인의 열정은 돛을 가득 채운 바람과 같다. 분별력으로 배의 균형을 유지하지 않으면 배가 뒤집히는 것은 시간문제다…사람의 열정은 새의 날개나 말의 기개와 같다. 미네르바가 페가수스에게 황금 재갈을 물려 너무 빨리 날지 못하게 했다는 시인들의 이야기가 암시하는 대로, 열정에는 분별력이라는 재갈이 필요하다. 베르나르두스는 "열정이 없는 분별력은 지나치게 신중하고, 분별력이 없는 열정은 무모하다. 따라서 열정으로 분별력에 박차를 가하고, 분별력으로 열정의 고삐를 죄어야 한다."라는 훌륭한 격언을 남겼다.

조지 스윈녹

The Christian Man's Calling, in *Works*, 2:290

열정은 감정의 열기를 가리킨다. 이 거룩한 열의로부터 하나님과 그분의 영광을 최대한 드높이기 위한 사랑과 분노의 감정이 분출되어 나온다. 우리는 경건하지 않은 사람들을 볼 때, 하나님과 그분의 길을 사랑하는 마음과 악에 대한 증오심이 강렬하게 솟구쳐야 한다.

조지 스윈녹

The Christian Man's Calling, in *Works*, 2:296

이것들이 '다른 불'의 특징과 징후다. 이런 불은 종류가 다양하고, 여러 가지 항목으로 분류될 수 있지만, 세 가지로 압축해 명칭을 붙여 정리하면 다음과 같다. (1) 거짓 열정, 거짓 불,

(2) 맹목적인 열정, 연기 나는 불, 또는 도깨비불(ignis fatuus), (3) 사나운 불, 들불. 첫 번째 불은 진실함과 진정성이 없는 탓에 불행한 결과를 낳는다. 두 번째 불은 지식과 분별력이 없는 탓에 그릇된 방향으로 나아간다. 세 번째 불은 사랑과 겸손이 없는 탓에 극단으로 치닫는다. 첫 번째 불은 교활하고 음흉한 거짓 신자들 가운데서 많이 발견된다. 이 불은 잘 식별해 증오해야 마땅하다. 두 번째 불은 단순하고, 헌신적인 신자들 가운데서 많이 발견된다. 이 불은 가엾게 여겨 올바른 방향으로 이끌어줘야 한다. 세 번째 불은 뜨겁고, 열렬한 감정을 지닌 신자들 가운데서 많이 발견된다. 이 불은 적절히 조절하고, 교정해야 한다.

새뮤얼 워드

"A Coal from the Altar," in *Sermons and Treatises*, 75

열정은 가장 확실한 믿음의 증거이자 가장 분명한 성령의 나타나심이다. 물세례는 신자가 되었다는 외적 증거로서 입으로 신앙을 고백하면 누구나 받을 수 있지만, 불세례는 인치심을 받아 구원의 날까지 보존될 사람들만 받을 수 있다.

새뮤얼 워드

"A Coal from the Altar," in *Sermons and Treatises*, 78

우리(설교자들)는 일반인들보다 그리스도를 더 사랑하는가? 우리가 그분을 남들보다 세 배나 더 사랑한다는 증거가 있는가? 그렇다면 세 배의 열정을 기울여 그분의 양 떼를 먹이자. 우리의 기도와 설교와 삶으로 그런 열정을 표현하자. 모든 사람의 양심 앞에서 하나님의 영광을 드높이는 것이 우리의 가장 큰 목표이고, 세상을 얻는 것보다 영혼들을 구하는 것을 더 좋아한다는 것을 분명하게 보여주자.

새뮤얼 워드

"A Coal from the Altar," in *Sermons and Treatises*, 89

하나님의 영광이 실추되면 사역자들은 다른 누구보다도 더 안타깝게 여겨 분발해야 한다. 열정이 없는 사역자는 맛을 잃은 소금과 같다. 열정을 지닌 사람은 하나님의 명예가 훼손되면 자신의 명예가 훼손된 것으로 받아들인다. 크리소스토무스는 하나님께 지은 죄를 마치 자기가 인격적인 모독을 당한 것처럼 엄중히 꾸짖었다고 한다. 사역자들은 두려움으로 인해 흔들리거나 아첨에 현혹되어서는 안 된다. 하나님은 사역자들에게 흉측한 얼굴들을 아름답게 보이게 만드는 거짓 거울과 같은 역할을 떠맡기지 않으셨다. 열정의 불이 없는 사역자들은 다른 불, 심지어는 두려워하는 자들이 던져지게 될 '불 못'(계 21:8)에 들어갈 위험이 있다.

토머스 왓슨

The Beatitudes, in *Discourses*, 2:308–9

천국을 더 강력하게 침노하고, 하나님을 위해 더 많이 일할수록 우리의 상급이 더 커질 것이다. 우리의 열정이 더 뜨거울수록 우리의 면류관이 더 찬란하게 빛날 것이다. 세상을 떠난 복된 영혼들이 우리를 향해 "만일 우리가 잠시 천국을 떠나 다시 땅에서 살게 된다면 과거보다 천 배나 더 하나님을 극진히 섬길 것입니다. 더욱 간절히 기도하고, 더욱 열심히 행할 것입니다. 지금 와서 보니, 우리가 더 많이 노력했더라면 더 큰 기쁨을 누리고, 더 빛나는 면류관을 얻었을 것이 분명합니다."라고 말하는 소리가 들리지 않는가?

토머스 왓슨

Christian Soldier, or, Heaven Taken by Storm, 138–39

우리 안에 이 복된 열정을 약화시키는 부패한 본성이 도사리고 있다는 것을 잊지 말라. 가장 밝게 타는 숯불이 그 위에 타고 남은 재가 쌓여 불이 꺼지기 쉬운 법이다. 우리 안에도 재처럼 열정의 불길을 꺼뜨리는 부패한 본성이 있다. 베드로의 뜨거운 열정도 그리스도를 부인하는 순간에 차갑게 식고 말았다. 에베소 교회는 뜨거운 첫사랑의 열정을 잃어버렸다(계 2:4). 열정이 식지 않도록 조심하라.

토머스 왓슨

Christian Soldier, or, Heaven Taken by Storm, 172–73

열정은 혼합된 감정이다. 그것은 사랑과 분노의 혼합물이다. 열정은 영혼을 뜨겁게 끓어올라 넘치게 만든다. 열정은 하늘에서 지핀 불이다. 거룩한 열정으로 인한 분노와 노여움은 죄가 없을 뿐 아니라 죄를 대적하기 때문에 복되다. 바울은 아덴의 우상 숭배를 보고, '마음에 격분했다'(행 17:16). 그는 열정으로 활활 불타올랐다.

토머스 왓슨

"The Upright Man's Character," in *Discourses*, 1:335

영국의 내전

오늘날 많은 사람이 그냥 가만히 멈추어 있다. 그들은 잘 모르겠다고 말한다…그들은 어느 편도 들지 않는다…그들은 어떻게 해야 할지 모른다…한 사람은 이렇게 말하고, 다른 사람은 저렇게 말한다. 왕은 이렇게 명령하고, 국회는 저렇게 명령한다…왕에게 맞서는 것은 반역이 아닌가? 이런 식으로 사람들은 잘 모를 뿐 아니라 자신의 양심을 움직일 만큼 정보가 충분하지 않다는 이유를 들어 그냥 가만히 멈추어 있다. 그동안 많은 사역자들이 위험을 각오하고 하나님의 뜻을 전하고, 사람들의 양심을 자유롭게 하기 위해 노력해 왔다. 나도 이곳에서 여러 가지 말을 했지만, 사람들은 그토록 많은 사실이 드러났는데도 눈을 감은 채 잘 모르겠다며 그냥 가만히 있기를 원하고 있다. 왕 자신이 로첼러파(프랑스 왕을 상대로 봉기한 위그노파)를 도왔다는 것은 온 세상이 다 아는 사실인데 합리를 표방하는 사람들이 반역을 운운하는 것은 참으로 이상하기 짝이 없다. 잘 알다시피, 위그노들은 자유와 신앙을 지키기 위해 자신들의 왕으로부터 스스로를 보호하려고 무기를 들었고, 이 나라의 왕은 그들에게 원조를 제공했다. 분명히 왕은 그들을 반도로 생각하지 않았다.

제레마이어 버러스

"Saint's Duty in Time of Extremity," in *Rare Jewel,* 87

우리는 우리의 자유와 신앙을 유지하는 것 외에는 아무것도 바라지 않는다.

제레마이어 버러스

"Saint's Duty in Time of Extremity," in *Rare Jewel,* 87

피를 흘릴 수밖에 없는 상황이 닥쳤다고 가정해 보자. 사랑하는 자들이여, 영국을 향한 하나님의 은혜는 성도가 흘리는 피를 남김없이 갚아주실 만큼 크다…하나님의 백성이 흘리는 피는 단 한 방울이라도 무척 보배롭다. 원수들은 그 모든 핏값을 치르게 될 것이다. 하나님은 성도의 피를 귀하게 여기신다. 성도가 흘리는 모든 피가 가치 있게 여겨질 것이다. "너 곤고하며 광풍에 요동하여 안위를 받지 못한 자여 내가 화려한 채색으로 네 돌 사이에 더하며 청옥으로 네 기초를 쌓으며"(사 54:11)라는 말씀대로, 하나님이 베푸시려는 은혜를 얻는 과정에서 어려움이 크면 클수록 은혜도 더욱더 커진다.

제레마이어 버러스

"Saint's Duty in Time of Extremity," in *Rare Jewel,* 95–96

내전에 시작되었을 때 군인들을 보고 놀란 많은 사람들이 존 도드를 찾아왔다. 그는 집안에 회초리가 가득하더라도 아이가 무서워할 필요가 전혀 없는 이유는 아버지의 손이 없으면 그것들 가운데 어느 하나도 저절로 움직일 수 없기 때문이라는 말로 그들을 격려했다. 그러고 나서 그는 하나님은 사랑이 많은 아버지이시고, 재산과 생명을 비롯해 모든 것이 그분의 처분에 달려 있다고 덧붙였다.

존 도드, 필립 헨리

Gleanings of Heavenly Wisdom, 29

영예

당신이 당신 자신의 성향을 거슬러서 하나님을 더 섬기고, 당신 자신의 성품을 넘어서서 하나님을 섬길 때, 하나님을 더 영예롭게 하게 된다. 다른 모든 것보다 하나님의 것들을 좋아하게 될수록, 당신은 하나님께 더 영예를 돌리게 된다. 하나님의 작은 것을 위해 당신의 많은 것을 버리면 버릴수록 당신은 더욱 하나님께 영예를 돌리게 된다. 영예란 무엇인가? 영예는 다른 사람의 뛰어남에 대한 증거이다. 하나님의 작은 것, 그분의 진리와 그분의 것들을 위해 나의 많은 것을 버릴 때, 그분의 뛰어나심을 증거하게 된다. 다시 말하지만, 하나님의 작은 것을 위해 나의 많은 것을 버리게 될수록 하나님께 더욱 큰 영예를 돌리게 된다.

윌리엄 브리지

Christ and the Covenant, in *Works*, 3:58

영원

그리스도인이 거룩한 모임에 참여하고, 성경을 읽고, 배우며, 기도하고, 경건한 대화를 나누는 것은 영원히 지속될 것을 쌓는 것이다. 그와는 달리 세상 사람들은 시장이나 들판이나 가게에서 불과 몇 시간이나 몇 날 동안만 지속될 것을 장만하고 있다. 지금은 재물이 풍성하고, 영광이 클지 몰라도 과연 그것이 얼마나 오랫동안 지속될 수 있을 것인가.

리처드 백스터

Baxteriana, 236–37

새가 천년에 한 번 광대한 모래 산에 나타나서 부리로 천 년마다 모래를 한 알씩 주워 나른다고 가정해 보자. 이 불멸의 새가 그런 식으로 그 산을 옮기려면 참으로 어마어마한 시간이 흘러야 할 테지만 결국에는 시간이 지날수록 조금씩 모래가 줄어들어 그 일이 끝나게 될 것이다. 그러나 영원은 그렇지 않다. 시간 안에 존재하는 것은 그 무엇도 영원과 비견할 수 없다. 시간은 연속해서 흘러간다. 한 세대가 지나고, 한 해가 지나고, 하루가 지나면 또 다른 날이 온다. 그러나 영원은 '고정된 현재'다. 시간은 줄어들고, 사용되어 지나간 것이 많을수록 앞으로 올 것이 적어지지만 영원은 그렇지 않다.

존 플라벨

Navigation Spiritualized, 25

영원의 이마에는 주름살이 없다.

토머스 맨톤

in Horn, *Puritan Remembrancer*, 7

우리는 영원할 것이라고 기대하는 것을 지금 시작한다. 우리는 영원할 것이라고 바라는 삶의 방식을 지금부터 배우기 시작한다.

새뮤얼 쇼

Voice of One Crying in the Wilderness, 171

영적 성숙

나이든 제자, 즉 나이든 그리스도인은 영적 경험이 풍부하다. 그는 하나님의 길, 그분의 사역, 그분의 행사, 그분의 사랑에 대한 경험이 많다. 나이든 그리스도인이 영혼을 인도하는 빛이요, 영혼을 지탱하는 지팡이요, 영혼을 살리는 생명력이요, 영혼을 든든하게 붙잡아주는 닻이요, 영혼을 위로하고, 강건하게 하는 강장제인 말씀의 능력과 은혜로움과 유용함에 관해 들려주는 이야기들은 참으로 성스럽다. 우리는 그에게서 그리스도의 사랑, 그분의 보혈, 그분의 직임, 그분의 공로, 그분의 의, 그분의 은혜, 그분의 권세에 관한 이야기들을 전해 들을 수 있다. 또한, 나이든 제자는 성령의 내주하심, 그분의 사역, 그분의 인도, 그분의 증언, 그분의 위로와 기쁨에 관한 이야기도 들려주고, 악과 죄의 쓴맛과 기만성과 지배력, 죄를 정복했을 때의 행복감에 관한 이야기도 들려준다. 이밖에도 나이든 제자는 사탄의 덫과 책략과 유혹과 사나움과 신중함을 비롯해 그를 물리칠 수 있는 방법을 우리에게 알려준다.

토머스 브룩스

Apples of Gold, 66 – 67

영적 성장

"은혜의 수단"을 참조하라.

영적 전쟁

이스라엘이 애굽으로 내려갔을 때는 적대 세력이 없었지만, 가나안을 향해 나아갔을 때는 한시도 평안할 때가 없었다.

토머스 브룩스

Mute Christian, 180

사탄과 싸우는 겸손한 영혼은 그를 향해 "사탄아, 나와 논쟁하려고 하지 말라. 나는 연약할 뿐이니 내게 할 말이 있으면 그리스도께 하라. 그분은 나의 대언자요 힘이요 구원자이시니 나를 위해 변호하실 것이다."라고 말한다. 겸손한 영혼은 사탄을 주 예수님께 일임한다. 그렇게 하면 사탄의 고통은 더욱 가중된다.

토머스 브룩스

The Unsearchable Riches of Christ, in *Select Works,* 1:39

여행자가 칼을 칼집에 넣고 있으면 불시의 습격에 놀라기 쉽고, 파수꾼이 잠이 들면 도시가 순식간에 정복된다. 가장 강한 피조물인 사자나 가장 영리한 피조물인 뱀도 잠을 자고 있으면 가장 약한 벌레만큼이나 쉽게 놀란다. 그와 마찬가지로 가장 강하고, 지혜로운 성도일지라도 은혜를 잠든 채로 놔둔 채 힘써 활용하지 않고, 습관에 젖어 살면 세상에서 가장 연약한 그리스도인처럼 쉽게 놀라거나 정복될 수 있다. 다윗, 솔로몬, 삼손, 베드로와 같은 사람들이 대표적인 경우다. 무기를 사용하지 않는 성도는 원수들의 비웃음을 살 수밖에 없다.

토머스 브룩스

The Unsearchable Riches of Christ, in *Select Works,* 1:168

연약한 그리스도인은 내면에서 일어나는 정욕과의 갈등과 싸움으로 인해 하나님의 은혜의 진리를 거슬러 말하고, 외적인 원수들에 관해서는 기드온처럼 "하나님이 저와 함께 계신다면 어찌하여 이 모든 일이 저에게 일어났습니까? 왜 제 안에서 선한 것을 멀리하고, 죄를 지으라고 충동질하는 갈등이 일어나는 것입니까?"라고 묻는 경향이 있다. 왜 그렇게 묻는 것인가? 그 대답은 간단하다. 그 이유는 우리가 정복자가 아닌 투쟁자이기 때문이다. 그것은 현세에서 그리스도인이 처한 상태를 오해한 탓이다. 그리스도인은 현세에서 죽은 원수들을 짓밟고 승리를 누리라는 부르심이 아니라 싸움터에 나가 그들과 맞서 싸우라는 부르심을 받았다. 은혜의 상태란 죄와의 전쟁을 끝내는 것이 아니라 시작하는 것을 의미한다. 이 점을 기억하면 위로가 될 것이다.

윌리엄 거널

Christian in Complete Armour, 83

구원의 투구는 사도가 말한 다섯 번

째 장비다. 눈에 잘 띄는 이 장비와 나머지 장비들은 대부분…방어용 무기다. 이 장비들은 그리스도인을 죄로부터 보호할 뿐, 고난으로부터 지켜주지는 않는다. 전신 갑주는 주로 방어용 무기로 구성되어 있다. 모든 장비 가운데 공격용 무기는 단 하나, 검뿐이다. 이런 사실은 그리스도인의 영적 싸움이 주로 방어적 성격을 띠고 있다는 것을 암시한다. 이것이 방어용 무기가 대부분을 차지하는 이유다. 하나님은 모든 성도의 마음속에 보배로운 은혜를 풍성하게 허락하셨다. 마귀는 이것을 가장 크게 적대시한다. 마귀는 그런 은혜를 빼앗아 그것과 함께 신자의 행복을 말살하려고 치열한 싸움을 시작한다. 그리스도인이 원수를 물리치려면 그에게 정복되지 않아야 한다. 바꾸어 말해, 싸움의 목표는 원수의 것을 얻는 것이 아니라 자신의 것을 지키는 데 있다.

윌리엄 거널

Christian in Complete Armour, 511

전신 갑주를 구성하는 장비들은 그리스도인을 죄로부터 보호할 뿐, 고난으로부터 지켜주지는 않는다. 이 장비들은 고난 속에서 그를 타락하지 않게 지켜줄 뿐, 고난을 면제해주지는 않는다. 그리스도인은 고난을 감내할 수 있는 장비들을 충분히 갖추었기 때문에 고난에 더 잘 대비해야 마땅하다. 전신 갑주는 화롯가가 아닌 전쟁터에서 입으라고 주어진 것이다. 장비들을 만드는 데 사용된 금속의 질을 모른다면 어떻게 그것을 만든 사람을 칭찬할 수 있겠는가? 칼과 총알이 난무하는 전쟁터 외에 장비들을 시험해 볼 수 있는 장소가 또 어디에 있겠는가? 편안하고 안전한 상태로 평생을 살기 바라는 사람은 훌륭한 그리스도인이 될 수 없다. 고난을 각오하라. 그렇지 않으려거든 무기를 내려놓아라.

윌리엄 거널

Christian in Complete Armour, 512

그리스도인의 전신 갑주는 기도의 기름으로 닦지 않으면 녹이 슨다. 기도와 우리가 지닌 은혜의 관계는 태엽을 감는 도구와 시계의 관계와 같다. 기도로 은혜에 동력을 부여해야만 은혜가 제 기능을 발휘할 수 있다.

윌리엄 거널

Christian in Complete Armour, 629

질문은 경건한 사람의 마음속에서 정욕과의 싸움이 일어나고 있느냐는 것이고…그에 대한 대답은 '그렇다'이다. 그리스도인의 삶은 씨름하며 갈등하는 상태에 놓여 있다. 가장 훌륭한 그리스도인 안에도 육신과 영이라는 이중적인 본성이 존재한다(갈 5:17). 이를테면, 가슴속에 원수를 품고 다니는 셈이다. 이것은 가나안 족속을 완전히 쫓아내지 못한 것과 같다. "주님, 한 사람의 악인에게서 나를 건지소서. 그러면 그것으로 족할 것입니다."라는 기도는 매우 훌륭하다. 여기에서 '한 사람의 악인'은 곧 '나 자신'을 가리킨다. 육신과 영은 리브가의 태 속에 있던 쌍둥이처럼 서로 싸우며 갈등한다. 정욕은 악한 마음보다 경건한 마음 안에서 더욱 사납게 날뛰어 의식과 감정에 큰 영향을 미친다. "강한 자가 무장을 하고 자기 집을 지킬 때에는 그 소유가 안전하되"(눅 11:21)라는 말씀대로, 정욕이 지배할 때는 모든 것이 조용하다. 바람이 일면 조수가 움직이는 것처럼, 때로 죄의 자각이 일어나면 졸고 있던 정욕이 깨어 준동한다. 그렇지 않으면 모든 것이 조용하고, 고요하다. 회심 이후, 특히 회심하는 순간에는 죄와의 갈등이 더욱 심해지는 것이 보통이다.

토머스 맨톤

Practical Exposition on the Epistle of James, 147

잘 알다시피 기도하는 것은 결코 쉬운 일이 아니다. 우리의 본성은 영적이지 않기 때문에 우리를 거룩하신 하나님께로 이끄는 의무를 이행하는 데 둔감하다. 우리는 우리의 정욕을 멀리하기를 싫어한다. 우리의 마음속에는 선한 것은 무엇이든 거부하려는 악한 성향이 도사리고 있다. 사탄도 우리의 특별한 적이다…하나님께 나가 기도하려고 할 때 마귀는 우리가 자기를 대적할 힘을 얻으려고 나가는 줄 알고, 최선을 다해 우리를 방해한다. 그러나 은혜 언약 안에 머물지 않거나 성령의 도우심이 없으면, 몇 마디 기도를 웅얼거릴 수 있을지는 몰라도 올바른 기도를 드리거나 믿음으로 기도하기가 어렵다.

리처드 십스

Divine Meditations and Holy Contemplations, 59

맑은 정신으로 마음과 애정(affection)을 잘 다스려야 하므로 항상 깨어 경계해야 한다. 이것은 그리스도인에게 요구되는 의무다. 이것은 그리스도의 군사인 우리가 반드시 지켜야 할 의무다. 우리는 '전투를 항상 하는 것은 아니더라도 늘 전쟁 중이라는(*in bello semper, et si non in pralio*)' 사실을 잊어서는 안 된다. 그리스도인에게 평화가 있는 곳은 오직 양심과 무덤 속뿐이다.

윌리엄 스퍼스토우

Wiles of Satan, 91

우리는 매일 우리의 영적인 힘과 무기를 가지고 승리를 확신하며 모든 적을 상대로 영적 전쟁을 치른다. 충실한 신자들은 이 세상에서 그리스도 안에 안전하게 거하지만 항상 죄와 싸워야 한다. 신자들은 죄를 회개하며 육신의 공격과 마귀의 도발과 세상의 유혹에 맞서 끊임없이 싸워야 한다. 이런 적들은 오직 그리스도 예수를 믿는 믿음으로만 물리칠 수 있다. 우리의 가장 큰 힘은 그리스도를 통해 주어지는 하나님의 강력한 도우심에서 비롯한다(고후 12:9, 빌 4:13). 우리는 우리를 사랑하시는 하나님의 도우심으로 인해 넉넉히 이길 수 있다(롬 8:37).

제임스 어셔

Body of Divinity, 397

우리가 행하는 일에 복을 주시길 하나님께 기도하라. "빠른 경주자들이라고 선착하는 것이 아니며 용사들이라고 전쟁에 승리하는 것이 아니며"(전 9:11)라는 말씀이 암시하는 대로, 하나님의 축복이 없으면 형통할 수 없다. 기도 외에 축복을 얻을 수 있는 방법이 또 어디에 있겠는가? "성인들은 허리춤에 천국의 열쇠들을 매달고 다닌다."라는 옛사람들의 격언이 있다. 기도는 적의 손에서 무기를 쳐내고, 하나님의 손에서 축복을 얻는다.

토머스 왓슨

"The One Thing Necessary," in *Discourses*, 1:382

영적 퇴보

"생명으로 인도하는 문은 좁고 길이 협착하여 찾는 자가 적음이라"(마 7:14)라는 말씀을 잘 알 것이다. 대다수 사람이 그러는 것처럼, 좁은 길, 거룩한 자기 부인을 마다하고, 육신이 하자는 대로 할 생각인가? 거짓말을 하실 수 없는 하나님이 "너희가 육신대로 살면 반드시 죽을 것이로되"(롬 8:13)라고 말씀하지 않으셨는가? 불의에서 떠나지 않는 자는 주 예수 그리스도의 이름을 헛되이 부르는 것이라는 사실을 알지 못하는가(딤후 2;19 참조)?

조셉 알레인

Letter 34, " To a Backsliding Fellow-Student," May 18, 1664, in *Christian Letters*, 130

겨울철에는 산 나무와 죽은 나무가 크게 다르지 않아 보인다. 유혹과 타락의 때에는 성도도 죄인과 별다른 차이가 없어 보인다. 하나님의 자녀들도 죄에 사로잡혀 정욕에 속박당할 수 있다(롬 7:23). 그런 때에는 신자들이 하나님을 전혀 알지 못하는 자들과 얼마나 다른지를 알아보기가 어렵다. 그러므로 그리스도인들이여, 죄를 뉘우치고, 옛 삶을 버리고, 하나님과 은혜를 선택한 것을 후회하지 않는다면(고후 7:10), 자신의 변하기 쉬운 심령 상태를 보고 스스로를 판단하지 말라. 만일 어떤 죄든 용납하지 않고, 잘못된 행위를 좋아하지 않고(롬 7:15, 20), 믿음이 퇴보한 것이 불만족스럽고, 다시 안식처로 되돌아가고 싶은 갈망이 느껴진다면 그것은 영광스러운 신자라는 증거다(시 14:7, 렘 31:18). 만일 자신의 지체들과 생각이 서로 다투고, 생명의 성령의 법이 죄와 사망의 법과 서로 대적한다면 상태가 좋다는 증거다.

바르톨로메오 애쉬우드

Best Treasure, 150

고침받는 수단을 무시하고, 성문에서 책망하는 자를 미워하고(암 5:10), 빛을 회피하고, 잘못된 길에서 돌이키라고 권면하는 자들을 싫어하고(요 3:19), 자신을 조금이라도 깎아내리는 것을 못마땅하게 여기고(암 7:10), 선한 자들을 꼴 보기 싫어하고, 전에 사랑했던 하나님의 백성을 멸시하고, 증오하며, 함께 어울리기 싫어하고, 사역자들과 사람들과 전에 기쁘게 여겼던 길을 조롱하며 비난한다면 그것은 매우 위험한 상태에 처해 있다는 증거다.

그런 사람의 상태는 절망적이며, 죽음이 멀지 않은 것처럼 보인다. 오, 믿음이 뒤로 물러난 자들이여! 믿음으로 마음을 다스리라. 부패하기 시작했는가? 그 마지막이 어떨지 짐작조차 못 할 것이다. 죄를 향해 다시 돌아섰는가? 다시 돌이킬 수 있을지 의문이다. 그러면 마지막은 어떨까? 나중 상태가 처음 상태보다 더 나쁠 것이다. 두 번 죽으면 뿌리째 뽑히고 말 것이다. 몸을 씻고 옷을 갈아입고 나서 다시 부패한 지경에 떨어지면 결국에는 불살라지고 말 것이다.

바르톨로메오 애쉬우드

Heavenly Trade, 341 – 42

하나님을 예배하면서도 마음이 냉랭하고 둔감하며, 성경 말씀이 조금도 은혜롭지 않고, 아무런 생명력도 없게 느껴지며, 은밀한 중에 하나님을 부르는 일에 아무런 관심이 없고, 교회에 가서 말씀 듣고 찬양하고 성도의 교제에 참여하는 일에 조금의 재미도 느끼지 못하며, 거룩한 모임이나 의식이 무덤덤하게 느껴지고, 그런 일을 단지 습관적으로나 양심을 무마하기 위해 이행하며, 그런 것들이 좋게 느껴지지도 않고, 또 절실히 필요하게 생각되지도 않는다면 더 많은 회초리와 박차가 필요하다는 증거다. 그런 사람의 마음은 충분히 깨어나지도, 통회하지도 않은 상태다. 그런 사람은 하나님이 다시 엄히 다루어 깨우치셔야 할 필요가 있다.

리처드 백스터

Baxteriana, 95

제자들은 주님을 버렸지만 결국에는 모두 다시 회복되지 않았는가? 신자들은 영적 퇴보로부터 자유롭지 못하지만, 마지막 배교와 멸망에는 이르지 않는다. 새로운 피조물은 병에 걸릴 수는 있지만 죽지는 않는다. 성도는 넘어질 수 있지만 반드시 다시 일어선다(미 7:8). 자연적인 열정과 결심은 가장 높이 치솟았다가도 썰물처럼 빠져나가 완전히 메마를 수 있지만, 구원의 은혜는 "영생하도록 솟아나는 샘물"(요 4:14)이다. 하나님의 변하지 않는 택하심, 새 언약의 본질, 예수 그리스도의 공로와 중보는 궁극적인 배교의 위험으로부터 신자를 안전하게 지켜준다.

존 플라벨

Fountain of Life, 275–76

심신이 지치면 영적으로 방황하기 쉽다.

토머스 맨톤

in Horn, *Puritan Remembrancer*, 110

내주하는 죄와 사탄과 세상의 교활함과 기만성, 거짓된 원리들의 그릇된 추론들, 의무를 소홀히 함, 악화되는 환난, 어려움, 신앙을 외적으로 고백하는 것에 관한 그릇된 규칙 등은 영적 퇴보의 중요한 요인들이다.

존 오웬

On the Hebrews, in *Oweniana*, 51

영혼

영혼은 귀한 본질을 지닌다…인간의 구성요소 안에 삼위일체의 그림자가 있다. 한 사람이 구성되려면 육체와 신성한 영혼과 천상의 영이 필요하다. 차이가 있다면, 하나님 안에는 본질이 똑같은 세 위격이 존재하고, 우리 안에는 한 인격 안에 세 개의 본질이 존재한다는 것이다. 영혼 안에는 세 가지 능력, 곧 단순한 능력, 감각적 능력, 이성적 능력이 존재한다…영혼은 동시에 만 가지 형태로 나타나는 뛰어난 속성을 지니고 있다. 영혼은 육체를 움직인다. 영혼이 없으면 육체는 쓰러져 생명이 없는 죽은 진흙 덩어리로 변한다. 영혼은 필수불가결한 존재다.

토머스 애덤스

"The Cosmopolite," in *Sermons*, 171–72

영혼은 세 곳의 장소에 거할 수 있다. 하나는 주님과 떨어져 육체 안에 거하는 것이고, 또 하나는 육체와 떨어져 주님 안에 거하는 것이며, 마지막 하나는 주님과 함께 육체 안에 거하는 것이다. 뒤의 두 경우는 하늘에서 우리가 누리게 될 구원과 관련이 있다. 영혼만 혼자 영화롭게 될 때가 있고, 영혼과 육체가 둘 다 영화롭게 될 때가 있다. 영혼은 심지어 이곳 세상에서조차 주님의 보호를 받아야 한다. 그렇지 않으면 없어지고 말 것이다. 하나님이 손을 놓아버리시면 영혼은 쇠약해지고 만다. 영혼은 하나님에게서 비롯했고, 그분께로 돌아갈 것이다. 영혼은 하나님 없이는 한순간도 옳게 기능할 수 없다.

토머스 애덤스

"The Soul's Refuge," in *Works,* 3:30

영혼의 가치와 탁월함에 대해 생각해 보라. 영혼은 불멸하는 영적 실재다. 영혼은 하나님을 알고, 하나님과 연합하고, 하나님과 교제를 나누고, 하나님을 즐거워하는, 복되고 행복한 삶을 향유할 수 있는 능력이 있다. 그리스도께서는 영혼들을 유익하게 하기 위해 성부의 품을 떠나셨다. 그분은 사람들의 영혼을 구원하기 위해 인성을 취하셨다. 그분은 영혼들을 위해 기도했고, 울었고, 피를 흘렸고, 십자가에 매달리셨다. 그분은 영혼들을 위해 성부의 진노의 포도즙틀을 밟으셨고, 죽었다가 다시 살아나셨으며, 하늘에 오르셨다. 그분은 그곳에서 영혼들을 위해 중보 기도를 드리고, 하늘에서 1,800년 동안 영혼들을 맞이할 준비를 하고 계신다.

토머스 브룩스

Apples of Gold, 132–33

내가 정죄를 받을지도 모른다는 두려움에 시달리던 동안에 의아하게 생각된 것이 두 가지 있었다. 하나는 늙은 사람들이 마치 이 세상에서 항상 살 것처럼 세상의 것들을 열심히 추구하는 것이었고, 다른 하나는 신자를 자처하는 사람들이 남편이나 아내나 자녀와 같은 외적인 것들을 잃어버렸을 때 크게 괴로워하며 낙심하는 것이었다. 나는 "주님, 어떤 사람들은 속된 것을 추구하고, 어떤 사람들은 그런 것을 잃었다고 슬퍼합니다. 그들이 세상의 것들을 위해 그토록 열심히 노력하고, 그토록 많은 눈물을 흘리는데 저 같은 사람을 위해 슬퍼해 주고, 기도해주고, 불쌍히 여겨줄 사람이 누가 있겠습니까? 저의 영혼은 죽어가고 있고, 정죄를 받고 있습니다. 저의 영혼이 상태가 좋고, 제가 그것을 확신할 수 있었으면 참으로 좋겠습니다. 빵과 물만 있더라도 저 자신을 부자로 생각하면 좋겠습니다. 저는 그런 것들을 사소한 고난으로 여기고, 작은 짐으로 여겨야 마땅합니다."라는 생각이 들었다. "심령이 상하면 그것을 누가 능히 일으키겠느냐"(잠 18:14).

존 번연

Grace Abounding, 37–38

하나님이 우리에게 탁월한 영혼을 허락하지 않으셨는가? 죄로 영혼을 타락시켜 창조주의 손에서 나온 가장 아름답고 사랑스러운 피조물 가운데 하나를 온 세상에서 가장 더럽고, 혐오스러운 것으로 만드는 행위는 탁월한 영혼을 남용하는 용납할 수 없는 끔찍한 범죄가 아닐 수 없다. 하나님은 우리에게 자신의 형상을 닮은 고귀한 영혼을 허락하셨지만, 우리는 죄를 지어 그것에 마귀의 형상을 새겨넣는다. 하나님은 우리에게 불멸의 영혼을 허락하셨지만, 우리는 그것을 남용해 죄를 지음으로써 그것을 파괴하려고 애쓴다. 우리가 훼손하고 망가뜨린 하나님의 걸작품을 그분이 우리의 손에서 되돌려 받으신다면 그보다 더 사악한 일을 없을 것이다.

존 코넌트

Sermon 1 on 2 Cor. 5:1, in *Sermons*, 18–19

이 모든 것(인간의 육체라는 영광스러운 창조물)은 귀한 보석이 들어 있는 용기 또는 상자에 칠한 유약이나 광택제에 지나지 않는다. 하나님의 섭리를 통해 집이 건축되었을 뿐 아니라 그것을 소유하고, 그 안에 거할 거주자(영혼)가 주어졌다. 영혼은 하나님의 형상을 지닌 영광스러운 실재다. 그분의 형상이 그 모든 곳에 새겨져 있다. 영혼의 기능과 애정은 참으로 고귀하다. 영혼은 지칠 줄 모르고 민첩하고, 다채롭게 움직인다. 영혼의 재능은 참으로 뛰어나다. 영혼은 천사들의 동무가 되기에 충분하며, 심지어는 그리스도와 혼인할 수도 있고, 하나님과 영원한 교제를 나눌 수도 있다. 세상은 영혼을 경탄스러워하고, 지옥은 시샘한다.

존 플라벨

Divine Conduct, 41

혼의 불멸성을 생각하면 장차 미래의 상태가 어떨지를 분명하게 이해할 수 있다. 인간의 혼은 한갓 물질적인 형상에 불과한 짐승의 그것과는 사뭇 다르다. 짐승의 혼은 물질에 전적으로 의존하기 때문에 물질과 함께 사라진다. 그러나 우리는 그렇지 않다. 우리는 육체와 분리된 상태로 살며 행동할 수 있는 이성적인 혼을 소유하고 있다. 성경은 "인생들의 혼은 위로 올라가고 짐승의 혼은 아래 곧 땅으로 내려가는 줄을 누가 알랴"(전 3:21)라고 말씀한다. 어떤 사람이 인간이 이성적인지 아닌지를 논쟁한다면, 그것을 논쟁하는 사실 자체가 스스로가 이성적인 인간이라는 사실을 입증하는 것이다. 따라서 우리의 논쟁, 희망, 두려움, 영원에 관한 의식은 우리의 혼이 불멸하다는 명백한 증거다.

존 플라벨

Fountain of Life, 317

사랑은 영혼의 모든 기능과 성향을 결정하는 강력한 열정이다. 영혼의 완전함과 행복이 사랑의 열정에 달려 있다. 영혼의 가치와 탁월함은 그것이 사랑하는 대상에 의해 측정되어야 한다. 천박하고, 더러운 것을 사랑하는 사람은 저속하고, 상스럽게 되고, 고귀하고, 훌륭한 감정을 지닌 사람은 영혼을 고양시켜 그것이 사랑하는 완전함을 향해 나아가게 한다.

헨리 스쿠걸

Life of God in the Soul of Man, 40

요한일서 4장 16절, "하나님 안에 거하고 하나님도 그의 안에 거하느니라."에 관한 단락

나의 하나님은 나에게 모든 것이 되시고,
하나님의 전부는 또한 나의 것이다.
오, 주님. 저의 전부는 주님 안에 있고,
또한 주님의 것입니다.

하나님은 나에게 모든 것이 되신다.

선하게 창조된 각각의 능력들이
모두 하나님 안에 있다.
그분 안에서 나의 모든 위로가 싹트고, 번성하고, 유지된다.

하나님의 전부는 나의 것이다.

하나님이 내게 자신이 지으신 모든 것을 주셨다.
그러나 그 모든 것도 나의 영혼을 만족시키지 못했다.
따라서 나는 기도했고,
그분은 자기 자신을 내주셨다.

나는 주님 안에 있다.

하나님 안에서 내가 살며 숨 쉰다.
오직 그분 안에서만 나는 빛난다.
내가 비추는 빛줄기는
그분의 빛에서 빌려온 것이다.

나는 주님의 것이다.

오, 주님. 저는 저의 것이 아니고,

다른 누구의 것도 되고 싶지 않습니다.
제 생명이 주님에게서 받은 빛을
반사하게 하옵소서.

주님, 주님 아래에 있는 모든 것이
제 영혼 아래에 있습니다.
저의 고귀한 마음이
흙에서 뒹구는 것을 싫어하게 하옵소서.

오, 하나님. 제가 이전보다 더욱
제 자신에게 충실하게 하옵소서.
오, 하나님, 제가 제 자신보다
주님과 더 일치하게 하소서. 아멘.

새뮤얼 쇼

"God and the Soul," in *Voice of One Crying in the Wilderness,* 174–75

우리의 고난은 우리의 명예나 지위나 육체에 영향을 미치는 외적인 고난에 지나지 않는다. 사람들이나 귀신들은 우리의 영혼을 해칠 수 없다. 그들은 다이아몬드와 같은 우리의 영혼에 흠집을 낼 수 없다. 우리의 영광은 외향적이자 내향적이다. 우리의 육체는 정오의 태양처럼 빛날 테지만, 우리의 영혼의 풍채에 비교하면 만 개의 태양도 어둠에 불과할 것이다. 우리의 영혼은 가장 으뜸 되는 은혜의 좌소이고, 가장 뛰어난 영광의 주체가 될 것이다.

조지 스윈녹

The Christian Man's Calling, in *Works,* 2:139

독자들이여, 우리의 영혼은 상상을 초월하는 가치와 탁월함을 지닌다. (1) 영혼은 기존의 물질을 사용하지 않고 하나님이 곧바로 창조하셨다. (2) 영혼은 비물질적인 영적 본성을 지닌다. (3) 영혼은 하나님의 형상을 지니고 있을 뿐 아니라, 그분의 생명과 사랑은 물론, 그분 자신을 향유할 수 있다. (4) 영혼은 불멸하며, 영원히 존재한다. (5) 영혼은 육체와 그것의 영원한 행복을 싣고 가는 배와 같다. (6) 영혼은 우리의 외적 탁월함의 기준이자 척도다. 친구들, 건강, 음식, 생명, 재물, 명예, 사역, 종교의식은 영혼을 유익하게 할 때만 가치를 지닌다. 은혜와 경건은 영혼을 명예롭게 하고, 탁월하게 하고, 숭고하게 한다.

조지 스윈녹

The Christian Man's Calling, in *Works,* 2:174

우리는 다른 사람들의 영혼에 친절을 베풀어야 한다. 이것은 영적인 헌금이다. 영혼에 친절을 베푸는 것이 가장 중요하다. 영혼은 가장 보배로운 것이다. 영혼은 명예가 담긴 그릇이며, 영원의 꽃봉오리다. 영혼의 불꽃은 하나님의 숨결에 의해 피어났다. 영혼을 구원하는 하나님의 피와 그것을 아름답게 하는 그분의 형상이 그것에 주어졌다. 영혼은 "옛적부터 계신 이"에게서 비롯했기 때문에 지극히 고귀한 혈통을 지녔다. 따라서 영혼에 베푸는 친절은 가장 큰 친절이 아닐 수 없다.

토머스 왓슨

The Beatitudes, in *Discourses,* 2:193

그리스도인이 세상을 향한 마음을 지니는 것이 얼마나 무가치한 일인지를 생각해 보라. 그것은 그의 영혼에 어울리지 않는다. 영혼은 명예롭고, 존귀하다. 영혼은 하나님의 형상이 새겨진 고귀한 동전과 같다. 영혼은 하나님과 천사들과 교제할 수 있다. 하늘에서 기원한 이런 영혼의 애정과 기능을 하찮은 일에 허비하는 것은 전혀 인간답지 못한 일이다. 그것은 마치 마대 자루에 금실로 수를 놓는 것이다. 진흙덩이에 다이아몬드를 박아넣는 것과 같다.

토머스 왓슨

"A Christian on Earth Still in Heaven," in *Discourses,* 1:287

영혼은 하나님의 숨결에 의해 발생한 신성한 불꽃이다…영혼은 하나님의 지혜와 거룩하심을 반사하는 밝은 거울과 같다. 영혼은 영원의 꽃이다.

토머스 왓슨

"The One Thing Necessary," in *Discourses,* 1:371

영혼은 하나님의 손으로 만든 가장 훌륭한 자수품이다. 영혼은 찬란하게 빛나는 이해력과 자유로운 의지와 마치 수금과도 같은 성령의 손길로 조율된 애정을 지니고 있다.

토머스 왓슨

Puritan Gems, 124

영화

영화는 죄의 징벌을 받아야 할 비참한 상태에서 벗어나 영원한 행복의 상태로 들어가는 것을 의미한다.

윌리엄 에임스

Marrow of Sacred Divinity, 146

영화의 첫 단계는 그리스도 안에서 빛나는 하나님의 사랑, 곧 충실한 신자들이 그리스도와 함께 나누는 교제와 성령을 통해 우리의 마음에 부어진 하나님의 사랑을 의식하고, 이해하는 데서부터 시작된다.

윌리엄 에임스

Marrow of Sacred Divinity, 147

영혼과 육체로부터 불완전한 것이 모두 사라지고, 모든 것이 완전해지는 순간에 영화가 완성된다. 이것은 영혼이 육체와 분리되는 순간에 즉각 이루어진다(고후 5:2, 빌 1:23, 히 12:23). 영혼과 육체가 하나로 합쳐져 함께 영화롭게 되는 것은 마지막 때가 이르러야 가능해진다. 그 날이 되면 신실한 신자들이 그리스도 안에서 다 함께 온전해질 것이다(엡 4:13, 빌 3:20, 21).

윌리엄 에임스

Marrow of Sacred Divinity, 150

예배

오, 이런 경건함이 조금이라도 있다면 참으로 좋으련만! 그러나 영혼은 절하지 않은 채로 무릎만 굽히는 것은 아무 소용이 없다. 마음을 드리지 않고, 모자만 벗어 예를 표하는 것은 무가치한 예배다. 사람들 앞에서는 존경심으로 열심을 표현하고, 하나님 앞에서는 열심으로 존경심을 보이는 것이 최선이다.

토머스 애덤스

Exposition upon … Second … Peter, 82

하나님은 무한한 행복을 누리는 영이시기 때문에 우리는 즐거운 마음으로 그분 앞에 나아가야 한다. 그분은 무한한 권능을 지닌 영이시기 때문에 우리는 공경하는 마음으로 그분 앞에 나아가야 한다. 하나님은 지극히 높은 영이시기 때문에 우리는 가장 깊은 겸손으로 제사를 드려야 하고, 그분은 무한히 거룩한 영이시기 때문에 우리는 순결한 마음으로 그 앞에 나아가야 하며, 그분은 무한히 영광스러운 영이시기 때문에 우리의 모든 행위로 그분의 탁월하심을 인정하고, 그분을 예배하는 것을 가장 큰 목적으로 삼아 모든 수단을 동원해 그분을 영화롭게 해야 한다. 하나님은 우리로 인해 무한한 분노를 느끼는 영이시기 때문에 그분의 분노를 달래줄 중보자와 중재자의 이름으로 예배를 드려야 한다.

스테판 차녹

Selections, 267

우리는 하나님의 것이고, 그분으로부터 생명과 호흡을 얻었다. 특히 하나님의 계명들이 우리의 생명이라는 점을 생각하면(신 26:16-20, 32:47), 그분을 예배하고, 섬기고, 사랑하며, 그분을 위해 사는 것보다 더 옳고, 공정한 일은 없다.

엘리샤 콜스

Practical Discourse, 47

예수님('그리스도/예수님'을 보라)

예정(선택과 예정도 보라)

예정은 하나님이 그의 뜻의 경륜에 따라, 그의 영광스러운 긍휼과 공의를 찬송하도록, 어떤 이는 영생으로, 어떤 이는 거부하거나 간과하기로 미리 정하신 하나님의 작정이다.

크리스토퍼 네스

Antidote against Arminianism, 9

예정이라는 이 신적 작정은 다양한 특성을 갖고 있다. 예정은 영원하고 불변적이며 절대적이고 값없고 차별적이며 광범위하다.

크리스토퍼 네스

Antidote against Arminianism, 11

오락(Recreation)

오락에 탐욕이 개입해서는 안 된다. 어떤 게임을 한다면 돈을 벌기 위해서가 아니라 단순히 기분전환을 목적으로 해야 한다. 그리고 기분전환을 목적으로 하더라도 어떤 중요한 것을 걸고 오락을 해서는 안 된다. 그렇게 하면 두 가지 위험에 빠지게 된다. 하나는 탐욕과 이기려는 갈망이고, 다른 하나는 운이 좋지 않을 때 격분하는 것이다.

리처드 얼스트리

Whole Duty of Man, 151

사람의 영이 피로로 거의 녹초가 되었을 때, 오락(recreation)은 두 번째 창조(second creation)와 같다. 오락은 영혼의 호흡으로, 오락이 없으면 계속된 업무에 지쳐 숨이 막힐 것이다. 하지만 법률가가 금할 정도로 법을 어겨가며 오락을 행하거나, 의사가 금할 정도로 건강을 해치게 오락을 행하거나, 신학자가 금할 정도로 양심을 거슬러 오락을 행한다면, 오락 안에서 잘못을 저지를 수 있다. 그러므로 양심적으로 합법적 오락에 참여하는 것으로 만족하라.

토머스 풀러

Holy and Profane States, 224

당신 자신을 가장 지치게 하는 그 부분을 새롭게 하라. 주로 앉아서 생활한다면 당신의 몸을 단련하라. 활발하고 활동적으로 생활한다면 당신의 마음을 새롭게 하라. 그러나 체스의 미로나 다른 지루하고 고심하게 만드는 오락에서처럼 이중의 노동을 행함으로써 당신의 마음을 속이지 않도록 주의하라.

토머스 풀러

Holy and Profane States, 226

공기를 마시며 산책하고, 동료들과 즐거운 대화를 나누며, 악기를 연주하는 것과 같은 오락은 매우 유익하므로 잘 활용하기 위해 분별력 외에 다른 것이 필요가 없다. 이때 분별력은 모든 것에 질서와 시간과 장소와 한도를 제공하는 역할을 한다. 그러나 이런 오락일지라도 시간을 너무 많이 사용하면 그것은 더 이상 오락이 아니라 몸이나 영을 그저 둔하게 하고 산만하게 만드는 번잡한 활동에 불과하다. 이런 오락에 너무 빠지지 않도록 주의하라. 자체로 매우 좋은 오락이라도 너무 집착하는 것은 악덕이기 때문이다. 그러나 여러분은 노는 시간에는 노는 오락을 할 수 있다. 그렇게 하지 않으면 그것은 오락이 될 수 없다. 그렇더라도 여러분은 이런 오락을 너무 갈망하거나 고대해서는 안 된다. 또 이런 오락에 너무 고심하거나 마음이 산란해져서도 안 된다. 그리고 여러분의 오락이 정직한 소명을 따라 행하는 일에서 여러분의 마음을 빼앗거나 현세나 내세와 관련해 여러분 자신이나 다른 사람에게 유익을 줄 수 있는 일을 행하는 데 훨씬 더 많이 투자할 수 있는 시간을 잡아먹을 때 그것은 명백히 무절제와 부적절함의 증거다.

윌리엄 기어링

Sacred Diary, 89 – 90

그들이 사냥터에서 사슴을 죽일 때 그들과 함께했다. 그러나 그 사냥에서 어떤 큰 즐거움이나 기쁨은 전혀 느끼지 못했다.

필립 헨리

Diaries and Letters, 240 (July 12, 1672)

나는 부적절한 때에 체스를 즐기는 데 마음을 쏟았다. 지금은 마치 내가 체스 속에 있는 것처럼 생각이 병들었다. 이제 체스를 즐기는 것을 크게 삼가고 적절한 때에만 적절히 즐기는 것으로 제한해야겠다.

랄프 조세린

Diary, 47 (February 23, 1648)

온유함

마치 코끼리가 어린 양에게서 배우듯이 그리스도의 온유함에서 온유를 배우라. 코끼리가 가장 화가 났을 때, 그 앞에 어린 양을 놓아 둔다면, 코끼리의 분노는 곧 가라앉을 것이다. 고통을 견디고, 분노를 진정시키며, 하나님이 당신에게 요구하실 때 분노하는 법을 그리스도에게서 배우라. 그리스도인의 유일한 분노의 대상은 죄이어야 한다. 모세는 자신이 받는 비난에 대해서는 차분했지만, 하나님이 모욕당하실 때는 가만히 있을 수 없었다.

바르톨로메오 애쉬우드

Best Treasure, 187

누구보다도 온유한 사람이 하나님을 섬기기에 가장 합당하다. 책망이나 경책을 다른 사람의 마음에 전하려면, 온유하고 부드러운 성품이 가장 적합하다. 사람의 마음에 위로나 위안을 전하려면, 온유한 성품이 가장 적합하다. 그리스도는 복음을 주셨고, 온유하셨다. 모세는 율법을 주었고, 그는 당대에 지상에서 가장 온유한 사람이었다. 그러므로 율법이든 복음이든 온유함으로 마음에 전달되는 것이 가장 좋다. 부드러운 입김으로 깃털을 부는 것이, 팔의 힘으로 세게 던지는 것보다 깃털을 훨씬 더 멀리 날릴 수 있다.

윌리엄 브리지

"The Saints' Hiding-Place in the Time of God's Anger," in *Works*, 4:369

분노는 사탄의 특별한 친구이다. 그의 많은 음모와 계획들이 분노에 의해 성립된다. 분노가 많을수록 지옥을 위해 일하는 것이다. 그리고 분노하는 일이 적을수록 천국을 위해 합당한 자가 된다. 모세는 지상에서 가장 온유한 자였고 천국을 위해 많은 일을 했다. 그리스도는 그 누구보다 온유하시며, 하나님의 의를 효과적으로 이루셨다. 그리스도는 하늘과 땅의 일을 하셨다.

윌리엄 그린힐

Exposition of the Prophet Ezekiel, 108

그리스도인들 사이에는 선한 갈등이 있는데, 한 사람은 다른 이의 마음을 상하게 하지 않으려고 애쓰고, 다른 이는 어떤 말에도 마음 상하지 않으려고 애쓰는 것이다.

리처드 십스

in Horn, Puritan Remembrancer, 135

그리스도인의 온유함은 반드시 지혜와 합쳐져야 한다. 사도는 그것을 지혜의 온유함이라 부른다. 온유함은 자기를 위한 다툼에서 불같이 화를 내는 것을 반대하지만 하나님의 명분을 위한 열정을 반대하지는 않는다. 비둘기 모양으로 나타나셨던 동일한 성령님은 불같은 혀의 모양으로도 나타나셨다. 내가 부당한 대우를 받을 때 침묵하는 것은 나의 의무일 수 있지만 하나님이 모욕당하실 때 침묵하는 것은 죄악이다. 성도의 독특한 표식은 사람이 자신에게 불을 쏟아낼 때는 젖은 불쏘시개가 되며, 사람들이 하나님을 대적할 때는 불타는 장작이 되는 것이다. 지면에서 가장 온유한 사람이 천국의 일에 있어서 가장 불같은 사람이 된다(출 32장; 민 12:2).

조지 스윈녹

The Christian Man's Calling, in *Works*, 2:214

온유한 자는 평화를 사기 위해 자기 권리의 많은 부분을 기꺼이 포기한다. 가족에게 크게 해가 되지 않고 하나님을 욕되게 하지 않는다면, 친구를 얻고 지키기 위해 더 많은 양보를 할 것이다. 그는 자신이 더 고귀해도 다른 사람을 위해 자리를 기꺼이 양보할 수 있다. 아브라함은 나이 많고 더 고귀한 사람이었지만 롯에게 땅을 먼저 선택하게 하고, 남은 땅을 기꺼이 받아들였다.

조지 스윈녹

The Christian Man's Calling, in *Works,* 2:215

온유는 하나님의 성령으로 우리의 열정을 절제할 수 있게 해주는 은혜이다.

토머스 왓슨

The Beatitudes, in *Discourses*, 2:144

하나님을 향한 온유는 하나님의 뜻에 대한 복종과 하나님의 말씀에 대한 유연함, 이 두 가지를 포함한다. (1) 하나님 뜻에 대한 복종: 하나님의 섭리의 경륜 아래 화를 내거나 투덜거리지 않고 차분하게 행동한다. "이는 여호와시니 선하신 대로 행하실 것이니라"(삼상 3:18). 영혼이 온유한 그리스도인은 이렇게 말한다 "하나님이 내게 뜻하신 바대로 행하시기를 바란다. 하나님이 기뻐하시는 어떤 상황이든 나는 이에 복종할 것이다. 하나님은 비옥한 땅이든 척박한 땅이든 나에게 가장 좋은 것이 무엇인지 아신다. 하나님이 기뻐하시는 대로 역사하시는 일이라면 나는 그것으로 충분하다." 선지자 가운데 영혼이 온유하지 않은 자가 하나님과 다툰 적이 있다. "내가 성내어 죽기까지 할지라도 옳으니이다"(욘 4:9). (2) 하나님의 말씀에 대한 유연함: 우리가 기꺼이 말씀의 지배에 순응하고 그 모든 법칙과 금언의 말씀에 순종적이 될 때, 하나님 마음에 자신을 순응시키는 영적으로 온유한 자가 되며, 말씀의 교훈과 다투지 않고 도리어 자신의 부패한 마음과 다투게 된다.

토머스 왓슨

The Beatitudes, in *Discourses*, 2:144

완고함

완고한 사람은 어려움을 겪을 때 가

장 초조해한다. 완고한 사람들은 자신들의 의지를 올바로 이끌 만한 지혜를 지니고 있지 않다. 하나님은 바로의 경우처럼 완고한 이들을 자신의 뜻대로 다스리기를 기뻐하신다. 모든 것을 자기 뜻대로 하려고 고집하는 사람은 다른 어떤 사람보다도 불만족에 사로잡히기가 더 쉽다.

리처드 십스

Soul's Conflict, 15

사람들은 자신의 성향에 맞는 조언자들을 원한다. 사람들이 그런 조언자를 원하기 때문에 하나님은 그들에게 그런 조언자를 허락하신다. 의지가 지혜보다 더 강한 사람들, 곧 자신의 길을 고집하는 사람들은 자신을 곤혹스럽게 하는 가혹한 진실보다는 자신의 성향에 부합하는 말을 듣고 싶어 한다. 그런 사람들은 올바른 조언을 따르지 않기 때문에 멸망할 수밖에 없다.

리처드 십스

Soul's Conflict, 130

완고한 마음은 모든 것을 판단한다. 애굽 왕 바로가 그러했다. 어떤 조언이나 메시지나 책망이나 경고나 재앙도 그의 마음을 부드럽게 만들 수 없었다. 하나님이 영혼을 심판하고자 하실 때는 그것을 완악한 상태로 만드신다.

매튜 미드

"The Power of Grace," in *Name in Heaven,* 88

완전함/완전주의

이 세상은 우리의 완전함의 장소가 아니라 우리의 완전함을 준비하는 장소로 마련되었다.

리처드 백스터

in Thomas, *Puritan Golden Treasury*, 207

내재하는 죄는 우리가 세상에 사는 동안에는 항상 존재한다. 따라서 우리는 항상 죄를 죽여야 한다. 하나님의 계명들을 완전하게 지킬 수 있다거나 현세에서 완전에 도달할 수 있다거나 죄에 대해 완전히 죽는 것이 가능하다고 말하는 사람들의 어리석음에 대해서는 여기서 다루지 않겠다. 그러한 가증한 말을 하는 사람들은 하나님의 계명을 어떻게 지켜야 하는지 전혀 모르는 자일 것이다. 또는 그들은 순종이 온전치 못하거나 신실한 순종을 보편적으로 보여주지 못하기 때문에 순종의 수준이 크게 낮은 자들일 것이다. 오늘날 완전에 대해 말하는 사람들은 사실 너무 어리석어서 선악조차 구별하지 못한다는 점을 스스로 인정하는 셈이다. 그들은 우리가 선이라고 부르는 것에 대해 결코 완전하지 못하다. 그들의 완전성은 그들의 죄악의 높이에 불과하다.

존 오웬

Of the Mortification of Sin in Believers, in *Works*, 6:10

악기로 곡을 연주할 때 한 현이 삑 소리를 내고 음이 이탈하더라도 주요 소리는 올바른 음을 낼 수 있다. 밀에 겨가 섞여 있다고 해서 밭에 곡식이 없다거나, 불순물이 들어 있다고 해서 광석에 금이 없다고 생각하는 것은 참으로 어리석다. 천국에는 죄가 전혀 없고 오직 섬김만 있다. 지옥에는 섬김은 전혀 없고 오직 죄만 있다. 그러나 땅에서는 같은 그림 안에 빛과 그림자가 함께 있는 것처럼 같은 사람 안에 죄와 섬김이 함께 있다.

윌리엄 세커

Nonsuch Professor, 183

용서

하나님의 전능하심이 죄를 용서하기에 역부족이라고 생각하는가? 당신의 죄가 크다고 말하지만 무한하지는 않지 않은가? 오직 하나님만이 무한하지 않으신가? 당신의 죄가 하나님만큼, 그리스도만큼 크다고 생각하는가? 예수 그리스도께서는 단지 작은 죄만을 위한 중보자라고 생각하는가?

윌리엄 브리지

Lifting Up, 74

용서는 하나님의 풍성한 은혜를 통해 주어진다. 하나님은 지혜와 통찰력이 풍성하시다. 은혜를 통해 끊임없이 용서와 축복과 구원이 폭포수처럼 쏟아진다. 은혜는 상처 입은 사람들을 위로하고, 달래주고, 도와주며, 아무 자격도 없는 사람들을 영광으로 인도한다. 이것은 천사들도 할 수 없고, 하나님도 하실 수 없고, 오직 그리스도 예수 안에 있는 구원을 통해 나타난 그분의 풍성한 은혜만이 할 수 있는 일이다.

존 번연

Riches, 77

상처받은 것은 모래에 쓰고, 은혜를 입은 것은 대리석에 새겨야 한다.

에드먼드 캘러미

Saints' Memorials, 40

용서란 하나님이 그리스도를 봐서 믿고 회개한 죄인의 모든 죄책을 면제해 주시는 것을 의미한다.

존 플라벨

Fountain of Life, 296

기독교의 용서는 우리의 권리와 재산을 침해할 의도를 지닌 사람들을 기쁘게 해주려고 손해를 무릅쓰고 그것들을 기꺼이 포기하는 것을 의미하지 않는다. 그런 경우에는 합법적인 수단을 통해 우리의 권리와 재산을 보호하고, 보존할 수 있고, 또 마땅히 그렇게 해야 한다. 그러나 설혹 그것들을 합법적으로 보호할 수 없더라도 비기독교적인 방식으로 우리의 피해를 보복하려고 해서는 안 된다. 그것은 기독교의 용서가 아니다. 기독교적 관용이란 온유한 마음으로 하나님의 명령에 복종하는 태도로 우리가 입은 피해를 기억하지 않고, 기꺼이 잊어버리는 것을 의미한다. 이것이 곧 관용이고 온유한 마음이다. 하나님의 은혜는 격렬한 감정을 진정시키고, 불쾌한 마음을 달래주며, 그것들을 온화하고, 부드럽고, 다루기 쉽게 만든다. "오직 성령의 열매는 사랑과 희락과 화평과 오래 참음과 자비와 양선과…절제니"(갈 5:22). 기독교적 관용을 지닌 그리스도인은 피해를 받은 것에 앙심을 품거나 복수할 기회가 찾아왔을 때 즉시 보복을 가하려고 생각하지 않고, 너그럽게 용서한다. 이것이 억지로 하는 용서가 아닌 기꺼운 용서인 이유는 우리 스스로 복수할 마음이 없기 때문이다. 우리는 복수할 수 있어도 그렇게 하기를 싫어한다. 육신적인 마음은 복수를 영광으로 삼지만, 은혜로운 마음은 용서를 영광으로 삼고 만족한다.

존 플라벨

Fountain of Life, 300

의롭다 함을 받을 때 우리의 죄는 물론, 우리 나름의 의까지도 부정되고, 거부된다. "우리의 의는 다 더러운 옷 같다"(사 64:6). 바울은 이 사실을 잘 알고 있었다. 그는 자기의 의가 하나님으로부터 난 의라는 것을 알았기에 그리스도 안에서 발견되기를 원했다(빌 3:9 참조). 야곱이 아버지인 이삭에게 가져다드린 음식은 훌륭했고, 그를 즐겁게 했지만 "아버지가 그의 옷의 향취를 맡고 그에게 축복하여 이르되"(창 27:27)라는 말씀이 암시하는 대로 그는 음식이 아닌 형의 옷을 통해 축복을 받았다. 이와 마찬가지로 신자들과 성인들의 거룩한 삶과 거룩한 의무와 보배로운 은혜는 하나님을 크게 즐겁게 하지만, 하나님이 그들에게 죄 사함의 축복을 베푸시는 이유는 그런 것들 때문이 아니라 그들이 맏형이신 그리스도의 옷, 곧 그분의 의를 덧입었기 때문이다.

오바댜 그루

Sinner's Justification, 29 – 30

죄인들을 향한 하나님의 선하심과 오래참으심이 못마땅하게 느껴진다면 이렇게 생각해보라. (1) 어떤 일이든 하나님과 생각이 다른 것이 과연 옳은 것일까? 하나님이 생각하시는 대로 생각하고, 그분이 바라시는 대로 바라는 것이 우리의 유일한 지혜요 안전한 규칙이 아닐까? 그분이 우리보다 죄를 더 미워하시지 않는가? 죄를 징벌하려는 생각이 그분이 우리보다 더 강하지 않은가? 스스로가 하나님의 뜻을 따르려는 열정이 강하다고 생각한다면 하나님과 그분의 방식에 기꺼이 동조해야 한다. 이런 말이 놀랍게 들린다면, 이는 당신의 생각이 틀렸다는 확실한 증거다. (2) 하나님이 당신을 오래 참고 기다려주지 않으셨는가? 하나님의 오래 참으심이 당신에게 대가 없는 용서와 은혜를 베풀려는 그분의 의도를 뒷받침하지 않았다면 지금 당신은 어떻게 되었을까? 당신이 이미 건너갔다고 해서 다리를 끊을 생각인가? 물론, 그런 막돼먹은 생각을 할 사람은 없을 것이다. 그러므로 하나님이 죄인들에 대해 오래 참으시는 것을 볼 때, 그분의 뜻을 존중하고, 그분을 위해, 또 그분과 함께 오래 참으며 기다리는 법을 배우려고 노력하라.

로버트 레이턴

Spiritual Truths, 296 – 97

하나님의 탁월한 속성 가운데 그분의 긍휼과 은혜와 인내와 오래참으심보다 그분의 선하심과 사랑스러우심과 아름다우심을 더 잘 표현하는 속성은 없다. 따라서 하나님의 형상을 본받음으로써 그분과 같이 되려면 긍휼과 은혜와 기꺼운 용서를 베풀려는 마음을 지녀야 한다. "긍휼을 행하지 아니하는 자에게는 긍휼 없는 심판이 있으리라"(약 2:13)라는 말씀에서 알 수 있듯 하나님은 그와 반대되는 마음을 그 어떤 것보다 더 미워하신다. 따라서 하나님은 이런 속성들이 나타날 때 영광을 받으신다. 이런 속성들은 오직 죄의 용서를 통해서만 나타나기 때문에 결과적으로 그것이 없이는 달리 알 방도가 없다. 사유하심이 하나님께 있다는 것은 의심의 여지가 없는 사실이다(시 130:4 참조). 하나님은 자신의 탁월한 속성들로 인한 영광을 결코 잃지 않으신다. 그분은 그것들을 통해 자신을 드러내고, 자신을 알리고, 자신을 영화롭게 한다. 사유하심이 하나님께 없다면 그분은 하나님이 되실 수 없다. 여기에서 우리는 용서의 필연성이라는 진리를 확인할 수 있다.

존 오웬

"Practical Exposition of the 130th Psalm,"

Oweniana, 101 – 2

만일 우리가 하나님이 용서하실 수 있는 한도보다 더 많은 죄를 지을 수 있다면 우리는 절망할 수밖에 없을 것이다.

리처드 십스

Soul's Conflict, 208

단지 죄의 용서가 주어지는 것으로 그치지 않는다. 하나님은 죄를 용서한 사람을 거룩하게 하고, 자녀로 입양하고, 영화롭게 하신다.

토머스 왓슨

Puritan Gems, 102

마음속으로 죄로 인해 진노하신 전능자의 영광과 순결하심, 죄로 인해 오염된 영혼의 귀중함, 죄로 인해 상실한 행복, 죄로 인해 받아야 할 형벌의 중함을 진지하게 생각하면 죄가 더할 나위 없이 무겁게 느껴져 온 힘을 다해 용서의 은혜를 구할 것이 틀림없다.

토머스 왓슨

Puritan Gems, 103

용서받을 수 없는 죄

성령을 거스르는 죄는 그리스도께서 전하신 구원의 복음을 악의적으로 고집스럽게 완전히 거부하는 것을 의미한다. 사람들은 주어진 지식과 양심의 증언에도 불구하고 구원의 복음을 의도적으로 완강하게 거부함으로써 복음의 말씀과 규례들을 통해 나타나는 그리스도의 영과 그분의 역사를 악의적으로 거부하고, 모독할 수 있다. 다시 말해, 그들은 그들의 심령에 이따금 느껴지는 내적 감화와 은혜를 거부하고, 소멸하고, 배척한다. 그들은 그리스도 안에 있는 생명의 성령에 대한 증오심으로 말미암아 그리스도께서 제정하신 규례들과 그분의 지체들 안에서 하나님의 아들을 새롭게 십자가에 못 박고, 하나님의 아들을 짓밟고, 자신들을 거룩하게 해 줄 언약의 피를 거룩하지 않은 것으로 간주하며, 은혜의 성령을 멸시한다. 이런 죄를 언급한 성경 구절들을 주의 깊게 살펴보고, 사도가 율법을 거슬러 죄를 짓는 것과 복음을 거슬러 죄를 짓는 것을 대조한 내용을 면밀하게 검토해 보면 이 죄의 본질을 분명하게 알 수 있을 것이다(마 12:24, 31, 32, 막 3:28–30, 눅 12:10, 히 6:4–6, 10:26–29).

헨리 스쿠더

Christian's Daily Walk, 312 – 13

스스로 성령을 거스르는 죄를 범했다는 생각이 들거든 다음의 질문들에 대답해 보라. 그런 죄를 지은 것이 마음 아픈가? 그런 죄를 저지르지 않았으면 좋았을 것이라는 생각이 드는가? 그런 죄를 저지르고 난 후에 "만일 내가 선택할 수 있었다면 그런 죄를 저지르지 않으려고 노력했을 거야."라는 후회감이 드는가? 하나님이 회개의 은혜를 베풀어 성자의 보혈과 성령을 통해 죄 사함을 받고, 정결하게 될 기회를 허락하신다면 그분의 은덕에 깊이 감사할 것이라는 생각이 드는가? 선뜻 용서와 은혜를 구할 용기가 나지 않아 괴로운가? 만일 이 모든 질문에 '그렇다'라고 대답할 수 있다면, 설혹 스스로를 고통스럽게 하는 죄가 신속하게 회개해야 할 두려운 죄일지라도 성령을 거스르는 죄는 아닌 것이 분명하다. 그런 죄는 죽음에 이르는 용서받을 수 없는 죄가 아니다.

헨리 스쿠더

Christian's Daily Walk, 313

우상숭배

주님은 이 시대에(1644년) 교리, 예배, 권징, 교회 정치에 대한 종교 개혁을 절대적으로 요구하셨다. 우리는 우상을 배척해야 한다. 나무, 돌, 벽이나 창문에 있는 유리에서 우상을 없애야 할 뿐 아니라 강대상과 회중 의자에서 우상들을 배척해야 한다. 내가 말하는 것은 우상숭배를 조장하는 목자들과 그들을 맹목적으로 따르는 어리석은 개들을 의미한다. 이스라엘에 가르치는 제사장이 없었던 시기에는 율법도 없었다. 설교자가 없는 백성은 무법한 백성이 되고 만다. 간단히 말해, 주님은 여러분이 모든 높은 곳을 허물고 다곤이 남긴 그루터기조차 남겨두지 않기를 원하신다. 그렇다. 하나님은 로마의 이세벨의 모든 유물을 매장해 버리기를 원하신다.

존 본드

Salvation in a Mystery, 48

당신이 우상숭배의 모든 범주를 포괄하는 일반적인 정의를 바란다면, 내가 생각하기에 우상숭배는…피조물에게 종교적 숭배를 돌리는 것이다.

에드워드 마버리

Commentarie...upon...Habakkuk, 328

엘리야가 바알 숭배자들을 조롱한 주요 부분은 바알이 여행 중이라는 데 있다(왕상 18:27). 엘리야는 "너희는 부재한 신을 가지고 있다"고 말한다.

세상 속의 모든 우상숭배의 목적은 부재한 신의 존재를 가장하는 데 있다. 모든 형상들과 우상들은 오로지 진정 부재하는 것을 존재하는 것처럼 가장하기 위해서 만들어진다.

존 오웬

Discourse 5 on 1 Cor. 11:28, in *Twenty-Five Discourses*, 76

오, 아담의 후손들이 숭배하는 이 진흙 우상, 가면이 씌워지고 도색되고 금으로 도금된 흙을 포기할 수 있다면! 우리는 우리 임의대로 우상을 만든다. 우리 안에 정욕이 많을수록 신의 숫자도 많아진다. 우리는 모두 신을 만들어 낸다. 우리 모두 수많은 새로운 거짓된 신들을 섬기느라 진정한 하나님인 그리스도를 잃어버린다.

사무엘 러더퍼드

Garden of Spices, 91

사람이 아무리 자신을 속이려 할지라도, 다른 모든 것이 아무것도 아니게 여겨지기 전까지는 그 사람의 영혼에 하나님이 참으로 위대하게 여겨지지 않는다. 영혼이 하나님의 무한한 충만하심과 바르게 대화하려면 이에 반대하거나 경쟁하는 요소가 없어야 한다.

사무엘 쇼

Voice of One Crying in the Wilderness, 81

우울증과 의기소침

두려움과 혼란으로 인해 심신이 우울하고, 불안할 때는 중요한 문제를 판단해서는 안 된다. 사탄이 우리의 안정된 믿음을 교란하거나 우리를 자유자재로 유혹해 이미 해결된 문제와 깨달은 진리를 새롭게 의심하게 만들 때는 그의 부추김에 속아 골똘히 생각하지 말고, 그 자리에서 면박을 주어 내쫓아야 한다. 마귀와 논쟁을 벌일 때 차분한 마음을 유지하지 못한 채 이성을 단지 절반만 사용하면 신성모독과 불신앙을 부추기는 유혹에 강력하게 이끌려 의기소침할 수밖에 없다. 믿음의 근간을 의심하도록 부추기는 암시에 귀를 기울이지 않고, 그것을 혐오해 단호히 물리치는 사람들은 그런 유혹에 미혹되지 않을 것이다.

리처드 백스터

A Christian Directory, in *Practical Works*, 2:508

(침울한 성격을 타고난 경우가 아니라면) 대개는 우울병이 발생하기 전에 몇 가지 징후가 나타나기 마련이다. 따라서 그 치유 방법을 논하기 전에 그런 징후들을 간단하게 살펴보는 것이 좋을 듯하다. 가장 흔한 징후는 불경스러운 조급함, 천국을 감각적인 만

족을 주는 것과 바꾸려는 태도, 육신적인 유익을 추구하고, 하나님의 뜻에 복종하기를 싫어하며, 그분을 신뢰하지 않는 데서 비롯하는 불만과 염려다. 따라서 이 모든 징후를 토대로 이런 복합적인 질병의 참된 본질을 명확하게 묘사해야 할 필요가 있다. 위의 징후들은 이것이 많은 죄가 하나로 결합해서 나타난 질병이라는 것을 보여준다. 이것들은 그 자체로 결코 작은 악이 아니다. 이것들이 마음과 삶의 지배적인 성향이자 습관으로 굳어진다면, 그것은 곧 은혜가 없는 상태라는 것을 보여주는 명백한 증거다. 그러나 이것들을 혐오해 극복하려고 노력하고, 하늘의 분깃을 세속적인 번영보다 더 중요하게 여겨 추구한다면 은혜로우신 그리스도를 통해 주어지는 하나님의 은혜로 인해 모든 잘못을 용서받고, 마침내 온전한 구원을 얻게 될 것이다.

리처드 백스터

Preservatives against Melancholy, 28–29

우울증은 영혼과 육체를 교란하는 어둡고, 음울한 기질을 가리킨다. 이 질병을 치유하는 것은 신앙의 영역에 속한다기보다는 의원의 영역에 속한다. 우울증은 심할 경우는 가장 치명적인 질병 가운데 하나가 된다. 어떤 사람은 이 병을 '마귀의 목욕물'로 일컫는다(네 가지 체액의 배합을 통해 사람의 체질이 결정된다는 중세 시대의 의학적 개념에 근거한 표현-역자주). 이 기질은 사람을 모든 종류의 일에 부적합하게 만들지만, 그 가운데서도 특히 영혼과 관계된 영적인 일에 종사하지 못하도록 방해한다. 우울증을 앓는 사람은 의원을 피곤하게 만들고, 사역자의 마음을 아프게 하며, 마귀의 노리개가 된다. 마귀가 자신의 노새로 만들어 의기양양하게 타고 다니는 사람은 다섯 가지 종류, 곧 무지한 사람, 믿음이 없는 사람, 교만한 사람, 위선적인 사람, 우울한 사람이다. 우울증은 이상한 감정과 상상과 결론을 부추기는 질병이다. 이 질병은 사람을 무기력하게 하고, 선을 악으로, 악을 선으로, 단 것을 쓴 것으로, 쓴 것을 단 것으로, 빛을 어둠으로, 어둠을 빛으로 일컫게 만든다. 육체의 질병은 종종 영혼의 질병으로 발전한다. 그 이유는 영혼이 육체의 기질을 따르기 때문이다.

토머스 브룩스

Cabinet of Choice Jewels, 83–84

은혜가 보이지 않으면 영적으로 황폐해진다. 어둠 속에서는 검은 것과 흰 것을 볼 수 없다. 그리스도인이 큰 실의와 의기소침에 사로잡혔을 때는 무엇을 하려고 노력하지 말고, "여호와의 이름을 의뢰하며 자기 하나님께 의지할지어다"(사 50:10)라는 말씀대로 해야 한다. 믿음을 가지라고 영혼의 용기를 북돋우고, 조건적인 약속보다는 절대적인 약속을 붙잡는 것이 가장 적절하다. 하나님이 절대적인 약속을 허락하신 이유는 무기력하게 된 영혼의 관심을 사로잡아 용기를 북돋우기 위해서다. 영혼이 잠들거나 부주의한 안일함에 빠졌다가 깜짝 놀라게 되는 경우가 있다. 심각한 시련을 통해 영혼이 잠에서 깨어나는 것은 좋은 일이다. 절대적인 약속은 육적인 정신의 소유자에게는 독약과 같고, 의기소침한 정신의 소유자에게는 원기를 돋우는 포도주와 같다. 영혼이 두려움과 죄책감에 사로잡혔을 때는 옳게 판단할 능력이 없다. 따라서 어떤 것을 판단하려고 하면 고통만 가중될 뿐이다. 다시 말하지만, 심령이 활기가 없고, 부주의한 경우에는 시련이 가장 적절한 처방이다. 그때에는 조건적인 약속들을 묵상하는 것이 가장 좋다. 위로를 구하기 전에 먼저 그런 약속들에 딸린 조건에 관심을 기울여야 할 필요가 있다.

토머스 맨톤

Practical Exposition on the Epistle of James, 109

우울증 때문에 슬픈 생각이 생겨난다면 운동으로 육체를 단련해 그런 원인을 제거하거나 예방하고, 즐거운 생각을 하려고 노력해야 한다. 우울증은 사탄의 병거다. 그는 그것을 타고, 슬픈 생각에 사로잡힌 영혼을 짓밟는다.

에드워드 레이너

Precepts for Christian Practice, 314

특히 영혼에 죄책감이 느껴질 때 발생하는 우울증은 아내나 자녀나 친구들이나 재산 따위를 통해서는 아무런 위로도 발견할 수 없다. 영혼과 육체와 양심이 모두 병이 났다면 그것은 참으로 애처로운 상태가 아닐 수 없다. 그러나 그리스도인은 그런 와중에서도 하나님의 본성과 약속을 의지할 수 있다. 그리스도인은 보이는 것으로 살 수 없을 때는 믿음으로 살아야 한다.

리처드 십스

Divine Meditations and Holy Contemplations, 88

우정

배교가 만연한 불행한 시대에는 하나님의 영광을 추구하는 것이 무례하고 신랄한 태도로 간주된다. 악하고, 교만한 사람들은 그런 건방진 태도를 보이는 사람들을 용납하기가 버겁다. 그 결과, 친구 관계가 깨어질 수밖에 없다. 그러나 그래도 괜찮다. 저속한 화합보다는 거룩한 불일치가 더 낫다. 성령을 근심하시게 만드는 즐거움을 부러워하지 말라. 그리스도와 충돌하는 평화는 단호히 거절하라.

토머스 애덤스

Exposition upon … Second … Peter, 79

이기심은 충실함과 우정에 근거한 모든 인간관계의 큰 걸림돌이다…이기심이 강한 사람은 누구와도 진정한 우정을 나눌 수 없다. 그런 사람은 항상 친구들이 거부할 수밖에 없거나 만족시켜줄 수 없는 자신의 이익만을 추구한다. 집, 토지, 돈, 자녀, 평판 등 그가 자신의 것으로 일컫는 것은 무엇이든 논란거리가 될 때가 많다. 그는 자신의 이해관계가 걸린 일을 위해서라면 가장 친한 친구도 쉽게 저버린다. 이기적인 사람과는 특별한 친구 관계를 맺지 말라. 그가 어떤 우정을 고백하든 신뢰하지 말라. 그는 자기 자신에게만 매몰되어 있기 때문에 다른 사람들에게 진정한 사랑을 베풀 여력이 전혀 없다. 설혹 그가 친구를 사랑하는 것처럼 보여도 그것은 친구가 아닌 종이나 시혜자와 같은 입장에서 그렇게 행동할 뿐이다. 그는 자기 자신을 위해 다른 사람을 사랑한다. 그가 자신의 재물과 말과 집을 사랑하는 이유는 그것들이 자신을 유익하게 하기 때문이다. 그는 상대방이 자기를 이롭게 해줄 능력이 다한 것 같으면 더 이상 그를 사랑하지 않는다.

리처드 백스터

Converse with God in Solitude, 40–41

인간의 우정은 우리의 불행과 재난과 고난에 달콤하게 첨가된 것이라는 것을 나는 여러 번 발견하였다. 그 이유는 인간의 본성이 재앙을 좋아하거나 속임수에 완전히 넘어가 선택을 잘못하기 때문이 아니라(우정은 좋은 것이고, 거룩한 사랑에는 즐거움이 뒤따른다), 그토록 많은 악에 수반된 선이 그보다 더 고귀하고, 항구적인 우정의 맛보기에 지나지 않을 뿐 아니라 우리가 하늘의 예루살렘에서 그리스도와 나누게 될 복된 사귐과 교제를 앙망하도록 이끌기 때문이다.

리처드 백스터

Converse with God in Solitude, 85

우정은 경건함으로 보강되어야 한다. 악인은 진정한 친구가 될 수 없다.

리처드 백스터

Reformed Pastor, 173

진정한 친구는 형통할 때는 잘 알 수

없고, 시련이 닥쳤을 때 비로소 명백히 드러난다.

토머스 브룩스

Cabinet of Choice Jewels, 199

진실한 그리스도인은 친구들과 영혼을 살피는 사역자들이 자기를 살피기를 바랄 뿐 아니라 무엇보다도 하나님이 자기를 살펴주시기를 간절히 기도한다. "하나님이여 나를 살피소서"(시 139:23).

토머스 브룩스

Cabinet of Choice Jewels, 320

인간은 친구가 되기 위해 창조되었고, 친구의 직무를 수행할 소질을 부여받았다. 친절하지 않은 사람은 친구 관계를 맺을 자격이 없다. 친구가 있지만 친절함을 보이지 않는 사람은 인간으로 대접받을 자격이 없다. 우정은 일종의 삶이다. 그것이 없으면 인간의 삶에 위로가 없다. 기독교의 우정은 알렉산더 대왕도 끊을 수 없는 든든한 유대 관계를 형성한다. 여름철의 친구는 가치가 없지만, 겨울철의 친구는 금덩이만큼 무거운 가치를 지닌다.

토머스 브룩스

Great Gain, 145 – 46

그리스도께서는 (1) 만인의 친구요, (2) 전능하신 친구이시다. 그분은 욥기에서 거의 30회나 '전능자'로 일컬어지셨다. 그분은 인간의 이해를 넘어서는 일, 곧 말로 형용할 수 없는 일을 행하실 수 있다. (3) 그리스도께서는 전지하신 친구요, (4) 모든 곳에 계시는 친구요, (5) 아무것도 부족함이 없는 친구요, (6) 스스로 존재하는 친구요, (7) 변함이 없는 친구요, (8) 항상 깨어 있는 친구요, (9) 자상하고, 동정심 많은 친구요, (10) 충실하고, 친밀한 친구이시다. 따라서 그분은 자신의 친구들을 솔직하고, 허심탄회하게 대하신다. 스스로를 폐쇄하고, 닫는 것은 우정의 법칙에 어긋난다. 충실한 친구들은 자신의 생각과 마음과 비밀을 서로에게 솔직하게 털어놓는다. 참된 친구는 친구들에게 알리지 않고, 자기만 알고 있는 것을 가치 있게 생각하지 않는다.

토머스 브룩스

Privy Key of Heaven, 42

자신이 사랑하는 사람에게 기독교적 애정을 가식 없이 쏟아붓는 참된 친구는 형제보다 더 가깝다. 그런 친구는 생물학적인 형제나 친척보다 더 충실할 뿐 아니라 항상 도움과 위로를 제공한다. 다른 사람에 대한 의무를 소홀히 하는 사람들에게 변함없는 친절을 기대하는 것은 헛된 바람에 지나지 않는다.

로버트 클리버, 존 도드

Plain and Familiar Exposition, 30 – 31

성급하고, 분별없는 우정은 건전하지도 않고, 오래 지속되지도 않는다. 급하게 사귄 친구와 오래 된 원수는 똑같이 위험하다. 성급한 우정이 노골적인 반목과 증오로 바뀌는 경우가 그 얼마나 많은가?

테오필루스 게일

Theophilie, 11

오랜 친구는 가장 좋은 거울이다.

조지 허버트

comp., Witts Recreations, proverb 296

참된 우정은 자기 자신의 작은 이익보다 다른 사람의 큰 이익을 더 존중한다.

애덤 마틴데일

Life, 218

참된 우정과 교제는 대화를 주고받거나 서로를 방문하는 것이 아닌 일이나 이익을 실질적으로 함께 공유하는 것을 의미한다. 하나님과 교제와 사귐을 나눈다는 것은 그분이 우리를 도우시는 하나님이시라는 것을 알고, 그분께 관심을 기울여 우리의 모든 비밀을 고백하고, 우리의 슬픔과 두려움을 털어놓고, 우리의 길을 인도해 주기를 바라고, 우리의 필요를 채워주시기를 기대하는 것을 의미한다. 하나님은 우리가 그렇게 하기를 바라신다. 우리가 그렇게 하지 않으면 그분은 우리를 못마땅해하실 것이다. 이는 자기 친구를 도울 능력과 마음을 지닌 진정한 친구가 있는데, 그가 아닌 다른 사람에게 도움을 청하면 그는 자신을 불신하거나 무시했다고 생각하고 못마땅해할 것과 같다.

매튜 뉴커먼

Best Acquaintance, 24 – 25

아치 형태를 이루는 문에 사용된 생명이 없는 돌들도 서로를 떠받치고 있는데 살아 있는 존재는 당연히 그래야 하지 않겠는가? 위로하는 것은 천사의 사역이자 성령의 사역이기도 하다. 성령께서는 직접 위로할 뿐 아니라 다른 사람들이 건네는 위로의 말을 통해 우리의 마음속에 위로의 숨결을 불어넣어 주신다. 이처럼 친구는 천사도 될 수 있고, 하나님도 될 수 있다. 친구의 얼굴에서는 하나님의 은혜로운 모습이 발견된다.

리처드 십스

Soul's Conflict, 131

친구의 정욕을 가장 미워하는 자가 자신의 친구를 가장 사랑하는 자이다.

조지 스윈녹

in Horn, *Puritan Remembrancer,* 259

참된 친구는 또 다른 자아다.

조지 스윈녹

The Christian Man's Calling, in *Works,* 2:273

우리의 결점을 감싸주지 않는 친구는 진정한 친구가 아니다. 또한, 우리의 결점을 솔직하게 지적하는 친구를 미워한다면 우리는 진정한 친구가 될 수 없다. 우리가 잘 되기를 바라는 친구를 미워해서야 되겠는가?

랄프 베닝

Canaan's Flowing, 76

은혜는 선한 성품을 가르친다. 우리는 가장 악한 사람도 정중하게 대해야 하지만 그것이 변질되어 그와 친구 관계로 엮여 들어가서는 안 된다. 그것은 불의 안에서 동맹을 맺는 일로 이어질 것이다. 성경은 "너희는 열매 없는 어둠의 일에 참여하지 말라"(엡 5:11)라고 말씀한다…우리 자신을 위태롭게 하는 것을 감수하면서까지 다른 사람들과 평화롭게 지내려고 애쓸 필요는 없다. 만일 어떤 사람이 전염병에 걸렸다면 도움의 손길도 베풀고, 좋은 음식도 보내주어야 하지만, 그를 지나치게 가까이 접촉하거나 그가 내쉬는 불결한 숨을 들이마시는 일은 삼가는 것이 좋다. 우리는 모든 사람과 평화롭게 지내며 도움을 베풀어야 한다. 우리는 그들을 위해 기도하고, 조언하고, 구제해야 한다. 그러나 너무 가까이 다가가서 그들의 부패한 행위를 본받아서는 안 된다. 간단히 말해, 양심의 평화가 깨지지 않는 한도 내에서만 다른 사람들과 평화롭게 지내야 한다. 우리는 "화평함과 거룩함을" 따라야 한다(히 12:14). 화평만을 추구하다가 거룩함을 잃는 일이 발생해서는 안 된다.

토머스 왓슨

The Beatitudes, in *Discourses,* 2:278

운명

하나님의 절대적인 뜻이 모든 일의 보편적인 원인이라면 그 어떤 사건도 하나님의 허락 없이 그분의 뜻을 초월해 일어날 수 없을 것이다. 이런 점에서 (세상이 생각하는) 운명이란 하나님의 섭리를 비웃는 마귀의 신성모독적인 개념에 지나지 않는다.

크리스토퍼 네스

Antidote against Arminianism, 25

원수

원수를 사랑한다면 그의 행복을 빌어 주고, 그의 행복을 기뻐하고, 그가 불행한 일을 당했을 때는 진심으로 안타깝게 여겨야 한다. 원수의 불행을 즐거워해서는 안 된다. 우리의 생각이 올바르다면 원수가 우리에게 끼친 해악보다 그가 우리에게 저지른 잘못으로 인해 그의 영혼에 미친 해악을 더 가슴 아프게 생각해야 한다. 우리가 원수로부터 당한 것에 대한 분노를 꾹 눌러 삼키지 않으면 그를 긍휼히 여기는 마음이 줄어들 수밖에 없다.

헨리 스쿠걸

"Indispensable Duty of Loving Our Enemies," in *Works*, 103–4

경건하지 않은 사람과는 친구가 되는 것보다 원수가 되는 편이 훨씬 더 낫다. 그가 원수가 되면 우리를 증오하는 데 그칠 테지만, 친구가 되면 우리에게 큰 해를 끼칠 것이다. 악인들 사이에 있는 경건한 사람은 불붙은 마른 나무들 사이에 있는 생나무와 같다. 그는 그들의 불을 끄기보다는 곧 함께 불살라질 가능성이 크다.

윌리엄 세커

Nonsuch Professor, 52

우리를 사랑하는 이들을 미워하는 것은 부자연스러운 일이고, 우리를 미워하는 이들을 사랑하는 것은 초자연적인 일이다.

윌리엄 세커

Nonsuch Professor, 93

악을 악으로 갚는 것은 야만적이고, 선을 악으로 갚는 것은 악랄하며, 악을 선으로 갚는 것은 기독교적이다.

토머스 왓슨

The Beatitudes, in *Discourses*, 2:153

원죄

불법은 옛날부터 있었다. 가인의 사례에서 살인의 죄가 아주 오래되었음을 확인할 수 있다. 그리고 노아의 사례에서 술 취함의 죄가 오래되었음을 확인할 수 있다…죄만큼 흰머리를 갖고 있고 나이가 아주 많은 것도 없다.

토머스 애덤스

Exposition upon…Second…Peter, 107

마음은 원죄의 극악함을 철저히 깨달을 때까지 결코 온전히 부서지지 않는다. 여기서 당신의 생각을 고치라. 원죄 때문에 당신은 온갖 선은 내팽개치고 온갖 악에 쉽게 빠진다(롬 7:15). 원죄 때문에 당신의 지성은 맹목성, 교만, 편견, 불신앙에 빠지고, 당신의 의지는 증오, 변덕, 완고함에 빠지고, 당신의 애정은 부적절한 열정과 냉담함에 빠지며, 당신의 양심은 둔감함, 무감각, 불충실함에 빠지고, 당신의 기억은 미덥지 못한 것이 된다. 한 마디로 원죄 때문에 당신의 영혼의 모든 수레바퀴가 고장이 나고, 거룩함이 거하여야 할 곳이 죄악이 거하는 지옥이 되고 만다(약 3:6). 원죄가 당신의 모든 지체를 더럽히고 부패시키고 왜곡시키고, 당신의 모든 지체를 불의의 무기와 죄의 종으로 바꿔놓았다(롬 6:19). 원죄가 머리를 육신적이고 부패한 음모로(미 2:1), 손을 악한 행위로(사 1:15), 눈을 방황과 방탕으로(벧후 2:14), 혀를 죽이는 독으로(약 3:8) 채웠고, 귀를 거짓말과 아첨과 더러운 대화에 열어놓고, 생명의 교훈에 대해 닫히게 만들었다(슥 7:11, 13)…그런데도 당신은 여전히 당신 자신을 사랑하고 자신의 마음이 선하다고 계속 말하겠는가?

조셉 알레인

Alarm to the Unconverted, 156–157

특히 세 가지가 하나님의 자녀를 가장 크게 괴롭힌다. 하나는 죄책, 하나는 타고난 부패성, 하나는 환난과 고난이다.

존 발로

Good Man's Privilege, 461

타락 이후에도 사람은 무죄의 상태일 때와 똑같은 애정과 똑같은 즐거움을 갖고 있지만, 그것들은 혼란되고 뒤틀리고 순서가 뒤바뀌었다.

토머스 맨톤

Practical Exposition on the Epistle of James, 28

타락 이후, 사람은 거꾸로 뒤집어졌다. 그는 미워해야 할 대상을 사랑하고 사랑해야 할 대상을 미워한다. 그는 수치스러운 것을 영광스럽게 여기고, 영광스러운 것을 수치스럽게 여긴다.

토머스 맨톤

Practical Exposition on the Epistle of James, 177

원죄는 두 가지 문제를 초래하였다. 의의 결여와 죄를 향하는 성향이 바로 그것이다. 사람의 영혼의 여러 기능 중에 이 두 가지 악에 감염되지 않은 것이 전혀 없다. 우리는 지성, 의지, 애정(affection)을 영혼의 주요 능력으로 간주한다. 의지와 애정은 성경에서 종종 마음(heart)이라는 말로 표현되어 있다. 의지와 애정이 마음속에 자리잡고 있기 때문이다. 첫 번째 결함은 지성에 있고, 이것은 빛과 지식의 결여를 의미한다.

로버트 롤록

A Treatise of God's Effectual Calling, in *Select Works*, 1:170

원죄는 하나님에게서 떨어져 나가는 배교, 원의(原義)의 부족, 하나님의 법에 대한 적극적 반대를 그 특징으로 한다.

로버트 롤록

A Treatise of God's Effectual Calling, in *Select Works*, 1:173

원죄는 지성을 타락시켜 지성이 굽은 것을 곧은 것으로, 곧은 것을 굽은 것으로, 역겨운 것을 사랑스러운 것으로, 사랑스러운 것을 역겨운 것으로 생각하게 만들었다. 또 원죄는 의지를 왜곡시켜 의지가 병든 위처럼 이성에 반해 건강에 좋지 않은 고기를 요구하거나 먹도록 만들었다. 나아가 원죄는 애정(affections)을 사로잡아 애정이 관능과 야수성에 빠지도록 만들었다. 원죄는 전 인간을 속박하여 죄의 법에 넘기고, 죄의 법은 죄의 악한 성향과 불경의 길을 막아줄 수 있는 이성과 양심의 힘에 족쇄를 채워 놓았다. 따라서 은혜의 일이나 하나님을 향한 의로운 삶, 또는 사람에게 절대로 필수적인 경건함에 힘쓰지 못하는 일이 벌어진다.

조지 스윈녹

The Christian Man's Calling, in *Works*, 2:166

대장장이는 대장간에서 일하며 상인은 상점에서 일한다. 자연인(육에 속한 사람)은 원죄의 상속자이자 본죄(자범죄)의 아버지이므로 그의 영혼과 그의 영혼의 모든 능력은 죄의 상점에 불과하며, 그의 몸과 그의 몸의 모든 지체는 죄의 도구에 불과하다. 그리고 그의 영혼과 몸의 모든 행동은 죄의 일에 불과하다.

존 트랩

Commentary...upon...the New Testament, 758

위로

그리스도께서 제사장으로서 우리를 위해 자기 자신을 성부께 희생 제물로 드리셨다는 사실이야말로 가장 중요하고, 으뜸 되는 위로의 근거가 아닐 수 없다. 죄를 지은 영혼은 가장 먼저 우리를 대신해 저주를 짊어진 채 십자가에 못 박히신 그리스도께로 나아가야 한다. 그때부터 그리스도께서 우리를 다스리시며, 우리를 고향으로 안내하실 성령을 우리에게 허락하신다.

리처드 십스

Bruised Reed and Smoking Flax, 135

질문 : 성장하지 못한다고 애달파하며, 은혜가 더욱 증대되지 않는다고 슬퍼하는 사람들은 어떻게 위로를 받을 수 있는가?

답변 1 : 은혜가 퇴락하는 것을 보고 슬퍼하는 것은 은혜가 살아 있을 뿐 아니라 성장하고 있다는 증거다. 스스로의 연약함을 느낀다는 것은 은혜를 회복해 기력을 되찾고 있다는 징후다. 우리의 불완전함을 의식하는 것은 은혜 안에서 성장하기 위한 한 걸음을 내딛는 것과 같다.

답변 2 : 한 가지 은혜가 증대되지 않아도 다른 은혜가 증대될 수 있다. 지식은 증대되지 않아도 겸손은 증대될 수 있다. 나무의 가지가 성장하지 않더라도 뿌리는 성장할 수 있다. 뿌리가 밑으로 자라는 것은 좋은 성장이다.

답변 3 : 그리스도인은 열정은 줄어드는 반면에 판단력은 더 나아질 수 있다. 음악가가 나이가 들면 손가락이 뻣뻣해지기 때문에 이전처럼 악기를 민첩하게 다루기는 어렵지만, 더 뛰어난 기술과 판단력으로 연주할 수 있다. 그와 마찬가지로 그리스도인도 열정은 처음 회심할 때만큼 뜨겁지 않더라도 믿음은 더욱 견고해지고, 판단력도 더욱 확고해질 수 있다.

토머스 왓슨

Body of Practical Divinity, 434

위선/위선자

위선자는 발 아래 눈이 떨어질 때에도 입으로 불을 내뿜는 시실리아 에탄 화산과 같다. 그들의 입은 뜨겁게 말하지만 발은 차갑게 걷는다.

토머스 애덤스

Exposition upon…Second…Peter, 256

술주정뱅이가 눈물로 자신의 죄에 대해 울부짖지만 다시 죄로 돌아간 것에 대해 얼마나 자주 듣는가. 내가 알고 있는 참으로 많은 은혜로운 사람들은 하나님과 거룩함을 위해 굳게 결심하였고, 거룩하고, 열매 맺으며, 순종적인 삶을 살았지만 죄로 인해 눈물을 흘리지 못했고 큰 슬픔이나 기쁨을 느끼지도 못했다. 만일 당신이 누군가의 변함없는 삶이 아니라 감정이 고양되었을 때의 열심으로 판단한다면 수많은 위선자가 대부분의 성도들보다 훨씬 더 낫다는 평가를 받을 것이다.

리처드 백스터

Baxteriana, 210

위선의 존재가 아닌 위선의 지배가

영혼을 지옥에 떨어지게 한다. 위선을 분별하고, 이에 저항하고, 반대하고, 슬퍼한다면, 그리스도인은 위선에 의해 비참하게 되지 않을 것이다. 사람의 마음의 틀과 전체적인 성향이 올곧은 곳에서는 위선이 존재한다고 해서 그를 위선자로 규정할 수 없다. 모든 사람은 마음의 틀과 일반적 성향에 따라 영원히 서기도 하고 넘어지기도 한다. 만일 마음의 틀과 성향이 진실하다면, 그들은 영원한 행복에 들어갈 것이다

토머스 브룩스

Cabinet of Choice Jewels, 87–88

진실한 그리스도인은 하나님의 모든 명령에 순종하려 노력한다. 그는 고난의 명령, 무언가를 잃게 되는 명령에도 기꺼이 순종하고자 한다. 불건전한 그리스도인은 값싼 순종을 사랑한다. 그는 대가를 요구하지 않는 명령은 기꺼이 따르고자 하며, 그는 값싼 복음, 값싼 목회, 값싼 교회 회원권, 값싼 성도의 교제를 사랑한다.

토머스 브룩스

Cabinet of Choice Jewels, 141

위선자는 가인과 함께 제사를 드리고, 이세벨과 함께 금식하고, 아합과 더불어 자신을 낮추며, 에서와 더불어 눈물의 탄식을 하고, 가룟 유다와 함께 그리스도에게 입 맞추며, 데마와 함께 그리스도를 따르며, 마술사 시몬과 함께 성령님의 선물에 값을 매긴다. 그러나 이 모든 것에도 불구하고 그의 속사람은 부패한 상태이다. 위선자는 밖은 야곱이지만 안은 에서이다. 밖은 다윗, 안은 사울이다. 밖은 베드로, 안은 유다이다. 밖은 성도, 안은 사탄이다. 밖은 천사, 안은 마귀이다.

토머스 브룩스

Cabinet of Choice Jewels, 282

위선자들은 그리스도의 행복에 동참하는 것은 좋아하지만 그분의 거룩함에 동참하는 것은 좋아하지 않는다. 그들은 그리스도에 의해 구원받기를 원하나 그리스도의 법과 나라에 진심으로 복종하지는 않는다. 그들은 그분의 보혈로 구원받기를 원하지만 그분의 왕권에 복종하지는 않는다. 위선자들은 복음의 특권은 좋아하나 복음의 섬김, 특히 내적이고 영적인 섬김은 좋아하지 않는다.

토머스 브룩스

Cabinet of Choice Jewels, 295

모든 입술의 수고는 단지 헛된 수고일 뿐이다. 마음이 들어 있지 않은 그 헌신은 단지 위선일 뿐이다. 위선자들은 하나님을 찾고 하나님께 묻지

만, 옛 마음으로 그리하는 것일 뿐이며, 하나님을 향한 마음은 없는 것과 마찬가지이다.

토머스 브룩스

Cabinet of Choice Jewels, 310

자아는 위선자의 전차 바퀴를 움직이게 하는 유일한 윤활유이다.

토머스 브룩스

Privy Key of Heaven, 15

개구리에 관하여 : 본성적으로 개구리는 습하고 차갑다
그 입이 크고 뱃속에 많은 것을 채울 수 있다.
그것은 어디 높은 곳에 앉아 듣기 싫은 소리로 개골거리는 것을 좋아한다.

위선자와의 비교 : 위선자는 이 개구리와 같다
그는 본성적으로 차갑고 입은 크다
그는 투덜대며 선한 것을 조롱한다
그의 사랑은 이 세상에 있으며
그의 머리는 높은 곳에 있다
그는 마치 저 높은 곳에 살고 있는 것처럼
개골거리면서 교회를 찾지만
그는 예수님을 사랑하지도 않고 그분의 멍에를 짊어지지도 않는다.

존 번연

"The Hypocrite" (a rhyme for children), in *Divine Emblems*, 56–57

입술은 거룩한데 마음이 비어 있는 것이 바로 위선자의 간략한 특징이다.

에드먼드 캘러미

Saints' Memorials, 29

위선자들이 성도들과 이야기하는 방식을 살펴보자. 그는 성도들과 대화할 때 엄청나게 신경 쓰고 주의를 기울인다. (1) 위선자는 엄격함과 확신 가운데 행하면서 깨어 경계하는 삶을 사는 자를 탐탁하지 않게 여긴다. 그는 특별한 상황을 제외하고는 그런 자와 많이 교제하려고 하지 않는다. (2) 위선자는 보통 때보다 말과 행동에 더 주의를 기울이고 더 치장한다. (3) 위선자는 성도들이 자유롭고 신실하게 그를 점검하는 것을 견디지 못한다. 그는 성도들이 자신의 무절제한 삶을 알기를 원하지 않는다. 그가 스스로에 대해 어떻게 생각하든 간에, 그는 다른 사람이 자신 안에 은혜가 있는지에 대해 질문하는 것을 견디지 못한다.

알렉산더 카마이클

"An Essay on Hypocrisy," in *Believer's Mortification of Sin*, 236

성만찬에서는 그리스도인이 되고, 일터에서는 이교도가 되고, 골방에서는 마귀가 되는 것은 슬픈 일이다.

스테판 차녹

in Horn, *Puritan Remembrancer*, 74

사람들의 실패나 큰 실수에 너무 엄격하거나 가혹하거나 위압적으로 비난하지 않는 법을 배우자. 내 말은 영적 상태를 질책하는 일에 관한 것이다. 사람들의 죄는 싫어하고 혐오하라. 그리고 모든 상황에 있어 우리의 증오와 혐오를 알리도록 하자. 하지만 우리가 해서는 안 되는 것은 그 사람의 인격이나 상태를 함부로 판단하는 것이다. 오직 하나님만이 사람의 마음을 감찰하신다. "이 사람이 이런 저런 죄를 저질렀다. 그러므로 그는 위선자거나 외식자이다. 그는 진정한 은혜에 있어서는 완전히 공허한 사람이다."라고 말하는 것은 어려운 일이다. 좋은 기초를 가진 사람도 부끄러운 실패를 경험했던 성경의 예들이 있다. 어떤 참된 신자가 노아와 롯, 다윗과 베드로 그리고 다른 선한 사람들이 걸었던 그 책망의 길을 통과하게 될 수도 있다. 그의 삶의 일반적인 길이 복음의 규칙에 호응한다면, 그의 대화의 일반적 어조가 흠이 없다면, 어떤 특별한 결점으로 인해 그를 심령에서부터 부패한 위선자로 낙인찍어 신실한 자의 명부에서 그 이름을 지워버려서는 안 된다.

존 코난트

Sermon 11 on 2 Chronicles 32:31, in *Sermons*, 400–401

이 성경 말씀(요 6:27)은 그리스도의 영적 탁월성이나 그분이 주시는 영적 유익으로 인해 그리스도를 따르는 것이 아니라 떡을 먹은 고로 그리스도를 따르는 세속적인 마음을 가진 군중들을 향한 그리스도의 탁월한 대답이다. 그들은 그리스도의 사역을 그들의 영적 음식과 음료로 삼지 않고, 오로지 먹고 마시기 위해서만 그분을 섬긴다. 가장 훌륭한 신자의 마음에도 자아는 슬며시 기어들어오지만 자아가 지배하지는 못한다. 자아가 지배하는 것은 위선자의 마음이다.

존 플라벨

Fountain of Life, 42

그리스도인은 슬픔에 의해 한때 자신을 지배했던 죄를 정복했음을 나타낸다. 그러나 위선자는 교만에 의해 더 악한 정욕의 노예가 된 것을 나타낼 뿐이다. 그리스도인은 죄를 저지르면 죄를 미워하나, 위선자는 죄를 용납하면서 죄를 좋아한다.

윌리엄 거널

Christian in Complete Armour, 35–36

강건한 믿음이 진정한 믿음이다. 굳건한 사랑이 진정한 사랑이다. 지렁이가 참나무를 파먹고 녹이 철을 못 쓰게 만드는 것처럼 위선이 은혜를 갉아먹는다. 위선은 은혜를 부패시켜 약화시킨다.

윌리엄 거널

Christian in Complete Armour, 226

그리스도인은 하늘에서 빛나는 별과 같아서, 잠시 동안 위로를 숨기고 있는 구름 속을 유유히 헤쳐나간다. 그러나 위선자는 하늘에서 떨어지는 유성과 같아서, 조금 타오르다가 불이 꺼진 채 어딘가에 떨어진다. 하나님의 성령께서 그들을 구분해 내신다. "의인의 빛은 환하게 빛나고 악인의 등불은 꺼지느니라"(잠 13:9). 진실한 그리스도인의 기쁨과 평안은 구름 속에서 조금씩 솟아오르는 햇빛에 비유될 수 있다. 빛이 영광스럽게 터져 나올 때, 흐리게 보이던 안개와 구름 위로 기쁨이 비춘다. 하지만 악의 기쁨은 촛불과 같아서 헛되이 소모되며 잠시 후에 사라져버린다. 악의 편안함은 마침내 꺼져버리고 다시 불이 붙을 것이라는 모든 희망도 사라진다.

윌리엄 거널

Christian in Complete Armour, 388

공개적인 적보다 거짓말하는 친구가 재판에서 더 나쁘다. 위선적인 유다는 손에 피를 흘린 빌라도보다도 하나님의 더 큰 증오를 받는다

윌리엄 거널

Christian in Complete Armour, 442

위선자는 기도할 때는 뜨거워 보이나 일터에서는 심령이 냉랭하다. 그는 자신의 죄에 대해 매우 치열하게 기도한다. 마치 모든 죄가 없어지기를 갈망하는 것처럼 기도한다. 그러나 그가 절제의 사역에 있어서도 그렇게 할까? 그가 죄를 먹이는 연료를 중단할까? 유혹이 올 때, 자신들이 유혹의 팔에 있는 것을 발견하고 자신의 행동에 저항하겠다고 결심하는가? 그들은 그렇게 하지 않는다. 기도 중에 좋은 말을 많이 한 그것으로 충분할 뿐, 그 이상을 하기에는 너무나 게으르다. 반면 진정한 그리스도인은 기도 후에 게으르지 않다. 그는 천국에 경보를 울리고 하나님의 도움을 구하거나 스스로를 광야로 이끌고 가서 자신의 모든 힘을 다해 정욕에 맞선다. 그는 정욕의 움직임을 경계하며, 자신이 이용할 수 있는 모든 것을 행함으로 정욕을 넘어뜨린다. 그는 자신이 받은 모든 자비를 무기로 삼아 죄를 지으려는 모든 생각을 쳐서 넘어뜨린다.

윌리엄 거널

Christian in Complete Armour, 753

신앙에서 위선은 죽이지 않은 육체적 애정의 쓴 뿌리에서 흘러나온다. 위선자의 입에는 하나님이 있지만 그의 마음속에는 세상이 있다. 그는 세상에서 자신의 좋은 평판을 통해 무언가를 얻기를 기대한다.

윌리엄 거널

Christian in Complete Armour, 754

위선자들, 버림받은 자들, 또는 무신론자들은 참된 기독교의 세 가지 필수 요소를 결여하고 있다. (1) 그들의 마음은 상한 마음이 아니며, 그들은 공허한 의를 자랑한다. 이렇게 잃어버린 자를 그리스도는 찾으시고 구원하러 오셨다. (2) 그들은 그리스도 예수를 보물로 받은 적이 결코 없다. 그리스도는 그들의 부요와 만족이 아니다. 그렇기에 그들은 언약을 통해 드러난 하나님의 방법에 진심으로 동의하지 않았고 그것을 받을 자격이 없었다. 하나님의 왕국 또한 구원하는 능력으로 그들의 마음속에 있지 않았다. "천국은 마치 밭에 감추인 보화와 같으니 사람이 이를 발견한 후 숨겨두고 기뻐하며 돌아가서 자기의 소유를 다 팔아 그 밭을 사느니라." (3) 그들은 그분의 뜻이 정당하고 선하고 거룩하고 영적인지를 따지면서, 그리스도의 모든 멍에를 진심으로 지지 않는다. 그래서 그들은 그리스도로 인해 쉼을 얻지 못한다. "나의 멍에를 메면 너희 마음이 쉼을 얻으리라." 그러므로 누구든지 위에 언급한 세 가지를 명백히 제시하고 나타낼 수 있는 사람은 이 세상에 있는 모든 무신론자들, 위선자들, 버림받은 자들이 도달할 수 없는 경지에 도달해 있으며, 하나님의 율법과 복음의 가장 큰 목적에 대답한 사람이다.

윌리엄 거스리

Christian's Great Interest, 174–175

위선자가 소유한 평화는 모래 위에 세워졌다. 그는 이성적으로 요구할 수 있는 단 하나의 약속도 가지고 있지 않다. 하나님의 모든 말씀은 그를 공격하며 자신의 평화를 확신하는 그의 자만심이 얼마나 헛된지 말해준다. 만일 이 모든 것에도 불구하고 그가 자신의 구원을 확신한다면, 양심과 말씀, 율법과 복음, 하나님과 사람이 그에 대해 반대 증언을 할 때 답변할 것이 있어야 할 것이다. 요약하자면, 그의 평화는 무지와 완고함과 죽어 있음에서 나온 것이다. 이 세상의 신이 그를 눈 멀게 했다. 하나님은 성도들의 평화의 저자이시며 마귀는 죄인들의 평화의 저자이다(마 7:24; 눅

11:21; 롬 15:4; 빌 4:7).

제임스 제인웨이

Saint's Encouragement, 73-74

위선자는 거룩해 보이나 실제로는 악하다. 그는 거룩함의 외관은 사랑하나 거룩함의 은혜는 가지고 있지 않다. 그의 가장 큰 관심사는 접시의 밖을 닦는 데 있다.

벤자민 키치

Travels of True Godliness, 120

위선자들을 각성시키려면 일종의 가혹함과 날카로움으로 공격해야 한다. 따라서 사도들은 "오 허탄한 사람이여"라고 말했고, 그리스도께서는 "너희는 어리석고 눈먼 자로다."라고 말씀하셨고, 세례 요한은 "독사의 자식들아"라고 말했다(마 3:7). 위선자들은 주로 사려깊지 못하며, 양심이 잠들어 있어서, 그들에게 속삭이는 것으로는 부족하며 그들을 향해 크게 소리쳐야 한다. 마음이 열린 죄인은 끝없는 고통과 속박이 그 영혼 속에 있기 때문에 곧 느끼고 각성된다. 하지만 위선자는 능히 방어하고 변명할 수 있다. 따라서 우리는 위선자들을 더욱 거칠게 대해야만 한다. 온건하게 대하는 것은 오류에 빠진 자들을 달래줄 뿐이다.

토머스 맨톤

Practical Exposition on the Epistle of James, 106-7

위선자는 가장 어리석은 자이며, 자신을 가장 크게 속이는 자이다. 그는 "외식하는 자가 받는 벌에 처하"게 될 것이다(마 24:51). 그러니 정직함을 가장 큰 지혜로 여겨야 한다.

토머스 맨톤

Practical Exposition on the Epistle of James, 142

참된 믿음은 베풀기를 좋아한다. 기독교의 안식일(주일을 의미함-편집주)에 예배의 의무에 더하여 구제의 의무가 동반되어야 하며, 가난한 자를 위한 연보가 있어야 한다(고전 16:2). 위선은 이 두 의무가 동반되지 못하게 분리시킨다. 위선자들은 하나님을 기꺼이 섬기려 하나 값싼 방법으로 그렇게 한다. 위선자는 값싼 종교를 위한 모든 것이다.

사무엘 마더

Figures or Types of the Old Testament, 416

의인은 "겨우", 즉 많은 어려움을 통과하여 구원받는다. 그는 너무나 많은 지옥의 슬픈 두려움을 통과하여 천국에 도달한다. 그러나 위선자는 거의 구원받을 뻔하는 데 그친다. 그는 수많은 천국의 소망을 통과해 지옥에 도달한다. 이로부터 두 가지 사실을 알 수 있다. (1) 신자들은 얼마나 자주 실패하고 얼마나 깊이 타락하더라도 참된 은혜를 지니고 있다. (2) 위선자들은 얼마나 멀리 천국을 향해 걸어가고 있으며, 얼마나 높이 도달했더라도 이 참된 은혜가 없다. 성도는 지옥 지근거리로 내던져질지 모르나 절대로 지옥에 떨어지지 않는다. 위선자는 천국 지근거리로 높이 올려질지 모르나 결코 천국에 들어가지 못한다. 성도는 거의 멸망하는 듯하나 영원히 구원받는다. 위선자는 거의 구원받는 듯하나 종국에는 멸망당한다. 성도들은 최악의 경우에도 참된 신자이지만, 위선자는 최상의 경우에도 참된 죄인이다.

매튜 미드

Almost Christian Discovered, 8–9

최고의 인간도 다윗이 우리야에게 했던 것처럼 몇몇 위선적이고 죄악된 행동을 할 수 있다. 위선의 표시는 위선적인 면을 부분적으로 가지고 있다는 것이 아니라 위선에 의해 지배되는 데 있다. 즉, 위선을 저지른 후에도 그것을 보지 못하고, 죄를 고백하지 않고, 비통해하지 않고, 죄로 인해 심령이 눌리지 않는 것이 진정한 위선자의 표지이다. 사람이 자신의 신앙의 진위를 판단할 때, 이런저런 특별한 행동을 할 수 있는 능력이 아니라 전반적인 의지와 성향, 모든 삶에서 잘해 내려는 선한 소망과 이를 위한 참된 노력으로 판단해야 한다. 그래서 다윗은 특별한 몇몇 잘못된 행동들에도 불구하고 그의 삶에 일반적으로 나타나는 선함을 통해 "하나님 마음에 합한 자"로 평가받은 것이다. 많은 일들에 있어서 하나님을 노엽게 했고 자신의 영혼을 오염되게 했으며 그 명성에 오점을 남겼기 때문이다.

헨리 스쿠더

Christian's Daily Walk, 216

위선자들은 무릎으로 기도하면서 행동으로는 다른 짓을 한다.

존 샤워

Family Religion, 64

당신이 은혜의 상태에 있는지 분별하려면 주로 당신의 애정(affections)을 살펴보라. 왜냐하면 그것이 본질이며 위선에 복속되지 않기 때문이다. 위대한 능력(예를 들면, 은사들)을 가진 사람들은 많은 지식을 가지고 있으며 마귀도 그러하지만, 그럼에도 여전히 악을 행하며 사랑이 결핍되어 있다. 불 속에서는 열기 외에는 모든 것이 녹아버릴 것이다. 마찬가지로 위선자들이 모든 선을 행할 수 있지만, 희생제사를 바치는 데 필요한 신적인 사랑의 거룩한 불이 그에게는 없다. 오! 하나님을 향한 당신의 애정이 참되고 진실한지 점검하라.

리처드 십스

Divine Meditations and Holy Contemplations, 102

그저 빛나는 혜성이 되어 경건의 외관을 드러내는 것은 헛된 일이다. 위선자들은 그들이 행한 모든 것을 상실한다.

토머스 왓슨

Godly Man's Picture, 11

단언하건대, 그리스도에 대한 뛰어난 지식을 가지고 있고 그분에 대해 능숙하게 설명할 수 있을지라도 구원자 그리스도는 도무지 모를 수 있다. 사람은 그리스도에 대해 전체적으로 무지하지는 않더라도 영적으로 무지할 수 있다. 위선자들이 가지고 있는 그리스도에 관한 지식은 그들의 구원에 아무런 영향을 미치지 못한다. 그러한 지식이 그들을 더 거룩하게 만들지 않는다. 그리스도에 관한 관념을 가지고 있는 것과 그리스도에게서 덕목을 전수받는 것은 별개의 문제이다. 위선자들의 지식은 죽은 지식이고 메마른 지식이다. 그들의 지식은 순종의 자녀로 나아가게 하지 않는다. 물리학 이론과 개념을 공부한 학자와 무언가를 실행하기 위해 물리학을 공부하는 사람 사이에는 커다란 차이가 있다. 위선자들은 실행자가 아니다. 그들은 다리는 없고 머리만 있는 자들이다.

토머스 왓슨

"Christ's Loveliness," in *Discourses*, 1:315

위선자는 하나님이 죄를 차마 보지 못하시는 순수한 눈을 가진 분이라는 것을 알지만, 그럼에도 불구하고 진심없는 종교적 헌신의 위험한 장난을 한다. 그는 사람을 속이듯이 하나님을 속이려는 모험을 할 것이다. 위선자는 약속을 지키는 데 신경쓰기보다는 약속을 만드는 데 더 신경 쓴다. 그는 종교가 자기 안에 내면화되는 데 신경쓰기보다는 종교인이 되는 데 신경쓴다.

토머스 왓슨

"God's Anatomy upon Man's Heart," in *Discourses*, 1:163

위선자는 의의 면류관은 갈망하나 의의 길은 갈망하지 않는다. 그의 갈망은 그리스도처럼 되는 것이 아니라 그리스도와 함께 통치하는 데 있다. 그것은 발람의 갈망이었다. "나는 의인의 죽음을 죽기 원하노라"(민 23:10). 이것이 위선자의 갈망이다. 하나님의 자녀는 그리스도를 갈망한다. 신자들에게는 천국뿐 아니라 그리스도가 귀중하다(벧전 2:7). 위선자의 갈망은 그저 갈망일 뿐이다. 그들은 게으르고 나태하다. "게으른 자의 욕망이 자기를 죽이나니 이는 자기의 손으로 일하기를 싫어함이니라"(잠 21:25). 진실한 갈망은 신자로 하여금 실로 부지런하게 만든다. "밤에 내 영혼이 주를 사모하였사온즉 내 중심이 주를 간절히 구하오리니"(사 26:9).

토머스 왓슨

Gleanings, 30

유다

가룟 유다의 명목상의 신앙고백은 그를 지옥행에서 건져주지 않았으며 마귀는 이를 잘 알고 있었다. 마귀는 하나님을 경배하는 규례를 통해 지옥으로 가는 길을 사람에게 보여줄 수 있다. 유다는 그리스도의 설교를 듣기도 하고, 가르치기도 했으나 그의 탐욕스럽고 반역적인 마음 때문에 마귀에게 사로잡혔다. 마귀는 유다가 동료 사도들과 함께 있을 때, 신뢰를 유지할 충분한 자유를 주었다. 마귀는 사람들이 유다를 그리스도의 제자로 생각하는 것에 신경 쓰지 않는다. 마귀는 그가 자신의 종이라는 것을 알고 있다.

윌리엄 거널

Christian in Complete Armour, 300

절망의 죄가 얼마나 큰지 여기에 잘 나타나 있다. 이것에 의해 오염된 가장 작은 죄도 용서받을 수 없지만, 이 죄가 없다면 가장 큰 죄도 용서받을 수 있다. 피조물로 하여금 자비를 받을 수 없게 만드는 죄라면 모든 죄들 중에서 가장 가증스러운 죄이어야 할 것이다. 유다는 단순히 반역과 살인으로 지옥에 떨어진 것이 아니다. 그런 죄를 지은 사람들 중에도 예수님의 피를 믿는 믿음으로 용서를 얻은 사람들이 있었다. 유다는 절망감과 끝까지 회개하지 않는 마음으로 가득 차서 가능한 최고로 악을 고조시켰기 때문에 지옥에 떨어졌다. 그래서 그는 비참하게 죽었고, 지금은 훨씬 더 비참하게 지옥의 형벌을 받고 있다.

윌리엄 거널

Christian in Complete Armour, 511

유다가 도둑질을 시작했을 때, 반역자가 될 생각이었을까? 그렇지 않다. 그의 반역은 그의 도둑질에 대한 형벌이었다. 그는 스스로 은밀하게 죄짓는 것을 허용했고, 하나님은 그를 개방되고 끔찍한 또 다른 죄에 넘겨주셨다.

윌리엄 거널

Christian in Complete Armour, 608

많은 이들이 많은 은사를 지닌 채로 지옥으로 간다. 가룟 유다가 큰 은사를 가지고 있었다는 데에는 의심할 여지가 없다. 그는 복음의 설교자였다. 하지만 우리 주 예수 그리스도는 그를 사역에 넣지 않으셨고, 그는 사역에 적합하지도 않았다. 유다는 자기 자리로 가버린 것이다.

매튜 미드

Almost Christian Discovered, 32

유다가 얼마나 선한 직업을 가지고 있었던가! 그는 그리스도를 따랐으며, 그리스도를 위해 모든 것을 버렸으며, 그리스도의 복음을 설교했고, 그리스도의 이름으로 사탄을 내쫓았다. 그는 그리스도의 식탁에서 함께 먹고 마셨다. 하지만 그는 단지 위선자에 불과했다.

매튜 미드

Almost Christian Discovered, 35

유다는 자신을 제사장이라 고백했지만 가서 목매달아 죽었다.

존 트랩

in Horn, *Puritan Remembrancer*, 234

유다는 떡 조각, 세례의 외적인 특권, 성찬, 교회의 친교 등을 가지고 있었을 것이다. 반면 요한은 그리스도의 품에 의지하여 누웠다(요 13:23). 이것이 우리가 기도하고 말씀을 듣고 모든 의무를 이행할 때 해야 하는 복음 규례의 자세이다. 그 품에 오로지 의지하여 눕는 것 외에는 굳어진 마음을 녹일 수 있는 다른 것은 전혀 없다.

토머스 윌콕스

Choice Drop of Honey, 31

유대인들

나는 유대인들 중에서 개종한 사람들을 첫 열매라고 생각한다. 우리 그리스도인들은 머지않아 유대인들 전체가 회심하여 완전한 수확이 있기를 오랫동안 기대해 오고 있다. 우리는 당신과 마찬가지로, 아직 최종적으로 성취되지 않은 유대 민족에 관한 많은 약속과 예언이 있음을 믿는다. 그것들 가운데 몇 가지 말씀을 읽으라(사 11:11-13).

리처드 마요

Conference Betwixt, 31

유머

다른 사람의 약점을 농담의 재료로 삼지 말라. 자신의 약점을 기억하라. 불결한 본성의 거품 많은 농담을 가증히 여기라. 그 두뇌는 괴상한 조롱을 생각하며, 그 마음은 그 조롱을 내뱉지 않고는 견디지 못한다. 그렇다. 실로 그는 자신의 웃긴 농담을 포기하기보다 가장 친한 친구를 잃는 편을 택한다. 만일 당신에게 기뻐하는 성향이 있다면, 다음과 같은 세 가지 특별한 관리를 하라(잠 23:17, 빌 4:4). 첫째, 당신의 즐거움이 신앙에 반하지 않도록 하라. 둘째 그것이 자선에 반하지 않게 하라. 셋째 그것이 순결에 반하지 않게 하라. 오로지 할 수 있는 대로 주님 안에서만 기뻐하라.

루이스 베일리

Practice of Piety, 125

근 이십 년 전에 들었던 세속적 농담을 아직도 기억한다. 반면에 얼마나 많은 경건한 성경 구절들을 잊지 않고 오래 기억하고 있는가! 내 영혼은 마치 물고기는 빨리 죽고 개구리는 오래 사는 더러운 연못 같구나. 오 주님, 나의 기억에서 이런 세속적인 농담을 없애 주소서. 농담은 한 글자도 남기지 마소서. 그렇지 않으면 내 부패함이 다시 그 농담 속에서 세속적 명상을 떠올리며 기뻐하게 될 것입니다.

토머스 풀러

Good Thoughts, 84–85

타락한 농담은 어리석은 자를 웃게 하고, 지혜로운 자를 찡그리게 한다. 우리 문명화된 영국인은 대화에 있어서 벌거벗은 야만인처럼 하지 말자. 썩은 말들은 메마른 시기에 가장 극심하다. 그때 사람들은 자신의 말로 죄를 뒤쫓는다. 죽은 사람의 육체로 만들어진 미이라 같은 농담을 하지 말라. 세상을 떠난 사람들을 조롱하지 말라. 그것은 그들의 수의에서 그들의 영혼을 강탈하는 것과 같다. 그들의 힘으로 고칠 수 없는 그 어떤 천성적 결점에 대해 조롱하지 말라. 그의 목발로 그의 다리를 때리는 것은 잔인한 일이다. 가난하고 힘들지만 정직하다면 그의 직업에 관하여 그 무엇도 우롱하지 말라. 구두 수선공의 까만 손가락을 조롱하지 밀라. 다른 사람의 사악한 농담을 재미있게 받아들이는 사람은 그것을 자신의 것으로 받아들이는 것과 같다.

토머스 풀러

Holy and Profane States, 186

유산

신자가 상속할 유산, 곧 그의 영광, 그의 행복, 그의 복은 그가 천국에 처음 들어갔을 때와 마찬가지로 수천 년이 지난 후에도 신선한 자양분처럼 만족을 줄 것이다. 그러나 이 세상의 유업은 테니스 공과 같아서 위아래로 튀다가 시간이 지나면 사그라들어 버린다. 피조물은 모두 그림자이며 헛되다. 그것은 요나의 박 넝쿨과 같다. 사람은 그 그늘 아래 잠시 머물 수 있을 뿐이며, 시간이 조금 더 경과하면 그것은 속히 썩고 시들어 없어진다. 세상의 모든 유업의 뿌리에는 그것을 소멸시킬 벌레가 있다.

토머스 브룩스

Great Gain, 31

사람이 지혜로 얻은 재산을 자녀들에게 남기더라도 재산을 관리할 지혜를 남길 수는 없다.

사무엘 클라크

Saint's Nosegay, 165

유혹

사탄이 문을 두들길 때 문을 열어줄지 말지는 우리의 선택에 달려 있다. 길을 가다가 물건을 발견하면 허리를 굽혀 그것을 주울지 말지는 우리의 선택에 달려 있다. 악을 부추기는 사탄은 그것으로 비난을 받을 것이고, 악을 거부하는 우리는 그것으로 칭찬을 받을 것이다.

토머스 애덤스

Exposition upon … Second … Peter, 386

성도들 안에서 지옥의 불길이 치솟을 때까지 마귀는 풀무질을 멈추지 않을 것이다. 죄가 없는 곳에는 유혹이 전혀 통하지 않는다. 죄는 사탄이 들어오도록 문을 활짝 열어놓는다. 죄를 멈추기 전까지는 사탄이 침묵을 지킬 것이라고 기대하지 말라.

바르톨로메오 애쉬우드

Heavenly Trade, 405–6

안전하다는 착각과 사탄의 매복 전술을 경계하라. 일시적 전투 중지 상태와 확실한 정복을 구별하라. 유혹에서 벗어나 평화롭게 안식을 누린다고 해서 반드시 죄를 정복한 것은 아니다. 죄를 미워하고, 죄를 용납하지 않는 의무를 실천에 옮기기 전까지는 죄를 정복한 것이 아니다. 또한, 그렇게 했더라도 마귀나 육신에 대한 경계를 늦추거나 사는 동안 싸움이 끝날 것으로 생각해서는 안 된다. 한 번의 공격이 끝나면 또 다른 공격이 시작될 것이다. 잠시의 전투 중단 때마다 그것을 다음 공격에 대비할 기회로 활용하라.

리처드 백스터

A Christian Directory, in *Practical Works*, 2:308

하나님이 성도들에 대한 모든 유혹 가운데 다스리심으로써 모든 일이 합력하여 그들의 유익이 되게 하신다면, 그들은 유혹으로 인해 실망하거나 낙심할 이유가 전혀 없다. 하나님은 유혹을 통해 유혹을 물리치는 법을 가르치려는 의도가 있으실 때만 자기 백성이 유혹을 당하도록 허락하신다. 악의 목적과 결과, 곧 하나님이 악을 허용하시는 이유를 생각해 보라. 성도가 당하는 모든 유혹의 목적과 결과는 유혹을 통해 더 많은 것을 깨닫게 하는 것이다. 유혹은 깨달음을 준다(*Tentatio dat intellectum*). 유혹의 때는 가르침을 받는 때이다.

윌리엄 브리지

Lifting Up, 156–57

사람이 어떤 유혹을 당할 때 스스로를 두렵게 한다면 그 유혹을 두려워할 필요가 없다. 스스로 두렵게 하지 않는 사람은 크게 두려워해야 하고, 스스로 두렵게 하는 사람은 두려워하지 않아도 무방할 것이다. 경건하고, 겸손한 사람은 유혹을 당할 때 자신을 겸손히 낮춘다. 그는 자신의 유혹을 세상에서 가장 큰 시련으로 생각한다.

윌리엄 브리지

"On Temptation," in *Works*, 1:140

교만한 마음으로 외모를 자랑하고, 재능을 과시하는 사람들이 많다. 특히 젊은이들은 건강과 힘과 친구들과 관계와 기지와 지혜를 자랑하는 경향이 있다. 매우 보기 드문 것이 두 가지 있다. 하나는 신중하고, 겸손한 젊은이를 보는 것이고, 다른 하나는 즐겁고, 만족스러운 노인을 보는 것이다.

토머스 브룩스

Apples of Gold, 85

유혹은 하나님이 자기 백성에게 자신의 사랑을 가장 분명하고, 은혜롭게 가르치시는 학교와 같다. 하나님은 이 학교에서 자기 백성에게 더 열정적으로 자주 의무를 이행하도록 가르치신다. 바울은 어려움을 겪을 때 세 번이나(즉 열정적으로 자주) 기도했다. 하나님은 또한 이 학교에서 자기 백성에게 유혹을 받는 다른 불쌍한 영혼들을 더 온화하고, 온유한 태도로 동정하도록 가르치고, 죄가 참으로 악하고, 세상의 것들이 공허하기 짝이 없다는 것을 깨우쳐주며, 그리스도와 값없는 은혜가 필요하다는 것을 절감하게 하신다. 이처럼 유혹은 하나님의 금장색과 같다. 그분은 유혹을 통해 자기 백성을 다듬어 더욱 영광스럽고, 찬란하게 만드신다.

토머스 브룩스

Great Gain, 130

어려운 상황 속에서 유혹에 시달리는 영혼은 "하나님이 나의 친구가 아니시라면 사탄이 나를 이토록 심하게 원수처럼 대할 리가 없을 테고, 내 안에 하나님의 은혜가 없다면 사탄이 나를 이토록 강하게 공격할 리가 없다. 하나님이 나를 사랑하지 않으시면 사탄이 나를 해치기 위해 이토록 많은 불화살을 쏘아댈 리가 없고, 하나님의 마음을 나를 향하지 않는다면 사탄의 손이 나를 이토록 강하게 압박할 리가 없을 것이다."라고 생각해야 한다.

토머스 브룩스

Mute Christian, 180

주님은 유혹을 통해 자기 백성에게 기도를 더 자주, 더 많이 하도록 가르치신다. 모든 유혹은 기도를 촉구하는 강력한 신호음과 같다. 바울은 유혹의 학교에서 세 차례나(즉 자주) 기도했다. 유혹의 때는 간절히 간구해야 할 때다. 그리스도인들은 대개 가장 큰 유혹에 직면했을 때 가장 많이 기도한다. 그들은 사탄이 자기를 가장 크게 괴롭힐 때 하나님을 가장 강하게 의지한다. 그리스도인들은 사탄이 가장 가까이 다가왔을 때 가장 열심히 무릎을 꿇고 기도한다.

토머스 브룩스

Mute Christian, 188

유혹을 당해보기 전에는 당신의 능력에 대한 올바른 측정을 할 수 없다.

존 플라벨

Fountain of Life, 278

유혹을 당해보기 전에는 우리가 어떤 마음을 지니고 있는지 알 수 없다. 일이 성공적으로 잘 되어도 어떤 위로가 있겠는가. 양심이 죄로 오염되어 상처를 입었다면 세상의 위로는 그렇게 대단한 것이 아니다. 좋은 옷들을 싸게 사서 들고 집에 돌아왔다고 해도 전염병에 오염되었다면 좋은 거래를 했다고 보기 어렵다.

존 플라벨

"The Seaman's Farewell," in *Navigation Spiritualized,* 236

우리는 사소한 것으로 부지 중에 생각하지도 않은 잘못을 저지를 수 있다. 이것은 불이 붙은 지푸라기를 가지고 노는 어리석은 어린아이 하나로 인해 집에 화재가 발생하면, 지혜로운 어른들이 우르르 달려들어도 그 불을 끌 수 없는 이치와 같다. 사탄은 우리의 어리석음과 부주의함을 이용해 다른 사람의 마음속에 정욕의 불길을 일으킬 수 있다. 큰 해를 끼칠 생각 없이 무심코 던진 사소한 말 한 마디가 유혹의 거센 돌풍을 타고 친구의 가슴속에 불행한 불길을 치솟게 만든다. 마음은 정숙한데 단지 유행을 따라 가슴과 어깨를 드러낸 단정치 못한 옷차림새를 했다면, 그것이 다른 사람의 눈길을 사로잡는 유혹의 덫이 될 수 있다. 구덩이를 덮지 않고 방치해 짐승이 다치는 것도 큰 잘못인데 영혼이 죄를 짓도록 방치해 다치게 된다면 그것은 얼마나 큰 잘못이겠는가? 바울은 혹시라도 형제가 실족한다면 고기를 영원히 먹지 않겠다고 말했다(고전 8:13). 단정하지 못한 어리석은 옷차림새로 인해 많은 사람이 실족할 수도 있는데 그래도 그것을 계속 입을 생각인가? 그리스도께서는 "몸이 의복보다 중하니라"(눅 12:23)라고 말씀하셨다. 형제의 영혼은 어리석은 옷차림새보다 훨씬 더 귀하다.

윌리엄 거널

Christian in Complete Armour, 479

굳센 믿음을 가졌다고 해도 외부로부터 오는 유혹을 모두 막을 수는 없다. 이는 나무가 아무리 튼튼하게 뿌리를 내리고 있다고 해도 바람이 부는 것을 막을 수 없는 이치와 같다.

존 오웬

Golden Book, 204

때로는 사람들의 자연적인 성격이 유혹에 빌미를 줄 때가 많다. 어떤 사람들은 자연적으로 성격이 온순하고, 고분고분하고, 유순하다. 그런 성격은 타고난 기질 중에 가장 고상해 은혜가 성장할 수 있게 잘 갈아주면 최고의 토양이 된다. 하지만, 깨어 잘 살피지 않으면 뜻밖의 유혹에 휘말려 들기 쉽다. 어떤 사람들은 성격이 속악하고, 심술궂고, 까다로워 시기심과 악의와 이기심에 사로잡혀 다른 사람들을 못마땅하게 여기고, 성질을 잘 내고, 불평을 일삼기 때문에 이런저런 유혹에 휘말리면 쉽게 빠져나오지 못한다. 이밖에도 열정적인 성격을 타고난 사람들도 있다. 유혹에 걸려들지 않으려고 조심하려면 자신의 타고난 기질을 잘 파악해 그것이 그릇된 방향으로 나아가지 않도록 잘 다스려야 한다. 예후처럼 광포하게 행동하거나 요나처럼 불평을 일삼거나 다윗처럼 타고난 성격이 친절하고, 온정적인 까닭에 성급한 결정을 내리지 않도록 주의하라. 자신을 잘 모르는 사람, 곧 자신의 기질을 철저하게 살피지 않는 사람은 평생 이런저런 유혹에 걸려 넘어지기 쉽다.

존 오웬

On Temptation, in *Oweniana,* 57 – 58

지옥에서 나오는 가장 큰 유혹은 유

혹 없이 사는 것이다. 물이 정체되면 썩을 것이다. 믿음은 그 얼굴에 자유로운 공기와 예리한 겨울 폭풍우를 맞는 것이 더 낫다. 은혜는 역경이 없으면 사그라진다. 마귀는 우리에게 우리 무기를 다루는 법을 가르치는 하나님의 뛰어난 펜싱 달인이다.

새뮤얼 러더퍼드

Letters, 69

사탄이 늙은 사람들을 유혹하는 수단은 탐욕과 아집이다.

윌리엄 스퍼스토우

Wiles of Satan, 69

사탄은 중년인들을 명예를 사랑하도록 유혹한다. 그는 명예욕을 자극해 가문을 번창시키고, 이름을 날려 위대해지려는 마음을 부추긴다. 그런 유혹의 덫에 걸린 사람들이 많다. 그들의 생각과 마음은 그런 유혹에 단단히 사로잡힌 탓에 빛을 거부하고, 자신의 길을 고집해 마음으로부터 하나님을 멀리한다. 자신의 둥지를 먼저 명예의 깃털로 장식하고 난 후에 자신의 영혼에 관해 생각해 보겠다고 마음먹고, 계획하는 사람들이 많다.

윌리엄 스퍼스토우

Wiles of Satan, 69

유혹에 넘어가지 않으려면 기도를 많이 해야 한다. 기도는 유혹을 막아주는 가장 강력한 수단이다. 그리스도께서는 "시험에 들지 않게 깨어 기도하라"(막 14:38)라는 말씀으로 유혹을 막는 방법을 가르치셨다. 바울은 '사탄의 사자'가 자신을 괴롭히자 열심히 기도했다(고후 12:7, 8). "이것이 내게서 떠나가게 하기 위하여 내가 세 번 주께 간구하였더니." 사탄이 거세게 공격하면, 우리는 열심히 기도해야 한다.

토머스 왓슨

Gleanings, 83

유효한 부르심

첫째, 교회를 구분하는 것이 필요하다. 가시적 교회와 불가시적 교회가 있다. 불가시적 교회는 그리스도의 신비한 몸이다. 가시적 교회 안에는 불가시적 교회에 속하지 않는 사람들이 많이 있다는 것을 알아야 한다. 그들은 하나님의 집에 있기는 하나 자녀가 아닌 종들에 지나지 않는다. 둘째, 부르심을 구분하는 것이 필요하다. "청함을 받은 자는 많되 택함을 입은 자는 적으니라"(마 22:14)라는 말씀이 암시하는 대로, 말씀을 통한 외적 부르심, 곧 교회 안에 있는 모든 사람에게 주어지는 부르심이 있고, "미리 정하신 그들을 또한 부르시고"(롬 8:30)라는 말씀대로 하나님의 뜻에 따라 이루어지는 내적 부르심, 곧 유효한 부르심이 있다.

조지 다우네임

Christian's Freedom, 18

사람들은 유효한 부르심을 통해 처음 그리스도께로 나오고, 은혜의 상태에 들어가게 된다. 유효한 부르심은 믿음으로 들어가는 문, 영생으로 들어가는 출입구다. 인간은 이를 통해 주 예수 그리스도와 관계를 맺고, 그분과 교제를 나누기 시작한다.

윌리엄 페너

" Treatise of Effectual Calling," in *Works,* 20

이 부르심은 하나님의 은혜로 이루어진다. 하나님은 족장들에게 은혜롭게 나타나서 그들에게 더 나은 것을 주셨고, 성령으로 역사하셨다. 그분은 그들을 감화해 "내가 즉시 혈육과 의논하지 않았다."라고 말하게 하신다(갈 1:16 참조). 이 부르심은 우리를 하나님께로 이끌어 그분을 따르게 한다. 하나님은 거룩한 능력으로 자기 백성을 압도해 그들에게 은혜를 베푸신다. 그분은 머뭇거리는 롯에게 하셨던 것처럼 자기 백성을 강권하신다. "주인이 종에게 이르되 길과 산울타리 가로 나가서 사람을 강권하여 데려다가 내 집을 채우라"(눅 14:23)라고 말한 이유는 우리가 그만큼 연약하고, 세상이 우리를 그만큼 단단하게 붙잡고 있기 때문이다.

토머스 졸리

Treatise on Heavenly-Mindedness, in Slate, *Select Nonconformists' Remains*, 215

하나님이 잃어버려진 세상에서 어떤 사람을 택하사 그를 불러내기 위해 성령으로 말씀하시면 그는 더이상 불순종할 수 없다. 예를 들어, 하나님이 아브라함에게 비상한 방법으로 그의 고향과 친척 집을 떠나라고 말씀하셨을 때 그는 그 명령에 순종할 수밖에 없었다. 그는 하나님이 부르심에 따라 고향을 떠났다(창 12:4). 영혼을 향한 성령의 말씀이나 감화는 은밀하면서도 강력한 효력을 지닌다. 영혼은 거친 강요가 아닌 유쾌한 이끌림을 통해 그것을 따르지 않을 수 없게 된다. 이는 엘리야가 엘리사에게 던진 겉옷의 효력과 크게 다르지 않다(왕상 19:19, 20). 제자들도 너무나도 쉽게 자신들의 직업과 집을 버리고 그리스도를 따라 나섰다. 하나님의 성령께서는 사람의 마음에 거룩한 빛을 비추어 그를 세상에서 끌어내신다.

로버트 레이턴

A Commentary upon the First Epistle of Peter, in *Whole Works,* 1:16 – 17

"여호와의 소리가 힘 있음이여 여호와의 소리가 위엄차도다"(시 29:4). 하나님이 일단 인간의 마음을 향해 말씀하시면 기꺼운 마음으로 그분을 따르지 않을 수 없게 된다. 은혜의 역사는 기름처럼(은혜는 종종 기름에 비유된다) 서서히 은밀하게 영혼 속으로 침투해서 넓게 세력을 확장한다. 제자들이 그물을 버리고 그리스도를 좇았던 것처럼, 하나님의 부르시는 말씀이 인간의 마음을 모든 그물에서 풀어낸다. 그 부르심을 통해 마태는 세관의 일자리와 그것을 통해 얻는 수입을 모두 포기했다. 하나님의 부르심은 그리스도를 따르는 것을 방해하는 모든 즐거움과 유익을 버리게 만든다. 영혼에 주어진 하나님의 부르심은 엘리사에게 던져진 엘리야의 겉옷과 같다(왕상 19:19, 20).

로버트 레이턴

A Commentary upon the First Epistle of Peter, in *Whole Works*, 1:250

하나님의 부르심은 이중적이다…먼저 하나님의 내적 부르심이 있다. 이 부르심은 말씀의 사역을 통해 이루어지는 성령의 특별한 사역에 해당한다. 인간은 그것을 통해 자연 상태에서 벗어나 은혜의 상태로 들어간다. 즉, 어둠에서 나와 빛으로 들어가고, '진노의 그릇'에서 '생명의 상속자'로 바뀐다. "아버지께 듣고 배운 사람마다 내게로 오느니라"(요 6:45)라는 말씀대로, 이 부르심이 주어진 사람은 누구나 효과적으로 구원받아 그리스도인이 된다. 이 부르심과 다른 또 하나의 부르심은 하나님의 외적 부르심이다. 이 부르심은 말씀의 사역을 통해 이루어진다. 복음의 시대를 살아가는 모든 사람에게 이 부르심이 주어진다. 하나님은 모든 영혼을 향해, 회개하고 들은 말씀에 근거해 천국과 구원을 위한 확실한 토대를 마련하라고 부르신다(마 22:9).

매튜 미드

Almost Christian Discovered, 101 – 2

자신의 이름이 천국에 기록되어 있는지를 알고 싶으면, 하나님의 부르심이 마음을 효과적으로 장악하고 있는지 살펴보라. 당신의 영혼이 그리스도보다 못한 것은 모두 버리고, 오직 그분만을 따르고 있는가? 그리스도께서 베드로와 안드레를 부르시자 그들은 "곧 그물을 버려두고 예수를 따랐다"(마 4:18–20). 모든 사람이 각자 자신의 그물을 가지고 있다. 하나님의 부르심이 주어지기 전까지 그들의 영혼은 그것에 얽매여 있다. 하나님이 지금 부르시면 베드로처럼 즉시 그물을 버리고 그분을 따르겠는가?

매튜 미드

Name in Heaven, 51

하나님은 유효한 부르심을 통해 그리스도 예수 안에서 영원 전부터 미리 아신 사람들, 영생을 얻기로 미리 정해진 사람들을 어둠에서 불러내 자신의 기이한 빛으로 들어가게 하시고, 사탄의 권세에서 불러내 자신의 소유가 되게 하신다. 그분은 은혜 언약, 곧 복음의 선포를 통해 그들을 부르신다. 하나님의 은혜로 부르심을 받은 사람들은 그 부르심에 응해 예수 그리스도를 통해 그분을 믿는다. 부르심에 응하는 수단은 믿음이다. 믿음은 은혜 언약에 수반되는 유일한 약속의 조건이다. 이처럼 우리의 유효한 부르심은 믿음이라는 조건이 딸린 언약의 약속과 믿음으로 이루어진다. 믿음 외에는 그 무엇으로도 그 조건을 충족시킬 수 없다.

따라서 우리의 유효한 부르심에는 두 부분이 있다. 첫 번째는 영생을 얻기로 미리 정해진 자를 어둠에서 빛으로, 생명으로, 하나님의 순전한 은혜로 인도하는 외적 부르심이다. 이것은 은혜 언약, 곧 복음의 선포를 통해 이루어진다. 두 번째는 하나님의 성령에 의해 그들 안에 생겨나는 내적인 믿음이다. 우리는 이를 통해 사탄에게서 벗어나 하나님께로 나아간다. 나는 유효한 부르심의 이 두 번째 요소가 믿음 자체와 어떻게 다른지 모르겠다.

로버트 롤록

A Treatise of Our Effectual Calling," in *Select Works*, 1:29 – 30

육신

육신은 마귀보다 더 고약한 원수다. 육신은 품 안에 있는 배신자다. 내면의 원수가 더 사악하다. 마귀가 나서서 유혹하지 않으면, 육신이 하와가 되어 금단의 열매를 따 먹으라고 유혹한다. 육신에 틈을 보이지 않도록 주의하라. 우리의 모든 불만족이 육신에서 비롯하지 않는가? 육신은 세상을 무절제하게 추구하도록 충동하고, 편안하고 풍요롭게 살라고 꼬드긴다. 육신은 그 요구가 만족되지 않으면 불만을 토로하기 시작한다. 육신에 고삐를 내주어서는 안 된다. 육신을 죽여야 한다.

시므온 애쉬

Primitive Divinity, 192

'육체를 신뢰하는 것'은 외적인 특권을 신뢰하는 것을 의미한다. 그러나 그것을 의지하는 사람들은 유익을 얻지 못한다. 공허한 직함은 결국 공허한 위로밖에 가져다줄 수 없다. 하나님은 하나님의 제복만 입었을 뿐, 실제로는 자아만을 섬기는 종들에게 아무런 관심도 기울이지 않으신다. 얼굴에 세례의 물을 묻힌 채로 지옥에 가는 일이 얼마든지 있을 수 있다. 사실, 그런 경우는 특권을 남용한 탓에 더 빨리 지옥을 향해 나아간다.

존 트랩

Commentary … upon … the New Testament, 783

그리스도인은 육신과 싸워야 한다. 그리스도인에게 있어 육신은, 여행자에게 있어 짐승과 같다. 그리스도인은 육신과 함께 의무를 이행한다. 짐승이 없으면 여행을 할 수 없지만, 짐승과 함께 다니려면 애를 많이 써야 한다. 육신이 너무 강하고, 정욕이 왕성하면 순종하지 않고 방탕하기 쉽고, 육신이 너무 무기력하면 곧 지치고, 쇠약해진다. 연약한 육신과 보조를 맞추려면 조금씩 나아갈 수밖에 없다. 그리스도인은 육신은 물론, 죄의 몸과 싸워야 한다. 죄의 몸은 영혼이 의무를 이행하려 할 때 불평하고, 투덜거린다.

윌리엄 거널

Christian in Complete Armour, 78

육체, 영화롭게 된

활동성, 민첩성, 날렵함, 신속성은 영화롭게 된 육체의 특성이다. 영화롭게 된 육체는 지금과 달리 둔하고, 느리고, 무겁지 않다. 그것은 영혼처럼 민첩하고 활동적이기 때문에 쉽게 공중에 올라가서 주님을 맞이할 수 있고(살전 4:17), 그분과 함께 삼층천에 올라갈 수 있다. 영화롭게 된 육체는 천국의 집들이 늘어선 광대한 공간과 거리를 순식간에 가로질러 천국의 이쪽 끝에서 저쪽 끝으로 이동할 수 있다.

조나단 미첼

Discourse of the Glory, 49

하나님은 이 세상에서 우리의 영혼을 준비시켜 영광스러운 육체를 소유하기에 적합하게 하시며, 우리의 육체를 준비시켜 영광스러운 영혼에 적합하게 하신다. 둘 다 영광스럽다. 육체도 영광스럽고, 영혼도 영광스럽다. 하나님은 그 둘이 서로 조화를 이루도록 우리에게 역사하신다. 따라서 새로운 피조물로 거듭났다면 당신은 장차 영광스러운 육체를 얻게 될 것이다. 하나님은 그렇게 되도록 우리에게 역사하신다(고후 5:1–5 참조).

리처드 십스

"The Redemption of Bodies," in *Complete*

Works, 5:171

영화롭게 된 육체는 민첩하고, 기민할 것이다. 성도의 육체는 땅 위에서는 무겁고, 쉽게 지치지만, 하늘에서는 중력의 방해를 조금도 받지 않을 것이다. 우리의 정화된 육체는 동작이 빠르고, 날쌔어져 엘리야의 육체처럼 하늘에 오르기에 적합해질 것이다. 이것이 사도가 말한 신령한 몸의 의미다. 신령한 몸은 쉽게 조절할 수 있고, 지치지 않고 하나님을 섬기기에 적합하게 만들어졌을 뿐 아니라 한 곳에서 다른 곳으로 신속하게 이동할 수 있다. "마음에는 원이로되 육신이 약하도다"(마 26:41)라는 말씀대로, 이 세상에서 육신은 영혼의 기능을 방해하는 큰 장애물이다. 육신은 영혼과 반대로 움직인다. 영혼이 그리스도께로 날아오르려고 할 때 육신은 납덩이처럼 영혼을 아래로 잡아당긴다. 그러나 그렇지 않을 때가 다가오고 있다. 육신은 세상에서는 차꼬이지만 하늘에서는 날개가 될 것이다.

토머스 왓슨

The Christian's Charter of Privileges, in *Discourses*, 1:79

성도의 육체는 불멸할 것이다. 세상에서 우리의 육체는 늘 죽어가고 있다. 우리가 언제 죽을 것인지 묻는 것은 부적절하다. 오히려 죽어가는 과정이 언제 끝나느냐고 물어야 옳다. 유아 시절이 죽고, 유년 시절이 죽고, 청장년 시절이 죽고, 노년 시절이 죽으면 비로소 죽어가는 과정이 끝난다. 모래시계의 마지막 모래가 사라짐과 동시에 그 전의 모래가 모두 함께 사라진다. 죽음은 우리의 박넝쿨 뿌리를 항상 갉아 먹는 벌레와 같지만, 천국에서는 "이 죽을 것이 죽지 아니함을 입을 것이다"(고전 15:53).

토머스 왓슨

The Christian's Charter of Privileges, in *Discourses*, 1:82–83

육체, 이 땅 위의

술 취함은 우리의 육체를 학대하고, 잘못 다루는 죄다. 육체는 영혼의 도구다. 그것은 솜씨 있는 기능공의 도구와 같다. 정욕은 육체를 둔하게 하고, 망가뜨려 그것을 창조하신 하나님을 섬기기에 부적합하게 만든다. 우리의 육체는 다른 피조물들과는 달리 한 마디의 명령만으로 창조되지 않은 기묘한 실체다. "나를 지으심이 심히 기묘함이라"(시 139:14)라는 말씀대로, 육체는 기묘하게 이루어졌다… 그것은 아름답게 수 놓인 옷과 같다.

육체의 지체들이 얼마나 많은지 참으로 기이하기 그지없다. 어떤 사람은 머리와 발 사이에 한 권의 책을 가득 채우고도 남을 기적들이 존재한다고 말했고, 또 어떤 사람은 눈 하나만 해도 참으로 기묘하게 만들어졌기 때문에 어떤 무신론자들은 그것을 보는 순간 하나님을 인정하지 않을 수 없었다고 말했다.

존 플라벨

"A Sober Consideration of the Sin of Drunkenness," in *Navigation Spiritualized*, 151

하나님은 나의 육체의 주님도 되신다. 따라서 마음으로 헌신하는 것 못지않게 육체로도 경건한 자세를 취해야 한다. 나는 기도할 때 주인 앞에 있는 종처럼 서거나 군주 앞에 있는 신하처럼 무릎을 꿇을 것이다.

조셉 홀

Meditations and Vows, 44

영혼은 그 안에 심기어진 신적 원리에 따라 의도하고, 기능하게끔 창조되었지만, 육체는 육체일 뿐이다. 그것은 연약하고, 나태한 도구다. 그 이유는 그것이 동물적 본성을 지니기 때문이다. 육체는 연약하기 때문에 흙으로 돌아갈 것이다(고전 15:43). 하나님의 친구였던 모세보다 더 쾌활하고, 더 기꺼운 마음을 지닌 사람이 누가 있겠는가? 그러나 그의 팔은 무거워서 곧 아래로 쳐질 것만 같았다(출 17:12). 설교와 말씀 듣기라는 중요한 의무와 관련된 예를 하나 들어보겠다. 가장 신령한 설교자의 정신도 곧 지치고, 학식 있는 자의 혀도 곧 입천장에 들러붙고, 머리는 어지럽고, 가슴은 두근거리고, 무릎을 떨린다. 말씀을 듣는 자들 가운데 가장 경건한 사람의 귀도 종종 둔감해지고, 눈은 졸음에 겨워 감기고, 온몸이 순식간에 무기력해지기 일쑤다.

새뮤얼 쇼

Voice of One Crying in the Wilderness, 102

육체의 응석을 다 받아주거나, 그것을 너무 부드럽게 다루지 않도록 조심하라. 하나님과 자기 영혼의 유익을 위해 섬기는 일에 육체를 부적합하게 만드는 것은 무엇이든 단호히 거절하고, 그 일을 잘할 수 있게 만드는 것만을 허용하라. 육체의 응석을 받아주는 것은…부적절하다. 우리를 주님에게서 멀어지게 만드는 것을 애지중지하고, 그것을 부드럽게 다룬다면 우리는 결코 행복할 수 없다…육체의 응석을 받아주는 것은 해롭다. 이 종을 어렸을 때부터 너무 부드럽게 양육하면 결국에는 아들이 되고, 더 나아가서는 주인이 될 것이다.

새뮤얼 쇼

Voice of One Crying in the Wilderness, 124

육체는 병들었어도 영혼은 건강할 수 있다.

조지 스윈녹

in Horn, *Puritan Remembrancer*, 329

육체의 부활

부활 교리는, 이단과 오류에 사로잡힌 자가 아무리 의심하더라도, 성경의 거의 모든 책이 제시하고 중심에 두고 있는 진리다.

존 번연

Riches, 434

내 몸은 내 자아의 일부다. 내 몸은 없어져서는 안 되고 없어질 수도 없다. 내 몸이 내 영혼에서 분리되면 나는 존재하기를 멈춘다. 이 분리가 지속되는 한 나는 영원히 비실재로 남을 것이다. 내 자아는 속량 받아 주님과 관련되고, 내 영혼이나 내 몸은 내 자아의 일부로서 주님과 관련된다. 분리된 몸과 영혼은 다시 연합되어야 하고, 그때 내 자아는 주님이 이루신 나의 구속과 나와 주님과의 관계를 즐거워하기 위해 존재한다. 주님은 더 낫고 더 고상한 부분인 내 영혼을 특별히 보살피시지만 그렇다고 내 몸을 멸시하거나 등한시하지 않으신다. 내 영혼과 몸은 지금 은혜를 누리는 공동 주체다. 그러므로 내 영혼과 몸은 장차 영광을 누리는 공동 주체가 될 것이 틀림없다.

자카리 크로프톤

Defence against the Dread of Death, 109

무덤은 여러분이 오랫동안 거하는 집이지만 마지막으로 거하는 집은 아니다. 사망으로 여러분은 아름다움을 빼앗기지만 부활할 때 그 아름다움을 다시 회복할 것이다.

토머스 왓슨

Body of Practical Divinity, 205

모든 영혼은 부활할 때 자체의 몸을 갖게 될 것이다. 죽을 때 갖고 있던 것과 같은 몸이 다시 살아날 것이다. 어떤 이는 영혼이 새로운 몸을 입게 될 것이라고 주장한다. 하지만 그렇게 되면 그것을 육체의 부활로 부르는 것은 부적절하고, 오히려 창조로 불러야 할 것이다. 아프리카 교회들은 "나는 이 몸의 부활을 믿습니다"라고 고백하는 것이 관습이었다. 나는 부활 교리는 너무 깊어 이성으로 쉽게 건너갈 수 없다고 생각한다. 여러분도 믿음으로 건너가야 한다.

토머스 왓슨

The Christian's Charter of Privileges, in *Discourses*, 1:75

육체적인 결함

타고난 장애나 미추나 신체적 결함은 피조물의 잘못이 아니라 창조주의 기쁘신 뜻에 따라 결정된 것이다. 따라서 사람들의 결함을 비난하는 것은 곧 하나님을 비난하는 것이다.

랄프 베닝

Canaan's Flowings, 46

율법

"내가 할례를 받는 각 사람에게 다시 증언하노니 그는 율법 전체를 행할 의무를 가진 자라"(갈 5:3). 사도가 의미하는 바는, 의식법의 한 부분을 반드시 지켜야 하도록 자신이 속박되어 있다고 생각하는 사람은 그렇게 생각함으로써 자신을 의식법 전체 규정에 속박시키는 것이기에 전체를 행할 의무를 가진 채무자라는 것이다. 또한 율법 전체를 지킬 의무가 있는 채무자는 형벌에 있어서도 속히 채무자가 된다. 율법의 어떤 것도 지킬 수 없기 때문이다.

존 플라벨

Fountain of Life, 171

율법과 복음

율법은 위협한다. 그러나 복음은 약속들을 제공한다. 율법의 조건은 "이를 행하라 그리하면 살리라"이다. 그러나 복음의 약속은 "믿으라 그리하면 구원받을 것이다"이다. 율법은 죄를 드러낼 수 있지만 죄를 진압하지는 못한다. 만일 그렇다면, 그것은 약속의 직무를 침해하는 것이기 때문이다. 율법의 직무는 죽이는 것이며 약속의 직무는 생명을 주는 것이다.

토머스 애덤스

Exposition upon…Second…Peter, 34

그러면 그리스도로 말미암아 자유롭게 된 우리가 율법으로부터 자유로운가? 나는 율법 두 가지를 부과한다고 대답하고자 한다. 율법은 형벌을 부과하고 의무를 부과한다. 우리는 형벌로부터는 자유롭지만 의무로부터는 자유롭지 않다. "주의 이름을 부르는 자마다 불의에서 떠날지어다"(딤후 2:19). 그분은 율법에서 우리를 정죄할 수 있는 모든 권세를 제거하셨지만 우리를 다스릴 권세를 제거하지는 않으셨다. 우리는 여전히 하나님의 율법에 따라 그분을 섬겨야 한다.

그렇지 않으면 하나님은 그분의 복음에 따라 우리를 구원하시지 않을 것이다. 주 예수에 대한 우리의 믿음과 율법에 대한 우리의 순종은 모세와 그리스도께서 산에서 만난 것처럼 함께 연결되어야 한다. "율법은 모세로 말미암아 주신 것이요 은혜와 진리는 예수 그리스도로 말미암아 온 것이라"(요 1:17).

토머스 애덤스

Exposition upon...Second...Peter, 184

율법과 복음을 섞어서 하나의 복음으로 만들려고 하는 자들이여, 예수 그리스도의 의의 피와 죽음과 부활과 중보가 당신에게 전가되지 않으면, 그리고 그 전가로 말미암아 당신의 것으로 간주되는 그것을 믿음으로 소유하기 전까지는, 당신이 파멸되고 잃어버린 바 된 상태라는 것을 알지 못하는가? 당신은 당신의 양심과 율법을 세우고, 마리아의 아들의 순종보다 당신의 순종을 더 낫고 가치 있는 것으로 여기겠는가? 만일 그렇다면, 당신은 불신앙의 죄를 그리스도의 영으로 말미암아 깨닫는 구원의 은혜를 받지 못했기 때문일 것이다.

존 번연

Riches, 70

여기서 당신은 이렇게 말할지 모른다. "오 율법이여, 그대는 죄에 대하여 울부짖지만, 내게는 미치지 못한다. 그대는 저주하고 정죄하지만 내 영혼을 저주하지는 못한다. 내게는 의로우신 예수님, 거룩하신 예수님, 영혼을 구원하시는 예수님이 계시기 때문이다. 그분은 나를 위협과 저주와 정죄에서 건져내셨다. 나는 그대에게서 벗어났고, 그대의 속박에서 풀려났다. 나는 생명과 구원의 더 나은 약속, 새 언약으로 인도되었다. 이것은 나를 위해 예수님이 피를 흘려 하나님의 공의를 만족시키심으로써 나의 공로 없이도 나를 위로해주는 약속이다."

존 번연

Riches, 73

복음의 명령들은 피조물의 순종을 요구한다. 복음 안에는 율법의 규칙을 방해하는 단 하나의 교훈도 존재하지 않으며, 오히려 그것을 강화하고 정확하게 표현하기까지 한다. 우리를 태우던 열은 가라앉았지만, 우리는 인도하는 빛은 꺼지지 않았다. 어떠한 작은 죄도 허용되지 않으며, 죄에 대한 가장 작은 애정도 용납되지 않는다. 율법은 복음으로 완화되지만, 취소되거나 문밖으로 버려지지 않는다. 거룩하게 된 자들만이 영화롭게 될 것이다. 우리가 내세의 영광을 기대한다면, 반드시 지금 이곳에서 은혜가 있어야 한다. 우리의 영혼이 거룩함을 입지 않았다면, 하나님의 얼굴을 보게 될 것이라고 주제넘게 기대해서는 안 된다(히 12:14). 거룩함은 우리의 의도와 목적에 있어서, 그리고 전체 율법에 대한 순종의 행동에 있어서 율법을 준수하려는 노력을 요구한다. 그것은 하나님께 영광 돌릴 것과 사람들을 보편적으로 사랑할 것을 명한다. 그것은 하나님의 심중에 있는 모든 뜻을 계시하고 사람들에게 가장 거룩한 법칙들을 제공한다.

스테판 차녹

Selections, 119–120

율법은 그저 어두운 복음에 다름 아니며, 복음은 명확한 율법에 다름 아니다. 율법은 어두운 그림자와 여러 종교의식들 아래 숨겨지고 가려졌지만 복음은 명확하고 분명했다.

크리스토퍼 러브

Zealous Christian, 5

율법의 교리는 그리스도를 위해 예비된 영혼을 낮춘다. 그러나 복음의 교리는 그리스도 안에 있는 영혼을 낮춘다.

존 오웬

Golden Book, 225

율법주의

율법주의자 : 진정한 경건에 대해 내가 모르는 것이 무엇입니까? 이상한 일입니다. 당신과 나는 매일 함께 이야기를 나누지 않았습니까?

경건 : 선생이여, 선생과 동행했던 사람은 내가 아닙니다. 때로는 내 이름을 사칭하는 사람들이 있는데, 아마도 당신은 그들을 아시는 것 같습니다. 그의 행동이 어떠합니까? 무슨 교리를 그가 당신에게 가르쳤습니까? 그것으로 나는 그가 누구인지 알 수 있을 것 같습니다.

율법주의자 : 선생님, 왜 그는 내게 하나님의 계명들을 지키며, 의로운 삶을 살며, 다른 사람에게 대접받고자 하는 대로 그들을 대접하라고 가르치는 것입니까?

경건 : 오, 선생이여. 그 사람은 나의 친구이며, 내 정직한 이웃인 도덕씨입니다. 내가 매우 사랑하는 분이지요. 그런데 선생이 그를 나라고 생각한 것은 큰 무지라고 확신합니다. 그는 자신의 이름이 진정한 경건이라고 말하지 않을 것입니다. 어떤 일들에 있어서 우리는 매우 닮았습니다. 선생이 언급했다시피, 내가 같은 교리를 가르치지만, 여러 면에서 우리는 매우 다릅니다. 우선 우리는 당신이 하나님의 계명을 지켜야 한다는 데

동의합니다. 둘째로, 그는 당신이 의로워야 한다고 말하며 나 역시 그러합니다. 셋째로, 그는 남에게 대접받고자 하는 대로 남을 대해야 한다고 말하며, 나도 같은 말을 합니다. 그것은 나의 주인님의 교리이기도 합니다.

율법주의자 : 그러면 선생님, 당신과 그는 어떤 점에서 그리 다른 것입니까?

경건 : 그는 행함으로 칭의를 얻으라고 가르치지만, 나는 오직 믿음으로 칭의를 얻으라고 가르칩니다. 그는 율법을 지키거나 순전하고 정직한 삶을 살아서 칭의를 얻으라고 가르칩니다. 그러나 나는 하나님의 무조건적인 은혜와 그리스도의 공로를 통해 칭의를 얻으라고 가르칩니다.

벤자민 키치

Travels of True Godliness, 98–99

은사

은사와 은혜를 더 많이 활용할수록 그것들이 더욱 강화되고, 증대된다. 모든 행위가 습관을 강화한다.

토머스 브룩스

Smooth Stones, 203

요셉의 옷은 그를 형제들보다 더 사랑스럽게 보이게 만들었지만, 그에게 고난을 가져다주는 원인이 되었다. 그것은 궁수가 자기 옆구리에 화살을 쏘아 박은 격이었다. 큰 은사는 성도를 세상 사람들 앞에서 좀 더 고귀하게 보이게 만들지만, 비천해 보이는 사람들을 상대하지 않으려는 유혹을 불러일으키는 계기가 되기도 한다. 형제들의 시기와 사탄의 악의와 마음의 교만에 휩싸인 사람은 천국에 가는 것이 그렇게 어렵지 않다고 생각한다.

윌리엄 거널

Christian in Complete Armour, 138

불사용은 무능을 낳고 꾸준한 사용은 완전함을 낳는다. 골방에서 기도하는 데 익숙하지 않은 사람은 공적인 자리에서 냉랭하고, 형식적인 기도를 할 수밖에 없다. 묵상을 중단하는 사람은 그 습관을 되살리는 데 오랜 시간이 걸리지만 그런 활동에 익숙한 사람, 곧 기도하기 전에는 옷을 입지 않고, 묵상하기 전에는 저녁을 먹지 않는 사람은 그것을 수월하게 잘 할 수 있다. 선한 의무를 중단하는 사람은 그것에 뒤따르는 축복과 그것을 행하는 능숙함을 잃는 이중 손실을 각오해야 한다.

조셉 홀

"Holy Observations," in *Select Tracts*, 326

영혼을 부지런히 먹이고, 은혜의 수단을 열심히 활용하지 않으면 영혼이 쇠약해지고, 게으름에 빠져 거룩한 의무에 태만해져 연약해질 수밖에 없다. 개인 기도를 소홀히 한다고 해서 영적으로 약해지지 않을 것이라고 생각할지도 모르지만, 그것을 한 번만 중단해도 곧 부주의해지고 말 것이다. 기도를 소홀히 할수록 하려는 마음이나 할 수 있는 힘이 더 약해질 수밖에 없다. 주일을 한 번쯤 더럽혀도 괜찮을 것처럼, 곧 그 날에 필요한 의무를 무시한 채 하나님을 예배하지 않고, 스스로의 욕망을 채워도 아무렇지도 않을 것처럼 생각할 수도 있다. 그러나 사랑하는 자들이여, 그런 태도는 우리를 안일하게 만들 것이 분명하다. 한번 그렇게 하면 그후로는 더욱 그렇게 하기 쉽다. 이것은 모든 기술에 똑같이 적용되는 이치다. 모든 행위가 모여 습관을 형성하고, 습관이 관습으로 굳어진다. 선한 일의 경우도 마찬가지다. 선한 일을 일단 시작하면 그후 많은 것들이 이루어진다. "무릇 있는 자는 받아 넉넉하게 되되"(마 13:12)라는 그리스도의 말씀대로, 마음을 은혜로운 상태로 유지하면 은혜를 계속해서 공급받을 수 있다. 은혜를 받은 자가 하나님이 정하신 수단을 주의 깊게 활용하면 더욱 거룩해질 것이 틀림없다.

존 프레스턴

"The Saints' Spiritual Strength," in

Remaines, 110 – 11

은퇴

상인은 나이를 상당히 먹고 은퇴할 만한 충분한 재산도 있으면 직업적 소명을 그만두는 것이 허용된다. 부를 축적하고 나이를 먹은 자가 고목처럼 자기보다 나이 적은 자의 성장을 방해할 수 있기 때문에 젊은 상인에게 기회를 주는 것은 합법적이고 합당한 일이다. 인생의 사양길에서 부에 대한 사랑이 커지는 것은 인간 본성의 충격적인 한 모습이다. 그렇더라도 은퇴한 상인은 자신이 인생의 노역에서는 벗어났지만 인생의 의무에서는 벗어나지 않았음을 명심해야 한다. 그는 여가 시간을 낭비하지 말고 다른 사람에게 자비와 친절을 베푸는 일을 통해 그의 마음을 다른 상태를 위해 준비하는 일에 사용해야 한다. 젊은이에게 덕과 번영의 길을 제시해 주되, 자기 영혼에게 "많은 세월 동안 쓸 수 있는 많은 재물을 쌓아 두었다"라고 말하는 미련한 자처럼 "먹고 마시고 즐기는 것" 외에 재물의 다른 용도를 알지 못하고, 쌓은 재물을 하나님을 위해 사용하기보다는 그저 방탕하게 관능적 만족을 위해 사용해서는 안 된다.

리처드 스틸

Religious Tradesman, 228 – 29

은혜

만일 당신이 은혜보다 위로를 얻기 위해 더 크게 소리친다면, 당신의 영혼은 나쁜 상태에 있는 것이다. 그렇다면 이렇게 말하라. "주여, 나의 마음이 충분히 깨어지지 않았다면 더 깨뜨려 주옵소서. 나의 상처가 철저하게 조사되지 않았다면 더 깊이 찔러 감찰하여 주옵소서. 내 안에 어떤 악이 있나 보시고, 내 마음이 하나님 앞에서 바르게 될 때까지 나를 감찰하고 시험하소서."

아이작 암브로우스

Christian Warrior, 59.

은혜는 은사를 능가한다. 당신이 받은 은혜를 은사들과 비교해보라. 그러면 엄청난 차이를 발견할 것이다. 은사 없는 은혜가, 은혜 없는 은사보다 영구히 더 낫다. 신앙에 있어서 생명력은 가장 좋은 것이다. 은사는 그저 외적인 것이며, 성령님의 일반적인 영향 아래, 악인들도 은사를 가질 수 있다. 그러나 은혜는 좀 더 구별되는 사역이며, 오직 의인에게만 주어지는 보석과 같다. 당신에게는 하나님의 씨앗인 거룩한 기름부으심이 있는가? 그렇다면 그것으로 만족하라.

시므온 애쉬

Primtive Divinity, 82.

참된 은혜는 자기 점검을 좋아한다. 은혜는 신실하며, 신실함이란 곧 자기 점검을 의미하기에 참된 은혜는 스스로를 점검하며 점검받기를 원한다…참된 은혜는 상당 부분 자신을 낮추는 사역과 관련되어 있다. 은혜는 물이 많은 곳에서 성장한다. 다시 말하지만, 은혜는 자기를 낮춘다…참된 은혜는 약하더라도 약함의 분량 만큼이나마 분명히 역사한다. 약속 앞에 휘청거리기도 하지만 그럼에도 은혜는 약속을 향해 나아간다. 그리스도의 사랑을 의심하기도 하지만, 은혜는 결국 그리스도에게 달려가게 한다. 넘어지기도 하지만, 은혜는 그 길을 곧장 걸어간다…참된 은혜는 기꺼이 다른 이들에게서 배우려고 한다…참된 은혜는 자기 자신의 약함에 매우 민감하다.

윌리엄 브리지

Lifting Up, 100–101

사람은 그가 소유한 작은 은혜에 따라 살아가야 하기에 엄청나게 대단한 은혜를 획득하는 방법 따위는 없다.

토머스 브룩스

Smooth Stones, 15

적은 빛에도 충실하게 살아가는 사람은 더 많은 빛을 얻게 될 것이다. 적은 지식에도 충실하게 살아가는 사람은 더 큰 지식을 얻게 될 것이다. 적은 믿음에도 충실하게 살아가는 자들은 더 큰 믿음을 갖게 될 것이다. 작은 사랑에도 충실하게 살아가는 사람들은 더 큰 사랑을 얻게 될 것이다. 진실로 사람들이 시간이 흘러도 은혜에 있어서 갓난아이와 같고 작은 관목과 같은 이유는 그들이 소유한 은혜대로 살지 않기 때문이다.

토머스 브룩스

Smooth Stones, 135

그 누구도 그리스도께 무언가를 드렸기 때문에 그리스도께 받아들여지는 것이 아니다. 그들은 아무것도 가져오지 않아도 여전히 최고의 환대를 받을 수 있으며 모든 것을 기대할 수 있다. 당신은 그리스도께 무엇을 드리거나 무엇을 행해서 그리스도께서 당신을 위해 죽게 하였는가?

엘리샤 콜스

Practical Discourse, 176

나는 각성하여 죄를 깨달은 후에 그 각성을 억누르기 위해 부단히 노력한 어떤 사람을 알고 있다. 그는 각성이 더욱 강해질수록 그것을 억누르기 위해 더욱 완고해졌다. 그는 마음의 이끌림에 강력하게 저항했으며, 어떤 각성이 있어도 청교도가 되지 않겠다고 결심했다. 그는 그의 주인의 명령 때문에 반드시 교회에 가야 했다. 그러나 그는 양손으로 귀를 막고 의자에 축 늘어져 있곤 했다. 일반적인 은혜, 또는 조건적인 은혜가 분명히 억눌려지고 있었다. 그러나 택함받은 그릇은 그렇게 잃어버려지지 않는다. 이제 택하심의 은혜가 개입하고 그의 팔꿈치가 미끄러지면서 귀를 막고 있던 손이 이탈되고 강단으로부터 하늘에서 내리는 불 같은 말씀이 전해지고 그의 마음은 녹아내려 새롭게 되었다. 확실히 이러한 과정 안에서 하나님은 인간의 순응 또는 개선을 기다리지 않으셨다. 그분의 말씀은 그런 것에 의존하지 않는다.

엘리샤 콜스

Practical Discourse, 210

신자들은 이 모든 은혜를 방탕으로 바꾸지 않도록 주의해야 한다. 그리스도께서 당신을 위해서 많은 일을 해주셨기 때문에 당신은 그저 가만히 앉아 있으면 된다고 생각하지 말라. 더욱이 그리스도께서 속죄를 위해 이

같이 훌륭한 제사를 드리셨기 때문에 죄의 탐닉에 빠져도 된다고 생각하지 말라. 그리스도께서는 저주가 되기 위해 오신 것이지, 당신의 죄의 엄폐물이 되기 위해 오신 것이 아니다.

존 플라벨

Fountain of Life, 436

무조건적인 은혜에 기반한 그리스도의 의에 정통한 자가 되라. 그러면 그 은혜가 순종과 경건한 삶을 낳는다는 것을 발견할 것이다. 무조건적인 은혜의 감미로움은 기꺼이 그리스도를 섬기고 그분을 위해 고난받게 만든다. 당신의 마음을 넓히기를 원하는가? 그렇다면 거저 주시는 은혜를 맛보라. 그것은 당신의 영적 활동에 모든 조화로움을 가져다준다. 요나단이 꿀을 맛보고 눈이 밝아졌던 것처럼, 그리스도 안에 있는 거저 주시는 은혜를 맛보면 당신의 의무 수행은 활기를 띨 것이다.

오바댜 그류

Sinner's Justification, 47

은혜는 천하를 소동케 하는 성질을 갖고 있다. 어떤 신을 섬기는지 아무도 알 수 없는 그런 것은 은혜의 작용이 아니다. 은혜는 그렇지 않다. 은혜는 그 자체로 나타날 것이다. 은혜는 모든 장소와 일터에서 당신과 함께 행할 것이다. 은혜가 당신과 함께 사고, 당신과 함께 팔 것이며, 당신의 모든 사업에 개입할 것이다. 은혜는 당신이 하나님 앞에서 신실하고 충실할 때 당신을 위로할 것이며, 그렇지 않을 때 고발하고 질책할 것이다. 가서 그 입을 막는다면, 하늘이 그 음성을 들을 것이다. 당신이 은혜를 질식시킬 때, 은혜는 살아 있는 사람처럼 신음하고 애통해하며 분투할 것이다. 관 안에 사람이 누워 있는데 그 관 뚜껑을 못 박아 닫아도 아무런 울부짖음이나 소동이 없다면 그 사람이 살아 있는 사람이라고 믿을 수 있겠는가? 마찬가지로 행위를 통해 그 어떤 영적 생명이 표출되지 않는 사람이 은혜를 가지고 있다고 믿을 수 있겠는가?

윌리엄 거널

Christian in Complete Armour, 44

성도의 행복을 구성하는 영적 복락들을 위해 무한한 갈망을 품고 기도해야 한다. "나에게 요만큼만 은혜를 주시면 다시는 괴롭게 하지 아니하리이다"라고 기도해서는 안 된다. 그렇지 않다. 하나님이 우리에게 약간의 은혜를 주시는 것은 우리의 입을 막기 위해서가 아니고 더 크게 열도록 하심이다. 은혜의 진정한 가치를 아는 사람은 영광 가운데 만족하기 전까지는 족함을 모른다.

윌리엄 거널

Christian in Complete Armour, 719

사람은 자연적으로(거듭남과 관련 없는 자연적 본성으로-편집주) 다른 사람의 죄를 미워할 수 있지만, 자기 자신의 죄를 미워하게 하는 것은 오직 은혜뿐이다.

존 하트

Christ's First Sermon, 15

착한 본성 : 많은 사람들이 자연적으로 순진무구하고 친절하며 자유롭고 너그럽다. 그러나 이것은 은혜가 아니다…착한 본성을 지니고 태어나도 은혜가 없을 수 있다.
사회적으로 단정한 행동 : 우리는 쉽게 이것을 은혜라고 잘못 간주하는 경향이 있다.
외적인 신앙고백 : 하나님의 백성들과 함께 모든 규례들을 통해 하나님을 예배하는 것을 우리는 은혜와 자비라고 판단한다. 그러나 오직 하나님만이 가부간에 오류없이 판단하신다.
어느 파에 속하는 것 : 이것은 은혜가 아니다. 옛 사람들이 말했다. "나는 바울에게 속했다, 나는 아볼로에게 속했다." 그러나 바울을 그들을 육적이라고 부른다.
하나님의 것들에 관한 지식과 우리 영혼과 성경에 관한 지식 : 우리는 이것을 은혜라고 생각하기 쉽다. 사람의 머릿속에 지식으로 가득 차 있어도 조금의 은혜가 없을 수도 있다.
각성 : 사람은 각성된 양심을 지닐 수 있지만 은혜가 없을 수도 있다. 사람은 각성으로 충만한 채 지옥으로 떨어지기도 한다.
선한 목적과 약속들 : 이것들은 몹시 추운 겨울날 잠시 피었다고 곧 죽고 마는 싹이나 꽃과 같다.
인간적인 개선과 은혜는 구별된다. 사람은 옛 죄를 벗어버리고 약간의 의무를 수행하기도 하지만 참된 선행에는 낯선 사람일 수 있다.

필립 헨리

Remains, 13-14

나는 우리의 삶과 본성에 진정한 변화가 일어나는 우리 안의 주관적인 은혜에 대해 말하고 있다. 간단히 말해서, 주관적인 또는 내재적인 은혜에 대해 다음과 같이 설명할 수 있을 것이다. 그것은 성령님에 의해 영혼에 즉시 주입되는 초자연적인 습관이며, 영적이며 거룩한 활동의 원리로서 영혼의 모든 능력과 기능에 내재한다. 이런 초자연적인 은혜에 의해 다섯 가지 변화가 발생한다. 은혜를 주입하고 빛을 비춤으로써 일어나는 직접적 이해 또는 판단력의 변화, 양심을 각성시키고 진정시킴으로 일어나는 양심의 변화, 영적인 애정(affection)의 생성, 회심을 통한 의지의 변화, 삶과 대화의 개혁된 변화가 그것이다. 이 다섯 가지 변화는 참되고 거룩하게 하는 은혜에 의해 온 영혼에 발생한다.

에제키엘 홉킨스

The Almost Christian Divorced, in *Select Works*, 222

은혜는 본성이 아니다. 은혜는 타고난 것이 아니라 주어지는 것이다. 출생에 의한 것이 아니라 중생에 의한 것이다. 은혜는 우리 육신의 아버지에게서 물려받은 것이 아니라 영의 아버지에게서 온 것이다. 누가 더러운 것에서 깨끗한 것을 끌어낼 수 있으랴? 거듭남은 "혈통으로나 육정으로나 사람의 뜻으로" 난 것이 아니다(요 1:13).

윌리엄 젠킨

Exposition upon the Epistle of Jude, 14

신적 은혜는 연약하고 죄악된 사람의 심령 안에서도 무적이다. 그것이 적대적 강물에 빠진다 해도 익사하기는커녕 깨끗하게 씻기어 더 아름다운 모습으로 떠오를 것이다. 그것을 불같은 시험의 용광로 안에 던져 보라. 그러면 우리의 부패한 성품이 혼합된 찌꺼기와 녹 외에는 아무것도 잃어버리지 않고 도리어 더 순결하게 나올 것이다.

로버트 레이턴

A Commentary upon the First Epistle of Peter, in *Whole Works*, 1:61

은혜는 마음의 자연적인 정욕을 완전히 뿌리 뽑아 없애지 않는다. 은혜는 죄로 인해 방해를 받기 때문이다. 죽이고 잘라내서 고치는 것은 극단적인 치료법이다. 은혜는 그들 안에 있는 상함을 고친다. 은혜는 사랑의 주된 물줄기를 마르지 않게 하고 그 잘못된 경로를 바꾸어 올바른 물길을 내서 행복에 이르게 하고 선의 바다로 흐르게 한다. 성령님은 그리스도 안에서 영혼의 사랑을 하나님에게로 향하게 하신다. 따라서 예수 그리스도는 이 신적 사랑의 최고의 대상이 되신다. 그분은 우리와 연합하시는 중보자이시다. 영혼은 그리스도를 통해 하나님의 사랑을 감지하고 그 사랑은 다시 하나님을 향한다.

로버트 레이턴

A Commentary upon the First Epistle of Peter, in *Whole Works*, 1:74

은혜의 왕국은 "말할 수 없는 기쁨"(벧전 1:8)을 주지만 아직은 '말할 수 없는 영광'을 주지는 않는다. 우리에게는 "순례자의 집의 노래"가 있다(시 119:54). 하나님은 우리로 하여금 우리가 소유한 기업에 점차적으로 들어가게 하실 것이다. 우리가 우리 주인의 기쁨에 들어가기 전에 주님의 기쁨이 먼저 우리에게 들어온다. 먼저 샛별이 오고 그 다음에 태양이 뜬다. 우리가 일한 만큼의 삯을 우리에게 주시는 너무나 훌륭한 주인을 우리는 섬기고 있다. 우리가 씨를 뿌리는 동안 우리에게는 선한 행실로 인한 평강과 양심의 만족이 있다.

토머스 맨톤

Practical Exposition on the Epistle of James, 144.

가장 큰 은사도 그 자체로 마음을 변화시킬 수 없다. 사람은 사도처럼 설교하고 천사처럼 기도하고도 마귀의 마음을 가질 수 있다. 오직 은혜만이 마음을 변화시킬 수 있다. 가장 큰 은사도 마음을 변화시킬 수 없지만, 가장 작은 은혜라도 마음을 변화시킬 수 있다. 은사는 사람을 학자로 만들 수 있지만 오직 은혜만이 사람을 신자로 만든다.

매튜 미드

Almost Christian Discovered, 80

은혜는 사람을 더욱 사람답게 만들 뿐 아니라 그를 사람 그 이상으로 만든다. 초기 그리스도인들은 최고의 사람들이었다. 그 누구도 그들과 같이 성품이 겸손하고 대화가 사랑스러운 사람들은 없었다. 노아는 당대에 의로운 사람이었고 완전한 사람이었다. 그는 성도들 중에 거하는 죄인이 아니라 죄인들 중에 거하는 성도였다. 누가 그렇게 더러운 둥지에서 그렇게 아름다운 새를 찾을 수 있겠는가? 그는 한때 사람의 아들들처럼 행동했지만 하나님의 아들들과 함께 헤아림을 받았다. 아주 좋은 밀밭이라도 그 안에 잡초가 있을 수 있다. 성도라도 죄에서 자유롭지는 않은데(not free from sin), 바로 그것이 그의 짐이다. 성도는 죄 짓는 데 자유롭게 않은데(not free to sin), 바로 그것이 그의 축복이다.

윌리엄 세커

Nonsuch professor, 5

은혜가 풍성하면 사람을 지혜롭게 한다. 지혜는 최고의 재산이다. 다른 것들이 풍성해도 사람을 지혜롭게 하지 못한다. 사람은 엄청난 부자이면서 머리가 텅 비어 있을 수 있다. 많은 이들이 큰 재산을 상속받고 장수하지만, 결코 신중하고 사려 깊게 살지 못한다. 그러나 은혜의 풍성함은 사람을 지혜롭게 만드는 능력이 있다. "여호와를 경외함이 지혜의 근본이라"(시 111:10). 성도들은 슬기로운 처녀들에 비유된다(마태복음 25장). 은혜는 사탄의 계략들과 책략들을 파악할 수 있는 지혜를 준다(고후 2:11). 은혜는 구원에 이르게 하는 지혜를 가져다준다(딤후 3:15). 은혜는 비둘기의 머리에 뱀의 눈을 준다.

토머스 왓슨

The Beatitudes, in *Discourses*, 2:461

은혜의 탁월함을 묵상하라. 그러면 은혜를 추구하는 열정이 생겨날 것이다. 우리는 광산에서 금을 캐고, 용광로에서 이를 정련하기 위해 땀을 흘린다. 만일 우리가 은혜의 가치를 진정으로 묵상한다면, 우리는 은혜를 얻기 위해 은혜의 방편이라는 광산에서 땀을 팔 것이다. 땀 흘리며 씨름하는 기도란 무엇인가? 우리가 겸손한 담대함을 옷 입을 때 우리의 간청은 결코 거절당하지 않을 것이다.

토머스 왓슨

A Christian on the Mount, in *Discourses*, 1:219

은혜는 영혼 위에 그려진 그리스도의 초상화이다.

토머스 왓슨

Puritan Gems, 60

하나님의 자녀들은 각자 다양한 수준의 은혜를 소유하고 있다. 어떤 이들은 복음의 젖만 먹는 어린아이들이다. 어떤 이들은 장성한 청년들이다. 어떤 이들은 영광 중에 은혜를 받을 준비가 된 아버지들이다. 이들은 모두 경건의 생명력을 소유하고 있다. 성경은 백향목과 상한 갈대 모두에 대해 말한다. 각각의 사람들은 하나님이 창조하신 식물들이며 하나님이 돌보시는 대상들이다. 하나님의 교회의 동산에서는 가장 약한 식물조차 가장 강한 식물과 동등하게 여겨진다. 하나님은 가장 희미한 감동을 받은 영혼 안에 있는 성령의 역사하심도 읽으실 수 있다.

토머스 왓슨

Puritan Gems, 60

은혜 안의 성장

아무도 행위로 구원받지 못한다. 하지만, 하나님은 이 세상에서 신실하고 근면하게 섬기는 그의 백성에게 복을 선물로 주실 것이다. 은혜는 갓 피어나는 꽃봉오리 같은 영광이고, 영광은 온전히 피어난 은혜이다. 영광은 은혜의 빛나는 별자리에 다름 아니고, 행복은 거룩함의 정수에 다름 아니다. 은혜와 영광은 그 종류가 아니라 등급에 있어서 다르다. 은혜와 영광은 약간의 차이만 있다. 은혜는 꽃봉오리이고 영광은 꽃이다. 은혜는 전투하는 영광이고, 영광은 승리한 은혜이다. 사람은 오는 세상에서 동일한 정도의 영광을 주시길 간구할 수 있듯이, 이 세상에서 동일한 정도의 은혜를 주시길 간구할 수 있다. 분명히 이곳에서 더 많은 은혜가 있을수록 내세에서 더 많은 영광이 있다. 땅에서 더 많이 수고한 그리스도인들이 하늘에서 더 많은 영광을 누릴 것이다.

토머스 브룩스

Apples of Gold, 120–21

은혜 안에서 성장했는지 여부는 모든 일에 하나님을 기쁘시게 하려는 지속적인 관심이 있는지를 보면 알 수 있다. 왜냐하면, 하나님을 기쁘시게 하기 위한 목적으로 삶의 길을 추구하지 않는 자들은 하나님을 가장 적게 사랑한다는 것을 보여주기 때문이다.

에제키엘 컬버웰

Time Well Gold, 173

은혜는 전투하는 영광이고, 영광은 승리한 은혜이다. 은혜는 영광의 시작이고, 영광은 은혜가 온전케 됨이다. 은혜는 영광의 첫 번째 등급이다. 영광은 가장 높은 등급의 은혜이다. 은혜는 씨앗이며, 영광은 꽃이다. 은혜는 반지이고, 영광은 반지에서 반짝거리는 다이아몬드이다. 은혜는 영광의 유아이고, 영광은 은혜의 성인이다. 은혜는 봄이요 영광은 추수이다. 사람의 영혼은 보석함과 같고 하나님의 은혜는 보석과 같다. 그리스도께서는 보석이 없는 보석함을 던져버리실 것이다.

윌리엄 다이어

Christ's Famous Titles, 81

시련을 통과한 은혜는 그렇지 않은 은혜보다 더 낫다. 그것은 초동 단계의 영광이다. 시련 없이 누가 은혜의 진실성을 알겠는가? 십자가 없는 믿음은 얼마나 빨리 냉랭해지겠는가! 그러므로 기쁨으로 십자가를 짊어지라.

존 플라벨

Fountain of Life, 256

씨앗은 그 자체로 작은 것이지만, 그 안에는 다 자란 나무의 크기와 높이가 들어 있다. 씨앗은 실제로 자라면서 자연의 힘으로 점점 더 크게 전진한다. 마찬가지로 회심할 때 심어진 은혜의 원리 안에는 어떤 의미에서 은혜의 완전성이 포함되어 있다. 즉 하나님이 그리스도 안에서 약속하신 완전함을 추구하는 갈망과 노력을 발현시키는 성향이 포함되어 있다. "여호와 하나님은 해요 방패이시라 여호와께서 은혜와 영화를 주시며 정직하게 행하는 자에게 좋은 것을 아끼지 아니하실 것임이니이다"(시 84:11). "은혜와 영화"라는 표현에 주목하라. 하나님은 이 땅에서 당신이 소유하는 은혜가 하늘에서의 영광으로 종결되기까지 더 많은 은혜를 더해주실 것이다.

윌리엄 거널

Christian in Complete Armour, 336

하나님의 은사를 이렇게 분별할 수 있다. 겨자씨 한 알이 자라서 큰 나무가 되고 그에 합당한 열매를 맺는다. 마음속에 있는 은혜는 두 가지 면에서 겨자씨와 같다. 첫째, 처음에는 매우 작다. 둘째, 마음밭에 씨가 뿌려지면 급속도로 증가하여 퍼진다. 그러므로 어떤 사람이 자신의 필요에 대한 약간의 느낌과 작고 희미한 성령의 소욕과 작은 순종이 있다면, 그는 이 은혜의 불꽃이 꺼지지 않도록 해야 한다. 이런 성령의 활동들은 말씀과 성례전과 기도를 통해 증가되어야 한다. 은혜의 방편들을 사용하여 날마다 묵상하고 노력하고 분투하고 구하고 찾고 문을 두드려야 한다. 주인은 그의 종들에게 자신의 달란트를 나누어주면서 "내가 올 때까지 장사하고 그것을 땅에 감추어두지 말라"고 말했다.

윌리엄 퍼킨스

Grain of Mustard Seed, 18–19

어떤 이는 어떤 진귀한 꽃에 대해 들어보지 못했어도, 자신의 정원에 그 꽃을 가지게 될 것이다. 마찬가지로 그리스도인은 어떤 은혜에 대해 들어보지 못했어도 그것을 얻기 위해 수고할 것이다.

리처드 십스

in Bertram, *Homiletic Encyclopedia*, 431

하나님이 사람들을 은혜의 상태로 이끄는 것은 이미 은혜의 상태에 있는 사람들을 영광의 상태로 이끄는 것보다 더 큰 사역이다. 은혜의 상태와 영광의 상태의 차이보다 죄의 상태와 은혜의 상태의 차이가 더 크기 때문이다.

존 트랩

A Commentary... upon... the New Testament, 629

은혜 안에서 성장하는 성도는 더욱 사람답게 그리고 사람 그 이상으로 성장한다.

랄프 베닝

in Calamy et at., *Saints' Memorials*, 125

은혜의 삶은 우리의 영적 원수와 전

투하는 삶이다. 영광의 삶은 더 이상 싸울 대적이 없는 것이다.

제레마이어 휘태커

Christians Great Design on Earth, 28

은혜의 수단('규례'도 참고하라)

공적이든 사적이든 하나님이 지정하신 모든 수단들(기도, 말씀 읽기, 말씀 듣기, 거룩한 모임 참석)을 사용하여 여러분의 영혼을 위한 자양분을 얻으라. 열매를 맺기 위해 모든 이슬과 은혜의 소나기를 얻으라. 은혜의 수단 아래서 자주 그리고 영적으로 은혜를 행사하라. 이것이 없이는 하나님을 기쁘시게 섬기지 못하며(히브리서 12:28), 하나님으로부터 아무 자양분도 받지 못할 것이다

바르톨로메오 애쉬우드

Heavenly Trade, 242

당신의 구원을 위해 하나님이 지정하신 수단을 즐거운 마음으로 꾸준히 사용하라. 만일 그것이 하나님이 정하신 방편의 사용이 아니라면, 목적이 달성되기를 기대할 수 없다. 당신 스스로는 아무것도 할 수 없다. 하나님은 당신을 돕기 위해 지정하신 그 수단으로 도움을 베푸신다.

리처드 백스터

A Christian Directory, in *Practical Works*, 2:48

몸의 건강과 성장을 위해 애쓰는 자는 모든 수단을 다 동원할 것이다. 이를테면, 건강해지기 위한 각종 노력들, 약, 여가활동 등을 할 것이다. 마찬가지로 속사람이 강건해지기 위해서는 반드시 해야 할 것들이 있다. 당신은 설교 듣기, 세례 받기, 기도, 묵상, 모임 참석, 성찬 참여, 선을 행하겠다는 특별한 결심 같은 수단들을 모두 사용해야 한다. 그렇지 않으면 속사람은 강하게 성장하지 못할 것이다. 우리 속사람은 이런 양식들을 섭취해야 한다. 속사람은 마치 식물과도 같다. 식물이 잘 자라게 하려면 좋은 토양을 선정하여 적당한 깊이로 심어야 한다. 주의를 기울이지 않고 아무 곳에나 심는다면 식물은 무성하게 자라지 못할 것이다. 마찬가지로 은혜의 토대 위에 기름진 흙을 덮지 않으면, 즉 성찬식과 기도 같은 모든 방법을 사용하지 않으면, 당신의 속사람은 강건해질 수 없고 오히려 시들거나 죽게 될 것이며, 당신은 은혜와 경건함에 있어 성장하지 못하는 난쟁이가 될 것이다.

존 프레스턴

"The Saints' Spiritual Strength," in *Remaines*, 112

하나님 없는 수단들은 잉크 없는 펜, 물 없는 도관, 칼 없는 칼집과도 같다. 하나님 없이는 속사람이 강건해질 수 없다. 성령님이 은혜의 수단들에 생명을 불어넣으시기 때문이다. 그럼에도 이 원천에 연결되어 있는 도관을 잘라내서는 안 된다. 그 수단들을 사용하지 않으면서 하나님을 의지할 수는 없다. 당신은 두 가지를 다 사용해야 한다. 우선 무엇보다도 하나님을 구하고 속사람이 강건해지도록 하나님을 의지하며 끊임없이 수단들을 사용해야 한다. 물이 원천에서 도관을 통해 수많은 곳으로 흘러가듯, 수단들은 은혜를 영혼으로 실어 나른다. 따라서 수단들을 사용하여야 하며, 이를 태만하게 잘라내서는 안 된다. 그렇게 한다면 속사람이 강건해지는 길을 차단하는 꼴이 될 것이다.

존 프레스턴

"The Saints' Spiritual Strength," in *Remaines*, 113–114

의

두 가지 의가 있다. (1) 바울이 회심하기 전에 가졌던 의와 같은 도덕적 의가 있다. 사람은 도덕적 의를 끝까지 지킬 수 있으나 그것으로 구원받지는 못한다. (2) 복음의 의가 있다. 첫째, 복음의 의는 전가된다. 이것은 우리가 의롭다 함을 얻는 그리스도의 의다. 둘째, 복음의 의는 주입된다. 이것은 우리를 거룩하게 하는 그리스도의 영을 통해 전달된 신적 본성이다. 이 두 가지 의는 불가분적으로 함께 가며 결코 상실될 수 없다.

엘리샤 콜스

Practical Discourse, 281

세 가지 의가 있다. (1) 율법적 의. 이것은 율법이 요구하는 것으로, 율법에 완전하고 지속적인 개인적 순종을 할 때 얻는 의다. 창조된 후 아담은 원상의 상태에서 율법적 의를 가졌으나 타락으로 상실했다. 이후로 아담의 자손은 누구를 막론하고 율법적 의를 주장할 수 없다. (2) 도덕적 의 또는 시민적 의. 이것은 사람들이 서로를 진실하고 정직하게 대할 때 이루어지는 의다. 그러나 이것은 율법적 의에 비해 매우 낮은 수준의 의이다. 사람은 시민적 의를 가졌을지라도 신앙이 없고, 은혜와 그리스도와 성화와는 전혀 무관한 자일 수 있다. (3) 복음적 의. 이것은…이중적이다. 첫째, 복음적 의는 하나님 앞에서 의롭다 함을 얻게 하는 의로서 죄인에게 전가되며, 이것은 그리스도의 의다. 둘째, 복음적 의는 주입되는 의로서 이것은 의인의 성화와 관련된 의다.

헨리 펜들버리

"Light in Darkness," in Slate, *Select Nonconformists' Remains*, 378–79

의도

자신이 행하는 것에 명확한 의도를 갖고 임하는 자가 그 의도를 달성할 가능성이 가장 높다.

랄프 베닝

Canaan's Flowings, 108

의무

의무 이행 자체로 만족하는 것은 매우 위험하다. 신앙의 의무는 목적을 이루기 위한 수단에 지나지 않는다. 스스로 현혹되어 은혜의 방편에만 관심을 기울이는 사람들이 많다. 그들은 의무를 한 차례 이행하는 것으로 양심을 무마하고, 의무를 다했으니 안전할 것이라고 믿는다. 그들은 그리스도께서 죽기까지 복종함으로써 이루신 것을 의지하지 않고, 자신들이 이룬 것을 의지한다. 그리스도가 아닌 자신의 의무 이행을 의지하는 사람들은 반석이 아닌 모래 위에 집을 짓는 셈이다. 그들은 소돔은 빠져나왔지만 소알에 이르지 못하고, 도중에 목숨을 잃은 롯의 아내와 같다. 의무 이행을 의지하는 것은 위험하다. 우리는 의무가 아닌 그리스도를 의지해야 한다. 우리는 그리스도 외에는 그 어떤 것도 의지해서는 안 된다.

아이작 암브로우스

Christian Warrior, 62–63

영혼이 정죄받아 마땅한 죄와 상처를 자기에게서 발견하면 의무나 그와 비슷한 것들로 스스로를 구원할 수 있으리라 생각하고, "말씀을 잘 듣고, 기도하면 나를 구원할 수 있지 않을까?"라고 말하기 시작한다. 영혼은 의무를 의지하기로 결정한다. 이런 의무들이 모두 선하고, 훌륭하고, 위로를 준다는 것을 부인할 생각은 조금도 없다. 그러나 그것들은 하나님이 아니라 단지 그분이 지정하신 은혜의 방편일 뿐이다. 수단에 불과한 것을 구원을 위한 공로로 삼으려는 것은 인간의 부패한 마음이 지닌 특성이다. 자신이 하나님을 멸시했고, 술에 취해 살았던 것이 잘못임을 깨달은 사람이 새로운 삶을 살겠다고 다짐하고, "더 이상 술을 마시거나 말씀을 들으러 가는 사람들을 비웃지 않겠어."라고 말한다. 그러고 나서 그는 "내가 무엇을 더 할 수 있을까? 나는 천국에 꼭 가야 하는데."라고 생각한다. 이 모든 것은 인간의 자의적 노력에 지나지 않는다. 가엾은 영혼은 모든 것의 실재인 그리스도는 깡그리 잊은 채 영적으로 굶어 죽어간다…기도와 말씀 듣기와 금식과 자선 행위를 아무리 자랑하더라도 그것들 가운데 우리를 그리스도께로 인도하는 것이 아무것도 없다면, 천사가 하는 일처럼 뛰어난 일을 했더라도 멸망할 수밖에 없다.

아이작 암브로우스

"The Doctrine of Regeneration," in *Works*, 50 – 51

어떤 사람이 의무 이행을 통해 복음적인 의를 얻지 못하면, 즉 그가 주 예수 그리스도와의 연합을 소중히 여기고, 바라고, 즐거워하지 않는다면 그것은 그의 의무를 의지한다는 증거다. 따라서 하나님의 자녀는 설교를 듣거나 기도를 하거나 성찬에 참여한 뒤에 "내가 그리스도를 얻었는가? 그 분을 더 많이 알게 되었는가? 주 예수 그리스도를 더 많이 흠모하게 되었는가? 내 열정이 강해지고, 내 은사가 작동하고, 내 영혼이 그리스도에 대한 기쁨으로 새롭게 되었는가?"라고 스스로 묻는다. 그와는 대조적으로 의무만을 의지하는 육신적인 마음은 단지 "내가 어떤 일을 해내었나?"라고만 묻는다.

아이작 암브로우스

"The Practice of Sanctification," in *Works*, 81 – 82

율법폐기론의 독액이 있는 곳마다 역한 냄새가 느껴진다. 그 이론의 주창자들은 값없는 은혜로 구원받은 사람은 주님께 대한 모든 순종의 의무로부터 자유롭게 되었기 때문에 자유로운 사랑에 따라 행동하면 그만이라고 주장한다. 그들은 의무에 얽매이는 것은 값없는 은혜와 양립하지 않는다고 믿는다. 다시 말하지만, 우리는 그 어떤 의무도 구원의 근거로 생각하지 않는다. 우리가 순종하며 의무를 행하는 이유는 그것이 구원받은 사람의 당연한 도리이기 때문이다. 율법폐기론자들은 훌륭한 목회자들을 '율법주의적인 교사들'로 일컬으며 비방한다. 그들은 그런 목회자들이 의무 이행을 구원의 공로로 내세운다고 생각한다. 그러나 벨리알의 아들들(율법폐기론자들)은 하나님의 율법에 대한 의무를 경시하면 저주를 받게 된다는 것을 기억해야 한다. 자신을 겸손히 낮춰 율법의 명령에 복종하고, 몸과 영혼의 모든 힘을 기울여 기꺼운 마음으로 그것에 순종하는 것을 자신의 의무로 여기지 않으면 어떠한 구원도 있을 수 없다.

토머스 베이크웰

Short View of the Antinomian Errours, 33

의무는 아무리 부지런히 이행해도 지나치지 않고, 아무리 덜 신뢰해도 지나치지 않다. 바꾸어 말해, 의무는 훌륭한 조력자일 뿐 구원자가 될 수 없다. 의무를 이행하는 것은 꼭 필요하지만, 그것을 의지하는 것은 위험하다.

토머스 브룩스

Cabinet of Choice Jewels, 363

은밀히 의무를 행하면 공개적으로 상급을 받게 될 것이다.

토머스 브룩스

Privy Key of Heaven, 19

그리스도께 관심을 기울이지 않으면 입으로 하나님을 향해 '우리 아버지'라고 불러도 멸망할 수밖에 없다. 인간이 의무를 의지하는 것은 침대를 의지해 눕는 것만큼이나 자연스럽다.

토머스 브룩스

Privy Key of Heaven, 165

비둘기는 날개를 사용해 방주로 도망쳤다. 그와 마찬가지로 겸손한 영혼은 의무를 이용해 그리스도께로 도망친다. 비둘기는 날개를 사용했을 뿐, 자신의 날개가 아닌 방주를 의지했다. 겸손한 영혼도 의무를 사용할 뿐, 의무가 아닌 예수님을 의지한다.

토머스 브룩스

Unsearchable Riches of Christ, in *Select Works,* 1:10

힘써 노력하지 않으면 어떤 의무도 이행할 수 없다. 그리스도인들은 삽뿐 아니라 칼도 필요하다.

윌리엄 거널

Christian in Complete Armour, 78

그리스도인들이여, 스스로의 마음을 살펴보니 그런 식으로 차일피일 미루는 것이 어떤 결과를 초래한 것으로 드러났는가? 한 번 의무를 소홀히 하니까 이제 의무를 이행하기가 더 쉬워졌는가? 나는 절대 그럴 일은 없다고 믿는다. 나태는 잠 자는 것으로 치유될 수 없고, 게으름은 게으름으로 치유되지 않는다. 우리는 다리가 저리면 걷는다. 그러면 증상이 차츰 사라진다. 사탄은 오늘 무단결석을 하면 내일 학교에 가는 것이 더 싫어진다는 것을 잘 알고 있다.

윌리엄 거널

Christian in Complete Armour, 637

한 가지 죄를 지었다고 해서 또 다른 죄를 서슴없이 지을 셈인가? 낮에 죄를 지었다면 밤에 기도해야 마땅하지 않겠는가? 내일도 똑같은 잘못을 반복하지 않으려면 하나님께 용서를 구하고, 더 많은 은혜를 구하는 것이 더 낫다. 의무를 소홀히 하면 우리가 빠진 구덩이에서 빠져나오거나 또 다른 구덩이에 빠지는 것을 방지하기 어렵다. 유혹에 더 깊숙이 끌려 들어가지 않도록 주의하라.

윌리엄 거널

Christian in Complete Armour, 638

말만으로는 의무를 이행하거나 실천할 수 없다. 좋은 말은 그 자체로는 좋다. 그리스도인들은 그런 말을 해야 하지만 그것을 의지해서는 안 된다. 어떤 사람들은 좋은 말, 신앙적인 의논, 거룩한 대화를 나누지만 믿음을 고백하지는 않는다. 말로는 의무를 알고 있다고 주장하지만, 말만 하는 것은 의무를 이행하려는 마음이 없다는 증거다. 어떤 사람들의 말은 사납고, 거칠고, 어떤 사람들은 말과 혀로만 사랑한다(요일 3:18). 그러나 그것만으로는 충분하지 않다. 말은 값싸고, 칭찬은 아무 비용도 들지 않는다. 아무런 대가도 치르지 않고 하나님을 섬길 생각인가? 말은 냉랭한 동정심에 지나지 않는다. 위는 말이 아닌 고기로 채울 수 있다. 단순히 행운을 비는 말만으로는 헐벗은 등을 가려줄 수 없다.

토머스 맨톤

Practical Exposition on the Epistle of James, 103

세상을 멀리하고 의무를 충실히 이행하거나 세상을 가까이하고 의무를 등한히하거나 둘 중 하나다. 전자는 하나님의 자녀들의 경험이고, 후자는 위선자들의 경험이다.

토머스 맨톤

Practical Exposition on the Epistle of James, 153

자연 상태의 인간은 의무를 이행한 것을 자랑으로 삼는다. 그는 의무를 많이 이행하면 의기양양해진다. 바리새인들은 "하나님이여, 제가 다른 사람들과 같지 아니함을 감사드립니다."라고 말했다(눅 18:11 참조). 그 이유는 무엇이었을까? 어떤 차이가 있었을까? 그 이유는 그가 "이레에 두 번씩 금식하고 소득의 십일조를 드렸기" 때문이었다. 그러나 거듭난 양심을 지닌 은혜로운 마음은 의무를 가장 많이 이행했을 때 가장 겸손한 태도를 보인다. 바울 사도가 그랬다. 그는 "때를 얻든지 못 얻든지" 항상 담대하고 열정적으로 주 예수 그리스도를 전하며 큰 수고를 했는데도 매우 겸손한 태도로 자신의 부족함을 깊이 느끼고 "나는…사도라 칭함 받기를 감당하지 못할 자니라"(고전 15:9)라고 말했다.

매튜 미드

Almost Christian Discovered, 146

참된 그리스도인은 의무를 많이 이행할 뿐 아니라 의무를 초월한다. 다시 말해, 그는 의무를 많이 이행할 뿐 그것을 의지하지는 않는다. 이는 순종하는 태도로 의무를 열심히 실천할 뿐 그것을 믿지는 않는다는 뜻이다. 그는 순종의 삶을 살지만 순종의 행위가 아닌 그리스도와 그분의 의를 의지한다. 그와는 달리, 형식적인 그리스도인은 의무를 많이 이행하지만 그것을 초월하지 못하고, 그것을 의지한다. 그는 평안을 얻기 위해 의무를 행하고, 자신의 행위에 만족한다. 사실, 그는 믿을 수도 없고, 순종할 수도 없다. 왜냐하면 만일 그가 믿는다면 순종이 필요 없다고 생각하고 의무를 등한시할 것이고, 그가 순종한다면 믿음을 등한시하고, 그것이 필요 없다고 생각할 것이기 때문이다.

매튜 미드

Almost Christian Discovered, 197

사람이 옷을 벗어 버리고, 음식 섭취를 중단하고, 난방 도구를 거부하면 신속히 죽지는 않더라도 서서히 차갑게 식어갈 것이 틀림없다. 그와 마찬가지로 사람이 성경을 읽지 않고, 묵상하지 않고, 기도하지 않고, 말씀을 듣지 않거나 그런 일들을 소홀히 하고 형식적으로 이행하면 죽어가는 사람처럼 갈수록 냉랭해질 것이 분명하다. 거룩한 의무를 성실하게 이행해야만 마음을 뜨겁게 유지할 수 있고, 의무를 소홀히 함으로써 열정이 식는 것을 방지할 수 있다. 묵상은 그런 징후를 상기시켜 제때에 행위를 개선하도록 도와준다.

나다나엘 라뉴

Solitude Improved by Divine Meditation, 76

하나님과의 교제를 원하고, 유지하려는 갈망, 이것이 거룩한 의무들이 주어진 목적 가운데 하나다. 그런 의무들을 통해 하나님과 영혼이 동행한다. 이것이 경건한 사람들이 거룩한 의무들을 통해 추구하려고 했던 목적이었다. 다윗은 "여호와여 내가 주의 얼굴을 찾으리이다"(시 27:8), "내가 어느 때에 나아가서 하나님의 얼굴을 뵈올까"(시 42:2)라고 말했다. 영혼의 상태가 올바른 사람은 그가 공적인 의무와 사적인 의무를 열심히 이행하는 이유에 대해 이렇게 말할 것이다. 그는 자기 영혼이 사랑하는 분을 보기를 원하며, 따라서 의무 이행 안에서 하나님을 만나지 못하면 의무 이행 자체만으로는 결코 만족을 느끼지 못하기 때문이다. 그런 사람은 의무를 열심히 이행하면 자신의 마음속에서 은혜의 원리가 작동되고 있는 것을 편안하게 확인할 수 있다.

랠프 로빈슨

Christ All and in All, 108

의무는 우리의 소관이고, 사건들을 주관하는 것은 주님의 소관이다. 만일 우리가 사건들을 간섭하고, "주님, 왜 이런저런 일을 하십니까?"라고 하나님의 섭리를 판단하려 든다면 우리에게 돌아올 유익은 아무것도 없을 것이다. 우리는 그 문제와는 아무런 상관이 없다. 우리의 역할은 전능하신 하나님이 자신의 키를 붙잡고, 자기의 일을 하시게끔 하는 것이다.

새뮤얼 러더퍼드

Garden of Spices, 161

성도의 가장 큰 의무는 하나님의 말씀을 신뢰하고, 그분의 길을 따르고, 그분의 뜻에 복종하는 것이다. 이런 행위들은 서로를 촉진시킨다. 하나님의 말씀을 올바로 믿는 사람은 그분이 명령하신 것을 주의 깊게 지키고, 그분의 행사를 묵묵히 의지한다. 하나님의 섭리 가운데는 어두운 부분이 있을 수 있지만, 성도는 그분의 약속 안에서 빛을 발견하고, 의무 수행 안에서 위로를 받는다.

T. S.

Aids to the Divine Life, 86

거룩한 삶은 엄격하다. 그런 삶을 살려면 우리의 마음과 행위를 끊임없이 주의 깊게 지켜봐야 한다. 따라서 마음속에 의무를 이행하려는 내적 이끌림이 존재하지 않고, 단지 외적인 율법에 의해 지배받으며 그것만을 따르려고 하는 사람은 그런 삶이 매우 성가시게 느껴질 수밖에 없다. 그러나 거룩한 사랑이 영혼을 장악하면 사랑하는 주님을 노엽게 하는 모든 것을 경계하고, 자신을 공격하는 유혹을 경멸하며 격퇴한다. 그런 영혼은 명시적으로 내려진 명령은 물론, 주님이 기뻐하시는 은밀한 일까지 즐거운 마음으로 기꺼이 이행할 뿐 아니라 하나님이 가장 좋아하고, 기뻐 인정하시는 것을 발견해 내는 능력이 매우 뛰어나다. 그런 영혼에게는 죄를 죽이고, 자기를 부인하는 것이 더 이상 힘들고 무서운 일이 아니라 쉽고, 달콤하고, 기쁜 일이 된다.

헨리 스쿠걸

Life of God in the Soul of Man, 53–54

하나님 자신은 은혜의 수단에 얽매이지 않지만 우리를 수단의 사용에 묶으셨다. 따라서 우리는 가장 큰 노력을 기울일 때 그분의 도우심을 가장 크게 기대할 수 있다.

헨리 스쿠걸

Life of God in the Soul of Man, 76

의무는 아무리 신중하게 이행되더라도 그리스도께서 채워주지 않으시면 한갓 마른 웅덩이에 지나지 않는다. 독자들이여, 은혜의 수단을 등한시해서도 안 되고, 그것을 우상으로 만들어서도 안 된다. 닻을 올리고, 돛을 펼치는 것은 선원의 의무이지만 바람이 불지 않으면 항해할 수 없다…의무는 아무리 부지런히 이행해도 지나치지 않고, 아무리 적게 신뢰해도 지나치지 않다.

윌리엄 세커

Nonsuch Professor, 102–3

의무에 아무리 많은 관심을 기울여도 지나치지 않으며, 그것을 아무리 적게 신뢰해도 지나치지 않다.

윌리엄 세커

Nonsuch Professor, 167

순종의 삶을 사는 것은 우리의 필수 의무이지만 순종을 의지하는 것은 우리의 파멸을 초래한다. 천국은 은혜의 선물이지 의무 이행에 대한 보상이 아니다. 만일 천국이 후자에 해당한다면 그리스도께서 헛되이 죽으신 것이다. 그러나 천국이 전자에 해당한다면 우리는 아무것도 자랑해서는 안 된다. 왜냐하면 우리에게 천국이 주어지는 것은 순전히 성부 하나님의 선하신 뜻에 달려 있기 때문이다. 천국은 인간적인 노력의 산물이 아니라 하나님의 선하신 기쁨의 징표다.

윌리엄 세커

Nonsuch Professor, 172

고백, 간구, 감사, 대화, 찬양, 묵상, 관찰과 같은 영적 의무들은 하나님과 교제하기 위한 수단이다. 하나님은 이 모든 것을 통해 영혼에 자신의 형상을 새기시며, 영혼으로부터 하나님을 향한 애정을 끌어내신다.

새뮤얼 쇼

Voice of One Crying in the Wilderness, 35

사탄은 의무 이행을 방해할 수 없을 때는 그것을 망쳐 놓는 술책을 사용한다. 다시 말해, 사탄은 시기가 적절하지 않을 때 의무를 이행하도록 부추긴다. 복 있는 사람은 "철을 따라 열매를 맺는다"(시 1:3). 사탄은 촛불을 끌 수 없을 때는 마르다의 경우처럼 섬광과 불꽃을 일으켜 확 타오르게 만들거나(눅 10:40, 41), 감정을 그릇된 방향으로 유도한다. 유대인들은 율법에 대한 열정이 컸다. 사탄은 그런 열정을 복음을 대적하는 데 쏟아붓도록 이끌었다. 사울은 하나님을 섬기려는 마음이 있었다(삼상 13:12). 사탄은 그를 충동해 직접 희생 제사를 드리게 했다. 고린도 신자들은 처음에는 근친상간의 죄를 저지른 신자를 지나치게 부주의하게 다루다가 나중에는 지나치게 가혹하게 다루었다. 사탄은 약간의 열정이 있는 듯하면 그것을 지나치게 많이 부추긴다. 그는 의무 이행을 명목 삼아 전횡을 일삼도록 충동하고, 우리가 의무에 지배되도록 유도한다. 신앙의 행위를 과도하게 이끌어 결국 신앙생활을 방해하는 것이 그의 목적이다.

윌리엄 스퍼스토우

Wiles of Satan, 81

의무를 의지하지 말고, 성실하게 이행하는 법을 배우자.

존 트랩

Commentary ... upon ... the New Testament, 450

하나님의 뜻을 옳게 이행하려면 기꺼운 마음으로 이행해야 한다. 의무를 즐거워하는 것이 의무 자체보다 더 낫다.

토머스 왓슨

Lord's Prayer, 160

기도, 묵상, 거룩한 대화는 영혼을 위한 보급 수단(*vehicula anime*)으로서 영혼을 고양하고, 의기소침한 정신을 새롭게 회복시킨다. 이것들은 세상에서 겪는 모든 고난과 시련 와중에서도 기적적으로 원기와 활력을 제공한다. 따라서 기쁨을 계속 유지하려면 의무를 소홀히 하거나 등한시하지 않도록 주의해야 한다.

헨리 윌킨슨

"Joy in the Lord," in *Three Decades of Sermons,* 182

영적 의무를 이행하지 않으면 영혼이 굶주려 죽는다. 육체에 음식과 음료가 필요하듯이 영혼에 영적 의무가 필요하다. 성실한 태도로 계속해서 의무를 이행함으로써 하나님과 교통하지 않는 것은 곧 영혼을 돌볼 생각이 없다는 증거다. 영혼은 기도, 성경 읽기, 말씀 듣기, 묵상, 대화와 같은 모든 의무를 필요로 한다. 이것들은 영혼의 양식(*pabula anime*)이자 영혼의 보급 수단(*anime vehicula*)이다. 이것들은 영혼을 높이 날아오르게 만드는 날개와 같다. 영혼을 사랑한다면 영적 의무를 등한시하지 말라.

헨리 윌킨슨

"The Dignity of the Soule," in *Three Decades of Sermons,* 240

의복

"아내는 형편보다 더 낫게 입히고, 자녀들은 형편에 맞게 입히고, 남편인 당신은 형편보다 못하게 입으라."라는 것이 랍비들의 규칙이었다.

새뮤얼 클라크

Saint's Nosegay, 158

의복은 필수품이다. 따뜻한 옷은 건강을 보호하고, 깨끗한 옷은 품위를 지켜주고, 내구성이 좋은 옷은 검소함을 나타내고, 화려한 옷은 장엄함을 보여준다. 옷의 가짓수가 지나치게 많거나 옷이 지나치게 사치스럽거나 지나치게 비싼 재료를 사용하거나 입는 자의 마음을 교만하게 만드는 것은 바람직하지 않다…비단이 바스락거리는 소리를 자랑스럽게 여기는 사람은 차꼬가 달가닥거리는 소리에 광인처럼 웃음을 터뜨릴 것이다. 진실로 옷은 인간이 잃어버린 순결함을 상기시켜 주는 역할을 해야 한다. 더욱이, 그것이 한갓 빌려온 것일진대 자랑해야 할 이유가 있을까?

토머스 풀러

Holy and Profane States, 197 – 99

의심

연약한 그리스도인의 의심은 닻을 드리운 채 이리저리 흔들리는 배와 같다. 그는 흔들리지만 그리스도와의 관계는 끊어지지 않는다.

윌리엄 거널

Christian in Complete Armour, 473

영적인 의심은 크게 두 종류로 나뉜다. 하나는 영혼을 걱정하고 염려하는 마음으로 영혼의 상태에 관심을 기울여 부지런히 그것을 살피는 것이다. 이것은 성령의 참된 사역으로부터 비롯한 칭찬받을 만한 의심이다. 다른 하나는 영혼의 어둠과 연약함에서 비롯한 불신과 당혹감으로 인해 생겨난 의심이다. 연기가 심하게 나는 곳에는 불길이 보이지 않는다. 연기가 심하게 나는 이유는 연료에 습기가 많기 때문이다. 그러나 연기가 나는 것은 그 안에 불이 일고 있다는 증거다. 따라서 자기 자신에 관해 의심스러운 질문을 제기하는 것이 (많은 사람이 믿음으로 착각하는) 죽은 듯 무감각한 심령 상태보다 훨씬 더 낫다. 과학에 관해 아무것도 모르는 사람들은 의심하지 않는 법이다. 먼저 자신의 불신앙을 의식하고, 확신하기 전에는 진정한 믿음에 도달할 수 없다.

로버트 레이턴

Spiritual Truths, 72 – 73

마귀는 때로 신자들을 유혹해 죄를 짓게 만든다. 그는 신자들에게 의심을 불러일으키거나 그들을 의심으로 유도해 죄를 짓게 만든다.

랄프 베닝

Canaan's Flowings, 49

의지

하나님은 어떤 사람을 판단하실 때 그의 의지를 저울로 재어보신다. 사람은 자신이 진정으로 되기를 원하는 사람이 되기 마련이다.

리처드 백스터

Baxteriana, 226

의지와 영혼의 관계는 발과 육체의 관계와 같다.

윌리엄 거널

in Horn, *Puritan Remembrancer*, 9

모든 고통은 한 가지 이유, 곧 하나님을 너무 적게 아는 데서 비롯한다. 따라서 모든 고통과 근심은 "내가 하나님을 얼마나 알고 있을까? 그분의 사랑을 더 많이 느끼고, 그분의 능력이 내 영혼 안에서 더 많이 역사하게 하려면 어떻게 해야 할까?"라는 하나의 물음으로 귀결되어야 한다…인간은 자신이 원하는 대로 자신의 천국을 만든다. 즉 사람은 피조물을 온전히 즐거워함으로써 자신의 천국을 만들기도 하고(하나님은 이런 사람의 배를 재물로 채워주신다), 오직 하나님만을 온전히 즐거워하는 함으로써 자신의 천국을 만들기도 한다. 하나님은 사람들의 갈증이 무엇이든, 또 그것이 얼마나 크든 상관없이 그것을 채워주신다. 그분은 굶주린 배와 굶주린 영혼을 채워주신다.

니콜라스 로키어

Balm for England, 35

행동은 마음의 표현이다. 마음이 가는 곳에 손도 가고, 머리도 가고, 발도 간다. 마음이 모든 것을 주관한다. 의지는 자신이 원하는 대로 모든 것을 명령해 움직이게 만드는 장군과 같다. 천국을 향하는 발이 없고, 천국을 향하는 손이 없으면 천국으로 가는 길로 향하려는 마음도 없는 것이 당연하지 않겠는가? 우리의 삶이 우리를 정죄할 것이다. 우리는 마음에 있는 대로 행하면서 우리의 마음을 변호하려고 애쓴다. 우리가 가고 싶은 길을 스스로 정해놓고서 마음이 하늘을 향하고 있는 척한다.

니콜라스 로키어

Balm for England, 190

이기심

인간은 하나님으로부터 자기 자신에게로 떨어져 내렸다. 그 결과, 이제는 자아가 세상의 신이 되었다. 이기심은 죄의 생명력이다. 이기심은 모든 죄에 피와 활력을 공급한다. 자아는 자연적이거나 도덕적이거나 종교적일 수 있다. 우리는 그 모든 것에 대해 죽어야 한다.

알렉산더 카마이클

Believer's Mortification of Sin, 20 – 21

원죄를 죽이려면 자아를 죽여야 한다. 그 이유는 이기심이 죄의 영혼이기 때문이다. 이것이 다른 모든 우상을 지배하는 가장 큰 우상이다. 인간이 저지른 최초의 죄는 자기 예찬과 자기 만족이었다. 그 첫 번째 죄에 대한 징벌은 본성의 타락이었다. 부패한 본성은 주로 자아를 내세우고, 자기 뜻을 고집하고, 자기를 기쁘게 하는 행위를 통해 모습을 드러낸다. 자연인이 자기 안에서 약간의 뛰어난 점을 발견하면 자신을 믿고, 사랑하고, 기쁘게 할 뿐 아니라 자신의 인생을 스스로 설계하고, 자신을 궁극적인 목적으로 삼아 거기에 안주한다. 따라서 하나님께로 다시 돌아가기 위한 첫 번째 단계는 자아를 부인하고, 낮추고, 혐오하고, 멸하는 것이다. 자아가 낮아질수록 죄의 몸이 더 약해진다. 자아를 비우고, 자아에 대해 더 많이 죽을수록 하나님의 충만하심으로 더욱 충만해지고, 그분에 대해 더 많이 살아날 수 있다. 그리스도와 은혜로 충만해지면 옛 사람과 내주하는 죄는 썰물처럼 빠져나간다.

알렉산더 카마이클

Believer's Mortification of Sin, 89 – 90

선한 일은 하지 않으면서 단지 남에게 해만 끼치지 않은 것으로 만족해하며 자기만을 위해 사는 사람은 안일하고, 이기적일 뿐 아니라 쉽게 분노하며 짜증을 내는 경향이 있다. 그런 사람은 자신과 직접적인 관계가 있는 사람들에게만 친절을 베풀고, 꼭 하지 않으면 곤란해질 것 같은 일에만 유용성을 보이며, 다른 사람들에게 필요한 것이 있더라도 일단 조심스럽게 의심해보는 것을 가장 큰 지혜로 생각한다. 한마디로 그런 사람은 자아와 자아의 관심사를 삶의 목적으로 삼는다. 그런 사람은 종교적인 의무를 아무리 부지런히 행하고, 어떤 직업에 종사하든 상관없이 세상에서 하나님의 대리자로 살거나 그분을 영화롭게 하는 일은 거의 하지 않는다. 거룩해지고 싶은 마음이 있다면, 가족들과 이웃들과 교회와 세상은 물론, 원수와 박해자들과 심지어 그들 가운데 가장 악한 자들까지, 모든 사람, 모든 인류를 향해 기회가 있을 때마다 자선과 친절과 관대함과 겸손과 기꺼운 용서와 도움과 구원을 베풂으로써 항상 하나님께 순종하고, 그분의 형상을 닮은 모습을 보여주려고 노력해야 한다. 이런 노력이 없다면 우리는 하늘에 계신 우리 아버지의 자녀가 아니고, 또 그분의 자녀가 될 수도 없다.

존 오웬

On the Holy Spirit, in *Oweniana*, 43

이단

나의 친구들이여, 우리는 세상 끝을 살아가는 사람들이다. 우리는 다른 사람의 몸과 명예와 재산을 노리는 '늑대와도 같은 사람'(*homo homini lupus*)일 뿐 아니라 서로가 서로에게 소중한 영혼을 덫에 걸리게 하는 '다른 사람에게 악마인 사람'(*homo homini Daemon*)이다. 그러므로 스스로 주의하여, 파멸의 위험을 가볍게 여기지 않는 것이 중요하다. 사도가 골로새 교회 교인들에게 한 경고를 들으라. "누가 철학과 헛된 속임수로 너희를 사로잡을까 주의하라"(골 2:8). 더 나아가 나는 아무도 여러분을 신성과 헛된 속임수로 망치지 못하게 하라고 말하고자 한다. 의심의 여지없이, 뱀은 꼬리뿐 아니라 머리에도 독이 있고 마귀는 철학의 얕은 것과 신성의 깊은 것으로 가장하여 은밀하게 미끼를 던진다.

니콜라스 체니

Anti-Socinianism, xii–xiii

아담파는, 그들의 사교의 창시자인 소위 한 사람 아담에게서, 또는 첫 번째 사람 아담에게서 유래한 것으로 낙원의 아담과 하와의 알몸의 예를 본받아 나체로 공예배와 회집을 가진다.

데이비드 딕슨

Truth's Victory over Error, 306

일일세례파(hemerobaptists)는 두 헬라어 단어, *hemera*(날)와 *baptidso*(세례)에서 유래했다. 그들은 남자와 여자가 날마다 지은 죄에 따라 매일 세례를 받아야 한다고 주장한다.

데이비드 딕슨

Truth's Victory over Error, 306

모든 종류의 이단들은 그들의 이단적인 견해들을 공개적으로 설교하고 인쇄하고 실천한다. 로저 윌리엄스의 책 *The Bloody Tenet*(유혈낭자한 정책)은 절제하지 못하는 정욕으로 인해 결혼을 해체하고 이혼을 권장하는 소책자이며, 영혼이 죽음의 시간부터 심판의 시간까지 잠들어 있다고 말하는 소책자도 있으며, 그 외에도 많은 것들이 있다. 실로, 우리의 교회 정치가 작동하지 못하게 정지당한 이후 신발 제조업자, 구두 수선공, 단추 수공인, 접객업자 등등이 설교 강단을 점령하여 성경을 해설하며, 파벌과 선동과 신성모독으로 이끄는 이상한 교리들을 퍼뜨리고 있다.

에브라임 파짓

Heresiography, iv

연인들은 함께 슬퍼한다. 그러므로, 그리스도를 사랑하는 자는 그분을 슬프게 하는 것들에 대해 슬퍼할 것이다. "주의 말씀을 지키지 아니하는 거짓된 자들을 내가 보고 슬퍼하였나이다"(시 119:158). 우리는 진리가 피 흘리고 이단이 득세하는 것을 보고 슬퍼할 것이다. 우리는 관용(tolerance, 다른 의견을 용인하는 것-편집주)이라는 돛을 올린 배를 타고 지옥으로 가는 수많은 사람들을 보고 슬퍼할 것이다. 관용은 개혁의 무덤이다. 발람의 교훈을 품고 키우는 자들이 있었던 버가모 교회의 사자들을 향해 책망이 선고되었다(계 2:14). 우리는 관용과 용인으로 다른 이들의 죄를 채택하고 그것을 우리 자신의 것으로 만든다. 나는 이런 일이 대영제국의 장례식을 촉진시키는 일이 되지 않기를 하나님께 기도하는 바이다. 그리스도를 사랑하는 사람은 이런 것들을 마음에 새길 것이다.

토머스 왓슨

"Christ Loveliness," in *Discourses*, 1:321

이성(reason)

어떤 이는 이성의 길에서 위로를 얻기를 바란다. 그들은 그렇게 하면 시험을 물리치고 위로를 받을 수 있을 것이라고 생각한다. 그러나 한 사람이 잘 말한 것처럼, "혼란에 빠지지 않으려면 하나님과 논쟁하지 말고 속임을 당하지 않으려면 사탄과 논쟁하지 말아야 한다."

윌리엄 브리지

Lifting Up, 40

이성은 지성을 담당하는 기능으로서, 사람은 이성을 통해 자기 자신, 자기 행동, 자신에게 속한 다른 모든 것을 하나님이 그의 행복에 맞게 두신 목적과 용도에 맞게 알고 판단하고, 규제하고 지시할 수 있게 된다.

존 두리

Seasonable Discourse, 3

구원 사역은 자연적 이성의 등불로는

행해질 수 없고 오직 복음 계시의 햇빛으로 행해질 수 있다. 사람이 구원을 얻고자 수고하기 전에 먼저 이 해가 떠올라야 한다.

윌리엄 거널

Christian in Complete Armour, 795

많은 이들이 그리스도의 신격을 명시적으로 부인하지는 않으나 그리스도의 신격과 관련된 사실에 점차 싫증을 느끼는 것 같다. 그들은 예수 그리스도로 말미암아 하나님을 믿는 믿음보다 자연 종교나 다른 어떤 종교들을 더 기뻐한다…그들은 자연과 이성의 선을 넘어서는 것은 이해할 수 없는 신비 또는 어리석은 것으로 치부하며 거부한다. 그들은 그리스도의 인격과 은혜는 종교에 온갖 혼란을 낳는 것으로 간주한다.

존 오웬

The Person of Christ, in *Golden Book*, 106

믿음은 이성을 사용한다. 하지만 이성을 근거로 사용하는 것이 아니라 믿음이 하나님의 근거들을 의지할 수 있도록 그 근거들을 찾아내는 거룩한 도구로 사용한다. 자신이 왜 믿어야 하는지 가장 잘 아는 자가 가장 잘 믿는 법이다. 확신과 사랑과 영혼의 다른 애정(affections)은, 그 안에 이성이 접붙여져 있지는 않지만, 그것들은 매우 합리적이기 때문에 지혜로운 사람 안에서 이성적으로 일어나고 인도된다. 그렇지 않다면, 사람들은 그들의 애정(affections)을 올바르게 다스린 것에 대해 비난받거나 칭찬받지 못할 것이다. 시민적 덕만이 아니라 은혜 자체도 특별히 성화된 이성으로 애정을 다스리는 데 매우 능숙하다.

리처드 십스

Soul's Conflict, 242

이슬람

마호메트교의 허황됨은 너무나 크고 자체로 명백하므로 굳이 그것을 공박하는 말을 더 할 필요가 없을 정도이다. 어둠 속에서 자라나서 다른 말은 들어본 적도 없고, 기독교 세계를 비추는 태양을 본 적도 없고, 칼의 공포 아래 있는 사람들을 제외하면, 그 종교는 어떠한 설득력도 갖지 않는다.

리처드 백스터

Baxteriana, 41–42

마호메트교는 이교도들 다음으로 세상에서 가장 넓은 지역에 퍼져 있다. 비록 아라비아가 그 부정한 새를 길렀지만, 그것을 오랫동안 가둘 수 있는 새장은 아니었다. 아라비아인뿐만 아니라 페르시아인, 터키인, 타타르인 모두가 그 거대한 사기꾼 아래 등을 굽혀 절하고 있기 때문이다. 이 독은 아시아의 핏줄을 통해 아프리카의 상당 부분, 심지어 둘레 7천 마일에 걸쳐 확산되었으며, 거기에 그치지 않고 유럽의 상당 부분을 더럽혔다.

존 플라벨

Divine Conduct, 47

마귀의 속이는 권세 아래 있는 수억 명을 누가 셀 수 있을까? 행복의 분깃을 추구하느라 바쁜 사람들 중 대부분에게 우리는 "당신은 떡이 아닌 것에 왜 돈을 쓰나요? 어찌하여 불 가운데 집을 짓는 자와 같나요?"라고 물어볼 수는 없을까? 조금 더 넓게 밖을 살펴보고 이 말이 사실인지 한 번 보도록 하자. 우리는 마호메트교의 이상하고 급작스런 확산을 살펴볼 필요가 있다. 그곳에서 잔인한 사기꾼의 유혹은 마호메트의 법 아래에서 그의 육신적 약속의 기대에 취해 있는 국가들에 망상을 퍼트린다.

윌리엄 스퍼스토우

Wiles of Satan, 59–60

인간의 능력

만사가 인간의 능력에 달려 있지 않고 모든 것을 주관하시는 하나님의 손길에 달려 있음을 잘 지켜보고, 숙고하라. "빠른 경주자들이라고 선착하는 것이 아니며 용사들이라고 전쟁에 승리하는 것이 아니며 지혜자들이라고 음식물을 얻는 것도 아니며 명철자들이라고 재물을 얻는 것도 아니다"(전 9:10). 우리의 능력은 모두 하나님의 섭리 아래 있다. 하나님이 그 기쁘신 뜻대로 인간의 능력이 효력을 발휘하게 해주신다.

아이작 암브로우스

"The Practice of Sanctification," in *Works*, 94

인간의 책임

기꺼이 하나님과 멀어지려는 사람 외에는 그 누구도 하나님을 잃어버리지 않는다.

윌리엄 거널

Christian in Complete Armour, 557

인내

인내가 없으면 모든 덕은 과부와 같다…인내 없는 믿음은 경신(輕信)에 불과하다. 인내 없는 열심은 격정에 불과하다. 인내 없는 소망은 주제넘는 기대일 뿐이다. 인내 없는 겸손은 낙담일 뿐이다. 인내 없는 사랑은 가슴에서 나온 젖으로 그릇을 채워놓고 그 그릇을 자기 발꿈치로 차버리는 것이다. 몸에게 떡이 필요하듯 영혼에게 인내가 필요하다. 떡이 자연적 생명을 위한 필수 음식이라면 인내는 영적 생명을 위한 필수 음식이다. 우리는 건강과 맛을 위해 여러 반찬과 함께 떡을 먹는다. 고기와 떡, 생선과 떡, 국과 떡, 과일과 떡을 먹는다. 이렇게 모든 덕에 인내가 개입한다. 우리는 인내하며 소망해야 하고, 인내하며 기도해야 하고, 인내하며 사랑해야 한다. 어떤 선한 일을 행하든지 이를 인내로 행하라.

토머스 애덤스

Exposition upon … Second … Peter, 692

인내는 고난보다 한 치라도 짧아서는 안 된다. 개울에 다리가 반만 놓여 있다면 그것은 아무도 다닐 수 없는 길이 되고 만다.

토머스 애덤스

Exposition upon … Second … Peter, 762

인내의 은혜는 참으로 크다. 인내는 낙심하지 않고 하나님의 뜻을 행한다. 인내는 죽기까지 하나님의 뜻을 복종하는 마음으로 기쁘고 평온하게 받아들인다. 그렇게 이해하면 인내는 행함이나 고난과 모두 관련되어 있다.

토머스 굿윈

Patience and Its Perfect Work, in *Works*, 2:436

시련이 아무리 크고 길고 절망적이더라도 인내는 인생 끝날까지 항상 감사하는 마음으로 즐겁게 시련을 견딘다. 인내는 하나님의 영광과 그분의 기쁨을 위해 그분의 뜻에 복종하면서 시련으로 인한 두려움이나 걱정 같은 부정적 감정의 과도한 폭발을 억제하며, 범사에 하나님을 찬송하고, 하나님을 섬긴다. 또한, 인내는 하나님 안에 거하는 복락, 하나님과 교제하는 복락, 우리를 사랑하시는 하나님이 현세에서 주시는 복, 그리고 현세가 끝난 후에 상으로 주시는 영광을 믿음으로 바라보고 기대한다.

토머스 굿윈

Patience and Its Perfect Work, in *Works*, 2:438

인내는…모든 것을 소화시켜 좋은 자양분으로 바꾸는 은혜다.

윌리엄 거널

Christian in Complete Armour, 422

인내는 그 안에 세 가지 요소를 갖고 있다. 격정의 극복, 평온한 영혼, 선한 것에 대한 기다림과 기대가 그것이다. 다시 말하면, 너무 높지도 너무 낮지도 않게 알맞게 형성된 마음, 잠잠히 모든 것을 좋게 받아들이는 마음, 그리스도께서 약속하신 것을 기대하고 기다리는 마음, 이것이 바로 인내하는 마음이다.

니콜라스 로키어

Balm for England, 80

인내는 고난을 위해 주어진다. 인내는 고난에 적합한 은혜다. 인내는 하나님의 뜻에 즐겁게 복종하는 것이다. 인내할 때 우리는 하나님이 우리에게 허락하길 기뻐하신 것은 무엇이든 만족스럽게 짊어진다. 인내는 그리스도인을 난공불락의 존재로 만든다. 인내는 모든 타격을 견디는 모루와 같다. 우리는 인내 없이는 사람다운 사람이 될 수 없다. 격정은 사람을 인간 이하로 만든다. 격정은 사람이 이성을 사용하지 못하게 만든다. 우리는 인내가 없으면 순교자가 될 수 없다. 인내가 우리를 견디도록 만든다(약 5:10).

토머스 왓슨

The Beatitudes, in *Discourses*, 2:384

인내는 우리의 의지를 하나님께 기꺼이 복종시키는 것이다.

토머스 왓슨

Godly Man's Picture, 106

인내는 귀는 열어놓고 입은 닫아놓는다. 인내는 훈계를 듣는 귀를 열어놓고 하나님에게 불평하는 입을 막아놓는다.

토머스 왓슨

Godly Man's Picture, 110

인내는 하나님과 그분의 기쁘신 뜻을 이해하고, 기다리는 일을 포함한다. 기다림이란 믿음을 계속해서 길게 늘려나가는 것을 의미한다. 믿음이 짧으면, 인내로 길게 늘려야 한다.

토머스 굿윈

"Patience and Its Perfect Work," in *Works*, 2:449

인내하지 못함

'인내하지 못함'은 불충실의 딸이다. 만일 한 환자가 의사에 대해 안 좋은 선입견을 갖고 있고, 그가 자신에게 독을 주입하려 한다고 생각한다면 의사의 처방전을 따르지 않을 것이다. 우리가 하나님에 대해 편견을 갖고 있고, 그분이 우리를 멸망시키러 오신다고 생각한다면 우리는 인내하지 못하고 크게 울며 소리칠 것이다

시므온 애쉬

Primitive Divinity, 97

인도하심

하나님을 그대의 조언과 지혜로 삼으라. 천국은 지옥을 내려다본다. 하나님은 언제든지 지옥에서 당신을 대적하는 어떤 계획을 세우고 있는지 당신에게 말씀해 주실 수 있다.

윌리엄 거널

Christian in Complete Armour, 43

인류

하나님은 아담에게 땅과 바다와 공중에 있는 모든 피조물을 현명하게 사용하고 처리할 수 있는 권한을 주셨다. 사람은 이 낮은 세상에서 하나님의 대리총독이었고 그의 주권은 하나님의 주권의 형상이었다. 이것은 남자와 여자에게 공통으로 주어진 것이었다. 하지만 남자에게는 한 가지 특이한 것이 더 있었다. 곧 그가 여자를 다스리는 권세를 가졌다는 것이다(고전 11:7). 피조물들이 어떻게 그에게 다가와, 그들의 복종을 인정하고, 그들의 주로서 그에게 존경을 표하고, 그가 그들에게 이름을 지어줄 때까지 그의 앞에 조용히 서 있었는지 보라(창 2:19). 사람의 얼굴이 그들에게 경외감을 주었다. 가장 튼튼하고 강한 피조물들은 놀라서 서 있었으며, 온순히 그리고 조용하게 그들의 주인이자 통치자로 그를 인정했다.

토머스 보스턴

Human Nature in Its Fourfold State, 16

창조에 의해 그렇게도 지혜롭고 고상했던 인간이
죄를 지어 눈 멀게 되고
천국도 지옥도 잘 볼 수 없게 되었네.
마치 눈 먼 사람처럼, 미친 사람처럼
아니 그 이상 더 나쁘게 되었다네.
사탄의 속삭임으로 영원한 수치에 이를 때까지
곤두박질쳐서 파멸할 때까지
무시무시한 불과 끝없는 화염을 향해 달려간다네.
사람이 여기 이 아래 세상에서 사물을 연구할 때
시간이 지나면 어떤 아름다운 예술을 만들어낼까?
그는 많은 것을 알아내고 깔끔하게 잘 해낼 것이다.
그러나 그는 복음이 빛나는 것을 보지는 못한다.
오! 하나님에 대해, 피조 세계와 성경과 큰 자비에 의해 그토록 많이 아는 인간이며,
그의 대화가 그 모양인 것은 크게 수치스런 일이며
하나님이 채찍으로 당신을 때리실 것이다.

소는 당신보다 더 현명한데
소는 주인의 구유를 택하기 때문이다.
그러므로 당신은 정죄를 받는도다.
당신이 아니라 소가 그 주인의 목소리에 순종하기 때문이다.

존 번연

Profitable Meditations, 8

사람은 단지 영과 흙, 또는 호흡과 몸에 지나지 않는다. 하나는 그저 바람이 부는 것이고, 다른 하나는 흙덩이일 뿐이다.

사무엘 클락

Saint's Nosegay, 142

우리 대장은 하나님의 형상을 보여준다. 그럼에도 불구하고 하나님의 형상은 상아 안에 새겨져 있을 뿐 아니라 흑단 안에도 새겨져 있다. 가장 검은 무어인들 안에서 하늘의 왕의 형상을 볼 수 있다.

토머스 풀러

Wise Words and Quaint Counsels, 183

사람은 하나님의 형상으로 지음받았다. "우리의 형상을 따라 우리의 모양대로 우리가 사람을 만들고"(창 1:26). 다른 피조물 안에는 흔적(*vestigia*)이 있다. 우리는 하나님의 작품들 안에서 하나님을 더듬어 찾을 수 있다. 하지만 사람은 그분의 형상이며 모양이다. 나는 이 논증을 길게 말하고 싶은 생각이 없다. 이 하나님의 형상은 세 가지로 구성된다. (1) 그의 본성. 이것은 그의 지적인 면을 말한다. 하나님은 사람에게 영적이며, 단순하고, 불멸하고, 자유롭게 선택하는, 이성적인 영혼을 주셨다. 참으로 그렇다. 육체 안에는 하나님의 거룩한 영광과 장엄함의 빛과 구조가 있다. (2) 그 지식(골 3:10)과 정직함(전 7:29), "의와 진리의 거룩함"(엡 4:24). (3) 그의 상태. 이것은 하나님을 즐거워하고 피조물들을 주관하는 행복한 상태를 말한다. 이것은 내적 축복과 외적 축복의 융합이다. 그러나 타락과 함께 하나님의 형상의 많은 부분은 훼손되고 사라졌으며, 이는 오직 그리스도 안에서만 회복될 수 있다. 그렇다면 하나님의 형상을 따라 창조된 인간의 큰 특권은 이것이다. 우리는 하나님을 더욱 닮아갈수록 더욱 행복해진다.

토머스 맨톤

Practical Exposition on the Epistle of James, 131

살아있는 피조물 가운데, 처음 보는 새롭고 신기하고
훨씬 더 고상한 모습을 띤, 키 큰 두 사람이 서 있는데 그들이 하나님을 닮아 있네.
본래의 영예를 걸치고 순수한 영광의 옷을 입은 채
그 장엄함 안에서 모든 것의 주인처럼 보였네.
그들의 모습 안에서 그들의 영광스러운 창조자의 형상이 빛났다네.
진리, 지혜, 거룩함과 순전함, 이것이 사람의 권위라네.
비록 그 둘이 성별도 다르고
동일하지는 않지만
사색을 위해 남자와 용맹함이 형성되고,
부드러움을 위해 여자와 달콤하고 매력적인 은혜가 형성되었네.
남자는 오직 하나님을 위해 창조되고
여자는 남자 안에서 하나님을 위해 창조되었네.

존 밀턴

Paradise Lost, book 4, ll. 285–97, in *Complete Poetical Works*, 107

인생의 짧음

이 세상에서 우리에게 주어진 인생은 그리 길지 않다. 우리의 삶은 끊임없이 변화하고, 유동한다. 단 하루 동안도 우리는 똑같은 상태로 남아 있지 않다. 어린 시절이 지나면 곧 청년기가 시작되고, 곧 나이가 들면서 청년기가 신속하게 지나간다. 남은 시간은 모래시계의 모래처럼 끊임없이 줄어든다. 사람은 삶이 처음 시작될 때 마치 태엽을 감아놓은 시계와 같다. 그때부터 태엽이 다 풀릴 때까지 시간이 계속 흘러간다. 삶이 매일, 매시간 조금씩 깎여나간다. 인생은 한갓 순간에 지나지 않는다. 지나간 시간은 되돌릴 수 없고, 미래의 삶은 확신할 수 없다.

스테판 차녹

Discourses upon the Existence and Attributes of God, 191

임차 제도는 누가 만들었을까? 세입자일까 집주인일까? 우리가 소유주가 아니고, 단지 삶을 경작할 뿐이라는 사실을 잊었는가? 우리의 책임을 미루게 만드는 것이 사탄의 책략이다. 불행한 날이 올 것을 알면서도 아무것도 준비하지 않고 가만히 앉아있어서는 안 된다. 죽음이 언제 느닷없이 닥칠지 모르는데, 어찌하여 인생이 길다고 말함으로써 영혼이 의무를 등한시한 채 해야 할 일을 하지 않고 게으르게 쉬도록 놔두는 것인가?

윌리엄 거널

Christian in Complete Armour, 179

인쇄술의 발명

인쇄술은 2백 년 전에 이루어진 소중한 발명이자 하나님의 선물이다. 폭스 선생은 인쇄술의 유익에 대해 다음과 같이 말했다. "이로써 언어들이 알려지고, 지식이 자라고, 판단이 높아지며, 책이 보급되고, 성경책이 읽히게 되고, 학자들의 생각이 이해되며, 이야기가 전해지고, 시대들이 비교되고, 진실이 식별되고, 거짓이 탐지된다. 그것도 아주 정확하게 그렇게 된다." 성경을 인쇄함으로써 복음 교리가 모든 민족에게 매우 기민하게 울려 퍼진다. 성경 관련 인쇄물도 아주 많고, 적그리스도의 높은 탑을 가로막는 작은 요새들도 아주 많다. 다만 교황주의자만이 하나님의 백성과 그리스도의 설교자가 인쇄된 성경을 갖는 것을 비난했다. 헨리 8세 시대에 영어로 성경을 인쇄하는 일을 방해한 자는 교황청의 고위 성직자와 그들의 하수인 외에 누가 있었는가? 가야바에 방불한 크로이덴의 교황청 대리 사제는 이렇게 예고했다. "인쇄술을 뿌리 뽑아야 한다. 그렇지 않으면 우리가 뿌리 뽑힐 것이다." 모든 선한 그리스도인은 그들의 모국어로 인쇄된 성경책 일부가 처음 발간되었을 때 크게 기뻐했다.

존 스탈햄

Reviler Rebuked, 21

일과 노동

(노동 없이) 입술의 말이나 마음의 소원만으로는 배를 부르게 하거나 등을 따습게 할 수 없다.

토머스 맨톤

in Horn, *Puritan Remembrancer*, 137

하나님은 자신의 생계를 위해 일하지 않는 사람을 충성되지 않은 자로 여겨 혐오하신다. 아리스토텔레스는 재산권이 세상에서 이루어지는 모든 수고와 노동의 바탕이라고 말했다. 모든 것을 공유한다면 모든 사람이 일을 부주의하게 할 것이다. 사람들이 각자 자신의 땅에 거름을 주고, 밭을 갈고, 씨앗을 뿌리는 이유는 그것이 그들의 재산이기 때문이다. 그들은 그것을 불리기 위해 열심히 일한다.

조지 스윈녹

"The Pastor's Farewell," in *Works,* 4:72

일기

내가 당신에게 충고하노니, 마음으로 약속할 뿐 아니라 말로도 약속하고, 말로 약속할 뿐 아니라 기록된 글로도 약속하십시오. 그리고 최고의 존경심을 담아, "이것이 제가 쓴 것입니다"라고 하나님께 제시하듯 당신이 쓴 것을 하나님 앞에 펼쳐 놓으십시오. 그렇게 한 후에 당신의 두 손을 그 위에 모으고, 하나님과 당신 사이의 엄숙한 거래의 기념물로 그 기록한 것을 간직하십시오. 당신에게 의심이나 유혹이 몰려올 때 그것을 사용할 수 있을 것입니다.

조셉 알레인

Alarm to the Unconverted, 182

하나님의 성도들은 하나님이 자신의 영혼에 하셨던 일을 기록하고 고난의 시기에 이를 다시 되돌아봄으로 큰 유익을 얻는다. 캘러미 박사는 수년간 은혜의 증거를 기록해 왔던 매우 선한 여인에 대해 이야기한다. 그녀는 죽기 전에, 오랜 기간 어둠과 낙담에 빠져 고난의 시간을 보냈다. 그때 그녀는 자신의 일기를 읽어보고, 지난 시절 주님이 자신에게 베푸셨던 자비를 살펴보았다. 그리고 그녀의 하나님이자 구주이신 그리스도와 함께 기쁨으로 참여했던 감미로운 성찬을 살펴보았다. 그러자 그녀의 침울한 두려움은 사라지고 그녀의 영혼은 가장 위대한 구주 안에서 승리하기 시작했다.

아이작 암브로우스

Christian Warrior, 154

당신이 골방에서 겪은 모든 경험을 일기로 기록하라. 모든 은혜를 주의 깊게 기록하라. 골방에서의 경험을 자주 읽어보고 묵상하라. 은밀한 개인 기도 안에서 당신의 마음에 불을 붙이는 데 이보다 더 좋은 방법은 없다.

토머스 브룩스

Privy Key of Heaven, 226

선한 동기가 우리 안에 일어날 때, 이를 잊어버리거나 마음이 바뀔 수 있으니 가능한 한 빨리 실행에 옮겨 적어놓는 것이 좋다. 선한 동기를 써놓아 기억할 수 있게 하는 것은 언제나 좋은 일이다.

에제키엘 컬버웰

Time Well Spent, 231

감사하는 사람은 하나님의 자비를 신실하게 기록해야 한다. 그렇지 않으면 하나님이 마땅히 받으셔야 할 찬송을 그분께 돌리지 못할 것이다. "내 영혼아 여호와를 송축하며 그 모든 은택을 잊지 말찌어다"(시 103:2). 은혜를 잊으면 열매 맺지 못한다. 망각은 마음과 삶을 황폐하게 만든다. 하나님의 자비는 너무나 많아서 놋쇠로 된 기념판에 다 쓸 수 없다. "오직 나는 주의 풍성한 인자를 힘입어 주의 집에 들어가리이다"(시 5:7). 성경은 이를 복된 장맛비로 지칭한다(겔 34:26). 우리에게 베푸신 은혜를 다시 세어보는 것은 내리는 장맛비의 빗방울 수를 세는 것만큼이나 불가능하다. 그럼에도 불구하고 기억할 수 있게 도와주는 모든 도움을 사용하여 하나님의 자비를 기억하고 영속화하려는 것은 하나님의 백성들의 경건한 관심과 노력이었다.

존 플라벨

"The Seaman's Return," in *Navigation Spiritualized*, 338–339

과거 하나님의 자비를 받았던 경험을 잘 보존하라. 그리하면 미래의 소망이 더욱 커질 것이다. 경험은 소망을 낳는다(롬 5:4). 최고의 그리스도인은 자신을 다루신 영광스러운 하나님의 역사를 가장 주의 깊게 간직하는 자이다. 그는 마음이 번민에 휩싸이고 장래의 걱정과 두려움으로 영적 안식이 깨질 때, 하나님이 과거에 자신에게 역사하셨던 일들을 기록해 둔 것을 읽는다.

윌리엄 거널

Christian in Complete Armour, 552

당신의 죄와 그에 대한 하나님의 자비에 대한 일기를 쓰라. 그리하여 어떠한 죄도 당신의 고백과 부끄러워함을 피하지 못하게 하고 어떠한 자비도 당신의 감사를 피할 수 없게 하라. 만일 이것을 지킨다면, 지금 우리는 대부분의 사람들처럼 메마른 마음으로 주의 일에 임하지 않을 것이다.

윌리엄 거널

Christian in Complete Armour, 692

성경과 좋은 책들과 들었던 설교에서 가장 유익을 얻었던 것을 살펴보고 기록해 두는 것은 매우 유용하다.

매튜 헨리

Gems, 35

당신의 영혼에 특별한 영향을 미치는 하나님에 관한 지식이 있는가? 그것을 적어두라. 대부분의 그리스도인들은 경험이 부족하다. 그들은 궁핍한 때를 위해 저장해 둔 것이 전혀 없다. 선의 징표를 많이 가지고 있을지는 모르나, 그것을 까마득히 잊어버린다. 의무를 수행하면서 하나님과의 교제로 당신의 마음이 열릴 때, 당신 자신을 위해 이를 적어두도록 노력하라. 당신의 영혼에 즉시 영향을 끼치는 것을 적어두는 것이 당신에게 손해를 끼치지는 않을 것이다. 내가 아는 한, 그렇게 기록하는 습관은 그 무엇보다 더 영적인 경험을 풍부하게 만드는 손쉬운 방법이다.

존 오웬

Discourse 6 on 1 Cor. 11:28, in *Twenty-Five Discourses*, 108

일치

자기 부인과 참된 사랑은 불가분의 관계를 맺고 있다. 자기애는 모든 것을 독점해 자신만을 이롭게 하려 한다. 혼자서 모든 것을 독차지하려는 것은 기독교적인 애정과 교제에 반대된다. 각 지체가 온몸을 유익하게 하지 않고 각자 자기의 일만을 추구한다면 몸에 비참한 질병이 발생할 것이 뻔하지 않겠는가?

휴 비닝

"An Essay upon Christian Love," in *Several Sermons*, 178

그리스도인들이 생각과 판단과 행위와 관련된 사소한 차이점들이 그리스도께서 요구하시는 일치의 본질과 목적과 참된 열매에 실제로 얼마나 일관되게 합치하는지에 대해 제대로 가르침 받는다면, 일치를 깨뜨리거나 방해하는 죄를 짓지 않고 사랑과 인내로 서로의 차이점을 너그럽게 받아들이게 될 것이 틀림없다. 솔직히 말해, 오늘날 그리스도인들 사이에 복음적인 일치가 훼손되는 진정한 원인은 계시된 진리에 관한 판단의 차이나 견해의 차이, 또는 거룩한 의식의 집행 방식과 관련된 차이가 아니라 사회정치적인 이유나 음모의 영향으로 인한 교만, 자기애, 명예욕, 높은 평판, 지배욕에서 찾을 수 있다.

존 오웬

A Discourse concerning Evangelical Love, Church Peace, and Unity, in *Golden Book*, 104

이것이 로마 교회가 말하는 일치다(사실, '일치'라기보다는 '공모'라고 해야 더 옳다). 그러나 신부는 오직 하나뿐이다(아 6:9). 그 외는 모두 느부갓네살 왕이 본 형상의 발가락에 있는 진흙과 다름없다. 그것들은 서로 달라붙어 있는 것처럼 보일 뿐, 하나로 연합할 수 없다. 적그리스도 아래에서 이루어진 일치는 겉으로만 서로 연합한 것처럼 보인다. 터키 사람들도 아무런 이견이 없이 신앙의 일치를 이룬 것처럼 보인다. 그러나 그런 일치는 이음매도 없고, 형태도 없는 옷과 같을 뿐이다.

존 트랩

Commentary ... upon ... the New Testament, 1012

"그의 십자가의 피로 화평을 이루사"(골 1:20)라는 말씀대로, 그리스도께서는 평화를 위해 기도했을 뿐 아니라 그것을 위해 피를 흘리셨다. 그분은 하나님과 인간은 물론, 인간과 인간을 화목하게 하기 위해 죽으셨다. 그리스도께서 십자가에서 고난을 받으신 이유는 자신의 피로 그리스도인들을 하나로 만들기 위해서다. 그분은 평화를 위해 기도했고, 대가를 치르셨다. 그분은 우리를 평화의 끈으로 묶기 위해 친히 결박을 당하셨다.

토머스 왓슨

The Beatitudes, in *Discourses,* 2:285

자기 본위

자기 본위는 영혼의 눈을 멀게 해 그리스도 안에 있는 아름다움이나 거룩함의 탁월함을 볼 수 없게 만든다. 자기 본위는 영적 미각을 마비시켜 하나님의 말씀이나 그분의 행사나 그분의 백성들과의 교제 안에 존재하는 은혜로움을 맛볼 수 없게 만든다. 자기 본위는 주먹을 움켜쥐게 만들어 영혼을 풍요롭게 하는 그리스도의 은혜를 받지 못하게 하고, 마음을 강퍅하게 만들어 그리스도의 문 두드리는 소리와 부르시는 소리를 듣지 못하게 하며, 영혼을 열매 없는 포도나무, 황량한 광야처럼 만든다. 간단히 말해, 자기 본위보다 인간을 하나님과 그리스도와 은혜로부터 더 멀어지게 만드는 것은 없다.

토머스 브룩스

Smooth Stones, 175

자기 부인

자기 부인이란 자신의 목적과 의도와 감정을 철저히 포기하고, 자기 자신과 자신이 가진 모든 것을 그리스도 예수 앞에 내려놓는 것을 의미한다. "아무든지 나를 따라오려거든 자기를 부인하고"(눅 9:23)라는 주님의 말씀은 어떤 의미를 갖는가? 그 말씀은 "그러려면 자신의 지혜를 빈 등불처럼, 자신의 의지를 악한 지휘관처럼, 자신의 상상력을 그릇된 명령처럼, 자신의 감정을 부패한 조언자처럼, 자신의 목적을 저속하고 무가치한 표적처럼 여겨야 한다. 자신에게 속한 것, 자신 안에 있는 것은 무엇이나 다 부인해야 한다. 자기 자신을 부패한 육신적인 사람으로 여겨야 한다. 내게로 오려면 자기 자신에게서 빠져나와야 한다. 나의 소유가 되어 나의 다스림과 통치를 받으려면 스스로를 비워야 한다."는 의미를 담고 있다.

아이작 암브로우스

"The Practice of Sanctification," in *Works,*

87

배상은 가장 필요한 것이기 때문에 그만큼 자기 부인의 가장 어려운 측면 가운데 하나이기도 하다. 부당한 소득은 몸 안에 박힌 화실과 같아서 그대로 놔두면 목숨을 앗아가고, 이를 빼내려면 살점을 찢어내야 한다.

아이작 암브로우스

"The Practice of Sanctification," in *Works*, 95

주님을 사랑하려면 그분을 본받기를 좋아하고, 그분이 걸어가셨던 길을 즐겁게 걸어가야 한다. 만일 주님이 속되고 관능적인 삶을 사셨거나 설교와 기도와 거룩한 삶을 거부하셨다면 본받기가 그렇게 어렵지 않을 것이다. 그러나 그분은 세상의 모든 부와 명예와 쾌락을 멸시하고, 성부께 온전히 복종하셨으며, 하늘나라를 바라보며 다른 사람들의 영혼을 구원하려고 애쓰셨고, 박해와 조롱과 비방과 죽음을 인내로 받아들이셨다. 따라서 그분을 본받으려면 자기 십자가를 짊어지고, 영광의 면류관을 얻기 위해 기쁘게 그분을 따라가야 한다.

리처드 백스터

A Christian Directory, in *Practical Works*, 2:230

자기 부인을 자기 영혼을 위해 할 수 있는 가장 합리적이고, 이성적인 일로 받아들이라. 어떤 일이나 의무든 그것의 공정성과 합리성을 분명하게 이해할수록 더 즐겁고, 기꺼운 마음으로 이행할 수 있는 법이다. 그리스도인들이여, 하나님이 우리의 자유와 재산은 물론 생명까지, 모든 것을 요구하신다고 생각해 보자. 그것이 불합리한 요구처럼 생각되는가? 하나님이 우리에게 우리의 것이 아닌 자신의 것을 가져다달라고 명령하시는데도 과연 그렇게 생각할 수 있을까? 하나님은 우리에게 그 모든 것을 빌려주셨다. 그분은 자신의 소유를 결코 포기하지 않으신다. 우리가 이웃에게 지난 1, 2년 동안 빌려준 돈을 갚으라고 요구하는 것이 그에게 잘못을 저지르는 것일까? 전혀 그렇지 않다. 이웃은 돈을 빌려준 것을 감사해야 할 뿐, 반환을 요구한다고 해서 불평할 이유가 전혀 없다.

윌리엄 거널

Christian in Complete Armour, 416

하나님의 명령 가운데는 자기 부인이 없으면 순종하기 어려운 것들이 있다. 그런 명령들은 우리의 의지가 매우 강력하게 원하는 것을 포기하라고 요구하기 때문에 먼저 우리의 의지를 부인해야만 하나님의 뜻을 행할 수 있다. 우리 자신의 의지에 부합하는 유혹은 그만큼 강력할 수밖에 없다.

윌리엄 거널

Christian in Complete Armour, 429

그리스도께 나오기를 원하는 사람들은 사악한 세상은 물론, 자기 자신에게서 나와야 한다. 그리스도께 나온 것처럼 보이는 사람들은 매우 많다. 그러나 자기 자신을 버리지 않으면 그분께 나온 것이 아니다. 그리스도를 믿는다는 것은 영혼을 그분께 온전히 맡기고, 그분에 의해 살아가는 것을 의미한다. 그리스도께서는 "너희가 영생을 얻기 위하여 내게 오기를 원하지 아니하는도다"(요 5:40)라고 말씀하셨다. 그분은 그것을 자신에게 잘못한 것이라고 꾸짖으셨지만, 결국 그로 인한 손실은 오롯이 우리의 몫이다.

로버트 레이턴

A Commentary upon the First Epistle of Peter, in *Whole Works,* 1:200

자기 부인은 믿음의 큰 시험이다. 라합은 자기 민족의 안전보다 하나님의 뜻을 따름으로써 믿음을 드러냈고, 아브라함도 이삭을 희생 제물로 바치는 믿음을 보여주었다. 자기 부인은 그리스도인이 되고자 하는 사람이 가장 먼저 결심해야 할 문제다(마 16:24). 하나님의 길과 우리 자신의 길을 동시에 걸어갈 수는 없다. "하나님을 위해 나의 어떤 부분을 부인해야 할까? 어떤 정욕을 제어해야 할까? 어떤 이익을 포기해야 할까?"라는 것이 우리의 중요한 물음이 되어야 한다.

토머스 맨톤

Practical Exposition on the Epistle of James, 118

우리 자신을 부인한다는 것은 무슨 의미일까? 그것은 우리 자신이 아닌 하나님을 우리의 목적과 목표로 삼고, 우리 자신이 그분을 거스를 때 우리 자신을 포기하는 것을 의미한다. 성경이 '옛 사람'(골 3:9)과 '육신'(롬 8:3-9)으로 일컫는 본성의 둔감함과 반감을 부인해야 한다. 이것들을 부인하는 것은 곧 우리의 자아를 부인하는 것이다. 그 이유는 이것들이 우리의 자아로 간주되기 때문이다. 육신과 본성의 부패가 인간의 자아로 일컬어진다. "우리는 우리를 전파하는 것이 아니라 오직 그리스도 예수를 전파한다"(고후 4:5). 즉 우리가 말씀을 전하는 이유는 우리 자신의 목적과 명예가 아닌 그리스도와 그분의 영광을 위해서다.

존 프레스턴

The Doctrine of Self-Denial, in *Four Godly*

and Learned Treatises, 188

심령의 가난함과 자기 부인은 어떤 차이가 있을까? 이 둘이 아무런 차이가 없을 때도 있고, 차이가 있을 때도 있다. 즉 심령의 가난함이 절대적인 자기 부인을 의미할 때는 이 둘이 서로 아무런 차이가 없다. 심령이 가난한 사람은 자신에 대한 모든 생각을 버리고 그리스도와 값없는 은혜를 온전히 의지한다. 그러나 어떤 경우에는 이 둘이 서로 다를 때도 있다. 자기 부인은 그리스도를 위해 세상을 버리는 것을 의미하고, 심령의 가난함은 그리스도를 위해 자기 자신, 곧 자기의 의를 버리는 것을 뜻한다. 심령이 가난한 사람은 그리스도가 없으면 자신이 아무것도 아니라고 생각하고, 자기를 부인하는 사람은 그리스도를 위해 자기 자신을 남김없이 바친다.

토머스 왓슨

The Beatitudes, in *Discourses*, 2:61

우리의 마음과 행위를 엄격하게 살펴보면, 대다수 사람이 무익한 삶을 사는 이유가 이기심 때문이라는 것을 알 수 있다. 이기심은 우리의 돈궤를 단단히 잠가 나눠주지 못하게 하고, 우리의 힘을 빼앗아 행동하지 못하게 하며, 길에 사자가 있다며 밖으로 나가지 못하게 만들고(잠 26:13 참조), 섬기는 일을 감당하기 힘든 무거운 짐이자 귀찮은 의무요 성가신 일로 간주해 불평하게 만든다. 따라서 우리가 유용한 사람이 되려면 자아와 의논하기를 거부하고, 자아의 생각과 반대로 행하고, 자아의 성향을 억제해야 한다(갈 1:16 참조). 우리는 내가 나의 것이 아니라고 생각하는 사람처럼 행동하고, 나의 뜻이나 이기적인 목적을 추구할 생각이 전혀 없는 사람처럼 처신해야 한다.

다니엘 윌리엄스

Excellency of a Publick Spirit, 70

자기 성찰

자신의 마음을 향해 "나는 지금 어떤 상태일까? 내 영혼은 잘 되고 있는가? 내 행위가 주님을 기쁘시게 하는가? 나의 기대와 소망은 무엇인가? 내 삶의 목적과 관심사는 무엇인가? 나를 통해 그리스도께서 영광을 받으시는가? 내가 그분의 거룩함에 참여하고 있는가? 나는 주변 사람들에게 그분의 성품을 나타내 보이고 있는가?"라고 물으라.

리처드 알레인

Companion for Prayer, 3

사람은 자기가 사랑하는 사람을 즐거워하고, 관심 있게 지켜본다. 사랑하는 사람은 자기 친구를 슬프게 하지 않기 위해 주의 깊게 지켜본다. 그들은 상대방에게 감사한 것과 상대방이 인정할 만한 것을 찾기 위해 유심히 살핀다. 인정할 만한 표정, 인정할 만한 말, 상대방을 기쁘게 할 것이 무엇인지 살핀다. 주님, 주님은 무엇을 원하십니까? 주님은 제가 무엇이 되기를 원하십니까? 종이 될까요? 문지기가 될까요? 주님을 위해 종들의 종이 될까요? 주님이 원하시는 사람이 되지 않으면 저는 아무것도 아닙니다. 주님, 제가 무엇이 되기를 원하십니까? 주님의 뜻을 보여주소서. 제가 해야 할 일을 알려 주소서. 오, 저의 길을 지도해 주님의 율례를 지키게 하소서. 제게서 무엇을 원하십니까? 저의 우상들, 저의 세상적 안락함, 저의 명예, 저의 즐거움, 저의 집과 재산을 원하십니까? 저의 이삭을 원하십니까? 제가 소중히 여겨 주님께 바치기를 주저하는 것이 있습니까? 저의 자유와 목숨을 원하십니까? 보소서, 모든 것이 주님의 발 앞에 있나이다. 저는 주님이 요구하시는 것은 그 무엇도 남겨둘 수 없나이다.

리처드 알레인

Heaven Opened, 164–65

모든 그리스도인이 자신의 마음을 향해 꼭 물어봐야 할 여섯 가지 질문이 있다. 첫째, 내가 성도인가 위선자인가, 지혜로운 처녀인가 어리석은 처녀인가? 둘째, 내가 성도라고 말할 수 있는 가장 참되고, 확실한 근거가 무엇인가? 셋째, 내가 그리스도인이라면, 나의 정신은 율법적인가, 복음적인가? 넷째, 성경에 언급된 성도들 가운데 누가 나와 가장 잘 비교될 수 있을까? 다섯째, 내가 온전한 확신을 지니지 못하는 이유는 무엇일까? 여섯째, 나의 가장 취약한 죄는 무엇일까? 그 죄는 내 영혼 안에서 어떤 영향력을 발휘하는가?

저자 미상

Life, 64

성찰을 위한 질문

(1) 큰 죄나 작은 죄, 공개적인 죄나 은밀한 죄를 가리지 않고 모든 죄를 죄로 여겨 피하는가(욥 1:1, 시 36:1, 잠 8:13)?

(2) 하나님의 말씀을 자주 듣는가(행 13:16)?

(3) 모든 의무를 계속해서 성실하게 이행하려고 노력하는가(전 12:13)? 골방 기도, 가족 기도, 공적 기도에 힘쓰는가? 묵상을 게을리하지 않고, 성

경을 열심히 읽고, 신앙적인 대화를 나누는가?
(4) 모든 상황에서 적절한 은사를 활용하려고 노력하는가? 고난 속에서 인내하며, 형통할 때 겸손하며, 하나님의 은혜에 감사하는가(시 115:11)?

윌리엄 베버리지

Thesaurus Theologious, 4:4

자신의 마음을 성찰하려는 노력이 필요하다. 하나님은 우리가 우리의 내면을 들여다보고, 영혼의 상태를 점검하기를 원하신다. 하나님은 우리에게 '마음의 재앙'(왕상 8:38)을 깨달으라고 요구하신다. 모든 사람은 제각기 자신의 마음을 살펴야 하고, 마음의 부패함과 사악함과 비참함을 알려고 노력해야 한다. 국외에서 일어나는 하나님의 심판들은 공허한 헛소문이 아니다. 그것은 우리 자신을 이전보다 더 많이 아는 것을 우리의 영혼이 추구해야 할 큰 목적이자 관심사로 삼아야 한다는 것을 큰 소리로 분명하고도 강력하게 일깨워주는 하나님의 음성이다.

토머스 블레이크

Living Truths in Dying Times, 52

도망쳐 살아남은 사람들은 그렇게 살아남은 기회를 헛되이 흘려보내서는 안 된다. 그런 사람들은 자신의 마음과 행위에 대해 이전보다 더 크게 슬퍼해야 마땅하다. 에스겔 7장 16절은 "도망하는 자는 산 위로 피하여 다 각기 자기 죄악 때문에 골짜기의 비둘기들처럼 슬피 울 것이며"라고 말씀한다. 하나님이 공동의 재앙에서 건져내신 성도들은 그 순간부터 자신의 마음을 더욱 철저히 살펴 하나님 앞에서 슬퍼해야 한다. 그들은 다 각기 자기 죄악 때문에 슬피 울어야 한다 하나님 앞에서 자신의 행위를 돌아보며 슬퍼할 수 있는 시간을 갖게 되었다면, 그것이 곧 큰 은혜가 아니겠는가?

토머스 블레이크

Living Truths in Dying Times, 75 – 76

그리스도인들 가운데는 자신의 은혜는 잘 보지 못하고, 주로 자신의 죄만 크게 의식하는 사람들이 있다. 그들은 죄가 그들의 정욕과 욕구 안에서 영혼을 뒤흔드는 것을 느낀다.
질문 : 나는 육신의 소욕과 영의 소욕을 둘 다 느끼는데 내 영혼이 그 가운데 어느 쪽에 충실한지 어떻게 알 수 있을까?
답변 : 다음의 질문들을 생각해 보면 그 대답을 알 수 있다. (1) 육신의 소욕와 영의 소욕 가운데 어느 것이 우세한가? 당신의 영혼이 내면에서 강하게 분개하면서 "오, 하나님과 은

혜와 나의 선한 욕구들이 예수 그리스도를 위해 나의 육신을 제압했으면 좋겠다."라고 말하는가? (2) 육신의 정욕이 치솟는 것을 느낄 때 영혼 안에 어떤 은밀한 소원을 가지고 있는가? 자신의 내면에서 죄에 대한 분노가 솟구쳐 올라 "이런 생각이 두 번 다시 들지 않았으면 좋겠어. 내 영혼이 은혜로 충만하고 정욕이 나의 생각을 파고 들어올 여지가 눈곱만큼도 없었으면 더 바랄 것이 없겠어."라고 외치는가?

존 번연

Riches, 190–91

잠자리에 들기 전에 매일 자신의 마음을 살피면서 하나님에게서 받은 것과 그분을 위해 행한 것과 자신이 부족하게 느끼는 것을 생각해 보라. 그러면 찬양이 우러나고, 마음이 겸손해지고, 지나간 하루를 구속할(redeem) 수 있을 것이고 그럼으로써 은혜를 계속해서 공급받아 앞으로 해야 할 일을 추진해 나갈 힘을 얻을 수 있을 것이다.

존 번연

Riches, 218

우리는 어떤 행위를 할 때마다 "내가 지켜야 할 규칙은 무엇인가? 이것은 하나님의 뜻인가, 나의 뜻인가? 나의 의도가 하나님을 높이려는 것인가, 자아를 높이려는 것인가?"라고 물어야 한다. 자아를 죽이면 죄의 힘이 그만큼 줄어든다. 나의 뜻과 자아는 우리 안에 존재하는 뱀의 머리다. 우리는 이것을 십자가의 능력으로 깨뜨려야 한다. 죄는 하나님에게서 돌이켜 자기중심적인 태도를 지니는 것을 의미한다. 아집과 자기 본위를 제어하면, 무신론을 원천적으로 봉쇄할 수 있고, 모든 죄를 만들어내고 부추기는 것을 없앨 수 있다. 불꽃은 그것을 일으키는 불을 끄면 자연스레 소멸된다. 우리는 무슨 일을 하든 "하나님의 뜻이 나의 원칙인가? 하나님의 영광이 나의 목적인가?"라고 물어야 한다. 모든 죄는 이러한 점검을 등한시하는 데서 시작되고, 모든 은혜는 이를 실천하는 데서 비롯한다.

스테판 차녹

Selections, 242

자신의 영혼과 대화할 수 있는 그리스도인은 좋은 동무를 둔 셈이다.

토머스 풀러

"The Snare Broken," in *Pulpit Sparks,* 306

당신은 무엇을 향해 가장 큰 욕망을 느끼는가? 어떤 사람들은 배만 부르면, 몸을 가려줄 옷만 있으면, 빚을 갚고 사업을 계속할 수만 있으면,

세상에서 아무 두려움 없이 사람답게 살 수 있을 것으로 생각한다. 자연적인 삶만 산다면 그렇게 살아도 된다…그러나 당신은 은혜의 생명을 유지하기 위해 무엇을 하는가? 자신의 영혼을 살펴 죄가 침입하고, 습격해 들어오는 것을 막으려는 노력을 기울이는가? 은혜의 수단들을 활용해 복음의 가슴에서 젖을 빨아 영적 생명이 더욱 튼튼하게 자라게 하려는 노력을 기울이는가? 만일 그런 노력을 기울이지 않는다면 우리 안에 영적 생명이 없다는 증거다. 그런 경우라면 우리는 예수 그리스도께서 우리의 생명이시라고 말할 수 없다.

크리스토퍼 러브

Heaven's Glory, 11

선한 사람들은 항상 자기 자신을 발견할 것이다.

토머스 맨톤

in Horn, *Puritan Remembrancer*, 321

진리의 기준에 비춰 자아와 자신의 상태를 자주 살피는 것보다 그리스도인이 이행해야 할 더 큰 의무는 없다. 전파된 주님의 말씀을 듣고 진리를 발견했으면 그것을 마음에 새기고, 그것으로 우리의 영혼과 상태를 점검해야 한다. 이것은 매우 중요한 의무다. 이것이 "너희는 믿음 안에 있는가 너희 자신을 시험하고"(고후 13:5)라는 말씀의 의미다.

매튜 미드

"The Power of Grace in Weaning the Heart from the World," in *Name in Heaven*, 123

나는 내 영혼 안에서 다음과 같은 질문들을 진지하게 생각하는 것을 매우 귀하게 생각한다. (1) 내가 천국에 갈 수 있다는 증거는 무엇인가? (2) 지금의 나는 이전의 나보다 더 나아졌는가, 아니면 더 나빠졌는가? (3) 내가 가장 쉽게 저지르는 죄는 무엇인가? (4) 내가 가장 바라는 은혜는 무엇인가? (5) 나는 어떤 은혜를 받았는가? (6) 하나님은 어떤 고난으로 나를 유익하게 하셨는가? (7) 어려움이 닥쳤을 때는 무엇으로 내 마음을 다스려야 할까?

헨리 뉴컴

Diary, 30 (December 10, 1661)

자신을 살피고, 진리의 말씀을 통해 도움을 받으려고 애쓰는 것, 곧 말씀이 마음의 은밀한 곳까지 침투해서 그 안에 있는 악과 부패를 파헤쳐 드러내기를 원하는 것은 은혜로운 심령을 지녔다는 확실한 증거다.

존 오웬

On Indwelling Sin, in *Oweniana*, 221

부패한 본성이 갑작스레 솟구치는 것을 경계해야 한다. 심령의 상태와 성향 및 우리를 강퍅하게 만드는 죄의 기만성을 유심히 살피고, 부패한 본성을 자극하는 요인이나 상황을 피해야 한다. 즉 '그 육체로 더럽힌 옷까지도 미워하고'(유 1:23), '악은 어떤 모양이라도 버려야 한다'(살전 5:22). 아울러, 삶의 모든 상황에서 우리의 행위를 돌아보고, 죄가 우리 안에서 득세하는지 실세하는지, 또 관계적 의무나 개인적 의무를 성실하게 이행하고 있는지를 살펴봐야 한다. 마땅히 해야 할 일을 하지 않거나 열정이 부족한 까닭에 심령이 죽은 상태가 되어 어리석고, 형식적으로 변해 성화의 진행에 지장이 초래된다면 그 죄가 얼마나 크겠는가? 죄를 죽이는 데 효과가 있는 방법은 여러 가지이지만 그 가운데서도 주님의 도우심을 구해 죄에 맞서는 방법이 가장 좋다. 그분은 죄를 이기고 승리할 수 있게 도와줄 능력을 지니고 계신다.

토머스 리들리

Body of Divinity, 155

사역자가 내 영혼을 샅샅이 살펴 내가 좋아하는 죄를 밝히 드러내더라도 그것을 기꺼이 인정하고, 그 사역자를 전보다 더 많이 좋아할 수 있겠는가? 다윗처럼 의인들이 나를 책망해 주기를 바라는가? 지혜로운 견책자의 꾸짖음을 달게 받아들일 수 있겠는가?

헨리 스쿠더

Christian's Daily Walk, 421

우리의 자기 판단은 사실과 정반대인 경우가 많다. 인간의 생각은 죄에 오염되어 있어서 스스로에 대해 그릇된 판단을 내리기 쉽다. 다윗은 하나님과의 관계가 끊어지지 않았는데도 끊어진 것처럼 말했고(시 31:22 참조), 라오디게아 교회는 실제로는 가련하고 곤고한 상태였지만 그렇지 않은 것처럼 생각했다(계 3:17 참조). 이 중요한 문제와 관련해 오류를 범하지 않으려면 모든 가용 수단을 동원해 판단에 필요한 올바른 정보를 얻어 자기 자신을 있는 그대로 판단하고, 자신이 하나님과 화목한 관계를 맺고 있는지를 옳게 헤아려야 한다. 내가 전에 말한 대로, 성경을 길잡이로 삼아 우리가 현재 어떤 상태인지, 또 우리가 어떤 사람이 되어야 할지를 판단해야 한다.

헨리 스쿠더

Christian's Daily Walk, 423

자기 성찰은 완전에 이르는 지름길이다.

윌리엄 세커

in Horn, *Puritan Remembrancer,* 223

자기 자신을 잘 모르는 채로 살아서는 안 된다. 나는 내가 주로 해야 할 일이 내 집의 문 안에 있다고 생각하고 자기 반성을 행하면서 내 집 안에 더 많이 머무르며 나의 포도원을 지켜야 한다. 나의 감각을 지켜보고, 나의 입술을 지키고, 나의 애정을 다스리고, 친구들을 조심해서 선택하고, 친구와의 관계를 올바로 유지하고, 날마다 모든 행위에 신중하고, 나를 자주 점검하고, 늘 나의 행위를 살펴 하루를 어떻게 살았는지 돌아보고, 항상 하나님 앞에서 살아가고, 어디에 있든 그분의 거룩한 눈길을 두려워하고, 죄를 저지를 상황이나 징후를 즉각 피하는 법을 배워야 한다. 이런 일을 소홀히 하면 영적 질병이 서서히 우리를 엄습해 올 것이다.

존 샤워

Serious Reflections, 181

진지한 태도로 자신에게 종종 질문하라. 나는 잘 준비되어 있는가? 내일이 오기 전에 죽는다면 나는 어떻게 될까? 오, 나의 영혼이여, 너는 그리스도께서 다시 나타나셨을 때 그분 안에서 발견될 수 있는 태도를 지니고 있느냐?

나다니엘 테일러

Funeral Sermon [on Luke 12:40], 23

두 가지를 진지하게 생각해야 한다. 하나는 본성의 부패함이고, 다른 하나는 죄의 본성이다.

랄프 베닝

in Edmund Calamy et al., *Saints' Memorials,* 127

다음 세 가지를 묵상하라. (1) 내가 진 빚. 빚이 청산되었는지, 즉 죄를 용서받았는지 살피라. 연체된 것이 없는지, 곧 회개하지 않은 죄가 영혼 안에 남아 있는지 점검하라. (2) 나의 결정. 결정했는지 살피라. 나에 관한 관심을 모두 포기했는가? 나는 하나님을 사랑하는가? 당신은 결정해야 한다. 자신의 결정에 관해 묵상하라. 건강할 때 영적인 결정을 내리라. 죽을 때까지 결정하지 않고 미루면 영혼이 병들 수밖에 없다. 그렇게 되면 하나님은 당신의 영혼을 받아주지 않으실 것이다. (3) 나의 증거들. 증거들이란 성령의 은혜를 가리킨다. 은혜의 증거가 있는지 살피라. 나는 그리스도를 향해 어떤 마음을 품고 있는가? 나는 어떤 믿음을 지니고 있는가? 나의 증거에 아무런 결함이 없는지 살피라. 나의 마음은 진실한가? 나는 하늘의 특권만큼 하늘의 원리를 따르려는 마음을 지니고 있는가? 당신의 증거들에 관해 진지하게 묵상하라.

토머스 왓슨

"A Christian on the Mount," in *Discourses,* 1:221

묵상하면서 자신을 성찰하라. 영적인 주제를 묵상하거나 자신의 영혼을 살필 때는 짧더라도 항상 진지해야 한다. 오, 나의 영혼이여, 마땅히 그래야 하지 않겠느냐? 하나님을 경외하는 것이 '지식의 근본'(잠 1:7)이다. 그것에 관해 묵상할 때는 "오, 나의 영혼아. 네 마음에 그런 두려움이 간직되어 있느냐? 너의 날이 거의 다 되어 가는데, 지혜의 근본에 이르렀느냐?" 라고 물으라.

토머스 왓슨

"A Christian on the Mount," in *Discourses,* 1:268

자기 의존

자아의 지배를 받는 사람은 악한 주인을 섬기는 것과 같다. 무지하고, 교만하고, 격정적인 주인은 우리를 벼랑 끝으로 몰고 가서 거기에서 우리를 밀어뜨린다. 그는 우리에게 가장 큰 선을 베푼다고 생각하지만 실제로는 우리를 완전히 파멸시킨다. 그가 시키는 일은 악하고, 그가 주는 삯은 그렇게 후하지 않다. 그는 평소에는 종들을 돼지처럼 먹이지만, 기근이 들면 곡식 껍질조차 주려고 하지 않는다. 지금은 정욕에 사로잡혀 어떤 생각을 하고 있는지 모르지만, 만일 하나님이 제정신을 찾게 해주신다면 헛된 꿈과 환상을 좇다가 굶주려 죽는 것보다 가장 가난한 종도 양식을 충분히 먹을 수 있는 아버지의 집에 있는 것이 훨씬 더 좋다는 생각이 들 것이다. 하나님을 거부한 채 더 나은 주인을 찾으려고 하지 말라.

리처드 백스터

Baxteriana, 31–32

자신의 약점에 관심을 기울이고, 자신의 장점을 과신하지 말라. 그것이 베드로의 잘못이었다. 잘 알다시피, 그는 처참하게 무너졌다. 그의 사례가 기록으로 남은 이유는 우리의 경각심을 일깨우기 위해서다. 이 잘못 때문에 실패한 사람들이 한둘이 아니다. 그런 사람은 자신의 힘을 과신하기 때문에 순간의 충동과 유혹을 이기지 못하고 번번이 참담한 실패를 경험할 수밖에 없다.

토머스 가테이커

Christian Constancy, 18

하나님 없이 우리가 주인이 되어 모든 일을 하려는 자율적 성향이 우리의 본성 안에 도사리고 있다. 그러나 우리는 사실 하나님 없이는 아무것도 할 수 없다. 우리 자신을 의지하려는 태도를 버리는 법을 배우면 의무를 이행하고, 유혹을 물리칠 수 있는 힘을 더 많이 발견할 수 있다. 우리 자신의 힘을 의지하지 말고, 하나님의 능력을 우리의 것으로 삼는 것이 믿음이 하는 일이다. 자신을 가장 연약하게 생각하고, 실제로 그렇게 느끼는 사람들은 행복하다.

로버트 레이턴

Spiritual Truths, 61

우리 자신의 것이 아무것도 없다는 마음으로 살지 않으면 그리스도로부터 어떤 능력도 기대할 수 없다.

존 오웬

Golden Book, 218

자기 방어

어떤 경우에는 사람들이 악을 행하는 것을 저지할 목적으로 폭력을 사용할 수도 있다. 어떤 사람이 아내나 자녀를 유혹해 그들의 영혼을 위험에 빠뜨리려고 하는 상황에서 관원의 도움을 받기가 어렵고 스스로의 힘으로 그를 물리치는 것이 가능하다면 그렇게 해도 된다.

제레마이어 버러스

Irenicum, 36

자신의 생명이 위태로울 때는 스스로를 방어할 수 있다. 일부 재세례파 교인들은 비록 힘이 있더라도 어떤 상황에서든 무력을 사용해서는 안 된다고 주장한다. 나는 그들의 주장을 신뢰하지 않는다. 그들의 강물은 핏물로 변할 때가 많다. 누구든 자신의 생명을 보존하기 위해 무력을 사용할 수 있다. 그렇게 하지 않으면 그것은 십계명의 여섯 번째 계명을 어기는 것이다. 즉, 그것은 스스로 목숨을 끊는 죄를 짓는 것과 다름없다. 어떤 사람은 다른 사람을 죽이기 위해서가 아니라 자신의 생명을 지키기 위해 칼을 빼든다. 그의 의도는 다른 사람을 해치기 위해서가 아니라 그런 행위를 저지하기 위해서다. 자기방어는 기독교적 온유함과 상충되지 않는다. 자연과 믿음의 법이 자기방어를 정당화한다. 주님은 칼을 칼집에 넣어두라고 명령하셨지만(마 26:52), 방패를 들어 우리 자신을 지키도록 허용하신다. 주님은 우리가 한편으로는 비둘기처럼 순결해 다른 사람들을 해치지 않기를 바라시지만, 또 한편으로는 뱀처럼 지혜로워 우리 자신을 잘 방어할 수 있기를 바라신다.

토머스 왓슨

The Beatitudes, in *Discourses*, 2:148

자녀들

우리의 아버지들(즉 사역자들)은 그리스도를 수종드는 자들, 곧 그분의 시종들이다. 그들은 항상 주인의 일을 하고, 그분이 정하신 경건하고, 지혜롭고, 선한 율법을 엄격하게 준수함으로써 다른 그리스도인들보다 더 나은 미덕과 선의 본보기가 되어야 한다. 지복에 이르는 좁은 길을 따라 걷지 않으면 우리 아버지들의 뒤를 따라갈 수 없다. 더욱이 우리의 아버지들은 그리스도의 양들에게 은혜와 구원의 수단을 적용할 권위와 의무를 부여받았다. 그들을 통해 양육을 받는 우리는 어렸을 때부터 항상 은혜의 수단들을 소유할 기회를 누렸고, 그것들을 통해 훈련과 연습을 해왔다. 따라서 우리가 그들로부터 올바른 영향을 받지 못했다면, 그것들을 이따금 한 번씩만 활용했던 사람들보다 변명하기가 훨씬 더 어려울 것이다.

윌리엄 베버리지

"A Sermon Preached before the Sons of the Clergy," in *Thesaurus Theologious*, 204

부모에 대한 복종과 순종은 절대적이고 보편적인 원칙은 아니다. 하나님은 자신의 권위를 상실하시면서까지 부모에게 권위를 부여하지 않으셨다. 부모에 대한 순종은 주님 안에서 이루어져야 한다. 다시 말해, 부모가 주님의 권위로 명령하는 것만 이행하면 된다. 하나님의 거룩한 뜻에 부합하는 것은 자녀는 물론, 부모도 순종해야 한다. 그런 경우에 자녀는 부모에게 당연히 순종해야 한다. 심지어 부모가 악하더라도 하나님의 명령과 일치하는 일을 지시하면 기꺼이 순종해야 하고, 부모가 경건하더라도 하나님의 명령과 일치하지 않는 일을 지시하면 순종해서는 안 된다.

존 플라벨

Fountain of Life, 307

우리를 낳아준 부모를 기쁘게 하느라 우리를 창조하신 하나님을 불쾌하게 해드려서는 안 된다.

토머스 풀러

in Thomas, *Puritan Golden Treasury*, 43

당신이 경건한 부모를 둔 이점을 기억하라. 일시적인 축복에 관해 말하자면, 이스마엘, 솔로몬, 르호보암 등은 부모로 인해 자녀에게 친절을 베푸신 사례들에 해당한다. 그러나 가장 큰 축복은 영적인 복, 영원한 복이다. 우리는 언약의 자녀요 그리스도의 교회의 지체들이다. 아브라함의 복("내가 네 하나님이 될 것이다")이 그의 후손들에게 임했고, 이제는 이방인인 당신에게까지 미쳤다(갈 3:14). 당신에게는 다른 사람들과 달리 참된 경건에 이르도록 도와주는 수단이 많이 주어졌다. 악한 부모에게서 태어나 무지와 불신앙이 만연한 가정에서 성장한 사람들을 어렵게 만드는 요인들 가운데 많은 것이 당신에게서 제거되었다. 당신은 하나님과 그리스도는 물론, 죄와 의무에 대해 더 많이 알고 있다. 은혜의 성령께서는 그런 어린아이들에게 더 일찍 역사하시고, 더 많은 부르심과 제안과 초청과 노력과 각성을 허락하시고, 그들이 이 모든 혜택을 낭비하고 사악함 가운데 확고해질 때까지 그들을 떠나지 않으신다. 조롱하는 자였던 이스마엘, 영광의 주를 거부하고 죽임으로써 더할 나위 없는 불의를 저지른 유대인들이 그러한 예에 해당한다.

존 샤워

Family Religion, 109 – 10

자녀들은 부모에게서 세 가지(생명, 보양, 교훈)를 부여받는다. 이 세 가지는 자녀들에게 세 가지 의무를 짊어지운다. 즉 생명은 사랑의 의무를, 보양은 순종의 의무를, 교훈은 존경의 의무를 각각 요구한다. 부모는 자녀에게 생명을 준 존재이기에 사랑을 받아야 하고, 자녀를 양육한 가장이기에 순종을 받아야 하며, 자녀를 가르친 교사이기에 존중을 받아야 한다.

헨리 스미스

"The Affinity of the Faithful," in *Sermons*, 207

부모에게 자녀들을 사랑하라고 가르치기 전에 먼저 그들을 지나치게 사랑하지 말라고 가르쳐야 할 필요가 있다. 다윗이 애지중지하던 아들이 그를 배신했다. 이것이 하나님의 방식이다. 다시 말해, 인간이 하나님 위치에 다른 무엇인가를 놔두기 시작하고, 그것을 그분보다 더 많이 사랑하면, 하나님은 그가 자신의 분노를 더 크게 자극하기 전에 그곳에 둔 물건이나 사람을 빼앗아 가신다. 따라서 부모가 자녀들이 살기를 바란다면 그들을 지나치게 사랑하지 않도록 주의해야 한다. 선물을 주신 하나님보다 선물을 더 소중히 여기면 그분의 분노를 초래할 수밖에 없다.

헨리 스미스

"A Preparative to Marriage," in *Works*, 1:35

부모에 대한 순종은 그들의 명령에 따르는 행위를 통해 입증된다. 자녀는 부모의 메아리가 되어야 한다. 아버지가 말하면 자녀는 순종으로 화답해야 한다.

토머스 왓슨

Body of Practical Divinity, 301

자랑

"말이 가장 많은 사람이 항상 실천을 가장 적게 한다."라는 격언은 사실이다. 그러나 말을 전혀 하지 않는 사람이 실천가가 될 가능성이 희박한 것 또한 사실이다. 말은 곧 실천이기도 하다. 우리 자신을 높이 추켜세우려고 자랑하는 말이 있을 수 있다. 그런 말을 하지 않도록 조심하라. 말은 형제에게 덕을 끼치고, 형제를 굳건하게 하는 용도로 사용해야 한다.

리처드 알레인

Heaven Opened, 99

인간은 본질상 허영심이 강한 피조물이다. 인간은 자기 책임이 아닌 죄는 떠벌리며 자랑하고, 자기 책임이 있는 죄는 남에게 고백하기를 주저하는 경향이 있다(욥 31:33). 인간은 자신의 선함은 널리 알리기를 좋아하지만, 자신의 악함은 드러내지 않고 숨기려고 한다.

토머스 브룩스

Cabinet of Choice Jewels, 235

죄를 짓는 사람은 인간이고, 죄를 슬퍼하는 사람은 성도이며, 죄를 자랑하는 사람은 마귀다.

토머스 풀러

Holy and Profane States, 189

자랑을 가장 많이 하는 사람이 가장 적게 실천한다.

윌리엄 거널

Christian in Complete Armour, 449

자만심

우리는 자만심이 가득한 교만한 피조물이다. 따라서 하나님은 우리의 예상을 벗어나는 특이한 섭리를 통해 우리의 길에 가시나무를 두르고, 다듬은 돌들로 담을 쌓아 올려 그 누구의 조언도 받지 못하는 상태에서 우리의 수단과 방법이 전혀 통하지 않게 만들어 마치 사형 선고를 받은 사람처럼 삶을 포기할 지경에 이르게 하신다. 그렇게 하시는 이유는 우리 자신이 아닌 죽은 자를 살리는 하나님을 의지하게 하시기 위해서다. 하나님은 우리가 미래의 위험과 두려움 속에서 오직 하나님만을 의지하게 하기 위해 절망으로 우리의 무력함과 우둔함을 깨우쳐주고, 우리가 얼마나 어린아이와 같고 어리석은 바보와 같은지를 보여주신다.

토머스 케이스

Correction, Instruction, 45

자만심을 경계하라. 가룟 유다는 자만심이 매우 컸다. 그는 제자들 가운데 맨 마지막으로 "랍비여 나는 아니지요"(마 26:25)라고 말했다. 그는 자기 자신을 의심하는 데에는 마지막이었지만 죄를 짓는 데는 누구보다도 먼저였다. 솔로몬은 "자기의 마음을 믿는 자는 미련한 자요"(잠 28:26)라고 말했다. 자신의 마음을 항상 유심히 살피고, 마음이 가장 깨끗해 보이는 때에 방심하지 않는 것이 지혜로운 태도다.

존 플라벨

Fountain of Life, 220

자비

자비를 요구하면서 스스로는 자비를 보여주지 않는 사람은 자신이 지나가야 하는 다리를 파괴하는 자와 같다.

토머스 애덤스

Exposition upon...Second...Peter, 498

아! 드디어 그 책이 펼쳐지고, 주 예수께서 베푸신 자비의 청구서를 가져오실 때, 당신은 양심에 따라 어떻게 대답할 것인가. 주께서 우리에게 베푸신 자비의 방편들은 다음과 같다. 설교, 성례, 은혜, 위로, 응답받은 기도, 자비로우신 섭리와 보호, 너무나 많은 개인적인 자비, 너무나 많은 가족을 위한 자비, 너무나 많은 영혼을 위한 자비, 너무나 많은 교회를 위한 자비, 너무나 많은 국가를 위한 자비, 병든 자를 위한 자비, 건강을 위한 자비, 여행을 위한 자비, 주거를 위한 자비, 돌보시는 자비, 살려주시는 자비, 베풀어 주시는 자비, 용서하시는 자비, 보이는 자비, 보이지 않는 자비. 우리는 이 모든 자비에 대해 전혀 갚지 못한다. 이 모든 것에 유죄임이 드러나고 이 수천 가지 가운데 단 하나에도 올바르다 할 수 없다. 그런데 어떻게 우리 양심이 하나님의 청구서 앞에 떳떳하게 서 있을 수 있으며, 흠없이 얼굴을 들 수 있겠는가?

바르톨로메오 애쉬우드

Heavenly Trade, 68

세상에 대한 하나님의 일반적인 자비들, 그의 성도들을 향한 하나님의 특별한 자비들, 태어나서 지금까지 당신을 향한 개인적인 자비들, 즉 영혼과 몸과 친구들과 명예와 재산과 모든 관계에 임하는 하나님의 자비를 즐거워하라.

리처드 백스터

Baxteriana, 155

자비를 죄악된 자유로, 하나님의 선하심을 방종으로 바꾸는 것보다 더 사람을 성도와는 거리가 멀게 하고 사탄과는 유사하게 만드는 것은 이 세상에 없다. 그런 것은 바로 마귀의 논리이다.

토머스 브룩스

Precious Remedies, 50

자비는 겸손한 영혼을 기쁘게 하지만 그렇다고 자고하게 하지는 않는다. 겸손한 영혼은 자비가 충만할 때 가장 낮아진다. 가장 강할 때 가장 작아진다. 가장 높을 때 가장 낮아진다. 가장 부유할 때 가장 가난해진다. 그 무엇도 자비처럼 마음을 녹이는 것은 없다. 그 무엇도 자비처럼 마음을 하나님께로 가까이 이끄는 것은 없다. 그 무엇도 자비처럼 영혼을 겸손하게 만드는 것은 없다.

토머스 브룩스

The Unsearchable Riches of Christ, in *Select Works*, 1:6

자비의 풍성함을 기회로 죄악된 자유를 주장하는 것은 마귀의 논리이다. 그렇게 생각하는 영혼은 하나님으로부터 떠난 자이며, 사다리의 마지막 계단에 있는 영혼이며, 사탄의 손에 쥐어 있는 영혼이다. 영원하신 하나님은 사탄이 그런 자를 어디로 이끌어갈지 아신다.

토머스 브룩스

The Unsearchable Riches of Christ, in *Select Works*, 1:250

당신에게 은혜와 구원의 날이 아직 주어져 있고, 지금 당신이 지옥에 있지 않다는 것은 확실히 그 어떤 환난보다 큰 자비이다. 당신의 귓가에 아직도 복음의 소리가 들리고 당신이 이성을 사용할 수 있는 것은 더 큰 자비이다. 당신이 당신의 사지와 감각을 사용할 수 있다는 것, 즉 당신의 몸이 건강하다는 것은 당신의 고통보다 더 큰 자비이다. 몸의 건강은 가난이라는 고통보다 더 큰 자비이다. 어떠한 부자라도 그가 현명하다면 자신의 건강을 위해 그의 모든 재산을 다 쓸 것이다. 그러므로 자비는 당신의 고통보다 더 크다.

제레마이어 버러스

Rare Jewel, 65

당신에게 주어진 자비들과 고통들을 함께 비교해 보라. 자비가 당신에게 홍수처럼 흐르는 반면 고통은 한 방울 물과 같이 당신에게 임하지 않았는가? 고통을 한 번 당했더라도 당신은 백 번의 자비를 받은 것이다.

사무엘 크래독

Knowledge and Practice, part 2, chap. 5, 27

하나님 안에 삼중의 자비가 있다. 첫째, 예방하는 자비는 우리에게 고통이 미치지 못하게 해준다. 둘째, 건지는 자비는 곤경의 손아귀에서 우리를 건진다. 셋째, 아끼는 자비는 고통을 예방하거나 고통에서 건져주지는 않지만, 우리의 고난을 은혜롭게 완화시키는 자비이다. 아끼는 자비는 바람직하고 달콤하지만, 가장 빈도수가 낮게 행사되는 자비이다.

존 플라벨

Sacramental Meditations, 106

한나가 수많은 기도와 기다림 끝에 아들을 얻게 된 것은 큰 자비이다. 하지만 아들을 주신 하나님께 그 아들을 다시 드릴 마음을 품은 것은 더 큰 자비이다. 재산이나 건강, 혹은 그 어떤 즐거움을 갖기 위해 하나님을 기다리는 것 역시 하나님의 자비이다. 하지만 하나님의 영광을 위해 우리 마음을 거룩하게 하는 축복과는 견줄 수 없다.

윌리엄 거널

Christian in Complete Armour, 535–536

하나님의 자비를 기억 속에 보물처럼 간직하는 자가 가장 감사하는 사람이다. 그는 하나님이 자신을 위해 해주셨던 일들을 생각하며 믿음을 키워나감으로써 현재의 고난 속에서 힘 있게 걸어간다. 거름더미 속에 있던 욥은 하나님의 오랜 자비를 잊지 않았고, 목에 칼이 들어와도 하나님을 신뢰했다. "그가 나를 죽이실지라도 나는 그를 의지하리로다." 하나님을 경험하고 나서도 하나님을 불신하는 자는 어리석은 건축자와 같다(마 7:26). 그는 과거의 자비를 기억하는 기념비를 모래 위에 세웠지만, 이어지는 고난의 물결이 그것을 쓸어가 버렸다.

윌리엄 거널

Christian in Complete Armour, 739

자비는 기도의 응답으로 하나님으로부터 온다. 하나님에게서 받은 자비보다 당신의 기도를 듣고 자비를 베푸시는 하나님 자체를 더 기뻐한다면, 당신은 하나님의 큰 자비를 받은 것이다.

크리스토퍼 러브

Zealous Christian, 89

하나님은 많은 경우에 자기 백성들의 요청을 거절하심으로써 영광을 받으신다는 사실을 고려하라. 하나님은 우리의 요청대로 자비를 베푸시는 것보다 그것을 부인함으로써 더 큰 영광을 받으실 수 있다. 당신에게 당장 자비를 베풀지 않으시는 것이 하나님의 영광을 더욱 크게 한다면, 당신이 자비를 받고 하나님이 영광을 얻지 못하시는 것보다 하나님이 영광을 얻으시고 당신이 자비를 받지 못하는 편이 더 낫다.

크리스토퍼 러브

Zealous Christian, 93

우리가 다른 사람을 긍휼히 여기는 것은 하나님의 긍휼을 받을 분깃이 우리에게 있다는 표이다.

토머스 맨톤

Practical Exposition on the Epistle of James, 100

많은 사람들이 그들이 고난에서 건짐 받은 것을 좋아하는 데 그칠 뿐 그들을 건져내 주신 분을 사랑하지는 않는다. 하나님이 주시는 자비보다 하나님을 더 사랑함이 마땅하다.

토머스 왓슨

Godly Man's Picture, 119

자살

원수가 자살하라고 부추기는가? 마귀는 종종 자살을 부추긴다. 시대를 막론하고 하나님의 자녀들 가운데 많은 사람이 이런 유혹에 시달리며 괴롭힘을 당했다. 지금 천국에 있는 성도들은 유혹에서 온전히 자유롭다. 그러나 그들 가운데는 세상에 있을 때 이 혹독한 유혹에 시달렸던 사람들이 많다. 심지어는 우리의 구원자이신 주님도 사탄에게서 이 유혹을 받으셨다. 사탄은 성전 꼭대기에서 뛰어내려 보라고 예수님을 충동했다. 우리의 주인이신 주님도 그런 유혹을 받으셨는데 종들인 우리가 이 쓴 유혹의 잔을 맛본다고 해서 이상할 일이 무엇인가? 불안해하는 사람들은 다른 사람들보다 자살을 부추기는 유혹에 더 심하게 시달린다. 이 유혹은 매우 강렬하지만, 그리스도의 상처 속으로 피한다면 능히 극복할 수 있다.

아이작 암브로우스

Christian Warrior, 49 – 50

양심의 공포에 시달리는 사람들 중 일부는 차라리 지옥에 가는 편이 더 나을 것으로 생각하고, 그치지 않는 가책에서 벗어나기 위해 세상을 버리고 지옥에 뛰어들기를 서슴지 않았다. 그러나 예수님은 그런 격한 감정을 신속하게 달래주어 말씀으로 잠재우실 수 있다. 그렇다. 참된 의원은 다른 누구도 아닌 바로 그분이다.

존 플라벨

Navigation Spiritualized, 92

죽어야 할 때 죽지 않으려고 하는 사람이나 죽지 않아야 할 때 죽으려고 하는 사람이나 둘 다 겁쟁이기는 마찬가지다.

조지 스윈녹

in Horn, *Puritan Remembrancer,* 15

자연 계시/일반 계시

자연 신학이란 자연의 빛이 사람의 영혼에 하나님을 아는 지식과 하나님을 향한 의무를 아는 지식을 구체적으로(사람의 감각에 지각될 수 있게) 제공한다고 주장한다. 첫 창조에서 사람에게 주어진 하나님의 형상은 그의 거룩함과 지식에 놓여 있었다. 아담이 창조주에 대해 가졌던 지식은 부분적으로는 어떤 정형화된 '베르붐' 곧 심겨진 말씀으로서 그것은 그의 영혼에 새겨진 하나님의 존재와 속성에 대한 지식으로 구성되었고, 부분적으로는 아담이 그의 지성의 큰 능력을 발휘하여 피조물들로부터 얻을 수 있는 지식으로 구성되었다. 아담은 이 두 가지를 통해 하나님에게 나아갔다. 따라서 자연의 빛은, 지금 사람 속에서 확인되는 것과 같이…하나님의 형상의 희미하고 미약한 잔재다. 사도는 기록 등 계시의 방법으로 외적 말씀이 주어지지 않은 이교도도 이 자연의 빛을 갖고 있다고 말한다.

매튜 바커

Natural Theology, 4

다음에 열거하는 여러 항목은 모두 자연 계시의 영역에 속하는 문제다. 하나님이 존재하신다는 것, 하나님은 그의 광대하심과 영원성과 능력과 지혜와 선하심에 있어 무한하시다는 것, 하나님은 만물의 첫째 원인이자 궁극적 목적이시라는 것, 하나님은 만물의 보존자이자 지배적 처분자이시고, 합리적 세계의 최고 통치자이시며, 모든 인간에게 은혜를 베푸시는 은혜의 큰 시혜자이시며, 하나님을 진실로 사랑하고 찾고 순종하는 자에게 특별한 은혜와 상을 베푸시는 분이라는 것, 사람의 영혼은 불멸의 존재라는 것, 이 땅의 삶에 대해 장차 상이나 벌이 임한다는 것, 현세는 단지 상이나 벌에 대한 준비라는 것, 사람은 하나님을 자신의 창조주로 사랑하고 온 마음과 힘을 다해 하나님을 섬기고 자신의 수고가 헛되지 않을 것이라고 믿을 의무가 있다는 것, 우리는 하나님의 뜻을 행하기 위해 그 뜻을 알고자 최선을 다해야 한다는 것. 이런 사실과 훨씬 더 많은 사실이 비신자도 알 수 있는 자연 계시에 속해 있다.

리처드 백스터

A Christian Directory, in *Practical Works*, 2:172-173

하나님이 이교도에게 주신 세 가지 빛이 있다. 피조물의 빛(롬 1:19-20), 학자들이 직관력(synteresin)이라고 부르는 의의 빛, 본성적 양심의 빛(롬 2:15)이 그것이다. 그런데 이 세 가지는 참된 빛이기는 해도 충분한 빛은 아니다. 이 세 가지 빛을 통해 사람들은 신적 존재를 찾는다(롬 1:19-20). 이 세 가지 빛은 핑계할 수 없을 정도로 사람들 속에서 분명히 확인된다(20절). 그러나 사람은 이 세 가지 빛으로 구주를 찾아낼 수는 없다.

랄프 로빈슨

Christ All and in All, 159

자연/피조세계

거룩한 영혼이 매일 공부할 때 가시적 세계는 그에게 얼마나 훌륭한 책인가! 모든 피조물 속에 있는 하나님의 선하심을 보지 못하는 지성은 마치 태양을 보면서도 빛을 못 보는 것과 유사하다. 모든 세상이 하나님의 사랑을 계시하고 모든 피조물이 내게 하나님은 선하신 분이라고 말하는데도 불구하고 하나님을 사랑하지 않는 영혼은 그 얼마나 눈멀고 악한 마음을 가지고 있는 것인가! 오, 우리가 보는 모든 것, 곧 모든 나무, 식물, 꽃, 모든 벌레, 파리, 기어 다니는 것, 사람이나 짐승의 몸의 모든 부분, 훨씬 감탄할 만한 몸 전체의 조화, 일월성신, 번개와 천둥, 공기와 바람, 비와 물, 열기와 냉기, 불과 흙, 하나로 묶어 볼 수 있는 만물의 구조, 만물의 찬탄할 만한 질서와 협력, 사람을 위한 만물의 시간과 계절과 경이로운 유용성 속에 나타나 있는 지혜와 선함과 능력은 참으로 놀랍다. 오, 자연의 모든 구조 속에 내포된 하나님의 능력과 지혜와 선하심은 얼마나 찬란한가!

리처드 백스터

A Christian Directory, in *Practical Works*, 2:377

대홍수로 자연이라는 위대한 책이 훼손되었을 때 노아가 방주 도서관 안에 온갖 종류의 피조물의 복사본을 가지고 있었고 거기서 모든 것이 세상에 재발간된 것처럼, 하나님을 소유한 자는 모든 복의 원본을 가졌고, 거기서 모든 것을 복원할 수 있다.

새뮤얼 클라크

Saint's Nosegay, 69

자연이라는 책은 세상의 눈앞에 오랫동안 충분히 펼쳐져 있었다. 그 모든 페이지 안에 온갖 신적 지혜가 하나님의 손가락으로 기록되어 있다. 그러나 그럼에도 사람들은 이를 통해 하나님의 구원에 관한 지식에는 이를 수 없었다. 그러므로 하나님은 기꺼이 자신의 종을 보내 복음을 전하게 하셔서, 가난한 영혼들이 그리스도를 믿고 구원을 얻을 수 있게 하셨다. 영혼을 구원하는 것은 교리가 아니라 복음이다.

윌리엄 거널

Christian in Complete Armour, 807

우리는…자연의 책에서 얻은 지식을 영적 사실에 적용해야 한다. 백합을 볼 때 하나님의 약속과 우리의 의무를 생각해야 한다. 큰 나무를 볼 때 '은혜에서 더 높이 자라가야겠다'고 생각해야 한다. 포도나무를 볼 때 '나도 잘 자라서 풍성한 열매를 맺어야겠다'고 생각해야 한다. 밭이나 과수원이나 정원에 들어갈 때에는 눈을 들어 생각을 더 높이고 하나님의 말씀의 요구와 약속을 숙고해야 한다.

리처드 십스

Divine Meditations and Holy Contemplations, 117

하나님은 우리가 평생 공부해야 할 세 권의 책을 주셨다. 양심의 책, 성경 책, 피조세계의 책이 그것이다. 양심의 책에서 우리는 우리 자신에 대해 읽을 수 있다. 피조세계의 책에서 우리는 하나님에 대해 읽을 수 있다. 성경에서 우리는 하나님과 우리 자신에 대해 읽을 수 있다. 크신 하나님은 피조세계의 책으로 우리에게 훌륭한 강의를 시작하신다. 피조세계의 책은 그 안에 단지 세 개의 잎사귀, 곧 하늘, 땅, 바다만 갖고 있으나 우리에게 많은 소중한 교훈을 가르친다.

조지 스윈녹

The Christian Man's Calling, in *Works*, 2:417

즐겁게 읽을 책들 없이 인생을 어떻게 견딜 수 있었느냐는 질문을 받은 한 수사는 다음과 같이 정직하게 답변했다. "피조세계가 나의 서재입니다. 원할 때 나는 거기서 하나님의 깊은 뜻에 대해 묵상할 수 있었습니다."

조지 스윈녹

he Christian Man's Calling, in *Works*, 2:421

하나님의 작품들, 특히 하나님의 말씀을 깊이 공부하라. 하나님의 작품들은 여러분이 하나님에 대해 읽을 수 있는 책으로, 그 책을 통해 여러분은 하나님에 대하여 들을 수 있다. "하늘이 하나님의 영광을 선포하고"(시 19:1). "세상에는 여호와의 인자하심이 충만하도다"(시 33:5). 그림자가 실체를 어느 정도 반영하는 것처럼 하나님의 작품들도 이 작품들의 저자이신 지혜롭고 전능하고 은혜로우신 하나님을 어느 정도 표현한다. "창세로부터 그의 보이지 아니하는 것들 곧 그의 영원하신 능력과 신성이 그가 만드신 만물에 분명히 보여 알려졌나니"(롬 1:20). 그러므로 주의 작품들과 주의 손의 활동을 숙고하라.

조지 스윈녹

The Incomparableness of God, in *Works*, 4:489

옛날에 한 불경한 철학자가 경건한 사람에게 질문했다. "당신은 책이 전혀 없는데 어떻게 고상한 일들에 대해 사색할 수 있는 거요?" 경건한 사람은 지혜롭게 대답했다. "나는 온 세상을 나의 책으로 가졌고, 그 책을 언제 어디서든 펴 보고 거기서 얼마든지 신성하고 거룩한 것을 깨달을 수 있다오." 파리는 꽃에서 꿀을 빨아들일 수 없으나 꿀벌은 할 수 있다.

존 트랩

Commentary ... upon ... the New Testament, 129

자제력

자신이 할 수 없는 일이나 해도 유익이 없는 일은 생각하지 않는 것이 좋다. 오히려 그보다는 세상의 허무함을 생각하며 그것을 멀리하고, 죽음을 생각하며 그것을 예상하고, 심판을 생각하며 그것을 면할 방법을 고심하고, 지옥을 생각하며 그것을 피할 방법을 궁리하고, 천국을 생각하며 그것을 간절히 바라는 것이 바람직하다.

루이스 베일리

Practice of Piety, 119

잠

잠을 그저 자연적이고 필요한 것으로만 생각하지 말라. 가장 먼저 출발한 사람이 경주에서 이길 가능성이 가장 큰 것처럼, 전능하신 하나님께 가장 먼저 간구하는 사람이 가장 빨리 축복을 받을 가능성이 크다는 것을 기억하라.

낮을 밤으로 바꾸지 말고, 밤을 낮으로 바꾸지 말라. 나태와 잠에 중독되지 말라. 그렇게 하면 축복이 한갓 신기루로 변하고 말 것이다.

당장 해야 할 일이 아무것도 없기 때문에 침대에 누워도 된다고 생각하지 말라. 영혼을 가지고 있고, 영혼의 구원을 바라는 사람은 충분한 노력을 기울여 그의 부르심과 택하심을 굳게 해야 한다.

조지프 카릴

in Calamy et al., *Saints' Memorial,* 80

합법적인 것을 남용하는 행위는 해롭고, 불법적이다. 적당한 수면은 필요하다. 하나님의 말씀도 그런 수면을 인정하고, 하나님도 그런 수면을 허락하시며, 인간의 체질도 그것을 요구한다. 그러나 잠자는 것을 지나치게 좋아하고, 자주 잠을 자거나 오랫동안 잠을 자는 것은 죄에 해당한다. 그런 행위는 위험하며, 마음을 더럽히고, 몸을 해롭게 하며, 살림살이를 위태롭게 한다.

로버트 클리버, 존 도드

Plain and Familiar Exposition, 127

선한 그리스도인은 아무런 두려움 없이 잠자리에 들 수 있다. 성경에서는 이 축복에 관한 약속이 많이 발견된다. "네가 누울 때에 두려워하지 아니하겠고 네가 누운즉 네 잠이 달리로다"(잠 3:24). 선한 그리스도인은 안전하게 휴식을 취할 수 있다. 그가 잠자리에 누울 때 그를 두렵게 할 사람은 아무도 없다(욥 11:18 참조). 다윗은 "내가 누워 자고 깨었으니 여호와께서 나를 붙드심이로다"(시 3:5), "내가 평안히 눕고 자기도 하리니 나를 안전히 살게 하시는 이는 오직 여호와이시니이다"(시 4:8)라고 말했다. 예수 그리스도의 모든 지체들은 믿음으로 그분 안에 안전하게 거할 수 있다. 다른 사람들은 모두 잠을 자고 있을 때도 목자는 깨어 늑대로부터 양 떼를 지킨다. 하나님은 자기 양 떼를 지키는 보호자이시다. 그분은 항상 깨어 그들을 보호하신다. "이스라엘을 지키시는 이는 졸지도 아니하시고 주무시지도 아니하시리로다 여호와는 너를 지키시는 이시라"(시 121:4, 5).

윌리엄 기어링

Sacred Diary, 153

장수

노년은 세 가지 면에서 좋을 수 있다. 자연적으로는, 감각이 유지되고 장기들이 노쇠화되지 않을 때 좋다. 도덕적으로는, 미덕의 길로 이끌릴 때, 정의가 균형을 잡아주고, 용기가 깨워주고, 절제가 적당함을 유지하게 해주고, 자선이 고요하고 평온하게 해줄 때 좋다. 그런데 영적으로 좋은 것이 최고이다. 과거의 삶을 편안한 마음으로 돌아볼 수 있으며, 앞으로 다가올 미래를 바라볼 때 기쁨으로 상급을 기대할 수 있기 때문이다.

토머스 애덤스

Exposition upon...Second...Peter, 150–151

하나님의 사람들은 장수를 소망한다. (1) 때때로 그들이 이 지상의 순례를 마치기 전에 하나님과 더 충만한 화평을 이루기 위해서, (2) 때때로 죽음으로 말미암아 그들의 몸으로 하나님께 더 이상 어떤 봉사도 할 수 없게 될 때까지 몸으로 하나님께 영광 돌리기 위해서, (3) 때때로 그들이 하나님의 백성에게 격려가 되고 하나님의 진리에 대한 장식이 되고 지상에 있는 진리의 대적자들에게 두려움이 되기 위해서, (4) 때때로 그들이 시작한 어떤 선한 일을 완성하기 위해, 그들의 지위와 소명을 통해 다른 사람들에게 선한 일을 행하기 위해서.

알렉산더 그로세

Deaths Deliverance, 31

저술가들

펜과 종이로 경건하게 보이는 글을 쓰는 것은 참으로 쉽다. 글쓰기가 아무런 노력 없이 이루어지는 것이라는 말은 결코 아니지만, 마음으로 선을 추구하는 것보다 머리로 선을 추구하는 것이 훨씬 더 쉬운 것은 분명하다. 어떤 사람들은 나의 글을 읽고 내가 선하다고 생각할지도 모른다. 그렇다면 그것은 내가 독자를 속이는 것이 된다. 그러나 만일 내게 선해지려는 마음이 없다면 그것은 무엇보다도 나 자신을 속이는 것이다. 내 영혼 안에 있는 가장 작은 죄를 정복하는 것보다 가만히 묵상하는 것이 수백 배나 더 쉽다.

토머스 풀러

Good Thoughts, 95

나는 여기에서 특이한 섭리를 발견한다. 나는 마음의 보화에 관한 책 한 권을 끝마쳐야 한다. 고향에서는 심방, 설교 준비, 설교와 같은 일 때문에 책을 쓸 여유가 없었지만, 여기 이 사람들의 집에서는 내가 머무를 방이 한 칸 있는 덕분에 온종일 글을 쓸 수 있다. 이것은 내 집에서는 절대 할 수 없는 일이다.

올리버 헤이우드

Autobiography, Diaries, 224 (April 4, 1666)

책을 쓴다는 것은 자신의 이성(理性)에게 태형을 선고하는 것이다. 모든 사람이 책을 읽으면서 비판의 채찍을 가할 것이고, 저자는 그것을 고스란히 감수해야 한다.

존 오웬

Golden Book, 204

저주의 기도

저주를 비는 기도와 관련하여 몇 가지 지침을 설명하고자 한다. (1) 공적인 경우와 사적인 경우는 큰 차이가 있다. 사적인 모든 경우에, 우리를 저주하는 자들을 축복하고, 우리를 악의로 대했던 자들을 위해 기도하는 것이 우리 신앙의 영광이다. 우리는 우리 믿음의 주이신 주님으로부터 다음과 같이 배운다. "그는 범죄자로 헤아림을 입었음이라…범죄자를 위하여 기도하였느니라"(사 53:12). 우리는 우리에게 개인적으로 잘못한 이들을 용서할 준비가 되어 있어야 한다. 하지만 공적인 경우에, 하나님의 권리나 사람의 권리가 방해받을 때, 하나님께서 무고한 자들의 고통을 경감시켜 주시고, 악행자들의 두피에 상처를 내주시길 갈망할 수 있다. (2) 공적인 경우, 우리는 직접적 복수를 바라면 안 된다. 따라서 우리의 기도는 하나님의 영광의 변호에 관심을 두어야 하고, 우리 자신의 복수는 오로지 이와 양립할 수 있을 때 이루어지길 바랄 수 있을 뿐이다. "여호와여 영광을 우리에게 돌리지 마옵소서. 우리에게 돌리지 마옵소서, 오직 주의 이름에 영광을 돌리소서"(시115:1). 즉 우리의 복수를 위해서나 욕망을 만족시키기 위해서가 아니라 자비와 진리에 대한 존경심을 회복시키기 위해서 기도해야 한다. 영혼을 움직이고 요동시키는 주요 동기는 거룩한 영광을 위한 열정이어야 한다. 하나님의 영광과 그분의 길을 변호하는 것이 간구의 중요한 목적이다. (3) 하나님의 사람은 특별한 사람들에 대한 복수를 바라면 안 되며, 교회의 대적과 패역하고 무자비한 자들에 대한 일반적 복수를 바라는 것이어야 한다. (4) 통상적으로 대적자들의 인격에 반대한다기보다 그들의 음모에 반대한다.

토머스 맨톤

Practical Exposition on the Epistle of James, 212

기도 중에는 저주의 기도도 있다. 어떤 이들은 하나님이 그들이 저주하는 자들을 대항해 싸워 주시기를 바란다. 우리는 주님이 악한 천사를 책망하시고, 어두움의 왕국으로 그들을 끌어내리기를 기도하기도 한다. 하지만 우리는 사람들이 악해지길 바라지는 않는다. 그와 관련하여 다윗 등 선지자들의 기도는 우리가 본받을 모범이 아니다. 그들은 그들이 저주받기를 구하는 사람들에 대한 하나님의 뜻을 예언의 영을 통해 알고 있었다. 우리가 따라야 할 일반적인 규칙은 이것이다. "내가 너희에게 이르노니 너희 원수를 사랑하며 너희에게 저주를 한 자를 축복하고 너희를 해하는 자에게 선을 행하라" 우리는 원수들의 혼돈보다는 그들의 회심을 간청한다. 그들이 무자비하고 고칠 수 없다고 가정해 볼 때, 우리는 심지어 적그리스도를 대항하여 기도할 때조차 그들에게 해가 가해지는 것보다 그들의 계획과 능력이 해를 끼치지 못하도록 기도해야 한다. 우리는 어떤 사람에 대해서도 개인적인 원한을 가져서는 안 되며, 오로지 우리의 눈은 그리스도의 영광을 향해야 한다.

나다니엘 빈센트

Spirit of Prayer, 53

는 자신을 거룩하게 만들어야 하네.

사탄 : 그것은 내 능력 밖일세. 죄인에게는 선한 일을 할 만한 영적 능력이나 자질이 전혀 없다네.

셜록 : 사탄이여, 누가 그대에게 그렇게 말해주었는가? 존 칼빈인가, 아니면 존 오웬인가? 나는 그대가 그들의 말을 믿기보다 좀 더 똑똑하기를 바라네.

사탄 : 아닐세. 아우구스티누스를 비롯해 그대의 교회의 많은 위대한 사람들과 아버지와 아들들이 내게 그렇게 말해주었다네.

토머스 댄슨

Friendly Debate, 5

전적 타락

자연 상태의 인간은 은혜가 없다(엡 2:12). 자연인은 다섯 가지, 곧 그리스도와 교회와 약속과 소망과 하나님이 없다. 이 다섯 가지가 없는 자연인들이 어떻게 진지하게 은혜를 바라겠는가? 우리의 본성은 부패했기 때문에 거룩하고, 선한 것을 말해봤자 물가에서 젖은 나무에 불을 피우는 것처럼 피식하고 곧 꺼지고 말 것이다.

토머스 브룩스

Cabinet of Choice Jewels, 176

셜록 : 그대가 거룩하지 않다면 그대

육신적인 사람의 의지 안에는 스스로 회개하고, 거듭날 만한 거룩하거나 신성한 습관이 조금도 남아 있지 않다. 전적으로 부패한 사람의 의지 속에 무슨 거룩한 습관이 남아 있을 수 있겠는가? 만일 그런 것이 조금이라도 남아 있다고 가정한다면, 그것을 또한 참된 은혜라고 가정하지 않을 수 없을 텐데 이것은 도무지 납득하기 어렵다. 자연 상태의 인간 안에 참된 은혜가 내재되어 있다고 주장하는 것은 한갓 모순에 지나지 않는다. 그 이유는 은혜를 받기도 전에 은혜를 지니고 있다고 주장하는 셈이 되기 때문이다. 자연인의 의지는 전적으로 부패했기 때문에 거룩한 사람을 만들 수 없고, 은혜를 산출할 수 없으며, 사람을 거룩하게 만들 수도 없다. 은혜는 그 영역을 초월한다. 타락한 상태의 의지는 작동하더라도 그것의 원천이 되는 올바른 원리와 그것이 지향하는 올바른 목적이 모두 왜곡되었기 때문에 악하고, 죄가 될 뿐이다. 은혜로운 습관이 악한 행위를 통해 우리 안에서 행해질 수 있다는 주장은 터무니없다. 더욱이 인간의 의지는 타락으로 인해 육신적인 의지로 변했다. 하지만 이 의지는 중생 안에서 영적으로 변한다. 육신적인 것이 영적인 것을 만들어낼 수 있다는 주장은 명백한 모순이며, 우리의 구원자께서 요한복음 3장 6절에서 말씀하신 "육으로 난 것은 육이요"라는 말씀을 사실이 아니라고 부인하는 것이다. 사람이 자연적인 힘으로 할 수 있는 그 어떤 것도 그 사람 안에서 은혜를 만들어낼 수 없다.

에제키엘 홉킨스

"The Almost Christian Discovered," in *Select Works*, 217

인간은 마음으로 하는 모든 생각이 항상 악할 뿐이다(창 6:5). 이것은 본성이 부패해 하나님을 저버린 모든 인간의 특징이다. 물론, 그런 상태에 있는 사람들이 모두 저주하는 자, 신성모독자, 술 취하는 자, 간통을 저지르는 자, 우상 숭배자인 것은 아니다. 그것들은 특별한 기질과 유혹의 결과, 곧 특정한 사람들이 저지르는 악이다. 그러나 마음으로 생각하는 것이 항상 악한 것은 모든 사람의 본성이다. 어떤 사람은 생각의 내용이, 어떤 사람은 생각의 의도가, 어떤 사람은 생각의 원리가 왜곡되었다. 악한 마음에서는 악한 것밖에 나오지 않는다. 마음이 얼마나 사악한지를 이해하는 사람은 믿음이 견실하고, 순종적이며, 유익하고, 유용한 사람이 될 수 있다. 그렇지 않은 사람들은 스스로 미혹되어 가정과 교회와 모든 관계를 어지럽힐 뿐이다.

존 오웬

On Indwelling Sin, in *Oweniana*, 1

절망

절망은 희망이 완전히 죽은 상태를 의미하고, 주제넘음은 희망이 지나치게 과도한 상태를 뜻한다. 전자는 희망을 질식시키고, 후자는 희망을 지나치게 흥분시킨다.

토머스 브룩스

Exposition upon … Second … Peter, 437

다른 죄는 모두 용서받아 잊을 수 있

지만, 절망은 용서의 은혜를 거부한다. 가룟 유다는 주님을 배신한 것보다 절망에 빠져 용서의 은혜를 포기함으로써 더 중대한 죄를 저질렀다. 가인도 하나님의 용서를 받을 수 없는 죄를 저질렀다는 생각으로 형제를 죽인 것보다 더 큰 죄를 지었다. 절망은 지옥 같은 죄다.

아이작 암브로우스

Christian Warrior, 47

내게 구원의 희망을 허락하신 하나님을 찬양하라. 희망은 우리의 마음에 평안과 생명을 준다. 희망이 없으면 우리의 마음은 크게 상심해 죽고 만다. 절망은 지옥으로 가는 첩경이다. 하나님은 영혼들을 사랑하기 때문에 희망을 소중히 여기신다. 그러나 우리의 원수인 사탄은 맹목적인 희망을 부추기는 방법이 실패하면 절망에 빠지게끔 유도한다.

리처드 백스터

Baxteriana, 233

선한 소망을 품는 것이 불가능한 것처럼 보이면 절망에 빠질 가능성이 크다. 절망은 자신감과 희망을 포기하거나 두려움이 극한에 이르렀을 때 생겨난다.

에드워드 레이너

Precepts for Christian Practice, 387

하나님처럼 되려고 했던 것이 사탄의 교만이었다. 하나님은 연약한 자를 강하게 하심으로써 자신의 능력을 나타내신다. 그러나 마귀는 사소해 보이는 음행으로 경건한 성도를 유혹해 파멸로 유도함으로써 자신이 강력한 힘을 지닌 적이라는 것을 보여주려고 애쓴다. 그런 점에서 그는 참으로 교활하기 그지없다. 마귀가 자행하는 싸움의 목표는 자신의 적을 절망에 빠뜨리는 것이다. 그가 가룟 유다를 유혹해 주님을 배신하게 한 이유는 나중에 스스로 목숨을 끊게 하기 위해서였다. 그가 베드로의 부인이나 가룟 유다의 배신을 부추겼던 이유는 똑같았다. 자신의 죄가 참으로 크다는 것을 의식하게 만드는 것보다 사람을 절망에 더 쉽게 빠뜨릴 수 있는 것이 또 어디에 있겠는가? 하녀의 질문으로 정곡을 찌르는 것보다 더 크게 넘어뜨릴 수 있는 방법이 또 어디에 있겠는가? 베드로를 지탱해 주던 예수님에 대한 믿음보다 일개 하녀의 말이 그를 더 강하게 압도했다. 그것이 다른 무엇보다도 베드로의 죄의식을 더욱 크게 증폭시켰다. 마귀가 우리를 유혹하는 이유는 죄를 짓게 하기 위해서고, 그가 미약한 수단으로 우리를 유혹하는 이유는 우리를 절망에 빠지게 하기 위해서다.

에드워드 레이놀즈

Meditations on the Fall and Rising of St. Peter, 27 – 28

절망은 분투와 노력의 힘줄을 잘라버린다.

토머스 왓슨

in Horn, *Puritan Remembrancer*, 154

절망은…하나님을 욕되게 하고, 그리스도의 피를 하찮게 만들며, 영혼을 파멸시킨다. “그들이 말하기를 이는 헛되니(희망이 없으니) 우리는 우리의 계획대로 행하며 우리는 각기 악한 마음이 완악한 대로 행하리라 하느니라”(렘 18:12). “희망이 없다”는 것은 절망의 언어다. 이 말은 “계속 죄를 짓다가 멸망하는 것이 더 낫다.”는 뜻이다. 절망은 하나님을 보복의 옷을 입은 재판관처럼 보이게 만든다(사 59:17 참조). 가룟 유다의 절망은 어떤 점에서는 그의 배신 행위보다 더 나빴다. 절망은 회개를 가로막는다. 그 이유는 회개의 근거가 하나님의 긍휼이기 때문이다.

토머스 왓슨

The Beatitudes, in *Discourses,* 2:113

절제

하나님이 허락하시면 우리는 중용을 지키고 모든 극단을 피할 수 있을 것이다. 예를 들면, 한편으로는 광적인 재세례파들, 한편으로는 예수회의 불 같은 열심과 같은 극단을 피함으로써 진정한 개신교인, 더 나은 이름인 진정한 그리스도인이 될 수 있는 것이다.

토머스 풀러

Good Thoughts, 355

고기와 음료와 의복에 대해서는, 그 양과 질과 유행을 적당히 사용하라. 너무 과도해서도 너무 비싸서도 안 되고, 너무 세상을 따르거나 화려해서도 안 된다. 항상 신앙과 이성, 자기 재산과 소명, 삶의 상태의 적당한 한도 안에 머물러야 한다. 결코 선을 넘지 말라. 그러나 마귀와 교만과 자아는 모든 부류의 남자와 여자의 눈을 멀게 하여, 나무를 보면서 숲을 보지 못하게 하고 덕목 대신 악덕을 취하게 만든다.

토머스 모켓

Christian Advice, 107

우리는 이 세상에서 욕망을 절제하며, 세상을 다 쓰지 않는 것처럼 세상을 사용해야 한다(고전 7:31). 요나단처럼 막대 끝을 꿀에 담글 수 있으나 너무 깊이 찔러서는 안 된다. 절제는 좋은 것이다. 그러나 실천적 경건의 일들에 있어서의 절제는 죄악적이다. 세상적 관점에서 볼 때 절제와 중용이란 천국을 위해 지나치게 열심 내지 않는 것을 의미한다. 세상은 자기를 보존할 수 없을 정도로 종교적 모험을 감행하는 것을 원하지 않는다.

토머스 왓슨

Christian Soldier, 87

정부

정의 없는 위대한 공화국은 그저 거대한 도둑 떼에 불과할 뿐이다.

존 오웬

in Horn, *Puritan Remembrancer*, 34

정욕

죄는 큰 왕과 같고, 그 왕 수하에 세 왕자들이 있어서 죄 아래 있는 모든 사람들을 다스린다. 이것들은 보편적인 정욕이다. 어떤 이들은 이를 죄의 삼위일체, 세상의 삼위일체라 부르며, 그 아래 많은 세세한 부분들이 있다. 이들 중 일부는 육욕이라고 부르는 것이 더 적절할 것이다. 육욕은 인간의 관능적이고 짐승 같은 부분을 지배하며 오직 사람의 부패한 애정에 관계한다. 이것들 중 일부는 더 교묘하고 정교하여서 우리의 애정뿐만 아니라 우리의 판단을 지배하며 이는 마음의 정욕이라고 불린다.

알렉산더 카마이클

Believer's Mortification of Sin, 18

내 영혼의 바다에서 매일같이
죄들(sins)은 리워야단처럼 즐기며 놀이를 하네.
정욕이라는 큰 우두머리가 작은 치어들과 함께 있으며,
치어들은 자라고 이상하리만큼 계속 증식하는구나.
그러나 이상하게도 죄(sin)가 그렇게 빨리 번식하는 것은 아니라네.
죄는 본성으로서 나는 거기서 씨를 받고
모든 종(species)의 알들을 그 굴들에 낳았고
그것들은 그 자체의 온기에서 자양분을 얻어서
빠르게 성장한 후 밖으로 나온다네.
그것들은 애굽의 개구리들처럼 기어서
영혼 안, 가장 가까운 방으로 기어들어온다네.
나의 화려한 무리 떼들은, 그곳에서 몸을 뒤척이고 뛰어논다네.
밤에는 꿈으로 낮에는 어리석은 장난감들로 그렇게 한다네.
내 판단은 그것들로 인해 흐려지고

내 의지는 왜곡되며 모든 부분들이 채워져 버린다네.
메뚜기가 모든 신선한 녹색 잎들을 먹어치우듯이
그것들이 아름다운 봄의 옷을 벗기고 처진 가을처럼 보이게 만든다네.
오, 내 영혼은 처음에 에덴동산 같았지만
지금은 저주받은 땅과도 같구나.
주님, 나의 영혼의 시내를 깨끗하게 하시고
그 안에 있는 정욕들을 없애주소서.
그렇지 않으면, 저는 반드시 죽을 것입니다.

존 플라벨

Navigation Spiritualized, 32

정욕은 단지 죄악된 대상을 향한 피조물의 부패한 욕구에 지나지 않는다. 그렇기에 정욕은 음식에 대한 식욕과 유사한 면이 많다. 어떤 사람은 이 음식을 가장 좋아하고, 어떤 사람은 저 음식을 좋아한다. 사람의 식욕에는 엄청난 다양성이 있고, 죄를 향한 욕구 역시 마찬가지이다.

존 플라벨

"A Sober Consideration of the Sin of Drunkenness," in *Navigation Spiritualized*, 145–146

성경에서 정욕은 모든 부정적인 것들을 포괄하는 일반적 명칭이며, 마음의 죄악된 욕구를 일컫는다. 이것은 오염된 습관이며, 부패한 시냇물이다. 이것은 내적으로 존재하며, 외적으로는 삶 속에서 스스로 내뿜는다. 사도 요한은 이것을 세상의 정욕(요일 2:17), 세상에 있는 것을 사랑하는 것(요일 2:15)이라고 지칭했다. 이것은 육신의 정욕, 안목의 정욕, 이생의 자랑(요일 2:16)으로 구성된다. 이 세 가지는 사실 반(反)삼위일체로서 세상을 숭배하는 본질을 갖고 있다.

로버트 레이턴

A Commentary upon the First Epistle of Peter, in *Whole Works*, 1:114–115

요한이 말한 세상의 저주받은 삼위일체 세 가지(요일 2:16)는 육체의 정욕이란 이름 아래 포함되어 있다. 그들은 천박하고 오만한 주인이며, 사람들은 노예가 되어 다양한 정욕을 섬기고 있다(딛 3:3). 어떤 이들은 한 종류의 정욕에 더 중독되어 있고 어떤 이들은 다른 종류의 정욕에 더 중독되어 있다. 그러나 정욕에 중독된 모두가 불행한 것은, 그들이 하나님께는 이방인들, 아니 원수들이요 짐승 같은 육신의 종들이기 때문이다. 그들은 들짐승처럼 탐욕스럽게 땅만 바라보거나 바다의 물고기처럼 세상의 쾌락 속에서 헤엄치거나 공중의 새처럼 헛된 야망으로 날아오르는 자들이 다.

로버트 레이턴

A Commentary upon the First Epistle of Peter, in *Whole Works,* 1:270

정욕은 그 마지막 목적이자 모든 쾌락의 완성으로서 자신의 뼈를 빨고 마치 식인종처럼 자기 자신의 육체를 먹어버린다.

토머스 맨톤

Practical Exposition on the Epistle of James, 186

정치

지금 경건함과 거룩함의 가면을 쓰고 있는 배우들이 가면 아래에서 더 안전하게 신성모독과 학대와 이런저런 죄를 저지를 수 있는 것은 조금도 이상하지 않다. 엘리자베스 여왕 시대에는 명예가 있거나 존경을 받는 사람이 은밀하게 거짓말을 하는 것을 어떤 모조 진주나 보석으로 치장한 것으로 표현했는데, 이것이 우리 시대에는 아주 흔하다. 이것은 유행하고 있는 최악의 위선이다. 오, 그러므로 우리 모두 정직한 마음을 갖기 위해 힘쓰고, 우리의 본 모습 그대로 보이고, 외부에 보여지는 모습과 같은 사람이 되자.

토머스 풀러

Good Thoughts, 304 – 5

그리스도께서는 땅에 계실 때 많은 종기, 특히 나병의 종기를 치료하셨으나 얼굴의 주름을 펴거나 노인을 다시 젊게 만들지는 않으셨다. 그러나 천국에서 그리스도는 그렇게 하실 것이다(엡 5:27). 그리스도는 자기 앞에 영광스러운 교회로 세우실 때 티나 주름 잡힌 것이나 이런 것들이 없이 거룩하고 흠이 없게 하실 것이다. 전투하는 교회에게는 완전한 승리를 바라서는 안 된다. 교회가 죄로 얼룩진 사람들, 곧 전투하는 교회의 지체들로 구성되어 있는 동안에는 교회 안에 많은 티와 주름이 있을 것이다. 완전한 개혁을 이루는 것은 사람의 사역이 아니라 그리스도의 사역이다. 그러므로 종기를 치료하기 위해 종기를 만들고, 주름을 제거하기 위해 상처를 내며, 작고 불확실한 유익을 얻고자 크고 확실한 해를 입히는 자는 좋은 정치가가 아니다.

토머스 풀러

Good Thoughts, 338–339

모든 시대에 걸쳐 아주 많은 사람이 공통의 행복을 공통의 고통으로 바꾸었다. 그들은 국가의 양털로 그들 자신의 최고급 양복을 만들었다. 그들은 많은 고귀한 새들의 날개로 자신을 위한 깃털 장식을 만들었다. 그들은 도관을 설치해 샘의 물을 자기 수조로 운반했다. 도선사들은 많은 배를 자기 항구로 몰아넣었다. 그러나 정의는 이런 탐욕스러운 자들을 쥐어짜고 처음에 그랬던 것처럼 마지막에도 그들을 말라붙은 채로 남겨둘 것이다. 다른 사람의 옷을 갉아 먹는 이런 좀 같은 자들은 다 사라질 것이다. 사람이 다른 사람의 재산에서 자기 이득을 취하는 것은 모든 고기를 자기 입에 털어놓고 옆에 있는 사람을 다 굶겨 죽이는 것이다.

윌리엄 세커

Nonsuch Professor, 46 – 47

사람들은 마치 그들 자신의 파당 밖에 있는 외부 사람들에게는 아무 빚도 지고 있지 않아서 외부 사람들의 유익은 전혀 구하지 않아도 되는 것처럼 생각한다. 마치 양심이 그들에게 공동의 포괄적 유익을 위한 모든 노력을 반대하라는 의무를 부과한 것처럼, 자기 파당의 유익만 추구한다. 그들은 모든 외부 사람은 그들의 사랑이나 관심이나 수고의 대상이 되기에 부적합한 것처럼 여긴다. 그들에게 대중은 어떤 의미를 갖는가? 배가 침몰하면 그들은 자기 선실에 있는 자만 구할 것이다. 그들은 무엇이든 자기 파당을 위한 규정이 아니거나 그들에게 관리 권한이 없다면, 그것이 교회나 국가 안에 정착되지 못하도록 방해할 것이다. 그러므로 대중의 유익을 희생시키면서 자기 파당을 도모하지 않도록 조심해야 한다.

대니얼 윌리엄스

Excellency of a Publick Spirit, 65

제자도

그리스도에 관해 많이 들어보았는가? 그분을 아는가? 어떤 사람은 유대인들이 그리스도를 마음속이 아닌 성경 속에 지니고 다녔다고 말했다(롬 14장 참조). 선지자와 사도들은 온 세상에 울려 퍼지는 나팔 소리였다. 수많은 사람이 그 나팔 소리를 들었지만 그리스도를 알지 못했다. 그들은 복종하지 않았다. 그리스도에 관해 많이 들었어도 그분을 실제로 알지 못할 수 있고(마 8:29 참조), 가룟 유다처럼 그리스도를 전하기까지 했지만 그분을 실제로 알지 못할 수 있으며, 그리스도를 고백했어도 그분을 실제로 알지 못할 수 있다. 세상에는 그리스도께서 인정하지 않으실 신앙 고백자들이 많다(마 7:22, 23). 그렇다면 그리스도를 안다는 것이 무슨 뜻일까? 그리스도를 안다는 것은 그분처럼 된다는 뜻이다. 즉 그분의 거룩한 성품이 마음속에 새겨지는 것을 의미한다.

시므온 애쉬

Primitive Divinity, 21

그리스도를 진정으로 받아들이려면 그분의 면류관은 물론 그분의 멍에까지 받아들여야 한다. 다시 말해, 그분의 구원과 고난은 물론, 그분의 은혜와 자비, 그분의 성령과 속죄의 피까지 모두 받아들여야 한다.

새뮤얼 클라크

Saint's Nosegay, 103–4

그리스도의 멍에를 매지 않는 사람은 그분의 짐을 짊어질 수 없다.

윌리엄 거널

in Horn, *Puritan Remembrancer,* 126

내적인 의무에 관한 하나님의 명령 가운데는 우리의 성향을 거스르는 것들이 있고, 외적인 의무에 관한 명령 가운데는 우리의 이익과 배치되는 것들이 있다. 그러나 우리는 그리스도의 멍에를 매야 한다(마 11:29). 하나님을 믿으려면 "나를 포기하고 하나님의 뜻에 기꺼이 복종할 수 있을까? 주저하거나 지체하지 않고 모든 것을 그리스도께 복종할 수 있을까(고후 10:5)?"라는 물음을 가장 먼저 생각해야 한다.

토머스 맨톤

Practical Exposition on the Epistle of James, 160

그리스도인들은 이중적인 멍에(복음 전도의 멍에와 거기에 뒤따르는 고난의 멍에)를 짊어져야 한다. 두 경우 모두 철저한 복종이 필요하다. 즉 그리스도의 권위 있는 명령에 복종해야 하고, 하나님의 섭리가 이끄는 대로 따라야 한다. 이 두 개의 멍에를 짊어지려면 위대한 본보기이신 주님을 바라보며 그분의 온유하심과 겸손을 배워야 한다.

에드워드 폴힐

Armatura Dei, 151

그리스도께서는 우리에게 유익한 것만 요구하신다. 우리의 영혼을 향해 "왜 예수 그리스도의 길과 명령과 조언을 따르지 않는 것이냐?"라고 물어보자. 우리는 온갖 변명을 늘어놓기로 유명하다. 그리스도의 멍에가 귀찮고 불편하다는 생각은 사탄이 부추기는 생각이다. 그는 우리를 하나님 앞에서 밤낮으로 참소하는 번거로움을 피할 요량으로 우리 앞에서 그리스도를 비난해 그분을 따르지 못하게 하려고 애쓴다. 그의 속임수에 귀를 기울이고 싶은가? 그리스도의 멍에를 거부하고, 세상과 정욕의 멍에를 짊어질 셈인가? 다른 사람의 명령은 무엇이든 잘 들으면서 그리스도의 명령만 거부하는데 과연 주 예수 그리스도께서 그런 대접을 받아야 할 분이신지 생각해보라.

제레마이어 휘태커

Christians Great Design on Earth, 37 – 38

제한속죄('구원'을 보라)

조언과 충고

상담자의 역할은 조언을 해주고, 비밀을 지켜 내용을 발설하지 않는 것이다. 친구의 비밀을 지켜주는 것은 귀중한 의무이고, 스스로의 비밀을 지키는 것은 안전한 방책이다. 그래야만 본래의 목적이 차질 없이 이행될 수 있다. 마치 상륙지를 향해 등을 돌리고 노를 젓는 노잡이들처럼, 자신의 의도를 교묘하게 감추면 본래의 목적이 왜곡되기 쉽다. 인간의 지혜와 방법을 의지하지 말고, 하나님을 의지하라. 올바른 목적을 이룰 수 있는 가장 적합한 수단을 선택하고, 성공의 여부는 하나님께 맡기라.

윌리엄 힉퍼드

Institutions, 66

종교

오, 살피고 또 살피라. 당신의 마음을 엄숙히 살피라. 당신이 신앙고백을 하였음에도 무지의 권능 아래 살고, 형식적 신앙에 빠지고, 세속적인 생각들에 사로잡히며, 악의에 휩싸이고, 자기 의를 높이고, 하나님을 섬기는 것이 위선과 육신적 목적으로 오염되고, 엄격한 의무 이행에 격분한다면, 당신에게 화가 있으리라. 이것은 당신의 모든 종교가 헛됨을 보여주는 서글픈 사실이다.

조셉 알레인

Alarm to the Unconverted, 110

사랑은 모든 종교만큼 가치가 있다. 사랑은 모든 종교의 영혼이자 본질이다. 종교의 모든 은혜와 의무와 행위는 오직 그 안에 담긴 사랑에 따라 평가된다. 사랑 없는 지식이나 믿음이나 소망이나 인내는 무엇이란 말인가? 사랑 없는 기도나 금식이나 자선은 무엇인가? 이것들은 아무 가치가 없다고 말하지 않겠는가? 그것들은 아무것도 아니다. 내가 모든 지식과 모든 믿음이 있고 모든 기도와 모든 수고와 모든 고난이 있더라도 사랑이 없으면 나는 아무것도 아니다. 천국이 가치가 있는 것만큼, 그리스도께서 우리에게 가치가 있는 것만큼, 하나님이 우리에게 가치가 있는 것만큼 사랑은 가치가 있다. 하나님은 사랑이시고, 우리 안에 사랑이 없으면 우리 안에 하나님도 계시지 않는다.

리처드 알레인

Heaven Opened, 168

참된 종교는 영혼이 하나님과 연합하는 것, 신적 본성에 참으로 참여하는 것, 하나님의 참 형상이 영혼 속에 새겨지는 것, 또는 바울의 표현처럼 우리 안에 그리스도께서 형성되는 것(Christ formed in us)이다. 간단히 말해 나는 종교의 본질을 신적 생명으로 부르는 것 말고 어떻게 더 충분히 표현할 수 있는지 모르겠다.

헨리 스쿠걸

Life of God in the Soul of Man, 6–7

내가 종교라는 말로 가리키는 것은 항상 "영혼 속에 심겨져서 영생하도록 솟아나는 신적 원리"이다.

새뮤얼 쇼

Immanuel, xix

하나님과 대화하라. 곧 그리스도 안에서, 하나님의 약속 안에서, 하나님 속성 안에서 하나님과 대화하라. 그렇게 할 때 사변적으로나 관념적으로가 아니라 진실로 실제적으로 대화하도록 힘쓰라…종교는 공허하고 환상적이고 관념적인 것이 아니다. 종교는 생각이나 말의 문제가 아니고 영혼 속에 실존하는 것이다.

새뮤얼 쇼

Voice of One Crying in the Wilderness, 91

우리는 하나님에게 마음을 연합시키는 것이 쉽지 않음을 안다. 시편 42편 11절에서 다윗은 자기 마음을 살피면서 자기 마음을 책망하고 있다. 다윗은 자기 마음에 의심과 혼란이 엄습하는 것을 느끼고 있다. 항구에 정박하려고 애쓰는 자가 파도에 밀려 일시적으로 뒤로 밀려날 수 있지만 다시 힘을 모아 앞으로 나아가 결국 원하던 항구에 정박하고 안식하는 것처럼, 영혼이 참된 위로의 항구이신 하나님에게 나아가는 것도 부단히 힘써야 하는 일이다. 종교가 그저 몇 가지 외적 행위와 의무로만 이루어진다면 그리스도인이 되는 것은 무척 쉬운 일일 것이다. 그러나 영혼이 의무를 감당하고, 자기 마음을 부지런히 살피고, 양심이 활발히 활동하게 하고, 자신을 쳐 하나님께 영적으로 복종시키는 것은 그리 쉬운 일이 아니다. 영혼은 자기애(自己愛)로 인해 그러한 복종을 싫어하기 때문이다. 다윗이 영혼을 복종시키기 위해 자신의 영혼에게 하나님을 신뢰하라고 반복해서 명해야만 했던 이유가 그것이다.

리처드 십스

Soul's Conflict, 148; see also *Complete Works*, 1:200

무한히 더 낫다. 또한 참된 종교는 모든 현세적 복을 얻는 데에도 필수적이다.

리처드 스틸

Religious Tradesman, 219

종교는 당연히 경외(fear)로 불릴 수 있다. 경외 없는 종교는 없기 때문이다. "여호와를 경외하는 것이 지식의 근본이거늘"(잠 1:7). 하나님은 이 특권을 자기를 경외하는 자에게 주셨다. 이제 그들은 다른 아무것도 경외할 필요가 없다.

헨리 스미스

"The Song of Father Simeon," in *Sermons*, 177

참된 종교가 절실하게 필요하다. 이에 비하면 다른 모든 관심사는 단지 어린아이의 장난감과 같고, 삶의 노고에 불과하다. 참된 종교는 "유일하게 필요한 일"로 불리는데, 참된 종교가 없으면 사람의 창조의 목적은 사라지고, 하나님의 작품들 안에 있는 하나님의 영광은 좌절되며, 이성적 존재의 실존이 완전히 헛되게 된다. 극복하지 못한 죄의 권능 아래 지배받는 자로서 사함받지 못한 죄의 죄책을 지닌 채로 이 세상을 떠나는 것보다는 아예 태어나지 않았던 편이

종말론

아우구스티누스는 죽기 전에 세 가지를 보고 싶어 했다. 첫째는 영광스럽고 순수한 로마의 모습이었고, 둘째는 강단에서 말씀을 전하는 바울의 모습이었으며, 셋째는 육신을 입고 세상에 오신 그리스도였다. 이교도인 카토는 세 가지를 후회했다. 첫째는 하루를 게을리 보낸 것이었고, 둘째는 자신의 비밀을 한 여인에게 털어놓은 것이었으며, 셋째는 육로로 갈 수 있는데도 해로를 택한 것이었다. 탈레스는 세 가지를 감사했다. 첫째는 짐승이 아닌 이성을 지닌 인간으로 태어난 것이었고, 둘째는 여자가 아닌 남자로 태어난 것이었으며, 셋째는 야만인이 아닌 그리스인으로 태어난 것이었다. 나도 죽기 전에 세 가지를 보고 싶다. 첫째는 바벨론의 멸망이고, 둘째는 그리스도의 통치이며, 셋째는 사탄의 결박이다.

윌리엄 다이어

Christ's Famous Titles, 22

나의 사랑하는 친구는 자기의 운명을 말해달라며 끈질기게 졸라댄 한 무례한 사람 때문에 큰 괴로움을 당했다(나는 내 친구가 지금 하나님과 함께 있기를 바란다). 내 친구는 "나는 앞으로의 일을 알고 싶은 마음은 없고, 하나님의 섭리를 주의 깊게 살피는 것으로 만족하오. 혹시 당신의 지난 삶 가운데서 특별한 일이 있었다면 몇 가지만 말해주면 좋겠소."라고 말했다. 그러나 약삭빠른 그 사람은 과거의 일에 대해서는 아무것도 말하지 않았다(왜냐하면 자신의 거짓이 드러날 수도 있었기 때문이다). 그는 미래의 일만 말하면 어떤 논박도 당하지 않을 것이라 여기고 단지 그것만을 말하려고 했다. 요즘에 보면, 역사에 대해서는 전혀 무지하고, 예언에 대해서만 정통한 듯 행동하는 사람들이 있다. 그들은 다니엘서와 요한계시록을 십계명과 주기도문만큼 쉽게 생각한다. 그들은 그리스도께서 땅 위에서 통치하실 때와 로마 가톨릭의 적그리스도가 멸망할 때와 심판의 날을 정확하게 알고 있는 척한다. 그러나 이스라엘 자손의 출애굽, 바벨론 포로 귀환, 네 왕국의 발흥과 패망 같은 과거의 일에 관해 물으면 벙어리처럼 아무 말도 하지 못한다. 그들은 그런 일들에 관해 요람 속에 있는 아기처럼 아무것도 알지 못한다. 그들은 앞으로 일어날 일에 관해서만 말한다. 그들은 목이 갑작스레 경직되기라도 한 듯 고개를 뒤로 돌려 과거에 일어난 일을 아무리 보려고 해도 볼 수가 없다.

토머스 풀러

Good Thoughts, 297 – 98

독일이나 영국에 영광스러운 그리스도의 왕국이 가시적으로 건설되어 그리스도께서 세상을 통치하실 것이라는 생각은 근거 없는 억측에 지나지 않는다. 유대인들이 아직 부르심을 받지 못했고, 적그리스도가 아직 제압되지 않았고, 세상의 민족들이 여전히 우상 숭배에 빠져 그릇된 예배를 드리고 있는데 과연 그리스도께서 세상을 이런 상태로 그대로 놔둔 채 두더지가 파놓은 흙더미와 같은 이곳에 자신의 왕국을 건설하실 것 같은가?

존 오웬

Golden Book, 231

하나님의 책이 언제 공개될지는 불확실하다. 그 책은 분명히 공개될 테지만 언제가 될지는 전혀 알 수 없다. 지금까지 그때를 예견하려는 몇몇 시도가 있었다. 오래전, 사도들이 아직 생존해 있던 당시에 성령을 통해 계시를 받고, 환상을 보았다면서 그때가 가까웠다고 주장했던 사람들이 있었다(살후 2:2). 그 후로도 적지 않은 사람이 그 날을 알고 있는 척 예언했지만, 이미 사실이 아닌 것으로 드러났다. 예를 들어, 아벤티누스는 1062년이 그때일 것이라고 말했고, 쉽게 믿는 사람들이 그런 터무니없는 예언에 속아 심판의 날이 자신들에게 곧 이르게 될 것이라고 믿었다…이밖에도 그때가 1675년일 것이라고 말한 사람들도 있었고, 1680년이나 1688년이나 1695년이라고 말한 사람들도 있었다. 지금은 1700년이 되면 세상의 종말이 오고 심판의 책이 공개될 것이라고 말한다. 그러나 주님은 그 날은 아무도 모른다고 말씀하셨다(마 24:36, 막 13:32).

헨리 펜들베리

Books Opened, in *Invisible Realities,* 189 – 90

일부 사람의 안전을 위해 한 가지 덧붙이고 싶은 말이 있다. 오직 예지력을 지닌 하나님만이 알고 계시는 미래의 사건들을 마치 그분의 계획이 기록된 책을 들여다보거나 그분으로부터 앞으로 일어날 일들에 관한 확실한 계시를 받기라도 한 것처럼 주제넘은 자신감을 드러내는 이들이 있다. 그들은 아무 근거도 없는 것에 대한 억측을 내세워 좋은 날이 올 것이라고 주장한다. 많은 사람이 1666년에 적그리스도와 바벨론이 몰락할 것이라고 기대한다. 그들은 하나님이 확실하게 계시하지 않으신 사건들을 시간까지 한정하면서 그분의 특권을 침해하고 있다. 그들은 스스로 생각하는 것보다 더 큰 진노를 자초하고 있다. 이것이 그런 근거 없는 기대와 억측이 만연했던 올해에 바벨론이 아닌 런던이 몰락된 이유 가운데 하나인 것으로 보인다.

토머스 빈센트

God's Terrible Voice in the City, 156 – 57

죄

죄는 사망의 활력은 북돋우고, 우리의 활력은 앗아간다. 주님이 어떤 방법으로든 죄를 약화시키시면 우리는 더욱 강하게 성장한다.

토머스 애덤스

Exposition upon … Second … Peter, 763

죄는 하나님을 향한 마음의 반란이요 폭동이다. 죄는 하나님에게서 돌이켜 그분을 대적한다. 죄는 적의 진영으로 넘어가서 그곳에서 무기를 들고 하나님께 대항한다. 죄는 하나님에게서 도망쳐 그분과 맞서 싸우고, 만유의 주님이 쓰고 계시는 왕관의 보석들을 빼앗으려 한다. 죄는 하나님의 주권을 거부한다. 부패한 마음은 하나님의 보좌를 차지하려 들고, 그분 대신 스스로 왕이 되어 모든 것을 다스리려고 한다. 죄인들은 자기 자신을 신으로 떠받든다. 그들은 "우리의 혀가 우리 자신의 것인데 누가 우리를 지배할 것인가?"라고 생각한다.

리처드 알레인

Heaven Opened, 190

"누가 깨끗한 것을 더러운 것 가운데에서 낼 수 있으리이까"(욥 14:4)라는 말씀이 암시하는 대로, 우리는 모두 다 곧 부패한 성향을 지니고 세상에 태어난다. 사자는 사납고 잔인한 본성을 지니고 있기 때문에 먹이를 게걸스럽게 먹어치우고, 독사는 독즙을 분비하는 본성을 지니고 있기 때문에 독니로 문다. 그와 마찬가지로 우리는 어렸을 때부터 부패한 본성과 성향을 지니고 있기 때문에 그릇된 생각이나 말이나 행위를 일삼는다. 그것이 우리의 삶 속에 존재하는 모든 죄의 원천이다.

리처드 백스터

Call to the Unconverted, 25

하나님은 자신의 영으로 사람들을 거룩하게 하려고 하시지만, 그들은 완강하게 저항하며 성령을 소멸한다. 만일 누군가가 그들의 죄를 꾸짖으면 그들은 즉각 악한 말을 쏘아붙인다. 누군가가 그들이 처한 현재의 위험을 일깨워주고, 거룩한 삶으로 인도할라치면 그들은 감사는커녕 내 걱정은 할 필요 없으니 너나 잘하라는 식으로 말하거나 마음에도 없는 감사의 말을 건네는 것으로 은근슬쩍 넘기면서 아무리 설득해도 돌이키지 않는다. 목회자들이 개인적으로 가르침과 도움을 베풀면 그들은 그들을 더는 가까이하려고 하지 않는다. 그들의 겸손하지 못한 영혼은 남의 도움이 조금도 필요하지 않다고 느낀다. 그들에게 교리문답을 가르치려고 하면 그들은 아직 무지하고, 거룩하지 못한 삶을 고집할 만큼 충분히 늙지 않았는데도 교리문답을 배우기에는 나이가 많아 곤란한 것처럼 행동하고, 그들에게 어떤 유익한 말을 하든지 그들은 자만심에 사로잡혀 스스로 지혜롭다고 생각한다. 그들은 실제로 무지하기 짝이 없는데도 자기 생각과 일치하지 않는 것에는 아무것에도 관심을 기울이지 않고, 마치 스스로가 교사들보다 더 지혜로운 것처럼 교사들의 말을 반박한다. 사람들은 무지와 아집에 사로잡혀 교사들이 자신에게 무엇을 말하든 교묘하게 에둘러 피하고, 어리석게도 무턱대고 이의를 내세우며, 아무런 감사도 없이 무조건 저항하고, 거부한다. 그들은 어떤 도움을 제공해도 환영하지 않고, 즐겁게 받아들이지 않는다.

리처드 백스터

Call to the Unconverted, 123

온 세상이 아담의 죄로 인해 정죄를 받았다는 것은 죄의 해악이 얼마나 큰지를 여실히 보여준다. 금단의 열매를 따 먹은 그 한 가지 죄가 온 세상을 정죄하는 결과를 초래했다면 죄의 해악이 더할 나위 없이 크다는 것을 알 수 있다. 지옥의 불도 죄의 해악을 보여주기는 마찬가지다. 지옥의 불길을 태우는 연료는 바로 죄다. 죄를 없애면 지옥 불도 사그라져 꺼진다. 의무를 이행하지 않는 것도 죄의 해악을 보여준다. 한 가지 악한 생각만으로도 기도나 의무 이행이나 설교가 단번에 결딴난다. 우유 잔에 잉크를 한 방울 떨어뜨리면 온통 까맣게 변한다. 그것은 잉크가 그만큼 검기 때문이다. 양심의 공포도 죄의 해악을 보여준다. 단 한 가지 죄만 지어도 무서운 양심의 공포가 엄습할 정도로 죄의 해악은 참으로 크다…성도들의 죄는 침 없는 말벌과 같다. 침 없는 말벌이 성가시다면 침을 가진 말벌은 더욱더 성가실 것이 틀림없다. 이렇듯 죄는 참으로 성가시기가 비할 데 없이 크다.

윌리엄 브리지

Christ and the Covenant, in *Works*, 3:109

가난, 질병, 수치, 경멸, 멸시, 고난, 손실과 같은 해악은 모두 죽음으로 종식된다. 그러나 죄는 죽음조차도 끝낼 수 없는 큰 해악이다. 영원조차도 가장 큰 해악인 죄를 멈추게 하거나 끝낼 수 없다. 다른 해악들은 인간을 하나님의 진노와 증오의 대상으로 만들지 않는다. 가난한 사람도 하나님께는 귀한 사람일 수 있고, 세상이 몹시 증오하는 사람도 하나님께는 존귀한 사람일 수 있으며, 사람들의 멸시를 받는 사람도 하나님께는 명예로운 사람일 수 있다. 그러나 죄는 죄인의 영혼을 하나님의 진노와 증오의 대상으로 만들 정도로 큰 악에 해당한다. 다른 해악은 모두 인간의 현재적 행복에만 영향을 미치지만 죄는 인간의 영원한 행복에 영향을 미친다.

토머스 브룩스

Cabinet of Choice Jewels, 112

죄의 해악을 깨달아야만 참된 회개에 이를 수 있다. 죄는 천사들을 천국에서 쫓아냈고, 아담을 낙원에서 쫓아냈다. 죄는 지옥의 첫 번째 초석이고, 세상에서 온갖 저주와 고난과 불행을 야기한다. 죄는 인간을 일시적인 진노, 영적 진노, 영원한 진노의 대상으로 전락시킨다. 죄는 인간이 하나님이나 그리스도나 희망이나 천국 없이 살아가게 만든다.

토머스 브룩스

Precious Remedies, 56–57

그리스도의 이름을 부르는 사람들은 자신의 기질적인 죄, 곧 가장 짓기 쉬운 성향이 있는 죄를 버려야 한다. 모든 사람이 다 똑같은 죄에 이끌리는 것은 아니다. 사람마다 제각기 특별히 취약한 죄가 있다. 그리스도의 이름을 고백하는 사람들은 자신을 향해 "나는 어떤 죄를 가장 잘 짓는 경향이 있는가? 교만인가, 탐심인가, 육신의 정욕인가?"라고 묻고, 모든 수단을 동원해 그 죄를 버리려고 노력해야 한다.

존 번연

Riches, 218

죄를 가장 큰 해악, 곧 가난이나 투옥이나 추방이나 죽음 자체보다 더 큰 해악으로 간주하라. 가장 작은 죄를 짓기보다 차라리 가장 큰 고난을 선택하라. 이쪽에는 지옥이 있고, 저쪽에는 죄가 있다면 하나님을 대적해 죄를 짓기보다 차라리 지옥에 들어가는 것을 선택하라. 죄는 지옥보다 더 큰 해악이다. 그 이유는 죄가 지옥의 원인이자 지옥보다 하나님을 더 크게 대적하기 때문이다.

에드먼드 캘러미

Godly Man's Ark, xv

죄는 옛 뱀의 알이요 지옥의 기원이요 마귀의 토사물이다. 하나님은 마귀보다 죄를 더 미워하신다. 그 이유는 하나님이 마귀 때문에 죄를 미워하는 것이 아니라 죄 때문에 마귀를 미워하시기 때문이다.

새뮤얼 클라크

Saint's Nosegay, 26

물속으로 깊이 잠수하면 머리 위에 수십 톤의 물이 있는데도 그 무게를 잘 느끼지 못한다. 그러나 반 통의 물도 머리 위에 이면 즉시 무게를 느낀다. 그와 마찬가지로 죄에 깊이 빠져 있을 때는 죄의 무게를 잘 느끼지 못하지만 일단 죄의 상태에서 벗어나면 죄의 큰 무게가 고스란히 느껴지기 시작한다.

새뮤얼 클라크

Saint's Nosegay, 27

인간의 마음속에는 모든 죄의 씨앗이 심겨 있다. 하나님이 은혜를 베풀지 않으시면 그 씨앗은 언제라도 기회만 되면 싹을 틔울 것이다.

에제키엘 컬버웰

Time Well Spent, 303

하나님의 참된 실체를 조금이라도 알아야만 죄와 피조물의 허무함을 깨달을 수 있다. 다시 말해, 죄의 해악, 피조물의 허무함, 우리가 자초한 불행을 얼마만큼 알고 의식하느냐는 하나님에 관한 지식, 곧 그분에 관한 고귀하고, 영예로운 개념들을 얼마나 많이 아느냐에 비례한다.

자일스 퍼민

Real Christian, 38

죄의 해악은 얼마나 큰지 모른다. 죄의 해악이 얼마나 크고, 무서운지를 알고 싶다면, 죄가 무한히 거룩하고, 탁월하신 하나님을 욕되게 하고, 그리스도께서 죄를 속량하기 위해 무한히 큰 고난을 감당하고 죽으신 것을 생각해 보라. 그러면 죄의 해악을 좀 더 깊이 이해할 수 있을 것이다.

존 플라벨

Fountain of Life, 128

하나님은 자기 아들도 아끼지 않으셨지 않은가? 그러니 우리도 우리의 죄를 아끼려고 해서는 안 된다. 죄는 그리스도를 찔렀던 칼이었다. 그러니 죄의 슬픔이 우리의 심장을 찌르게 하자. 죄를 아끼면 하나님도 우리를 아끼지 않으실 것이다(신 29:20). 죄를 변명하고, 은폐하고, 옹호하고, 정당한 꾸짖음과 책망의 말을 못마땅해한다면, 그것이 곧 죄를 아끼는 것이다. 죄를 친절히 대하는 것은 우리 자신의 영혼을 잔인하게 대하는 것이다.

존 플라벨

Sacramental Meditations, 120

죄가 어디에서 생겨나는지 그 근원지에 주의를 기울여야 한다. 그것은 바로 하나님에 대한 적개심이다. 하나님을 멸시하고, 죄를 즐거워하고, 이웃을 해롭게 하고, 스스로의 양심을 묵살한 채 아집에 사로잡혀 행동함으로써 하나님을 멀리하면 할수록, 그만큼 더 많은 죄를 짓게 된다. 그런 사람은 더럽고, 불의한 인간으로 불리어야 마땅하다.

한니발 개먼

God's Just Desertion of the Unjust, 12

하나님은 자기 자녀들의 죄를 지켜보신다. 그분은 다른 사람들보다 자기 자녀들의 잘못을 더 불쾌하게 여기신다. 그 이유는 그들이 하나님께 매우 소중하고, 사랑스러운 존재들이기 때문이다. 하나님은 자신의 궁궐 밖 먼 곳에 있는 똥 더미보다 자신의 왕자가 거하는 방 안에 있는 똥 더미를 더 혐오하신다.

윌리엄 거널

Christian in Complete Armour, 233

하나님이 뚜껑에 '독'이라고 적어놓으신 단지에서 꿀을 발견할 수 있을 것으로 생각하지 말라. 우리는 모든 죄에 대해 이런 식으로 말할 수 있다… 하나님이 '어리석음'이라고 적어놓으셨다면 그 안에서 지혜를 발견할 수 없다. 마귀는 죄인들에게 깨끗한 이름으로 더러운 행위를 감추라고 가르친다. 예를 들어, 그는 미신은 헌신으로, 탐욕은 검소함으로, 교만은 당당함으로, 방종은 자유로, 광기는 유쾌함으로 여기라고 가르친다. 진실로 죄인들은 혐오스러운 죄를 별다른 후회 없이 저지른다. 그들은 말고기나 그와 비슷한 썩은 고기로 만든 음식, 곧 사람들이 그것이 어떤 음식인 줄 알면 즉시 역겨움을 느낄 음식을 그럴듯한 이름을 붙여 정성껏 차려놓는 사람들과 같다.

윌리엄 거널

Christian in Complete Armour, 605

죄의 본질은 "죄는 불법이라"라는 요한일서 3장 4절 말씀으로 간단하게 정의할 수 있다. 딱 두 마디뿐이지만 죄를 지으면 지옥에 간다는 사실을 상기시켜주기에 충분하다.

윌리엄 거널

Christian in Complete Armour, 605

의도적인 범죄는 죄를 더욱 파렴치하게 만든다. (1) 죄를 지어야 할지 말아야 할지를 혼자서 곰곰이 생각하고 나서, 곧 그 일을 오랫동안 심중에 품어 생각하고 또 생각한 뒤에 결심을 굳히고 나서 죄를 짓는 경우. (2) 죄를 지어 어떻게 최대한의 이익을 얻을 수 있는지, 자신의 범죄 행위를 어떻게 최대한 활용할 수 있는지, 스스로 음모와 계획을 세워 죄가 주는 즐거움과 달콤함을 최대한 끌어내고, 짜낼 수 있는지를 깊이 생각하고, 궁리하고 나서 죄를 짓는 경우. 이런 경우들은 죄를 더욱 파렴치하게 만든다.

에제키엘 홉킨스

"The Nature of Presumptuous Sins," in *Select Works,* 382–83

죄를 낳는 어미는 다름 아닌 우리 자신의 마음이다.

토머스 맨톤

Practical Exposition on the Epistle of James, 38

모든 사람 안에는 저주받은 쓴 뿌리가 있다. 하나님은 그 뿌리를 죽이지만 완전히 없애지는 않으신다. 죄는 버림을 받지만 완전히 내쫓기지는 않는다. 죄는 담을 허물기 전에는 줄기와 가지와 뿌리를 잘라도 몇 가닥만 남으면 다시 싹을 틔우는 담쟁이 넝쿨이나 야생 무화과나무와 비슷하다. 우리가 천국에 도달할 때까지 하나님은 죄를 그런 식으로 다루신다. 따라서, (1) 더욱 주의 깊게 행하라. 언제든 죄를 지으려는 마음이 당신과 함께 한다는 사실을 잊지 말라. 유혹의 불길을 일으킬 연료가 있는 한 안전하지 않다. 화약을 몸에 지닌 사람은 불꽃을 두려워해야 한다. (2) 비판할 때는 좀 더 온유한 태도를 취하라. 어떤 행위든 인간의 연약함을 참작하라(갈 6:1). 우리 모두 용서가 필요하다. 은혜가 없으면 누구라도 같은 죄를 지을 수 있다. (3) 더욱 열심히 하나님의 은혜를 구하라. 하나님은 우리가 자신의 능력을 의지하기를 원하신다. 바울은 "이 사망의 몸에서 누가 나를 건져내랴 우리 주 예수 그리스도로 말미암아 하나님께 감사하리로다"(롬 7:24, 25)라고 외쳤다. (4) 하나님의 사랑을 더욱 크게 찬양하라. 바울은 로마서 7장 하반부에서 자신의 부패한 본성을 한탄하다가 그리스도 안에 있는 자들의 행복을 크게 노래했다. 그들은 많은 죄를 지었지만 아무도 정죄당하지 않았다.

토머스 맨톤

Practical Exposition on the Epistle of James, 122

죄를 완전히 없앨 수 없다고 해서 죄와 맞서 싸우는 일을 중단해서는 안 된다. 저항하지 않으면 죄가 모든 것을 지배한다.

토머스 맨톤

Practical Exposition on the Epistle of James, 130

은혜로운 사람은 죄가 하나님의 거룩하심을 거스른다는 것을 알고 있다. 그래서 그는 죄를 대적한다. 악인은 죄가 하나님의 정의를 거스른다는 것을 알고 있다. 전자는 "하나님이 이 죄를 미워하신다."라고 말하고, 후자는 "하나님이 이 죄를 징벌하실 것이다."라고 말한다. 전자는 사랑의 원리에 따라 행하고, 후자는 두려움에 이끌려 행한다. 전자는 죄를 불결한 것으로 여겨 미워하고, 후자는 죄를 정죄를 불러오는 것으로 여겨 미워한다. 전자는 죄가 선을 행하지 못하게 하는 것이기 때문에 미워하고(롬 7:18, 갈 5:17), 후자는 불편하고, 거북하기 때문에 미워한다(그렇지만 않으면 그들은 죄를 충분히 잘 참고 견딜 수 있다). 악인이 죄를 미워하는 이유는 그것이 하나님과의 교제를 방해하기 때문이 아니다. 악인은 하나님 없어도 안전할 수 있다고 생각하기 때문에 그분과 교제를 나누려고 하지 않는다.

토머스 맨톤

Practical Exposition on the Epistle of James, 147

우리는 죄를 짓고 난 뒤에는 그것을 옹호하고, 그러고 나서는 그것을 자랑하기까지 한다. 죄는 처음에는 우리의 짐이지만, 나중에는 우리의 습관이 되고, 그다음에는 우리의 즐거움이 되고, 그다음에는 우리의 장점이 된다.

토머스 맨톤

Practical Exposition on the Epistle of James, 178

죄를 가장 큰 짐이요 슬픔이요 고통으로 여기지 않는 사람은 참 신자가 아니다.

존 오웬

The Mortification of Sin in Believers, in *Golden Book,* 152

죄는 하나님과 영혼을 분리하는 벽을 세워 그 둘을 멀리 갈라놓음으로써 영혼이 그리스도께 가까이 다가가지 못하게 만든다. 죄는 그리스도를 바라봐야 할 눈을 어둡게 하고, 멀게 만들고, 그분을 맞이해야 할 손을 마르게 하고, 그분을 영접해야 할 마음을 닫아버린다. 죄를 품고 있으면 그리스도를 맞이할 수도 없고, 영광의 왕께서 들어오시도록 마음을 열 수도 없다.

에드워드 레이너

Precepts for Christian Practice, 58

질병은 육체의 고통과 고뇌를 낳는다. 육체의 질병이 심하면 고통 속에서 울부짖을 수밖에 없다. 질병이 극심한 사람은 잠시도 편안함을 느낄 수 없다. 욥기 30장 16–18절에 기록된 욥의 부르짖음을 들어보라. 죄는 영혼의 고통과 고뇌를 야기한다. 벨릭스의 죄는 그를 두려워 떨게 만들었고(행 24:25), 가인의 죄는 "내 죄벌이 지기가 너무 무거우니이다"라는 고뇌에 찬 울부짖음을 토하게 만들었다(창 4:13, 14). 가룟 유다의 죄는 스스로 목숨을 끊을 만큼 극심한 절망의 고통을 느끼게 만들었다(마 27장). 심지어 하나님의 백성조차도 이 영적 질병을 앓을 때면 용서와 사면을 통해 하나님의 치유를 경험할 때까지 마음의 고통을 느낄 수밖에 없다. 다윗은 죄 때문에 혹독한 고통에 시달려야 했다. 그는 오랫동안 극심한 고통에 시달렸다. 그가 평안함을 되찾은 과정이 궁금하거든 시편 6편과 38편을 읽어보라. 하나님의 사랑하는 자녀들 가운데도 죄로 인해 심령의 고뇌를 느끼며 죽는 날까지 많은 고통을 경험하는 이들이 많다.

랠프 로빈슨

Christ All and in All, 80

죄는 세상에서 가장 혐오스럽고, 가장 전염성이 높은 질병이다. 천연두,

전염병, 나병과 같은 무서운 질병도 죄에 비하면 별로 심각하지 않다. 죄는 가까이에 있는 모든 것을 오염시킨다. 죄는 양심과 예배와 관계와 개인과 국가를 모두 오염시킨다. 만일 한 방울의 죄가 천국에 떨어진다면 즉시 그곳은 지옥으로 변할 것이다. 성경은 죄를 온갖 혐오스러운 것에 빗대었다. 죄는 전염병과 나병에 비유되었다(왕상 8:38). 율법에서는 나병이 일종의 죄로 취급되었다. 죄는 독(시 140:3), 개의 토사물(벧후 2:22) 등에 비유되었고, 더럽고, 가증스럽고, 음란한 것으로 일컬어졌다. 성경은 세상의 혐오스러운 것들을 모두 사용해 죄의 혐오스러움을 묘사했다.

랠프 로빈슨

Christ All and in All, 83

작은 죄는 더 큰 죄를 지을 가능성을 열어준다. 사냥꾼은 처음에는 작은 비글들로 사슴이 흥분해 지칠 때까지 괴롭히게 한 다음에 큰 사냥개를 보낸다. 마귀도 작은 죄를 그런 용도로 사용한다. 그는 죄의 작은 바늘로 죄의 긴 줄을 꿰어 끌어들인다.

네헤미아 로저스

The Penitent Citizen, in *Mirrour of Mercy,* 86

바다 같은 큰 시련보다 극소량의 죄에 더 많은 해악이 담겨 있다. 고난은 우리를 힘들게 하지만, 죄는 하나님을 대적한다. 고난은 인간의 자유를 침해하지만 죄는 하나님의 권위를 부인한다. 고난의 해악은 일시적이지만 죄의 해악은 영구적이다. 고난은 인간의 호의를 앗아가지만 죄는 하나님의 호의를 앗아간다.

윌리엄 세커

Nonsuch Professor, 61

죄는 자신이 지배하는 곳 외에는 황폐화시키지 않는다.

윌리엄 세커

Nonsuch Professor, 183

죄는 영혼을 자아와 피조물 속으로 침몰시킨다. 죄로부터의 구원이란 영혼을 하나님과 교제하며 그분의 총애를 받는 상태로 회복시키는 것을 의미한다.

새뮤얼 쇼

A Welcome to the Plague, in Vint, *Suffering Christian's Companion,* 282

우리 안에 있는 죄보다 그리스도 안에 있는 긍휼이 더 크다. 죄는 아무리 가혹하게 다루어도 위험하지 않다. 온전한 몸으로 지옥에 가는 것보다 상처투성이가 되어 천국에 가는 것이 더 낫다. 따라서 치료가 되기도 전에

깁스를 풀거나 치료를 중단해서는 안 되는 것처럼, 죄가 가장 씁쓸하고, 그리스도께서 가장 달콤하게 느껴질 때까지 죄를 극복하려는 노력을 멈춰서는 안 된다. 하나님의 손길이 어떤 식으로 우리를 다루든, 다른 것들을 위해 슬퍼하기보다 그 모든 것의 근원인 죄를 슬퍼해야 한다. 우리의 슬픔을 죄를 향해 쏟아내야 한다. 죄가 슬픔을 야기하는 것처럼, 슬픔은 죄를 없앨 수 있다.

리처드 십스

Bruised Reed and Smoking Flax, 31–32

우리의 뜻을 좇아 죄를 지으면, 위로도 그만큼 우리에게서 멀리 사라진다. 양심을 거스르는 죄는 '양초 속의 도둑(thief in the candle—심지의 일부가 떨어져 양초를 녹여 흐르게 만들어 수지를 낭비하게 만드는 현상을 일컫는 표현/역자 주)'과 같아서 우리의 기쁨을 앗아감으로써 우리를 무력하게 만든다. 따라서 성화를 고집스럽게 거부하면 칭의의 의식마저 크게 훼손될 수 있다.

리처드 십스

Bruised Reed and Smoking Flax, 104

죄를 지으려는 의지가 강할수록 그 죄의 흉악함이 더 커진다. 의도적으로 죄를 고집하면 위로가 극도로 줄어든다. 양심을 거슬러 죄를 짓고, 그리스도인의 자유를 남용하면 하나님이 혹독한 고난으로 우리를 다스리실 것이다. 하나님의 얼굴과 우리 사이에 구름이 드리우고, 오랫동안 그분의 위로가 사라질 것이다. 누구도 감히 죄의 길로 달려가려고 해서는 안 된다. 그렇게 하면 하나님이 그 길이 큰 슬픔의 길이 되게 하실 것이다.

리처드 십스

Divine Meditations and Holy Contemplations, 35–36

죄는 모든 불행의 어미다.

조지 스윈녹

in Horn, *Puritan Remembrancer,* 18

음탕한 이야기나 상스러운 농담이나 간교하고 교활한 속임수에 관한 이야기를 들었을 때 은근히 즐거워하며 동조하기 쉽다. 그것은 그런 일에 동참하는 것이나 다름없다. 죄를 짓고 싶은 마음이 있으면 손으로 죄를 짓는 것은 시간문제다. 그런 이야기를 좋아하는 것은 실제로 그런 행위를 저지르는 것과 똑같은 죄를 범하는 것이다. 의지의 온전히 동의를 얻어낸 죄가 죄책이 가장 큰 법이다. 의지로 동조하는 자가 행위자보다 죄책이 더 클 수 있다.

조지 스윈녹

The Christian Man's Calling, in *Works*, 2:287

죄, 사탄, 전쟁은 한 가지 공통점이 있다. 그것은 아무리 좋게 말해도 해악을 끼칠 뿐이라는 것이다. 죄는 아무리 좋게 말해도 흉측할 뿐이고, 사탄은 아무리 좋게 말해도 반목을 부추길 뿐이며, 전쟁은 아무리 좋게 말해도 불행을 야기할 뿐이다.

존 트랩

Commentary … upon … the New Testament, 296

죄는 하나님의 은혜를 방탕한 것으로 바꾸어 놓는다(유 1:4 참조). 죄는 하나님의 정의에 맞서고, 그분의 긍휼을 멸시하고, 그분의 인내를 비웃고, 그분의 능력을 우습게 여기고, 그분의 사랑을 경멸한다.

랄프 베닝

in Calamy et al., *Saints' Memorials,* 179

죄는 하나님을 하나님이 아니게 만들려고 애쓴다.

랄프 베닝

Sinfulness of Sin, 30

죄는 하나님에 대항해 싸운다. 만일 죄가 그 사악함만큼 큰 능력을 가지고 있다면 하나님이 존재하시도록 허용하지 않을 것이다.

랄프 베닝

Sinfulness of Sin, 36

죄의 아비는 마귀이고, 죄의 동무는 수치이며, 죄의 삯은 사망이다.

토머스 왓슨

in Horn, *Puritan Remembrancer,* 86

이 질병들 가운데 가장 심각한 것을 몇 가지 열거하면 다음과 같다. 교만은 영혼의 고창염(鼓脹炎)이고, 정욕은 영혼의 열병이며, 오류는 영혼의 괴저이고, 불신앙은 영혼의 전염병이며, 위선은 영혼의 괴혈병이고, 강팍한 마음은 영혼의 담석이며, 분노는 영혼의 지랄병이고, 악의는 영혼 속의 늑대이며, 탐심은 영혼의 부종이고, 영적 나태는 영혼의 위황병이며, 배교는 마음의 간질병이다. 이것이 영혼의 열한 가지 질병이다. 이 질병들이 온전하게 발현하면 매우 위험하고, 치명적일 때도 많다.

토머스 왓슨

The Beatitudes, in *Discourses,* 2:421

죄는 지옥보다 더 나쁘다. 지옥에는 불과 구더기가 있지만 죄는 그보다 더 나쁘다. (1) 지옥은 하나님이 만드셨지만 죄는 그분이 만들지 않으셨다. 죄는 마귀가 만들어낸 괴물이다. (2) 지옥의 고통은 죄인에게만 괴로움을 안겨주지만, 죄는 "곡식단을 가득 실은 수레가 눌림과 같이 내가 너희 아래에서 눌린다"(암 2:13)라는 말씀이 암시하는 대로 하나님께 짐을 지운다(저자는 〈킹제임스 성경〉을 인용했고, 〈한글 개역개정 성경〉은 〈새 국제역 성경〉과 같이 하나님을 능동적 주체로 세워 번역했다-역자주). (3) 지옥의 고통은 좋은 측면도 있다. 그곳은 하나님의 정의가 집행되는 곳이다. 지옥에는 정의가 있다. 그러나 죄는 가장 불의한 것이다. 죄는 하나님에게서는 영광을, 그리스도에게서는 그분이 쟁취하신 것을, 영혼으로부터는 행복을 빼앗으려고 시도한다. 따라서 죄는 지옥보다 더 나쁘다.

토머스 왓슨

Body of Practical Divinity, 590

죄를 지옥만큼 두려워하라. 죄는 지옥의 불길을 일으키는 연료다. 죄는 삼손의 여우처럼 꼬리에 너울거리는 불을 달고 다닌다.

토머스 왓슨

"A Christian on the Mount," in *Discourses,* 1:230

죄는 기도의 입을 막는다.

토머스 왓슨

Godly Man's Picture, 79

죄는 기도의 날개를 꺾어 은혜의 보좌로 날아오르지 못하게 만든다.

토머스 왓슨

Mischief of Sin, 58

바다와 같은 고난보다 한 방울의 죄 안에 더 큰 악이 담겨 있다.

토머스 왓슨

Puritan Gems, 123

죄 죽임

그리스도인이여! 당신은 자신이 망루 위에 서 있다는 사실에 얼마나 유념하고 있는가? 당신 안에 적과 내통한 자들이 있다. 적군에 포위된 도시에 거주하는 시민들이 반역자들을 그냥 놔두겠는가? 그렇지 않다. 시민들의 안전을 위해 기꺼이 반역자들을 죽일 것이다. 당신 안에는 수많은 원수가 존재하며, 그들은 당신을 마귀의 손에 넘겨줄 모든 기회를 노린다. 우리 모두 육체를 그 정욕과 함께 죽이고 성령님의 도움을 간청하여 우리 안에 거하는 반역자와 살인자를 죽여야 할 때가 아닌가? 그들은 우리 안에 있기 때문에 어떤 면에서 마귀보다 더 위험하다. 그들은 적들이 침입할 수 있게 성문을 열어준다. 사탄은 당신 안의 죄가 당신을 그 손에 넘겨주기 전까지는 아무 일도 할 수 없다. 그는 당신의 동의를 얻기 전까지는 절대로 당신에게 죄를 짓도록 강요할 수 없다. 오, 그렇다면, 당신은 얼마나 주의하여 자기 마음을 살피며 기도하며 살아야 하겠는가!

아이작 암브로우스

Christian Warrior, 4

죄를 아껴두지 말라, 죄가 당신을 아끼지 않을 것이기 때문이다. 죄는 당신을 죽이는 자이며 세상을 죽이는 자이다. 따라서 죄를 살인자처럼 취급하라. 죄가 당신을 죽이기 전에 죄를 죽이라. 그리하면 죄가 당신의 몸은 죽일지라도 영혼은 능히 죽이지 못할 것이다. 죄가 당신을 무덤으로 인도할지라도 거기에 가두지 못할 것이다.

리처드 백스터

Baxteriana, 39

세상에서의 형편에 따라 자신의 행복이 좌우된다고 말하는 사람은 고난의 어려움에도 불구하고 겸손하게 되지 않은 사람이다. 사람들의 위로가 부침을 거듭하고, 밀물과 썰물을 반복하는 이유는 죄 죽임의 결핍 때문이다.

토머스 보스턴

Crook in the Lot, 94

토끼의 가죽을 보라. 머리 부분까지는 매우 잘 벗겨지지만, 머리에 다다르고 나면 밀고 당기면서 강한 힘을 주어야만 벗겨진다. 죄를 십자가에 못 박는 죄 죽임도 마찬가지이다. 사람은 이런저런 죄들을 쉽게 굴복시키고 죽일 수 있지만, 우두머리 죄, 주된 죄, 가장 아끼는 죄에서 벗어나고 그 죄를 없애기 위해서는 얼마나 밀고 당기며 고군분투해야 하는가!

토머스 브룩스

Great Gain, 100

오늘날 죄를 죽이는 올바른 방법에 도달한 신앙고백자들이 얼마나 적은지를 생각하는 것은 슬픈 일이다. 그들은 일반적으로 자신의 목표를 설정하고 기도와 결단의 힘으로 죄에 대항하며 십자가에 못 박히신 그리스도를 그렇게 높게 보지 않는다. 그들은 그리스도에 대한 그들의 믿음을 행사하는 것을 개의치 않는다. 그러므로 그들이 결국 그들의 죄에 사로잡혀 가는 것은 그리스도께 의로운 일이다. 은혜의 행사처럼 죄의 힘을 약하게 하고 고갈시키는 것은 없다. 오. 사람들이 그리스도를 더 믿는다면 죄는 더 죽을 것이다. 그들이 죄의 위협을 더 믿는다면 죄는 더 많이 죽을 것이다. 그들이 그리스도와 함께 다스리는 것을 더 믿는다면 죄는 더 많이 죽을 것이다.

토머스 브룩스

The Unsearchable Riches of Christ, in *Select Works*, 1:160

모든 그리스도인 중에서 은혜가 가장 많이 행사된 사람만큼 죄를 더 많이 죽인 사람은 없다. 죄는 독사와 같아서 죽임을 당하든지 아니면 영원히 당신을 죽일 것이다. 은혜의 적극적인 행사 외에는 그것을 죽일 방법이 없다

토머스 브룩스

The Unsearchable Riches of Christ, in *Select Works*, 1:179

"죄 죽임"의 원어는 '죽이다, 죽음에 이르게 하다'라는 뜻을 갖는다. 죄는 즉시 죽임을 당하는 것이 아니다. 그것은 첫 번째 은혜의 구원 사역에 의해 치명타를 입는다. 죄는 결코 그전의 위용을 회복하지 못하고 결국 죽지만 오래 머무르기 때문에 십자가에 못 박히는 것이라고 불린다. 계속해서 죄를 죽음에 처하게 하고, 죄를 못 박고, 죄가 소멸할 때까지 피 흘리게 하는 것이 그리스도인의 훈련의 큰 부분이다.

알렉산더 카마이클

Believer's Mortification of Sin, 4

"죄 죽임"의 거짓된 방법은 마치 청년의 음욕, 허영심, 방탕함, 복수심처럼 죄가 제풀에 죽거나 혹은 저절로 없어질 때까지 그냥 놔두는 것이다. 죄가 당신을 죽이거나 당신이 죄를 죽여야 한다. 죄가 제풀에 죽을 때, 그것은 죄가 당신을 파멸시켰다는 증거이다. 이제 죄는 승리한 투사처럼 침상에서 평화롭게 죽고 당신에 의해 제거되지 않는다. 오, 죄인이여, 당신의 원수가 평안히 죽게 내버려 두겠는가? 죄가 당신에게 끼친 불행과 슬픔과 재난으로 인해 당신의 두 눈과 두 손으로 복수해야 하지 않겠는가?

알렉산더 카마이클

Believer's Mortification of Sin, 10–11

죄 죽임에 대해 능동적으로 또는 수동적으로 고찰할 수 있다. 능동적으로 볼 때, 죄 죽임은 영혼이 모든 죄의 활동과 요동을 무너뜨리려 분투할 뿐 아니라 죄의 몸을 뿌리에서부터 죽이려고 노력하는 성령님의 사역이다. 수동적으로 볼 때, 죄 죽임은 금지된 것들에 대해, 어떤 의미에서는 합법적인 것들에 대해서도 전인이 죽은 상태에 있는 것이다. 영혼은 죄악된 대상과 합법적인 대상에 대한 지나친 욕망에서 벗어난다. 죄 죽임은 사울이 아말렉 왕에게 그랬던 것처럼 어떤 죄들에 대해서는 복수하지만 가장 큰 죄는 살려두는 변덕스럽고 균형이 없고 요란한 행위가 아니다. 그

것은 크고 작은 모든 죄에 대항하여, 특히 우리의 우상숭배적인 정욕에 대항하여 싸우는 영혼의 부단한 매일의 전쟁이다. 이때, 사람은 죄에 대한 사랑과 그 안의 기쁨을 멸할 뿐 아니라 죄의 존재 자체를 파괴하기 위해 분투한다.

알렉산더 카마이클

Believer's Mortification of Sin, 13

스스로의 노력으로 또는 그저 인간적인 방법으로 죄를 죽일 수 있다고 생각하는 사람은 책망을 받아 마땅하다. 성령님의 영향력 없이는, 그 어떤 노력이나 어떤 의무도 죄를 죽일 수 없다. 심지어 죄가 우리의 행복에 반한다는 사실을 아무리 고찰하더라도 죄를 죽일 수 없다. 죄를 죽이는 이 중대한 의무를 촉구하는 사도의 방식은 주목할 만하다. 한편으로 사도는 사람들로 하여금 성령님이 모든 것을 하셨고, 그들은 아무것도 안 했으며, 그들은 그저 수동적이었다고 생각하게 하지 않을 것이다. "너희가 성령으로 몸의 행실을 죽이면 살리니." 다른 한편으로 사도는 죄를 죽이는 어떤 능력이 자신 안에 있다고 생각하게 하지 않고 오직 성령님을 통해서만 그 일이 이루어진다는 것을 알게 할 것이다. 그것은 성령님의 특별한 사역이다.

알렉산더 카마이클

Believer's Mortification of Sin, 85

나는 죄 죽임을 돕기 위한 수단으로 자신의 죽음을 진지하게 생각해 보라고 말했다. 무덤에 누운 자신의 모습을 자주 생각해 보는 것은 매우 유익한 일이다. 부유한 사람의 두개골이라고 해서 금으로 도금되지 않고, 우아한 사람이 더 나은 색이나 더 좋은 향기를 풍기지도 않고, 자랑하는 사람이 그곳에서 더 뛰어난 것도 아니다. 그들의 재와 두개골과 죽은 뼈는 구분되지 않는다. 그러나 죄를 죽이지 않는 대부분의 영혼들이 하는 일이란, 이 죄 많고 고통스러운 썩을 육신을 애지중지하고 존중하는 것 외에 무엇이란 말인가? 우리는 그것을 짓밟아 우리 영혼의 발 아래 둘 때까지, 우리가 다음 순간 죽을 것처럼 살 때까지, 그리고 임종의 순간에 죄를 대하는 것처럼 죄를 대하기 전까지는 결코 그리스도인답게 살지 않는다.

알렉산더 카마이클

Believer's Mortification of Sin, 116–117

"깨어 있음"은 죄를 죽이는 일에 성공하려는 사람들에게 유일하게 유용한 것이다. 죄를 죽일 수 있으려면 죄와 싸워야 한다. 죄는 저항하지 않을 만큼 길들여지는 것이 아니기 때문이다.

알렉산더 카마이클

Believer's Mortification of Sin, 117

성령님이 당신 안에서 중보하시거나 말할 수 없는 탄식으로 중보하도록 당신을 도우실 때, 이 탄식은 신적인 위로를 갈구하는 탄식이 아니라 죄에 대한 탄식이어야 한다. 다른 어떤 불행을 벗어나는 것보다 죄로부터 벗어나기 위해 탄식하라.

알렉산더 카마이클

Believer's Mortification of Sin, 166

만일 누군가가 "우리가 죄에서 풀려나고 효과적으로 죄를 죽이기 위해 죄에 대항하는 방법은 무엇입니까?" 라고 묻는다면 나는 다음과 같이 대답할 것이다. (1) 당신은 그 일에 있어서 신실해야 한다. (2) 당신의 애정(affections)이 당신의 결심과 일치하는지 확인하라. 그렇지 않으면 당신은 올무에 걸릴 것이다. (3) 의지적으로 결단하고, 정욕을 반대하는 당신의 결심이 현재의 애정의 열기에서만 나오는 것이 아니게 하라. (4) 서원할 때 가졌던 마음의 틀, 즉 하나님에 대한 두려움과 죄에 대한 증오를 유지하기 위해 노력하라. 또한 죄와 싸우기로 한 당신의 약속을 자주 생각해 보고, 그 약속에 대한 가장 작은 위반에 대해서도 스스로를 겸비케 하라. (5) 당신의 목적들과 노력들에 대해 성령님의 도움을 받으라. (6) 하나의 약속이 굳게 묶여 있지 않다면, 우리는 그것을 갱신하고 증대시켜야 한다. 어떤 이는 이렇게 말한다. "하나의 매듭이 잘 묶여 있지 않으면 더 많은 매듭을 묶어야 한다. 우리는 일부 매듭이 우리 머리 위에 드리우는 것을 결코 원하지 않기 때문이다."

알렉산더 카마이클

Believer's Mortification of Sin, 207

세속적인 것에 대한 지나친 애정을 삼가라. 그렇지 않으면 하나님의 섭리는 무서운 손길로 다가와서 우리가 애정하는 것을 앗아 갈 것이다. 당신의 고집스런 견해와 애정을 삼가라. 그러면 당신의 고통이 현저히 가벼워질 것이다. 강한 고난을 불러오는 것은 강한 애정이다. 주께서 가까우신 것에 대해 깊이 묵상하라. 그러면 세상의 모든 것들은 사소하게 여겨질 것이다. "너희 관용을 모든 사람에게 알게 하라 주께서 가까우시니라." 주님께서 이 세상에서 당신을 훈련시키는 모든 섭리 아래 천국의 마음을 훈련하라. 당신의 마음을 영원한 것에 두라.

존 플라벨

Divine Conduct, 145

죄에 대한 엄격함은 영혼에 대한 자비와 같다.

윌리엄 젠킨

Exposition upon the Epistle of Jude, 353

죄 죽임의 가장 중요한 의미가 여기에 있다. 그것은 우리의 뜻을 하나님의 뜻 안에 녹아들게 하는 것이다. 그리고 그분의 뜻이 이루어질 수 있도록 우리의 뜻과 그분의 뜻이 겹치는 것을 보고서 만족하고 기뻐하는 것은 영적 성장의 위대한 증표이다. 우리의 뜻이 거룩한 기도의 제사가 될 때, 우리는 명시적으로 간구한 것보다 더 많은 것을 받게 된다.

사무엘 리

Most Spiritual Profit, 77

죄를 죽이는 것은 "당신이 죽는 것"이며, 이는 어떤 살아있는 생명을 죽인다는 은유적 표현이다. 사람이나 다른 생물을 죽이는 것은 그의 모든 힘과 활력과 능력의 원리를 제거하여 그가 행동하거나 힘을 발휘하거나 적절한 행동을 할 수 없게 만드는 것이다. 내주하는 죄는 그 능력, 지혜, 기술, 기교, 힘을 가진 살아있는 사람에 비유되어 옛 사람이라고 불린다. 사도는 이것이 죽임을 당하고 죽음에 던져져야 한다고 말한다. 즉 그 효과를 생산해 낼 수 있는 능력과 생명과 활기와 힘이 성령님에 의해 제거되어야 한다.

존 오웬

Of the Mortification of Sin in Believers, in *Works*, 6:8

정죄하는 죄의 권세에서 확실히 해방된 택함받은 신자들은 내주하는 죄의 권세를 죽이는 일을 그들의 매일의 과업으로 삼아야 한다. 따라서 사도는 "그러므로 땅에 있는 지체를 죽이라"고 말했다(골 3:5). 사도는 누구에게 말하고 있는가? 바로 "그리스도와 함께 다시 살리심을 받은 자"(골 3:1)들, 바로 그와 함께 "죽은 자"(골 3:3)들에게 말하고 있다. 그리스도께서 그들의 생명이 되신다. 그들은 "그와 함께 영광 중에 나타날" 자들이다(골 3:4). 당신은 죄를 죽이고 있는가? 당신은 죄를 죽이는 일을 매일의 과업으로 삼고 있는가? 당신이 사는 동안 이 일을 하루도 멈추지 말라. 죄를 죽이라. 그렇지 않으면 죄가 당신을 죽일 것이다.

존 오웬

Of the Mortification of Sin in Believers, in *Works,* 6:9

죄는 여전히 우리 안에 거할 뿐만 아니라 여전히 활동하며 육체의 행실을 생산해 내기 위해 수고한다. 죄가 우리를 가만히 내버려 둘 때, 우리 역시 죄를 내버려 둘 수 있지만, 죄는 가장 고요할 때조차 결코 고요하지 않으며, 죄의 물결은 잔잔할 때 더 깊다. 따라서 죄에 대항하는 우리의 전략은 모든 상황과 때, 심지어 의심의 여지가 없는 상황에서조차 항상 강력해야 한다.

존 오웬

Of the Mortification of Sin in Believers, in *Works*, 6:11

죄를 죽이려면, 죄가 죄인 것처럼 죄를 미워하고, 완전히 혐오해야 한다. "여호와를 사랑하는 너희는 악을 미워하느니라"라고 시편 기자가 말한다. 여기서 말하는 미움은 칼로 찌르고 죽이려는 강한 감정이다. 그것은 피, 곧 죄가 흘릴 영혼의 피와 죄가 흘린 그리스도의 피에 대한 보복자로서 뜨거운 마음으로 죽기까지 죄를 쫓는다. 죄를 완전히 미워하고 영속적으로 미워하라. 그러면 죄를 살려두지 않을 것이다. 죄를 당장 죽이라. 죄를 미워하기 전에는 결코 죄를 죽일 수 없다. 당신은 유대인들이 그리스도에 대해 "십자가에 못 박으시오, 십자가에 못 박으시오"라고 외쳤던 것처럼 그것에 대해 부르짖지 않을 것이다. 도리어 다윗이 압살롬에게 했던 것처럼 관용을 베풀어 "이 청년의 정욕이 이러하고 저러하나 나를 위하여 압살롬을 너그럽게 대하라"라고 말할 것이다. 죄에 대한 자비는 영혼에 대한 잔인함이다.

에드워드 레이너

Precepts for Christian Practice, 17

우리가 성령님으로 말미암아 거룩한 수단들을 사용하여 죄를 죽이지 않으면 하나님은 고난으로 우리의 죄를 죽이실 것이다. 은혜로우신 하나님은 그분 자신의 가장 부드러운 사랑으로 우리에게 호의를 베푸시지만, 우리 영혼의 유익을 위해 항상 교정책을 사용하신다.

리처드 십스

Divine Meditations and Holy Contemplations, 67

죄, 국가적인

그리스도인들은 어떤 때에 이런 특별한 기도의 의무를 이행해야 할까?… 죄가 보통 수준을 넘어서서 가득 넘치는 오늘날과 같은 때에 해야 한다. 죄가 넘치는 때는 항상 성도들이 기도하는 때였다. 에스라는 무거운 마음으로 주님 앞에서 백성들의 죄를 고백하고, 그들의 가증스러움을 한탄했다(스 9장). 예레미야는 동시대의 악인들을 향해 "나의 심령이 너희 교만으로 말미암아 은밀한 곳에서 울 것이며"(렘 13:17)라고 말했다. 때로 죄가 극에 달하면 경건한 자들은 은밀한 곳에서 시대의 부패한 현실을 슬퍼한다. "터가 무너지면 의인이 무엇을 하랴"(시 11:3). 우리도 정부의 기반이 흔들리고, 모든 것이 군사적인 혼돈 속으로 빨려 들어가는 국가적 혼란이라는 암울한 시기를 직접 목도했다. 한 민족에게 그런 일이 일어나면 의인들은 무엇을 해야 할까? 그럴 때 의인들은 금식하며 기도해야 한다.

윌리엄 거널

Christian in Complete Armour, 703, 705

묵상할 때 관심의 폭을 좀 더 넓혀 국가의 공적 상태를 생각해 보라. 섭리를 통해 국가에 어떤 축복들이 주어졌는지를 떠올리며 겸손하게 감사하고, 어떤 심판의 전조들이 보이는지 잘 관찰해 진노가 임하기 전에 무너진 데를 막아서라(겔 22:30 참조). 아브라함은 심판의 폭풍우가 미치지 않는 곳에 있었는데도 소돔을 위해 기도했다. 충실한 신자들이 기도했는데도 임박한 심판의 먹구름이 흩어지지 않고 우리 시대에 심판이 임한다면 우리도 화를 당할 수밖에 없다. 그러니 국가를 위해 기도해야 마땅하지 않겠는가?

윌리엄 거널

Christian in Complete Armour, 778

사역자가 진리를 자유롭게 전하지 못하는 곳에서는 사람들도 머지않아 진리를 고백할 자유를 상실하고 말 것이다. 그런 곳에서는 오랫동안 외적 평화를 누릴 가능성이 희박하다. 하나님이 복음을 거두시면, 그분의 재앙과 심판이 뒤따를 수밖에 없다(렘 6:8).

윌리엄 거널

Christian in Complete Armour, 795

복음이 가는 곳에는 하나님도 가신다. 복음은 하나님의 특별한 임재의 증표요 수단이다. 하나님이 우리에게서 떠나시면 우리에게 화가 미친다(호 9:12). 만일 하나님이 복음과 함께 떠나시면 영국의 평화와 번영은 끝장나고, 한동안 불행과 파멸이 이어질 것이다. 개기일식도 두렵거늘 태양 자체가 어두워진다면 얼마나 더 두렵겠는가?

토머스 빈센트

God's Terrible Voice in the City, 100

죄, 작은

한 가지 죄는 그것으로 끝나지 않는

다. 가인의 분노는 살인으로 이어졌고(창 4:6, 8), 아합의 탐욕은 잔인한 살육으로 이어졌으며, 여로보암의 반역은 우상 숭배로 이어졌고(왕상 22장), 가룟 유다의 도적질은 배신으로 이어졌다. 아담과 하와, 롯, 아브라함, 노아, 야곱, 요셉, 욥, 다윗, 솔로몬, 베드로 등 이런 사례는 얼마든지 많다. 그러나 한 가지 죄가 마음을 움직여 또 다른 죄를 짓게 만든다는 한마디면 충분하다. 작은 죄가 여러 번 되풀이되면 더 큰 죄를 짓고 싶은 마음이 생겨나고, 큰 죄를 하나 지으면 또 다른 큰 죄를 짓고 싶은 마음이 생겨난다. 그렇게 죄가 자꾸 커지다 보면 결국 영혼이 죄 가운데 빠져 헤어나올 수 없게 된다.

토머스 브룩스

Cabinet of Choice Jewels, 257

작은 구멍 하나가 배를 침몰시키고, 방파제의 벌어진 작은 틈이 모든 것을 휩쓸어가며, 심장에 난 작은 상처가 사람의 목숨을 앗아간다. 마찬가지로 하나님의 은혜가 없으면 작은 죄 하나로 사람은 정죄를 당한다.

토머스 브룩스

Precious Remedies, 33

겸손한 영혼은 작은 죄들 때문에 그리스도께서 피를 흘리셨다는 것을 안다. 작은 죄들은 더 큰 죄들로 발전한다. 작은 숫자들이 모이면 큰 숫자가 되는 것처럼 작은 죄들이 모여 큰 죄가 된다. 작은 죄들은 하나님의 얼굴을 가리고, 양심에 상처를 입히며, 성령을 근심시키고, 사탄을 기쁘게 하며, 회개를 번거롭게 만든다. 겸손한 영혼은 작은 죄가 매우 위험하다는 것을 알고 있다.

토머스 브룩스

The Unsearchable Riches of Christ, in *Select Works,* 1:15

작은 죄들은 대개 가장 크고, 사악한 죄들이 마음속으로 침투할 수 있도록 길과 문을 열어준다. 이것은 창문으로 기어들어 온 어린 도둑이 밖에 있는 다른 도둑들이 들어오도록 문을 열어주는 것과 비슷하다. 다윗이 그 대표적인 경우다. 다윗은 밧세바를 보고서 음심이 발동한 후, 간음과 살인이라는 끔찍한 죄를 서슴없이 저질렀다. 작은 죄는 무엇이든 극악한 상태로 발전하는 경향이 있다. 하나님에 대한 불경스러운 생각은 신성모독과 무신론으로, 다른 사람을 시기하는 마음은 살인으로, 음란한 생각은 저속하고, 무분별한 매춘 행위로 각각 발전하는 경향이 있다. 작은 죄는 처음에는 혼자서만 마음의 주위를 얼쩡대는 것처럼 보이지만, 이내 마음에 치명적인 상처를 입힌다.

에제키엘 홉킨스

"The Great Evil and Danger of Little Sins," in *Select Works*, 337–38

잔에 들어 있는 작은 독과 배의 작은 구멍이 모두를 죽일 수 있다.

토머스 맨톤

Practical Exposition on the Epistle of James, 93–94

죄가 작다는 주장은 어설픈 변명에 지나지 않는다. 그것은 변명이 되기보다는 가중시키는 요소에 가깝다. 사소한 것 때문에 하나님을 대항하는 것은 더욱 슬픈 요소이다. 부자는 작은 음식 부스러기조차 주려고 하지 않았다(눅 16:21). 그의 그런 행위는 하나님을 크게 노여우시게 했다(부자는 지옥에서 한 방울의 물조차 허락받지 못했다). 하나님의 심판은 죄가 가장 사소해 보일 때 가장 두드러졌다. 아담은 나무 열매 하나 때문에 낙원에서 쫓겨났고, 안식일에 나뭇가지를 주워 모으고, 언약궤를 들여다보는 것만으로 죽임을 당했다. 하나님의 명령은 큰 것이나 작은 것이나 똑같이 구속력을 발휘한다. 대상은 달라도 명령은 항상 똑같다.

토머스 맨톤

Practical Exposition on the Epistle of James, 94

죄, 한 가지 죄의 위험성

마음으로든 행위로든 그 어떤 죄도 허용하지 말라. 다윗은 "내가 나의 마음에 죄악을 품었더라면 주께서 듣지 아니하시리라"(시 66:18)라고 말했다. 허용한 죄는 괴사된 상처 부위의 살과 같다. 괴사된 살은 잘라내지 않으면 어떤 약이나 방법으로도 없앨 수 없다. 평생 기도하고, 말씀을 듣고, 믿음을 고백해도 은밀히 즐기는 한 가지 죄가 있으면 결코 형통하지 못할 것이다.

리처드 알레인

Companion for Prayer, 4

구멍 하나 때문에 배가 침몰할 수 있고, 심장을 단 한 차례만 찔러도 사람이 죽을 수 있으며, 한 방울의 독이 사람을 중독시킬 수 있고, 한 가지 반역 행위가 사람을 반역자로 만들 수 있는 것처럼 한 가지 죄를 허용하고, 저지르는 것만으로도 사람이 영원히 멸망할 수 있다. 골리앗은 일격에 의해 목숨을 잃었고, 들릴라라는 한 여인이 블레셋 족속 전체가 삼손에게 가한 해보다 더 큰 해를 가했다. 톱니바퀴 하나가 부러지면 시계 전체가 고장 나고, 핏줄 하나가 터지면 중요 장기들이 모두 훼손되며, 쓴 풀이 하나만 들어가도 죽 전체가 먹을 수 없게 된다. 아담은 금단의 열매 하나를 먹고 낙원을 잃었고, 요나단은 꿀을 한 번 핥아먹고 목숨을 잃을 뻔했으며, 아간 한 사람이 이스라엘 백성 모두에게 고통을 초래했으며, 요나 한 사람이 배 전체가 감당하기 어려운 짐이 되었다. 이처럼 한 가지 죄를 허용하고 저지르는 것만으로도 인간을 영원히 비참하게 만들기에 충분하다.

토머스 브룩스

Cabinet of Choice Jewels, 284

한 가지 죄를 허용하면 다른 죄들로부터 우리 자신을 지킬 수 있는 양심의 능력을 스스로 박탈하는 결과가 초래되기 쉽다. 양심을 묵살하고 한 가지 죄를 용납하면 양심이 무력해져 다른 어떤 죄도 물리칠 수 없게 된다. 하나님의 권위를 지닌 양심의 소리에 귀를 기울여 한 가지 죄를 단호히 물리쳐야만 모든 죄를 물리칠 수 있다.

윌리엄 거널

Christian in Complete Armour, 608

토요일 밤(1641년 5월 8일)에 나는 하나님과 굳게 연합하는 것이 가장 큰 선이라는 것을 깨달았다. 호세아서 10장 1절 말씀이 암시하는 대로, 온 마음을 다해 하나님과 온전히 연합하지 못하는 나의 죄가 죄 중에서 가장 큰 죄였다. 나는 기도 중에 죄가 내게 가장 큰 해악을 끼친다는 사실을 분명하게 의식했다. 그 이유는 죄가 (1) 나를 가장 큰 선으로부터 멀어지게 만들었기 때문이고, (2) 나의 가장 큰 선인 하나님께로 돌이키는 것을 가로막고 내 마음속에서 자신을 은밀히 사랑하도록 부추겼기 때문이며, (3) 나의 죽음을 나의 생명으로 여기도록 만들었기 때문이다. 다시 말해, 죄는 하나님을 위해 사는 삶을 도외시하고, 하나님과의 전쟁을 나의 평화로, 나의 정죄를 나의 구원으로 생각하도록 이끌었다. 따라서 나는 크게 슬퍼하지 않을 수 없었다.

토머스 쉐퍼드

Meditations and Spiritual Experiences, 62

1. 한 가지 죄를 지으면 사탄에게 더 많은 죄를 짓게 만드는 기회를 제공하게 된다. 새 사냥꾼은 새의 한쪽 날개만을 붙잡아 새를 꼼짝하지 못하게 할 수 있다. 사탄도 한 가지 죄로 가룟 유다를 사로잡았다.
2. 한 가지 죄를 품고 산다는 것은 마음이 건강하지 못하다는 증거다. 집안에 한 사람의 반역자를 숨겨준 사람이 왕권을 거스르는 반역자인 것처럼, 한 가지 죄를 즐기는 사람은 불충실한 위선자다.
3. 어린 도둑 하나가 문을 열어주면 많은 도둑이 들어오는 것처럼, 한 가

지 죄를 지으면 더 많은 죄를 짓기 쉽다. 죄는 서로 사슬처럼 함께 엮여 있다. 한 가지 죄가 많은 죄를 끌어들인다. 다윗의 간음은 살인으로 이어졌다. 한 가지 죄는 그것만으로 끝나지 않는다. 둥지에 알이 하나만 있어도 마귀는 그것을 품을 수 있다…

8. 한 가지 죄를 지어도 많은 죄를 지은 것과 똑같이 정죄를 당하게 된다. 한 가지 질병만으로 충분히 목숨을 잃을 수 있다. 울타리에 구멍이 하나만 뚫려도 들짐승이 들어와서 옥수수 밭을 망가뜨릴 수 있는 것처럼, 한 가지 죄를 허용하면 마귀가 침입할 수 있는 틈이 벌어진다.

9. 영혼 안에 한 가지 죄만 품고 있어도 그리스도를 위해 고난을 감내하는 데 부적합하다. 시련의 때는 언제라도 닥칠 수 있다. 어깨 한 곳을 다친 사람이 무거운 짐을 들 수 없는 것처럼 양심에 어떤 죄책을 지니고 있는 사람은 그리스도의 십자가를 짊어질 수 없다. 그리스도를 위해 정욕조차 포기할 수 없는 사람이 어떻게 그리스도를 위해 그의 목숨을 포기할 수 있겠는가? 영혼 안에 있는 한 가지 죄를 죽이지 못하면 배교라는 끔찍한 결과가 초래될 수밖에 없다. 자신이 경건하다고 생각하거든 모든 죄와 결별하라. 은혜와 죄는 공존할 수 있어도 은혜와 죄를 사랑하는 마음은 공존할 수 없다. 죄와 어울리지 말고, 죄를 죽이는 창으로 죄의 심장을 찔러 그 피를 모조리 쏟아내라.

토머스 왓슨

Godly Man's Picture, 136 – 38

죄의 고백

참된 회개의 고백은 온전하고, 진지하고, 진실하다. 그런 고백은 가식적이거나 형식적이거나 말로만 이루어지지 않는다. 그것은 마음에서 우러나온 고백이다. 그런 고백은 입술은 물론, 생각과 마음과 영혼을 통해 이루어진다. 회개하는 사람의 고백은 자신의 영혼에 미친 은혜의 내적 효력으로 인해 일어난다. 가엾은 세리는 자신의 가슴을 치며 죄를 고백했다(욥 42:6, 스 9:6, 시 38:4, 51:11, 사 26:8, 9, 렘 18:19, 20, 눅 18:13). 병자가 의원에게 간절한 심정으로 자신의 병에 관해 말하고, 사건 의뢰인이 변호사에게 절실한 마음으로 자신의 사건에 관해 말하는 것처럼 회개하는 사람도 간곡한 심정으로 하나님 앞에 자신의 문제와 마음을 솔직하게 고백한다. 한갓 말로만 이루어지는 냉랭하고, 경솔하고, 형식적이고, 습관적인 고백은 하나님이 보시기에 가증스러울 뿐이다(렘 12:2). 그런 사람의 고백은 오히려 그 자신을 정죄한다. 그들의 혀는 장차 그들 자신을 고발하고, 비난할 것이다. 사람에게 하는 고백은 말로만 해도 될지 몰라도 하나님께 하는 고백은 마음으로 해야 한다.

토머스 브룩스

Cabinet of Choice Jewels, 236

죄를 고백만 하고 버리지 않으면 고백으로 인한 유익을 누릴 수 없다. 참된 죄의 고백이 이루어지려면 실제로 죄를 버려야 한다. 우리가 지은 죄를 고백만 하는 것만으로는 충분하지 않다. 고백한 죄를 두 번 다시 짓지 않겠다고 굳게 결심해야 한다. 하나님이 우리의 죄를 용서해 주시기를 바란다면, 우리의 죄를 기꺼이 버리려는 마음이 있어야 한다. 죄의 고백은 영적 구토와 같다. 뱃속이 거북한 사람은 위를 부담스럽게 만드는 것을 기꺼이 토해내려고 할 것이 틀림없다. 그와 마찬가지로, 진정으로 죄를 고백하기를 원하는 사람은 병자가 위속에 있는 것을 기꺼이 제거하려고 하는 것처럼 자신의 양심을 짓누르는 죄를 기꺼이 내버릴 것이다.

토머스 브룩스

Cabinet of Choice Jewels, 248–49

죄를 인정하는 것, 곧 죄의 고백은 몇 가지 특징을 지닌다. (1) 고백은 죄에 대한 증오심에서 비롯한다. 농담하거나 자랑하는 식으로 죄를 고백하지 않도록 주의하라. 고백은 뱃속을 괴롭히는 것을 토해내는 것과 같다. (2) 그리스도 안에 있는 은혜의 약속을 믿는 믿음으로 고백해야 한다. 그렇지 않으면 절망에 빠질 것이다. (3) 우리가 죄인이라는 냉정한 판단에 근거한 고백이어야 한다. (4) 다윗이 나단의 책망을 하나도 빼놓지 않고 모두 인정한 것처럼 말씀이 책망하는 것은 모두 고백해야 한다. (5) 억지로 하지 말고 자원하는 마음으로 솔직하게 고백해야 한다. (6) 잘못을 축소하거나 변명하기보다는 차라리 과장해서 고백하는 편이 더 낫다. (7) 지체하지 말고 신속하게 고백하라.

조지 에스티

Certain Godly and Learned Expositions, 12

죄의 고백은 죄를 죽이는 행위다. 그것은 영혼의 구토다. 역겨워 토해낸 것은 아무리 달콤한 것이라고 해도 극도로 혐오스럽기 마련이다. 죄는 저지를 때는 달콤하지만 돌이켜 기억할 때는 더할 나위 없이 쓰다. 하나님의 자녀들은 죄를 고백할 때에 죄에 대한 증오심이 가장 크게 솟구치는 것을 느낀다.

토머스 맨톤

Practical Exposition on the Epistle of James, 206

죄는 우리의 눈을 가리기 때문에 그것이 하나님의 눈도 가릴 수 있다는 헛된 생각을 하기 쉽다. 우리는 하나님이 하늘에서 우리의 무엇을 지켜보고 계시는지 알지 못하기 때문에 그분이 우리가 세상에서 하는 행위를 보지 않으신다고 생각하는 경향이 있다. 사람들은 하나님이 지켜보고 계시지 않는다고 생각하면서 서슴지 않고 죄를 범한다. 그들은 과부와 나그네를 살해하고, 고아를 죽인다. 그들은 "여호와가 보지 못하며 야곱의 하나님이 알아차리지 못하리라…(간음하는 자의 눈은 저물기를 바라며) 아무 눈도 나를 보지 못하리라"라고 말한다(시 94:7, 욥 23:15 참조). 해가 저물면 그들은 죄를 짓기 시작한다. 어둠의 때는 어둠의 군주에게 가장 많은 공물을 바치는 때다. 죄를 지을 때 조금도 부끄러워하지 않으면서, 죄를 고백하는 것은 몹시 부끄럽게 생각하는 사람들이 많다.

윌리엄 세커

Nonsuch Professor, 141–42

죄를 고백한다고 해서 하나님의 나라에서 쫓겨날 사람은 아무도 없다. 오히려 스스로 선하다고 생각하는 사람들 가운데 그렇게 될 사람들이 많다.

존 트랩

Commentary…upon…the New Testament, 945

죄의 자각

죄의 자각은 성령의 조명 이후에 일어난다…빛이 없으면 죄의 자각이 일어날 수 없다. 성령께서는 노련한 교사이시다.

자일스 퍼민

Real Christian, 45

성령께서는 인간과 하나님 사이의 간격을 일깨워주신다. 그분은 말씀하는 분은 하나님이시고, 말씀을 듣는 자는 한갓 인간에 불과하다는 사실을 상기시키신다. 하나님이 인간에게 말씀하시는 이유는 겸손한 태도로 하나님을 숭배하고, 경외하게 하기 위해서다.

니콜라스 로키어

Balm for England, 54

죄에 대한 깊고, 철저한 자각은 확실한 위로를 가져다준다.

애덤 마틴데일

Life, 43

"나는 언제라도 죄를 자각할 수 있다. 그렇다면 그것이 양심으로부터 자연스럽게 우러난 것인지 성령의 역사로 인한 결과인지 어떻게 알 수 있을까?"라고 말할지도 모르겠다…자연적인 죄의 자각과 영적인 죄의 자각은 큰 차이가 있다. 전자는 단순한 죄의식일 뿐이고, 후자는 구원을 가져다준다. 양심의 가책을 많이 느끼더라도 영적 자각이 없으면 온전한 그리스도인으로 일컬을 수 없다. 따라서 영적 자각이 진정으로 일어났는지 좀 더 주의 깊게 살펴봐야 할 필요가 있다. 철저한 회심이 이루어지려면, 영적인 죄의 자각이 반드시 일어나야 한다. 회심은 거기에서부터 시작된다. 참된 회심은 죄의 자각에서부터 출발한다. 참된 죄의 자각은 회심으로 귀결된다.

매튜 미드

Almost Christian Discovered, 158–64

죄인들의 겉모습과 실제 현실

겉으로는 즐겁게 보여도 실제로는 우리가 생각하는 것만큼 즐겁게 살지 못하는 죄인들이 많다. 책은 금박으로 멋지게 장정되었지만 그 안에는 슬픈 이야기들이 쓰여 있다. 죄인들은 말씀을 통해 느끼는 은밀한 양심의 가책을 솔직하게 털어놓지 않을 것이 분명하다. 만일 헤롯의 즐거운 연회만 보고 그를 판단한다면 그가 무척 행복한 사람이라고 생각할지 모르지만, 때로는 요한의 망령이 그의 양심을 헤집고 다니는 것을 볼 수 있을 것이다. 마음에 아무런 근심이 없는 것처럼 보이지만 실제로는 말씀이 두려워 고민하는 사람들이 한둘이 아니다. 그들은 겉으로는 웃지만 마음속으로는 슬프다. 그들의 얼굴에서 빛나는 밝은 번갯불은 눈에 보이지만, 그들의 양심 속에서 우르릉거리는 천둥소리는 귀에 들리지 않는다.

윌리엄 거널

Christian in Complete Armour, 572

주의 만찬/성찬

고대에 희생제사를 드리면서 언약을 체결할 때, 언약 당사자들이 제물 사이를 가로지르면서 드려진 제물을 함께 먹음으로써 언약을 승인하는 관습이 있었다. 우리의 언약은 성령님을 통해 흠 없는 제물로 자신을 하나님께 드렸던 예수 그리스도의 희생제사를 떼놓고는 말할 수 없다. 하나님은 고대 근동 지역의 관습에 따라 이 언약의 인(印)인 주의 만찬을 제정하셨다. 말하자면, 이것은 희생제사를 드린 후에 함께 먹는 축제로 제정된 것이다. 신성한 연합의 의식처럼 그분의 식탁에서 먹고 마심으로써 우리가 지극히 높으신 분과 언약 관계 안으로 들어갔다고 고백할 수 있다.

존 애로스미스

Covenant Avenging Sword Brandished, 22

고대의 학식 있는 박사들은 성찬을 희생제사라고 불렀다. 첫째, 그것은 십자가에서 행해진 그리스도의 희생제사의 표상이며 기념이다. "너희가 이 떡을 먹으며 이 잔을 마실 때마다 주의 죽으심을 오실 때까지 전하는 것이라"(고전 11:26). 성 암브로우스에 따르면 그리스도께서 믿는 자들의 마음에 마치 제단에 놓이듯이 매일 희생하신다. 둘째로, 우리는 세상을 구원하신 하나님께 감사와 찬양을 드린다. 이것은 입술의 제사이다(히 13:15). 셋째, 성찬에 참여하는 모든 사람들은 하나님께 자신의 몸과 영혼을 살아 있고, 거룩하며, 하나님이 기뻐하시는 제사로 드린다(롬 12:1). 이는 구약 시대의 제사장들의 제사보다 탁월하다. 그들은 죽은 제사를 드렸지만 우리는 우리 자신을 살아 있는 제사로 하나님께 드리기 때문이다. 넷째, 이 복된 성례를 받을 때, 초대 교회에서는 가난한 자들을 위해 많은 헌물을 드리는 것이 관례였는데 이는 하나님이 받으실 만한 제사이다(히 13:16).

존 보이즈

Offices for Public Worship, in *Works*, 72

신자들이 주의 만찬을 먹는 큰 이유가 있다. 우리의 유월절이신 그리스도 안에서 유월절 양은 다음과 같은 속성들을 갖는다.

1. 제물은 흠 없는 것이어야 한다. 그리스도 역시 그러하셨다(사 53:9; 벧전 1:19–20; 히 7:26).

2. 제물은 수컷이어야 한다. 그리스도 역시 성별과 그 힘에 있어서 전능하신 구세주이시다(렘 31:32).

3. 제물은 일 년 된 것이어야 한다. 그리스도 역시 그분 나이의 전성기이신 약 서른네 살이셨다.

4. 제물은 반드시 해당 가축 무리에서 취하여져야 한다. 그리스도 역시 살과 피를 가진 인류 무리로부터 취하여지셨다(신 18:18; 히 2:11).

5. 제물은 반드시 해당 가축 무리에서 분리되어야 한다. 그리스도 역시 죄인들에게서 분리되셨다(히 7:26).

6. 제물은 불로 태워져야 했다. 그리스도 역시 하나님의 진노의 열기를 받으셔야 했다.

7. 제물을 먹어야 했다. 그리스도 역시 믿음으로 받고 믿음으로 먹어야

한다.

토머스 두리틀

Treatise concerning the Lord's Supper, 20

유월절 양의 특징들은 우리의 유월절이신 그리스도를 나타내며…우리는 유월절 양을 다음과 같이 먹어야 한다.

1. 모든 가족이 제물을 먹어야 한다. 모든 가족이 그리스도를 영접해야 한다.
2. 무교병과 함께 제물을 먹어야 한다. 그리스도와 그의 성찬은 순전함과 진실함으로 받아야 한다(고전 5:7–8).
3. 쓴 나물들과 함께 제물을 먹어야 한다. 그리스도와 그의 규례는 비통한 회심으로 받아야 한다.
4. 제물의 모든 부분을 통째로 먹어야 한다. 그리스도 역시 그분의 모든 직무, 즉 선지자, 제사장, 왕의 직무를 믿음으로 받아야 한다. 유월절 어린 양이신 그리스도는 그분의 모든 부속물들과 함께 영접되어야 한다
5. 제물은 황급히 먹어야 한다. 그리스도는 바로 지금 지체함 없이 즉시 받아들여져야 한다

토머스 두리틀

reatise concerning the Lord's Supper, 21

기념은 본래 마음이 이전의 일들을 돌아보는 것이다. 이는 두 가지 방식으로 이루어진다. 첫째는 사변적이고 일시적인 기념이고, 둘째는 애정적이고 영구적인 기념이다. 사변적 기념은 그리스도께서 육체로 죽임을 당한 고난을 상기하는 것이다. 애정적 기념은 그리스도와 그분의 죽음을 마음에 불러일으킴으로써 강렬한 인상을 남기는 것이다.

존 플라벨

Fountain of Life, 194

주의 만찬의 예식과 죽음의 순간은 동일한 진지함을 요구한다. 영혼은 매우 엄숙하게, 마치 죽음의 침상에 있는 것처럼 주의 만찬에 임해야 한다. 우리는 마치 다른 세상으로 들어가는 것처럼 성찬의 규례에 참여해야 한다.

존 플라벨

Sacramental Meditations, 6

그리스도는 그분의 대적들이 그분께 손을 대기 전에 이미 준비가 되셨다. 그분은 주의 만찬을 제정하시면서 자신의 몸에 스스로 안수하신 것이다. 마지막 만찬 자리에서 그분 스스로 자신의 몸을 찢고, 자신의 심장을 꺼내 고귀한 피를 잔에 채우셨다. 사람들이 주님의 죽음을 인간의 폭력적 손에 도살당한 죽음이 아니라, 믿는

자를 위해 스스로를 하나님께 값없이 드린 희생제사로 볼 수 있도록 주님은 자신을 스스로 그들에게 내어주셨다.

윌리엄 거널

Christian in Complete Armour, 405

이제 나는 성찬식에서 그리스도를 기뻐할 수 있을 것이다. 헤이릭 선생이 잠언 14장 9절을 설교했다. 나는 이어진 성찬식에서 육체적 고통 가운데 쇠약함을 느꼈고 집중하기 어려웠다. 그러나 예수님은 나를 위해 십자가에 못 박히셨을 때, 상한 몸과 심령을 가지고 계셨다. 죄로 인해 상한 마음을 갖고 있고 고통으로 인해 무거운 마음을 갖고 있는 자에게 그것은 큰 위로를 안겨줄 것이다.

헨리 뉴컴

Diary, 26 (Dec. 1, 1661)

하나님이 신자의 믿음에 그리스도를 나타내 보이시는 세 가지 방법이 있다. 첫 번째는 기록된 복음의 말씀이고, 두 번째는 복음 사역과 말씀 설교이고, 세 번째는 성만찬이다. 성만찬은 주님의 죽으심을 나타낸다.

존 오웬

Discourse 4 on 1 Cor. 11:26, in *Twenty-Five Discourses*, 52

이 규례(주의 만찬) 안에는 그리스도에 관한 특별한 고백이 들어 있다. 그것은 세상의 수치에 맞서, 율법의 저주에 맞서, 그리고 사탄의 권세에 맞서 그리스도를 고백한다.

존 오웬

Discourse 4 on 1 Cor. 11:26, in *Twenty-Five Discourses*, 62

하나님이자 사람이신 예수 그리스도께서 우리를 위해 자신을 내어 주신 그 특별한 사랑을 기억하라. 이 사랑은 그분이 우리를 위해 행하신 것을 보여주는 성찬 예식에서 특히 드러난다. 사도는 "나를 사랑하사 나를 위하여 자기 자신을 버리신"이라고 말했다. "나를 사랑하신" 일이 먼저 있었기에 "나를 위하여 자기 자신을 버리신" 일이 있었다. 주님은 "우리를 사랑하사 그의 피로 우리 죄에서 우리를 해방"시켜 주신 분이다(계 1:5–6).

존 오웬

Discourse 13, in *Twenty-Five Discourses*, 172

신자들은 자기 마음을 살펴서 믿음의 확증과 회개의 갱신이 그들에게 얼마나 자주, 얼마나 많이 필요한지 알아야 한다. 그리고 거룩함을 추구하는 마음을 더하기 위해 영혼 안에 하나님의 은혜를 불일 듯 일으키는 일이 얼마나 자주 필요한지 알아야 한다. 은혜 입은 사람은 누구나 자신의 영적인 능력이 유혹에 의해 얼마나 자주 손상을 입는지, 세상적 관심에 의해 약해지는지, 죄악된 정욕에 의해 정복되는지를 안다. 그래서 그들은 육체적 굶주림만 느낄 뿐 영혼의 굶주림을 느끼지 못하는 커다란 무지를 발견할 필요가 있다. 그뿐 아니라 그들은 그들의 영혼이 공허하고 빈약하다는 것을 발견하면서도 생명의 떡이 놓여 있는 거룩한 식탁에 의해 회복되는 것을 소홀히 여긴다. 이 떡을 먹으면 그들의 마음은 강건해지고 영혼은 골수와 기름으로 회복된다.

윌리엄 펨블

Introduction to the Worthy Receiving the Sacrament, 4

우리는 우리 자신에 대해 어떤 세부사항들을 점검해야 하는가? 우리는 주로 이 세 가지 세부사항에 따라 우리 자신을 점검해야 한다. (1) 나는 주의 만찬에 어떤 권리를 가지고 있는가? (2) 나는 그것을 얼마나 필요로 하는가? (3) 나는 그것에 참여하기에 합당한가? 우리에게 권리가 없다면, 우리는 그것을 강탈한 꼴이 된다. 그것이 필요하지 않다면, 우리는 그것을 경홀히 여길 것이다. 우리가 합당하지 않다면 우리는 그것을 남용할 것이다.

프린시스 로버츠

Communicant Instructed, 3

오 주님, 우리는 세례를 받을 때 우리를 주님께 바쳤습니다. 오 우리의 열매 없는 마음을 깨뜨리시고 이제 주님의 언약 안에서 견고해지게 하소서. 우리는 물로 세례를 받았습니다. 우리기 주 예수 그리스도의 이름과 하나님의 영으로 씻음과 거룩함과 의로움을 얻게 하소서. 그리고 성만찬을 간절히 갈망하게 하소서. 당신의 식탁을 경홀히 여기지 않게 하소서. 하늘에서 내려와 세상에 생명을 주신 하나님의 떡을 귀하게 여기게 하소서. 썩을 양식을 위해 수고하지 말게 하소서. 떡이 아닌 것, 만족을 주지 못할 것에 수고하지 않게 하소서. 우리가 찌른 바 그리스도를 바라보고 애통하게 하소서. 그리스도께서 죄가 되셨고 우리가 받아야 할 저주를 짊어지셨다는 사실을 믿게 하시고 이 외적인 요소들처럼 주 예수께서 진실로 우리에게 주신 바 되셨음을 확신하게 하소서. 그리스도의 모든 은택들을 받고 그리스도께 우리 자신을 온전히 그리고 즉각적으로 바치기를 열망하게 하소서.

나타니엘 빈센트

Spirit of Prayer, 154–155

이 규례들은 그리스도께서 타시는 마차이며, 그 사이를 통해 내다보시며 웃는 미소를 보여주시는 창문이다. 여기서 그리스도는 사랑의 깃발을 펼치신다(아 2:4). 주의 만찬은 성도들이 하늘에서 그리스도와 함께 가질 영원한 교제에 대한 보증이다. 그때 그리스도는 자신의 신부를 품에 안으실 것이다. 우리가 믿음으로 그분을 잠깐 흘끗 보거나 어렴풋이 보아도 그리스도께서 그렇게 달콤하셨다면, 우리가 주님을 대면하여 보고 그분의 사랑스러운 품 안에 안길 때 하늘에서의 그분의 임재는 얼마나 더 기쁘고 황홀할 것인가?

토머스 왓슨

Godly Man's Picture, 220–221

믿음 안에서 성찬에 참여하는 것은 하나님 자녀의 마음에 영광스러운 결과를 낳는다. 성찬 참여는 사랑을 활발하게 하며, 믿음을 강하게 하고, 죄를 굴복시키며, 소망을 소생시키고, 기쁨을 크게 하며, 천국의 풍성함을 맛보게 한다

토머스 왓슨

Puritan Gems, 84

주의 만찬은 이제까지 제정된 의식 가운데 가장 영적인 의식이다. 이 의식 안에서 우리는 더 즉각적으로 그리스도를 대해야 한다. 기도 안에서 우리는 그리스도와 더 가까워지며, 이 의식 안에서 우리는 주님과 하나가 된다. 설교되는 말씀 안에서 우리는 그리스도에 관해 들으며, 주의 만찬 안에서 우리는 믿음으로 그리스도를 먹는다.

토머스 왓슨

Puritan Gems, 85

주의 만찬과 설교

높이 달리신 그리스도를 나타내어 사람을 그리스도께로 이끄는 두 가지 방법이 있다. (1) 말씀 설교를 통해서이다. 사도는 갈라디아서 3장 1절에서 예수 그리스도께서 십자가에 못 박히신 것이 너희 눈 앞에 밝히 보이지 않느냐고 말한다. 말씀 설교의 가장 큰 목적은 십자가에 못 박히신 그리스도를 분명하게 나타내는 것이다. 말씀 설교를 통해 그리스도를 높이 들어 올리면 그리스도께서 죄인들을 자신에게로 이끄신다. (2) 그분의 죽음을 상징하는 성찬 예식을 통해서이다. 그리스도는 이 의식에서 특별하고 뛰어나게 높이 들리신다. 성찬은 특별하게 그분의 죽음을 나타내기 때문이다

존 오웬

Discourse 16 on John 12:32, in *Twenty-Five Discourses*, 195–196

주일/안식일

주중의 날들은 묵상하기에 적합하지 않은 날들인가? 그렇지 않다. 안식일은 우리의 장날이고, 그 후에 주중에는 묵상으로 요리해야 한다. 우리는 집에서 쓸 고기를 사기 위해 장서는 날에만 시장에 가지는 않는다. 다음 장날이 서기 전까지 계속 간다. 사실 솔로몬은 게으른 자에 대해 말하기를 그가 매우 게으르고 게을러서 "그가 사냥하여 얻은 것을 굽지 아니한다"고 말했다. 안식일은 영혼을 위해 사슴고기를 잡는 사냥의 날이다. 주중의 날들은 묵상함으로 요리하고 살아가는 날이다. 많은 이들이 주일에 잡은 사슴으로 살지 못하는 이유는 주중에 묵상으로 그것을 요리하지 않기 때문이다

윌리엄 브리지

Christ and the Covenant, in *Works*, 3:147

주의 날을 그대의 영혼을 위한 장날로 만들라. 하루 전부를 기도와 묵상에 사용하라. 주중의 다른 세속적인 일들은 제쳐 두라. 들은 설교를 기도로 바꾸라. 하나님이 당신에게 6일을 허락하시는데, 당신은 단 하루를 그분에게 바치지 않으려 하는가?

존 번연

"Mr. John Bunyan's Dying Sayings," in *Complete Works*, 80

안식일은 우리 영혼을 위한 장날이며, 하나님의 집, 하나님의 시장으로 가서 돈 없이 값없이 말씀의 포도주와 젖을 살 수 있는 날이다.

헨리 버튼

Law and the Gospel Reconciled, 64

안식일을 영혼을 위한 장날로 만들라. 한 시간도 허비하지 말고 기도하며, 대화하고, 묵상하라. 딴생각에 빠지지 말라. 매일 의무를 다하라. 들은 설교를 기도로, 교훈을 간구로, 책망을 고백으로, 위로를 감사로 바꾸라. 들은 설교에 대해 많이 생각하고 한 주 내내 그것을 유익하게 활용하라.

존 도드

Worthy Sayings, n.p.

영혼을 위한 영양 공급은 하나님의 집에서 이루어진다. 안식일은 영혼을 위한 장날이며 박람회 날과 같다. 그리스도인은 하나님의 규례에 관심을 둔다. 무엇보다 영혼을 돌보아야 하기 때문이다. 우리가 하나님의 규례 아래 앉아 있을 때, 우리의 소명 안에

서 우리 마음이 높이 고양될 것이라는 작은 소망이 있다.

헨리 뉴컴

"The House of God Remembered in Sickness," in Slate, ed., *Select Nonconformists' Remains*, 331

주제넘음

사람들이 하나님과의 교제를 위해 타고 하늘로 올라가는 두 개의 사다리가 있다. 하나는 간구의 사다리이고 하나는 주제넘음의 사다리이다. 성도는 간구의 사다리를 타고 올라가 그들의 위로를 얻는다. 악인은 주제넘게 자신이 은혜의 상태에 있다고 넘겨짚는 넘겨짚음의 사다리를 타고 올라가 혼란에 빠진다.

토머스 애덤스

Exposition upon ... Second ... Peter, 270

죽음

우리는 눈 덮인 들판에 있는 사람처럼 이 세상을 살아간다. 길이 평탄해 보이지만 한 발자국 내딛는 것도 안전을 확신할 수 없다. 모든 것이 무대 위의 배우들과 같다. 어떤 배우는 이런 역할을 맡고 어떤 배우는 저런 역할을 맡는다. 죽음은 우리 가운데서 여전히 바쁘게 활동한다. 우리 가운데 한 사람이 쓰러진다. 우리는 슬퍼하며 그를 묻고 다시 일상으로 돌아간다. 그 뒤에 또 다른 사람이 쓰러진다. 그런 식으로 무대 위에 죽음만 남게 될 때까지 하나씩 차례로 쓰러진다. 죽음은 흐릿한 허영의 빛을 모두 없애는 안개와 같다. 그러나 인간은 온 세상 사람이 다 죽어도 자신은 그렇지 않을 것이라고 믿는다.

토머스 애덤스

Exposition upon...Second...Peter, 342

죽음은 왕이나 걸인을 차별하지 않는다. 죽음은 기사와 병졸을 한 가방에 쓸어 담는다.

토머스 애덤스

in Horn, *Puritan Remembrancer,* 147

나는 교구 내에서 가장 강퍅하고, 경멸스러운 죄인 열 명 가운데 단 한 사람도 설득하지 못했다. 그러나 그들은 죽음이 임박한 듯하면 겸손한 모양새로 잘못을 고백하고, 회심하는 척하며, 몸이 회복되면 삶을 개혁하겠다고 약속한다. 그들 가운데 가장 악한 사람도 죽음이 자기에게 닥친 것을 알면 죄를 버리고, 스스로의 어리석음을 자책하며, 세상의 헛된 것들을 멀리하겠다고 굳게 결심할 것이 분명하다. 사람들은 그런 위기에 직면하면 깜짝 놀라 무익한 결심을 다지는 것이 보통이지만, 실제로 회심하고 결심을 이행하는 경우는 그렇게 많지 않다. 물론, 개중에는 더러 예외가 있을 수도 있다.

리처드 백스터

Reformed Pastor, 47 – 48

이 세상의 삶은 한갓 연기요, 안개요, 그림자요, 물거품이요, 한바탕의 싸움이요, 한 마디 말이요, 풀과 꽃에 불과하지 않은가? 우리가 죽는다는 것은 가장 확실한 사실이지만 그때가 언제인지 아는 사람은 아무도 없다. 세상에 오래 머물수록 죄를 더 많이 짓게 되어 장차 더 많은 고통을 당하게 될 것이다. 죽음을 생각하면 우리의 마음은 종종 짙은 어둠에 짓눌린다. 그 이유는 마음의 빛과 부활의 빛은 망각하고, 육체의 밤만을 기억하기 때문이다. 믿음의 확실성을 의심하지 않고 이 세상을 떠난 후에 경험하게 될 좋은 것들을 기억한다면 죽음의 관문을 지나는 것을 더 바라게 될 것이다.

존 브래드퍼드

"Meditation of Death," in *John Bradford*, 145

나는 고통스러운 마음과
떨리는 손으로 이 글을 쓴다.
하늘은 나의 기쁨을
슬픔으로 바꾸어 놓았다.
사라지는 것들에
나의 희망을 둔 탓에
실망에 빠진 적이
얼마나 많았던고?
경험은 사물들을
그 가치에 따라 평가할 수 있는
지혜를 내게 가져다주었다.
이 세상에서 과연 영속적인 기쁨을 발견할 수 있을까?
고통이 섞이지 않은 완전한 행복이 있을까?
나는 그 아이(브래드스트리트의 손녀)가
오늘은 여기에 있지만,
거품이나 덧없는 풀잎이나
회전하는 그림자처럼
어쩌면 순식간에 사라질지도 모르는
시들어가는 꽃이라는 것을 알았다.
나보다 더 어리석은 사람도
인생이 빌려온 것임을 안다.
곧 나의 인생처럼
영구적이 아니라는 것을 안다.
잘 가거라, 사랑하는 아이야,
너는 내게로 올 수 없지만,
잠시 후면 내가 네게로 갈 것이다.
그 사이에 네가 네 구원자와 함께
영원한 행복을 누릴 것을 생각하면
나의 고통스러운 마음이 기운을 낼 수 있을 것이다.

앤 브래드스트리트

"In Memory of My Dear Grand–child," in *Works*, 405–6

죽음을 진지하게 생각하면, 오늘 이 순간까지 친구들이나 조언이나 본보기나 기도나 설교나 눈물 등, 그 무엇을 통해서도 얻지 못한 것을 얻을 수 있을 것이다. 죽지 않으려고 노력하는 것은 헛된 노력일 뿐이라는 사실을 잊지 말라. 죽음을 등한시하지 말라. 죽음을 두려워하지 않고 산다는 것은 죽음을 늘 기억하고 사는 것을 의미한다. 죽음은 노인들에게 달려들고, 젊은이들을 기다린다. 또한, 죽음은 노인들의 얼굴을 마주하고 있을 때만큼이나 가깝게 젊은이들의 등 뒤를 쫓고 있을 때도 많다.

토머스 브룩스

Apples of Gold, 147

죽음은…개인이 죽는 것이 아니라 그의 죄가 죽는 것이다. 삼손이 죽었을 때 블레셋인들이 그와 함께 죽은 것처럼 신자가 전염병이나 다른 질병들로 인해 죽게 되면 그의 죄가 그와 함께 죽는다. 죽음은 죄로 인해 발생했기 때문에 죄는 죽음과 함께 사멸된다.

토머스 브룩스

Heavenly Cordial, 78

죽음은 우리의 생일이다. 죽음을 마지막으로 일컫는 것은 잘못이다. 죽음을 통해 영원한 삶이 시작되는데 불만스러워할 이유가 무엇인가? 죽음을 통해 우리의 악덕은 장사되고, 우리의 은혜는 부활한다. 죽음은 죄의 딸이다. 죽음을 통해 "딸이 어머니를 멸하리라"라는 말씀이 성취된다(호 4:5 참조). 죽음 이후에는 더 이상 죄에 오염되거나 악한 본성으로 인해 고통을 당하는 일이 없을 것이다.

니콜라스 바이필드

Cure of the Fear of Death, 37

우리는 죽음과 관련하여 명백하게 잘못된 생각을 품고 있다. 숨을 멈추는 것이 죽음이 아니다. 사는 것이 죽는 것이다. 우리가 얼마만큼 살았든 우리는 그만큼 죽은 것이다. 한 걸음의 삶이 한 걸음의 죽음이다. 수명의 절반만큼 산 사람은 절반만큼 죽은 것이다. 죽음은 먼저 우리의 유아기를 취하고, 청소년기를 취하고, 이런 식으로 계속해 나간다. 당신이 살아온 모든 것이 죽음이다.

니콜라스 바이필드

Cure of the Fear of Death, 127

죽음은 나의 원수이지만 나를 마귀의 유혹, 세상의 미혹, 사람들의 불법, 전능자의 화살, 육신의 정욕 등, 일평생 나의 영혼을 괴롭히고, 나의 몸을 상하게 한 것들로부터 나를 자유롭게 해줄 것이다. 나의 영혼이여, 용기를 내 이 마지막 순간을 맞이하라.

재커리 크로프턴

Defence against the Dread of Death, 25–26

죽음 이후에 영혼이 영원한 상태에 들어갈 것이 확실하다면 죽음을 통해 모든 사람에게 일어날 변화는 그야말로 엄청나다고 말하지 않을 수 없다. 죽는 것은 그 얼마나 중대한 일인지 모른다. 죽음은 빠르게 흐르는 시간의 강을 지나서 무한한 영원의 바다에 들어가는 것이다. 지금은 감각적인 물체들이나 우리와 같은 사람들과 교감하고 있는 당신은 죽으면 영들의 세계로 들어간다. 지금은 낮과 밤이 계속되는 것을 지켜보는 당신은 그때 영원한 현재에 고정될 것이다. 죽음은 더할 나위 없이 중대한 일이다.

존 플라벨

Fountain of Life, 318

신자들은 죽는 것을 두려워해서는 안 된다. 천국에 한 발을 올려놓고 있는 사람들은 다른 한 발을 무덤에 들여놓는 것을 두려워할 필요가 없다.

존 플라벨

Fountain of Life, 376

그리스도와 함께 거하는 무덤은 안락한 장소다.

존 플라벨

Fountain of Life, 378

죽음을 겁내지 않아야 할 때도 있다. 신자가 죽음을 겁내지 않아도 되는 상황은 크게 두 가지다. 첫째, 의도적으로 겁을 주어 그리스도와 의무를 저버리게 하려는 유혹에 직면했을 때 신자는 요한계시록 12장 11절처럼 자신의 생명을 아끼지 않아야 한다. 요한계시록의 성도들은 자신의 생명을 아끼지 않고 기꺼이 죽음을 선택했다. 둘째, 죽음이라는 자연적인 해악의 위협과 영광 중에 하나님을 즐거워하는 삶이 서로 맞부딪혔을 때는 그리스도께서 하셨던 것처럼(히 12:2, 그분의 죽음은 수치스러운 죽음이었다) 죽음을 선택해야 한다. 이 외에 다른 여러 가지 이유와 생각까지 모두 합쳐 판단하면, 죽음을 겁내지 않는 것은 크나큰 어리석음이기도 하고, 가장 안전한 선택이기도 하다.

존 플라벨

"The Seamen's Catechism," in *Navigation Spiritualized*, 206–7

주님, 저의 흙집을 무너뜨리기 전에 뒤흔들어 주소서. 그것이 무너지기 전에 흔들리게 하소서. 느닷없이 깜짝 놀라기 전에 저를 호출해 주소서. 갑작스러운 죽음으로부터 저를 구하소서. 물론, 제 생명이 아무리 짧더라도 상관없기 때문에 죽음 자체의 갑작스러움을 피하고 싶은 생각은 없습니다. 죽음을 안전하게 맞이할 수 있기만을 바랄 뿐입니다. 지친 여행자들 가운데 그 누구도 목적지에 너무 일찍 도착했다고 불평할 사람은 아무도 없었습니다. 그러나 갑작스러운 죽음만큼은 맞이하지 않도록 도와주소서. 항상 죽음을 맞이할 준비를 할 수 있게 인도해 주소서. 항상 식탁을 잘 준비하고 있는 사람은 언제 손님이 찾아와도 놀라지 않을 것입니다.

토머스 풀러

Good Thoughts, 24–25

처음에는 아합은 병거를 타고 가고, 엘리야는 발로 뛰어갔다. 그러나 나중에 엘리야는 불병거와 불말, 곧 찬란하게 빛나는 영광스러운 병거를 타고 하늘로 올라갔고, 복된 천사들이 그를 지극히 높고 거룩한 하늘로 인도했다. 아합은 지금 병거를 탔고, 엘리야는 마지막 순간에 병거를 탔다. 하나님의 백성은 언젠가 병거를 타고 하늘로 올라갈 것이다.

알렉산더 그로세

Deaths Deliverance, 28

누군가가 말한 대로, 육신이 죽는 날은 영혼이 영원으로 들어가는 생일날이다.

알렉산더 그로세

Deaths Deliverance, 36

자신이 젊다고 해서 죽지 않을 것이라고 말하지 말라. 교회 앞마당의 관들의 크기를 재어보라. 젊은 사람들이 누워있는 관들도 더러 있을 것이다. 젊은이나 노인이나 모두 죽음의 낫이 미치는 범위 내에 있다. 물론, 나이 든 사람들은 죽음을 향해 가고 있다. 그들과 죽음의 거리는 멀지 않다. 그러나 젊은 사람들이라고 해서 죽음이 자신에게 다가오는 것을 막을 수는 없다.

윌리엄 거널

Christian in Complete Armour, 767–68

모든 육체가 거쳐야 할 하나의 공통된 길이 있다…어떤 해악이 공통성을 지니면 그것이 조금 덜 두렵게 느껴질 수도 있다. 우리 앞서간 인간들의 세상이 그 얼마나 많은지 모른다. 한 곳의 싸움터에서 수많은 시신이 쏟아져나온다. 죽음의 문 앞에 수많은 왕관과 규가 켜켜이 쌓여 있다. 모두 그것들의 소유주들이 정복자의 전리품으로 그곳에 남겨두고 간 것들이다. 우리는 지금까지 너무나도 많은 무덤을 목격해왔을 뿐 아니라 우리의 친구들을 통해 우리 자신의 죽음을 종종 예견하곤 한다. 그런데 우리의 차례가 왔다고 해서 움츠러들 셈인가? 오직 우리만 인류의 공통된 법칙을 면하거나 므두셀라의 나이가 될 때까지 사는 불운을 겪는 것은 상상만 해도 아찔하다. 죽을 때가 되면 사는 것이 피곤해질 것이므로 지금만큼 두렵지 않을 것이 틀림없다.

조셉 홀

Select Devotional Works, 247 – 48

그녀는 그녀와 관계를 맺고 있는 모든 교회를 위해 다시 기도했다. 그녀는 그들이 모두 승리해 영광에 이르게 해달라고 하나님께 빌었다. 그녀는 "오, 친구들이여. 내면을 잘 살피고, 모든 구석을 샅샅이 점검하라."라고 말했다. 그녀는 어떤 사람들이 자기를 위해 우는 것을 보면, "나를 위해 울지 말아요. 나는 기쁩니다. 그리스도께서 내 안에서 기뻐하고 계십니다. 여러분 자신을 위해 우세요. 때가 늦기 전에 시작하세요. 하나님의 때가 있고, 사람의 때가 있습니다. 하나님의 때는 현재이고, 인간의 때는 죽음이 임박했을 때나 늙었을 때나 고통을 당할 때인 경우가 많습니다. 지금 하나님을 구하세요. 하나님과 함께 시작하세요. 그러면 그분이 여러분과 함께 마치실 것입니다."라고 말했다.

제임스 제인웨이

"Account of Some of the Death–Bed Experiences of Mrs. B.," in *Saint's Encouragement*, 146 – 47

그대를 한 번도 떠난 적이 없는 믿음과 사랑이 무르익어
그대의 의로운 영혼이 하나님과 함께 살아야 할 때가 이르렀을 때,
그대는 우리를 생명과 단절시킨
죽음의 짐을 온순하게 내려놓고,
생명을 소리쳐 불렀도다.
그대의 행위와 자선을 비롯한 모든 선한 노력이
뒤에 남거나 무덤 속에 묻혀 밟히지 않았도다.
믿음이 황금 지팡이로 갈 곳을 가리키자
그대는 그것을 따라서 영원한 기쁨과 행복의 길로 들어갔도다.
믿음으로 그들을 가장 잘 이해해 사랑으로 이끌었도다.
그대의 시종들이 자주색 광채와 하늘색 날개로 몸을 감싸고,
그런 차림새로 높이 날아올랐다.
그들은 재판관 앞에서 영광스러운 주제들을 거론하며
그대에 관한 진실을 말하고,
그분은 그때부터 그대에게 안식을 명

하신다.
그리고 그대는 순수한 불멸의 샘물을 마음껏 들이킨다.

존 밀턴

sonnet 14, in *Complete Poetical Works*, 543

마음과 입술로 하나님께 기도하라. 첫째는 시련을 감당할 인내를 구하고, 둘째는 고난 속에서의 위로를 구하고, 셋째는 그분의 긍휼과 능력을 구하고, 넷째는 하나님이 원하시면 고난에서 건짐받게 해달라고 구하라. 큰 불행을 겪을 때는 죽기를 각오하고 기도하라. 죽음의 문 앞에 기도를 듣고 기꺼이 도움을 베풀어 줄 하나님의 큰 긍휼이 숨어 있다. 시련이 닥쳤을 때는 긍휼을 구해야 한다.

윌리엄 퍼킨스

in Richard Rogers, *Garden of Spirituall Flowers*, 24–25

늙은 사람은 오래 살 수 없고, 젊은 사람은 일찍 죽을 수 있다.

존 레이놀즈

in Horn, *Puritan Remembrancer*, 241

그대의 아이는 내쫓긴 것이 아니라 단지 앞서 보내진 것뿐이다. 그것은 우리의 시야에서는 사라졌지만, 죽거나 없어지지 않고 지구 반대쪽을 비추는 별과 같다. 그 별은 우리의 눈에는 보이지 않지만 다른 나라의 하늘을 비춘다. 비록 아이는 운명이 짧았을지라도 시간 속에서 갖지 못한 것을 영원 속에서 얻었다. 따라서 그대는 하늘에 세간살이를 마련한 셈이니 마땅히 기뻐해야 한다. 세상에 있는 나무에 둥지를 짓지 말라. 하나님이 숲 전체를 죽음에 팔아넘기신 것을 보았지 않은가? 그대가 의지하던 모든 나무가 베어질 지경에 이른 이유는 만세 반석 위에 집을 짓고, 그곳에 거하게 하기 위해서다.

새뮤얼 러더퍼드

Garden of Spices, 198

이 체포는 보석(保釋)이 불가능하다.

조지 스윈녹

in Thomas, *Puritan Golden Treasury*, 69

내가 생각하기에는, 돌이 오랫동안 계속해서 땅에 떨어뜨려져 닳아 없어지는 것과 같은 상황이 선한 사람에게 닥치는 것은 바람직하지 않다고 생각한다. 내 집과 영혼이 잘 정돈된 상태로 있다가 속히 이 무가치한 육신을 버리고, 이 비참한 세상을 떠난다면 더 바랄 것이 없겠다. 눈 깜박할 사이에 그렇게 된다면 더욱 좋을 것이다. 내가 덧붙이고 싶은 한 가지 소원이 있다면 영원한 복음을 전하거나 성찬을 집행하다가 죽는 것이다. 나의 심지가 성소 안에서 꺼지기를 바라고, 세상에서 전투하는 교회를 섬기다가 순식간에 하늘에 있는 승리한 교회와 합류하기를 원한다. 그러나 그것은 우리가 선택할 수 있는 일이 아니다. 하나님이 자기 백성을 위해 가장 좋은 방식으로 만사를 처리하실 것이다.

나다니엘 테일러

Funeral Sermon [on Luke 12:40], 8

죽음은 신자들을 안식의 땅으로 실어 나르는 뱃사공이다. 죽음은 하늘로 들어가는 문을 열어 준다…그리스도인이 죽는 날은 하늘의 삶이 시작되는 그의 탄생일이다. 그것은 그가 예수 그리스도와 혼인하는 날이다. 장례식 이후에 곧바로 그의 결혼식이 시작한다. "죽는 날이 출생하는 날보다 낫다"(전 7:1)라는 솔로몬의 말은 참으로 지당하다.

토머스 왓슨

The Christian's Charter of Privileges, in *Discourses*, 1:30

죽음은 하나님의 모든 자녀를 아버지의 집으로 실어나르는 승리의 병거다.

토머스 왓슨

Lord's Prayer, 25

주님의 영원한 이름을 찬미하며,
겸손히 주님께 고백하나이다.
저희의 유한한 몸은 참으로 연약하고,
저희는 죽어가는 벌레와 같습니다.
저희가 헛되이 낭비하는 삶이
날과 해가 지날수록 짧아지고 있나이다.
저희가 헤아리는 맥박의 횟수가
갈수록 줄어들고 있나이다.
우리가 호흡할 때마다
무한한 기쁨인지 끝없는 저주인지가
결정됩니다.
그런데도 우리는 죽음이 임박할 때까지
그저 무관심하기만 합니다.
오, 주님, 이 위험한 길을 걷고 있사오니
우리의 둔감한 감각을 깨워주소서.
지금부터라도 우리의 영혼이 서두르게 하시고,
하나님께로 올라가도록 도와주소서.

아이작 와츠

Devout Meditations, 159

죽음 : 경건한 자들의 소원

신자들이 죽는 즉시 하나님과 함께 거한다면 천국을 간절히 사모하며 죽기를 바라야 마땅하다. 바울이 그러했다. 그는 "차라리 세상을 떠나서 그리스도와 함께 있는 것이 훨씬 더 좋은 일이라"(빌 1:23)라고 말했다. 죽음으로 인해 주어지는 유익은 말로 다 할 수 없이 크다. 이것은 놋쇠 대신 금을, 물 대신 포도주를, 그림자 대신 실재를, 헛된 허영 대신 견고한 영광을 소유하는 것과 같다. 이 세상의 티끌이 우리의 눈에서 씻겨 나가면 하나님의 영광을 볼 수 있다. 그러면 사는 것이 참으로 피곤하게 느껴지고, 기꺼이 죽기를 바랄 것이 틀림없다.

존 플라벨

Fountain of Life, 322

기꺼이 죽기를 바라는 마음을 가지라. 내 말은 고난을 참을 수 없거나 달갑지 않은 상황에 불만을 느끼라는 것이 아니라 정당한 사유가 있는 실질적인 소원을 지니라는 뜻이다. 다시 말해, 예수 그리스도를 사모하기 때문에 구원의 열매를 온전히 누리고 싶고, 그분을 즐거워하고 싶은 진지한 소원을 지녀야 한다. 이것이 바울의 소원이었다(빌 1:21). 모든 사람에게는 죽음을 싫어하는 자연적인 성향이 있다. 사람은 누구나 육체의 사멸과 징벌을 싫어한다. 중생의 은혜조차도 그런 성향을 완전히 제거하지 못한 채 적당한 한계 안에 가두어놓고서 영혼 안에서 천국에서 그리스도와 함께 축복을 누리려는 초자연적인 열망을 불러일으키고, 그런 삶을 얻기 위해 죽기를 기꺼이 바라는 마음을 갖게 만든다. 따라서 항상 마음을 그런 상태로 만들어 유지해 나가려고 노력해야 한다.

엘카나 웨일스

Mount Ebal Levelled, 254 – 55

바울 사도는 '죽기를 바란다'가 아니라 '떠나기를 원한다'라고 말했다. 악인이 두려워하는 것을 경건한 사람은 바란다. 바울은 "떠나고 싶다'고 말했지만, 죄인은 '떠나기 싫다'고 울부짖는다. 다윗도 죽음을 세상을 떠나는 것으로 일컬었다(시 39:13). 악인은 자진해서 떠나지 않고, 끌려나간다. 악인에게 선택권이 있다면 그는 결코 하나님이 계시는 곳에 가려고 하지 않고, 흙을 먹어야 하는 뱀의 저주를 선택할 것이 틀림없다(창 3:14). 그러면서도 악인은 흙으로 돌아가기를 싫어한다. 은혜로 생명을 얻은 영혼은 세상을 불뱀들이 있는 광야로 간주하고, 그곳에서 떠나기를 바란다. 시므온은 아기 예수님을 품에 안고, "주재여 이제는 말씀하신 대로 종을 평안히 놓아 주시는도다(떠나게 하시는도다)"(눅 2:29)라고 말했다. 믿음의 팔로 그리스도를 껴안은 사람은 시므온처럼 "주재여, 종을 평안히 떠나게 하시는도다"라고 노래할 것이다. 새는 금으로 만든 새장일지라도 그곳에서 나가기를 원한다.

토머스 왓슨

Gleanings, 116 – 17

죽음 : 잘 죽기

우리 모두 죽을 때 위로를 얻으려면 잘 죽어야 한다. 우리는 "주님, 제 영혼을 주님의 손에 부탁합니다"라고 말하며 인생의 마지막 순간을 마감하기를 바란다. 우리가 사는 동안, 하나님은 우리에게 "사람아, 나의 영을 너의 손에 부탁한다"라고 말씀하신다. 우리가 사는 동안 하나님의 성령을 사용함에 따라, 하나님은 우리가 죽을 때 우리의 영을 사용하실 것이다. 만일 우리가 성령께 마음의 문을 열어드렸다면, 그분도 우리의 영혼을 위해 천국의 문을 열어주실 것이다.

토머스 애덤스

"The Soul's Refuge," in *Works,* 3:37

오, 내 영혼아, 매시간 죽음을 고대하고, 크게 갈망하며, 신중하게 준비하고, 즐겁게 맞이하라. 자신의 신부인 영혼을 자기에게로 인도하는 것은 그리스도의 몫이다. 너를 죄에서 해방하기 위해 오신 친구께서 너를 네 감옥에서 구해내고, 네 빚을 모두 처리하고, 네 모든 소원을 즉각 이루어주실 것이다.

익명의 저자

Life, 62 – 63

젊은이들이여, 이것을 기억하라. 죽음을 자주 진지하게 생각하면 많은 죄를 예방할 수 있고, 많은 유혹을 물리칠 수 있으며, 많은 시련으로부터 안전할 수 있고, 세상을 사랑하지 않을 수 있을 뿐 아니라 적은 시간에 많은 일을 할 수 있고, 죽음이 찾아왔을 때 수월하게 맞이할 수 있으며, 흔들리지 않는 나라와 썩어 없어지지 않는 부와 쇠하지 않는 영광을 바라볼 수 있다. 그러므로 죽음을 등한시하지 말라.

토머스 브룩스

Apples of Gold, 148 – 49

죽음을 망각하고 살면, 죄를 많이 짓게 되고 죽음이 무섭게 느껴질 수밖에 없다(시 90:12, 애 1:9). 우리는 일찍부터 죽음을 묵상하는 습관을 길러야 한다. 성경은 "너는 청년의 때에 너의 창조주를 기억하라"(전 12:1)라고 말씀한다.

니콜라스 바이필드

Cure of the Fear of Death, 186

다른 무엇보다도 죽음을 자주 생각해야 한다. 그래야만 이 비참한 세상을 떠날 만반의 준비를 갖출 수 있다. 현명한 사람들이 하는 대로 후손들의 유익과 평화를 위해 재산을 잘 관리해야 할 뿐 아니라 항상 즐거운 마음으로 관심을 기울여 우리의 변화와 주님의 재림을 기다릴 수 있는 심령 상태를 유지해야 한다. 또한, 자손들에게 아버지처럼 우리를 대하셨고, 우리에게 약속을 성실하게 이행하신 하나님에 관한 증언을 남겨주어 그들이 가일층 분발해 부모가 섬겼던 주 하나님을 잘 받들어 섬기도록 이끌어야 한다.

에제키엘 컬버웰

Time Well Spent, 64 – 65

죽음이 무엇인지를 생각하기보다 죽음이 누구로부터 비롯했고, 무엇 때문에 찾아왔는지를 생각하라. 옷차림이 수수한 사자일지라도 위대한 사람이 보냈다면 그 주인을 존중하는 마음으로 그를 잘 영접해야 한다. 중요한 것은 그가 누구이고, 좋은 소식을 전하러 왔느냐는 것이다. 하나님이 왕국을 소유하게 하려고 그를 보내셨다면 그보다 더 좋은 소식이 어디에 있을 수 있겠는가? 죽음을 두려워하는 사람들은 그것을 단지 지옥에서 보낸 사자로 여길 뿐이다. 그들의 양심은 고집스럽게 추잡한 삶을 살았다고 그들을 은밀하게 정죄한다. 우리는 우리가 가는 곳과 우리가 믿어온 분이 누구인지 알고 있다. 따라서 즐거운 마음으로 이 어두운 문을 지나 영광으로 나아가자…우리의 경솔한 태도는 죽음의 공포를 더 증대시킬 뿐이다. 죽음을 생각하라. 그러면 두렵지 않을 것이다. 심지어 곰과 호랑이도 함께 사는 사람들에게는 두려운 대상이 아니라는 사실을 알지 못하는가? 구경꾼들은 그것들이 사슬에 묶여 있어도 무서워하지만, 그것들을 기르는 사람들은 함께 놀이를 즐긴다. 죽음과 사귀라. 그러면 처음에는 무섭게 보여도 나중에는 좋은 친구라는 것을 알게 될 것이다. 친근하면 아무런 두려움도 없다.

조셉 홀

Select Devotional Works, 248

필립 헨리가 병들어 죽기 직전에 어떤 사람이 그에게 안부를 물었다. 그러자 그는 "지저깨비가 빠르게 날아 흩어지면 나무는 곧 쓰러지는 법이요."라고 대답했다. 또한, 그는 종종 "죽는 것은 중대한 문제요. 죽음은 그 자체로 일이오."라고 말하곤 했다.

필립 헨리

Life and Sayings, 9

인생을 죄와 정욕을 섬기는 데 바치면 임종의 시간이 가장 불안하고, 힘들어지고, 하나님과 그리스도를 섬기는 데 바치면 그 시간이 가장 편안하고, 행복해진다.

매튜 미드

Almost Christian Discovered, 232

임종의 시간이 닥치기 전에 조금씩 죽음에 익숙해져야 한다. 세상이 자기를 버리기 전에 세상을 버리는 사람은 좋은 소식을 전하러 온 사자를 맞이하듯 죽음을 평화롭게 맞이할 수 있다.

윌리엄 퍼킨스

in Richard Rogers, *Garden of Spirituall Flowers*, 23–24

하나님과 동행하면 죽음이 달콤해질 것이다. 큰 고통 없이 편안하고, 조용하게 죽음을 맞이하는 것이 아우구스티누스의 바람이었다. 죽음을 편안하게 맞이할 수 있게 해주는 것이 있다면 바로 이것, 곧 세상에 사는 동안 하나님과 동행하는 것이다. 하나님과 동행하는 것이 우리를 해롭게 할 것이라고 생각하는가? 임종할 때 너무 거룩했다고, 너무 기도를 많이 했다고, 하나님과 너무 많이 동행했다고 울부짖는 소리를 한 번이라도 들어본 적이 있는가? 절대 없을 것이다. 죽을 때 사람들의 마음을 저미는 것은 하나님과 좀 더 친밀하게 동행하지 못했다는 후회일 것이다. 그들은 양손을 비틀고, 머리를 쥐어뜯으며 세상의 쾌락에 너무 깊이 현혹되었다고 생각할 것이다. 하나님과 친밀하게 동행하면 원수인 죽음과 평화를 누릴 수 있다.

토머스 왓슨

Godly Man's Picture, 164

현저하게 유익한 삶을 살았다면 다른 사람들이 기대하는 것보다 더 편안한 죽음을 맞이할 수 있는 확실한 근거를 확보한 셈이다. 죽음은 사물들의 참된 가치를 정확하게 드러낸다. 따라서 안전하고, 편안한 죽음을 맞이하는 데 도움이 되는 것은 무엇이든 소중하게 여겨야 한다.

다니엘 윌리엄스

Excellency of a Publick Spirit, 51

죽음 : 주 안에서 죽는 것

죽음은 죄인들에게는 저주이지만 성도들에게는 자연스러운 과정일 뿐이다. 죄 가운데서 죽는 자들에게는 하나님의 진노와 율법이라는 무서운 사형 집행관이 들이닥치고, 주님 안에서 죽는 자들에게는 하나님의 은혜를 전하는 전령이 찾아온다. 정직하게 산 사람들에게는 평화의 전령이 찾아온다. 건장한 운반인이 찾아와서 하나님의 자녀들을 모두 아버지의 집으로 데려갈 것이다. 죽음은 첫째 아담의 후손들에게는 참으로 불행한 운명이 아닐 수 없지만, 둘째 아담의 후손들에게는 죄와 슬픔과 고통과 괴로움을 모두 제거해 주는 축복이다.

재커리 크로프턴

Defence against the Dread of Death, 33 – 34

죽음은 매우 선한 의원이다. 죽음은 우리의 모든 질병을 치유하고, 우리의 불행을 없애주고, 우리를 모든 시련으로부터 자유롭게 한다. 따라서 사람들이 질병을 치료받기 위해 베데스다 연못에 기꺼이 몰려들었던 것처럼, 우리도 죽음이라는 의원을 즐겁게 맞이해 기꺼이 무덤으로 내려가야 한다. 하나님의 백성에게 죽음은 조금도 두려운 것이 아니다.

알렉산더 그로세

Deaths Deliverance, 35

주님 안에서 죽는다는 것은 그리스도를 믿는 믿음 안에서 죽는다는 것을 의미한다. 그리스도께서는 세상을 구원하기 위해 보내심을 받으셨다(요 3장). 이 죽음을 네 가지로 나눠 구체적으로 설명하면 다음과 같다. 첫째, 죽음을 앞둔 병자는 일평생 십계명의 두 돌판에 기록된 주님의 계명들을 어겼던 일들을 떠올려야 한다. 둘째, 병자는 형제와 이웃들의 소유나 명예를 해친 일이 없는지 면밀하게 살펴 자신이 할 수 있는 한도에서 최대한으로 보상해 줄 방법을 정직하게 생각해봐야 한다. 셋째, 병자는 첫 번째 돌판에 기록된 계명들을 싫어해 그것들을 어김으로써 하나님을 노엽게 한 사실이 있었다면 솔직하게 인정해야 한다. 넷째, 병자는 그리스도의 죽음을 그 모든 죄를 용서받을 근거로 내세워 하나님께 용서를 구해야 한다.

존 후퍼

Early Writings, 563

프레스턴 박사는 임종을 앞두고 기독교적 확신과 위로가 충만한 훌륭한 말을 남겼다. 그는 "내가 있는 장소는 바뀔 테지만 나의 친구는 바꾸지 않을 것이다."라고 말했다. 그 말에는 이곳 세상에서 하나님을 깊이 알고, 그분과 친밀한 교제를 나누었기 때문에 이제 죽더라도 자신의 친구는 세상에 있을 때와 똑같을 것이라는 의미가 담겨 있었다.

매튜 뉴커먼

Best Acquaintance, 69

죽음을 기억해야 할 이유

우리는 이웃이나 친구나 형제를 잃으면 마치 라헬처럼 아무런 위로도 느낄 수 없다는 듯 슬피 울부짖으며 탄식한다. 그러나 일단 시신을 묻고, 장례식을 모두 마치고 나서 유산에 관해 더 의논할 것이 없으면 우리는 가능한 한 빨리 아무 일도 없었다는 듯 이전의 죄와 부도덕한 행위로 되돌아간다. 참으로 안타깝게도 죽음에 대한 생각이 우리의 머릿속에서 완전히 사라지고 만다.

토머스 애덤스

Exposition upon … Second … Peter, 667

형제들이여, 우리의 인생은 짧고, 할 일은 많다. 우리의 해는 저물어가고 있다. 죽음은 우리의 모든 일을 종결시키려고 서두른다. 우리가 죽을 날, 즉 변화될 날이 얼마나 빨리 찾아올지 알 수 있는 사람은 아무도 없다. 우리는 단지 그 일이 눈 깜박할 사이에 일어난다는 것만을 알고 있을 뿐이다. 우리 자신이 살아 있더라도 한 순간이라도 더 오래 살 것이라고 장담하기가 어렵다. 내가 이 말을 다른 사람들에게 다 말할 수 있을 것이라고 장담할 수도 없고, 다른 사람들이 내 말을 다 들을 수 있을 것이라고 장담할 수도 없다. 이 말을 내가 말하거나 다른 사람들이 듣기 전에 저세상에 가서 그리스도의 심판대 앞에 서게 될지도 모른다. 우리는 모두 영원한 세상의 문 앞에 서 있다. 언제 그곳으로 들어가게 될지 알 수 없다.

윌리엄 베버리지

Thesaurus Theologious, 4:190

하나님의 고난의 손길 아래에서 우리 영혼이 잠잠히 침묵을 지키려면 인생의 덧없음과 짧음을 많이 생각해야 한다. 현재의 삶은 삶이 아닌 움직임, 즉 생명을 향해 가는 여정이다… 지금 살 날이 단 하루밖에 남아 있지 않을 수도 있다. 어쩌면 이미 그 하루의 반나절이 지나갔을 수도 있다. 따라서 믿음과 인내를 견지해야 한다. 우리의 고난과 인생이 모두 곧 끝날 수 있기 때문에 마음의 평화를 유지해야 한다. 우리의 무덤이 준비되고, 우리의 해가 거의 저물고 있고, 죽음이 이 세상의 무대에서 우리를 불러내기 시작했다. 죽음이 우리의 등 뒤에 서 있다. 우리는 곧 영원의 바다를 항해하게 될 것이다. 우리에게는 해야 할 많은 일, 영화롭게 해드려야 할 하나님, 친밀한 교제를 나눠야 할 그리스도, 구원해야 할 영혼, 달려가야 할 경주, 얻어야 할 승리의 면류관, 피해야 할 지옥, 구해야 할 용서, 확신해야 할 천국이 있지만, 그런 모든 일을 할 시간은 그렇게 많지 않다. 우리는 이미 무덤에 한 발을 들여놓은 상태다. 우리는 영원의 해안을 향해 가고 있다. 그러니 지금 고난을 겪더라도 힘써 부르짖어야 하지 않겠는가?

토머스 브룩스

Mute Christian, 248 – 49

부지런하려고 분발하라. 쓸 말은 많은데 지면이 거의 다 찼다면 작은 공간에 많은 내용을 적어야 할 것이다.

존 플라벨

Golden Gems, 104

죽음으로 인해 모든 사람은 눈을 감게 되지만 죽음이 임박했을 때는 종종 자기 자신에 대해 이전보다 더 많은 것을 보게 된다.

윌리엄 그린힐

Exposition of the Prophet Ezekiel, 616

하나님이 우리가 죽을 날을 알지 못하게 하신 이유는 매일 죽음을 준비하는 마음으로 살아가게 하시기 위해서다. 우리는 한갓 세입자에 불과하다. 우리는 집주인인 위대하신 주님이 얼마나 빨리 우리를 내쫓으실지 알 수 없다.

앤드류 존스

Dying Man's Last Sermon, 11

나는 다른 사람의 장례식을 볼 때마다 "묘지로 운반되는 저 사람이 왜 내가 되지 않았을까?"라는 생각을 떠올리곤 한다.

존 샤워

Serious Reflections, 77

내가 살 날이 불과 몇 년뿐이고, 그마저도 빠르게 사라지고 있지 않은가? 이것이 나의 마지막일까? 그렇다면 앞으로는 삶이 어떤 식으로 끝날지 확신할 수 없기 때문에 부와 풍요로움을 탐욕스럽게 탐하지 말고, 나의 적은 시간을 많은 재물을 긁어모으는 데 낭비해서는 안 될 것이다. 내가 그토록 빠르게 남겨두고 가야 할 것을 쌓기 위해 매일 온갖 수고를 마다하지 않는 것이 과연 그런 신념에 부합할까? 한 가지 꼭 필요한 것을 무시한 채 이 세상에서 영원히 살 것처럼 살아야 할까? 나는 영원의 해안에 서 있지 않은가? 다음번 파도에 휩쓸려 그곳에 곧 도착하지 않을까? 이 중요한 일을 등한시한 채 남은 삶을 모두 허비해야 할까? 회복할 가능성이 모두 사라지고 죽음이 나를 채갈 때까지 조개껍데기를 모아 차곡차곡 쌓아야 할까(그것이 조개껍데기가 아닌 진주라고 해도 헛된 일이기는 마찬가지다)?

존 샤워

Serious Reflections, 98

시간의 불확실성을 깊이 묵상하라. 우리에게는 임차권이 없다. 언제라도 쫓겨날 수 있다. 불의의 사고가 많기 때문에 때 이른 죽음으로 삶이 중단될지도 모른다는 생각이 들 때가 적지 않다. 과연 하나님이 얼마나 빨리 우리에게 퇴거 요구서를 내미실까? 밤이 되기 전에 우리의 무덤을 파야 할 수도 있다. 오늘은 솜 베개를 베고 자더라도 내일이면 흙 베개를 베고 누울 수 있다.

토머스 왓슨

A Christian on the Mount, in *Discourses,* 1:225

우리는 천사로 태어나지 않았다. 우리는 죽음을 피할 수 없다. 우리는 항상 죽음을 짊어지고 다녀야 할 필요가 있다. 전설상의 괴사(怪蛇)는 사람을 먼저 보면 즉시 물어 죽이지만 사람이 자기를 먼저 보면 아무런 해도 입히지 않는다고 한다. 죽음이라는 괴사도 우리가 보기 전에 먼저 우리를 보면 매우 위험하지만, 우리가 죽음을 묵상함으로써 먼저 그것을 보면 우리에게 아무런 해도 입힐 수 없다. 죽음을 묵상하라. 무덤들 사이를 종종 거닐라. 죽음을 미리 생각하면 많은 유익이 있다. 어둠 속에서 사람 앞을 비추는 하나의 횃불은 그의 등 뒤를 비추는 많은 횃불보다 더 유용하다. 죽음을 미리 진지하게 생각하라. 죽기 전에 흘리는 회개의 눈물 한 방울은 너무 늦게 흘리는 수천 방울의 눈물보다 더 큰 가치를 지닌다.

토머스 왓슨

The Christian's Charter of Privileges, in *Discourses,* 1:32

죽어가는 피조물인 유한한 인간의 덧없음을 생각해 본 적이 있는가? "우리는 모두 죽는다"라고 말하기는 쉽지만, 그 진리의 진정한 의미를 깊이 느끼기는 쉽지 않다. 그런 사실이 우리의 모든 행위에 영향을 미치고 있는가? 늘 호흡이 코에 있는 인생을 의지하며(사 2:22 참조) 그들의 죽음을 보고 희망을 포기하는가? 아니면, 피조물이 아닌 하나님을 의지하며 영원히 살아 계시는 그분 안에 희망을 두는가? 죽음을 묵상하면 크나큰 유익이 있다.

아이작 와츠

Devout Meditations, 124–25

죽음을 좀 더 편안하게 맞이하는 법

세상과 그 안에 있는 것들에 단단히 얽매인 마음이 어떻게 영광에 이를 수 있겠는가? 매일 세상, 재물, 집,

토지, 사업, 친구들, 관계를 비롯해 세상의 모든 것에서 마음을 멀리하려고 노력해야 한다. 왜냐하면 막상 죽음이 찾아오면 그것들을 쉽게 떠나보낼 시간이 없을 것이기 때문이다. 얼마나 빨리 가게 될지는 모르지만, 결국에는 그 모든 것을 신속하게 내려놓고 더 나은 친구들과 유익함이 있는 곳으로 떠나게 될 것이다. 세상의 것들은 우리의 영혼을 괴롭히는 올무요 창이다. 그것들은 우리에게 많은 상처를 입혔고, 우리가 빠르게 영광을 향해 나아가지 못하게끔 방해한다. 그것들과 이별하는 것을 애달파해야 할 이유가 무엇인가? 오, 그리스도인들이여! 만일 기꺼이 그리스도와 함께 있기를 원한다면 날마다 우리의 마음을 향해 이 장막을 버리고 세상을 떠날 준비를 해야 한다고 경고해야 한다.

바르톨로메오 애쉬우드

Heavenly Trade, 462 – 63

만일 하나님이 충분한 부를 허락하셨다면 건강할 때 유언을 해두어야 한다. 그렇다고 해서 가진 재산이 없어지거나 죽음이 더 빨리 찾아오는 것은 아니다. 오히려 평화가 가장 필요할 때 생각이 큰 혼란에서 자유롭게 되어 더욱 편안해질 것이다. 집을 잘 관리하면 영혼도 더 잘 관리할 수 있고, 하나님을 향해 가는 여정도 잘 감당할 수 있다. 자녀들이 있으면 살아 있을 때 그들 모두에게 각자의 분깃을 나눠줘야 한다. 그러면 자녀들도 구속감을 느끼지 않고, 우리의 삶도 홀가분해진다. 분깃을 나눠줘도 자녀들이 우리에게 은혜를 입는 것이지 우리가 그들에게 신세를 지는 것이 아니다. 그러나 살아 있는 동안 모든 재산을 틀어쥐고 있으면 남겨준 유산이 있더라도 우리가 아닌 우리의 죽음에 감사할 것이다.

루이스 베일리

Practice of Piety, 268 – 69

한 훌륭한 사역자가 임종하면서 “내가 큰 평화와 평안을 느꼈던 이유는 다른 그리스도인들이 가진 은혜보다 더 많은 은혜를 가졌기 때문이거나 성령의 직접적인 증언이 있어서가 아니라 일평생 해온 대로 다른 사람들보다 은혜의 언약을 좀 더 분명하게 이해해 그것을 연구하고, 전파했기 때문이요.”라고 말했다. 은혜의 언약을 좀 더 분명하고, 온전하게 이해한 그리스도인들은 다른 많은 그리스도인들보다 좀 더 거룩하고, 유익하고, 겸손하고, 충실하고, 위로와 은혜가 넘치는 삶을 살다가 좀 더 기꺼운 마음으로 즐거이 죽음을 맞이할 것이 틀림없다.

토머스 브룩스

Cabinet of Choice Jewels, 96

경건한 사람은 죽음이 가장 가까이 이르렀을 때 자신의 경건함과 은혜를 통해 가장 큰 유익을 누린다.

로버트 클리버, 존 도드

Plain and Familiar Exposition, 79

고난은 죽음의 사자이자 전령이다. 따라서 고난이 닥치면 죽음이 가까이 다가오고 있다는 경고이기 때문에 죽음을 맞이할 준비를 옳게 갖춰야 한다. 바울은 자신의 고난을 이용해 날마다 죽는 법을 배웠다. 고난은 도덕적인 생각을 일깨워주는 것 외에도 그 자체로 작은 죽음에 해당한다. 고난은 죽음이 덜 가혹해 보이게 해준다.

다니엘 다이크

"The School of Affliction," in *Two Treatises*, 364

그리스도께서 그토록 무거운 마음으로 죽음을 맞이하셨지 않은가? 그리스도인들이 죽음이 임박했더라도 마음을 가볍게 해야 하는 이유는 죽음의 쓴 즙이 그리스도의 잔에 모조리 담겼기 때문이다. 그분은 그것을 찌꺼기까지 남김없이 들이키셨다. 그 덕분에 우리의 죽음은 더 달콤해졌다. 이제 죽음 안에는 죽음의 자연적 결과인 사멸의 고통 외에는 달리 괴로운 것이나 두려운 것이 전혀 남아 있지 않다.

존 플라벨

Fountain of Life, 212

잘 살아온 사람은 잘 죽기를 원하기 마련이다. 그는 갑작스러운 죽음까지도 잘 받아들일 준비가 되어 있다. 그는 삶을 잘 살아왔다는 양심의 소리로 인해 죽음을 좀 더 편안하게 맞이할 수 있다. 그러나 잘못 살아온 사람은 잘 죽을 수 없다. 그 이유는 이전에 저지른 잘못에 대한 양심의 가책, 현재의 고통보다 더 큰 고통이 찾아올 것이라는 두려움 등으로 인해 하나님을 추구할 수가 없기 때문이다. 그가 하나님을 추구하거나 찾을 수 없는 것은 당연하다. 왜냐하면 그가 살아 있을 때 하나님이 그를 추구하려고 하셨지만 거절했기 때문이다. 선한 사람들이 관심을 기울이는 것은 크게 두 가지, 곧 잘 사는 것과 잘 죽는 것이다. 나는 앞으로 잘 살아야 한다.

조셉 홀

Meditations and Vows, 30–31

오, 하늘에 계신 아버지여! 질병이 죄의 힘을 약화시키는 많은 효력을 지닌 것에 감사하나이다. 질병은 교만을 없애주고, 세속성과 욕정을 제거하며, 방황하지 않게 도와주고, 자만심을 버리게 하며, 죽음과 심판을 상기시키고, 세상의 허무함과 내세의 영원함을 일깨워주며, 육신을 죽이게끔 도와주고, 격정을 다스리게 하며, 인내를 고무하고, 깨어 기도하게 하며, 믿음과 사랑을 시험하고, 시간을 아껴 부지런히 일하게 하며, 시간의 가치와 불확실성을 의식하게 함으로써 저의 마지막 변화를 준비하게 해줍니다.

존 샤워

Serious Reflections, 86

건강할 때 우리 주위에 있는 사람들의 뜻이 아닌 우리 자신의 뜻을 담은 유언을 미리 남겨 재산을 잘 정리해 두는 것이 좋다. 그렇게 하지 않으면 주위 사람들이 우리가 아프거나 몸과 정신이 연약할 때 우리를 속일 수 있다. 이것을 소홀히 하거나 무시해 모든 것을 만족스럽게 정리해 두지 않은 까닭에 죽음이 갑작스레 임박했을 때 마음의 큰 불안을 느끼는 사람들이 많다. 시간이 얼마 남아 있지 않은 상황에서 그런 것보다 훨씬 더 중대한 것, 곧 가장 진지한 것을 생각해야 할 순간에 그런 세속적인 문제로 마음이 흐트러져 번민할 필요가 없게 해야 한다.

나다니엘 테일러

Funeral Sermon [on Luke 12:40], 18

죽음을 앞둔 성도의 가장 큰 슬픔은 하나님을 위해 더 많은 일을 하지 못했다는 것이고, 가장 큰 기쁨은 하나님이 자기를 위해 참으로 많은 일을 이루셨다는 것이다.

랄프 베닝

Canaan's Flowings, 44

질병은 죽음을 맞아들일 숙박소를 예약하는 선발대다.

토머스 왓슨

in Horn, *Puritan Remembrancer,* 326

죽음을 편안하게 맞이하려면 세상에서 하나님의 뜻을 이행하려고 노력해야 한다. 임종할 때 하나님의 뜻을 너무 많이 이행했다고 울부짖는 소리를 들어본 적이 있는가? 절대 없을 것이다.

토머스 왓슨

Lord's Prayer, 155

죽음의 공포

죽음은 공포의 왕으로 일컬어진다. 죽음의 공포란 그 뒤에 심판이 있다는 것이다. 세상에서 일어나는 하나님의 기사(奇事), 죄에 대한 하나님의 징벌, 죄책, 내세의 심판 등, 하나님이 사람들의 마음에 새겨주신 모든 인상이 죄인들의 양심을 향해 "살아계신 하나님의 손에 빠져들어 가는 것이 무서울진저"(히 10:31)라고 외친다.

리처드 알레인

Heaven Opened, 180

사랑하는 자들이여, 잘 알다시피 죽음은 강력하다. 죽음은 공포의 왕이고, 왕들의 두려움의 대상이다. 죽음은 신분의 고하와 빈부는 물론, 노인과 청년, 선인과 악인을 막론하고 모든 종류의 사람을 압도한다. 가장 위대한 군주들도 죽음을 피할 수 없다. 죽음보다 더 강한 사람이 어디에 있었는가? 만일 힘으로 죽음을 저항할 수 있다면 삼손이 죽지 않았을 것이고, 위대함으로 죽음을 물리칠 수 있다면 느부갓네살이 죽음을 피할 수 있었을 것이며, 아름다움으로 죽음에 대항할 수 있다면 압살롬이 죽음을 모면할 수 있었을 것이고, 재물로 죽음에 뇌물을 줄 수 있다면 디베스(눅 16:19-31)가 영원히 살았을 것이다. 그러나 이 가운데 죽음에 맞설 수 있는 것은 아무것도 없다.

윌리엄 다이어

Christ's Famous Titles, 41

만일 예수님이 우리에 앞서 우리를 위해 무덤에 눕지 않으셨다면 우리가 무덤에 묻혔을 때 그것이 그렇게 은혜롭고, 행복할 수 없을 것이다. 죽음은 용이고, 무덤은 그 굴, 곧 두려움과 공포의 장소다. 그러나 그리스도께서 그 굴에 들어가서 그것과 싸워 영원히 정복하고, 그 모든 두려움을 없앰으로써 죽음이 성도들에게 해로운 것이 아닌 유익한 것으로 만드셨다. 죽음은 향기로운 안식의 침대다. 그들은 그리스도께서 먼저 누우신 그 분의 침대에 눕게 될 것이다.

존 플라벨

Fountain of Life, 370

죽음은 믿음 외에는 그 무엇으로도 정복할 수 없는 공포를 불러일으킨다. '정복하다'라는 말은 매우 적절하다. 믿음으로 죽음의 공포를 극복하지 않는 사람은 면류관을 받을 수 없다. 죽음의 공포는 그리스도의 죽음을 통해 정복되었다. 그분은 죽음의 공포에 일평생 속박되어 있던 사람들을 구원하셨다. 그리스도를 믿는 믿음이 아니면 그 무엇으로도 죽음에 속박된 영을 진정으로 구원할 수 없다.

존 오웬

"Discourse 3 on 1 Cor. 10:16," in *Twenty-Five Discourses*, 35

중생('거듭남'을 보라)

증인

눈으로 직접 목격한 증인 한 사람이 말로만 증언하는 많은 증인보다 더 낫다.

토머스 애덤스

Exposition upon ... Second ... Peter, 168

그리스도인들은 "세상에서 빛들로 나타나야 할" 의무가 있다(빌 2:15). 사역자들은 그리스도인들 가운데 가장 뛰어날 것이 기대된다. 그들은 더 많은 빛을 비추고, 더 큰 본을 보여야 마땅하다. 우리는 사역이 비난을 받지 않도록 조심해야 한다. 사람들의 눈이 태양으로 가장 많이 향하는 때는 개기일식이 일어났을 때다. 우리가 하나님의 계명을 어기면 다른 사람들에게 계명을 어겨도 괜찮다고 가르치는 것이나 다름없다(마 5:19 참조). 우리는 본보기가 되어야 한다. 다른 사람들을 실족하게 하는 걸림돌이 되지 않도록 각별히 주의해야 한다.

존 바렛

Funeral Sermon, 17

그리스도인들은 그들의 삶을 통해 목사의 설교를 확연하게 드러내야 한다. 그리스도인들은 목사로부터 전해 들은 복음의 비밀을 일상생활을 통해 이웃들에게 전해야 한다.

윌리엄 거널

Christian in Complete Armour, 810

가장 힘든 상황에서도 하나님을 담대하게 고백하라. 만왕의 왕이신 그분은 자신의 종들에게 상을 베풀어주신다. 하나님을 위해 모든 것을 잃을 수는 있어도 그분이 우리를 버리시는 일은 절대로 없을 것이다.

토머스 왓슨

Lord's Prayer, 58

지식

하나님을 아는 지식은 모든 은혜와 의무를 소생시킨다. 누군가 말했듯이, 느끼는 것이 감각 기관들과 불가분적으로 연결되어 있는 것처럼, 모든 은혜는 지식과 관련되어 있다. 믿음은 알고 믿으며, 자비는 알고 사랑한다, 절제는 알고 자제하며, 인내는 알고 견딘다. 겸손은 알고 낮추며, 회개는 알고 애통한다. 순종은 알고 행하며, 긍휼은 알고 동정한다. 소망은 알고 기대하며, 신뢰는 알고 기뻐한다. 그러므로 우리는 알기 때문에, 믿고 사랑하고 순종하고 소망하고 기뻐하는 것이다. 하나님은 우리 영혼의 눈으로서 이런 지식을 주셨다. 그 눈을 통해 하나님은 그분의 힘과 영광과 함께 들어오신다. "그리스도의 사랑을 깨달아 하나님의 모든 충만하신 것으로 너희에게 충만하게 하시기를 구하노라"(엡 3:19).

리처드 알레인

Heaven Opened, 93-94

진실한 믿음은 지식을 수반한다. 믿음은 속아 넘어가는 것도, 맹목적인 것도 아니다. 믿음은 분별력을 가지고 있다. 믿음으로 우리는 이해한다. 따라서 복음은 모든 피조물들에게 선포되어야 한다. 복음은 죄인을 기꺼이 그리고 충분히 구원하시는 예수 그리스도에 관한 좋은 소식이다. 사람들이 무지의 상태에 처해 있는 동안에는 예수 그리스도께 나와 구원을 받을 수 없다.

바르톨로메오 애쉬우드

Best Treasure, 394

가르치는 것이 그리스도의 일이었던 것처럼, 당신의 일은 듣고 읽고 공부하고 기도하고 행하는 것이다. 그러니 유익을 기대한다면 당신이 해야 할 일을 하라. 나태한 자는 그리스도의 학교에 들어갈 수 없다. 잠들어 꿈꾸는 자의 입 안에 지식이 그냥 떨어지지 않는다. 은을 채굴하는 것처럼 지식을 파고, 숨긴 보물을 찾듯 성경에서 지식을 구하라.

리처드 백스터

A Christian Directory, in Practical Works, 2:223

사람의 섬(the Isle of Man)의 수석 경호원은 조명된 이해이다. 이해는 자연과 은혜를 볼 수 있는 두 눈을 가지고 있다. 이해는 관습법, 도덕법, 규례법, 자유의 율법, 그리스도의 복음 등 모든 것을 읽을 수 있다.

리차드 버나드

Isle of Man, 83

어떤 사람들은 빛과 그리스도에 대해 더 많은 지식을 가지려 하면서도 감기를 두려워하며 빛을 받기 위해 창문도 감히 열지 않는다. 그러나 친구들이여, 기도하라. 왜 새로운 불빛을 두려워하는가? 천문학자들도 하늘에서 새로운 별들을 발견하는데, 우리가 성경의 하늘에서 새로운 빛을 발견하지 못할 이유가 무엇인가? 하나님이 당신에게 알려 주시려는 빛을 위해 당신의 창문을 여는 것을 두려워하지 말라.

윌리엄 브리지

Christ and the Covenant, in *Works*, 3:37

최고의 지식을 가진 사람은 가장 적극적으로 기꺼이 더 배우려고 한다.

로버트 클리버, 존 도드

Plain and Familiar Exposition, 21

논리만으로는 자연적 이성에 속한 것을 말할 수는 있으나 좀처럼 신학적 진리를 말하지는 못한다. 그러므로 신학의 논쟁적 부분에 대한 모든 토의 이후에, 머리에 든 지식보다 마음이 더 훌륭한 사람, 학식이 없지만 신실한 사람, 이성이 그의 믿음과 실천을 넘어서지 않는 사람의 종교를 나에게 주라. 그는 자신이 믿는 대로 살며, 한 번의 믿음의 행위로 다른 사람들이 백 권의 책을 읽어 알게 되는 것보다 더 많은 믿음의 본질을 안다. 사물에 관한 단 하나의 개념(나는 어떤 하나의 진리를 의미한다)을 가지고 있는 단순한 마음의 그리스도인은 그것에 대한 그의 관념에 어떤 변화도 없이 그것을 지키고 그에게 주어진 빛을 따라서 일관되고 올바르게 하나님과 함께 동행한다. 이렇게 작은 일에 충성하고 하나님의 은혜로 변화된 사람들이 거하게 될 하늘은 얼마나 위대할까. 반면 자신의 생각으로 가득 찬 지식인들은 복음의 확실한 진리를 마음에 가까이 두지 않는다. 그들의 이성은 믿음을 능가하고, 복음의 힘 안에 거하지 못하고 수많은 실수의 미로로 또는 공허한 추측으로 휩쓸려 간다.

토머스 콜

Old Apostolical Way of Preaching, 13

생각과 마음은 마치 문과 집의 관계와 같다. 마음속에 들어온 것은 이해로 들어가며 이해는 이를 소개한다.

존 플라벨

Fountain of Life, 83

성령님은 이해력에 접근하셔서 그 안에 빛을 비추신다. 성령님은 어두운 가게에서 일하지 않으신다. 그분이 하시는 첫 번째 일은 영혼의 창문을 열어 천국의 빛을 비추시는 것이다. 믿는 자들은 듣는다. "오직 심령으로 새롭게 되어"(엡 4:23). 사도는 "지식에까지 새롭게 하심"을 입는 것에 대해 말했다(골 3:10). 본성적으로 우리는 하나님에 대해 거의 알지 못하고 그리스도나 그분에 의한 구원의 길을 전혀 모른다.

윌리엄 거널

Christian in Complete Armour, 444

시편 기자는 말한다. "계명을 지키

는 자는 다 좋은 지각이 있나니"(시 111:10). 그리고 어느 누군가가 말했다. "바울의 서신 앞부분의 신비하고 고차원적인 담화를 이해하는 최고의 방법은 서신 뒷부분의 교훈과 법도를 행하기 시작하는 것이다." 더 많은 지식을 얻는 방법은 진리를 사랑하는 마음으로 받고, 그 아는 바에 순종하는 것이다.

로버트 레이턴

A Commentary upon the First Epistle of Peter, in *Whole Works,* 1:302

가장 큰 어려움은 시작하는 것이다. 누군가가 자신의 재산 증식에 대해 말했듯이 그는 작은 부로 쉽게 더 큰 부를 얻을 수 있었다. 일단 그는 종잣돈을 비축함으로써 더 빨리 재산을 불릴 수 있었다. 따라서 일단 이 지혜의 첫 번째 교훈을 잘 받아들이고 배우면 지식이 상당히 촉진될 것이다. 현명한 사람은 배움을 증가시킨다. 당신이 하나님이 보여주신 가장 쉬운 것들을 받아들이고 이에 귀 기울이면 이것들은 당신의 영혼을 깨우치고 더 확장시켜 더 많은 것을 받아들을 수 있도록 도와줄 것이다. 특히 당신이 이미 소유하고 있는 빛의 인도함을 따라 걷는다면 그 빛이 설혹 작다 할지라도 당신을 더 큰 빛으로 이끌 것이다. 더 많이 알기를 바란다면, 아는 바를 실천하기에 부지런하라. 이것을 믿으라. 이것이 바로 성장하는 법이다.

로버트 레이턴

"*The Observation of Providence,*" in *Sermons,* 226

어떤 사람은 지식도 많고, 빛도 많이 지니고 있다. 그는 하나님과 그분의 뜻에 대해 많이 알고, 그리스도와 그분의 길에 대해 많이 안다. 하지만 그럼에도 단지 '거의 그리스도인이 될 뻔한 사람'에 그친다. 지식 없는 은혜는 있을 수 없지만, 은혜 없는 곳에 지식만 많을 수는 있다. 조명이 먼저 일어날 때가 종종 있는데, 그럼에도 이후에 회심이 전혀 동반되지 않을 때도 있다. 지식의 주체는 이해에 있다. 거룩함의 주체는 의지에 있다. 사람의 이해가 조명되어도 그의 의지는 결코 거룩해지지 않을 수도 있다. 그는 하나님을 아는 지식을 가질 수 있어도 하나님께 순종하는 의지는 원하지 않을 수 있다. 사도들도 이 점에 관해 우리에게 말했듯이, 하나님을 알고도 하나님께 영광 돌리지 않고 자기 자신에게 영광 돌리는 사람들이 있다. 한 사람이 그리스도인이 되기 위해서는 머리에는 빛이, 마음에는 열이, 이해에는 지식이, 그리고 사랑에는 열정이 있어야 한다. 어떤 사람은 열정은 있으나 지식이 없다. 이는 맹목적인 헌신이다. 어떤 사람은 지식은 있으나 열정이 없다. 이는 열매 없는 사변에 불과하다. 지식이 열정과 함께할 때 진정한 그리스도인이 된다.

매튜 미드

Almost Christian Discovered, 24–25

어떤 사람은 오직 알기 위해 안다. 어떤 사람은 알려지기 위해 안다. 어떤 사람은 아는 것을 실천하기 위해 안다. 알기 위해 아는 것은 호기심이다. 알려지기 위해 아는 것은 허영이다. 하지만 아는 것을 실천하기 위해 아는 것은 복음의 의무다. 이것이 바로 완전한 그리스도인을 만든다. 이것이 없으면 단지 유사 그리스도인을 만들 뿐이다.

매튜 미드

Almost Christian Discovered, 27–28

위대하신 하나님이 그분에 관한 지식을 죄인들에게 전달하시는 네 가지 방법이 있다. (1) 창조와 섭리의 사역(시편 19:2), (2) 양심의 제안, 이것은 우리 안에 남아 있는 하나님의 형상이다. (3) 설교를 통해 해석되거나 적용되는 하나님의 말씀 또는 기록된 하나님의 율법, (4) 진리의 기둥과 터인 교회. 하나님에 관한 지식은 특별히 그리스도께서 나눠주신 선물과 지정하신 직분들을 통해 드러난다. 하나님이 그러한 방법을 통해 자신을 알리기를 기뻐하시며, 우리는 하나님이 말씀하실 때 귀를 기울일 의무가 있다. 그러므로 섭리에 의해 우리에게 주어지는 것 안에서 하나님의 말씀에 주의를 기울일 도덕적 의무가 명확히 존재한다.

필립 나이

Case of Great and Present Use, 1–2

빈 그릇이 가장 많은 것을 담을 수 있다. 자기 부인의 마음도 그러하다. 자신의 무지를 아는 것은 지식을 얻는 데 큰 도움이 된다. 자신의 부족함을 알아야 노력을 쏟는다. 비옥하게 하는 소나기는 높은 언덕에서는 재빨리 흘러내리지만, 낮은 계곡에서는 그곳에 머물며 땅을 적신다.

프랜시스 로버츠

Great Worth of Scripture Knowledge, 17

말씀에 대한 이해는 유익을 얻는 첫 걸음이다. 아론은 먼저 등잔에 불을 지피고 향을 태웠다. 감정이 불타기 전에 이해의 등잔에 불을 먼저 지펴야 한다. 말씀을 서로 비교하고, 다른 사람과 나누며, 최고의 주석을 사용하면서 지식을 취하라. 지식 없이는 성경은 봉인된 책이다. 각각의 구절은 우리에게 너무 높다. 말씀을 이해하지 못하면 그것은 결코 우리 마음에 영향을 미치지 못할 것이다.

토머스 왓슨

Bible and the Closet, 21–22

믿음에 선행하는 것이 지식이다. 믿음은 지적인 은혜다. 믿음 없는 지식은 있을 수 있지만, 지식 없는 믿음은 있을 수 없다. "주의 이름을 아는 자는 주를 의지하오리니"(시 9:10). 누군가는 이를 '예리한 시각을 가진 믿음'이라 말했다. 믿음에 앞서 지식이 등불을 비추어야 한다. "나의 의뢰한 자를 내가 알고"(딤후 1:12). 바울의 회심 시에 천국의 빛이 그를 둘러 비추었다(행 9:3). 믿음이 생기기 전에 하나님은 그의 이해에 빛을 비추셨다. 눈먼 믿음은 죽은 믿음만큼 나쁘다. 지식 없는 믿음을 좋은 믿음이라 말하는 것은 시각 없는 눈을 좋은 눈이라 부르는 것과 같다. 독실한 무지는 지옥의 저주로 인도한다. 로마 교회는 무지 가운데 거하는 것을 그들의 신앙의 일부로 여겼으니 정죄 받아 마땅하다. 그들은 알지 못하는 신에게 제단을 세웠다.

토머스 왓슨

The Christian's Charter of Privileges, in *Discourses*, 1:102

경건한 사람의 지식은 성장한다. 진정한 지식은 아침 빛과 같아서 온 세상을 완전히 덮을 때까지 수평선에 펼쳐진다. 영적인 지식은 달콤하여 알면 알수록 지식의 갈증은 더 커져 간다.

토머스 왓슨

Godly Man's Picture, 17

경건한 사람의 지식은 자기 부인을 조성하는 지식이다. 육신의 지식은 교만으로 머리를 어지럽힌다(고전 8:2). 진정한 지식은 자기 사랑에서 벗어나게 한다. 사람이 그러한 지식을 가지면 가질수록, 자신의 무지를 부끄러워한다.

토머스 왓슨

Godly Man's Picture, 17

사람이 탁월한 신학적 지식을 가질 수도 있으나, 성령님이 영적 방법으로 그것을 알게 해주셔야 한다. 사람이 숫자판에 있는 숫자를 볼 수 있더라도, 빛이 비치지 않으면 하루가 어떻게 흘러가는지 말할 수 없다. 우리는 성경에서 수많은 진리를 읽을 수 있으나 성령님이 우리에게 빛을 비추어 주시기 전까지는 구원을 일으키는 지식으로 그것들을 아는 것이 불가능하다(고전 2:10).

토머스 왓슨

Godly Man's Picture, 21

지식은 순종의 발을 인도하는 눈과 같다.

토머스 왓슨

Lord's Prayer, 151

지옥

존 번연의 『저주받은 자의 한탄』(The Groans of the Damn'd)이라는 책을 내 손에 전해 주시는 것을 하나님이 기뻐하셨다. 이 책은 나를 몹시도 두려워하게 만들었다. 번연은 이렇게 말한다. "영혼이 지옥에 만 번이나 들어가고 만 년이나 있었더라도 그 지옥에 들어간 첫날보다 지옥을 벗어나는 시점이 조금이라도 가까이 다가온 것이 아니다. 왜냐하면 지옥은 영원하기 때문이다."

찰스 도우

Collection of Experience, 11쪽에 나오는 작자 미상의 글

"너희 저주받은 자들아 내게서 떠나 마귀와 그의 사자들을 위해 예비된 영영한 불에 들어가라." 이 구절에서 "**내게서 떠나**"는 모든 기쁨과 행복으로부터의 분리를 의미한다. "**저주받은 자들아**"는 어둡고 저주받은 파문을 의미한다. "**불**"은 고통의 잔인함을 의미한다. "**영영한**"은 형벌의 영속성을 의미한다. "**마귀와 그의 사자들을 위해 예비된**"은 괴롭히고 괴롭힘을 받는 당신의 동반자들이 있다는 것을 의미한다. 정죄를 받은 자가 결코 피할 수 없는 무서운 선고가 여기 있으며, 이 선고를 받고도 버텨낼 수 있는 자는 아무도 없다. 이 선고에서 그 어떤 사람도 예외가 될 수 없고 어디에도 호소할 수 없으므로, 저주받은 자에게는 고통의 경감도 없으며, 끝도 없는 고통 외에는 아무것도 남지 않는다.

루이스 베일리

Practice of Piety, 42

만일 하나님이 당신의 백성이 이 세상에서 지옥을 맛보게 하심으로 그들이 지옥과 임박한 진노로부터의 구원받을 것에 대해 매우 감사하게 되기를 원하신다 한들 무슨 상관인가? 지옥에는 세 가지 고통이 있다. 육체의 고통, 양심의 공포, 하나님의 상실이 그것이다. 이 땅에서 겪는 극심한 통증, 예를 들면 통풍이나 담석으로 의한 고통을 통해 우리는 지옥의 고통을 생각할 수 있다. 이 세상에서 만나는 양심의 공포로부터 우리는 지옥에서의 양심의 공포를 생각할 수 있다. 이 세상에서 하나님이 우리에게서 자신의 얼굴 빛을 감추어 물러나심으로

부터 우리는 지옥에서의 하나님의 영원한 상실을 생각해볼 수 있다.

윌리엄 브리지

Seasonable Truths, in Evil Times, in *Works*, 3:163–64

지옥을 막는 가장 좋은 방법은 당신의 젊음의 힘과 시간과 재능을 하나님께 드리는 것이다. 죽음이 갑자기 그리고 예기치 않게 당신을 사로잡을 수 있다. 젊음은 노년만큼이나 변덕스럽다. 푸르른 나무와 메마른 통나무가 한 불에 만나듯, 젊은 죄인들과 늙은 죄인들이 한 지옥에서 만나 함께 불타오른다.

토머스 브룩스

Apples of Gold, 53

지옥에 대해 자주 생각하는 것이 바로 지옥에 떨어지는 것을 예방하는 길이다. 오, 당신이 저주받은 자들의 고통의 쓰라림과 그들의 고통의 무자비함과 다양함과 치료책 없음과 완화될 수 없음을 자주 생각할 수 있다면 좋으련만! 이 세상에서의 죄인의 기쁨은 그저 순간적일 뿐이다. 그러나 이후의 고통은 영구하다. 오, 그대 청년들이여, 죄인들이 지옥에 있을 때 다른 그리스도가 그들을 위해 죽거나, 동일한 그리스도께서 그들을 위해 다시 십자가에 못 박히거나, 또는 다른 복음이 그들에게 전파될 것이라고 생각하는가? 결코 그럴 수 없다.

토머스 브룩스

Apples of Gold, 170–71

하나님은 죄가 이 세상에서 가장 큰 지옥이었던 사람들을 지옥에 보내시지 않는다. 하나님에게 있는 지옥은 일반적으로 죄가 이 세상에서 천국과도 같았던 사람들을 위한 것이다. 이 세상에서 날마다 죄를 미워하고 죄에 항거하는 사람은 저 세상에서는 결코 죄로 인해 비참해지는 일이 없을 것이다.

토머스 브룩스

Cabinet of Choice Jewels, 202

사람은 아주 짧은 순간 불을 만지고 손을 떼면 그 불을 참을 수 있다. 그러나 영원한 불 가운데 거하는 것은 두려운 일이다. 오, 그 안에서 영원히 거하는 것은 무엇인가? 우리는 흔히 "가벼운 짐을 멀리 옮기는 것은 무거운 일이다"라는 말을 하곤 한다. 그렇다면, 율법과 공의와 하나님의 진노로 인해 잃어버린 영혼이 영원히 죄의 짐을 짊어지는 것은 무엇인가? 이제 별들의 개수를 세어 보고, 바다의 물방울들을 세어 보고, 온 지면에 퍼져 있는 풀잎들의 수를 세어 보라. 당신은 저주받은 영혼이 지옥에 눕게 될 영구한 세월을 세는 것보다 훨씬 더 빨리 이것을 할 수 있을 것이다. 지금 궁창에 있는 모든 별들이 천 년에 하나씩 타서 없어진다고 생각해 보라. 그 별들 가운데 마지막 별까지 다 타버리려면 얼마나 오랜 시간이 걸리겠는가? 그러나 그렇게 긴 시간이 지나도 저주받은 영혼이 형벌을 받는 일은 그치지 않는다.

존 번연

Riches, 466

오, 죄인들이여, 여러분이 죄를 지을 때 지옥의 입구 주위를 춤추고 있다는 것을 생각하라. 만일 주께서 여러분의 가느다란 목숨줄을 끊으신다면, 여러분은 곧바로 지옥에 떨어지게 될 것이다. 사람들은 죄의 쾌락을 매우 달콤하다고 생각한다. 그러나 주님은 그것이 결국에는 매우 쓰라리게 될 것임을 잘 아신다.

아서 덴트

Plain Man's Plain Path-way, 18

많은 사람이 세상의 모든 고통은 양심 위에 임하는 하나님의 진노에 비할 바가 아니라고 선언한 바 있다. 죽지 않는 구더기가 바로 죄책을 안고 있는 양심의 가책이 아니면 무엇이겠는가? 이 벌레는 인간의 가장 부드럽고 민감한 부분인 내면을 끊임없이 갉아먹는다. 이것은 지옥의 공포를 구성하는 주요 부분이다.

존 플라벨

Fountain of Life, 342

그 누구도 천국에 가까이 갔다가 지옥으로 떨어지는 이들보다 더 깊은 추락을 경험하는 사람은 없을 것이다. 그들은 가장 높은 곳에서 아래로 떨어지기 때문이다. 그들은 마귀들에게는 제공되지 않았던 자비의 끈을 받았었기 때문에 그들의 고통은 마귀들보다 더 심하다. 따라서 하나님이 그의 성령으로 영혼을 얻으시기 위해 다른 영혼들보다 더 많이 기다리고 권면하시는데, 만일 그가 멸망을 당하면, 그는 더 극심하게 뜨거운 지옥을 만나게 될 것이다. 이것이 그의 죄를 더하고 지옥에서의 그의 죄의 기억이 그의 고통을 더하게 만들 것이다. 이렇게 그리스도와 반쯤 동행했다가 그리스도를 떠난 사람들처럼 슬픈 이별을 겪을 사람은 없을 것이다.

윌리엄 거널

Christian in Complete Armour, 34

저주받은 영혼들이 세상에서 살 때 지옥을 향해 걸어갔던 그 길을 잊을 수 있겠는가? 그들은 하나님의 성령께서 얼마나 자주 그들을 권고하셨는지, 그들이 성령님의 각성시키시는 확신에 얼마나 압도당했었는지 잊을 수 없다. 즉, 그들이 이 세상에서 천국을 향한 그들의 여행에서 얼마나 많이 앞으로 갔다 뒤로 갔다 했고 어떤 가능성을 가졌었는지를 결코 잊을 수 없다. 그들이 이런 고통스러운 일들에 대한 기억을 지울 수 있다면, 놀라울 정도로 편안함을 얻을 것이다.

윌리엄 거널

Christian in Complete Armour, 34

사탄은 죄인들의 회개를 계속 지체시키려고 애쓴다. 사탄은 회개해야겠다는 막연한 생각을 두려워하지 않는다. 사탄은 죄인들에게 그들이 무엇을 해야 할지 말하게 허락하면서 시간을 벌면서, 그의 기술로 그런 생각이 머리에 들어가 완전한 결심으로 무르익는 것을 방지할 수 있다. 지옥에 있는 사람들 중 회개할 것을 생각해 보지 않은 사람은 거의 없다.

윌리엄 거널

Christian in Complete Armour, 111

내 생각에, 목회자들의 입을 묶어 버려, 하나님과 화목하게 되지 못한 사람들을 그들의 죄와 비참으로 겁주지 못하게 만드는 법이 있다면 우리 중 많은 이들이 그런 법에 만족할 것이다. 대부분의 사람들은 그들의 비참의 위험에서 벗어나는 것보다 그들의 비참한 상태를 말해주는 말로부터 도망치는 데 더 주의를 기울인다. 그들은 그들을 지옥으로 데려갈 죄악된 상태에 대해 괴로워하기보다 지옥에 관한 이야기에 더 화를 낸다.

윌리엄 거널

Christian in Complete Armour, 365

그들은 지옥의 유황 구덩이의 냄새를 자주 묵상하는 것이 영혼을 위해 건강한 습관이라고 말하곤 한다. 오 그리스도인이여, 저주받아 지옥에 떨어진 자들의 극심한 고통에 대해 묘사하는 성경 말씀을 주의 깊게 살펴보라. 이것이야말로 진정한 상갓집이다. 이를 진지하게 묵상함으로써 그곳에 간접적으로 들어가 보는 것은 살아있는 자들이 마음에 새길 최고의 수단이 된다. 그것을 마음에 새기면, 천국의 아름다운 대저택을 제공받았음에도 회개하지 않음으로써 당신 자신을 이 고통스런 장소에 던져 넣을 것을 두려워하게 될 것이다.

윌리엄 거널

Christian in Complete Armour, 607

지옥에서 저주받고 있는 자들은 만일 그들이 이 세상에서 영원히 살 수 있었다면, 영원히 죄를 지었을 것이기 때문에 지옥의 끝없는 고통을 영원히 당하는 것이다. 악인들은 지옥에서의 삶이 끝없이 계속될 것이다. 그들은 영원히 죄를 지을 수 있도록 영원히 살 것이다.

존 하트

Christ's Last Sermon, 12

집에 집을 더 사고, 밭에 밭을 더하고, 재산에 재산을 쌓았으나 이제 그들은 물 한 방울도 없지 않은가!

헨리 펜들버리

Invisible Realities, 81

그러므로 여호와께서 그들에게 생명을 주셨으나 그들이 원하는 생명이 아니라 그들이 마땅히 받아야 할 생명을 주셨다. 그것은 참으로 영원한 사망이다. 악인들은 죄 가운데서 영원히 살기를 원했을 것이기에 죄 때문에 영원히 죽을 것이다. 오, 영혼이여. 당신이 보고 있는 것, 심지어 가장 아름다워 보이고 훌륭해 보이고 충만해 보이는 것들은 실상 지금 지옥에 있는 사람들이 한때 가졌던 것들이다. 또한 결코 천국에 들어가지 못할 많은 사람이 지금도 그것을 가지고 있다. 당신은 지금 훌륭한 집을 마음을 두고 있는가? 많은 이들이 좋은 집에 살았었으나 지금은 어둠 속에서 살고 있다. 당신은 지금 멋진 옷을 보고 있는가? 모든 유행을 따라 가면서 어떻게 용맹할 수 있겠는가? 아, 왜 자색 옷과 고운 베옷을 입고 온갖 종류의 장식으로 치장했던 많은 사람들이 지금은 불과 유황의 강에서 벌거벗은 상태로 고통받고 있을까? 당신은 집과 땅이 당신의 소중한 보물인가? 많은 사람이 세상에 살면서

지옥의 형벌은 극심할 것이다. 악인들의 영혼은 그들이 품을 수 있는 최대한의 고통으로 가득 차게 될 것이다. 그들이 고통을 품을 수 있는 수용력은 더 커질 것이고 용량의 최고치까지 채워질 것이며, 그들의 몸 역시 견딜 수 있는 가장 극한의 고통을 겪게 될 것이다. 고통에 대한 그들의 감각은 더 빨라질 것이고, 고통을 견디는 그들의 힘은 더 커질 것이며, 가장 극한의 고통에 도달할 때까지 그렇게 될 것이다. 몸의 어떤 고통은 그리 예리하지 않고 마음의 어떤 고통은 충분히 견딜 수 있을지도 모르지만 온몸의 질병은 매우 극심하게 괴로울 것이다. 마치 두통과 치통이 극심할 때처럼 말이다. 통풍과 담석, 극도의 복통, 특히 마음의 극한의 고통은 그의 삶을 지키게 만들 것이다. 몸과 마음의 모든 부분이 극한의 고통을 당하며, 우리 자신의 능력이나 수용력을 넘어서서 받게 되는 고통은 매우 무시무시한 것이다.

토머스 빈센트

Christ's Sudden and Certain Appearance to

Judgment, 177–78

런던에 대화재가 발생했을 때, 편하게 잘 수 있었던 사람은 아무도 없을 것이다. 불이 이웃 거리에서 나서 집을 태웠을 때 불에 타죽지 않으려면 집에서 잘 수 없었을 것이다. 마찬가지로 정욕의 불이 당신의 몸 안에 있고 당신 안에서 불타고 있을 때, 하나님의 진노의 불이 당신을 사를 것이다. 그토록 무섭고 꺼지지 않는 지옥의 불이 당신이 있는 곳 아래서 타오르고 있다. 당신은 불타는 호수 위에 노끈으로 매달려 있다. 머지않아 꼬인 실이 저절로 풀리고 부지불식간에 끊어질 수 있다. 그때 당신은 화염 속으로 떨어지고 말 것이다. 당신이 그러한 위험에 처해 있음에도 불구하고 죄책과 죄의 권세 아래서 편히 잠 잘 수 있겠는가? 깨어라! 죄인들이여, 깨어라!

토머스 빈센트

Christ's Sudden and Certain Appearance to Judgment, 172

여기서 당신은 통풍과 극심한 복통, 담석 같은 고통을 생각하면 몸서리칠 것이다. 매다는 형벌이나 고문대, 형벌의자와 같은 고문에 대해 들으면 전율할 것이다. 그러면 당신은 당신 몸의 모든 부분에 임하는 극심한 고통, 즉 출산의 진통과 같은 불과 유황의 타는 것, 벌레가 가슴을 파먹는 것, 쓸개와 쑥과 같은 음료를 마시는 고통을 어떻게 참을 것인가? 이는 모두 그림자에 불과하지 아니한가? 그것들은 모두 다 그저 벼룩에 물리는 것 같을 뿐이다. 당신의 몸은 창조주를 대적한 죄로 가장 큰 고통을 당할 것이다.

사무엘 워드

"The Life of Faith in Death," in *Sermons and Treaties*, 60

지옥은 완고한 마음으로 가득 차 있다. 지옥에는 부드러운 마음이 하나도 없다. 거기에는 슬픈 울음이 있겠지만, 부드러움은 없다.

토머스 왓슨

The Beautitudes, in Discourses, 2:102

지옥에 어떤 물리적인 불이 있다면, 그 불이 악인들의 몸을 태워 없앨 것이라는 주장이 제기된다. 그러나 나는 모세의 떨기나무에 불이 붙되 타서 없어지지 않았던 것처럼 악인들도 지옥불에 타서 없어지지 않고 계속 탈 것이라고 대답하는 바이다(출 3:2). 하나님의 전능하심은 모든 논쟁을 잠잠케 한다. 하나님은 세 자녀를 풀무불 속에서도 멀쩡하게 보존하실 수 있었다. 하물며 지옥불이 불태워 없애 버리지 않으면서 계속 타게 하실 수 없겠는가?

토머스 왓슨

A Christian on the Mount, in Discourses, 1:229

영원은 지옥 중의 지옥이다. 영혼의 잃어버림은 결코 돌이키거나 치유할 길이 없다. 지옥에 있는 죄인이 그를 위해 죽을 또 다른 그리스도를 찾을 수 있겠는가? 동일한 그리스도께서 다시 십자가에 못 박히실 것인가? 결코 그렇지 않다. 지옥의 불은 영원히 타는 불이다.

토머스 왓슨

The Christian's Charter of Privileges, in *Discourses*, 1:101

복음이 제공하는 기회를 잃어버린 것은 지옥 중의 지옥이 될 것이다. 죄인은 마지막 날에 이렇게 생각할 것이다. "오, 내게 주어진 수많은 기회들이여. 나는 천사만큼 부유하게 될 수 있었다. 천국이 내게 줄 수 있을 만큼 부유할 수 있었다. 나에게 기회가 있었는데 내가 그것을 놓쳤구나." 이러한 후회는 마치 독수리가 그의 살을 갉아먹는 것과 같을 것이다. 이는 그의 불행을 더욱 쓰라리고 극심하게 할 것이다.

토머스 왓슨

"The One Thing Necessary," *in Discourses*, 1:374

나는 이것이 가장 잘못된 의견(어떤 이들은 이 책임을 오리게네스에게 떠넘겼다)이라는 것을 다시 말할 필요가 없으며, 아우구스티누스는 이 문제를 충분히 논박했다. 모든 사람이 지옥에서 고통을 받은 후에 마침내 지옥에서 나와 영원한 죽음에서 해방되어 영생에 참여하게 될 것이라는 견해는 큰 반박이 필요 없을 만큼 그 자체로 논박의 대상이 된다. 분명히 말하지만, 지옥은 벌레도 죽지 않고 불도 꺼지지 않는 곳이다. 우리 구주께서도 자주 이 말씀을 하셨다. 또한 죽음이 영원하다는 것을 증명할 많은 논증들이 있지만, 지면 관계상 생략한다. 성경은 이런 종류의 오류를 명백하게 드러낸다. 따라서 영생은 자연적 생명만큼 보편적이지 않다는 것을 믿어야 한다.

제레마이어 휘태커

Christians Great Design on Earth, 24

그들은 비통과 비애 속에서 지옥의 무시무시한 고통을 겪으며,
그곳에서 영원히 거하게 될 것을 깨달을 것이다.
5만 년이 지나도 그들은 안식을 얻지 못할 것이다.

5만 년이 두 번 지나도
그들은 처음 지옥에 왔을 때처럼 형벌을 받는다.
오! 이것은 지옥의 불을 더 견딜 수 없게 만든다.
연약한 인간, 저주받은 영혼들에게
이것은 견딜 수 없는 역병이다.
이로 인해 저주받은 사람들은 그들의 혀를
두 조각 나게 깨물게 될 것이다.
이로 인해 그들은 극심한 공포에 소리를 지르고
그들의 모든 고통은 세 배나 더 강해진다.

마이클 위글워스

"A Short Discourses on Eternity," last two stanzas, *Day of Doom*, 92

지적 장애(정신적으로 손상된)

출생할 때부터 온전치 못한 자들은 하나님을 잘 알 수 없다는 점에서 하나님의 은밀한 계획에 맡겨두어야 한다. 하나님이 이들에 대해 어떤 결정을 내리셨는지 아는 사람은 아무도 없다. 하나님이 선언하신 것처럼, 하나님은 적게 받은 자에게는 적게 찾으실 것이다(눅 12:48).

존 코난트

Sermon 3 on John 17:3, in *Sermons*, 98

직업 선택

합리적으로 충분히 생각해야 한다. 진지하게 이성적으로 생각하지 않고 삶의 조건을 결정하는 중차대한 일을 하는 것은 매우 어리석다…충실하고 현명한 사람들, 특히 같은 직업에 종사하는 사람들에게 조언을 구해야 한다…마음을 위험에 빠뜨리지 않을 직업과 장소를 선택하라…진지한 기도로 인도와 도움을 간구함으로써 하나님의 섭리를 인정하라…앞서 언급된 지침들을 고려하면서 자신의 성향이 어떤지를 잘 살펴라. 만일 특정한 직업에 대해 마음이 강하게, 합리적으로 이끌린다면, 그것도 섭리의 인도를 받아 올바른 선택을 할 수 있는 한 가지 방법이 될 수 있다.

리처드 스틸

Religious Tradesman, 32–36

직업 소명

못 박는 사람은 망치에, 농부는 쟁기에, 재단사는 가위에, 제빵사는 반죽 그릇에, 광부는 광차에, 무두장이는 가죽에, 군인은 무기에 충실해야 한다. 가게 일에서 강단으로, 군대에서 사역으로, 푸른 앞치마에서 검정 가운으로 도약하려고 해서는 안 된다.

항상 위안을 느끼며 살려면 직업 소명의 한계와 범위를 지켜야 한다. 하나님은 모든 직업 소명의 한계를 정하셨다. 그 한계를 함부로 넘어설 수 있는 사람은 아무도 없다. 상급자는 다스리고, 하급자는 다스림을 받고, 복종해야 한다. 사역자들은 말씀을 연구해서 전하고, 사람들은 듣고 복종해야 한다.

토머스 홀

Pulpit Guarded, 25

직업 활동에 있어서의 신실함

우리는 술집과 여인숙에서 귀한 시간을 낭비하는 것이 죄라는 것은 쉽게 이해한다. 그러나 과연 어느 누가 방적사나 행상인과 바쁘게 거래를 하는 것을 죄로 생각할 수 있을까? 살면서 죄를 짓지 않을 사람이 진정 존재할까? 한밤중에 "내가 오늘 거짓말을 해서 얻은 것이나 절약한 것이 아무것도 없었을까? 거래를 하면서 악한 말을 한마디도 하지 않았을까?"라고 돌이켜 생각할 사람이 과연 몇이나 있을까? 우리는 거래를 하면서도 술에 취하는 것과 똑같이 지옥에 떨어질 죄를 얼마든지 지을 수 있다. 거짓말도 저주와 욕설처럼 불과 유황이 타오르는 불못에 인간을 빠뜨릴 수 있다.

존 콜린지스

Weaver's Pocket-book, 33

물건을 사고팔 때는 "남이 내게 해주기를 원하는 대로 하라"라는 것을 지침으로 삼아야 한다. 예를 들어, 물건을 팔 때는 물건의 품질은 물론, 가격이 적정한지를 잘 생각해서 받고 싶은 가격에 상응하는 것을 기쁘게 내어주어야 한다. 그렇게 하지 않으면 정당한 거래가 성립될 수 없다. 아울러, 물건을 살 때도 우리의 마음이 우리를 속이지 않도록 주의해야 한다. 우리는 그렇게 되기가 매우 쉬운 성향을 지니고 있다.

에제키엘 컬버웰

Time Well Spent, 31 – 32

물건을 사고팔 때는 이웃이 우리를 통해 이익을 얻게 해야 한다는 지침을 따라야 한다.

에제키엘 컬버웰

Time Well Spent, 32

진리

진리는 불변한다. 태양의 밝기가 그것을 우러르는 사람이나 그것을 미워하는 사람에 의해 더 밝아지거나 더 어두워지지 않는 것처럼, 진리도 그것을 지지하는 사람이나 그것을 반대하는 사람에 의해 더 많아지거나 더 적어지지 않는다. 확대될 수 있는 것은 또한 축소될 수 있다. 증대될 수 있는 것은 또한 감소될 수 있다. 하나님과 그분의 진리는 어느 쪽에도 해당하지 않는다.

토머스 애덤스

Exposition upon ... Second ... Peter, 247

진리를 구하려면, 진리를 아는 수단이 아무리 훌륭하다고 해도 그것을 전적으로 의존해서도 안 되고, 아무리 하찮다고 해도 그것을 무작정 멸시해서도 안 된다…하나님은 가장 자격이 없는 듯 보이는 사람들에게 자신의 진리를 나타내기를 기뻐하신다. 성육신의 위대한 진리가 가장 먼저 목자들에게 계시되었고, 부활의 위대한 진리가 가장 먼저 여성이었던 마리아에게 계시되었다.

윌리엄 브리지

"The Saints' Hiding Place in the Time of God's Anger," in *Works*, 4:366

진리는 벌거벗었을 때 가장 아름다웠던 우리의 첫 조상과 같다. 그들을 가린 것은 죄였다. 무지는 사실을 숨긴다.

새뮤얼 클라크

Saint's Nosegay, 125

진리를 왕으로 삼아 거기에 기꺼이 복종하지 않는 사람들이 거짓을 압제자로 삼아 마치 노예처럼 모든 판단을 거기에 예속시키게 만드시는 하나님의 처사는 의롭다.

새뮤얼 클라크

Saint's Nosegay, 151

"어찌 그러한 일이 있을 수 있나이까"(요 3:9)라는 말이 암시하는 대로, 진리가 신령할수록 육적인 이성이 그것을 더 강하게 거부한다는 것은 잘 알려진 경험적 사실이다.

엘리샤 콜스

Practical Discourse, 185

우리가 하나님께 의탁하는 것들이 있고, 하나님이 우리에게 의탁하시는 것들이 있다. 우리가 우리를 위해 잘 간직해 주시도록 하나님께 맡기는 중요한 것은 바로 우리의 영혼이다. 우리는 "(우리가) 의탁한 것을 그 날까지 그가 능히 지키실 줄을 확신한다"(딤후 1:12). 한편, 하나님이 우리에게 주로 맡기시는 것은 그분의 진리다. 진리는 우리가 신뢰하는 친구에게 돈을 맡기는 것처럼 우리에게 전달되었다. 따라서 우리는 "성도에게 단번에 주신 믿음의 도를 위하여 힘써 싸워야 한다"(유 1:3).

윌리엄 거널

Christian in Complete Armour, 218

진리를 보존하는 것은 좋은 일이다. 그러나 사소한 불일치는 치료가 필요하지 않다. 그것은 마치 쥐를 잡으려고 집에 불을 지르는 것과 같다. 연합을 추구하는 것은 좋지만, 신앙의 핵심에서 거리가 먼 사소한 문제들을 엄격하게 따지는 행위는 정당화될 수 없다.

토머스 맨톤

Meate out of the Eater, 49

교회에서 진리가 먼저 사라지고, 그 다음에 거룩함이 사라질 때도 있고, 거룩함이 쇠퇴하거나 도외시되는 바람에 진리를 잃게 될 때도 있다. 진리와 거룩함 가운데 어느 하나를 거부하면 나머지 하나도 유지될 수 없다.

존 오웬

Golden Book, 129

때로 평범한 사람도 진리를 깨닫고, 선한 사람들과 어울리면 약간의 담대한 확신을 얻을 수 있다.

존 오웬

Golden Book, 233

진리를 제재하거나 억제하지 않고 온전하게 드러내 보이면 사탄과 그의 도구들이 아무리 발광을 해도 결코 승리하지 못할 것이다. 히에로니무스는 동시대의 펠라기우스주의자들에 대해 "그대들의 견해가 무엇인지를 알면 그것을 즉시 물리칠 수 있소. 그대들의 신성모독은 한눈에도 쉽게 알아볼 수 있소이다."라고 말했다.

리처드 십스

Bruised Reed and Smoking Flax, 140 – 41

영적인 것은 영원하다. 진리는 그리스도의 영이 비추는 빛이다. 이 빛이 영혼에 주입되었기 때문에 이 빛과 그로 인해 발생한 은혜는 아무리 적어도 승리할 것이다. 작은 물건도 거인의 손에 들리면 큰 효력을 나타낼 수 있다. 그와 마찬가지로 작은 믿음도 그리스도께서 힘주시면 놀라운 기적을 일으킬 수 있다.

리처드 십스

Bruised Reed and Smoking Flax, 151

질병/전염병

일부 여성들을 비롯해 정신력이 약하고, 성미가 급한 남자들은 특히 병에 걸리면 짜증을 잘 내고, 조급하게 구는 경향이 있다. 그들은 일상의 삶을 불안하고, 괴롭게 여긴다. 그런 사람들은 말을 걸거나 쳐다보기조차 어렵다. 그들은 아무 이유 없이 성질을 낸다. 세상에는 그런 사람들을 자극해 불안하게 만드는 요인들이 많다. 그런 사람들이 하나님 안에서 즐거워할 가능성은 거의 없다. 그들은 늘 까탈스럽고, 조급하게 구는 까닭에 아무것에서도 기쁨을 느끼지 못하고, 스스로를 끊임없이 괴롭힌다.

리처드 백스터

A Christian Directory, in *Practical Works,* 2:417

당신은 "아, 내가 전염병에 걸리면 친구들이 모두 나를 떠나고 혼자 남을 거야. 그렇게 되면 나는 어찌 될꼬?"라고 말하는가? 왜 시편 저자처럼 "그가 내게 간구하리니 내가 그에게 응답하리라 그들이 환난 당할 때에 내가 그와 함께하여 그를 건지고"(시 91:15)라고 말하지 않는 것인가?

윌리엄 브리지

Righteous Man's Habitation, 56 – 57

경건한 사람은 그의 삶과 사역이 다 끝나기 전에는 그 어떤 재난이 닥쳐도 죽지 않는다. 우리 가운데 전염병으로 인해 세상을 떠난 사랑스러운 주님의 종들도 마찬가지다. 그들이 떠난 이유는 그들의 시간이 다 되었고, 그들의 사역이 끝났기 때문이다. 만일 그들이 해야 하거나 감당하거나 견뎌야 하거나 증언해야 할 일이 더 남았더라면 하나님이 하늘의 천사들은 물론 그 어떤 심각한 질병도 그들을 산 자들의 땅에서 데려가도록 허락하지 않으셨을 것이다.

토머스 브룩스

Heavenly Cordial, 53 – 54

병든 사람들은 하나님께 사랑과 감사를 드려야 할 뿐 아니라 다른 사람들에게도 형제애를 보여주어야 한다. 그들은 온전히 회복할 때까지 다른 사람들이 자신을 통해 감염되는 일을 방지하기 위해 그들과 어울리는 것을 삼가야 한다. 다시 말해, 병에 걸렸을 때 친구들이 자주 찾아오지 않는다고 해도 그것을 슬프게 생각해서는 안 된다. 질병에 걸린 사람들은 자기 때문에 다른 누군가가 질병에 걸리지 않도록 조심해야 한다. 질병을 옮기는 것은 매우 어리석은 일일 뿐 아니라 참된 사랑이 부족하다는 증거다.

윌리엄 쿠퍼

" Tenth Sermon concerning God's Late Visitation," in *Certaine Sermons,* 363

질문 : 감염(전염병)을 피하는 행위는 적법한가?

답변 : 물론이다. 국가의 관리들이나

질병 관리 요원들이나 병든 교인들을 찾아봐야 할 목회자들은 이를 피해서는 안 되지만, 그런 일을 하기가 두렵거나 그런 책임으로부터 자유로운 사람들(곧 공적 직임을 수행할 의무가 없는 사람들)은 피해도 무방하다. 사람은 다른 사람에게 해를 끼치지 않기 위해 전염병을 피해 자신을 보호할 수 있다. 전쟁, 기근, 홍수, 화재와 같은 위험을 피하는 것은 당연하다. 그런데 이 경우만 어찌 달리 판단할 수 있겠는가?

토머스 드랙스

Christian Armory, 39 – 40

주님, 제게 혹독한 질병을 허락하시면 인내하지 못하고 조급해할까 봐 두렵습니다. 왜냐하면 저는 성미가 급하고, 심성이 강직하지 못할 뿐 아니라 지금까지 질병을 앓아본 적이 없기 때문입니다. 저는 제가 경험하지 못한 것에서 어떤 유용성도 발견하지 못하고, 화를 내며 절규할 것이 뻔합니다. 질병이 제 마음의 키를 잡으면 그것이 어디로 향해할까요? 질병이 저의 상상력을 휘어잡으면 그것이 어디로 향해 달려갈까요? 혹독한 열병으로 인해 제 입의 용광로가 일곱 배나 더 뜨거워지면 그 자체로도 불인 제 혀가 거센 들불이 되고 말 것입니다. 그러나 주님, 어리석은 말로 저를 수치스럽게 만들지언정 사악한 말로 주님을 욕되게 하지 않게 도와주소서. 건강할 때 제게 인내의 기술을 가르쳐 병들었을 때 그것을 활용하게 하소서. 그런 일이 일어나거든 제 짐을 가볍게 해주거나 제 등을 굳세게 해주소서. 건강할 때 제가 강하다고 생각하지만 실제로는 연약하기 짝이 없을 때가 너무나도 많사오니 병들었을 때는 더더욱 주님의 도우심만을 의지하고 강해지게 하소서.

토머스 풀러

Good Thoughts, 2 – 3

하나님의 마음을 소유한 사람들에게 그분의 손길이 가혹하게 여겨질 만큼 힘든 섭리가 종종 주어지곤 한다. 내가 목격한 바에 따르면, 하나님의 자녀들은 병들었을 때 그분의 사랑을 가장 크게 의심하곤 한다. 그런 상황에서는 우리의 생각이 우리 자신만을 향하고, 육체의 연약함으로 인해 정신이 무기력해지며, 이성을 자유롭게 활용하는 능력이 감퇴하고, 감각과 느낌만 온통 예리해진다.

토머스 맨톤

Practical Exposition on the Epistle of James, 203

사람들은 전염병에 오염된 집을 피할 것이 틀림없다. 그렇다면 창기의 집은 더더욱 힘써 피해야 마땅하지 않겠는가? 창기는 그 어떤 전염병보다 더 위험하고, 더 전염성이 강하다.

피터 머펫

Commentary on the Whole Book of Proverbs, 29

신중한 사람은 전염병이나 악을 보자마자 피하는 특성이 있다. 위험에 처한 사람이 피할 수 있는 가장 안전한 피신처는 바로 하나님이다. 그런 사람은 살아 있는 믿음으로 하나님의 은밀한 곳과 그분의 날개 아래로 피해야 한다(시 91:1, 143:9). 우리는 악으로부터 우리 자신을 보호하기 위해 우리의 마음과 생각을 잘 지키고, 외적 수단들을 적절하게 이용해야 한다.

피터 머펫

Commentary on the Whole Book of Proverbs, 118

질병은 죽음을 가져다준다. 도르가는 병에 걸려 죽었다(행 9:37). 오랫동안 회복되지 못하고 질병에 시달리면 아무리 강한 육체도 죽어 먼지로 화한다. 질병은 죽음의 전령(*anteambulo mortis*)이다. 병상은 어둠의 침상(무덤)으로 가는 지름길이다. 죄는 영혼을 죽음에 이르게 한다. 죄라는 질병을 그리스도의 피로 치유하지 않으면 영혼이 영원한 사망에 이르게 된다(롬 6:23). 죄는 수많은 사람을 지옥으로 데려갔다. 죄의 질병을 치유하지 않고 살다가 죽은 사람들도 그와 똑같은 운명을 맞이하게 될 것이다. 죄 가운데서 죽는 자는 영원히 죽는다.

랠프 로빈슨

Christ All and in All, 81

전염병이 돌 때는 한 사람의 사역자는 모두를 가르치고, 또 다른 사역자는 환자들을 방문하게 하는 것이 바람직하다. 이 일은 사람들의 선택을 통해 이루어지는 것이 좋다. 만일 권고를 받은 사람들이 자원해서 나서지 않을 때는 경건한 목회자는 주어진 권한을 지혜롭게 사용해 이 두 가지 사역을 잘 안배함으로써 멀리 격리되어 있는 감염자들에게 말씀을 전하게 해야 한다. 그러면 어떤 위험이 발생하더라도 안전할 수 있다.

에제키엘 컬버웰

Time Well Spent, 299

징계

하나님은 우리를 사랑하는 그 사랑으로 우리를 징계하신다. 하나님은 지금 천국에 잘 들어가도록 우리를 훈련하고 계신다. 그분은 우리를 하늘의 집에 세우기에 적합한 기둥으로 삼으려고, 우리를 깎고 다듬으신다.

시므온 애쉬

Primitive Divinity, 166–67

나는 징계라는 용어를 모든 고난을 가리키는 광의의 의미로 사용하고자 한다. 하나님이나 사람이나 사탄에게서 온 고난이든, 죄로 인한 고난이든 의를 위한 고난이든 모든 고난이 여기에 포함된다.

토머스 케이스

Correction, Instruction, 2–3

하나님은 우리에게 외적 은혜와 위로를 소중히 여기면서도 그것들에 매료되지 않는 법, 곧 그것들을 감사하게 받아들일 뿐, 그것들에 속박되지 않는 법을 가르치기 위해 징계를 베푸신다.

토머스 케이스

Correction, Instruction, 8

우리는 징계를 통해 하나님께 더욱 관심을 기울이게 된다. "하나님은 한 번 말씀하시고 다시 말씀하시되 사람은 관심이 없도다"(욥 33:14)라는 말씀대로, 형통할 때는 우리의 귀에 세상의 소음이 너무 심해 하나님의 음성을 들을 수가 없다. 우리는 세상의 일에 너무나도 바빠 하나님께 주의를 기울이지 않는다.

토머스 케이스

Correction, Instruction, 88

하나님이 자기 백성에게 가르치는 교훈에는…동정심, 절제, 자기 부인, 겸손, 자기 인식, 기도, 성경, 천국에 대한 증거들, 죄의 해악, 하나님과의 교제, 은혜의 활용, 믿음의 삶, 겸양, 하나님에 관한 지식, 고난의 의무, 고난의 특권, 꼭 필요한 한 가지(눅 15:42 참조), 세월을 아끼기, 그리스도의 고난, 천국의 가치 등이 포함된다. 그리스도인들이여! 하나님의 징계를 통해 그분을 알게 되는 것은 이 스무 가지가 모두 합쳐진 큰 축복이 아닐 수 없다.

토머스 케이스

Correction, Instruction, 90

잘려져 불살라지는 것보다 가지치기를 통해 성장하는 것이 더 낫다.

존 트랩

Commentary…upon…the New Testament, 494

찬양

하나님을 찬양하는 의무를 사람들이나 천사들이 혀로 행할 수 있는 최고의 섬김으로 생각하라. 하나님을 송축하거나 찬양하거나 자랑한다고 해서 하나님이 실제보다 더 커지거나 더 나아지거나 더 행복해지시는 것은 아니다. 다만 찬양은 하나님의 크심, 선하심, 지극히 복되심을 선언하고 송축한다.

리처드 백스터

A Christian Directory, in *Practical Works*, 2:438

찬양과 기쁨은 서로를 고양시킨다. 이 상호 고양은 다음과 같은 방식으로 이루어진다. (1) 영혼을 하나님께로 가까이 이끌고 하나님의 사랑과 선하심의 온기 속에 둠으로써. (2) 생기를 주고 활력을 주며 속사람을 강하게 하는 사랑과 기쁨을 행사함으로써. (3) 의심과 짜증을 일소하고 감미로운 것들로 생각을 돌려놓음으로써. (4) 하나님을 높이 찬양하여 우리를 가장 크게 괴롭힐 수 있는 유혹자인 마귀를 물리침으로써. (5) 가장 주된 이 은혜가 행사되는 동안 우리의 신실함의 증거를 빛으로 이끌어냄으로써. (6) 가장 비천한 자신의 종들의 찬양을 사랑하는 하나님에게서 주어지는 상을 기대함으로써.

리처드 백스터

A Christian Directory, in *Practical Works*, 2:442

입술의 찬양도 좋지만 삶의 찬양이 더 낫다.

토머스 케이스

Correction, Instruction, 130

하나님에 대한 찬양은 마음속에 담아두기에는 너무 크다. 그러므로 하나님에게 기도할 때에도 은밀하게 하나님을 찬양하고 다른 사람들에게도 하나님을 찬양하라. 하나님이 이스라엘 자손을 구원하셨을 때 모세는 장인 이드로에게 하나님이 이스라엘 자손을 위해 행하신 일을 말했다(출 18:8). 다윗은 이스라엘 백성에게 자기에게 나아오라고 명령하고 하나님이 자기 영혼을 위해 행하신 일을 그들에게 말했다. 나병을 치료받은 나병 환자에 대한 그리스도의 요구는 "가서 너를 위해 행해진 일을 말하라"는 것이었다. 어리석은 농담 대신 감사의 말로 우리의 입을 채우자(엡 5:4). 마음에 가득하다면 입은 찬양으로 채워지기 마련이다.

토머스 굿윈

A Discourse of Thankfulness, in *Works*, 9:504–5

1. 성도가 하나님을 찬양함은 매우 당연하다. 2. 어떤 선한 것이라도 그것이 하나님에게서 비롯되었음을 인정해야 한다. 3. 이미 손에 쥐고 있는

것뿐 아니라 미래에 임할 복, 곧 소망으로 소유하고 있는 것에 대해서도 하나님을 찬양해야 한다. 4. 우리는 먼저 영적 복에 대해 하나님을 찬양해야 한다. 5. 하나님께 아뢸 때 하나님에 대한 우리의 믿음을 가장 강하게 할 수 있는 판단을 하고 거기에 걸맞는 표현을 사용해야 한다. 6. 그리스도에 대한 우리의 말은 가장 높은 존경과 공경으로 이루어져야 한다.

윌리엄 젠킨

Exposition upon the Epistle of Jude, 360

한 방울의 찬양은 긍휼의 바다에 대한 감사로는 전혀 어울리지 않는다.

윌리엄 세커

Nonsuch Professor, 9

오, 내 영혼아, 최고의 악기인 마음으로 하나님을 찬양하라. 이 악기를 가장 높은 곳까지 들어올리고 온 마음으로 찬양하라. 하나님이 긍휼의 현에 가락을 맞추실 때 그리스도인은 찬양의 현에 가락을 맞추어야 한다.

토머스 왓슨

The Christian's Charter of Privileges, in *Discourses*, 1:124

하나님이 크게 기뻐하시는 네 가지 제사가 있다. 그리스도의 피의 제사, 상한 마음의 제사, 구제의 제사, 감사의 제사가 그것이다. 그린햄 선생은 찬양과 감사는 하나님에 대한 예배의 가장 고귀한 요소라고 말한다. 찬양과 감사는 다른 종교 활동이 다 중단될 때에도 천국 합창단에서 계속될 것이기 때문이다.

토머스 왓슨

Godly Man's Picture, 123

창조

창조 사역은 한 편의 시요, 모든 종(種)은 시의 연이며, 모든 개체는 시의 구절이다. 시가 독자에게 시인의 기지와 상상력을 보여주는 것처럼, 창조 사역은 우리에게 하나님의 지혜를 보여준다. 하나님은 지혜로 세상을 창조하셨고(잠 3:19), 명철로 하늘을 펴셨다(렘 10:12). 하찮거나 시시한 것은 아무것도 없었고, 모든 것이 지극히 뛰어난 하나님의 솜씨를 통해 찬란하게 빛났다.

스테판 차녹

Selections, 84

하늘은…하늘과 땅이 창조된 이후로 매일 지칠 줄 모른 채 계속해서 땅을 에워싸고 돌고 있다. 이런 사실을 진지하게 생각하는 사람은 누구나 이 일이 참으로 위대하다고 느낄 것이 분명하다. 지혜와 능력이 가장 뛰어난 최상의 존재가 그런 것들을 만들어 법칙을 부여했다는 주장은 크나큰 설득력을 지닌다. 하늘과 땅은 창조주께서 정해준 자리를 떠나지 않고, 그분이 지정한 경로를 따라 움직이고 있다.

존 코넌트

Sermon 4 on John 17:3, in *Sermons*, 140 – 41

하나님은 땅에 있는 가장 작은 벌레를 하늘의 가장 영광스러운 천사들만큼이나 잘 만드셨다. 하나님은 벌레와 천사를 모두 똑같이 말씀 한마디로 창조하셨다. 하나님은 섭리를 통해 온 세상을 다스리며, 모든 피조물을 지켜보신다. 거름더미에서 피어오르는 수증기가 햇빛에 아무런 영향을 줄 수 없는 것처럼, 아무리 비천한 피조물이라도 하나님의 영광을 퇴색시킬 수 없다. 가장 위대한 피조물을 통해서도 하나님의 위대하심이 드러나고, 가장 작은 피조물을 통해서도 그분의 위대하심이 드러난다. 지금 섭리를 의문시한다면 머지않아 창조된 세계마저 부인해야 할 것이다. 주님은 자신의 피조물을 떠나지 않으신다. 그분은 창조주이기를 중단하지 않으신다(시 147:9). 이는 그분의 존재가 도중에 사라질 수 없는 이치와 같다. 하나님은 하늘에서 영광 중에 거하시고, 성령을 통해 교회 안에 임하시며, 지옥에서 정의를 베푸시고, 세상을 섭리로 다스리신다. 하나님은 모든 곳에 편재하신다.

프랜시스 레이워스

On Jacob's Ladder, 8

하나님은 빛의 아버지이시다. 따라서 그분은 모든 것을 보고 계신다. "귀를 지으신 이가 듣지 아니하시랴 눈을 만드신 이가 보지 아니하시랴"(시 94:9)라는 것이 그분의 논리다. 시계를 만든 사람은 그 안에 있는 톱니바퀴와 나사를 속속들이 알고 있다. 그는 톱니바퀴들이 서로 반대 방향으로 돌아가더라도 그것들을 움직이는 스프링과 시계가 완전하고, 정확하게 움직인다는 것을 알고 있다. "눈을 만드신 이가 보지 아니하시랴." 인간은 영적 시계에 비유할 수 있다. 감정은 톱니바퀴이고, 마음은 스프링이다. 이 시계의 동작은 잘못될 수 있다. 마음은 속인다. 그러나 이 시계를 만드신 하나님은 그것의 참된 움직임과 톱니바퀴를 작동하는 스프링을 잘 알고 계신다. 하나님은 우리가 우리 자신을 아는 것보다 우리를 더 잘 아신다. 하나님은 에스겔이 본 수레바퀴처럼 눈이 가득하시다. 아우구스티누스가 말한 대로, 하나님은 만물을 꿰뚫어 보신다.

토머스 왓슨

"God's Anatomy upon Man's Heart," in *Discourses*, 1:152–53

책

책을 좋아하는 사람은 충실한 친구나 건전한 조언자나 유쾌한 동반자나 유능한 위로자를 따로 원하지 않는다. 책을 읽으면서 생각하고 공부하면 날씨나 상황에 전혀 구애받지 않고 자신을 즐겁게 할 수 있고, 해롭지 않은 여흥을 즐길 수 있다.

아이작 배로

"Of Industry in Our Particular Calling, as Scholars," in *Sermons*, 331

책을 읽는 것은 시대와 장소를 초월해 세상에서 가장 지혜로운 사람들과 대화를 나누는 것이다. 그들은 책을 통해 가장 신중한 생각과 가장 훌륭한 사상과 가장 뛰어난 발견을 정확한 방법으로 잘 정리해서 훌륭한 표현으로 우리에게 전달한다.

아이작 배로

"Of Industry in Our Particular Calling, as Scholars," in *Sermons*, 332

읽을 책을 주의 깊게 선택하라. 성경을 가장 중요하게 생각하고, 그다음에는 성경을 가장 잘 설명해 적용한 견실하고, 신령하고, 활기 넘치는 내용의 책을 읽고, 그다음에는 믿을 만한 역사서(특히 교회사)를 비롯해 과학과 예술에 관한 책을 읽으라. 거짓 교사들이 쓴 책의 독소, 곧 우리의 총명을 흐리게 만드는 유해한 내용을 조심하고, 우리의 환상을 부추기고, 마음을 더럽히는 무익한 연애 소설, 희곡, 허구적인 이야기를 주의하라.

리처드 백스터

A Christian Directory, in *Practical Works*, 2:150

말로 전하는 설교는 감정을 움직이는 능력이 탁월할 뿐 아니라 주의를 기울여 듣는 회중의 상태에 따라 융통성 있게 변화시킬 수 있다. 그런 설교는 젖가슴에서 바로 뿜어져 나온 가장 따뜻한 젖과 같다. 그러나 책도 여러 가지 이점이 있다. 예를 들면, 달리 설교를 들을 방법이 없을 때는 책을 통해 유능한 설교자의 설교를 읽을 수 있다. 모든 회중이 가장 현명하거나 능력 있는 설교자들의 설교를 다 들을 수는 없지만, 그런 설교자들의 책은 모든 사람이 읽을 수 있다. 설교자들이 침묵을 강요당하거나 추방되었을 때도 책은 읽을 수 있다. 설교자들을 유지하는 것보다 책을 보유하는 것이 비용이 덜 든다. 우리가 듣고 싶은 주제를 다룬 책은 골라 선택할 수 있지만, 설교자들이 다룰 주제는 우리가 선택할 수 없다. 책은 매일 늘 곁에 두고 언제라도 읽을 수 있지만, 설교는 이따금 정해진 시간에만 들을 수 있다. 설교는 한 번 듣고 잊어버리면 그대로 사라지지만, 책은 암기할 때까지 몇 번이고 읽을 수 있다. 내용을 잊었을 때는 우리가 원할 때나 시간이 있을 때 다시 숙독하면 된다. 이처럼 좋은 책은 세상에 주어진 매우 큰 축복이 아닐 수 없다.

리처드 백스터

A Christian Directory, in *Practical Works,* 2:151

성경 외에도 유익하고 감동적인 책들이 모든 가정에 비치되어 있게 해야 한다. 그런 책들이 없는 가정들이 있거든 값이 비싸지 않은 책들을 몇 권 사보라고 권고하는 것이 좋다. 만일 그들에게 그럴 여유가 없다면 가장 큰 유익을 줄 만한 책을 공급해 주어야 한다. 한가한 저녁 시간에, 특히 주일에 책을 읽도록 독려하라. 반드시 그들의 자녀들에게 책을 읽도록 가르치라고 권면해야 한다.

리처드 백스터

Reformed Pastor, 45

우리가 원할 때마다 무언의 지혜로운 말벗들을 많이 만날 수 있는 서재가 우리에게 주는 도움은 참으로 크다.

리처드 백스터

Reformed Pastor, 131

사역자에게는 책을 공급해 공부를 많이 할 수 있도록 도와주어야 한다. 모든 종류의 책이 필요하다. 즉, 인문학, 윤리학, 정치학, 경제학, 자연 철학, 나무, 식물, 동물에 관한 책, 농업, 지리, 유대인의 관습, 그들의 측량 단위에 관한 책은 물론이고, 학식 있는 자들이 성경을 위해 쓴 책들이 특히 필요하다.

리처드 버나드

Faithful Shepherd, 38

정통주의 저술가들이 쓴 주석, 곧 성경 본문을 이해하는 데 도움이 되는 모든 책을 읽으라. 우리가 스스로 생각하는 것에 다른 사람들이 동의하는 것을 보면 우리 자신의 판단을 더욱 확신할 수 있다. 아울러 그들은 글을 통해 우리가 꿈에도 생각할 수 없는 것들을 깨우쳐주기도 한다…우리는 책을 통해 세상에서 가장 위대한 목회자들과 성경에 관해 대화를 나누며 그들의 생각을 물을 수 있다. 칼빈, 피터 마터 버미글리, 무스쿨루스를 비롯해 많은 사람이 자신들의 역작을 통해 지금도 여전히 살아서 우리에게 말하고 있다.

리처드 버나드

Faithful Shepherd, 40

루터는 자신의 책들이 사람들이 성경을 연구하는 것을 방해하는 요인이 된다면, 차라리 모든 책을 불태워버리는 것이 낫다고 종종 말했다.

토머스 브룩스

Smooth Stones, 51

그 후에 나의 신분이 기혼자로 바뀌었다. 나는 경건한 부모를 둔 아내가 몹시 사랑스러웠다. 아내와 나는 처음 결혼했을 때 매우 가난했다(우리가 가진 가재도구라고는 접시나 숟가락뿐이었다). 그러나 아내는 시집올 때 그녀의 아버지가 죽으면서 남긴 아서 덴트의 《평범한 사람의 천국 여정》과 루이스 베일리의 《경건의 연습》을 가지고 왔다. 나는 이따금 이 두 권의 책을 읽으면서 나를 즐겁게 하는 내용을 더러 발견했다(그러나 당시만 해도 나는 아직 아무런 깨달음이 없었다).

존 번연

Grace Abounding, 14–15

많은 책이 아닌 훌륭한 책들을 서재에 비치하라.

에드먼드 캘러미

Saints' Memorials, 38

색인은 책의 지갑이자 가방과 같은 것이다. 그것은 의례적인 것 이상의 용도가 있다. 심지어 색인을 무시하는 사람들조차도 그것을 은밀하게 활용한다. 그들이 그러는 이유는 찾고 싶은 것을 신속하게 찾아야 할 필요성 때문만은 아니다.

토머스 풀러

Wise Words and Quaint Counsels, 141

나는 많은 것보다 최상의 것에 관심이 있다. 나는 책들과 친구들을 많이 가지고 싶지 않다. 많은 것들 속에서 방황하느니 차라리 몇 권의 책이나 친구들과 진지하게 대화를 나누겠다.

조셉 홀

Meditations and Vows, 87

윌리엄 베이츠 박사의 설교는 전혀 장황하지 않다. 그는 항상 설교를 암기해서 전달한다. 그는 이따금 내게 유쾌하면서도 자유로운 태도로 자기가 그렇게 하는 이유 가운데 하나는 자기보다 나이가 젊은 사람들에게 원고 없이 설교하는 법을 가르치기 위해서라고 말했다. 그의 학식과 습득한 지식은 그 정도면 그야말로 방대한 보고(寶庫)나 다름없었다. 그는 오랫동안 열심히 연구하며 살았다. 그는 성실한 정보 수집자이자, 흔히 말하는 대로 책벌레였다. 그는 많은 책에 정통했다. 그의 지인들은 그런 사실을 잘 알고 있었다. 존귀한 신분과 뛰어난 재능을 지닌 그는 오랫동안 교회의 협력자로 일해 온 그 어떤 사람 못지않게 교회를 아름답게 장식한 장식물이자 큰 기둥과 같은 역할을 했다. 그런 이유로 어떤 사람은 자기가 서재의 장서를 모은다면 자신이 아는 그 어떤 지인을 찾는 것만큼이나 서둘러 베이츠 박사를 찾아 의견을 구할 것이라고 말했다고 한다. 진실로 그는 살아 있는 도서관이었다.

존 하우

"A Funeral Sermon on the Death of Dr. William Bates," in *Works*, 984

이 그릇된 마음 상태(즉 장례식장에서 지나치게 떠들며 영적으로 무익한 행위를 일삼는 것)를 개선하려면 경건한 사람들이 보편적으로 바라는 것을 제시하는 것이 좋다는 생각이 들었다. 그것은 바로 장례식장에서 반지, 장갑, 과자, 포도주와 같은 것을 (초청한 사람들이나 그런 물건들을 살 경제적 여유가 없는, 가난하면서도 경건한 사람들에게) 제공하는 것보다는 마음을 영원한 것에 집중하게 만드는 책을 그들의 마지막 유산으로 나눠주는 것이다. 아울러, 고인의 친척들에게도 고인의 삶과 인격을 짧게 요약한 두세 장의 종이를 적은 비용으로 구입한 책에 첨부한 것과 살아 있는 사람들이 쉽게 처분해 유익하게 사용할 수 있는 물건을 나눠주는 것이 좋다. 그것이 가난한 사람들에게 베푸는 그들의 마지막 사랑의 행위가 될 것이다.

에드워드 피어스

Great Concern, 7

나는 탁월한 경건함과 뛰어난 거룩함으로 유명한 고대의 신앙 위인들 가운데 한 사람에 관한 책을 읽었다. 그는 어떤 책을 벗으로 삼아 가장 많이 애용했느냐는 질문을 받고는 첫째 장은 붉은색, 둘째 장은 검은색, 셋째 장은 흰색으로 이루어진 세 장짜리 책을 매일 읽는 것이 자신의 습관이었다고 대답했다. 그는 붉은색 장에서는 그리스도께서 피를 흘리며 고난받으신 내용을, 검은색 장에서는 지옥의 어둠과 정죄에 관한 내용을, 흰색 장에서는 천국의 빛과 영광에 관한 내용을 읽고, 묵상했다. 그는 그런 습관을 통해 다른 어떤 것을 연구하는 것보다 더 큰 실천적인 경건을 습득할 수 있었다. 나는 거기에 '심판의 날'이라는 네 번째 장을 덧붙이고 싶다. 들을 준비가 된 모든 사람에게 그것을 읽어주었으면 좋겠다.

헨리 펜들버리

Books Opened, in *Invisible Realities*, 203

지금까지 언급한 책들을 읽어야 한다. 따라서 능력이 허락하는 대로 그런 책들을 집안에 비치해 놔야 한다. 그런 책들을 살 여유가 없는 사람들은 충실하고, 학식 있는 교사들의 도움을 받아 그보다 싼 가격으로 살 수 있는 최선의 책들, 즉 믿음과 회개를 다룬 경건한 설교집과 소책자를 비롯해 건전하고, 명확한 교리문답을 장만해야 한다. 이것들을 금속 빗(헝클어진 양털을 처리하는 도구)이나 식탁과 같은 가정 필수품으로 간주해야 한다. 그런 것들이 없는 가정은 마땅히 있어야 할 것이 없는 집처럼 보일 것이다.

리처드 로저스

Holy Helps for a Godly Life, 152

경건함을 진작시키기에 적합한 책들을 읽어야 한다. 추잡하고, 음탕하고, 음란한 책이나 불필요하거나 유익하지 않은 책이나 미신적인 책이나 니콜로 마키아벨리의 불경한 책이나 로마 가톨릭교회의 오류와 헛된 망상과 교묘한 책략에 관한 책을 읽는 데 시간을 낭비해서는 곤란하다. 그런 것들을 분별할 줄 아는 건전한 판단력이 있어서 그것들을 혐오할 뿐 아니라 다른 사람들에게 그것들에 관해 경고할 수 있을 정도의 능력을 갖추지 못했다면 절대로 그래서는 안 된다.

리처드 로저스

Holy Helps for a Godly Life, 153

말을 하려면 사람이 있어야 한다. 글은 사람이 없을 때 쓸모가 있다. 설교는 잠시 쏟아지는 소낙비와 같고, 책은 땅 위에 좀 더 오래 남아 있는 눈과 같다. 책은 저자가 직접 설교할 수 없을 때도 설교를 하고, 저자가 없을 때는 그 쓰임새가 더더욱 크다.

새뮤얼 워드

"The Happiness of Practice," in *Sermons and Treatises*, 161

책은 두뇌의 산물이다.

토머스 왓슨

Great Gain of Godliness, vii

좋은 책들을 집에 비치하라. 봄이 가깝지 않을 때는 물통에 물을 길어다 부어놔야 한다. 우리가 원하는 건전한 설교를 들을 수 없는 상황에서는 좋은 책들이 우리를 신선하게 해줄 생명의 물이 담긴 물통 역할을 한다.

토머스 왓슨

"Mr. Watson's Afternoon Sermon, August 17, 1662," in Calamy, *Farewell Sermons*, 244

책은 우리 밖에 있는 기억이고, 기억은 우리 안에 있는 책이다.

히스기야 우드워드

Treatise of Prayer, 11

책망

바울이 베드로를 그의 면전에서 책망한 것은 잘한 일이었고, 베드로가 바울을 그가 없는 자리에서 칭찬한 것도 잘한 일이었다. 바울이 등 뒤에서 베드로를 책망했다면 그것은 비방이 되었을 것이다. 베드로가 바울 앞에서 그를 칭찬했다면 그것은 아첨이 되었을 것이다. 두 일 다 적절한 시공간에서 행해졌다. 그것은 그들의 신실함을 증명한다.

토머스 애덤스

Exposition upon...Second...Peter, 771

여러분의 마음과 삶을 철저히 파악할 수 있도록 빛으로 나아오라. 매우 엄격하게 살피는 신실한 사역과 책들을 좋아하고, 책망하는 자와 솔직한 친구들에게 감사하라.

리처드 백스터

A Christian Directory, in *Practical Works*, 2:539

거짓말한 것에 대해 책망을 받는 자만큼 격렬히 화를 내는 자가 없다. 그때 그는 칼을 꺼내 위협하는데, 그 이유는 이렇게 그의 마음이 격동했음을 보이는 것이 어떤 면에서 자기의 무죄를 보여주는 것처럼 생각하기 때문이다. 그렇지 않으면 면전에서 거짓말쟁이로 불린 자가 그 비난을 참으면 겁쟁이로 불릴 것이고, 자신의 용기를 입증하면 자신의 진실도 증명될 것이라고 생각하기 때문이다.

토머스 풀러

Holy and Profane States, 304

책망은 양약이지만 불쾌한 작별을 초래한다. 사람들은 책망하는 자 앞에서 책망에 반박하지 않기가 힘들다. 책망을 해도 반박당하지 않으려면 책망하는 자의 거룩함이 무엇보다 필요하다. 다윗은 이렇게 말했다. "의인이 나를 칠지라도 은혜로 여기며 책망할지라도 머리의 기름 같이 여겨서 내 머리가 이를 거절하지 아니할지라"(시 141:5). 거룩함이 공존하는 권위로부터 책망이 주어지는 것이 얼마나 좋은지 보라. 비열한 자가 아니라면 의인을 책망할 때 그의 영혼에 대한 연민과 사랑을 갖고 마치 그를 부드럽게 눕히고 기름을 발라 주는 것처럼 살며시 그에게 말해주어야 한다.

윌리엄 거널

Christian in Complete Armour, 304

철을 단단하게 하려면 먼저 불 속에서 벌겋게 달군 후 망치로 두들기고 나서 차가운 물에 담근다. 나는 불쾌한 친구도 그렇게 다룰 것이다. 나는 먼저 그의 미덕을 칭찬함으로써 그를 뜨겁게 한 후에 책망거리로 그를 칠 것이다. 좋은 엄마는 아이가 넘어졌을 때 먼저 안아주며 부드럽게 말하고, 이후에 꾸짖는다. 이때 부드러운 말은 엄격한 꾸중을 위한 유용한 준비물이다. 그는 나의 칭찬으로 내가 그를 사랑하는 것을 알 것이고, 나의 책망으로 내가 그의 잘못을 좋아하지 않는다는 것을 알 것이다. 자기 자신을 사랑하는 자는 자신의 악덕을 싫어하는 자를 사랑한다.

조셉 홀

Meditations and Vows, 155

책망을 통해 선을 행하려는 자는 신실함, 용기, 분별력, 인내가 있어야 한다. 곧 다음과 같은 것을 구비해야 한다. 참고 마는 것으로 끝내지 않는 신실함, 꿋꿋하게 책망할 용기, 잘 책망할 수 있는 분별력, 많은 반발을 견딤으로써 교정의 여유를 갖게 할 인내심, 많은 연약함을 참아냄, 오랫동안 족쇄에 익숙했던 자가 족쇄에서 벗어났을 때 한동안 멈출 수밖에 없는 것을 알기에 계속 바라며 끈질기게 간청함.

조셉 홀

Meditations and Vows, 161–162

친절하게 책망하는 것은 우리의 의무다. 우리는 사랑으로 책망하거나 책망을 사랑으로 받아들이거나 해야 한다.

매튜 헨리

Gems, 25

깨끗한 양심을 가지면 다른 사람의 책망을 인내할 수 있을 뿐 아니라 내가 권위를 갖고 다른 사람을 책망할 때에도 이점이 있다. 다른 사람을 책망하는 자는 그가 책망하는 잘못에서 벗어나 있어야 하는 것이 참된 규칙이다. 그렇지 않으면, 책망하는 자가 그 책망에서 자유롭지 못하고, 그 책망이 책망 받는 자에게 아무 효력이 없게 되기 때문이다.

에제키엘 홉킨스

"Of the Nature, Corruption, and Renewing of the Conscience," in *Select Works*, 287

은혜로운 영혼에게 주는 책망은 향유를 바른 칼과 같다. 이런 책망은 상처 내는 일과 치유하는 일을 동시에 행한다. 그래서 히스기야는 이렇게 말했다. "당신이 이른 바 여호와의 말씀이 좋소이다 하고"(사 39:8). 그때 이사야가 히스기야에게 이른 말은 슬픈 말이자 무거운 경고의 말이었다. 하지만 히스기야는 거룩한 판단에서 나온 이사야의 말을 좋게 생각하고 복종했다.

토머스 맨톤

Practical Exposition on the Epistle of James, 57

대체로 유죄 판단과 책망은 미움을 낳는다. "그런즉 내가 너희에게 참된 말을 하므로 원수가 되었느냐"(갈 4:16). 진실, 즉 참된 말은 좋은 어머니이지만 나쁜 딸, 곧 멸시와 미움을 낳는다. 오, 그렇게 되어서는 안 된다. 다윗은 의인을 치는 것을 최고급 기름으로 여겼다. 신실한 책망과 조언은 상처를 내지만 치료하는 향유를 바른 칼과 같다.

토머스 맨톤

Practical Exposition on the Epistle of James, 215

책망을 통해 다른 사람에게 영향을 미치려는 자는 다음과 같이 다양한 은혜로 이루어진 훌륭한 기질을 가져야 한다. (1) 때에 맞게 말하는 지혜를 가져야 한다. (2) 그의 유익을 위해 아무것도 숨기지 않을 자유함과 신실함을 가져야 한다. 우정의 참된 생명은 지혜와 신실함으로 단련된 자유 속에 있다. (3) 모든 것을 견디고 모든 것을 바라며 그의 완고함에 쉽게 성내지 않는 연민과 인내와 사랑을 가져야 한다. 화를 잘 내는 기질을 가진 자는 잘 위로할 수 없다.

리처드 십스

Soul's Conflict, 134

독자여, 당신의 이웃이 소중한 자기 영혼을 찌르며 상처를 내는 모습을 볼 때, 이웃의 뜻에는 반하지만 이웃의 손을 붙잡으려는 노력을 하지 않는다면 이웃에게 어떤 사랑을 보여줄 수 있겠는가? 이웃이 칼을 들고 자기 심장을 찌르는 장면을 볼 때, 당신은 그를 방치하겠는가? 아마도 그의 분노를 두려워하지 않고 어떻게든 그렇게 하지 못하게 만들려고 애쓸 것이다. 그렇다면 당신의 이웃이 그보다 더 소중한 자기 영혼을 파괴하는 것을 볼 때 어떻게든 막으려고 애쓰지 않겠는가? 이런 동정은 의심할 것 없이 최고의 참된 사랑이다.

조지 스윈녹

The Christian Man's Calling, in *Works*, 2:303

진지하게 책망하라. 책망은 날카로운 날이 있는 도구이므로 가볍게 다루어서는 안 된다. 열정 없는 책망은 아주 먼 곳에서 들리는 대포 소리와 같아서, 책망을 듣는 자를 조금도 두렵게 하지 못한다. 자신의 재치를 자랑스럽게 보여주어 사람들을 웃게 만드는 자처럼 죄를 가볍게 책망하는 자는 죄가 아니라 죄인을 파괴할 것이다. 자기 혀로 친구를 뱉어내고 조롱하여 원수 삼는 자가 있다. 날카로움과 예리함은 흥겨운 축제에서는 해를 끼치지만 깨끗하게 하는 물약이 된다. 가벼움은 하찮은 일에서는 칭찬할 만하지만 중대한 일에서는 아주 나쁘다.

조지 스윈녹

The Christian Man's Calling, in *Works*, 2:304–305

분별 있게 책망하라. 책망할 때 그리스도인이 가지고 있는 지혜는 책망의 효력을 크게 높일 것이다. "슬기로운 자의 책망은 청종하는 귀에 금 고리와 정금 장식이니라"(잠 25:12). 지혜롭게 책망하는 자는 책망 받는 자의 자랑거리다. 지혜 있는 자에게 이런 상처를 입는 것은 영예다. 책망이 더 분별 있게 주어지면 사람들은 그만큼 더 인내하며 책망을 받아들일 것이다.

조지 스윈녹

The Christian Man's Calling, in *Works*, 2:307

연민을 갖고 책망하라. 부드러운 말과 강력한 주장은 함께 갈 수 있다. 열정은 죄인의 피를 뜨겁게 하지만 연민은 죄인의 양심을 치료한다. 우리의 책망은 날카로울 수 있으나 우리의 영은 온유해야 한다. 검진할 때 상처를 자세히 살피면 그만큼 환자의 고통을 줄이고, 상처를 부드러운 붕대로 싸매면 그만큼 효력이 더 크다. 거역하는 자는 온유함으로 훈계해야 한다(딤후 2:25). 냉혹한 엄격함이 우리의 책망에 스며들면 책망을 오염시키기 쉽다. 고통을 완화시키는 연고는 종종 큰 종기를 줄이는 묘약이다. 납달리의 신발의 쇠는 기름 속에 담겼다. 책망은 사랑의 따스한 불로 부드럽게 발라지는 기름 또는 연고가 되어야 한다.

조지 스윈녹

The Christian Man's Calling, in *Works*, 2:309

진실함은 대체로 미움을 낳기 때문에 나는 책망이 힘들고 즐겁지 않은 의무라고 생각한다. 그러나 당신이 책망의 의무를 소홀히 함으로써 하나님의 미움을 받는 것보다 당신이 이 의무를 이행한다는 이유로 사람들에게 미움을 받는 것이 훨씬 낫다. 주의 영원한 진노보다 사람들의 격분을 잠시 감당하는 것이 훨씬 쉬운 일이다. 책망 받은 자가 자기 자신을 조금이라도 진실로 사랑한다면 책망하는 당신도 사랑할 것이다. 진실로 자기 자신의 영혼을 사랑하지 않는 자의 사랑은 별로 가치가 없다. 그러므로 독자여, 하나님의 명령에 순종하고 하나님의 섭리의 손길에 맡기라. "너희는 열매 없는 어둠의 일에 참여하지 말고 도리어 책망하라"(엡 5:11).

조지 스윈녹

The Christian Man's Calling, in *Works*, 2:312

책망은 시의적절해야 한다. 책망은 의무다. 오와 열을 맞추지 않고 무질서하게 행군하는 군인처럼 삶을 갈팡질팡하게 살아가는 사람을 볼 때 우리는 조용히, 하지만 진지하게 그들의 죄에 대해 말해주어야 한다(레 19:17). 그렇지만 이 열매는 때에 맞게 맺혀야 한다.

토머스 왓슨

The Beatitudes, in *Discourses*, 2:476 – 77

천국

천국은 완전한 거룩의 상태이며, 하나님을 향한 계속적인 사랑과 찬양의 상태이다. 악인들에게는 이런 마음이 없다. 그들은 이 세상에서 도달해야 할 불완전한 사랑과 찬양과 거룩조차 전혀 신경쓰지 않는데, 하물며 훨씬 더 큰 것에 대해서는 더욱 그러하다. 천국의 기쁨은 본질적으로 너무나 순수하고 영적인 기쁨이므로 악인의 마음은 그것을 갈망하지 못한다.

리처드 백스터

Call to the Unconverted, 83

당신이 천국에서 살고자 하면, 그곳에는 죄 짓는 것도 없고, 세속적 생각도 없으며, 교만도 없고, 정욕도 없으며, 육신의 정욕이나 쾌락도 없다는 것을 알아야 한다. 오, 복된 영들이 순결과 거룩함으로 영광스러운 하나님을 얼마나 사랑하고, 영화롭게 하며, 죄에서 얼마나 멀리 떨어져 있는지를 단 한 시간 동안만이라도 보고 듣는다면, 당신은 죄를 미워하게 되고, 죄인들을 그들의 똥에 알몸을 뒹굴고 있는 베들람(Bedlam)의 남자들처럼 바라보게 될 것이다. 특별히, 그러한 거룩한 영들과 함께 영원히 살기를 소망할 때, 죄를 더욱 미워할 것이다.

리처드 백스터

A Christian Directory, in Practical Works, 2:253

우리는 죄를 죽이는 일에 성공함으로써 천국에 접근하고 천국에 합당한 사람이 된다. 이 세상에서 죄를 사랑하고 소중히 여기는 사람이 천국에서 죄를 미워할 것이라고 생각할 수 있겠는가? 만일 당신이 천국행을 죄로부터의 해방이라기보다는 고난으로부터의 해방으로 생각한다면 천국을 잘못 생각하는 것이다. 그리고 참으로, 죄를 억제하는 성공적인 실천이야말로 천국에 관한 당신의 모든 연구들과 사변적인 묵상보다 당신에게 천국이 무엇인지를 더 잘 보여줄 것이다.

알렉산더 카마이클

Believer's Mortification of Sin, 43

고난은 천국을 참으로 천국처럼 보이게 한다. 천국은 지친 이들에게 안식이다. 추방된 자들에게는 고향이다. 멸시와 조롱받는 이들에게는 영광이다. 포로된 자들에게는 자유이다. 군인들에게는 정복이다. 그리고 정복자들에게 천국은 생명과 의와 영광의 면류관이다. 주린 자들에게는 감추어진 만나이다. 목마른 자들에게는 생명의 샘이다. 슬픔에 잠긴 자들에게는 충만한 기쁨이다. 곡하는 자들에게는 영원한 즐거움이다. 한마디로, 거름 위에 누워 자신의 온전함을 지킨 자들에게 천국은 그리스도와 함께 앉아 세세토록 왕 노릇할 보좌와 같다.

토머스 케이스

Correction, Instruction, 65

당신은 건강 없이, 재산 없이, 명예 없이, 즐거움 없이, 친구 없이, 학식 없이 천국에 갈 수 있지만, 그리스도 없이는 결코 천국에 들어갈 수 없다.

윌리엄 다이어

Christ's Famous Titles, 19

우리를 천국으로 인도하기 위해 어떤 계획과 방법들이 사용되었는지 살펴보는 섭리의 관찰을 통해 우리는 큰 기쁨과 즐거움을 얻을 수 있다. 그러한 기쁨은 의심의 여지 없이 천국에서 누릴 우리의 즐거움의 일부가 될 것이다. 그리고 우리가 천국에서 누릴 복의 요소들은 이 땅의 천국에서도 복됨을 구성하는 주요 요소가 될 것이다. 섭리를 관찰하는 중에 즐거움을 구하는 것은 대양에서 물을 구하는 것과 같다. 왜냐하면, 섭리는 당신을 천국으로 데려가도록 계획할 뿐 아니라 천국의 상당 부분을 당신의 영혼 속으로 가져오도록 계획하기 때문이다. 온 세상이 정반대의 계획과 목적을 따라 돛을 관리하고 노를 젓는 일에 분주한 동안, 지극히 지혜로우신 하나님이 섭리 가운데 모든 것을 자신의 영광과 자신의 백성들의 행복의 항구로 인도하신다는 것을 분별하는 것은 얼마나 큰 기쁨인가!

존 플라벨

Divine Conduct, 4–5

천국에 있는 성도들은 하나님을 섬기

는 그들의 민첩함과 사랑과 지속성에 있어서 천사들과 같을 것이다. 그리고 저주받은 자들은 죄와 형벌 받음에 있어서 마귀들과 같을 것이다.

윌리엄 거널

Christian in Complete Armour, 128

천국에 대한 소망으로 죽음에 대한 두려움을 정복하라. 죽음으로 살기를 소망하는 당신이 왜 죽음을 두려워해야 하는가? 선장이 항구를 보고 당황하겠는가? 당신에게 죽음이 이와 같을 것이다. 당신의 계약이 만료되고 당신의 희년이 도래한다. 당신이 달려갈 길을 다 마치고 면류관을 얻었다. 당신의 영혼이 몸을 떠날 때 그 면류관이 당신의 머리에 씌워질 것이다. 항해가 아무리 힘들었더라도 당신의 항해는 이제 모두 끝이 났고 죽음을 거쳐 당신의 영혼은 하늘 아버지의 천국 문 앞에 도달할 것이며, 더 이상 바다에 던져지지 않을 것이다. 견습생이 자신의 견습 생활이 끝나는 것을 두려워할 필요가 있는가? 빨리 달려 목표에 도달한 사람이 빨리 달린 것을 걱정하겠는가?

윌리엄 거널

Gleanings, 133

살아 있는 동안 천국을 묵상하길 원하지 않았던 자들이 죽어서 어떻게 천국을 소망할 수 있겠는가?

제임스 제인웨이

in Calamy et al, *Saints' Memorials*, 225

천국은 천국을 위해 남겨져 있다.

제임스 제인웨이

in Horn, *Puritan Remembrance*, 346

천국은 모든 죄와 고통으로부터의 자유이다. 하늘에 있는 이름은 우리에게 모든 악으로부터 구속받을 복된 자격을 부여한다. 천국에는 죄가 없다. 죄를 약하게 만드는 것은 은혜이지만, 죄를 완전히 폐지하는 것은 영광이다. 신자는 천국에서 옛 아담을 벗어버리고 다시는 입지 않을 것이다. 주 예수 그리스도께서는 그날에 당신의 교회를 "그 영광 앞에 흠이 없이 기쁨으로 서게 하실 것"이다(유 1:24). 천국에는 고통이 없다. 죄와 슬픔은 함께 왔으며, 장차 함께 소멸될 것이다.

매튜 미드

Name in Heaven, 74

특별히 사랑의 정서와 은혜는 천국에서 더욱 확장되고 번성할 것이다. 하나님과 성도들을 향한 사랑의 향기가 천국을 가득 채울 것이다. 천국은 사랑의 장소이다. 즉 항상 역사하고 결코 실패하지 않는 가장 큰 은혜가 거하는 곳이다.

조나단 미첼

Discourse of the Glory, 43

성도들은 천국에서 상호 교통 가운데 하나님을 누리게 될 것이다. 이것은 성도 간에 서로 분리된 방식으로 하나님을 즐거워하는 것이 아니다(마 8:11). 그리고 이런 상호 교제는 하나님을 누리는 그들에게 도움을 줄 것이며, 하나님과 교제하는 방편과 수단이 될 것이다. 우리가 천국에서 누릴 하나님과의 직접적인 교제에 관해 말할 때, 그것을 절대적 방식의 교제, 즉 우리와 초월하시는 위엄의 하나님 사이에 아무런 매개체가 없는 방식으로 이루어지는 교제로 이해해서는 안 된다. 왜냐하면 천국에는 우선 그리스도의 인성이 있을 것이며 그리고 천상적인 방식으로 서로에게 하나님을 전달하는 데 도움을 주는 성도의 교통이 있을 것이기 때문이다. 그러나 우리가 이 세상에서 가지고 있는 것과 비교하자면, 우리가 여기에서 가지고 있는 열등한 수단들과 도움들과 성례들은 한쪽으로 치워질 것이다. 그러나 성도의 교통은 승리한 교회 안에서 완전하고 가장 탁월할 것이다. 그리고 사랑, 거룩, 생명의 교통 같은 소통이 번성할 것이다(고전 13:8). 당신은 반드시 혼자가 아니라 그분의 모든 신비한 몸과의 교제 안에서 당신의 머리가 되시는 그리스도를 누려야 한다.

조나단 미첼

Discourse of the Glory, 50

오, 성도들이여, 성도들이 전쟁도 없고 굶주림도 없는 천국으로 가는 길은 어떠한가? 오, 그것을 생각해 보라. 천국에서 여러분은 더 이상 은밀히 속삭이는 죄의 정욕, 유혹하는 마귀, 꾀는 세상, 감내해야 할 고통, 지치게 하는 수고, 당혹스러운 근심, 성가시게 하는 상실, 불안하게 하는 악을 보지 않을 것이다. 지금 보이는 이 모든 것이 그때에는 영원히 보이지 않으리라. 지금 하늘에 있는 성도들은 이것들 중 아무것도 보지 않고 있으며 영원히 보지 않을 것이다.

헨리 펜들버리

Invisible Realities, 109–10

천국보다 이 세상을 더 사랑하는 자 외에는 그 누구도 천국 밖으로 쫓겨나지 않을 것이다.

헨리 스미스

in Horn, *Puritan Remembrance*, 63

오, 여기 이 축복받은 사람(리처드 십스)에게 합당한 찬사를 보내라. 그가 천국에 있기 전에 천국이 그의 안에 있었다.

아이작 스미스

in Richard Sibbes, *Complete Works*, 1:xx

이 복된 유업에는 온통 영광만이 가득하다. 영광의 왕이 계시고, 영광의 그릇이 있고, 영광의 보좌가 있으며, 더 중한 영광이 있고, 영광의 면류관이 있으며, 영광의 왕국이 있고, 영광의 광채가 있다. 어떤 대가를 지불하더라도 이것은 얻을 만한 가치가 있다.

토머스 왓슨

The Christian's Charter of Privileges, in *Discourses*, 1:50

영원이란 성도의 행복의 최상의 연결고리이다. 신자의 영혼은 순수하고 유쾌한 이 지복의 샘에서 영원히 목욕할 것이다. 영광의 등불은 영원히 타오르고 결코 꺼지지 않을 것이다. 천국의 기쁨에는 쉬는 것도 없고 끝도 없을 것이다. 하나님이 천상의 낙원에 당신의 식물을 한 번 심으시면 더 이상 절대로 뽑지 않으실 것이다. 하나님은 그들을 옮겨 심지도 않으실 것이다. 그리스도께서는 몸의 그 어떤 지체도 잃어버리지 않으실 것이다. 당신은 예수 그리스도로부터 영화롭게 된 성도를 분리하는 것보다 태양으로부터 빛을 더 빨리 분리할 수 있을 것이다. 오, 영원이여, 영원이여, 가을이 없는 봄은 어떤 모습이겠는가. 밤이 없는 낮은 어떠할 것인가!

토머스 왓슨

The Christian's Charter of Privileges, in *Discourses*, 1:54

천국, 지옥과 대조된

우리 영혼이 사랑하는 그리스도의 품에 앉아 세상 대부분의 사람들이 지옥의 불꽃에서 고통 받는 것을 보게 될 때 우리는 무슨 생각을 하게 될까? 그 불못의 고통은 우리 영혼을 영원히 채울 기쁨의 강을 더욱 달콤하게 해줄 것이다. 그 음산한 곳이 우리의 영광을 더욱 영광스럽게 만들어줄 것이다.

데이비드 클락슨

"The Love of Christ," in *Practical Works*, 3:11

천국은 생명으로 가득 차 있으며 그곳에 죽음이란 없다. 지옥은 죽음으로 가득 차 있으며 그곳에 생명이란 없다. 이 지상에는 생명과 죽음이 공존하는데, 사람은 둘 사이에 있는 것처럼 둘 모두를 준비한다. 이 세상에서 죄에 대하여 죽는 자는 천국에서 살 것이며, 반대로 이 지상에서 죄 가운데 살아가는 자는 지옥에서 죽게 될 것이다. 만일 여기 이 땅에서 기쁨이 없고 고통만 연속된다면 어쩌겠는가? 악인들은 천국에 참여할 부분이 없으니 이 땅에서 쾌락을 즐길 것이다. 그러나 나는 나의 분깃을 그들과 결코 바꾸지 않을 것이다. 나는 둘 다 가질 수 없으나 더 나은 것을 소유하고 있음을 깨닫고 기뻐한다. 오, 주님, 내가 이 땅에서 두 번의 죽음을 통과하게 하소서. 나는 어떻게 살고 죽든 상관하지 않으며 다른 세상에서 생명을 얻는 것만이 나의 분깃이다.

조셉 홀

Meditations and Vows, 156–157

천사들

천사를 숭배해서는 안 된다. 그렇다고 천사론이라는 유익한 교리마저 거부해서는 안 된다.

아이작 암브로우스

Ministration of, and Communion with Angels, 5

참으로 놀랍게도, 천사들은 인간의 타락 이후에 인간을 섬기는 일을 해야 했다. 그들은 그 전에는 그런 일을 하지 않았다. 사람들은 무죄한 아담, 둘째 아담, 새로운 아담, 옛 아담을 대조하면서 다음과 같은 논의를 펼치곤 한다. 천사들이 타락 이전에 첫째 아담을 섬기거나 보호하지 않은 이유는 그에게 아무런 위험이 없었기 때문이다. 그들은 오직 그를 사랑하기만 했다. 천사들은 둘째 아담이신 그리스도를 섬겼고, 그분을 사랑했지만 보호하지는 않았다…그리스도께서는 천사들의 머리이기 때문에 그들의 보호를 받을 필요가 없으셨다. 지금 천사들은 새로운 아담을 섬긴다. 그들은 그를 사랑하고, 보호한다. 물론, 그렇다고 해서 성도들이 그리스도보다 더 큰 특권을 누린다는 주장은 아니다. 오히려 그들이 천사들의 보호를 받는 이유는 연약하고, 부족한 것이 많기 때문이다. 이는 어린아이들에게 그들을 돌봐 줄 유모가 필요한 이유와 같다. 그러나 옛 아담, 곧 유기된 죄인들은 천사들이 섬기지도 않고, 사랑하지도 않고, 특별한 보호를 제공하지도 않는다.

아이작 암브로우스

Ministration of, and Communion with Angels, 39–40

천사들의 보호에 관한 약속도 다른 모든 일시적인 약속들과 마찬가지로 암묵적인 단서와 조건이 딸려 있다. 그것은 하나님은 무한히 지혜롭고,

또 어떤 이유든 가장 잘 알고 있기 때문에 스스로의 영광과 우리의 내적 유익에 도움이 되는 것에 역행하는 판단을 내리지 않으신다는 것이다. 잘 아는 대로, 욥이 고난을 겪은 이유는 시험을 받기 위해서였다. 하나님은 자기를 더욱 의지하게 할 목적으로 이따금 천사들의 보호를 잠시 중지하신다.

아이작 암브로우스

Ministration of, and Communion with Angels, 61

천사들은 정확하고, 주의 깊은 관찰자들이다. 그들은 공적 의식에 참여한 우리의 행위와 태도를 유심히 지켜본다. 성전 휘장에 그룹들을 정교하게 수놓은 것은 이런 이유 때문이었다(출 26:31). 거기에 묘사된 그룹들은 모든 천사들이 우리의 엄숙한 예배 모임을 지켜보며 우리의 일거수일투족을 살펴보고 있다는 것을 나타낸다. 이런 사실을 기억한다면 진지한 태도로 하나님을 예배할 수 있을 것이다. 그런 영광스러운 천사들을 생각하면 우리의 마음이 그 얼마나 신령하고, 은혜로워지겠는가?

아이작 암브로우스

Ministration of, and Communion with Angels, 100

하나님이 친히 우리의 보호자가 되어 우리를 위해 자신의 천사들에게 명령하시는데 그분을 신뢰하지 않을 셈인가(시 91:11, 12)? 알렉산더 대왕은 큰 위험에 처한 상태에서 다음날 적과의 일전을 앞두고 있는데도 밤중에 잠을 잘 잤다고 한다. 사람들이 그 이유를 묻자 "파르메니오가 깨어 있었기 때문이다."라고 대답했다. 파르메니오는 훌륭하고, 충실한 그의 부하 장수였다. 그것이 그가 "파르메니오가 깨어 있었기 때문이다."라고 대답한 이유였다. 천사들은 파수꾼으로 일컬어진다. 그들은 충실하게 임무를 수행한다. 따라서 우리는 안전하고, 편안하게 휴식을 취할 수 있다.

윌리엄 브리지

Righteous Man's Habitation, 104

나는 설교를 할 때, 특히 행위 없이 그리스도를 통해 생명을 얻는다는 교리를 전할 때면 하나님의 천사가 내 뒤에서 나를 응원하는 듯한 느낌을 받는다. 교리를 풀어 구체적으로 설명하고, 다른 사람들의 양심에 호소할 때 그런 하늘의 증언과 능력이 느껴지면 "나는 확실히 믿습니다."라고 말하는 것만으로는 부족하다는 생각이 들곤 한다. 그럴 때면 내가 사실로 주장하는 것들에 대한 확신이 단순한 확신을 뛰어넘는 의미로 다가오곤 한다.

존 번연

Grace Abounding, 110

천국에서 천사들과 함께 살기를 바라는 사람들은 세상에서도 천사들처럼 거룩하고, 능동적으로 기꺼이 순종하며 살아야 한다.

존 플라벨

Golden Gems, 54

천사들도 사역자들과 마찬가지로 하나님의 종이다(계 22:9). 그러나 사역자들은 천사들보다 더 큰 특권들을 누린다.

1) 천사들은 죄인이 회개하면 기뻐한다(눅 15:10). 죄인이 회심해 하나님께로 돌이키는 것은 선지자들의 사역을 통해 이루어진다(행 26:18).

2) 천사는 고넬료에게 나타나서 가르침을 받을 수 있는 곳을 알려주는 데 그쳤지만, 사역자는 그에게 생명의 길을 직접 가르쳐주었다(행 10:6, 34).

3) 천사들이 화목하게 하는 직분을 받았는가? 아니다. 그것은 사역자들에게 주어졌다(고후 5:18). 사역자들의 사명은 단순한 메시지 전달이 아닌 복음, 곧 예수 그리스도를 통한 구원의 좋은 소식을 전하는 데 있다. 베드로 사도가 말한 대로, 복음은 천사들도 살펴보기를 원하는 것이다(벧전 1:12). 주님은 또한 자신의 사역자들에게 새 언약을 보증하는 성찬식을 거행할 수 있는 권한을 허락하셨다. 그것을 통해 주님의 보배로운 약속들이 모두 비준되고, 확증된다.

토머스 구지

Riches Increased by Giving, 80

성경은 우리가 들을 필요가 없는 말은 하지 않는다. 천사를 숭배한 사람들과 같은 죄를 저지르지 않으려면 알아야 할 것만 알고, 몰라도 되는 것은 모르는 것으로 만족해야 한다.

존 트랩

Marrow of Many Good Authors, 1067

천사들은 섬기는 영으로 불린다. 그들은 성도들의 유익을 위해 일한다. 어떤 사람들은 나사로가 한 명의 천사가 아닌 '천사들'(복수형)에게 받들려 하늘에 올라갔다는 사실을 지적한다. 이것은 마치 모든 천사가 나사로를 데리고 오는 일에 앞다퉈 참여하려고 노력한 것처럼 들린다.

토머스 왓슨

The Christian's Charter of Privileges, in *Discourses*, 1:36

성도들은 천사들보다 하나님의 보좌와 더 가까운 곳에 앉게 될 것이다. 천사들은 고귀하고, 탁월한 영이다.

그러나 우리는 동정녀의 태 안에서 이루어진 신성과 인성의 결합을 통해 인간의 육신을 취하신 예수 그리스도와 연합한 덕분에 천사들보다 더 명예롭고, 고귀한 존재가 되었다. 천사들은 그리스도의 친구들이지만 성도들은 그분의 신부다. 성도들이 영광 중에 입게 될 겉옷이 천사들의 옷보다 더 밝을 것이다(천사들의 의는 피조물의 의일 뿐이고, 성도들에게는 하나님의 의가 부여되었다). 따라서 성도들이 더 존귀할 것이다. 우리는 세상에서는 법정 앞에 선 죄인일지 몰라도 하늘에서는 궁궐에서 왕의 총애를 받는 신하들이다. 성도들은 장차 하늘에서 천사들보다 더 높은 곳에 앉게 될 것이다.

토머스 왓슨

The Christian's Charter of Privileges, in *Discourses*, 1:40

신분이 가장 높은 천사가 신분이 가장 낮은 성도들을 보살핀다. 그들은 섬기는 영이다.

토머스 왓슨

Puritan Gems, 14

청교도에 대한 당대의 관점

경건한 한 여성이 볼턴 선생(로버트 볼턴으로 추측됨)을 박해한 자기 남편 뒤에 앉아 말을 타고 가던 중에 기절초풍할 만한 큰 천둥과 번개를 만났다. 이때 남편은 두려움에 벌벌 떨었고, 아내는 명랑한 목소리로 이렇게 말했다. "여보, 무슨 일이 있어요? 왜 그렇게 벌벌 떨어요?"

이에 남편이 이렇게 대답했다. "그 무서운 천둥소리 듣지 못했어?"

아내는 이렇게 말했다. "물론 들었지요."

"그런데도 당신은 두렵지 않아?"

아내는 전혀 두렵지 않다고 대답했다. 아내는 전혀 두렵지 않았다. 천둥소리를 다만 자기 아버지의 음성으로 알았기 때문이다. 남편은 아내의 쾌활함에 놀란 다음 스스로 생각했다. '확실히 청교도는 천둥, 번개 속에서 내가 벌벌 떨고 있는 동안에도 평안을 유지하고 즐거워할 만한 무언가를 그들 속에 갖고 있는 것이 틀림없구나.' 남편은 즉시 그리 멀지 않은 곳에 있던 볼턴 선생 집을 찾아가 자신의 박해에 대해 용서를 구하고, 자기가 구원받으려면 어떻게 해야 하는지 물었다.

아이작 암브로우스

Ministration of, and Communion with Angels, 90

그 즈음에 한 가난한 행상인이 이야

기책과 몇 권의 양서를 들고 찾아왔다. 그때 나의 아버지가 그에게서 십스 박사의 『상한 갈대』라는 책을 산 것은 하나님이 기뻐하시는 일이었다. 나도 그 책을 읽었다. 책의 내용이 나의 상태를 가리킨다는 것을 알 수 있었다. 그 책은 시의적절하게 내게 주어져 하나님의 사랑을 내게 알려주고, 구속의 비밀을 생생하게 전달해 줌으로써 내가 예수 그리스도께 얼마나 큰 은혜를 입었는지 깨닫게 해주었다.

리처드 백스터

as quoted in Sibbes, *Bruised Reed and Smoking Flax*, ii

나는 참으로 가련한 영혼의 상태에 처해 있는 아버지가 죽기 직전에 다른 자녀들에게는 재산을 충분히 물려주고 한 자녀에게는 고작 12펜스를 물려준 것에 대해 읽었다. 그는 그 이유에 대해 질문을 받자 그 자녀는 청교도이기 때문이라고 대답했다. 그 아버지는 이렇게 말했다. "나는 이 아이가 자기는 먹고 살 약속이 있다고 말하는 것을 들었어요. 이제 약속이 그를 먹여 살릴지 아닐지 확인해 봅시다."

토머스 브룩스

Cabinet of Choice Jewels, 177

수익, 이득, 재물은 사람들의 눈에는 중대한 것이다. 그러면 하나님은 자기 백성에게 이런 것들을 주지 않으시는가? 아마도 여러분은 소위 엄격주의자, 청교도, 광신도는 세상에서 거의 번영하지 못할 것이라고 말할 것이다. 우리는 세상 사람들 속에서 그들이 취하는 방식으로 재물을 구해서는 안 된다. 하나님을 모르고 세상을 좇아 맘몬을 자기 하나님으로 삼는 모든 자에게 이득과 재물이 따르는가? 우리는 그 반대를 보지 않는가? 다른 사람들은 망하고 아무것도 얻지 못할 때 하나님을 가까이 한 자 가운데 얼마나 많은 이가 하나님의 복을 받고 재물을 얻을 능력(신 8:18)을 가지고 있는가?

자일스 퍼민

Real Christian, 61

우리는 무엇보다 먼저 성도들을 위해 기도해야 하는가? 그렇다면 성도들을 위해 기도하는 대신에 오히려 성도들을 탈취하는 자(사 59:15)에게 화가 있을 것이다. 성도들을 위해 기도하지 않고 어쩌면 광신도나 청교도 또는 다른 조롱의 이름으로 성도들을 저주하고, 그럼으로써 성도들을 잡아먹고 갈기갈기 찢어놓는 자에게 화가 있을 것이다. 성도 외에는 아무도 성도를 사랑하지 않는다.

윌리엄 거널

Christian in Complete Armour, 782

하나님의 영광이나 예배에 열심이 있는 자는 누구라도 신성모독적 맹세, 음란한 대화, 더러운 비방, 안식일 범함, 하나님의 말씀에 대한 조롱 같은 것들을 참을 수 없었다. 그리고 설교, 겸손한 습관이나 대화, 또는 무엇이든지 선한 것을 참을 수 있는 자들은 바로 청교도였다.

루시 허친슨

Memoirs of the Life of Colonel Hutchinson, 81

어떤 이는 모든 사람 중에 경건한 사람들을 가장 사랑하기는커녕 오히려 그들을 아주 악랄하게 쫓아내곤 한다. 그들은 친척, 소작인, 하인 등을 사랑할 수 있었으나 (그들이 그렇게 부르는 것처럼) 청교도를 동료로 삼아 함께할 수 없었다. 아니 그들은 이런저런 사람을 사랑했으나 하나님이 기쁘게 회심시킨 사람과는 함께할 수 없었다.

존 로저스

Treatise of Love, 153

18세(1626년)가 되자 저자의 아버지는 저자를 그의 학교 선생인 어거 선생의 품에서 벗어나 케임브리지 대학의 시드니 칼리지로 보내 경건하고 학식 있고 열심을 다하는 두가드 교수에게서 배우도록 했다. 저자는 은혜와 학문이 점차 향상되었고, 숱한 유혹을 기꺼이 물리쳤으며, 그때 그들이 그를 그렇게 부른 것처럼 청교도를 타락시키려는 일부 선배들의 계획을 좌절시켰다. 하지만 저자는 여전히 기존 교회 질서에 최대한 순응했다.

에드먼드 트렌치

Some Remarkable Passages, 7

우리의 오만한 주교들과 고위 성직자들과 기타 수많은 학식 있는 자들은 하나님의 사랑하는 자녀들을 미워한다. 그뿐 아니라 그들은 다른 이들도 하나님의 자녀들을 미워하게 만든다. 그들은 하나님의 자녀들을 조롱하고, 냉소적으로 비난한다. 그들은 하나님의 자녀들을 청교도, 분열자들, 파당들, 분란자들, 가이사를 반대하는 반역자들로 부름으로써 모든 생명을 빼앗고, 옥에 던져 넣고, 채찍질하고, 평생 옥에 가두고, 엄청난 벌금을 부과하고, 먼 곳으로 추방하고, 남편과 아내, 부모와 자녀로 하나님이 연합시킨 자들을 갈라놓음으로써 다른 사람들도 하나님의 사랑하는 자녀를 미워하게 만든다. 이들은 레이턴 박사에게 했던 것처럼 버튼 선생, 바스트윅 박사, 프린 선생도 박해했다. 즉, 그들에게 칼을 씌우고, 귀를 자르고,

피를 흘렸다. 그래서 아벨의 피가 복수를 외친 것처럼 우달 선생, 힐더삼 선생, 스테이츠 선생을 비롯해 다른 많은 사람들의 피도 이 땅에 대한 복수를 외친다.

네헤미아 월링턴

Historical Notices, 61 – 62

청지기직

자신의 달란트를 그리스도의 영광을 위해 사용하라. 그것을 그분을 위해 쓰라. 마음으로는 그리스도를 생각하고, 손으로는 그분을 위해 일하고, 입으로는 그분을 전하라. 그리스도께서 하늘에서 우리의 대언자가 되신다면 우리는 세상에서 그분의 중개인이 되어야 한다. 그리스도께 속한 사람은 모두 그분을 위해 활발하게 일해야 한다.

토머스 왓슨

Puritan Gems, 33

물질적 번영을 누릴 때는 한층 더 신중한 생각이 요구된다. 모든 사람은 각자 자신의 은사를 책임 있게 사용해야 한다. 세상에서 많은 재물을 소유하고 있다면 그것으로 하나님을 영화롭게 하고, 선행을 많이 베풀어야 마땅하지 않겠는가? 은혜는 사사로운 인간을 공적인 선을 베푸는 사람으로 만든다. 가진 재물을 공적인 용도로 사용하라고 내주는가? 그런 식으로 재물을 사용하는 것은 온당한 일이다. 우리의 재산은 우리에게 위탁된 것이다. 우리는 청지기일 뿐이다. 우리의 주인이신 주님이 머지않아 "네게 맡긴 일에 관해 보고하라."라고 말씀하실 것이다. 우리의 재산이 많을수록 책임은 더 커지고, 우리의 수입이 많을수록 결산해야 할 것이 더 많아진다.

시므온 애쉬

Primitive Divinity, 139 – 40

하나님은 조만간 자기가 맡긴 것을 얼마나 더 낫게 만들었는지를 물으실 것이다. 그분은 우리에게 자신을 위해 장사할 것을 맡기셨다. 빛, 은혜, 직분, 능력, 복음의 특권과 기회, 자유, 평화, 경험을 비롯해 많은 축복과 고난이 모두 다 주님이 우리에게 맡기신 것이다. 우리는 그것들에 관해 결산 보고를 해야 하고, 그 합격 여부에 우리의 영원한 상태는 물론, 영혼의 평화가 달려 있다. 주 예수님은 자기 종들을 상대로 두 가지 회계 감사를 실행하신다. 하나는 현세에서 양심의 법정에서 이루어지고, 다른 하나는 심판의 날에 하나님의 심판대 앞에서 이루어진다.

바르톨로메오 애쉬우드

Heavenly Trade, 67

재물이나 시간을 사용할 방법이 여러 가지일 때는 마음속으로 "이 방법들 가운데 어느 것이 죽어 심판을 받을 때 '그렇게 사용했으면 좋았을 것을!' 이라고 말할 만한 것인가?"라고 진지하게 묻고, 대답이 생각나거든 그 방법을 선택하라.

리처드 백스터

Baxteriana, 258

하나님은 적게 주신 곳에서 많은 것을 기대하거나 많이 주신 곳에서 적은 것을 받으려고 하지 않으신다. 하나님은 "이스라엘 자손들아…내가 땅의 모든 족속 가운데 너희만을 알았나니"(암 3:1, 2)라고 말씀하셨다. 그분은 우리를 모든 사람 위에 높이셨다. 따라서 우리도 다른 사람들보다 하나님을 위해 더 많은 것을 해야 한다. 히스기야가 드린 것은 그가 받은 것에 미치지 못했다. 그것이 그의 큰 결함이었다. 신자들이여, 많은 것을 받았으니 많은 것을 하고, 많이 사랑하고, 많이 베풀고, 많이 기도하라.

윌리엄 다이어

Christ's Famous Titles, 84

하나님이 주신 것을 그분께 드리지 않는 것은 더할 나위 없이 큰 잘못이었다. 그리스도께서는 "내가 나의 백성에게 왔으나 그들이 나를 영접하지 않았다. 나는 나의 백성에게 왔고, 그들은 내게서 생명을 얻었으나 내게 죽은 마음을 주었다."라고 말씀하신다. 친구가 조만간 방문할 것이라는 전갈과 함께 좋은 포도주 한 통을 보냈다고 가정해 보자. 그런데도 포도주 통을 개봉해 그를 즐겁게 하기를 주저하겠는가?

윌리엄 거널

Christian in Complete Armour, 749

적은 것을 잘 관리하는 것은 크게 칭찬받을 일이다. 그런 사람은 좁은 공간에서 마차를 돌릴 수 있는 유능한 짐마차꾼과 같다. 호사롭게 잘 사는 것은 재물의 힘일 뿐, 그 사람의 훌륭함과는 아무런 상관이 없다. 나는 재산을 더 많이 늘리는 것보다 적은 것을 잘 관리할 방법을 궁리할 것이다.

조셉 홀

Meditations and Vows, 124

재물을 쌓아두는 사람은 유능한 간수에 불과하고, 재물을 꺼내는 사람은 훌륭한 청지기다.

프랜시스 로워스

in Horn, *Puritan Remembrancer*, 111

가장 경건한 사람의 마음속에도 재물과 관련해서는 무신론적인 권리를 주장하려는 경향이 얼마든지 생겨날 수 있다. 우리는 그로 인해 마음이 상할 뿐 아니라 우리 자신을 크게 해롭게 한다. 우리는 우리 자신의 평화를 깨뜨린다…재물을 우리의 것으로 생각하면 우리의 위로는 줄어들고 슬픔은 커져 더욱 심해진다. 재물을 우리의 것으로 생각하지 않으면, 그것을 내주는 것이 크게 고민스럽지 않을 것이다.

새뮤얼 쇼

A Welcome to the Plague, in Vint, *Suffering Christian's Companion*, 305–6

재물을 사용하는 것보다 쌓는 것에 더 많은 관심을 기울인다면, 그것이 곧 세상을 사랑한다는 증거다. 우리는 청지기일 뿐이다. 우리는 재물을 쌓는 것만큼이나 분배하는 것에도 똑같이 관심을 기울여야 한다. 재물을 쌓기만 하고 분배하려고 하지 않는 사람은 속물이다. 다른 사람을 해롭게 하지 않고 적당히 재물을 쌓는 사람도 이미 세상에 마음을 빼앗긴 상태다. 그런 사람도 재물을 합당하게 사용하지 않기는 마찬가지다.

리처드 십스

Divine Meditations and Holy Contemplations, 19

성령께서는 이 세상의 것들을 언급하면서 "너희가 만일 불의한 재물에도 충성하지 아니하면"(눅 16:11)이라고 말씀하셨다. 이 자리에 자신의 재물을 자기의 것으로 생각하는 부자는 한 사람도 없을 것이라고 확신한다. 나발 같은 사람은 "내 고기와 내 술을 내가 먹는 것이 당연하지 않은가?"라고 말할 것이다. 그런 사람은 모든 것을 '나의 것'으로 생각한다. 그러나 하나님의 성령께서는 그와는 정반대로 "너는 지금 재물을 맡아서 관리하는 청지기일 뿐이다. 그것은 다른 이의 재물이다."라고 말씀하신다. 하나님은 가난한 자에게 베풀라고 말씀하면서 "마땅히 받을 자에게 베풀기를 아끼지 말라"(잠 3:27)라고 가르치셨다. 그것을 마땅하지 않게 여기고, 자신의 것을 자기 마음대로 처분할 수 있다고 생각하는 사람은 스스로를 속이는 것이다. 그런 사람은 다른 사람의 것을 자신의 것으로 착각한다.

윌리엄 스트롱

Heavenly Treasure, 97

영적이지 않은 사람들은 하늘의 것을 속되게 사용하고, 영적인 사람들은 세상의 것을 성스럽게 사용한다.

랄프 베닝

Canaan's Flowings, 133

다른 사람들은 악인들이 형통하는 것을 못마땅하게 여기고, 어리석은 사람들이 큰 부를 누리는 것을 시샘하지만, 나는 그들을 위해 "그들이 그들의 재물로 선한 일을 많이 함으로써 많은 복을 누리게 하소서."라고 기도하고 싶다. 전자는 의무이고, 후자는 축복이다. 의무를 이행하지 않으면 축복을 누릴 수 없다. 선을 행하지 않으면 아무런 유익이 없다. 소유하고 있는 재물이 아니라 그것으로 무엇을 하느냐에 따라 개인의 행복과 불행이 결정된다.

랄프 베닝

Canaan's Flowings, 170 – 71

축복

어떤 사람들은 하나님의 선물을 받아도 더 나아지지 않는다. 도리어 더 나빠지는 사람들이 많다. 사울에게 나라를 주면 폭정을 행사할 것이고, 나발에게 좋은 음식을 주면 술 취할 것이며, 가룟 유다에게 사도직을 주면 돈을 받고 주님을 팔 것이다. 하나님이 우리에게 모든 것을 주셨다면 그분께 무언가를 돌려드려야 한다. 나는 하나님께 무엇을 드려야 할까? 나의 소유는 물론, 나 자신을 드려야 한다.

토머스 애덤스

Exposition upon … Second … Peter, 37

가진 재산이 적어도 하나님은 그 적은 것을 축복하실 수 있다. 얼마나 많은 재산을 소유했느냐가 아니라 얼마나 많은 축복을 받아 누리느냐가 중요하다.

시므온 애쉬

Primitive Divinity, 56

하나님은 자신의 자녀가 가난으로 인해 절망하지 않도록 많은 축복을 내려주신다. 또한, 그분은 우리가 지나치게 형통함으로 인해 어리석은 바보처럼 주제넘게 굴지 않도록 약간의 고난을 허락하신다.

루이스 베일리

Practice of Piety, 120

흔하고, 평범한 축복도 한 번 잃었다가 다시 찾으면 특별한 축복이 된다.

윌리엄 브리지

Lifting Up, 32

하나님이 악인들에게 허락하시는 가장 좋은 것들 안에 저주가 감추어져 있는 것처럼, 그분이 자기 자녀들에게 허락하시는 가장 나쁜 것들 안에 축복이 숨겨져 있다. 악인의 건강함 속에 저주가 숨겨져 있는 것처럼 경건한 사람의 질병 안에 축복이 감추어져 있고, 악인의 힘 속에 저주가 숨겨져 있는 것처럼 경건한 사람의 연약함 속에 축복이 감추어져 있다. 악인의 부유함에 저주가 감추어져 있는 것처럼 경건한 사람의 빈궁함 속에 축복이 숨겨져 있고, 악인의 영예 속에 저주가 숨겨져 있는 것처럼 경건한 사람의 불명예 속에 축복이 감추어져 있다. 악인의 번영 속에 저주가 감추어져 있는 것처럼 경건한 사람의 십자가와 손실 속에 축복이 숨겨져 있다.

토머스 브룩스

Mute Christian, 93

기도로 큰 축복을 얻었다면 감사함으로 받아 누려야 한다.

새뮤얼 클라크

Saint's Nosegay, 95

그리스도인의 이삭줍기가 유기된 자의 포도 수확보다 낫다. "의인의 적은 소유가 악인의 풍부함보다 낫도다"(시 37:16).

앤드류 그레이

"Spiritual Contentment," in *Works*, 398

아버지가 자기 자식에게 과수원을 통째로 주었다면, 그에게 그곳에 있는 이 사과나 저 사과를 주었느냐고 묻는 것은 어리석은 일이다. "(모든 것이) 다 너희 것이요 너희는 그리스도의 것이다"(고전 3:22, 23). 하나님과 화목한 영혼은 모든 것을 다 가질 권리를 지녔다. 온 세상이 모두 그의 것이다. 그러나 아버지가 자식에게 재산을 물려줄 때 그가 잘 관리할 수 있을 만큼의 적정한 양만을 맡기는 것처럼 하나님도 신자들에게 현세의 모든 위로를 누릴 수 있는 권리를 주셨지만, 그 무한하신 지혜로 그들의 실질적인 용도에 적합하다고 생각되는 몫만을 허락하신다. 따라서 현재의 소유가 다른 사람보다 적다고 해서 그것을 하나님의 사랑이나 보살핌이 부족한 탓으로 돌려서는 안 된다. 오히려 우리가 그것을 잘 사용할 수 있을 만큼의 양만을 베푸시는 하나님의 지혜로운 사랑과 보살핌의 결과로 생각해야 한다. 우리는 잔의 크기에 적합하게 포도주를 따른다. 큰 잔을 가득 채운 포도주를 작은 잔에 따를 때는 절반만 따라야 한다.

윌리엄 거널

Christian in Complete Armour, 371

일시적인 축복은 영적 목적을 이루기 위한 수단으로 구해야 한다. 여행자가 말을 원하는 이유는 말 자체를 소유하기 위해서가 아니라 여행을 편하게 하기 위해서다. 그리스도인들도 천국을 향해 가는 여정을 돕는 수단으로 활용할 생각으로 일시적인 것들을 구해야 한다.

윌리엄 거널

Christian in Complete Armour, 718

하나님의 손을 통해 주어지는 많은 것보다 그분의 마음에서 비롯한 적은 것이 더 낫다. 일반적인 섭리를 통해 온 세상을 소유하는 것보다 약속의 상속자가 되는 것이 더 낫다.

랠프 로빈슨

Christ All and in All, 331

과거에 경험한 특별한 축복과 구원을 모두 기록한 장부를 우리의 생각 속에 간직해 두어야 한다. 그것들 가운데는 우연의 결과가 아닌 하나님의 호의로 인한 은혜로운 결과이자 우리가 드린 기도의 응답이라는 것을 분명하게 보여주는 것들이 있다.

헨리 스쿠걸

Life of God in the Soul of Man, 112

하나님의 모든 축복에 감사하는 마음이 모든 축복 가운데서 가장 큰 축복이다. 어떤 사람들의 축복은 저주로 바뀌고, 어떤 사람들의 저주는 축복으로 바뀐다. 하나님은 우리를 축복해야 할 이유가 아무것도 없는데도 우리를 축복하는 것을 기쁨으로 여기신다. 그렇다면 우리에게 감사해야 할 이유를 그토록 많이 허락하신 하나님을 찬양하는 것을 큰 기쁨으로 여겨야 마땅하지 않겠는가?

랄프 베닝

Canaan's Flowings, 19

기도는 저주를 축복으로 바꾼다. 고난은 죄로 인해 초래된 저주의 일부다. 그러나 기도는 고난의 본질을 바꾸어 놓는다. 그들의 성화를 위해, 모든 고난이 합력해서 선을 이룬다. 사도가 말한 대로, 고난을 통해 "연단받는 자들"은 "의와 평강의 열매"를 맺는다(히 12:11). 그와는 달리 기도하지 않으면 축복이 덫이 되고, 주어진 좋은 것들이 오히려 그것들을 누리는 자들을 해치고, 파멸시킨다.

나다니엘 빈센트

Spirit of Prayer, 38

일시적인 축복은 기도의 열매다. 그것들은 하나님께 구해야 할 뿐 아니라 그분을 위해 구해야 한다. 다시 말해, 일시적인 축복을 구하는 목적은 하나님을 섬기고, 그분을 찬양하기 위해서다…재물을 구하는 이유는 그것으로 선을 행하고, 우리의 소유로 하나님을 영화롭게 하기 위해서고, 건강과 힘을 구하는 목적은 더욱 유용한 도구가 되어 하나님의 뜻에 따라 이웃들을 섬기기 위해서다. 그런 목적을 지향한다면 우리가 바라는 것이 주어지고, 기도가 확실하게 응답될 것이다. 일시적인 축복을 주된 목적으로 삼아 구해서는 안 된다. 일시적인 축복은 겸손하고, 경건한 순종의 태도로 구해야만 기도의 열매가 될 수 있다. 썩어질 양식과 고기를 구할 때는 하나님이 적당하게 생각하는 양만큼만 나눠 주시기를 바라고, 더 고귀한 것, 곧 항상 가득 흘러넘치는 샘물과 영원히 지속되는 양식을 갈망하고, 열망해야 한다. 일시적인 축복은 마음을 하나님께 더 가까이 붙잡아 이끌어 효과적으로 순종하게 만드는 수단이어야만 기도의 열매가 될 수 있다.

나다니엘 빈센트

Spirit of Prayer, 104 – 5

친구, 나쁜

우리를 악으로 유혹하는 자는 방탕한 친구들이 아닌 그들 안에서, 그들을 통해 역사하는 마귀다. 베드로는 주님께 고난을 피하라고 간언했지만, 그리스도께서는 "사탄아 내 뒤로 물러가라"(마 16:23)라는 말씀으로 그를 통해 말하는 마귀를 엄히 꾸짖으셨다. 그리스도께서 베드로를 사탄으로 일컬으신 이유는 그가 사탄의 부추김을 받았기 때문이다. 악인들은 사탄의 손에 들린 도구다. 그는 그들을 통해 육적인 위로로 영적 상처를 치유해 주겠다고 유혹한다.

아이작 암브로우스

Christian Warrior, 60

악한 동무는 흔히 좋은 친구로 일컬어지지만, 실상은 불쌍한 죄인이 회개하고, 경건하게 살아가는 것을 방해하기 위한 사탄의 도구에 지나지 않는다. 죄인에게 하나님의 은혜가 주어졌다는 것을 보여주는 첫 번째 증거는 악한 친구들과의 관계를 끊는 것이다.

루이스 베일리

Practice of Piety, 90

영혼의 평화와 위로와 고요함을 원하는가? 의심하는 동료들과 어떤 관계를 맺고 있는지 주의 깊게 살펴보라. 의심과 두려움으로 가득한 사람들과 어떻게 지내고 있는지 곰곰이 생각해 보라. 술주정뱅이는 또 다른 술주정뱅이를 만들고, 욕쟁이는 또 다른 욕쟁이를 낳고, 불신자는 또 다른 불신자를 만들고, 간음자는 또 다른 간음자를 낳는다. 그와 마찬가지로, 의심하는 그리스도인은 또 다른 의심하는 그리스도인을 만든다.

윌리엄 브리지

Lifting Up, 26

악한 본보기는 유혹하고, 부추기는 힘이 매우 강하다. 그것을 통해 영원한 멸망에 이른 사람들이 많다. 사람들은 우리의 말에는 아무런 관심이 없어도 우리의 행위는 예의주시한다. 악한 군주는 악한 신민을 만들고, 악한 주인은 악한 종을 만들며, 악한 부모는 악한 자녀를 만들고, 악한 남편은 악한 아내를 만든다. 선한 사람이 악한 사람을 회심시키기보다 악한 사람이 선한 사람을 타락하게 만들기가 더 쉽다. 혼자서 산을 뛰어 올라가는 것보다 동무와 함께 산을 뛰어 내려가는 것이 더 쉽다.

토머스 브룩스

Apples of Gold, 273

옷과 친구는 종종 중요한 무언의 메시지를 전한다.

토머스 브룩스

Smooth Stones, 103

크리스천이 자신의 형제에게 이렇게 말했다. "내가 네게 그 일이 어떻게 될지 이미 말했잖아. 네가 아무리 말해도 정욕에 사로잡힌 그가 들을 리가 만무했지. 그는 자신의 삶을 변화시키기보다는 차라리 너와의 관계를 끊는 편을 선택했을 거야. 그러나 이제 내가 말한 대로 그는 가버렸어. 그를 가게 놔둬. 그가 그렇게 해도 손해를 볼 사람은 그 자신 외에는 아무도 없어. 이제 우리가 그를 멀리하려고 노력할 필요가 없이 자연스레 해결되었어. 그와의 관계가 계속되었더라면 우리의 친구 관계에 큰 오점으로 남았을 거야. 바울 사도는 '그런 자에게서 네 자신을 멀리하라'라고 말했어(〈킹 제임스 성경〉 디모데전서 6장 5절을 참조하라-역자주)."

존 번연

Pilgrim's Progress, 80

속된 친구 관계는 가장 훌륭한 성향을 지닌 사람마저 오염시키고, 타락하게 만드는 은밀한 유혹의 힘을 지니고 있다. 죄는 전염되는 성질을 띠고 있다. 그것은 역병보다 전염성이 더 강하다. 육신이 전염병에 걸리는 것보다 영혼이 죄에 오염되기가 훨씬 더 쉽다. 악인들과 친밀하게 지내면서 그들의 죄에 물들지 않기는 매우 어렵다.

토머스 구지

The Young Man's Guide, in *Works*, 377

젊은이들은 친구를 어떻게 사귀어야 하고, 어떤 친구와 어울려야 할까? 악한 친구를 사귀면 처음에는 그들과 어울리는 것이 즐겁지만 나중에는 그들의 죄를 즐거워하게 된다.

존 오웬

Golden Book, 228

악한 친구들을 경계하라. 악한 친구들과 대화를 나누거나 어울리는 것을 피하라. 그들의 머릿속은 악한 계책을 만들어내는 공장이다. 그들에게는 자신들의 뜻을 이루기 위한 악한 계략과 계책들이 차고 넘친다. 우리는 그로 인해 해를 입을지도 모르는 큰 위험에 처해 있다. 그들에게 선한 영향을 끼칠 수 있는 희망은 거의 없다.

네헤미아 로저스

"The Watchful Shepherd," in *True Convert*, 101

속된 사람들이 경건한 사람의 순결한 행위를 통해 개선되는 것보다 경건한 사람들이 속된 사람의 악한 행실에 오염될 때가 더 많다.

윌리엄 세커

Nonsuch Professor, 52 – 53

구원에 이르는 길을 가로막는 여섯 번째 장애 요인은 악한 친구들이다. 그들은 우리가 해야 할 일을 방해한다. 가장 달콤한 물도 소금이 들어가면 신선함을 잃는다. 그리스도인도 악인들과 어울리면 새로움과 향기로움을 잃는다. 그리스도의 비둘기들이 악인들의 항아리 속에 들어 있으면 더럽게 오염된다. 악한 친구는 대장장이의 철공장에 있는 물과 같다. 그 물은 뜨겁게 달궈진 쇠를 식히는 데 사용된다. 악한 친구는 선한 열정을 차갑게 식힌다.

토머스 왓슨

"The One Thing Necessary," in *Discourses*, 1:379

침묵

말을 많이 하면 지혜롭지 못한 사람으로 드러날 테지만 아무 말도 하지 않으면 어리석은 사람으로 드러나지 않을 것이다.

토머스 브룩스

in Horn, *Puritan Remembrancer*, 2

하나님의 율법에 따르면 침묵은 동조와 같다(레 5:1). 사람들이 죄 가운데 있는 것을 보고도 침묵하는 것은 말로 그들을 꾀어 죄를 짓게 만드는 것만큼 나쁘다.

존 트랩

Marrow of Many Good Authors, 1046

칭의

칭의와 관련하여 행위는 칭찬을 받을 수 없으며, 행위를 칭의의 원인으로 인정해서는 안 된다.

토머스 애덤스

Exposition upon…Second…Peter, 64

성화와 칭의는 둘 다 은혜 언약의 유익이다. 그러므로 그중 하나로 다른 하나의 증거로 삼는 것은 행위 언약으로 돌아가는 것이 아니다(렘 33:8–9 히 8:10, 12). 칭의받은 자는 성화되고 성화된 자는 칭의받은 자라는 사실을 은혜 언약에서 읽을 수 있다. 그러므로 바로 이것을 근거로 자신이 참으로 성화되었음을 알고 있는 사람이 자신이 확실히 의롭다고 담대하게 결론을 내리지 못할 이유는 무엇인가? 그리스도인의 칭의를 증언하시는 그 동일하신 성령께서 칭의뿐 아니라 그의 성화도 증언하신다. 그리고 논쟁의 여지 없이, 성령님의 역할은 사람의 칭의를 증언하시는 것처럼 그의 성화도 증언하시는 것이다(고전 2:12; 요일 4:13–14).

토머스 브룩스

Cabinet of Choice Jewels, 327–328

영광스런 특권인 칭의의 기본 요소들을 이해하기 위해 유명한 묘사를 살펴본다. 칭의는 우리의 중재자이며 보증자이신 자비로운 그리스도를 통해 행하시는 하나님의 은총의 행위이다. 회개하고 믿는 죄인은 의롭다 하심을 받고, 화목의 상태에 놓이며, 하나님의 은혜를 받는다. 그는 하나님의 영광스러운 성품을 찬양하며, 영원한 구원 상태에 놓이게 된다. 나는 정확히 논리적인 규칙에 따라 이러한 묘사를 조사하지 않을 것이다. 칭의에 대한 필요한 모든 지식을 포함하고 있는 것으로 충분하다. 우리는 우선 그것을 하나님의 정의롭고 자비로운 심판의 행위라고 부른다. 하나님은 어떤 사람을 모든 저주에서 자유로워졌다고 공표하시는데, 이 일은 정의롭고 의롭기 때문이다. 칭의는 의롭다고 선포하는 판결 선고라기보다는 하나님의 행동이라고 하는 것이 더 정확하다. 이것이 내재적 행동(immanent action)인지, 영원에서 유래한 것인지, 아니면 시간 안에서 성취되는 시간 안에 있는 것인지에 대해 나는 다른 곳에서 논한 바 있으며(Treaties of Justification) 다음과 같이 결론지었다. 칭의는 내재적인 것도 아니고, 영원에서 유래된 것도 아니며, 시간 안에서 신자에게 선고되는 것이다.

앤서니 버지스

True Doctrine of Justification Asserted, 88–89

영혼을 의롭다 하시는 하나님의 긍휼의 사역은, 영혼을 자기에게서 떼어내어 그의 밑바닥을 파헤치고 그로 하여금 자신의 불의와 불결함을 보고 깨닫게 하시는 것이다. 이것이 하나님의 자비의 크고 위대한 사역이다.

제레마이어 버로우즈

Saints Treasury, 44

그것은 능동적 순종과 수동적 순종의 결과로 예수 그리스도께서 이루신 의에 의해 발생한다. 그것은 율법에 대한 그분의 능동적인 순종, 그리고 율법이 요구하는 저주와 형벌을 담당하신 것으로 구성된다. 주님은 자발적으로 우리의 본성을 취해 자신을 율법의 의무 아래 복종시키셨다. 그분의 능동적 순종은 공로가 된다.

사무엘 크래독

Knowledge and Practice, part 2, 53

칭의의 첫 번째 효과는 형언할 수 없는 영광스러운 기쁨이다. 우리는 값없는 자비를 베푸신 그리스도의 의를 통해, 그리고 죽음에서 구원하고 지옥에서 건지며 악한 자의 두려운 비난에서 벗어나게 하신 하나님의 은혜를 통해 스스로를 볼 때 완전히 기쁨에 사로잡혀야 마땅하다. 칭의의 두 번째 효과는 양심의 평안이다. 사실 이것은 사람의 지혜로는 도저히 헤아릴 수 없다. 죄와 죄의식이 남아 있으면, 평안도 안식도 평정도 없다. 오로지 두려움과 불안과 각종의 문제들만 있을 뿐이다. 그러나 일단 그리스도의 십자가에서 죄가 못 박히고, 죄책이 제거되고, 형벌이 옮겨갈 때, 크나큰 평안이 뒤따른다. 하나님이 우리를 위해 큰일을 행하셨기 때문이다. 우리는 성령의 보증과 증언을 갖고 있다. 혈과 육은 하늘에 속한 거룩한 보증과 확신을 줄 수 없다.

존 도드

"Of Extinguishing the Spirit," in *Seven Godly and Fruitful Sermons*, 189

하나님은 우리 자신 안에서 우리가 참으로 비참한 상태에 있다는 것과, 그리스도 안에는 하나님의 무한한 자비가 있다는 것을 계시하여 주시고 우리가 이에 진심으로 동의하게 하신다. 성령님은 우리 마음에 우리의 비참함을 깊이 느끼게 하시고, 그 비참함을 가져온 죄에 대해 증오하게 하신다. 그리고 우리를 구원하여 자기 자신에게로 이끄시는 능력의 팔이라고 할 수 있는 말씀 사역을 통해, 어둠을 사랑하고 추구하던 우리의 의지와 애정을 빛을 사랑하고 추구하게 바꾸신다. 이 일은 성령님이 우리 안에서 저주받은 상태에서 벗어나 그리스도에게 참여한 자가 되고자 하는 열띤 갈망을 불러일으키심으로써 되어질 뿐 아니라, 의심 없이 그분을 우리의 유일한 구원자로 인정하고 구원을 위해 그분만을 의지하겠다는 확고한 결심을 일으키심으로써 일어난다. 성령님은 우리 안에서 다음과 같은 일을 일으키신다. (1) 우리의 지각에 복음의 약속에 대한 유효한 동의를 일으키시고, (2) 우리의 심령에 그리스도의 공로에 참여한 자가 되고자 하는 가장 진실한 갈망을 일으키시고, (3) 우리의 의지에 그분을 메시아로 인정하고 칭의와 구원을 위해 하나님의 자비와 그리스도의 공로에 의지하겠다는 확실한 결심을 일으키신다. 이를 통해 성령님은 우리 안에 칭의의 믿음을 일으키신다.

조지 다우네임

Christian's Freedom, 33-34

죄 안에는 두 종류의 악이 있다. 죄책과 죄의 오염이 그것이다. 칭의는 죄책을 치료하고 성화는 죄의 오염을 치료한다. 하지만 칭의와 성화, 둘 다 그리스도의 죽음으로부터 주어지는 혜택이다. 성화시키는 주체는 성령님이라고 말함이 옳지만, 우리에게 성령의 성화를 가져온 것은 그리스도의 피다. 그리스도께서 죽지 않으셨다면, 성령님은 천국에서 내려오지 않으셨을 것이다.

존 플라벨

Fountain of Life, 387

첫째, 우리는 칭의를 하나님의 행위라고 부른다. 의롭다 하는 이는 하나님이시다. 둘째, 칭의를 예정이나 작정의 행위와 구별하기 위해 경륜의 행위라고 부른다. 셋째, 칭의를 부르심과 구별하기 위해서 경륜의 두 번째 행위라고 부른다. 넷째, 칭의를 하나님의 값없는 은혜의 행위라고 부른다. 그것은 공로 없고 자격 없는 자들에게 베풀어지는 것이기 때문이다. 그들은 하나님께 그 무엇도 드리지 않았지만 하나님의 은혜로 값없이 의롭다 하심을 받았다. 다섯 번째, 우리는 스스로 하나님의 일을 하시는 하나님의 경륜으로부터 구분하기 위해서 이 칭의를 그리스도 안에서 행하시는 하나님의 사역이라고 부른다. 이것은 그리스도 안에서 하나님에 의해 전적으로 행해지는 외적인 사역이기 때문이다. 그리스도 안에서 이 은혜의 모든 축복은 우리의 자녀 됨 또는 칭의와 영화로 이해된다. 이는 오로지 하나님 안에서, 하나님을 통해서 이루어진다. 하나님은 우리가 그의 자녀들이 되게 하시고, 우리를 의롭고 영화롭게 만드시며, 그리스도는 하나님께로부터 나와서 우리에게 지혜와 의로움과 거룩함과 구속함이 되셨다. 칭의의 본질적인 다섯 가지 핵심을 잘 고찰해야 한다.

존 포베스

Treatise Tending to Clear the Doctrine of Justification, 184

믿음 그 자체로 인해 칭의가 발현되는 것이 아니다. 사람은 믿음 때문에 의롭다 하심을 받는 것이 아니라 믿음으로 말미암아 의롭다 하심을 받는다. 다시 말해, 믿음은 칭의의 원인이 아니라 도구이다. 칭의와 관련하여 믿음을 말할 때, 우리가 믿음에 의해(by faith) 또는 믿음으로 말미암아(through faith) 의롭다 함을 받는다고 말할 뿐, 믿음 때문에(for faith) 의롭다 함을 받는다고는 결코 말하지 않는다. 믿음은 은혜처럼 의롭게 하는 것이 아니고, 다만 우리를 의롭게 하는 그 의로움를 이해하고 적용하는 직무를 오직 믿음만이 가지고 있기에 믿음으로 의롭다 함을 받는 것이다. 그러므로 성경은 아브라함이 믿었고, 그것이 그에게 의로 여겨졌다고 말씀하지만 이 구절은 상대적으로 이해되어야 한다. 하나님은 우리를 의롭다 하심에 있어서 믿음을 공로가 아니라 도구로 사용하신다. 그리고 믿음은 항상 명확한 대상을 갖는다. 그 대상은 바로 그리스도이시다.

오바댜 그류

Sinner's Justification, 23–24

칭의는 불경건한 사람을 찾아오지만 그를 그 상태 그대로 남겨두지는 않는다.

오바댜 그류

Sinner's Justification, 53

칭의의 교리에 대해 분명하게 이해하는 많은 이들이 칭의의 실천적 부분에서는 실패한다. 그들은 칭의를 행위가 아닌 은혜로 받아들이지만, 행위로 의롭다 함을 받는 것처럼 살아간다. 그들은 꾸준히 주 안에서 행하는 것과 그렇지 않은 것에 따라 자신이 더 의롭거나 덜 의롭다고 생각한다. 칭의의 객관적 사실 자체는 변함이 없지만, 우리 영혼에 비추어지는 칭의의 명백함은 마음의 틀과 삶의 과정에 따라서 흐려지거나 맑아지는 것이 사실이다. 우리는 안정적이지 않은 행로로 인해 겸손해져야 하며, 거룩함 안에서 열매 맺는 삶을 걸어가는 법을 배워야 한다. 그러나 동시에 우리의 행위가 칭의에 무관하기에 우리 행위의 선함이 칭의에 무엇을 덧붙일 수 없으며, 우리 행위의 결함이 칭의를 손상시킬 수도 없음을 분명히 고찰해야 한다. 우리의 의는 우리 외부에 있고, 우리의 의로움은 영원히 동일하신 그리스도 안에 있다.

그렇기에 만일 칭의가 은혜로 말미암는 것을 인정한다면, 그리스도의 자리에서 혹은 그리스도와 협력하여 무언가 일하지 않도록 주의하라. "만일 은혜로 된 것이면 행위로 말미암지 않음이니"(롬 11:6).

T.S.

Aids to the Divine Life, 42–44

오직 믿음만이 영혼을 의롭게 하지만, 영혼을 의롭게 하는 믿음은 홀로 있는 믿음이 아니다. 살아 있는 나무에 열매가 맺히듯, 살아 있는 믿음에는 선한 행위가 뒤따른다. 성화의 증거로 선한 행위는 아무리 강조되어도 충분하지 않다. 하지만 칭의의 관점에서는, 선한 행위는 그 무력함을 아무리 강조하여도 충분하지 않다

윌리엄 세커

Nonsuch Professor, 167–168

어떤 사람들은 그리스도의 공로에 대한 언급 없이 믿는 행위 자체가 누구를 의롭게 한다고 확언한다. 나는 그들에게 이렇게 말해주고 싶다. (1) 믿음은 의롭게 하지 못한다. 믿음이라는 행동(action)은 대상(object)이 필요하다. 행동과 대상은 분리될 수 없다. 그리스도에게 고정되지 않는다면 무엇이 믿음인가? 그것은 공상에 불과할 것이다. 올려다보는 행위가 이스라엘 백성을 치료한 것이 아니다. 놋뱀에 시선을 고정한 것이 이스라엘 백성을 치료했다. (2) 믿음은 의롭게 하지 않는다. 믿음은 그리스도가 아니다. 은혜가 의롭게 한다. (3) 믿음의 강조점과 미덕이 오직 믿는 행동 안에 놓여 있다면 믿음은 행위가 되며 우리는 행위로 의롭다 함을 받는 셈이다. 그러나 사도들은 이와 반대로 말했다 "행위에서 난 것이 아니요"(엡 2:9). 확실히 믿음의 탁월함은 믿음의 대상이신 그리스도에 대한 이해와 적용에 있다. 성경은 우리가 공식적인 원인으로서의 믿음이 아니라 위임된 도구로서의 믿음으로 의롭다 함을 받게 된다고 말한다.

토머스 왓슨

The Christian's Charter of Privileges, in *Discourses*, 1:110–111

칭의와 성화의 구분

칭의와 성화는 서로 분리될 수 없는 동반자이다. 둘은 구별되어야 하지만 분리될 수는 없다. 죄 용서가 있는 곳에 성화의 선물이 반드시 주어진다. 자신이 거룩하게 된 상태라는 증거가 조금도 없는 상태에서, "나는 선택받았다, 나는 의롭다 함을 받았다"라는 결론을 내리는 것은 공허하며 사악한

일이다. 구원받아 천국에 갈 어떤 사람이든지 칭의와 성화가 필요하다.

토머스 브룩스

Cabinet of Choice Jewels, 368

믿는 자는 칭의를 위해 스스로 할 수 있는 것이 하나도 없고, 오직 믿음으로 구원받는 것이 그가 할 전부이다. 모든 사람이 믿음으로 살아가야 하지만, 이것 자체가 칭의는 아니다. 만일 당신이…그리스도에 의해 행하여진 외부적인 칭의와, 안에 계신 그리스도의 영에 의해 행하여진 성화 사이에 차이를 두지 않는다면 당신은 하나님의 말씀을 올바로 분별할 수 없다. 당신이 이처럼 하나님의 말씀을 변질시키며, 사람들 앞에 걸림돌을 던지고, 회개하지 않는다면, 언젠가는 당신의 어리석음에 대해 깊이 슬퍼하는 날이 올 것이다.

존 번연

Riches, 140

칭의는 전가된 의에 의한 것이며, 성화는 주입된다. 자연적 순서상 전자가 먼저 온다. 칭의와 성화는 어느 시점에 같이 시작한다. 그것은 마치 태양이 접근하면 빛이 비추고, 범법자를 복권시키면 이전의 권리가 즉시 회복되고, 사형집행 명령서를 취소하면 즉시 목숨을 건질 수 있는 것과 같아서, 이들은 한 시점에 함께 시작된다. 성화는 신적 본성의 전달이며, 이에 의해 옛 사람이 추방되는 것, 아니 더 좋은 표현으로는(옛 사람은 이생에서는 완전히 없어지지 않는다) 발 아래 굴복되는 것이다. 교만한 육체가 그 권좌에서 내려오고 하나님의 씨가 대신에 권좌에 앉는다. 이제 흑암의 권세에서 건짐을 받아 하나님의 아들의 나라로 옮겨진다(골 1:13). 우리는 이것을 '중생' 또는 '거듭남'이라고 부른다(요 3:3). 이것은 그의 육적인 혈통에서 분리되어 참된 혈통에 접붙여지는 것이다(롬 11:17). 이것은 우리 안에 그리스도의 형상을 회복시킨다(갈 4:19). 이것은 우리 마음에 하나님의 법을 기록한다(히 8:10). 즉 우리 안에 하나님을 따르는 성품이 생긴다. 이전 것은 지나갔고 새로운 피조물이 된 것이다(고후 5:17). 이를 통해 사람의 삶의 원리와 목적에 변화가 생긴다.

엘리샤 콜스

Practical Discourse, 182–183

칭의 안에서…우리는 우리를 죄책과 영벌의 두려움에서 해방시키고 천국에 들어갈 자격을 주기 위해 우리에게 전가된 그리스도의 공로에 참여한다. 성화 안에서 우리는 우리를 죄의 부패와 지배에서 해방시키고 우리를 천국을 위해 준비시키기 위해 우리에게 주입되는 그리스도의 은혜에 참여한다. 이 은혜는 그리스도 안에 한량없이 존재하며, 그분의 영에 의해 분량대로 우리에게 주어진다.

조지 다우네임

Christian's Freedom, 40

"그는 의롭고 거룩하시다." 의로움과 거룩함은 구분되지만 분리되지 않기 때문에 이 둘을 한 쌍으로 묶어야 한다. 그리스도의 순종과 사람의 순종, 믿음으로 전가된 하나님의 의와 사람의 고유한 행위의 의도 각각 구분된다. 선재하는 좋은 나무와 그 후에 나타나는 좋은 과실, 양심의 내적 평안과 그것의 외적 드러남도 각각 구분된다.

한니발 가먼

God's Just Desertion of the Unjust, 22

칭의와 성화는 불가분적으로 공존한다. 이 둘을 혼동하면 안 되지만 분리시켜서도 안 된다. 칭의와 성화를 반드시 구별해야 하지만 분리해서는 안 된다. 그렇기에 칭의와 성화는 값없는 은혜의 태에서 자라는 쌍둥이라 불린다.

나다니엘 하디

First General Epistle of St. John, 104

하나님은 칭의로 그의 백성들을 죄에서 분리시키실 뿐 아니라, 성화로 그의 백성을 인도하신다.

랄프 베닝

Canaan's Flowings, 116

쾌락

사람들은 쾌락을 본능적으로 추구하나, 우리는 쾌락을 부인해야 한다. 어떤 쾌락은 합법적이고, 건전하고, 적당하게 사용하면 우리의 연약한 몸에 원기와 위안과 기운을 제공하는 역할을 하는 것이 사실이다. 그러나 다음과 같은 경우에는 쾌락을 부인해야 한다. (1) 쾌락이 우리를 죄로 이끄는 미끼가 될 때 우리는 쾌락을 부인해야 한다. (2) 쾌락이 죄 또는 죄의 동반자 또는 죄의 열매와 삯이 될 때 우리는 쾌락을 부인해야 한다. 세속적 쾌락과 관련한 자기부인의 지침은 다음과 같다. (1) 쾌락을 헛될 뿐만 아니라 사라지는 것으로 간주하라. 쾌락은 곧 우리 곁을 떠난다…(2) 우리도 곧 쾌락에서 떠난다…쾌락은 다만 잠깐이고, 우리도, 우리의 모든 쾌락도 다 사라지게 되어 있다. 사망이 휘장을 걷고 우리에게 다가오면 우리는 모든 쾌락과 작별해야 한다…우리가 영원으로 부르심을 받을 때 모든 쾌락은 우리를 떠나고 우리에게 영원히 작별을 고한다. 쾌락의 아들과 딸들에게 이것은 얼마나 슬픈 일일까!

아이작 암브로우스

"The Practice of Sanctification," in *Works*, 97

부는 나태함과 안일함이다. 이 음녀의 수행원과 추종자는 죄책감, 근심, 뒤늦은 회개(있다면), 그리고 종종 사망과 파멸이다.

토머스 브룩스

Apples of Gold, 90

하나님이 여러분에게 주시는 모든 번영과 합법적 쾌락을 하나님에 대한 즐거움(하나님을 기뻐하는 즐거움)을 더 높이는 유익한 방향으로 사용하라. 부패한 본성은 다른 무엇보다 번영과 세상 즐거움을 남용해 마음을 하나님에게서 멀어지게 하는 경향이 있다. 그리고 거의 모든 마귀의 독은 그 위에 설탕을 뿌린 채로 주어진다. 하지만, 번영, 건강과 풍요, 명예와 평강을 원래대로 자연스럽게 사용하면 마음은 하나님에게로 이끌리고, 하나님이 주시는 영적 즐거움의 맛을 느낄 수 있다.

리처드 백스터

A Christian Directory, in *Practical Works*, 2:418

쾌락은 추구할 때에는 실체가 있어 보이나 즐길 때에는 뜬 구름과 같다. 쾌락은 마차에 앉아 있는 아름다운 음녀와 같다. 그 마차의 네 바퀴는 교만, 탐식, 정욕, 게으름이고, 마차를 끄는 두 말은 번영과 풍요이며, 두 마

호색적인 사람에게 그의 육욕적이고 야만적인 삶에 대해 말해 보라. 그러면 때때로 다음과 같이 답하는 말을 들을 것이다. "사람이 그 일평생에 먹고 마시며 해 아래에서 하는 모든 수고 중에서 낙을 보는 것이 선하다고 말한 솔로몬은 그리 엄격하고 양심적으로 살지 않았잖아요." 그들은 마치 솔로몬에게 글을 쓰게 하신 하나님이, 그리고 솔로몬이 술주정뱅이와 고기를 탐하는 자들의 친구인 것처럼 말한다. 솔로몬이 그 구절에서 말한 '먹고 마시고 즐거워하는 것'은 모세가 말하듯이(신 28:47) 하나님이 우리에게 누리도록 주신 좋은 것들이 풍성할 때 기쁨으로 하나님을 섬기는 것 외에 다른 것을 말하지 않는다. 성경의 가장 복된 부분을 자기 정욕을 섬기기 위해 왜곡하는 것은 사람 마음 안에 있는 치명적인 죄악이다.

윌리엄 거널

Christian in Complete Armour, 587

사치는 쾌락 속에서 사는 것이다. 하

나님은 우리가 쾌락을 사용하는 것을 허용하시지만 쾌락 속에서 사는 것은 허용하지 아니하신다. 즐거움을 취하되 즐거움이 우리를 취하지 못하게 하라. 늘 풍족하게 사는 것은 방탕한 사치에 불과하다.

토머스 맨톤

Practical Exposition on the Epistle of James, 185

어떤 이는 쾌락에 쾌락을 짜 넣는 일 외에는 아무것도 하지 않는다. 그들의 삶은 한 육체적 쾌락에서 다른 육체적 쾌락으로 옮겨다니는 것 말고는 아무것도 아니다. "슬퍼할 때가 있고 춤출 때가 있으며"(전 3:4). 이런 자는 때의 질서를 무너뜨린다. 자연은 변화를 통해 순환하며 하나만 계속되면 콱 막힌다. 쾌락이 빈번해지면 습관이 된다. 게다가 통상적인 쾌락이 시시해지면 사람들은 새로운 호기심에 자극받는다. 쾌락은 쾌락을 새롭게 하고자 쾌락을 찾아야 하고, 즐거움은 익숙해지면 우리의 방해물과 짐이 된다.

토머스 맨톤

Practical Exposition on the Epistle of James, 186

자신의 쾌락을 지나치게 소중히 여기는 자는 자신의 영혼을 잃는 대가를 치른다.

매튜 미드

Name in Heaven, 12 – 13

땅은 우리의 소망 속에서는 크지만 우리의 손 안에서는 작다.

윌리엄 세커

in Horn, *Puritan Remembrancer,* 323

모든 것을 하나님을 위해 사용함으로써 모든 것을 하나님을 위해 즐거워하라. 다른 이들의 발꿈치에 들러붙어 아래로 끌어내리는 재물, 영예, 이득, 친구가 여러분을 천국으로 끌어올리는 용수철이 되게 하라. 다른 사람의 날개를 속박하는 이런 즐거움으로 여러분의 영혼이 천국을 향해 날아가게 하고, 다른 사람의 세속적 욕심에 기름을 붓는 이런 즐거움으로 여러분의 영적 사랑을 먹이고 양육하는 기름이 되게 하라. 우리가 가진 것을 하나님을 위해 사용하는 것이 그것을 악용하지 않는 유일한 길이다. 이것이 하나님을 위해 모든 것을 즐거워하는 길이며, 모든 것을 하나님을 위해 사용하는 길이다.

새뮤얼 쇼

Voice of One Crying in the Wilderness, 164

정욕대로 행하는 자 말고 누가 성령이 없는 자이겠는가(유 1:18–19)? 춤추는 자 말고 누가 하나님에게 "우리에게서 떠나라"고 말하겠는가(욥 21:10-11)? 꿀 속에서 썩는 것보다는 소금물 속에서 보존되는 것이 더 낫다.

존 트랩

Commentary ... upon ... the New Testament, 847

타락

우리는 타락의 결과로 다섯 가지를 잃었다. (1) 우리의 거룩한 형상이 더럽혀졌다. (2) 자녀의 신분이 사라지고 노예로 전락했다. (3) 친구 관계가 파괴되고 원수로 전락했다. (4) 친밀한 교제가 사라지고 낯선 자로 전락했다. (5) 영광이 사라지고 비참하게 되었다. 그리스도인들은 전적으로 무능력하고, 부적절하게 되었기 때문에 자신을 타락한 상태에서 구원할 수 없다.

토머스 브룩스

Cabinet of Choice Jewels, 46

타락 이후로 인간에게 세 가지 주된 결함이 생겨났다. 첫째는 무지와 무분별이고, 둘째는 의지와 감정의 왜곡이며, 셋째는 본성과 행위의 죄로 인해 저주스러운 상태와 하나님의 진노와 영원한 형벌 아래 놓였다는 것이다. 누가 구원자로 지목되었든 이 세 가지 해악을 제거하려면 그것들에 상응하는 해결책을 제시해야 한다.

리처드 십스

"A Description of Christ," in *Complete Works*, 1:16

탄식

영혼의 깊은 기도는 그것이 비록 한숨과 탄식, 눈물뿐일지라도 주님 앞에 자신의 영혼을 쏟아내는 것이다(삼상 1:13-19). 상한 심령에서 나오는 한숨과 탄식은 사람의 어떤 웅변보다도 더 하나님을 기쁘시게 한다.

토머스 브룩스

Privy Key of Heaven, 102

『The Morning Exercise at Cripplegate』라는 책을 읽으면서 내 영혼이 많이 고장 나 있다는 것을 알게 되었다. 오 내 영혼아, 그동안 너는 어디에 있었는가? 의무 수행은 너무나 생명력 없었고, 공부는 목적 없었고, 사람들과의 사귐은 열매 없었고, 가족들에게 덕을 끼치지 못했고, 묵상은 나태했으며, 설교는 형식적이었구나. 오 내 영혼아, 너는 어디에 있었는가? 주님이 내게 어느 정도의 생명을 넣어 주셨다.

헨리 뉴컴

Diary, 29 (December 9, 1661)

탐심

가난해도 부유할 수 있고, 부유해도 가난할 수 있다. 천국에는 들어가지 못하지만 땅 위에서는 어느 정도 쾌락을 누리며 사는 죄인들이 있다. 그러나 탐욕스러운 사람들은 내세는 물론, 현세까지 박탈당한다. 그들은 현세와 내세의 삶을 모두 누리지 못한다. 이것이 저주가 아니고 무엇인가?

토머스 애덤스

Exposition upon … Second … Peter, 498

탐욕스러운 사람은 악한 추수꾼이다. 그는 쇠스랑이 아닌 갈퀴로 모든 것을 싹싹 긁는다. 마귀는 하나님의 노예이고, 세상은 마귀의 노예이며, 탐욕스러운 사람은 세상의 노예다. 그는 마귀의 노예의 노예다…어리석게도 그는 육체가 곧 땅에 묻혀 썩어 없어질 텐데도 영혼을 돈궤에 파묻는다. 사람을 낚는 어부가 그를 잡으려고 복음의 그물을 던져도 그는 탐욕의 진흙 속으로 재빨리 파고들기 때문에 잡히지 않는다.

토머스 애덤스

"The Soul's Sickness," in *Sermons,* 217

사람들이 탐욕스럽게 긁어모으는 이유는 섭리를 믿지 않기 때문이다. 그들은 자선 행위에 대한 보상을 믿지 않기 때문에 아무것도 나누려고 하지 않는다.

아이작 배로

in Bertram, *Homiletic Encyclopaedia,* 68

술 취함과 탐욕은 매우 비슷하다. 술을 많이 마실수록 갈증이 더 심해지는 것처럼 재물이 많을수록 더 많이 탐한다. 또한, 이 둘은 사람을 짐승, 특히 짐승들 가운데서도 돼지로 바꾸는 효력이 있다. 전자는 눈으로 금방 확인할 수 있고, 후자는 약간 불분명하기는 해도 그렇다고 말할 만한 충분한 이유가 있다. 구체적으로 말해, 탐욕스러운 사람은 두 가지 점에서 돼지를 닮았다. 첫째, 그는 하늘을 바라보지 않고, 땅의 것을 찾는다. 둘째, 그는 죽을 때까지 단 한 번도 선을 행하지 않는다. 그는 "나의 규칙은 욕구나 재산의 필요성을 따르는 것이다. 나는 나의 소유가 나를 이롭게 할 것으로 믿는다."라고 생각한다.

조셉 홀

Meditations and Vows, 26 – 27

우리 자신과 다른 악덕들은 나이가

들면 약해져도 탐욕만은 항상 늙지 않고 젊음을 유지한다. 이 악덕은 황폐한 고옥에 머물기를 좋아한다…젊은이들은 현재의 위치가 불확실하고, 미래의 필요도 확신할 수 없기 때문이라고 변명할 수 있지만, 노인은 이미 죽을 날을 받아놓은 상태다. 탐욕은 노년의 나이와 매우 밀접하게 관련이 있기 때문에 나는 그런 욕망을 올바른 방향으로 이끌어 잘 단속해 나갈 생각이다. 나이가 들수록 나는 더욱 탐욕스러워질 테지만 내가 떠날 세상이 아닌 내가 들어갈 세상을 탐할 것이다. 그것은 버리지 말고 지니고 있어도 될 좋은 탐욕이다.

조셉 홀

Meditations and Vows, 176–77

은혜로운 영혼은 하나님만 더 많이 탐하고, 다른 것을 더 많이 탐하지 않는다.

매튜 헨리

Gems, 91

탐욕이 마음을 지배하면 동정심이 모두 사라진다.

매튜 헨리

Gems, 138

탐욕은 재물이나 부를 과도하게 얻거나 지키려고 애쓰는 악한 욕망으로 정의할 수 있다.

존 프레스턴

"A Remedy against Covetousness," in *Four Godly and Learned Treatises,* 30

탐욕은 네 가지 점에서 잘못되었다. 첫째, 탐욕은 마땅히 구해야 할 것보다 더 많은 것을 구한다. 둘째, 탐욕은 사용해서는 안 될 수단을 사용한다. 셋째, 탐욕은 그릇된 목적을 추구한다. 넷째, 탐욕은 그릇된 태도로 목적을 추구한다.

존 프레스턴

"A Remedy against Covetousness," in *Four Godly and Learned Treatises,* 31

탐욕은 더 많은 것을 소유하려는 욕망을 뜻한다. 이것은 현재 상태에 대한 불만족에서 비롯한다. 합법적인 수단을 통해 현재 상태를 개선하거나 향상시키려고 노력하지 않고, 불만을 품거나 많은 것을 가지려는 욕망을 느끼는 것, 그것이 곧 탐욕이다.

시드락 심슨

"On Covetousness," in *Two Books,* 218–19

인간은 두 가지 방식으로 많은 것이나 풍부한 것을 추구한다. 첫째는 자신이 가지고 있지 않은 것을 바라는 것이다. 이 경우는 부자는 물론, 가난한 자도 똑같이 그럴 수 있다. 둘째는 자신이 가진 것에 만족하지만 하나님이 주신 것을 나누려고 하지 않는 것이다. 이것은 소유한 것을 나누려고 하지 않거나 하나님이 정하신 용도대로 사용하지 않는 경우다. 자신이 충분히 가지고 있다고 생각하고, 더 많은 것을 바라지 않을지라도 하나님이 명령하실 때 가진 것을 기꺼이 나누려고 하지 않는 사람은 탐욕스러운 사람이다.

시드락 심슨

"On Covetousness," in *Two Books*, 220

나는 말씀을 전할 때면 또다시 말씀을 전할 기회가 있을지 알 수 없기 때문에 가장 적절하고, 적합한 본문을 선택해 사람들이 꼭 들어야 할 것을 전하려고 노력한다. 나는 어떤 교리가 사람들에게 가장 적합할지를 곰곰이 생각한 후, 내가 런던 사람들의 죄라고 믿는 탐심을 경계하라는 본문을 선택했다. 하나님이 어떤 사람에게 다른 사람들보다 더 많은 것을 허락하셨다면 그는 탐심을 버리고 감사해야 마땅하다. 덩굴나무가 상수리나무를 감고 자라듯, 탐심은 부와 더불어 자라난다.

헨리 스미스

"The Benefit of Contentation," in *Sermons*, 193

"재물이 늘어도 거기에 마음을 두지 말지어다"(시 62:10). 부유해지기를 원한다면 거기에 마음을 두어서는 안 된다. 부를 즐기면 즐길수록 그것에 마음을 더 많이 기울이게 되니 주의해야 한다. 탐욕스러운 사람은 재물이 많을수록 더욱 지독하게 더 많이 긁어모으려고 애쓴다. 그 이유는 재물을 사랑할수록 그것을 더 큰 열정으로 탐하게 되기 때문이다.

윌리엄 스트롱

Heavenly Treasure, 348

돈 가방을 지혜로 가득 채우고, 돈궤를 미덕으로 가득 채워라. 그렇지 않으면 원 안에 삼각형이 그려지듯 인간의 마음속에 세상의 것들이 가득 들어차게 될 것이다.

존 트랩

A Commentary ... upon ... the New Testament, 39

이것은 많은 사람이 잘 의식하지 못하는 미묘한 죄다. 어떤 사람들은 천박한 것을 소유하고 있으면서도 그 사실을 알지 못한다. 이 죄는 스스로를 미덕으로 위장한다. 그런 점에서 이 죄는 "탐심의 탈"(살전 2:5)로 불린다. 탐심은 탈을 쓴 죄다. 탐심은 근검절약과 규모 있는 생활이라는 이름으로 자신을 포장한다. 이 죄는 다른 어떤 죄보다 더 많은 이유와 변명으로 자신을 옹호한다. 가족 부양은 그 가운데 하나다. 죄는 미묘할수록 분별하기가 더 어렵다.

토머스 왓슨

Body of Practical Divinity, 334

탐욕을 버리라. 탐욕은 속된 이익을 부당하게 취할 뿐 아니라 그것을 지나치게 좋아한다. 가시밭에 떨어진 씨앗은 기운이 다해 죽었다. 탐욕스러운 사람은 말씀을 들으면서도 세상의 것을 생각한다. 그의 마음은 그의 가게에 있다. "내 백성처럼 네 앞에 앉아서 네 말을 들으나…마음으로는 이익을 따름이라"(겔 33:31).

토머스 왓슨

Gleanings, 95

평안

양심이 온전히 깨끗해지지 않으면 진정으로 평안할 수 없다(히 10:22). 죄의 길에서 유지되는 평안은 저주다(신 29:19–20). 죄와 함께 누리는 평안과 죄 안에서 누리는 평안, 이 두 평안은 세상의 모든 환난을 겪는 것보다 더 두려워할 존재이다.

조셉 알레인

Alarm to the Unconverted, 80

참된 화평은 복음의 복, 오직 복음에서 나오는 복이다. 참된 화평은 여러 종류가 있고, 특히 네 종류로 분류할 수 있다. 첫째, 하나님과의 화평. 이것은 화목의 평안으로 부를 수 있다. 둘째, 우리 자신과의 화평. 이것은 양심의 평안으로 부를 수 있다. 셋째, 서로 간의 화평. 이것은 사랑과 연합에서 나오는 평안이다. 넷째, 다른 피조물과의 화평. 아무리 해로운 피조물도 여기에 해당된다. 다른 피조물과의 화평은 보호와 봉사에서 나오는 평화로 부를 수 있다.

윌리엄 거널

Christian in Complete Armour, 352

복음은 강하게 하고 회복시키는 힘이 있다. 복음은 죄와 사탄에 맞서 싸울 수 있게 그리스도인을 강건하게 만든다. 그리스도인은 복음의 꿀을 조금만 맛보아도 기운이 나고 힘이 생긴다. 복음의 꿀을 충분히 섭취하면, 곧 복음의 포도주를 한 모금 깊이 들이키면 영적 원수들을 얼마나 많이 살육할 수 있단 말인가! 그리스도인은 포도주로 활력을 얻은 거인처럼 영적 원수들을 대적하러 전쟁터로 간다. 이렇게 하면 어떤 욕심도 그리스도인 앞에 설 수 없다. 오, 바울이 그리스도를 위해 어떻게 했던가! "내가 모든 사도보다 더 많이 수고하였다." 이 훌륭한 사람은 자신이 이전에 얼마나 비참한 사람이었는지, 자신이 얼마나 큰 긍휼을 받았는지 기억했다. 하나님의 사랑에 대한 이런 느낌 때문에 바울의 마음은 크게 불타올라 다른 사도들보다 하나님을 위해 더 열심히 수고했다.

윌리엄 거널

Christian in Complete Armour, 386

여러분의 영혼이 변함없이 평안을 유지하려면 다음 규칙을 지키라. (1) 성화가 아닌 칭의에 여러분의 평안의 기초를 두라…우리 자신의 의가 아니라 우리에게 전가되고 적용된 그리스도의 의가 우리 평안의 근거다…(2) 평안을 깨뜨리는 것이 무엇인지 파악하기 위해 노력하고 그것에 반드시 주의하라…죄와 어리석음의 길 쪽으로 향해서는 안 된다…(3) 언제든 죄책이 느껴지면 서둘러 회개하라. 최악의 상황에 빠질 것을 두려워하라. 회개를 지체하지 말라…(4) 평안을 유지하려면 우리가 하나님과 어떤 관계를 맺고 있는지 알아야 한다. 예수 그리스도 안에서 예수 그리스도로 말미암아 하나님을 우리 아버지로 여겨야 한다…(5) 고난 속에 있을 때 하나님의 섭리를 잘못 해석하지 않도록 조심해야 한다. 연단을 위해 고난당하는 경우는 없는가? 당연히 있다. 때로 하나님은 자기 백성의 은혜를 시험하기 위해 고난을 주신다…하나님이 고난을 주실 때 그것을 우리의 평안을 깨는 것으로 해석해야 할 어떤 이유가 있겠는가…(6) 하나님의 말씀을 잘못 해석하지 말라. 많은 이가 자기들에게 주어지는 말씀을 멀리하고 자기들에게 말해지지 않은 말씀을 붙잡고 있다.

필립 헨리

Remains, 147 – 50

국가의 평화는 교회의 평화에 크게 의존함을 주목하라. 종교는 '렐리간도'(*religando*, 함께 묶음)로 불리고, 사람들을 하나로 묶는 가장 큰 끈이다. 종교에서 반대 의견이 일어나면 보통 국가 안에 분열과 교란이 일어난다.

토머스 맨톤

Meate Out of the Eater, 45

참된 평안의 세 가지 특징은 다음과 같다. (1) 참된 평안은 죄와 함께하는 평안을 인정하지 않는다. 육신적 안락함은 죄와 친밀한 관계에 있다. 하지만 은혜로운 평안은 모든 죄와 적대 관계에 있다. 선지자는 육신적 안락함을 죄의 열매로 간주한다(시 85:8). (2) 참된 평안은 하나님과의 충분한 교제를 누리려는 마음을 불러일으킨다. 이때 마음은 온갖 거룩함에 대해 더 적극적이게 된다. 반면에 육신적 안락함은 마음을 죽인다. 참된 평안은 마음을 지배하는 평안이고(골 3:15), 마음을 지키는 평안이다(빌 4:7). (3) 참된 평안은 외적 환난이 있을 때에도 지속된다. 환난 속에 있을 때 하나님이 얼굴을 숨기시지 않는 한, 외적 환난은 참된 평안이 아니라 육신적 안락함을 박살낸다(요 16:33).

랄프 로빈슨

Christ All and in All, 123

옛날 사람들은 하프라는 악기를 평화의 상징으로 삼았다. 포성이 울린 다음에 들리는 하프 소리는 얼마나 감미로운가! 정치적 평화를 촉진하기 위해서는 모두가 힘써야 한다. 경건한 사람은 죽으면 "평안에 들어간다"(사 57:2). 그러나 사는 동안에는 평안이 그에게 들어가야 한다.

토머스 왓슨

The Beatitudes, in *Discourses*, 2:275

하나님이 우리 하나님이라면 하나님은 우리에게 환난 중에도 평안을 주실 것이다. 하나님은 밖에 폭풍이 있을 때 안에 평안을 만드신다. 세상은 평화 속에서 환난을 만들 수 있으나 하나님은 환난 속에서 평화를 만드실 수 있다.

토머스 왓슨

Gleanings, 63

폭음과 폭식

폭음과 폭식은 몸을 해친다. 폭력이 아닌 폭음으로, 고난이 아닌 과식으로 죽은 사람이 더 많다.

존 트랩

Marrow of Many Good Authors, in *Commentary…upon…the New Testament*, 1042

식탁이 올무가 되는 사람이 많다…그들은 주 예수 그리스도가 아닌 자신의 배를 섬긴다(롬 16:18). 그들의 부엌이 그들의 성소이고, 그들의 요리사가 그들의 제사장이며, 그들의 식탁이 그들의 제단이고, 그들의 배가 그들의 신이다.

존 트랩

Marrow of Many Good Authors, in *Commentary…upon…the New Testament*, 1043

하나님

하나님은 영적이시며, 단순하시고, 무한하시며, 지극히 거룩하신 본질이시다. (1) 하나님은 자기자신 안에서 자기자신에 의하여 스스로 존재하시며, 그 본질을 다른 누구에게서도 받지 않으신다. 다른 모든 것들은 하나님 안에서 하나님에 의해 존재한다. "우리가 그를 힘입어 살며 기동하며 존재하느니라." (2) 영적이심 : 하나님은 몸이나 몸의 어떤 부분도 가지지 않으시며 영이시고 보이지 않으시며 분할될 수 없으시다. (3) 단순하심 : 인간은 모두 복합체이다. 그러나 하나님은 물질이나 형태나 또는 어떤 부분들로 구성된 분이 아니시다. (4) 무한하심 : 하나님은 [1] 시간에 있어 시작이나 끝이 없으시며, [2] 장소에 있어 부재하신 곳이 없으시며, 포함되어 있지도 않으시다. 하나님은 모든 곳에 계시며, 모든 공간을 초월하여 계신다. (5) 지극히 거룩하심 : 하나님의 지혜, 선하심, 자비, 사랑은 무한하시다.

토머스 애덤스

Meditation upon the Creed, in *Works*, 3:97.

하나님의 뜻은 영원하다. 하나님은 원하지 않았던 일을 뜻하기 시작하지 않으시며, 또한 뜻하셨던 일을 뜻하길 중지하지 않으시기 때문이다.

윌리엄 에임즈

Marrow of Sacred Divinity, 16.

하나님은 지극히 지혜로우실 뿐만 아니라 전능하신 주 여호와 하나님이시다. 하나님이 하실 수 있는데 우리를 위해 하지 않으실 일은 없다. 마찬가지로 우리를 위해 하고자 하시는데 하실 수 없는 일도 없다. 이 하나님이 우리의 유일한 친구이시다. 하나님은 지혜로우시므로 우리의 모든 대적들보다 훨씬 더 강하시다. 우리의 최고의 친구이신 하나님이 우리의 가장 나쁜 대적보다 훨씬 더 능력 있으시다. 하나님은 우리의 모든 대적들이 우리에게 해를 끼치는 것보다 우리를 위해 더 선을 행할 수 있는 분이다. 아니, 그들은 하나님으로부터 그 일을 행할 권세를 받지 않는 한, 우리에게 아무 해를 끼칠 수 없다. 마귀는 하나님의 사슬에 묶여 있기에 하나님의 명령을 넘어서 단 한 발자국도 움직일 수 없다. 따라서 우리의 원수들 중 그 누구도 우리를 고통 가운데 빠뜨릴 수 없으며, 우리의 친구 되신 하나님은 고통에서 우리를 구원할 수 있으시다. 우리에게 무엇인가 결핍되어 있으면 하나님이 공급하신다. 우리가 위험에 처해 있으면 하나님이 우리를 구출하신다.

윌리엄 비버리지

Thesaurus Theologious, 4:21.

하나님은 당신의 위대한 영광과 자기 백성의 위대한 복락, 그리고 그의 대적들의 엄청난 혼란을 위해, 그분의 위대한 구원을 수행해 가신다. 이 사실은 필연적이며 이성적인 진리가 아닐 수 없다.

존 본드

Salvation in a Mystery, 28.

나는 하나님과의 교제, 특별히 주의 만찬과 기도와 묵상, 그리고 신실하고 진지하게 선포되는 설교를 듣는 것과 들은 설교대로 실천하는 것 안에서 큰 달콤함을 발견했다.

토머스 보스턴

Art of Man-Fishing, 55.

하나님이 얼마나 초월적인 분이신지 잠깐 고찰해 보겠는가? (1) 하나님은 현존하시는 분이다. (2) 하나님은 거대하신 분이다. (3) 하나님은 자충족적이신 분이다. (4) 하나님은 순수한 영이시고 혼합되지 않은 분이며, 그 안에 오직 선만 지니신 분이다. (5) 하나님은 영광스러우시며, 행복하시며, 지극히 복되신 분이다. (6) 하나님은 자기 백성들에게 특별하신 분이다. (7) 하나님은 만유를 포함하시는 우주적인 분이다. (8) 하나님은 그 누구도 신자를 빼앗아갈 수 없게 안전하게 지키시는 분이다. (9) 하나님은 적합하신 분이다. (10) 하나님은 불가해하신 분이다. (11) 하나님은 고갈되지 않는 분이다. (12) 하나님은 영혼을 만족시키시는 분이다. (13) 하나님은 영구하고 영원하신 분이다. (14) 하나님은 비교할 수 없는 분이다…그 무엇도 하나님을 자신의 분깃으로 소유한 사람들을 비참하게 할 수 없으며, 그 무엇도 하나님을 자신의 분깃으로 소유하지 못한 자들을 행복하게 만들 수 없다.

토머스 브룩스

London's Lamentations, 225–26.

야곱은 모든 이름 위에 계시며 모든 생각을 뛰어넘는 존재이신 하나님의 위엄과 영광의 명시적 현현인 천사의 이름을 알려달라고 요청했다. 그는 이 호기심 많은 요청으로 인해 책망을 받았다(창 32:29). 하나님은 초월적 본체이시며, 불가해한 분이시다. 어떤 사람은 하나님이 누구시냐는 질문을 받고 나서, "내가 하나님을 온전히 알려면 내가 하나님 자신이어야만 할 것이오"라고 대답했다. 우리는 조개껍질 안에서 바다를 파악하는 것만큼 전능하신 하나님을 파악할 뿐이다.

토머스 브룩스

Privy Key of Heaven, 28.

하나님의 임재는 영혼을 새롭게 하고, 변화시키고, 거룩하게 하며, 달콤한 기쁨을 주고, 빛을 비춘다. 이 세상 그 무엇도 하나님의 임재와 견줄 만한 것은 없다. 하나님의 임재는 모든 결핍을 채우고, 모든 질병을 치유하며, 모든 위험에서 건져준다. 하나님의 임재는 죽음 가운데 생명이며, 지옥 가운데 천국이고, 만유 가운데 만유이다.

존 번연

Riches, 33.

반론 : 모든 이에게 회개하고 믿기 위한 충분한 수단이 제공되지 않는다면, 회개하고 믿지 않는 자를 형벌하시는 하나님이 어떻게 의로우실 수 있는가?
대답 : 인간의 침침한 이성이 올바로 보지 못한다 할지라도, 하나님은 심판하시거나 의롭다 하시는 행위에 있어서 완전히 공의로우시다. 하나님의 심판은 지극히 심오해서 인간은 이를 결코 온전히 이해할 수 없다. 바다의 수심을 측정할 때, 당신의 줄이 바닥에 다다르지 못한다고 해서 그 바다는 바닥이 없다고 말할 수 있겠는가? 하나님은 바울과 함께 다메섹으로 가는 사람들 모두가 그의 얼굴을 보거나 그의 음성을 듣도록 허락하지 않으셨다. 그럼에도 불구하고, 하나님은 그들의 불신앙을 형벌하는 일과 관련하여 그 어떤 변명이나 사과를 하셔야 하는 분이 아니시다. "무릇 율법 없이 범죄한 자는 또한 율법 없이 망하"게 될 것이기 때문이다(롬 2:12).

엘리샤 콜스

Practical Discourse, 220

미래의 일에 대한 예언은 하나님의 존재하심에 대한 증거 가운데 하나이다. 우리는 성경에서 많은 예언들을 보며, 또한 그에 정확히 상응하는 사건들이 발생한 것을 본다.

존 커넌트

Sermon 6 on John 17:3, in *Sermons*, 210

사랑하는 이여, 우리의 비참함이 클수록 [하나님의] 도우심이 가까운 법이다. 인간의 한계가 곧 하나님의 기회이다.

윌리엄 다이어

Christ's Famous Titles, 34.

하나님의 영예가 우리의 영원한 구원보다 훨씬 더 우선하는 것인가? 이 둘은 결코 서로 적대적일 수 없다. 우리가 하나님의 영예를 더욱 구할수록 우리는 우리 구원을 더욱 추구하게 되고, 우리가 우리 구원을 더욱 올바르게 추구할수록 우리는 하나님의 영예를 더욱 진전시키게 된다.

윌리엄 구지

Guide Goe to God, 39.

인간의 의지와 연약함이 하나님의 작정의 효과적 시행을 방해할 수 없다. 예를 들어, 선지자 에스겔은 거절하고 7일간 가만히 앉아 있었으며, 할 수만 있으면 하나님의 의도를 좌절시켰을 것이다. 하지만 그 일은 하늘의 하나님이 작정하신 일이었다. 하나님의 작정은 효과적이었으며, 하나님의 뜻은 반드시 시행되었어야 하며, 선지자는 이스라엘 집을 향한 선지자적 방식으로 하나님의 기뻐하시는 뜻을 수행하는 자이어야 했다. 선지자 요나는 도망쳤고 니느웨를 향한 하나님의 계획에 선입견을 가졌다. 그러나 여호와께서는 도망친 선지자를 어떻게 겸손하게 만들고 어떻게 다시 돌아오게 할지 아셨고, 요나의 고집과 연약함에도 불구하고 그를 하나님의 목적에 합당한 도구가 되게 하는 방법을 잘 아셨다. "그가 말씀하시매 이루어졌으며 명령하시매 견고히 섰도다", "여호와의 계획은 영원히 서고 그의 생각은 대대에 이르리로다"(시 33:9, 11). 하나님의 작정에 반하는 계획과 뜻이 있다 할지라도 그것들은 결코 서지 못할 것이다.

윌리엄 그린힐

Exposition of the Prophet Ezekiel, 109

가난하고 겸손한 자와 함께 거하시는 것보다 하나님이 어떻게 더 몸을 낮추실 수가 있는가? 거지가 왕의 궁정에서 사는 것은 왕이 오두막에서 거지와 함께 사는 것과 같을 수 없는 것이다. 그럼에도 이 약속은 다음과 같이 장엄한 말씀으로 시작된다. "지극히 존귀하며 영원히 거하시며 거룩하다 이름하는 이가 이와 같이 말씀하시되 내가 높고 거룩한 곳에 있으며 또한 통회하고 마음이 겸손한 자와 함께 있나니"(사 57:15).

윌리엄 거널

Christian in Complete Armour, 112

우리에게 당신의 어린 양들을 부드럽게 대하라고 명하신 하나님은 당신의 양 떼들에게 더욱 부드러우시다. 요한일서 2장 12-14절에서 이것을 잘 살펴볼 수 있다. 여기 세 부류의 성도, 즉 아버지들, 청년들, 그리고 어린 자녀들이 있는데, 하나님의 성령께서는 먼저 그들을 자녀들이라고 부르면서 그들을 부드럽게 돌보심을 나타내신다(12절). "자녀들아 내가 너희에게 쓰는 것은 너희 죄가 그의 이름으로 말미암아 사함을 받았음이요." 여기서 용서하시는 자비의 달콤한 약속을 아비들과 청년들이 아닌 자녀들의 무릎과 가슴에 남겨두셨다. 그러나 아비들과 청년들의 죄도 역시 사함을 받지 않는가? 그렇다. 누가 이것을 의심하겠는가! 그러나 하나님은 이것을 그들에게 특별히 적용하시지 않는다. 왜냐하면 그들은 자신들의 실패의 감각으로부터 다른 것들이 자라나 마음속에서 죄 사함의 약속에 대항하여 논쟁하는 경향이 더 크기 때문이다. 참으로 그렇다. 그래서 하나님은 명백한 말로 그들의 죄가 사함을 받았다고 말씀하실 뿐만 아니라, 이 복된 소식에 반대하여 그들의 떨리는 마음으로부터 나오는 은밀한 반대 의견을 다루시며, 그들에게 다음과 같이 말씀하심으로써 그들의 입을 막으신다. "그의 이름으로 말미암아 사함을 받"았다. 그들을 낙심하게 만드는 그들의 가장 큰 죄악들보다 더 크신 분의 이름으로 죄사함이 주어지는 것이다.

윌리엄 거널

Christian in Complete Armour, 235

하나님이 앉으실 수 있는 가장 높고 고상한 피조된 보좌는 바로 믿는 자의 영혼이다.

윌리엄 거널

Christian in Complete Armour, 350

어떤 이들은 복종의 방식으로 하나님께 허리를 숙여 굴복한다. 천사들과 성도들은 자기 자신을 부인함으로 하나님의 높으심을 인정하고, 하나님의 계명을 그들의 최고의 법으로 삼으며, 그들의 면류관을 하나님께 던지며 하나님을 경배한다. 그들은 자신들의 영광과 얼굴을 가리고 하나님의 영광을 그들의 경배의 대상으로 삼는다.

토머스 핫지스

Glimpse of God's Glory, 6

예지(foreknowledge)는 하나님의 영원하고 변치 않는 사랑이다. 따라서 하나님이 어떤 이들은 선택하시고 어떤 이들은 거절하신다는 것은 바로 그러한 거대한 목적을 위해 하나님의 자비와 공의를 나타내고 확장하는 것이다. 그런데 왜 하나님은 이 사람은 이런 목적으로, 저 사람은 저런 목적으로 삼으시는 것인가? 왜 베드로는 긍휼의 그릇으로 유다는 진노의 그릇으로 삼으셨는가? 그것이 하나님께 좋게 보였기 때문이다. 이는 우리에게 가혹해 보이지만 사도적 교리이다. 사도 바울은 이렇게 말한다. "토기장이가 진흙 한 덩이로 하나는 귀히 쓸 그릇을, 하나는 천히 쓸 그릇을 만들 권한이 없느냐"(롬 9:21).

로버트 레이턴

A Commentary upon the First Epistle of Peter, in *Whole Works*, 1:20

하나님은 결코 죄의 직접적인 조성자가 아니시다. 또한 하나님은 피조물의 죄악적인 뒤틀린 행위의 합당한 원인으로 간주될 수 없으시다. 태양빛이 거름더미에 의해 더럽혀지지 않은 채 거름더미를 비추듯이 하나님의 섭리는 죄와 무관하나 죄에 대해 말한다.

토머스 맨톤

Practical Exposition on the Epistle of James, 35.

하나님의 질투는 경쟁자를 용납하지 않으실 것이다. 하나님은 우리의 모든 선의 유일한 조성자가 되시는 이 영예를 매우 기뻐하시기 때문에 우리가 그것을 다른 대상에게 주는 것을 결코 용납하지 않으신다. 하나님은 모세의 손을 통해 이적을 행하시기 전에 먼저 그 손에 나병이 생기게 하셨다(출 4:6).

토머스 맨톤

Practical Exposition on the Epistle of James, 45.

아들과의 관계는 소통하는 관계이다. 그러나 종과의 관계는 그렇지 않다. 주인은 종에게 그의 마음을 다 주지 않을 뿐 아니라 자신의 비밀을 말해주지도 않는다. 주인은 종에게 명령을 내리지만 자신의 비밀을 말하며 그를 신뢰하지는 않는다. "이제부터는 너희를 종이라 하지 아니하리니 종은 주인이 하는 것을 알지 못함이라"(요 15:15). 그러나 아버지는 자신의 마음을 자녀에게 밝히 말할 것이다. 아버지는 그의 모든 마음과 뜻과 생각을 그의 아들에게 말해줄 것이다.

매튜 미드

Name in Heaven, 40–41.

하나님의 영광을 유지하기 원한다면, 하나님의 언어로 말하자. 그렇지 않으면 영원히 침묵하는 편이 낫다. 하나님은 스스로에게 돌리신 영광 안에서 영광스러우신 분이다. 우리에게서 나온 것들은 우리가 보기에는 그다지 찬란하지 않을 뿐이지만, 하나님에게는 가증한 것이다. 그것은 하나님을 그분의 영원한 탁월함에서 끌어내리고 그분을 마치 우리와 닮은 분으로 만들려고 하는 것과 같다. 하나님은 결코 피조물의 뜻이 하나님의 영광의 척도가 되는 것을 허락하지 않으실 것이다.

존 오웬

Death of Death in the Death of Christ, ix

하나님에 대한 생각들에는 두 가지가 요구된다. (1) 우리는 하나님에 대한 생각들 안에서 기뻐해야 한다. 하나님을 생각하고 기억하는 것은 그의 성도들의 마음을 기쁘게 하고 감사함에 이르게 한다(시 30:4). 하나님의 어떠하심이야말로 그들의 가장 큰 기쁨의 정수이다. (2) 우리는 하나님에 대해 경건한 두려움과 경외심을 가져야 한다. 하나님의 본성과 속성과 경륜에 관한 인간의 교묘한 이론과 논쟁들이 헛된 호기심과 인위적인 정확성 추구에 의해 얼마나 부패하고 무가치하고 쓸모없게 되었는지는 상상조차 할 수 없을 정도이다. 사람의 지혜와 마음이 그런 생각에 사로잡히면, 그들의 모든 생각이 하나님에 관한 것이라 할지라도 하나님은 "그들의 모든 생각 속에 계시지 않으"신다.

존 오웬

"Spiritual Mindedness," in *Golden Books*, 177–178

우리는 우리 자신과 유사한 하나님을 상상하기 위해 우리 자신의 성향에서 발견하는 대로 하나님에 대해 생각하는 경향이 있다. 그러므로 우리는 시련을 주시는 하나님(afflicting God)을 보지 못하고, 영원하고 순수한 존재께서 마치 인간들처럼 감정과 변화에 종속되시는 것처럼 화난 하나님을 상상한다. 이런 인식이 한번 지배하게 되면, 사람의 영혼은 이상하게 돼서 사랑 그 자체이신 분의 얼굴 보기를 두려워하게 되며, 마치 에덴동산의 아담처럼 도망쳐 숨게 된다.

사무엘 쇼

Voice of One Crying in the Wilderness, 71.

사람의 보물을 구성하는 세 가지 요소가 있다. (1) 그가 가장 사랑하는 것, (2) 최고의 값을 매기는 것, (3) 거기 마음을 두고, 모든 필요를 거기서 공급받는 것. 부자가 죽을 때를 생각해보라. 그 재물이 진노의 날에 아무런 도움이 되지 못한다. 그러므로 오직 하나님만이 성도의 유일한 보물이요 최고의 선이시다. 성도는 그 보화를 하늘에 쌓는다. 그 보화는 바로 하나님이다.

윌리엄 스트롱

Heavenly Treasure, 139.

선지자 요나는 자신의 사명을 버리고 도망쳤다. 하나님은 요나를 니느웨로 보내셨지만 요나는 다시스로 가려고 했다. 여기 하나님의 주권에 대한 명백한 반역을 본다. 바닷물이 요나의 몸을 삼키고 불과 진노의 바다가 요나의 영혼을 삼켰을 때, 사람들은 질투하시는 하나님이 반역자 요나에게 합당한 형벌을 내리신 것이라고 생각할 것이다. 그러나 하나님은 자기 백성 요나를 멸망에 이르게 할 수 없으시다. 하나님은 요나가 멸망에 이르도록 방황하게 내버려 두시지 않고 오히려 그를 채찍질하여 사명을 맡기신다. 이런 매는 얼마나 부드러운가! 요나가 자녀 된 의무를 잊었을 때조차 하나님은 아버지의 사랑을 잊지 않으신다. 하나님은 요나를 멸망하게 하시기보다 기적을 일으켜 큰 물고기를 그의 구원자로 삼아 살리실 것이다.

조지 스윈녹

The Christian Man's Calling, in *Works*, 2:367

하나님은 독립적인 존재이시다. 하나님은 하나님에 의해 하나님으로부터 하나님을 위해 존재하신다. 하늘이나 땅에 있는 그 무엇도 하나님의 존재의 유지와 지속에 가장 작은 공헌도 할 수 없다. 피조물의 선함이나 그들의 행위도 하나님께 어떤 선으로 공헌할 수 없다.

조지 스윈녹

The Incomparableness of God, in *Works*, 4:389

하나님은 단일한 분이다. 그런데 이 단순성은 지혜에 반대되는 개념이 아니다. 그리스도 안에는 지혜와 지식의 온갖 보화가 가득하기 때문이다(골 2:3, 9). 하나님의 단순성은 혼합이나 합성의 반대 개념으로 제시될 뿐이다. 복음에는 단순성이 있다(고후 12:3). 더 단순할수록 더 탁월한 것이다. 하나님은 가장 순수하고, 단순하며, 혼합되지 않고, 분할되지 않는 본질이시다. 하나님에게는 아주 작은 혼합도 있지 않으며, 따라서 그분은 분할될 수 없으시다. 하나님은 지극히 순수하시며, 부분들이나 지체들이나 자질들로 구성되지 않으신다. 하나님 안에 있는 모든 것은 그 자신이시며 그의 존재(being)이시다.

조지 스윈녹

The Incomparableness of God, in *Works*, 4:397

하나님은 하실 수 있는 많은 일들을 하시지 않고, 뜻하시는 모든 일을 하신다. 하나님은 그분이 뜻하시는 것보다 훨씬 더 많은 일을 할 수 있으시다. 그러나 하나님은 죄가 되는 일을 할 수 없으시다. 하나님은 거짓을 말할 수 없으시다(딛 1:2). 하나님은 자신을 부인할 수 없으시다(딤전 2:13). 하나님은 모순된 일을 할 수 없으시다. 하나님은 자신 스스로를 피조물로 만들거나 피조물을 신으로 만들 수 없으신데, 그렇게 하는 것은 곧 그 행위자의 나약함과 불완전함을 뜻하기 때문이다. 하나님은 무엇이든지 그분의 능력 또는 완전함을 드러내는 일을 하실 수 있다.

조지 스윈녹

The Incomparableness of God, in *Works*, 4:434

하나님에 관한 지식은 거룩하게 하는 지식이다. 이 지식은 죄를 혐오하게 하며, 세상을 경멸하게 하며, 하나님의 영광을 보게 하며, 사람의 영혼을 겸손하게 만든다.

조지 스윈녹

The Incomparableness of God, in *Works*, 4:483

하나님과의 교제

하나님이 자신들의 영혼 안에서 기쁨과 위로의 샘물을 솟구치게 하실 때를 제외하고는 그분과의 교제가 전혀 이루어지지 않고 있다고 잘못 생각하는 미숙한 그리스도인들이 많다. 그들은 골방에서 기도할 때 하나님의 임재가 생생하게 느껴져 마음이 넓어지고, 새로운 활력이 생겨나고, 기쁨이 솟아날 때만 그분과 교제를 나눈다고 생각한다. 그들은 골방에서는 하나님과 은혜로운 교제를 나누었다고 기꺼이 인정할 테지만, 만일 하나님이 그들의 죄로 인해 그들의 마음을 슬프게 하고, 자신의 권능과 임재를 통해 그들 자신의 부패한 상태와 불완전함을 보고, 느끼게 만들어 그들의 영혼이 크게 의기소침해지고 절망에 빠지게 하신다면 과연 그분과 교제를 나누었다고 기꺼이 인정할지 의문이다. 친구들이여, 그리스도인은 마음에 위로가 넘칠 때는 물론, 마음이 겸손해지는 경험을 통해서도 하나님과 교제를 나눌 수 있다는 것을 기억할 필요가 있다. 그리스도인은 마음에 기쁨이 가득할 때와 마찬가지로 눈에 눈물이 가득할 때도 하나님과 최상의 교제를 나눌 수 있다.

토머스 브룩스

Privy Key of Heaven, 184

스스로의 은혜를 더 많이 증대시킬수록 하나님을 더 분명하고, 더 은혜롭고, 더 온전하고, 더 풍성하게 즐거워할 수 있다. 자신의 은혜를 가장 크게 증대시키는 사람이 하나님을 가장 크게 즐거워할 수 있다. 지식이 가장 많은 사람이나 가장 많은 말씀을 들은 사람이나 가장 많은 말을 하는 사람이 아니라 은혜를 가장 많이 활용하는 사람이 하나님과 가장 많은 교제를 나눌 수 있고, 그분을 가장 뚜렷하게 볼 수 있으며, 그분의 나타나심을 가장 분명하게 느낄 수 있고, 그분을 발견하는 가장 은혜로운 경험을 할 수 있다.

토머스 브룩스

The Unsearchable Riches of Christ, in *Select Works*, 1:186

의무적 요구사항으로서가 아닌 자발

적 선택으로 하나님과 항상 교제를 나누려고 노력하라. 죽을 때 거하는 장소는 바뀌더라도 어울리는 친구는 바뀌지 않을 것이다.

토머스 케이스

Correction, Instruction, 117

그리스도인의 내면에서 그리스도와 영혼의 만찬이 이루어진다. 물론, 음식을 가져 나르는 모습이나 그리스도인의 귀에 아름답게 울려 퍼지는 음악 소리는 보이지도, 들리지도 않는다. 그리스도인이 내면에서 느끼는 기쁨과 평화를 안색을 통해 겉으로 드러내지 않으면 그에게 평화가 없는 것처럼 보일 수 있다. 아, 가엾은 사람이여! 우리와 친구들의 얼굴이 밝고 환하기만 할 때도 마음은 슬플 수 있거늘 성도가 어둡고 슬픈 안색을 하고서도 양심이 평화로울 수 있지 않겠는가?

윌리엄 거널

Christian in Complete Armour, 380

하나님과 사귀고 싶다면 날마다 그분을 자주 찾아뵈어야 한다. 그분의 집을 자주 출입하고, 그분의 규례를 힘써 지켜야 한다. 성경 읽기와 말씀 듣기와 기도를 자주 해야 한다. 거룩한 묵상과 독백으로 그분과 대화를 나누고, 그분을 우리의 집으로 초청하고, 성령을 통해 우리의 마음에 찾아오시기를 간청해야 한다. 우리는 친구들을 종종 방문하고, 우리를 방문하도록 초청한다. 우리는 우리 집과 우리가 가진 모든 것이 그들을 즐겁게 하기 위한 것이라고 말한다. 이처럼 우리가 다른 친구들에게 하는 것처럼 하나님을 대해야 한다. 이것이 하나님과의 교제와 사귐을 유지해 나가는 방법이다.

매튜 뉴커먼

Best Acquaintance, 92–93

우리는 하나님 없이는 단 한 순간도 살 수 없다. 따라서 세상에서 하나님 없이 단 한 순간도 살려고 해서는 안 된다. 우리는 하나님과 교제를 나누고, 그분께 복종하기 위해 끊임없이 노력해야 한다. 우리는 가능한 한 하나님과 마음에서 우러나오는 교제를 나누려고 애써야 한다.

새뮤얼 쇼

Voice of One Crying in the Wilderness, 30

나는 하나님 안에 있거나 그분이 베푸시는 은혜와 위로를 받는 것이 아니라 그분을 영화롭게 하고, 그분의 덕을 칭송하는 것을 나의 축복으로 생각했다. 피조물 가운데서 말씀하고, 행동하시는 하나님을 보는 것은 참으로 놀랍고, 영광스럽기 그지없었다. 하나님은 피조물이 아니시지만, 그 안에 임해 그것을 가득 채우고, 그것을 통해 빛을 발하신다. 하나님은 구름이 감싸듯 피조물을 감싸고 계시고, 마치 유리 등불처럼 그것을 통해 빛줄기를 뿜어내신다. 오직 하나님만이 선하시다. 나는 하나님을 나타낼 때가 가장 선하다…나는 나의 목적이신 하나님께 나의 마음이 더욱 가까이 이끌리는 느낌을 받았고, 그것을 나의 행복으로 삼았다. 물론, 나의 삶을 통해 죄와 사탄과 자아가 드러나는 것은 나의 큰 불행이었다. 나는 내가 해야 할 두 가지 일 가운데 하나를 깨달았다. 즉 내 영혼은 기쁨을 원하기 때문에 나는 하나님을 나타내기로 마음먹었고, 그렇게 하지 않는 것은 내게 고통을 안겨줄 뿐이기 때문에 오직 그것만을 나의 기쁨으로 삼기를 원했다.

토머스 쉐퍼드

Meditations and Spiritual Experiences, 84

재물을 자신의 보화로 삼는 사람은 욕망이 지옥처럼 커져 결코 만족을 얻을 수 없다. 쾌락을 원하는 사람은 거머리의 딸처럼 항상 "다오, 다오"라고 부르짖는다(잠 30:15). 그런 사람은 오늘 배불리 먹더라도 내일 굶주릴 수 있다. 왜 그럴까? 그 이유는 그것이 그의 주된 목적이기 때문이다. 하나님을 주된 목적으로 삼는 사람을 생각해보라. 그는 하나님으로부터 영광스러운 은혜를 받아도 여전히 더 많은 은혜와 더 많은 교제와 더 많은 성령의 위로를 원한다. 왜 그럴까? 그 이유는 그것이 그의 주된 목적이기 때문이다. "성령과 신부가 말씀하시기를 오라 하시는도다"(계 22:17 참조).

윌리엄 스트롱

Heavenly Treasure, 30–31

인간은 마음으로 원하는 목표를 위해 자신이 가진 모든 것을 사용하고, 세상에 있는 다른 모든 것을 그것에 종속시켜 이바지하도록 만든다. 만일 마음을 하나님께 둔다면 자신의 소유로 그분을 영화롭게 하는 것으로 만족하고, 그 이상의 재물을 탐하려고 애쓰지 않을 것이다(잠 3:9). 그런 사람은 의식을 행해도 그것을 통해 하나님과의 교제를 나눌 수 있다면 그것으로 만족하고, 그 이상의 의식을 원하지 않을 것이다. 예수 그리스도께서는 중보자이시다. 우리는 그리스도를 통해 하나님께 나아간다. 따라서 그런 사람은 그리스도를 통해 하나님께 나아가는 것 외에 다른 것을 원하지 않는다. 그는 자신의 영혼이 지향하는 곳으로 나아가기 위해 다른 모든 것을 사용한다.

윌리엄 스트롱

Heavenly Treasure, 298–99

하나님께 바침

아브라함은 하나님께 자신의 아들 이삭을 바쳤고, 하나님은 그것을 보시고 즉시 그의 아들을 다시 돌려주셨다. 하나님은 여전히 우리를 그런 식으로 대하신다. 생명이나 재산을 가장 확실하게 보존하는 방법은 그것을 모두 하나님의 손에 맡기는 것이다. 그러나 하나님이 그것들을 다시 우리에게 돌려주셔야 한다는 조건을 달아서는 안 된다. 그것은 주님을 조롱하는 것이다. 그것들을 소유하려고 애쓰지 말고, 진정으로 그분의 영광을 위해 아낌없이 그분께 바쳐야 한다. 만일 그것들이 우리에게 유익하다면 다시 받게 될 것이고, 그렇지 않다면 그 결손을 더 낫게 메워줄 다른 영적 은혜를 받게 될 것이다.

존 도드

"Of Murmuring in the Time of Affliction," in *Seven Godly and Fruitful Sermons*, 210–11

감사를 표하는 방법은 재물을 드려 하나님을 영화롭게 하고(잠 3:9), 받은 은사를 선용해 다른 사람들을 유익하게 하고(고전 12:7), 향기롭고, 기름진 것을 사용해 하나님과 다른 사람들을 유쾌하게 하고, 모든 지식과 지혜와 부를 하나님께 바쳐 사용하시게 하는 것이다. 하나님은 그것들을 자신의 것처럼 요구하고, 명령하신다. 이것이 감사하는 방법이다.

토머스 굿윈

"A Discourse of Thankfulness," in *Works*, 9:505

왜 이미 그리스도께 드린 것을 내놓기를 두려워하는 것인가? 우리가 배워야 할 첫 번째 교훈은 우리 자신을 부인하고, 우리의 십자가를 지고, 주님을 따르는 것이다. 우리는 이미 그리스도께 우리의 생명을 드렸기 때문에 더 이상 잃을 생명이 없다.

윌리엄 거널

Christian in Complete Armour, 87

하나님을 경외함

하나님께 대한 두려움은 그분이 세상에서 행하시는 심판을 통해 더욱 강화된다. 하늘로부터 하나님의 심판이 사람들의 불경건함과 불의를 징벌함으로써 가장 큰 두려움을 불러일으킨다. (1) 하나님의 사자가 헤롯을 치고, 하나님에게서 나온 불이 나답과 아비후를 불사른 것처럼 하나님은 죄인들을 갑작스레 쳐 신속하게 심판하신다. 갑작스러운 심판은 안심하고 있던 사람들의 마음을 뒤흔든다. (2) 땅이 입을 벌려 고라와 그의 일당을 삼킨 것이나 파리 떼와 개구리 떼와 이 떼를 통해 바로에게 하나님의 진노가 쏟아진 것처럼 하나님은 때로 기이한 심판을 베풀어 새로운 일을 행하신다. (3) 흔들리는 언약궤를 붙잡으려다가 심판을 받아 죽은 웃사의 경우처럼 하나님은 사람들이 사소하게 생각하는 죄에 대해 큰 진노를 발하신다. (4) 하나님은 자기와 가까이 있는 자들, 곧 자기 백성에게도 혹독한 심판을 베푸신다. 하나님이 자신의 자녀들도 아끼지 않으시는데 하물며 원수들에게는 얼마나 더 하시겠는가? 성경은 "푸른 나무에도 이같이 하거든 마른 나무에는 어떻게 되리요"(눅 23:31)라고 말씀한다.

리처드 알레인

Heaven Opened, 179

하나님을 두려워한다는 것은 마음에 그분에 대한 경외심을 품는다는 것, 곧 하나님의 모든 속성(특히 거룩하심과 전지하심)을 통해 빛나는 그분의 영광과 위엄을 의식하는 것을 의미한다. 지극히 거룩하신 하나님이 거룩한 눈으로 영혼을 지켜보고 계신다는 것을 생각하면 심히 두렵고, 떨리지 않을 수 없다. 성경은 이를 마음으로 하나님을 거룩히 여기는 것으로 묘사한다. "나는 나를 가까이하는 자 중에서 내 거룩함을 나타내겠고"(레 10:3). "만군의 여호와 그를 너희가 거룩하다 하고 그를 너희가 두려워하며 무서워할 자로 삼으라"(사 8:13).

리처드 알레인

Heaven Opened, 183

소망 씨 : 당신이 말한 대로 나는 두려움이 사람들에게 많은 유익을 주고, 순례의 길을 가는 첫 순간부터 그들을 올바르게 만들어 준다고 믿습니다.

크리스천 : 의심할 여지 없는 확실한 사실이지요. 왜냐하면 성경이 "여호와를 경외하는 것이 지혜의 근본이요"(잠 9:10)라고 말씀하고 있으니까요.

소망 씨 : 무엇이 올바른 두려움이라고 생각하시나요?

크리스천 : 올바른, 또는 참된 두려움의 특성은 크게 세 가지입니다. (1) 이 두려움은 죄에 대한 구원적 깨달음을 통해 일어납니다. (2) 이 두려움은 그리스도를 굳게 붙잡아 구원을 얻도록 영혼을 분발시킵니다. (3) 이 두려움은 영혼 안에 하나님과 그분의 행사와 말씀을 공경하는 태도를 불러일으키고, 영혼의 상태를 부드럽게 유지

해 줄 뿐 아니라 좌로나 우로 치우쳐 하나님을 욕되게 하고, 영혼의 평화를 깨뜨리고, 성령을 근심하시게 하고, 원수의 비방을 초래할 수 있는 일을 두려워하게 해줍니다.

존 번연

Pilgrim's Progress, 138 – 39

하나님을 두려워하는 마음이 강하면 사람을 두려워하는 마음이 사라진다. 절대 권력자가 로마를 통치하면 다른 모든 관리가 숨을 죽이는 것처럼, 하나님께 대한 두려움이 지배하는 곳에서는 다른 모든 두려움이 사라진다.

윌리엄 그린힐

Exposition of the Prophet Ezekiel, 91

우리가 사람을 그토록 크게 두려워하는 이유는 하나님을 두려워하지 않기 때문이다. 하나님을 두려워하면 다른 모든 두려움이 사라진다.

윌리엄 거널

Christian in Complete Armour, 813

하나님을 두려워한다는 것은 무슨 의미일까?…그것은 하나님의 위대하심과 거룩하심과 위엄을 올바로 이해하는 데서 비롯하는 공경심과 경외심을 의미한다. 잠언 1장 7절은 "여호와를 경외하는 것이 지식의 근본이거늘"이라고 말씀한다. 하나님을 올바로 알면 영혼은 큰 경외심을 느낄 수밖에 없다. 이런 경외심이 영혼 안에서 일어나기 전에는 어떤 지혜도 얻을 수 없다.

윌리엄 스트롱

Heavenly Treasure, 19 – 20

하나님께 대한 경외심은 가장 주요한 은혜 가운데 하나다. 경외심은 하나님이 인간의 마음에 뿌려놓으신 첫 번째 씨앗이다. 믿음은 변변찮고, 확신은 아예 없는 그리스도인일지라도 자신이 하나님을 두려워한다는 사실만큼은 감히 부인하지 못할 것이다. 하나님은 지극히 위대하시기 때문에 그분을 노엽게 하는 것이 두려울 수밖에 없고, 하나님은 지극히 선하시기 때문에 그분을 잃는 것이 두려울 수밖에 없다.

토머스 왓슨

Great Gain of Godliness, 13

하나님을 기뻐함

전지하심, 전능하심, 선하심, 거룩하심, 영원하심, 불변하심 등, 하나님의 무한하고, 완전한 속성들을 생각해보라. 우리가 훌륭한 그림이나 멋진 건물이나 들판이나 정원을 보고 기뻐하는 이유는 그것들이 우리의 것이기 때문이 아니라 눈을 즐겁게 하는 대상들이기 때문이다. 그와 마찬가지로 가장 큰 기쁨이신 하나님을 생각하면 그분 안에서 즐거워할 수 있다.

리처드 백스터

Baxteriana, 154

하나님과 거룩함이 우리의 가장 큰 기쁨이 될 수 있도록 부지런히 노력하라. 늘 믿음으로 거룩한 기쁨을 추구하라.

리처드 백스터

A Christian Directory, in *Practical Works*, 2:408

우리가 구하고, 누려야 할 하나님 안에서의 기쁨이 무엇인지를 옳게 이해해야 한다. 그것은 감각적 기쁨이나 인간과 짐승 모두에게 공통된 즐거움과는 거리가 멀다. 그것은 복 받은 자들이 하늘에서 하나님을 직접 보고 누리는 기쁨, 곧 이성을 초월한 환희와 기쁨으로 이루어진 황홀한 즐거움과도 아무 상관이 없고, 슬픔이나 두려움과 상반되는 기쁨도 아니다. 이 기쁨은 영혼이 하나님과 거룩함을 통해 누리는 견고하고, 이성적인 만족감을 가리킨다. 이것은 하나님 안에 있는 것, 곧 우리에게 즐거움을 주는 것을 옳게 이해하는 데서 비롯하는 기쁨이다. 열광적인 기쁨이나 즐거움은 아니더라도 대상의 가치를 판단해 발견하는 내적인 만족과 기쁨은 일시적인 기쁨을 능가한다. 그런 기쁨을 느끼면 우리의 모든 수치와 하찮은 의무들에 대한 집착이 모두 사라진다.

리처드 백스터

A Christian Directory, in *Practical Works*, 2:408–9

하나님 안에서 누리는 기쁨에는 그 자체의 은혜로움 외에도 말로 다 할 수 없는 여러 가지 유익이 뒤따른다. (1) 하나님 안에서 누리는 기쁨은 우리가 그분을 알고 사랑할 뿐 아니라 그분의 나라를 위해 준비하고 있다는 증거다. 하나님 안에서 진정으로 기뻐하는 사람은 그분을 온전히 즐거워한다. (2) 세속적인 소유가 조금 늘어나 형통하더라도 즐거움에 도취되거나 쉽게 타락하지 않는다. (3) 세속적인 즐거움이 사라져 시련을 겪게 되더라도 크게 슬퍼하거나 쉽게 실망하지 않는다. (4) 우리가 좋아하는 설교나 훌륭한 책이나 강연회를 통해 그것들을 좋아하지 않는 사람들이 다른 많은 것을 통해 얻는 유익보다 더 많은 유익을 얻을 수 있다. (5) 우리가 행하는 모든 섬김의 활동이 은혜롭게 느껴지고, 하나님의 인정을 받는다. 하나님 안에서 즐거워하면 그분도 우리 안에서 즐거워하신다. 그러면 만족감이 항상 떠나지 않아 삶의 모든 고난을 잘 감내할 수 있고, 가장 슬픈 일을 당했더라도 슬픔보다 기쁨을 더 많이 느낄 수 있다. (6) 하나님 안에서 즐거워하면 우리의 일상적인 기쁨마저도 거룩해져 올바른 위치를 잘 찾게 된다. 그러나 다른 것들 안에서 즐거워하면 그것이 우상 숭배가 되거나 타락으로 이어지기 쉽다.

리처드 백스터

A Christian Directory, in *Practical Works*, 2:415–16

하나님 안에서 즐거워하라는 명령을 통해 우리의 영혼을 활짝 열고 신적 감화와 교제를 추구해야 할 의무가 우리에게 부여되었다는 사실을 이해해야 한다. 우리는 그것들을 갈망하고, 그것들을 기다리고, 그것들을 구하고, 그것들과 협력해야 할 뿐 아니라 우리의 현재 상황에 가장 적합하게 믿음을 활용하도록 분발하고, 우리가 지금 경험하고 있는 그런 교제의 달콤함과 기쁨을 유지하도록 노력해야 한다.

존 하우

Treatise of Delighting in God, 100

믿음 안에서 즐거워하는 것이 우리의 섬김을 진정으로 가치 있게 만든다. 따라서 다윗은 아들 솔로몬에게 하나님을 섬길 뿐 아니라 '온전한 마음과 기쁜 뜻으로'(대상 28:9) 섬기라고 조언했다. 즐겁게 의무를 행하는 것이 그저 의무를 행하는 것보다 더 낫다. 죄를 짓는 것보다 죄 짓기를 즐거워하는 것이 더 나쁜 이유는 죄를 지으려는 의지가 더 중하기 때문이다. "내가 주의 법을 어찌 그리 사랑하는지요"(시 119:97)라는 말씀이 암시하는 대로, 의무를 즐거워하는 것이 의무 그 자체보다 더 선호되어야 한다. 얼마나 많이 하느냐 하는 것이 아니라 얼마나 많이 사랑하느냐 하는 것이 중요하다. 위선자들도 하나님의 율법에 복종할 수 있지만, 성도는 그분의 율법을 사랑한다. 그런 성도는 승리의 화관을 얻을 것이다.

토머스 왓슨

"The Saint's Spiritual Delight," in *Discourses*, 1:190

하나님을 섬기는 것을 즐거워하면 하늘의 천사들을 닮을 수 있다. 그들은 기쁨으로 하나님을 섬긴다. 그들은 하나님이 말씀하시자마자 지체하지 않고 즉시 복종한다. 그들은 하나님을 찬양하는 것을 크나큰 기쁨으로 여긴다. 우리는 천국에서 천사들처럼 될 것이다. 영적 기쁨은 우리를 세상에서도 천사와 같이 만든다. 억지로 하나님을 섬기는 사람은 마귀와 큰 차이가 없다. 지옥의 귀신들도 모두 하나님께 복종하지만 그것은 그들의 의지를 거스르는 일이다. 그들은 어쩔 수 없이 복종한다. 그러나 기쁨으로 이루어지는 섬김은 천사와 같은 섬김이다. 우리는 "하나님의 뜻이 하늘에서 이루어진 것 같이 땅에서 이루어지이다"라고 기도해야 한다. 하늘에서는 하나님의 뜻이 기쁨으로 이루어진다.

토머스 왓슨

"The Saint's Spiritual Delight," in *Discourses,* 1:192

하나님의 거룩하심

하나님의 거룩하심과 영광은 모든 그리스도인들에게 죄를 피하라고 큰 소리로 촉구한다. 하나님은 본질적으로 거룩하시다. 그렇기에 하나님은 우주적으로 거룩하시며, 초월적으로 거룩하시다. 따라서 하나님은 지극히 거룩하시며, 근본적으로 거룩하시고, 근원적으로 거룩하시다. 또한, 하나님은 독립적으로 거룩하시다. 따라서 그분은 변함없이 지속적으로 거룩하시므로 악의 출현 자체를 미워하고 혐오하지 않으실 수 없다. 죄가 죄인을 향한 하나님의 사법적 분노를 일으키듯, 죄의 모양(appearance of sin)은 성도에 대한 하나님의 부성적 진노와 징계를 불러일으킨다. 은혜 받은 성도의 마음은 하나님이 "눈이 정결하시므로 악을 차마 보지 못하신다"는 것을 잘 안다(합 1:13). 하나님은 악의 모양조차 멀리하신다. 따라서 이 세상의 모든 사람 중에 악의 모양을 가장 멀리하는 사람만큼 하나님을 공경하는 사람은 없다.

토머스 브룩스

Cabinet of Choice Jewels, 125

비록 우리가 하나님을 그 위엄에 있어서 무한하시고, 본질에 있어서 무한하시며, 시간에 있어서 영원하시며, 권세에 있어서 전능하시고, 경륜에 있어서 지혜롭고 불변하시며, 사람을 대할 때 자비로우시며, 그밖의 하나님의 어떤 완전하신 속성이 주권자 하나님을 높인다고 생각하더라도, 하나님을 그분의 본질과 행위 모두에 있어서 흠과 티가 전혀 없는 분으로 인식하지 않고서는 하나님의 개념을 올바로 즐거워할 수 없다. 만일 하나님을 그의 탁월한 완전하심이 결핍되어, 가장 적은 악의 전염이라도 지니신 분으로 생각한다면, 우리는 하나님을 무한한 괴물로 만들며, 우리가 이전에 하나님께 돌렸던 모든 완전하심을 더럽히는 꼴이 된다. 우리는 오히려 하나님이라기보다 마귀를 믿는 꼴이 된다. 하나님이시면서 동시에 어두움이시라면 그것이 모순인 것처럼, 어두움의 한 티끌이 그분의 빛과 섞여 있다는 생각 역시 모순적이다.

스테판 차녹

Selections, 129

하나님이 자신을 부인하실 수 없다는 데서 그분의 탁월하심이 높게 드러난다. 즉 하나님은 그분의 거룩한 성품에 조금이라도 어긋나는 일을 하실 수 없으며, 그것에 관해 그분의 마음을 바꾸거나 수정하실 수 없다. 하나님의 뜻은 그분의 의이며 의는 그분의 뜻의 법칙이다. 구약의 성도들은 전적으로 "세상을 심판하시는 이가 정의를 행하실 것이 아니니이까"라는 생각을 가지고 있었다(창 18:25).

엘리샤 콜스

Practical Discourse, 46

하나님의 나라

죽는다는 것이 왜 내게 공포가 되는 것일까? 왜 내게 고통이 되는 것일까? 죽음은 나를 영구히 영광스러운 곳으로 보낼 것이다. 나는 더 좋은 집(하나님의 나라)을 향해 가고 있는 중이다. 그 나라는 이 세상 나라와 같지 않다. 그곳은 협소하지도 않고, 공허하지도 않고, 흔들리지 않으며, 그곳에는 질투가 없고, 혼돈과 분열이 없고, 죄가 없다. 그곳은 단기 체류하는 곳이 아니며, 일시적인 나라도 아니다. 그 나라에는 전쟁과 소동, 화염, 기근, 전염병, 멸망과 황량함도 없다. 이 비참한 지상의 나라는 야망을 좇는 사람들, 기쁨이 사라진 사람들, 고난과 역경을 겪는 사람들이 가득하다. 그러나 내가 가게 될 나라는 영적이며, 거룩하며, 흔들림이 없고, 단일하며, 풍부하며, 풍요롭고, 깨끗하고, 동요가 없고, 평온하며, 영원한 나라이다. 그곳에는 어떠한 침입이나 강탈이 없고, 그 어떤 혼란이나 소란도 없고, 어떠한 변동이나 폭력적 혁명도 없으며, 변화나 위험도 없다.

재커리 크로프턴

Defence against the Dread of Death, 79–80

은혜의 왕국과 영광의 왕국은 구분되는 하나의 왕국이다. 이들이 여섯 가지 면에서 어떻게 구분되는지 살펴보면 다음과 같다. (1) 시간 : 은혜의 왕국은 우리가 사는 이곳에 임한다. 영광의 왕국은 다가오고 있다. (2) 장소 : 은혜의 왕국은 지상에 있다. 영광의 왕국은 하늘에 있다. (3) 상태 : 많은 원수에 대항해 전투가 끊임없이 존재하며, 우리는 이를 전투하는 교회라고 부른다. 모든 원수를 이겼으며, 이러한 면에서 승리한 교회라고 부른다. (4) **이 나라에 들어감** : 영광의 왕국에 들어가기 전에 은혜의 왕국에 먼저 들어가야 한다. 제사장은 지성소에 들어가기 전에 먼저 성소로 들어간다. (5) **통치의 방식** : 은혜의 왕국은 지도자들, 사역자들, 여러 가지 규례와 같은 많은 부수적인 수단들에 의해 통치된다. 영광의 왕국은 하나님 자신에 의해 즉각적으로 통치된다. (6) **영속성** : 은혜의 왕국은 시한이 있고 끝이 난다. 영광의 왕국은 끝없이 영구하다.

윌리엄 구지

Guide to Goe to God, 50–51

우리 중 많은 이들이 달리고, 말을 타며, 이른 시간과 늦은 시간까지 깨어 종일 열심히 일한다. 그 수고는 끝이 없다. 그런데 과연 이게 다 무엇을 위한 것인가? 이것들은 모두 눈에 보이는 것들이며, 그들이 추구하기를 원하는 것들이다. 그들은 보이지 않는 것들에 관해서는 보기를 원하지 않으며, 결말이 어떻게 되든 상관없다는 냉담함과 부주의함으로 대한다. 하지만 이 문제는 당신과 나를 근심시켜 보이지 않는 것을 보기 위해 애쓰게 한다. 보이지 않는 천국과 영광에 우리 분깃이 있음을 확신하기 위해 아침부터 밤늦게까지 모든 수단을 다 동원해 추구하고 주의를 기울이게 한다. 사람들은 이 문제에 반드시 자극을 받아야 하고, 분투하고, 노력하고, 추구해야 한다. 이것은 이 세상에서 추구해야 하는 중대한 문제이다. 우리는 보이지 않는 것들을 보고, 찾고, 추구해야 한다.

헨리 펜들베리

Invisible Realities, 51

하나님의 떠나심

하나님은 우리의 모든 은혜, 특히 믿음과 사랑이 올바로 기능하는 것을 보고 싶어 하신다. 어떤 은혜들은 하나님의 임재라는 밝은 빛이 비칠 때가 아니면 모습을 나타내거나 드러내지 않는다. 햇빛이 비치면 금잔화가 꽃잎을 벌린다. 햇빛이 비치면 흐린 날에 물 밑에 있던 물고기가 물 위로 헤엄쳐 올라온다. 하나님의 임재라는 밝은 빛이 비치면 우리의 감사와 기쁨과 확신이 밖으로 드러난다. 그러나 하나님이 떠나셨을 때, 곧 그분이 가까이 계시지 않을 때 가장 잘 보이는 은혜들이 있다. 그것은 바로 하나님을 믿는 믿음과 그분에 대한 사랑이다.

윌리엄 브리지

Christ and the Covenant, in *Works,* 3:164

하나님의 떠나심이란 그분이 자신의 임재를 거두시는 것을 의미한다. 물론, 그렇다고 해서 그분의 본질이 사라지는 것은 결코 아니다. 하나님의 본질은 하늘과 땅을 가득 채울 뿐 아니라 항상 동일하다. 그러나 하나님은 때로 자신의 호의와 은혜와 사랑을 거두신다. 그런 것들이 사라지는 것이 곧 하나님이 떠나시는 것이다. 이 떠나심의 방식은 두 가지다. 하나는 절대적으로 완전히 떠나는 것이고, 다른 하나는 하나님의 나타나심이 잠시 중단되는 것이다. 귀신들이 하나님께 버림을 받은 것은 전자의 경우에 해당한다. 그들은 한때는 하나님의 호의와 사랑을 받았지만 결국에는 궁극적으로 완전히 버림을 받았다. 하나님은 그들에게서 완전히 떠나셨고, 더 이상 아무런 호의도 베풀지 않으신다. 한편, 하나님은 때로 자신의 사랑스러운 자녀들을 떠나기도 하신다. 그분은 한동안 자신의 호의와 사랑을 거두고, 자신을 나타내지 않으신다.

존 플라벨

Fountain of Life, 328

요셉이 형제들을 첩자로 의심하는 것처럼 행동하기 위해 겉으로만 거칠게 말했던 것처럼, 하나님도 겉으로만 자신의 자녀들을 외면하는 척하실 뿐 마음으로는 여전히 그들을 생각하신다. 요셉은 마음속에 사랑이 가득하면서도 그것을 억제하고 있다가 홀로 다른 곳에 가서 벅찬 눈물을 흘렸다. 그와 마찬가지로 하나님도 자신의 자녀들을 홀대하는 것처럼 보여도 그들에 대한 사랑이 가득하시다. 모세의 어머니는 그를 갈대 상자에 넣어 흘려보내면서 그것을 끝까지 주시했다. '아이가 울자' 그녀도 함께 울었다. 하나님도 자기 자녀들을 저버린 것처럼 얼굴을 돌리셔도 그들을 향한 동정심과 사랑이 가득하시다. 하나님은 안색은 바꾸어도 언약은 절대로 어기지 않으신다. 하나님이 잠시 떠나시는 것과 관계를 완전히 끊는 것은 전혀 다르다.

토머스 왓슨

The Beatitudes, in *Discourses,* 2:327–28

하나님의 말씀

스스로 존재하는 불가해한 하나님이 자기 자신을 계시하지 않으시면 아무도 그분을 알 수 없다. 인간과 천사들은 하나님이 자기 자신을 계시하시는 만큼만 알 뿐, 그 이상은 알 수 없다. 하나님의 말씀은 순수하고, 완전하다. 그분의 말씀은 그분의 생각과 우리의 의무를 온전하게 보여준다.

프랜시스 체이넬

Divine Trinunity, 11

말씀과 거룩한 의식을 통해 자기 백성을 거룩하고, 의롭게 만드는 것이 하나님이 추구하시는 큰 목적이다. 하나님의 말씀은 마음을 거룩하게 하는 씨앗이요 자양분이다. 말씀을 구성하는 각각의 요소들은 이 큰 목적을 이루는 데 이바지한다. 계명들은 성도가 지향해야 할 거룩함의 규칙을 온전하게 제시하고…율법은 재단사가 굴곡진 몸에 잘 맞도록 옷을 재어 만드는 것처럼 사람들의 왜곡된 생각을 바로잡아준다. 하나님의 명령은 누구의 정욕도 채워주지 않는다. 그분의 명령은 인간의 거룩하지 못한 마음이 아닌 그분의 거룩한 본성과 일치한다. 약속은 우리를 크게 격려해 거룩한 길을 가도록 이끈다. 거룩하지 못한 마음의 소유자는 자신의 양심을 속이지 않고서는 하나님의 약속 가운데 그 어느 하나도 주장할 수 없다. 하나님은 죄인의 마음속에 양심이라는 화염검을 두어 그가 이 생명 나무의 열매를 만지거나 맛보지 못하게 하셨다.

윌리엄 거널

Christian in Complete Armour, 298

그리스도께서 신자들에게 일용할 양식을 구하라고 가르치신 사실은 그들에게 그것이 필요하다는 것을 암시하지만, '먼저 그의 나라를 구하라'(마 6:33)라고 가르치신 것으로 보아 단지 물질적인 빵만을 염두에 두지 않으셨던 것이 분명하다. 그리스도인들은 말씀을 소중히 여기며 설교를 통해서든, 동료 신자들과 공적으로나 사적으로 나누는 대화를 통해서든, 혼자 말씀을 읽고 묵상하는 경건 활동을 통해서든 말씀의 양식을 부지런히 섭취해야 한다.

윌리엄 거널

Christian in Complete Armour, 464

약속들은 햇빛과 같다. 태양은 왕의 궁궐에나 가난한 사람의 초가집 창문에나 똑같이 빛을 비춘다. 약속은 소망을 주고, 그리스도인들이 자기의 일을 열심히 하도록 고무한다.

윌리엄 거널

Christian in Complete Armour, 522

대다수의 나라가 자신들만의 특별한 무기를 가지고 있다. 그러나 칼 없이 전쟁을 치르는 나라는 어디에도 없다. 해도가 없는 조타수나 책이 없는 학자나 칼이 없는 군인은 우스꽝스럽다. 그러나 하나님의 말씀을 모르고, 그 무기를 사용하는 방법을 알지 못하는 그리스도인은 그보다 더 우스꽝스럽다.

윌리엄 거널

Christian in Complete Armour, 558–59

말씀은 두 가지 비밀을 드러낸다. 하나는 다른 사람들은 모르고 오직 본인만이 알고 있는 마음속의 비밀이다. 그리스도께서는 이웃들이 모르는 사마리아 여인의 비밀을 언급하셨다. 그녀는 그 말씀을 듣고서 그분을 선지자, 곧 하나님의 사람으로 간주했다. 하나님의 말씀인 성경도 이와 똑같은 기능을 한다. 다른 하나는 인간의 마음이 모르는 비밀이다. "하나님은 우리 마음보다 크시고 모든 것을 아신다"(요일 3:20). 그분은 우리에 대해 우리보다 더 많이 아신다.

윌리엄 거널

Christian in Complete Armour, 571

교회에서 가장 가난한 신자도 아담이 첫 언약을 통해 가지지 못한 것을 은혜 언약을 통해 소유하게 된 것은 참으로 놀라운 특권이 아닐 수 없다. 아담이 타락한 후에 화염검이 그가 낙원에 접근하지 못하게 가로막았다. 그가 죄를 지어 행복한 상태와 장소에서 벗어나기 전에는 그런 칼이 존재하지 않았다. 그는 스스로 자기를 지키고, 스스로 깨어 자신의 생명을 지켜야 할 운명으로 전락했다. 그러나 지금은 하나님의 말씀이 성도들을 모든 위험으로부터 보호한다.

윌리엄 거널

Christian in Complete Armour, 577

말씀에 관심을 기울이지 않는 사람은 성령을 알 수 없고, 성령께 관심을 기울이지 않는 사람은 말씀을 올바로 사용할 수 없다. 성령께서 말씀에 생명과 활력을 부여하시기 때문에 그분이 없으면 말씀은 아무것도 아니다. 성령과 말씀은 온몸에 생명력을 공급하는 핏줄과 같다. 말씀이 가장 크게 드러나는 곳에 성령의 역사가 가장 크게 일어난다.

리처드 십스

Divine Meditations and Holy Contemplations, 48

하나님의 물러나심('하나님의 떠나심'도 보라)

하나님은 자기 백성에게서 뒤로 물러나 계심으로써 자기 백성들이 하나님으로부터 물러나는 것을 예방하시며 고난으로 죄를 예방하신다. 하나님이 내게서 물러나 계시는 것은 내게 고통이 되지만 내가 하나님을 떠나는 것은 나의 죄이다. 그러므로 내가 하나님으로부터 한 번 물러나는 것보다 하나님이 내게서 천 번 물러나시는 것이 내게 훨씬 더 유익한 일이다(히 10:38-39). 그러므로 하나님은 우리가 하나님을 저버리지 않도록 이따금씩 우리를 떠나 얼굴을 숨기신다. 하나님은 우리가 하나님께 더 가까이 붙어 있고, 더 빨리 하나님께 매달릴 수 있도록 종종 우리에게서 자신을 숨기신다.

토머스 브룩스

Mute Christian, 198

하나님의 신적인 물러나심으로 말미암아 신자의 영혼은 하나님과 그리스도와 그분의 약속에 매달리게 된다. 이제 영혼은 가장 높고 가장 순수한 믿음의 행위를 수행하게 된다(사 63:15-16). 즉 하나님을 붙들고, 하나님께 매달리며, 하나님을 향해 순종적으로 나아가는 것이다. 비록 하나님이 불쾌해하시고, 꾸짖으시며, 치시고, 심지어 우리를 죽이신다 할지라도 말이다(욥 13:15).

토머스 브룩스

Mute Christian, 204

내가 거짓 없이 사랑하고 그 무엇보다 더욱 사랑하는 나의 주님, 나의 구세주께서 나의 감각과 느낌에서 스스로 물러나 계실 때, 나는 내 주의를 어지럽히는 모든 산만한 방해로부터 벗어나 진지하게 묵상하며 내 마음을 시험해보고 밤에 침상에서 하나님께 부르짖음으로, 나의 위로를 회복하기 위해 열렬히 싸우고 힘썼다.

아더 힐더샴

Canticles, 30-31

죄는 하나님의 이름을 그저 입술로만 고백하는 형식적인 신앙고백자들뿐 아니라 하나님의 이름이 새겨져 있는 구원받은 영혼들에게서도 하나님의 얼굴을 분리시키고 숨겨지게 만든다. 비록 하나님이 그 영혼을 전적으로 영원히 끊어내시지는 않겠지만, 그들은 죄로 인해 적어도 부분적으로, 한동안은 하나님의 얼굴을 뵙지 못하게 될 것이다. 그들은 필연적인 일상의 연약함이 아니라 부주의한 행함과 많은 합법적이지 않은 자유를 스스로 취함으로 말미암아 마치 구름이 떠올라 하나님의 얼굴을 가리듯이 그렇게 하나님의 얼굴로부터 가려지게 된다. 또한 어떤 중대한 죄가 특별히 자주 반복되면, 그들과 하늘 사이에 그들의 손으로 쌓아올린 견고한 돌벽 또는 놋쇠벽 같은 것이 형성되어 쉽게 무너뜨리거나 녹일 수 없게 될 것이고 영혼의 생명이신 하나님의 얼굴빛은 가려지고 하나님이 물러나 계실 것이다.

로버트 레이턴

"The Goodness of God, and the Wickedness of Man" in *Sermons*, 206

비록 하나님을 찾을 수 없는 시간들이 있을지라도, 그 시간 속에서 하나님을 의지하지 못할 일은 전혀 존재하지 않는다.

토머스 라이

in Horn, *Puritan Remembrance*, 60

당신의 상태가 얼마나 슬프고 얼마나 낯설게 보인다 할지라도, 당신은 결코 하나님의 친구와 성도들 가운데 그런 상태에 처한 첫 번째 사람도 아니고 마지막 사람도 아니다. 시편 말씀들을 읽으라. 하나님이 그의 얼굴을 자기 백성들에게서 숨기시는 것에 대해, 즉 하나님이 그들을 내팽개치고 잊고 그들의 기도를 듣지 않으시는 것 같은 일들에 대해 성도들이 얼마나 자주 불평하는지를 발견하게 될 것이다. 그리고 이는 광야를 걷는 사람이 이전에 그 길을 걸어갔던 길과 발자국을 찾은 것과 같은 위로를 당신에게 제공할 것이다.

매튜 뉴코멘

Best Acquaintance, 107–8

하나님이 사람을 황폐한 무더기로 만드시는 것 같은 때조차 하나님은 그를 더 훌륭한 사람으로 만들고 계시는 것이다. 정원사는 그의 정원을 일구고, 울타리를 치고, 식물을 가꾸지만 우리 눈에 보기에는 아름다운 곳을 황무지로 만드는 것처럼 보인다. 하나님이 그의 새 창조물을 멸하거나 혼란스럽게 만드시는 것처럼 보이더라도, 실은 폐허가 된 것을 고치고 더 아름답고 강하게 만드시기 위함이다.

조셉 시몬스

Case and Cure of a Deserted Soul, 9

하나님의 불변성

고통당하고 위험에 처한 자기 백성들에게 하나님은 항상 어떤 분이셨는가? 하나님은 지금도 변함없고 앞으로도 그러하실 것이다. 하나님은 특별한 언약으로 자기 백성 삼은 이들을 안전하게 보호하고 지키시는, 강하고, 요동하지 않고, 영속적이고, 변하지 않는 피난처이시다.

시므온 애쉬

Best Refuge, 24

하나님이 변하는 분이라면, 그분은 무한하거나 전능하지 않으시다. 모든 변화는 증가나 감소를 낳는다. 만일 무언가가 더해진다면, 하나님은 이전에 무한하지 않았던 분이 된다. 만일 무엇인가가 감소된다면, 하나님은 그 이후에 무한하지 않게 된다. 모든 변화는 변화되는 것의 유한성을 암시한다. 그러나 하나님은 무한하시다. "그의 위대하심은 측량하지 못하리로다(시 145:3)." 우리는 끝없이 숫자에 숫자를 더하고, 무한한 숫자를 생각할 수 있지만, 하나님의 위대하심은 우리의 모든 생각을 초월한다.

스테판 차녹

Discourses upon the Existence and Attributes of God, 211

주 하나님은 그 거룩과 영광에 있어 불변하시다. 하나님은 항상 동일한 빛으로 비추시는 태양이시다. 하나님과 하나님 안의 모든 것이 불변하시다. 이것은 진주 사슬을 꿰는 비단 실처럼 다른 모든 하나님의 속성들을 관통하는 속성이다. "여호와는 선하시니 그의 인자하심이 영원하고 그의 성실하심이 대대에 이르리로다"(사 100:5). 하나님의 강한 능력 역시 영원하다(사 26:4). 그러므로 하나님은 만세 반석이라 불리신다. 하나님은 그의 선고나 외적인 위협이나 약속을 변경하실 수 있지만, 그의 내적인 작정을 변경하지는 않으신다. 하나님은 변경을 뜻하실 수 있지만 그의 뜻을 변경하지는 않으신다. 그렇기에 하나님의 사랑은 불변한다. 하나님의 마음은 그 외적인 조건들의 다양성 속에서도 우리에게 항상 동일하시다. 우리의 소유와 상태는 변하지만 하나님은 변하지 않으신다. 우리의 안전은 하나님의 불변성에 놓여 있다. 하나님은 변하실 수 없기에 우리는 전적으로 멸망하지 않는다.

토머스 맨톤

Practical Exposition on the Epistles of James, 46

하나님의 사랑

하나님을 향한 당신의 사랑은 당신을 향한 그분의 사랑과 같은 경로를 유지하고 있는가? 하나님이 택하신 자들을 위해 행하셨거나 행하실 모든 것은 그의 택하신 사랑의 산물이다. 그렇다면 당신의 모든 순종의 행위도 사랑의 산물인가? 그것은 하나님을 향한 사랑에서 나온 것인가? 그리고 이 사랑은 하나님의 사랑으로부터 성장하는가? 하나님의 택하심이 당신의 사랑의 뿌리인가? 당신이 하나님을 향해 행하는 모든 것이 그분의 은혜를 영화롭게 하려는 동기와 감사의 마음으로 수행되고 있는가? 그리고 주님이 당신에게서 물러나시는 것 같을 때, 당신은 더 간절히 주님을 찾는가? 그분이 잃어버린 양 같은 당신을 그토록 오랫동안 찾으셨고 은혜 베풀기를 기다리셨던 것처럼 당신도 주님을 찾는가? 우리가 원수되었을 때, 하나님은 우리를 사랑하셨다. 그러니 우리의 두려움이 하나님을 우리의 대적처럼 생각하게 만들지라도, 우리 역시 하나님을 마땅히 사랑해야 할 것이다. 그리고 우리 마음에 은밀히 역사하시는 하나님의 사랑의 능력을 통해 주님의 영광이 우리 위에 임할 때까지 하나님을 계속 사랑해야만 한다. 그러므로 하나님이 우리를 먼저 사랑하지 않으셨다면 우리는 하나님을 사랑할 수 없었을 것이다(요일 4:19).

엘리샤 콜스

Practical Discourse, 112

하나님은 그리스도를 우리에게 주셨다. 이는 하나님이 그분의 보화 가운데 가장 귀한 것을 주셨다는 것을 의미한다. 이는 우리가 특별히 묵상해야 할 주제이다. 천국 자체보다 그리스도가 더 귀하다. "하늘에서는 주 외에 누가 내게 있으리요"(시 73:25). 오, 그분은 얼마나 합당한 분인가! 얼마나 유일한 분인가! 사랑스러우신 그리스도는 얼마나 탁월하신가! 에덴동산 같은 낙원 일만 개의 아름다움을 하나로 합쳐 보라. 모든 나무, 모든 꽃, 모든 향기, 모든 색깔, 모든 맛, 모든 기쁨, 모든 달콤함, 모든 사랑스러움을 하나로 모아 보라. 그것은 얼마나 합당하고 탁월하겠는가! 그러나 더 합당하고 사랑스러운 그리스도에 비하면, 이 모든 것들은 마치 이 세상의 모든 바다와 강과 호수와 수천수만의 샘들에 떨어지는 하나의 빗방울처럼 아무것도 아니다. 이제 하나님은 하늘과 땅의 가장 소중한 것을 가련한 죄인들을 위해 내어주시는 자비를 베푸셨다. 가장 사랑스럽고 탁월하신 아들을 전혀 아끼지 않고 우리에게 주셨다. 이 얼마나 놀라운 사랑인가!

존 플라벨

Fountain of Life, 28–29

이것이야말로 사랑의 영광이며, 그 면류관에 달린 가장 좋은 진주이다. 그 누구도 이를 받을 자격이 없다(엡 1:4). 이것은 그 자체로 자유롭게 터져 나오는 샘과 같다. 어떤 마음이 이 사랑의 힘에 대항할 수 있겠는가? 이 사랑의 꾸준함과 변하지 않는 속성은 사랑의 천국에서 탁월하게 빛나는 별과 같다. 이 사랑은 퇴색하지 않고, 변하지 않고, 영원히 지속된다. 그 빛과 효력이 잠시 가려지거나 잘 안 보일 수 있겠지만 결코 변하지 않는다. 사랑에 대한 이러한 고찰과 묵상은 성도들의 영혼에 값을 매길 수 없을 만큼 귀중하다. 사랑에 대한 이런 생각이 그들의 뼈에 정수가 되고, 그들의 영혼에 건강이 되며, 모든 이에게 하나님을 사랑하고 그를 위해 살아가라고 외치게 만든다.

존 오웬

The Perseverance of the Saints, in Golden Book, 125

경건한 사람은 때때로 하나님의 사랑을 느끼면 눈물을 흘린다. 금은 금속 가운데 가장 귀한 것이지만 불에 가장 빨리 녹는다. 은혜받은 마음은 금 같은 마음인데, 하나님의 사랑의 불에 의해 눈물을 흘리며 가장 빨리 녹는다.

토머스 왓슨

Godly Man's Picture, 49

하나님의 선하심

하나님은 완전히 선하시다. 하나님 외에는 선한 것이 없다. 하나님은 본질적으로 선하시며, 전적으로 선하시다. 하나님은 무한히 탁월하시다. 하나님은 전적으로 완전하시다. 바로 이 한 가지 속성 안에 모든 속성이 포함되어 있으며, 각각의 속성 안에 이 속성이 포함되어 있다. 그러나 성경은 우리의 이해를 돕기 위해 하나님의 영광스러운 다양한 속성들을 몇 가지 뚜렷한 개념으로 묘사한다. 그럼에도 각 속성에는 하나님의 선하심이 포함되어 있다. 하나님의 각각의 속성은 무한하며, 무한하신 완전하심은 본질적 완전하심이다. 하나님은 원천적으로 선하시며, 피조물 안에 있는 모든 도덕적 선의 근원이요 모범이시다. 하나님은 그들에게 선을 행하심에 있어 부요하시고 은혜로우시다. 하나님에게서 모든 축복이 흘러나오며, 하나님은 영혼의 복락이시다.

리처드 알레인

Heaven Opened, 153

오직 하나님만이 불변하게 선하시다. 다른 것들은 초자연적인 능력에 의해 계속 선할 수는 있겠지만 본성상 불변하게 선하지는 않다. 다른 것들은 나쁠 수도 있다. 그러나 하나님은 결코 나쁠 수 없게 선하시다.

스테판 차녹

Selections, 30

하나님은 사람에게 오래 참으실 뿐 아니라 선을 행하신다. 사람들을 향한 하나님의 선하심은 소극적일 뿐 아니라 적극적이다. 하나님은 그들의 존재를 유지시키시고, 그들이 가는 길을 보호하시며, 당신의 능력으로 그들을 도우시고, 당신의 섭리로 그들을 공급하시며, 당신의 인내로 그들을 오래 참으신다. 하나님은 자신의 원수들이 주릴 때 그들을 먹이신다. 하나님은 그들이 목마를 때 그들에게 마실 것을 주신다. 하나님은 그들이 바알에게 바치는 곡식과 포도주와 기름을 베푸신다. 하나님은 그들이 하나님을 대적할 때조차 그들에게 자비를 베푸신다. 하나님은 그들이 하나님을 향해 도발을 계속하는 동안에도 그들에게 생명과 건강과 힘과 음식과 의복과 잠과 이성과 친구들과 평강과 자유와 부유함과 명예와 설교들과 안식일을 주시고 용서와 생명을 공급하신다.

조지 스윈녹

The Christian Man's Calling, in *Works*, 2:476

하나님의 소명

하나님의 부르심은 인간의 부름과는 다르다. 인간의 부름은 항상 부름받은 자의 능력을 전제로 하지만, 하나님의 부르심은 오히려 능력을 제공한다.

윌리엄 브리지

Lifting Up, 222

하나님의 속성

새 언약의 중보자이신 예수 그리스도 안에서 하나님의 속성의 완전한 표현이 드러난다. 이 속성들은 이전에는 그렇게 명백하게 드러나지 않았던 것인데 자비와 오래 참으심이 그리스도 안에서 계시된다. 이런 속성들은 그리스도를 통해서 더욱 밝게 빛난다.

패트릭 길레스피

Ark of the Covenant Opened, 166

피조물에게 사랑(love)은 다른 모든 애정들(affections)을 지휘하고 전인적 능력을 행사하게 만든다. 마찬가지로 하나님 안에서 사랑은 그분의 다른 모든 속성들을 역사하게 만든다. 하나님이 잃어버린 자들에게 선을 행하시는 일에 대한 생각을 말씀하셨을 때, 지혜는 방법을 찾았고, 전능의 능력은 지혜의 모형을 따라 직물을 짜는 일을 수행했다. 모든 것이 하나님이 원하시는 것에 효과를 낼 준비가 되어 있는 것이다.

윌리엄 거널

Christian in Complete Armour, 15

사랑은 하나님이 가장 최대한으로 행하신 유일한 속성이다. 우리는 하나님이 하실 수 있는 그의 최고의 능력을 본 적이 없으나, 하나님의 궁극적 사랑을 보았다. 하나님은 영혼을 위한 대속물을 찾으셨다(욥 33:24).

매튜 미드

Name in Heaven, 30

이런 공유적 속성들은 하나님 안에서 모두 하나이다. 하나님의 공의는 그의 자비이며, 하나님의 지혜는 그의 인내이며, 하나님의 지식은 그의 신실하심이며, 하나님의 자비는 곧 그의 공의이시다. 이 속성들은 그 목적과, 그것에 대한 우리의 이해와, 그 효과에 따라 구분되지만, 그럼에도 이 속성들은 그 안에서 모두 하나이며, 그것들이 하나님의 본질이며, 하나님은 본질적으로 순수하고 분할되지 않는 존재이시기에, 이 모든 속성들은 그 근원에서 흘러나오는 것이다.

조지 스윈녹

Incomparableness of God in *Works*, 4:423

하나님의 신실성

사람의 믿음은 때때로 실패하여 그를 배반한다. 그러나 하나님의 신실하심은 결코 실패하는 법이 없다(시 89:33). 하나님은 그의 신실하심이 실패함으로 고통을 당하지 않으신다.

윌리엄 그린힐

Exposition of the Prophet Ezekiel, 535

공의의 큰 부분 중 하나는 약속을 제시간에 성실하게 이행하는 것이다. 약속을 지키는 자는 의로운 사람이다. 만일 하나님이 약속을 지키지 않으신다면 의로우신 하나님일 수 있겠는가? 하나님이 당신의 입술로 우리를 용서하겠다고 말씀하셨다. 참으로 그렇다. 하나님은 그 일을 행하실 때 우리에게서 의롭다고 간주되기를 기꺼이 원하신다. 하나님은 다음 말씀으로 자신의 속성을 두고 맹세하셨다. "만일 우리가 우리 죄를 자백하면 그는 미쁘시고 의로우사 우리 죄를 사하시며 우리를 모든 불의에서 깨끗하게 하실 것이요"(요일 1:9). 이 구절은 하나님의 "자비"에 대해 말하지 않고 우리에게 불리하게 작용할 수 있는 두려운 속성인 하나님의 "의로우심"에 대해 말한다. 하나님은 자신의 공의로운 속성이 약속 이행을 보장한다는 것을 우리가 알기 원하신다. 모든 약속은 하나님 편에서 자비를 베푸신 것이다. 그러나 약속을 이행하게 하는 것은 바로 하나님의 공의이다.

윌리엄 거널

Christian in Complete Armour, 504

하나님의 약속

덕을 끼치는 말을 할 수 없고 당신의 마음이 닫혀 있다고 느낄 때 다음 말씀을 적용하라. "나를 믿는 자는… 그 배에서 생수의 강이 흘러나오리라"(요 7:38). "의인의 입은 지혜를 내어도"(잠 10:31). "사람은 입의 열매로 말미암아 복록에 족하며"(잠 12:14)… "말 못하는 자의 혀는 노래하리니"(사 35:6). 하나님의 백성과 함께 있으면서 유익을 주고받고자 할 때에는 다음 말씀을 적용하라. "지혜로운 자와 동행하면 지혜를 얻고"(잠 13:20)…당신은 하나님의 백성과의 교제를 통해 얻는 이 모든 유익으로 인해 그들과의 교제를 즐거워하고 성도의 교제를 폐하지 말라. 교제 속에 들어갈 때 이 약속들을 당신 자신에게 적용하라. 그러면 당신은 다른 사람들에게 그렇게 할 수 있고 불신앙으로 방해받지 않을 것이다.

조셉 알레인

Saint's Pocket Book, 120 – 21

나의 전지함이 너희의 감독자가 될 것이다. 나의 눈은 항상 열려 있어 너희의 필요를 채워주고 너희의 잘못을 보복하기 위해 주시할 것이다. 나의 귀는 가난한 자의 기도를 듣기 위해 열려 있을 것이다. 학대받는 자의 부르짖음과 원수들의 불평과 비방과 비난에 대해서도 열려 있을 것이다. 확실히 나는 너희의 고통을 보았고, 너희의 슬픔을 알고 있다. 내가 택자들의 원수를 갚아주지 않겠느냐? 내가 그들에게 속히 보복할 것이다. 나는 너희를 대적하는 원수들의 은밀한 음모를 알고, 그들의 꾀를 무력화할 것이다. 나는 육욕적이고 트집 잡기 좋아하는 세상이 너희를 위선자로 정죄하는 동안 나를 향한 너희 마음의 은밀한 성실함과 정직함을 본다. 나는 세상이 모르는 너희의 은밀한 기도와 금식과 눈물을 주목하고 기록해 두었다. 나를 기쁘게 하려는 너희의 은밀한 관심, 너희 마음의 은밀한 고통, 너희의 은밀한 자기 반성과 자기 부인을 나는 다 보고 있다. 은밀한 중에 보시는 너희 아버지가 공개적으로 다 갚아주실 것이다.

조셉 알레인

Voice of God in His Promises, 15

나의 편재성이 너희와 함께할 것이다. 내가 반드시 너와 함께하고 네게 복을 줄 것이다. 어떤 창살도, 어떤 결박도, 어떤 추방도 너희를 내게서 떼어놓지 못할 것이다. 하늘의 능력이 너희와 항상 함께 있을 것이다. 아무리 어두운 밤이라도, 아무리 깊은 위험 속이라도 내가 너희와 함께 있을 것이다. 환난의 때에 내가 바로 앞에서 너희를 도울 것이다. 너희가 내 조언, 내 귀, 내 도움을 필요로 할 때 나는 멀리 떨어져 있거나 잠자거나 여행을 떠나 있지 않다. 나는 항상 나를 경외하는 자 가까이에 있다. 어떤 감옥도 내 은혜의 임재를 방해하지 못하고…나의 임재는 아무리 어두운 토굴이라도 밝게 비출 것이다.

조셉 알레인

Voice of God in His Promises, 17

크리스천과 소망은 토요일 자정부터 기도를 시작해 거의 날이 밝을 때까지 기도를 계속했다. 날이 밝기 직전에 반은 정신이 나간 크리스천이 발작적으로 이렇게 독백을 시작했다. "이런 바보 같으니! 나는 자유롭게 걸어 다닐 수 있는데도 역겨운 토굴에 드러누워 있었구나! 내 품속에 약속이라고 불리는 열쇠가 있고, 나는 이 열쇠로 '의혹의 성' 안의 어떤 자물통도 열 수가 있었구나."
그러자 소망이 말했다. "그것 참 좋은 소식이군요. 선한 형제여, 품속에서 열쇠를 꺼내 문을 열어봅시다." 크리스천은 품에서 열쇠를 꺼내 옥문의 자물통을 열쇠로 돌렸다. 그러자 빗장이 풀렸고 문이 쉽게 열렸다. 크리스천과 소망은 밖으로 나왔다.

존 번연

Pilgrim's Progress, 109

하나님의 약속이 우리 기도의 근거가 되어야 한다. 하나님이 약속하실 때 우리는 기도해야 한다. 하나님의 모든 약속은 의무나 빚이 아니라 긍휼에 속해 있기 때문이다. 그러므로 하나님은 우리가 간청할 때까지 우리에게 약속대로 행하실 의무가 없으시다.

새뮤얼 클라크

Saint's Nosegay, 91

기독교 안에서 우리 성장이 더딘 주된 원인은, 우리가 개인 묵상이나 교회 모임에서 성경의 모든 내용 중에서 하나님의 약속을 거의 기억하지 않고 고려하지 않기 때문이다.

에제키엘 컬버웰

Time Well Spent, 169

하나님의 명령은 조건 없이 하나님에 대한 우리의 의무를 표현한다. 하나님의 약속은 조건부로 우리에 대한 하나님의 선하신 뜻을 표현한다.

자일스 퍼민

Real Christian, 3–4

참된 믿음은 하나님의 약속뿐 아니라 하나님의 명령을 적용하는 데에도 주의를 기울인다.

토머스 가타커

Christian Constancy, 6

성경에서 약속을 읽을 때마다 그것이 누구의 약속인지 명심하라. 하나님에 대해 생각할 때 여러분의 유한한 이해의 범주 안에 하나님을 가두지 말고 그분의 무한하심을 항상 생각하라. 사람이 산에 올라간다고 해서 손으로 해를 만질 수 없는 것처럼, 여러분이 생각을 아무리 높은 곳에 두더라도 하나님의 영광과 광대하심에는 무한히 못 미친다는 것을 알아야 한다. 이것은 우리가 명령받은 대로 하나님께 위대하심을 돌리기 위한 것이고(신 32:3), 이를 통해 믿음의 역사가 크게 촉진될 것이다.

윌리엄 거널

Christian in Complete Armour, 551

하나님의 약속이 당신의 영혼에 어떤 영향을 미치는지 알아보라. 하나님의 약속에 대해 권리가 있는 자는 다 그 약속으로 말미암아 변화된다. 사탄이 "너희가 결코 죽지 아니하리라"(창 3:4)라는 약속으로 하와의 마음속에 해로운 씨를 심었고, 이로 말미암아 하와는 즉시 죄를 잉태하고 사탄의 사악한 본성에 동화되어 마귀 자신과 같이 악한 자가 되었다. 이와 같이 하나님도 불멸의 씨로 불리는 복음의 약속을 사용해 자신의 택한 자의 마음속에 자신의 형상을 낳으신다. "그 보배롭고 지극히 큰 약속을 우리에게 주사 이 약속으로 말미암아…신성한 성품에 참여하는 자가 되게 하려 하셨느니라"(벧후 1:4). 이를테면 하나님은 여러분을 신령하고 거룩한 신의 성품과 기질에 참여하는 자가 되게 하였다. 복음의 약속은 그 안에 적합성을 갖고 있고, 하나님의 영을 통해 적용될 때 마음을 깨끗하게 하고 양심을 평안하게 하는 힘이 있다. 그리스도는 제자들에게 "너희는 내가 일러준 말로 이미 깨끗하여졌으니"(요 15:3)라고 말씀하셨다. 그러므로 여러분의 손을 가슴에 대고 주저하지 말고 말해보라. 하나님의 약속이 여러분을 거룩하게 하고 변화시켰는가?

윌리엄 거널

Christian in Complete Armour, 615

하나님의 약속의 내용이 우리 기도의 내용이 되어야 한다.

매튜 헨리

Gems, 129

하나님의 모든 약속은 다음의 네 개의 기둥 위에 세워진다. 첫째, 하나님의 공의 또는 거룩하심. 하나님은 속이지 아니하신다. 둘째, 하나님의 은혜 또는 선하심. 하나님은 그의 백성을 잊어버리지 않으신다. 셋째, 하나님의 진실하심. 하나님은 변하지 않으신다. 넷째, 하나님의 능력. 하나님은 약속을 이룰 능력이 있으시다.

토머스 맨톤

Practical Exposition on the Epistle of James, 31

하나님의 모든 약속에는 "어떤 일이 하나님에게 너무 힘들겠는가?"라는 의미가 암묵적으로 포함되어 있다.

존 오웬

Golden Book, 221

하나님의 모든 약속에 대해 크게 감사하는 것은 성도의 의무다. 우리에게 아무런 빚진 것이 없으신 하나님이 스스로 약속의 줄로 자신을 묶으시는 것은 온 마음을 다해 감사할 일이다. 은혜와 영광은 둘 다 약속으로 싸여 있다. 약속에 대해 감사하지 않는 자는 경고의 칼날을 받아 마땅하다. 약속의 성취에 대해 너무 급한 마음은 약속이 이루어진 것에 대해 마땅한 감사를 드리지 못할 것이다. 약속의 성취가 지체될 때 그 마음에 임하는 고뇌는 감사를 완전히 파괴하지는 않더라도 크게 약화시킬 것이기 때문이다. 요동하는 그리스도인은 감사하는 그리스도인이 될 수 없다. 약속의 성취가 늦어질 때 마음에 쌓이는 불만은 마음의 감사를 확실히 방해할 것이기 때문이다.

랄프 로빈슨

Christ All and in All, 326

나는 하나님이 자기 백성에게 이처럼 많은 약속을 주신 이유를 알고 있다. 첫 번째는 그래야 그분의 백성이 믿음을 고정시킬 적합한 대상을 가질 수 있기 때문이다. 세상의 모든 피조물을 살펴보아도 믿음의 적합한 대상을 찾지 못할 것이다. 믿음은 아기에게 줄 것이 아무것도 없는 가난한 여자와 같다. 이때 여자는 등에 아기를 업고 집집마다 다니면서 얻는 것을 아기에게 준다. 마찬가지로 믿음도 영혼을 데리고 약속을 찾아다니며 무엇이든 얻는 것을 영혼에게 준다.

토머스 셰퍼드

"The Saint's Jewel," in *Sincere Convert,* 394

나는 하나님이 자기 백성에게 이처럼 많은 약속들을 주신 이유를 알고 있다…하나님이 자기 백성에게 많은 약속을 주신 두 번째 이유는, 이 약속들이 위로의 근거가 될 수 있기 때문이다. 이 세상의 다른 모든 것은 믿는 영혼에 위로가 될 수 없다. 우리가 위로를 얻기 위해 친구들을 찾아간다고 가정해 보자. 친구들은 그들 자신을 위로하기에도 부족하고, 따라서 우리를 위로하기에 적합하지 않다. 그들은 우리를 위로할 힘이 있어도 우리를 위로하지 않을 수도 있다. 혹은 우리와 아주 멀리 떨어져 있어서 우리를 위로하지 못할 수도 있다. 또는 그들이 때로는 기꺼이 위로할 수도 있지만 그들의 위로는 가변적이다. 즉, 한때는 기꺼이 우리를 위로하지만 또 다른 때에는 우리를 실망시키기도 한다. 그러나 약속을 통해 영혼을 인도하는 그리스도는 우리의 필요를 아시고, 자기에게 진실하게 간구하는 모든 자에게 가까이 하시는 분이다(시 145:18). 그분은 기꺼이 우리를 위로하실 수 있고, 그분의 위로는 변함이 없다.

토머스 셰퍼드

"The Saint's Jewel," in *Sincere Convert*, 394–395

[약속은] 하나님의 뜻을 선포하는 것으로, 하나님이 특별히 좋은 것을 값없이 베푸실 것과 악을 제거하실 것을 표시한다…약속은 하나님의 뜻과 이행 사이의 중간물이다. 약속은 사랑하는 자에게 선을 베풀고자 하는 하나님의 의도와 선의 실행 사이에 중간물로 놓여 있다.

윌리엄 스퍼스토우

Wells of Salvation Opened, 10

하나님의 약속은 하나님의 뜻 외에 다른 원인이 없고, 하나님의 사랑과 긍휼 외에 다른 동기가 없이 값없이 주어진다. 하지만, 약속의 이행은 조건적이고 그것은 우리의 의무에 달려 있다. 하나님의 약속은 우리 안에서 그리고 우리를 통해 이루어진다. 이 규칙을 명확히 설명하기 위해 약속들을 다음과 같이 구분해 보겠다. 은혜의 약속이 있고, 이미 존재하는 은혜에 내려지는 약속이 있다. 전자는 매우 절대적이므로 우리 안에 있는 어떤 은혜에 의존하거나 우리 안의 어떤 선한 자격에 의존하지 않는다. 이에 속하는 것으로는 회심과 거듭남의 약속이 있다. 이런 약속은 은혜가 자체로 길을 만들고 우리의 어떤 협력이나 행동 없이 먼저 모든 준비를 행하기 때문에 우리는 첫 번째 태어날 때와 같이 거듭날 때에도 완전히 수동적인 상태에 있다. 반면에 후자, 곧 이미 존재하는 은혜에 내려지는 약속은 조건적이지만, 그렇다고 우리의 힘으로 이루어지는 것은 아니다…조건이 약속된 은혜를 얻기 위한 공로적 원인인 것도 아니다. 다만 이 약속들은 선행 조건이나 이 약속들에 참여할 주체와 관련해 조건적이다. 조건이 없으면 이 약속들은 이루어질 수 없으며, 은혜가 은혜의 조건이 된다.

윌리엄 스퍼스토우

Wells of Salvation Opened, 10 66–67

지금 당신의 최고의 삶은 약속에 따라 사는 것이다.

아이작 와츠

Devout Meditations, 140

하나님의 영광

당신은 그리스도께서 자신의 영화롭게 됨을 하나님의 손에 부탁하시는 것을 본다(요 17:5). 누구도 이 영광을 침범할 수 없다. 누구도 천국 처소의 영광을 침입할 수 없다. 천국의 모든 영광이 하나님과 함께하기에, 하나님은 참으로 영광의 하나님이라고 불린다. 하나님 자신이 친히 영광스러우실 뿐 아니라 태양이 모든 빛의 근원인 것처럼 하나님 자신이 모든 영광의 창조자이자 시여자이시다.

앤소니 버지스

Sermon 26: "Of Heavenly Glory," in *CXLV Expository Sermons*, 144

우리는 우리 자신보다 하나님의 영광을 사랑하는 것을 언제나 우선시해야 한다. 우리는 기본적으로 주의 영광을 사모해야 하며, 우리의 구원에 대한 열망은 그 뒤를 따라야 한다. 오, 그렇기에 부패하고 사악한 자들로 하여금, 그들의 밤이 다가올 때, 죽음의 공포에 떨게 하라. 하나님의 영광을 단 한 번도 구한 적 없는 자들이 어찌 하나님의 영광을 볼 수 있겠는가? 하나님의 영광을 추구하는 일에 별 관심이 없는 자가 어떻게 그 영광에 참여할 수 있다고 생각할 수 있겠는가?

앤소니 버지스

Sermon 26: "Of Heavenly Glory," in *CXLV Expository Sermons*, 146

그 빛남과 영광 가운데 빛을 비추는 태양처럼, 비록 온 세상이 눈 멀고 하나님의 영광에 고의로 눈감는다 할지라도 하나님은 영원토록 가장 영광스러우실 것이며, 영광을 거부한 자들은 더욱 완고하고 반항적이 될 것이다. 그렇다! 하나님은 유기된 자들을 통해 영광을 얻으실 것이다. 물론 그 사실이 그들에게 도움이 되지는 않는다. 하나님은 그들에게서 영광을 받지 않으시지만, 그들 안에서 자신을 영화롭게 하실 것이다.

네헤미아 로저스

in Thomas, *Puritan Golden Treasury*, 120

하나님의 영원성

하나님은 영원히 지속되는 존재이시

다. 하나님의 영원성은 언약의 견고함의 토대이며 그리스도인의 위대한 위로이다.

스테판 차녹

Discourses upon the Existence and Attributes of God, 174.

영원이란 시작도 끝이 없는 영속적인 기간이다. 시간은 시작도 있고 끝도 있다. 시간이란 시작한 후에 그 정도에 따라 성장하면서 부분들을 잇는다. 그러나 영원이란 개념은 시간과 반대되며, 영구적이며 변치 않는 상태, 즉 변화 없는 생명의 완전한 소유를 가리킨다. 영원이란 그 자체로 모든 시간들, 세대들, 세대의 모든 기간들을 포괄한다. 영원은 결코 시작이 없다. 영원은 시간의 모든 기간들을 지속하며, 멈추지 않는다. 영원은 시간의 시작 전에 진행한 만큼의 시간을 앞서간다. 시간은 그 이전의 무엇인가를 가정하지만 영원 전에는 아무것도 있을 수 없다. 시간은 계속적인 연속으로서, 이전 시간은 지나가고 다른 시간이 이어서 뒤따른다. 지나간 작년은 올해가 아니며, 내년도 아니다. 우리는 영원을 시간의 개념에 반대되는 것으로 생각해야만 한다. 시간의 성질이 각 부분들의 연속으로 구성되듯이 영원의 본질은 무한하고 불변하는 시기로 구성된다. 영원과 시간은 마치 바다와 강물처럼 서로 다르다. 바다는 결코 장소를 바꾸지 않으며 하나의 물이다. 그러나 강은 흘러가다가 바다에 삼켜진다. 시간은 영원에 의해 삼켜진다.

스테판 차녹

Discourses upon the Existence and Attributes of God, 175.

하나님이 한때 계셨었다고 말하는 것은 부적절하다. 하나님이 존재하신 기간의 어떤 부분도 그분에게 과거인 적은 없기 때문이다. 또한 앞으로 하나님이 계실 것이라고 말하는 것도 부적절하다. 하나님이 존재하시는 기간의 어떤 부분도 앞으로 다가온다고 말할 수 없기 때문이다. 하나님은 영원히 존재하신다. 하나님의 완전한 영원성은 항상 존재하시는 것이다. 그러므로 하나님의 이름은 "내가 있었다"도 아니고 "있을 것이다"도 아니라 "나는 스스로 있는 자"이다(출 3:14). 그리스도께서는 유대인들에게 "아브라함이 나기 전부터 내가 있느니라"라고 말씀하셨다(요 8:58). 이 문장은 문법적으로 잘못된 것으로 보인다. 그러나 이것은 참된 신성을 가장 적절하게 보여준다.

조지 스윈녹

Incomparableness of God in *Works*, 4:395

하나님의 오래 참으심

하나님은 자기 백성이 아무도 멸망치 않고 회개하여 구원에 이르기를 원하신다. 하나님은 위협하지 않으려고 가르치신다. 하나님은 때리지 않으려고 위협하신다. 하나님은 멸망시키지 않으려고 때리신다. 그렇다. 때때로 하나님은 영원히 멸망시키지 않으려고 일시적으로 멸하신다.

윌리엄 에터솔

"The Conversion of Nineveh," in *Three Treaties*, 6–7

적군이 성읍 중 한 곳에 쳐들어오면, 군주는 그들에게 식량을 보내지 않고, 그곳을 포위하여, 적군이 굶주리게 한다. 그러나 단 한 순간에 모든 원수들을 멸할 수 있는 위대하신 하나님이 원수들을 참으시고 그들을 먹이기 위해 많은 비용을 치르신다. 하나님은 우리들에게 저주하는 자들을 위해 축복하라고 명하신다. 하지만 죄인된 자들이여, 너희가 형벌을 피하리라고 생각해서는 안 된다. 하나님의 맷돌은 천천히 돌지만 모든 것을 철저하게 갈아버린다. 하나님의 인내와 은혜가 경탄할 만할수록 그분의 선하심을 남용하는 악인들을 향한 분노는 불같이 무섭고 견딜 수 없을 것이다. 바다보다 더 잔잔하고 부드러운 것은 없지만, 폭풍우가 몰아치면 바다보다 더 맹렬한 것은 없다. 하나님의 인내와 선하심만큼 달콤한 것도 없지만, 불이 붙을 때 하나님의 진노만큼 무서운 것도 없을 것이다.

윌리엄 거널

Christian in Complete Armour, 740–41

하나님은 노하기를 참으로 더디하신다. 하나님은 세상을 창조하시는 것보다 더 오래 참으신 후 여리고를 멸하셨다.

토머스 왓슨

Gleanings, 133

하나님의 자비

지극히 선하신 하나님은 자기 백성들에게 가장 알맞은 때에 자비를 베푸신다. 하나님이 자기 때에 베푸시는 이 자비보다 더 합당하고, 성숙하며, 사랑스럽고, 아름다운 것은 없다. 그러므로 평강을 유지하라. 하나님이 지체하시더라도 잠잠히 기다리라. 우리를 위한 하나님의 자비의 때가 무르익고, 우리가 자비를 받기에 알맞게 때가 되기 전까지 하나님의 손에서 자비를 끌어낼 수는 없기 때문이다(전 3:11).

토머스 브룩스

Mute Christian, 224.

하나님은 아무도 구원하지 않아도 될 때 많은 이를 심판하시는 것 안에서 그분의 공의를 보이시며, 모든 이를 정죄해도 될 때 일부를 구원하시는 것 안에서 자비를 보이신다.

사무엘 클락

Saint's Nosegay, 67

하나님의 자비가 넘치고 인간의 죄가 넘치는 그곳에서 하나님은 그들의 비참을 넘치게 하실 것이다.

사무엘 클락

Saint's Nosegay, 67

하나님이 긍휼 가운데 우리에게 자비를 베푸시는 일은 얼마나 아름다운가!

윌리엄 젠킨

in Horn, *Puritan Remembrance*, 16

하나님의 자비와 사랑을 바르게 이해하는 것만큼 부드럽게 회개를 일으키는 것은 없다. 그 사랑의 광선은 시내산의 그 어떤 화염이나 번개, 즉 율법의 모든 위협과 공포보다 더 강력하여 마음을 녹인다. 죄는 우리 비참함의 뿌리이기에, 영혼을 죄의 책임과 죄의 권세에서 건져내는 것이야말로 하나님의 자비의 합당한 역사이다.

로버트 레이턴

A Commentary upon the First Epistle of Peter, in *Whole Works*, 1:263

하나님은 자비에 있어서 비견할 대상이 없으시다. 자비는 하나님이 그의 피조물들을 불쌍히 여기고 그 비참함으로부터 구원하시는 속성이다. 이는 오직 유일하게 피조물에 대한 관계를 전제로 하는 속성이다. 하나님은 자기자신을 알고 사랑하며 영화롭게 하시지만, 자신에게 자비하시지는 않다. 자비는 비참함 가운데 있는 피조물과 관계된 하나님의 속성이다. 공의는 자격 있는 대상을 찾고, 은혜는 자격 없는 대상에게 행사되는 반면, 자비는 궁핍하고 결핍된 대상을 찾는다.

조지 스윈녹

Incomparableness of God, in *Works*, 4:417

하나님의 전능하심

여호와께서는 그의 모든 대적들을 능히 이기시는 분 아닌가? 한 분 전능하신 이가 많은 용사보다 낫지 아니한가? 하나님의 임재가 우리에게 아무런 의미가 없단 말인가? 하나님이 우리를 위하시면 누가 우리를 대적하겠는가?

존 플라벨

Saint Indeed, 104.

문 : 이것으로 우리가 하나님을 전능하신 분으로 생각해야 할 것은 무엇입니까?
답 : 이것으로 우리는 하나님이 전능하시다고 생각해야 하는데 하나님은 다른 어떤 것도 필요하지 않은 분입니다. 하나님은 악한 일과 의롭지 않은 일을 제외한 모든 일을 행할 수 있으십니다. 하나님은 기뻐하는 모든 일을 하시며, 모든 일은 하나님에게서 나오며, 하나님으로 말미암고, 하나님을 위한 것입니다.

존 노턴

Catchchistical Guide, 32

하나님의 전지하심

만일 하나님이 미래의 모든 일들을 모르신다면, 그분의 지식은 변할 수 있을 것이다. 만일 하나님이 과거의 일이나 앞으로 발생할 모든 일을 모르신다면, 새로운 대상이 출현할 때마다 하나님의 이해는 새롭게 더해졌을 테고 따라서 모든 새로운 지식이 사람의 마음에 원인이 되는 것처럼 또는 매일 아침 태양이 떠서 땅의 모든 어두움을 흩어버리는 것처럼 하나님의 지식에도 변화가 있었을 것이다. 만일 하나님이 그것들이 출현할 것을 모르셨다면, 그것들이 발생하기 전에는 알지 못하던 지식이었을 테고, 하나님은 그것들을 통해 추가적인 지식을 얻으셨을 것이다. 그러면 하나님의 지식은 그 대상의 새로움에 따라 새로워질 테고 대상의 숫자에 따라 계속 더해질 것이다. 만일 하나님이 현재와 과거를 완전히 아시는 것과는 달리 미래에 벌어질 일을 완전히 알지 못하고, 어떤 일들은 확실히 알지만 어떤 일들은 긴가민가할 정도로만 알고 계신다면, 그 미래의 일들이 현재가 될 때 그분은 변화를 겪으실 테고 그 지식에 있어서도 완전함을 새롭게 얻게 되실 것이다. 왜냐하면, 하나님은 그것이 현재가 될 때 그것이 미래일 때보다 더 완전히 아실 것이기 때문에, 그분에게는 불완전함으로부터 완전함으로의 변화가 있을 것이다. 그러나 하나님은 모든 측면에서 불변하신 분이다.

스테판 차녹

Discourses upon the Existence and Attributes of God, 279

우리의 모든 생각, 말, 행동은 영속하는 속성을 지닌다. 우리는 그중 수천 가지를 잊어버렸지만 하나님의 전능하신 책에서 벗어날 것은 아무것도 없다. 다윗은 "나를 위하여 정한 날이 하루도 되기 전에 주의 책에 다 기록이 되었나이다"(시 139:16)라고 말했다. 또한 그는 "나의 유리함을 주께서 계수하셨사오니 나의 눈물을 주의 병에 담으소서"(시 56:8)라고 기도했다. 우리의 모든 행위들이 하나님의 책에 기록되어 있지 않은가!

존 콜린지스

Weaver's Pocket-book, 59

정원사가 꽃의 뿌리를 알기 때문에 봄에 어떤 꽃이 필지 아는 것처럼 하나님은 우리가 우리 자신에게 가까이 있는 것보다 우리에게 더 가까이 계시고, 우리의 생각을 오래전부터 알고 계신다.

존 트랩

Commentary… upon… the New Testament, 436

하나님의 주권

우리는 형통할 때 우리의 유한성을 잊어버린다. 그러다가 역경이 찾아오면 우리가 한갓 인간, 곧 지극히 연약한 인간에 불과하다는 사실을 알게 된다. 우리는 하나님의 손 사이에 끼어 있다(겔 21:17 참조). 그분은 우리가 나방을 잡을 때 하는 것처럼 우리를 쉽게 으깰 수 있으시다. 우리는 토기장이의 손에 들려 있는 진흙 덩이처럼 하나님의 손 안에 있다. 그분은 우리에게 절대적인 주권을 행사하신다. 우리의 존재와 행복과 영원한 삶이 모두 그분에게 달려 있다. 우리는 고난의 때에 감정적으로나 현실적으로 이런 사실을 분명하게 의식한다. 이런 사실을 알고, 깊이 의식하는 것이 매우 중요하다. 왜냐하면 그래야만 하나님을 경외하는 마음으로 그분을 섬기고, 기쁘시게 할 방법을 궁리할 수 있기 때문이다. 어떤 사람에게 생계를 의지하고 있는 까닭에 그 사람이 유리한 입장에서 우리를 다룰 수 있고, 우리를 좌지우지할 수 있다는 것을 안다면 그에게 순응하며 그의 호의를 얻으려고 노력할 것이 틀림없다. 의존감은 모든 복종과 섬김의 근원이다. 우리가 하나님께 의존하고 있고, 그분이 우리를 임의로 다룰 수 있으시다는 것을 경험을 통해 실제로 알게 되면, 그분께 순응하며 그분의 사랑과 총애를 받으려고 노력하지 않을 수 없을 것이다.

에드먼드 캘러미

Godly Man's Ark, 7

하나님의 주권을…간단히 논의하고 싶다…영원히 찬양받으실 위대하신 하나님이 자신의 피조물을 다스리고,

그들을 자신이 좋게 생각하는 대로 처분하고, 처리할 수 있는 절대적인 권한과 능력을 지니고 계신다는 명제 안에 이 주제의 핵심이 담겨 있다. 그런 능력이 존재하고, 그것이 하나님께 속해 있기 때문에 "그분은 하나님이시다. 그분 외에 다른 이는 없다."라는 것 외에 다른 이유는 더 찾을 필요가 없다. 그 이상의 이유가 존재하지 않는 이유는 다음과 같다. (1) 하나의 무한한 존재가 하늘과 땅을 가득 채우고 있는 까닭에 다른 존재가 들어설 자리나 여지가 남아 있지 않다. (2) 하나의 전능한 존재가 다른 모든 존재를 발아래 두고 있고 모든 것을 할 수 있는 까닭에 그 이상의 다른 존재가 존재하는 것이 부적절하다, (3) 최상의 권력은 오직 하나뿐이다. (군주제나 연방 국가의 경우처럼) 최상의 권력이 여러 형태로 존재할 수는 있지만, 최고의 입법자라는 관점에서 보면 그것들은 모두 다 동일하다. (4) 하나의 최초 원인이 존재한다. 다른 모든 것은 그것에서 비롯했다. 우리가 지금 말하고 있는 존재는 바로 복되신 하나님이다. 만물이 그분을 위해 존재한다(고전 8:6). 만일 하나님이 만물의 창조주이시라면 그분은 만물의 존재와 질서와 효력과 목적을 결정할 주권적인 권한과 능력을 지니고 계실 것이 틀림없다.

엘리샤 콜스

Practical Discourse, 21 - 22

지금까지 하나님의 선택에 대해 매혹적이고 만족스럽게 논할 수 있는 가장 확실하고, 자연스러운 근거가 바로 하나님의 주권이라는 점을 살펴보았다. 이번에는 여기에 하나님의 의의 교리를 추가로 살펴보는 것이 편리할 듯하다. 그래야만 우리의 생각을 가다듬어 하나님의 주권 교리와 조화를 이루게 할 수 있다. 나는 하나님께는 불의가 없다는 것보다 더 합리적인 명제는 없다고 생각한다. 이것은 하나님의 주권과 자연스럽게 연결된다. 우리가 반드시 믿어야 할 뿐 아니라 믿음 안에 확고하게 근거하고 있는 이 진리는 모든 상황에서, 특히 상황이 평소보다 더 암울해서 현재로서는 이유나 원인을 알 수 없는 상황(즉 극도로 중요한 문제들이 혼란스럽거나 무시되는 것처럼 보이거나 모든 것이 모든 사람에게 똑같이 임하는 까닭에 우리 앞에 있는 것들을 통해서는 무엇이 선하고, 악한지를 알 수 없을 때) 우리에게 큰 유익을 가져다준다.

엘리샤 콜스

Practical Discourse, 44

인간의 부패한 본성은 사탄을 만장일치로 군주로 선택했다. 그리스도께서는 "너희는 너희 아비 마귀에게서 났으니 너희 아비의 욕심대로 너희도 행하고자 하느니라"(요 8:44)라고 말씀하셨다. 그러나 여기에는 한 가지 문제가 있다. 인간은 창조의 법칙에 따라 하나님의 신민이기 때문에 그분의 권한을 파기할 수 없다. 인간은 죄로 인해 하나님을 보호자로 둘 권한을 상실했지만, 하나님은 주권자로서의 권한을 상실하지 않으셨다. 죄는 인간이 하나님의 율법을 행할 수 없게 만들었지만, 그것을 지켜야 할 책임을 면제하거나 지키지 않아도 될 자유를 제공하지는 않는다.

윌리엄 거널

Christian in Complete Armour, 91

하나님의 지혜

하나님의 지혜란 하나님이 손에 쥐고 계시는 모든 일을, 최고의 수단으로, 최고의 방식으로, 최고의 목적으로 명하고 유지하심으로써, 행해진 모든 일 또는 앞으로 그분에게서 나올 모든 일 안에서 더 좋은 수단, 더 좋은 방법, 더 좋은 목적을 찾을 수 없는 것을 가리키는 속성이다.

윌리엄 비버리지

Thesaurus Theologious, 3:28

우리의 구원뿐만 아니라 우리의 환란들 역시 무한하신 하나님의 지혜에서 비롯됨을 생각하는 것은 얼마나 달콤한가! 하나님은 너무 빠르거나 너무 늦게 일하지 않으시고 모든 합당한 상황과 가장 적절한 시기에 최선의 방법으로 그분의 영광과 우리의 유익을 위해 역사하신다. 우리를 멸망당할 깊은 곳에서 영광으로 구원하시고, 고통의 악조차 우리의 유익에 기여하게 하시는 하나님은 얼마나 지혜로우신가!

스테판 차녹

Selections, 126

하나님의 위대하고 무한하신 지혜가 세상의 창조와 섭리적 통치 안에 너무나도 잘 나타나 있다. 그럼에도 그리스도 안에 나타난 하나님의 지혜는 얼마나 놀라운가? 공의와 자비를 화목시키는 지혜, 죄는 벌하고 죄인은 구원하는 놀라운 지혜 말이다! 인간의 타락을 통해 인간을 이전 그 어느 때보다 더욱 크고 높은 행복으로 끌어올리신 그 지혜는 얼마나 놀랍고 측량할 수 없는가!

페트릭 길레스피

Ark of the covenant Opened, 166

하나님은 지혜로우셔서, 당신이 하나님의 신실하신 약속에 전적으로 의존하도록 당신의 삶의 여러 상황 속에서 자신의 도움을 숨기신다. 그러므로 하나님은 아브라함의 믿음의 강함을 시험하기 위해, 아브라함이 그의 손을 뻗어 도움을 요청할 때까지 그냥 내버려 두신 후에 도우러 오셨다. 그리스도께서는 자기 제자들을 바다로 보내시고서, 그들의 믿음을 시험하고 자신의 사랑을 나타내기 위해 뒤에 남으신다. 그러므로 이것으로 위로를 삼으라. 당신이 하나님을 볼 수 없으나, 마침내 하나님을 만나게 될 것이다.

윌리엄 거널

Christian in Complete Armour, 65

하나님은 성도들을 구원하신 사랑뿐만 아니라 구원으로 인도하신 길에 대한 지혜로 인해 영광 가운데 성도들의 찬양을 받으실 것이다. 그들을 구원하신 사랑은 혼인 잔치의 달콤한 한모금이 될 것이며, 그들의 삶의 길을 섭리하여 구원에 이르게 하신 지혜는 잔을 에나멜로 아름답게 칠한 기이한 솜씨와 같이 혼인 잔치를 빛낼 것이다.

윌리엄 거널

Christian in Complete Armour, 75

하나님의 지혜를 묵상하라. 하나님은 홀로 지혜로우신 하나님이시다(딤전 1:17). 하나님의 지혜는 섭리의 사역에서 빛난다. 하나님은 마치 배의 키를 잡고 계시듯 만물을 규칙적이며 조화롭게 인도하신다. 하나님은 어두움에서 빛을 가져오신다. 하나님은 휘어진 막대기로도 가장 곧게 내려치실 수 있으시다. 하나님은 인간의 불의를 공의로 바꾸실 수 있다. 하나님의 지혜는 무한하다. 하나님은 고통과 고난 가운데 우리를 징계하시고 비록 부서진 배라도 우리를 안전한 항구로 인도하신다. 하나님의 지혜를 묵상하라.

토머스 왓슨

A Christian on the Mount, in *Discourses*, 1:206

하나님의 진노

하나님의 백성과 그분의 원수들에게 임하는 그분의 진노 사이에 어떤 차이가 있는지를 이해하려면 그분의 부성적 노여움과 법정적 분노를 구별해야 한다. 전자는 영혼을 겸손히 낮춰 죄를 진정으로 뉘우침으로써 더욱 경계하는 마음을 갖게 할 목적으로 주어지는 것이고, 후자는 죄인들에게 그들이 결코 갚을 수 없는 징벌의 채무를 짊어지워 보복적 정의를 가함으로써 죄에 대한 징벌의 만족을 얻으려는 목적으로 주어지는 것이다.

토머스 리들리

Funeral Sermon, 12–13

하나님의 편재성

하나님은 그분의 중심이 어디에나 존재하며 그분의 둘레는 어디에도 없는 무한하고 광대하신 분이다. 만일 하나님이 편재하시다면, 우리가 어디에 있든지 하나님은 우리와 함께 계신다. 우리가 요셉처럼 홀로 감옥에 있더라도 하나님은 그곳에 우리와 함께 계신다. 우리가 다윗처럼 추방된 상태에 있더라도 하나님은 그곳에 우리와 함께 계신다. 우리의 골방에 홀로 있더라도 하나님은 그곳에서도 우리와 함께 계신다. 하나님은 우리를 은밀한 가운데 보신다. 그러므로 은밀한 중에 하나님의 얼굴을 구하도록 하자.

토머스 브룩스

Privy Key of Heaven, 55

영원성이란 시작도 끝도 없는 완전함이며, 불변성은 증가되지도 감소되지도 않는 완전함이다. 광대하심, 또는 편재하심은 한계나 제한이 없는 완전함을 의미한다. 하나님은 모든 시간 안에 계시지만 시간을 초월하시며, 모든 장소에 계시지만 어떤 장소의 한계도 초월하신다. 한 이방 철학자가 이것을 다음과 같이 묘사한 것은 좋은 표현이다. "하나님은 그 중심이 어디에나 있고 그 둘레는 어디에도 없는 구(球) 또는 원(圓)이다."

스테판 차녹

Discourses upon the Existence and Attributes of God, 233

하나님은 모든 것을 보시는 하나님이다. 하나님은 무엇이 알려질 수 있는지, 무엇이 알려져도 무방한지를 아신다. 그러므로 범사에 하나님을 인정하라. 사람들이 당신에 대해 뭐라고 말하고 어떻게 생각하든지 상관하지 말라. 당신의 동료 배우들이 이 세상의 무대에서 상상하는 것은 아무런 상관이 없다. 하나님은 모든 곳에서 당신을 바라보는 위대한 관객이시다. 하나님은 당신의 정탐꾼이시며, 당신의 모든 행위를 완전히 꿰뚫어 보고 계시고 그것들은 하늘에 기록되어 있다. 이윽고 위대하신 관객이신 재판장께서 그 큰 심판의 날에 그것을 펼쳐서 온 세상의 귀에 대고 큰 소리를 낭독하실 것이다. 그러므로 하나님의 눈을 피할 어떤 구덩이도 찾을 수 없다면, 은밀히 짓는 죄를 두려워하라. 당신의 거룩한 의무를 게을리 한 죄를 한탄하고, 은밀한 위선과 음행과 신성모독을 슬퍼하며, 부끄러움을 안고 하나님 앞에 나와 용서와 자비를 구하라. 당신의 그 모습을 보고도 저주하지 않으신 하나님의 인내에 감탄하고 경탄하라.

토머스 쉐퍼드

Sincere Convert, 22–23

학자들과 학문 연구

진리를 발견하는 것이 우리의 임무이지만 매우 중요한 문제와 관련해서조차 진리를 발견하기가 쉽지 않다. 마치 은맥이 겉으로 볼 때는 아무것도 없어 보이는 어두운 곳에 흙과 찌꺼기에 뒤덮인 채로 깊이 파묻혀 있는 것처럼, 진리도 온갖 반론과 논쟁에 얽혀 있는 탓에 발견하기가 어렵다. 특히 편견, 정욕, 격정, 편파적인 감정, 명예욕과 이권 따위로 생각이 흐릿해진 사람은 더더욱 그렇다. 진리를 발견하려면 생각을 정결하게 만들어 진리를 탐구할 준비를 철저하게 갖추려고 노력해야 할 뿐 아니라 부지런하고, 신중한 태도로 강한 호기심을 가지고 면밀하게 관찰해야 한다. 알기 쉬운 통속적인 주제가 아니라 일반적인 관찰과 분별력을 통해서는 알 수 없는 장엄하고, 심원하고, 복잡하고, 난해한 주제에 관한 지식을 얻는 것, 곧 가장 큰 노력과 가장 명확한 생각을 기울여 정확하고 확실한 개념들을 발견하는 것이 우리의 의무다. 원리들을 확고하게 확립하고, 엄격한 추론을 통해 판단을 내리고, 결론들을 체계적으로 정리하고, 깊은 명상과 연구를 통해 습득한 지식을 믿음으로 잘 유지해 나가야 한다.

아이작 배로

"Of Industry in Our Particular Calling, as Scholars," in *Sermons*, 323

설교와 삶이 일치하지 않는 사역자들은 명백한 잘못을 저지르는 셈이다. 그들은 설교를 정확하게 전하는 방법만 연구하고, 정확하게 사는 법에 대해서는 무관심하다. 그들은 설교할 때는 말 한마디도 잘못하기를 싫어하지만, 삶 속에서 자신의 감정과 말과 행위가 잘못되는 것은 아무렇지 않게 생각한다.

리처드 백스터

Reformed Pastor, 19

당신은 어떤 직업이나 기능을 익히는 학생인가? 그렇다면 카토가 스키피오에 대해 말한 대로, 가장 게으를 수 있을 때 가장 부지런해야 한다. 군주의 너그러운 아량이나 부모의 경제적 능력 덕분에 궁궐의 어려운 문제들이나 시골의 노동이나 도시의 경제 활동으로부터 자유로운 상태로 조용하게 앉아서 연구하는 일을 하고 있다면, 부지런히 책을 읽고, 자주 논의를 하고, 매일 관찰해야 한다. 독서는 온전한 사람을 만들고, 논의는 준비된 사람을 만들며, 글쓰기는 정확한 사람을 만든다. 성실하게 노력하지 않으면 뛰어난 기지가 무익하게 되고, 고귀한 정신이 몰염치하게 변하며, 화려한 언변이 울리는 꽹과리가 되고 만다. 이방의 저술가들이 말한 대로, 전능한 신은 성실하게 노력하지 않는 사람에게 지식을 허락하지 않는다… 촛불 냄새가 몸에 밴 사람들의 설교가 가장 뛰어나고, 그들의 글과 학문 활동이 가장 은혜로운 법이다.

존 보이스

The Official Calendar of the Church, in *Works*, 654

형제들아, 죄의 사악함과 피조물의 허무함과 그리스도의 충만함을 연구하라. 그것들을 철저히 연구하라.

토머스 케이스

Correction, Instruction, 118

학자들의 태도는 면밀하게 살펴봐야 할 중요한 문제 가운데 하나다. 즉 그들이 부지런하고, 진실하고, 충실한 태도로 경건하고, 의롭고, 절도 있게 행동하도록 이끌어야 한다. 그들이 그렇게 하도록 적절히 살펴 통제해야 하고, 잘못을 교묘하고, 요령 있게 저지르거나 숨길 때는 절대로 묵인하지 말고, 공정하게 찾아내 견책하고 징벌해야 한다. 모든 어린아이의 성향 안에 존재하는 불경건함과 어리석음과 해로움과 격렬함과 과도함과 거짓과 비진리와 게으름을 뿌리째 제거하지 않으면, 강하게 자라나 다른 사람들까지 선동하고, 오염시키는 결과가 초래될 것이다. 그렇게 되면, 그의 영혼이 정죄되는 것은 물론, 온 나라에 악영향이 미칠 것이다.

존 듀리

Seasonable Discourse, 10

용감한 병사가 죽음을 무릅쓰고 치열한 전쟁터에 뛰어드는 이유는 명예와 전리품을 쟁취하려는 기대감 때문이 아니겠는가? 투구와 방패를 비롯해 모든 것을 갖춘 그는 어떤 위험도 두려워하지 않는다. 그와 마찬가지로, 학자가 때로 머리가 깨질 위험을 무릅쓰고 온갖 열정을 다해 지나치게 열심히 지식을 추구하는 이유도 보통의 이해력으로는 도저히 알 수 없는 은밀한 지식을 조금이라도 더 많이 알기를 원해서가 아니겠는가? 마침내 바라는 것을 이루었을 때 그가 온갖 고통을 감수하고 전력을 다해 연구한 결과로 얻은 대가는 살이 찢어지는 아픔을 무릅쓰고 무릎과 손으로 험준한 바위산을 기어 올라가 황량하고 메마른 장소에 우뚝 서게 된 사람을 기쁘게 만드는 것과 비슷하다. 구름이 그의 주위를 에워싼 까닭에 다른 사람들은 그를 볼 수 없고, 오직 그만이 그들의 머리를 아래로 굽어보며 그들보다 좀 더 멀리 볼 수 있다.

윌리엄 거널

Christian in Complete Armour, 518

(리처드 페어클로프가) 대중 앞에서 전한 것 중에 등잔불 냄새가 배지 않은 것은 아무것도 없었다. 그의 청중 가운데 판단력과 자질이 가장 뛰어난 사람들조차도 그가 전하는 새벽 설교가 그의 주일 설교와 똑같이 정교하고, 정확하고, 교훈적이었다고 인정했다.

존 하우

Funeral Sermon, 52

혼자 있을 때 경건에 이르는 연습을 하려면 독백에 익숙해야 한다. 내 말은 자기 자신과 대화를 나누라는 뜻이다. 자신의 영혼과 더불어 해야 할 일이 많으니까 절대로 게으름을 피워서는 안 된다. 안티스테네스가 "그 모든 연구를 통해 어떤 열매를 거두었소?"라는 질문을 받고 나서 "나는 그것을 통해 나와 더불어 살며 대화하는 법을 배웠소이다."라고 대답한 이야기는 매우 유명하다. 독백은 최상의 논쟁이다. 훌륭한 사람은 누구나 자신을 가장 친한 동무로 삼는다. 할리 데이비드는 "자리에 누워 심중에 말하고 잠잠할지어다"(시 4:4)라는 말씀으로 다른 사람들을 권고했다. "심중에 말하고." 대화할 사람이 없을 때는 자신에게 말하라. 자신이 어떤 목적을 위해 창조되었고, 그동안 어떻게 살아왔으며, 사랑을 어떻게 남용했고, 어떤 징벌을 받아야 마땅한지를 스스로에게 물어보라. 어떻게 하면 재능을 더 발전시킬 수 있고, 맡겨진 일에 얼마나 충실했으며, 죽을 때를 위해 무엇을 예비해 두었고, 심판의 날을 위해 무엇을 준비했는지 스스로 생각해 보라. "자리에 누워." 이런 의무를 이행하기에 가장 적합한 때는 혼자 있을 때다.

조지 스윈녹

The Christian Man's Calling, in *Works,* 2:450–51

교만한 학자는 훌륭한 학습자가 될 수 없다. 이미 충분한 지식을 알고 있다고 생각하면, 스승에게 배울 것이 아무것도 없다. 성경은 "네가 스스로 지혜롭게 여기는 자를 보느냐 그보다 미련한 자에게 오히려 희망이 있느니라"(잠 26:12)라고 말씀한다. 이것이 바리새인들이 무지의 감옥에 갇혀 있었던 이유다. 진리이신 주님은 그들을 '맹인'으로 일컬으셨다(마 23:16, 17). 그러나 그들은 자신의 눈이 온전하다고 자부하며 치유책을 도외시했다. 예수님은 그들에게 "너희가…본다고 하니 너희 죄가 그대로 있느니라"라고 말씀하셨다(요 9:40, 41). 교만하면 무지에서 벗어날 수 없다. 무지와 교만이 쌍둥이처럼 함께 붙어있는 사람의 상태는 절망적이다. 왜냐하면 그런 사람은 책을 읽고, 기도하고, 논의하고, 묵상하는 노력을 기울이지 않기 때문이다. 그런 노력이 없이는 하나님에 관한 지식을 얻을 수 없다.

조지 스윈녹

The Christian Man's Calling, in *Works*, 4:488

지혜를 탐구하는 학자들에게는 육체의 주의 집중, 마음의 의도, 기억의 유지가 반드시 필요하다.

존 트랩

in Horn, *Puritan Remembrancer*, 85;
Thomas, *Puritan Golden Treasury*, 317

영적 진리가 담긴 책을 독학으로 깨우칠 수 있는 사람은 아무도 없다. 그런 사람은 자기 자신의 눈에는 학자처럼 보일는지 몰라도, 스승의 눈에는 영락없는 바보에 지나지 않는다.

존 트랩

Commentary ... upon ... the New Testament, 548

행동, 말보다 더 진실한

많이 알고, 말 잘하고, 책 잘 읽는 사람이 아니라 행동하는 사람이 결국에는 가장 행복한 사람으로 드러날 것이다.

토머스 브룩스

Great Gain, 12

나는 귀에 들리는 말이 아닌 눈에 보이는 행동에 관심을 기울인다. 행위는 사람의 생각을 드러내지만, 말은 항상 그렇지는 않다. 몇 가지 잘못된 행위를 보고서 거짓된 마음을 지녔다고 정죄할 만큼 엄격한 검열관이 되고 싶은 생각은 조금도 없지만, 삶의 일반적인 현실을 돌아보면 혀로 하는 말보다 손으로 하는 말을 믿는 것이 지혜로운 태도인 것은 분명한 듯하다. 말도 잘하고, 행동도 잘한다면 크게 칭찬받아야 마땅하지만, 그 둘 중에 하나만 잘한다면 나는 아무 말도 하지 않고 행동을 잘하는 사람이 좋다.

조셉 홀

Meditations and Vows, 79

행복

육적인 사람들의 보편적인 원리는 여기 이 땅에서의 행복을 추구하는 것이다. 그들의 눈과 욕망은 언제든지 여기 이 땅에서의 감각적인 만족에 목말라하며 고정되어 있다. 그들은 항상 이렇게 외친다. "누가 우리에게 어떤 만족과 유익을 줄 것인가?" 그리고 그 결과 그들의 주요 관심사는 세상적인 것들, 즉 행복을 가져다준다고 믿는 물질들을 확보하는 것이다. 성도의 초자연적인 원리는 하나님을 기쁘시게 하고 하나님의 은총을 즐거워하는 것이다. 사람은 그들이 믿는 것을 사랑하게 되어 있고, 사랑하는 것을 믿게 되어 있다.

윌리엄 베이츠

Danger of Prosperity, 106

하나님은 최고의 선이시다. 하나님 한 분 외에 선하신 분이 없으시다. 하나님은 그 자체로 지극한 행복이시다. 실로 그렇다! 모든 선함과 참된 행복은 오직 하나님 안에서만 발견된다. 하나님의 본성으로부터 나오지 않은 것, 하나님으로부터 나오지 않은 것은 좋은 것(goodness)과 행복이 아니다. 오직 하나님에게만 가치 있는 좋은 것이 있다. 하나님 없이는 우리 마음에 가치 있는 것은 존재하지 않는다. 하나님에 관한 올바른 생각만이 마음을 황홀하게 해줄 수 있다. 하나님에게 관심을 두는 사람은 얼마나 행복하겠는가. 온 세상의 그 무엇보다 하나님만이 사람의 영혼을 지극히 복되게 하시고 안위하시며 행복한 상태로 만드실 수 있다. 그렇다. 하늘의 모든 천사들의 모든 행복들이 사람의 가슴에 주어진다 하더라도 하나님보다 더 사람을 행복하게 할 수는 없다. 내가 무슨 말을 더 할 수 있겠는가. 나는 오직 하나님에게 푹 잠긴 바 되었다. 생명과 영광과 지복과 영혼을 만족케 하는 좋은 것 또는 선한 것(goodness)은 오직 하나님 안에만 있으며 그 어떤 말로도 표현이 불가하다.

존 번연

Rices, 23

그러므로 사랑 안에서가 아닌 다른 곳에서 행복을 찾는 것은 마치 물을 떠나 숲속에서 낚시를 하는 것과 같은 일이다.

다니엘 버기스

Man's Whole Duty, 3

보라! 영혼이 하나님의 사랑으로 가득 차고, 그 의지가 하나님의 뜻에 일치하게 변화되고, 그 가장 큰 소망이 그의 창조주를 기쁘게 하는 것일 때,

그 영혼의 행복은 얼마나 견고한 토대 위에 세워져 있는가. 오, 그런 마음에 수반되는 평화와 안식과 만족이여!

헨리 스쿠걸

Life of God in the Soul of Man, 50

행위 언약

율법주의자: 그러나 잘 알다시피 '언약'은 쌍방 간의 약속이자 협약이고 의무다. 하나님이 인간에게 순종하면 생명을 주겠다고 약속하셨다면 인간도 순종하기로 약속했다는 의미로 받아들여야 옳다.

복음주의자: 하나님이 항상 인간에게 말로 의사를 표하시는 것은 아니다. 그분은 인간의 마음과 감정에 실제적인 인상을 주어 언약을 체결하실 때가 많다. 이것이 처음에 하나님이 인간과 맺으신 언약의 방식이었다. 하나님은 인간의 영혼에 이해하는 기능을 주어 선과 악, 그릇된 것과 옳은 것을 구별할 수 있게 하셨다. 인간의 의지도 처음에는 정직했고(전 7:29), 그의 도구적인 기능들도 순종하도록 잘 맞추어져 있었다. 하나님은 인간의 영혼 안에 자신의 뜻과 행위를 아는 지식과 지혜를 허락하셨고, 인간의 능력은 모두 적합하게 구성되어 있었기 때문에 생각은 하나님이 인정하지 않는 것을 전혀 떠올리지 않았고, 마음은 그분이 인정하지 않는 것을 전혀 바라지 않았으며, 육체도 그런 일을 행하지 않았다. 인간은 처음에 그 모든 자질을 부여받았기 때문에 하나님을 완벽하게 섬길 수 있었다.

에드워드 피셔

Marrow of Modern Divinity, 10

율법주의자: 그러나 그렇다면 하나님이 인간과 언약을 맺으면서 금단의 열매를 먹지 말라는 계명 외에 다른 계명을 전혀 언급하지 않으셨다는 것은 참으로 놀랍지 않을 수 없다.

복음주의자: 놀랄 필요 없다. 왜냐하면 율법이 좀 더 분명하게 전개되면서 나타난 대로 그 한 가지 죄로 인해 모든 종류의 죄가 드러나기 때문이다(신 28:26, 갈 3:10 참조). 다시 말해, 그 한 가지 계명 안에 순종, 존경, 사랑, 확신, 경건한 두려움, 죄를 삼가려는 노력, 하나님의 말씀을 존중하는 태도 등, 그분께 대한 모든 예배가 함축되어 있다. 거기에는 또한 이웃에 대한 의무와 사랑도 아울러 포함되어 있다. 따라서 한 학식 있는 저술가는 "아담은 이스라엘 백성이 시내산에서 들었던 율법 가운데 많은 것을 동산에서 들었다. 단지 천둥소리가 없었

고 말수가 적었을 뿐이다."라고 말했다.

에드워드 피셔

Marrow of Modern Divinity, 11

하나님이 아담을 통해 인류와 맺으신 언약은 어떤 점에서 은혜 언약이었다. 그 이유는 그분이 인류에게 완전한 순종에 근거한 영원한 행복을 약속할 의무를 짊어질 필요 없이 단지 자신의 주권과 통치권을 근거로 순종을 요구하시기만 하면 되었기 때문이다. 그러나 인간은 스스로의 행위를 통해 행복에 이를 능력이 없는 데다가 타락의 가능성까지 지니고 있었기 때문에 하나님은 예수 그리스도께서 믿고 회개한 신자들을 대신해 이루신 완전한 순종을 받아들이기로 작정하셨다. 이것은 복음을 통해 드러난 무한한 은혜의 행위였다. 이런 점에서 복음은 은혜의 말씀으로 불리는 것이 가장 적절하다.

조지 스윈녹

"The Pastor's Farewell," in *Works*, 4:61

행위 언약, 은혜 언약과의 비교

율법을 전하는 이유는 그리스도께로 이끌기 위해서다. 영적으로 무감각한 사람들이 자신의 질병이 무엇인지 알고, 느끼게끔 만들어야 복된 의원이신 주님의 필요성을 깨달아 받아들일 수 있다. 이것은 매우 합리적이다. 모든 사람은 본성적으로 행위 언약 아래 놓여 있다. 그들에게 은혜 언약의 가치와 필요성을 일깨워주려면, 그들이 그런 상태에 놓여 있다는 사실을 깨우쳐주어야 한다. 물론, 그런 깨우침이 어떤 식으로 일어날지는 알 수 없다. 최근에 그런 식의 설교가 이루어지고 있다. 사람들을 생각하면 그들이 그런 설교를 좋아하지 않는 이유를 익히 짐작할 수 있다. 그러나 사역자들을 생각하면 그들이 왜 그렇게 사람들의 부패한 마음을 만족시키려고 애쓰는지 그 이유를 짐작하기가 어렵다. 지금까지 율법을 올바로 전했을 때 경건하고, 현명한 그리스도인들이 못마땅한 기색을 드러내는 경우는 한 번도 없었다.

자일스 퍼민

Real Christian, 51

하나님은 무죄한 아담과 자연 언약, 즉 율법의 언약(행위 언약)을 맺으셨다. 이 언약의 조건은 순종이었다. 인간은 완전한 순종을 통해 행복에 이를 수 있었다. 그러나 이제는 그런 조건이 요구되지 않는다. 그런 노력을 통해 생명을 얻기를 바라고 그 문을 더듬는 사람은 문에 못질이 되어 있어 들어갈 수가 없을 뿐더러 누구나 들어올 수 있도록 활짝 열려 있는 참된 문이 주는 유익마저 빼앗기고 말 것이다. 성경은 "율법 안에서 의롭다 함을 얻으려 하는 너희는…은혜에서 떨어진 자로다"(갈 5:4)라고 말씀한다. 따라서 우리는 다른 언약에 관해 알아야 한다. 그것은 다름 아닌 은혜 언약이다. 은혜 언약의 본질은 하나님과 인간의 화해다. 이 언약은 서로 사이가 절대로 틀어지지 않을 친구 관계를 보장한다. 이 언약의 조건은 회개와 믿음이다(요 3:36, 행 2:38, 5:31, 20:21, 갈 5:5). 따라서 이 언약의 진리에 기꺼이 동의하고, 그 절대적인 원리, 곧 누구든지 죄를 회개하고 참된 믿음으로 그리스도를 구주로 영접하면 구원을 받을 수 있다는 진리를 굳게 붙잡으려고 노력하라. 거짓말을 하실 수 없는 하나님의 말씀과 맹세를 기꺼이 받아들이는 사람은 죄 사함과 영혼의 구원을 받을 수 있다.

윌리엄 거널

Christian in Complete Armour, 547 – 48

어떤 사람들은 "지금 행위 언약 아래 있는 사람이 누가 있겠는가?"라고 말할 것이다. 첫 번째 언약은 아담의 타락으로 폐지되어 취소되었고, 하나님은 새로운 조건에 근거해 우리를 대하신다는 그릇된 편견이 나돌고 있다. 그들은 마치 은혜의 언약이 이전의 언약을 완전히 폐지했고, 그것은 오직 아담에게만 적용되었던 것처럼 생각한다. 그러나 이것은 큰 착각이다. 왜냐하면 행위 언약은 아담만이 아니라 그의 후손 모두와 맺어졌기 때문이다. 아담의 후손으로 태어나 자연 상태에 머물러 있는 사람은 누구나 행위 언약을 지켜야 할 의무가 있다. "누구든지…행하지 아니하는 자는 저주 아래에 있는 자라"(갈 3:10)라는 말씀대로, 이 언약은 율법의 형태로 보편적으로 적용된다. 다시 말해, 행위 언약은 그리스도 안에서 값없는 은혜와 축복을 발견한 사람들 외에는 아무런 예외도 허용하지 않는다.

토머스 맨톤

Practical Exposition on the Epistle of James, 99

우리가 스스로에게 자주 물어야 할 매우 중요한 질문이 두 가지 있다. 그것은 "나는 무엇인가? 나는 어디에 있는가?"라는 질문이다. 나는 무엇인가? 나는 하나님의 자녀인가 아닌가? 나는 진지한 신자인가, 아니면 입으로만 고백하는 위선자인가? 나는 어디에 있는가? 아직 자연 상태에 있는가, 아니면 은혜의 상태에 있는가? 아직 옛 뿌리, 곧 옛 아담 안에 있는가, 예수 그리스도 안에 있는가? 나는 진노와 죽음만을 가져다줄 행위 언약 안에 있는가, 아니면 생명과 평화를 가져다줄 은혜 언약 아래 있는가?

매튜 미드

Almost Christian Discovered, 186

행위 언약과 은혜 언약의 차이, 곧 모세와 그리스도의 차이를 분명하게 알면 특별히 유익할 것이다. 긍휼 없는 모세 율법은 상한 갈대를 꺾고, 꺼져가는 심지를 끈다. 율법은 (1) 개인적이고, (2) 항구적이고, (3) 완전한 순종은 물론이고, (4) 온전한 마음까지 요구하면서도 가장 두려운 저주를 선언할 뿐 아니라 짚은 주지 않고 벽돌만 일정량을 그대로 구어 만들라고 요구했던 애굽의 바로처럼 아무런 도움도 제공하지 않는 냉혹한 감독자와 같다. 그러나 그리스도께서는 모세가 저주했던 사람들에게조차 많은 축복을 베풀어 주고, 율법으로 인해 상처를 입은 사람들에게 치유의 향유를 부어주신다.

리처드 십스

Bruised Reed and Smoking Flax, 67 – 68

험담

잘 속는 사람은 어리석은 사람에 가깝다. 그는 들리는 모든 말을 믿는다. 꾸며낸 이야기를 전하는 것은 죄이기에 꾸며낸 이야기를 믿는 사람은 어리석다. 지혜로운 사람은 처음 들을 때 그 말을 무조건적으로 수용하지 않고, 그것을 믿기 전에 그 진위를 가늠해 본다.

토머스 맨톤

The Beatitudes, in *Discourses*, 2:287

혀('말'도 참조하라)

이 해로운 짐을 실어나르는 기관은 바로 혀다. 베르나르두스는 "혀는 날듯이 가볍게 움직이지만 육중하게 타격을 가한다."라고 말했다. 혀는 작은 지체이지만 가장 민첩하다. 혀는 영혼과 육체에 모두 해를 입힌다. 혀를 자유롭게 놀린 탓에 발에 차꼬를 차는 일이 얼마나 많은지 모른다.

토머스 애덤스

Exposition upon ... Second ... Peter, 440

선한 혀는 하나님이 즐기시는 음식과 같다. 그분은 자신의 식탁에 그것이 놓여 있기를 바라신다. 그러나 악한 혀는 마귀를 위한 고기와 같다. 이

탈리아 속담에 "마귀는 음탕한 혀로 자신의 성탄절 파이를 만든다."라는 말이 있다. 그것은 그가 즐겨 먹는 음식이다. 그는 이것을 중요하게 생각한다. 그는 세상에서는 악한 혀를 해를 가하는 수단으로 사용하게 하고, 지옥에서는 그것을 고통 속에서 몸부림치며 자신의 분노에 답하는 용도로 사용하게 한다. 솔로몬은 선한 혀에 관해 "의인의 혀는 순은과 같거니와…의인의 입술은 여러 사람을 교육한다"(잠 10:20, 21)라고 말했다. 그와는 대조적으로 야고보는 악한 혀에 관해 "혀는…쉬지 아니하는 악이요 죽이는 독이 가득한 것이라"(약 3:8)라고 말했다.

토머스 애덤스

"The Taming of the Tongue," in *Works,* 3:12

하나님은 인간에게 두 개의 귀를 주셨다. 하나는 지식의 가르침을 듣는 귀이고, 다른 하나는 하나님의 계명을 듣는 귀이다. 전자는 인간의 육체를 보존하고, 후자는 인간의 영혼을 구원한다. 눈도 두 개 주셨는데, 한 눈으로는 자신의 길을 살피고, 다른 눈으로는 고통받는 형제들을 동정하고, 불쌍히 여기라고 주셨고, 손도 두 개 주셨는데 한 손으로는 자신의 삶을 위해 일하고, 다른 손으로는 형제들에게 베풀어 그들의 필요를 채워주라고 주셨으며, 발도 두 개 주셨는데 한 발로는 "사람은 나와서 일하여 저녁까지 수고하는도다"(시 104:23)라는 말씀대로 주중에 걸어 다니며 일하고, 다른 발로는 거룩한 날에 성전을 방문해 성도들의 모임에 참여하라고 주셨다. 그러나 모든 지체 가운데 혀는 하나만 주셨다. 이것은 말하는 것보다 두 배나 더 많이 들어야 하고, 말하는 것보다 두 배나 더 일하고, 걸어야 한다는 교훈을 가르치기 위한 것일 수 있다. 시편 저자는 "내가 주께 감사하옴은 나를 지으심이 심히 기묘하심이라 주께서 하시는 일이 기이함을 내 영혼이 잘 아나이다"(시 139:14)라고 말했다. 하나님의 놀라운 지혜를 높이 찬양하라.

토머스 애덤스

"The Taming of the Tongue," in *Works,* 3:13–14

사람이 개방된 초원에 야생마를 두지 않고, 우리에 가두는 것처럼 혀도 제멋대로라서 하나님은 그 주위에 울타리를 치셨다. 창조주께서는 입술과 이빨이라는 이중 울타리고 그것을 가두셨다.

토머스 애덤스

"The Taming of the Tongue," in *Works,* 3:14

자신의 혀에 관해 이렇게 물으라. (1)

내 혀를 재갈 먹여 잘 다스렸는가(약 1:26, 3:2-4, 시 39:1)? (2) 아무에게도 악한 말을 한 적이 없는가(딛 3:2, 약 4:11)? (3) 집에 앉아 있을 때든지 길을 갈 때든지 누워 있을 때든지 내 입으로 하나님의 율법을 가르쳤는가(신 6:7)? (4) 만나는 사람마다 말로 은혜를 끼치고, 하나님에 관한 것을 전했는가(엡 4:29, 골 4:6)?

조셉 알레인

"Useful Questions," in *Alarm to the Unconverted*, 239

내 혀를 어떻게 사용했는가? 나의 영광을 위해 주어진 혀가 나의 수치가 되지는 않았는가? 내 입으로 은혜를 나타내거나 은혜를 끼칠 수 있는 선한 것은 적게 말하고, 그릇된 말만 잔뜩 말했는가? 나중에 후회할 말을 경솔하고, 성급하게 발설한 적은 없는가? 그것으로 하나님의 위대한 이름이 더럽혀지거나 형제의 선한 이름이 비난을 받거나 나의 이름이 웃음거리가 되지는 않았는가? 내가 내뱉은 모든 무익한 말에 대해 하나님 앞에서 책임을 지게 될 것이 분명하다. 따라서 그런 말들을 한 장본인인 나를 철저하게 살피는 것이 최선이다. 그러면 내 주위를 에워싸고 있는 그런 악이 무수히 많다는 것을 발견하게 될 것이다.

매튜 헨리

The Communicant's Companion, in *Miscellaneous Writings*, 207

말하기 전에 신중하게 생각해야 한다. 말을 서둘러 많이 하면 무심코 어리석은 말을 발설하기 쉽다. "말을 아끼는 자는 지식이 있다"(잠 17:27). 빈 그릇이 가장 요란한 법이다. 훌륭한 사람들은 소리 없이 흐르는 깊은 강물과 같다.

토머스 맨톤

Practical Exposition on the Epistle of James, 56

악한 혀는 다른 지체들에게 큰 영향을 미친다. 악한 혀는 온몸을 더럽힌다. 악한 것을 말하면 그런 결과가 초래된다. 혀가 대담하게 죄를 말하면, 나머지 지체들은 대담하게 죄를 저지른다. 이는 '악한 동무들이 선한 행실을 더럽히는'(고전 15:33) 이치와 같다. 먼저 생각하고, 그다음에 말하고, 그다음에 행동하라. 사람들은 "단지 말을 한 것뿐인데 무슨 문제야"라는 식으로 말하지만 속지 말라. 악한 혀는 다른 지체들을 오염시킨다.

토머스 맨톤

Practical Exposition on the Epistle of James, 127

생각은 혀의 안내자다. 따라서 말하기 전에 생각해야 한다. 혀는 마음의 전령이다. 따라서 생각 없이 말하면 전령이 아무런 심부름도 맡지 않고 무작정 내달리는 셈이 된다. 혀는 입의 중앙에 있고, 마치 이중 참호처럼 입술과 이빨로 둘러싸여 있다. 이런 사실은 신중하게 미리 잘 생각해서 말하라는 교훈을 준다.

윌리엄 퍼킨스

Direction for the Government of the Tongue, 5

목구멍을 우리 자신(곧 우리의 재산과 외적 위로)을 파묻는 무덤으로 만들지 않으려면 혀 앞에 파수꾼을 세워야 한다. 침묵해야 할 때를 모르는 탓에 죄를 짓는 그리스도인들이 많다. 지혜자는 "잠잠할 때가 있고 말할 때가 있으며"(전 3:7)라고 말했다. 침묵해야 할 때를 아는 것, 이것이 기독교적 신중함의 필수 요소다. 말하는 것보다 침묵하는 것을 배우기가 훨씬 더 어렵다.

조지 스윈녹

The Christian Man's Calling, in *Works,* 2:289

형식적 종교

형식에 치우쳐 종교적인 의식을 겉으로만 이행하는 것으로 만족하지 않도록 주의하라. 목적으로서의 믿음과 수단으로서의 믿음을 구별하는 법을 배워라. 전자는 은혜로운 심령 상태를 유지하고, 하나님을 즐거워하며, 그분을 경외하고, 그분을 사랑하며, 우리의 본성을 그분께 순응시키는 것을 의미하고, 후자는 하나님이 그런 목적을 이루기 위한 수단으로 정해주신 종교적 의무와 의식을 실행하는 것을 의미한다. 수단에 안주하면, 즉 하나님을 즐거워하기를 바라거나 마음을 더 나은 상태로 만들어 더 높은 목적을 추구하지 않고(이것이 수단들이 정해진 이유다) 단순히 종교적인 의무만을 이행하면, 우리의 예배는 오히려 하나님을 조롱하는 것이 되고 말 것이다.

새뮤얼 크래독

Knowledge and Practice, xxxviii

형식적인 신앙고백

첫째, 경건의 모양에 안주하지 않도록 주의하라. 유감스럽게도 형식적인 신앙고백은 그 위에 불멸의 영혼의 소망을 두기에는 턱없이 부족한 모래터에 불과하다. 그러므로 믿음으로 반석이신 그리스도 예수 위에 당신의 터를 두라. 둘째, 경건의 능력의 장점을 보도록 힘쓰라. 거룩한 삶이 유일하게 훌륭한 삶이다. 죄인이 죄를 덮으려고 획책하는 것이 죄의 악함의 증거인 것처럼 아주 많은 사람이 경건을 추구하는 것은 경건의 훌륭함의 증거다. 셋째, "장차 앞으로 일어날 일"을 가장 중대한 현실로 간주하라. 영원은 결코 꿈이 아님을 숙고하라. 지옥은 우울한 망상이 아니다. 천국은 가짜 이상향이 아니다. 이 사실들 속에는 가장 중대한 현실이 들어 있다. 이 사실들은 영적 실재이고 감각의 시야에서 벗어나 있지만 진실하고 믿음의 눈 안에 있다! 넷째, 당신의 영혼에 높은 가치를 부여하라. 다른 것들을 과대평가하고 당신의 영혼을 과소평가하지 않도록 주의하라. 당신은 몸을 위해 옷을 입고 음식을 먹으면서 영혼을 돌보지 않겠는가? 다섯째, 마지막으로 심판 날의 엄격함과 돌발적 성격에 대해 깊이 묵상하라. 그때 공평하신 심판자이신 하나님은 우리의 모든 달란트에 대해 우리 손에 계산을 요구하실 것이다. 여기서 우리가 뿌린 대로 내세에서 거둘 것이라는 사실을 주목하라.

매튜 미드

Almost Christian Discovered, ii – iii

그리스도에 대한 형식적인 신앙고백은, 아무도 그리스도를 부인하지 않을 때 그리스도를 인정하는 것이다. 그리스도에 대한 참된 신앙고백은, 다른 사람들이 그리스도를 반대할 때 그리스도를 위해 변론하고 그리스도를 위해 고난받는 것이다. 위선자는 형식적인 신앙고백자일 수 있으나 순교자는 참된 신앙고백자다. 형식적인 신앙고백은 개울 하류로 헤엄치는 것이다. 참된 신앙고백은 개울을 거슬러 헤엄치는 것이다. 많은 사람이 죽은 고기와 같아서, 산 고기처럼 개울을 거슬러 헤엄칠 수 없다. 그리스도에 대한 참된 신앙고백을 할 수 없는 많은 사람이 형식적인 신앙고백을 할 수 있고, 따라서 그들의 신앙고백에도 불구하고 그들은 "유사 그리스도인"에 불과하다.

매튜 미드

Almost Christian Discovered, 44

사람들이 형식적인 신앙고백에서 앞으로 더 나아가지 못하고 유사 그리스도인이 되는 데 그치는 첫 번째 이유는, 자신의 상태를 착각하고 사실은 좋지 않은데 좋다고 생각하기 때문이다. 이 착각에는 다섯 가지 원인이 있다. 속이는 마음, 교만한 마음, 일반 은혜를 구원의 은혜로 여기는 것, 외적 개혁을 참된 거듭남으로 여기는 것, 하나님의 법을 마음과 양심에 통렬하게 적용하지 않는 것이 그 다섯 가지 이유이다.

매튜 미드

Almost Christian Discovered, 176

유사 그리스도인이 되는 것은 참된 회심을 방해한다. 그것은 회심으로 쉽게 착각될 수 있다. 그것은 일종의 신성모독이다. 그것은 양심을 침묵시키고, 사함받을 수 없는 죄를 짓게 하고, 배교하게 만드는 경향이 있으며, 하나님의 심판의 손길을 불러오고, 지옥의 운명을 확실하게 만든다. 따라서 유사 그리스도인이 되는 것은 매우 위험한 일이다.

매튜 미드

Almost Christian Discovered, 215–216

홀로 있는 시간

홀로 있는 시간은 우리가 신령한 생각을 지니고 있는지를 확인해 볼 수 있는 가장 적합한 시간이다. 홀로 있을 때 우리의 진정한 모습이 나타난다.

존 오웬

Golden Book, 242

홀로 있는 시간은 사람들의 틈에 갇혀 있는 영혼을 해방한다.

조지 스윈녹

The Christian Man's Calling, in *Works*, 2:405

은밀한 양식은 영혼을 살찌운다.

존 트랩

in Horn, *Puritan Remembrancer*, 305

어떤 사람들은 가장 고독할 때 외로움을 가장 덜 느낀다. 야곱은 혼자 남았을 때 하나님과 씨름했다.

랄프 베닝

Canaan's Flowings, 218

화목

이 화목 사역에서 복되신 삼위일체 하나님의 각 위격은 자신의 은혜로운 역할을 분담하신다. 성부는 우리를 화목하게 하신다. 즉 성부는 화목의 일차적 원인으로서 화목을 계획하신다(고후 5:19). 성자도 우리를 화목하게 하신다. 즉 성자는 화목을 취득하신 공로자로서 우리를 화목하게 하신다(엡 2:16). 은혜의 성령도 우리를 화목하게 하신다. 이때 성령은 우리를 화목에 참여하게 하고 화목을 보증하시는 은혜의 효과적 사역자와 증인으로서 우리를 화목하게 하신다(요 3:5; 롬 5:5). 따라서 여기서 성부, 성자, 성령께 나라와 능력과 영광이 동등하게 돌려진다. 한편 우리도 우리의 몫을 감당해야 한다. 우리도 스스로 화목하도록, 즉 화목에 대한 우리의 몫을 감당하도록…명령받는다. "돌이키고 돌이키라"(겔 33:11). 즉 화목하고 화목하라. 다시는 원수로서 하나님에게 등을 돌리지 말고, 친구로서 하나님에게 너희 얼굴을 돌리라.

다니엘 버지스

Man's Whole Duty, 83 – 84

나는 그 훌륭한 분(앨더만 애쉬허스트)을 언급할 때 금 글씨로 기록될 가치가 있는 일화를 생각하게 된다. 나는 예전에 런던에 있으면서 오웬 박사와 백스터 선생을 만나게 하려고 애썼던 적이 있다. 그 둘이 서로를 더 잘 알고 형제로서 연합할 수 있게 하려던 것이었다. 그때 나는 그 목적을 위해 애쉬허스트 선생의 집을 빌리려고 했다. 애쉬허스트 선생은 그의 집을 기꺼이 빌려줄 뿐만 아니라 이 계획을 위해 자기 재산의 반이라도 내놓겠다고 대답했다.

토머스 졸리

Note Book, 28 (October 1675)

환상

극도의 슬픔에 시달리는 사람들은 흔히 자신이 계시를 받았다고 생각하는 경향이 있다. 그들은 생각 속에 떠오르는 것은 무엇이든 계시를 통해 주어졌다고 믿는다. 그들은 "그때 그 성경 말씀이 떠올랐고, 다른 때에도 그 성경 말씀이 떠올랐어."라고 식으로 말하곤 한다. 그런 그들의 느낌은 거짓일 때가 많고, 말씀을 적용하는 것도 틀릴 때가 많다. 그들은 마치 어떤 구절은 희망을 주고, 어떤 구절은 그렇지 않은 것처럼 상반되는 결론에 여러 개의 성경 구절을 적용한다…그들은 자신의 예언이 이루어지지 않아 부끄러워하게 될 때까지 하나님이 이런저런 것을 미리 알려주셨다고 주장하며, 그것을 진정으로 믿는 경향이 있다.

리처드 백스터

Preservatives against Melancholy, 20 – 21

영혼이 큰 고뇌와 극심한 혼란에 휩싸인 상태에서는 믿음으로 약속을 붙잡고, 지친 영혼을 은혜의 말씀에 의탁하라는 권고가 주어지기 마련이다. 그런 권고를 듣는 그리스도인들 가운데 주님이 직접 하늘에서 놀라운 계시나 환상이나 징조나 기적을 베풀어 약속을 확실하게 보장해주지 않으시면 그런 방법으로는 결코 자신을 치유하거나 위로하거나 구원하거나 도울 수 없을 것으로 생각하는 사람들이 많다. 그들은 생명의 원천이요 우리의 위로와 평화와 행복을 떠받치는 유일한 토대인 복된 성경을 경시한다. 그들은 어두운 데를 비추는 등불과 같은 확실한 예언을 외면한다(벧후 1:19).

토머스 브룩스

Cabinet of Choice Jewels, 37

환상 중에 천사들을 통해 계시를 받았다며 그릇된 교리를 주장하는 사람들이 있다. 그리스도인 독자라면 누구나 복된 천사들이 그런 반기독교적인 사악한 교리들을 가르치기 위해 나타날 바에는 차라리 지옥의 불길 속에 뛰어들어가 눕는 편을 선택할 것이라고 생각할 것이 틀림없다. 그런 주장은 어둠의 왕인 사탄이 오래전부터 사용해 오던 술책이다.

크리스토퍼 파울러

Daemonium meridianum, *Satan at Noon,* xxix

회개

11시, 곧 죽기 직전에 회심하는 것은 놀라운 일이고, 12시, 곧 죽는 순간에 일어나는 회심은 기적입니다. 모든 강도가 교수대에서 영광으로 들어가는 것이 아닌 것은 하나님이 나귀의 입을 열어주셨다고 해서 모든 나귀가 말하는 것이 아닌 것과 같습니다. 시간에 대한 희망으로 자만하지 마십시오. 사람의 삶은 고작 하루에 비유됩니다.

토머스 애덤스

The Cosmopolite," in *Sermons,* 175

회개의 첫 단계는 자아 성찰이다. 탕자는 아버지에게 오기 전에 먼저 자기 자신에게 왔다. 탕자는 자기 아버지의 집에는 떡이 풍족하게 있지만 자기 자신은 쥐엄 열매를 먹고 있다는 자신의 굶주린 상태를 성찰했다. 탕자는 "그런데 내가 왜 주려 죽어야 하지? 일어나 아버지께 가야겠다"라고 말했다. 탕자는 그렇게 했고, 그 결과 후하게 받았다.

아이작 암브로우스

Christian Warrior, 27

처음에 원수, 즉 사탄을 물리치고 영혼이 계속 나아가기로 결심하면 성령은 영혼을 보통 다음과 같은 단계를 거쳐 인도하신다. (1) 죄를 보게 하신다. (2) 자기 자신의 비참한 상태를 의식하게 하신다. (3) 죄에 대해 슬퍼하게 하신다. (4) 위로를 구하게 하신다. (5) 그리스도를 보게 하신다. (6) 그리스도를 갈망하게 하신다. (7) 그리스도를 의지하게 하신다. (8) 그리스도에게 순종하게 하신다. 사탄은 모든 단계에서 영혼을 반대하고 영혼을 자신의 권능 아래 계속 붙잡아 두려고 애쓴다.

아이작 암브로우스

Christian Warrior, 40

참된 회개 없이 구원받기를 바라는 것만큼 회개와 구원을 방해하는 것은 없다. 자신이 처해 있는 세속적이고 불경건한 삶의 길에서 구원받기를 바라는 자 가운데 누가 참된 회개 없이 하나님에게 돌아설 자가 있겠는가? 이미 자기는 옳고 안전하기를 바라는데 누가 되돌아서겠는가?

리처드 백스터

Baxteriana, 199

지금 이 모든 것을 종합해서 무엇이 당신의 당면 과제인지 보라. 성경은 당신에게 "돌이키라"고 요구한다. 그리스도의 사역자들이 당신에게 "돌이키라"고 촉구한다. 성령님이 당신에게 "돌이키라"고 외치신다. 양심이 당신에게 "돌이키라"고 외친다. 경건한 자가 설득과 본보기를 통해 당신에게 "돌이키라"고 외친다. 당신이 성찰할 수 있는 온 세상의 모든 피조물이 당신에게 "돌이키라"고 부르짖는다. 오래 참으시는 하나님의 인내가 당신에게 "돌이키라"고 소리친다. 당신이 받는 모든 긍휼이 당신에게 "돌이키라"고 외친다. 하나님의 징계의 채찍이 "돌이키라"고 외친다. 당신의 이성과 당신의 본성의 체질이 당신에게 돌아설 것을 주문한다. 그리고 하나님이 당신에게 주시는 모든 약속이 그렇게 외친다. 그런데도 당신은 돌이키기로 결심하지 않으려 하는가?

리처드 백스터

Call to the Unconverted, 76

그토록 자주 미련하게 주님의 마음을 상하게 한 내 마음에 대해 나는 진실로 화가 난다. 나는 주님의 사랑에 대해 그토록 냉랭하게 뒤로 물러났던 내 마음을 미워한다. 슬프게도, 사랑이 기도의 생명, 묵상의 생명, 설교의 생명, 거룩한 생활의 생명이어야 하고, 내 영혼이 주님을 만나길 고대하고 주님을 기쁘게 말해야 할 때, 주여, 저는 갈 길을 찾지 못하고 방황하고 있나이다!

리처드 백스터

Converse with God in Solitude, 124

참된 회개는 영적이며 초자연적인 슬픔 또는 근심이다. 입에 혀를 갖고 태어나듯 마음속에 하나님의 뜻대로 하는 근심을 갖고 태어나는 사람은 없다. 하나님의 뜻대로 하는 근심은 하나님이 친히 심으신 식물이고, 하나님이 직접 심으신 씨앗이고, 하나님이 직접 가꾸신 꽃이며, 하늘의 후손이고, 오직 하나님에게서만 비롯된다. 하나님의 뜻대로 하는 근심의 영은 위에서부터 내려온다. 하나님의 뜻대로 하는 근심은 초자연적 능력과 초자연적 원리에서 비롯된다. 하나님의 영 외에는 그 무엇도 굳은 마음을 부드러운 마음으로 바꿀 수 없다(겔 36:25–26). 하나님의 뜻대로 하는 근심은 하나님의 선물이다.

토머스 브룩스

Cabinet of Choice Jewels, 218

참된 회개는 어떤 단서나 예외 없이 모든 죄에서 돌아서는 것이다. 마음이 모든 죄에서 돌아서지 않은 자는 어떤 죄에 대해서도 진정으로 회개한 것이 아니다.

토머스 브룩스

Cabinet of Choice Jewels, 253

회개는 본성의 정원에서 자라는 꽃이 아니다. "구스인이 그의 피부를, 표범이 그의 반점을 변하게 할 수 있느냐 할 수 있을진대 악에 익숙한 너희도 선을 행할 수 있으리라"(렘 13:23). 회개는 위에서 내려오는 선물이다. 사람들은 입에 혀를 갖고 태어나는 것처럼 마음에 회개를 갖고 태어나지 않는다.

토머스 브룩스

Precious Remedies, 52

회개는 지속적 행위라는 점을 숙고하라. '회개하다'라는 말은 회개 행위의 지속성을 함축한다. 참된 회개는 항상, 끝까지, 변함없이 하나님의 규례를 행하도록 사람의 마음을 이끈다. 진실로 회개한 자는 믿음에서 믿음으로, 능력에서 능력으로 나아가야 한다. 회개한 자는 가만히 서 있거나 되돌아가서는 안 된다. 회개는 은혜이고, 다른 은혜들과 마찬가지로 날마다 실천되어야 한다. 참된 회개는 하나님의 뜻대로 하는 근심의 물이 항상 흘러나오는 마르지 않는 샘과 같다. "내 죄가 항상 내 앞에 있나이다." 진실로 회개한 자는 종종 자신이 과거에 빠졌던 허영의 날에 시선을 돌린다. 바울은 "내가 전에는 비방자요 박해자요 폭행자였으나"라고 말한다. 회개는 끊임없이 돌아서는 행위다. 회개는 결코 후회할 것이 없는 성질을 갖고 있으며, 어리석은 길로 다시 돌아가는 것은 참된 돌아섬이 아니다. 한 번의 믿음의 행위나 한 번의 사랑의 행위로 만족할 수 없을 것이다. 마찬가지로 참으로 회개한 자는 한 번의 회개 행위로 만족할 수 없다.

토머스 브룩스

Precious Remedies, 58–59

회개는 한 시간이나 하루나 일 년에 걸친 일이 아니라 평생의 일이다. 진실하게 회개한 자는 매일 회개하는 양심을 갖고 있다. 한 번의 회개 행위로 만족할 수 없는 것은 한 번의 믿음이나 사랑이나 기쁨의 행위로 만족할 수 없는 것과 마찬가지이다.

토머스 브룩스

Smooth Stones, 99

생명 얻는 회개는 하나님의 영이 영혼 속에 주신 복음의 은혜다. 생명 얻는 회개의 본질은 회개의 여섯 가지 요소에서 가장 잘 확인된다. 회개의 여섯 가지 요소는 다음과 같다. (1) 죄의 자각, (2) 통회, (3) 죄에 대한 미움과 혐오, (4) 죄의 자복과 용서의 간청, (5) 죄 사함, (6) 하나님께로 돌이킴.

새뮤얼 크래덕

Knowledge and Practice, part 2, 10 – 11

한 경건한 내과 의사가 큰 고통 속에 괴로워하는 환자들에게 하나님의 도움을 구하기 전에 먼저 하나님과 화목하라고 말했다. 환자들은 그의 조언을 따르지 않았고, 의사는 그들이 공개적인 죄인인 것을 알고 다음과 같이 말했다. "주께서 자신의 채찍을 여러분에게 두셨습니다. 그러니 나는 회개의 열매를 보는 일 없이 그 채찍을 치울 수 없습니다." 이때 회개한 자는 고침 받았다.

에제키엘 컬버웰

Time Well Spent, 278 – 79

오직 그리스도를 제외하고는 어떤 외적 즐거움도 시간을 빼앗아갈 수 없고 시간을 계속 낭비시킬 수 없을 때 그것이 죄에 대한 참된 슬픔, 곧 하나님의 뜻대로 하는 근심이다.

에제키엘 컬버웰

Time Well Spent, 316

죄를 포기하는 것은 나중에 죄로 다시 돌아갈 어떤 생각도 하지 않고 죄를 떠나는 것이다. 사람이 출장을 떠날 때마다 그가 자신의 집을 포기했다고 말하지 않는다. 그는 다시 돌아오기 위해 집을 나서기 때문이다. 그러나 이사짐을 모두 싸서 다른 곳으로 간다면 그는 확실히 자기 집을 포기하고 떠나는 사람이다.

윌리엄 거널

Christian in Complete Armour, 368

회개는 하나님의 선물이다. 회개는 본성에서 나오지 않고 하나님에게서 나온다. 회개는 인간 본성의 정원에서 자라는 꽃이 결코 아니다. 어떤 기법이나 어떤 배움이나 어떤 세상의 능력이나 자격도 회개를 낳을 수 없다. 회개는 위에서 온다. 야고보 사도는 온갖 좋은 은사와 온전한 선물이다 위로부터 온다고 말한다(약 1:17). 은혜는 아래에서 위로 자라는 것이 아니라 빛들의 아버지께로부터 내려오는 것이다.

존 하트

Christ's First Sermon, 8

몸이 병들거나 병상에 누울 때까지 회개를 미루는 것은 슬픈 일이다. 고통 자체는 우리를 하나님에게 돌아가도록 만들지 않고 오히려 하나님을 모독하고 하나님을 등지도록 만들 것이다. 병든 사람이 결코 회개하지 않는 일은 매우 흔하다. 또는 회개하더라도 그들의 회개는 기껏해야 허약한 회개에 그친다. 질병은 사람의 욕심의 힘을 줄이고 억제할 뿐이다. 질병은 결코 죄의 생명력을 파괴하지 못한다. 사망 자체도 죄를 죽일 수 없다.

존 하트

Christ's First Sermon, 16–17

많은 이가 자기 죄를 슬퍼하지만 진실로 회개하지는 않는다. 그들은 죄 때문에 비통하게 울지만 죄를 계속 사랑하고 죄와 동맹을 맺는다.

매튜 헨리

Gems, 56

질문 : 사람들이 왜 회개하지 않는가?

답변 : 그 이유는 다음과 같다.

1. 죄의 습관을 가지고 있기 때문이다.
2. 이 땅에 사는 동안 처벌을 모면하기 때문이다.
3. 으레 긍휼을 먼저 생각하기 때문이다.
4. 심판을 두려워하지 않기 때문이다.
5. 하나님의 말씀을 믿지 않기 때문이다.
6. 대부분의 사람들이 죄를 짓는 것을 보기 때문이다.
7. 나쁜 목사들의 삶을 목격하기 때문이다.
8. 나쁜 유명인을 바라보기 때문이다.
9. 죄의 사악함을 보지 못하기 때문이다.
10. 하나님이 회개하지 않는 자를 어떻게 처벌하시는지 묵상하지 않기 때문이다.

로버트 힐

Pathway to Piety, 1:182

나는 너희에게 회개하라고 권한다(계 2:5). 사랑하는 자들아, 우리가 4주에 한 번 모여 11시부터 3시까지 네 시간을 기도하고 설교하는 데 보내는 것은 우리 목소리를 하나님께 상달하게 할 만한 금식과 같은 것이 아니다

(사 58:3-4). 예수 그리스도로 말미암아 하나님이 받아주시는 복음적 회개에는 본질상 여러 가지 필수 요소가 있다. 말하자면 다음과 같다. 결코 후회할 것이 없는 회개를 일으키는 경건한 근심(이것은 하나님의 뜻대로 하는 근심이다)(고후 7:9-10), 상하고 통회하는 마음(시 51:17; 사 57:15; 66:2-3; 약 4:9-10). 스가랴서 12장 10-11절을 읽어보라. 슬프게도, 하나님의 뜻대로 근심하는 우리의 눈물, 우리의 상한 마음, 우리의 괴로운 영혼이 어디 있는가? 낮아진 후 변화된 것이 있는가? 회개하여 너희의 처음 행위를 가지라(계 2:5).

핸서드 놀리즈

Life and Death, 48

질문 : 죄에 빠진 것으로 인해 슬퍼하는 신자가 하나님의 뜻대로 하는 근심에는 무엇이 따릅니까?

답변 : 새롭게 변화되는 회개가 따릅니다.

질문 : 이 회개의 표지는 무엇입니까?

답변 : 다음 일곱 가지 표지가 나타납니다. (1) 자신이 빠진 죄를 버리는 일에 관심을 가짐, (2) 죄 때문에 자기 자신을 철저히 정죄하고 죄에 대해 용서를 갈망함, (3) 자신의 부주의함에 대해 자기 자신에게 큰 분노를 느낌, (4) 같은 죄에 다시 빠지는 것에 대해 두려움을 가짐, (5) 항상 하나님을 기쁘시게 하겠다는 열망을 가짐, (6) 하나님을 기쁘시게 하려는 열심을 품음, (7) 자신의 과거 죄악 때문에 자기 자신에게 보복함.

윌리엄 퍼킨스

Foundation of Christian Religion, 27

회개는 우리가 그리스도 안에서 아기일 때 철자 공부에 필요할 뿐 아니라 어른일 때 읽기 위해 필요한 알파벳 모음과 같다.

프랜시스 로워스

On Jacob's Ladder, iv

그러나 베드로가 기억한 것은 과연 무엇이었을까? 베드로는 지금 지옥의 불길에 어떻게 벌거벗고 서 있을지, 가슴 속 지옥인 그의 양심의 채찍에 어떻게 직면할지, 또는 그가 부인함으로써 해를 입힌 분의 두려운 심판과 보복에 어떻게 직면할지를 생각했다고 말해지지 않는다. 베드로는 나가서 통곡했다. 베드로를 넘어뜨린 것은 두려움이었지만 베드로를 회개하게 만든 것은 두려움이 아니었다. 베드로가 기억한 것은 오직 그리스도의 자비로운 예언이었다. 베드로는 시험에 대해 무장하도록 만들어야 했던 그 은혜로운 경고를 가볍게 여겼고, 이 때문에 베드로는 밖에 나가 슬피 울었다. 하나님의 긍휼을 악용하는 것, 하나님의 영을 근심하게 하는 것, 하나님의 진리를 과소평가하는 것은 회개하는 죄인의 영혼에 양심의 온갖 압력이나 지옥의 불길보다 더 큰 상처를 입힌다.

에드워드 레이놀즈

Meditations on the Fall and Rising of St. Peter, 60 – 61

이제 생명 얻는 회개를 성령님이 어떻게 일으키시는지 고찰하겠다. 이 일은 하나님의 말씀을 통해, 곧 복음 없는 율법이 아니라 율법과 복음을 통해 행해진다. 이때 율법은 복음에 종속된다. 율법은 영혼에 죄가 있음을 증명하고, 복음은 대책을 발견할 수 있는 곳으로 영혼을 인도한다. 율법이 상처를 입히면 복음은 치료한다. 바울이 말하는 것처럼 율법이 들어온 것은 범죄를 더하게 하려 함이다(롬 5:20). 그러나 복음은 죄인에게 은혜가 얼마나 더 넘치는지, 어디서 죄 사함을 얻을 수 있는지, 어떤 수단을 통해 양심 위에 놓인 죄책의 무게에 짓눌리지 않는지 말해준다. 또 복음은 죄인이 진실로 탁월한 동기들을 통해 죄를 미워하고 삼갈 수 있도록 이끈다. 이런 이유로 복음은 복음적 회개로 불린다.

토머스 리드길리

Body of Divinity, 171

회개는 지속적 행위여야 한다. 회개할 죄가 있는 한 계속해서 죄를 회개해야 한다. 회개는 이후 행위를 통해 처음에 했던 회개보다 더 뚜렷하고, 방법에 맞고, 복음에 합당하게 행해져야 한다…하나님의 자녀는 내재하는 죄의 활동을 계속 경험적으로 확인하면서 죄의 뿌리와 성격과 악랄함을 더 철저히 깨닫고 죄의 무게를 이전보다 더 무겁게 느껴야 한다.

T. S.

Aids to the Divine Life, 60

죄를 지으면 즐거움은 지나가고 근심이 남는다. 하지만 회개하면 근심은 지나가고 즐거움이 영원히 남는다. 하나님은 상한 마음속에 금방 기쁨의 기름을 부어주신다.

존 트랩

Commentary … upon … the New Testament, 721

회개는 하나님의 영의 은혜로, 죄인은 회개를 통해 내적으로 겸손해지고 외적으로 드러나게 변화된다.

토머스 왓슨

Doctrine of Repentance, 18

죄에 대한 모든 괴로움이 참된 회개

라면 유다와 가인도 회개한 자의 무리에 속할 것이다. 복음적 회개는 마음의 변화를 일으킨다(고전 6:11). 복음적 회개는 성결함을 낳는다. 그러나 거짓으로 회개한 자는 심령에 괴로움이 있기는 하지만 변혁이나 변화는 없다. 거짓으로 회개한 자는 슬퍼하는 눈과 간음하는 마음을 함께 갖고 있다. 아합은 금식하며 베옷을 입었지만 이후에 선지자 미가를 옥에 가두었다(왕상 22:27).

토머스 왓슨

Great Gain of Godliness, 51

회개를 미룸

회개를 미루면 누구든지 마음이 더 완고해진다(히 4:7). 회개를 미루면 죄의 습관이 생기고 회개하기가 훨씬 힘들어진다(렘 13:23). 이로 말미암아 나쁜 습관이 더 강화되고 굳어지며, 총명이 더 어두워진다(엡 4:18). 의지는 더 완고해지고 죄를 탐닉하는 상태가 된다(히 4:7). 모든 기능이 사슬과 매듭에 더 묶이고 매인다(행 8:23). 어린 나무는 뿌리가 깊은 나무보다 더 쉽게 뽑힌다. 못은 망치로 더 자주 두드릴수록 단단히 고정되어 잘 뽑히지 않는다.

윌리엄 에임스

Conscience, 2:6

'미루다'는 마귀의 동사다.

토머스 브룩스

Apples of Gold, 31

참된 회개는 아무리 늦어도 너무 늦지 않으나 늦은 회개는 좀처럼 참되지 않다. 나중에 회개하면 된다는 생각을 하면서 즐거워했던 무수한 사람들이 지금 지옥에 있다. 주님은 늦은 회개에 대해서도 약속을 주셨지만(늦게라도 참된 회개를 하면 받아주신다는 약속-편집주), 늦게 회개할 수 있을 거라는 약속은 주신 적이 없다.

토머스 브룩스

Apples of Gold, 58

십자가에 달린 강도에 대해 간략히 다음과 같이 말해보겠다. 한 강도는 죄인들에게 절망하지 말 것을 가르치기 위해 구원받았다. 다른 한 강도는 죄인들에게 구원을 쉽게 생각하지 말 것을 가르치기 위해 정죄받았다. 때때로 교수대에 달린 죄수에게 죄 사함이 주어지기도 한다. 하지만, 그렇게 늦게 회개할 수 있을 것이라 자신하는 자에게 밧줄이 그의 삯이 될 수도 있다. 이것은 약속이 없는 대표적인 경우이다. 늦은 회개의 본보기가 여기 있지만, 늦은 회개를 할 수 있을 것이라는 약속은 어디에 있는가?

토머스 브룩스

Apples of Gold, 284–285

당신은 젊어서 하지 못한 일을 늙어서 할 생각인가? 당신은 평생동안 할 수 없었던 일을 임종하는 자리에서 한 시간 만에 할 수 있겠는가? 물론 노인도 회개가 필요하다. 그는 오랫동안 죄 속에서 살았고 너무 오랫동안 회개를 등한시했다. 젊은이도 곧 죽을 수 있지만 노인은 그리 오래 살 수 없다. 그러므로 노인이든 젊은이든 회개할 필요가 있고, 그래야 그들은 죄 사함을 받을 수 있다(막 2:5).

존 하트

Christ's First Sermon, 6–7

그의 남은 시간이 짧고 그 길이가 한 뼘에 불과한
연약하고 죽을 수밖에 없는 사람은 얼마나 슬플까!
젊을 때 그는 교만하고 야망의 지배를 받고
참된 은혜와 경건함을 멸시한다.
미덕을 업신여기고, 악덕을 선택하고,
자기 소욕대로 행한다.
노년이 되면 다른 사람이 된다.
그는 하늘을 가져야 함을 알게 되지만
땅은 그곳으로 가는 것을 허락하지 않는다.
늙으면 그 안의 죄가 매우 강해지고,
젊은이보다 은혜를 더 싫어한다.
배반하는 친구처럼 취급받지 않으려면
늙으면 제대로 행할 수 있을 거라고
오판하지 않도록 주의하라.

벤저민 키치

Travels of True Godliness, 80

회개를 미루는 것은 여러분을 쉽게 넘어뜨릴 수 있는 악하고 위험한 태도이다. 여러분은 하나님과 그리스도와 말씀에 대한 합당한 반응을 당분간 미루면서, 그것을 전면적으로 거부한 것이 아니고 장차 그 요구에 귀를 기울이는 시간을 가질 것이라고 생각한다. 여러분은 그런 방식으로 모든 확신과 신념에 대해, 그리고 모든 두려움에 대해 방어벽을 쌓는다. 여러분은 머지 않아 여러분에게 요구되는 모든 일을 할 것이라고 생각한다. 이런 식으로 무수한 영혼들이 날마다 멸망한다. 이런 시덥잖은 약속을 하는 자보다는 대놓고 방탕한 자를 상대하는 것이 더 낫다.

존 오웬

On the Glory of Christ, in *Oweniana*, 77

긍휼에 대해 절망해야 할 정도로 나

이가 너무 많은 자는 아무도 없다. 마찬가지로 주제넘게 긍휼을 자신할 수 있을 정도로 나이가 너무 젊은 자도 아무도 없다. 하나님의 오늘이 당신이 회개하기에 너무 빠르다면 당신의 내일은 하나님이 받아주시기에 너무 늦을 수 있다.

윌리엄 세커

Nonsuch Professor, 122

우리가 회개하라는 부르심을 받는 날은 하루뿐이다. 그러므로 우리는 오늘이라 불리는 날에 회개해야 한다. 매우 감미로운 마술사의 목소리에 귀를 막는 자는 귀머거리 독사다. 주님은 우리가 늦게라도 회개만 하면 받아주기로 약속하셨다. 하지만 늦게 회개할 수 있을 것이라는 약속은 주지 아니하셨다. 사람의 마음은 지금 녹지 않으면 영원히 얼어붙을 수 있다. 때로는 교수대에 달린 죄수에게 죄 사함이 주어지지만, 때로는 그렇게 늦게 죄 사함 받을 수 있을 것이라고 자신하는 자에게 밧줄이 그의 삯이 될 수 있다.

윌리엄 세커

Nonsuch Professor, 194

"회개는 아무리 늦어도 너무 늦지 않다"는 옛 속담이 있다. 그러나 "회개는 아무리 빨라도 너무 빠르지 않다"는 말도 참되다.

헨리 스미스

"The Young Man's Task," in *Sermons,* 63–64

회개할 수 없는 마음이 있다. 이것은 마귀의 올무에서 벗어날 모든 수동적인 능력마저 잃은 마음이다. 사역이나 불행이나 이적이나 긍휼도 그 마음을 완화할 수 없다. 죄 안에서 오랫동안 줄다리기해옴으로써 그런 마음이 된다. 그런 자에 대해서도 여러분은 "주님, 이들에게 긍휼을 베푸소서"라고 말할 수 있다. 한 경건한 사람은 이렇게 말했다. "오! 내가 선택해야 한다면 나는 버려진 마음으로 땅에서 살기보다는 차라리 감각 있는 마음으로 지옥에 있는 편을 택하겠다."

존 트랩

Commentary ... upon ... the New Testament, 192

노년은 회개하기에 좋은 시기가 아니다. 뻣뻣한 손가락은 현악기 연주를 배우기 힘들다. 악으로 완고해지고 뻣뻣해진 마음은 회개의 현을 연주하기에 부적합하다. 연한 나무는 쉽게 뽑히지만 뿌리가 땅속 깊이 박힌 오래된 나무는 잘 뽑히지 않는다. 오랫동안 죄에 뿌리가 박힌 죄인은 그의 본성적 상태에서 벗어나기가 무척 힘들다. 따라서 구원 문제를 미루는 것은 극히 위험하다. 사탄은 죄 안에 오래 거해 온 사람을 그만큼 더 장악하기 마련이다. 독은 위장 속에 오래 머무르면 머무를수록 더 치명적이다. 구원의 일을 해가 질 때까지 미루는 것은 미친 짓이다.

토머스 왓슨

"The One Thing Necessary," in *Discourses*, 1:366

회심

회심은…마음과 삶의 철저한 변화를 의미한다.

조셉 알레인

Alarm to the Unconverted, 30

회심은 성령의 사역을 통해 이루어진다. 이것이 회심이 "성령의 거룩하게 하심"(살후 2:13)이자 "성령의 새롭게 하신"(딛 3:5)으로 일컬어지는 이유다. 그러나 회심은 삼위일체의 다른 위격들의 사역을 배제하지 않는다. 베드로 사도는 우리를 거듭나게 하신 예수 그리스도의 아버지 하나님을 찬양하라고 말했다(벧전 1:3). 그리스도께서는 이스라엘에게 회개함을 주신다(행 5:31). 그분은 "영존하시는 아버지"(사 9:6)로 불리신다. 우리는 하나님이 그리스도께 주신 그분의 씨요 자손이다(사 53:10). 이것은 참으로 복된 탄생이다. 일곱 개의 도시가 저마다 호메로스가 자기 도시에서 태어났다고 주장했다. 그러나 삼위일체 하나님을 통해서는 새로운 피조물이 태어난다. 이 사역에서 가장 주체가 되는 역할을 하시는 분은 성령이시다. 따라서 거듭난 사람은 성령으로 난 사람으로 일컬어진다(요 3:8). 이 사역은 인간의 능력으로는 이룰 수 없다.

조셉 알레인

Alarm to the Unconverted, 30

하나님과 기독교의 핵심을 옳게 알려고 노력해야 한다. 무지는 하나님께 나아가지 못하게 방해하는 최초의 걸림돌이고, 지식은 우리를 그분께로 인도하는 최초의 수단이다. 알지 못하는 신을 숭배하는 것은 아덴의 종교일 뿐, 기독교 신앙과는 전혀 무관하다. 우리는 먼저 우리가 섬겨야 할 하나님을 알아야 한다. 그렇지 않으면 하나님을 옳게 섬길 수 없다(대상 28:9). 하나님은 천지를 창조하면서 빛을 가장 먼저 창조하셨다. 영혼을 회심시킬 때도 하나님은 깨우침을 주는 일을 가장 먼저 하신다. 깨우침이 없으면 하나님께로 돌이킬 수 없다. 생각이 바뀌면 회심할 수밖에 없다. 하나님에 대한 참된 지식은 그분께로 돌이키는 유일하고도 첫 번째로 이루어지는 단계다.

윌리엄 베버리지

Thesaurus Theologious, 4:146

회심 이후에는 전보다 세상의 것들이 더 아름답게 보일 수 있다. 예를 들면, 율법의 경우가 그렇다. 자연 상태에 있는 사람은 율법 아래 있지만 회심하고 그리스도께로 돌이킨 사람은 율법으로부터 해방되었다. 회심을 통해 율법으로부터 해방된 사람은 율법이 탁월하다는 것을 깨닫는다. 그는 "이제 계명들이 거룩하고, 의롭고, 선하다는 것을 알게 되었다."라고 말한다. 칭의와 관련해서는 율법이 전보다 더 공허해 보이지만, 삶의 규칙과 관련해서는 그것이 이전보다 더욱 아름답게 보인다…그의 영혼은 이제 세상 속에서 전과 같은 만족을 찾을 수 없다. 하지만, 그리스도의 속죄와 관련해서는 회심 이후에 세상의 것들 안에서 전보다 더 큰 아름다움을 본다.

윌리엄 브리지

The Spiritual Life, in Works, 1:315

지옥에 갈 것이 분명해 보이는 사람이 은혜로 구원받고, 생명을 얻을 것이 분명해 보이는 사람이 공의의 심판을 받을 수 있다. 우리는 요셉처럼 므낫세를 에브라임보다 먼저 앞세우지만, 하나님은 야곱처럼 양손을 교차시켜 가장 못난 사람의 머리에 오른손을, 가장 잘난 사람의 머리에 왼손을 올려놓아 가장 뛰어난 사람들조차 놀라게 하신다(창 48장 참조).

존 번연

Riches, 28

회심은 시간이 다소 걸리더라도 철저하게 이루어져야 할 창조 사역에 해당한다. 철저히 이루어지지 않으면 사전에 놓였던 기초, 곧 죄의 각성과 같은 것들이 무용지물이 된다. 하나님은 아담을 창조할 때 먼저 흙을 준비하고, 그것으로 그를 빚은 다음에 생기를 불어넣으셨다. 그러자 흙덩이가 '생령'이 되었다. 하나님은 새로운 창조를 이루실 때도 끝까지 철저하게 행하신다. 그분은 빛으로 어둠을 밝힐 뿐 아니라 적합한 지각, 곧 대상과 동일한 성질의 기능을 허락하신다(요일 5:20). 그런 기능이 없으면 어둠은 빛을 결코 이해할 수 없다(요 1:5). 만일 하나님이 마른 뼈들에게 생기를 불어넣지 않으셨다면, 그것들이 살아날 것이라는 에스겔의 예언은 영원히 이루어지지 않았을 것이다.

엘리샤 콜스

Practical Discourse, 203

첫째, 하나님은 말씀과 성령으로 죄인의 생각을 밝혀 인간의 불행과 그리스도를 통한 온전한 회복의 교리를 깨닫게 하신다. 둘째, 그분은 똑같은 방법을 통해 죄인의 마음속에서 역사함으로써 스스로의 비참함을 슬퍼하고, 구원자이신 그리스도를 갈망하도록 이끄신다. 죄인은 그리스도를 즐거워하기 전에는 결코 평화를 얻을 수 없다. 셋째, 하나님은 그리스도를 통해 주어진 축복을 죄인에게 값없이 베풀어 자신의 사랑을 나타내신다. 하나님은 타락한 죄인을 그런 식으로 이끌어 자기를 믿게 하고, 자기에게 희생 제물로 바쳐진 그리스도를 기쁘게 영접하게 하신다. 하나님의 이 세 가지 사역이 자기 안에서 진정으로 이루어진 것을 발견한 사람은 자신이 올바른 회심을 통해 참믿음을 갖게 되었다는 사실을 확실하게 알 수 있다.

클레멘트 코튼

None but Christ, 76 – 77

다른 모든 사람에게도 하나님이 자기에게 역사하신 방식대로 똑같이 역사하신다고 생각하는 사람은 고압적인 독재자와 크게 다르지 않다. 하나님은 한 가지 방식에만 매이지 않으신다. 왜 자신의 방식만이 유일한 방식이 되어야 한다고 생각하는가? 나는 일부 목회자들(훌륭한 정신과 재능을 소유한 사람들)이 설교나 글을 통해 하나님이 자기들에게 역사하신 특정한 방식만을 사람들에게 강요하는 것을 발견했다. 그들은 하나님이 자기들에게 그런 식으로 역사하셨기 때문에 다른 사람들도 모두 그와 똑같이 다루실 것이라고 주장한다. 쉐퍼드는 "한 사람이 교과서가 될 수는 없다."라고 말했다. 옳은 말이다. 하나님이 고결한 정신의 소유자에게 이런저런 방식으로 역사하셨다고 해서 과연 다른 사람들도 꼭 그와 똑같은 방식을 적용받아야 할까?

자일스 퍼민

Real Christian, 17

하나님은 개인의 구원과 행복(곧 그리스도를 통해 이루어지는 하나님과의 연합과 교제)을 방해하는 의미에서 자아를 거슬러 말씀하거나 자기를 부인하라고 요구하시지 않는다.

자일스 퍼민

Real Christian, 209

참된 그리스도인은 그리스도를 즐거이 받아들인다. 강압적인 결합은 결코 바람직하지 않다. 그리스도께서는 아무에게도 강요하지 않으신다. 정상적인 신자는 자진해서 기꺼이 동의를 표한다. 위협과 공포 때문에 체결한 계약이나 결합은 진정한 것이 못 된다. 물론, 율법의 예비적인 사역에는 공포와 위협이 종종 뒤따른다. 그러나 그것은 영혼을 우상들과 정욕으로부터 떼어놓기 위한 것이다. 마치 그리스도께서 선택하거나 관심을 기울일 만한 가치가 전혀 없으신 것처럼, 단지 지옥이 무섭거나 두렵기 때문에(바꾸어 말하면, 내가 두려워하거나 나를 위험에 빠뜨릴 것이 없어야만) 그분을 선택한다면 그런 선택은 유효하지 않다.

자일스 퍼민

Real Christian, 245

회심의 사역은 그리스도 당시에는 천천히 이루어졌고, 베드로의 시대에는 이전보다 더 빨리 이루어졌다. 한 번의 설교로 3천 명이 회심했다. 지금은 3천 번의 설교로 한 사람의 영혼도 회심으로 이끌기가 어려워졌다.

윌리엄 그린힐

Exposition of the Prophet Ezekiel, 818

회심의 방식은 매우 다양하다. 어떤 사람들은 은혜가 조금씩 서서히 스며들어간다. 나이가 어릴 때는 특히 더 그렇다. 그러나 자신 있게 말하지만, 회심이 어떤 식으로 이루어지든 간에 하나님의 친구가 되는 것과 그분과 반목하는 것(즉 자연 상태)은 크고, 뚜렷한 차이가 있다. 육적인 생각에 사로잡혀 세상은 열렬히 사랑하면서도 하나님께는 냉담한 사람, 곧 "쾌락을 사랑하기를 하나님 사랑하는 것보다 더하는"(딤후 3:4) 사람은 스스로 안심해서는 안 된다. 그런 사람은 하나님의 원수다. 하나님과의 관계에는 중립이 없다.

로버트 레이턴

Spiritual Truths, 150

그리스도인은 복음의 조건에 따라 그리스도께 동의하고, 그분을 영접한다. 참된 연합이 참된 그리스도인을 만든다. 자신의 조건에 따라 그리스도께 동의하는 사람들이 많다. 그들은 그리스도를 선택해 소유하지만, 하나님이 그분을 내주신 방식을 따르지 않는다. 하나님이 그리스도를 내주신 복음의 조건은 상한 마음으로 상하신 그리스도를 영접하고, 온전한 마음으로 온전하신 그리스도를 영접하는 것이다. 상한 마음으로 상하신 그리스도를 영접한다는 것은 우리의 겸손을 나타내고, 온전한 마음으로 온전하신 그리스도를 영접하는 것은 우리의 진실함을 나타낸다. 상하신 그리스도는 죄 때문에 고난을 받으신 그리스도를 나타내고, 상한 마음은 죄를 자각하는 마음을 나타낸다. 온전하신 그리스도는 그분의 모든 직임을 나타내고, 온전한 마음은 우리의 모든 기능을 나타낸다.
하나님은 영혼을 회심시킬 때 구름과 함께 그 안에 임하신다. 내가 이 세상에서 가장 부러운 것은 누군가가 내가 직접 경험하지 못한 회심이나 중생에 대해 말하는 것이다. 나는 일반적인 규칙을 통해 확실하게 확증되지 않는 한, 나의 경험을 다른 사람들에게 강요할 생각이 조금도 없다. 어떤 사람이 경험한 것을 다른 사람은 경험하지 못할 수 있다. 그러나 하나님은 일반적으로 구름 가운데서 영혼들을 장악하신다. 다시 말해, 그들에게는 약간의 어둠이 드리우기 때문에 자신들의 상태가 어떤지 확실하게 말할 수 없다. 그들은 희망을 느낄 때도 있고, 두려움을 느낄 때도 있다. 그들은 모든 것이 잘 되었다고 생각할 때도 있고, 다시 낙심에 빠질 때도 있다. 이것이 하나님이 영혼 안에 임하시는 방식이다. 물론, 하나님이 임하지 않으셨는데도 그런 현상이 어느 정도 나타날 수는 있다. 그러나 하나님이 먼저 구름 가운데서 영혼을 장악하지 않으셨는데도 그분께로 돌이킨 사람이 있었다는 말은 지금까지 들어본 적이 없다.

존 오웬

Golden Book, 142 – 43

영혼의 회심은 창조 사역보다 더 위대하지는 않더라도 그에 못지않은 매우 중요한 사역이다. 그 이유는 하나님이 세상을 창조하실 때는 아무런 저항이 없었기 때문이다. 빛은 "나는 창조되지 않을 거야."라고 말하지 않았고, 뭍은 "나는 드러나지 않을 거야."라고 말하지 않았다. 그러나 새 창조는 다르다. 죄인들은 은혜를 있는 힘껏 거부하고, 구원을 외면하고, 하나님의 성령을 거부하고, 그분의 사역을 실패로 끝나게 하려고 애쓴다. 하나님이 보시기에 죄인들의 영혼 안에 은혜는 하나도 없고, 무장한 강한 자와 정욕만 가득하다. 그들의 마음은 하얀 백지가 아니었다. 하나님은 마귀와 세상이 마구 끄적거린 낙서를 발견하신다. 천사들이 죄인의 마음의 문을 두들기지만, 그 문은 오직 하나님만 여실 수 있다. 영혼이 하나님의 명령을 따르는 것만큼 육신은 영혼의 명령을 잘 따르지 않는다. 주님은 "나를 떠나서는 너희가 아무것도 할 수 없음이라"(요 15:5)라고 말씀하셨다. 하나님은 루디아의 마음을 열어주셨다. 인간의 마음은 하나님의 자물쇠다. 인간의 지혜로는 그것을 열 수 없다. 그것을 열 수 있는 열쇠는 하나님의 성령이시다.

프랜시스 레이워스

On Jacob's Ladder, 9 – 10

참된 회심과 회개는 전인(全人)의 철저한 변화를 통해 이루어진다. 어떠한 행위들이 변화될 뿐 아니라, 마음의 전체적인 상태와 성향이 바뀌어 악에서 선으로, 어둠에서 빛으로 나아가서 하나님과 올바른 관계를 맺어야 한다. 인간은 본성적으로 세속적인 성향을 지니기 때문에 자기 자신을 궁극적인 목적으로 삼는다. 인간은 세상의 것들을 생각할 뿐 아니라 설혹 하늘의 것을 생각하더라도 예후의 경우처럼 세속적인 방법으로 세속적인 목적을 추구한다. 그러나 그랬던 사람이 진정으로 회개하고, 회심하면 신령한 생각을 지니게 되어 하나님과 그분의 영광을 가장 크고, 중요한 목적으로 삼기에 이른다. 회심한 사람은 세상의 것을 생각해도 거룩한 방법으로 거룩한 목적을 지향하려는 의지와 바람을 갖는다.

헨리 스쿠더

Christian's Daily Walk, 286

회심이란 무엇인가? 그것은 인간의 보화, 인간의 가장 큰 행복이 바뀌는 것이다. 가장 큰 행복이 바뀌기 전에는 마음의 혼란 상태를 불평해봤자 아무 소용 없다. 따라서 거듭나지 못한 사람들은 회심의 절대적인 필요성을 깨달아야 한다.

윌리엄 스트롱

Heavenly Treasure, 384 – 85

주제어 색인